Wirtschaft – Verwaltung – Recht
Festschrift für Rolf Stober

Wirtschaft – Verwaltung – Recht

Festschrift für Rolf Stober

zum 65. Geburtstag
am
11. Juni 2008

Herausgegeben von

Winfried Kluth
Martin Müller
Andreas Peilert

Carl Heymanns Verlag 2008

Bibliografische Information der Deutschen Bibliothek:
Die Deutsche Bibliothek verzeichnet diese Publikation in der Deutschen Nationalbibliografie; detaillierte bibliografische Angaben sind im Internet über http://dnb.ddb.de abrufbar.

Ein Unternehmen von Wolters Kluwer Deutschland

ISBN 978-3-452-26879-2
Satz: schwarz auf weiss, Berlin
Druck: Drukkerij Wilco, Amersfoort

Gedruckt auf säurefreiem und alterungsbeständigem Papier

Rolf Stober zum
11. Juni 2008

Peter Badura
Hartmut Bauer
Karsten Baumann
Wolf-Rüdiger Biernert
Gerrit Brauser-Jung
Martin Burgi
Sven Eisenmenger
Walter Frenz
Volkmar Götz
Ludwig Gramlich
Rolf Gröschner
Ulrich Häde
Felix Hammer
Dirk Heckmann
Stephan Hobe
Peter M. Huber
Ulrich Hufeld
Jörn Axel Kämmerer
Ulrich Karpen
Michael Kloepfer
Winfried Kluth
Franz-Ludwig Knemeyer
Stefan Korte
Otto Ernst Krasney
Wolfgang Maennig
Christina Maier
José Martinez Soria
Veith Mehde
Jürgen Möllering
Markus Möstl
Martin Müller
Harald Olschok
Marian Paschke
Andreas Peilert
Franz-Joseph Peine
Johann-Christian Pielow
Rainer Pitschas
Rainer Prätorius
Gerd Roellecke
Achim Rogmann
Michael Ronellenfitsch
Peter Salje
Wolf-Rüdiger Schenke
Utz Schliesky
Reiner Schmidt
Hans-Jörg Schmidt-Trenz
Friedrich Schoch
Achim Schunder
Wolfgang B. Schünemann
Peter Selmer
António Francisco de Sousa
Klaus Stern
Harald Stolzlechner
Stefan Storr
Kay Waechter
Libin Xie

Vorwort

Am 11. Juni 2008 feiert *Rolf Stober* seinen 65. Geburtstag. Aus diesem Anlass ehren ihn Freunde, Schüler und Wegbegleiter mit einer Festschrift, die thematisch seinem Hauptbetätigungsfeld, dem öffentlichen Wirtschaftsrecht, gewidmet ist. In den Autoren und Themen der Festschrift spiegelt sich der Reichtum des wissenschaftlichen und persönlichen Wirkens von Rolf Stober eindrucksvoll wider.

Rolf Stober wurde am 11. Juni 1943 in Baden-Baden als Sohn eines Steuerberaters geboren. Die badische Prägung ist ihm bis heute anzumerken. Eine 1961 aufgenommene kaufmännische Lehre schloss er 1963 mit dem Kaufmannsgehilfenbrief ab. Es folgten 1966 das Abitur an der Friedrich-List-Wirtschaftsoberschule in Mannheim und ab dem Sommersemester des gleichen Jahres das Studium der Rechtswissenschaft an den Universitäten Heidelberg und Mannheim. Nach dem Ersten Juristischen Staatsexamen am 6. Mai 1970 begann eine Tätigkeit als wissenschaftliche Hilfskraft und später als wissenschaftlicher Assistent am Lehrstuhl von *Gerd Roellecke*. In dieser Zeit entstand die Dissertation zum Thema »Schüler als Amtshelfer – dargestellt am Beispiel des Schülerlotsendienstes«, die ein Arbeitsfeld eröffnete, das *Rolf Stober* bis heute fruchtbar bestellt. Am 17. Januar 1973 wurde durch das Zweite Juristische Staatsexamen, abgelegt in Stuttgart, die juristische Ausbildung abgeschlossen.

In das Jahr 1973 fällt auch die Eheschließung mit *Barbara Klingbeil* am 23. Februar. Aus der Ehe gingen die Kinder *Ingo* und *Katja* hervor. Das mit dieser Ehe verbundene Glück kann jeder erfahren, der bei der Familie zu Gast ist oder dem Ehepaar Stober auf einer der zahlreichen Reisen begegnet. Das heimische Büro als bevorzugter Arbeitsort unterstreicht diesen Eindruck.

Im Anschluss an die Dissertation zog es *Rolf Stober* zunächst in die verwaltungsgerichtliche Praxis. Von Mai 1973 bis September 1975 war er als wissenschaftlicher Mitarbeiter beim Oberverwaltungsgericht Rheinland-Pfalz in Koblenz und als Richter beim Verwaltungsgericht Neustadt/Weinstraße tätig. Bereits zum Oktober 1975 wurde er auf eine Gründungsprofessur im Fachbereich Staats- und Verwaltungsrecht an die Fachhochschule für öffentliche Verwaltung in Stuttgart berufen. Zwei Jahre später nahm er einen Ruf auf eine Gründungsprofessur für das Lehrgebiet Öffentliches Recht an der Fachhochschule für öffentliche Verwaltung Nordrhein-Westfalen, Standort Köln, an.

Parallel zu diesen ersten beruflichen Betätigungsfeldern arbeitete *Rolf Stober* an der Habilitationsschrift zum Thema »Der Ehrenbeamte in Verfassung und Verwaltung«, die ebenfalls durch *Gerd Roellecke* betreut wurde. Die Habilitation mit der Verleihung der venia legendi für die Fächer Staatsrecht, Verwaltungsrecht, Verwaltungsprozessrecht und Verfassungsprozessrecht fand am 6. Februar 1979 durch die Rechtswissenschaftliche Fakultät der Universität Mannheim statt. Ihr folgten Lehrstuhlvertretungen an den Universitäten Tübingen und München.

Zum 27. Mai 1981 erhielt *Rolf Stober* den Ruf auf eine Professur für Öffentliches Recht am Fachbereich Rechtswissenschaft der Westfälischen Wilhelms-Universität Münster. An dieser Fakultät amtierte er 1989 und 1990 als Dekan.

Mit der Wiederherstellung der Deutschen Einheit unterstützte *Rolf Stober* zunächst die Juristenfakultät der Universität Leipzig. Am 23. Dezember 1991 erteilte die neu begründete Juristische Fakultät der Technischen Universität Dresden einen Ruf auf eine Gründungsprofessur Öffentliches Recht, insbesondere Verwaltungsrecht. Eine parallele Zusage der Ruferteilung auf eine Gründungsprofessur Öffentliches Recht an die Martin-Luther-Universität Halle-Wittenberg schlug er aus.

Am 20. Juni 1996 erfolgte schließlich der Ruf auf eine Gründungsprofessur für Recht der Wirtschaft, insbesondere Öffentliches Recht an die Universität Hamburg, verbunden mit der Bestellung zum Geschäftsführenden Direktor des Instituts für Recht der Wirtschaft sowie der Mitgliedschaft im Department Wirtschaftswissenschaft und der Fakultät für Rechtswissenschaft der Universität Hamburg. Seit dem Wintersemester 1998/1999 ist *Rolf Stober* als Lehrbeauftragter an der Universität Dortmund tätig, die ihm im Januar 2001 als Anerkennung die Ehrendoktorwürde verlieh.

Das akademische Wirken von *Rolf Stober* ist über den bereits sehr beeindruckenden Werdegang in der deutschen Hochschullandschaft durch eine im Laufe der Jahre zunehmende Zahl von Auslandsaktivitäten geprägt. Als Schwerpunkte lassen sich dabei China und Osteuropa ausmachen. In China sind seit 1996 zahlreiche Tätigkeiten als Gastprofessor und Kurzzeitdozent, beratende Tätigkeiten für den DAAD sowie die Mitwirkung im Rahmen des deutsch-chinesischen Rechtsdialogs zu verzeichnen. In Osteuropa sind die Tätigkeit an der Europäischen Humanistischen Universität Minsk, die ihm 2003 die Ehrendoktorwürde verlieh, sowie die Mitarbeit im Direktorium des Deutsch-Russischen Instituts für Wirtschaft und Recht an der Staatlichen Universität St. Petersburg zu nennen.

Das wissenschaftliche Werk von *Rolf Stober* findet seine Mitte in klassischen Themenfeldern des Staats- und Verwaltungsrechts, die er jedoch immer wieder mit einem sicheren Gespür für aktuelle Entwicklungen erweitert und fortentwickelt hat. So bildet seine frühe Studie zum Verwaltungshelfer am Beispiel der Schülerlotsen den Ausgangspunkt für eine Entwicklung, die bis zu dem aktuell bedeutsamen Themenfeld der Öffentlich-Privaten-Partnerschaften reicht, das *Rolf Stober* in dem von ihm fortgeführten großen Lehrbuch zum Verwaltungsrecht, neben anderen Bereichen des Allgemeinen Verwaltungsrechts, intensiv und innovativ bearbeitet hat. Im Bereich des Besonderen Verwaltungsrechts widmete er seine besondere Aufmerksamkeit neben dem Kommunalrecht vor allem dem Wirtschaftsverwaltungsrecht. Mit seinem zweibändigen Lehrbuch, das inzwischen in über vierzehn Auflagen erschienen ist und in spanischer, koreanischer, chinesischer, russischer und portugiesischer Übersetzung vorliegt, hat er nicht nur bei Studierenden eine herausragende Resonanz gefunden. Das Werk spiegelt vielmehr in seiner fachlichen und didaktischen Qualität sowie seiner schnellen Aufnahme aktueller Rechtsentwicklungen eindrucksvoll die Arbeitsleistung von *Rolf Stober* wider. Es dürfte kaum ein anderes Lehrbuch geben, das so häufig von Grund auf neu bearbeitet wurde und damit die Bereitschaft des Autors dokumentiert, sich neuen Entwicklungen der Wissenschaft und Praxis sowie den Bedürfnissen der Leserschaft zu stellen. Neben dem Lehrbuch, das jüngst durch die Herausgabe eines Sammelbandes zum deutschen und internationalen Wirtschaftsrecht ergänzt wurde, liegen aus der Feder von *Rolf Stober* zahlreiche Monographien, Aufsätze und Kommentierungen zu einzelnen Themen des öffentlichen Wirtschaftsrechts vor, die auch die internationalrechtliche Entwicklung einbeziehen. Arbeiten zum Gewerbe- und Handwerksrecht bilden dabei den Schwerpunkt und werden durch Beiträge zum Ladenschlussrecht, den verschiedenen Facetten des Kammerrechts sowie dem weiten Feld der Deregulierung im Wirtschaftsrecht abgerundet. In den letzten Jahren sind im Zusammenhang mit der Gründung der Forschungsstelle für Sicherheitsgewerbe (FORSI) zahlreiche Schriften und das von *Rolf Stober* mit herausgegebene Handbuch des Sicherheitsgewerberechts entstanden, das die systematische Erschließung des jungen Rechtsgebiets erheblich gefördert hat.

Immer wieder hat sich *Rolf Stober* auch Grundsatzfragen der Staats- und Rechtsordnung zugewendet. So hat er mit seiner Studie zum Thema »Grundpflichten und Grundgesetz« aus dem Jahr 1979 sehr früh eine Thematik behandelt, die bis in die Gegenwart hinein, wenngleich unter veränderten Überschriften, die öffentlichen und wissenschaftlichen Diskurse beherrscht. Privatisierung, Deregulierung und Globalisierung sind weitere Themenfelder, denen *Rolf Stober* jeweils zu einem sehr frühen Zeitpunkt seine Aufmerksamkeit geschenkt hat. Es verwundert deshalb nicht, dass seine Arbeiten auch im Ausland große Beachtung finden.

In der deutschen Tradition einer sich wechselseitig befruchtenden Einheit von Forschung und Lehre hat *Rolf Stober* seine Lehrtätigkeit an den Erwartungen der Hörerschaft ausgerichtet und immer wieder aktuelle wissenschaftliche Entwicklungen aufgegriffen. Aus den dabei erweckten Interessen ist manche Doktorarbeit hervorgegangen. Viele Arbeiten finden sich in den von *Rolf Stober* herausgegebenen Studien zum öffentlichen Wirtschaftsrecht wieder, die inzwischen 77 Bände umfassen. Damit nimmt diese 1986 begründete Reihe eine zentrale Stellung in den Publikationen zum öffentlichen Wirtschaftsrecht ein.

Die wissenschaftliche Arbeit von *Rolf Stober* war und ist immer durch einen deutlichen Praxisbezug gekennzeichnet. Man kann ihn deshalb ohne Übertreibung als Ideengeber und Vermittler zwischen Wissenschaft und Praxis bezeichnen. Dies spiegelt sich auch in zahlreichen Publikationen wider, die auf Rechtsgutachten beruhen oder Wissenschaftler und Praktiker als Autoren sinnvoll zusammenführen. Vor diesem Hintergrund wird deutlich, warum *Rolf Stober* sich selbst gerne als »Unternehmer-Professor« bezeichnet und für seine Hamburger Initiative zur Existenzgründung 1998 zusammen mit Kollegen einen Förderpreis des Bundesforschungsministeriums erhalten hat.

Rolf Stober hat seinen Wohnsitz in Münster auch nach den Rufen aus Dresden und Hamburg aus familiären Gründen nicht aufgegeben. In seinem Fall hat das Pendeln seine nachhaltige Präsenz am Hochschulort nicht gemindert, wie vor allem die zahlreichen Initiativen in Hamburg zeigen, die er unter anderem in Zusammenarbeit mit der Handelskammer Hamburg auf den Weg gebracht hat. Dazu tragen nicht zuletzt seine auf Körper und Geist bezogene Sportlichkeit und sein hohes Maß an Zuverlässigkeit in der Zusammenarbeit bei, das jeder erfahren konnte, der in gemeinsame Projekte mit *Rolf Stober* eingebunden war. Schließlich darf auch sein Humor nicht unerwähnt bleiben, der sich nicht nur in Gespräch und Vortrag, sondern auch in seinen beiden Publikationen humoristischer Art zeigt.

Rolf Stober hat durch sein wissenschaftliches Werk und persönliches Wirken viel bewegt. Dafür sind ihm nicht nur die Herausgeber und Mitwirkenden dieser Festschrift dankbar und wünschen ihm zum 65. Geburtstag alles Gute, vor allem Gesundheit und Wohlergehen verbunden mit der Hoffnung, dass er weiterhin anregend und anspornend auf seine Umgebung einwirkt.

Winfried Kluth *Martin Müller* *Andreas Peilert*

Inhalt

III. Deutsches Wirtschaftsverfassungsrecht

IV. Wirtschaftsverwaltungsrecht

V. Sicherheitsrecht

VI. Finanzen und Steuern

VII. Internationales

I. Grundlagen

Vom »Sinn und Zweck« der Grundrechte

Zur Methodendiskussion in der Grundrechtsdogmatik

GERD ROELLECKE

Bei allem Engagement für das Wirtschaftsverwaltungsrecht hat *Rolf Stober* die Bedeutung der Grundrechte für die Wirtschaft nie verkannt. Für ihn spiegeln die Grundrechte die Verantwortung von Unternehmen und Verbrauchern wider.[1] Deshalb ist die Auslegung der Grundrechte für die Wirtschaft unmittelbar erheblich. Zu Ehren *Rolf Stobers* soll daher versucht werden, den Auslegungstopos »Sinn und Zweck der Grundrechte« zu präzisieren.

Auslegung und Dogmatik der Grundrechte waren nie unumstritten.[2] Unter der Geltung des Grundgesetzes haben sie sich aber stabilisiert, besonders durch den verstetigenden Einfluss der Verfassungsgerichtsbarkeit. Als besondere, unangefochtene dogmatische Errungenschaft galt der Dreischritt für die Prüfung eines Grundrechtsverstoßes. In einem ersten Schritt wird geprüft, ob das Verhalten eines Einzelnen einem Lebensbereich zuzuordnen ist, der von einem Grundrecht geschützt wird (Schutzbereich), in einem zweiten, ob eine Maßnahme, die dieses Verhalten reguliert, als Eingriff in das Grundrecht zu werten ist, und in einem dritten, ob sich dieser Eingriff rechtfertigen lässt. Auch *Rolf Stober* hat das Schema seiner Darstellung der Grundrechte des Wirtschaftsverfassungsrechtes zugrunde gelegt. Merkwürdigerweise ist schwer festzustellen, wer das Schema wann entwickelt oder zuerst verwendet hat. Vermutlich gehört es zum Uraltbestand der dogmatischen Prüfungsschemata und stammt aus dem Rechtsgebiet, in dem von jeher Eingriffe besonders genau auf ihre Rechtmäßigkeit geprüft werden mussten, aus dem Strafrecht. Das Strafrecht hat mit dem Schema: Tatbestandsmäßigkeit, Rechtswidrigkeit und Schuld die Gründe für einen staatlichen Strafausspruch sachgerecht und zuver-

1 Vgl. *Stober* Allgemeines Wirtschaftsverwaltungsrecht, 15. Aufl. 2006, S. 121, und die Darstellung der wirtschaftlichen Entfaltungsfreiheit S. 130 ff sowie der Kommunikationsfreiheit S. 137 f.

2 Vgl. *Böckenförde* Grundrechtstheorie und Grundrechtsinterpretation, in: ders., Staat, Verfassung, Demokratie, 1991, S. 115–145; *ders.* Zur Lage der Grundrechtsdogmatik nach 40 Jahren Grundgesetz, Carl Friedrich von Siemens Stiftung, Themen XLVII, 1989; *ders.* Schutzbereich, Eingriff, verfassungsimmanente Schranken. Zur Kritik gegenwärtiger Grundrechtsdogmatik, Staat 42 (2003) 165 ff; instruktiv auch *Schmidt* Grundrechte – Theorie und Dogmatik seit 1946 in Westdeutschland, in: Simon (Hrsg.) Rechtswissenschaft in der Bonner Republik, 1994, S. 188 ff; *Ladeur* Kritik der Abwägung in der Grundrechtsdogmatik, 2004, bes. S. 19–30.

lässig zu systematisieren versucht.[3] Das würde die Überzeugungskraft des grundrechtlichen Schemas erklären, erläutert aber vor allem die Bedeutung der jüngeren Kritik an diesem Schema. Sie rührt an die Grundlagen der Grundrechtsdogmatik.

I. Vorrang der Grundrechte und einfaches Recht

Die Kritik[4] rügt die Variabilität der einzelnen Prüfungsschritte und ihre Auswirkungen auf das Ergebnis der gerichtlichen Entscheidungen. Je nachdem, ob man den Schutzbereich, den Eingriffsbegriff oder die Rechtfertigungsmöglichkeiten enger oder weiter fasse, könne man den Grundrechtsschutz einschränken oder ausweiten. Das werde besonders deutlich bei den Grundrechten ohne Gesetzesvorbehalt wie bei der Kunst- und Wissenschaftsfreiheit (Art. 5 Abs. 3 GG). Da aber auch solche Grundrechte Grenzen haben müssten, habe die Rechtsprechung verfassungsimmanente Schranken entwickelt, die sich unmittelbar aus der Verfassung ergeben sollen. Damit sei unklar geworden, wie sich die verfassungsimmanenten Schranken zur Gesetzgebung verhielten.[5] Im Ergebnis seien nach diesem Konzept die Grundrechte ohne Gesetzesvorbehalt, die der Verfassungsgeber besonders fest sichern wollte, mindestens so leicht einschränkbar wie Grundrechte mit Gesetzesvorbehalt.[6]

Um dieser dogmatischen Schwierigkeit zu begegnen, wollen *Ernst-Wolfgang Böckenförde*[7] und *Wolfgang Hoffmann-Riem*[8] im Prüfungsschema den Schutzbereich durch eine neue Figur ersetzen oder ergänzen: den Gewährleistungsgehalt. Sie unterscheiden zwischen dem realen »Sach- und Lebensbereich«, auf den sich ein Grundrecht beziehe, und dem rechtlichen Inhalt, den das Grundrecht gewährleiste. Ein häufig zitiertes Beispiel ist der Fall des »Sprayers von Zürich«, der private und öffentliche Gebäude mit seinen Kunstwerken besprüht hatte und deshalb wegen Sachbeschädigung angeklagt wurde. Das Bundesverfassungsgericht[9] meinte, die

3 Der Anfang wird in der Trennung von materiellem Strafrecht und Strafverfahrensrecht zu suchen sein. Codex Juris Bavarici Criminallis von 1751 1. Teil 1. Kapitel §§ 3 und 4, abgedruckt bei *Buschmann* Textbuch zur Strafrechtsgeschichte der Neuzeit, 1998, S. 179 ff, legen bereits die Unterscheidung nahe.

4 Gute Darstellungen bei *Volkmann* Veränderungen der Grundrechtsdogmatik, JZ 2005, 261 ff; *Murswiek* Grundrechtsdogmatik am Wendepunkt? Staat 45 (2006) 473 ff.

5 Speziell zu dieser Frage *Kriele* Grundrechte und demokratischer Gestaltungsspielraum, HStR V, 1992, § 110 Rn 69.

6 Nach *Böckenförde* (Fn 2) Staat 42 (2003) 167–170. Ähnlich *Hase* Freiheit ohne Grenzen? in: Depenheuer/Heintzen/Jestaedt/Axer (Hrsg.) Staat im Wort. FS Josef Isensee, 2007, S. 549 ff; siehe auch *Heckel* Vom Religionskonflikt zur Ausgleichsordnung, 2007, S. 51.

7 *Böckenförde* Fn 2) Staat 42 (2003) 174.

8 *Hoffmann-Riem* Grundrechtsanwendung unter Rationalitätsanspruch. Eine Erwiderung auf Kahls Kritik an neueren Ansätzen in der Grundrechtsdogmatik, Staat 43 (2004) 203, 226 ff.

9 BVerfG (Vorprüfungsausschuss) NJW 1984, 1293 ff.

Graffiti seien zwar Kunst (Sach- und Lebensbereich), die Kunstfreiheit gewähre aber keine Befugnis, auf fremdes Eigentum zuzugreifen (konkreter Gewährleistungsinhalt).

Diesem Schema hat man sofort das Argument entgegengehalten, das die Diskussion erst in Gang gebracht hat. Eine Änderung, Einschränkung oder Aufteilung des Schutzbereichs verkürze Freiheitsrechte und Rechtsschutz und beeinträchtige die Rationalität der Begründung oder Ablehnung von Grundrechtsverstößen.[10] Das ist zwar nicht ganz unbedenklich,[11] zielt aber auf eine treffende Frage: Was ist mit der Prüfungsstufe »Gewährleistungsgehalt« eigentlich gewonnen? Ob ein Handeln im »Sach- und Lebensbereich« eines Grundrechtes anzusiedeln ist, muss weiterhin entschieden werden, und zwar gerade, wenn man Lebensbereich und Gewährleistung trennen will. Dabei können die Gerichte den »Sach- und Lebensbereich«, wie früher den Schutzbereich, weiter oder enger fassen, mit der Folge, dass der Grundrechtsschutz weiter oder enger zu werden scheint, ebenso den Eingriff und die Rechtfertigung. In dieser Sicht wäre die Erweiterung oder Ergänzung des Prüfungsschemas um einen Gewährleistungsgehalt nur eine weitere Möglichkeit, den Grundrechtsschutz mit Hilfe einer anerkannten Methode zu variieren. Für die Voraussehbarkeit von Entscheidungen im Grundrechtsbereich wäre indessen nichts gewonnen. Aber *Böckenförde* hat die möglichen Einwände gegen sein Konzept selbst am besten formuliert.[12] Er verteidigt es mit der Erwägung, die Erweiterung des Prüfungsschemas erlaube es, den spezifisch normativen Gehalt der Grundrechte genauer zu berücksichtigen. Ähnlich geht es für *Hoffmann-Riem*[13] »um den begrifflichen Zugriff auf das gesamte nach aktuellem Grundrechtsverständnis in einer Grundrechtsnorm enthaltene normative Programm«. Beide Autoren wollen jedenfalls, dass die Gerichte die Grundrechte problemangemessener auslegen. Es ist jedoch zweifelhaft, ob das durch eine Änderung des Prüfungsschemas erreicht werden kann.

Prüfungsschemata haben den Sinn, es zu ermöglichen, die Überfülle an Stoff, die jeder Grundrechtskonflikt bietet, zusammenzufassen, zu gliedern und zu vereinfachen. Ein Indiz für diese Funktion ist, dass man das Schema auf drei Worte reduzieren kann, ohne es zu verfälschen. Schutzbereich-Eingriff-Rechtfertigung kann sich jeder merken. Die drei Worte spiegeln zugleich eine typische Fallstruktur im Grundrechtsbereich wieder. Wenn man sich auf ihren Inhalt konzentriert, sieht man etwas noch Wichtigeres. Die Worte zeigen unterschiedliche Sichtweisen oder Standpunkte an. Beim Schutzbereich prüft ein distanzierter Beobachter die Einordnung und die Anschlüsse des Grundrechtes an die gesamte Gesellschaft. Beim Eingriff nimmt der Beobachter den Standpunkt des Grundrechtsträgers ein und bei der

10 *Kahl* Vom weiten Schutzbereich zum engen Gewährleistungsgehalt. Kritik einer neuen Richtung der Grundrechtsdogmatik, Staat 43 (2004) 167, 184 ff.

11 *Murswiek* Grundrechtsdogmatik (Fn 4) S. 484 ff.

12 *Böckenförde* (Fn 2) Staat 42 (2003) 185 ff.

13 *Hoffmann-Riem* (Fn 8) Staat 43 ((2004) 226.

Rechtfertigung den Standpunkt des Beeinträchtigenden. Das Schema verbindet alle drei Sichtweisen zu einer Art Verfahren und erlaubt und gebietet damit den Wechsel der Sichtweisen. Grundlage ist ein durch den Inhalt eines Grundrechtes begrenzter Ausschnitt aus der gesellschaftlichen Wirklichkeit. Der Eingriff markiert die Position des »Klägers«, die Rechtfertigung die des »Beklagten«. In dieses Schema passt ein »Gewährleistungsgehalt« offensichtlich nicht. Man kann sich die Perspektive kaum vorstellen, die das Wort meint.

Sollte so etwas wie eine vernünftige, realistische oder umfassende Auslegung der einzelnen Grundrechte gemeint sein, so ist eine Änderung des Prüfungsschemas nicht der richtige Weg. Ein Prüfungsschema ist eine dogmatische Konstruktion für eine unbestimmte Vielzahl von Fällen und soll die wesentlichen Umstände verdeutlichen. Selbstverständlich beeinflusst es die Auslegung einzelner Normen und die Auslegungstrends in einem ganzen Rechtsgebiet. Im Strafrecht urteilt man mit Sicherheit härter, wenn man nur die Faktizität der oft schrecklichen Tat kennt und nicht zwischen Tatbestandsmäßigkeit, Rechtswidrigkeit und Schuld unterscheiden muss. Es ist kaum abzuschätzen, wie viele Straftäter jener Unterscheidung ihr Leben verdanken. Aber obwohl der Zusammenhang zwischen strafrechtlichem Prüfungsschema und Strafpraxis einigermaßen plausibel, wenn auch statistisch nicht belegbar ist, ist – soweit ersichtlich – noch niemand auf den Gedanken gekommen, das Schema für eine bestimmte Strafpraxis verantwortlich zu machen oder es im Sinne einer Straftheorie zu modifizieren gar zu versuchen, die Strafpraxis über eine Änderung des Schemas zu beeinflussen. Von Methoden wie den Prüfungsschemata wird erwartet, dass sie »ergebnisneutral« und »unparteiisch« sind. Objektiv können sie das zwar nicht sein.[14] Man kann immer Entscheidungsergebnisse gegen die Methoden ihrer Begründung ausspielen und umgekehrt. Aber wer sich an einer methodischen Diskussion beteiligt, muss wenigstens so tun, als erkenne er die Ergebnisneutralität der Methoden an. Sonst macht er die Methoden unbrauchbar und schließt dadurch Einigungen von vornherein aus. Eine Methode funktioniert eben nur, wenn ihre »Neutralität« nicht in Frage gestellt[15] oder wenigstens eine deutlich bessere Alternative angeboten wird. Beides hat die Kritik am grundrechtlichen Prüfungsschema nicht getan. Sie hat nur ein Unbehagen an der Begründungspraxis des Bundesverfassungsgerichtes gegen das Prüfungsschema gewendet. Deshalb kann man nicht erkennen, wo der Erkenntnisgewinn der Kritik über die Einsicht hinaus liegt, dass alle methodischen Prämissen politisch-moralisch kritisierbar sind.

Eine Gegenprobe ergibt das gleiche Bild. Man kann die häufig zitierten Fallbeispiele – hier nach der Aufzählung von *Volkmann*[16] – daraufhin befragen, wie sie nach dem üblichen Dreischrittschema zu prüfen gewesen wären. Dann zeigt sich im

14 Näher *Roellecke* Grundfragen der juristischen Methodenlehre und die Spätphilosophie Ludwig Wittgensteins, in: Ritterspach/Geiger (Hrsg.) FS Gebhard Müller. Zum 70. Geburtstag des Präsidenten des Bundesverfassungsgerichts, 1970, S. 323 ff, 328 f.

15 Treffend *Kriele* (Fn 5) HStR V § 110 Rn 29.

16 *Volkmann* (Fn 4) JZ 2005, 266.

Falle des Sprayers von Zürich:[17] Die Graffiti fielen in den Schutzbereich der Kunstfreiheit, die strafrechtliche Ahndung war ein Eingriff, der aber durch die für alle geltende Strafdrohung gerechtfertigt war. Ähnlich im Glykol-Beschluss:[18] Der Handel mit Wein fällt in den Schutzbereich der Berufsfreiheit. Die Veröffentlichung einer Liste mit glykolhaltigen Weinen ist ein Eingriff, weil sie die Marktchancen der Weine berührt. Der Eingriff ist aber aus Gründen der Markttransparenz, des fairen Wettbewerbes und möglicher Gefahren für die Volksgesundheit gerechtfertigt. Schließlich kann man auch im Hinblick auf den Protest der Sinti und Roma auf der Autobahn vor Basel[19] mit Leichtigkeit ähnlich argumentieren. Die Versammlung der Sinti und Roma fiel unter die Versammlungsfreiheit. Ihre Bestrafung wegen Nötigung war ein Eingriff, der aber offenkundig rechtmäßig war. Autobahnen sind keine Fußgängerzonen, sondern dem schnellen Kraftfahrzeugverkehr gewidmet, wie natürlich auch Sinti und Roma wissen. In allen Fällen ist die Anwendbarkeit des herkömmlichen Schemas so deutlich, dass man sich fragen muss, woher eigentlich die Zweifel rühren.[20] Wahrscheinlich stammen sie aus dem materiellen Recht. Der Verfasser würde sie in der Politisierung mancher Grundrechte suchen, zum Beispiel der Versammlungsfreiheit.[21] Vor allem würde er nachschauen, wie es mit der Berücksichtigung der trivialen Regel steht, dass die Grundrechte von keinem einzigen Satz des geltenden Rechtes entbinden, weder vom Strafrecht noch vom Wirtschaftsrecht noch vom Straßenverkehrsrecht.[22] Das Prinzip hat schon Art. 4 der französischen Erklärung der Menschen- und Bürgerrechte vom August 1789 treffend formuliert: »So hat die Ausübung der natürlichen Rechte eines jeden Menschen nur die Grenzen, die den anderen Gliedern der Gesellschaft den Genuss der gleichen Rechte sichern. Diese Grenzen können allein durch Gesetz festgelegt werden«.[23] Es kommt auch nicht auf den Rang des Rechtes an. Die Universitäten können sich natürlich auf die Wissenschaftsfreiheit berufen, müssen sich aber jeder rechtmäßigen ministeriellen Anordnung fügen und sich an die eigene Geschäftsordnung halten. Gälte diese Regel nicht, geriete das gesamte Rechtssystem durcheinander. Darin steckt natürlich eine Paradoxie, die aufgehoben werden muss. Das einfache Recht steht im Rang unter den Grundrechten und soll die Grundrechte doch begrenzen.[24] Aber das ist kein Problem der Methode, sondern eines der Dogmatik. Methode kann das Problem allenfalls invisibilisieren, was freilich bereits eine Entlastung ist.

17 BVerfG (Kammer) NJW 1984, 1293.
18 BVerfGE 105, 252, 265 ff.
19 BVerfGE 104, 92, 98, 101.
20 Dazu eindringlich *Böckenförde* (Fn 2) Staat 42 (2003) unter II.
21 BVerfGE 69, 315, 343 – *Brokdorf*; dazu BVerfG (Kammer) NJW 2001, 2459, 2460 – *Love Parade*.
22 Dazu jüngst wieder eindringlich *Hase* (Fn 6) S. 558 mwN.
23 Der Parlamentarische Rat hatte eine ähnliche Formulierung für die allgemeine Handlungsfreiheit vorgesehen; vgl. *Böckenförde* (Fn 2) Staat 42 (2003) S. 188 Fn 90.
24 Dazu grundlegend *Jestaedt* Grundrechtsentfaltung im Gesetz, 1999.

Andererseits muss die Auslegung der Grundrechte verstetigt werden. Der Gleichbehandlungsgrundsatz gilt auch in der Zeit. Mindestens verpflichtet er die Gerichte zu einem erhöhten Begründungsaufwand, wenn sie von ihrer eigenen Rechtsprechung abweichen wollen. Bei der Verstetigung kommt es natürlich auf die Erwartungen der Betroffenen an. In einer modernen Ordnung des positiven Rechts müssen sich aber alle Erwartungen an den schriftlichen Fixierungen der Normen, das heißt, am positiven Gesetz orientieren. Sonst wären Normänderungen folgenlos. Allerdings weiß man nicht genau, wie Texte auf die Erwartungen und das Verhalten der Normadressaten wirken. Aber das ist eine andere, eine soziologische Frage. Wenn man die Auslegung von Grundrechten behandelt, muss man jedenfalls unterstellen, dass Texte etwas bewirken, das im Sinne ihrer Verfasser liegt. Insofern kommt es auf die Texte an. Die Unterstellung befreit jedoch nicht davon, sich der Schwierigkeiten zu vergewissern, die das Medium der Sprache jedem Versuch entgegensetzt, die Bedeutungen von Worten festzuzurren.

II. DIE SPRACHABHÄNGIGKEIT METHODISCHER REGELN

Ludwig Wittgenstein hat das Problem an Sprachspielen verdeutlicht. Dafür ein Beispiel: »Wie erkenne ich, dass diese Farbe Rot ist? – Eine Antwort wäre: ›Ich habe Deutsch gelernt‹«.[25] Das bedeutet, die Sinnbreite selbst einfacher Bezeichnungen ist praktisch unendlich. Kompliziertere Bezeichnungen kann man daher nicht abstrakt festlegen. Die Differenz zwischen Sprache und Wirklichkeit ist nicht zu überbrücken. Das kann auch nicht anders sein. Wäre die Bedeutung von Wörtern weniger variabel, eignete sich die Sprache auch weniger als allgemeines Kommunikationsmedium. Nationalsprachen zum Beispiel wären nicht möglich. Diese Überlegung zeigt freilich zugleich, dass die Differenz zwischen Sprache und Wirklichkeit für die Auslegung nicht als solche, sondern nur unter dem Aspekt der Bedeutungssicherheit relevant ist. Wenn wir das Verhältnis von Sprache und Wirklichkeit thematisieren, hoffen wir, dass die Wirklichkeit die Bedeutungssicherheit erhöht. Diese Hoffnung ist trügerisch. Sie belegt nur, dass es lediglich darauf ankommt, die Wortbedeutungen sicherer zu machen. Da wir ohne Sprache nicht auskommen, gibt es dafür nur einen Weg. Man muss die Texte mit Bedeutung anreichern, indem man sie mit weiteren Texten erweitert, bis die Bedeutung der Worte hinreichend belastbar ist und Abweichungen als Komik, Provokation oder Irrsinn erscheinen.

In diesem Sinne hat man Interpretation immer praktiziert. Die Meinungen anerkannter Multiplikatoren oder Autoritäten wie des Bundesverfassungsgerichtes sind wichtige Auslegungshilfen. Die Katholische Kirche nimmt bei der Auslegung der Bibel nicht ohne Grund ein Lehramt in Anspruch. *Luther*[26] hielt das allerdings für

25 *Wittgenstein* Philosophische Untersuchungen (1958), deutsch 1967, S. 147 Nr. 381.
26 Vgl. vor allem Sendbrief vom Dolmetschen (1530), hrsg. von Karl Bischoff, 2. Aufl. 1965.

unvereinbar mit der Göttlichkeit des Wortes und verlangte deshalb, allein die Schrift zu berücksichtigen. Nur sie enthalte Wahrheit. Das ist eine Vorwegnahme des juristischen Gesetzespositivismus, der auch meint, das Gesetz spreche sich selbst aus. *Luthers* großer theologischer Widersacher *Thomas Morus* hat ihm allerdings bereits entgegnet: wenn *Luther* recht hätte, hätte er nicht nur den damals regierenden Papst delegitimiert, sondern die Organisation der Kirche überhaupt und damit ihre Existenz in den ersten fünfzehnhundert Jahren. Das heißt, das sola-scriptura-Prinzip sei mit der Geschichtlichkeit des Christentums nicht vereinbar.[27] Das Problem der Geschichtsgebundenheit aller Texte muss in der Tat auch für die Auslegung der Grundrechte gelöst werden. Ein dem päpstlichen Lehramt vergleichbares verfassungsjuristisches Lehramt zum Beispiel des Bundesverfassungsgerichtes wäre keine Lösung, wenngleich es gelegentlich tunlich ist, die Methodendiskussion an ihre politische Relevanz zu erinnern.

Auch für die Weise, bestehenden Texten weitere Texte hinzuzufügen, gibt es uralte Verfahren. Man kann jeden Text mit *Quintilian* befragen: wer, was, wo, mit wessen Hilfe, warum, wie, wann? Im 18. Jahrhundert sagte man: »Interpretatio legum – Historica, Etymologica, Analogica, Practica«.[28] Heute pflegt man Grundrechtstexte nach sieben Gesichtspunkten zu erweitern: Wortsinn, Analyse, System, Geschichte, Entstehung, Analogie und »Sinn und Zweck«.[29] Für all diese Verfahren gilt: sie sind Sprache und daher allen Risiken und Chancen der Sprache ausgesetzt. Im Verhältnis zu den materiellen Regeln kann man sie zwar als Meta-Sprache verstehen. Aber darin liegt kein Gewinn an Bedeutungssicherheit. Meta-Sprachen erleichtern in der Regel das Sortieren von Bedeutungen. Sie können Kontexte verdichten, aber Deutungen wie Missdeutungen vorbereiten. Die Offenheit der Sprache können sie nicht verändern, wenn es auch richtig ist, dass unbestimmte, weiche Inhalte eine feste Grundlage für harte Formen sein können. Insofern ist *Böckenfördes* Verteidigung des Gewährleistungsgehaltes plausibel.

Auch die Auslegung nach »Sinn und Zweck« wird als methodische Regel geführt.[30] Sie verweist aber bereits darauf, dass die Gesellschaft die Bedeutung eines Textes auch annehmen muss. Im Übrigen setzt sie den Text als verstanden voraus und beginnt insofern, sich vom Text zu lösen. Man kann »Sinn und Zweck« daher eine besondere sinnstiftende Kraft zusprechen, die sich auch bei der Grundrechtsauslegung bewähren müsste. Deshalb soll »Sinn und Zweck« hier als Beispiel für die stabilisierende Wirkung einer methodischen Regel diskutiert werden.

27 Näher *Berglar* Die Stunde des Thomas Morus, 2. Aufl. 1979, S. 98 f.

28 *Hamilton* Parliamentary Logick (1808), deutsch: Die Logik der Debatte, übersetzt und herausgegeben von Gerd Roellecke, 4. Aufl. 1991, S. 69.

29 Im einzelnen *Ossenbühl* Grundsätze der Grundrechtsinterpretation, in: Merten/Papier (Hrsg.) Handbuch der Grundrechte, Bd. I, 2004, § 15 Rn 7 ff.

30 *Starck* Auslegung und Fortbildung der Verfassung und des Verfassungsprozessgesetzes durch das Verfassungsgericht, in: Depenheuer/Heintzen/Jestaedt/Axer (Hrsg.) Staat im Wort. FS Josef Isensee, 2007, S. 215 ff, 216 f.

III. METHODE UND DAS ZUHÖCHSTSEIN DER VERFASSUNG

Als erstes drängt sich die Frage auf, wie »Sinn und Zweck« der Grundrechte festgestellt werden können. Bei einfachen Gesetzen erscheint die Antwort klar. Der Gesetzgeber hat »Sinn und Zweck« genannt. Wenn nicht, kann man vermuten, dass er einen Zweck verfolgt hat und die Inhalte aus seinen Äußerungen destillieren. Das ist zwar ein fragwürdiges Konzept, schon weil im demokratischen Gesetzgebungsverfahren viele Mitwirkende ihre Absichten anmelden. Aber immerhin gibt es Stimmen, die sich zur Sache äußern, und eine Instanz, die im Gesetz etwas über das Gesetz sagen kann.

Auf der Ebene der Verfassung kann man jedoch nicht in dieser Weise argumentieren. Die Verfassung ist die höchste positive Rechtsnorm. Über ihr gibt es keine Instanz und keine Norm, die sie rechtfertigen könnten. Die »verfassunggebende Gewalt« kennzeichnet in der Tat nur die Grenze des Verfassungsrechtes.[31] Sie ist eine Konstruktion, die eine Verfassung legitimieren soll, wie der zweite Absatz der Präambel des Grundgesetzes belegt: »[...] hat sich das Deutsche Volk kraft seiner verfassunggebenden Gewalt dieses Grundgesetz gegeben«. Der Legitimationsversuch muss aber misslingen, weil er sich gegen die wirkliche Geschichte nur schwer behaupten kann. Die Entstehungsgeschichte des Grundgesetzes hat denn auch zu massivem Zweifel an der Legitimation des Grundgesetzes geführt,[32] wie früher schon die Entstehungsgeschichte der französischen Revolutionsverfassungen.[33] *Hegel*[34] hat das Problem bereits gesehen und richtig gelöst: »Überhaupt aber ist es schlechthin wesentlich, dass die Verfassung, obgleich in der Zeit hervorgegangen, *nicht als ein Gemachtes* angesehen werde; denn sie ist vielmehr das schlechthin an und für sich seiende, das darum als das Göttliche und Beharrende und als über der Sphäre dessen, was gemacht wird, zu betrachten ist«. Die Legitimation einer Verfassung besteht also darin, dass sie sich »entzeitet«,[35] aus der Zeit löst. *Hegel* hat das noch etwas altväterisch als Sichtweise beschrieben. Inzwischen hat *Stephan Kirste*[36] die Selbstlegitimation einer Verfassung genauer analysiert. Verfassunggebung setze Anfänge. Sie bestimme das Selbst des Volkes neu und binde für die Zukunft, indem sie das Jetzt und das Morgen beschreibe. Die Vergangenheit wird ausgeblendet und

31 *Böckenförde* Die verfassunggebende Gewalt des Volkes – Ein Grenzbegriff des Verfassungsrechtes, in: ders., Staat, Verfassung, Demokratie, 1991, S. 90 ff, 91.

32 Näher *Mußgnug* Zustandekommen des Grundgesetzes und Entstehen der Bundesrepublik Deutschland, HStR I, 3. Aufl., 2003, § 8 Rn 51.

33 Vgl. den Spott *de Toquevilles* Der alte Staat und die Revolution (1856), deutsch 1978, S. 68.

34 *Hegel* Grundlinien der Philosophie des Rechts, § 273, in: Hegel, Werke in zwanzig Bänden, Bd. 7, 1970, S. 439.

35 Nach *Schenke* Verfassung und Zeit – von der »entzeiteten« zur zeitgeprägten Verfassung, AöR 103 (1978) 566.

36 *Kirste* Verfassunggebung als Anfang des Rechts – zeitlich symmetrische Selbstbestimmung und asymmetrische Selbstbindung, JöR 56 (2008) (im Druck) unter III.

damit weitere Alternativen zum geltenden Verfassungsrecht. Der Anfang wird durch den Ewigkeitsanspruch, mit dem Verfassungen aufzutreten pflegen, auf Dauer gestellt.[37] Verfassungen wollen immer gelten, auch wenn die Änderung von Einzelheiten nicht ausgeschlossen ist. Der Ewigkeitsanspruch erklärt den Anfang für unverrückbar und damit zum Maßstab für alle Rechtsänderungen. Er ist die Zukunft des Anfangs.

Um Belege braucht man sich kaum zu bemühen. »Alle Menschen sind von Natur aus in gleicher Weise frei und besitzen bestimmte angeborene Rechte, welche sie Ihrer Nachkommenschaft durch keinen Vertrag rauben oder entziehen können, wenn sie eine staatliche Verbindung eingehen«, beginnt Abschnitt 1 der Grundrechte von Virginia von 1776. Die Präambel der französischen Erklärung der Menschen- und Bürgerrechte von 1789 bezieht sich auf »die natürlichen, unveräußerlichen und heiligen Rechte der Menschen«. Ähnlich Art. 1 Abs. 2 GG. Darüber hinaus erklärt die Ewigkeitsklausel des Art. 79 Abs. 3 GG die Bundesstaatlichkeit, die Rechtsstaatlichkeit, die Demokratie und »grundlegende Gerechtigkeitspostulate«[38] der Bundesrepublik für unberührbar.

Der Ewigkeitsanspruch, mit dem jede Verfassung auftreten muss, erklärt, dass die »klassische« Methode der Gesetzesauslegung nach Wortsinn, Entstehungsgeschichte, logisch-systematischem Zusammenhang und Normzweck bei Verfassungstexten nicht richtig funktioniert. Insbesondere kann man den »Willen des Verfassunggebers« schlecht konstruieren.[39] Wenn man die Grundrechte mit den einfachen Gesetzen vergleicht, wird das besonders deutlich. Natürlich sind Grundrechte in ausformulierten Texten festgehalten. Aber daraus empfangen sie nicht ihren Rang und ihre Würde, sondern daraus, dass sie »normative Antworten auf Bedrohungen der menschlichen Selbstbestimmung [sind], die in unterschiedlichen historischen Epochen hervorgetreten sind und gegen die der Schutz der Grundrechte erkämpft worden ist«.[40] Der Rückgriff in die Geschichte ist in der Tat eine Möglichkeit, »Sinn und Zweck« der Grundrechte festzustellen. Er bedarf aber der Präzisierung. An *Ossenbühls* Verweis auf die Geschichte fällt auf, dass er »Bedrohungen der menschlichen Selbstbestimmung« in das Zentrum der Entwicklung stellt. Das entspricht ungefähr dem vorherrschenden Grundrechtsverständnis, weckt in historischer Sicht aber Zweifel. Erste Keime der Religionsfreiheit haben sich im Augsburger Religionsfrieden von 1555 gezeigt, dienten aber nicht der menschlichen Selbstbestimmung, sondern dem konfessionellen Frieden.[41] Die britische Bill of Rights von 1689 fordert unter I 9 die Freiheit der Rede nicht um der Selbstdarstellung der Person, sondern unzweifelhaft um der Funktionsfähigkeit des Parlamentes willen:

37 Näher *Roellecke* Ewigkeit im Kontext der Rechtfertigung von Verfassungen, in: Magiera/Sommermann/Ziller (Hrsg.) FS Siedentopf zum 70. Geburtstag, 2008 (im Druck).
38 BVerfGE 84, 90, 121 – *besatzungsrechtliche Enteignungen in der DDR*.
39 Vgl. *Heun* Original Intent und Wille des historischen Verfassungsgebers, AöR 116 (1991) 185 f.
40 *Ossenbühl* (Fn 29) § 15 Rn 25; ähnlich *Böckenförde* (Fn 2) Staat 42 (2003) 174.
41 Instruktiv *Heckel* Vom Religionskonflikt zur Ausgleichsordnung, 2007, S. 10.

»Die Freiheit der Rede, der Debatten und des Verfahrens im Parlament soll nicht vor irgendeinem Gerichtshof oder einer Stelle außerhalb des Parlaments verfolgt oder untersucht werden«.

IV. DIE PRÄZISIERUNG VON »SINN UND ZWECK«

Den »Sinn und Zweck« der Grundrechte im Freiheitsschutz zu sehen, liegt freilich nahe. Einmal kann man an den Wortlaut der Verfassungstexte anknüpfen, und zum anderen gehört die »Freiheit der Person« zu den Strukturbedingungen der modernen Gesellschaft. Die moderne Gesellschaft orientiert sich an Funktionen, an Problemlösungsvergleichen oder – ungenauer – am Leistungsprinzip. Problemlösungen verlangen, den zu finden, der »es am besten kann«. Diese Suche setzt Freiheit, Gleichheit und Gerechtigkeit voraus. Diese wiederum fordern Beweglichkeit der individuellen Personen. Denn in den Individuen fallen die Entscheidungen über Problemlösungen bis hin zu den gesellschaftlichen Grundproblemen: Religion, Politik, Recht, Wirtschaft und so fort. Diese Entscheidungen hängen davon ab, dass sie frei im Sinne des Art. 4 der französischen Erklärung der Menschen- und Bürgerrechte von 1789 sind: »Die Freiheit besteht darin, alles tun zu können, was einem anderen nicht schadet«.

Gegen diese Überlegungen könnte man einwenden, sie verließen den Freiheitsbereich, weil sie Freiheit in der Perspektive der Gesellschaft instrumentalisierten. Dieser Einwand ist berechtigt. Nur ist zu fragen, welchen Sinn Freiheit erhält, wenn man ihren gesellschaftlichen Sinn ausblendet. Der Begriff wird nicht leer. Die Kommunikationspartner müssen ihm irgendeinen Sinn beilegen. Aber Freiheit wird insofern selbstbezüglich, als sie sich auf den Text beziehen muss, von dem sie ausgeht. Zur Freiheit der Person, des Glaubens, der Meinung, der Versammlung und so weiter gewinnt man mit einem abstrakten Freiheitsbegriff allenfalls dann neue Inhalte, wenn man die abstrakte Freiheit näher beschreibt. Das geschieht jedoch in der Regel nicht. Die Beschreibung zwänge auch zu einer Auseinandersetzung mit dem Wandel der Gesellschaft. Noch im 18. Jahrhundert bezeichnete »Freiheit« in Deutschland einen Stand, gleichsam eine – meist führende – Rolle in einer von Gott geordneten Welt. Erst seitdem hat sich der Begriff mit der Rückendeckung der Schulphilosophie unter dem Druck der Forderung nach mehr Gleichheit zur Freiheit im Sinne des Tun-und-Lassens-was-man-will entwickelt. Dabei wurden Gleichheit und Recht immer mitgedacht, schon weil es der Begriffstradition entsprach.[42] Der neue, selbstreferentielle Freiheitsbegriff löste den Widerspruch zwischen dem verfassungsmäßigen Vorrang der Grundrechte und der Allgemeinheit

42 Vgl. *Dipper* Ständische Freiheit: Jura et libertates, und *Klippel* Der politische Freiheitsbegriff im modernen Naturrecht, darin besonders: Politischer Freiheitsbegriff und ständische Freiheiten, in: Brunner/Conze/Koselleck (Hrsg.) Geschichtliche Grundbegriffe, Bd. 2, 1975, S. 446 und S. 469, 485.

des einfachen Rechtes nicht, aber er invisibilisierte ihn. Die Inhaltlosigkeit der abstrakten Freiheit bewirkte, dass auch die Gleichheit, die Rechte der Anderen und das Gemeinwohl zu verschwimmen begannen und die Grundrechtsschranken großzügig verschoben werden konnten, ohne dass ein Widerspruch einen Ansatz fand. Es sei nur ein Beispiel genannt. Das *Lüth*-Urteil[43] hat dem Senatsdirektor Lüth in seinem Rechtsstreit mit dem Jud-Süß-Regisseur *Veit Harlan* Recht gegeben, weil Lüth eine politisch-korrekte, antifaschistische Meinung geäußert hat. Das entsprach nicht dem Sinn der Meinungsfreiheit, ist aber kaum aufgefallen, weil das Bundesverfassungsgericht von einem abstrakten Freiheitsbegriff ausgegangen ist und deshalb unbehelligt von Widersprüchen eine »richtige« Ordnung der Meinungen konstruieren konnte, in der Lüth Recht behielt.

Die derzeitige Methodendiskussion ist ein Versuch, diese Beliebigkeit auszuschließen oder wenigstens zu vermindern. Wenn man aus Praktikabilitätsgründen die »klassischen« Auslegungsgesichtspunkte beibehalten will, kommt es darauf an, die Gewinnung von »Sinn und Zweck« so zu präzisieren, dass Wahlmöglichkeiten eingeschränkt werden. Da aber gerade die Berufung auf eine abstrakte Freiheit unendlich viele Möglichkeiten zulässt, muss man auf diese Berufung verzichten, wenn man die Grundrechtsauslegung vorhersehbarer machen will. Diese Forderung widerspricht indessen der einhelligen Lehre und der Evidenz, dass man Freiheitsrechte zu einem Freiheitsschutz abstrahieren darf.

Unter dem Aspekt des Rechtsschutzes muss man auf die Berufung auf abstrakte Freiheit verzichten. Jedem steht der Rechtsweg offen, wenn er durch die öffentliche Gewalt in seinen Grundrechten verletzt wird (Art. 19 Abs. 4 Satz 1 GG). Dieses Klagerecht erzwingt eine Individualisierung und die Individualisierung eine Abstraktion der Freiheit. Dieser Schwierigkeit kann man indessen mit der Unterscheidung zwischen materiellem Recht und Prozessrecht begegnen. Materiell haben die Grundrechte – so hat es den Anschein – eine politische Geschichte, prozessual sind sie subjektive Rechte, die üblicherweise vor Gericht geltend gemacht werden können. Das Klagerecht ist nötig, um die Grundrechte durchzusetzen, ähnlich wie eine Individualklage vor den Verwaltungsgerichten nicht nur der Verwirklichung des subjektiven Rechtes, sondern auch der Kontrolle der Verwaltung dient.[44] Wenn man der Berufung auf eine abstrakte Freiheit den Hauch von Willkür nehmen und sie inhaltlich straffen will, muss man also wenigstens hypothetisch den Rechtsschutz ausblenden.

Die Interpretationsmöglichkeiten der grundrechtlichen Freiheit im materiellen Sinne zu begrenzen, sieht sich freilich dem Einwand ausgesetzt, der Schutz der in-

43 BVerfGE 7, 198, 221; dazu kritisch *Roellecke* Wahrheit, Gemeinwohl und Meinungsfreiheit – zu den Wallraff-Entscheidungen des Bundesgerichtshofes –, JZ 1981, 688 ff, 693 mit weiteren Hinweisen. Bereits um Historisierung bemüht jüngst Henne/Riedlinger (Hrsg.) Das Lüth-Urteil aus (rechts-)historischer Sicht. Die Konflikte um Veit Harlan und die Grundrechtsjudikatur des Bundesverfassungsgerichts, 2005.

44 *Schenke* Verwaltungsprozessrecht, 11. Aufl., 2007, Rn 1.

dividuellen Freiheit erfordere die Möglichkeit, ihn zu erweitern, zu optimieren, zu verallgemeinern und unmittelbar an die politischen und gesellschaftlichen Erfordernisse anzuschließen. Selbstverständlich sind die Grundrechte Freiheitsrechte. Aber das ist kein zureichender Grund, Freiheit wie eine beliebig variable Regel zu behandeln. Freiheit ist jedenfalls kein Status mehr, den man unter dem Aspekt des Mehr oder Weniger variieren könnte. Diese Möglichkeit schließt die gleiche Freiheit aller aus.

Gleichwohl hat die herrschende Lehre einen Weg eröffnet, das Auge des Beobachters von der Fixierung auf den Schutz der individuellen Freiheit zu lösen: die Multifunktionalität der Grundrechte.[45] Die Idee hat schon das Mittelalter gehabt. Der fromme Christ wusste natürlich, dass eine brennende Kerze nicht nur Leben symbolisierte, sondern auch Licht und Wärme spendete, aus Wachs und einem Docht bestand und als Ware gehandelt wurde. Ähnlich kann man auch Grundrechte nicht nur als subjektive Abwehrrechte, sondern auch als objektive Normen, als Sicherung individueller Existenz, als Schutzpflicht des Staates, als Voraussetzungen der Demokratie und als moralisch-kulturellen Fortschritt sehen. Es kommt auf den Standpunkt und auf die Frage an, die man stellt. Auf moralische Fragen erhält man eine moralische, auf rechtliche eine rechtliche, auf politische eine politische Antwort und so weiter. Aber wenn der Standpunkt auch variabel ist, beliebig wählbar ist er nicht. Der jeweilige Zusammenhang legt ihn fest.[46] Deshalb muss man den Standpunkt, den man einnimmt, begründen.

Hier geht es darum, den hermeneutischen Topos »Sinn und Zweck« zu verfestigen. Dass sich »Sinn und Zweck« auf konkrete Grundrechte beziehen muss, ist selbstverständlich. Die Bezugnahme auf »Freiheit« lässt »Sinn und Zweck« indessen eher zerfließen als dass sie den Topos konturierte. »Freiheit« ist leer, berechtigt und verpflichtet zu nichts und gibt die Ordnung, in die sich die Grundrechte einfügen müssen, nicht richtig wieder. Wie das allgemeine Rechtsverweigerungsverbot zeigt, besteht diese Ordnung aus der Sicht des Rechtes in einem der Idee nach lückenlosen Netz von Rechten und Gegenrechten. In diesem Netz umschreiben Freiheiten Handlungsmöglichkeiten, noch nicht einmal bestimmte Erwartungen. Auch der Zukunftsaspekt der Freiheit wird der Positivität der Grundrechte nicht gerecht. Recht orientiert sich an der Vergangenheit, weil es Erwartungssicherheit schafft und dadurch dem allgemeinen Frieden dient. Auf die Zukunft beziehen sich Planung und Gestaltung. Aber das sind Aufgaben der Politik.

45 *Ossenbühl* (Fn 29) § 15 Rn 43: »ist heute feststehende Überzeugung«.

46 Siehe auch *Luhmann* Grundrechte als Institution, 2. Aufl., 1974, bes. S. 201 ff: Soziologie und Grundrechtsdogmatik. *Luhmanns* systemtheoretische Konzeption der Grundrechte in die verfassungsrechtliche Dogmatik zu übersetzen, ist nicht ganz einfach. Überspitzt kann man sagen, dass nach *Luhmann* die Grundrechte nicht Individuen, sondern Systeme schützen, die Religionsfreiheit zum Beispiel nicht Religiösität – wie wäre das möglich? – sondern Konfessionen. Das erinnert allerdings daran, dass sich Individuen nur in Systemen entfalten können. Dazu treffend *Ladeur/Augsberg* Toleranz – Religion – Recht, 2007, S. 44 ff.

Demnach kann es nur eine Quelle geben, aus der man »Sinn und Zweck« der Grundrechte schöpfen kann: die Geschichte. Die Geschichte gewährleistet einerseits den Vergangenheitsaspekt der Erwartungssicherung und orientiert sich andererseits an einer sozialen Wirklichkeit, die über die bloße begriffliche Konstruktion hinausgeht. Die historische Realität hält Widersprüche bereit und ermöglicht dadurch Kritik, wenn man sich auf sie beruft. Sie ist zwar nicht offensichtlich und einfach zuhanden. Aber jeder kann in sie eindringen und sich auf sie berufen. Das setzt Vorurteilen und beliebigen Bewertungen Grenzen, verlangt aber auch präzise Fragen. Die Grundfrage muss lauten: Welche Probleme sollte ein Grundrecht ursprünglich lösen und wie hat sich das Problem seitdem verändert? Eine solche Frage lässt sich historisch beantworten mit Hilfe von Sätzen wie: »Sie [die Grundrechte] »sind Abwehrrechte des Bürgers gegen den Staat. Das ergibt sich aus der geistesgeschichtlichen Entwicklung der Grundrechtsidee wie aus den geschichtlichen Vorgängen, die zur Aufnahme von Grundrechten in die Verfassungen der einzelnen Staaten geführt haben«[47] nicht mehr. Wie komplex die Entwicklung und wie groß der Einfluss des ständischen Rechtes wirklich waren, hat *Gerd Kleinheyer*[48] dargestellt. Auch das einfache Zitat aus der französischen Erklärung der Menschen- und Bürgerrechte von 1789: »Die freie Mitteilung der Gedanken und Meinungen ist eines der kostbarsten Menschenrechte« verdunkelt die historischen Zusammenhänge mehr als dass es sie erhellt. Vielmehr kommt es darauf an, die Kämpfe und Widersprüche darzustellen und auszuwerten, die solche Sätze hervorgebracht haben.[49] Zwei Beispiele mögen dieses Postulat erläutern.

Keimzelle der Religionsfreiheit ist unstreitig der Augsburger Religionsfriede von 1555.[50] Dieses Reichsgesetz wollte aber nicht den Religionsstreit zwischen Katholiken und Protestanten entscheiden (§ 10), sondern einen Frieden – besser wohl: einen Waffenstillstand auf unbestimmte Zeit – zwischen den Reichsständen errichten (§§ 11–14). Keine der Kriegsparteien war bereit, die Position, die sie erobert hatte, aufzugeben. Deshalb gewährte der Frieden den weltlichen Reichsständen die Bekenntniswahl (§§ 15, 16, 20). Das war Religionsfreiheit als Herrschaftsrecht und führte später zum »cuius regio – eius religio«. Die Untertanen der Stände wurden durch ein Verbot der Zwangsbekehrung (§ 23) und ein Abzugsrecht bei Bekenntniswechsel des Herrn (§ 24) geschützt. Der Schutz durchbrach das ständische Prinzip des Untertanengehorsams, knüpfte unmittelbar an die Person des Hausvaters an

47 BVerfGE 7, 198, 204 f.

48 *Kleinheyer* Grundrechte, Menschen- und Bürgerrechte, Volksrechte, in: Brunner/Conze/Koselleck (Hrsg.) Geschichtliche Grundbegriffe, Bd. 2, 1975, S. 1047–1082.

49 Ähnlich *Böckenförde* (Fn 2) Staat 42 (2003) 174; *Ossenbühl* (Fn 29) § 15 Rn 25. Aus der Sicht eines Richters fordert *Clemens* in: Umbach/Clemens (Hrsg.) Grundgesetz, 2002, vor Art. 2 ff Rn 54, im hier vertretenen Sinn eine Berücksichtigung der Regelungstradition und eine verfassungshistorische Wortlautauslegung.

50 Abgedruckt bei *Buschmann* Kaiser und Reich Teil I, 2. Aufl,. 1994, S. 215–283.

und kann insofern als die erste Stufe eines Grundrechtes verstanden werden. Aber dieses Grundrecht sollte nicht die Religion schützen, sondern dazu beitragen, den Religionskonflikt zu neutralisieren, der zugleich ein politischer Konflikt war. Unter der Decke des säkularen Reichsrechtes konnte der Streit bis in das 19. Jahrhundert weiter schwelen.[51]

Vergegenwärtigt man sich die politisch-religiöse Gemengelage, die das Verständnis der Religionsfreiheit bis zum Ersten Weltkrieg prägte, so ergibt sich der grundlegende Unterschied zur heutigen Situation fast von selbst. Die Religion ist Privatsache und politisch unerheblich geworden. Politisch bemerkenswerte religiöse Auseinandersetzungen gibt es im Grunde genommen nur noch zwischen Religiösen und Areligiösen, wenn man das Sonderproblem des Islam einmal außer Acht lässt. Aufgabe von Politik und Recht kann daher nicht mehr sein, die Konfessionen zu bändigen, Aufgabe muss sein, die Religion zu schützen und ihre Unterdrückung wie unter dem Kommunismus und dem Nationalsozialismus zu verhindern.[52] Einen Schritt in diese Richtung haben bereits die Bestimmungen des Reichsdeputationshauptschlusses vom 25. Februar 1803[53] über die geistlichen Einrichtungen und ihr Personal getan. Ein unmittelbarer Schutz der Religion ist freilich nicht möglich. Politik und Recht sind religiös taubstumm. Sie können sich nur an die Organisationen von Religion halten. Die Folgen dieser Tatsache für die rechtliche Interpretation von Glauben und Religion sind noch zu klären. Müssen Politik und Recht jetzt die religiösen Organisationen nach dem Vorbild des Kirchensteuerrechtes gegen die Willkür der Individuen schützen oder umgekehrt die Individuen gegen die Organisationen? *Martin Heckel*[54] sieht die Lösung in der »Freiheit des Wirkens in der Welt«, also in der Möglichkeit, Religion öffentlich zu bekennen.

Auch die Meinungsfreiheit, das zweite Beispiel, hatte in England, wie sich aus I 9 der britischen Bill of Rights von 1689 ergibt, zunächst den Sinn, den Gegensatz zwischen Krone und Parlament zu überbrücken. Im 18. Jahrhundert sollte sie eine öffentliche Meinung als »gegengouvernementale Gewalt« ermöglichen.[55] Ihr Sinn lag also in der politischen, demokratischen Organisation. Daran hat sich bis heute nicht viel geändert. Der politischen Diskussion ist aber eine Unterscheidung nach

51 Siehe den souveränen Überblick bei *Heckel* (Fn 6) bes. S. 39 ff: Das Staatskirchenrecht im neuen säkularen Kontext.

52 Treffend *Ladeur/Augsberg* Der Mythos vom neutralen Staat, JZ 2007, 12 ff, 15 f.

53 Abgedruckt bei *Buschmann* (Fn 50) Teil II S. 319–369.

54 *Heckel* (Fn 6) S. 63.

55 *Hellmuth* Zur Diskussion um die Presse- und Meinungsfreiheit in England, Frankreich und Preußen im Zeitalter der Französischen Revolution, in: Birtsch (Hrsg.) Grund- und Freiheitsrechte im Wandel von Gesellschaft und Geschichte, 1981, S. 205 ff, 208; jüngst wieder *Kraus* Englische Verfassung und politisches Denken im Ancien Régime 1689 bis 1789, 2006, S. 66 f.

wahr und unwahr nicht zuträglich. Die Wahrheitsfrage drängt jede Auseinandersetzung in den Bereich des Existenziellen, ist streiterzeugend und erschwert Einigungen. Der historisch feststellbare Sinn der Meinungsfreiheit lässt es daher nicht zu, »unwahre Tatsachenbehauptungen« aus dem Schutzbereich der Meinungsfreiheit auszuschließen.[56]

56 Treffend *Schmidt-Jortzig* Meinungs- und Informationsfreiheit, HStR VI, § 141 Rn 20; gleichsinnig bereits *Roellecke* (Fn 43) JZ 1981, 693.

Neoliberalismus als Königsweg

REINER SCHMIDT*

I. EINLEITUNG

Seit Beginn der Diskussion über das Verhältnis von Staat, Recht und Wirtschaft in der Bundesrepublik, an der sich der Jubilar von Anfang an intensiv beteiligt hat,[1] ist immer wieder versucht worden, die gegenläufigen Elemente der Wirtschaftspraxis, aber auch die der wirtschaftswissenschaftlichen Theoriebildung zu einem Modell zu verdichten, in dem der rettende »Dritte Weg« gesehen wird. Man denke etwa an den bürokratiegetragenen deutschen Liberalismus und dessen Brechung durch die Bismarck'sche Schutzpolitik der Jahre nach 1879. Je nach der gewählten wirtschaftspolitischen Ausgangsposition konnte die damalige Wirtschaftspolitik als Eingriff in einen an sich freien Markt angesehen werden, als wechselseitige, ja unsystematische Beeinflussung der Wirtschaft oder aber als neues Wirtschaftsmodell, nämlich das des Interventionismus.[2] Unwichtig ist diese Einordnung schon deshalb nicht, weil die deutsche Diskussion um die sog. »Wirtschaftsverfassung« gezeigt hat, dass die jeweilige Zuordnung einer wirtschaftspolitischen Maßnahme mit verfassungsrechtlichen Folgen verbunden sein könnte, etwa im Rahmen der Prüfung, ob der Grundsatz der Verhältnismäßigkeit eingehalten wurde oder ob eine bestimmte wirtschaftspolitische Maßnahme, die sich nicht an das gewählte Wirtschaftsordnungsmodell hält, verfassungswidrig ist.

Eine intensivere Diskussion über diese Frage war durch die Weimarer Reichsverfassung im deutschen Rechtsraum ausgelöst worden, die versucht hatte, liberal-konservatives, kapitalistisches, sozialreformerisches und sozialistisches Gedankengut durch Verankerung klassisch-liberaler Grundrechte, durch die Möglichkeit zu entschädigungspflichtiger aber auch zu entschädigungsloser Enteignung, durch Formen der Vergesellschaftung und kooperative Teilnahme miteinander zu verbinden. Zu fragen ist, ob die Schöpfer des Grundgesetzes über den Weimarer Formelkompromiss hinauskommen und einen verfassungsrechtlichen Grundrahmen für die Wirtschaft zur Verfügung stellen wollten, der mehr an inhaltlicher Vorentscheidung enthält, als dies die Weimarer Reichsverfassung tat, die trotz ihres geschlosse-

* Für die kritische Durchsicht des Manuskripts danke ich Herrn wiss. Mitarbeiter *Simon Bulla*.

1 Vgl. nur *Stober* Allgemeines Wirtschaftsverwaltungsrecht, 15. Aufl. 2006, S. 38 ff, S. 81 ff.

2 Vgl. zum Ganzen *Reiner Schmidt* Staatliche Verantwortung für die Wirtschaft, in: Isensee/Kirchhof (Hrsg.) Handbuch des Staatsrechts, 3. Aufl., Bd. IV, 2006, § 92 Rn 2 ff.

nen Abschnittes zum Wirtschaftsleben für die Gestaltung der Wirtschaft der Weimarer Republik weitgehend wirkungslos blieb.

II. VERFASSUNGSRECHTLICHE GRUNDFRAGEN

Die wesentlichen Positionen des Streits um die Wirtschaftsverfassung des Grundgesetzes[3] haben sich seit der Auseinandersetzung über die Frage, ob das Grundgesetz nicht nur eine Summe von Einzelnormen zur Gestaltung der Wirtschaft enthält, sondern ob es die soziale Marktwirtschaft zu einem eigenständigen Maßstab erhoben hat, verschoben.

Die ursprüngliche Vorstellung von der normativen Einrichtung eines bestimmten Wirtschaftssystems – bereits die Eignung einer staatlichen Maßnahme zur Veränderung der Wettbewerbschancen sollte ausreichend sein, um als »Wettbewerbsverfälschung« gegen Art. 2 Abs. 1 GG zu verstoßen,[4] – konnte sich nicht durchsetzen, weil sie zu viel gegen sich hatte. Zu viele für ein Rechtssystem unerlässliche Fragen blieben offen, insbesondere die nach der Unterscheidung von marktkonformen und marktinkonformen Eingriffen. Außerdem schwang in der Frühzeit der Bundesrepublik immer noch die Vorstellung vom Grundgesetz als Provisorium mit, das die wirtschaftliche Ordnung einer gesamtdeutschen Verfassung vorbehalten wollte.[5]

Eine grundsätzliche Wende in der Systemfrage war auch mit der Änderung des Art. 109 GG im Jahr 1967 nicht verbunden. Zwar hatte mit der Ausrichtung des Grundgesetzes auf das gesamtwirtschaftliche Gleichgewicht *Keynes'sches* Gedankengut in die Verfassung Eingang gefunden. Aber die Instrumentalisierung dieser Staatszielbestimmung durch eine mehrjährige Finanzplanung, durch Konjunkturausgleichsrücklagen- und Kreditlimitierungsverordnungen sowie andere mit der Änderung des Art. 109 GG und dem gleichzeitig erlassenen Stabilitäts- und Wachstumsgesetz geschaffene Möglichkeiten vermehrten zwar den Bestand der auf die Wirtschaft bezogenen Normen beträchtlich, nicht aber änderten sie das »System«. Der Wettbewerb wurde weiterhin zur Regulierung der mikroökonomischen Größen eingesetzt, während der Staat über die Makrogrößen verfügen können sollte.

Mehr als eine stilistische Änderung brachte die Wiedervereinigung mit sich. Art. 1 Abs. 3 des Vertrages über die Währungs-, Wirtschafts- und Sozialunion schrieb die soziale Marktwirtschaft als Wirtschaftssystem fest. Eine Verfassungsentscheidung kann aber in dem Vertrag, der als »Verfassungsvertrag« bezeichnet, von der Bundesrepublik und der DDR mit verfassungsändernder Mehrheit verabschiedet wur-

3 Zur Auseinandersetzung vgl. *Stober* (Fn. 1) S. 38 ff; *Schmidt* (Fn 2) § 92 Rn 16 ff; immer noch grundlegend *Müller-Graff* Unternehmensinvestitionen und Investitionssteuerung im Marktrecht, 1984, S. 246 ff.

4 Näheres bei *Schmidt* Öffentliches Wirtschaftsrecht, Allgemeiner Teil, 1990, S. 128 ff.

5 Mit Belegen aus den Beratungen des Parlamentarischen Rates *Stober* (Fn 1), S. 41.

de, nicht gesehen werden.[6] Immerhin wurde aber von *Stober* zu Recht betont,[7] dass in dem »von allen wesentlichen politischen Kräften getragenen Regelungswerk ein ausdrückliches Bekenntnis zur sozialen Marktwirtschaft abgelegt« worden sei. Sie wurde dadurch allerdings nicht in Verfassungsrang erhoben, vielmehr wurde nur die praktizierte Wirtschaftsordnung deskriptiv erfasst.[8]

Es kann für die verfassungsrechtliche Diskussion an dieser Stelle dahingestellt bleiben, ob die gesamtdeutsche Verfassung eine Aussage über das Wirtschaftssystem treffen *sollte*, was gelegentlich empfohlen wird.[9] Entscheidender ist die Bewahrung marktwirtschaftlicher Grundsätze in einem Bereich, der durch die europäische und internationale Integration geprägt wird. Angesichts der europäischen Zentripetalkräfte geht es mehr denn je darum, die Funktion dezentralen Wirtschaftens zu sichern,[10] wie dies im Grundgesetz angelegt ist. Das Grundgesetz ist insofern in Bezug auf die Wirtschaft gerade nicht neutral, sondern es schließt den Koordinationstyp der Zentralverwaltungswirtschaft aus. Ein Blick auf die verfassungsrechtliche Garantie des Privateigentums (Art. 14 GG), auf die mit Art. 12 Abs. 1 Satz 1 GG gewährleistete Berufs-, Gewerbe- und Unternehmensfreiheit und die Möglichkeit der freien Wahl des Arbeitsplatzes und der Ausbildungsstätte (Art. 12 Abs. 1 Satz 1 GG) reichen für die Feststellung aus, dass der dem Einzelnen mit den Grundrechten gewährte Anteil an der Wirtschafts- und Sozialgestaltung eine absolute Herrschaft des politischen Systems über die Wirtschaft ausschließt.[11]

Das Freiheitsprinzip wurde vom Bundesverfassungsgericht in ständiger Rechtsprechung in vielen Schattierungen herausgearbeitet. So sei die Einschränkung der wirtschaftlichen Betätigungsfreiheit durch eine Marktordnung nur zulässig, soweit sie durch überwiegende Gründe des Gemeinwohls geboten sei.[12] Zwar wurde es vom Gericht immer wieder abgelehnt, im Grundgesetz eine Systemgarantie zu sehen; ein grundsätzlich freier Wettbewerb der als Anbieter und Nachfrager auf dem Markt auftretenden Unternehmer sei allerdings eines der »Grundprinzipien des Grundgesetzes«.[13] Beim einzelnen Grundrecht, nicht bei einer bestimmten System-

6 A.A. *Badura,* in: Isensee/Kirchhof (Hrsg.) Handbuch des Staatsrechts, Bd. VIII, 1995, § 194 Rn 28; tendenziell so auch, aber nicht eindeutig *Rupp* in: Isensee/Kirchhof (Hrsg.) Handbuch des Staatsrechts, Bd. IX, 1997, § 203 Rn 17, der von einer Gesellschaftsverfassung spricht. Ähnlich auch *Depenheuer* in: v. Mangoldt/Starck/Klein, GG, 5. Aufl. 2005, Art. 14 Rn 10.

7 So noch in der 14. Aufl.; vgl. *Stober* Allgemeines Wirtschaftsverwaltungsrecht, 14. Aufl. 2004, S. 52 f.

8 So *Stober* (Fn 7), S. 53.

9 Vgl. *Schmidt-Preuß* Soziale Marktwirtschaft und Grundgesetz vor dem Hintergrund des Staatsvertrages zur Währungs-, Wirtschafts- und Sozialunion, DVBl 1993, 236 ff.

10 Hierzu grundsätzlich *Basedow* Von der deutschen zur europäischen Wirtschaftsverfassung, Walter Eucken Institut, Vorträge und Aufsätze, H. 137, 1992, S. 21 ff.

11 So statt vieler *Papier* GG und Wirtschaftsordnung, in: Benda/Maihofer/Vogel (Hrsg.) Handbuch des Verfassungsrechts, 2. Aufl. 1994, S. 805 Rn 14 ff.

12 BVerfGE 18, 315, 327.

13 BVerfGE 32, 305, 317.

vorstellung ansetzend, erkennt das Gericht, dass der Gesetzgeber die Wirtschaft »grundsätzlich marktwirtschaftlich« geordnet hat.[14] Es sieht in der Verfassung einen Vorrang für die Freiheit der wirtschaftlichen Betätigung[15] und wertet gesetzgeberisches Handeln im Bereich der Wirtschaft als Intervention in einem an sich freien Markt. Der für den Gesetzgeber dadurch entstehende Legitimationsdruck darf allerdings nicht überbewertet werden. Ein »vertretbares und verfassungsrechtlich zulässiges wirtschaftspolitisches Ziel«[16] wird sich jeweils unschwer finden lassen. Dies ändert nichts daran, dass das Gericht von einem Regel-Ausnahme-Verhältnis ausgeht, das in Verbindung mit einer aus dem jeweiligen Grundrecht entwickelten Funktionsgarantie im Ergebnis für den freien Markt einen verfassungsrechtlichen Schutz hat entstehen lassen, obwohl Schutzgut nicht dieser, sondern das einzelne Grundrecht ist.[17]

III. WIRTSCHAFTSVERFASSUNG UND EUROPARECHT

Die Auseinandersetzung um die deutsche Wirtschaftsverfassung ist auch durch die zahlreichen wirtschaftsrechtlichen Bestimmungen des EU- und des EG-Vertrags, denen Anwendungsvorrang zukommt, nicht überholt. Primäres und sekundäres Gemeinschaftsrecht haben eine eigene Rechtsordnung geschaffen,[18] die einen Raum ohne Binnengrenzen gewährleistet, in dem der freie Verkehr von Waren, Personen, Dienstleistungen und Kapital gilt (Art. 14 Abs. 2 EGV). Ausdrücklich haben sich die Mitgliedstaaten auf den Grundsatz einer offenen Marktwirtschaft mit freiem Wettbewerb (Art. 4 Abs. 1, 98 Satz 2 EGV) verpflichtet.

Gewährleistet und konkretisiert wird dies durch die Vorschriften über die Grundfreiheiten, wozu vor allem der freie Warenverkehr zählt. Neben tarifären Handelsschranken (Art. 25 EGV) sind auch mengenmäßige Einfuhrbeschränkungen und Maßnahmen gleicher Wirkung verboten, die geeignet sind, den innergemeinschaftlichen Handel zu behindern (Art. 28 EGV). Seit der *Cassis-de-Dijon*-Entscheidung des *EuGH* umfasst dieses Verbot nicht nur die Diskriminierung von ausländischen gegenüber inländischen Waren, sondern auch eine unterschiedslose Behandlung, die potentiell geeignet ist, den innnergemeinschaftlichen Warenverkehr zu beeinträchtigen. Diskriminierungs- und Beschränkungsverbote betreffen auch die weiteren Grundfreiheiten, die Personenfreizügigkeit, die Arbeitnehmerfreiheit

14 BVerfGE 30, 292, 312; 38, 348, 361.
15 BVerfGE 25, 1, 23; 50, 290, 366.
16 BVerfGE 19, 101, 114 f; 21, 292, 299.
17 An dieser Rechtsprechung dürfte sich auch durch die *Osho*- und *Bhagwan*-Urteile nichts geändert haben, vgl. Näheres bei *Schmidt* (Fn 2), § 92 Rn 28.
18 Das Gemeinschaftsrecht hat sich trotzdem noch nicht völlig von seiner völkerrechtlichen Grundlage gelöst; vgl. zuletzt BVerfGE 102, 147, 163 f.

und das Niederlassungsrecht, den Dienstleistungs- sowie den freien Kapital- und Zahlungsverkehr.

Im Ganzen gesehen wird ein auf die Erbringung wirtschaftlicher Leistungen am Markt ausgerichtetes Wirtschaftssystem durch entsprechende Rechte der Marktteilnehmer etabliert. Die Grundfreiheiten des Vertrags, welche durch die Rechtsprechung des *EuGH* als allgemeine Rechtsgrundsätze des Gemeinschaftsrechts anerkannt wurden, schaffen ein freies Wirtschaftssystem.[19] Der »Grundsatz einer offenen Marktwirtschaft mit freiem Wettbewerb« des Art. 4 Abs. 1 EGV ist ein deutliches Bekenntnis. Klarer und entschiedener als das Grundgesetz schreibt der EG-Vertrag eine marktwirtschaftliche Ordnung fest. Ein generelles Verbot nicht marktkonformer Eingriffe beinhaltet er nicht. Ein Abweichen vom gemeinschaftsrechtlichen Grundsatz der Marktwirtschaft bedarf aber besonderer Rechtfertigung. Nach Auffassung des *EuGH* wird damit allerdings der nationalen Wirtschaftspolitik kein enger Rahmen vorgegeben. Die Bestimmungen des Vertrags beinhalten keine klaren und unbedingten Verpflichtungen, auf »die sich die einzelnen vor den nationalen Gerichten berufen können. Es handelt sich dabei (gemeint ist die Marktfreiheit) nämlich um einen allgemeinen Grundsatz, dessen Anwendung komplexe wirtschaftliche Beurteilungen erfordert, die in die Zuständigkeit des Gesetzgebers oder der nationalen Verwaltung fallen«.[20]

Trotz mancher ordnungspolitischer Abweichungen vom Pfad der Tugend, wobei der schlimmste Sündenfall der Agrarmarkt ist, ist die Ausrichtung des Europäischen Gemeinschaftsrechts auf Markt und Wettbewerb konsequent. Staatliche oder aus staatlichen Mitteln gewährte Beihilfen für bestimmte Unternehmen oder Produktionszweige werden verboten (Art. 87 Abs. 1 EGV). Als Unternehmen wird »jede eine wirtschaftliche Tätigkeit ausübende Einheit, unabhängig von ihrer Rechtsform und der Art ihrer Finanzierung angesehen«[21] mit der Folge, dass etwa die Ausstrahlung von Fernsehsendungen, die Arbeitsvermittlung, die Stromversorgung und das Sammeln, Befördern und Verteilen von Postsendungen darunter fallen. Nicht jedoch wird den Mitgliedstaaten eine eigene wirtschaftliche Tätigkeit untersagt Art. 295 EGV erlaubt öffentliches Eigentum, wirkt aber privatisierungsfreundlich.[22]

Erbringt der Staat selbst wirtschaftliche Leistungen, dann unterwirft ihn der EG-Vertrag konsequenter als das deutsche Recht den Regeln des Marktes wie sie für die private Wirtschaftstätigkeit gelten (Art. 86 Abs. 1 EGV).

19 Vgl. *Schmidt* (Fn 2), § 92 Rn 36.
20 EuGH – Rs. C-9/99, Slg. 2000, S. I-8207, Rn 25; zum ganzen *Häde* in: Callies/Ruffert (Hrsg.) EUV/EGV, Kommentar, 3. Aufl. 2007, Art. 4 EGV Rn 8 ff.
21 EuGH – Rs. C-180/98, Slg. 2000, S. I–6451, Rn 74.
22 Vgl. *Schmidt* Privatisierung und Gemeinschaftsrecht, Die Verwaltung 28 (1995) 281 ff.

IV. DIE WELTWEITE WIRTSCHAFTLICHE ORDNUNG

Zunehmend wird die Wirtschaft der Bundesrepublik durch internationale Verflechtung geprägt. Vorherrschend ist auch hier die Ausrichtung auf den Markt, wie sie vor allem durch die internationale Handelsordnung vorgenommen wird.

Internationale wirtschaftliche Vorgänge werden in vielen Bereichen von nationalem Recht gesteuert.[23] Mittlerweile überlagern jedoch völkervertragliche Verpflichtungen, die eine Ordnung der Weltwirtschaft anstreben, nationales Recht erheblich. Außenwirtschaftliche Steuerungsmechanismen wie Zölle, Einfuhr- und Ausfuhrbeschränkungen sowie Subventionen, die einer Reglementierung im deutschen Außenwirtschaftsgesetz und der Außenwirtschaftsverordnung unterliegen, stehen unter dem Vorbehalt europäischen Außenwirtschaftsrechts und völkervertraglicher Verpflichtungen etwa aus dem *General Agreement on Tarifs and Trade* (GATT).[24] Darüber hinaus hat sich im Internationalen Wirtschaftsvölkerrecht, welches nationale Wirtschaftsordnungen in einem globalen Rahmen verankert, ein elementarer Wandel vollzogen. Mit der Gründung der *World Trade Organization* (WTO) im Jahre 1994 hat die Entwicklung des internationalen Wirtschaftsrechts eine andere Qualität erlangt.[25] Die Notwendigkeit anerkannter, die internationalen Handelsbeziehungen ordnender Regelwerke mit Rechtsverbindlichkeit ist angesichts neuer Möglichkeiten der Kommunikation, weit verzweigter Vertragsverhältnisse sowie des gesteigerten Bedürfnisses, gemeinsam nichtwirtschaftliche Ziele zu verfolgen, größer geworden.

Entscheidend ist, dass das WTO-Recht die Verwirklichung dieser inhaltlichen Vorgaben unter die Prämisse von *Liberalisierung* und *Nichtdiskriminierung* als Leitprinzipien[26] des Weltwirtschaftsrechts stellt. Insbesondere durch die Liberalisierung von Märkten, welche einen Niederschlag in Regelungen findet, welche die Beseitigung von ausschließlichen Rechten und sonstigen Wettbewerbshemmnissen durch die Zurückdrängung staatlicher Reglementierung vorsehen, soll Wirtschaftswachstum und ein Mehr an Beschäftigung erzielt werden. Neben die in der Welthandelsordnung gleichermaßen verankerten Aspekte der Staatensouveränität und globalen Gerechtigkeit[27] tritt die in den Liberalisierungsvorgaben zum Ausdruck kommende Freihandelsorientierung.

23 Zu einem allgemeinen Wirtschaftskollisionsrecht vgl. *Herdegen* Internationales Wirtschaftsrecht, 6. Aufl. 2007, § 2 Rn 52 ff.

24 Zur Überlagerung deutschen Außenwirtschaftsrechts durch europäisches und internationales (vgl. § 1 Abs. 2 AWG) Recht vgl. *Bryde* in: Schmidt (Hrsg.) Öffentliches Wirtschaftsrecht, BT 2, 1996, § 14 Rn 22 ff; *ders.* in: Achterberg/Püttner/Würtenberger (Hrsg.) Besonderes Verwaltungsrecht, Bd. I, 2. Aufl. 2000, § 5 Rn 17.

25 *McRae* RdC 260 (1996) 99, 188 f.

26 Vgl. statt vieler *Stober* Globalisierung der Wirtschaft und Rechtsprinzipien des Weltwirtschaftsrechts, in: FS Großfeld, 1999, S. 1173, 1177.

27 *Berrisch* in: Prieß/Berrisch (Hrsg.) WTO-Handbuch, 2003, Teil B.I.1. Rn 17 f.

Die ökonomische Freihandelstheorie gründet auf wirtschaftstheoretischen Überlegungen *Adam Smiths* (1723–1790)[28] und *David Ricardos* (1772–1823).[29] Beide betonen die wohlfahrtsfördernden Effekte internationaler Arbeitsteilung und den Nutzen für die beteiligten Volkswirtschaften.[30] Aufbauend auf diesem gedanklichen Gerüst normiert das WTO-Recht Prinzipien, die den Mitgliedstaaten kein wirtschaftspolitisches Ordnungsmodell aufoktroyieren, sondern vielmehr den Einsatz von Instrumenten nationaler Wirtschaftspolitik im Sinne einer fortschreitenden Liberalisierung des Handels steuern.

Handelsbeschränkungen beruhen vor allem auf technischen Handelshemmnissen[31] und auf nationalen Vorschriften über die Warenein-, Warenaus- und Warendurchfuhr. Zu den wesentlichsten Instrumenten der WTO im Rahmen ihrer ordnungspolitischen Aufgaben gehören daher zum einen Verhandlungen über die Ausgestaltung der verbleibenden Zölle,[32] zum anderen der Abbau sonstiger Handelsschranken. Der Durchsetzung dieses Ziels dient primär das *Verbot nichttarifärer Handelshemmnisse* (Art. XI Abs. 1 GATT 1994), welches intransparente Beschränkungen in Form der Kontingentierung, von Ein- und Ausfuhrbestimmungen und ähnlichen Maßnahmen reglementiert und mögliche handelspolitische Schutzmaßnahmen auf Zölle bzw. zollgleiche Abgaben reduziert. Ein ausdrückliches Verbot betrifft lediglich mengenmäßige Beschränkungen. Eine Reihe von Ausnahmen, die ihrerseits dem Diskriminierungsverbot (Art. XIII GATT) genügen müssen, durchbricht das Verbot, so etwa im Falle eines Warenmangels im Inland (Art. XI Abs. 2 GATT) oder zum Zwecke der Beseitigung von Überschüssen in Landwirtschaft und Fischerei (Art. XII GATT).

Daneben tritt das *Prinzip der Nichtdiskriminierung* als grundlegendes Rechtsprinzip des WTO-Rechts. Zwei Elemente – die Meistbegünstigung und die Inländerbehandlung – geben der Zielsetzung, Diskriminierung in den internationalen Beziehungen zu beseitigen und im Anwendungsbereich des WTO-Rechts eine Gleichstellung der Mitgliedstaaten herbeizuführen Ausdruck. Das *Meistbegünsti-*

28 Vgl. *Smith* An Inquiry into the Nature and Causes of the Wealth of Nations, 1776.

29 Zu *Ricardos* »Theorie der komparativen Kosten« vgl. *Mankiw* Grundzüge der Volkswirtschaftslehre, 3. Aufl. 2004, S. 51 ff; *Siebert* Außenwirtschaft, 7. Aufl. 2000, S. 29 ff.

30 Zur Entwicklung der liberalen Wirtschaftstheorien vgl. *Delbrück* Das Staatsbild im Zeitalter wirtschaftsrechtlicher Globalisierung, 2002, S. 6 ff.

31 Diesbezüglich sind im WTO-Rahmen insbesondere das Übereinkommen über Technische Handelshemmnisse (Agreement on Technical Barriers to Trade; TBT) sowie das Übereinkommen über die Anwendung gesundheitspolizeilicher und pflanzenschutzrechtlicher Maßnahmen (Agreement On Sanitary And Phytosanitary Measures; SPS) zu beachten. Hierzu u.a. *Stoll/Schorkopf* WTO, 2002, Rn 265 ff, 296 ff; *Herrmann/Weiß/Ohler* Welthandelsrecht, 2. Aufl. 2007, Rn 540 ff.

32 Vgl. Art. II, XXVIII sowie XXVIIIbis. Es werden sog. »gebundene« Zollsätze in Listen für jedes Mitglied und jedes Produkt bei der WTO hinterlegt, deren Änderung formalen Anforderungen unterliegt; vgl. *Berrisch* (Fn 27), Teil B.I.1. Rn 105 ff.

gungsprinzip[33] als Element der Wettbewerbsgleichheit, das die Vertragsstaaten verpflichtet,[34] gewährte Handelsvorteile bzw. eine begünstigende Behandlung anderen Vertragsparteien gleichermaßen zukommen zu lassen, zeichnet sich aufgrund der umfassenden Partizipation aller beteiligten Staaten an einem bestimmten Handelsstandard durch eine »Multiplizierung der Liberalisierungseffekte«[35] aus. Obwohl in wichtigen Wirtschaftsbereichen, etwa bei Zollunionen und Freihandelsabkommen wie der EG, EFTA, NAFTA oder dem MERCOSUR[36] sowie im Textil- und Bekleidungssektor,[37] Ausnahmen vom Meistbegünstigungsprinzip normiert sind,[38] können protektionistische Maßnahmen wirksam eingedämmt werden. Das *Prinzip der Inländerbehandlung*[39] ergänzt die Regelungen über die Öffnung der nationalen Märkte, indem es die Gleichstellung ausländischer, importierter Waren gegenüber inländischen Waren[40] gebietet.

V. DER NEOLIBERALISMUS ALS GLOBALES ORDNUNGSMODELL

Zusammenfassend gesehen wird der Markt in Deutschland durch ein von supranationalem Recht überlagertes nationales Recht gestaltet, dessen Ziel die soziale Marktwirtschaft ist. Mit etwas anderer Ausrichtung stellt das Recht der Europäischen Union auf den Binnenmarkt ab.

»Soziale Marktwirtschaft« und »Binnenmarkt« unterscheiden sich dadurch, dass das Schwergewicht der theoretischen Beschäftigung mit der sozialen Marktwirtschaft bei der Qualität der korrigierenden Eingriffe liegt. Sie müssen marktkonform sein, d.h. sie dürfen die Preismechanik und die Selbststeuerung des Marktes nicht

33 Ausprägungen des Meistbegünstigungsprinzips finden sich in zahlreichen Normen des Welthandelsrechts, so z.B. in Art. I, III Abs. 7, V Abs. 2, 5 und 6, IX Abs. 1, XVIII Abs. 20 sowie XX GATT.

34 Das Prinzip beruht nicht auf einem völkerrechtlich anerkannten Grundsatz der gegenseitigen Gleichbehandlung von Staaten, sondern bedarf der Ausgestaltung durch Rechtsnormen und Verträge, sofern mit den damit einhergehenden Maßnahmen einem Staat Vorteile, Vergünstigungen, Vorrechte oder Befreiungen eingeräumt werden; vgl. hierzu *Berrisch* (Fn 27), Teil B.I.1. Rn 80 f.

35 *Stoll/Schorkopf* (Fn 31), S. 47.

36 Vgl. Art. XXIV Abs. 4–10 GATT 1994. Die Thematik regionaler Wirtschaftsintegration umfassend aufgreifend *Langer* Grundlagen einer internationalen Wirtschaftsverfassung, 1995, S. 127 ff.

37 Vgl. Art. 9 des Übereinkommens für Textilwaren und Bekleidung, ABlEG L 336 v. 23. 12. 1994, S. 50.

38 Zu den Ausnahmen von der Meistbegünstigung vgl. *Stoll/Schorkopf* (Fn 31), Rn 125 ff; *Herrmann/Weiß/Ohler* (Fn 31), Rn 396 ff.

39 Vgl. vor allem Art. III Abs. 4 GATT 1994, für Dienstleistungen Art. XVII Abs. 1 GATS sowie für das Recht des geistigen Eigentums Art. 3 TRIPS.

40 Zum Problem der *gleichartigen* Waren (like products) und Dienstleistungen (like services), auf die sich u.a. der Grundsatz der Inländerbehandlung bezieht, vgl. *Stoll/Schorkopf* (Fn 31), Rn 137 ff.

aufheben. Die Akzentsetzung zur Herstellung des Binnenmarktes ist insofern eine andere, als dort weniger auf die Mittel als auf die wirtschaftspolitischen Ziele abgestellt wird. Es soll unter Einhaltung sozialpolitischer, umweltpolitischer und integrationspolitischer Ziele eine ausgewogene und nachhaltige Entwicklung erreicht werden, während nach der Lehre von der sozialen Marktwirtschaft der Schwerpunkt auf der Abwehr dirigistischer Einzelmaßnahmen liegt.

Für die durch die WTO geprägte internationale Wirtschaftsordnung stehen, wie gezeigt wurde, die Leitprinzipien Liberalisierung und Nichtdiskriminierung im Mittelpunkt.

Auf allen drei Ebenen, der nationalen, der supranationalen und der internationalen, ist das Wirtschaftsordnungsmodell des Neoliberalismus dominant. *Den* Neoliberalismus gibt es allerdings nicht. Er steht für eine Vielzahl von Strömungen und Positionen. Jedenfalls ist Liberalismus keineswegs als Synonym für einen Radikalliberalismus ohne soziales Gewissen zu verstehen. Es geht vielmehr um Prinzipien wie sie etwa von der neoliberalen Integrationstheorie entwickelt worden sind. Zu nennen sind

- die innere wirtschaftlich-gesellschaftliche Stabilisierung der einzelnen Nationen, d.h. die Rückkehr zur liberalen marktwirtschaftlichen Ordnung und die Abkehr von keynesianischer Wirtschaftspolitik,
- die Wiederherstellung der Konvertibilität der Währungen und des freien Warenverkehrs,
- ein kompetitiver Föderalismus,
- eine weltweite Offenheit des Integrationssystems.

Nach Auffassung der Mitglieder der *Mont Pèlerin Society*, der Denkfabrik der Liberalen und Neoliberalen, konnte im Hinblick auf das geglückte deutsche Wirtschaftsexperiment die neue weltwirtschaftliche Ordnung nur nach dem Vorbild der deutschen Wirtschaftspolitik gelingen.[41] Das westdeutsche Wirtschaftsexperiment unter *Ludwig Erhard* galt als Experimentalbeweis für die Überlegenheit einer ordoliberalen Ordnung, die sowohl als Modell für eine supranationale Integration wie für eine universalistische Rechts- und Wirtschaftsordnung dienen konnte.

Die Entwicklungsgeschichte des Neoliberalismus führte fast zwangsläufig in diese Richtung.

1938 hatte sich der Neoliberalismus aus einer internationalen Gemeinschaft von Wirtschafts-, Sozialwissenschaftlern und Philosophen formiert. Ausgangspunkt war die Schrift »The Good Society« des Neoliberalen *Walter Lippmann*, die sich ausdrücklich gegen die Entwürdigung der menschlichen Person durch den Nationalsozialismus wandte. Ziel war die Bewahrung der Werte einer freien Gesellschaft, einer so genannten Zivilgesellschaft, in welcher der Familie, aber auch der örtlichen Lebensgemeinschaft eine besondere Bedeutung zukam. Die wirtschaftsverfassungs-

41 Genaueres bei *Wegmann* Früher Neoliberalismus und europäische Integration, 2002, S. 466.

rechtliche Konzeption des Neoliberalismus wurde auch entwickelt aus der Auseinandersetzung mit dem Laissez-faire-Liberalismus eines *Adam Smith.* Dieser hatte nach Ansicht der Neoliberalen in der »Theory of Moral Sentiments« und in seinem »Wealth of Nations« die ethischen Grundlagen vernachlässigt.

Ethik, Recht und Wirtschaftsverfassung auf nationaler und internationaler Ebene bestimmten neoliberales Gedankengut. Angesichts des Zusammenbruchs des internationalen Handels seit 1914 bzw. 1929, des Aufkommens des Sowjetkommunismus, des Faschismus und des Nationalsozialismus versuchten die Neoliberalen eine dauerhafte Ordnung von Wirtschaft und Gesellschaft auf nationaler und internationaler Ebene zu gestalten. Als Beispiel mag das Vorwort *Walter Euckens* und *Franz Böhms* zum ersten Band von »ORDO, Jahrbuch für die Ordnung von Wirtschaft und Gesellschaft« aus dem Jahr 1948 dienen. Im Gegensatz zum so genannten Manchester-Liberalismus wollte man nicht auf gestaltende Handelspolitik verzichten. Zwar galt der Nationalstaat als eigene kulturelle Größe; sein unmittelbares Interesse sollte aber hinter das Wohlergehen der ganzen Welt zurücktreten. Der wirtschaftliche Nationalismus und die absolute nationalstaatliche Souveränität auf wirtschaftlichem Gebiet waren mit dem internationalen und kosmopolitischen Denken der Neoliberalen unvereinbar. Die ORDO-Gruppe um *Eucken*, die frühen Chicago-Neoliberalen und der jüngere *Friedrich von Hayek* betonten vor allem die Bedeutung der Wettbewerbspolitik, die das Patent- und Gesellschaftsrecht, die Währungs-, Kredit-, Steuer-, Verkehrs- und Agrarpolitik mit einbezog. Anders als ein *Adam Smith* (1723–1790) entwickelte man einen ganzheitlichen Ansatz, der alle Probleme der Wirtschaftspolitik und der Gesellschaftspolitik im Gesamtzusammenhang lösen wollte. Im Unterschied zum Keynesianismus sollte antizyklische Konjunkturpolitik mit der liberalen Ordnungspolitik des Staates und einer ebensolchen Außenwirtschaftspolitik verbunden werden.

Insgesamt gesehen konnten sich die neoliberalen Prinzipien mit einer starken ordnungspolitischen Betonung in der Europäischen Wirtschaftsgemeinschaft in grundsätzlichen Fragen durchsetzen. Für das Rechtsgebiet des deutschen Wirtschaftsrechts wurde dies erst wieder in neuester Zeit detailliert nachgewiesen.[42] Quantitativ wirken sie sich im Rahmen der weltweiten Integration und Liberalisierung des Welthandels noch stärker aus als im Bereich der regionalen Begrenzung des EU-Raumes.[43]

Eigentliches Ziel der Wirtschafts- und Gesellschaftsordnung des Neoliberalismus sind der Mensch und seine Bedürfnisse. Angesichts dieses Ziels und in Anbetracht unbestreitbarer Erfolge erstaunt, dass es zur Mode werden konnte, Neoliberalismus

42 Siehe *Siems* Der Neoliberalismus als Modell für Gesetzgebung? ZRP 2002, 170 ff.

43 Näheres bei *Wegmann* (Fn 41), S. 466; siehe auch *Schmidt* in: Pitschas/Uhle (Hrsg.) Wege gelebter Verfassung in Recht und Politik, FS für Rupert Scholz, Die Ordnung des Marktes durch Recht, 2007, S. 889 ff.

als Kampfbegriff gegenüber jedweder Art von Fehlentwicklung zu missbrauchen.[44] Hierfür kommen als Erklärung im Wesentlichen zwei Gründe in Betracht: entweder die Kritiker wissen nicht, was Neoliberalismus ist, oder aber sie wenden sich bewusst gegen eines der erfolgreichsten Modelle wirtschaftlichen Handelns in der Absicht, es durch ein weniger freiheitliches zu ersetzen.

44 Vgl. *Willgerodt* Der Neoliberalismus – Entstehung, Kampfbegriff und Meinungsstreit, in: ORDO, Jahrbuch, Bd. 57, 2006, S. 47 ff; neuerdings anlässlich einer Würdigung von *Alexander Rüstow* vgl. v. *Prollius* Menschenfreundlicher Neoliberalismus, FAZ v. 10. 11. 2007, S. 13.

II. Europäisches Wirtschaftsrecht

Eigentumsordnung und Gesellschaftsrecht in Europa

PETER BADURA

1. DIE NATIONALE UNTERNEHMENSORDNUNG ALS GRUNDLAGE DES EUROPÄISCHEN BINNENMARKTES

a) Der EG-Vertrag lässt die *Eigentumsordnung* in den verschiedenen Mitgliedstaaten unberührt (Art. 295 EG). Diese »Allgemeine Bestimmung« kann als Grundsatz der »Neutralität der Gemeinschaft gegenüber der Eigentumsordnung« verstanden werden, ungeachtet der durch das Gemeinschaftsrecht geregelten oder zugelassenen sozialpflichtigen Bindung des Eigentums und der Eigentumsrechte.[1] Die Vertragsklausel schützt die in den Mitgliedstaaten bestehende »Eigentumsordnung« gegen einen umgestaltenden Zugriff durch das Recht und die Rechtsakte der Gemeinschaft und unterstreicht die Zuständigkeit und Befugnis der Mitgliedstaaten, ihre Eigentumsordnung eigenständig zu gestalten und insbesondere Art und Maß des öffentlichen und des privaten Sektors ihrer Wirtschaftsordnung nach ihren politischen Vorstellungen zu bestimmen. Es ist Sache der Mitgliedstaaten, über die Beibehaltung, Einführung oder Abschaffung staatlicher Wirtschaftsteilnahme und über die Gründung und Aufhebung öffentlicher Unternehmen sowie insgesamt über Sozialisierungen und Privatisierungen zu entscheiden.[2]

Die den Mitgliedstaaten zukommende Zuständigkeit für die Eigentumsordnung als Bestandteil der nationalen Rechtsordnung und Gesetzgebung, die Art. 295 EG ausdrücklich anerkennt, entzieht die Regelung der Mitgliedstaaten in diesem Bereich nicht den Grundprinzipien des EG-Vertrages. Art. 295 EG kann nicht dahin ausgelegt werden, dass dem nationalen Gesetzgeber auf dem Gebiet des gewerblichen und kommerziellen Eigentums die Befugnis vorbehalten wird, Maßnahmen zu ergreifen, die gegen den Grundsatz des freien Warenverkehrs innerhalb des Binnenmarktes, wie er im Vertrag vorgesehen und ausgestaltet ist, verstoßen würden, und dass er jede Maßnahme des Gemeinschaftsgesetzgebers auf diesem Gebiet ausschließen würde.[3] Die »Eigentumsordnung« im Sinne des Art. 295 EG betrifft das

1 *Everling* Eigentumsordnung und Wirtschaftsordnung in der Europäischen Gemeinschaft, in: FS Ludwig Raiser, 1974, S. 379, 381 ff; *Koenig/Kühling* in: Streinz (Hrsg.) EUV/EGV, 2003, Art. 295 Rn 1.

2 *Everling* (Fn 1) S. 382 f; *Hatje* Wirtschaftsverfassung, in: von Bogdandy (Hrsg.) Europäisches Verfassungsrecht, 2003, S. 684, 735 f; *Koenig/Kühling* (Fn 1) Rn 4, 10 ff, 13.

3 EuGH, Rs. C-302/97, Rn 38 – *Konle, Grundeigentum*, Slg. 1999, I-3099, 3134; EuGH, Rs. C-350/92, Slg. 1995, I-1985, 2010, Rn 18; EuGH, Rs. C-483/99, Slg. 2002, I-4785, 4803, Rn 43, 44.

Sacheigentum und auch das gesellschaftsrechtlich organisierte Eigentum, wie überhaupt die vermögenswerten Rechte. Die Ordnung und Sozialbindung des Eigentums durch die nationale Gesetzgebung ist den Grundfreiheiten und den Wettbewerbsregeln des Gemeinschaftsrechts unterworfen, die ihrerseits – in Ermangelung von Harmonisierung durch Rechtsakte der EG – Beschränkungen durch das Recht der Mitgliedstaaten unterliegt, die unter Beachtung der Grundsätze der Erforderlichkeit, Geeignetheit und Verhältnismäßigkeit zwingende Erfordernisse des Allgemeinwohls zur Geltung bringen dürfen. Insbesondere bleibt es den Mitgliedstaaten unbenommen, öffentliche Unternehmen zu errichten und Unternehmen besondere oder ausschließliche Rechte zu gewähren, soweit sie dabei keine dem Gemeinschaftsrecht widersprechende Maßnahmen treffen oder beibehalten (Art. 86 Abs. 1 EG).

b) Das Gemeinschaftsrecht wird von dem Grundsatz einer offenen Marktwirtschaft mit freiem Wettbewerb beherrscht (Art. 4 Abs. 1 und 2 EG), trägt aber dem Erfordernis Rechnung, dass die Wirtschaftsordnung und das Angebot von Waren und Diensten und die Versorgung mit gemeinwohlorientierten Leistungen von einer bestimmten Infrastruktur und von der Gewährleistung bestimmter Versorgungsaufgaben abhängig sind, die vorrangig in der Verantwortung der Mitgliedstaaten liegen. Die Gemeinschaft und die Mitgliedstaaten tragen im Rahmen ihrer jeweiligen Befugnisse im Anwendungsbereich des EG-Vertrages dafür Sorge, dass die Grundsätze und Bedingungen für das Funktionieren der *»Dienste von allgemeinem wirtschaftlichem Interesse«* so gestaltet sind, dass sie ihren Aufgaben nachkommen können (Art. 16 i.V.m. Art. 73, 86 und 87 EG).[4] Die Entwicklung des Handelsverkehrs darf nicht in einem Ausmaß beeinträchtigt werden, das dem Interesse der Gemeinschaft zuwiderläuft (Art. 86 Abs. 2 Satz 2 EG).[5]

Ein Mitgliedstaat kann sich nicht unter Bezugnahme auf die Sicherung von Dienstleistungen von allgemeinem Interesse oder von strategischer Bedeutung auf Art. 295 EG berufen, um Beeinträchtigungen der im Vertrag vorgesehenen Freiheiten zu rechtfertigen, sofern nicht ein zwingender Grund des Allgemeininteresses die Beeinträchtigung erforderlich erscheinen lässt.[6] Der Mitgliedstaat kann, vorbehalt-

4 *Schwarze* Daseinsvorsorge im Lichte des europäischen Wettbewerbsrechts, EuZW 2001, 890; *ders.* Europäisches Wirtschaftsrecht, 2007, Rn 214 ff; *Badura* Wirtschaftsverfassung und Wirtschaftsverwaltung, 2. Aufl. 2005, Rn 152 ff; *Cornils* Staatliche Infrastrukturverantwortung und kontingente Marktvoraussetzungen, AöR 131 (2006) 378; *Franzius* Die europäische Dimension des Gewährleistungsstaates, Staat 45 (2006) 547.

5 EuGH, Rs. C-320/91, Slg. 1993, I-2533 – *Paul Corbeau, Postdienst;* EuGH, Rs. C-292/92, Slg. 1994, I-1477 – *Almelo, Stromversorgung.*

6 EuGH, Rs. C-367/98, Slg. 2002, I-4731, 4774, Rn 47, 48 – *freier Kapitalverkehr*; EuGH, Rs. 483/99, Slg. 2002, I-4785, 4803, Rn 43, 44 – *freier Kapitalverkehr*; EuGH, Rs. C-282/04 u.a., EuZW 2006, 722, Rn 38 – *postalischer Universaldienst.*

lich einer gemeinschaftsrechtlichen Harmonisierung,[7] die für notwendig gehaltenen Anforderungen aufstellen, greift damit aber in die betroffene Grundfreiheit, z.B. die Niederlassungsfreiheit ein, sodass die fragliche Vorkehrung nur zulässig ist, soweit gemeinschaftsrechtlich die Beschränkung der Grundfreiheit gerechtfertigt werden kann.[8] Der Eingriff ist auch dann unverhältnismäßig, wenn das verfolgte Allgemeininteresse bereits im Herkunftsmitgliedstaat durch entsprechende Anforderungen angemessen und ausreichend Berücksichtigung gefunden hat.

2. DAS NIEDERLASSUNGSRECHT

a) Die *Niederlassungsfreiheit* umfasst – vorbehaltlich des Kapitels über den Kapitalverkehr (Art. 56 ff EG) – die Aufnahme und Ausübung selbständiger Erwerbstätigkeiten sowie die Gründung und Leitung von Unternehmen, insbesondere von Gesellschaften im Sinne des Art. 48 Abs. 2 EG, nach den Bestimmungen des Aufnahmestaates für seine eigenen Angehörigen (Art. 43 Abs. 2 EG). Das Niederlassungsrecht, das auch die Errichtung von Agenturen, Zweigniederlassungen und Tochtergesellschaften im Hoheitsgebiet jedes anderen Mitgliedstaates einschließt (Art. 43 Abs. 1 Satz 2 EG),[9] gilt vorbehaltlich der vorgesehenen Ausnahmen und Bedingungen.[10] Für die Anwendung des Kapitels über das Niederlassungsrecht stehen die nach den Rechtsvorschriften eines Mitgliedstaates gegründeten Gesellschaften, die ihren satzungsmäßigen Sitz, ihre Hauptverwaltung oder ihre Hauptniederlassung innerhalb der Gemeinschaft haben, den natürlichen Personen gleich, die Angehörige der Mitgliedstaaten sind (Art. 48 Abs. 1 EG). Die Errichtung von Handelsgesellschaften folgt in den einzelnen Mitgliedstaaten unterschiedlichem Gesellschaftsrecht. Diese Unterschiedlichkeit des nationalen Rechts bleibt im Rahmen des gemeinschaftsrechtlichen Niederlassungsrechts, sofern dadurch nicht eine Diskriminierung bewirkt wird und wenn die Unterschiedlichkeit nicht eine unverhältnismäßige oder sachwidrige Behinderung grenzüberschreitender Unternehmens- oder Berufstätigkeit mit den Mitteln des Gesellschaftsrechts zur Folge hat. Die Niederlassungsfreiheit eröffnet so auch eine Wahlfreiheit hinsichtlich der gesellschaftsrechtlichen Gestaltung der Wirtschaftsteilnahme auf dem Binnenmarkt und garantiert damit einen »Wettbewerb« der Rechtsordnungen und einen Standortwettbewerb der Mitgliedstaaten, denen nur eine Unterbindung von Missbrauch,

7 Siehe z.B. die Richtlinie 2005/36/EG des Europäischen Parlaments und des Rates vom 7. September 2005 über die Anerkennung von Berufsqualifikationen (ABl. L 255 v. 30. 9. 2005, S. 22). – *Mann* EuZW 2004, 615.

8 *Jarass* Elemente einer Dogmatik der Grundfreiheiten II, EuR 35 (2000) 705, 708 ff; *Frenz* Grundfragen der Niederlassungs- und Dienstleistungsfreiheit im neuen Gewande, GewArch. 2007, 98, 103 ff.

9 EuGH – Rs. C-212/97, Slg. 1999, I-1459, 1493, Rn 26, 27 – *Centros Ltd*; EuGH, Rs. C-167/01, Slg. 2003, I-10155, 10224, Rn 97 – *Inspire Art Ltd.*

10 EuGH, Rs. C-70/95, Slg. 1997, I-3395, 3432, Rn 26 – *Sodemare SA.*

betrügerischer Vorgehensweisen und der Steuerflucht verbleibt, soweit nicht das Gemeinschaftsrecht besondere Ausnahmen oder Bedingungen nationaler Regelung zulässt, wie z.B. im Bereich der Ausübung öffentlicher Gewalt (Art. 45 EG).[11] Das Gemeinschaftsrecht stellt eine einheitliche Rechtsform der Handelsgesellschaft bereit, schreibt diese jedoch den Angehörigen der Mitgliedstaaten nicht zwingend vor.[12]

b) Das Niederlassungsrecht setzt eine stetige und dauerhafte Teilnahme am Wirtschaftsleben eines Mitgliedstaates voraus.[13] Durch diese *Integration in die Rechts- und Wirtschaftsordnung des Aufnahmestaates* unterscheidet es sich von der Dienstleistungsfreiheit (vgl. Art. 50 Abs. 3 EG) und belässt es dem Aufnahmestaat eine weitergehende Gestaltungs- und Regelungsbefugnis. Allein die Tatsache, dass ein in einem Mitgliedstaat niedergelassener Wirtschaftsteilnehmer gleiche oder ähnliche Dienstleistungen mehr oder weniger häufig oder regelmäßig in einem anderen Mitgliedstaat erbringt, ohne dort über eine Infrastruktur zu verfügen, die es ihm erlauben würde, in diesem Mitgliedstaat in stabiler und kontinuierlicher Weise einer Erwerbstätigkeit nachzugehen, und von der aus er sich u.a. an die Angehörigen dieses Mitgliedstaates wendet, reicht nicht aus, um ihn als in diesem anderem Mitgliedstaat niedergelassen anzusehen.[14]

Die Beschränkungen der freien Niederlassung von Staatsangehörigen eines Mitgliedstaates im Hoheitsgebiet eines anderen Mitgliedstaates sind nach Maßgabe der Art. 43 ff EG verboten. Entgegen früherer Rechtsauffassungen hat sich die Auslegung durchgesetzt, dass die Niederlassungsfreiheit, wie auch die anderen Grundfreiheiten des europäischen Binnenmarktes ein – differenziertes – *Beschränkungsverbot* gewährleistet und nicht nur ein Verbot der Diskriminierung aus Gründen der Staatsangehörigkeit (siehe Art. 12 EG).[15] Eine Beschränkung der Niederlassungsfreiheit durch die nationale Gesetzgebung kann nur zulässig sein, wenn mit ihr ein legitimes, mit dem EG-Vertrag vereinbares Ziel verfolgt wird und wenn sie durch zwingende Gründe des Allgemeininteresses gerechtfertigt ist. Zusätzlich

11 *Stober* Deutsches und Internationales Wirtschaftsrecht, 2007, Abschn. K Kap. 7; *Schwarze* Wirtschaftsrecht (Fn 4) Rn 111 ff; *de Diego* Anm. zu EuGH Rs. C-167/01 – *Inspire Art*, JURA 2004, 400.

12 Verordnung (EG) Nr. 2157/2001 des Rates vom 8. Oktober 2001 über das Statut der Europäischen Gesellschaft – Societas Europaea (SE), ABl. L 294 v. 10. 11. 2001, S. 1; Gesetz zur Einführung der Europäischen Gesellschaft (SEEG) vom 22. Dezember 2004 (BGBl I S. 3675). – Manzl/Mayer/Schröder (Hrsg.) Europäische Aktiengesellschaft SE, 2004; *Braun* Die Europäische Aktiengesellschaft: nach »Inspire Art« bereits ein Auslaufmodell? JURA 2005, 150; *Schwarze* Wirtschaftsrecht (Fn 4) Rn 125, 126.

13 EuGH, Rs. C-70/95 (Fn 10) S. 3432, Rn 24.

14 EuGH Rs. C-215/01 Slg. 2003, I-14847, 14882, Rn 29 ff – *Schnitzer, Handwerk*.

15 *Stober* (Fn 11); *Steindorff* Reichweite der Niederlassungsfreiheit, EuR 1988, 19; *Hatje* Die Niederlassungsfreiheit im europäischen Binnenmarkt, JURA 2003, 160; *Oppermann* Europarecht, 3. Aufl. 2005, § 26 Rn 4, 13; *Schön* Niederlassungsfreiheit als Gründungsfreiheit, in: FS Priester, 2007, S. 737.

muss ihre Anwendung zur Erreichung des Zieles geeignet sein und darf nicht über das hinausgehen, was hierzu erforderlich ist. Zu den zwingenden Gründen des Allgemeininteresses, die eine Beschränkung der Niederlassungsfreiheit rechtfertigen können, gehören der Schutz des Interesses von Gläubigern, Minderheitsgesellschaften und Arbeitnehmern sowie die Wahrung der Wirksamkeit der Steueraufsicht und der Lauterkeit des Handelsverkehrs.[16]

c) Den Wirtschaftsteilnehmern wird durch die Niederlassungsfreiheit eine grundsätzlich freie Wahl des nationalen Gesellschaftsrechts im Gemeinschaftsgebiet zugestanden. Dieses Recht wird berührt, wenn das Recht eines Mitgliedstaates beansprucht, auch für eine nach dem Recht eines anderen Mitgliedstaates gegründete Handelsgesellschaft zu gelten, wenn diese im Rechtsverkehr des Aufnahmestaates als rechtsfähig in Rechtsbeziehungen eintreten oder Tochtergesellschaften gründen will. Damit stand die im deutschen internationalen Gesellschaftsrecht vormals maßgebliche *»Sitztheorie«* mit der durch sie vorgeschriebenen »Gründungsanknüpfung« im Widerspruch, wonach eine Handelsgesellschaft nur rechtsfähig war, wenn sie in Deutschland nach den Regeln des deutschen Gesellschaftsrechts als rechtsfähige Gesellschaft gegründet worden war, und zwar auch dann, wenn sie in einem anderen Mitgliedstaat als rechtsfähige Gesellschaft nach dessen Recht errichtet war. Es verstößt gegen die Niederlassungsfreiheit von Gesellschaften, wenn einer nach dem Recht eines Mitgliedstaates gegründeten Gesellschaft bei Verlegung ihres Verwaltungssitzes in einen anderen Mitgliedstaat von diesem Mitgliedstaat die Rechts- und damit die Parteifähigkeit vor nationalen Gerichten abgesprochen wird.[17] Aus der Anerkennung der Rechtsfähigkeit einer solchen Gesellschaft folgt zugleich, dass deren Personalstatut auch in Bezug auf die Haftung für in ihrem Namen begründete rechtsgeschäftliche Verbindlichkeiten einschließlich der Frage nach einer etwa diesbezüglich eintretenden persönlichen Haftung ihrer Gesellschafter oder Geschäftsführer gegenüber den Gesellschaftsgläubigern maßgeblich ist.[18]

d) Das Recht, eine Gesellschaft nach dem Recht eines Mitgliedstaates zu errichten und in anderen Mitgliedstaaten mittels einer *Agentur, Zweigniederlassung oder Tochtergesellschaft* tätig zu werden, folgt im Binnenmarkt unmittelbar aus der vom EG-Vertrag gewährleisteten Niederlassungsfreiheit. Danach stellt sogar die bewusste Ausnutzung unterschiedlicher Rechtssysteme für sich allein noch keinen Missbrauch dar, auch wenn sie in der offenen Absicht erfolgt, die »größte Freiheit« unternehmerischen Handelns zu erzielen. Das gilt auch dann, wenn die gesamte Ge-

16 EuGH, Rs. C-167/01, Slg. 2003, I-10155/10233, Rn 133 – *Inspire Art Ltd*; EuGH, Rs. C-411/03, Slg. 2005, I-10805, Rn 23, 28 – *SEVIC Systems AG*.

17 EuGH, Rs. C-208/00, Slg. 2002, I-9919 – *Überseering*, mit Anm. *Ebke* JZ 2003, 927; BGHZ 154, 185; BGH NJW 2002, 3539.

18 BGH NJW 2005, 1648; *Kindler* Die Begrenzung der Niederlassungsfreiheit durch das Gesellschaftsstatut, NJW 2007, 1785.

schäftstätigkeit durch eine Zweigniederlassung ausgeübt wird und so höhere Anforderungen an die Errichtung einer Gesellschaft im Aufnahmestaat umgangen werden. Der Umstand, dass eine Gesellschaft in einem Mitgliedstaat nur gegründet wurde, um in den Genuss vorteilhafterer Rechtsvorschriften zu kommen, stellt keinen Missbrauch dar, und zwar auch dann nicht, wenn die betreffende Gesellschaft ihre Tätigkeit hauptsächlich oder ausschließlich nicht im Mitgliedstaat ihres Hauptsitzes, sondern in diesem zweiten Staat ausübt. Aus der Niederlassungsfreiheit ergibt sich weiter, dass das Recht eines Mitgliedstaates die Gründung von Tochtergesellschaften oder Zweigniederlassungen einer in einem anderen Mitgliedstaat bestehenden Gesellschaft nicht den besonderen inländischen Anforderungen des Gesellschaftsrechts, z.B. der Publizität, des Stammkapitals oder der Haftung der Geschäftsführer unterwerfen darf. Der Aufnahmemitgliedstaat ist jedoch berechtigt, Maßnahmen zu treffen, die verhindern sollen, dass sich einige seiner Staatsangehörigen unter Ausnutzung der durch den Vertrag geschaffenen Möglichkeiten in missbräuchlicher Weise der Anwendung des nationalen Rechts zu entziehen suchen; die missbräuchliche oder betrügerische Berufung auf Gemeinschaftsrecht ist nicht gestattet. Überhaupt schließt das gemeinschaftsrechtliche Niederlassungsrecht es nicht aus, dass die Behörden des Aufnahmestaates alle geeigneten Maßnahmen treffen können, um Betrügereien zu verhindern oder zu verfolgen.[19]

e) In den sachlichen Geltungsbereich der Vertragsbestimmungen über die Niederlassungsfreiheit fallen nationale Rechtsvorschriften, die Anwendung finden, wenn ein Angehöriger des betreffenden Mitgliedstaates am Kapital einer Gesellschaft in einem anderen Mitgliedstaat eine Beteiligung hält, die es ihm ermöglicht, einen sicheren Einfluss auf die Entscheidungen der Gesellschaft auszuüben und deren Tätigkeit zu bestimmen. Das Recht der Niederlassungsfreiheit ist berührt, wenn ein Mitgliedstaat die Errichtung einer Tochtergesellschaft, die Beteiligung an einer Gesellschaft in einem anderen Mitgliedstaat oder die Verlegung des Sitzes einer Gesellschaft in einen anderen Mitgliedstaat behindert, erschwert oder mit sachwidrigen Nachteilen, etwa durch *spezifische Besteuerung*, belastet.[20] Die Bestimmungen über die Niederlassungsfreiheit sollen die Inländerbehandlung im Aufnahmemitgliedstaat sichern, verbieten aber ebenfalls, dass der Herkunftsstaat die Niederlassung

19 EuGH, Rs. C-212/97, Slg. 1999, I-1459, 1492 f, Rn 24 ff – *Centros Ltd*; EuGH, Rs. C-167/01, Slg. 2003, I-10155, 10224, Rn 97 f, 10226, Rn 105, 10234, Rn 136 – *Inspire Art Ltd*; BGH NJW 2005, 1648. *Altmeppen* Schutz vor »europäischen« Kapitalgesellschaften, NJW 2004, 97; *Eidenmüller* Mobilität und Restrukturierung von Unternehmen im Binnenmarkt, JZ 2004, 24; *Horn* Deutsches und europäisches Gesellschaftsrecht und die EuGH-Rechtsprechung zur Niederlassungsfreiheit – Inspire Art, NJW 2004, 893; *Schmidt* Verlust der Mitte durch »Inspire Art«? – Verwerfungen im Unternehmensrecht durch Schreckreaktionen der Literatur, ZHK 168, 2004, 493; *Ulmer* Gläubigerschutz bei Scheinauslandsgesellschaften, NJW 2004, 1201.

20 EuGH, Rs. C-9/02, Slg. 2004, I-2409 – *de Lasteyrie du Saillant*, mit Anm. *Lehner;* EuGH, Rs. C-446/03, Slg. 2005, I-2409 – *Marks Spencer*; EuGH, Rs. C-347/04, EuZW 2007, 273 – *Rewe*.

seiner Staatsangehörigen oder einer nach seinem Recht gegründeten Gesellschaft in einem anderen Mitgliedstaat behindert.[21] Eine *Ungleichbehandlung von gebietsansässigen und gebietsfremden Steuerpflichtigen* muss jedenfalls dann als Diskriminierung im Sinne des EG-Vertrages angesehen werden, wenn kein objektiver Unterschied besteht, der eine solche Ungleichbehandlung begründen könnte. Das Niederlassungsrecht ist nicht gewahrt, wenn nationale Rechtsvorschriften eine gebietsfremde Muttergesellschaft, an die eine gebietsansässige Tochtergesellschaft Dividenden ausschüttet, mit einer Steuer auf Dividenden belasten, gebietsansässige Muttergesellschaften aber fast völlig davon befreien und dadurch eine diskriminierende Beschränkung der Niederlassungsfreiheit sind.[22] Die Niederlassungsfreiheit wird auch berührt, wenn die Geltendmachung von Verlustabschreibungen bei Gesellschaften oder Konzernen, die in mehreren Mitgliedstaaten tätig sind, unterschiedlich geregelt wird. Sie kann aber zur Gewährleistung einer die Steuerhoheit der beteiligten Mitgliedstaaten ausgleichend berücksichtigenden Regelung und zur Verhinderung der freien Wahl des den Verlustabzug gewährenden Mitgliedstaates und zum Ausschluss mehrfacher Geltendmachung eines gewinnmindernden Verlustes zulässig sein.[23]

Der Kampf gegen die Steuerumgehung und die Wirksamkeit der steuerlichen Kontrollen sind zwingende Gründe des Allgemeininteresses, die geeignet sind, die durch den Vertrag garantierten Grundfreiheiten einzuschränken.[24] Derartig begründete Beschränkungen müssen allerdings hinsichtlich ihrer Geeignetheit und Erforderlichkeit spezifisch begründet sein und dürfen nicht auf allgemeinen Vermutungen über einen möglichen Missbrauch oder die allgemein denkbare Gelegenheit zu einer Steuerflucht gestützt sein.[25] Die Wahrung der Kohärenz des Steuersystems lässt sich als Rechtfertigungsgrund nur heranziehen, wenn ein unmittelbarer Zusammenhang zwischen dem steuerlichen Vorteil und einem damit in Wechselbeziehung stehenden Nachteil besteht.[26]

Regelungen eines Mitgliedstaates, die Steuergutschriften auf Kapitalerträge unterschiedlich bei Gesellschaften mit Sitz im Inland und in einem anderen Mitgliedstaat behandeln, beschränken den *freien Kapitalverkehr* auf dem Binnenmarkt und bedürfen der Rechtfertigung durch einen »Unterschied der objektiven Situation« (siehe Art. 58 Abs. 1 lit. a) und Abs. 3 i.V.m. Art. 56 EG).[27] Jede Maßnahme, die den grenzüberschreitenden Transit von Kapital erschwert oder weniger attraktiv macht und daher geeignet ist, den Anlieger davon abzuhalten, stellt eine Beschränkung der Kapitalverkehrsfreiheit dar. Da das Ziel der Geldanlage durch Erwerb von Aktien

21 EuGH, Rs. C-446/03 (Fn 20) Rn 31.
22 EuGH, Rs. C-170/05, EuZW 2007, 83, Rn 25 – *Denkavit International BV.*
23 EuGH, Rs. C-446/03 (Fn 20) Rn 51; EuGH, Rs. C-347/04 (Fn 20).
24 EuGH, Rs. C-150/04, EuZW 2007, 341, Rn 51 – *Dänemark.*
25 EuGH, Rs. C-9/02 (Fn 20).
26 EuGH, Rs. C-150/04 (Fn 24), steuerliche Abzugsfähigkeit von Versicherungsbeiträgen.
27 EuGH, Rs. C-319/02, Slg. 2004, I-7477, Rn 29 – *Manninen*; EuGH, Rs. C-292/04, EuZW 2007, 243

zumeist darin besteht, Nettoerträge zu erwirtschaften, berühren Regelungen über die steuerliche Behandlung der Erträge auch die Attraktivität der Kapitalanlage selbst.[28]

3. GESELLSCHAFTSRECHTLICHE GESETZGEBUNG DER MITGLIEDSTAATEN

a) Die grenzüberschreitende Kapitalanlage durch *Erwerb von Anteilsrechten an einer Handelsgesellschaft*, sei es als Direktinvestition, sei es allein in der Absicht einer Geldanlage (Portfolioinvestition), genießt den Schutz des freien Kapitalverkehrs auf dem europäischen Binnenmarkt (Art. 56 ff EG). Damit sind Beschränkungen und Behinderungen durch den Aufnahmemitgliedstaat nach den Grundsätzen des gemeinschaftsrechtlichen Diskriminierungs- und Beschränkungsverbots zur Gewährleistung der Grundfreiheiten untersagt.[29] Dem Mitgliedstaat, nach dessen Recht die Gesellschaft errichtet ist, ist es damit grundsätzlich verwehrt, seine Beteiligung an einem öffentlichen Unternehmen in privatrechtlicher Rechtsform oder an einem materiell privatisierten Unternehmen mit besonderen Rechten zum Schutz nationaler Interessen (»Sonderaktie«) auszustatten. So verstößt ein Mitgliedstaat, der eine nationale Regelung beibehält, mit der eine Sonderaktie dieses Staates an einer Ölgesellschaft geschaffen wird, die bestimmte Rechte beim Erwerb von Anteilsrechten durch Dritte sichert, gegen seine Verpflichtungen aus Art. 56 EG; denn für diese Beschränkung des freien Kapitalverkehrs fehlt es bei sachangemessener und näher spezifizierter Festlegung an der gemeinschaftsrechtlichen Rechtfertigung.[30] Ebenso verstößt ein Mitgliedstaat gegen den freien Kapitalverkehr, wenn er Rechtsvorschriften beibehält, die in einer privatisierten Gesellschaft eine vom Staat gehaltene Sonderaktie vorsehen, die dem Staat besondere Zustimmungsrechte für bestimmte Entscheidungen der Organe der Gesellschaft verleiht. Dies gilt, wenn die Zustimmungsrechte nicht auf die Fälle beschränkt sind, in denen das Eingreifen des Mitgliedstaates aus vom Gerichtshof anerkannten zwingenden Gründen des Allgemeininteresses, etwa zur Aufrechterhaltung des postalischen Universaldienstes erforderlich ist. Derartige Sonderaktien sind Beschränkungen des freien Kapitalverkehrs, weil sie die reale Gefahr bergen, dass Entscheidungen, die von den Organen

28 Schlussanträge der Generalanwältin *Juliane Kokott* in der Rechtssache *Maminen* (Fn 27) I-7486, Rn 28, 29.

29 EuGH, Rs. C-483/99, Slg. 2002, I-4785 – *Société nationale Elf-Aquitaine*; EuGH, Rs. C-282/04 u.a., EuZW 2006, 722 – *»Golden share«*, mit Anm. *Pießkalla* ebd., 724; EuGH, Rs. C-112/05, NJW 2007, 3481 ff – *VW-Gesetz*, NJW 2007, 697, mit Anm. *Pießkalla* ebd., 702; *Steindorff* EG-Vertrag und Privatrecht, 1996, S. 256 ff; *Bröhmer* in: Callies/Ruffert (Hrsg.) EUV/EVG, 3. Aufl. 2007, Art. 56 Rn 59, und Art. 58 Rn 25; *Kilian* Vereinbarkeit des VW-Gesetzes mit Europarecht, NJW 2007, 3469; *Schwarze* Wirtschaftsrecht (Fn 4) Rn 150 ff.

30 EuGH (Fn 29) S. I-4802, Rn 42, und I-4806, Rn 53 – *Elf-Aquitaine*.

der Gesellschaft in deren wirtschaftlichem Interesse liegend empfohlen werden, vom staatlichen Anteilseigner zur Wahrung des Allgemeininteresses blockiert werden.[31]

Das Ziel der Sicherstellung der Versorgung mit Erdölprodukten im Krisenfall gehört zu den Gründen der öffentlichen Sicherheit, aus denen nach Art. 58 Abs. 1 lit. b) EG eine Beeinträchtigung des freien Kapitalverkehrs gerechtfertigt sein kann. Doch geht eine solche Regelung über das hinaus, was zur Erreichung dieses Ziels erforderlich ist, wenn die Struktur des geschaffenen Systems objektiver und genauer Kriterien entbehrt.[32] Desgleichen kann die Gewährleistung einer Dienstleistung von allgemeinem Interesse, wie des postalischen Universaldienstes, einen zwingenden Grund des Allgemeininteresses darstellen, der eine Beschränkung des freien Kapitalverkehrs rechtfertigen könnte.[33] Fehlt es an einer gemeinschaftsrechtlichen Harmonisierung, ist es grundsätzlich Sache der Mitgliedstaaten zu entscheiden, auf welchem Niveau sie den Schutz aus Gründen des Art. 58 EG oder aus zwingenden Gründen des Allgemeininteresses sicherstellen wollen und wie dieses Niveau erreicht werden soll. Sie können dies jedoch nur in dem vom EG-Vertrag vorgegebenen Rahmen und insbesondere nur unter Beachtung des Grundsatzes der Verhältnismäßigkeit.[34]

Ein Mitgliedstaat kann somit bei einer nach seinem Recht gegründeten Handelsgesellschaft *Schutzvorkehrungen* für gemeinschaftsrechtlich anerkannte Rechtsgüter in Beschränkung des Erwerbs und der Ausübung von Anteilsrechten vorsehen und sich auch Anteilsrechte mit besonderen Einflussbefugnissen vorbehalten, um das öffentliche Interesse zu wahren. Das können u.a. Bestimmungen zum Schutze von Arbeitnehmern, Arbeitsplätzen oder Minderheitsaktionären sein. Doch ist das nur unter der Voraussetzung gemeinschaftsrechtlich zulässig, dass die bewirkte Beschränkung der Kapitalverkehrsfreiheit durch gemeinschaftsrechtlich anerkannte zwingende Erfordernisse des Allgemeininteresses gerechtfertigt ist, die anderweit nicht sichergestellt sind, dass die Vorkehrung spezifisch und sachgerecht normativ bestimmt ist, dass die Vorkehrung geeignet und verhältnismäßig ist und dass die Vorkehrung keine Diskriminierung bewirken kann.[35]

Wirtschaftliche Gründe können keine Beeinträchtigungen rechtfertigen, die gemäß dem EG-Vertrag verboten sind. Das gilt für staatliche Sonderaktien, wie für vergleichbare gesellschaftsrechtliche Regelungen. So verstößt ein Mitgliedstaat, der eine nationale Regelung erlässt und beibehält, nach der zum einen Anleger aus einem anderen Mitgliedstaat nicht mehr als eine begrenzte Zahl von Anteilen an bestimmten nationalen Unternehmen erwerben dürfen und zum anderen der Er-

31 EuGH, Rs. C-282/04 u.a. (Fn 29) – *Niederlande*.
32 EuGH (Fn 29) S. I-4806, Rn 47, 48, 53 – *Elf-Aquitaine*.
33 EuGH, Rs. C-282/04 u.a. (Fn 29) Rn 38.
34 EuGH, Rs. C-282/04 u.a. (Fn 29) Rn 33.
35 EuGH, Rs. C-112/05 (Fn 29); EuGH, Rs. C-367/98, Slg. 2002, I-4731, 4775, Rn 49 – *Portugal*, allgemein zu der Zulässigkeit von Beschränkungen des freien Kapitalverkehrs.

werb einer über die festgelegte Höhe hinausgehende Beteiligung an bestimmten nationalen Unternehmen der vorherigen Genehmigung des Staates bedarf, gegen seine Verpflichtungen aus Art. 56 EG. Über die in Art. 58 Abs. 1 EG genannten Gründe hinaus, die namentlich das Steuerrecht betreffen, ist eine auf allgemeine finanzielle Interessen des Mitgliedstaates gestützte Rechtfertigung nicht zulässig. Ziele, wie die Wahl eines strategischen Partners, eine Stärkung der Wettbewerbsstruktur des fraglichen Marktes sowie die Modernisierung und Steigerung der Leistungsfähigkeit der Produktionsmittel, sind Interessen, die keine überzeugende Rechtfertigung für Beschränkungen der betreffenden Grundfreiheit darstellen können.[36]

Die *Mitgliedstaaten selbst*, deren Verwaltungsträger und deren öffentliche Unternehmen, soweit sie keinen Erwerbszweck verfolgen (Art. 48 Abs. 2 EG), können das Niederlassungsrecht nicht beanspruchen. Entsprechend wird anzunehmen sein, dass sie sich auf die Freiheit des Kapitalverkehrs nicht berufen können, wenn sie Anteile an inländischen Handelsgesellschaften erwerben wollen. Klärungsbedürftig bleibt, ob ein ohne besondere politische Zielsetzung erfolgender, »staatswirtschaftlicher« Erwerb von Anteilsrechten durch einen Mitgliedstaat einer beschränkenden Regelung durch das Gesellschaftsrecht des Aufnahmestaates unterworfen werden darf.[37]

b) Nationale Rechtsvorschriften des Gesellschaftsrechts, die *Rechtsformen* und *Gestaltungen der gesellschaftsrechtlichen Organisation des Eigentums* regeln, wie z.B. die Umwandlung einer Handelsgesellschaft, können die Niederlassungsfreiheit des Gemeinschaftsrechts berühren. Sie unterliegen den allgemeinen Grundsätzen des Diskriminierungs- und Beschränkungsverbots zur Gewährleistung der Grundfreiheiten. Grenzüberschreitende Verschmelzungen von Handelsgesellschaften entsprechen wie andere Gesellschaftsumwandlungen den Zusammenarbeits- und Umgestaltungsbedürfnissen von Gesellschaften mit Sitz in verschiedenen Mitgliedstaaten. Sie stellen besondere, für das reibungslose Funktionieren des Binnenmarktes wichtige Modalitäten der Ausübung der Niederlassungsfreiheit dar und gehören damit zu den wirtschaftlichen Tätigkeiten, hinsichtlich deren die Mitgliedstaaten die Niederlassungsfreiheit nach Art. 43 EG beachten müssen. Ein Mitgliedstaat darf demzufolge die Verschmelzung von Handelsgesellschaften, bei denen eine der beteiligten Gesellschaften ihren Sitz in einem anderen Mitgliedstaat hat, nicht durch besondere Vorschriften verhindern oder erschweren. Innerstaatliche und grenzüberschreitende Verschmelzungen dürfen nicht unterschiedlich behandelt werden.[38]

36 EuGH, Rs. C-367/98, Slg. 2002, I-4731/4774 ff, Rn 45, 46, 52 – *Portugal*.

37 Ökonomen streiten über Schutzzäune gegen Staatsunternehmen, FAZ, 29. 6. 2007; Goldene Aktie gegen fremden Zugriff, FAZ, 24. 7. 2007. Herrn Ernst Steindorff verdanke ich den Hinweis auf den Artikel von *Wolf* We are living in a brave new world of state capitalism, Financial Times, 17. 10. 2007.

38 EuGH, Rs. C-411/03, Slg. 2005, I-10805, bes. Rn 19 – *SEVIC Systems AG, deutsches Umwandlungsrecht*. Anm. von *Lutter/Drygala* JZ 2006, 770; *Oechsler* NJW 2006, 812.

Der Schutz des Wettbewerbs in der EU-Wirtschaftsverfassung

Ein Beitrag zum System des unverfälschten Wettbewerbs im primären Unions- und Gemeinschaftsrecht

GERRIT BRAUSER-JUNG*

»Wettbewerb entsteht in aller Regel dort, wo Rechtssubjekte von ihrer Handlungsfreiheit im Wirtschaftsverkehr Gebrauch machen.«[1] Der Schutz des Wettbewerbs ist somit – im marktwirtschaftlich geprägten Wirtschaftssystem der EU – eine wesentliche Voraussetzung für die Gewährleistung der individuellen Handlungsfreiheit der Wirtschaftssubjekte, Unternehmer wie Konsumenten. Der Beitrag untersucht daher im Folgenden die konstitutionellen Maßgaben für den Ausgleich des Spannungsverhältnisses zwischen dem Schutz der individuellen Freiheit zur Teilnahme am Wettbewerb und dem institutionellen Schutz des Wettbewerbs als einer prozessualen Voraussetzung für eine die allgemeine Wohlfahrt befördernde effiziente Ressourcenallokation.[2] Der Beitrag widmet sich somit einem, wenn nicht dem zentralen Aspekt des Wirtschaftsverfassungsrechts, dessen Systematisierung sich *Rolf Stober* im Rahmen seines umfangreichen wissenschaftlichen Werks zum Wirtschaftsverwaltungsrecht verschrieben hat.[3]

I. DIE WIRTSCHAFTSVERFASSUNG DER EU – GRUNDENTSCHEIDUNG FÜR EINE MARKTWIRTSCHAFTLICHE WETTBEWERBSWIRTSCHAFT

Die Rede von der Wirtschaftsverfassung ruft Erinnerungen an bekannte Kontroversen über Existenz und Gehalt einer solchen im Rahmen des Grundgesetzes hervor.[4]

* Der Beitrag gibt ausschließlich die persönliche Auffassung des Verfassers wieder.

1 *Mestmäcker/Schweitzer* Europäisches Wettbewerbsrecht, 2. Aufl. 2004, § 2 Rn 73.

2 Vgl. *Mestmäcker* Der verwaltete Wettbewerb, 1984, S. 31 ff; *Hellwig* in: Engel/Möschel (Hrsg.) Recht und spontane Ordnung, FS Mestmäcker, 2006, S. 231, 241 ff.

3 Das wissenschaftliche Werk *Stobers* zum Wirtschaftsverwaltungsrecht ist durchdrungen vom Wirtschaftsverfassungsrecht. Prägend ist die von ihm – in Anlehnung an *Werner* DVBl 1959, 527 – geprägte Sentenz »Wirtschaftsverwaltungsrecht ist konkretisiertes Wirtschaftsverfassungsrecht« – *Stober* Allgemeines Wirtschaftsverwaltungsrecht, 15. Aufl. 2006, § 2 III 2.

4 Vgl. nur die Darstellungen bei *Stober* Handbuch des Wirtschaftsverwaltungs- und Umweltrechts, 1989, § 7, S. 140 ff, 144 ff; *Willgerodt* Soziale Marktwirtschaft ein unbestimmter

Hierum geht es im Rahmen dieses Beitrags freilich nicht. Diese Kontroversen sind auf den hier zu betrachtenden Rahmen des primären Unions- bzw. Gemeinschaftsrechts nicht ernsthaft übertragbar, da man es insoweit mit einer ausgeprägten EU-Wirtschaftsverfassung zu tun hat:

- Zum einen kommt dem primären Gemeinschaftsrecht jedenfalls im funktionalen Sinn Verfassungscharakter zu:[5] Obgleich in der Form einer völkerrechtlichen Übereinkunft geschlossen, stellt das primäre Gemeinschaftsrecht in der Fassung des Vertrages von Amsterdam und Nizza »nichtsdestoweniger die Verfassungsurkunde einer Rechtsgemeinschaft dar, [...] [deren] wesentliche Merkmale [...] ihr Vorrang vor dem Recht der Mitgliedstaaten und die unmittelbare Wirkung zahlreicher für ihre Staatsangehörigen und für sie selbst geltender Bestimmungen« sind.[6] Diesem zielorientierten Charakter widerspricht es nicht, im primären Unionsrecht in der Fassung des Reformvertrages (s. sogleich unter II.) jedenfalls keine Verfassung im Sinne eines politischen Gemeinwesens bzw. eines europäischen Staates zu sehen.[7]
- Zum anderen betrifft das primäre EU-Recht sehr umfassend die Ordnung des Wirtschaftslebens zur Errichtung des Gemeinsamen Marktes bzw. Binnenmarktes und ist damit auch eine Wirtschaftsverfassung im engeren Sinn,[8] die die Grundentscheidung für eine marktwirtschaftlich orientierte Wettbewerbswirtschaft enthält.[9] Im Kontext der EU-Wirtschaftsverfassung begegnet der Wettbewerb herkömmlich als ein herausgehobenes Instrument der Integration, das im Katalog der Tätigkeiten des Art. 3 E(W)G-Vertrag die Gemeinschaft auf die Schaffung eines Systems verpflichtet, das den Wettbewerb innerhalb des Bin-

Rechtsbegriff in: Immenga/Möschel/Reuter (Hrsg.) FS Mestmäcker, 1996, S. 329, 336 ff; *Sodan* DÖV 2000, 361, 362 ff; *di Fabio* in: Maunz/Dürig/Herzog/Scholz/Herdegen/Klein Grundgesetz Kommentar, Art. 2 Abs. 1 Rn 76 (Stand: Juli 2001); s. ferner *Huber* Wirtschaftsverwaltungsrecht, 1. Bd., 2. Aufl. 1953, § 3, S. 20 ff.

5 *v. Bogdandy* in: Grabitz/Hilf (Hrsg.) EUV/EGV, Art. 2 EGV Rn 4 (Stand: Januar 2000).

6 EuGH Gutachten 1/91 vom 14. 12. 1991, Rn 21, Slg. I-1991, 6079 (6012) – zum Entwurf des Abkommens zwischen der Gemeinschaft einerseits und den Ländern der europäischen Freihandelsassoziation über die Schaffung des Europäischen Wirtschaftsraums.

7 *Mestmäcker* Wirtschaft und Verfassung in der Europäischen Union, 2003, S. 553, 554; *Müller-Graff* EuR 1997, 433, 437 f. Vgl. auch die Schlussfolgerungen des Vorsitzes des Europäischen Rates vom 21./22. 6. 2007, Brüssel, Dokumentennummer 11177/07, Anlage I, Ziff. I.3, S. 16 zur Konstruktion des EU-Reformvertrages, von dem zwar ausdrücklich betont wird, dass seine Normen keinen Verfassungscharakter haben. Diese Ausführungen beziehen sich aber allein auf die Vermeidung typischer Staatssymbole, um auch nur den Eindruck einer europäischen Staatsverfassung auszuschließen. Die Schlussfolgerungen sind mithilfe der Dokumentennummer abrufbar auf den Internetseiten des Rats der Europäischen Union unter http://www.consilium.europa.eu (→ über das Menü »Dokumente«).

8 Vgl. *Stober* (Fn 3) § 2 III 1.

9 Vgl. *Mestmäcker* (Fn 7) 2003, S. 553 ff; *Müller-Graff* EuR 1997, 433 (439 ff); *Badura* EuR 2000, 45 ff; *Willgerodt* (Fn 4) S. 329, 343 f.

nenmarktes vor Verfälschungen schützt.[10] In diesem Sinn kommt dem freien und unverfälschten Wettbewerb eine zentrale Rolle zur Verwirklichung der wirtschaftlichen Grundfreiheiten und damit des Gemeinsamen Marktes bzw. des Binnenmarktes zu.

II. Der EU-Reformvertrag vom Oktober 2007 – ein Abschwören vom System des freien und unverfälschten Wettbewerbs?

Die Thematik des Binnenmarkts mit freiem und unverfälschtem Wettbewerb[11] und des wirtschaftsverfassungsrechtlichen Wettbewerbsschutzes erweist sich denn auch in Permanenz als hochaktueller juristischer wie ökonomischer Klassiker.[12] Einen schlagenden Beweis dafür liefert die im Zuge der Erarbeitung des EU-Reformvertrags auf den Gipfeltreffen der Staats- und Regierungschefs des Europäischen Rats vom 21./22. Juni 2007[13] initiierte und am 18./19. Oktober 2007 in Lissabon[14] akzeptierte Streichung des Systems des freien und unverfälschten Wettbewerbs aus dem Zielekatalog der im Rahmen des EU-Reformvertrags angestrebten Neufassung des EUV.[15]

10 Zunächst in Art. 3 lit. f) EWGV in der Fassung des Vertrags zur Gründung der Europäischen Wirtschaftsgemeinschaft vom 25. 3. 1958, BGBl 1957 II S. 753, 766 ff. Dann in Art. 3 lit. g) EGV in der Fassung des Vertrages von Maastricht vom 7. 2. 1992, BGBl 1992 II S. 1251 ff sowie in Art. 3 Abs. 1 lit. g) EG in der Fassung des Vertrages von Amsterdam vom 2. 10. 1997, BGBl 1998 II S. 386, berichtigt BGBl 1999 II S. 416, der durch den Vertrag von Nizza vom 26. 2. 2001 nicht geändert wurde, BGBl 2001 II S. 1666 ff. Vgl. auch Art. I-3 Abs. 2 des nicht in Kraft getretenen Europäischen Verfassungsvertrages vom 29. 10. 2004, ABl EG C 310 vom 16. 12. 2004, S. 1 ff.

11 So die ausdrückliche Formulierung in Art. I-3 Abs. 2 des Europäischen Verfassungsvertrages (Fundstelle s. o. Fn 10).

12 Vgl. *Zimmer* Wettbewerbspolitik am Scheideweg, FAZ vom 18. 8. 2007, S. 11.

13 S. Europäischer Rat, Tagung vom 21./22. 6. 2007, Schlussfolgerungen des Vorsitzes, Dokumentennummer: 11177/07 vom 23. 6. 2007, S. 24. Die Schlussfolgerungen sind mithilfe der Dokumentennummer abrufbar auf den Internetseiten des Rats der Europäischen Union unter http://www.consilium.europa.eu (→ über das Menü »Dokumente«). Bei seiner Sitzung am 21./22. 6. 2007 hat der Europäische Rat die Grundzüge des Reformvertrages beschlossen und ein Mandat für eine Regierungskonferenz erteilt, die den endgültigen Text ausgearbeitet hat.

14 Auf seinem Gipfeltreffen am 18./19. 10. 2007 hat der Europäische Rat den endgültigen Reformvertragstext angenommen, dessen Unterzeichnung am 13. 12. 2007 erfolgte und dessen Ratifizierung bis 2009 vorgesehen ist, vgl. FAZ vom 14. 12. 2007, Nr. 291, S. 1 f, 11; *Weber* Eu ZW 2008, 7 ff.

15 Vgl. Art. 1 Nr. 4 und Art. 2 Nr. 19 des von der Regierungskonferenz der Staats- und Regierungschefs am 18. 10. 2007 angenommenen Entwurfs des EU-Reformvertrages, zitiert nach dem »Entwurf eines Vertrages zur Änderung des Vertrags über die Europäische Union und des Vertrags zur Gründung der Europäischen Gemeinschaft« vom 5. 10. 2007, Dokumentennummer CIG 1/1/07 REV 1. Art. 1 Nr. 4 des EU-Reformvertrags beinhaltet einen neu formulierten Art. 3 EUV, der die Ziele der EU definiert, Art. 2 Nr. 19 des EU-

1. Errichtung des Binnenmarkts ohne unverfälschten Wettbewerb? Die Formulierung der unionalen Primärziele im Vertrag über die Europäische Union in der Fassung des EU-Reformvertrages

Der von den Mitgliedstaaten bis Mitte 2009 zu ratifizierende EU-Reformvertrag beinhaltet in Artikel 1 den »Vertrag über die Europäische Union« (EUV) über den künftigen institutionellen Rahmen der EU.[16] Darin definiert Art. 3 Ziele, Aufgaben und Tätigkeitsfelder der Union. Während Art. 3 Abs. 1 und 2 als unmittelbare Ziele der Union die Förderung des Friedens, ihrer Werte und des Wohlergehens ihrer Völker (Abs. 1) sowie einen Raum der Freiheit, der Sicherheit und des Rechts (Abs. 2) definiert, enthält Art. 3 Abs. 3 weitere Aufgaben und Tätigkeiten mit integrativem Bezug. Abs. 3 sieht danach Folgendes vor:

> »Die Union errichtet einen Binnenmarkt. Sie wirkt auf die nachhaltige Entwicklung Europas auf der Grundlage eines ausgewogenen Wirtschaftswachstums und von Preisstabilität, eine in hohem Maße wettbewerbsfähige soziale Marktwirtschaft, die auf Vollbeschäftigung und sozialen Fortschritt abzielt, sowie ein hohes Maß an Umweltschutz und Verbesserung der Umweltqualität hin. Sie fördert den wissenschaftlichen und technischen Fortschritt.
>
> Sie bekämpft soziale Ausgrenzung und Diskriminierungen und fördert soziale Gerechtigkeit und sozialen Schutz, die Gleichstellung von Frauen und Männern, die Solidarität zwischen den Generationen und den Schutz der Rechte des Kindes.
>
> Sie fördert den wirtschaftlichen, sozialen und territorialen Zusammenhalt und die Solidarität zwischen den Mitgliedstaaten.
>
> Sie wahrt den Reichtum ihrer kulturellen und sprachlichen Vielfalt und sorgt für den Schutz und die Entwicklung des kulturellen Erbes Europas.«

2. Das »Protokoll über den Binnenmarkt und den Wettbewerb«

Die Formulierung des bisherigen Art. 3 Abs. 1 lit. g) EG,[17] der »ein System, das den Wettbewerb innerhalb des Binnenmarktes vor Verfälschungen schützt«, zu den Tätigkeitsfeldern der EU zählt, findet sich im Text des Art. 3 EUV in der Fassung des Reformvertrages nicht mehr. Stattdessen soll der Text des Art. 3 EUV lediglich um ein »Protokoll über den Binnenmarkt und den Wettbewerb« ergänzt werden, das

Reformvertrags regelt in einem Art. 3 Nr. 1 lit. b) des Vertrages über die Arbeitsweise der Europäischen Union die ausschließliche Zuständigkeit der EU für die Festlegung der für das Funktionieren des Binnenmarktes erforderlichen Wettbewerbsregeln. Der Reformvertrag mit den Änderungen der Beschlussfassung des Rates vom 18./19. 10. 2007 ist abrufbar auf den Internetseiten des Rats der Europäischen Union unter http://www.consilium.europa.eu (→ dort über das Menü »RK«).

16 Art. 2 des EU-Reformvertrags enthält den Vertrag über die Arbeitsweise der Europäischen Union, in den die Normen des EG-Vertrags in der Fassung des Vertrages von Amsterdam eingehen sollen.

17 In der Fassung des Vertrages von Amsterdam.

nach den Regelungen des Reformvertrages dem EUV und dem künftigen Vertrag über die Arbeitsweise der EU beigefügt werden soll:

> »Die Hohen Vertragsparteien – in der Erwägung, dass zu dem Binnenmarkt, wie er in Artikel 3 des Vertrags über die Europäische Union beschrieben wird, ein System gehört, das den Wettbewerb vor Verfälschungen schützt – sind übereingekommen, dass die Union erforderlichenfalls zu diesem Zweck nach den Bestimmungen der Verträge, insbesondere des Artikels 308 des Vertrags über die Arbeitsweise der Europäischen Union, tätig wird.
>
> Dieses Protokoll wird dem Vertrag über die Europäische Union und dem Vertrag über die Arbeitsweise der Europäischen Union beigefügt.«

Das Protokoll steht somit als unmittelbarer Bestandteil der Verträge – im Falle der Ratifikation durch die Mitgliedstaaten – ihrer unbedingten Verbindlichkeit in nichts nach und ist gleichsam authentische Interpretation des Binnenmarktziels. Dennoch bleibt die Frage nach den möglichen Wirkungen dieser Modifikation.

3. Die Diskussion um die Streichung des unverfälschten Wettbewerbs als Unionsziel im Zuge des EU-Reformvertrags

Hält man sich vor Augen, dass der freie und unverfälschte Wettbewerb herkömmlich als tragendes und ausdrückliches Element zur Verwirklichung des Binnenmarktes im Gemeinsamen Markt gilt, drängt sich geradezu die Frage auf, ob und wenn ja was die vorgesehene Streichung des Systems des unverfälschten Wettbewerbs aus der Reformfassung des Art. 3 im künftigen EUV zu verändern und bezwecken vermag.

Da aber – wie das »Protokoll über den Binnenmarkt und den Wettbewerb« bestimmt – die Errichtung des Binnenmarktes ein System des unverfälschten Wettbewerbs voraussetzt, ließe sich freilich knapp konstatieren, dass sich in der Sache nichts Grundlegendes ändert: Der Wettbewerb ist nach den Feststellungen des Protokolls unmittelbarer Bestandteil der Errichtung des Binnenmarkts. – Es bleibt also alles beim Alten – trifft das wirklich zu? Warum dann die Herausnahme des Systems eines unverfälschten Wettbewerbs aus dem Text des EU-Primärrechts?

Allein die Existenz des Protokolls und der darin zum Ausdruck kommende argumentative Aufwand wären für einen Akt schlichter Rechtsbereinigung kaum zu rechtfertigen. Immerhin formuliert noch Art. I-3 Abs. 2 des – nicht in Kraft getretenen – Europäischen Verfassungsvertrages als ein ausdrückliches Ziel der Union »einen Binnenmarkt mit freiem und unverfälschtem Wettbewerb«.[18] Der Reformvertrag, obgleich sonst in weiten Teilen identisch mit den Formulierungen des Europäischen Verfassungsvertrages, weicht also in diesem zentralen Punkt ausdrücklich ab.

18 »Die Union bieten ihren Bürgerinnen und Bürgern einen Raum der Freiheit, der Sicherheit und des Rechts ohne Binnengrenzen und einen Binnenmarkt mit freiem und unverfälschtem Wettbewerb.«, vgl. *Heintschel von Heinegg* in: Vedder/Heintschel von Heinegg (Hrsg.) Europäischer Verfassungsvertrag, 2007, Art. I-3 Rn 7.

Auch die weiteren Materialien, die die Diskussion um die Streichung des Systems eines unverfälschten Wettbewerbs im Zuge der Erarbeitung des EU-Reformvertrags dokumentieren, lassen eine nähere Untersuchung der Thematik angezeigt erscheinen.

Die Befürworter dieser Streichung knüpfen an die Kritik zum Europäischen Verfassungsvertrag an und stellen die Nützlichkeit des Wettbewerbsprinzips ausdrücklich in Frage. Angestrebt wird gleichsam eine Neuorientierung bei der Ausrichtung wettbewerbs- und wirtschaftspolitischer Maßnahmen zum Zweck einer stärkeren Nutzung industrie- und regulierungspolitischer Möglichkeiten. Durch die ursprünglich in Art. 3 Abs. 1 lit. g) EG in der Fassung des Vertrages von Amsterdam ausdrückliche und selbständige Formulierung des Systems eines unverfälschten Wettbewerbs seien die wirtschaftspolitischen Handlungsmöglichkeiten zur Durchsetzung außerwettbewerblicher Ziele zu Lasten von Wirtschaft und Konsumenten geschmälert worden.[19]

Das »Protokoll über den Binnenmarkt und den Wettbewerb« erscheint daher vor diesem Hintergrund in erster Linie als ein formaljuristischer Kompromiss,[20] auch um gerade nach dem Scheitern des Europäischen Verfassungsvertrages[21] weitere Verzögerungen einer EU-Reform zu verhindern.

19 Der französische Staatspräsident *Sarkozy*, maßgebender Befürworter einer Streichung, äußerte sich nach dem EU-Gipfel vom 21./22. Juni 2007 entsprechend: »The word ›protection‹ is no longer taboo« sowie »Competition as an ideology, as a dogma, what has it done for Europe?«, s. z.B. die Presseberichterstattung »Sarkozy claims victory over Britain as EU strikes deal«, Bericht von *Andrew Grice* in: The Independent, Ausgabe vom 24. 6. 2007, abrufbar im Internet unter: http://news.independent.co.uk/europe/article2701327.ece. Ferner »Leaders squabble as Sarkozy claims EU victory«, Bericht von *John Lichfield* in: The Independent vom 25. 6. 2007, abrufbar im Internet unter: http://news.independent.co.uk/europe/article2705317.ece. Vgl. ferner die Berichterstattung in der Onlineausgabe der Neuen Zürcher Zeitung (NZZ): »›Brüssel‹ bricht eine Lanze für den Wettbewerb – Zwei EU-Kommissare sprechen in Paris Klartext an die Adresse Sarkozys«, Bericht vom 1. 7. 2007, abrufbar im Internet unter: http://www.nzz.ch/2007/07/01/wi/newzzF3LR6E77-12.html sowie »Keine Revolution durch den EU-Reformvertrag – Mehr Energie, mehr Euro-Gruppe und eine Duftmarke von Sarkozy«, Bericht vom 19. 10. 2007, abrufbar im Internet unter: http://www.nzz.ch/nachrichten/wirtschaft/aktuell/keine_revolution_durch_den_eu-reformvertrag_1_571994.html. Vgl. auch den Bericht »Sarkozy: Europa muß sich schützen – Rede in Straßburg über Industriepolitik und Globalisierung«, FAZ vom 14. 11. 2007, Nr. 265, S. 8.

20 Vgl. den Bericht »Neues Bekenntnis zum freien Wettbewerb«, in: FAZ vom 25. 6. 2007, Nr. 144, S. 11. S. auch das Gutachten des juristischen Dienstes der Kommission »Anwendungsbereich von Artikel 308 des EG-Vertrages« für den Europäischen Rat vom 22. 6. 2007, Dokumentennummer 11198/07. Das Gutachten ist mithilfe der Dokumentennummer abrufbar auf den Internetseiten des Rats der Europäischen Union unter http://www.consilium.europa.eu (→ über das Menü »Dokumente«). S. auch das Statement der EU-Wettbewerbskommissarin *Neelie Kroes* zu den Ergebnissen der Sitzung des Europäischen Rats vom 21./22. 6. 2007 betreffend das Protokoll über den Binnenmarkt und den Wettbewerb vom 23. 6. 2007, Memo/07/250.

21 Vgl. zum Ratifizierungsprozess *Heintschel von Heinegg/Vedder* (Fn 18), Einführung, S. 35 ff, 38 ff.

Damit sind aber die möglichen Folgen einer solchen Streichung bei Inkrafttreten des Reformvertrags nicht vollends abzuschätzen. Zu klären sind mögliche Auswirkungen auf die effektive Durchsetzung der EU-Wettbewerbsregeln, jedenfalls aber ein schleichender Bedeutungsverlust des Maßstabscharakters des freien und unverfälschten Wettbewerbs, der sich im Einzelnen wohl erst im Rahmen der künftigen Wirtschafts- und Wettbewerbspolitik von Union und Mitgliedstaaten artikulieren könnte.

III. VERHÄLTNIS VON BINNENMARKT UND UNVERFÄLSCHTEM WETTBEWERB IN DER EU-WIRTSCHAFTSVERFASSUNG

Um die Dimension der möglichen Auswirkungen genauer zu ermessen, soll im Folgenden der Frage nachgegangen werden, inwieweit der freie und unverfälschte Wettbewerb vom Binnenmarktziel überhaupt abgedeckt wird, das im Rahmen des Art. 3 Abs. 3 des EUV in der Fassung des Reformvertrags nurmehr allein aufgeführt wird.

1. Das System des freien und unverfälschten Wettbewerbs als wirtschaftsverfassungsrechtliches Unionsziel

Der freie und unverfälschte Wettbewerb ist bislang nach der Fassung des Amsterdamer Vertrages in Art. 3 Abs. 1 lit. g) und Art. 4 EG ausdrücklich als selbständiges Tätigkeitsfeld der Gemeinschaft definiert. Die Tätigkeit der Gemeinschaft umfasst hiernach ein System, das den Wettbewerb innerhalb des Binnenmarktes vor Verfälschungen schützt (Art. 3 Abs. 1 lit. g) EG). Art. 4 Abs. 1 EG erstreckt die Tätigkeit der Mitgliedstaaten und der Gemeinschaft darüber hinaus auf die Einführung einer Wirtschaftspolitik, die dem Grundsatz einer offenen Marktwirtschaft mit freiem Wettbewerb verpflichtet ist.

Art. 3 und 4 EG konkretisieren in der Zusammenschau mit dem die primären Aufgaben und Integrationsziele der Gemeinschaft definierenden Katalog des Art. 2 EG (Amsterdamer Vertrag) die »grundlegende[n] Bestimmung[en], die für die Erfüllung der Aufgaben der Gemeinschaft und insbesondere für das Funktionieren des Binnenmarktes unerlässlich sind«.[22]

Auch wenn Art. 3 Abs. 1 lit.) g und Art. 4 EG also formal die Tätigkeiten festschreiben, stehen diese demnach im untrennbaren Zusammenhang mit der die eigentlichen Ziele definierenden Aufgaben- und Maßstabsnorm des Art. 2 EG, insbesondere der Errichtung und Erhaltung[23] eines Gemeinsamen Marktes und der För-

22 Vgl. EuGH, Rs. C-126/97, Slg. I-1999, 3055, 3092 Rn 36 – *Eco Swiss China Time Ltd. ./. Benetton International BV.*

23 S. zu diesem Aspekt v. *Bogdandy* (Fn 5), Art. 2 EGV Rn 7 (Stand: Januar 2000).

derung eines harmonischen, ausgewogenen und nachhaltigen Wirtschaftslebens, so dass Aufgaben und Tätigkeiten zu einem gemeinsamen, sich gegenseitig vervollkommnenden Zielekatalog verschmelzen.[24] Der freie und unverfälschte Wettbewerb ist damit »integraler Teil des Rechtsbegriffs des Gemeinsamen Marktes« wie er von Art. 2 EG vorgegeben wird.[25]

Im Rahmen des EU-Reformvertrags ist der Gemeinsame Markt als Rechtsbegriff nicht mehr im Katalog des Art. 3 EUV enthalten. Das führt allerdings nicht zu qualitativen Veränderungen. Der Begriff des Gemeinsamen Marktes wird – in Anlehnung an die Diktion des Europäischen Verfassungsvertrages – vielmehr nur durch den einheitlichen Begriff des Binnenmarkts ersetzt, der damit konsequenterweise die integrierende Funktion des Gemeinsamen Marktes übernimmt.[26] Das System, das den Binnenmarkt vor Verfälschungen schützt, mithin der Binnenmarkt mit freiem und unverfälschtem Wettbewerb (vgl. Art. I-3 Abs. 2 des Europäischen Verfassungsvertrages), ist somit auch unter dem Reformvertrag zentraler Bestandteil der gemeinschaftlichen Wirtschaftsverfassung, damit Teil des harten Kerns der europäischen Integration und als solcher gleichsam resistent gegen seine vollkommene Abschaffung.[27]

In diesem Sinn konkretisiert also das wirtschaftsverfassungsrechtlich vorausgesetzte »System, das den Wettbewerb vor Verfälschungen schützt«, die öffentliche Ordnung (ordre public) der Union, und verpflichtet Union und Mitgliedstaaten – letztere auch im Hinblick auf Art. 10 EG in der Fassung des Vertrages von Amsterdam/Art. 4 Abs. 3 EUV in der Reformvertragsfassung –, im jeweiligen Rahmen tätig zu werden.[28] Das schließt die Wettbewerbsregeln der EU-Wirtschaftsverfassung[29] ein, die das System des freien und unverfälschten Wettbewerbs im Kern konstituieren.[30] Das System des freien und unverfälschten Wettbewerbs entspricht daher von seiner Funktion her konsequenterweise einem Unionsziel.[31] Seine Strei-

24 Vgl. EuGH, Rs. 85/76, Slg. I-1979, 461, 552 Rn 125 – *Hoffmann-La Roche ./. Kommission* sowie Rs. 15/81, Slg. II-1982, 1409, 1431 Rn 33 – *Gaston Schul Douane Expediteur B.V.* und Rs. 299/86, Slg. I-1988, 1213, 1235 Rn 24 – *Rainer Drexl.*

25 *v. Bogdandy* (Fn 5), Art. 2 EGV Rn 41 (Stand: Januar 2000); s. auch *Zuleeg* in: Groeben/Schwarze (Hrsg.) EUV/EGV, 6. Aufl. 2003, Art. 2 EGV Rn 13; *Grabitz* in: Stödter/Thieme (Hrsg.) Hamburg-Deutschland-Europa, FS Hans-Peter Ipsen, 1977, S. 645, 646 ff.

26 *Beutel* in: Vedder/Heintschel von Heinegg, EVV, 2007, Art. III-130 Rn 4 ff, 6. Zur Entwicklung des Gemeinsamen Marktes zum Binnenmarkt eingehend s. *Badura* EuR 2000, 45, 48 ff.

27 Vgl. v. *Bogdandy* (Fn 5), Art. 2 EGV Rn 5 mwN (Stand: Januar 2000).

28 EuGH, Rs. C 126/97, Slg. I-1999, 3055, 3092 f. Rn 36, 39; *v. Bogdandy* (Fn 5), Art. 3 EGV Rn 5 f. (Stand: Januar 2000).

29 S. Art. 81 bis 89 EG (Titel VI, Kapitel I des EG in der Fassung des Vertrags von Amsterdam) bzw. des Vertrages über die Arbeitsweise der EU gem. der Fassung des Reformvertrages.

30 EuGH, Rs. C-126/97, Slg. I-1999, 3055, 3092 f Rn 36, 39.

31 *v. Bogdandy* (Fn 5), Art. 3 EGV Rn 2 i.V.m. Art. 2 EGV Rn 4 ff (Stand: Januar 2000); *Zuleeg* in: Groeben/Schwarze (Hrsg.) EUV/EGV, 6. Aufl. 2003, Art. 2 EGV Rn 13.

chung aus der Reformvertragsfassung des Art. 3 Abs. 3 EUV hat deshalb keinen Einfluss auf die Geltung dieses Ziels, möglicherweise aber auf die Effektivität.

2. *Inhalt des Verfassungsziels unverfälschter Wettbewerb und Ausgleich mit anderen Vertragszielen*

a) Wirksamer Wettbewerb und Ausgleich von wettbewerblichen und außerwettbewerblichen Zielkonflikten

Das System des freien, unverfälschten Wettbewerbs wie auch die von Art. 4 Abs. 1 EG in der Fassung des Vertrages von Amsterdam definierte Verpflichtung auf das Ziel einer offenen Marktwirtschaft mit freiem Wettbewerb sind von essentieller Bedeutung für die vom primären Unionsrecht konstituierte wirtschaftliche Freizügigkeit. Diese kann sich konsequent nur in einem grundsätzlich marktwirtschaftlich ausgerichteten Wirtschaftssystem mit einem Wettbewerb effektiv entfalten, der in jedem Fall die spezifischen Funktionen[32] des Wettbewerbs erfüllt und dementsprechend auf die Erreichung und Bewahrung des Binnenmarktes ausgerichtet ist: »Es muss also so viel Wettbewerb vorhanden sein, dass die grundlegenden Forderungen des Vertrages erfüllt und seine Ziele, insbesondere die Bildung eines einzigen Marktes mit binnenmarktähnlichen Verhältnissen, erreicht werden.«[33]

Dies folgt wettbewerbstheoretisch dem Konzept des workable competition, das von der Erkenntnis ausgeht, dass vollkommener Wettbewerb bzw. vollkommene Konkurrenz erstrebenswert sein mag, aber in der Realität kaum je realisierbar ist und der Wettbewerb unter den gegebenen Rahmenbedingungen daher wenigstens seine dynamischen wirtschafts- und gesellschaftspolitischen Funktionen optimal entfalten können muss.[34]

»Art und Intensität des Wettbewerbs [können also] je nach den in Betracht kommenden Waren oder Dienstleistungen und der wirtschaftlichen Struktur des betroffenen Marktsektors verschieden sein«.[35] Das Ziel des wirksamen bzw. funktionsfähigen Wettbewerbs im Rahmen eines marktwirtschaftlich geprägten Systems bedarf somit freilich des Ausgleichs mit den anderen Vertragszielen.[36] Dies bestätigen auch die übrigen Ziele und Tätigkeitsfelder in Art. 2 bis 4 EG in der Fassung des Vertrages von Amsterdam sowie die nach der Reformvertragsfassung in Art. 3 EUV genannten weiteren Ziele neben der Errichtung des Binnenmarktes. Dies

32 Vgl. hierzu *Emmerich* Kartellrecht, 10. Aufl. 2006, § 1 Rn 7 ff.

33 EuGH, Rs. 26/76, Slg. II-1977, 1875, 1905 Rn 20 – *Metro SB Großmärkte GmbH ./. Kommission.*

34 *Emmerich* (Fn 32), § 1 Rn 2 ff, 7 ff, 18, 21, 22 ff; s. auch *Hellwig* (Fn 2) S. 231, 244 ff. Vgl. ferner *Erhard* Wohlstand für Alle, 1957, zit. nach der Neuausgabe 1997, S. 159 ff, 176 f.

35 EuGH, Rs. 26/76, Slg. II-1977, 1875, 1905 Rn 20 – *Metro SB Großmärkte GmbH ./. Kommission.*

36 EuGH, Rs. 26/76, Slg. II-1977, 1875, 1905 f Rn 21 – *Metro SB Großmärkte GmbH ./. Kommission*; vgl. v. *Bogdandy* (Fn 5), Art. 2 EGV Rn 55 ff (Stand: Januar 2000).

meint aber nur, dass in einem Binnenmarkt mit freiem und unverfälschtem Wettbewerb auch nicht marktkonforme Eingriffe zulässig sind, ohne dass aber die wettbewerblich geprägte Struktur des Binnenmarktes insgesamt beseitigt werden dürfte.

Das geht insbesondere aus der »wettbewerbsfähigen sozialen Marktwirtschaft«[37] im Reformentwurf des Art. 3 Abs. 3 Satz 2 EUV hervor. Darin – wie auch in den sonstigen Zielsetzungen neben der Errichtung des Binnenmarktes in Art. 3 Abs. 3 Satz 2 bis 6 EUV – kommt zum Ausdruck, dass die EU auch auf außerwettbewerbliche Ziele »hinwirkt«, was auch regulierende wirtschafts- und sozialpolitische Eingriffe ermöglicht.[38] Dies kommt freilich bereits in dem Grundsatz der offenen Marktwirtschaft mit freiem Wettbewerb in Art. 4 EG in der Fassung des Vertrages von Amsterdam zum Ausdruck,[39] dessen Bekenntnis zum freien Wettbewerb sich in der Formulierung des Art. 3 EUV der Reformvertragsfassung aber ebenfalls nicht mehr findet.

b) Herausgehobene Stellung des Binnenmarktes mit freiem und unverfälschtem Wettbewerb auch unter der Reformvertragsfassung des EUV

Aus dem Vorstehenden ergibt sich danach einerseits, dass es einer Streichung des unverfälschten Wettbewerbs aus der Formulierung des Zielekanons des EUV im Reformvertrag nicht bedurft hätte, wenn es nur darum gegangen wäre, dass auch nicht marktkonforme wirtschaftspolitische Eingriffe in den Binnenmarkt grundsätzlich zulässig sind. Andererseits verdeutlicht es einmal mehr die mit der Initiative zur Streichung implizierte industriepolitische Tendenz und damit einen grundlegenden Unterschied in der Einschätzung der Bedeutung des Wettbewerbsgedankens für die Binnenmarktverwirklichung durch einzelne Mitgliedstaaten der EU.

Aus den Zielsetzungen und Aufgaben der Union lässt sich trotz der Möglichkeit, bei Zielkonflikten einen Ausgleich herzustellen, keine immanente Begrenzung des Wettbewerbsziels durch die anderen Zielsetzungen entnehmen. Art. 3 Abs. 3 EUV differenziert insofern ausdrücklich zwischen der »Errichtung des Binnenmarktes«, der durch ein System des unverfälschten Wettbewerbs geschützt wird (Satz 1 und Protokoll über den Binnenmarkt und den Wettbewerb), und dem »Hinwirken«, »Fördern« und »Bewahren« auf andere, außerwettbewerbliche Zielsetzungen (Sätze 2 bis 6). Die Errichtung des Binnenmarktes, zu dem laut Protokoll ein System des unverfälschten Wettbewerbs gehört, an erster Stelle in der Reformvertragsfassung des Art. 3 Abs. 3 Satz 1 EUV räumt diesem Ziel daher jedenfalls einen herausgehobenen Stellenwert ein.[40] Demgegenüber wohnt den übrigen Zielen und Aufgaben in

37 Vgl. *Willgerodt* (Fn 4) S. 329 ff.

38 Vgl. *Basedow* »Der Wettbewerb spielt keine herausragende Rolle mehr«, FAZ vom 30. 8. 2007, Nr. 201, S. 14.

39 S. nur *Häde* in: Calliess/Ruffert (Hrsg.) EUV/EGV, 3. Aufl. 2007, Art. 4 EGV Rn 8 ff.

40 Vgl. *Zuleeg* (Fn 31), Art. 2 EGV Rn 13; *Ruffert* in: Calliess/Ruffert (Hrsg.) 3. Aufl. 2007, Art. 2 EGV Rn 10; *Basedow* in: Due/Lutter/Schwarze (Hrsg.) FS Everling, Bd. 1, 1995, S. 49, 58, der im Hinblick auf die Formulierungen in der Fassung des Vertrages von

der Reformvertragsfassung des Art. 3 Abs. 3 Satz 2 EUV, auf die die Union hinzuwirken und die sie zu fördern und zu wahren hat, ein eher instrumenteller Charakter inne, der im Rahmen wirtschafts-, umwelt- und sozialpolitischer Maßnahmen handhabbar gemacht werden muss und nicht per se schon durch die Wortwahl »Errichtung« einen konkret handhabbaren Charakter aufweist.

Der differenzierte Wortlaut des Art. 3 Abs. 3 EUV unterstreicht den operationellen Gehalt des Binnenmarkt- und Wettbewerbsziels,[41] dessen Zielrichtung sich somit von den übrigen unterscheidet und daher im Schutz der wettbewerblichen Marktstruktur als solcher liegt. Auch Art. 2, 3 und 4 EG (in der Fassung des Vertrages von Amsterdam) sehen keine Errichtung des Binnenmarktes mit freiem und unverfälschtem Wettbewerb nur nach Maßgabe und zur Verfolgung der anderen Gemeinschaftsziele vor.

Die Errichtung des Binnenmarktes mit freiem und unverfälschtem Wettbewerb bezweckt also einen umfassenden Schutz vor Auswirkungen von wettbewerbsbeeinträchtigenden Maßnahmen und Verhaltensweisen auf die Marktstruktur und nicht nur insoweit, als damit Aussagen für bestimmte Wohlfahrtsziele verbunden sind.[42] Ein Hinwirken auf die übrigen Ziele darf die Errichtung des Binnenmarktes und damit des Systems des unverfälschten Wettbewerbs nicht vereiteln und ist daher im Hinblick auf die Vorgabe »Errichtung des Binnenmarktes« rechtfertigungsbedürftig.[43]

3. Schutz des Wettbewerbs als Unionsaufgabe

Die vorstehenden Ausführungen machen die Dimensionen des Binnenmarktziels mit freiem und unverfälschtem Wettbewerb deutlich. Auf der einen Seite Teil der Unionsziele und -aufgaben, korrespondiert ihm auf der anderen Seite die Aufgabe, den freien und unverfälschten Wettbewerb zu schützen. Ohne eine solche Unionsaufgabe Wettbewerbsschutz ließe sich die Errichtung des Binnenmarktes kaum effektiv verfolgen. Der Wettbewerbsschutz ist somit über Art. 3 Abs. 1 lit. g) EG in der Fassung des Amsterdamer Vertrages/Art. 3 Abs. 3 Satz 1 EUV in der Fassung des Reformvertrages i.V.m. dem Protokoll über den Binnenmarkt und den Wettbewerb Unionsaufgabe und über Art. 10 Abs. 2 EG (Amsterdamer Vertrag)/Art. 4 Abs. 3 EUV (Reformvertrag) zugleich auch (Mitglieds-)Staatsaufgabe.

Die EU-Wirtschaftsverfassung konkretisiert den Wettbewerbsschutz im Rahmen der Wettbewerbsregeln in Gestalt der Art. 81 ff EG/Vertrag über die Arbeitsweise

Maastricht noch weitergehend von einem Vorrang des Wettbewerbsziels vor anderen Zielen ausgeht; insofern a.A. v. *Bogdandy* (Fn 5), Art. 2 EGV Rn 64 (Stand: Januar 2000).

41 Vgl. *Basedow* WuW 2007, 712, 714.

42 *Basedow* WuW 2007, 712, 713, 714; *Engelsing* in: Ahrens/Behrens/von Dietze (Hrsg.) Marktmacht und Missbrauch, 2007, S. 89, 92. S. ferner *Zimmer* Wettbewerbspolitik am Scheideweg, FAZ vom 11. 8. 2007, S. 11.

43 Vgl. *Ruffert* (Fn 40), Art. 2 EGV Rn 10; *Basedow* (Fn 40), S. 49, 57 ff, 68.

der EU, um Wettbewerbsbeeinträchtigungen durch Unternehmen und Wettbewerbsverzerrungen durch unzulässige staatliche Beihilfen zu verhindern. Dieses Regime der förmlichen Wettbewerbsregeln bildet gleichsam den harten Kern des unionalen Wettbewerbsschutzes. Mit diesem Komplex ist aber der unionale Wettbewerbsschutz noch nicht erschöpft. Vielmehr greift die Unionsaufgabe des Wettbewerbsschutzes auch jenseits der Durchsetzung der förmlichen Wettbewerbsregeln in Gestalt der EU-Wettbewerbspolitik ein, die den Abbau von Beschränkungen des grenzüberschreitenden Wirtschaftsverkehrs bezweckt und damit der effektiven Verwirklichung des Binnenmarktes dient.

IV. EU-KOMPETENZEN ZUR DURCHSETZUNG UND AUSGESTALTUNG DES SYSTEMS EINES UNVERFÄLSCHTEN WETTBEWERBS

Effektiver Wettbewerbsschutz in der EU bedingt das Tätigwerden der Union, um so einen Binnenmarkt mit freiem und unverfälschtem Wettbewerb zu gewährleisten.

1. Die ausschließliche Kompetenz der EU zur Festlegung der Wettbewerbsregeln im Verhältnis zu den Mitgliedstaaten

Zum einen wird ein Tätigwerden der Gemeinschaft auf der Grundlage des Art. 308 EG in der Fassung des Vertrages von Amsterdam/Vertrag über die Arbeitsweise der EU in der Fassung des Reformvertrages zum Erlass sekundären gemeinschaftlichen Wettbewerbsrechts[44] ermöglicht (wie beispielsweise in Gestalt der EU-Fusionskontrollverordnung[45]). Zum anderen ergibt sich in Verbindung mit Art. 10 Abs. 2 EG/Art. 4 Abs. 3 Vertrag über die Arbeitsweise der EU, dass die Mitgliedstaaten

44 Gutachten des juristischen Dienstes der Kommission »Anwendungsbereich von Artikel 308 des EG-Vertrages« für den Europäischen Rat vom 22. 6. 2007, Dokumentennummer 11198/07 (vgl. o. Fn 20).

45 Für die EU-Fusionskontrollverordnung bedarf es als Grundlage neben Art. 83 EG des Art. 308 EG, weil Unternehmenszusammenschlüsse nicht nur zu untersagen sind, wenn sie eine marktbeherrschende Stellung nur verstärken, sondern auch wenn sie eine solche Stellung erst begründen, s. Erwägungsgrund Nr. 7 der Verordnung (EG) Nr. 139/2004 des Rates vom 20. 1. 2004 über die Kontrolle von Unternehmenszusammenschlüssen (»EG-Fusionskontrollverordnung«) sowie *Mestmäcker/Schweitzer* Europäisches Wettbewerbsrecht, 2. Aufl. 2004, § 23 Rn 8; vgl. grundlegend EuGH, Rs. 6/72, Slg. 1973, 215, 244 ff, Rn 24 bis 26 – *Europemballage Corporation und Continental Can Corp ./. Kommission.*

alle Maßnahmen zu unterlassen haben, die die Gewährleistung eines Binnenmarktes mit freiem und unverfälschtem Wettbewerb gefährden könnten.[46]

Der EU-Reformvertrag sieht für den Vertrag über die Arbeitsweise der EU in Art. 3 Abs. 1 lit. b)[47] ausdrücklich vor, dass die Union die ausschließliche Zuständigkeit für »die Festlegung der für das Funktionieren des Binnenmarktes erforderlichen Wettbewerbsregeln« haben soll. Damit findet sich eine umfassende primärrechtliche Rechtsetzungszuständigkeit der EU für das sekundäre Wettbewerbsrecht zum Schutz eines freien und unverfälschten Wettbewerbs im Binnenmarkt.[48] Die EU ist hierbei für Regelungen zum Schutz des Wettbewerbs zuständig, wenn das Funktionieren des Binnenmarktes durch Maßnahmen der Mitgliedstaaten nicht ausreichend erreicht werden kann und daher wegen ihres Umfangs oder ihrer Wirkungen besser auf Unionsebene erreicht werden kann.[49] Auf der Grundlage des Art. 3 Abs. 1 lit. b) des Vertrags über die Arbeitsweise der EU in der Reformvertragsfassung kann die EU demnach künftig ausschließlich gesetzgeberisch zur Ausgestaltung des unionsrechtlichen Wettbewerbsrechts der Art. 81 ff EG tätig werden, dem unionsweit effektive Geltung zu verschaffen seiner Natur nach zu den originären Kompetenzen der Union zählt.[50]

2. Voraussetzungen zum Erlass zweckdienlicher Wettbewerbsregeln durch den Rat

Die primären unionsrechtlichen Wettbewerbsregeln bleiben nach dem Vertrag über die Arbeitsweise der Europäischen Union weitgehend unverändert. Art. 83 dieses Vertrages, der dem Art. 83 EG in der Fassung des Vertrages von Amsterdam entspricht, konkretisiert die Voraussetzungen, unter denen der Rat »zweckdienliche Verordnungen und Richtlinien zur Verwirklichung der in den Artikeln 81 und 82 EG niedergelegten Grundsätze« erlassen kann.[51] Zweckdienlich ist eine Durchführungsvorschrift bereits dann, wenn sie objektiv zur Förderung der in Art. 81, 82 EG

46 EuGH, Rs. C-13/77, Slg. II 1977, 2115, 2145 f Rn 30/35 – *GB-Inno-BM ./. ATAB*; Rs C-2/91, Slg. I 1993 I-5751, 5797 Rn 14 – *Meng*; Rs C-185/91 Slg. I, 1993 I-5801, 5847 Rn 14 – *Bundesanstalt für den Güterverkehr ./. Gebrüder Reiff GmbH & Co KG.*

47 Vgl. o. Fn 15.

48 Vgl. bereits Art. I-13 Abs. 1 lit. b) des Europäischen Verfassungsvertrages.

49 In Anlehnung an die Subsidiaritätsklausel des Art. 5 Abs. 2 EG in der Fassung des Amsterdamer Vertrages.

50 Vgl. *Vedder* in: Vedder/Heintschel von Heinegg (Hrsg.) Europäischer Verfassungsvertrag, 2007, Art. I-13 Rn 3; ferner *Calliess* in: Calliess/Ruffert (Hrsg.) EUV/EGV, 3. Aufl. 2007, Art. 5 EGV Rn 28 zu Art. 5 Abs. 2 EG in der Fassung des Vertrages vom Amsterdam.

51 Zu Art. 83 EG sind auch im Rahmen des Reformverlaufs keine Änderungen vorgesehen, vgl. Art. 2 des Reformvertrages betreffend den »Vertrag über die Arbeitsweise der Europäischen Union«, Rn 76 bis 78, die Ergänzungen zu Art. 85, 87 und 88 enthalten.

festgelegten Grundsätze geeignet und eben nicht erst erforderlich oder gar unerlässlich ist.[52]

3. *Zwischenergebnis*

Die bisherige Bestandsaufnahme zeigt, dass sich im Kernbereich des Systems eines freien und unverfälschten Wettbewerbs, des primären Wettbewerbsrechts der Art. 81, 82 EG, nichts an den wettbewerbsrechtlichen Kompetenzen der EU ändert. Die EU bleibt somit in der Lage, durch den Erlass der Wettbewerbsregeln der Errichtung des Binnenmarkts mit einem freien und unverfälschten Wettbewerb effektiv Geltung zu verschaffen. Vor diesem Hintergrund besteht durch die Streichung des Wettbewerbsziels aus dem Katalog der unionalen Primärziele der Reformvertragsfassung des Art. 3 Abs. 3 EUV in der Tat kein Anlass für Unsicherheiten im Hinblick auf die für das Funktionieren des Binnenmarktes erforderlichen förmlichen Wettbewerbsregeln.

V. RISIKO EINES SCHLEICHENDEN BEDEUTUNGSVERLUSTS?

Die Streichung des freien und unverfälschten Wettbewerbs aus der Reformvertragsfassung des Art. 3 Abs. 3 EUV birgt allerdings das Risiko eines schleichenden Bedeutungsverlusts des Wettbewerbsziels.

Die Streichung nimmt dem Wettbewerb gewissermaßen den selbständigen Charakter. Dies hat bei Betrachtung des reinen Wortlauts des Art. 3 Abs. 3 zur Folge, dass der unverfälschte Wettbewerb zur Errichtung des Binnenmarktes deutlich stärker instrumentalisiert bzw. funktionalisiert wird, als er es nach seinem bisherigen Stellenwert im komplementären Verbund mit den primären Gemeinschaftsaufgaben nach der Amsterdamer Fassung der Art. 2 und Art. 3 Abs. 1 lit. g) EG war.

Der nach der Reformfassung des Art. 3 Abs. 3 EUV zu errichtende Binnenmarkt ist eingerahmt von zahlreichen weiteren Zielsetzungen. *Basedow* spricht prägnant von einer Umzingelung des ausdrücklich vorgesehenen Binnenmarktziels vor allem durch außerwettbewerbliche, nämlich umwelt- und sozial- und regionalpolitisch geprägte Zielsetzungen, die sämtlich regulierende Eingriffe erforderten, wie vor allem sozialer Fortschritt, Verbesserung der Umweltqualität, Bekämpfung sozialer Ausgrenzung, Nichtdiskriminierung, Förderung sozialer Gerechtigkeit, der Solidarität der Generationen und der Kohäsion der Mitgliedstaaten.[53] In den bisherigen Art. 2 und 3 EG nach der Fassung des Vertrages von Amsterdam ist eine derartig komplexe Häufung entsprechender Ziele, die ohne staatlich gestaltende Eingriffe in

52 *Schröter*, in Groeben/Schwarze (Hrsg.) Kommentar zum Vertrag über die EU und zur Gründung der EG, 6. Aufl. 2003, Art. 83 EGV Rn 13; *Calliess* (Fn 50), Art. 83 Rn 12.

53 *Basedow* (Fn 38), S. 14.

wettbewerbliche Prozesse kaum auszukommen vermögen, dagegen kaum anzutreffen.[54]

Die ausdrückliche Erwähnung des Systems eines freien und unverfälschten Wettbewerbs als ein selbständiges Primärziel in der Amsterdamer Fassung des Art. 3 Abs. 1 lit. g) EG ist ein eindeutiges und unmissverständliches grundlegendes Bekenntnis zum Prinzip des wettbewerblichen Entdeckungsverfahrens, das – für sich genommen – gerade in unverfälschter Entfaltung ohne Interventionen durch staatliche oder marktbeherrschende private Kräfte seine optimale Wirkung entfaltet und gerade darum eines besonderen Schutzes zur Sicherung der individuellen Handlungsfreiheit der Wirtschaftssubjekte im Wettbewerb bedarf. In diesem Sinn ergibt die Gesamtheit der EU-wirtschaftsverfassungsrechtlichen Normen, insbesondere der wirtschaftlichen Grundfreiheiten und der anerkannten wirtschaftlichen Grundrechte,[55] einen »Vorrang der Privatheit«, dessen wesentlicher Kern die wirtschaftsverfassungsrechtliche Grundentscheidung für ein System der staatsfreien Wettbewerbswirtschaft darstellt.[56]

Die nur noch indirekte Verortung im Binnenmarktziel des Art. 3 Abs. 3 EUV in der Reformvertragsfassung birgt das Risiko in sich, dass künftig diese besondere Wirkkraft des freien und unverfälschten Wettbewerbs im Binnenmarkt tendenziell zu Lasten eines »Hinwirkens«, »Förderns« bzw. »Bewahrens« auf die anderen außerwettbewerblichen Ziele in den Hintergrund tritt, was sich insbesondere bei wettbewerbsrelevanten politischen Abwägungsprozessen gerade jenseits der Anwendung der förmlichen Wettbewerbsregeln bemerkbar machen könnte. Die Folge wäre eine latente Schwächung der wirtschaftlichen Grundfreiheiten und der wirtschaftsrelevanten Grundrechte – vor allem der Vertrags-, Wettbewerbs- und Konsumfreiheit sowie der Berufs-, Eigentums- und Vereinigungsfreiheit[57] – im Hinblick auf deren Effektuierung durch freiheitsfördernden Rückbau bzw. zumindest freiheitsfördernde Ausgestaltung einzelstaatlicher Regulierungen.

Eine Aufgabe des freien und unverfälschten Wettbewerbs als selbständig formuliertes unionales Primärziel birgt somit das Risiko einer Aushöhlung der der EU-Kommission im Binnenmarkt zukommenden wettbewerbspolitischen Rolle.

54 So insbesondere die Verbesserung der Umwelt- und der Lebensqualität sowie die Kohäsion der Mitgliedstaaten in Art. 2 EG, vgl. auch *Basedow* WuW 2007, 712, 714.

55 Vgl. hierzu Charta der Grundrechte der EU vom 7. 12. 2000, ABl EG C 364 vom 18. 12. 2000, S. 1 ff sowie Teil II des Europäischen Verfassungsvertrages, ABl EG C 310 vom 16. 12. 2004, S. 1 ff.

56 Vgl. *Sodan* DÖV 2000, 361, 367 f; *Müller-Graff* EuR 1997, 433, 441 ff; *di Fabio* in: Maunz/Dürig/Herzog/Scholz/Herdegen/Klein, Grundgesetz Kommentar, Art. 2 Abs. 1 Rn 76 a.E., 87 ff (Stand: Juli 2001).

57 Vgl. Art. 12 Abs. 1, 15–17 Charta der Grundrechte der EU (Fn 55) bzw. Art. II-72 Abs. 1, II-75 bis II-77 des Europäischen Verfassungsvertrages (Fn 55) vgl. hierzu *Jarass* EU-Grundrechte, 2005, §§ 17 II, 20–22. Zur Wettbewerbs- und Vertragsfreiheit s. *Zuleeg* (Fn 31), Art. 2 EGV Rn 13.

Gleichzeitig droht sich darin einmal mehr die Feststellung *Franz Böhms* zu manifestieren, wonach der Wettbewerb keine Lobby hat.[58]

Entsprechende, vornehmlich rechtspolitische Bedenken richten sich vor diesem Hintergrund vor allem gegen eine Zunahme industrie- und interventionspolitischer Erwägungen und Tendenzen im Rahmen der Beihilfenpolitik, der Fusionskontrolle oder der Freistellung vom Kartellverbot gem. Art. 81 Abs. 3 EG in der Fassung des Vertrages von Amsterdam/Vertrag über die Arbeitsweise der EU in der Fassung des Reformvertrags, speziell wenn es beispielsweise um die Schaffung so genannter nationaler oder europäischer Champions geht.[59] Demgegenüber wird jedoch darauf hingewiesen, dass jedenfalls im Kern der unionalen Wettbewerbspolitik keine Einbußen bei der effektiven Durchsetzung der förmlichen Wettbewerbsregeln der Art. 81 ff EG/Vertrag über die Arbeitsweise der EU zu erwarten sein dürften[60] – was auch die obige Bestandsaufnahme[61] bestätigt.

Risiken dürften somit in der Tat in erster Linie jenseits der Anwendung der förmlichen Wettbewerbsregeln der Art. 81 ff EG/Vertrag über die Arbeitsweise der EU bei wettbewerbspolitischen Aktivitäten der EU-Kommission entstehen, die für die Verwirklichung der wirtschaftlichen Grundfreiheiten im Binnenmarkt von Bedeutung sind. Befürchtet wird insofern eine vorschnelle Zuflucht in hoheitliche Eingriffe bzw. Verzögerungen beim Abbau mitgliedstaatlicher Regulierungen, die sich auf die Verwirklichung des Binnenmarktes hindernd auswirken, und damit ein abnehmendes Vertrauen in die Selbstheilungskräfte des Marktes und des wettbewerblichen Prozesses bedingen.[62]

VI. Beeinträchtigung der Unionsaufgabe Wettbewerbsschutz in der Ausprägung als »competition advocacy«

Die Streichung des unverfälschten Wettbewerbs als eines selbständig formulierten Ziels droht mithin die EU in der Erfüllung der ihr zukommenden Aufgabe des Wettbewerbsschutzes in dem Bereich jenseits der Durchsetzung der förmlichen Wettbewerbsregeln nicht unempfindlich zu schwächen. Die Herabstufung des freien und unverfälschten Wettbewerbs zu einer Protokollnotiz schmälert dessen Bedeutung, so dass insoweit künftig verstärkt Auseinandersetzungen bei der Koordi-

58 Vgl. *Möschel* Der Wettbewerb hat keine Lobby. Der Schutz eines gefährdeten Guts durch den Staat und vor dem Staat, Neue Zürcher Zeitung vom 26. 3. 2005, S. 19.

59 S. die Berichterstattung in der Onlineausgabe der Neuen Zürcher Zeitung: »Keine Revolution durch den EU-Reformvertrag – Mehr Energie, mehr Euro-Gruppe und eine Duftmarke von Sarkozy«, Bericht vom 19. 10. 2007, abrufbar im Internet unter: http://www.nzz.ch/nachrichten/wirtschaft/aktuell/keine_revolution_durch_den_eu-reformvertrag_1_571994.html.

60 Insbesondere *Basedow* (Fn 38), S. 14.

61 S. o. Ziff. III und IV.

62 *Basedow* aaO (Fn 38).

nierung und Festlegung der Grundzüge der Wirtschaftspolitik innerhalb der Union[63] drohen könnten. Vor diesem Hintergrund beinhaltet die Streichung des freien und unverfälschten Wettbewerbs als ausdrückliches und eigenständiges Unionsziel eine nicht unerhebliche Schwächung der Stellung der EU-Kommission in ihrer Funktion als Anwältin der Binnenmarktverwirklichung im Rahmen der so genannten »competition advocacy« im Allgemeinen.

Competition advocacy ist Ausfluss der Unions- bzw. Staatsaufgabe »Wettbewerbsschutz«, die speziell den Wettbewerbsbehörden zukommt – sei es in Gestalt formalisierter Beteiligungsrechte im Gesetzgebungsverfahren, sei es jedenfalls als Annex zum gesetzlich definierten Aufgabenbereich in Gestalt bereichsspezifischer behördlicher Informations- und Aufklärungstätigkeit der Öffentlichkeit. Competition advocacy bezweckt, diese zu Fürsprechern eines freien und unverfälschten Wettbewerbs in wirtschaftspolitischen Entscheidungsprozessen zu machen und wettbewerbliche Auswirkungen hoheitlicher und gerade auch regulierender Eingriffe im politischen Prozess effektiv identifizieren und mögliche Wettbewerbsbeschränkungen verhindern bzw. ausräumen zu können.[64]

VII. FAZIT

Die Errichtung des Binnenmarkts ist als Ziel im Rahmen der Reformfassung des Art. 3 Abs. 3 EUV formuliert. Dieses Ziel ist grundsätzlich aus sich heraus operationalisierbar und handhabbar durch die originären Wettbewerbsregeln der Art. 81 ff EG/Vertrag über die Arbeitsweise der EU. Herkömmlich konkretisierte dies das gemeinschaftliche Primärrecht ausdrücklich durch die eigenständige Bezugnahme auf den freien und unverfälschten Wettbewerb in der Amsterdamer Fassung des Art. 3 Abs. 1 lit. g) EG.[65] Fehlt in der Reformvertragsfassung des EUV diese Selbständigkeit des wettbewerblichen Elements, wird der Wettbewerb gleichsam der

63 Art. 5 Abs. 1 Vertrag über die Arbeitsweise der EU in der Fassung des EU-Reformvertrages.

64 S. hierzu den Beitrag des einstigen Präsidenten des Bundeskartellamtes *Böge* Die Beschränkung des Wettbewerbs durch den Staat – Competition Advocacy als neue Aufgabe der Wettbewerbsbehörden, in: Bundesverband der Deutschen Industrie (Hrsg.) Das Bundes-Wirtschaftsjahrbuch 2004/2005 – Märkte-Strategien-Visionen, hrsg. anlässlich des 8. Länder-Wirtschaftstages 2004, S. 12, 13; ferner den Beitrag des Assistant Attorney General der Antitrust Division beim U.S. Department of Justice *R. Hewitt Pate* in: Bundeskartellamt (Hrsg.) Das Wettbewerbsprinzip als Leitlinie für Gesetzgebung und staatliches Handeln – Die Verantwortung der Politik – Die Rolle der Wettbewerbsbehörden, Dokumentation der XII. Internationalen Kartellkonferenz am 6. 6. 2005 in Bonn, S. 71, 74 ff, abrufbar auf den Internetseiten des Bundeskartellamts: http://www.bundeskartellamt.de/wDeutsch/download/pdf/Diskussionsbeitraege/05_IKK_Dokumentation.pdf.

65 Neben Art. 3 Abs. 1 lit. g) EG in der Fassung des Vertrages von Amsterdam vgl. auch Art. I-3 Abs. 2 des nicht wirksam in Kraft getretenen Europäischen Verfassungsvertrages, vgl. *Heintschel von Heinegg* (Fn 18), Art. I-3 Rn 1 ff.

Verwirklichung des Binnenmarktes unterstellt. Das führt zwar nicht zu einer Instrumentalisierung zugunsten außerwettbewerblicher Zielsetzungen im Rahmen der für das Funktionieren des Binnenmarktes erforderlichen Wettbewerbsregeln der Art. 81 ff des Vertrags über die Arbeitsweise der EU in der Fassung des Reformvertrages, birgt allerdings das Risiko eines schleichenden Bedeutungsverlusts bei wettbewerbspolitischen Aktivitäten jenseits der Anwendung der förmlichen Wettbewerbsregeln. Dies kann für die Verwirklichung der wirtschaftlichen Grundfreiheiten und Grundrechte und damit den wettbewerblichen und marktwirtschaftlichen Prozess insgesamt nachteilig sein.

In dem Maße jedoch, in dem die Bedeutung des Wettbewerbsschutzes in der zuletzt aufgezeigten Weise unter dem EU-Reformvertrag zurückträte, nähme die Bedeutung der auf EU-Ebene grundrechtlich gewährleisteten Wettbewerbsfreiheit zu.[66] Union und Mitgliedstaaten wären daher gehalten, im Rahmen der unionsrelevanten Wettbewerbspolitik verstärkt die sich aus der grundrechtlich gewährleisteten Wettbewerbsfreiheit ergebenden Schutz- und Förderpflichten zu berücksichtigen. Dies wäre ein konsequenter Schritt zur Erhaltung des erreichten Integrationsstandes der EU.

Das Binnenmarktprinzip mit dem System des freien, unverfälschten Wettbewerbs manifestiert im Hinblick auf die geschilderten Risiken bei der Durchsetzung der Wettbewerbspolitik durch die Unionsorgane jenseits des »harten« primären Wettbewerbsrechts der Art. 81 ff EG/Vertrag über die Arbeitsweise der EU eine äußerste Grenze, die auch bei der systematischen Auslegung im Rahmen der Grundrechte zu berücksichtigen ist:[67]

- Zum einen beinhaltet das unionale Verfassungsziel des Binnenmarktes mit dem protokollarisch abgesicherten System des freien und unverfälschten Wettbewerbs eine Garantie der »Vorbedingungen einer marktwirtschaftlichen Ordnung«, wozu insbesondere Vertrags- und Wettbewerbsfreiheit, Berufs- und Vereinigungsfreiheit, Rechtsgleichheit zählen.[68]
- Zum anderen beinhaltet das Binnenmarktziel nach den Feststellungen vor allem zu Ziff. III zugleich eine institutionelle Wesensgehaltsgarantie, an der sich die Tätigkeiten der Union und über Art. 10 Abs. 2 EG (Amsterdamer Vertrag)/ Art. 4 Abs. 3 EUV (Reformvertrag) auch die der Mitgliedstaaten zu orientieren haben, die auf den prinzipiellen Erhalt eines marktwirtschaftlichen Wirtschaftssystems mit einem freien und unverfälschten Wettbewerb ausgerichtet sein müssen. Vor diesem Hintergrund wirkt das Binnenmarktziel als institutionelle Grenze nicht nur gegen den Umschlag in eine staatliche Planwirtschaft, sondern auch gegen einen qualitativen Umschlag von einer freien und unverfälschten Wettbe-

66 Vgl. *di Fabio* ZWeR 2007, 266, 275.

67 Vgl. *Sodan* DÖV 2000, 361, 367 f; *di Fabio* in: Maunz/Dürig/Herzog/Scholz/Herdegen/Klein, Grundgesetz Kommentar, Art. 2 Abs. 1 Rn 76 (Stand: Juli 2001).

68 *Zuleeg* EuR 1982, 21, 28 f; *ders.* (Fn 31), Art. 2 EGV Rn 13.; *di Fabio* (Fn 67), Art. 2 Abs. 1 Rn 84 (Stand: Juli 2001). Vgl. auch *Emmerich* (Fn 32), § 1 Rn 2.

werbs- in eine staatliche Regulierungs- und Interventionswirtschaft, in der die Herstellung wettbewerblicher Verhältnisse allein oder doch weit überwiegend durch steuerndes, gestaltendes staatliches Eingreifen in wettbewerbliche Prozesse erfolgt. Unzulässig wäre damit ein Paradigmenwechsel von einem prinzipiell auf der Inanspruchnahme individueller Handlungsfreiheiten beruhenden Prozess hin zu einem prinzipiell auf staatlich definierten Zielen beruhenden Prozess, der die Wettbewerbsfreiheit aushöhlt. Dies schließt – Ausnahmen bestätigen die Regel – keineswegs aus, dass auch regulierendes Eingreifen des Staates statthaft bleibt und notwendig sein kann.[69] Insbesondere gilt dies für Sektoren, in denen zur Verwirklichung des Binnenmarktes hartnäckige monopolartige Strukturen aufgebrochen werden müssen – wie z.B. im Strom- und Gassektor.[70] Gleichwohl würde eine unionale Wirtschaftspolitik,[71] die ihrem Wesen nach Wettbewerb nur noch nach Maßgabe staatlicher Regulierung zuließe, statt ihn im Prinzip den auf freier individueller Entscheidung beruhenden Kräften des Wettbewerbs zu überlassen, dem Ziel des Binnenmarktes mit freiem und unverfälschtem Wettbewerb nicht mehr gerecht.

69 Vgl. *Haucaup/Kühling* Bessere Regulierung für Europa, FAZ vom 13. 10. 2007, Nr. 238, S. 13; *Trute/Broemel* ZHR 170 (2006) 706 ff.

70 Vgl. EU-Elektrizitätsrichtlinie 2003/54/EG, ABl EG L 176 v. 15. 7. 2003, S. 37 ff und EU-Gasrichtlinie 2003/55/EgG ABl EG L 176 v. 15. 7. 2003, S. 57 ff, berichtigt durch ABlEG L 2 v. 6. 1. 2004, S. 55 und ABl EG L 16 v. 23. 1. 2004, S. 74. Ferner die Vorschläge der EU-Kommission für eine Fortentwicklung der Regulierung auf dem Strom- und Gassektor durch ein drittes Binnenmarktpaket Strom und Gas, vgl. FAZ vom 20. 9. 2007, S. 13 sowie Die Welt vom 20. 9. 2007, S. 11.

71 Vgl. 5 des Vertrags über die Arbeitsweise der EU in der Fassung des Reformvertrags.

Das Gemeinschaftsinteresse im europäischen Beihilfenrecht

José Martinez Soria

1. Das Gemeinschaftsinteresse – Eine dogmatische Annäherung

a) Anwendungsfelder des Gemeinschaftsinteresses

Das Gemeinschaftsinteresse ist ein zentrales Argument für das Handeln der EG. Dem liegt die supranationale Vorstellung zugrunde, dass die EG als Rechtsperson Träger eines derartigen Interesses sein kann, das nicht nur die Organe der EG, sondern auch die Mitgliedstaaten bindet. Der Begriff des Gemeinschaftsinteresses findet sich (zum Teil in unterschiedlicher Bezeichnung) als Handlungsvoraussetzung an verschiedenen Stellen des EG-Vertrags.[1] Als allgemeiner Grundsatz liegt er dem Handeln der Europäischen Kommission zugrunde. In Verbindung mit den in Art. 212 EG spezifizierten Aufgaben benutzt die Kommission das Konzept des Gemeinschaftsinteresses regelmäßig als Argument, um die Kriterien ihres Handelns zusammenzufassen. Dadurch besteht die Gefahr, dass der Begriff des Gemeinschaftsinteresses sich zu einem politischen Allgemeinplatz entwickelt, der konturenlos und einer rechtlichen Überprüfung nicht zugänglich ist. Diese Gefahr wird vor allem im Wettbewerbsrecht deutlich. Die abschließende Entscheidung über die Vereinbarkeit oder Unvereinbarkeit der staatlichen Beihilfe mit dem Gemeinsamen Markt fällt in die Anwendung des Art. 87 Abs. 3 EG, die der EuGH in das Ermessen der Kommission stellt, welches diese »nach Maßgabe wirtschaftlicher und sozialer Wertungen ausübt, die auf die Gemeinschaft als Ganzes zu beziehen sind«.[2] Die Ausübung dieses Ermessens, das regelmäßig unter dem Konzept Gemeinschaftsinteresse zusammengefasst wird, unterliegt in der Praxis nur in beschränktem Umfang

1 Art. 87 Abs. 3 lit. b) c und d), 99, 124 Abs. 1, 126 Abs. 1, 131 Abs. 1, 155 Abs. 1 1. Spiegelstr, Art. 155 Abs. 1 3. Spiegelstr., 267, 280 Abs. 1 bis 4 EG.

2 EuGH Slg. 1980 I-1671, 1691 – *Philip Morris*; EuGH Slg. 1993 I-3203 – *Matra*; vgl. EuGH Slg. 1995, II-2265 –*TWD;* EuGH Slg. 1987, 901, 926 – *Deufil;* EuGH Slg. 2004, I-3679 Rn 82 f – *Italien/Kommission*; s. auch Kommission Entscheidung Nr. C 40/2004 ABl. C 53 v. 3. 3. 2005, S. 18–25, EuGH 1987, S. 901 Rn 18; vgl. *Stober* in: Hill (Hrsg.) Wirkungsforschung zum Recht II, 2000, S 251 ff.

gerichtlicher Kontrolle.[3] Die gerichtliche Nachprüfung dieser Ermessensausübung konzentriert sich auf die Beachtung der Verfahrens- und Begründungsvorschriften sowie die inhaltliche Richtigkeit der festgestellten Tatsachen und das Fehlen von Rechtsfehlern sowie von offensichtlichen Fehlern bei der Beurteilung der Tatsachen und von Ermessensmissbrauch.

b) Gemeinschaftsinteresse und Kompetenzabgrenzung

Zu Recht äußern die Mitgliedstaaten regelmäßig die Befürchtung, dass die Kommission daraus die Kompetenz herleitet, die Beihilfengewährung der Mitgliedstaaten nach Maßgabe einer gemeinschaftsorientierten integrierten Wirtschaftsförderungspolitik zu koordinieren und sie entsprechend auszugestalten.[4] Die Grenze zwischen der nach Art. 87 Abs. 3 EG zulässigen und gebotenen Überprüfung staatlicher Subventionen auf ihre Vereinbarkeit mit diesem Gemeinschaftsinteresse im engeren Sinn und einer der Kommission nicht zustehenden koordinierten Wirtschaftsförderungs-, Struktur-, Industrie- und Regionalpolitik der Gemeinschaft (Gemeinschaftsinteresse im weiteren Sinn), die sich der staatlichen Beihilfen als ihres Ausführungsmittels bedient, verläuft auf einem schmalen Grat. Der Gemeinschaft erwächst durch Art. 87 EG kein über die Ordnung des Wettbewerbs hinausgehender eigener Politikbereich der Wirtschaftsförderungspolitik; es besteht keine Kompetenz zur Wahrnehmung eines Gemeinschaftsinteresses im weiteren Sinn.[5] Andererseits hat die Kommission auch andere Vertragsziele im Rahmen der Beihilfenaufsicht zu berücksichtigen. Innerhalb der Wettbewerbsaufgabe ist hier vorrangig die Herstellung der Marktgleichheit zu nennen.[6] Die in Querschnittsklauseln besonders geschützten Ziele des Umweltschutzes, der Regionalpolitik und der Industriepolitik können in die Entscheidungen der Kommission einfließen.[7] Die Kommission kann das Gemeinschaftsinteresse in Grundsätzen, Leitlinien u. ä. für die einzelnen Sektoren und Politikbereiche (z.B. Energie, Umwelt, Regionalförderung) definieren. Das Hauptziel muss hingegen die Herstellung gleicher Wettbewerbsbedingungen sein. Im Übrigen hat die Kommission die Politikprärogativen der Mitgliedstaaten zu respektieren, deren Ausübung im Beihilfesektor aber einer Kontrolle am Maßstab des »Gemeinschaftsinteresses im engeren Sinn« im Rahmen von Art. 87 Abs. 3 EG unterliegt. Zum Beispiel dürfte sie das der deutschen Regionalförderung zugrunde liegende Verfassungspostulat der Herstellung gleichwertiger Lebensverhältnisse im Bundesgebiet nicht in Frage stellen. Die Beihilferegeln bieten

3 EuGH Slg. 2002, I-8031 Rn 74 – *Spanien/Kommission*; Slg. 2003, I-1487 Rn 93 – *Spanien/Kommission*; Slg. 2004, I-3679, Rn 83.
4 Vgl. u.a. die Beiträge in Stober/Vogel (Hrsg.) Subventionsrecht auf dem Prüfstand 1999.
5 Siehe hierzu weitergehend *Götz/Martinez Soria* in: Dauses (Hrsg.) Hdb.EU-WirtschaftsR, H.III. Rn 40.
6 *Grabitz* in: Magiera (Hrsg.) Entwicklungsperspektiven der EG, 1985, S. 102.
7 Siehe unten Gliederungspunkt 3a.

somit Stoff für massive Konflikte zwischen den Mitgliedstaaten und der Kommission; gleichzeitig begründen sie die Notwendigkeit wechselseitiger Abstimmung.

Das zentrale Kriterium für diese Abstimmung ist dabei das Konzept des Gemeinschaftsinteresses. Entscheidet die Kommission abschließend darüber? Haben die Mitgliedstaaten die Möglichkeit, auf diese Entscheidung Einfluss zu nehmen? Wie objektiv und transparent muss das Gemeinschaftsinteresse definiert werden? Welchen Gestaltungsspielraum der Mitgliedstaaten erlaubt das Gemeinschaftsinteresse? Auf diese Fragen soll eine Annäherung am Beispiel des aktuellen Wandels der Praxis der Europäischen Kommission zu den Regionalbeihilfen und den Instrumenten der Strukturpolitik unternommen werden.

c) Gemeinschaftsinteresse als Rechtsbegriff

Der Begriff des Gemeinschaftsinteresses hat »rechtlichen Charakter«. Hierfür spricht, wie bereits dargelegt, dass das Gemeinschaftsinteresse im EG-Vertrag an verschiedenen Stellen genannt wird. Als Rechtsbegriff ist er notwendigerweise »anhand objektiver Kriterien auszulegen«.[8] Aufgrund des Prinzips der begrenzten Einzelermächtigung findet das Gemeinschaftsinteresse seine Grenzen in den Zielen und Grundsätzen des EG-Vertrags. Daraus kann des Weiteren gefolgert werden, dass die bestehenden rechtlichen Vorgaben insoweit zwingend zu beachten sind.[9]

Nicht zulässig ist aber, aus einzelnen Zielen und Grundsätzen der EG zwingend auf das Bestehen eines Gemeinschaftsinteresses zu schließen. So hat die Bundesrepublik im Beihilfeverfahren zur Einführung des digitalen terrestrischen Fernsehens in Berlin-Brandenburg angeführt, dass die Förderung der Übermittlungsmethode im Gemeinschaftsinteresse liege, da ihre Förderung insbesondere im Aktionsplan eEurope 2005 der Europäischen Kommission Ausdruck gefunden habe.[10] Demgegenüber hat die Kommission zu Recht dargelegt, dass die »bloße Tatsache, dass die Maßnahme [eEurope 2005] die Einführung einer neuen Technologie fördert, [...] sie noch nicht als Projekt im Gemeinschaftsinteresse [qualifiziert]« .[11] Entscheidend sei vielmehr, dass bei der wirtschaftlichen Tätigkeit ein Marktversagen nachgewiesen werden könne. Dieses Beispiel verdeutlicht, dass das Gemeinschaftsinteresse nur in der kohärenten Anwendung aller Ziele und Grundsätze der EG gesucht werden kann. Nur eine Maßnahme, die sowohl regionalpolitisch als auch beihilferechtlich den Vorgaben des Gemeinschaftsrechts entspricht, ist im Interesse der Gemeinschaft. Dadurch wird die Struktur des Konzepts des Gemeinschaftsinteresses in den Genehmigungsverfahren deutlich. Hier hat in den letzten Jahren ein grundsätzlicher

8 Vgl. EuGH Slg. 2000, I/3271 Rn 25 – *Ladbroke Racing*; EuG Slg. 1998, II-1 Rn 52 – *Ladbroke Racing*.

9 *Jung* in: Calliess/Ruffert (Hrsg.) EU-/EGV, Art. 86 Rn 52, 3. Aufl. 2007.

10 Europäische Kommission, Entscheidung 2006/513/EG vom 9. 11. 2005 Rn 91; die Entscheidung ist derzeit anhängig beim EuG, Rs. T-24/06.

11 Europäische Kommission, Entscheidung 2006/513/EG vom 9. 11. 2005 Rn 92.

Wandel stattgefunden. Stand früher noch die Frage im Vordergrund, ob eine nationale Beihilfe gegen das gemeinsame Interesse bzw. Gemeinschaftsinteresse verstößt, so fragt heute die Kommission in zahlreichen Leitlinien und Gemeinschaftsrahmen positiv, ob eine Beihilfe im Gemeinschaftsinteresse liegt. Das frühere negative Prüfungskriterium hat sich zu einem Genehmigungserfordernis gewandelt, das positiv festgestellt werden muss. Dabei verfällt die Kommission immer häufiger der Versuchung, im Rahmen dieser Prüfung das Gemeinschaftsinteresse mit spezifischer gemeinschaftlicher Sachpolitik gleichzusetzen. Dieser Wandel führt zu einer strengeren Genehmigungspraxis, da die Kommission die nationalen Beihilfen damit de facto zu einem Instrument ihrer eigenen Sachpolitik transformiert. Dies ist der Fall, wenn die Angemessenheit der Kapazität einer Branche überprüft wird[12] oder ein Gemeinschaftsinteresse an der Erhaltung und dem Ausbau der europäischen Informatikindustrie[13] bejaht wird.

Vorab lässt sich zusammenfassen, dass es sich bei dem Gemeinschaftsinteresse im Beihilfenrecht um ein positives Genehmigungserfordernis handelt, das begrenzt ist durch die Ziele und Aufgaben der EG und von einem weiten Beurteilungsspielraum der Kommission und einer geringen gerichtlichen Kontrolldichte geprägt ist. Das im Folgenden dargelegte Beispiel der Regionalbeihilfen zeigt jedoch, dass diese bisherigen Kernelemente des Gemeinschaftsinteresses durchaus zugunsten einer größeren mitgliedstaatlichen Mitwirkung veränderbar sind.

2. Das regionalpolitische Gemeinschaftsinteresse

a) Das regionalpolitische Gemeinschaftsinteresse zwischen Kohäsion und Wettbewerb

Das regionalpolitische Gemeinschaftsinteresse erstreckt sich im Sinne des erforderlichen kohärenten Ansatzes nicht allein auf die Instrumente des Titels XVII EG, sondern es erfasst auch das Wettbewerbsrecht, insbesondere das Beihilfenrecht. Die Kohäsionspolitik der Gemeinschaft zielt nach Ansicht der Kommission darauf ab, im Integrationsprozess das »europäische Gesellschaftsmodell« zu bewahren. Diese Politik ist an der sozialen Marktwirtschaft orientiert und ist zum einen durch ein auf Marktkräften und Unternehmerfreiheit basierendes Wirtschaftssystem gekennzeichnet, zum anderen durch das »Streben nach interner Solidarität und gegenseiti-

12 Entscheidung 1999/679/EG der Kommission vom 26. 5. 1999 über die staatliche Beihilfe Deutschlands zugunsten von Dow/Buna SOW Leuna Olefinverbund GmbH (BSL), ABl. L 269 v. 19. 10. 1999, S. 36 Rn 78 ff.

13 Vgl. die Nachweise bei *Gross* Das europäische Beihilfenrecht im Wandel, 2003, S. 64.

ger Unterstützung«.[14] In diesem Rahmen soll die Gemeinschaft in ihrer Regionalpolitik im weiteren Sinne die ökonomischen und sozialen Disparitäten zwischen den Mitgliedstaaten, Regionen und sozialen Gruppen verringern.[15]

b) Akteure und Instrumente der Regionalpolitik

Die bei der regionalwirtschaftlichen Entwicklung zu gewährleistende Solidarität ist im Lichte der mitgliedstaatlichen Planungshoheit in erster Linie Aufgabe der regionalen und nationalen Behörden. Die EG und ihre Organe leisten nur einen subsidiären Beitrag. Hierbei wird die Gemeinschaft im Rahmen der Regionalpolitik zum einen selbst vorrangig mit eigenen finanziellen Zuwendungen tätig, zum anderen im Wege der Beihilfenkontrolle.

Zu den finanzwirksamen Instrumenten der europäischen Regionalpolitik zählen im engeren Sinne die in Art. 158 bis 162 EG genannten Strukturmaßnahmen, die auf die Förderung einer erstrebten gleichwertigen Regionalentwicklung in der Gemeinschaft gerichtet sind. Hervorzuheben sind jedoch darüber hinaus die regionalbedeutsamen Markt- und Einkommensstützungsmaßnahmen im Rahmen der Gemeinsamen Agrarpolitik, die Förderung der Entwicklung des ländlichen Raums,[16] die gemeinschaftlichen Strukturmaßnahmen im Fischereisektor sowie die aus dem Europäischen Sozialfonds (Art. 146 EG) und die im Bereich Forschung und Technologie gewährten Beihilfen. Ebenso werden hierzu die nicht marktgerechten Darlehen und Bürgschaften gerechnet, die von der Europäischen Investitionsbank gewährt werden.

Im Rahmen der Beihilfenkontrolle spielen für die kohärente Entwicklung der Gemeinschaft die Regionalbeihilfen eine zentrale Rolle. Regionalbeihilfen sind staatliche Zuwendungen an Unternehmen, die eine langfristige und umweltverträgliche Entwicklung benachteiligter Gebiete durch die Förderung von Investitionen und Schaffung von Arbeitsplätzen ermöglichen sollen.[17] Es handelt sich dabei um die im Hinblick auf das Fördervolumen bedeutsamsten beihilferelevanten Maßnahmen der Mitgliedstaaten. Regionalbeihilfen sind in der Regel Investitionsbeihilfen. Dazu gehören Beihilfen zu Erstinvestitionen (produktive Investitionen) sowie Bei-

14 Europäische Kommission, Erster Bericht über den wirtschaftlichen und sozialen Zusammenhalt, Brüssel 1996, S. 13; *Rudzio* Funktionswandel der Kohäsionspolitik unter dem Einfluß des Europäischen Parlaments, 2000, S. 40.

15 *Rudzio* (Fn 14) S. 41.

16 VO (EG) Nr. 1698/2005 des Rates vom 20. 9. 2005 über die Förderung der Entwicklung des ländlichen Raums durch den Europäischen Landwirtschaftsfonds für die Entwicklung des ländlichen Raums (ELER), ABl. L 277 v. 21. 10. 2005, S. 1.

17 *Jestaedt/Schweda* in: Heidenhain (Hrsg.) Handbuch des Beihilfenrechts, 2003, S. 237, § 15 Rn 1; Leitlinien für staatliche Beihilfen mit regionaler Zielsetzung vom 16. 12. 1997, ABl. C 74 v. 10. 3. 1998, S. 9; zuletzt geändert durch Mitteilung der Kommission vom 9. 9. 2000, ABl. C 258 v. 9. 9. 2000, S. 5.

hilfen zur Schaffung von Arbeitsplätzen.[18] Unter Erstinvestitionen sind Investitionen in materielle und immaterielle Anlagewerte bei der Errichtung einer neuen Betriebsstätte, der Erweiterung einer bestehenden Betriebsstätte, der Diversifizierung der Produktion einer Betriebsstätte in neue, zusätzliche Produkte oder bei der Vornahme einer grundlegenden Änderung des Gesamtproduktionsverfahrens einer bestehenden Betriebsstätte zu verstehen.[19] Zu den immateriellen Anlagewerten gehört der Technologietransfer durch Erwerb von Patentrechten, Lizenzen, Know-how oder nicht patentiertem Fachwissen. Regionalbeihilfen wirken ausschließlich gebietsbezogen[20] und sind der Entwicklung räumlich definierter benachteiligter Gebiete vorbehalten.[21] Durch diesen landkartengestützten Ansatz tragen Regionalbeihilfen unmittelbar zur Erfüllung des als Gemeinschaftsziel definierten wirtschaftlichen, sozialen und territorialen Zusammenhalts der Mitgliedstaaten und der Europäischen Union insgesamt bei (Art. 158 EG). Dadurch unterstützen sie die genannten gemeinschaftsrechtlichen Regionalförderinstrumente. Der Definition des regionalpolitischen Gemeinschaftsinteresses müssen damit notwendigerweise die kohäsions- und wettbewerbsrechtlichen Ziele zugrunde liegen.

3. Die Definition des Gemeinschaftsinteresses in der Strukturpolitik

a) Die Überwindung des traditionellen sektorenspezifischen Ansatzes durch Querschnittsklauseln

Die Kommission verfolgte bislang jedoch grundsätzlich einen sektorenspezifischen Ansatz bei der Bestimmung des Gemeinschaftsinteresses. Dies ist zum einen organisationsrechtlich darauf zurückzuführen, dass die Kommission über nur beschränkt wirksame interne Verfahren verfügt, um eine Kohärenz der unterschiedlichen Politiken zu erreichen.[22] Zum anderen ist dieser Ansatz damit zu begründen, dass der EG-Vertrag nur in beschränktem Umfang Querschnittsklauseln enthält, die unmittelbar die Organe zu einer Berücksichtigung anderer Politiken verpflichten. *Ever-*

18 Ziff. 36 Regionalbeihilfenleitlinien 2007–2013, ABl. C 54 v. 4. 3. 2006, S. 13.

19 Ziff. 34 Regionalbeihilfenleitlinien (Fn 18); s. Kommission, Entsch. v. 6. 5. 1998 – Beihilfe K(1998) 1942, ABl. L 316 v. 15. 11. 1998, S. 48 »25. Rahmenplan«.

20 EuGH Slg. 2004, I-3997 Rn 92 – *Griechenland/Kommission.*

21 In Deutschland werden Regionalbeihilfen weitgehend nach allgemeinen notifizierten Förderprogrammen auf der Grundlage der Gemeinschaftsaufgabe »Verbesserung der regionalen Wirtschaftsstruktur« und des Investitionszulagengesetzes gewährt, s. hierzu *Jestaedt* in: Heidenhain (Fn 17) S. 256; *Warnke* EStB 2000, 98.

22 Europäischer Rechnungshof, Sonderbericht Nr. 3/92 zur Umwelt, ABl. C 245 v. 23. 9. 1992, S. 1, 6; Europäische Kommission, Stellungnahme zum Sonderbericht Nr. 3/92, ABl. C 245 v. 23. 9. 1992, S. 20, 21 f.

ling definiert Querschnittsklauseln als »Instrumente, mit deren Hilfe die Kompetenzen und ihre Ausübung ausgewogener als bisher zwischen der Gemeinschaft und den Mitgliedstaaten aufgeteilt und die Spannungen zwischen ihnen abgebaut werden sollen«.[23] Es handelt sich mithin um Instrumente zur Koordination der Kompetenzen der Gemeinschaft. Die Querschnittsklauseln enthalten ein Abwägungsgebot, das im Rahmen der Beurteilungs- und Ermessensspielräume der Gemeinschaft bei der Ausübung ihrer Kompetenzen zu berücksichtigen ist. Dieses Abwägungsgebot verlangt, dass eine Abwägung überhaupt stattfindet und dass alle erheblichen Belange in die Abwägung eingestellt werden. Zudem darf der Ausgleich zwischen den Belangen in keiner Weise vorgenommen werden, die zur objektiven Gewichtigkeit einzelner Belange außer Verhältnis steht.[24] Diese Abwägung hat jedoch naturgemäß nicht zur Folge, dass das Abwägungsergebnis immer dem Ziel der Querschnittsklausel entspricht. Ein Anwendungsvorrang im Sinne eines Beeinträchtigungsverbots kann daraus nicht entnommen werden.[25] Berücksichtigt die Gemeinschaft aber im Abwägungsvorgang die Ziele der Querschnittsklausel überhaupt nicht, sind ihre Maßnahmen rechtswidrig.[26]

Die Regionalpolitik ist Gegenstand einer derartigen Querschnittsklausel (Art. 159 Abs. 1 Satz 2 EG). Mithin ist sie bei der Anwendung der beihilferechtlichen Bestimmungen durch die GD Wettbewerb zwingend zu berücksichtigen. Gleichzeitig folgt aber aus dem hier vertretenen Konzept des Gemeinschaftsinteresses die Pflicht, bei der Anwendung der regionalpolitischen Instrumente die beihilferechtlichen Grundsätze insbesondere zum Marktversagen zu berücksichtigen.

b) Die Berücksichtigung des Beihilfenrechts in der Strukturpolitik

Dabei eröffnet sich zunächst das Problem, dass es sich bei den regionalpolitischen Instrumenten um Gemeinschaftsmaßnahmen[27] handelt. Im Unterschied zu (mitglied-)staatlichen Beihilfen beruhen sie nämlich auf Rechtsakten der Gemeinschaft und werden aus Gemeinschaftsmitteln (mit-)finanziert. Dagegen ist der Vollzug regelmäßig in die Hand der Verwaltungen der Mitgliedstaaten gelegt. Gemeinschaftsunmittelbare Subventionierungen von Wirtschaftsunternehmen bleiben damit auf

23 *Everling* Zu den Querschnittsklauseln im EG-Vertrag, in: Rodríguez Iglesias/Due/Schintgen/Elsen (Hrsg.) Mélanges en hommage à Fernand Schockweiler, 1999, S. 131.

24 Vgl. zum Abwägungsgebot im deutschen Recht BVerwGE 41, 67, 71; *Ibler* Die Schranken planerischer Gestaltungsfreiheit im Planfeststellungsrecht, 1988, S. 266 ff.

25 Allgemeine Ansicht: siehe *Puttler* in: Calliess/Ruffert (Hrsg.) EU-/EGV, Art. 159 Rn 3, 3. Aufl. 2007; *Glaesner* Der Grundsatz des wirtschaftlichen und sozialen Zusammenhalts, 1990, S. 25 f; *Haneklaus* Regionalpolitik in der Europäischen Gemeinschaft, 1991, S. 44 f; *Müller-Graff* in: Dauses, Hb.EGWirtR, A. I. Rn 120.

26 So wohl auch *Calliess* in: Calliess/Ruffert (Hrsg.) EU-/EGV, Art. 6 Rn 7, 3. Aufl. 2007.

27 *Götz* in: Börner/Bullinger (Hrsg.) Subventionen im Gemeinsamen Markt, KSE 39 (1978), S. 313; *Schwarze* in: GS Martens, S. 819; *Seidel* in: FS Carstens, 1984, S. 273, 275 ff.

wenige Ausnahmebereiche beschränkt.[28] Sowohl die gemeinschaftsunmittelbar als auch die gemeinschaftsmittelbare Subventionierung stellen Gemeinschaftsmaßnahmen dar.

Grundsätzlich werden Gemeinschaftsbeihilfen von Art. 87 Abs. 1 EG nicht erfasst.[29] Die Beihilfenaufsicht erfasst auch nicht den Vollzug der Gemeinschaftsbeihilfen durch die Mitgliedstaaten. Die Gemeinschaftsorgane sind aber im Lichte des Gemeinschaftsinteresses verpflichtet, bei der Gewährung von Gemeinschaftsbeihilfen darauf zu achten, dass diese weder den innergemeinschaftlichen Wettbewerb verfälschen oder zu verfälschen drohen, noch den Handel zwischen den Mitgliedstaaten beeinträchtigen.[30] Dies ist vorrangig darauf zurückzuführen, dass trotz des Prinzips der bloßen Kofinanzierung, das für den EFRE und für die anderen Strukturfonds der Gemeinschaft gilt,[31] die Regionalförderungsmaßnahmen des EFRE bei der Förderung der Unternehmensinvestitionen den Charakter von Gemeinschaftssubventionen haben.

c) Geteilte Definitionskompetenz des Gemeinschaftsinteresses

Die Regionalpolitik verdeutlicht nicht nur materiell die Erforderlichkeit der kohärenten Definition des Gemeinschaftsinteresses. Vorbildlich ist die Regionalpolitik bei der Bestimmung der Definitionskompetenz, da sie durch eine gemeinsame Programmhoheit von Gemeinschaft und Mitgliedstaaten geprägt ist und damit die Definitionskompetenz zwischen diesen Akteuren aufgeteilt wird. Die Ziele der Strukturfonds werden nach Art. 161 Abs. 1 EG vom Rat durch Verordnung festgelegt.[32] Konkrete Fördergebiete werden mittels eines Kooperationsverfahrens zwischen der Gemeinschaft und den Mitgliedstaaten in einem endgültigen Verzeichnis der förderbaren Gebiete auf der Grundlage der in der Programmstufe vorgesehenen Kriterien festgesetzt. Mit dem Beginn der Förderperiode 2007–2013 mussten alle EU-Mitgliedsstaaten erstmals gemäß Art. 27 VO 1083/2006 einen Nationalen Strategischen Rahmenplan vorlegen. In ihm soll jedes Land seine Förderstrategie deutlich

28 Vgl. *Seidel* in: FS Carstens, S. 273, 277.

29 EuGH Slg. 1982, 3583 Rn 22 – *Norddeutsches Vieh- und Fleischkontor*; *Götz/Martinez Soria* in: Dauses (Hrsg.) Hdb.EU-WirtschaftsR, H.III. Rn 31; *Mederer* in: Schröter/Jakob/Mederer, Kommentar zum Europäischen Wettbewerbsrecht, 2003, vor Art. 87–89 EGV Rn 5; *von Wallenberg* in: Grabitz/Hilf, EUV/EGV, vor Art. 87–89 EGV Rn 13; *Bär-Bouyssière* in: Schwarze, EGV, Art. 87 Rn 5; *Heidenhain* in: ders., Handbuch Eur. Beihilfenrecht, § 3 Rn 12.

30 Vgl. Gemeinsame Erklärung über Beihilfen aus den EG-Strukturfonds oder anderen Finanzierungsinstrumenten zum EWR-Abkommen, ABl. L 1 v. 3. 1. 1994, S. 3; *Mederer* in: Schröter/Jakob/Mederer (Fn 29) vor Art. 87–89 EGV Rn 5.

31 Art. 52f VO 1083/2006 des Rates vom 11. 7. 2006 mit allgemeinen Bestimmungen über den Europäischen Fonds für regionale Entwicklung den Europäischen Sozialfonds und den Kohäsionsfonds, ABl. L 210 v. 31. 7. 2006, S. 25.

32 Art. 3 Verordnung 1083/2006.

machen. Der Nationale Strategische Rahmenplan ist eine Basis für die Operationellen Programme. Diese legen den Rahmen der Förderung in den jeweiligen Regionen fest. Die EU-Kommission genehmigt die Programme, soweit sie mit den Bestimmungen der EU und dem Nationalen Strategischen Rahmenplan übereinstimmen.[33] Das bedeutet, dass die Letztentscheidung über die Förderkulisse bei der Kommission liegt.[34] Die Strukturpolitik zwingt die Mitgliedstaaten aber nicht zu bestimmten strukturrelevanten Maßnahmen. Charakteristisch für das Verfahren ist, dass die Initiative bei der Festlegung der Entwicklungsprioritäten ausschließlich den Mitgliedstaaten und ihren Regionen obliegt. Die Kommission kann die vorgeschlagene Maßnahme ablehnen, weil sie nicht die Kriterien erfüllt, sie darf die Maßnahme aber nicht durch eine geeignetere ersetzen. Entschließt sich aber ein Mitgliedstaat, einen Antrag auf Finanzierung eines Projekts aus den Strukturfonds bei der Europäischen Kommission zu stellen, muss er auch die mit der Mittelvergabe verbundenen Kriterien einhalten.[35]

Von Bedeutung ist, dass die Politiken des antragstellenden Mitgliedstaates integrativ koordiniert werden, soweit sie sich auf das Projekt auswirken. So müssen Pläne sowie sonstige Leistungen, die sich innerhalb eines Mitgliedstaats auf das gleiche Ziel bzw. im Rahmen verschiedener Ziele auf das gleiche geographische Gebiet beziehen, im Lichte des Nationalen Strategischen Rahmenplans kohärent sein.[36] Insbesondere müssen staatliche Regionalbeihilfen mit den Mitteln der Strukturfonds koordiniert werden. Wenn sich die Kommission und der Mitgliedstaat in allen Fragen geeinigt haben, genehmigt die Kommission die Pläne.[37]

d) Die verstärkte Berücksichtigung beihilferechtlicher Grundsätze in der Strukturpolitik

In den letzten Jahren ist eine verstärkte Berücksichtigung beihilferechtlicher Grundsätze in der Regionalpolitik erkennbar. So sollen die Ziele der Regionalpolitik verstärkt durch eine finanzielle staatliche Förderung der Kooperation als dezen-

33 Art. 32 VO 1083/2006; siehe zur Vorgängerregelung *Puttler* Die Verwaltung europäischer Strukturbeihilfen, in: Magiera/Sommermann, Verwaltung in der Europäischen Union, 2001, S. 171, 179 f.

34 Art. 32 Abs. 4 VO 1083/2006.

35 *Puttler* (Fn 33) S. 171–186, 186, sieht dadurch insbesondere die Gefahr einer vollständigen Ersetzung der nationalen Regionalförderpolitik durch eine europäische Regionalpolitik.

36 Diese Kohärenz sahen bereits die Vorgängerregelungen vor: Art. 10 Abs. 2 Verordnung 1260/1999; zur externen integrativen Koordination; Art. 5 Abs. 3 der Verordnung (EWG) Nr. 2082/93 des Rates zur Änderung der Verordnung (EWG) Nr. 4253/88 zur Durchführung der Verordnung (EWG) Nr. 2052/88 hinsichtlich der Koordinierung der Interventionen der verschiedenen Strukturfonds einerseits und zwischen diesen und den Interventionen der Europäischen Investitionsbank und der sonstigen vorhandenen Finanzinstrumente andererseits, ABl. L 193 vom 31. 7. 1993, S. 22.

37 Art. 28 Verordnung 1083/2006; vgl. *Puttler* (Fn 33) S. 171–186, 179.

trales Steuerungsinstrument erreicht werden.[38] Den Vorschriften der Beihilfenaufsicht (Art. 87, 88 EG) unterliegt ausdrücklich nach Art. 9 Abs. 5 VO 1083/2006 die Vergabe von Mitteln aus den gemeinschaftlichen Strukturfonds zur gemeinsamen Finanzierung von Vorhaben durch die Gemeinschaft und die Mitgliedstaaten (Kofinanzierung). Ihre Einhaltung wird dadurch sichergestellt, dass im Verfahren der Beihilfenaufsicht den Mitteln der Mitgliedstaaten die Mittel der Gemeinschaft zugerechnet werden. Die Vergabe der einzelstaatlichen und gemeinschaftlichen Mittel, die der Kofinanzierung eines Vorhabens dienen, unterliegt daher insgesamt der Anmeldepflicht und dem Durchführungsverbot (Art. 88 Abs. 3 EG). Die in verschiedenen Verordnungen und Gemeinschaftsrahmen vorgesehenen Beihilfeobergrenzen gelten infolgedessen »unabhängig davon, ob das Vorhaben ganz aus staatlichen Mitteln oder teilweise aus Gemeinschaftsmitteln finanziert wird«.[39] Die Kohärenz zwischen den beihilferechtlichen und den strukturpolitischen Regelungen wird durch Grundsätze gewährleistet, die von der Kommission entwickelt worden sind.[40]

Da die Gewährung eines Zuschusses aus den Strukturfonds ein Verwaltungsakt ist,[41] muss er gemäß Art. 98 Abs. 2 VO 1083/2006 vom Mitgliedstaat wegen Rechtswidrigkeit zurückgenommen oder geändert werden, wenn seine Gemeinschaftsrechtswidrigkeit festgestellt wird.[42] Falls der Staat die Korrekturen nicht selber einleitet oder schwerwiegende Mängel im Hinblick auf die Wirksamkeit der existierenden Verwaltungs- und Kontrollsysteme bestehen, kann die Kommission nach Art. 99 Abs. 1 VO 1083/2006 die Gemeinschaftsbeteiligung eines Fonds für die betroffene Maßnahme ganz oder teilweise aussetzen oder aufheben. Diese finanzielle Berichtigung kann sich auf die festgestellte Unregelmäßigkeit begrenzen. Sie kann aber auch erweitert werden, sollte sich der Fehler aus einer allgemeinen Schwäche des Verwaltungs- oder Kontrollsystems herleiten lassen. Finanzielle Anpassungen können auch für Rechtsfehler nötig werden, die nicht monetär quantifizierbar sind, beispielsweise wenn wichtige Bestimmungen des Gemeinschaftsrechts verletzt werden. Hier bekommt die finanzielle Berichtigung den Charakter einer Sanktion. Auch bei Gemeinschaftsmaßnahmen kann der Grundsatz des Vertrauensschutzes nur ausnahmsweise sich zum Gemeinschaftsinteresse verdichten und Korrekturen

38 Dritter Bericht über den wirtschaftlichen und sozialen Zusammenhalt KOM (2004) 107.

39 So Art. 6 I VO (EG) Nr. 68/2001 der Kommission vom 12. 1. 2001 über die Anwendung der Artikel 87 und 88 EG-Vertrag auf Ausbildungsbeihilfen, ABl. L 10 v. 13. 1. 2001, S. 20; Art. 8 I VO (EG) Nr. 70/2001 der Kommission vom 12. 1. 2001 über die Anwendung der Artikel 87 und 88 EG-Vertrag auf staatliche Beihilfen an kleine und mittlere Unternehmen, ABl. L 10 v. 13. 1. 2001, S. 33, Art. 8 I VO (EG) Nr. 2204/2002 der Kommission vom 12. 12. 2002 über die Anwendung der Artikel 87 und 88 EG-Vertrag auf Beschäftigungsbeihilfen; Gemeinschaftsrahmen für staatliche Umweltschutzbeihilfen, ABl. C 37 v. 3. 2. 2001, S. 3 Ziff. 74.

40 ABl. C 90 v. 26. 3. 1998, S. 3.

41 EuGH – verb. Rs C-138/03, C-324/03 und C-431/03 vom 24. 11. 2005, Rn 32 ff. – *Italien/Kommission*.

42 *Götz/Martinez Soria* in: Dauses (Hrsg.) Hdb.EU-WirtschaftsR, H.III. Rn 34.

und Rückforderungen, die auf die Rechtswidrigkeit der Zuschussgewährung gestützt werden, entgegenstehen.[43] Kürzungen gewährter Zuschüsse, die auf die Verletzung der Genehmigungsbedingungen gestützt werden, sind zulässig und in der Regel mit dem Grundsatz des Vertrauensschutzes vereinbar.[44]

4. DIE DEFINITION DES GEMEINSCHAFTSINTERESSES IM BEIHILFERECHT

a) Der traditionelle sektorenspezifische und monopolistische Ansatz

Während somit in der Strukturpolitik das Gemeinschaftsinteresse durch kohärente und kooperative Grundsatze geprägt ist, lag der Definition des Gemeinschaftsinteresses im Beihilfenrecht ein grundsätzlich sektorenspezifischer Ansatz zugrunde. Des Weiteren verfügt die Gemeinschaft, vertreten durch die Kommission, bei der Definition des Gemeinschaftsinteresses im Beihilfenrecht über ein Auslegungsmonopol. Grundsätzlich obliegt es der Kommission, die beihilferechtlichen Interessen der Gemeinschaft auf der Grundlage des geltenden Rechts zu definieren. Hierbei unterliegt sie wiederum der Kontrolle durch den EuGH, der jedoch, wie dargelegt, der Kommission einen weiten unkontrollierbaren Beurteilungsspielraum einräumt. Der rechtlich zu überprüfende Kern des Gemeinschaftsinteresses reduziert sich damit auf die Einhaltung des Legalitätsprinzips.

b) Die Durchbrechung des Monopols durch den integrativen Ansatz

Jedoch ist bei den Regionalbeihilfen ein Wandel in der Praxis der Kommission festzustellen. Regionalbeihilfen i.S.d. Artikel 87 Absatz 3 Buchstaben a und c EG zeichnen sich vorrangig durch ihre Gebietsbezogenheit aus. Aufgrund dessen sind u.a. Betriebsbeihilfen grundsätzlich nicht genehmigungsfähig, da sie zu keiner strukturellen Verbesserung der Gebiete führen.[45] Dieser geografische Aspekt unterscheidet Regionalbeihilfen von anderen Formen horizontaler Beihilfen wie Forschungs-, Entwicklungs- und Innovations-, Beschäftigungs-, Ausbildungs- oder Umweltschutzbeihilfen, die auf andere Ziele von Gemeinschaftsinteresse gemäß Artikel 87 Absatz 3 EG-Vertrag angelegt sind und gegebenenfalls in den benachteiligten Gebieten in Anerkennung der dort auftretenden besonderen Schwierigkeiten mit einem Aufschlag versehen werden.

43 EuGH Slg. 1987, 1005 Rn 12 ff – *Consorzio Cooperative D'Abruzzo*. Vgl. *Schulze* EuZW 1993, 279, 280. Zu den entsprechenden Grundsätzen im Rahmen der Beihilfenaufsicht über staatliche Beihilfen s. u. Rn 259, 269.

44 EuGE 1997, II/1265 – *Interhotel*; EuGE 1999, II/2793 – *Sonasa*.

45 Ziff. 76 Regionalbeihilfenleitlinien.

Aufgrund ihrer horizontalen Wirkung nehmen die Regionalbeihilfen teil am Wandel der Beihilfenpolitik, der im Rahmen der Lissabonner Strategie für Wachstum und Arbeitsplätze eingeleitet worden ist. Danach sollen die Gemeinschaft und die Mitgliedstaaten »ihre Anstrengungen zur Förderung des Wettbewerbs und zur Verringerung der allgemeinen Höhe staatlicher Beihilfen fortsetzen, indem der Nachdruck von der Förderung einzelner Unternehmen oder Sektoren auf Querschnittsaufgaben von gemeinschaftlichem Interesse, wie z.B. Beschäftigung, Regionalentwicklung, Umwelt und Ausbildung oder Forschung, verlagert wird.«[46]

Im Sinne einer Neudefinition des Gemeinschafsinteresses strebt die Kommission durch die Reform der Regionalbeihilfen für den Förderzeitraum 2007–2013 in den Leitlinien für staatliche Beihilfen mit regionaler Zielsetzung[47] eine verstärkt kohäsionspolitisch orientierte Kontrolle der Regionalbeihilfen an. Die Abstimmung der Regionalförderpolitik der Mitgliedstaaten und der Gemeinschaft soll künftig in kooperativer Form erfolgen. Bemerkenswert ist dabei, dass die Kommission bereits 1998 eine verstärkte Kohärenz zwischen der Regionalpolitik und des Wettbewerbsrecht angemahnt und eine verstärkte Koordinierung der beiden bestehenden Gebietsabgrenzungssysteme gefordert hat.[48]

Das Gemeinschaftsinteresse bestimmt sich nach den Leitlinien der Kommission 2007–2013 nicht ausschließlich anhand der marktverzerrenden Wirkung der Beihilfe. Vielmehr soll auch das kohäsionspolitische Ziel als Abwägungsbelang in die Bestimmung des Gemeinschaftsinteresses im Beihilfenrecht einfließen. So legt die Kommission in ihren Leitlinien dar, dass »Regionalbeihilfen nur dann Wirkung entfalten [können], wenn sie maßvoll und nach dem Grundsatz der Verhältnismäßigkeit eingesetzt werden und auf die am stärksten benachteiligten Gebiete in der Europäischen Union konzentriert werden. Die Bedeutung, die den Vorteilen einer Beihilfe beigemessen wird, kann entsprechend der Freistellungsbestimmung, die angewandt wird, unterschiedlich ausfallen. In besonders benachteiligten Gebieten im Sinne von Artikel 87 Absatz 3 Buchstabe a können größere Wettbewerbsverzerrungen hingenommen werden als in Gebieten, die unter Artikel 87 Absatz 3 Buchstabe c fallen.« Die Kommission kann ergänzend gemeinschaftsweite soziale und wirtschaftliche Faktoren in die Wertung einbringen.[49]

46 Schlussfolgerungen des Vorsitzes – Lissabon, 23. und 24. März 2000, Rn 17.

47 ABl. C 54 v. 4. 3. 2006, S. 13; zu den Regionalbeihilfenleitlinien 1998, ABl. C 74 v. 10. 3. 1998, S. 9, geändert in ABl. C 288 v. 9. 10. 1999, S. 2 und ABl. C 258 v. 9. 9. 2000, S. 5, die bis Ende 2006 galten, vgl. *Jestaedt/Schelling* EWS 1999, 1; zur Bindungswirkung der Leitlinien EuG Urt. v. 1. 12. 2004 – Rs. T-27/02 Rn 79 – *Kronofrance*.

48 Mitteilung der Kommission an die Mitgliedstaaten über die Regionalpolitik und die Wettbewerbspolitik: die Konzentration und Kohärenz dieser Politikbereiche verstärken, ABl. C 90 vom 26. 3. 1998, S. 3.

49 EuGH Slg. 1997, I-135 Rn 18 – *Spanien/Kommission*.

Die Bestimmung des Gemeinschaftsinteresses erfolgt künftig in einem gestuften Kooperationsverfahren zwischen der Kommission und den Mitgliedstaaten.[50] Dies betrifft vorrangig die Festsetzung der Fördergebiete. Ausgangspunkt sind dabei die Festsetzungen, die die Kommission auf Aufforderung des Europäischen Rates für den Förderzeitraum 2007–2013 festgesetzt hat. Dabei sollen die Fördergebiete 43,1 Prozent der Gesamtbevölkerung in der EU[51] umfassen (Fördergebietsbevölkerungsplafond). Zu diesem Plafond gehören Gebiete nach Art. 87 Abs. 3 lit. a EG, d.h. alle geographischen Einheiten der von den Mitgliedstaaten definierten statistischen NUTS-Ebene II,[52] deren Pro-Kopf-Bruttoinlandsprodukt, gemessen in Kaufstandards, 75 Prozent des Gemeinschaftsdurchschnitts nicht überschreiten.[53] Gebiete, in denen das Pro-Kopf-BIP zwar mehr als 75 Prozent des EU-25-Durchschnitts beträgt, aber unter 75 Prozent des EU-15-Durchschnitts liegt (vom statistischen Effekt betroffene Regionen), gelten bis zum 31. 12. 2010 übergangsweise als Gebiete im Sinne des Art. 87 Abs. 3 lit. a EG.[54] Der verbleibende Teil des Plafonds[55] steht für Gebiete nach Art. 87 Abs. 3 lit. c EG zur Verfügung. Die Verteilung dieses Plafonds unter den Mitgliedstaaten erfolgt auf der Grundlage eines von der Kommission nach einer im Anhang IV genannten Formel festgesetzten Bevölkerungsanteils.[56] Der nationale Förderungsgebietsbevölkerungsplafond reduziert sich im Förderzeitraum 2007–2013 auf 29,6 Prozent[57].

Die konkreten Fördergebiete auf der NUTS III-Ebene nach Art. 87 Abs. 3 lit. c EG werden in einem dritten Schritt auf der Grundlage der nationalen Plafonds durch die Mitgliedstaaten in Form einer Fördergebietskarte bzw. -kulisse festgelegt. Dies erfolgt in Abstimmung mit der Kommission, die in den Leitlinien »Anregungen« nennt und die Karte durch eine Entscheidung nach Art. 88 EG genehmigt.[58] Jedoch wird die Entscheidung nur dann Bestandteil der Regionalbeihilfe-Leitlinien sind und hat als solche nur dann bindende Wirkung, wenn die Mitgliedstaaten der Fördergebietskarte bzw. -kulisse zugestimmt haben.[59] Diese verstärkte Einbeziehung der Mitgliedstaaten bei der Definition des Gemeinschaftsinteresses geht mit verfahrensrechtlichen Vereinfachungen einher. So hat die Kommission gleichzeitig

50 Weitergehend *Götz/Martinez Soria* in: Dauses (Hrsg.) Hdb.EU-WirtschaftsR, H.III. Rn 195 f.
51 Bei 27 Mitgliedstaaten 46,6 Prozent.
52 In Deutschland handelt es sich in der Regel um die Regierungsbezirke.
53 Ziff. 16. Regionalbeihilfenleitlinien; in Deutschland waren dadurch im Zeitraum 2007–2013 12,5 Prozent der Bevölkerung erfasst.
54 In Deutschland umfasst dies 6,1 Prozent der Bevölkerung.
55 Im Zeitraum 2007–1013 beträgt dieser Rest 11 Prozent.
56 Zur Zulässigkeit der Formel in den Leitlinien von 1998 s. EuGH Slg. 2002, I-5603 – *Deutschland/Kommission*; EuG Urt.v. 15. 6. 2005 – Rs. T-171/02 – *Regione autonoma della Sardegna*.
57 Im Vergleich Zeitraum 2000–2006: 34,9 Prozent.
58 Deutsche Fördergebietskarte: ABl. C 295 v. 5. 12. 2006, S. 6.
59 EuGH, Slg. 2002, S. I-5603 – *Deutschland/Kommission*.

eine Gruppenfreistellung von regionalen Investitionsbeihilfen auf der Grundlage der Verordnung (EG) Nr. 994/98 erlassen.[60]

5. Modellcharakter eines kohärenten und kooperativen Konzepts des Gemeinschaftsinteresses

Die verstärkte Beteiligung der Mitgliedstaaten an der Definition des Gemeinschaftsinteresses ist im dargelegten Fall der Regionalplanung sicherlich motiviert worden durch die bestehende Planungshoheit der Mitgliedstaaten. Diese Planungshoheit gebietet, dass die Mitgliedstaaten aktiv bei raumplanungsrelevanten Aspekten beteiligt werden. Das Beispiel zeigt aber, dass das Konzept des Gemeinschaftsinteresses grundsätzlich einer weitergehenden Beteiligung der Mitgliedstaaten offen steht. Zwar haben notwendigerweise die Gemeinschaftsorgane die Letztentscheidungsbefugnis. Dies rechtfertigt sich aus der Rechtspersönlichkeit der Gemeinschaft als Träger des Gemeinschaftsinteresses. Dadurch können die Mitgliedstaaten – auch in ihrer Gesamtheit – nicht das Gemeinschaftsinteresse selbständig definieren. Eine verfahrensrechtliche Berücksichtigung der mitgliedstaatlichen Positionen bei der Definition des Gemeinschaftsinteresses ist aber, wie das Beispiel gezeigt hat, insbesondere aus folgenden Gründen geboten: Zum einen fordert der Effizienzgedanke, der dem Gemeinschaftsrecht im Besonderen zugrunde liegt, wie die Rechtsprechung des EuGH zum effet utile aufzeigt, die Mitgliedstaaten in angemessenen Umfang bei der Ausfüllung der politischen Gestaltungsspielräume zu beteiligen, um eine kohärente und effiziente innerstaatliche Umsetzung der Politiken zu ermöglichen. Zum anderen ist die Gemeinschaft primärrechtlich aus den Querschnittsklauseln verpflichtet, diese Kohärenz durch ein möglichst abgestimmtes Verhalten in den betroffenen Politikfeldern zu ermöglichen. Hier spielen neben der Regionalpolitik eine herausragende Rolle die Querschnittsklauseln für die Umweltpolitik (Art. 6 EG), Kulturpolitik (Art. 151 Abs. 4 EG) und Industriepolitik (Art. 157 Abs. 3 EG).[61] Insoweit haben das dargelegte kohärente und kooperative Konzept des Gemeinschaftsinteresses und die ihm zugrunde liegende Verschränkung der Strukturpolitik und des Beihilfenrechts sowie das kooperative Zusammenwirken der Kommission und der Mitgliedstaaten einen Modellcharakter für die Bestimmung des Gemeinschaftsinteresses in anderen Politikbereichen wie z.B. die Industriepolitik, die Umweltpolitik oder sogar den Binnenmarkt.

60 VO (EG) Nr. 1628/2006 v. 24. 10. 2006, ABl. L 302 v. 1. 11. 2006, S. 29.

61 Siehe als Anwendungsfall Entschließung 97/C 36/04 des Rates vom 20. Januar 1997 über die Einbeziehung der kulturellen Aspekte in die Tätigkeit der Gemeinschaft, ABl. C 36 vom 5. 2. 1997, S. 4; vgl. *Everling* Buchpreisbindung im deutschen Sprachraum und Europäisches Gemeinschaftsrecht, 1997, S. 34 f; *Niedobitek* EuR 1995, S. 349–376, 374 f; *Blanke* in: Calliess/Ruffert (Hrsg.) EU-/EGV, Art. 151 Rn 14.

Die neue Freiheit der Freien Berufe

Eine Analyse der Einwirkungen des Europarechts auf das deutsche Wirtschaftsverwaltungsrecht am Beispiel des Rechts der Freien Berufe

WINFRIED KLUTH

I. AUFSTIEG UND NIEDERGANG DER GEWERBEFREIHEIT

Jede Gewährleistung von Freiheit beruht zumindest auch[1] auf der Überlegung, dass freie Menschen und von ihnen gegründete Organisationen die besseren Voraussetzungen für die Verwirklichung eines größtmöglichen gemeinsamen Nutzens in sich tragen als eine auf staatlicher oder sonstiger Fremdbestimmung beruhende Steuerung. Diese im politischen und wirtschaftlichen Liberalismus[2] erstmalig konsequent für die gesellschaftliche und wirtschaftliche Ordnung umgesetzte Annahme sah sich von Beginn an zahlreichen Bedenken ausgesetzt, die grob vereinfacht auf dem Argument beruhen, dass individuelle Freiheit nicht das Gemeinwohl fördert, sondern Egoismus und Eigennutz Überhand gewinnen lässt[3] und es deshalb einer (mehr oder weniger weitgehenden) staatlichen Ordnung oder gar Lenkung von Gesellschaft und Wirtschaft bedarf.

In der Entwicklung des Wirtschaftsverwaltungsrechts, dem *Rolf Stober* einen wesentlichen Teil seines wissenschaftlichen Arbeitens und praktischen Wirkens gewidmet hat, spiegelt sich das Ringen um das rechte Maß an Freiheit und das nötige Maß an (staatlicher) Ordnung im Grundsatz der Gewerbefreiheit und seiner Verwirklichung wieder.

Als Geburtsstunde(n) der Gewerbefreiheit werden die Französische Revolution[4] und die preußische Reformgesetzgebung (Stein-Hardenbergsche Reform) angeführt. Die Verschiedenheit beider Vorgänge verdeutlicht dabei die Vielschichtigkeit des Vorgangs. Während es der französischen Reform vor allem darum ging, die über Jahrhunderte gewachsene ständische Ordnung und die mit ihr verbundene soziale und ökonomische Unbeweglichkeit des Individuums zu überwinden, ohne

1 Also unabhängig von dem prinzipiellen Freiheits- und Achtungsanspruch, der aus der Menschenwürde folgt.

2 Übersicht bei *Eucken* Grundsätze der Wirtschaftspolitik, 7. Aufl. 2004, S. 26 ff.

3 Siehe dazu auch die strukturelle Analyse von *Hirschmann* Denken gegen die Zukunft: die Rhetorik der Reaktion, 1992.

4 Dazu näher *Ziekow* Freiheit und Bindung des Gewerbes, 1992, S. 323 ff.

dass es zu einer positiven und expliziten Proklamation der Gewerbefreiheit als neuem Ordnungsmuster der Wirtschaft kam, stand bei der preußischen Reformgesetzgebung der Gedanke einer Mehrung des gemeinsamen Nutzens durch die Freisetzung wirtschaftlicher Kräfte mit Hilfe der Gewerbefreiheit und damit die institutionelle Sicht deutlicher im Vordergrund. Während in Frankreich schon am 2. März 1791 durch die sog. loi d'Allarde das Zunftwesen zugunsten der Gewerbefreiheit abgeschafft wurde,[5] mündete die preußische Reform in die Verabschiedung der Gewerbeordnung von 1869 und ihren programmatischen § 1 Abs. 1: »Der Betrieb eines Gewerbes ist jedermann gestattet, soweit nicht durch dieses Gesetz Ausnahmen oder Beschränkungen vorgesehen oder zugelassen sind«. Die Sprengkraft dieser Regelung lag nicht nur im Bekenntnis zur Gewerbefreiheit, sondern vor allem darin, dass Ausnahmen und Beschränkungen nur durch die Gewerbeordnung selbst vorgenommen werden durften. Dadurch waren automatisch (auf Grund des umfassenden Eingreifens der lex posterior-Regel) und auf einen Schlag alle sonstigen beschränkenden Reglementierungen beruflicher Betätigungen aufgehoben. Das zeigt sich etwa daran, dass auch der gesamte Bereich der Heilberufe dem Grundsatz der Gewerbefreiheit unterfiel mit der Folge, dass sich als Ausprägung der Gewerbefreiheit auch die Kurierfreiheit herausbildete.[6] Die durchaus komplexen Regelungen, die sich etwa in Gestalt von Medizinalordnungen[7] für die noch nicht einheitlich erfassten heilkundlichen Tätigkeiten herausgebildet hatten, waren obsolet.

Der Befreiungsschlag, den die Gewerbeordnung für das Wirtschaftsverwaltungs- und Berufsrecht bedeutete, hatte aber eine weitere Dimension, die heute noch im Recht der Schweiz[8] präsent ist: die berufliche Betätigungsfreiheit war eng mit der Freizügigkeit, also mit der freien Wahl des Ortes der beruflichen Betätigung verbunden, bezogen auf das gesamte Staatsgebiet (Reichsgebiet) bzw. die Eidgenossenschaft.[9] Die Gewerbefreiheit bewirkte damit sowohl die Auflösung der beruflichen Standesbindung als auch die Überwindung föderalistischer Grenzen der Freizügigkeit.[10] Hinzu kam die Befreiung der Berufsausübung von herkömmlichen inhaltli-

5 Erste Rückschläge waren in Frankreich allerdings bereits wenige Wochen später für die Goldschmiede, Drogisten, Makler und Apotheker zu verzeichnen, für die »aus polizeilichen Rücksichten« neue Verordnungen erlassen wurden; vgl. *Ziekow* (Fn 4) S. 326.

6 Dazu näher *Schnitzler* Das Recht der Heilberufe, 2004, S. 28 ff. Die Regelung in § 6 Abs. 1 GewO 1869, wonach das Gesetz keine Anwendung auf die Ausübung der Heilkunde findet, wurde unter Rückgriff auf die Entstehungsgeschichte eng ausgelegt. Es war den Ländern aber erlaubt, die Ausübung der Heilkunde gesetzlich zu regeln, was dann später nach und nach geschah.

7 Siehe *Schnitzler* Das Recht der Heilberufe, 2004, S. 26 ff.

8 Dazu *Wunder* Die Binnenmarktfunktion der schweizerischen Handels- und Gewerbefreiheit im Vergleich zu den Grundfreiheiten in der Europäischen Gemeinschaft, 1998, S. 116 ff unter Verweis auf Art. 31 Schweizer Bundesverfassung.

9 Vertiefend *Breuer* Freiheit des Berufs, in: Isensee/Kirchhof (Hrsg.) Handbuch des Staatsrechts, Bd. VI, 1. Aufl. 1989, § 147 Rn 1 ff.

10 Eine Thematik, die in der Schweiz noch heute aktuell ist, vgl. dazu *Wunder* (Fn 8).

chen Bindungen, die in den standesrechtlichen und landesgesetzlichen Gesetzeswerken verankert waren.

Verfolgt man die weitere Entwicklung in Preußen und im Deutschen Reich, so sind bereits im Übergang zum zwanzigsten Jahrhundert bedeutsame Einschränkungen des Geltungsbereichs der Gewerbefreiheit zu verzeichnen, wird also bereits nach wenigen Jahrzehnten ihr Niedergang eingeläutet. Diese Entwicklung kann hier nur knapp und für ausgewählte Berufe skizziert werden. Auf Reichsebene wurden in der Gewerbeordnung selbst nach und nach Sonderregelungen für genehmigungs- und überwachungsbedürftige gewerbliche Betätigungen eingeführt. Diese wurden durch die grundrechtlichen Gewährleistungen der Weimarer Reichsverfassung von 1919 nicht gehindert oder begrenzt. Zwar garantierten Art. 111[11] und Art. 151 Abs. 3[12] WRV in gegenseitiger Ergänzung die Berufs- und Gewerbefreiheit.[13] Der Grundrechtsschutz gegenüber dem Gesetzgeber war in der Weimarer Reichsverfassung vor allem wegen des Fehlens eines Verfassungsgerichts und einer Individualverfassungsbeschwerde schwach ausgebildet, so dass eine Überprüfung der Wirtschafts- und Berufsgesetzgebung am Maßstab der Verfassung kaum erfolgte. Zudem unterlag die Gewerbeordnung nunmehr selbst den Gesetzmäßigkeiten der Derogation durch spätere und speziellere (Reichs- und später Bundes-)Gesetze: das Gaststättengesetz, das Personenbeförderungsgesetz, die Handwerksordnung (durch Herauslösung und inhaltliche Änderung der Teile VI und VIa der Gewerbeordnung). Auf Länderebene setzt unter anderem bei den Heilberufen eine neue Welle der Reglementierung ein. Neben der formalen Sonderung ist zudem die Erweiterung von so genannten Vorbehaltsaufgaben zu erwähnen. Darunter sind berufliche Betätigungen zu verstehen, die einem (oder mehreren) Beruf(en) vorbehalten sind und damit zu einer Segmentierung des Marktes führen.[14]

Rolf Stober hat vor dem Hintergrund dieses Befundes bereits vor mehreren Jahren einen Vorschlag zur Deregulierung und Liberalisierung des Gewerbsrechts vor-

11 Im Zusammenhang mit der Gewährleistung der Freizügigkeit wird die Berufs(wahl)-freiheit garantiert: »Alle Deutschen genießen Freizügigkeit im ganzen Reiche. Jeder hat das Recht, sich an beliebigem Orte des Reichs aufzuhalten und niederzulassen, Grundstücke zu erwerben und *jeden Nahrungszweig zu betreiben*. Einschränkungen bedürfen eines Reichsgesetzes.« (Hervorhebung durch Autor).

12 »Die Freiheit des Handels und Gewerbes wird nach Maßgabe der Reichsgesetze gewährleistet.« Damit lag zwar nur ein »Maßgabegrundrecht« vor (dazu *Jestaedt* Grundrechtsentfaltung im Gesetz, 1999), doch waren Beschränkungen dem Reichsgesetzgeber vorbehalten. Dadurch wurde die liberale Grundausrichtung jedenfalls so lange gewahrt, wie sie die Politik des Reichs bestimmte.

13 Zu Einzelheiten des Inhalts der Gewährleistung *Uber* Freiheit des Berufs, 1952, S. 125 f; *Breuer* (Fn 7) § 147 Rn 4.

14 Praktisch bedeutsam für die zulassungspflichtigen Handwerke (wobei die Zulassungspflicht und das Meistererfordernis bis 2003 allgemein für das Handwerk galten) und die Freien Berufe (Heilkunde, Rechtsberatung etc.).

gelegt: Den Entwurf für eine Gewerbeordnung 21.[15] Er hat dabei angesichts der nur sehr zaghaften Reformvorschläge von Politik und Wirtschaft[16] die Hoffnung auf eine grundlegende Veränderung an die seinerzeit noch im Anfangsstadium der Beratungen befindliche Dienstleistungsrichtlinie geknüpft.[17] Die nachfolgenden Überlegungen sollen zeigen, dass diese Prognose zutreffend war und ist. Zu diesem Zweck wird die Entwicklung der Gewerbefreiheit zunächst aus dem Blickwinkel des deutschen Verfassungsrechts untersucht. Daran schließt sich eine Analyse der Auswirkungen des Gemeinschaftsrechts sowie insbesondere der Dienstleistungsrichtlinie auf das Wirtschaftsverwaltungs- und Berufsrecht an.

II. Das Grundrecht der Berufs- und Unternehmerfreiheit

1. *Das Versprechen der Berufs- und Unternehmerfreiheit*

Das Grundgesetz knüpft in Art. 12 Abs. 1 GG an die liberale Tradition der Weimarer Reichsverfassung an und gewährleistet die Berufsfreiheit unter ausdrücklicher Einbeziehung der freien Wahl der Ausbildungsstätte und des Arbeitsplatzes. Damit dominiert die individuelle Rechtsgewährleistungsebene;[18] eine institutionelle Aussage in Gestalt eines Bekenntnisses zur Gewerbefreiheit ist dem Wortlaut nicht zu entnehmen. Das Bundesverfassungsgericht sieht darin kein Minus sondern ein Plus: »Es handelt sich um ein Grundrecht, nicht – wie etwa in Art. 151 Abs. 3 WRV – um die Proklamierung der Gewerbefreiheit als eines objektiven Prinzips der Gesellschafts- und Wirtschaftsordnung.«[19] Wenig später hat das Gericht dann aber auch festgestellt, dass in der Berufsfreiheit »auch die Freiheit enthalten [ist], eine Erwerbszwecken dienende Tätigkeit, insbesondere ein Gewerbe zu betreiben.«[20] Die darin verankerte wirtschaftsverwaltungsrechtliche »Regelungsphilosophie« wurde einige Jahrzehnte später so umschrieben, dass »Art. 12 Abs. 1 GG [...] auf eine möglichst unreglementierte berufliche Betätigung« abzielt.[21]

15 *Stober* Gewerbeordnung 21. Ein Beitrag zum Bürokratieabbau und zur Modernisierung des Dienstleistungsrechts, in: Kluth (Hrsg.) Jahrbuch des Kammer- und Berufsrechts 2004, 2005, S. 291 ff.
16 Siehe dazu den Überblick und die Nachweise bei *Stober* (Fn 15) S. 291, 292.
17 *Stober* (Fn 15) S. 293 f.
18 In der Systematik der Grundrechte wird Art. 12 Abs. 1 GG auch als spezielle Gewährleistung des allgemeinen Persönlichkeitsrechts qualifiziert; siehe dazu BVerfGE 50, 292, 364 ff; 84, 133, 155; 100, 271, 287; *Kluth* Das Grundrecht der Berufsfreiheit, Jura 2001, 371 f.
19 BVerfGE 7, 377, 397.
20 BVerfGE 21, 261, 266.
21 BVerfGE 81, 70, 85 unter Verweis auf BVerfGE 54, 301, 313; siehe auch BVerfGE 18, 353, 364.

2. *Die »Übermacht« des Gesetzgebers …*

Diese freiheitsfreundlichen und eine Verstärkung des Bekenntnisses zur Gewerbefreiheit verheißenden Aussagen haben den Gesetzgeber nicht davon abhalten können, in den ersten Jahrzehnten nach In-Kraft-Treten des Grundgesetzes viele Bereiche der gewerblichen und freiberuflichen Betätigung weit reichenden Restriktionen zu unterwerfen. Handwerksordnung (1961), Gaststättengesetz, die durch eine hohe Regulierungsdichte geprägten Berufsgesetze der Freien Berufe (Heilberufe, rechts- und wirtschaftsberatende Berufe, Architekten und Ingenieure) sowie die Erweiterung der genehmigungs- und überwachungspflichtigen Gewerbe zeugen von einer zunehmenden Skepsis gegenüber der Berufs- und Gewerbefreiheit. Die Begründungen für die einzelnen gesetzgeberischen Maßnahmen sind zwar auf den ersten Blick vielfältig, lassen sich aber im Grunde auf eine überschaubare Zahl von Argumentationen reduzieren. Es geht um Verbraucherschutz (in vielen Facetten, die auch Versorgungssicherheit umfassen), Mittelstandsschutz, Schutz vor ruinösem Wettbewerb und Schutz der Volksgesundheit.

Dass Bundes- und Landesgesetzgeber vergleichsweise frei und ungehindert die Berufs- und Gewerbefreiheit zurückdrängen konnten, dürfte zuvörderst eine Folge des weiten allgemeinen Gesetzesvorbehalts in Art. 12 Abs. 1 Satz 2 GG gewesen sein, den das Bundesverfassungsgericht seit der Apotheken-Entscheidung auch auf die Freiheit der Berufswahl erstreckt[22] und der auch als Regelungs- oder Ausgestaltungsvorbehalt interpretiert wird.[23]

Anders als bei thematisch enger gefassten Grundrechten, wie dem Grundrecht auf Leben, die nach dem Vorbild anderer Grundrechtsgewährleistungen mit einem spezieller ausgestalteten Gesetzesvorbehalt hätten versehen werden können,[24] lässt sich der Gesetzesvorbehalt bei der Berufsfreiheit angesichts der kaum überschaubaren Vielgestaltigkeit möglicher Beschränkungs- und Eingriffskonstellationen jedoch nicht sinnvoll enger fassen.[25] Es hängt deshalb alles daran, welchen sachlichen Anforderungen die Eingriffsrechtfertigungen unterworfen werden.

22 BVerfGE 7, 377, 397 ff; dazu Fundamentalkritik bei *Lücke* Die Berufsfreiheit, 1994, S. 26 ff; siehe auch *Kluth* Das Grundrecht der Berufsfreiheit, Jura 2001, 371, 372.

23 BVerfGE 7, 377, 403 f; dazu eingehend *Tettinger/T. Mann* in: Sachs (Hrsg.) Grundgesetz Kommentar, 4. Aufl. 2007, Art. 12 Rn 81 mwN.; allgemeiner zur Thematik *Lerche* Schutzbereich, Grundrechtsprägung, Grundrechtseingriff, in: Isensee/Kirchhof (Hrsg.) Handbuch des Staatsrechts, Bd. V, 1992, § 122 Rn 48 ff.

24 Beim Grundrecht auf Leben liegt z.B. eine Ausgestaltung wie bei Art. 2 Abs. 2 EMRK nahe. Diese knüpft unmittelbarer an das traditionelle Verständnis des Grundrechts auf Leben im Sinne eines Verbots der Tötung Unschuldiger an; siehe dazu auch *Kluth* Menschenwürde zwischen Naturrecht und Tabu, in: Depenheuer/Heintzen/Jestaedt/Axer (Hrsg.) Staat im Wort, FS Isensee, 2007, S. 535, 541 ff.

25 Die Kritik am Apothekenurteil ist aus heutiger Sicht nicht überzeugend, wenn man zugleich davon ausgeht, dass ein Grundrecht ohne Gesetzesvorbehalt zugunsten kollidierender Rechtswerte mit Verfassungsrang beschränkt werden kann. Die im Apothekenurteil formulierten Anforderungen für die Rechtfertigung eines Eingriffs in die Berufswahl-

3. … *und die Zurückhaltung des Bundesverfassungsgerichts*

An dieser entscheidenden Stelle wird dem Bundesverfassungsgericht eine zu große Zurückhaltung zum Vorwurf gemacht, die den Grundrechtsschutz im Bereich der Berufs- und Gewerbefreiheit leer laufen lässt.[26] Der Vorwurf gründet sich auf eine zu offene bzw. großzügige Anwendung des Grundsatzes der Verhältnismäßigkeit (im Gewand der Dreistufenlehre), der auch als der große »Gleich- und Weichmacher« charakterisiert wird, weil er die Unterschiede zwischen den Grundrechten verwischt und durch sein Abwägungsprinzip nahezu beliebige Ergebnisse ermöglicht.[27]

Das »Spiel« mit Kontrolldichte und Eingriffsintensität[28] sowie dem Gestaltungsspielraum des demokratisch legitimierten Gesetzgebers kann in der Geschichte der Verfassungsgerichtsbarkeit auf gewichtige Vorbilder verweisen, insbesondere auf die *political question doctrin* des US-Supreme Court. In den letzten Jahrzehnten ist durch die Rechtsprechung des EuGH,[29] der den Mitgliedstaaten bei der Kontrolle der Beachtung des Gemeinschaftsrechts, insbesondere bei der Beschränkung der Grundfreiheiten keine vergleichbaren Gestaltungsspielräume einräumt, ein veränderter Kontext entstanden. Dadurch hat indirekt auch die Glaubwürdigkeit bzw. Akzeptanz der beschränkten Kontrolldichte durch das Bundesverfassungsgericht gelitten. Es ist schwer zu verstehen und zu vermitteln, warum die Berufsfreiheit beschränkende Maßnahmen durch die Grundfreiheiten stärker geschützt werden als durch das Grundrecht der Berufsfreiheit. Dass es für die Zurückhaltung des Bundesverfassungsgerichts gute institutionelle Gründe gibt, wird dabei nicht verkannt, doch ändert das nichts an der Akzeptanzproblematik, deren Bedeutung in diesem Bereich nicht unterschätzt werden darf.[30]

Hinzu kommt die Grundsatzkritik, die innerhalb der deutschen Staatsrechtslehre an der Rechtsprechung des Bundesverfassungsgerichts zum Grundrecht der Be-

freiheit entsprechen dieser Anforderung, so dass in der Sache kein Unterschied feststellbar ist. Zur Kritik an der Lehre vom Verfassungsvorbehalt das Sondervotum von *Mahrenholz/Böckenförde* BVerfGE 69, 1, 57, 60 ff; ausführlich *Lenz* Vorbehaltlose Freiheitsrechte, 2006; siehe auch *Sachs* in: ders. (Hrsg.) Grundgesetz Kommentar, 4. Aufl. 2007, vor Art. 1 Rn 120 ff.

26 Siehe dazu auch die Analyse bei *Kluth* Bundesverfassungsgericht und wirtschaftslenkende Gesetzgebung, ZHR 1989, 657 ff.

27 Siehe zu dieser Kritik am Prinzip der Abwägung *Ladeur* Kritik der Abwägung in der Grundrechtsdogmatik, 2004; siehe auch *Stern* Das Staatsrecht der Bundesrepublik Deutschland, Bd. III/2, 1994, S. 828 ff.

28 Dazu näher *Scherzberg* Grundrechtsschutz und Eingriffsintensität, 1989.

29 Der EuGH praktiziert bei der Umsetzung des Primärrechts in der Regel eine vollständige Inhaltskontrolle und gewährt den Mitgliedstaaten insbesondere bei der Anwendung der Grundfreiheiten keine großen Gestaltungsspielräume.

30 Das hängt auch damit zusammen, dass sich das Gemeinschaftsrecht gegenüber dem mitgliedstaatlichen Recht auf Grund des Anwendungsvorrangs durchsetzen kann, so dass eine weniger weit reichende verfassungsgerichtliche Kontrolle letztlich keinen Bestandsschutz für die betreffende Regelung bedeutet.

rufsfreiheit vorgetragen wurde. Exemplarisch sei an die Arbeiten von *Jörg Lücke*[31] und *Friedhelm Hufen*[32] erinnert. Beide kritisieren vor allem, dass durch eine, auch durch methodische Defizite begünstigte, zu großzügige Handhabung der Beschränkungsmöglichkeiten der Berufsfreiheit der freiheitliche Kern des Grundrechts zugunsten von »zünftlerischer Beschränkung« und der mangelnden Zusammenschau vieler Einzelmaßnahmen verloren gegangen ist. Insbesondere die Geringschätzung der »bloßen« Berufsausübung durch das Bundesverfassungsgericht, das ihre Beschränkung durch beliebige vernünftige Gemeinwohlgründe zulässt, wird als Ursache dieser Entwicklung ausgemacht.[33] *Hufen* fordert angesichts dieser Entwicklung eine permanente »Geltungsforschung«,[34] »die den Gesamtzustand von Freiheitsrechten misst und Alarm schlägt, wenn der Spielraum des einzelnen oder Freiheit insgesamt notleidend wird.[35] Im Folgenden wird gezeigt, dass die Europäische Union mit der Dienstleistungsrichtlinie dieses Projekt in Angriff nimmt, genauer: die Mitgliedstaaten zur Mitwirkung an dieser Bestandsaufnahme verpflichtet.

III. DIE GRUNDFREIHEITEN ALS GRUNDLAGE EINER EUROPÄISCHEN GEWERBEFREIHEIT

1. *Zielsetzungen von Grundfreiheiten und Binnenmarkt*

Die gemeinschaftsrechtlichen Grundfreiheiten sind nicht nur die materiale Grundlage des Binnenmarktes, wie sich unschwer aus Art. 3 Abs. 1 lit. c) und Art. 14 EGV ablesen lässt, sondern in ihrer thematischen Offenheit[36] und dogmatischen Flexibilität[37] das tragende Fundament der rechtlichen Ausstrahlungskraft des Gemeinschaftsrechts auf das mitgliedstaatliche Wirtschafts- und Berufsrecht. Von ihnen geht seit Jahrzehnten ein andauernder liberalisierender Impuls aus, der in zahlrei-

31 *Lücke* Die Freiheit des Berufs. Eine Rückbesinnung auf den Text des Art. 12 Abs. 1 GG, 1994.

32 *Hufen* Berufsfreiheit – Erinnerung an ein Grundrecht, NJW 1994, 2913 ff dabei anknüpfend an die ebenfalls kritische Bestandsaufnahme bei *Rupp* Das Grundrecht der Berufsfreiheit. Kritik an der Rechtsprechung des Bundesverfassungsgerichts, NJW 1965, 2011 ff.

33 Siehe insbes. *Hufen* aaO S. 2916 ff.

34 Im Anschluss an *Zeh* Wille und Wirkung von Gesetzen, 1984.

35 *Hufen* aaO S. 2916.

36 Erwähnt sei etwa die Ausstrahlungswirkung der Dienstleistungsfreiheit auf das mitgliedstaatliche Steuerrecht; vgl. etwa EuGH – Rs. C-294/97, Slg. 1999, I-7447, Rn 25 ff – *Eurowings*. Zur sachlichen Weite der möglichen Beschränkungen der Dienstleistungsfreiheit im Einzelnen *Kluth* in: Calliess/Ruffert (Hrsg.) EUV/EGV, 3. Aufl. 2007, Art. 49/50 Rn 66 ff.

37 Erkennbar an der Erweiterung vom Diskriminierungs- zum allgemeinen Beschränkungsverbot sowie der Einbeziehung privater Organisationen in den Kreis der Verpflichtungsadressaten. Siehe dazu exemplarisch *Ehlers* Allgemeine Lehren, in: ders. (Hrsg.) Europäische Grundrechte und Grundfreiheiten, 2. Aufl. 2005, § 7 Rn 19 ff u. 45 f.

chen Rechtsgebieten eine Rückbesinnung auf die Gewerbefreiheit bewirkt hat, indem bestehende Freiheitsbeschränkungen aufgehoben oder gelockert wurden. Die Beispiele reichen von der Internationalisierung der Mannschaften in der deutschen Bundesliga[38] über die Möglichkeit der unproblematischen Mitnahme des eigenen Reiseführers in andere Mitgliedstaaten[39] bis hin zu der Abschaffung von aktienrechtlichen Sonderregelungen im Volkswagenkonzern[40] zugunsten des Staates.

Der strukturelle Unterschied zwischen der vergleichsweise verhaltenen Langzeitwirkung der Berufsfreiheit und der nachhaltigeren Wirkung der Grundfreiheiten dürfte darin begründet sein, dass bei den Grundfreiheiten ebenso wie bei den sie zur Geltung bringenden Richtlinien eine »Zurückdrängung« durch spätere Gesetzgebungsakte sehr viel schwieriger ist. Es gibt zudem nur sehr wenige Beispiele dafür, dass der EuGH seine Rechtsprechung zu Gunsten größerer Beschränkungsmöglichkeiten verändert hat.[41]

Bei der »Umsetzung« der Grundfreiheiten kam in den letzten Jahrzehnten, wie die angeführten Beispiele belegen, vor allem der Rechtsprechung des EuGH sowie der oft mit ihnen verbundenen Aufsichtstätigkeit der EU-Kommission (bei Vertragsverletzungsverfahren) sowie der mitgliedstaatlichen Gerichte (bei Vorlageverfahren) eine zentrale Rolle zu. Trotz einer erheblichen Reichweite vieler Entscheidungen blieb die Durchsetzung der Grundfreiheiten, insbesondere der Dienstleistungs- und Niederleistungsfreiheit, aber Stückwerk. Das gilt unter anderem für das Recht der Freien Berufe, zu dem es lange Zeit kaum Judikatur des EuGH gab.

2. *Wiederherstellung der Gewerbefreiheit durch Sekundärrechtsakte*

Durch die Entscheidung des Europäischen Rates von Lissabon, den Wettbewerb im Dienstleistungsbereich entscheidend zu stärken,[42] und den Beschluss, zu diesem Zweck eine Berufsanerkennungsrichtlinie[43] und eine Dienstleistungsrichtlinie[44] zu

38 EuGH – Rs. C-415/93, Slg. 1995, I-4921, Rn 32 – *Bosman*; dazu *Kluth* Die Bindung privater Wirtschaftsteilnehmer an die Grundfreiheiten des EG-Vertrages, AöR 122 (1997) 557 ff.

39 EuGH – Rs. C-154/89, Slg. 1991, I-659 – *Kommisssion/Frankreich*.

40 EuGH – Rs. C-112/05 – *Kommission/Deutschland*, noch nicht in amtlicher Sammlung.

41 Ein Beispiel bildet die Keck-Rechtsprechung, siehe dazu *Kluth* in: Calliess/Ruffert (Hrsg.) EUV/EGV, 3. Aufl. 2007, Art. 49/50 Rn 58 mwN.

42 Zu den Hintergründen siehe EU Kommission, Mitteilung »Eine Binnenmarktstrategie für den Dienstleistungssektor«, KOM (2000) 888 endg.; *T. Mann* Deregulierung des Rechts der Freien Berufe, in: Kluth (Hrsg.) Jahrbuch des Kammer- und Berufsrechts 2004, 2005, S. 211 ff.

43 Richtlinie 2005/36/EG des Europäischen Parlaments und des Rates vom 7. September 2005 über die Anerkennung von Berufsqualifikationen, ABl.EU L 255 v. 30. 9. 2005, S. 22. Siehe dazu im Überblick *Kluth/Rieger* Die neue Berufsanerkennungsrichtlinie – Regelungsgehalt und Auswirkungen auf Berufsangehörige und Berufsorganisation, EuZW 2005, 486 ff.

erlassen, hat sich dies grundlegend geändert. Zugleich hat auch die Generaldirektion Wettbewerb der EU-Kommission im Rahmen einer Deregulierungsoffensive[45] eine Reihe von Verfahren in Bezug auf beschränkende Regelungen zu Freien Berufen in Gang gesetzt. Schließlich sind auch vermehrte Vorlagen durch Gerichte der Mitgliedstaaten zu verzeichnen gewesen.[46] Während es bei den Entscheidungen des EuGH und den Vorlagen der mitgliedstaatlichen Gerichte schlicht um die Anwendung und wirksame Durchsetzung des primären und sekundären Gemeinschaftsrechts geht,[47] verfolgt die EU-Kommission eine dezidierte (wirtschafts-)politische Strategie, die auf eine grundlegende Liberalisierung und Deregulierung vor allem des mitgliedstaatlichen Rechts der reglementierten Freien Berufe abzielt. Mit der Dienstleistungsrichtlinie wird diese Zielsetzung nunmehr auf breiter Front mit einem in dieser Form neuen Instrumentarium konsequent umgesetzt. Dazu heißt es in Erwägungsgrund 6 der Richtlinie:

> »Mit dieser Richtlinie wird ein allgemeiner Rechtsrahmen geschaffen, der einem breiten Spektrum von Dienstleistungen zugute kommt und gleichzeitig die Besonderheiten einzelner Tätigkeiten und Berufe und ihre Reglementierung berücksichtigt. Grundlage dieses Rechtsrahmens ist ein dynamischer und selektiver Ansatz, der vorrangig die leicht zu beseitigenden Beschränkungen beseitigt; hinsichtlich der übrigen wird ein Prozess der Evaluierung, Konsultation und ergänzenden Harmonisierung bei besonderen Fragen eingeleitet, um so schrittweise und koordiniert eine Modernisierung der nationalen Regelungen für Dienstleistungstätigkeiten zu erreichen, wie sie für die Schaffung eines wirklichen Binnenmarktes für Dienstleistungen bis zum Jahr 2010 unerlässlich ist.«

IV. LIBERALISIERUNGSTENDENZEN IM RECHT DER FREIEN BERUFE

1. Begriff und Konzeption des Freien Berufs

Die Analyse dieser Entwicklung am Beispiel der Freien Berufe mutet auf den ersten Blick anachronistisch an, sind die Freien Berufe doch nach traditionellem Verständnis sowie ausweislich expliziter gesetzlicher Regelungen[48] durch ihre Nicht-Ge-

44 Richtlinie 2006/123/EG des Europäischen Parlaments und des Rates vom 12. Dezember 2006 über Dienstleistungen im Binnenmarkt, ABL EU L 376 v. 27. 12. 2006, S. 36. Siehe dazu im Überblick *Hatje* NJW 2007, 2357 ff.

45 Zu ihr eingehender *Kluth/Goltz/Kujath* Die Zukunft der freien Berufe in der Europäischen Union, 2005, S. 15 ff mwN.

46 Siehe zuletzt EuGH – verb. Rs. C-94/04 u. C-202/04, NJW 2007, 281 ff – *Cipolla und Macrino*; dazu *Nuckelt* Rechtsanwaltsgebührenordnungen auf dem Prüfstand des Gemeinschaftsrechts, in: Kluth (Hrsg.) Jahrbuch des Kammer- und Berufsrechts 2006, 2007, S. 283 ff.

47 Zur Rolle und zum Selbstverständnis des EuGH siehe eingehend *Skouris* Vorrang des Europarechts: Verfassungsrechtliche und verfassungsgerichtliche Aspekte, in: Kluth (Hrsg.) Europäische Integration und nationales Verfassungsrecht, 2007, S. 31, 42 ff.

48 Siehe etwa § 1 Abs. 2 BÄO: »Der ärztliche Beruf ist kein Gewerbe; er ist seiner Natur nach ein freier Beruf.«

werblichkeit geprägt.[49] Es dürfte inzwischen aber geklärt sein, dass es sich dabei nur um relative und nicht um kontradiktorische Gegensätze handelt. Das wird etwa daran deutlich, dass der freiberuflich tätige Arzt ebenso auf einen Gewinn angewiesen ist und diesen in legitimer Weise anstrebt, wie dies bei einem Handwerker oder sonstigen Unternehmer der Fall ist. Das »gemäßigte Gewinnstreben« das bei einigen Freien Berufen u.a. in den Gebührenordnungen mit ihren Obergrenzen zum Ausdruck kommt,[50] moderiert das Verhalten im Sinne eines »Grundakkords des Altruismus« ohne es in seinem Wesen zu verändern.[51] Auch dem Freiberufler geht es (notwendigerweise) um die Existenzsicherung; und gerade insofern wird seine Tätigkeit durch Art. 12 Abs. 1 GG geschützt. Ausreichende und existenzsichernde Erträge sind aber für den Freiberufler vor dem Hintergrund der von ihm erwarteten Unabhängigkeit der Berufsausübung zugleich eine wichtige und unverzichtbare Grundlage für die Absicherung der Entscheidungsfreiheit in der Berufsausübung. Während im Handel mit Gütern und bei »einfachen« Dienstleistungen das wirtschaftliche Kalkül des »do ut des« über den Preisbildungsmechanismus der Normalfall ist, gibt es bei den höherwertigen freiberuflichen Dienstleistungen anspruchsvolle Mindeststandards, die nach einer weit verbreitenden Praxis auch der Preisgestaltung Grenzen setzen; dies hat auch der EuGH grundsätzlich anerkannt.[52]

Im aktuellen Deregulierungsprozess geht es in Bezug auf die reglementierten Freien Berufe vor diesem Hintergrund auch nicht um die Alternative »Alles oder Nichts«, sondern um die Justierung der zur Sicherung von Mindestqualitätsanforderungen erforderlichen Reichweite von den Berufszugang und die Berufsausübung beschränkenden Regulierungen.[53] Dabei ist zugleich die empirisch belegbare Einsicht zu beachten, dass zur Qualitätssicherung erlassene Regelungen leicht in Wettbewerbsbeschränkungen und Marktzugangshindernisse umschlagen können. Eine regelmäßige[54] Überprüfung und Rechtfertigung beschränkender Reglementierun-

49 Siehe zum komplexen klassischen Begriff des Freien Berufs *Pitschas* Das klassische Leitbild des Freien Berufs in der deutschen Rechtsordnung, in: Kluth (Hrsg.) Jahrbuch des Kammer- und Berufsrechts 2005, 2006, S. 349 ff; zu Kritik und einem modernen Verständnis *Kluth* Die Zukunft der Freien Berufe in der globalisierten Dienstleistungsgesellschaft, in: ders. (Hrsg.) Jahrbuch des Kammer- und Berufsrechts 2006, 2007, S. 265 ff.

50 Dazu näher *Nuckelt* (Fn 46) S. 283 ff mwN. Siehe aus verfassungsrechtlicher Sicht BVerfG, NJW 2007, 979 ff; zur Rechtfertigung von Eingriffen in die Preisbildungsfreiheit siehe *Kluth* (Fn 26) S. 680 ff.

51 Dazu näher *Pitschas* Recht der Freien Berufe, in: Schmidt (Hrsg.) Öffentliches Wirtschaftsrecht, Besonderer Teil 2, 1996, § 9 Rn 17 ff.

52 EuGH – verb. Rs. C-94/04 u. C-202/04, NJW 2007, 281 ff – *Cipolla und Macrino*.

53 Siehe dazu auch Erwägungsgrund 7 der Dienstleistungsrichtlinie: »Diese Koordinierung der nationalen Rechtsvorschriften sollte ein hohes Maß an rechtlicher Integration auf Gemeinschaftsebene und ein hohes Niveau des Schutzes von Gemeinwohlinteressen, insbesondere den Schutz der Verbraucher, sicherstellen, wie es für die Schaffung von Vertrauen zwischen den Mitgliedstaaten unerlässlich ist.«

54 Diese Vorgabe hat das Bundesverfassungsgericht in einer verallgemeinerungsfähigen Form auch auf andere grundrechtsbeschränkende Regelungen angewendet, wie z.B. die Pflicht-

gen in einem transparenten Verfahren ist auch aus diesem Grunde sinnvoll und geboten.[55]

2. *Beschränkungen des Berufszugangs im Recht der Freien Berufe*

Die Berufsanerkennungsrichtlinie und die Dienstleistungsrichtlinie beziehen sich auf den Marktzugang und das Marktverhalten, d.h. die Berufswahl und die Berufsausübung. Dabei unterscheiden sich beide Richtlinien grundlegend in ihren Wirkweisen. Während die Berufsanerkennungsrichtlinie den Marktzugang bei vorübergehender Dienstleistung und dauerhafter Niederlassung ausgehend von der Reglementierung im Zielstaat koordiniert,[56] ohne direkt und gezielt auf eine Deregulierung bestehender mitgliedstaatlicher Berufsrechte hinzuwirken, geht es den Art. 9 bis 25 DLRL gezielt um den Abbau (nicht erforderlicher) Marktzugangs- und Marktverhaltensbeschränkungen.

a) Zulässigkeit von Eröffnungskontrollen

Die Zulässigkeit von Berufszugangskontrollen (die Dienstleistungsrichtlinie spricht in Art. 9 von Genehmigungsregelungen) in Form des Nachweises von berufsqualifizierenden universitären oder sonstigen Abschlüssen ist für die reglementierten Freien Berufe wegen der Bedeutung ihrer Dienstleistungen durchweg durch zwingende Gründe des Allgemeininteresses gerechtfertigt, wie dies Art. 10 DLRL verlangt. Es ist in diesem Bereich, anders als bei zulassungspflichtigen Handwerken (§ 7 HwO) und Gewerben, auch nicht ersichtlich, dass eine nachträgliche Kontrolle ausreichend und gleich wirksam ist. Deshalb dürfte in diesem Bereich nicht mit grundlegenden Veränderungen zu rechnen sein.

b) Reichweite von Vorbehaltsaufgaben

Schwieriger erscheint jedoch in einigen Bereichen die Rechtfertigung der sachlichen Reichweite von Vorbehaltsaufgaben, die an das Vorliegen einer Berufszulassung gebunden sind. Das betrifft unter anderem die inzwischen in Deutschland bereits gelockerte Rechtsberatung sowie die Apothekenpflichtigkeit von bestimmten Pro-

mitgliedschaft in den Industrie- und Handelskammern, vgl. BVerfG NVwZ 2002, 335, 336. Die Zeiträume sind dabei nicht zu kurz zu bemessen.

55 Dabei ist es eine Frage des gegenseitigen Respekts der politischen Akteure, ob man im Falle einer (vermeintlichen) Überregulierung einen Kartellverdacht ausspricht, wie dies bei *Mario Monti* der Fall war, oder eine regelmäßige Prüfung vor dem Hintergrund des normalen Strebens nach Besitzstandswahrung für einen Routinevorgang hält. Es sollte nicht vergessen werden, dass es zu den grundlegenden Mechanismen des Wettbewerbs gehört, eine gewonnene Marktmacht zu verteidigen und dass aus diesem Grunde der institutionelle Schutz des Wettbewerbs eine seiner Funktionsbedingungen ausmacht.

56 Zu Einzelheiten *Kluth/Rieger* (Fn 43) S. 486 ff.

dukten, um nur die zwei wichtigsten Beispiele zu erwähnen.[57] Im Zentrum steht dabei die Frage, ob durch eine weite Fassung von Vorbehaltsaufgaben so genannte Mischkalkulationen verwirklicht werden können. Das deutsche Recht kennt und akzeptiert solche Modelle in einigen Bereichen aber es ist schwer absehbar, wie die EU-Kommission dazu steht. Zu vermuten ist, dass sie eine strikte Begrenzung von Vorbehaltungsaufgaben auf die mit der geforderten Berufsqualifikation zu erbringenden Dienstleistungen bevorzugt und deshalb eine Korrektur verlangen wird. Zum Ausgleich für die damit verbundenen etwaigen besonderen finanziellen Belastungen könnte sie die Einrichtung von Ausgleichsmechanismen vorschlagen, wie dies heute bereits im Regulierungsrecht der Fall ist.[58] Freiberufliche Dienstleistungen würden damit dem Regelungsmodell der Universaldienste zugeführt.

3. *Beschränkungen der Berufsausübungsfreiheit im Recht der Freien Berufe*

a) Die maßgeblichen Marktverhaltensbeschränkungen

Weitaus konfliktreicher und komplexer dürfte sich die Überprüfung der bestehenden Regelungen zur Berufsausübung bzw. zum Marktverhalten gestalten.[59] Dabei geht es weniger um Beschränkungen des Marktzugangs, sondern um beschränkende berufsrechtliche Regelungen des Marktverhaltens, namentlich zur Werbung, zur Preisregulierung (Gebührenordnungen), zur wirtschaftlichen und rechtlichen Unabhängigkeit,[60] zu den für die berufliche Betätigung zugelassenen Organisationsrechtsformen, zu den Grenzen einer interprofessionellen Kooperation sowie den verschiedenen Spielarten eines Mehrbesitz- und Fremdbesitzverbotes, die in dem Berufsrecht der meisten Freien Berufe mehr oder weniger versteckt anzutreffen sind.[61]

57 Zu diesem Thema hat sich dezidiert die Monopolkommission in ihrem 16. Hauptgutachten 2004/2005 geäußert; siehe dazu erläuternd *Reinshagen* Das Kapitel Freie Berufe im 16. Hauptgutachten der Monopolkommission, in: Kluth (Hrsg.) Jahrbuch des Kammer- und Berufsrechts 2006, 2007, S. 255 ff.

58 Modell der Universaldienstabgabe; siehe dazu *Ziekow* Öffentliches Wirtschaftsrecht, 2007, § 14 Rn 50 ff; *Lege* Wer soll die Grundversorgung mit Post und Telefon bezahlen? DÖV 2001, 969 ff.

59 Zu der unabhängig von der Dienstleistungsrichtlinie durchgeführten wettbewerbsrechtlichen Kontrolle des Berufsrechts der Freien Berufe siehe näher *Nuckelt* Die Regelungssysteme der rechts-, steuer- und wirtschaftsberatenden Freien Berufe in Deutschland, England und Wales, 2005, S. 35 ff.

60 Dies betrifft z.B. den Syndikusanwalt. Dazu *Kleine-Cosack* Syndikusanwälte zwischen Tabuisierung und Legitimierung, BB 2005, 2309 ff.

61 Siehe dazu auch *Kluth/Goltz* Die Zulässigkeit der Unterhaltung von mehreren Niederlassungen durch Steuerberater, die zugleich Rechtsanwälte und/oder Wirtschaftsprüfer bzw. vereidigte Buchprüfer sind, 2004; *Kluth/Kujath* Europa- und verfassungsrechtliche Überprüfung der berufsrechtlichen Regelungen zur interprofessionellen Zusammenarbeit von Steuerberatern, 2005.

Während im Bereich der berufsbezogenen Werbung auf Grund einer regen Rechtsprechungstätigkeit des Bundesverfassungsgerichts[62] in den letzten Jahren bereits eine weit reichende Liberalisierung zu verzeichnen ist, die durch den Übergang vom Werbeverbot zum Verbot der berufswidrigen Werbung knapp charakterisiert werden kann,[63] und auch bei den Gebührenregelungen durch die neuere Rechtsprechung gewisse Lockerungen erreicht wurden,[64] stehen in den übrigen Bereichen noch grundsätzliche Klärungen aus. Deshalb sollen sich die vertiefenden Überlegungen auf das Verbot des Fremdbesitzes sowie auf das Recht der interprofessionellen Zusammenarbeit konzentrieren.

b) Das Fremdbesitzverbot als Zentrum der Veränderungen

Es gehört bislang zu den tragenden Grundsätzen des Berufsrechts der Freien Berufe, dass im Falle der Wahl einer Kapitalgesellschaft als Organisationsrechtsform aber auch bei der Wahl anderer gesellschaftsrechtlicher Formen die Gesellschafter sämtlich Berufsträger sein müssen. Das gilt insbesondere für Rechtsanwälte,[65] Wirtschaftsprüfer,[66] Steuerberater,[67] Apotheker[68] und im Grundsatz auch (noch)[69] für Ärzte.

Die sachliche Begründung für die Fremdbesitz- und -beteiligungsverbote wird in der deutschen Gesetzgebung darin gesehen, dass jeder Einfluss von Nicht-Berufsträgern auf die Berufsausübung der Freiberufler ausgeschlossen werden muss. Das gilt auch für eine mittelbare Beeinflussung durch primär finanzielle Anreize, wie sie durch Teilhaber ausgeübt werden können, die ihre Mitwirkung in der freiberuflichen GmbH nur als Kapitalanlage praktizieren. Vor diesem Hintergrund haben Rechtsprechung und Praxis in den letzten Jahren die Gestaltungsfreiheit zwar erhöht, indem auch die Aktiengesellschaft bei Rechtsanwälten zugelassen wurde.[70]

62 Grundlegend: BVerfGE 85, 248 ff; 94, 372 ff. Siehe weiter BVerfG, NJW 1990, 2087 u. 2886; NJW 2002, 3091; NJW 2003, 1027.

63 Das entspricht auch dem Regelungsgehalt von Art. 24 DLRL. Siehe zu Einzelheiten *Eickhoff* Die neuere Rechtsprechung des Bundesverfassungsgerichts zum Berufsrecht der freien Berufe, in: Kluth (Hrsg.) Jahrbuch des Kammerrechts 2004, 2005, S. 177 ff; *Kleine-Cosack* Das Werberecht der rechts- und steuerberatenden Berufe, 2. Aufl. 2004, S. 22 ff.

64 BVerfG, NJW 2007, 979 ff. Dazu *Kleine-Cosack* Vom regulierten zum frei vereinbarten (Erfolgs-)Honorar, NJW 2007, 1405 ff; ausblickend: *Kilian* Das künftige Erfolgshonorar für Rechtsanwälte, Steuerberater und Wirtschaftsprüfer, BB 2007, 1060 ff; rückblickend: *Ebert* Erfolgshonorar auf dem Prüfstand, BRAK-Mitteilungen 2006, 103 ff.

65 § 59c Abs. 2 BRAO; siehe dazu BGH, NJW 2006, 1132.

66 § 28 Abs. 4 S. 1 WPO. Siehe dazu auch *Haibt* Die Kapitalbeteiligung Berufsfremder an Wirtschaftsprüfungsgesellschaften, 1998.

67 § 50a StBerG.

68 § 8 ApoG. Hier gilt zudem noch das inzwischen aufgelockerte Mehrbesitzverbot.

69 Die Rechtslage ist hier »in Bewegung«. Die Musterberufsordnung lässt neuerdings in § 23b die Zusammenarbeit mit anderen Gesundheitsberufen zu, die nicht freiberuflich tätig sind. Das schließt auch eine entsprechende Kapitalbeteiligung ein.

70 BGH, NJW 2006, 1132.

Das Fremdbesitzverbot wurde aber bislang nur vereinzelt grundlegend in Frage gestellt.[71] Im Zusammenhang mit dem Rechtsstreit um die Zulassung einer DocMorris-Apotheke im Saarland wird es in Kürze zu einer Entscheidung des EuGH in dieser Frage kommen.[72] Diese wird auch eine Orientierung für andere Freie Berufe vermitteln.

c) Vereinbarkeit des Fremdbesitzverbots mit Grundrechten und Grundfreiheiten

Fremd- und Mehrbesitzverbote müssen sich vor der Berufsfreiheit des Art. 12 Abs. 1 GG sowie vor der Niederlassungs- und Kapitalverkehrsfreiheit des EG-Vertrags[73] rechtfertigen lassen. Aus dem Blickwinkel der Berufsfreiheit geht es um Eingriffe, die je nach Betrachtungsweise in die Berufswahlfreiheit oder in die Berufsausübungsfreiheit eingreifen,[74] im letzteren Fall aber mit solcher Intensität, dass der Eingriff in seinen Auswirkungen einem Eingriff in die Berufswahlfreiheit gleichkommt, so dass die gleichen hohen Rechtfertigungsanforderungen gelten.[75]

Bei der Niederlassungs- und Kapitalverkehrsfreiheit orientiert sich die neuere Diskussion an der Optiker-Entscheidung des EuGH, die eine griechische Regelung betraf, die einem Optiker nur den Betrieb einer Betriebsstätte erlaubte und auch eine Kapitalbeteiligung Dritter verbot, also ein sehr rigides Mehr- und Fremdbesitzverbot statuierte.[76] In dieser Entscheidung hat der EuGH sehr knapp und klar festgestellt, »dass das Ziel des Schutzes der öffentlichen Gesundheit, auf das die Hellenische Republik sich beruft, mit Maßnahmen erreicht werden kann, die die Niederlassungsfreiheit sowohl natürlicher Personen als auch juristischer Personen

71 Siehe insbesondere *Kleine-Cosack* Liberalisierung des Gesellschaftsrechts der Freiberufler, DB 2007, 1851 ff. Siehe zur Thematik aus früherer Zeit: *Friauf* Das apothekenrechtliche Verbot des Fremd- und Mehrbesitzes, 1992; *Starck* Die Vereinbarkeit des apothekenrechtlichen Fremd- und Mehrbesitzverbotes mit den verfassungsrechtlichen Grundrechten und dem gemeinschaftsrechtlichen Niederlassungsrecht, 1999.

72 OVG Saarlouis, LKRZ 2007, 155 ff; siehe dazu auch *Streinz/Herrmann* Und wieder DocMorris, EuZW 2006, 455 ff; *Kruis* Das Leitbild des Apothekers in der (nicht notwendig eigenen) Apotheke, EuZW 2007, 175 ff; *Martini* DocMorris ante portas, DVBl. 2007, 10 ff; *Starck* Rechtliche Bewertung der Niederlassungsfreiheit und des Fremdbesitzverbots im Apothekenrecht, 2007.

73 Im vorliegenden Zusammenhang werden beide Grundfreiheiten tangiert. Der EuGH bestimmt das Verhältnis beider Grundfreiheiten nach dem Schwerpunkt der Auswirkungen, wobei es an einer klaren Linie fehlt, vgl. *Bröhmer* in: Calliess/Ruffert (Hrsg.) EUV/EGV, 3. Aufl. 2007, Art. 56 Rn 16 ff. Die Kapitalverkehrsfreiheit ergänzt und verstärkt die Niederlassungsfreiheit, da ohne sie eine Niederlassung wesentlich erschwert würde, vgl. *Kiemel* in: von der Groeben/Schwarze (Hrsg.) 6. Aufl. 2003, Vorbem. zu den Artikeln 56 bis 60 EG Rn 2 f.

74 Man kann die Bereitstellung des Kapitals für den Betrieb einer Apotheke als Berufswahl qualifizieren, aus dem Blickwinkel des Apothekers aber auch von einer Modalität der Berufsausübung ausgehen. Das Mehrbesitzverbot betrifft die Berufsausübung, ist aber wegen seiner Eingriffsschwere einer Berufswahlregelung gleichzustellen.

75 Zu dieser Argumentationsfigur bereits BVerfGE 16, 147, 167.

76 EuGH – Rs. C-140/03, Slg. 2005, I-3177 – *Kommission/Griechenland*.

weniger einschränken, z.B. durch das Erfordernis, dass in jedem Optikergeschäft als Arbeitnehmer oder als Gesellschafter diplomierte Optiker anwesend sein müssen, durch die für die zivilrechtliche Haftung für das Verhalten eines dritten geltenden Vorschriften sowie durch Bestimmungen, die eine Berufshaftpflichtversicherung vorschreiben«. Auch wenn Arzneimittel sich nicht unwesentlich von Brillen unterscheiden[77] und insoweit auch die Interessen des Gesundheits- und Verbraucherschutzes höher zu gewichten sind[78], ist anzuerkennen, dass die Argumentation als solche ohne weiteres übertragen werden kann, da zusätzliche Gefahrenquellen für den Fall, dass ein Handeln des Freiberuflers in gleicher Weise gesichert ist wie bisher, nicht ersichtlich sind.

Vor diesem Hintergrund erscheint auch die Prüfungsvorgabe des Art. 15 Abs. 2 und 3 DLRL verständlich. Nach Absatz 2 lit. c) prüfen die Mitgliedstaaten, ob ihre Rechtsordnung die Aufnahme oder Ausübung einer Dienstleistungstätigkeit von Anforderungen im Hinblick auf die Beteiligungen am Gesellschaftervermögen abhängig macht. Soweit dies der Fall ist, muss nach Absatz 3 geprüft werden, ob die damit verbundenen Anforderungen nicht diskriminierend, erforderlich und verhältnismäßig sind. Erforderlich sind sie (nur) dann, wenn sie durch einen zwingenden Grund des Allgemeininteresses gerechtfertigt sind. Verhältnismäßigkeit ist unter anderem (nur dann) gegeben, wenn die Anforderungen nicht über das hinausgehen, was zur Erreichung des Zieles erforderlich ist und dieses nicht durch weniger einschneidende Maßnahmen erreicht werden kann.

Problematisch ist vor allem die Erfüllung der letzten Anforderung, denn es ist ohne weiteres denkbar, dass in dem Gesellschaftsvertrag die Erteilung von (An-) Weisungen gegenüber den Berufsträgern durch Nicht-Berufsträger ausgeschlossen wird. Es bleibt dann alleine das Argument, dass dies eine nicht in gleicher Weise wirksame Schutzmaßnahme darstellt, da auf Umwegen ein wirtschaftlicher Druck ausgeübt werden kann. Berücksichtigt man aber, dass stille Beteiligungen auch nach aktueller Rechtslage zugelassen werden[79] und dass auch bei einer solchen Konstellation ein wirtschaftlicher Druck nicht auszuschließen ist, so verblasst auch die Wirkung dieses Arguments.

Auch neuere Versuche, Fremdbesitzverbote durch den präventiven Verbraucherschutz zu begründen,[80] dürften gegenüber der EU-Kommission daran scheitern, dass schützende Vorkehrungen auf der Verhaltensebene, die dann aber auch unverzichtbar sind und wirksam sanktioniert werden müssen,[81] ausreichen und weiter

77 Es ist aber zu beachten, dass deutsche Augenoptiker nicht nur Brillen verkaufen und anpassen, sondern auch ein Screening durchführen können; siehe dazu BVerfG, NJW 1999, 865.

78 Darauf stellt z.B. *Starck* (Fn 72) S. 42 entscheidend ab.

79 Dazu und zu der Altregelung für Steuerberatungsgesellschaften *Kleine-Cosack* Liberalisierung des Gesellschaftsrechts der Freiberufler, DB 2007, 1851, 1854 f.

80 *Dettling/Mand* Fremdbesitzverbote und präventiver Verbraucherschutz, 2006.

81 Das betont auch *Kleine-Cosack* (Fn 79) S. 1854 f und verlangt u.a. gesetzliche Informationspflichten über die Beteiligungsverhältnisse.

gehende Beschränkungen der Berufs-, Niederlassungs- und Kapitalverkehrsfreiheit nicht erforderlich und damit unverhältnismäßig sind. Das heißt nicht, dass Fremd- und Mehrbesitzverbote überhaupt nicht gerechtfertigt werden können.[82] Es zeigt nur, dass diese Art der Begründung nicht zu überzeugen vermag.

d) Beschränkungen der interprofessionellen Zusammenarbeit

Eng mit der Frage des Fremdbesitzes verbunden ist die Ausgestaltung der interprofessionellen Zusammenarbeit der Angehörigen Freier Berufe. Entsprechende Regelungen waren bereits Gegenstand der EuGH-Rechtsprechung und haben dort eine grundsätzliche Anerkennung gefunden.[83] Dem folgt auch die Dienstleistungsrichtlinie in Art. 25 und lässt dabei Beschränkungen, die durch Standesregeln begründet werden, nicht nur zu, sondern fordert in Absatz 2 selbst, dass ausreichende Vorkehrungen zur Vermeidung von Interessenkonflikten und zur Unparteilichkeit getroffen werden. Allerdings zeigt Art. 24 Abs. 2 lit. c) DLRL auch, dass die Mitgliedstaaten insbesondere durch die Anpassung der Vorschriften über die Reichweite des Berufsgeheimnisses mögliche Hindernisse für eine Zusammenarbeit abbauen bzw. vermeiden müssen. Bei den rechts- und wirtschaftsberatenden Berufen bestehen insoweit in Deutschland keine wesentlichen Hindernisse. Anders verhält es sich jedoch bei den Gesundheitsberufen, da durch die Einführung der Versorgungszentren zusätzliche Anreize zur Zusammenarbeit von Freiberuflern mit Angehörigen von Gesundheitshandwerk und Gesundheitsgewerbe geschaffen wurden. Die Ergänzung in § 23b der Musterberufsordnung für Ärzte weist aber zugleich den Weg, wie hier mögliche Konflikte vermieden werden können. An dieser Stelle ist ein hohes Maß an Modernität des deutschen Berufsrechts zu verzeichnen.

4. Folgen für das Recht und die Grundkonzeption der Freien Berufe

Die vorstehenden, notwendig exemplarischen Überlegungen lassen erkennen, dass spätestens die Umsetzung der Dienstleistungsrichtlinie einige nicht ganz unbedeutende Korrekturen am geltenden Recht aber auch am Leitbild der reglementierten Freien Berufe erzwingen wird. Es geht im Kern darum, dass gewisse Tendenzen des Berufsrechts zur Überregulierung und einer zu stark vorsorglichen Beschränkung der Berufsfreiheit auf ein gesundes Maß – das Erforderliche im Sinne des Grundsatzes der Verhältnismäßigkeit – zurückgeführt werden. Die Substanz des Freien Berufs, die in seinen hohen professionellen Standards beruhend vor allem auf den Ausbildungsanforderungen, der Unabhängigkeit und Eigenverantwortlichkeit des Berufsträgers sowie anspruchsvollen berufsethischen Standards zu erblicken ist, wird dadurch nicht in Frage gestellt, sondern im Gegenteil deutlicher hervortreten. Eine andere Frage ist es aber, inwieweit die primär an der wirtschaftlichen Freiheit

82 Siehe zu einem alternativen Ansatz die nachstehenden Überlegungen unter V.
83 EuGH – Rs. C-309/99, Slg. 2002, I-1577, Rn 54 ff – *Wouters*.

orientierte Überprüfung der Rolle und Bedeutung der Freien Berufe in der Sozialordnung insgesamt gerecht wird. Dieser Frage sollen die abschließenden Überlegungen gewidmet werden.

V. DIE KOMPLEMENTÄRE PERSPEKTIVE DES ART. 16 EGV

Die Zurückverweisung des Berufsrechts der Freien Berufe auf die Grundgedanken von Berufs- und Gewerbefreiheit ist aus dem Blickwinkel der grundrechtlichen und grundfreiheitlichen Perspektive sowie aus einer wettbewerbspolitischen Sicht zu begrüßen. Diese erfasst aber, wie das Primärrecht in Art. 16 EGV inzwischen sehr deutlich erkennen lässt, nicht alle sozialen Bedeutungsdimensionen des Wirtschaftsverwaltungs- und Berufsrechts. Soweit es sich bei freiberuflichen Dienstleistungen um Dienste von allgemeinem wirtschaftlichem Interesse handelt, ist es Aufgabe der Gemeinschaft und der Mitgliedstaaten, »ihrer Bedeutung bei der Förderung des sozialen und territorialen Zusammenhalts« im Rahmen ihrer Befugnisse dafür Sorge zu tragen, »dass die Grundsätze und Bedingungen für das Funktionieren dieser Dienste so gestaltet sind, dass sie ihren Aufgaben nachkommen können«.[84]

Die Dienstleistungsrichtlinie ist auf Dienste von allgemeinem wirtschaftlichem Interesse grundsätzlich anwendbar. Der Ausnahmetatbestand des Art. 2 Abs. 2 lit. a) DLRL bezieht sich nur auf »nicht-wirtschaftliche« Dienstleistungen von allgemeinem Interesse. Die besonderen Vorgaben des Art. 16 EGV werden in den Erwägungsgründen jedenfalls im Hinblick auf freiberufliche Dienstleistungen nicht angesprochen. Das hängt auch damit zusammen, dass bei der Diskussion dieser Vorschrift bislang infrastrukturelle kommunale Dienstleistungen sowie Verkehrs-, Post- und Energiedienstleistungen im Vordergrund standen.[85] Es ist aber nicht zu

84 Zur rechtlichen Relevanz der Norm siehe *Kallmayer/Jung* in: Calliess/Ruffert (Hrsg.) EUV/EGV, 3. Aufl. 2007, Art. 16 Rn 8 ff; *Pernice/Wernicke* in: Grabitz/Hilf (Hrsg.) EUV/EGV, Loseblatt, Stand: April 2007, Art. 16 Rn 24 ff.

85 *Burgi* Die öffentlichen Unternehmen im Gefüge des primären Gemeinschaftsrechts, EuR 1998, 261 ff; Cox (Hrsg.) Daseinsvorsorge und öffentliche Dienstleistungen in der Europäischen Union, 2000; *Dreher* Der Rang des Wettbewerbs im europäischen Gemeinschaftsrecht, WuW 1998, 656 ff; *Frenz* Dienste von allgemeinem wirtschaftlichem Interesse, EuR 2000, 901; Hrbek/Nettesheim (Hrsg.) Europäische Union und mitgliedstaatliche Daseinsvorsorge, 2002; *Kämmerer* Daseinsvorsorge als Gemeinschaftsziel oder: Europas »soziales Gewissen«, NVwZ 2002, 1041 ff; *Kluth* Zur Bedeutung des Art. 16 EGV für die Wahrnehmung von Aufgaben der Daseinsvorsorge durch die Kommunen, in: Henneke (Hrsg.) Kommunale Perspektiven im zusammenwachsenden Europa, 2002, S. 68 ff; *Monti* Services of general interest in Europe, EuZW 2001, 161 ff; *Müller-Graff* Die wettbewerbsverfaßte Marktwirtschaft als gemeineuropäisches Verfassungsprinzip? EuR 1997, 433 ff; *Pielow* Grundstrukturen öffentlicher Versorgung, 2001; *Scharpf* Der Einfluss des Europarechts auf die Daseinsvorsorge, EuZW 2005, 295 ff; *Storr* Zwischen überkommener Daseinsvorsorge und Diensten von allgemeinem wirtschaftlichem Interesse, DÖV 2002, 357 ff.

übersehen, dass vor allem im Bereich der Gesundheitsdienstleistungen auch die Freien Berufe in erheblicher Weise zum sozialen und territorialen Zusammenhalt beitragen, da ihre Dienstleistungen einen wesentlichen Beitrag zum Lebensstandard leisten.[86] Noch weitgehend unerforscht ist jedoch, welche sekundären Effekte in diesem Zusammenhang von der beruflichen Organisationsstruktur ausgehen.[87] Damit ist insbesondere die Frage angesprochen, ob von einem in einem Dienstleistungskonzern angestellten Freiberufler die gleichen Wirkungen für den sozialen und territorialen Zusammenhalt ausgehen wie von einem selbständigen Freiberufler. Letzterer dürfte regelmäßig ein sehr viel größeres Interesse an der Entwicklung und Erhaltung der örtlichen Infrastruktur auf sozialer und kultureller Ebene haben als dies bei einem Filialleiter oder Angestellten der Fall ist. Hinzu kommt, dass der Selbständige auch die dafür erforderlichen Entscheidungen – etwa in Form des Mäzenatentums für die örtliche Kultur und soziale Aktivitäten – selbst treffen kann. Diese wenigen Andeutungen lassen bereits erkennen, dass es hier um Faktoren geht, deren Bedeutung die Sozialforschung auf abstrakter Ebene kennt und betont, deren Einbindung in eine rechtliche, insbesondere wirtschafts- und wettbewerbsrechtliche Argumentation noch in den Anfängen steckt und bislang auch nicht als tragender expliziter Grund der Gesetzgebung zum Recht der Freien Berufe zu verorten ist. Es bedarf insoweit einer neuen Kontextualisierung. Dabei sollte auch die unter anderem von *Ralf Dahrendorf* angesprochene prägende Kraft sozialer Ligaturen[88] berücksichtigt werden, die im Falle der Freien Berufe über Berufsrecht und Berufsethos vermittelt werden. Eine Rückführung des Berufsrechts auf wenige Generalklauseln, die durch staatliche Gerichte angewendet werden, würde zumindest den Anreiz für die Entwicklung entsprechender Steuerungsmechanismen vermindern. Dass auch die EU-Kommission von der Erforderlichkeit einer solchen Steuerung ausgeht, zeigt die Förderung der Entwicklung privater Normierungen in Art. 26 und 37 DLRL. Hier stellt sich aber die Frage, warum es des in der Regel aufwendigeren und teureren Umweges über private Normierungen bedarf, wenn mit den öffentlich-rechtlichen Berufsorganisationen ein transparentes und wirtschaftliches Instrument zur Verfolgung dieser Ziele bereits existiert. Alle diese Gesichtspunkte sollten im Verfahren des Normenscreenings einbezogen werden. Voraussetzung dafür ist insbesondere eine gründliche Erforschung der tatsächlichen Bedeutung freiberuflich-mittelständischer Strukturen für den sozialen und territorialen Zu-

86 Zu den europarechtlichen Rahmenbedingungen von Gesundheitsdienstleistungen siehe auch *Harich* Das Sachleistungsprinzip in der Gemeinschaftsrechtsordnung, 2006; *Dünnes-Zimmermann* Gesundheitspolitische Handlungsspielräume der Mitgliedstaaten im Europäischen Gemeinschaftsrecht, 2006 (zu Art. 16 EGV insbes. S. 345 ff); *Willhöft* Tendenzen zu einem europäischen Gesundheitsdienstemarkt, 2004.

87 Eine erste Studie liegt zur Kommunalwirtschaft vor: *Edeling/Reichard/Richter/Brandt* Kommunalwirtschaft im gesamtwirtschaftlichen Kontext, 2007.

88 *Dahrendorf* Recht und Ordnung. Weniges ist schlimmer als die Beliebigkeit einer Welt ohne Halt, in: FAZ Nr. 271 vom 21. 11. 2001, S. 10. Siehe dazu auch *Kluth/Goltz* Kammern der berufsständischen Selbstverwaltung in der EU, 2004, S. 81 ff.

sammenhalt. Die Rechtswissenschaft ist hier überfordert und auf die Sozialwissenschaften angewiesen.

Wird der Weg zu einer neuen Freiheit der Freien Berufe von diesen Überlegungen begleitet, so wird nicht nur verhindert, dass die Bedeutung der Freien Berufe für den sozialen und territorialen Zusammenhalt geschwächt oder gar aufgehoben wird. Vielmehr wird auch das Verständnis über die Wirkweise freiberuflicher Tätigkeit vertieft und die immer wieder neu zu bestimmende Grenze zwischen Freiheit und gesetzlicher Bindung in einer für alle Beteiligten nachvollziehbaren Form aktualisiert, wie es dem Anspruch einer freiheitlichen Rechts- und Wirtschaftsordnung entspricht.

Kommunale Wirtschaftsunternehmen im Lichte des Europäischen Gemeinschaftsrechts

KLAUS STERN

Rolf Stober, dessen 65. Geburtstag dieser Beitrag gewidmet ist, ist ein profunder Kenner des öffentlichen Wirtschaftsrechts. Grundlegende Untersuchungen, darunter ein Allgemeines und Besonderes Wirtschaftsverwaltungsrecht, mittlerweile in 14. und 13. Auflage erschienen, sowie Quellen zur Geschichte des Wirtschaftsverwaltungsrechts verdanken wir seiner Feder. Dabei hat er niemals die Einbettung der Wirtschaft in das Europäische Gemeinschaftsrecht verkannt, die in jüngster Zeit zugenommen hat.[1] Die Erarbeitung eines EU-Reformvertrags, der an die Stelle des EU-Verfassungsvertragsentwurfs treten soll, und Aktivitäten zur Reform des kommunalen Wirtschaftsrechts z.B. in Nordrhein-Westfalen,[2] die inzwischen ihren Abschluss gefunden haben,[3] verleihen der Thematik der Kommunalwirtschaft und ihrer Beziehung zum Europäischen Gemeinschaftsrecht wieder einmal Aktualität.[4] Daher ist es angebracht, einige Grundsatzfragen aufzugreifen, die auch im Lichte der Protokollerklärungen der Brüsseler Gipfelkonferenz vom 21./22. Juni 2007 zum EU-Reformvertrag[5] und der Ansicht des Europäischen Parlaments zur kommunalen Daseinsvorsorge gesehen werden müssen.[6] Danach soll Art. 16 EG geändert

1 Vgl. das soeben erschienene von ihm herausgegebene Werk Deutsches und Internationales Wirtschaftsrecht; ferner sein Allgemeines Wirtschaftsverwaltungsrecht, 15. Aufl. 2006, §§ 5 und 9 sowie sein Besonderes Wirtschaftsverwaltungsrecht, 14. Aufl. 2004, § 54.

2 Vgl. *Wellmann* Die Reformpläne der NRW-Landesregierung für die kommunale Wirtschaft, NWVBl. 2007, 1; *Prümm* Zu den Reformbestrebungen der CDU/FDP-Landesregierung NRW, das wirtschaftliche Betätigungsrecht der Kommunen im Sinne der §§ 107 ff GO NW zu modifizieren, ebd. S. 10 ff. Zur bestehenden Rechtslage *Stüer/Schmalenbach* Rechtsgrundlagen der Kommunalwirtschaft, NWVBl. 2006, 161.

3 Vgl. Gesetz zur Stärkung der kommunalen Selbstverwaltung – GO-Reformgesetz vom 9. 10. 2007 (GVBl. S. 379).

4 Die Europäische Kommission hatte bereits 2003 in ihrem »Grünbuch zu Dienstleistungen von allgemeinem Interesse« und 2004 in ihrem »Weißbuch zu Dienstleistungen von allgemeinem Interesse« zu öffentlicher Diskussion aufgerufen, vor allem im Bereich der Spannungslage von Markt und Staat bei den öffentlichen Diensten (dazu etwa *Deuster* Das Weißbuch zu den Dienstleistungen von allgemeinem Interesse, EuZW 2004, 526).

5 Vgl. Rat der Europäischen Union – Mandat für die RK 2007 – Nr. 11218/07; ebd. S. 8 Protokoll über Dienste von allgemeinem wirtschaftlichen Interesse.

6 Nach Ansicht des Europäischen Parlaments und vieler Staaten haben die Europäische Kommission und der Europäische Gerichtshof die Freiheit der Kommunen, eine Aufgabe eigenständig zu erbringen oder sie anderweitig zu vergeben, immer mehr eingeschränkt (vgl. FAZ vom 25. 6. 2007). Deshalb soll in dem vorstehenden Protokoll normiert werden:

werden und die Bedeutung der Dienste von allgemeinem wirtschaftlichen Interesse, die gemeinhin mit der deutschen Daseinsvorsorge identifiziert werden,[7] als »gemeinsame Werte der Union« verankert sowie die »Bedürfnisse und Präferenzen der Nutzer, die aus unterschiedlichen geografischen, sozialen oder kulturellen Gegebenheiten folgen können«, in ihrer Verschiedenartigkeit berücksichtigt werden.[8] Von einem »Abschied von der Daseinsvorsorge« kann daher nicht die Rede sein.[9] Im Gegenteil: Sie könnte wichtiger denn je sein.

I. DIE REICHWEITE DES EUROPÄISCHEN GEMEINSCHAFTSRECHTS

Dass der Einfluss des europäischen Rechts auf das nationale Recht ständig zunimmt, ist mittlerweile eine Binsenweisheit. Das gilt auch für den kommunalen Bereich.[10] Dieser Befund hat in neuer Zeit eine Reihe von Untersuchungen zur kommunalen Daseinsvorsorge und ihren Unternehmen nach sich gezogen.[11]

1. Der Einfluss des supranationalen Rechts

Nationale Rechtsvorschriften können seit Beginn der Integration der Bundesrepublik Deutschland in die Europäische Gemeinschaft nicht mehr ausschließlich aus sich heraus interpretiert werden. Nach Vollendung der Deutschen Einheit und der immer tiefer greifenden Integration durch den Vertrag von Maastricht fügte der

»Die Bestimmungen der Verträge berühren in keiner Weise die Zuständigkeit der Mitgliedstaaten, nicht-wirtschaftliche Dienste von allgemeinem Interesse zu erbringen, in Auftrag zu geben und zu organisieren«.

7 Vgl. *Möstl* Renaissance und Rekonstruktion des Daseinsvorsorgebegriffs unter dem Europarecht, in: FS Badura, 2004, S. 951, 956 ff, 971; *Voßkuhle* Beteiligung Privater an der Wahrnehmung öffentlicher Aufgaben und staatlicher Verantwortung, VVDStRL 62 (2003) 266, 268 ff.

8 AaO (Fn 5) S. 8.

9 *Di Fabio* Privatisierung und Staatsvorbehalt, JZ 1999, 585.

10 Zu Recht hat daher die dritte Auflage des 2007 von Thomas Mann und Günter Püttner herausgegebenen Handbuchs der Kommunalen Wissenschaft und Praxis einen eigenen Paragraphen über »Unions- und gemeinschaftsrechtliche Einwirkungen auf die kommunale Selbstverwaltung« aus der Feder von *Matthias Ruffert* vorgesehen (§ 38).

11 Vgl. nur *Wieland/Hellermann* Der Schutz des Selbstverwaltungsrechts der Kommunen gegenüber Einschränkungen ihrer wirtschaftlichen Betätigung im nationalen und europäischen Recht, 1995; *Schink* Kommunale Daseinsvorsorge in Europa, DVBl 2005, 861; *Welti* Die kommunale Daseinsvorsorge und der Vertrag über eine Verfassung für Europa, AöR 130 (2005) 530; s. auch *Burgi* Die Kommunalwirtschaft als Adressat von Regulierung, in: Vosskuhle (Hrsg.) Entbürokratisierung und Regulierung, 2006, S. 78, 79 ff; *Thomas Mann* Möglichkeiten und Grenzen kommunaler Wirtschaftstätigkeit, in: Jörn Ipsen (Hrsg.) Unternehmen Kommune? 2007, S. 45 ff; *Geerlings* Die kommunalen Sparkassen: Abermals im Visier der Europäischen Kommission, in: GS Tettinger, 2007, S. 231 ff; *Brosius-Gersdorf* Demografischer Wandel und Daseinsvorsorge, VerwArch 98 (2007) 318 ff.

verfassungsändernde Gesetzgeber in Konsequenz einer voranschreitenden Europäisierung 1992 einen neuen Art. 23 in das Grundgesetz ein, der der ständig wachsenden Integration Rechnung tragen und weitere Integrationsschritte vorbereiten sollte. Sowohl das Europäische Gemeinschaftsrecht (Art. 10 EG) als auch der Auftrag des Art. 23 Abs. 1 Satz 1 GG verpflichtet zu EU-rechtskonformer Auslegung des nationalen Rechts, soweit dies nach den nationalen Auslegungsregeln möglich ist.[12]

Lässt sich mit einer europarechtskonformen Auslegung des nationalen Rechts nicht ausreichend dem Vorrang des europäischen Rechts Rechnung tragen, muss nationales Recht zurücktreten. Dieser Anwendungsvorrang des Gemeinschaftsrechts ist mittlerweile unbestritten.

Der Europäische Gerichtshof wendet beispielsweise das Prinzip der gemeinschaftsrechtskonformen Auslegung so an, dass bei verschiedenen Auslegungsmöglichkeiten im konkreten Fall derjenigen der Vorzug zu geben ist, bei der die Bestimmung des Sekundärrechts mit dem Vertrag als vereinbar angesehen werden kann. Die Wichtigkeit einer einheitlichen Auslegung des Europäischen Gemeinschaftsrechts spielt mittlerweile sogar eine überragende Rolle; denn letztlich kann nur damit gewährleistet werden, dass der Geltungsanspruch des Europäischen Gemeinschaftsrechts auch durchgesetzt wird.[13]

Zwar fehlen präzise Regelungen im Gemeinschaftsrecht, die festlegen, ob und inwieweit dem Gemeinschaftsrecht Vorrang gebührt, aber der Europäische Gerichtshof hat bereits frühzeitig den prinzipiellen Vorrang des Gemeinschaftsrechts betont. Dieser folge aus dem eigenständigen, autonomen Charakter des Gemeinschaftsrechts und sei eine Notwendigkeit für die Funktionsfähigkeit des EG-Rechts als Gemeinschaftsrecht.

Grundvoraussetzung für die Vorrangfrage des Gemeinschaftsrechts ist die Anerkennung des Grundgedankens, dass das Europäische Gemeinschaftsrecht eine eigene Rechtsordnung mit einer autonomen Gemeinschaftsgewalt darstellt. Das Gemeinschaftsrecht entsteht aus sich selbst heraus, ist also von den Mitgliedstaaten unabhängig, wenn sie durch Vertrag Kompetenzen übertragen haben.

Dieses Vorrangverhältnis gilt für das primäre wie für das sekundäre Gemeinschaftsrecht. Eine solche Einordnung ist nur konsequent vor dem Hintergrund ef-

12 Vgl. *Oppermann* Europarecht, 3. Aufl. 2005, § 8 Rn 27; *Wegener* in: Calliess/Ruffert, EUV/EGV-Kommentar, 3. Aufl. 2007, Art. 220 EGV Rn 32 mit Nachweisen der Rspr. des EuGH; *Jarass* Konflikte zwischen EG-Recht und nationalem Recht vor den Gerichten der Mitgliedstaaten, DVBl 1995, 954, 957 f; *Ehricke* Die richtlinienkonforme Auslegung nationalen Rechts, RabelsZ 59 (1995) 598, 604 ff, 631 ff; *Canaris* Drittwirkung der gemeinschaftsrechtlichen Grundfreiheiten, in: Umwelt, Wirtschaft und Recht, 2002, S. 51 f, jeweils mwN.

13 Vgl. *Geiger* EUV/EGV, 4. Aufl. 2004, Art. 220 Rn 12 ff; *Oppermann* Europarecht, 3. Aufl. 2005, § 7 Rn 12 ff; *Schwarze* in: ders. (Hrsg.) EU-Kommentar, 2000, Art. 220 Rn 24; *Streinz* Europarecht, 7. Aufl. 2005, Rn 193 ff; *Masing* Vorrang des Europarechts bei umsetzungsgebundenen Rechtsakten, NJW 2006, 264 ff jeweils mit Nachweisen der Rechtsprechung.

fektiver Intensivierung des europäischen Gedankens. Eine ernst gemeinte politische Vereinheitlichung ließe sich ansonsten kaum realisieren. Somit wird der Vorrang des Europäischen Gemeinschaftsrechts für alle Mitgliedstaaten und Unionsbürger zu einer elementaren Voraussetzung für die Existenz und Akzeptanz der Gemeinschaft als Rechtsgemeinschaft.[14]

Dies gilt selbst dann, wenn das nationale Recht spezieller ist als das Gemeinschaftsrecht. Der Europäische Gerichtshof spricht bei einer Kollision von EU-Recht und nationalem Recht von der »Unanwendbarkeit« der nationalen Vorschrift. Dies führt im Konfliktfall zwar nicht zur Nichtigkeit der nationalen Vorschrift, aber zu einem Anwendungsvorrang im Einzelfall.[15]

Nicht allein die Rangfrage bestimmt indessen das Verhältnis von nationalem Recht zum Gemeinschaftsrecht und eventuelle Konfliktlösungen. Beide Rechtsebenen stehen sich zwar als jeweils eigenständige und getrennte Rechtsordnungen gegenüber; aber sie dürfen nicht isoliert betrachtet werden. Man kann von einer »Verzahnung« sprechen, einer wechselseitigen Beeinflussung und Abhängigkeit, die die Rechtsmaterien in ihrer Gesamtheit erfassen. Hierzu zählen neben der Rang- und Kollisionsfrage auch das Zusammenwirken beider Rechtsordnungen und der durch sie geschaffenen Organe. Somit entfaltet das Europäische Gemeinschaftsrecht einen doppelten Wirkungsgrad: Es ist einerseits bindend auf europäischer Ebene für alle EU-Organe und strömt andererseits in die nationalen Rechtsordnungen ein und bindet dort alle nationalen Organe.[16]

Sie müssen das nationale Recht gemeinschaftsrechtskonform auslegen. Die innerstaatlichen Stellen müssen z.B. die Vorschriften von Richtlinien im Lichte des Wortlauts und des Zwecks auslegen, um deren Ziele zu erreichen. Die Prinzipien der richtlinienkonformen Auslegung lassen sich auch auf das übrige Gemeinschaftsrecht ausdehnen. Sie gilt erst recht für das Vertragsrecht als primäres europäisches Gemeinschaftsrecht und für Verordnungen, die ohnehin unmittelbar in den Mitgliedstaaten gelten (Art. 249 Abs. 2 EG).[17]

14 Vgl. *Fischer* Europarecht, 3. Aufl. 2001, § 6 Rn 58; *Herdegen* Europarecht, 4. Aufl. 2002, Rn 229; *Oppermann* Europarecht, 3. Aufl. 2005, Rn 1 ff.

15 Vgl. EuGH – Rs. 6/64, Slg. 1964, 1251 – *Costa/ENEL*; EuGH – verb. Rs. C-10/97 bis C-22/97, Slg. 1998, 6307 Rn 20 – *IN.CO.GE'90*; EuGH – Rs. C-184/91, Slg. 1991, I-297 Rn 18 f. – *Nimz*; s. auch BVerwGE 87, 154, 158 ff.

16 Vgl. *Bleckmann* Europarecht, 6. Aufl. 1997, Rn 1087; *Geiger* EUV/EGV, 4. Aufl. 2004, Art. 220 Rn 10 ff; *Schwarze* in: ders. (Hrsg.) EU-Kommentar, 2000, Art. 220 Rn 22 ff; *Streinz* Europarecht, 7. Aufl. 2005, Rn 193 ff.

17 Vgl. *Hatje* in: Schwarze (Hrsg.) EU-*Kommentar*, 2000, Art. 10 EGV Rn 21; *Jarass* Richtlinienkonforme bzw. EG-rechtskonforme Auslegung nationalen Rechts, EuR 1991, 211, 223.

2. *Europäisches Wettbewerbsrecht für kommunale Wirtschaftsunternehmen*

a) Die Stabilisierungsfunktion des Art. 295 i.V.m. Art. 16 EG

Spezifische Aussagen für öffentliche und damit vor allem kommunale Unternehmen kennt das primäre Europäische Gemeinschaftsrecht nur an wenigen Stellen. Nach Art. 295 EG, der wortlautgleich in Art. III – 425 des Verfassungsvertragsentwurfs übernommen wurde, lässt der Vertrag »die Eigentumsordnung in den verschiedenen Mitgliedstaaten unberührt«. Diese Vorschrift im Recht der Europäischen Gemeinschaft wurde bislang höchst stiefmütterlich behandelt und schon gar nicht gründlich ausgelotet, obschon sie als Kompetenzschranke für die Gemeinschaftsorgane volle Aufmerksamkeit verdienen sollte. Dies führt ganz überwiegend zu der Folgerung, dass das Gemeinschaftsrecht eine Überführung öffentlicher Unternehmen in eine private Trägerschaft weder fordert noch fordern darf. Art. 295 EG geht von der Existenz öffentlicher Unternehmen aus. Die Vorschrift des Art. 295 EG garantiert, dass es die Erfüllung von Daseinsvorsorgeaufgaben in öffentlicher Trägerschaft gibt, die der Vertrag respektiert und neuerdings in Art. 16 EG absichert. Dem Art. 295 i.V.m. Art. 16 EG wird daher eine Stabilisierungsfunktion zugesprochen, an der auch die kommunale Ebene als Teil der mitgliedstaatlichen öffentlichen Hand partizipiert.[18]

Der EG-Vertrag unterscheidet nicht, wer die jeweiligen Marktteilnehmer des von ihm geschaffenen Binnenmarkts sind, seien es öffentliche oder private; der Vertrag verhält sich insoweit neutral. Im Gemeinschaftsrecht ist vielmehr der Grundsatz des unverzerrten Wettbewerbs aller Marktteilnehmer angelegt, wie ihn das Gemeinschaftsrecht in den Art. 81 ff EG, insbesondere durch das Beihilfeverbot, sichern will. Öffentliche Wirtschaftsunternehmen sowie öffentlich betraute Unternehmen müssen grundsätzlich mit privaten Unternehmen gleichbehandelt werden, soweit es um wettbewerbsrelevantes Verhalten geht (Art. 86 Abs. 1 EG).[19]

18 Vgl. *Streinz* Europarecht, 7. Aufl. 2005, Rn 1011 ff mit Nachw. der Rechtsprechung des EuGH; *Burgi* Die öffentlichen Unternehmen im Gefüge des primären Gemeinschaftsrechts, EuR 1997, 261; *Hellermann* Mitgliedstaatliche Daseinsvorsorge im gemeinschaftlichen Binnenmarkt, Der Landkreis 2001, 434, 435; *Klanten* in: Eichhorn (Hrsg.) Perspektiven öffentlicher Unternehmen in der Wirtschafts- und Rechtsordnung der Europäischen Union, 1993, S. 116; *Ruffert* in: Henneke (Hrsg.) Kommunale Perspektiven im zusammenwachsenden Europa, 2002, S. 24 f mwN.

19 Vgl. *Badura* Das öffentliche Unternehmen im europäischen Binnenmarkt, ZGR 1997, 291, 298 f; *Löwer* Der Staat als Wirtschaftssubjekt und Auftraggeber, VVDStRL 60 (2001) 416, 448 f mwN; *Schmidhuber/Hitzler* Die öffentlichen Unternehmen im EG-Binnenmarkt, ZögU 1990, 397, 406 ff; *Heinemann* Grenzen staatlicher Monopole im EG-Vertrag, 1996, S. 55; *Hellermann* Örtliche Daseinsvorsorge und gemeindliche Selbstverwaltung, 2000, S. 82 mwN; *Moraing* in: Püttner (Hrsg.) Zur Reform des Gemeindewirtschaftsrechts, 2002, S. 44 f; *Rüfner* in: Isensee/Kirchhof (Hrsg.) Handbuch des Staatsrechts, Bd. IV, 3. Aufl. 2006, § 96 Rn 47.

Ob und inwieweit Unternehmen in öffentlicher Trägerschaft verbleiben oder in private überführt werden sollen, ist allein in den Mitgliedstaaten zu entscheiden. Die in Art. 295 i.V.m. Art. 16 EG verankerte Neutralität gegenüber mitgliedstaatlichen Eigentumsordnungen reicht jedenfalls so weit, dass aus dem Gemeinschaftsrecht keine unmittelbare Verpflichtung zu Privatisierungen durch die Mitgliedstaaten zu entnehmen ist.[20]

Art. 295 gewährleistet in Verbindung mit Art. 16 EG die Existenz kommunaler Wirtschaftsunternehmen und die Freiheit ihrer Gründung. Jedoch ist schon bei der Gründung die spätere Aufgabenwahrnehmung im Bereich der Daseinsvorsorge zu beachten. Eine vollständige Befreiung von den europäischen Wettbewerbsregeln ist nicht zulässig; denn Voraussetzung ist stets die Erfüllung einer öffentlichen Aufgabe. Die verschiedenen Rechtsebenen des Gemeinschaftsrechts, Verfassungsrechts und des kommunalen Wirtschaftsrechts stehen in einem inneren Zusammenhang.[21]

Nichts anderes gilt freilich auch für die Organe der Gemeinschaft, die nicht befugt sind, auf eine Entkommunalisierung hinzuwirken. Das ist vor allem für die Dienstleistungs-Richtlinie von Bedeutung, die auch Dienstleistungen im Bereich der Daseinsvorsorge erfasst, aber im Vorspruch festlegt, dass sie »die Mitgliedstaaten weder verpflichten [will], Dienstleistungen von allgemeinem wirtschaftlichen Interesse zu liberalisieren, noch öffentliche Einrichtungen, die solche Dienstleistungen anbieten, zu privatisieren, noch bestehende Monopole für andere Tätigkeiten oder bestimmte Vertriebsdienste abzuschaffen«.[22]

b) Europarechtliche Wettbewerbsvorgaben

Das Wettbewerbsrecht des EG-Vertrags enthält für die Wirtschaftsordnungen der Mitgliedstaaten wichtige Vorgaben, die mit den kommunalrechtlichen Vorschriften teilweise in Konflikt zu treten scheinen. Zuletzt entzündete sich eine Kontroverse vor allem an Fragen, die das Vergaberecht betrafen. Insbesondere ist hier die Entscheidung des Europäischen Gerichtshofs »Altmark Trans« zu nennen.[23]

20 Vgl. *Classen* in: Wallerath (Hrsg.) Kommunen im Wettbewerb, 2001, S. 85 mwN; *Hellermann* Örtliche Daseinsvorsorge und gemeindliche Selbstverwaltung, 2000, S. 81; *Ruffert* in: Henneke (Hrsg.) Kommunale Perspektiven im zusammenwachsenden Europa, 2002, S. 15.

21 Vgl. *Ruffert* in: Henneke (Hrsg.) Kommunale Perspektiven im zusammenwachsenden Europa, 2002, S. 28. S. auch *Püttner* Kommunale Wirtschaft als Gegenstand der wissenschaftlichen Forschung und Lehre – eine Zwischenbilanz, in: FS Widder, 2007, S. 147 ff.

22 Vgl. Nr. 8 Richtlinie 2006/132/EG des Europäischen Parlaments und des Rates vom 12. Dezember 2006 über Dienstleistungen im Binnenmarkt (ABl. L 376 vom 27. 12. 2006, S. 36 ff); dazu *Hatje* Die Dienstleistungsrichtlinie – auf der Suche nach dem liberalen Mehrwert, NJW 2007, 2357.

23 Vgl. EuGH NJW 2003, 2515; dazu *Bartosch* Die Kommissionspraxis nach dem Urteil des EuGH in der Rechtssache Altmark – worin liegt das Neue? EuZW 2004, 295; *Jennert* Finanzierung und Wettbewerb in der Daseinsvorsorge nach Altmark Trans, NVwZ 2004, 425; *Wohltmann* Neue europäische Weichenstellungen zu den rechtlichen Rahmenbedingungen der kommunalen Daseinsvorsorge, Der Landkreis 2003, 746, 750 ff.

Darüber hinaus werden jedoch vom Europäischen Wettbewerbsrecht auch grundsätzliche Fragen aufgeworfen, die sich etwa damit befassen, ob ein uneingeschränkt liberales Wirtschaftssystem oder ein gemischtes System bestimmend sein soll, in dem neben einem privaten auch ein staatlich dirigiertes Wirtschaftsregime gleichberechtigt nebeneinander existieren darf. Hinzu tritt immer deutlicher das Problem auf, wem zukünftig die Kompetenzen in Fragen der Daseinsvorsorge zustehen, der Europäischen Gemeinschaft oder den Mitgliedstaaten bzw. deren Untergliederungen.[24]

Art. 3 Abs. 1 lit. g) EG verlangt ein »System« des unverfälschten Wettbewerbs im Binnenmarkt. Dafür zu sorgen, ist nach Art. 2 EG Aufgabe der Gemeinschaft. Danach muss soviel Wettbewerb vorhanden sein, dass die grundlegenden Forderungen des Vertrags erfüllt werden und seine Ziele, insbesondere die Bildung eines einzigen Marktes mit binnenmarktähnlichen Verhältnissen, erreicht werden können.

Die für den Wettbewerb maßgeblichen Vorschriften finden sich in Art. 81 ff EG sowie in Art. 16 EG, der durch den Vertrag von Amsterdam in den Vertrag zur Gründung der Europäischen Gemeinschaft eingefügt wurde und Diensten von allgemeinem wirtschaftlichem Interesse einen hohen Stellenwert zuerkennt, der sich namentlich darin äußert, dass »das Funktionieren dieser Dienste so gestaltet [ist], dass sie ihren Aufgaben nachkommen können«. Diese Vorschrift rückt erst langsam in das europäische Bewusstsein, obwohl es sich bei den Diensten von allgemeinem wirtschaftlichen Interesse in der europäischen Wettbewerbsordnung seit den Gründungsverträgen um eine etablierte Kategorie handelt, die schon vielfach den Europäischen Gerichtshof beschäftigt hat.[25]

Erst eine Gesamtschau der relevanten Vorschriften lässt Rückschlüsse aus europäischer Sicht für die kommunalen Unternehmen in der Wettbewerbsordnung zu, die in ihrer Abschichtung und Verbindung zwischen nationalen und europäischen Vorschriften noch nicht abschließend juristisch behandelt ist und damit oftmals ju-

24 Vgl. etwa aus dem umfangreichen Schrifttum *Lehr* Europäisches Wettbewerbsrecht und kommunale Daseinsvorsorge, DÖV 2005, 542 ff; *Moraing* in: Püttner (Hrsg.) Zur Reform des Gemeindewirtschaftsrechts, 2002, S. 44 ff; *Papier* Kommunale Daseinsvorsorge im Spannungsfeld zwischen nationalem Recht und Gemeinschaftsrecht, DVBl 2003, 686 ff; *Scharpf* Der Einfluss des Europarechts auf die Daseinsvorsorge, EuZW 2005, 295 ff; *Schink* Kommunale Daseinsvorsorge in Europa, DVBl 2005, 861 ff; *Schwarze* Daseinsvorsorge im Lichte des europäischen Wettbewerbsrechts, EuZW 2001, 334 ff.

25 Vgl. etwa EuGH Slg. 1991, 1223 ff – *Telekommunikationsendgeräte*; EuGH Slg 1994, 877 ff – *Banco Exterior de España*; EuGH Slg. 1994, 1477 ff – *Amelo*; Slg. 2000, 825 ff – *Deutsche Post AG*; *von Danwitz* Dienste von allgemeinem wirtschaftlichem Interesse in der europäischen Wettbewerbsordnung – Eine Perspektive für das öffentliche Kreditwesen? NWVBl. 2002, 132 mwN; vgl. auch die »Orientierungshilfe für die Kommunen« betreffend »Leistungen der Daseinsvorsorge-Konzept zur Rechts- und Planungssicherheit im Rahmen EU-rechtlicher Vorgaben«, hrsg. vom Städtetag NRW, Landkreistag NRW und Städte- und Gemeindebund NRW in Abstimmung mit dem Innenministerium NRW; ferner Wissenschaftlicher Beirat der Gesellschaft für öffentliche Wirtschaft »zur Beibehaltung kommunaler Dienstleistungen in der Europäischen Union«, ZögU 2004, 187.

ristisches Neuland betreten muss. Immerhin lassen sich aber Tendenzen erkennen, die mittels eines aufeinander abgestimmten Harmonisierungsgebots Konflikte ausräumen könnten.

c) Die Anwendbarkeit der Wettbewerbsregeln auf öffentliche Wirtschaftsunternehmen

Art. 86 Abs. 1 EG unterwirft öffentliche Unternehmen den europäischen Wettbewerbsregelungen, wenn er anordnet, dass in den Mitgliedstaaten in Bezug auf öffentliche Unternehmen keine dem EG-Vertrag widersprechende Maßnahmen getroffen oder beibehalten werden dürfen. Zweck des Art. 86 EG soll die Unterbindung »umfassender Vertragsverletzungen der Mitgliedstaaten durch die Instrumentalisierung von Unternehmen mit einem Sonderstatus« sein.[26]

Art. 86 EG geht mithin von dem Grundsatz aus, dass die Wettbewerbsregeln auf private und öffentliche Unternehmen gleichermaßen Anwendung finden. Nach der ständigen Rechtsprechung des Europäischen Gerichtshofs dürfen die Mitgliedstaaten aufgrund der Art. 81 und 82 i.V.m. mit Art. 10 EG keine Maßnahmen treffen oder beibehalten, die »die praktische Wirksamkeit der für die Unternehmen geltenden Wettbewerbsregeln aufheben könnten«.[27]

Der EG-Vertrag enthält keine Legaldefinition des Begriffs »öffentliche Unternehmen«. Der Rechtsprechung des Europäischen Gerichtshofs liegt ein funktionaler Unternehmensbegriff zugrunde. Es handelt sich »um jede wirtschaftliche Tätigkeit ausübende Einheit, unabhängig von ihrer Rechtsform und der Art ihrer Finanzierung, die nicht ausschließlich Verbraucher bzw. Arbeitnehmer ist«. Das Merkmal der wirtschaftlichen Tätigkeit ist weit zu verstehen; damit wird »jede Tätigkeit erfasst, die darin besteht, Güter oder Dienstleistungen auf einem bestimmten Markt anzubieten«.[28]

Am wirtschaftlichen Charakter einer Tätigkeit fehlt es nach der Rechtsprechung nur dann, wenn sie in Ausübung hoheitlicher Tätigkeit erfolgt, also ein im Allgemeininteresse stehender Auftrag erfüllt wird, der zu den wesentlichen Staatsaufgaben zählt.[29]

26 Vgl. EuGH – Rs. 188–190/80 – *Frankreich u.a./Kommission*, Slg. 1982, 2545 Rn 26; *Hochbaum/Klotz* in: von der Groeben/Schwarze (Hrsg.) EUV/EGV, Bd. 2, 6. Aufl. 2003, Art. 86 Rn 3; *Koenig/Kühling* in: Streinz (Hrsg.) EUV/EGV, 2003, Art. 86 Rn 1; *Tettinger* Dienstleistungen von allgemeinem wirtschaftlichem Interesse in der öffentlichen Versorgungswirtschaft. Entwicklungslinien im primären Gemeinschaftsrecht, in: Cox (Hrsg.) Daseinsvorsorge und öffentliche Dienstleistungen in der Europäischen Union, 2000, S. 97 ff.

27 Vgl. EuGH – C-332/89, Slg. 1991, I-1027 Rn 22; *Grill* in: Lenz/Borchardt (Hrsg.) EU- und EG-Vertrag, 3. Aufl. 2003, Art. 86 Rn 2.

28 Vgl. EuGH Slg. 1991, I-1979 Rn 21 – *Höfer u. Elsner/Macroton GmbH*; *Classen* in: Wallerath (Hrsg.) Kommunen im Wettbewerb, 2001, S. 87; *Hochbaum/Klotz* in: von der Groeben/Schwarze (Hrsg.) EUV/EGV, Bd. 2, 6. Aufl. 2003, Art. 86 Rn 6 ff; *Koenig/Kühling* in: Streinz (Hrsg.) EUV/EGV, Art. 86 Rn 6 mwN.

29 Vgl. EuGH Slg. 1994, 43, 63 f, Rn 30 – *SAT-Fluggesellschaft*; Slg. 1997, 1547, 1588 f Rn 22 f – *Calì & Figli*.

Eine solche hoheitliche Tätigkeit liegt indessen nicht schon dann vor, wenn ein Hoheitsträger einen bestimmenden Einfluss auf ein Unternehmen ausüben kann. In diesem Falle handelt es sich um den klassischen Fall eines öffentlichen Unternehmens, auf das die Wettbewerbsvorschriften des EG-Vertrags grundsätzlich anzuwenden sind. Die Anwendbarkeit auf öffentliche Unternehmen setzt demnach die Ausübung eines bestimmenden Einflusses durch einen Hoheitsträger auf das Unternehmen bzw. dessen Leitung voraus.[30]

Diese Voraussetzung ist in der Regel bei den kommunalen Unternehmen erfüllt, da sie maßgeblich durch den Einfluss kommunaler Mandatsträger bestimmt sind. Elektrizitäts-, Gas- und Wasserwerke der Gemeinden gelten daher im Rahmen des EG-Vertrages als Prototypen öffentlicher Unternehmen.

II. DAS KOMMUNALE WIRTSCHAFTSUNTERNEHMEN IM EUROPÄISCHEN GEMEINSCHAFTSRECHT

1. *Unternehmen von allgemeinem wirtschaftlichen Interesse*

Die Europäische Gemeinschaft hat als Wirtschaftsgemeinschaft begonnen und hatte sich als Ziel die Verwirklichung eines Binnenmarktes gesetzt. Bei ihrem Start 1958 existierte in allen Mitgliedstaaten ein ausgebautes System von Diensten im öffentlichen Interesse und mit öffentlichem Auftrag, das eine lange Entwicklungsgeschichte hatte. In Deutschland und mit ihm vergleichbar in anderen Ländern hatte man seit dem 19. Jahrhundert gesellschaftliche Bedürfnisse an technischer und sozialer Infrastruktur durch Bereiche der öffentlichen Daseinsvorsorge (in anderen Ländern: Service publique, Public service/utility, servicios públicos, servizii pubblici oder ähnliche Bezeichnungen) befriedigt. So fand man beispielsweise in allen Ländern die Versorgungsunternehmen für Wasser, Strom, Gas und Abfall vor.

Diesen Befund greift der EG-Vertrag auf, wenn er in Art. 86 Abs. 2 von »öffentlichen Unternehmen« bzw. von Unternehmen spricht, »die mit Dienstleistungen von allgemeinem wirtschaftlichen Interesse betraut sind«. Dass darunter die klassischen Unternehmen der Daseinsvorsorge der Kommunen und des Staates einschließlich Bahn (öffentlicher Personennahverkehr) und Post sowie die öffentlich-rechtlichen Kreditinstitute fallen, unterliegt keinem Zweifel.[31]

30 Vgl. *von Burchard* in: Schwarze (Hrsg.) EUV/EGV, Art. 86 Rn 16; *Jung* in: Calliess/ Ruffert (Hrsg.) Art. 86 Rn 13; *Emmerich* in: Immenga/ Mestmäcker (Hrsg.) GWB, 3. Aufl. 2001, § 130 Abs. 1 Rn 29 ff; *Koenig/Kühling* in: Streinz (Hrsg.) EUV/EGV, 2003, Art. 86 Rn 15; *Müller-Graff* Die wettbewerbsverfasste Marktwirtschaft als gemeineuropäisches Verfassungsprinzip, EuR 1997, 433 ff; *Streinz* Europarecht, 7. Aufl. 2005, Rn 1012.

31 Vgl. Nachw. bei *Oppermann* Europarecht, 3. Aufl. 2005, Rn 36; zuletzt *Welti* Die kommunale Daseinsvorsorge und der Vertrag über eine Verfassung für Europa, AöR 130 (2005) 529, 533; *Ruffert*, Unions- und gemeinschaftsrechtliche Einwirkungen auf die

Diese Unternehmen haben mit der Einfügung des Art. 16 EG durch den Amsterdamer Vertrag auf französischen Druck hin eine deutliche Aufwertung erfahren. Trotz dieser Aufwertung bleiben jedoch zahlreiche Fragen um das Kommunalunternehmen in der europäischen Wettbewerbsordnung offen.[32] Ob er freilich zu einer gemeinschaftsrechtlichen »Daseinsvorsorgepolitik« taugt, wie sie die Kommission gern sähe, erscheint doch mehr als zweifelhaft.[33] Immerhin ist die Kommission zum Thema Daseinsvorsorge sensibilisiert.

2. *Die Bedeutung des Art. 16 EG*

Art. 16 EG will, wie nach Text und Entstehungsgeschichte offenkundig ist, den Stellenwert der »Dienste von allgemeinem wirtschaftlichen Interesse innerhalb der gemeinsamen Werte der Union« deutlich erhöhen,[34] hebt zudem die Bedeutung dieser Dienste bei der Förderung des sozialen und territorialen Zusammenhalts der Union nachdrücklich hervor. Eine besondere Stärkung hat dieser Gedanke auch durch die Aussage in Art. 36 Grundrechte-Charta erhalten, nachdem der Zugang der Unionsbürger zu Dienstleistungen von allgemeinem wirtschaftlichen Interesse auch dort eine Verankerung gefunden hat, wobei sogar auf »Gepflogenheiten« der Mitgliedstaaten Rücksicht genommen wird. Diese Vorschrift dient dazu, »den sozialen und territorialen Zusammenhalt der Union zu fördern«. Sie muss im Zusammenhang mit Art. 86 Abs. 2 sowie Art. 16 EG gelesen werden.[35]

kommunale Selbstverwaltung, in: Mann/Püttner, Handbuch der kommunalen Wissenschaft und Praxis, Bd. 1, 3. Aufl. 2007, § 38 Rn 38 ff.

32 Vgl. Hrbek/Nettesheim (Hrsg.) Europäische Union und mitgliedschaftliche Daseinsvorsorge, 2002; *Häupl* Europa funktioniert nur mit den Gemeinden, DfK 44 (2005) 89, 94 f; *Püttner* Die Aufwertung der Daseinsvorsorge in Europa, ZögU 2000, 373; *Papier* Kommunale Daseinsvorsorge im Spannungsfeld zwischen Recht und Gemeinschaftsrecht, DVBl 2003, 686; Schwarze (Hrsg.) Daseinsvorsorge im Lichte des Wettbewerbsrechts, 2001; *ders.* Daseinsvorsorge im Lichte des europäischen Wettbewerbsrechts, EuZW 2001, 334; *Storr* Zwischen überkommener Daseinsvorsorge und Diensten im allgemeinen wirtschaftlichen Interesse, DÖV 2002, 357; *Linder* Daseinsvorsorge in der Verfassungsordnung der EU, 2004.

33 S. Mitteilungen der Kommission »Leistungen der Daseinsvorsorge in Europa«, ABlEG C 281 v. 26. 9. 1996, S. 3 und ABlEG C 17 v. 19. 1. 2001, S. 4; dazu *Albin* Daseinsvorsorge und EG-Beihilferecht, DÖV 2001, 890.

34 Vgl. zum Hintergrund dieser Vorschrift *Kallmayer/Jung* in: Calliess/Ruffert, EUV/EGV-Kommentar, 3. Aufl. 2007, Art. 16 Rn 1 ff; *Koenig/Kühling* in: Streinz, EUV/EGV, 2003, Art. 16 Rn 1 ff; eher restriktiv *Storr* aaO (Fn 30).

35 Vgl. *Streinz* in: ders. (Hrsg.) EUV/EGV, 2003, Art. 36 GRCh Rn 1; *Tettinger* Dienstleistungen von allgemeinem wirtschaftlichem Interesse in der öffentlichen Versorgungswirtschaft. Entwicklungslinien im primären Gemeinschaftsrecht, in: Cox (Hrsg.) Daseinsvorsorge und öffentliche Dienstleistungen in der Europäischen Union, 2000, S. 104 ff; ausführlich *Pielow* in: Tettinger/Stern (Hrsg.) Kölner Gemeinschaftskommentar zur Europäischen Grundrechte-Charta, 2006, Art. 36; *Riedel* in: Meyer, Charta der Grundrechte der Europäischen Union, 2. Aufl. 2006, Art. 36.

Der Begriff der Dienste von allgemeinem wirtschaftlichen Interesse in Art. 16 EG ist deckungsgleich mit dem Begriff in Art. 86 Abs. 2 EG. Die Kommission definiert Dienstleistungen von allgemeinem wirtschaftlichem Interesse als »marktbezogene Tätigkeiten, die im Interesse der Allgemeinheit erbracht und daher von den Mitgliedstaaten mit besonderen Gemeinwohlverpflichtungen verbunden werden«.[36]

Als Teil der »Grundsätze« (Erster Teil) des Vertrags ist Art. 16 EG bei der Auslegung und Anwendung der übrigen Regeln des EG-Vertrags zu berücksichtigen, insonderheit bei der Auslegung der Grundfreiheiten und der Wettbewerbsregeln. Dies gilt trotz der Formulierung »unbeschadet der Art. 73, 86 und 87«, da die Vorschrift andernfalls weitgehend sinnentleert wäre; denn die Beachtung ist gerade im Rahmen der Wettbewerbsregelungen von besonderer Bedeutung. Art. 16 EG soll trotz seiner wenig klaren Formulierung eine maßgebliche Rolle als »Konfliktbewältigungsvorschrift« zwischen den Geboten notwendiger Daseinsvorsorge und gesundem Wettbewerb spielen. Richtig angewendet könnte sie dieses Spannungsverhältnis entspannen. Allerdings bedarf es dazu, wie *Alexander Schink* jüngst zu Recht hervorgehoben hat, noch »erheblicher Feinarbeit«.[37]

3. *Die Privilegierung nach Art. 86 Abs. 2 EG*

Art. 86 EG, den Art. III – 166 EU-Verfassungsvertrag unverändert aufgegriffen hat, befasst sich mit der Frage der wettbewerbsrechtlichen Behandlung von öffentlichen Unternehmen und Unternehmen, denen die Mitgliedstaaten besondere Rechte oder Aufgaben zugewiesen haben. Die Vorschrift besitzt »Kompromisscharakter«, wie bereits frühzeitig festgestellt wurde, was aufgrund der unterschiedlichen Traditionen und Interessen der einzelnen Mitgliedstaaten auch nicht weiter verwunderlich ist. Sie ist insbesondere die zentrale Norm für die Dienste von allgemeinem wirtschaftlichen Interesse und gilt als Rechtfertigungstatbestand, auf den sich sowohl die betrauten Unternehmen als auch die betrauenden Mitgliedstaaten bzw. die betrauende Körperschaft berufen können.[38]

Art. 86 Abs. 2 EG bestimmt für Unternehmen, die mit »Dienstleistungen von allgemeinem wirtschaftlichem Interesse betraut sind oder den Charakter eines Finanzmonopols haben«, dass die Vorschriften des Vertrages nur gelten, »soweit die Anwendung dieser Vorschriften nicht die Erfüllung der ihnen übertragenen beson-

36 Vgl. Kommission, Leistungen der Daseinsvorsorge in Europa, ABlEG C 281 v. 26. 9. 1996, S. 3; ebenso Mitteilung der Kommission v. 20. 9. 2000, Leistungen der Daseinsvorsorge in Europa, ABlEG C 17 v. 19. 1. 2001, S. 4.

37 Vgl. *Schink* Kommunale Daseinsvorsorge in Europa, DVBl 2005, 861, 867; *Koenig/Kühling* in: Streinz (Hrsg.) EUV/EGV, 2003, Art. 16 Rn 8 mwN; *Frenz*, Dienste von allgemeinem wirtschaftlichem Interesse – Neuerungen durch Art. 16 EG, EuR 2000, 901, 915.

38 Vgl. *Grill* in: Lenz/Borchardt (Hrsg.) EU- und EG-Vertrag, 3. Aufl. 2003, Art. 86 Rn 1; *Hans Peter Ipsen/Nicolaysen* Europäisches Gemeinschaftsrecht, NJW 1964, 2336, 2337; *Linder* Daseinsvorsorge in der Verfassungsordnung der Europäischen Union, 2004, S. 222.

deren Aufgaben rechtlich oder tatsächlich verhindert«. Diese Norm wird als die für kommunale Wirtschaftsunternehmen entscheidende Vorschrift angeführt. Sie besitzt neben Art. 16 EG zentrale Bedeutung in der Diskussion um Leistungen der Daseinsvorsorge.[39]

Die in ihr ausgesprochene Befreiung von Wettbewerbsvorschriften muss – nach gemeinschaftsrechtlichen Kriterien – einer objektiv gewichtigen Versorgungsaufgabe dienen, zur Sicherung dieser Aufgabe unerlässlich sein und ein verhältnismäßiges Mittel darstellen. Die Norm ist also mehrstufig aufgebaut; sie muss mehreren Funktionen gleichzeitig dienen. So kommt ihr die Aufgabe zu, einerseits zwischen den wirtschafts- und sozialpolitischen Zielsetzungen der Mitgliedstaaten abzuwägen, andererseits das Gemeinschaftsinteresse an der Sicherung unverfälschten Wettbewerbs und der Wahrung des Gemeinsamen Marktes zu erfüllen. Damit ist die Norm nicht als Sonderbestimmung für öffentliche Unternehmen zu verstehen; vielmehr begünstigt der Vertrag die Aufgabe unabhängig von der Eigentumsform des jeweiligen Unternehmens.[40]

Anknüpfungspunkt sind wie bei Art. 16 EG die »Dienstleistungen von allgemeinem wirtschaftlichen Interesse«. Die Begriffe werden insoweit einheitlich verwendet. Den Mitgliedstaaten wird bei der näheren Bestimmung, was hierunter zu verstehen ist, eine weit reichende Einschätzungsprärogative zugestanden, jedoch steht auch diese unter dem Vorbehalt der praktischen Anwendbarkeit des Gemeinschaftsrechts.[41]

In einer Zweischrittprüfung ist zunächst erforderlich, die Feststellung einer Dienstleistung von allgemeinem wirtschaftlichen Interesse vorzunehmen, sodann, ob ein sog. Betrauungsakt vorliegt. Wie bereits dargelegt, sieht die Kommission in Dienstleistungen von allgemeinem wirtschaftlichen Interesse »marktbezogene Tätigkeiten, die im Interesse der Allgemeinheit erbracht und daher von den Mitgliedstaaten mit besonderen Gemeinwohlverpflichtungen verbunden« werden. Hierzu zählt die Kommission insbesondere »Verkehrs-, Energieversorgungs- und Telekommunikationsdienste«.[42]

Diese Umschreibung der Europäischen Kommission ist mit den Leistungen, die in Deutschland als Daseinsvorsorge beschrieben werden, vergleichbar.

39 Vgl. *Koenig/Kühling* in: Streinz (Hrsg.) EUV/EGV, 2003, Art. 86 Rn 36 ff; *Hobe* Zur Stellung der Kommunen in der Europäischen Union, DfK 44 (2005) 38, 44 f; *Möstl* Renaissance und Rekonstruktion des Daseinsvorsorgebegriffs unter dem Europarecht, in: FS Badura, 2004, S. 951 ff; *Streinz* Europarecht, 7. Aufl. 2005, Rn 1012.

40 Vgl. *Badura* Das öffentliche Unternehmen im europäischen Binnenmarkt, ZGR 1997, 291, 298 f; *Grill* in: Lenz/Borchardt (Hrsg.) EUV/EGV, 3. Aufl. 2003, Art. 86 Rn 22; *Koenig/Kühling* in: Streinz (Hrsg.) EUV/EGV, 2003, Art. 86 Rn 36 ff.

41 Vgl. KOM (2000) 580 endg., S. 11 Rn 22.

42 Vgl. KOM (2000) 580 endg. (Anhang II) S. 42; *Grill* in: Lenz/ Borchardt (Hrsg.) EUV/EGV, 3. Aufl. 2003, Art. 86 Rn 26 m.w.Bsp.; *Pielow* Öffentliche Daseinsvorsorge zwischen »Markt« und »Staat«, JuS 2006, 692, 694.

Art. 86 Abs. 2 EG verlangt die »Betrauung« eines Unternehmens. Was hierunter zu verstehen ist, hat der Europäische Gerichtshof unterschiedlich bewertet. So machte er ursprünglich deutlich, »dass das bloße Tätigwerden eines Unternehmens im Interesse der Allgemeinheit nicht als hinreichend angesehen werden kann, selbst wenn das Unternehmen von öffentlichen Instanzen bei seiner Tätigkeit überwacht wird«. Später urteilte er dann weniger streng, »dass es sich bei dem Betrauungsakt nicht um eine Rechtsvorschrift handeln muss«. Es könne eine öffentlich-rechtliche Konzession genügen, besonders wenn sie zur Konkretisierung der Verpflichtung den Unternehmen durch Gesetz aufgebürdet werde.[43]

Die Kommission knüpft vorrangig an das Ziel der Betrauung an und verlangt, dass die Sonderaufgabe klar formuliert und durch einen sichtbaren Akt eindeutig an ein Unternehmen übertragen wird. Notwendig ist ein klar definierter Versorgungsauftrag durch Hoheitsakt, wozu auch Verträge zählen können.

Weitere Voraussetzung ist die sog. Verhinderung der übertragenen besonderen Aufgabe. Auch hier wurde zunächst ein strenger Maßstab angelegt, der in den letzten Jahren eine Lockerung fand. Inzwischen ist nicht mehr notwendige Voraussetzung, dass das Überleben des Unternehmens bedroht ist.[44]

Der Gerichtshof geht davon aus, dass zur Sicherstellung der Dienstleistungen von allgemeinem wirtschaftlichen Interesse die Möglichkeit eines Ausgleichs zwischen rentablen und weniger rentablen Tätigkeitsbereichen bestehen kann. Eine Einschränkung des Wettbewerbs könnte diesbezüglich gerechtfertigt sein, da ansonsten die Gefahr bestünde, dass sich einzelne Unternehmen lediglich auf die rentablen Bereiche konzentrieren und somit günstiger als betraute Unternehmen anbieten könnten (sog. Rosinenpicken). Dies rechtfertige gewisse Quersubventionen.[45]

Diese Situation entspricht auch der kommunalen Praxis, etwa wenn kommunale Stadtwerke zugleich den öffentlichen Personennahverkehr betreiben oder verantwortlich für den Betrieb und Erhalt städtischer Bäder sind. Nur auf diese Weise sind Kommunen heutzutage angesichts immer schwieriger werdender finanzieller Spielräume in der Lage, defizitäre Bereiche der Daseinsvorsorge aufrechtzuerhalten.

43 Vgl. EuGH – Rs. 172/80 – *Züchner/Bayerische Vereinsbank AG*, Slg. 1981, 2021 Rn 7; EuGH – Rs. C-159/94 – *Kommission/Frankreich*, Slg. 1997, I-5815 Rn 66; EuGH – Rs. C-393/92 – *Almelo u.a./Energiebedrijf Ijsselmij NV*, Slg. 1994, I-1477 Rn 47; *Grill* in: Lenz/Borchardt (Hrsg.) EUV/EGV, 3. Aufl. 2003, Art. 86 Rn 25; *Koenig/Kühling* in: Streinz (Hrsg.) EUV/EGV, 2003, Art. 86 Rn 52 ff; *Mörschel* Service Public und europäischer Binnenmarkt, JZ 2003, 1021.

44 Vgl. *Storr* Zwischen überkommener Daseinsvorsorge und Diensten von allgemeinem wirtschaftlichen Interesse, DÖV 2002, 357, 360 mwN.

45 Vgl. EuGH – Rs. C-320/91 – *Corbeau*, Slg. 1993, I-2533 Rn 17; *Koenig/Kühling* in: Streinz (Hrsg.) EUV/EGV, 2003, Art. 86 Rn 59 mwN; *Schweitzer* Daseinsvorsorge, »service public«, Universaldienst, 2002, S. 117; *Wieland/ Hellermann* Der Schutz des Selbstverwaltungsrechts der Kommunen gegenüber Einschränkungen ihrer wirtschaftlichen Betätigung im nationalen und europäischen Recht, 1995, S. 173 ff.

III. Resümee

Als Resümee aus den Bestimmungen der Art. 16 und 86 Abs. 2 EG in Verbindung mit Art. 36 GRCh lässt sich festhalten, dass in neuerer Zeit vor allem aufgrund Rechtsprechung des Europäischen Gerichtshofs mittlerweile eine deutlich verbesserte Position der Daseinsvorsorgebereiche zu erkennen ist. Dieser Befund mag angesichts der Liberalisierungstendenzen, die aus Brüssel seitens einiger Kommissionsmitglieder vertreten werden, verwundern. Aber die seit Art. 16 EG eingeschlagene Neukonzeption der Dienste von allgemeinem wirtschaftlichen Interesse lässt keine andere Auslegung zu. Die Gemeinschaft erkennt jetzt verstärkt die Leistungen der Daseinsvorsorge an, so wie sie in den Mitgliedstaaten bei Begründung der Gemeinschaft vorgefunden wurden, und folgt damit dem Grundgedanken des Art. 295 EG, die eigentumsstrukturellen Entscheidungen der Mitgliedstaaten zu respektieren. Diese Position war zunächst nicht unumstritten, da in den ersten Jahrzehnten der Gemeinschaft eher auf grundsätzliche Liberalisierung drängende Tendenzen im Vordergrund standen, um den Gemeinsamen Markt zu verwirklichen. Dieser Prozess ist inzwischen jedoch so weit vorangeschritten, dass auch ausreichender Raum für die Entfaltung von Daseinsvorsorgeaufgaben besteht. Dieser Wandel ist eindeutig, insbesondere unter Berücksichtigung der bislang wenig gewürdigten Art. 16 EG und Art. 36 GRCh. Das ist gerechtfertigt, da von den Unternehmen der Daseinsvorsorge durchweg öffentliche Aufgaben erfüllt werden, die für die Gemeinschaft unentbehrlich sind. Die Kommission sieht darin einen wichtigen Schritt für die Bindung der EU-Bürger an die Union, indem sie einen Zusammenhang zwischen Zugang zu entsprechenden Dienstleistungen und der Unionsbürgerschaft herstellt. In ihrem Weißbuch von 2004 bezeichnet sie die Dienste von allgemeinem wirtschaftlichen Interesse sogar als »eine der Grundsäulen, auf denen das europäische Gesellschaftsmodell steht« und die »unerlässlich für die Erhaltung sozialer und territorialer Kohäsion und für die Wettbewerbsfähigkeit« sind.[46] Insgesamt ist damit eine Stärkung gemeinwohlorientierter Wirtschaftsformen in Europa indiziert – zu Recht; denn die kommunalen Wirtschaftsunternehmen sind ein wichtiger und notwendiger Faktor für ein gut funktionierendes Gemeinwesen im zusammenwachsenden Europa. Die Mitgliedstaaten sollten nicht ruhen, die Europäische Kommission auf dem Weg zu halten, den Art. 16 EG seit dem Amsterdamer Vertrag vorgezeichnet hat. Ob es hierzu eines Europäischen Gesetzes bedarf, wie es Art. III – 122 des Entwurfs des Verfassungsvertrags vorgesehen hat, muss man zwiespältig beurteilen.

46 Vgl. KOM (2004) 374, S. 5; ferner KOM (2000) 580 endg., S. 26 Rn 64.

Europe works: Die Lösung der Altstoffproblematik durch die REACH-Verordnung

Franz-Joseph Peine

A. Einleitung

Nicht nur, aber auch das öffentliche Wirtschaftsrecht wird durch europarechtliche Normen beeinflusst. Der Jubilar hat in vielen Publikationen, so auch in seinem Allgemeinen Wirtschaftsverwaltungsrecht,[1] auf diesen Umstand hingewiesen. Große Teile des Schrifttums betrachten das Öffentliche Wirtschaftsverwaltungsrecht und das Umweltrecht als Gegenstände, die voneinander zu trennen sind. Der Jubilar lehnt dieses ab; ob man dabei freilich soweit gehen sollte, das Umweltrecht, soweit es wirtschaftsbezogen ist, zusammen mit dem Wirtschaftsverwaltungsrecht als Einheit zu sehen,[2] mag offen bleiben. In jedem Fall gibt es Regelungen, die sich sachlich beiden Rechtsbereichen zuordnen lassen.

Den Ausgangspunkt für diese Überlegung bildet folgende Erkenntnis: Das Recht, welches sich mit der Produktion eines beliebigen Gegenstands befasst, lässt sich dreifach unterteilen: (1.) in das Recht, welches Anforderungen an den Ausgangsstoff/Rohstoff des Produktionsprozesses stellt; (2.) in das Recht, welches den (industriellen) Produktionsprozess selbst regelt; (3.) in das Recht, welches Anforderungen an das Ergebnis des Produktionsprozesses, das Produkt, stellt. Zur ersten und zur dritten Gruppe zählt beispielsweise das *Chemikalienrecht*; es regelt unter anderem, dass bestimmte Stoffe nicht oder nur bei Beachtung bestimmter Bedingungen als Ausgangsstoffe gebraucht und als Endprodukt in den Verkehr gebracht werden dürfen. Es gilt als Umweltrecht, speziell als Stoffrecht. Es ist definitiv aber auch Teil des Besonderen Wirtschaftsverwaltungsrecht, weil es Bedingungen normiert, die Rechtmäßigkeitsvoraussetzung für Wirtschaften sind, und dieses in zweierlei Hinsicht: Anforderungen an den Ausgangsstoff, Anforderungen an das Produkt.

Dieser Beitrag befasst sich mit der *europäischen Neuordnung des Chemikalienrechts*. Er belegt, dass die zwei von *Stober* zuvor zitierten Aussagen zur Relevanz des Europarechts im Wirtschaftsverwaltungsrecht und zur Überschneidung von Öffentlichem Wirtschaftsrecht und Umweltrecht im Kern zutreffen.

1 *Stober* Allgemeines Wirtschaftsverwaltungsrecht, 15. Aufl. 2006, S. 23.
2 Ebd. S. 13.

B. Allgemeines zur Stoffproblematik

Chemikalien erzeugen erhebliche Umweltbelastungen. Das sich ihnen widmende Recht, Teil des sog. Stoffrechts,[3] ist deshalb von großer praktischer Bedeutung.

Nach Schätzungen[4] gibt es weltweit etwa acht Millionen chemische Stoffe. Die Weltproduktion beläuft sich auf ca. 400 Millionen Tonnen Chemikalien pro Jahr. Zu den über 100 000 chemischen Stoffen in mehr als einer Million Zubereitungen im EG-Bereich kommen jährlich in der Bundesrepublik über hundert neue Stoffe und ein Vielfaches an Derivaten hinzu. 2002 wurden in Deutschland 1230 neue Stoffe nach dem Chemikaliengesetz angemeldet.

Die Kenntnisse über die Wirkungen der Stoffe auf Mensch und Umwelt sind unvollkommen. Insbesondere die ökologischen Auswirkungen (Ökotoxizität) sind weitgehend unerforscht. Gesicherte, nicht immer vollständige Kenntnisse liegen erst zu relativ wenigen Stoffen vor. Als besonders umweltschädlich gelten unter den natürlich vorkommenden Stoffen die Schwermetalle (Blei, Cadmium, Quecksilber) sowie Asbest, unter den synthetischen Stoffen Vinylchlorid, Trichloretylen, die polychlorierten Biphenyle (PCB) und Fluorchlorkohlenwasserstoffe, unter den Agrarchemikalien Pflanzenbehandlungsmittel (Pestizide), DDT und dioxinhaltige Unkrautvernichtungsmittel. Das Umweltgutachten 2000 des Rates von Sachverständigen für Umweltfragen[5] nennt drei Gruppen besonders problematischer Stoffe:
- persistente organische Schadstoffe (POP),
- flüchtige organische Schadstoffe (VO),
- ultrafeine Partikel in der Luft (Durchmesser kleiner als 0,1 mm).

Die Umweltchemikalien werden heute unter den Gesichtspunkten akute Toxizität für die menschliche Gesundheit, Spätfolgen für die menschliche Gesundheit (Mutagenität, Teratogenität, Kanzerogenität) und Umweltmobilität (Bioakkumulation) analysiert.

C. Vorhandene Regeln zur Bewältigung der Stoffproblematik

I. Völkerrecht

Bedeutsame *völkerrechtliche* Regelwerke mit stärkerer Verbindlichkeit, als sie dem »soft law« zukommt, sind mit dem Rotterdamer Übereinkommen von 1998 und dem Stockholmer Übereinkommen von 2001 entstanden.

3 Literatur: *Kloepfer* Umweltrecht, 3. Aufl. 2004, S. 1594 ff; *Bender/Sparwasser/Vosskuhle* Umweltrecht, 5. Aufl. 2003, S. 920 ff; Koch (Hrsg.) Umweltrecht, 2002, 492 ff.

4 Zu den folgenden Zahlen s. die Nachweise in Fn 3.

5 Umweltgutachten 2000 des Umweltrates, Tz. 170 ff: www.umweltrat.de.

Das Rotterdamer Übereinkommen (PIC-Konvention; PIC = Prior Informed Consent)[6] haben auch die Bundesrepublik und die EG unterzeichnet. Es ist am 24. 2. 2004 in Kraft getreten. Es bestimmt das »Verfahren der vorherigen Zustimmung nach Inkenntnissetzung«. Die Vertragsstaaten informieren darüber, für welche Stoffe sie Beschränkungen oder Verbote erlassen haben. Wenn später ein Stoff in einen Vertragsstaat ausgeführt werden soll, den der ausführende Staat notifiziert hat, muss er den einführenden Staat unterrichten. Ferner teilen die Staaten mit, ob sie einer Einfuhr der in der (erweiterbaren) Anlage III enthaltenen Stoffe zustimmen, nur bedingt oder nicht zustimmen, Art. 10 Abs. 2. Sie stellen sicher, dass solche Stoffe nur in Übereinstimmung mit den Notifikationen des einführenden Staats ausgeführt werden.

Das Stockholmer Übereinkommen (POPs-Konvention; POPs = Persistant Organic Pollutants)[7] haben über 150 Staaten, auch die Bundesrepublik und die EG unterzeichnet; zum Inkrafttreten s. www.pops.int. Es betrifft als Substanzen das sog. »dirty dozen«; es handelt es sich um organische Schadstoffe = Pflanzenschutzmittel, Industriechemikalien und unerwünschte Nebenprodukte, z.B. Dioxine und Furane.

Die PIC-Konvention verbietet keine Chemikalien, sondern beantwortet Fragen im Zusammenhang mit der Ein- und Ausfuhr; die POPs-Konvention verpflichtet die Vertragsstaaten, die Produktion und Verwendung aller in Anlage A genannten Stoffe zu untersagen sowie die Produktion und Verwendung der in Anlage B aufgeführten Stoffe zu beschränken. Außerdem sollen die unerwünschten Nebenprodukte nach Anlage C möglichst vermieden werden.

II. Europarecht

1. Die Anfänge der europäischen Chemikalienpolitik

Im *europäischen Gemeinschaftsrecht* existierten zahlreiche Richtlinien (RL) und Verordnungen (VO). BasisRL war die RL 67/548/EWG[8] des Rates zur Angleichung der Rechts- und Verwaltungsvorschriften für die Einstufung, Verpackung und Kennzeichnung gefährlicher Stoffe. Sie verpflichtete die Mitgliedstaaten, Maßnahmen zu ergreifen, damit gefährliche Stoffe nur dann in Verkehr gebracht werden können, wenn sie den Bestimmungen der Richtlinie entsprechend eingestuft, verpackt und gekennzeichnet wurden. Diese RL ergänzten SpezialRLen für Lösemit-

6 Rotterdamer Übereinkommen über das Verfahren der vorherigen Zustimmung nach Inkenntnissetzung für bestimmte gefährliche Chemikalien sowie Pflanzenschutz- und Schädlingsbekämpfungsmittel im internationalen Handel v. 10. 9. 1998, ILM 38 (1999), S. 1; Zustimmungsgesetz v. 28. 8. 2000, BGBl II S. 1058; dazu *Pache* in: Koch (Fn 3) Rn 12; *Birnie/Boyle* International Law and the Environment, 2. Aufl. 2002, S. 431, 726.

7 Stockholmer Übereinkommen v. 23. 5. 2001 über persistente organische Schadstoffe, ILM 40 (2001), S. 532; Zustimmungsgesetz v. 9. 4. 2002, BGBl II S. 803; *Pache* in: Koch (Fn 3) Rn 13.

8 ABlEG L 196 vom 16. 8. 1967, S. 1.

tel, Farben und Schädlingsbekämpfungsmittel. Ferner ermöglichte eine RL, Beschränkungen des In-Verkehr-Bringens und der Verwendung bestimmter Chemikalien zu erlassen.[9]

Die Chemiepolitik der EG erfuhr eine radikale Änderung durch die Sechste ÄnderungsRL zur RL 67/548/EWG.[10] Sie führte gemeinschaftsweit ein einheitliches Anmelde- und Prüfverfahren ein und erweiterte den Schutzbereich der RL um Umweltgefahren. Das Chemikaliengesetz setzte die Sechste ÄnderungsRL um. Die am 30. 4. 1992 erlassene Siebte ÄnderungsRL[11] führte zur zweiten Novelle des Chemikaliengesetzes; insbesondere Änderungen bei der Anmeldung neuer Stoffe waren Regelungsgegenstand. Änderungsbedarf verursachte ferner die EG-AltstoffVO.[12] Zu erwähnen ist schließlich die RL 1999/45/EG des Europäischen Parlaments und des Rates zur Angleichung der Rechts- und Verwaltungsvorschriften der Mitgliedstaaten für die Einstufung, Verpackung und Kennzeichnung gefährlicher Zubereitungen vom 31. 5. 1999;[13] endlich eine VO vom 29. 6. 2000, die die Produktion, das In-Verkehr-Bringen und die Verwendung sowie die Ein- und Ausfuhr bestimmter Stoffe, die zum Abbau der Ozonschicht führen, erheblich einschränkt.[14]

Die Biozid-RL vom 16. 2. 1998[15] sieht für Biozid-Produkte ein einheitliches Zulassungsverfahren vor. Es betrifft in Anhang V RL abschließend beschriebene Produkte zur Bekämpfung von Schadorganismen, Art. 2 Abs. 1a. Ferner enthält die RL insbesondere Vorschriften zur Einstufung, Verpackung und Kennzeichnung von Biozid-Produkten, zum Informationsaustausch, zur Werbung und zu den Giftin-

9 RL 76/769/EWG des Rates v. 27. 7. 1976 zur Angleichung der Rechts- und Verwaltungsvorschriften der Mitgliedstaaten für Beschränkungen des In-Verkehr-Bringens und Verwendung gewisser gefährlicher Stoffe und Zubereitungen, ABlEG L 262 v. 27. 8. 1976, S. 201 – sog. PCB-RL.

10 RL 79/831/EWG des Rates v. 18. 9. 1979 zur sechsten Änderung der RL 67/548/EWG zur Angleichung der Rechts- und Verwaltungsvorschriften für die Einstufung, Verpackung und Kennzeichnung gefährlicher Stoffe, ABlEG L 259 v. 15. 10. 1979, S. 10.

11 RL 92/32/EWG des Rates v. 30. 4. 1992 zur siebten Änderung der RL 67/548/EWG zur Angleichung der Rechts- und Verwaltungsvorschriften für die Einstufung, Verpackung und Kennzeichnung gefährlicher Stoffe, ABlEG Nr. L 154 v. 5. 6. 1992, S. 1.

12 VO (EWG) Nr. 793/93 des Rates v. 23. 3. 1993 zur Bewertung und Kontrolle der Umweltrisiken chemischer Altstoffe, ABlEG L 84 v. 5. 4. 1993, S. 1.

13 ABlEG L 200 v. 30. 7. 1999, S. 1.

14 VO (EG) Nr. 2037/2000 des Europäischen Parlaments und des Rates über Stoffe, die zum Abbau der Ozonschicht führen, ABlEG L 244 v. 29. 9. 2000, S. 1. Sie ersetzt die VorgängerVO 3093/94/EG v. 15. 12. 1994, ABI. EG Nr. L 333 v. 22. 12. 1994, S. 1.

15 RL 98/8/EG des Europäischen Parlaments und des Rates über das In-Verkehr-Bringen von Biozid-Produkten v. 16. 2. 1998, ABlEG L 123 v. 24. 4. 1998, S. 1; dazu *Böttcher* in: Rengeling (Hrsg.) Handbuch zum Deutschen und Europäischen Umweltrecht, 2. Aufl. 2003, § 62 Rn 47 ff.

formationszentren. Das Biozidgesetz[16] hat sie umgesetzt; es hat einen neuen Abschnitt IIa in das Chemikaliengesetz eingefügt. Schließlich gibt es eine EG-VO zur Identifizierung, Notifizierung und Bewertung der bereits vor dem 14. 5. 2000 im Verkehr befindlichen Biozid-Wirkstoffe (sog. »Altbiozide«).[17]

2. Die Kritik am alten Rechtszustand

Sowohl das europäische Chemikalienrecht als auch das es umsetzende nationale Recht, so insbesondere das deutsche Chemikalienrecht, erfuhren in der Vergangenheit starke Kritik. Es sind im Wesentlichen folgende Punkte, auf die hingewiesen sein soll:

(1) Es besteht ein enormes Defizit betreffend die Informationen über Chemikalien. Es ist in erster Linie auffällig, dass sich die Informationserlangung im Wesentlichen auf *neue Stoffe* beschränkt. Die EG-AltstoffVO sieht für alte Stoffe, also Stoffe, die bereits vor dem 18. 9. 1981 im Verkehr waren, keine systematische Stoffprüfung vor, wie sie bei neuen Stoffen durchgeführt wird,[18] sondern spricht lediglich von einer Verpflichtung der Hersteller und Importeure, sich um die Beschaffung gewisser Grunddaten über die Stoffe zu bemühen (Art. 3 Satz 2 Altstoff-VO). Bedenkt man allerdings, dass sich derjenige, der Informationen über einen Stoff preisgibt, automatisch der Gefahr aussetzt, dass sein Handeln beschränkt oder verboten wird,[19] so wirkt diese Verpflichtung eher kontraproduktiv.[20] Aus diesem Grunde[21] und wegen des hohen zeitlichen und technischen Prüfungsaufwands[22] ist die praktische Bedeutung dieser Verpflichtung relativ gering.

(2) Kritisiert wird ferner, dass die Zuständigkeiten nach dem europäischen Recht und dem es umsetzenden nationalen Rechts insofern ungeeignet ist, die mit Chemikalien verbundenen Probleme zu beherrschen, als nicht die Unternehmen, die die

16 Gesetz zur Umsetzung der RL 98/8/EG des Europäischen Parlaments und des Rates v. 16. 2. 1998 über das In-Verkehr-Bringen von Biozid-Produkten v. 20. 6. 2002, BGBl I S. 2076; dazu *Böttcher* in: Rengeling aaO § 62 Rn 94 ff.

17 VO (EG) Nr. 1896/2000 der Kommission v. 7. 9. 2000 über die erste Phase des Programms gem. Art. 16 Abs. 2 der RL 98/8/EG des Europäischen Parlaments und des Rates über Biozid-Produkte, ABlEG L 228 v. 8. 9. 2000, S. 6.

18 *Calliess/Lais* NuR 2005, 290, 290; *Pache* in: Koch (Hrsg.) Umweltrecht, § 12 Rn 78.

19 *Calliess* UTR 68, 11, 46; *ders./Lais* NuR 2005, 290, 291; *Ginzky* ZUR 2000, 129, 132.

20 *Calliess/Lais* NuR 2005, 290, 291.

21 Zustimmend: *Ginzky* NVwZ 2003, 793, 794; *Kloepfer* Umweltrecht, § 19 Rn 10; *Köck* ZUR 2001, 303, 304; *Peine* Das deutsche Chemikalienrecht – eine Einführung, in: Knopp/Boc/Nowacki (Hrsg.) Aktuelle Entwicklung europäischer Chemikalienpolitik (Reach) und ihre Auswirkungen auf deutsches und polnisches Umweltrecht, 2006, S. 7, 27.

22 *Rehbinder* EUDUR II/1, § 61 Rn 213.

Stoffe herstellen, importieren oder verwenden, sondern Behörden für die Bewertung zuständig sind;[23] diesen fehlten häufig Personal und Sachmittel.

(3) Das Verfahren der Risikobeurteilung ist zu langsam und ressourcenintensiv.[24] Der Grund hierfür ist darin zu sehen, dass man nach dem derzeitigen wissenschaftlichen Stand die Kausalität zwischen dem Einsatz von Stoffen und ihren positiven und negativen Auswirkungen,[25] insbesondere die Auswirkungen auf den menschlichen Organismus und die Ökosysteme, häufig nur unbefriedigend oder gar nicht erklären kann.[26] Demnach stellt sich hinsichtlich der Stoffregulierung verstärkt das »Problem des Nicht-Wissens und des unsicheren Wissens«.[27]

(4) Zusammenfassend kann man Folgendes festhalten: Ziel des Chemikalienrechts sollte sein, einen angemessenen Schutz vor ernsten Risiken und Gefahren für Mensch und Umwelt nicht nur für die Gegenwart zu sicherzustellen, sondern auch im Wege der Vorbeugung und Vorsorge ein hohes Schutzniveau für künftige Generationen zu gewährleisten.[28] Angesprochen wird hiermit insbesondere das Vorsorgeprinzip als eines der Grundprinzipien des Umweltschutzes.[29] Diesem zufolge ist der Staat zum schützenden Eingreifen verpflichtet, wenn menschliches Tun erkennbar geeignet ist, Schäden für Mensch und Umwelt herbeizuführen (Gefahrenabwehr). Derartige Gefahren sollen grundsätzlich jedoch bereits im Vorfeld verhindert werden, indem der Staat diese Risiken entsprechend dem Fortschreiten wissenschaftlicher Erkenntnisse und technischer Entwicklungen so niedrig wie möglich hält (Risikovorsorge). In diesem Sinne sollen insbesondere umweltverträgliche technische Entwicklungen angestoßen und umweltverträgliche Wachstumsmöglichkeiten aufgezeigt werden (Zukunftsvorsorge).[30] Gerade im Hinblick auf den Umgang mit Altstoffen, deren unerkannte Gefahrstoffe erhöhte Gesundheitsrisiken bedingen,[31] kann das bestehende Chemikalienrecht weder dem Vorsorgeprinzip noch der staatlichen Schutzpflicht angemessen gerecht werden.[32]

23 KOM(2001) 88 endgültig, S. 6; *Pache* in: Koch (Hrsg.) Umweltrecht, § 12, Rn 78.
24 KOM(2001) 88 endgültig, S. 6; *Pache*, in: Koch (Hrsg.) Umweltrecht, § 12 Rn 78.
25 *Calliess/Lais* NuR 2005, 290, 291; i.E. auch: *Köck* ZUR 2001, 303, 304.
26 *Appel* ZUR 2003, 167, 167; *Calliess* UTR 68, 11, 13.
27 *Spieker* US-amerikanisches Chemikalienrecht im Vergleich, in: Rengeling (Hrsg.) Umgestaltung des deutschen Chemikalienrechts durch europäische Chemikalienpolitik, 2003, S. 151–198, 151.
28 KOM(2001) 88 endgültig, S. 4 f; *Appel* ZUR 2003, 167.
29 *Kloepfer* Umweltrecht, § 4 Rn 1.
30 BMU, Umweltschutz, S. 74.
31 *Lahl/Tickner* ZfStoffR 2004, 156, 163.
32 *Sparwasser/Engel/Voßkuhle* Umweltrecht, § 11 Rn 627.

3. Die Reaktion der Europäischen Gemeinschaft

Die Reformbedürftigkeit auf gesamteuropäischer Ebene erkennend,[33] ersuchte der Ministerrat am 25. 6. 1999 die Kommission um die Vorlage eines Grundsatzpapiers für eine neue Chemikalienstrategie.[34] Diese reagierte mit der Vorlage des Weißbuchs zur »Strategie für eine zukünftige Chemikalienpolitik«[35] am 27. 2. 2001, das der Umweltministerrat am 7. 6. 2001 im Wesentlichen bestätigte und teilweise ergänzte.[36] Ein Verordnungsvorschlag, den der SRU grundsätzlich begrüßte,[37] folgte im Mai 2003.[38] Gestützt auf Art. 95 EGV[39] hat die Kommission am 29. 10. 2003 den endgültigen Verordnungsvorschlag[40] erlassen. Nach Zuleitung des Vorschlags zum Europäischen Parlament und dem Ministerrat[41] fand die erste Lesung im Parlament am 17. 11. 2005[42] und im Ministerrat am 13. 12. 2005 statt. Die daraus ergehende politische Einigung auf einen gemeinsamen Standpunkt[43] wurde am 27. 6. 2006 vom Rat förmlich angenommen[44] und entsprechend der offiziellen Stellungnahme der Kommission vom 12. 7. 2006[45] von dieser unterstützt.[46] In zweiter Lesung gab am 13. 10. 2006 der Umweltausschuss eine Empfehlung für die Annahme der Verordnung,[47] dem folgte eine informelle Einigung zwischen Parlament und Rat am

33 Bereits auf Ratstagungen in Chester 1998 und Weimar 1999 arbeitete der Ministerrat zentrale Eckpunkte einer neuen Chemikalienpolitik heraus, *Köck* ZUR 2001, 303, 304 mwN.

34 Dies sollte eigentlich schon bis zum Ende des Jahres 2000 passiert sein, Bull. EU 6-1999, S. 79.

35 KOM(2001) 88 endgültig, S. 4.

36 *Storm* in: Landmann/Rohmer, Umweltrecht, Vorb. ChemG Rn 113.

37 SRU, http://www.umweltrat.de//Stellung_Reach_Juli2003.pdf.

38 *Storm* in: Landmann/Rohmer, Umweltrecht, Vorb. ChemG Rn 115.

39 *Falke* ZUR 2004, 53, 53; *Klein/Wahl/Allescher* ZfStoffR 2006, 163, 163.

40 Vorschlag für eine Verordnung des Europäischen Parlaments und des Rates zur Registrierung, Bewertung, Zulassung und Beschränkung chemischer Stoffe (REACH), zur Schaffung einer Europäischen Agentur für chemische Stoffe sowie zur Änderung der Richtlinie 1999/45/EG und der Verordnung (EG) [über persistente organische Schadstoffe], KOM (2003) 644 endgültig; die vorgebrachten Änderungsvorschläge fanden hierbei Berücksichtigung, siehe hierzu im Einzelnen KOM(2003) 644 endgültig, S. 8 ff.

41 Zu den Daten der Übermittlung an Parlament und Ministerrat sowie zu denen der folgenden Ratsdiskussionen und Stellungnahmen, verbunden mit Verknüpfungen zu wesentlichen Dokumenten im Rahmen der Entstehung der Verordnung siehe http://ec.europa.eu/prelex/detail_dossier_real.cfm?CL=de&DosId=186450.

42 Bull. EU 11-2005, S. 23 f.

43 Bull. EU 12-2005, S. 52.

44 Bull. EU 6-2006, S. 58.

45 KOM(2006) 375 endgültig.

46 *Holleben/Scheidmann* ZfStoffR 2006, 154, 154 f.

47 Dokument A6-0352/2006 endgültig, http://www.europarl.europa.eu/omk/sipadePUB REF=-//EP//NON SGML+RE-PORT+A6-2006-0352+0+DOC+PDF+V0//DE&L=DE &LEVEL=2&NAV=S&LSTDOC=Y.

1. 12. 2006[48] und am 13. 12. 2006[49] die Annahme des Kompromisstextes im Plenum des Parlaments.[50] Am 18. 12. 2006 wurde diese Fassung durch den Rat endgültig angenommen.[51] Die REACH-VO[52] ist am 1. 6. 2007 in Kraft getreten.

D. DAS NEUE RECHT: DIE »REACH-VERORDNUNG«

I. Ziele des neuen Rechts

Die Entwicklung des deutschen Chemikalienrechts zeigt mit den Reformen des ChemG von 1990/1994 und 2002 und der Reform des untergesetzlichen Rechts von 1993 zunehmend Tendenzen der Verdichtung und Verfeinerung des bestehenden Rechts. Die EG tendiert in ihrer Rechtssetzung zudem zur Vereinheitlichung und ökologischen Fortentwicklung. Dies wird insbesondere anhand der Vorlage des Weißbuchs zur »Strategie für eine zukünftige Chemikalienpolitik« deutlich,[53] das vorrangig eine nachhaltige Entwicklung verfolgt.[54] Diese definiert sich als eine Entwicklung, die die Bedürfnisse der Gegenwart befriedigt, ohne zu riskieren, dass zukünftige Generationen ihre eigenen Bedürfnisse nicht befriedigen können. Dabei werden wirtschaftliche, soziale und ökologische Aspekte berücksichtigt.[55] Als unabdingbare Vorgaben zur Erreichung dieses Ziels sieht die Kommission den Schutz

48 Pressemitteilung des Europäischen Parlaments vom 1. 12. 2006, http://www.europarl.europa.eu/news/expert/info-press_page/064-337-331-11-48-911-20061127IPR00326-27-11-2006-2006-false/default_de.htm.

49 Die Dreimonatsfrist des Art. 251 II UAbs. 3 EGV ist zwar am 7. 12. 2006 verstrichen, so dass die Verordnung gem. lit. a grundsätzlich als entsprechend dem gemeinsamen Standpunkt erlassen gelten würde, allerdings kann die Verlängerung der Frist gem. Art. 251 VII EGV vom Parlament durchgesetzt werden, ohne dass dies einer Zustimmung des Rates bedarf, *Schoo* in: von der Groeben/Schwarze, Vertrag, Art. 251 EGV Rn 49. Somit genügte die Festsetzung des Parlaments, dass der Beschluss erst am 13. 12. 2006 wird. Damit wurde das Parlament fristgerecht tätig.

50 Pressemitteilung des Europäischen Parlaments vom 13. 12. 2006, http://www.europarl.europa.eu/news/expert/info-press_page/064-1496-345-12-50-911-20061213IPR01493-11-12-2006-2006-true/default_de.htm.

51 Pressemitteilung des Europäischen Parlaments vom 18. 12. 2006, http://www.europarl.europa.eu/news/expert/info-press_page/008-1532-352-12-51-901-20061214IPR01531-18-12-2006-2006-false/default_de.htm.

52 Verordnung (EG) Nr. 197/2006 des Europäischen Parlaments und des Rates zur Registrierung, Bewertung, Zulassung und Beschränkung chemischer Stoffe (REACH), zur Schaffung einer Europäischen Agentur für chemische Stoffe, zur Änderung der Richtlinie 1999/45/EG des Europäischen Parlaments und des Rates und zur Aufhebung der Verordnung (EWG) Nr. 793/93 des Rates, der Verordnung (EG) Nr. 1488/94 der Kommission, der Richtlinie 76/769/EWG des Rates sowie der Richtlinien 91/155/EWG. 93/67/EWG, 93/105/EG und 2000/21/EG der Kommission ABl. L 396 vom 30. 12. 2006, S. 1 ff.

53 *Storm* in: Landmann/Rohmer, Umweltrecht, Vorb. ChemG Rn 112 f.

54 KOM(2001) 88 endgültig, S. 4, 5, 7.

55 KOM(2001) 88 endgültig, S. 32.

der menschlichen Gesundheit und der Umwelt, die Wahrung und Verbesserung der Wettbewerbsfähigkeit der chemischen Industrie der EU, die Verhinderung einer Aufsplitterung des Binnenmarktes, die Erhöhung der Transparenz für den Verbraucher, die Integration in internationale Vorhaben, die Förderung von Prüfmethoden ohne Verwendung von Tieren sowie die Einhaltung der von der EU im Rahmen der WTO eingegangenen internationalen Verpflichtungen.[56]

II. Aufbau der Verordnung

Die REACH-VO untergliedert sich in 15 verschiedene Titel, die sich teilweise wiederum in einzelne Kapitel und 141 Artikel einteilen, und 17 Anhänge haben. Die einzelnen Titel beziehen sich auf allgemeine Vorschriften, auf die Registrierung von Stoffen, auf die gemeinsame Nutzung von Daten und die Vermeidung unnötiger Tierversuche, auf Informationspflichten im Rahmen der Lieferkette, auf Rechte und Pflichten nachgeschalteter Anwender, auf die Bewertung von Stoffen, auf Zulassungsregelungen, auf Beschränkungen für die Herstellung, das In-Verkehr-Bringen und die Verwendung gefährlicher Stoffe und Zubereitungen, auf Gebühren und Entgelte, auf die Europäische Agentur für chemische Stoffe, auf die Einstufung und Kennzeichnung von Stoffen und auf Regelungen über die Weitergabe von Informationen. Die letzten drei Titel beinhalten Zuständigkeits- und Durchsetzungsvorschriften sowie Übergangs- und Schlussbestimmungen.

III. Wesentliche Inhalte

Aus Raumgründen werde auf Einzelheiten verzichtet und lediglich Grundsätzliches berichtet.

1. Zweck: Der Zweck der Verordnung besteht nach Art. 1 Abs. 1 REACH-VO zunächst darin, ein hohes Schutzniveau für die menschliche Gesundheit und die Umwelt sicherzustellen, wobei alternative Beurteilungsmethoden für von Stoffen ausgehende Gefahren gefördert werden sollen. Darüber hinaus ist bezweckt, den freien Warenverkehr für chemische Stoffe im Binnenmarkt zu gewährleisten und gleichzeitig Wettbewerbsfähigkeit und Innovation zu verbessern. Insbesondere soll die menschliche Gesundheit und die Umwelt im Wege des Vorsorgeprinzips nicht nachteilig beeinflusst werden (Art. 1 Abs. 3 REACH-VO). Aus den Zwecken des Gesundheitsschutzes und der Wahrung des Vorsorgeprinzips lässt sich außerdem auf den Verordnungszweck »Verbraucherschutz« schließen.[57]

56 KOM(2001) 88 endgültig, S. 7 f.

57 Hierzu *Fischer* Verbraucherschutz im Chemikalienrecht. Managementoptionen im Rahmen der geplanten REACH-Verordnung, Berlin, 2005, S. 32 – abrufbar unter:

2. *Zuständigkeit:* Zuständig für die Einhaltung der Verfahren und der sonstigen Bestimmungen der REACH-VO ist eine neu zu gründende Europäische Agentur. Damit entfallen unterschiedliche Entscheidungsmöglichkeiten der Behörden der Mitgliedstaaten. Eine einheitliche Anwendung des neuen Rechts ist damit sichergestellt.

3. *Materielles Recht: Registrierung:* Art. 6 Abs. 1 REACH-VO regelt den Grundsatz, dass Hersteller und Importeure vor der Herstellung bzw. dem Import eines Stoffes, der in einer Menge von mindestens 1 Tonne/Jahr hergestellt oder eingeführt werden soll, diesen zu registrieren haben. Dabei handelt es sich im Gegensatz zu Zulassungspflichten lediglich um Informationspflichten. Entsprechend der oben angeführten Kritik ist erfreulich, dass die Registrierungspflicht sich nicht wie im bisherigen Recht lediglich auf neue Stoffe beschränkt, sondern nunmehr auch Altstoffe umfasst.[58]

Die Registrierung erfolgt durch Einreichen von Registrierungsdossiers. Diese technischen Dossiers enthalten Informationen zur Identität des Registranten und des Stoffs, Informationen über die Herstellung und Verwendung des Stoffs inklusive aller identifizierten Verwendungen des Registranten, sowie Informationen über die Einstufung und Kennzeichnung und über die Exposition. Ferner sind Informationen zu den physikalisch-chemischen, toxikologischen und ökotoxikologischen Eigenschaften des Stoffs zu übermitteln. Die Herkunft der Informationen muss dargelegt werden.

Erreicht oder übersteigt das Stoffvolumen eines Registranten 10 Tonnen/Jahr (Art. 14 Abs. 1 UAbs. 1 REACH-VO) und im Falle der Registrierung von Stoffen in Zubereitungen bestimmte Konzentrationsgrenzen, ist ein Stoffsicherheitsbericht anzufertigen, der die Durchführung einer Stoffsicherheitsbeurteilung dokumentiert. Entsprechend sind schädliche Wirkungen des Stoffs für die menschliche Gesundheit, schädliche Wirkungen durch physikalisch-chemischen Eigenschaften, schädliche Wirkungen auf die Umwelt sowie weitere Eigenschaften des Stoffs zu ermitteln. Ergibt sich bei der Ermittlung dieser Eigenschaften und Wirkungen zudem, dass der Stoff als gefährlich einzustufen ist und weitere negative Eigenschaften aufweist, tritt zu der Stoffsicherheitsbeurteilung auch das Erfordernis einer umfangreichen Expositionsbeurteilung und einer Risikobeschreibung.

1. *Evaluation:* Das Evaluationselement der REACH-VO ist in Titel VI verankert. Bei der Bewertung wird zwischen der Grundlagen setzenden[59] Dossier- und der darauf folgenden Stoffbewertung unterschieden.

http://www.bfr.bund.de/cm/252/VerbraucherschutzimChemikalienrecht.pdf; KOM(2003) 644 endgültig, S. 11.

58 *Hohmann* ZfStoffR 2006, 67, 68; *Holleben/Scheidmann* ZfStoffR 2004, 16, 19; *Kern* ZUR 2005, 68, 69; *Knopp* UPR 2005, 415, 415; *ders.* Entwicklung (Fn 21) 2006, 45, 45.

59 *Calliess/Lais* NuR 2005, 290, 296.

Im Rahmen der *Dossierbewertung* muss die Agentur alle Versuchsvorschläge prüfen, die in einem Registrierungsdossier oder in der Mitteilung eines nachgeschalteten Anwenders zur Einreichung der Informationen nach den Anhängen IX und X REACH-VO enthalten sind (Art. 40 Abs. 1 Satz 1 REACH-VO). Hierbei wird den Registrierungen von Stoffen, die PBT-, vPvB-, sensibilisierende, karzinogene, mutagene oder fortpflanzungsgefährdende Eigenschaften zumindest aufweisen könnten, und gefährlichen Stoffen in Mengen von mehr als 100 Tonnen/Jahr in Verwendung mit breit gestreuter, nicht klar abgegrenzter Exposition Vorrang gegeben. Nach Veröffentlichung der Informationen über geplante Wirbeltierversuche im Internet, wodurch Dritten die Möglichkeit zur Stellungnahme gegeben wird, hat die Agentur im Verfahren der Art. 50 und 51 REACH-VO und unter Einhaltung der Fristen des Art. 43 Abs. 1, 2 REACH-VO zu entscheiden, dass der Versuch entweder in der vorgeschlagenen Art und Weise, unter Änderung der Versuchsbedingungen oder ergänzt durch zusätzliche Versuche durchzuführen ist. Alternativ kann sie die Entscheidung treffen, dass der Versuchsvorschlag abgelehnt wird oder dass im Falle mehrerer Registranten binnen 30 Tagen eine Vereinbarung darüber getroffen werden soll, welcher Registrant den Versuch im Namen aller durchführen soll. Kommt eine derartige Vereinbarung nicht fristgerecht zustande, wird ein Registrant durch die Agentur bestimmt.

Darüber hinaus kann die Agentur prüfen, ob das Registrierungsdossier in formeller Hinsicht die Anforderungen an ein Registrierungsdossier im Sinne des Titels II in vollem Umfang erfüllt (Art. 41 Abs. 1 REACH-VO). Dieses Ermessen wird durch Absatz 5 dahingehend konkretisiert, dass zumindest 5 Prozent aus der Gesamtzahl der für jeden Mengenbereich bei der Agentur eingegangenen Dossiers einer derartigen formellen Prüfung unterzogen werden. Eine Veränderung der Kriterien des Absatz 5 ist möglich.[60] Bei diesem Verfahren wird die Kommission von einem Regelungsausschuss unterstützt. Es findet eine Kontrolle durch das Parlament statt. Sofern die Informationsanforderungen nicht erfüllt werden, verlangt die Agentur (Art. 42 Abs. 1 REACH-VO) – falls erforderlich auch zu wiederholtem Male – eine Vervollständigung der Registrierungsunterlagen.

Im Rahmen der Dossierbewertung wird eine Prüfung der inhaltlichen Qualität der gemachten Angaben nicht vorgenommen.[61] Verwendung finden die aus den Dossiers gewonnenen Informationen gem. Art. 42 Abs. 2 REACH-VO vielmehr im Rahmen der Stoffbewertung, der Ermittlung von zulassungsbedürftigen Stoffen und des Beschränkungsverfahrens.

Die *Stoffbewertung* hingegen setzt sich aus allen zu einem Stoff übermittelten Informationen, sämtlichen früheren Bewertungen nach Titel VI und, sofern dies

60 Beschluss des Rates zur Festlegung der Modalitäten für die Ausübung der der Kommission übertragenen Durchführungsbefugnisse (1999/468/EG) v. 28. 6. 1999 (ABlEG L 184 v. 17. 7. 1999, S. 23; letzte Änderung durch den Beschluss 2006/512/EG v. 17. 7. 2006 (ABlEG L 200 v. 22. 7. 2006, S. 11).

61 *Breier/Hendrix* ZfStoffR 2004, 50, 50; *Kern* ZUR 2005, 68, 71.

möglich ist, allen Eigenschaften, die strukturell verwandten Stoffen inhärent sind, zusammen (Art. 47 Abs. 1 REACH-VO).

Informationen, die die nach den Anhängen VII bis X REACH-VO erforderlichen Angaben übersteigen, von der Behörde jedoch für erforderlich gehalten werden, können angefordert werden. Gegebenenfalls ist hierbei die besondere Begründungspflicht zu beachten. Nach fristgerechter Übermittlung der angeforderten Informationen werden diese innerhalb von zwölf Monaten geprüft; erforderlichenfalls wird das Verfahren wiederholt. Sofern die zuständige Behörde die Bewertung nicht innerhalb eines Jahres ab Übermittlung des Registrierungsdossiers oder der eingereichten Angaben abschließt, wird der Abschluss der Bewertung fingiert.

Dem Vorsorgeprinzip entspricht, dass gegenüber risikoreicheren Stoffen ein höheres Aufklärungsbedürfnis besteht als gegenüber risikoärmeren. Da es vielfältige Ansatzpunkte für einen Risikoverdacht gibt,[62] ist eine risikoorientierte Priorisierung zur Gewährleistung eines einheitlichen, harmonischen Bewertungskonzepts unumgänglich. Diese Priorisierung obliegt der Agentur, die zu diesem Zweck einen fortlaufenden Aktionsplan zu erstellen hat. Der Plan wird einen Zeitraum von drei Jahren abdecken und ist im Internet zu veröffentlichen. Er soll eine Priorisierung dokumentieren, die Informationen über schädliche Wirkungen eines Stoffes, Informationen über seine stoffliche Exposition und die Stoffmenge einschließlich der sich aus den Registrierungen mehrerer Registranten ergebenden Gesamtmenge berücksichtigt. Außerdem soll der Plan die Stoffe angeben, die jährlich neu zu bewerten sind. Sofern ein Mitgliedstaat der auf Informationen basierten, begründeten Annahme ist, dass ein nicht im fortlaufenden Aktionsplan aufgeführter Stoff prioritär zu bewerten ist, kann er diesen melden. Über die Aufnahme in den Plan entscheidet die Agentur auf der Grundlage einer Stellungnahme des Ausschusses der Mitgliedstaaten.

Darüber hinaus hat die Agentur die Stoffbewertung zu koordinieren und die Bewertung der im Aktionsplan bezeichneten Stoffe zu gewährleisten. Sie wird hierbei von den zuständigen Behörden der Mitgliedstaaten unterstützt, die wiederum andere, in ihrem Namen arbeitende Stellen benennen dürfen. Nur wenn ein Stoff von keinem Mitgliedstaat ausgewählt wird, ist die Agentur selbst für die Bewertung verantwortlich. Sofern mehrere Mitgliedstaaten Interesse haben, einen Stoff zu bewerten, unter diesen jedoch keine Einigung über die Verantwortlichkeit erzielt werden kann, wird die zuständige Behörde nach dem Verfahren des Art. 45 Abs. 3 REACH-VO festgelegt.

Nach Abschluss der Stoffbewertung prüft die zuständige Behörde die Verwendbarkeit der aus der Stoffbewertung gewonnenen Informationen im Hinblick auf die Erfüllung von Zwecken im Rahmen der Ermittlung von zulassungsbedürftigen Stoffen, des Beschränkungsverfahrens und der Harmonisierung von Einstufung und Kennzeichnung und übermittelt die Erkenntnisse der Agentur, die wiederum die Kommission unterrichtet.

62 *Breier/Hendrix* ZfStoffR 2004, 50, 52.

2. *Zulassung:* Titel VII begründet zum Zwecke der reibungslosen Funktionsfähigkeit des Binnenmarkts, zur Beherrschung der Risiken, die von besonders besorgniserregenden Stoffen ausgehen, sowie zur Substitution derartiger Stoffe ein Verbot mit Erlaubnisvorbehalt.[63] Dass ein Hersteller, Importeur oder nachgeschalteter Anwender einen in Anhang XIV REACH-VO aufgenommenen Stoff verwendet oder zur Verwendung in Verkehr bringt, erfordert entweder eine vorherige Zulassung nach Kapitel 2 oder eine in Anhang XIV REACH-VO aufgrund der hinreichenden Beherrschbarkeit des Stoffrisikos geregelte Ausnahme von der Zulassungspflicht. Außerdem darf ein Stoff nach Anhang XIV REACH-VO nur verwendet oder zur Verwendung in Verkehr gebracht werden, wenn der Ablauftermin, also der Zeitpunkt, ab dem das Inverkehrbringen und die Verwendung des Stoffes verboten sind, noch nicht erreicht wurde, wenn bereits 18 Monate vor dem Ablauftermin ein Zulassungsantrag gestellt wurde, über den bisher keine Entscheidung gefallen ist oder wenn dem unmittelbar nachgeschalteten Anwender eine Zulassung erteilt wurde. Weitere Ausnahmen und Sonderregelungen zur Zulassungspflicht bestehen für die wissenschaftliche und die produkt- und verfahrensorientierte Forschung und Entwicklung, für Pflanzenschutzmittel, Biozid-Produkte, Motorkraftstoffe und Mineralölerzeugnisse, kosmetische Mittel, Materialien und Gegenstände, die bestimmungsgemäß mit Lebensmitteln in Berührung kommen sollen, und Zubereitungen.

Die Art. 57 bis 59 REACH-VO ermöglichen die Erweiterung der Liste der zulassungspflichtigen Stoffe in Anhang XIV REACH-VO. Möglich ist demnach eine Aufnahme von Stoffen mit krebserzeugenden, erbgutverändernden oder fortpflanzungsgefährdenden Eigenschaften sowie von PBT- oder vPvB-Stoffen oder sonstigen Stoffen, die nach wissenschaftlichen Erkenntnissen wahrscheinlich schwerwiegende Wirkungen auf die menschliche Gesundheit oder Umwelt haben, die ebenso besorgniserregend wie die Wirkungen der zuvor genannten Stoffe sind (Art. 57 REACH-VO). Die Ermittlung dieser besonders besorgniserregenden Stoffe richtet sich nach Art. 59 REACH-VO. Die Entscheidung über deren Aufnahme in Anhang XIV REACH-VO wird im Wege des kontrollierten Komitologieverfahrens nach Art. 58 Abs. 1 Satz 1 i.V.m. Art. 133 Abs. 4 REACH-VO i.V.m. Art. 5a, 7 des Beschlusses 1999/468/EG unter Beachtung von dessen Art. 8 getroffen. Art. 58 Abs. 2 REACH-VO ermöglicht dagegen den Ausschluss bestimmter Stoffverwendungen und -verwendungskategorien, sofern deren Risiko ausreichend beherrscht wird.

In formeller Hinsicht bedarf die Zulassung eines den Voraussetzungen des Art. 62 REACH-VO genügenden Antrags. Dieser ist durch einen Hersteller, Importeur und nachgeschalteten Anwender an die Agentur zu richten. Antragsgegenstand können eine oder mehrere Verwendungen für einen oder mehrere Stoffe sein. Die beantragten Verwendungen können eigene Verwendungen des Antragstellers sein oder solche, für die er den Stoff in den Verkehr zu bringen beabsichtigt. Den notwendigen Inhalt des Antrags regelt Absatz 4. Mit Erlaubnis eines früheren An-

63 *Breier/Hendrix* ZfStoffR 2004, 50, 53; *Calliess/Lais* NuR 2005, 290, 296.

tragstellers darf sich ein späterer Antragsteller auf Teile des Inhalts des früheren Antragstellers berufen. Während die Zulassung auf vertikaler Ebene eine allgemein abstrakte Wirkung entfaltet, wirkt sie demnach auf horizontaler Ebene, also zwischen verschiedenen Herstellern und Importeuren, konkret individuell.[64] Es ist die Gebühr nach Titel IX bei Antragseinreichung zu entrichten.

In materieller Hinsicht wird die Zulassung erteilt, wenn das Risiko für die menschliche Gesundheit oder die Umwelt unter Berücksichtigung der Stellungnahme des Ausschusses für Risikobeurteilung angemessen beherrscht wird. Das Risiko muss sich hierbei aus der Verwendung des Stoffes aufgrund der in Anhang XIV REACH-VO aufgeführten inhärenten Eigenschaften ergeben. Diese Beherrschbarkeit richtet sich nach den abgeschätzten Expositionshöhen und der Wahrscheinlichkeit und Schwere eines auf die physikalisch-chemischen Eigenschaften des Stoffes zurückführbaren Vorkommnisses. Bei der Zulassung stützt sich die Kommission nicht nur auf die im Stoffsicherheitsbericht des Antragstellers gemachten Angaben, sondern auf alle zum Zeitpunkt der Entscheidung bekannten Einleitungen, Emissionen und Freisetzungen, inklusive der Risiken, die durch eine diffuse oder weit verbreitete Verwendung entstehen.

Eine Zulassung ist auch für risikoreiche Verwendungen und schwer einschätzbare Stoffe möglich, sofern der sozioökonomische Nutzen die Risken für Mensch und Umwelt überwiegt und geeignete Alternativstoffe oder -technologien, die nach Art. 60 Abs. 5 REACH-VO in die Beurteilung einfließen, nicht existieren (Art. 60 Abs. 4 REACH-VO).

Stets unzulässig ist dagegen eine Verwendung, die einer Beschränkung nach Anhang XVII REACH-VO zuwiderläuft oder die diese lockert.

Den Inhaber der Zulassung trifft unabhängig von möglicherweise erteilten Auflagen die Pflicht, die Exposition auf einem so niedrigen Niveau wie technisch und praktisch möglich zu halten.

3. *Bewertung:* Die Neuerungen des Chemikalienrechts ergehen in Form einer Verordnung. Sie werden daher ohne das Erfordernis eines Transformationsakts[65] in den EG-Mitgliedstaaten unmittelbare Geltung entfalten (Art. 249 Abs. 2 EGV). Damit ist unterschiedliches Chemikalienrecht in der Gemeinschaft nicht mehr möglich. Das ist zu begrüßen.

Positiv ist zu sehen, dass die Verordnung, soweit ihr Anwendungsbereich eröffnet ist, nicht auf Regelungen verweist, die nicht in ihr selbst oder ihren Anhängen geregelt sind. Vielmehr ersetzt die REACH-VO 44 Richtlinien und Verordnungen.[66] Dies erleichtert nicht nur die Übersichtlichkeit des Chemikalienrechts, sondern

64 Sonst macht Art. 63 REACH-VO keinen Sinn. So auch *Fischer* Verbraucherschutz (Fn 57) S. 26; *Mestel/Montfort* ZfStoffR 2004, 124, 127.

65 *Geiger* in: ders., EUV/EGV, Art. 249 EGV Rn 6; *Klein/Wahl/Allescher* ZfStoffR 2006, 163, 163.

66 *Schulte-Braucks* ZfStoffR 2004, 62, 64.

steigert aus Sicht des Anwenders in hohem Maße die Rechtssicherheit. Mithin ist der Aufbau der REACH-VO übersichtlich und anwendungsfreundlich.

Der latente Informationsmangel, der am bestehenden Recht stets kritisiert wurde, wird nunmehr durch umfassendere Hersteller- und Verwenderpflichten behoben. Zudem ist anzunehmen, dass die Ausgestaltung des Zulassungsverfahrens in Form eines präventiven Verbots mit Erlaubnisvorbehalt gewährleistet, dass die Industrie aufgrund ihres wirtschaftlichen Interesses an der Herstellung und Vermarktung die erforderlichen Stoffinformationen verhältnismäßig zügig übermittelt.[67] Durch die Pflicht, nunmehr auch Altstoffe zu registrieren, wurde eines der Hauptdefizite des bestehenden Rechts behoben.

Die Verordnung geht von einem Tonnenkonzept aus, letztlich entscheidet also die Produktions- oder Vermarktungsmenge über Registrierung und Zulassung. Sie gestaltet dieses Konzept jedoch insofern flexibler, als sie von diesem ausgehend auf die abgeschätzte Exposition abstellt. Damit soll diese zum eigentlich entscheidenden Maßstab der Stoffprüfung gemacht werden.[68] Das kann man kritisch sehen, weil die Mengenstufen keine Angaben über die tatsächliche Exposition von Mensch und Umwelt machten; so sei es praktisch möglich, dass Stoffe mit lediglich kleinen Produktionsmengen zu hohen Expositionen von Arbeitnehmern und Verbrauchern kämen, während rein industriell eingesetzte Stoffe, die hingegen ein größeres Produktionsvolumen haben, kaum exponiert werden.[69] Zudem würden so etwa 70 Prozent der Langzeittests entbehrlich.[70] Diese Kritik mag im Einzelfall[71] zwar durchaus zutreffend sein, jedoch soll eine derartige Verordnung imstande sein, möglichst viele Sachverhalte angemessen zu regeln. Stellte man in jedem separaten Fall auf die individuelle Exposition ab, die sich ohnehin nur bei genauen Kenntnissen über die Wirkungen des Stoffs ermitteln lässt, so brächte das Informationserlangungsverfahren der Industrie keinen wirtschaftlichen Vorteil.[72] Zudem würde man der Übersichtlichkeit der Verordnung[73] in derart unzureichender Weise gerecht, dass von einer Rechtsicherheit bei den Adressaten der Verordnung kaum mehr ausgegangen werden könnte.[74] Da das Expositionspotential von Stoffen mit größeren Produktionsmengen in der überwiegenden Zahl an Fallen höher ist, bietet sich an, dieses als abstrakten, objektiven Maßstab heranzuziehen.

67 *Calliess* UTR 68, 11, 61; *Köck* ZUR 2001, 303, 307.

68 KOM(2001) 88, S. 14.

69 *Romanowski* EurUP 2004, 72, 73.

70 *Lahl* ZfStoffR 2005, 70, 77.

71 90 Prozent der heutigen Chemikalienexposition gehen von hochvolumigen Stoffen aus, *Lahl* ZfStoffR 2005, 70, 73.

72 *Lahl* ZfStoffR 2005, 70, 77; insbesondere die downstream user würden unter höheren Kosten leiden, *ders.* ZfStoffR 2005, 70, 79.

73 Vgl. hierzu die vom VCI vorgeschlagenen Expositionskategorien in *Romanowski* EurUP 2004, 72, 73.

74 Mit anderer Argumentation, aber i.E. vergleichbar: *Lahl* ZfStoffR 2005, 70, 77.

Positiv ist zu bewerten, dass mit dem REACH-System eine Beweislastumkehr einhergeht. Das heißt, dass nicht mehr die Behörden die Gefahren einer bestimmten Substanz nachweisen müssen, sondern dass es Aufgabe der Industrie ist, die Unbedenklichkeit ihrer Produkte nachzuweisen.[75] Dieses System ist dem Verwaltungsverfahren nicht neu. Vor Durchführung eines Projekts muss dessen Umweltverträglichkeit geprüft werden.[76] Der Vorteil dieses Verfahrens besteht nicht nur darin, dass durch die Informationsbeibringungspflichten der Industrie die Behörden entlastet werden und die Kompetenz erhalten, zusätzliche erforderliche Stoffinformationen gezielt anzufordern,[77] sondern auch darin, dass die Eingriffslasten zugunsten der Behörde verschoben werden.[78]

Das Beschränkungsverfahren richtet sich nach den Art. 69–73 REACH-VO. Dies hat zur Folge, dass eine Beschränkung schnell durchgesetzt werden kann,[79] wodurch das Chemikalienrecht erheblich an Flexibilität gewinnt. Zudem werden Beschränkungen nicht mehr auf das In-Verkehr-Bringen und die Verwendung von Stoffen und Zubereitungen reduziert. Stattdessen lässt der Verordnunggeber im Sinne des Verbraucherschutzes[80] Beschränkungen für Stoffe in Erzeugnissen zu. Das ist positiv zu bewerten.

E. Gesamtbetrachtung

Der Erlass des neuen Chemikalienrechts ist ein schlagender Beweis dafür, dass die Europäische Gemeinschaft in der Lage ist, auf eine schwere menschen- und umweltrelevante Herausforderung zu reagieren. Diese Reaktion mag zwar viel Zeit gekostet haben; um Verständnis dafür ist zu bitten, weil sehr Vieles umstritten war. Das Ergebnis kann sich sehen lassen: Sehr viele Fragen wurden beantwortet, viele Probleme gelöst. Der Europäische Gesetzgeber ist seiner Verantwortung gerecht geworden. Alles in allem lässt sich festhalten, dass es wohl nirgendwo auf der Welt ein derart qualitativ hochstehendes Chemikalienrecht gibt wie in der Europäischen Gemeinschaft. Europa funktioniert.[81]

75 *Bernstorff* EurUP 2004, 68, 68 f; *Wiandt/Weiß* ZfStoffR 2005, 204, 204.
76 *Bernstorff* EurUP 2004, 68, 68 f.
77 *Köck* ZUR 2001, 303, 307.
78 *Köck* ZUR 2001, 303, 307.
79 So auch *Fischer* Verbraucherschutz (Fn 57) S. 29.
80 So auch *Fischer* Verbraucherschutz (Fn 57) S. 29 f.
81 Wie nicht anders zu erwarten war, beginnt die wissenschaftliche Diskussion von Einzelfragen der neuen VO: *Fluck* REACH: Die Foren zum Austausch von Stoffinformationen (SIEF) und die Zusammenarbeit mehrerer Verpflichteter bei der (Vor)Registrierung und Bewertung, ZfStoffR 2007, 104; *Wintterle* REACH: Deliktsrechtliche Haftung wegen Informationspflichtverletzung, ZfStoffR 2007, 118; *Fink/Hanschmidt/Lulei* REACH: Die Bedeutung der Vorregistrierung, ZfStoffR 2007, 152; *Kitzinger* Sekundärprodukte und Sekundärrohstoffe – Ende der Abfalleigenschaft und Beginn der REACH-Regulierung? ZfStoffR 2007, 159.

Die Grundrechtsfähigkeit gemischt-wirtschaftlicher Unternehmen nach europäischem Gemeinschaftsrecht

STEFAN KORTE

Kaum ein anderes Themenfeld des Wirtschaftsverwaltungsrechts[1] beforscht(e) der Jubilar derart intensiv wie das Recht der öffentlichen Unternehmen. Das Spektrum reicht von eigenen Beiträgen in Monographien, Sammelwerken oder Zeitschriften[2] über die Organisation von Tagungen[3] und die Betreuung von Dissertationen[4] auf rechtspraktische Stellungnahmen wie z.B. anlässlich des 64. Deutschen Juristentages.[5] All diese Arbeiten prägten den wissenschaftlichen Diskurs in vielfältiger Weise: Erinnert sei nur an die mit dem staatlichen Abgabenerhebungsprivileg begründete Erkenntnis, dass die Schaffung eines öffentlichen Unternehmens einen verfassungswidrigen Formenmissbrauch darstelle, wenn ein gemeinwohlfördernder Zweck fehle und es einzig um Gewinnerzielung gehe.[6] Oder um es mit den Worten des Jubilars auf den Punkt zu bringen: »Das Rathaus ist kein Kaufhaus«.[7] Dieser Beitrag will sich allerdings nicht in der Nachzeichnung von Theorien erschöpfen, die der Jubilar bereits entwickelt hat – ja, er darf es sogar nicht, würde man ihm doch sonst eine Fest(schrift)gabe zukommen lassen, die er bereits sein (geistiges) Eigentum nennen kann. Aufgrunddessen geht es in den folgenden Ausführungen vielmehr um die Frage der Gemeinschaftsgrundrechtsfähigkeit gemischt-wirtschaftlicher Unternehmen und damit um ein Problem, das auch nach Ansicht des Jubilars noch nicht hinreichend aufgearbeitet ist.[8]

1 Zum Begriff *Stober* Allgemeines Wirtschaftsverwaltungsrecht, 15. Aufl 2006, § 2 I 7.
2 *Ders.* NordÖR 2001, 331, 331 ff; *ders.* ZHR 145 (1981) 565, 565 ff; *ders.* NJW 1984, 449, 449 ff.
3 Ders./Vogel (Hrsg.) Wirtschaftliche Betätigung der öffentlichen Hand, 2000.
4 *Eisenmenger* Neuregelung des öffentlichen Unternehmensrechts? 2004.
5 *Stober* NJW 2001, 2357, 2357 ff.
6 *Ders.* ZHR 145 (1981) 565, 588 f; *ders.* NJW 1984, 449, 452 f.
7 *Ders.* NordÖR 2001, 333, 334.
8 *Ders.* (Fn 1) § 17 III 1 a.

A. Gang der Untersuchung

Eine erste Annäherung an dieses Thema soll dadurch erfolgen, dass die inhaltliche Reichweite des Untersuchungsgegenstands ausgelotet wird (B.). Im Anschluss daran ist das bisher bestehende Meinungsspektrum zur Grundrechtsfähigkeit gemischt-wirtschaftlicher Unternehmen nach europäischem Gemeinschaftsrecht darzustellen (C.). Sollten sich insoweit Divergenzen ergeben, dürfte anschließend – quasi als eine Art Streitentscheid – ein sog. wertender Rechtsvergleich vorzunehmen sein. (D.).

B. Gegenstand der Untersuchung

Es fragt sich also zunächst, was die »Gemeinschaftsgrundrechtsfähigkeit« bzw. ein »gemischt-wirtschaftliches Unternehmen« ist, um von keiner unsicheren Basis aus zu argumentieren.

I. Begriff des gemischt-wirtschaftlichen Unternehmens

Insofern liegt dem Begriff »Unternehmen« aus europarechtlicher Perspektive ein funktionales Verständnis zugrunde. Es bedarf einer nicht zwingend gewinnorientierten Tätigkeit durch eine organisatorisch verfestigte Einheit, die mit personellen und materiellen Mitteln am Wirtschaftsleben durch den Austausch von Gütern oder Leistungen am Markt teilnimmt.[9] Nicht erfasst werden somit zum einen kulturelle Angebote. Zum anderen sind aber auch Systeme sozialer Sicherheit ausgenommen, wenn sie mit Zwangsmitgliedschaften sowie nicht einzahlungsorientierten Auszahlungen operieren, weil dann das Solidaritätsprinzip, nicht aber der Leistungsaustausch dominiert.[10] Ferner liegt auch dann kein Unternehmen im europarechtlichen Sinne vor, wenn eine Einrichtung in Ausübung hoheitlicher Gewalt tätig wird. Dieser Begriff ist ebenfalls gemeinschaftsautonom zu definieren[11], was zur Folge hat, dass seine Reichweite umstritten ist.[12] Jedenfalls fällt aber die Ausübung von Regierungsbefugnissen aufgrund der damit verbundenen Zwangsmittel unter diesen Terminus und hindert deshalb die Einordnung einer Organisation als Unternehmen im europarechtlichen Sinne.[13]

»Gemischt-wirtschaftlich« ist ein Unternehmen dann, wenn an ihm gleichermaßen staatliche und private Stellen zu welchem Proporz auch immer beteiligt sind.[14]

9 *Korte/Oschmann* NJW 2003, 1766, 1768; EuGH Slg. 1991, I-1979, Rn 21 – *Höfner und Elsner*.
10 *Weiß* EuR 2003, 165, 167; EuGH Slg. 1993, I-637, Rn 18, 20 – *Poucet und Pistre*.
11 *Jung* in: Calliess/Ruffert (Hrsg.) EUV/EGV, 3. Aufl. 2007, Art. 86 Rn 11.
12 Vgl. zum Streitstand *Koenig/Kühling* in: Streinz (Hrsg.) EUV/EGV, 2003, Art. 86 Rn 8.
13 EuGH Slg. 1994, I-43, Rn 30 – *SAT Fluggesellschaft mbH*.
14 *Wolff/Bachof/Stober* Verwaltungsrecht Bd. III, 5. Aufl. 2004, § 91 Rn 26.

Dieser hybriden Struktur können einerseits sog. »öffentliche« Unternehmen entsprechen. Damit meint das Gemeinschaftsrecht in Orientierung an die an sich nur in ihrem Anwendungsbereich relevante[15] Transparenz-Richtlinie[16] solche Einrichtungen, auf die ein mitgliedstaatlicher Hoheitsträger einen bestimmenden Einfluss über Eigentum, Beteiligungsverhältnisse oder ggf. im Gesellschaftsvertrag eingeräumte Sonder(stimm)rechte ausüben kann.[17] Andererseits sind aber auch von privater Seite beherrschte Unternehmen gemischt-wirtschaftlich, solange die öffentliche Hand an solchen Organisationen Anteile hält.

II. Begriff der Gemeinschaftsgrundrechtsfähigkeit

Der Begriff der Gemeinschaftsgrundrechtsfähigkeit kennzeichnet nicht das Objekt, sondern den normativen Anknüpfungspunkt der Untersuchung und stellt folglich die Frage, ob sich gemischt-wirtschaftliche Unternehmen auf die im Europarecht anerkannten Grundrechte berufen können. Anders als im deutschen Recht bestand indes im Gemeinschaftsrecht anfangs kein geschriebener Grundrechtskatalog. Vielmehr hat der *EuGH* diese subjektiven Garantien erst in vielen Urteilen als allgemeine Rechtsgrundsätze auf Basis des Art. 164 (heute 220) EGV aus den Verfassungen der Mitgliedstaaten und der Europäischen Menschenrechtskonvention (EMRK) entwickeln müssen,[18] was (mittlerweile) auch Art. 6 Abs. 2 EUV ausdrückt.

Auf diesen schöpferischen Akt ist die gemeinschaftsgerichtliche Rechtsprechung auch derzeit angewiesen, weil die europäische Grundrechte-Charta (EuGR-Charta) noch unverbindlich ist und erst bei Inkrafttreten des Vertrags von Lissabon geltendes Recht wird.[19] Infolgedessen hat der *EuGH* – anders als viele Generalanwälte in ihren Schlussanträgen[20] – seine Entscheidungen bisher auch nur dann auf die Charta gestützt, wenn sich der EG-Gesetzgeber in den Erwägungsgründen zu einem Sekundarrechtsakt ebenfalls auf die dortigen Garantien bezogen hat. Denn dadurch verpflichtete er sich quasi selbst auf die EuGR-Charta. Ansonsten diente dieser Normenkomplex bisher nur als unverbindliche Auslegungshilfe zur Konturierung der Gemeinschaftsgrundrechte.[21]

15 Vgl. dazu *Jung* (Fn 11) Art. 86, Rn 12; *Eisenmenger* (Fn 4) S. 20 f.
16 RL 80/723/EWG v. 25. 6. 1980, ABl. L 195 v. 29. 7. 1980, S. 35 ff.
17 *Jung* (Fn 11) Art. 86, Rn 12; EuGH Slg. 1982, 2545, Rn 24 – *Kommission/Frankreich u.a.*
18 *Kingreen* (Fn 11) Art. 6 EUV, Rn 31 ff; EuGH Slg. 1969, 419, Rn 7 – *Stauder.*
19 *Terhechte* EuZW 2007, 521, 521.
20 Vgl. allgemein zu dieser Vorgehensweise *Calliess* EuZW 2001, 261, 267.
21 EuGH Slg. 2005, I-3785, Rn 118 ff – *Regione autonoma Friuli-Venezia Giulia und ERSA.*

C. BISHERIGE RECHTLICHE BEHANDLUNG DES PROBLEMS

Selbst wenn man die EuGR-Charta zur Beantwortung der Frage nach der Gemeinschaftsgrundrechtsfähigkeit gemischt-wirtschaftlicher Unternehmen heranziehen wollte, fehlt es dort schon dem Grunde nach an einer für sich genommen wirklich aussagekräftigen Norm als Anhalt. Denn die Charta enthält keine speziell auf wirtschaftende Organisationen zugeschnittenen Garantien zumal Art. 16 EuGR – Organisationen Charta (unternehmerische Freiheit) auch natürliche Personen begünstigt.[22]

I. Konfusionsargument als Ausgangspunkt

Hingegen bestimmt z.B. das deutsche Verfassungsrecht in Art. 19 Abs. 3 GG die Grundrechtsgeltung für juristische Personen bei wesensgemäßer Anwendbarkeit. Aber auch diese Formel ist trotz klaren Wortlauts mehrdeutig, wenn es um Unternehmen mit staatlicher Beteiligung geht. Denn deren Berechtigung könnte zumindest partiell dem nationalen Verständnis von den Grundrechten als originäre Abwehrrechte des Bürgers gegenüber der öffentlichen Hand widersprechen – wäre doch der Staat gleichsam verpflichtet, aber auch teilweise berechtigt.[23]

1. ... bei durchführungsbedürftigem Gemeinschaftsrecht

Dieses sog. Konfusionsargument scheint nun aus gemeinschaftsrechtlicher Perspektive zumindest dann nicht einer gewissen Logik zu entbehren, wenn eine EG-Rechtsnorm einer nationalen Umsetzungs- oder Vollzugsmaßnahme der Legislative oder Exekutive bedarf. Denn der *EuGH* hält seit jeher – wie mittlerweile auch der noch unverbindliche Art. 51 Abs. 1 EuGR-Charta – die Mitgliedstaaten im Falle einer solchen[24] »Durchführung der gemeinschaftsrechtlichen Regelungen«[25] für grundrechtsverpflichtet. Zwar sind die Konturen dieses Terminus gerade bei Umsetzungsspielräumen im EG-Sekundärrecht streitig.[26] Unabhängig von diesen Unklarheiten greift das Konfusionsargument aber zumindest bei transformationsbedürftigen EG-Rechtsakten, die gemischt-wirtschaftliche Unternehmen belasten.[27] Denn in diesem Falle kollidieren Grundrechtsverpflichtung (umsetzende bzw. voll-

22 *Crones* Grundrechtlicher Schutz juristischer Personen im europäischen Gemeinschaftsrecht, 2002, S. 158; *Barden* Grundrechtsfähigkeit gemischt-wirtschaftlicher Unternehmen, 2002, S. 194.

23 *Stober* ZHR 145 (1981) 565, 580 f; *Dreier* in: Dreier (Hrsg.) GG Bd. 1, 2. Aufl. 2004, Art. 19 III Rn 58.

24 Vgl. dazu näher *Kingreen* (Fn 11) Art. 51 GRCh, Rn 8 ff.

25 Vgl z.B. EuGH Slg. 1989, 2609, Rn 19 – *Wachauf*.

26 Vgl. dazu näher *Calliess* Möglichkeiten und Grenzen eines Ownership Unbundling, 2008, im Erscheinen.

27 So auch *Rengeling/Szczekalla* Grundrechte in der Europäischen Union, 2004, § 4 Rn 359.

ziehende Stelle) und -berechtigung (partiell staatliches Wirtschaftssubjekt) innerhalb desselben Mitgliedstaats anlässlich derselben Maßnahme der Gemeinschaft. Wegen der Vielzahl gemischt-wirtschaftlicher Unternehmen[28] ist diese Konstellation indes keine »quantité negligeable«, zumal der *EuGH* die Grundrechte auch in europarechtlich nicht unmittelbar determinierten Bereichen anwendet – so wenn Richtlinien[29] und Verordnungen[30] Spielräume lassen.[31]

Glaubt man manchen Stimmen in der Literatur, soll das Argument der Konfusion jedoch im Falle des Erfordernisses eines nationalen Transformationsaktes zur Umsetzung bzw. zum Vollzug von EG-Recht nicht gegen die Grundrechtsfähigkeit gemischt-wirtschaftlicher Unternehmen sprechen. Denn die Rechtsbeziehungen einer juristischen Person mit mitgliedstaatlicher Beteiligung zum nationalen Hoheitsträger einerseits und zu den natürlichen Personen andererseits seien grundverschieden. Es handele sich vielmehr um zwei zu trennende Ebenen, auf denen prinzipiell auch ein Grundrecht einmal zulasten und einmal zugunsten des Staates wirken könne, nicht aber müsse.[32] Diese Sichtweise ist im nationalen Verfassungsrecht als herrschend anzusehen[33] und folgt dort insbesondere daraus, dass der Staat keinen monolithischen Block darstellt, sondern vielmehr aus unterschiedlichen Rechtsträgern besteht.[34] Sie hat deshalb auch zur Konsequenz, dass bei Eingriffen desselben Rechtsträgers bzw. in ein- und dasselbe Rechtsverhältnis das Konfusionsargument gilt.[35] Aus europarechtlicher Perspektive kommt diesem Argument indes eine noch weitreichendere Bedeutung zu. Denn wenn ein mitgliedstaatlicher Durchführungsakt zwischen die supranationale Hoheitsgewalt und den Adressaten der Maßnahme tritt, stehen sich in ein- und demselben Mitgliedstaat die nationalen Stellen als Grundrechtsverpflichtete und die gemischt-wirtschaftlichen Unternehmen als -berechtigte direkt gegenüber. Folglich sind insoweit – sieht man einmal von den privaten Anteilseignern ab (siehe zu den Konsequenzen ihrer Existenz S. 143) – allein staatliche Einrichtungen betroffen, die das Gemeinschaftsrecht aber als Einheit behandelt, weil es für den staatsinternen Aufbau blind ist, um nicht mehr- gegenüber eindimensionalen Organisationsformen entgegen dem europarechtlichen Gebot zur Gleichbehandlung aller Mitgliedstaaten[36] zu privilegieren.[37]

28 Überblick bei *Eisenmenger* (Fn 4) S. 23, 31 ff, der aber auch rein staatliche Beteiligungen aufführt; vgl. auch *Wolff/Bachof/Stober/Kluth* Verwaltungsrecht I, 12. Aufl. 2007, § 34 Rn 17 sowie *Storr* Der Staat als Unternehmer, 2002, S. 11 ff.

29 EuGH Slg. 2006, I-5769, Rn 104 ff – *Familienzusammenführung*.

30 EuGH Slg. 1989, 2609, Rn 19 – *Wachauf*.

31 Vgl. dazu näher *Calliess* (Fn 26) im Erscheinen; *Thym* NJW 2007, 3249, 3250.

32 So *Crones* (Fn 22) 2002, S. 173 f im Anschluss an *Stern* Staatsrecht, Bd. III/1, 1988, § 71 III 5.

33 Vgl. *Wolff/Bachof/Stober/Kluth* (Fn 28) § 34 Rn 13 ff.

34 *Dreier* (Fn 23) Art. 19 III Rn 58; *Schoch* JURA 2001, 201, 204.

35 *Kröger* JUS 1981, 26, 29; *Huber* in: von Mangoldt/Klein/Starck (Hrsg.) GG Bd. 1, 5. Aufl. 2005, Art. 19 Abs. 3 Rn 251.

36 Vgl. dazu z.B. *Tettinger* in Baur/Müller-Graff/Zuleeg (Hrsg.) FS-Börner, 1992, S. 625, 639.

Mithin fehlt es zumindest in Bezug auf das Verhältnis zwischen Mitgliedstaat und dem mitgliedstaatlichen Anteil des gemischt-wirtschaftlichen Unternehmens im Falle des Erfordernisses eines nationalen Durchführungsakts von Gemeinschaftsrecht an verschiedenen Grundrechtsschichten. Daraus folgt dann aber auch, dass das Konfusionsargument – wie erörtert anders als im deutschen Recht – der Anwendbarkeit der Gemeinschaftsgrundrechte zunächst einmal entgegen steht.

Eine abweichende Betrachtung ergibt sich auch nicht daraus, dass die dem nationalen Transformationsakt zugrunde liegende Gemeinschaftsnorm wegen der Umsetzungs- bzw. Vollzugspflichten bereits für sich genommen eine eingriffsgleiche Grundrechtsgefährdung auslöst.[38] Denn gegen eine supranationale Maßnahme kann ein gemischt-wirtschaftliches Unternehmen mangels unmittelbarer und individueller Betroffenheit im Sinne des Art. 230 Abs. 4 EGV zumindest normalerweise[39] nicht vorgehen. Es muss sich vielmehr gegen den nationalen Transformationsakt im Wege des sog. indirekten Rechtsschutzes zur Wehr setzen, auf den aber wie soeben erörtert das Konfusionsargument prinzipiell anwendbar ist.

2. … bei Gemeinschaftsrecht im Sinne des Art. 230 Abs. 4 EGV

Der Aspekt der unmittelbaren und individuellen Betroffenheit im Sinne des Art. 230 Abs. 4 EGV weist indes den Weg zu Konstellationen, in denen das Argument der Kollision zwischen Grundrechtsberechtigung und -verpflichtung innerhalb eines Mitgliedstaats nicht greifen dürfte. Denn wenn die Voraussetzungen dieser Vorschrift gegeben sind, kann ein gemischt-wirtschaftliches Unternehmen direkt gegen die supranationale Beeinträchtigung vorgehen. In diesem vor allem bei Entscheidungen im Sinne des Art. 249 Abs. 4 EGV vorliegenden Falle fehlt es dann aber an der Zwischenschaltung einer weiteren nationalen Stelle neben dem partiell staatlichen Wirtschaftssubjekt. Vielmehr besteht der Grundrechtsschutz direkt gegenüber der EG, während sich mangels Beteiligung einer (anderen) nationalen Stelle neben den mitgliedstaatlichen Anteilen des gemischt-wirtschaftlichen Unternehmens allenfalls eine Grundrechtsbindung des Unternehmens selbst und dann auch nur bei staatlicher Dominanz[40] gegenüber etwaigen Privatrechtssubjekten konstruieren ließe.[41] In diesem Falle wäre dann aber wiederum eine andere Grundrechtsebene angesprochen, so dass das Konfusionsargument in Entsprechung zum obigen Ansatz nicht greift.

37 *Huber* Recht der europäischen Integration, 2. Aufl. 2002, § 5 II 4; vgl. auch *Kahl* (Fn 11) Art. 10 Rn 18.
38 *Ehlers* in Ehlers (Hrsg.), Europäische Grundrechte und Grundfreiheiten, 2. Aufl. 2005, § 14 Rn 44.
39 Näher dazu *Cremer* (Fn 11), Art. 230 Rn 49 ff.
40 *Quasdorf* Dogmatik der Grundrechte in der Europäischen Union, 2001, 143.
41 Ansonsten ist nur ein Einwirkungsversuch geschuldet; vgl. *Rengeling/Szczekalla* (Fn 27) § 4 Rn 330.

II. Konsequenzen des Konfusionsarguments

Falls ein nationaler Durchführungsakt nötig ist, beansprucht das Konfusionsargument jedoch im Gemeinschaftsrecht an sich Geltung, was dort die Beantwortung der Frage nach der Grundrechtsfähigkeit juristischer Personen mit staatlicher Beteiligung erheblich erschweren dürfte.

1. Zwischen Irrelevanz ...

Indes sind die daraus resultierenden Probleme im Geltungsbereich der sog. Prozessgrundrechte[42] und bei sog. grundrechtsdienenden Staatseinrichtungen[43] nicht von Belang – sei es, weil es sich um allgemeine Verfahrensgarantien unabhängig von der Unternehmensträgerschaft handelt, oder sei es, weil die jeweilige Einrichtung die Gemeinschaftsgrundrechte gebündelt für die Unionsbürger wahrnimmt und ihnen so zur Entfaltung ihrer Freiheiten erst verhilft.

Des Weiteren ist ein gemischt-wirtschaftliches Unternehmen nur berechtigt, wenn sich das Gemeinschaftsgrundrecht auf eine juristische Person anwenden lässt, was im Falle solcher Rechtspositionen, die wie z. B. die Menschenwürde spezifisch menschliche Eigenschaften voraussetzen, nicht gegeben ist. Dieses Erfordernis gilt aber auch für rein private Organisationsformen und ist daher kein Spezifikum gemischt-wirtschaftlicher Unternehmen.[44]

2. ... und Komplexität

Außerhalb dieser Konstellationen ist die Gemeinschaftsgrundrechtsfähigkeit partiell staatlicher Wirtschaftssubjekte jedoch weit gehend ungeklärt und daher auch stark umstritten.[45]

a) Sichtweise der Literatur

In der Literatur wird – freilich ohne jede Differenzierung nach dem Initiator des grundrechtsbeeinträchtigenden Akts – die gesamte Bandbreite möglicher Ansichten vertreten. So halten manche gemischt-wirtschaftliche Unternehmen für gemeinschaftsgrundrechtfähig – sei es weil sie generell nicht nach der Unternehmensträgerschaft differenzieren[46] oder weil sie jede am Wettbewerb teilnehmende Einheit[47]

42 *Rengeling/Szczekalla* (Fn 27) § 5 Rn 393. EuG Slg. 1998, II-2937, Rn 60 – *ITT Promedia NV.*

43 *Nowak* in: Heselhaus/Nowak (Hrsg.) Handbuch der europäischen Grundrechte, 2006, § 5 Rn 24.

44 Vgl. dazu z.B. *Burgi* EuR 1997, 261, 288; *Tettinger* (Fn 36) S. 625, 639.

45 Vgl. z.B. *Nowak* (Fn 43) § 6 Rn 25 f.

46 *Burgi* EuR 1997, 261, 287; ähnl. *Schmidt-Preuß* in: Baur/Pritzsche/Simon (Hrsg.) Unbundling in der Energiewirtschaft, 2006, Kap. 1 Rn 66.

47 *Schnelle* EuZW 1994, 556, 559; *Crones* (Fn 22) S. 176 f.

bzw. die private Beteiligung als solche[48] für schutzwürdig erachten. Hingegen lehnen andere diese Konsequenz zumindest im Falle eines beherrschenden mitgliedstaatlichen Einflusses ab.[49] Vermittelnd wird schließlich noch ähnlich wie im deutschen Recht das Wesen des jeweiligen Grundrechts für entscheidend gehalten.[50]

b) Gemeinschaftsgerichtliche Rechtsprechung

Aus der Rechtsprechung des *EuGH* lassen sich in Bezug auf die Gemeinschaftsgrundrechtsfähigkeit gemischt-wirtschaftlicher Unternehmen zwar keine eindeutigen Schlüsse ziehen, aber zumindest Tendenzen ableiten. So hat der Gerichtshof in der Rechtssache *Flughafen Hannover-Langenhagen I* einer überwiegend von der öffentlichen Hand gehaltenen Flughafenbetriebs-GmbH, an der auch die seit Mitte 2001 zu etwa 20 Prozent privat gehaltene FraPort AG schon damals mit etwa 20 Prozent beteiligt war, »Eigentumsrechte« und die »Gewerbefreiheit« zugebilligt.[51] Dieses Urteil deutet darauf hin, dass sich partiell staatliche Wirtschaftssubjekte auch nach Ansicht des *EuGH* auf Grundrechte berufen können, und zwar sogar bei einem beherrschenden öffentlichen Einfluss. Es handelt sich aber nur um ein schwaches Indiz, weil der Gerichtshof einen Verstoß gegen die Eigentums- bzw. Gewerbefreiheit inhaltlich verneinte und die Frage nach der Grundrechtsberechtigung nicht entschied.[52] Das gilt auch für ein vorangegangenes Urteil des *EuGH* zur Transparenz-Richtlinie, wo der allgemeine Gleichheitssatz europäischer Prägung zwar zugunsten öffentlicher (also staatlich dominierter) Unternehmen geprüft, eine Verletzung aber ebenfalls abgelehnt wurde.[53]

D. WERTENDER RECHTSVERGLEICH ALS KÖNIGSWEG?

Die Frage nach der Gemeinschaftsgrundrechtsfähigkeit gemischt-wirtschaftlicher Unternehmen liegt nach alledem somit weitgehend im Dunkeln.

48 *Jarass* EU-Grundrechte, 2005, § 4 Rn 33 f.

49 *Ehlers* (Fn 38) § 14 Rn 30; *Weiß* EuR 2003, 165, 182; *Storr* (Fn 28) S. 296.

50 *Windthorst* VerwArch. (95) 2004, 377, 384; ähnl. *Kugelmann* Grundrechte in Europa, 1997, S. 23.

51 Vgl. zur Eigentumsstruktur S. 7, 65 des Geschäftsberichts der Fraport AG aus dem Jahre 2001, abrufbar unter www.fraport.de/cms/investor_relations/dokbin/11/11895.geschaeftsbericht_2001.pdf (Stand: 10/2007).

52 Dazu insgesamt EuGH Slg. 2003, I-11893, Rn 53, 55, 59 – *Flughafen Hannover-Langenhagen I.*

53 EuGH Slg. 1982, 2545, Rn 21 – *Frankreich, Italien und Vereinigtes Königreich/Kommission.*

I. Bestandteile

Erhellend könnte aber in Entsprechung zu Art. 6 Abs. 2 EUV ein Rekurs auf die Verfassungsüberlieferungen der Mitgliedstaaten und auf die EMRK sein, zumal auch der *EuGH* auf diese Quellen zur Konkretisierung des Schutzumfangs der Gemeinschaftsgrundrechte immer wieder abstellt. Ein solcher wertender Rechtsvergleich verlangt inhaltlich nach einer Durchsicht des in Art. 6 Abs. 2 EUV erwähnten Normbestands. Innerhalb dieser Gegenüberstellung ist zu fragen, inwieweit die mitgliedstaatlichen Verfassungen bzw. die EMRK gemischt-wirtschaftliche Unternehmen als grundrechts- bzw. konventionsrechtsfähig ansehen. Summa summarum kommt es aber nicht auf den Maximal-, Mittel-, Mehrheits- oder Minimalstandard, sondern auf eine Gesamtschau des in diesen Erkenntnisquellen gewährten Schutzumfangs an.[54]

Die so gewonnenen Ergebnisse sind im Rahmen einer weiteren Wertung auf ihre Kompatibilität mit den Zielen und Strukturen der Gemeinschaft zu überprüfen. Denn die Grundrechte sollen auf supranationaler Ebene dazu dienen, die gesellschaftlichen und wirtschaftlichen Verhältnisse mitgliedstaatsübergreifend zu ordnen. Aus diesem Grunde müssen diese subjektiven Garantien aber auch dem Gemeinschaftsgefüge entsprechen.[55]

II. Durchführung

Kurz gesagt erfordert ein wertender Rechtsvergleich somit die Ermittlung des in den relevanten Normenkomplexen angelegten Grundrechtsschutzes gemischt-wirtschaftlicher Unternehmen, der anschließend anhand des EG-Rechts selbst zu würdigen ist.

1. Mitgliedstaatliche Verfassungen

Insofern ergibt sich aus den mitgliedstaatlichen Verfassungen allerdings kein einheitliches Bild. So genießen dort teilweise ausschließlich natürliche Personen, manchmal aber auch alle (juristischen) Personen Schutz. Zudem werden oftmals differenzierte Betrachtungen angestellt, nach denen die Grundrechtsberechtigung gemischt-wirtschaftlicher Unternehmen von der wahrgenommenen Funktion oder dem Grad des staatlichen Einflusses abhängen soll.[56]

54 *Rengeling/Szczekalla* (Fn 27) § 3 Rn 163 f.

55 *Nicolaysen* (Fn 43) § 1 Rn 63; EuGH Slg. 1970, 1125, Rn 4 – *Internationale Handelsgesellschaft.*

56 So auch *Barden* (Fn 22) S. 183; *Tettinger* (Fn 36) S. 633; *Storr* (Fn 28) S. 294 f.

2. Europäische Menschenrechtskonvention (EMRK)

Mangels Aussagekraft der nationalen Verfassungen bleibt die EMRK als Rechtserkenntnisquelle, aus der man Hinweise für die Konventionsrechtsfähigkeit partiell staatlicher Wirtschaftssubjekte ableiten könnte. Ausgangspunkt der Überlegungen ist deren Art. 34, wonach eine Individualbeschwerde nur natürliche Personen, Personengruppen oder nichtstaatliche Organisationen erheben dürfen. Da an gemischtwirtschaftlichen Unternehmen zwingend auch die öffentliche Hand beteiligt ist, ließe sich deren Beschwerdeberechtigung also nur über das Merkmal »nichtstaatliche Organisation« herleiten. Dessen Inhalt ist aber streitig.

Das insoweit in der Literatur vertretene Meinungsspektrum bezieht sich vornehmlich auf juristische Personen des öffentlichen Rechts, die niemals[57] oder nur bei fehlender Regierungskontrolle[58] für konventionsrechtsfähig gehalten werden. Soweit überhaupt behandelt sollen gemischt-wirtschaftliche Unternehmen hingegen nach manchen Stimmen wegen der privaten Anteilseigner immer schutzwürdig sein,[59] während andere generell alle Wirtschaftssubjekte und damit auch partiell öffentliche begünstigen wollen.[60] Schließlich wird zur Begründung der Konventionsrechtsfähigkeit teilweise noch auf den Grad der Staatsnähe abgestellt.[61]

Eben diesen Ansatz scheint auch der *EGMR* zu wählen. Dessen Rechtsprechung bezog sich soweit ersichtlich bisher zwar sogar ausschließlich auf juristische Personen des öffentlichen Rechts. Dennoch zeigen die ergangenen Urteile, dass eine nichtstaatliche Organisation im Sinne des Art. 34 EMRK keine Zwangsbefugnisse ausüben und keine öffentlichen Aufgaben unter Regierungskontrolle erfüllen darf. Diesen Vorgaben genügt nach Ansicht des Gerichtshofs sogar eine öffentliche Rundfunkanstalt, solange deren institutionelle Autonomie rechtlich abgesichert ist.[62] Mithin dürften gemischt-wirtschaftliche Unternehmen zumindest dann konventionsrechtsfähig sein, wenn sie keine Träger von Hoheitsgewalt sind, wobei derartige Organisationen schon nicht die Anforderungen eines Unternehmens im gemeinschaftsrechtlichen Sinne erfüllen. Die europarechtlich relevanten Vorgaben lassen sich in diesem Zusammenhang daher darauf beschränken, dass ein gemischtwirtschaftliches Unternehmen öffentliche Aufgaben ohne dominierenden staatlichen Einfluss – sei es wegen Eigentums, Beteiligung oder Sonder(stimm)rechten – oder aber private Aufgaben wahrnehmen muss, um grundrechtsfähig zu sein.

57 So offenbar *Peukert* in: Peukert/Frowein, EMRK, 2. Aufl. 1996, Art. 25 Rn 16.
58 *Rogge* in: Golsong/Karl/Wildhaber (Hrsg.) Int. Komm.zur EMRK, Bd. 2, 6. EL 2004, Art. 34 Rn 136.
59 *Crones* (Fn 22) S. 102; *Grabenwarter* Europäische Menschenrechtskonvention, 2. Aufl. 2005, S. 102.
60 *Tettinger* (Fn 36) S. 625, 634 f.
61 *Barden* (Fn 22) S. 189.
62 EGMR, Urteil v. 7. 12. 2006, Beschw.-Nr. 35.841/02 – *Österreichischer Rundfunk/Österreich* (unv.); abrufbar unter www.menschenrechte.ac.at/docs/06_6/06_6_11 (Stand: 10/2007).

3. Einfügen in die Ziele und Strukturen der Gemeinschaft

Da der Rechtsprechung des *EGMR* auch nach Auffassung des *EuGH* eine hohe Bedeutung für die Herleitung des Schutzumfangs der Grundrechte[63] zukommt, ist nunmehr zu fragen, ob es sich mit den Strukturen und Zielen der Gemeinschaft verträgt, wenn sich gemischt-wirtschaftliche Unternehmen unter den soeben beschriebenen Voraussetzungen auf die Gemeinschaftsgrundrechte berufen können.

a) Inhaltliche Bedeutung des Kriteriums

Insofern steht das Resultat der rechtsvergleichenden Umschau unter einem EG-rechtlich autonomen Modifizierungsvorbehalt. Dessen Reichweite bestimmt sich primär nach den in den Art. 2, 3 EGV niedergelegten Zielen der EG[64] und damit nach den wesentlichen Strukturen des Gemeinschaftsrechts wie z.B. dem in Art. 14 Abs. 2 EGV verankerten Binnenmarktgedanken.

b) Verfolgter Erwerbszweck als Begründungsansatz

Vor diesem Hintergrund wird gelegentlich auf Art. 48 Abs. 2 EGV verwiesen, um die Grundrechtsfähigkeit gemischt-wirtschaftlicher Unternehmen zu begründen. Denn nach dieser Vorschrift könne sich jede juristische Person des öffentlichen und privaten Rechts bei (von partiell staatlichen Wirtschaftssubjekten per definitionem) verfolgtem Erwerbszweck auf die Grundfreiheiten berufen, soweit sie (bei gemischt-wirtschaftlichen Unternehmen ebenfalls per definitionem) keine Hoheitsrechte ausüben. Die Norm reagiere damit auf die Schutzbedürftigkeit von Gesellschaften jeder Trägerschaft,[65] da eine wirtschaftliche Betätigung ohne überindividuelle Kapitalansammlung im Binnenmarkt kaum möglich sei.[66] Dieser Gedanke müsse aber auch für das Anwendungsgebiet der Grundrechte gelten. Denn dort nehme ein gemischt-wirtschaftliches Unternehmen am Marktgeschehen teil wie im Einflussbereich der Grundfreiheiten, so dass es hier wie dort schutzwürdig sei.[67] Dieser Argumentation wird jedoch teilweise die unterschiedliche Struktur beider subjektiver Berechtigungen entgegen gehalten. Während die Grundfreiheiten primär die Vollendung des Binnenmarktes und den Abbau von Hindernissen für grenzüberschreitende Aktivitäten als transnationale Integrationsnormen bezwecken, dienen die Grundrechte der supranationalen Legitimation von Gemeinschaftsrechtsakten.[68]

63 EuGH Slg. 2002, I-9011, Rn 29 – *Roquette Freres*; *Kingreen* (Fn 11) Art. 52 EuGR-Charta Rn 21.
64 *Bleckmann* (Fn 36) S. 29, 35 f; ausführlich *Weiß* Verteidigungsrechte im Kartellverfahren, 1996, S. 61 ff.
65 So allg. *Müller-Graff* (Fn 12) Art. 48 Rn 1, 5.
66 So auch *Stober* (Fn 1) § 17 III 1 a; *ders.* NJW 2002, 2357, 2368.
67 *Scholz/Langer* Europäischer Binnenmarkt und Energiepolitik, 1992, S. 244 ff; *Crones* (Fn 22) S. 176 f.
68 *Kingreen* (Fn 11) Art. 28–30 Rn 5 ff.

Wegen dieser unterschiedlichen Zielsetzungen könne man beide Garantien aber nicht gleich setzen.[69]

c) Ziel gleicher Wettbewerbsbedingungen als Begründungsansatz

Im Ergebnis lässt sich aus Art. 48 Abs. 2 EGV somit zumindest kein allgemein akzeptiertes Argument für die Grundrechtsfähigkeit gemischt-wirtschaftlicher Unternehmen herleiten, so dass nach anderen Ansätzen zu suchen ist. In Betracht käme z.B. ein eventuell aus den Strukturen und Zielen der Gemeinschaft ableitbares Gebot zur Herstellung gleicher Wettbewerbsbedingungen zwischen privaten und partiell staatlichen Wirtschaftssubjekten.

aa) Bezug zu den Zielen und Strukturen der Gemeinschaft

Ein gemeinschaftsweit unverfälschter und freier Wettbewerb ist nämlich unabdingbar für eine harmonische Entwicklung des Wirtschaftslebens im Sinne des Art. 2 EGV und stützt zugleich den Binnenmarkt.[70] Daher würde sich die Grundrechtsfähigkeit gemischt-wirtschaftlicher Unternehmen in diese gemeinschaftsrechtlichen Strukturelemente einfügen, wenn das EG-Recht partiell staatliche Wirtschaftssubjekte behandeln will wie grundrechtsfähige Privatunternehmen. In diesem Falle wäre deren Berechtigung sogar eine zwingende Konsequenz des freien und unverfälschten Wettbewerbs bzw. des Binnenmarktes, die unisono insbesondere auf vergleichbare Konditionen für alle Wirtschaftsakteure und damit auch auf vergleichbare Schutzstandards bei europarechtlichen Reglementierungen abzielen.[71] Denn es sind vor allem die Gemeinschaftsgrundrechte in ihrer Funktion als Abwehrrechte, die einem Marktteilnehmer Schutz gegen Maßnahmen des EG-Gesetzgebers bieten.

Obwohl in Art. 3 Abs. 1 lit. g) EGV die Herstellung eines Systems freien und unverfälschten Wettbewerbs als wesentliches Tätigkeitsfeld der Gemeinschaft identifiziert wird, beantwortet diese Norm die somit aufgeworfene Frage nach der Gleichbehandlung rein privater und gemischt-wirtschaftlicher Unternehmen nicht. Denn sie lässt den geschützten Personenkreis offen. Folglich ist nach anderen Anhalten im EG-Recht zu suchen, wobei es ausreicht, wenn den objektiv-rechtlichen Zielen einer Bestimmung zu entnehmen ist, dass das Gemeinschaftsrecht private und gemischt-wirtschaftliche Unternehmen als Marktakteure über bestimmte Vorgaben an die Mitgliedstaaten gleich stellen will. Denn dann darf es nicht nur private, sondern muss auch partiell staatliche Wirtschaftssubjekte als grundrechtsberechtigt anerkennen, weil es sonst zu supranational induzierten Unterschieden in den Wettbewerbsbedingungen käme – also aus europarechtlicher Perspektive keine Gleichbehandlung bestünde.

69 Vgl. *Windthorst* VerwArch. 95 (2004) 377, 385.
70 Vgl. dazu *Streinz* (Fn 12) Art. 2, Rn 24.
71 *Frenz* Handbuch Europarecht, Bd. 2, 2005, Kap. 1 Rn 20 ff.

bb) Eigentumspolitische Neutralität aus Art. 295 EGV als Ausschlusskriterium?

Unter Berücksichtigung dessen könnte jedoch Art. 295 EGV dem gemeinschaftsrechtlichen Ziel zur Schaffung gleicher Wettbewerbsbedingungen für alle Unternehmen unabhängig von ihrer Trägerschaft entgegen stehen. Denn nach dieser Norm lässt der EG-Vertrag die Eigentumsordnungen in den verschiedenen Mitgliedstaaten unberührt.

Daraus leitet ein Teil der Lehre[72] anknüpfend an einen Schlussantrag des Generalanwalts *Colomér* zur Rechtssache »Goldene Aktien«[73] ab, dass die Gemeinschaft generell keine Befugnis habe, materielle Vorgaben für privatisierte oder verstaatlichte Unternehmen zu machen. Wäre diese Sichtweise korrekt, dürfte die EG schon mangels Rechtsetzungszuständigkeit keine Regelungen treffen, um innerhalb des Binnenmarktes gleiche Wettbewerbsbedingungen für private und gemischtwirtschaftliche Unternehmen herzustellen. Infolgedessen würde sich dieses Ansinnen aber schon dem Grunde nach nicht in die Ziele und Strukturen der Gemeinschaft einfügen. Wäre doch das EG-Recht schon nicht anwendbar. Die überwiegende Literatur[74] misst Art. 295 EGV im Einklang mit dem *EuGH*[75] indes keine derartige Bedeutung zu. Vielmehr sei diese Norm nur Ausdruck der eigentumspolitischen Neutralität des Gemeinschaftsrechts und beziehe sich ausschließlich auf die Eigentumszuordnung in den Mitgliedstaaten – also darauf, ob eine wirtschaftliche Tätigkeit über private oder öffentliche Unternehmensformen durchgeführt werden solle. Außerhalb dieser Frage und damit insbesondere in Bezug auf Regeln, die nicht die Entscheidung über Privatisierung oder Verstaatlichung betreffen, sei das Gemeinschaftsrecht aber uneingeschränkt anwendbar.

Diese Sichtweise ist schon aufgrund der Entstehungsgeschichte des Art. 295 EGV vorzugswürdig. Denn diese Norm wurde im Gemeinschaftsrecht als Reaktion auf die stark unterschiedlichen Eigentumsstrukturen in den Mitgliedstaaten verankert. Aus diesem Grunde spricht vieles dafür, dass Art. 295 EGV nationale Gestaltungsspielräume ausschließlich zur Ermöglichung einer Privatisierung oder Verstaatlichung etwaiger Produktionsfaktoren schaffen will.[76] Schließlich wäre es ohne eine entsprechende Regelung schwierig geworden, einen gemeinsamen Nenner zwischen den unterschiedlichen nationalen Vorstellungen herzustellen.[77] Hinzu kommt, dass eine Erstreckung des Art. 295 EGV über die Eigentumszuordnung hinaus dazu führen würde, dass das europäische Recht unter dem Vorbehalt mitgliedstaatlicher Re-

72 *Koenig/Kühling* (Fn 12) Art. 295 Rn 13; *Spindler* RIW 2003, 850, 853.
73 Schlussanträge zu EuGH – Rs. C-367/98, Slg. 2002, I-4731, Tz. 66, 91 – *Kommission/Portugal.*
74 *Klein* in: Hailbronner/Klein/Magiera/Müller-Graff, EUV/EGV, Bd. 2, 3. EL 1994, Art. 222 Rn 7.
75 EuGH Slg. 2002, I-4731, Rn 47 f – *Kommission/Portugal.*
76 *Hatje* in: von Bogdandy (Hrsg.) Europäisches Verfassungsrecht, 2003, S. 683, 735.
77 *Kingreen* (Fn 11) Art. 295 Rn 2.

gelungen stünde,[78] was dessen Einheit und Wirksamkeit stark gefährden würde. Im Ergebnis sprechen somit die besseren Argumente dafür, dass das Gemeinschaftsrecht nur die Eigentumszuordnung wegen Art. 295 EGV unberührt lässt, ansonsten aber anwendbar ist. Folglich widerspricht dieser negative Kompetenzausübungsvorbehalt nicht der Herleitung eines Gebots zur Herstellung gleicher Wettbewerbsbedingungen zwischen privaten und (partiell) staatlichen Unternehmen aus den Zielen und Strukturen des Gemeinschaftsrechts. Umgekehrt begründet er aber auch nicht die These, dass das EG-Recht dieses Ansinnen tatsächlich verfolgt.

cc) Anhaltspunkte im Gemeinschaftsrecht …

Art. 295 EGV lässt aber jedenfalls die Möglichkeit unberührt, andere europarechtliche Vorschriften als Argumentationsgrundlage zur Begründung eines gemeinschaftsrechtlichen Gebots der Gleichbehandlung staatlicher und privater Wirtschaftssubjekte heranzuziehen.

(1) … in Bezug auf staatlich beherrschte Unternehmen

In diesem Zusammenhang seien zunächst Normen über diejenigen gemischtwirtschaftlichen Rechtssubjekte beleuchtet, die staatlich beherrschte – also öffentliche – Unternehmen sind.

(a) Das Besserstellungsverbot aus Art. 86 Abs. 1 EGV

Insofern bestimmt Art. 86 Abs. 1 EGV, dass die Mitgliedstaaten in Bezug auf derartige Wirtschaftssubjekte keine dem Vertrag widersprechenden Maßnahmen treffen oder beibehalten. Diese Norm verpflichtet folglich alle nationalen Stellen, gegenüber öffentlichen Unternehmen das (un)geschriebene Primärrecht einzuhalten. So wird verhindert, dass die Mitgliedstaaten über von ihnen beherrschte Einrichtungen dem Gemeinschaftsrecht entfliehen[79] und ihre eigenen Unternehmen entgegen dem EG-Recht unterstützen. Dadurch stellt Art. 86 Abs. 1 EGV öffentliche Unternehmen auf eine Stufe mit privaten,[80] da die Norm das Näheverhältnis vom Mitgliedstaat zu dem von ihm dominierten Wirtschaftssubjekten überwindet und so Marktvorteilen staatlich beherrschter Unternehmen entgegen wirkt.[81] Das in Art. 86 Abs. 1 EGV enthaltene Privilegierungsverbot zielt so gesehen darauf ab, gleiche Wettbewerbsbedingungen zwischen öffentlichen und privaten Unternehmen zu schaffen.

78 *Burghardt* Die Eigentumsordnungen in den Mitgliedstaaten und der EWG-Vertrag, 1969, S. 70.

79 So auch *Burgi* EuR 1997, 261, 280; *Weiß* EuR 2003, 165, 169, 180.

80 So auch *Wolff/Bachof/Stober* (Fn 14) § 91 V 2, 3.

81 *Pernice/Wernicke* in: Grabitz/Hilf (Hrsg.) EUV/EGV, Bd. 2, 31. EL 2007, Art. 86 Rn 4, 8.

Dagegen spricht auch nicht, dass Art. 86 Abs. 1 EGV im Wesentlichen einen Verweisungstatbestand enthält. Denn daraus folgt noch nicht, dass sich der materielle Gehalt dieser Bestimmung allein in den in Bezug genommenen Vorschriften erschöpft.[82] Sie bilden vielmehr lediglich die Reichweite der gemeinschaftsrechtlichen Verpflichtungen im Falle von mitgliedstaatlichen Maßnahmen gegenüber öffentlichen Unternehmen ab, erklären allerdings noch nicht, warum Art. 86 Abs. 1 EGV als Verweisungstatbestand ausgestaltet ist. Die Antwort auf diese Frage kann vielmehr nur die Ratio Legis dieser Vorschrift selbst geben, die genauso die Ziele und Strukturen der Gemeinschaft determiniert wie die dort in Bezug genommenen Normen.[83] Mithin reicht der in Art. 86 Abs. 1 EGV enthaltene Rechtsgedanke der Gleichbehandlung öffentlicher und privater Unternehmen aus, um die These vom »Einfügen« der Grundrechtsfähigkeit staatlich beherrschter Unternehmen in das Gemeinschaftsrecht zu stützen.

(b) Transparenz-Richtlinie

Diese Argumentationslinie wird bestätigt durch die Bestimmungen der sog. Transparenz-Richtlinie. Denn die dort niedergelegten Buchführungs- und Auskunftspflichten allein zulasten öffentlicher Unternehmen sollen die Intransparenz der Beziehungen zwischen den Vertragsländern und den von ihnen beherrschten Wirtschaftssubjekten offen legen. Diese Obliegenheiten entsprechen damit dem Bedürfnis, auch indirekten oder verborgenen Vertragsverletzungen durch Finanzströme im staatsinternen Bereich entgegenzuwirken.[84] Sie bestätigen somit wie Art. 86 Abs. 1 EGV die gemeinschaftsrechtliche Zielsetzung, gleiche Wettbewerbsbedingungen für private und öffentliche Unternehmen zu schaffen.

(2) ... in Bezug auf privat beherrschte Unternehmen

Fraglich bleibt damit nur noch, ob das Gemeinschaftsrecht auch auf die Gleichbehandlung rein privater und nicht öffentlicher, aber dennoch teilweise mitgliedstaatlich gehaltener Wirtschaftssubjekte (sog. Minderheitenbeteiligung) drängt. Ein Indiz in diese Richtung dürfte sich zunächst aus Art. 86 Abs. 1 EGV und den Vorschriften der Transparenz-Richtlinie ableiten lassen. Denn da diese Normen mitgliedstaatlich induzierten Wettbewerbsvorteilen (zugunsten öffentlicher Unternehmen) entgegenwirken wollen, ist kein Grund dafür ersichtlich, staatsfernere Wirtschaftssubjekte zu privilegieren, weil auch sie über eine staatliche Beteiligung verfügen.

Daneben ist Art. 86 Abs. 2 S. 1 EGV bedeutsam, der Finanzmonopole und Unternehmen der Daseinsvorsorge – gleich ob in privater oder staatlicher Träger-

82 So aber offenbar *Weiß* EuR 2003, 165, 182.
83 Ebenso *ders.* (Fn 64) S. 65.
84 *Pernice/Wernicke* (Fn 81) Art. 86 Rn 9.

schaft[85] – an das Gemeinschaftsrecht bindet, solange dadurch nicht die Erfüllung der ihnen zugewiesenen Aufgabe verhindert wird. Denn diese Norm gilt ihrem Wortlaut nach nur für bestimmte Tätigkeiten, während – anders als in Art. 86 Abs. 1 EGV – die Beteiligungsverhältnisse unerheblich sind, so dass auch gemischtwirtschaftliche Unternehmen mit staatlichem Minderheitenanteil erfasst werden. Zudem macht Art. 86 Abs. 2 Satz 1 EGV (teilweise in Verbindung mit Art. 16 EGV) deutlich, dass eine Ausnahme von der Bindung an das Gemeinschaftsrecht nur unter strengen Voraussetzungen in eng umgrenzten Ausmaß – nämlich im Falle von Finanzmonopolen bzw. bei der besonders sensiblen Wahrnehmung von Aufgaben der Daseinsvorsorge – in Betracht kommen soll. Daraus folgt umgekehrt aber auch, dass Wirtschaftssubjekte mit mitgliedstaatlicher Minderheitenbeteiligung genauso wie andere Unternehmen außerhalb des Anwendungsbereichs des Art. 86 Abs. 2 Satz 1 EGV gerade nicht privilegiert sein sollen.

(3) Zwischenergebnis: Gleiche Marktbedingungen für alle Unternehmen

Es zeigt sich somit, dass das Gemeinschaftsrecht allen Wirtschaftssubjekten unabhängig von ihrer Trägerschaft die gleichen Wettbewerbsbedingungen einräumen will. Die Umsetzung dieses Ziels fordert zugleich die Grundrechtsfähigkeit gemischt-wirtschaftlicher Unternehmen, die sich daher an sich in die Ziele und Strukturen der Gemeinschaft einfügt. Von einer teilweise postulierten Überspielung des Primärrechts durch die Anerkennung ungeschriebener Freiheitsrechte im Falle der Grundrechtsfähigkeit partiell staatlicher Wirtschaftssubjekte[85a] kann somit keine Rede sein. Zwar geht dieses Ergebnis hinsichtlich seiner Schutzintensität über die Rechtsprechung des *EGMR* hinaus, weil danach die Konventionsrechtsfähigkeit von der wahrgenommenen Aufgabe und den Beteiligungsverhältnissen abhängt. Es ist aber anerkannt, dass der aus der EMRK ableitbare Grundrechtsumfang nur einen Mindeststandard bildet, den der gemeinschaftsgrundrechtliche Schutz übertreffen kann.[86]

d) Korrektur aufgrund von Konfusion …

Indes muss sich dieses Ergebnis auch mit den Funktionen der Gemeinschaftsgrundrechte vertragen, wobei – wie schon erwähnt – vor allem die Gefahr einer gleichzeitigen Berechtigung und Verpflichtung der Mitgliedstaaten besteht. Denn eine solche Kollision könnte der Abwehrdimension der Grundrechte zugunsten des Bürgers und zu Lasten der öffentlichen Hand zuwider laufen.[87]

85 *Hochbaum* in: Schröter/Jakob/Mederer (Hg.) Europäisches Wettbewerbsrecht, 2003, Art. 86, Rn 46.
85a *Ruffert* (Fn 11) Art. 16 GrCh Rn 3.
86 Vgl. *Jarass* (Fn 48), § 2, Rn 19; *Ehlers* (Fn 38), § 14, Rn 14; *Calliess* ebenda, § 19, Rn 17.
87 *Quasdorf* (Fn 40) S. 143.

aa) … bei Gemeinschaftsrecht im Sinne des Art. 230 Abs. 4 EGV

Wie bereits erörtert beansprucht dieses sog. Konfusionsargument allerdings keine Geltung, wenn ein gemischt-wirtschaftliches Unternehmen nach Maßgabe des Art. 230 Abs. 4 EGV gegen einen Gemeinschaftsrechtsakt vorgeht, weil es dann an einer gleichzeitigen Grundrechtsberechtigung und -verpflichtung innerhalb ein- und desselben Mitgliedstaats auf ein- und derselben Grundrechtsebene fehlt. Vielmehr bestehen etwaige Bindungen der gemischt-wirtschaftlichen Unternehmen allenfalls gegenüber etwaigen Privatrechtssubjekten, während die Grundrechtsberechtigung gegenüber der supranationalen Hoheitsgewalt zur Geltung kommt. Unter Berücksichtigung dessen dürfte es dann aber vorzugswürdig sein, alle öffentlichen Unternehmen in diesem Falle für gemeinschaftsgrundrechtsfähig zu erklären, auch wenn diese Lösung über die Rechtsprechung des *EGMR* hinausgeht. Im Gegenteil spricht vielmehr sogar für diese Sichtweise, dass auch ein staatlich dominiertes Wirtschaftssubjekt bei fehlendem nationalen Durchführungsakt genauso wie jedes andere Unternehmen einer unabhängigen Instanz in Form der Gemeinschaft ausgesetzt ist, die noch dazu mangels Unternehmensbeteiligung hier wie dort keinen Grund zur Privilegierung hat.

bb) … bei durchführungsbedürftigem Gemeinschaftsrecht

Soweit demgegenüber ein mitgliedstaatlicher Durchführungsakt in Rede steht, liegt zumindest auch ein Rechtsverhältnis zwischen dem gemischt-wirtschaftlichem Wirtschaftssubjekt und einer nationalen Stelle vor, während die supranationale Ebene nur indirekt als Initiator der Maßnahme beteiligt ist. In diesem Falle wären dann aber Grundrechtsberechtigung und -verpflichtung Kehrseite ein- und derselben Medaille. Mithin findet das Konfusionsargument insoweit Anwendung, weil das Gemeinschaftsrecht den Mitgliedstaat wie bereits ausführlich erörtert als Einheit behandelt. Zu beachten ist aber, dass die öffentliche Hand in dem gemischt-wirtschaftlichen Unternehmen selbst mit anderen Privatrechtssubjekten zusammengeschlossen ist. Die Blindheit der Gemeinschaft für Fragen des nationalen Staatsaufbaus reicht nämlich nur soweit, wie allein nationale Stellen betroffen sind. Denn nur von öffentlich-rechtlichen Untergliederungen nimmt das Gemeinschaftsrecht keine Kenntnis, sehr wohl aber von mitgliedstaatsfremden Rechtssubjekten.[88] Treten sie hinzu, werden (auch) andere Rechtsbeziehungen als rein staatsinterne angesprochen. Infolgedessen schließen sich bei derartigen Drittbeteiligungen die Grundrechtsbindung auf der einen und die Grundrechtsverpflichtung auf der anderen Ebene aber nicht zwingend aus.

Fraglich ist daher, ab welcher Beteiligungsintensität der öffentlichen Hand ein gemischt-wirtschaftliches Unternehmen noch als grundrechtsberechtigt angesehen werden kann. Insofern dürfte zunächst einmal eine generelle Ausklammerung aller

88 *Ipsen* in: von Caemmerer/Schlochauer/Steindorff (Hrsg.) FS Hallstein, 1966, S. 248, 256 f.

partiell staatlichen Wirtschaftssubjekte ausscheiden. Denn man umginge die privaten Anteilseigner per se, wenn man jedwede mitgliedstaatliche Beteiligung an einem Unternehmen – und sei sie noch so marginal – für eine Versagung des Schutzes durch die Gemeinschaftsgrundrechte ausreichen ließe. Zur Vermeidung derart handgreiflicher Ungerechtigkeiten bietet sich vielmehr eine Lösung an, die auch im nationalen Recht überwiegt und auch in der Rechtsprechung des *EGMR* anklingt. Danach ist entscheidend, ob die öffentliche Hand einen beherrschenden Einfluss auf das jeweilige gemischt-wirtschaftliche Unternehmen ausübt.[89] Zur näheren Konturierung dieser Dominanz scheint indes ein Rückgriff auf die wie erwähnt an sich nur in ihrem Anwendungsbereich verbindliche Transparenz-Richtlinie angebracht. Mithin können die Eigentums- oder Beteiligungsverhältnisse sowie ggf. im Gesellschaftsvertrag eingeräumte Stimm- bzw. Sonderrechte zur Ermittlung eines beherrschenden Einflusses der Mitgliedstaaten auf eine Einrichtung des Wirtschaftslebens herangezogen werden. Folglich ist im Falle eines nationalen Transformationsakts nur für öffentliche Unternehmens im Sinne des Gemeinschaftsrechts kein Grundrechtsschutz gegeben.

E. ERGEBNIS: UNTERSCHIEDLICHER GRUNDRECHTSSCHUTZ JE NACH EINGRIFFSINITIATIVE

Aus gemeinschaftsrechtlicher Perspektive können Rathäuser ohne weiteres auch Kaufhäuser sein. Deren Gemeinschaftsgrundrechtsfähigkeit divergiert aber je nach Initiator der Beeinträchtigung. So sind im Falle eines EG-Rechtsakts, den ein gemischt-wirtschaftliches Unternehmen nach Maßgabe des Art. 230 Abs. 4 EGV angreifen kann, auch staatlich beherrschte Unternehmen zu schützen, während die Gemeinschaftsgrundrechte nur für privat dominierte Wirtschaftssubjekte gelten, wenn ein mitgliedstaatlicher Durchführungsakt in Rede steht.

89 *Dreier* (Fn 23) Art. 19 III Rn 77; *Gersdorf* Öffentliche Unternehmen im Spannungsfeld zwischen Demokratie- und Wirtschaftlichkeitsprinzip, 2000, S. 163 f; BVerfG NVwZ 2006, 1041, 1041; bereits angedeutet in BVerfG NJW 1990, 1783, 1783, wo die Grundrechtsfähigkeit eines gemischt-wirtschaftlichen Unternehmens u.a. aufgrund des beherrschenden Einflusses einer Stadt auf die Geschäftsführung abgelehnt wurde.

III. Deutsches Wirtschaftsverfassungsrecht

»Wirtschaftspolitische Neutralität« des Grundgesetzes?

WOLFGANG B. SCHÜNEMANN

A. INTRADISZIPLINÄRE VERORTUNG UND BEDEUTUNG DER THEMATIK

Dass der sprichwörtliche Schuster bei seinem Leisten bleiben soll, gehört zu den goldenen Regeln nicht nur der einschlägigen Handwerksbranche, sondern hat als Handlungsanweisung vielfältige Gestalt angenommen, etwa in der unternehmenspolitischen Rückbesinnung auf das jeweilige »Kerngeschäft«. Auch im akademischen Bereich mag es nicht schaden, sich immer wieder zu vergewissern, ob die wissenschaftliche Neugier den forschenden Geist nicht schon zu einer Grenzüberschreitung geführt hat und so ein Terrain betreten wurde, für welches man keine ausreichende Kompetenz vorweisen kann. Doch ist umgekehrt auch zu zögerliches Vorgehen bei der Wahl des Forschungsgegenstandes und Ängstlichkeit wegen eines möglichen Tadels der *scientific community* im Blick auf eine solche Grenzüberschreitung nicht immer angebracht. Denn zum Einen bedürfen gerade Schnittstellenprobleme der unbefangenen wissenschaftlichen Zuwendung und zum Anderen kann fraglich sein, ob die übliche Verortung eines Problems es der Sache nach wirklich rechtfertigt, einem abweichenden Problemzugang mit dem Hinweis auf den sprichwörtlichen Schuster und seinen Leisten entgegenzutreten.

An all dies ist zu erinnern, wenn im Folgenden zu der Frage kritisch Stellung genommen werden soll, ob die schon jedem Jurastudenten geläufige »wirtschaftspolitische Neutralität« des Grundgesetzes (GG) wirklich so klar zu bejahen ist, wie eine zumindest in der gängigen juristischen Wahrnehmung herrschende öffentlich-rechtliche, insbesondere auch staatsrechtliche dogmatische Literatur[1] unter Hinweis auf die höchstrichterliche Rechtsprechung des Bundesverfassungsgerichts (BVerfG)[2] es vielfach nahe legt. Eingeräumt wird vorab die fachliche Sozialisation des Autors im Wirtschaftsprivatrecht, also geradewegs eine dem Jubilar diametral

1 Vgl. hier nur *Ehmke* Wirtschaft und Verfassung, 1961, S. 84 ff; *Badura* JuS 1976, 205 ff; *ders.* Wirtschaftsverfassung und Wirtschaftsverwaltung, 2. Aufl. 2005, S. 9 ff; *Müller-Volbehr* JZ 1982, 132; *Frotscher* Wirtschaftsverfassung- und Wirtschaftsverwaltungsrecht, 4. Aufl. 2004, S. 17 ff; *Schliesky* Öffentliches Wettbewerbsrecht, 1997, S. 117 ff, 124; *ders.* Öffentliches Wirtschaftsrecht, 2. Aufl. 2003, S. 16 ff. Weitere Nachw. z.B. bei *Schünemann* in: Jacobs/Lindacher/Teplitzky (Hrsg.) GroßkommUWG, 1994, Einl. A Rn 48.

2 Die hier in Bezug genommene Entscheidung liegt allerdings zeitlich schon Jahrzehnte zurück: BVerfGE 4, 7, 17 f – *Investitionshilfe*; s.a. BVerfGE 50, 290, 337 – *Mitbestimmung*.

entgegen gesetzte juristischen Provenienz. Entschieden zurückgewiesen wird hingegen der nicht völlig ausgeschlossen erscheinende Vorwurf mangelnden akademischen Respekts vor dem Jubilar *Rolf Stober*. In der Tat hat dieser – seinerseits integraler Teil jener herrschenden Meinung (h.M.) – etwa in seinem Standardlehrbuch zum Wirtschaftsverwaltungsrecht ebenfalls der These von der wirtschaftspolitischen Neutralität des GG beigepflichtet und sich dabei dezidiert auf das BVerfG berufen.[3] Und eben diese These, die »bei konsequenter Auslegung« des GG die Diskussion um eine dort beschlossene Wirtschaftsverfassung »allenfalls rechtspolitisch und verfassungspolitisch« für begründbar erklärt,[4] soll ja in Folgendem einer Überprüfung aus kritischer Distanz heraus unterzogen werden.

Indes verringert sich der Grad der Vermessenheit, nun die traditionell eben von den Fachvertretern des öffentlichen Rechts und dabei auch von *Stober* geprägten h.M. zu diesem Thema kritisch zu beleuchten, wenn man sich vor Augen führt, dass der Streit um Bestehen oder Nichtbestehen einer grundgesetzlichen Wirtschaftsverfassung[5] in engstem sachlichen Zusammenhang mit dem Wettbewerbsrecht steht. Das deutsche Wettbewerbsrecht aber widersetzt sich bekanntlich einer Zuordnung zum öffentlichen Recht *in toto*. Denn das Wettbewerbsverhaltensrecht, wie es namentlich das Gesetz gegen unlauteren Wettbewerb (UWG) normiert, rechnet (anders als das Gesetz gegen Wettbewerbsbeschränkungen, das GWB) in seinem wesentlichen Gehalt[6] gerade zum Privatrecht. In der Dogmatik des Lauterkeitsrechts nun spielen unbeschadet grundsätzlich fehlender Drittwirkung des öffentlichen Rechts etwaige Entscheidungen einer grundgesetzlichen Wirtschaftsverfassung schon deshalb eine Rolle, weil und insoweit sich dort auch eine objektive Wertordnung ausdrückt.[7] Diese verlangt für die Hermeneutik auch des privatrechtlichen UWG selbstverständliche Beachtung, ist deshalb auch dort zu diskutieren und nicht nur als Antwort auf eine öffentlichrechtliche Vorfrage gleichsam mit Tatbestandswirkung zur Kenntnis zu nehmen.[8]

3 Vgl. *Stober* Allgemeines Wirtschaftsverwaltungsrecht, 15. Aufl. 2006, § 5 I 3 ff (S. 39 ff).

4 *Stober* Deutsches, Europäisches und Globales Wirtschaftsverfassungsrecht, in: ders. (Hrsg.) Deutsches und Internationales Wirtschaftsrecht, 2007, S. 370 ff, 374.

5 Zur Bedeutungsvielfalt dieses Begriffs, der hier auf Verfassungsaussagen des GG zur Wirtschaftsordnung gemünzt ist, vgl. z.B. *Leisner* in: Bauer/Czybulka/Kahl/Vosskuhle (Hrsg.) Wirtschaft im offenen Verfassungsstaat (FS Reiner Schmidt), 2006, S. 363 ff; *H.M. Meyer* Vorrang der privaten Wirtschafts- und Sozialgestaltung als Rechtsprinzip, 2006, S. 25 ff; *Schliesky* Öffentliches Wirtschaftsrecht (Fn 1) S. 16 f; *Schünemann* (Fn 1) Einl. A Rn 43 mwN in Fn 112. Zum Begriffsgebrauch im Sinne des Textes s. etwa auch *Maurer* Staatsrecht I, 5. Aufl. 2007, § 8 V 1. (Rn 85).

6 Abgesehen wird dabei von strafrechtlichen Ingredienzien in den §§ 16 ff UWG.

7 So das BVerfG in st. Rspr. seit BVerfGE 7, 198, 204 f. Aus dem Schrifttum s. etwa *Isensee* NJW 1977, 545; *Jarass* AöR 110 (1985) 363, 369 ff. Speziell in wirtschaftsverfassungsrechtlichem Kontext vgl. *Rupp* Grundgesetz und Wirtschaftsverfassung, 1974, S. 11 f.

8 So aber eine durchaus verbreitete Vorgehensweise, vgl. z.B. *Götting* Wettbewerbsrecht, 2005, § 1 Rn 18; Köhler in: Hefermehl/Köhler/Bornkamm (Hrsg.), Wettbewerbsrecht, 25. Aufl. 2007, Einl. UWG Rn 1.43.

B. Die Rechtsprechung des Bundesverfassungsgerichts und ihre dogmatische Rezeption in gängiger Wahrnehmung

Man kann die vom BVerfG vertretene These von der wirtschaftspolitischen Neutralität des GG und die der h.M. entsprechende diesbezügliche dogmatische Rezeption kaum prägnanter skizzieren, als die Formulierungen von *Stober* zu wiederholen:[9] Das GG sei in der Frage der Wirtschaftsordnung sehr zurückhaltend. Es lasse die Frage der Wirtschaftsverfassung bewusst offen, um freier Auseinandersetzung, Entscheidung und Gestaltung Raum zu lassen. Das GG binde den Gesetzgeber nicht an eine bestimmte wirtschaftspolitische Auffassung. Vor allem garantiere es nicht die soziale Marktwirtschaft oder die Beibehaltung einer bestimmten anderen Wirtschaftspolitik. Die gegenwärtige Wirtschaftsordnung sei demnach lediglich eine nach dem GG mögliche, nicht aber die allein mögliche. Sie beruhe auf einer vom Willen des Gesetzgebers getragenen wirtschafts- und sozialpolitischen Entscheidung, die durch eine andere Entscheidung ersetzt oder durchbrochen werden könne. Das in der Verfassungsurkunde zu Tage tretende Element relativer Offenheit trage dem geschichtlichen Wandel Rechnung, der in besonderem Maße das wirtschaftliche Leben kennzeichne.[10] Speziell Markt und Wettbewerb seien nicht als solche grundrechtlich institutionell abgesichert. Die Verfassung lege allenfalls das Gerüst für die Voraussetzungen eines Marktes. Die Grundrechte verhinderten zwar die völlige Aufhebung eines Marktes. Der Staat sei jedoch nicht auf marktkonforme Steuerung beschränkt.

Der Topos von der »wirtschaftspolitischen Neutralität« des GG in dem weithin kolportierten, vorstehend skizzierten Sinn war noch nie unbestritten. Namentlich *Nipperdey* hatte schon frühzeitig einen Kontrapunkt mit seiner Auffassung gesetzt, dem GG, insbesondere seinen Grundrechtsgewährungen, sei auf das Ganze gesehen sehr wohl eine Verfassungsentscheidung zugunsten der sozialen Marktwirtschaft zu entnehmen,[11] doch fand *Nipperdey*, jedenfalls zeitnah, keine erkennbare Gefolgschaft.[12] Nur vereinzelt war ansonsten überhaupt noch von einer Wirtschaftsverfassung des GG die Rede,[13] wobei vereinzelt sogar behauptet wurde, wegen Art. 15 GG sei auch eine »sozialistische Umgestaltung« der Wirtschaftsordnung vom GG gedeckt.[14] Das Blatt scheint sich allerdings zunehmend gewendet zu haben. Mehr und mehr wird das Diktum, das GG sei wirtschaftspolitisch neutral, so weit relativiert, dass es oft kaum mehr als eine Frage der sprachlichen Einkleidung zu sein

9 Vgl. *Stober* Allg. Wirtschaftsverwaltungsrecht (Fn 3) § 5 I 3 b und c (S. 40).
10 S.a. BVerwGE 71, 183, 195.
11 *Nipperdey* Die soziale Marktwirtschaft in der Verfassung der BRD, 1954; *ders.* Soziale Marktwirtschaft und Grundgesetz, 3. Aufl. 1965.
12 Zu *Nipperdeys* Position und deren (fehlender) Rezeption ausführlich *H.M. Meyer* (Fn 5) S. 36 ff.
13 So namentlich bei *Rupp* (Fn 7) passim.
14 *Abendroth* Das Grundgesetz, 7. Aufl. 1978, S. 65 ff.

scheint, ob man dabei jene »wirtschaftspolitische Neutralität« nun gerade noch bejaht oder doch schon verneint.[15] Dies alles ist insofern nicht einmal überraschend, als das Diktum von der »wirtschaftspolitischen Neutralität« des GG selber durchaus als in »dunkle Worte« gekleidetes »Verfassungsorakel« bezeichnet worden ist.[16]

C. VORBEMERKUNGEN ZU EINER IMPLIZITEN WIRTSCHAFTSVERFASSUNG DES GRUNDGESETZES

Bei Lichte besehen ist dieser im Folgenden noch näher darzustellende und zu belegende dogmatische Erosionsprozess bereits in der in Bezug genommenen Rechtsprechung des BVerfG selber durchaus greifbar angelegt. Denn das Gericht hat dem Gesetzgeber in seinem Votum für die »wirtschaftspolitische Neutralität« des GG ja beileibe nicht die Freiheit bescheinigt, jede ihm sachgerecht erscheinende Wirtschaftspolitik zwischen den Extremen einer total zentralverwalteten Kommandowirtschaft und einem von jeder staatlichen Gestaltung völlig unberührten, totalen »Manchester«-Kapitalismus zu verfolgen, wie die höchstrichterliche Rechtsprechung in starker Verkürzung oft zitiert wird.[17] Vielmehr wird der Gesetzgeber hinsichtlich seiner Wirtschaftspolitik ausdrücklich daran gebunden, das GG und dabei insbesondere die Grundrechte zu beachten.[18]

Es ist deshalb zumindest »missverständlich« und zeichnet ein verzerrtes Bild,[19] unter Bezugnahme auf das BVerfG die Vorstellung einer weitgehenden wirtschaftspolitischen Abstinenz oder jedenfalls Offenheit des GG zu pflegen, ohne die Möglichkeit einer impliziten Entscheidung zur Wirtschaftsverfassung des GG vermittels seiner normativen Festsetzungen jenseits eines explizit der Wirtschaftsordnung geltenden Abschnitts im Verfassungstext unvoreingenommen eruiert zu haben. Methodisch gilt es also vor allem, sich den Gehalt der Grundrechte in deren ökonomischen Bezügen vor Augen zu führen und sodann zu prüfen, ob und gegebenenfalls welche wirtschaftssystematische Grundentscheidung damit der Sache nach erfolgt ist und ob sich darüber hinaus möglicherweise noch detaillierte Aussagen zu einer verfassungskonformen Wirtschaftsordnung machen lassen.

Definitionslogisch betrachtet geht es also um die Klärung eventueller impliziter Verfassungsaussagen in einem regressiven, induktiven Schlussverfahren, das quali-

15 Vgl. hier zunächst überblicksweise *Fezer* JZ 1990, 657, 661 und JuS 1991, 889, 892; Maunz/Dürig/*Papier* GG, 2002, Art. 14 Rn 34; *Merz* Die Vorfeldthese, 1988, S. 200; v. Münch/Kunig/*Bryde* GG, Bd. 1, 5. Aufl. 2000, Art. 14 Rn 2a; Sachs/*Tettinger* GG, 4. Aufl. 2007, Art. 14 Rn 6; *Zippelius/Würtenberger* Deutsches Staatsrecht, 31. Aufl. 2005, S. 305 f.

16 Vgl. *Leisner* FS R. Schmidt (Fn 5) S. 364.

17 So auch *Stober* Allg. Wirtschaftsverwaltungsrecht (Fn 3) § 5 I 5 (S. 41).

18 BVerfG aaO (Fn 2).

19 Vgl. *Zippelius/Würtenberger* (Fn 15) S. 305 f.

tativ expliziten Festlegungen nicht nachsteht,[20] um die Aufdeckung eines möglicherweise subtextlichen, »inneren Systems« einer grundgesetzlichen Wirtschaftsverfassung.[21] Insofern kann als Argument für eine wirtschaftspolitische Neutralität der Verfassung gar im Sinne einer gewollten verfassungsrechtlichen Nichtentscheidung in der Frage der Wirtschaftsordnung gewiss nicht der Hinweis darauf verfangen, dass das GG im Gegensatz zu Art. 151–165 der Weimarer Reichsverfassung (WRV) keinen ausdrücklich als solchen ausgewiesenen Abschnitt über »Das Wirtschaftsleben«[22] kennt.

Verfassungshistorisch trifft zwar zu, dass der verfassungsgebende parlamentarische Rat nicht die Kraft für eine Grundentscheidung zur maßgeblichen Wirtschaftsordnung im GG hatte und die Systementscheidung zwischen Marktwirtschaft und Sozialismus nicht dem als Provisorium im geteilten Deutschland gedachten GG, sondern einer gesamtdeutschen Verfassung überantworten wollte.[23] Doch kann auch in der Verfassungsinterpretation der rechtsgeschichtliche Wille des Gesetzgebers nur insoweit Beachtung finden, wie er seinen normativ greifbaren Ausdruck gefunden hat.[24] Sollte dem GG eine implizite Wirtschaftsverfassung zu entnehmen sein, könnte aber von einem hinreichend zum Ausdruck gebrachten gesetzgeberischen Willen, sich einer Wirtschaftsverfassung zu enthalten, keine Rede sein. In diesem Zusammenhang scheidet wegen der vorrangigen Bundeszuständigkeit nach Art. 74 GG und des bundesrechtlichen Vorrangs vor dem Landesrecht nach Art. 31 GG als Basis für ein *argumentum e contrario* auch aus, dass diverse Bundesländer in ihren Verfassungen einzelne wirtschaftsordnende Regelungen treffen oder sich gar auf eine ökologisch-soziale Marktwirtschaft festlegen.[25]

In eben diesen Bahnen bewegt sich auch die neuere Diskussion, die aber offenbar im allgemeinen juristischen Bewusstsein keine Spuren hinterlassen hat. Dabei ist von Anfang an dem Missverständnis zu begegnen, als ob derjenige, der die »wirtschaftspolitische Neutralität« des GG bezweifelt, staatliche Wirtschaftspolitik kraft Verfassungsrecht gleichsam unmöglich machen wollte. Dies wird niemand ernstlich befürworten, denn gewiss muss Politik, auch und gerade Wirtschaftspolitik, gerade von Verfassungs wegen in Stand gesetzt werden, »angesichts der Dynamik, Differenziertheit und Kompliziertheit des Wirtschaftslebens, des wissenschaftlichen und technischen Fortschritts [...] flexibel auf neue Aufgabenstellungen, wechselnde

20 Vgl. allgemein *Bochenski* Die zeitgenössischen Denkmethoden, 4. Aufl. 1969, S. 100 ff.

21 Eingehend dazu *H.M. Meyer* (Fn 5) S. 81 ff.

22 So die Abschnittsüberschrift vor Art. 151 WRV.

23 Vgl. *Hermann v. Mangoldt* AöR 75 (1949) 273, 275; s. ferner *Deppert* in: v. Mangoldt/Klein/Starck (Hrsg.) Kommentar zum Grundgesetz, Bd. 1, 2005, Art. 14 Rn 8; *Kunert* JuS 1979, 322, 327; *Nörr* Die Republik der Wirtschaft, 1999, S. 84 ff; *Stober* Allg. Wirtschaftsverwaltungsrecht (Fn 3) § 5 I 5 d (S. 41).

24 Zur hermeneutischen Schwäche der sog. historischen (oder subjektiven) Interpretation von Rechtsnormen s. hier nur BVerfGE 1, 299, 312; 11, 126, 129 f; 34, 288 f; ebenso z.B. schon RGZ 27, 411; 128, 111.

25 Zu den Einzelheiten s. *Stober* Allg. Wirtschaftsverwaltungsrecht (Fn 3) § 5 I 2 (S. 38 f).

Anforderungen und gesellschaftlichen Wandel zu reagieren.«[26] Aber es geht ja um etwas durchaus wesentlich anderes, nämlich um die von den Grundrechten ihren Ausgang nehmende Frage, ob dem GG ein ordnungspolitisches Konzept inhärent ist oder ob es als »ordnungspolitisch neutral« zu gelten hat.[27] Man mag dies gar nicht für erstrebenswert halten, wenn man durch die Grundrechte nur deutlich wirtschaftsordnende Schwerpunkte gebildet sehen möchte, die unter sich aber nicht systematisch vernetzt sind. Doch sollte man dem Untersuchungsergebnis nicht vorgreifen, nur um einem tiefsitzenden, aber letztlich vagen Unbehagen gegenüber dem juristischen Systemdenken speziell im Verfassungsrecht und stattdessen dem methodischen Anliegen einer Verfassungstopik Rechnung zu tragen,[28] für die eine Wirtschaftsverfassung des GG von vornherein nichts weiter als ein »Phantom« darstellt.[29]

D. ECKDATEN EINER GRUNDGESETZLICHEN WIRTSCHAFTSVERFASSUNG

I. Freiheitlicher Staat, freiheitliche Wirtschaft

Dass der grundrechtliche Freiheitsschutz nicht vor dem Wirtschaftsleben haltmacht, vielmehr die durch die Grundrechte verbriefte, in Art. 2 Abs. 1 GG kulminierende Entfaltungsfreiheit auch das ökonomische Handeln umfasst, entspricht allgemeiner Meinung und bedarf kaum weiteren Darlegung.[30] In der Tat ist die Einbeziehung des wirtschaftlichen Aspekts der Entfaltungsfreiheit in den Schutzbereich des Art. 2 Abs. 1 GG nicht geeignet, dieses Grundrecht auch und gerade als Ausdruck ebenfalls grundrechtlich geschützter menschlicher Würde (Art. 1 GG) gleichsam zu erniedrigen und zu entwerten. Ganz im Gegenteil betrifft die wirtschaftliche Dimension des Lebens den Kernbereich menschlicher Existenz, sodass gerade hier die Gewährleistung der freien Entfaltung der Persönlichkeit von elementarer Wichtigkeit ist.[31]

26 So vollkommen zu Recht *Stober* Allg. Wirtschaftsverwaltungsrecht (Fn 3) § 5 I 5 (S. 41).

27 Vgl. zu dieser Deutung des Streits um eine Wirtschaftsverfassung des Grundgesetzes, bei dem nicht die »wirtschaftspolitische«, sondern die »ordnungspolitische Neutralität« der Verfassung thematisiert wird, *Papier* in: Benda/Maihofer/Vogel (Hrsg.) Handbuch des Verfassungsrechts, 2. Aufl. 1994, S. 799 ff, Rn 1.

28 Vgl. *Leisner* FS R. Schmidt (Fn 5) S. 364, 375, der den »Gefahren systematischen Rechtsdenkens« (so der Untertitel seines Beitrags) jedenfalls in der Dogmatik des Verfassungsrecht am Beispiel der Frage einer grundgesetzlichen Wirtschaftsverfassung entgegenzuwirken sucht.

29 So aber *Reiner Schmidt* Öffentliches Wirtschaftsrecht, Allg. Teil, 1990, S. 77. Demgegenüber im Sinne des Textes auch *Schwerdtfeger* ZHR 142 (1978) 301, 306.

30 S. hier nur BVerfGE 6, 32, 36 ff; 8, 274, 328; 10, 89, 99; 12, 341, 347; *Papier* (Fn 27) Rn 4. Früher a.A. vor allem *Krüger* DVBl 1951, 361 und BB 1953, 565.

31 S.a. *Schünemann* (Fn 1) Einl. A Rn 61.

Zumindest schemenhaft zeichnet sich schon hier ab, dass wegen der Unteilbarkeit der Freiheit ein freiheitlicher Staat ohne freiheitliche Wirtschaft schwerlich gedacht werden kann. Eine freiheitliche Wirtschaft hinwiederum verlangt, dass der Staat das wirtschaftliche Handeln grundsätzlich der eigenverantwortlichen Entscheidung und Gestaltung der privaten ökonomischen Akteure überlässt.[32] Dies schließt staatliche Eingriffe in Grundrechte bis zur Wesensgehaltsgrenze nicht gänzlich aus, verweist sie aber in jedem Fall auf robuste, auch verfassungssystematisch überzeugende Begründungen, um von Gesetzes- und Schrankenvorbehalten Gebrauch machen zu können.

Die gegenteilige Auffassung, die nicht einmal diese Vermutung für eine individualfreiheitlich fundierte Wirtschaftsordnung anerkennt und so die Argumentationslast zur Rechtfertigung staatlicher Interventionen in Abrede stellt,[33] kann vor diesem Hintergrund keine Attraktivität entfalten. Auch das BVerfG hat unterstrichen, dass unter der Geltung des GG und dabei insbesondere der Grundrechte nur eine auf grundsätzlicher Staatsfreiheit gründende Wirtschaftsordnung normativ in Betracht kommt,[34] diesbezügliche staatliche Eingriffe somit einem starken Begründungszwang unterworfen sind. Dahinter steht auch noch die seit langem gewonnene Einsicht, dass es einen untrennbaren Zusammenhang gibt zwischen dem grundgesetzlichen, auf Autonomie des Individuums zielenden Menschenbild und der Wirtschaftsverfassung,[35] die somit in ihrem Wesen nur als nichtstaatlich und dezentral ausgerichtet gedacht werden kann.

II. »Wirtschaftsgrundrechte« als Induktionsbasis einer grundgesetzlichen Wirtschaftsverfassung

Eine kurze Bestandsaufnahme derjenigen Grundrechte, bei denen sich potentielle ökonomische Handlungsbezüge ausmachen lassen, erfolgt auf einem seit langem erkundetem, in weiten Teilen festem dogmatischen Terrain.[36] Man wird dabei mit *Stober* prägnant von »Wirtschaftsgrundrechten« sprechen,[37] ohne zu verkennen, dass sich ihre Relevanz natürlich nicht in diesem wirtschaftlichen Kontext erschöpft, abgesehen vielleicht von der in Art. 12 GG normierten Berufsfreiheit. Doch auch hier lassen sich wesentliche ideelle Aspekte nicht übersehen, ist doch für viele der Beruf mehr als notwendiger Broterwerb, sondern durchaus Berufung, zu-

32 *Maurer* (Fn 5) § 8 V 1. (Rn 87).

33 So aber wohl *Müller-Volbehr* JZ 1982, 132, 136.

34 BVerfGE 32, 311, 317; abschwächend allerdings wieder BVerfGE 38, 348, 361.

35 Vgl. *Liesegang* Die verfassungsrechtliche Ordnung der Wirtschaft, 1977, S. 36; v. *Münch* JZ 1960, 305.

36 Hierzu und zum Folgenden vgl. überblicksweise z.B. *Schünemann* (Fn 1) Einl. A Rn 61 ff; *Stober* Wirtschaftsgrundrechte und Wirtschaftsfreiheiten, in: ders. (Hrsg.) (Fn 4) S. 379 ff; ebenso umfassende wie eingehende Analyse bei *H.M. Meyer* (Fn 5) S. 113 ff.

37 *Stober* Wirtschaftsgrundrechte und Wirtschaftsfreiheiten, in: ders. (Hrsg.) (Fn 4) S. 379 (Beitragsüberschrift).

mindest teilweise personale Selbstverwirklichung und wichtiger Pfeiler der Selbstwertwahrnehmung.

In Art. 2 Abs. 1 genuin verwurzelt ist die Privatautonomie, die, verkürzt um einseitige Rechtsgeschäfte und rechtsgeschäftsähnliche Handlungen, häufig mit Vertragsfreiheit (Abschluss-, Form- und inhaltliche Gestaltungsfreiheit) umschrieben wird.[38] Wegen des Auffangcharakters des Art. 2 Abs. 1 ist privatautonomes Handeln im Rahmen der Berufswahl oder -ausübung, namentlich bei Abschluss oder Ausgestaltung von Arbeitsverträgen, allerdings primär durch und nach Maßgabe des Art. 12 GG geschützt. Ähnliches gilt für die Freiheit einer gesellschaftsrechtlich zu qualifizierenden Kollektivbildung, für deren Schutz primär Art. 9 Abs. 1 GG einschlägig ist. Zum Kern der nach Art. 2 Abs. 1 geschützten Wirtschaftsfreiheit ist sodann die Wettbewerbsfreiheit zu zählen. Sie sichert im Grundsatz den Wirtschaftssubjekten eine Marktbetätigung ohne hoheitliche Beeinträchtigung und staatlich bewirkte Wettbewerbsverzerrungen sowie freien Marktein- und -austritt.[39]

In engem Zusammenhang mit Vertrags- und Wettbewerbsfreiheit steht die Gleichheitsidee, die ihren allgemeinen verfassungsrechtlichen Ausdruck in Art. 3 GG gefunden hat. Sie schlägt sich privatrechtlich nicht zuletzt in einer allen ohne Rücksicht auf Geschlecht, Herkunft, soziale Stellung etc. gleichermaßen zugänglichen Rechts- und Geschäftsfähigkeit nieder. Es handelt sich hierbei allerdings nicht um eine egalisierende und nivellierende Gleichheit, sondern um eine Gleichheit des *suum cuique*, die ihrerseits im vertraglichen Konsens inhaltliche Gestalt gewinnt.

Auch Art. 5 Abs. 1 GG rechnet in den Kreis der Wirtschaftsgrundrechte. Denn die Freiheit der Meinungsäußerung ist nicht auf den demokratischen Willensbildungsprozess eingeengt, wie es auch die h.M. in Literatur[40] und wenigstens teilweise wohl auch die neuere höchstricherliche Rechtsprechung sieht.[41] Die spezifisch ökonomische Relevanz des Art. 5 Abs. 1 GG wird greifbar, wenn man sich vergegenwärtigt, dass der Abstimmungsprozess von Angebot und Nachfrage und damit die marktbezogene Transaktion ohne die Freiheit der Kommunikation nicht funktionieren kann, wie auch umgekehrt im (mikroökonomischen) Marktprozess sich praktizierte Kommunikationsfreiheit ausdrückt. Deshalb fällt auch die freie Wirtschaftswerbung in den Schutzbereich des Art. 5 Abs. 1 GG.[42]

38 BVerfGE 6, 32; 8, 274, 328; 12, 341, 347; 65, 196, 210; *Schmidt-Salzer* NJW 1970, 8.

39 BVerfGE 32, 311, 316; BVerwGE 30, 191, 198; 60, 154, 159; 65, 167, 174; 71, 183, 189 f. Vgl. bereits *Huber* DÖV 1956, 137. Zu den verfehlten Versuchen, den Grundrechtsschutz der Wettbewerbsfreiheit durch einen Wechsel der Zuordnung von Art. 2 zu Art. 12 GG zu schwächen, s. *Schünemann* (Fn 1) Einl. A Rn 66 mwN.

40 Vgl. hier nur *Stober* Grundrechtsschutz der Wirtschaftstätigkeit, 1989, S. 146, ferner z.B. *Keßler* WRP 1987, 75, 81; *Kloepfer/Michael* GRUR 1991, 170, 173 ff (alle mit Nachw. auch der Gegenmeinung).

41 Vgl. BVerfGE 71, 162, 173 ff; 53, 96. Im eher gegenteiligen Sinne BVerfGE 40, 371, 382; 53, 96, 99; BVerwGE 2, 172, 178 f.

42 Vgl. neben den o. Fn 40 Genannten auch *Bohling* Die Anforderungen des Grundgesetzes an die Wirtschaftsordnung, in: ders. (Hrsg.) Wirtschaftsordnung und Grundgesetz, 1981, S. 1, 9; *Friauf/Höfling* AfP1985, 249 f; *Paulus* WRP 1990, 22; *Scheller* GRUR 1991, 111.

Neben dem bereits genannten, insbesondere gesellschaftsrechtlich relevanten Art. 9 Abs. 1 GG ist im Kreis der Wirtschaftsgrundsrechte auch Art. 11 GG beheimatet. Denn in der verfassungskräftigen Gewähr der Freizügigkeit liegt die normative Festschreibung freier, d.h. dezentral und damit staatsfern gesteuerter (räumlicher) Allokation des Wirtschaftsfaktors Arbeit, aber auch der Unternehmensniederlassungen.[43] Als privatrechtliche Fernwirkung ist des Weiteren die Wirksamkeit vertraglich begründete Residenzpflichten in ihrer Qualität als Wettbewerbsverbote (vgl. §§ 74 ff HGB) zurückhaltend zu beurteilen, zumal der Vorbehalt des Art. 11 Abs. 2 GG seinerseits eng auszulegen sein dürfte, um die Wesensgehaltgrenze des Art. 19 Abs. 2 GG nicht zu überschreiten.

Das Grundrecht der Berufsfreiheit nach Art. 12 Abs. 1 GG zielt als Konkretisierung des Grundrechts auf auch wirtschaftliche Entfaltungsfreiheit (Art. 2 Abs. 1 GG)[44] auf die Sicherung der freien Entscheidung privater Wirtschaftssubjekte über das Ob, das Wie und den Inhalt ihrer Aktivitäten, die auf Schaffung und Erhaltung der materiellen Grundlagen der Lebensführung und Daseinsgestaltung gerichtet sind.[45] Schutzsubjekte sind dabei nicht nur Verbraucher, sondern ebenso Unternehmer bezüglich einer freien Gründung und Führung von Unternehmen.[46] Bei alledem werden nicht nur bereits bestehende Berufe und berufliche Handlungsmuster geschützt. Vielmehr generiert Art. 12 Abs. 1GG ein Recht, neue, bislang unbekannte Berufsbilder nach individuell-eigenen Vorstellungen zu entwickeln. In diesem Sinne ist die Berufswahl- und -ausübungsfreiheit »zukunftsgerichtet«.[47]

Trotz dieses weiten Schutzumfangs scheint das Potential des Art. 12 Abs. 1 GG bislang immer noch nicht vollständig ausgeschöpft zu sein, was seine Garantiefunktion hinsichtlich einer permanenten Dynamisierung der Volkswirtschaft als Ganzer anlangt. Denn nur allzu leicht kann der Rekurs auf das Verhältnismäßigkeitsprinzip im Zusammenhang mit spekulativen Erwägungen über ökonomische Zusammenhänge und befürchtete Einwirkungen ökonomischen Handelns auf (angebliche) Allgemeininteressen und wichtige Gemeinschaftsgüter die hier letztlich involvierte wettbewerbsfreiheitiche Perspektive der Berufsfreiheit[48] unterdrücken.[49]

Schließlich ist für den Kreis der Wirtschaftsgrundrechte des GG die grundgesetzliche Gewährleistung des Eigentums nach Art. 14 GG in den Blick zu nehmen. Die-

43 Vgl. *Depenheuer* in: v. Mangoldt/Klein/Starck (Hrsg.), Kommentar zum GG, Bd. 1, 2005, Art. 14 Rn 9.

44 S. bereits o. Fn 39.

45 BVerfGE 7, 377, 379; 13, 97; 19, 330, 336; BVerwGE 22, 286; *Badura* Staatsrecht, 1986, S. 135.

46 BVerfGE 50, 290, 363.

47 BVerfGE 30, 292, 334; BVerwGE 75, 109, 114; S.a. BVerfGE 14, 19 zum Beruf des Automatenaufstellers bzw. BVerfGE 46, 120, 137 f zum Beruf des Datenverarbeiters.

48 BVerfG NJW 2003, 1232.

49 So mit vollem Recht schon *Basedow* Von der deutschen zur europäischen Wirtschaftsverfassung, 1992, S. 23 ff.

se Eigentumsgarantie[50] bezieht sich ja nicht nur auf das »persönliche« Eigentum unter Ausgrenzung der freien Verfügbarkeit von Produktionsmitteln,[51] wie es kennzeichnend für Art. 11 der Verfassung der ehemaligen DDR und ihrer sozialistischen Zentralverwaltungswirtschaft war. Art. 14 GG schützt vielmehr das Eigentum an Produktionsmitteln nicht mehr und nicht weniger als das Eigentumsrecht an anderen, etwa »persönlichen«, dem Privatbereich im engeren Sinne zugehörigen Gegenständen. Und mehr noch: Auch die gewerblichen Schutzrechte einschließlich der vermögensrechtlichen Elemente des Urheberrechts partizipieren am grundgesetzlichen Eigentumsschutz,[52] ferner Aktien und andere Arten von Unternehmensbeteiligungen.[53] Unbeschadet seiner privatrechtlich-dogmatischen (und ökonomischen) Fragwürdigkeit *sub specie* der rechtsförmlichen Wahrnehmung als absolutes Recht schützt Art. 14 GG schließlich das Recht am »eingerichteten und ausgeübten Gewerbebetrieb« oder (schlichter und dabei mit weiterem Anwendungsbereich) am Unternehmen.[54] Vermittels dieser Bandbreite der Zielrichtungen und der Wirkungsmächtigkeit des grundgesetzlichen, unternehmerbezogenen Eigentumsschutzes ist sogar davon gesprochen worden, der Unternehmer wachse als Destinatär des Art. 14 GG geradezu in eine makroökonomische Funktion hinein, er erscheine mithin als »Organ der (sc. grundgesetzlichen) Wirtschaftsverfassung«.[55]

III. Die wettbewerbsgesteuerte Marktwirtschaft als deutsche Wirtschaftsverfassung

1. Von der Vielheit der Wirtschaftsgrundrechte zur Einheit der Wirtschaftsverfassung

Bei diesem Befund fällt es schwer, in der ordnenden Zusammenschau der Wirtschaftsgrundrechte nun nicht die konstituierenden Elemente einer auf Wettbewerbsfreiheit gründenden Marktwirtschaft zu erkennen, deren Subjekte sowohl als Anbieter als auch als Nachfrager in autonomen und dezentralen Entscheidungen den ökonomischen Komplex insgesamt hervorbringen. Das Ganze ist nun einmal mehr als die Summe seiner Teile. Liegt der Fokus des Betrachters allein auf diesen

50 Gedacht wird dabei insbesondere an die in Art. 14 auch verankerte Institutsgarantie, vgl. BVerGE 58, 300, 339.
51 S.a. *Frotscher* JuS 1981, 891; *Rittner* Wirtschaftsrecht, 2. Aufl. 1987, § 3 B II 3 b Fn 76.
52 Vgl. z.B. für Patente BVerfGE 36, 281, 290; für Marken (Warenzeichen) und den Ausstattungsschutz BVerfGE 51, 193, 216 ff; 78, 58, 71 ff; für das Urheberrecht BVerfGE 31, 229, 238 ff; 31, 270, 272; 49, 382, 392; 77, 263, 270; BVerfG DVBl 1989, 245 ff.
53 Vgl. BVerfGE 14, 263, 276 f; 25, 371, 407; 50, 290, 341 f.
54 So schon BVerfGE 1, 264, 277 f in st. Rspr., z.B. 13, 225, 229; 30, 292, 335; 45, 142, 173. S.a. BGH NJW 1983, 1662; BVerwGE 6, 247, 266; 30, 235, 239; 62, 224, 225 ff; 66, 307, 309. Aus der Literatur s. etwa *Friauf* DÖV 1976, 624; *Krohn* GewArchiv 1981, 249; *Mayer-Abich* Der Schutzzweck der Eigentumsgarantie, 1980, S. 78 ff; *Schenke* AöR 98 (1973) 153.
55 *Leisner* DÖV 1975, 73.

Teilen, wird sich ihm die hier wirkende übersummative Einheit, die »Gestalt«,[56] hier: die sich in diesen Wirtschaftsgrundrechten entfaltende Wirtschaftsverfassung, nicht erschließen.

Trotz der ihr so geläufigen These von der »wirtschaftspolitischen Neutralität« des GG hat sich wohl auch der Judikatur an der einen oder anderen Stelle der wettbewerblich-marktwirtschaftlichen Systemzusammenhang aufgedrängt, in dem die Wirtschaftsgrundrechte untereinander erkennbar verbunden sind, wenn man bei ihrer Wahrnehmung, vielleicht *nolens volens,* erst einmal das Deutungsraster einer wettbewerbsgesteuerten Marktwirtschaft assoziiert hat. So hat die höchstrichterliche Rechtsprechung schon vor vielen Jahren etwa in Art. 12 Abs. 1 GG das dort geschützte, *explicite* so titulierte »Grundprinzip« der deutschen Wirtschaftsverfassung aufleuchten gesehen, nämlich den grundsätzlich freien Wettbewerb der als Anbieter und Nachfrager auf dem Markt auftretenden Unternehmer«,[57] also doch wohl: die wettbewerbsgesteuerte Marktwirtschaft. Denn in welcher anderen Wirtschaftsordnung wären derartige ökonomischen Mechanismen sonst denkbar ?

Dass dabei, beiläufig bemerkt, von den Verbrauchern als Nachfragern nicht die Rede ist, überrascht nicht nur aus Sicht der ökonomischen Theorie, sondern auch aus wettbewerbsrechtlichem Blickwinkel. Denn selbstverständlich sind die Verbraucher schon wegen der im wettbewerbsgesteuerten Markt notwendigen nachfrageorientierten Angebotspolitik der Unternehmen ebenso Akteure der wirtschaftlichen Prozesse wie Unternehmer, weshalb sie nunmehr in der Schutzzwecktrias des § 1 UWG ja auch ausdrücklich wie alle anderen Marktteilnehmer als Schutzsubjekte des Wettbewerbsrechts ausgewiesen sind. Doch hatte die Rechtsprechung in den zitierten Entscheidungen angesichts der dort zugrunde liegenden Fallgestaltungen keinen rechten Anlass zu sachlich richtigen, umfassenden Beschreibungen der Marktakteure unter namentlicher Nennung auch der Verbraucher.

Wie einleitend schon angedeutet,[58] hat nun die Literatur zwar das Diktum des BVerfG von der »wirtschaftspolitischen Neutralität« des GG, sicher aus gebotenem Respekt vor diesem Verfassungsorgan, in der Tat immer wieder kolportiert. Doch zeigen sich hinter der Formel-Fassade bei genauerer Betrachtung doch wesentlich differenziertere Positionen, die immer dezidierter einer wettbewerbsgesteuerten

56 Zum wissenschaftlich fruchtbar gemachten Gestalt-Begriff in der methodologischen Fortschreibung des *Aristotelischen* Holismus' s. hier nur *Baßler* Ganzheit und Element, 1988; Weinhandl (Hrsg.) Gestalthaftes Sehen. Ergebnisse und Aufgaben der Morphologie, 2. Aufl. 1967; *Nagel* Über die Aussage: »Das Ganze ist mehr als die Summe seiner Teile«, in: Topitsch (Hrsg.) Logik der Sozialwissenschaften, 3. Aufl. 1966, S. 225 ff; *Schlick* Über den Begriff der Ganzheit, in: Topitsch (Hrsg.) ebd. S. 213 ff; Zur rechtsdogmatisch-heuristischen Verwendung dieses Denkansatzes in der gesellschaftsrechtlichen Diskussion s. *Schünemann* Grundprobleme der Gesamthandsgesellschaft, 1975, S. 163 ff und passim, wobei nur so erklärt werden kann, wieso z.B. eine OHG auch beim Wechsel ihrer Gesellschafter dieselbe bleibt (aaO S. 194 ff).

57 BVerfGE 32, 311, 317; BGH GRUR 1952, 582.

58 Vgl. vorstehend Fn 57.

Marktwirtschaft als der grundgesetzlichen Wirtschaftsverfassung, wirtschaftskonzeptionell nur denkbar als Gegenentwurf zu einer staatsgesteuerten Wirtschaft und in kontextueller Interpretation aus den Wirtschaftsgrundrechten entwickelt, das Wort reden.

So heißt es beispielsweise noch etwas verhalten, auf der Grundlage eines solchermaßen durch den Katalog der grundgesetzlichen Wirtschaftsgrundrechte freiheitlich ausgestalteten Verfassungsgesetzes könne eine Wirtschaftsordnung weder entstehen noch durch politischen Entscheid konstituiert werden, die die Koordinationsfrage der Volkswirtschaft prinzipiell durch ein Zentralverwaltungssystem oder durch ein System imperativer und zentralisierender Staatsplanung lösen wolle.[59] Somit könne durchaus von wirtschaftssystembegründenden Wirkungen der genannten Freiheitsrechte gesprochen werden.[60] Der so »implizit gesetzte [...] wirtschaftsverfassungsrechtliche Ordnungsrahmen« wird dabei zwar nicht beim Namen genannt,[61] kann indes schwerlich anders als marktwirtschaftlich und wettbewerbsbasiert verstanden werden, gehören doch die Wirtschaftsgrundrechte und dabei insbesondere Art. 2, 12 und 14 GG in den vorstehend skizzierten ökonomischen Funktionszusammenhängen zu den paradigmatischen »Strukturelementen« gerade »einer marktwirtschaftlichen Ordnung«,[62] gesteuert durch »freien Wettbewerb«.[63]

Von daher ist es nur noch ein kleiner Schritt zu der ausdrücklichen Feststellung, wohl allein schon in der Garantie der auch das unternehmerische Eigentum kennzeichnenden Verfügungsfreiheit und Privatnützigkeit der Unternehmenserträge nach Art. 14 Abs. 1 GG liege objektiv eine Verfassungsentscheidung zugunsten der wettbewerbsgesteuerten Marktwirtschaft. Denn »der individuellen Verfügungsfreiheit (sei) ein System dezentraler, ertragsorientierter Wirtschaftsorganisation immanent, das nur in Form einer freiheitlichen Marktwirtschaft realisiert werden (könne).[64] Mag man auch zweifeln, ob wirklich allein Art. 14 GG diesen Standpunkt tragen kann, so verblassen doch solche Zweifel im Ergebnis, vergegenwärtigt man sich, wie nahtlos sich die sonstigen Wirtschaftsgrundrechte in das Konzept einer wettbewerbsgesteuerten Marktwirtschaft einfügen und so die Marktwirtschaft zu der »durch das Grundgesetz bestimmte(n) Wirtschaftsordnung[65] machen. »Insofern bestätigt sich die vornehmlich von *Nipperdey* vertretene Auffassung, wonach die unternehmerischen Freiheiten der Verfassung im Ergebnis eine Garantie der Marktwirtschaft bedeuten. Damit muss die Neutralitätsthese des Bundesverfassungsgerichts [...] eingeschränkt werden.«[66] Das mag manchem geradezu als Euphemismus aus Rücksichtnahme auf die Autorität des BVerfG erscheinen, wird doch angesichts

59 *Papier* in: Benda/Maihofer/Vogel (Fn 27) Rn 14.
60 *Papier* aaO (Vornote) Rn 25.
61 Vgl. nochmals *Papier* (Fn 59) Rn 23.
62 *Zippelius/Würtenberger* (Fn 15) S. 306.
63 Vgl. BVerfGE 32, 311, 317; BGH GRUR 1952, 582.
64 *Depenheuer* in: v. Mangoldt/Klein/Starck (Fn 43) Art. 14 Rn 9 mwN.
65 *Maurer* (Fn 5) § 8 V 1. (Rn 88 f).
66 *Depenheuer* in: v. Mangoldt/Klein/Starck (Fn 43) Art. 14 Rn 9.

dieses vorstehend ausgeführten Verfassungsbefundes sogar offen von der unabweisbaren »Korrektur der Neutralitätsthese« gesprochen und *de lege lata* unter Berücksichtigung auch des Sozialstaatsprinzips die »Gewährleistung der sozialen Marktwirtschaft« postuliert.[67]

Die »Soziale Marktwirtschaft als gemeinsame Wirtschaftsordnung beider Vertragsparteien« der Währungs-, Wirtschafts- und Sozialunion im Prozess der Wiedervereinigung Deutschlands wird auch in Art. 1 Abs. 3 Satz 1 des diesbezüglichen Vertrages aus dem Jahre 1990[68] normiert. Dabei ist eher unklar, inwieweit sich daraus ein wirtschaftsverfassungsrechtliches Argument ableiten lässt. Während etwa *Stober* hierin lediglich den »Ausdruck der praktizierten Wirtschaftsordnung« sieht,[69] messen andere dem durchaus (materiellen) verfassungsrechtlichen Gehalt bei.[70] Geht man mit dem Text davon aus, dass sich schon in den Wirtschaftsgrundrechten die (soziale) Marktwirtschaft als »inneres System« wirtschaftsverfassungsrechtlich entfaltet, so käme der genannten Normierung im Falle ihrer verfassungsrechtlichen Qualität ohnehin nur deklaratorische Bedeutung zu. Die Frage mag deshalb hier ohne eigene Positionsbestimmung bleiben.

2. Europäische und deutsche Wirtschaftsverfassung

Von größerem Gewicht erscheint demgegenüber die Frage der europarechtlichen Konformität oder gar Determiniertheit der These von der (sozialen) Marktwirtschaft als deutscher Wirtschaftsverfassung. Denn aus dieser Perspektive könnte wegen des Vorrangs des europäischen Rechts der Streit um eine grundgesetzliche Wirtschaftsverfassung sich womöglich überhaupt erledigt haben.[71] Jedenfalls ist aber die Interpretation des Grundgesetzes hinsichtlich einer ihm inhärenten Wirtschaftsverfassung europarechtskonform zu gestalten.[72] Bei alledem ergibt sich von vornherein das Problem, dass die Feststellung der Wirtschaftsverfassung der Europäischen Gemeinschaft (EG) schon ihrerseits an erheblichen Unschärfen leidet. Zwar wird die Gemeinschaft in Art. 4 Abs. 1 EGV auf die Basis einer »offenen Marktwirtschaft mit freiem Wettbewerb« gestellt und darauf noch einmal unmissverständlich in Art. 98 EGV,[73] doch wird dieser Grundsatz durch zahlreiche und tief greifende Ausnahmen bekanntlich so stark relativiert, dass *Stober* »angesichts

67 *H.M. Meyer* (Fn 5) S. 359 ff m. zahlr. Nachw.; *Beater* Unlauterer Wettbewerb, 2002, § 9 Rn 1 ff.

68 BGBl 1990 II S. 537.

69 *Stober* Allg. Wirtschaftsverwaltungsrecht (Fn 3) § 5 I 4. (S. 41) mwN; *ders.* Deutsches, Europäisches und Globales Wirtschaftsverfassungsrecht (Fn 4) S. 374. Ebenso etwa *Schliesky* Öffentliches Wirtschaftsrecht (Fn 1) S. 20.

70 So z.B. *Maurer* (Fn 5) § 8 V 2. (Rn 91 f) mwN; *Leisner* (Fn 5) S. 371 bezeichnet die materielle Verfassungsqualität dieser Norm sogar als »unbestritten«.

71 Vgl. *Stober* Deutsches, Europäisches und Globales Wirtschaftsverfassungsrecht (Fn 4) S. 375.

72 *Zippelius/Würtenberger* (Fn 15) S. 57; *Rüthers* Rechtstheorie, 2. Aufl. 2005, Rn 766 f.

73 Vgl. auch Art. 3 Abs. 1 lit. g EGV mit der Zielvorgabe des unverfälschten Wettbewerbs.

dieser Gemengelage« es für sachgerecht hält, »auch für die Gemeinschaft von einer relativ offenen Wirtschaftsverfassung auszugehen«[74] was sich inhaltlich weitgehend mit der Vorstellung einer »mixed economy« decken dürfte.

Die überaus weiten Spielräume der Wirtschaftspolitik, die der EGV sowohl für die Gemeinschaftspolitik als auch für die Wirtschaftspolitik der Mitgliedsstaaten jedenfalls in der politischen Wirklichkeit eröffnet, ist sicher vertragshistorisch nachvollziehbar und als politisch gewollt zu bezeichnen, um den Einigungsprozess Europas wenigstens unter einem Formelkompromiss in Gang zu halten. Gleichwohl geht es wohl zu weit, jenes an die Spitze des Vertragstextes gesetzte, wirtschaftsverfassungsrechtliche Fundamentalpostulat der EG, das Bekenntnis zu einer auf Wettbewerbsfreiheit und Marktwirtschaft aufgebauten Ökonomie, normativ gänzlich zu neutralisieren, ja, zu denaturieren. Dies ist nun einmal für die systematische Interpretation der Grundsatz, das »Übrige«, trotz seines Umfangs, die Ausnahme.[75]

Akzeptiert man diesen interpretationsmethodischen Ausgangspunkt, so bedeutet dies für eine europarechtskonforme Grundrechtsauslegung, hinter den einzelnen Wirtschaftsgrundrechten den systemstiftenden Zusammenhang einer jedenfalls im Grundsatz wettbewerbsgesteuerten Marktwirtschaft zu entdecken. Von daher ist festzuhalten, dass die Entfaltung einer grundgesetzlichen Wirtschaftsverfassung im Sinne wettbewerbsgesteuerter Marktwirtschaft nicht nur autonom-binnensystematisch innerhalb des GG, sondern auch heteronom-gemeinschaftsrechtlich gut legitimiert erscheint.

3. Zum Wettbewerbsleitbild der Marktwirtschaft als grundgesetzlicher Wirtschaftsverfassung

Wettbewerbsgesteuerte Marktwirtschaft gewinnt ihre ökonomisch-theoretisch hinreichende Fassbarkeit erst durch die Art des in ihr wirkenden wettbewerblichen Mechanismus. Denn der ökonomische Wettbewerb ist ja keineswegs eine feststehende Größe und entzieht sich erst recht einer trivialen Analogie zum sportlichen Wettbewerb, und zwar schon deshalb, weil dieser nur Parallelprozesse, nicht aber Austauschprozesse kennt.[76] Unter der Vielzahl der vorgetragenen Wettbewerbsleitbilder erscheint aus Sicht der grundgesetzlichen Wirtschaftsverfassung nur die systemtheoretische Konzeption der Wettbewerbsfreiheit kompatibel, die im Anschluss an die Klassiker der ökonomischen Theorie wie *A. Smith, D. Hume, J. Bentham, D. Ricardo und J. St. Mills* namentlich auf die Forschungen *v. Hayeks* zurückgeht.[77]

74 *Stober* Deutsches, Europäisches und Globales Wirtschaftsverfassungsrecht (Fn 4) S. 377.

75 So wohl auch *Maurer* (Fn 5) § 8 V 1. Rn 89.

76 Im Rahmen dieses Beitrags müssen einige Andeutungen genügen. Näher hierzu und zum Folgenden *Schünemann* in: Harte/Henning, UWG (Kommentar), 2004, § 1 Rn 10 ff mwN.

77 Vgl. hier nur v. *Hayek* Die Theorie komplexer Systeme, 1972; ferner *Hoppmann* Wirtschaftsordnung und Wettbewerb, 1988; *ders.* Prinzipien freiheitlicher Wirtschaftspolitik, 1993; *ders.* JNSt 179 (1966) 286; 181 (1968) 251; 184 (1971) 397.

Diese freiheitszentrierte, auf die individuelle wirtschaftliche Handlungs- und Entscheidungsfreiheit der Marktteilnehmer abstellende Wettbewerbskonzeption, die der Selbstbestimmung auch im Wirtschaftsleben bzw. der dezentralen und auf Rechtsgleichheit beruhenden vertraglichen Koordination als Ausdruck menschlicher Würde einen herausragenden Stellenwert beimisst, erscheint im Lichte der Wirtschaftsgrundrechte als das natürliche Äquivalent einer derart freiheitlich verfassten Gesellschaft und der in ihr ablaufenden (auch ökonomischen) Prozesse. Wirtschaftlicher Wettbewerb in individueller Selbstbestimmung wird so zur »konkurrierenden Grundrechtsausübung der privaten Marktteilnehmer«.[78] Die Grundrechte gewinnen bei diesem wettbewerbskonzeptionellen, prozeduralen, dynamischen Verständnis die Funktion individueller, Entscheidungs-, Verantwortungs- und Risikozuständigkeiten in einem gesamtgesellschaftlichen (nicht nur wirtschaftsgesellschaftlichen) Organisationsmodell in privatautonomer und polyzentrischer Koordination und Selbstregulation.[79]

In diesem gesellschaftlichen, aber speziell auch ökonomischen Referenzsystem kann das grundgesetzliche Sozialstaatsprinzip nicht mobilisiert werden, um ein Wettbewerbsleitbild zu institutionalisieren, das den wirtschaftlichen Wettbewerb in den Dienst ganz bestimmter politischer Zielsetzungen stellen will und ihn damit zu instrumentalisieren sucht. Wettbewerb im Sinne der Konzeption der Wettbewerbsfreiheit trägt vielmehr seinen Wert in sich und speist sich aus seiner unbedingten Absage an jene gottgleiche Anmaßung von Wissen bezüglich der ungeheuren Menge der bei den Individuen vorhandenen Einzelinformationen und bezüglich des nomologischen Zusammenhangswissens,[80] die sich hinter derartigen wohlfahrtsökonomischen Wettbewerbsleitbildern mehr oder weniger unverhüllt verbirgt. Nur diese Bescheidenheit wird auch den richtig verstandenen Geboten christlicher Wirtschaftsethik gerecht.

Die soziale Marktwirtschaft lässt sich mithin auch nicht begreifen als eine Veranstaltung, die aus »sozialen« Erwägungen (was auch immer sich dahinter verbergen mag) in den Wettbewerbsmechanismus eingreift und damit letztlich nur die *hic et nunc* optimalen ökonomischen Ergebnisse verfälscht. Das »Soziale« dieser Marktwirtschaft wird sich vielmehr darauf zu beschränken haben, eine Art Sicherheitsnetz zu spannen: hoch genug, um das Herausfallen aus dem ökonomischen System einer wettbewerbsgesteuerten Marktwirtschaft nicht zu schmerzhaft zu gestalten, tief genug, um die notwendigen Anreize zu individuellen Anpassungsleistungen in einer

78 *Schliesky* Öffentliches Wettbewerbsrecht, 1997, S. 191.

79 S. noch einmal v. *Hayek* und *Hoppmann* (Fn 77), ferner *Engels* Mehr Markt. Soziale Marktwirtschaft als politische Ökonomie, 1976, S. 36, 60 f; *Schmidtchen* Wettbewerbspolitik als Aufgabe, 1978, S. 111 f.

80 Eindringlich v. *Hayek* Die Anmaßung von Wissen, ORDO 26 (1975) 12 ff; s.a. *Hoppmann* Prinzipien (Fn 77) S.14 ff.

sich ständig wandelnden Welt nicht leichtfertig, aus falsch verstandener Nächstenliebe und Solidarität, zum langfristigen Nachteil aller zu verschütten.[81]

E. RESÜMEE

Wer dem Grundgesetz eine »wirtschaftspolitische Neutralität« attestiert, zollt frühen Äußerungen des Bundesverfassungsgerichtes einen Respekt, den diese letztlich gar nicht fordern. Eine derartige Einschätzung erscheint auch dogmatisch nicht zwingend; ganz im Gegenteil: Im inneren System der »Wirtschaftsgrundrechte« entfaltet sich die grundgesetzliche Wirtschaftsverfassung einer auf Wettbewerbsfreiheit gründenden Marktwirtschaft. Dieses Verständnis wird auch durch eine europarechtskonforme Verfassungsinterpretation evoziert. »Sozial«, ethisch und nicht zuletzt auch christlich legitimiert wird diese Marktwirtschaft nicht dadurch, dass der Staat in den Mechanismus räumlich dezentraler und inhaltlich freiheitlich-autonomer Koordination eingreift, um sozialpolitisch erwünschte Ergebnisse zu erzwingen, sondern durch institutionelle Vorsorge, die die individuellen Nachteile wettbewerblicher Prozesse abmildert, ohne die spürbare Notwendigkeit von individuellen Anpassungsleistungen in sich stetig wandelnden Märkten aus dem Weg zu räumen.

81 Zu den ethischen Aspekten und zum Menschenbild einer derartigen Wirtschaftsverfassung s. *Schünemann* ETHICA 1997, 115, 125 ff; *ders.* in: Harte/Henning, UWG (Fn 76) § 3 Rn 165 ff.

Die grundfreiheitliche Dimension der Bundesgrundrechte

Markus Möstl

I. Einleitung

In einem jüngst erschienenen Beitrag zum Thema »Wirtschaftsgrundrechte und Wirtschaftsfreiheiten« im Rahmen des von ihm herausgegebenen Bandes »Deutsches und Internationales Wirtschaftsrecht« bezeichnet *Rolf Stober* die Grundfreiheiten des europäischen Gemeinschaftsrechts als »das Herzstück [...] des Binnenmarktes und Zentrum der EG-Wirtschaftsverfassung«. Und er fügt hinzu: »Die Besonderheiten dieser Markt- und Wettbewerbsfreiheiten liegen darin, dass sie im deutschen Verfassungsrecht keine Entsprechung besitzen«.[1] In der Tat: Das Problem des Schutzes bundesweiter (Landesgrenzen überschreitender) Freiheitsbetätigung gegen beschränkende Wirkungen einseitiger landesrechtlicher Regelungen ist im deutschen Bundesstaat wenig präsent; auch das Grundgesetz schenkt ihm keine dem Gemeinschaftsrecht vergleichbare Aufmerksamkeit; besondere »Grundfreiheiten« in der Art der gemeinschaftsrechtlichen Warenverkehrsfreiheit, der Arbeitnehmerfreizügigkeit, der Niederlassungs-, Dienstleistungs- und Kapitalverkehrsfreiheit (Art. 28 ff, 39 ff, 43 ff, 49 ff, 56 ff EG) kennt es nicht. Freilich erinnert man sich, dass sich unter den Grundrechten und grundrechtsähnlichen Rechten des Grundgesetzes einzelne Gewährleistungen finden, die eine gewisse Verwandtschaft zu den Grundfreiheiten des EG-Rechts aufzuweisen und deren gegen föderative Gefährdungslagen gerichteten Schutzgehalte jedenfalls ansatzweise zu verwirklichen scheinen, so etwa die Gewährleistung der Freizügigkeit in Art. 11 GG[2] oder der Gleichheit der staatsbürgerlichen Rechte in Art. 33 Abs. 1 GG.[3] Doch wird man zugeben müssen, dass diese Rechte in der Praxis ein Schattendasein führen und für

1 *Stober* in: ders. (Hrsg.) Deutsches und Internationales Wirtschaftsrecht, 2007, K Kap. 4 § 1, S. 397 f.

2 Vgl. *Kisker* in: Püttner (Hrsg.) FS Bachof, Grundrechtsschutz gegen bundesstaatliche Vielfalt, 1984, S. 53 (»eine die spezifisch bundesstaatliche Problematik berücksichtigende und deswegen zur Korrektur typischer bundesstaatlicher Verfehlungen [...] geeignete Vorschrift«).

3 Vgl. *Bethge* in: Die Grundrechtssicherung im föderativen Bereich, AöR 110, 1985, 209 (»Prinzip bundesstaatlicher Gleichheit«); *Jachmann* in: v. Mangoldt/Klein/Starck (Hrsg.) Kommentar zum Grundgesetz, 5. Aufl. 2005, Art. 33 Rn 2 (Schutz gegen »die Ungleichbehandlung von Deutschen eines Landes durch ein anderes Land«).

das Wirtschaftsleben der Bundesrepublik keine große Bedeutung erlangt haben;[4] überdies sind sie nach Voraussetzungen und Rechtsfolgen hoch umstritten[5] und jedenfalls weit von jener dogmatischen Konsolidiertheit und Schlagkraft entfernt, wie sie für die EG-Grundfreiheiten typisch ist. Nichts anderes gilt für die wirtschaftlichen Freiheitsrechte des Grundgesetzes, namentlich für Art. 12 GG: Vereinzelten Entscheidungen (Numerus clausus;[6] Anerkennung von Leistungsnachweisen;[7] z.T.: Landeskinderklauseln[8]) die zeigen, dass Art. 12 GG die besondere Dimension des Schutzes bundesweiter Freiheit gegen landesrechtliche Beschränkungen sehr wohl eigen sein kann, steht die weit verbreitete Grundanschauung gegenüber, die Freiheitsrechte schützten nicht gegen bundesstaatliche Vielfalt.[9] Ergebnis ist ein Rechtszustand, in dem sich das deutsche Bundesstaatsrecht bzgl. des Problems des Freiheitsschutzes gegen föderale Vielfalt weitaus unbeholfener und schwächer zeigt als das Gemeinschaftsrecht; nicht zuletzt das Beispiel der keineswegs seltenen »Landeskinderklauseln«,[10] die nach wenig durchsichtigen Kriterien teils am Gleichheitssatz, teils an den Freiheitsrechten gemessen, teils für zulässig, teils für unzulässig gehalten werden, macht deutlich, wie wenig das deutsche Recht der Problematik landesrechtlicher Diskriminierungen oder Beschränkungen länderübergreifender Freiheitsbetätigung einen klar konturierten Prüfungsmaßstab in der Art der gemeinschaftsrechtlichen Grundfreiheiten entgegenzusetzen vermag. Dies überrascht: Ist nicht der deutsche Bundesstaat ein dichter integriertes Staatswesen, ein dichter integrierter Binnenmarkt als die supranationale EG? Müsste das in einer überstaatlichen Integrationsgemeinschaft geltende Schutzniveau an Freiheitsschutz gegen Rechtsvielfalt und einseitige Diskriminierungen/Beschränkungen nicht in einem Bundesstaat erst recht gelten? Wo also sind die »Grundfreiheiten« des deutschen Verfassungsrechts? Der vorliegende Beitrag will diesen Fragen nachgehen.

4 *Gusy* in: v. Mangoldt/Klein/Starck (Hrsg.) Kommentar zum Grundgesetz, 5. Aufl. 2005, Art. 11 Rn 3; *Pernice* in: Dreier (Hrsg.) Grundgesetz Kommentar, Bd. I, 2. Auf. 2004, Art. 11 Rn 10; *Hailbronner* in: Isensee/Kirchhof (Hrsg.) Handbuch des Staatsrechts, Bd. V, 1989, Freizügigkeit, § 131 Rn 21; *Masing* in: Dreier (Hrsg.) Grundgesetz Kommentar, Bd. II, 2. Aufl. 2006, Art. 33 Rn 31; *Jachmann* (Fn 3) Art. 33 Rn 2; *Battis* in: Sachs (Hrsg.) Grundgesetz Kommentar, 4. Aufl. 2007, Art. 33 Rn 16.

5 Vgl. *Bethge* (Fn 3) S. 209 ff; s.u. III. 2.

6 BVerfGE 33, 303/329, 351 ff.

7 BayVGH NJW 1981, 1973; BVerwG DÖV 1979, 751.

8 BVerfG NJW-RR 2005, 998.

9 *Kisker* (Fn 2) S. 57.

10 BVerfG NJW-RR 2005, 998; BVerfG DVBl 2005, 498; VG Bremen vom 16. 8. 2006 – 6 V 1583/06; VG Berlin vom 26. 10. 2006 – 7 A 208.06; BVerwG NVwZ 1983, 223; BVerfGE 73, 301; umfassend zur Problematik: *Pfütze* Die Verfassungsmäßigkeit von Landeskinderklauseln, 1998.

II. DIE GRUNDFREIHEITEN ALS MODELLHAFTES INSTRUMENT EINES SACHGERECHTEN AUSGLEICHS GRENZÜBERSCHREITENDER FREIHEIT UND LEGITIMER DEZENTRALER REGELUNGSANLIEGEN

Im Ausgangspunkt ist es zur Klärung der so aufgeworfenen Fragen notwendig, in aller Kürze die spezifische Wirkungsweise der EG-Grundfreiheiten zu rekapitulieren.[11] Funktion und Wirkungsweise der Grundfreiheiten sind mit denen der allgemeinen Grundrechte und Wirtschaftsfreiheiten nicht identisch; anders als den grundrechtlichen Wirtschaftsfreiheiten geht es den Grundfreiheiten nicht um die allgemeine Frage, welchen Beschränkungen wirtschaftliche Freiheit aus Gründen des öffentlichen Wohls (durch einen Gesetzgeber) unterworfen werden kann. Vielmehr geht es – weitaus enger und spezifischer – darum, wie gerade die Freiheit zu grenzüberschreitender Wirtschaftsbetätigung gegen jene besonderen föderalen Gefährdungslagen geschützt werden kann, die daraus erwachsen, dass eben nicht nur *ein* Gesetzgeber, sondern gemäß der föderativen Kompetenzverteilung *mehrere* dezentrale Gesetzgeber nebeneinander am Werke sind und je für sich und in unterschiedlicher Weise wirtschaftliche Freiheit aus Gründen des öffentlichen Wohls beschränken. Spezifisch föderale Gefährdungen grenzüberschreitender Freiheitsbetätigung können dabei typischerweise in zweierlei Formen auftreten, zum einen dadurch, dass ein Gesetzgeber Inlandssachverhalte gegenüber Auslandssachverhalten bevorzugt, d.h. In- und Ausländer ungleich behandelt, zum anderen aber auch schlicht dadurch, dass die verschiedenen Rechtsordnungen inhaltlich unterschiedliche Anforderungen stellen und dem grenzüberschreitend Tätigen so einen besonderen Umstellungsaufwand bereiten. Beide Formen – Diskriminierungen und bloße Beschränkungen – haben je auf ihre Weise zur Folge, dass die Wahrnehmung grenzüberschreitender Freiheit aufgrund der Dezentralität von Regelungskompetenzen erschwert oder unmöglich gemacht wird.

Es ist nur folgerichtig, dass die Grundfreiheiten die grenzüberschreitende Freiheit in zweierlei Dimensionen schützen: als Diskriminierungs- und als Beschränkungsverbote. Gleichsam als Mindestgewährleistung fordert das Diskriminierungsverbot, Sachverhalte mit Auslandsbezug nicht offen oder versteckt schlechter zu behandeln als reine Inlandssachverhalte. Für die Problematik des Umgangs mit Rechtsvielfalt ist hierbei wichtig, dass das Diskriminierungsverbot die Unterschiedlichkeit der Rechtsordnungen, d.h. die dezentralen Regelungskompetenzen als solche nicht antastet. Das Diskriminierungsverbot nimmt die je unterschiedlichen Inhalts- und Schrankenbestimmungen wirtschaftlicher Freiheit der verschiedenen Normgeber hin und verlangt allein, dass diese je unterschiedlichen Regelungen unterschiedslos

11 Zum Folgenden mwN: *Möstl* Grenzen der Rechtsangleichung im europäischen Binnenmarkt, EuR 2002, 335 ff; *ders.* Wirtschaftsüberwachung von Dienstleistungen im Binnenmarkt, DÖV 2006, 282 f; *Kingreen* in: v. Bogdandy (Hrsg.) Europäisches Verfassungsrecht, 2003, S. 644 ff, 652 ff; *ders.* in: Callies/Ruffert (Hrsg.) EUV, EGV, 3. Auf. 2007, Art. 28–30 EGV Rn 6.

auf In- und Auslandssachverhalte angewendet werden. Das Diskriminierungsverbot ist auf diese Weise gerade kein Instrument der Beseitigung oder Abschwächung von Rechtsvielfalt. Anders verhält es sich mit der Schutzdimension als Beschränkungsverbot. Behinderungen grenzüberschreitender Freiheit können typischerweise nicht allein aus diskriminierenden, sondern auch aus unterschiedslos anwendbaren Regelungen resultieren, allein daraus nämlich, dass die jeweiligen (nichtdiskriminierenden) Standards in den verschiedenen Staaten unterschiedlich ausgestaltet sind und deren jeweilige Beachtung dem grenzüberschreitend Tätigen einen Mehraufwand verursacht (z.B. Beachtung mehrerer Produktstandards; doppelte Prüfungen etc.); es sind solche Erschwerungen, gegen die die Grundfreiheiten als Beschränkungsverbote schützen. Potentiell alle Freiheitsbeschränkungen des nationalen Rechts geraten auf diese Weise – allein aufgrund ihrer Unterschiedlichkeit – auf den Prüfstand des Gemeinschaftsrechts; das Gemeinschaftsrecht wird zum Hebel der Eindämmung föderativer Rechtsvielfalt. Zwar dürfen auch die Grundfreiheiten nicht daran vorbeisehen, dass es die Mitgliedstaaten sind, die nach der bestehenden Kompetenzverteilung die Zuständigkeit zur Sachregelung haben und deren legitime Regelungsanliegen deswegen Respekt verdienen. Es war ein zwingendes Gebot dieses Respekts vor der mitgliedstaatlichen Sachkompetenz, dass der EuGH[12] die Rechtfertigung von Beschränkungen der Grundfreiheiten aus »zwingenden Gründen des Allgemeininteresses« erlaubt hat. Immerhin aber wird die mitgliedstaatliche Beschränkung einer gemeinschaftsrechtlichen Rechtfertigungslast unterworfen, und vor allem ist sie nur noch nach Maßgabe des Verhältnismäßigkeitsprinzips zulässig; die originäre Regelungskompetenz der Mitgliedstaaten wird auf diese Weise gleichsam auf das im Lichte der Grundfreiheiten verhältnismäßige Maß zurückgeschraubt. Bei dieser Verhältnismäßigkeitsprüfung geht es – das kann nicht oft genug betont werden – nicht um die allgemeine Frage, welche Beschränkungen wirtschaftlicher Freiheit aus Gründen des öffentlichen Wohls verhältnismäßig und rechtfertigbar erscheinen, vielmehr geht es – weitaus enger – darum, ob spezifische Erschwerungen grenzüberschreitenden Tätigwerdens (fehlen solche, greifen die Grundfreiheiten nicht[13]) aus Respekt vor den legitimen Regelungsanliegen dezentraler Kompetenzträger erforderlich und zumutbar erscheinen. Entsprechend differenziert sind die Rechtsfolgen: Anders als bei den Grundrechten geht es bei den Grundfreiheiten typischerweise nicht um ein »Alles oder Nichts« (Frage der allgemeinen Zulässigkeit), sondern um die Frage der Notwendigkeit von Sonderregeln für Auslandssachverhalte in Gestalt von Anerkennungspflichten, Ausnahmen, Befreiungen, reduzierten Anforderungen etc., die die grundsätzliche Autonomie dezentraler Regelung mit dem Anliegen grenzüberschreitender Freiheitsermöglichung zu einem schonenden Ausgleich bringt. Die Grundfreiheiten erweisen sich auf diese Weise als sehr subtiles Instrument der Moderation von Rechtsvielfalt: Rechtsvielfalt wird grundsätzlich akzeptiert und bleibt regelmäßig möglich; zugleich wird sie

12 EuGH Slg. 1979, 649.
13 Vgl. paradigmatisch die Keck-Doktrin: EuGH Slg. 1993, I-6097.

jedoch inhaltlich begrenzt und mit den Erfordernissen grenzüberschreitender Freiheit in Einklang gebracht.

III. Die Unbeholfenheit des deutschen Verfassungsrechts im Umgang mit bundesstaatlicher Rechtsvielfalt

Von einer derart fein austarierten Doktrin im Umgang mit föderaler Rechtsvielfalt ist das deutsche Verfassungsrecht weit entfernt. Nur in Ansätzen und mit unsicherer Dogmatik sind Elemente einer bundesverfassungsrechtlichen Moderation bundesstaatlicher Vielfalt erkennbar.[14] Dass dies so ist, liegt zu einem erheblichen Teil sicher daran, dass die Kompetenzordnung des deutschen Bundesstaats schon von vornherein – und gerade im Bereich der Wirtschaft (Art. 74 Abs. 1 Nr. 11 GG) – wenig Mut zur Vielfalt besitzt und stattdessen weitgehend auf bundeseinheitliche Regelungen setzt; der deutsche Bundesstaat ist von einem ungewöhnlich stark ausgeprägten Streben nach Rechts- und Wirtschaftseinheit geprägt.[15] Wo aber von vornherein auf bundeseinheitliche Regelungen gesetzt wird, verliert die Frage nach spezifisch föderalen, gegen föderative Rechtsvielfalt gerichteten Gehalten der Freiheits- und Gleichheitsrechte ihren Sinn und gerät schließlich fast ganz in Vergessenheit (wie etwa an dem Schattendasein der Art. 11, 33 Abs. 1 GG deutlich wird[16]).[17] Tatsächlich entbindet der zugegebenermaßen hohe Grad an Wirtschaftseinheit in Deutschland jedoch nicht von der Pflicht, für jene Bereiche, in denen es ausnahmsweise doch unterschiedliche Regelungen der Länder gibt – und dieser Bereich ist im Zuge der Föderalismusreform[18] jedenfalls nicht kleiner, sondern eher größer geworden –, eine adäquate Antwort auf die Frage zu finden, wie mit der Problematik der durch derartige (und sei es auch kleine) Rechtsvielfalt aufgeworfenen Behinderungen grenzüberschreitender Freiheitsbetätigung umzugehen ist. Dem deutschen Recht fehlt es hierfür jedoch oft bereits am nötigen Problembewusstsein; dass aus Rechtsvielfalt Freiheitsprobleme resultieren können, wird – von offensichtlichen Sonderfällen (wie z.B. Landeskinderklauseln) abgesehen – häufig nicht einmal im Ansatz verarbeitet. Stattdessen scheint – gemäß der Devise, die Freiheitsrechte schützten nicht gegen bundesstaatliche Vielfalt – die Tendenz dahin zu

14 *Bethge* (Fn 3) S. 200.

15 Hierzu: *Badura* Staatsrecht, 3. Aufl. 2003, D 41; *Oeter* Integration und Subsidiarität im deutschen Bundesstaatsrecht, 1998, S. 406, 532 ff; *Möstl* Neuordnung der Gesetzgebungskompetenzen von Bund und Ländern, ZG 2003, 297, 299.

16 Vgl. oben Fn 4.

17 *Kingreen* (Fn 11) S. 647; *Laband* Das Staatsrecht des Deutschen Reiches, Bd. I, 5. Aufl. 1911, S. 186.

18 Dazu *Rengeling*: Föderalismusreform und Gesetzgebungskompetenzen, DVBl 2006, 1537 ff; *Ipsen* Die Kompetenzverteilung zwischen Bund und Ländern nach der Föderalismusnovelle, NJW 2006, 2801 ff; *Degenhart* Die Neuordnung der Gesetzgebungskompetenzen durch die Föderalismusreform, NVwZ 2006, 1209 ff.

gehen, dass es in den (ohnehin seltenen) Fällen, in denen den Ländern Regelungskompetenzen zukommen, hierbei sein Bewenden haben soll; die (ohnehin geringen) Landeskompetenzen sollen mit anderen Worten also nicht noch zusätzlich zur Disposition einer – überdies unsicheren (Abwägung Vielfalt gegen mobile Freiheit) – Überprüfung anhand von Freiheitsrechten gestellt werden.[19]

1. Mangelndes Problembewusstsein

Ein Beispiel mag das so umrissene Fehlen eines hinreichenden Problembewusstseins illustrieren. Es geht hierbei um den Umgang mit noch zu DDR-Zeiten erteilten Lizenzen zur Veranstaltung von Sportwetten, die gemäß Art. 19 Satz 1 EV im Gebiet der neuen Länder fortgalten, insbesondere um die Frage, inwieweit diese Lizenzen auch zur Veranstaltung von Sportwetten in solchen (alten) Bundesländern berechtigten, die die Veranstaltung von Sportwetten beim Staat monopolisiert hatten.[20] Einem vom Gemeinschaftsrecht her geschulten deutschen Juristen müsste eigentlich auffallen, dass es ein Problem der »Grundfreiheiten«, d.h. der spezifisch föderativen Freiheitsgehalte sein kann, wenn einem Bewerber, der in einem Land bereits eine Lizenz zur rechtmäßigen Veranstaltung von Sportwetten innehat, der Zugang zum Markt eines anderen Landes verwehrt wird; bereits mehrfach hat der EuGH (was das Verhältnis von Mitgliedstaaten anbelangt) zu dieser Frage judiziert.[21] Die so umrissene, spezifisch föderative Freiheitsgefährdung (die aus der Unterschiedlichkeit von Rechtsordnungen herrührt) ist auch nicht identisch mit der freilich auch in Deutschland vieldiskutierten und mittlerweile vom BVerfG[22] entschiedenen allgemein-grundrechtlichen Frage, inwieweit es im Allgemeinen zulässig sein kann, dass *eine* Rechtsordnung die private Veranstaltung von Sportwetten verbietet; der Aspekt, dass der Bewerber bereits eine Lizenz (für ein Teilgebiet) innehat und hiervon in einem Raum grenzüberschreitender Freiheit nicht über die Landesgrenzen hinaus Gebrauch machen kann, fällt – unter Zugrundelegung einer grundfreiheitlichen Sicht – vielmehr zusätzlich ins Gewicht. Dennoch findet sich in den Urteilen deutscher Gerichte, die in Sachen der räumlichen Geltung von DDR-Altlizenzen angerufen worden waren, zu alledem nichts. Ausführlich wird geprüft und dargelegt, dass die Lizenzen ihrem räumlichen Geltungsbereich nach allein in den neuen Ländern gelten. Hieraus folgt unmittelbar, dass die Bewerber in den alten Bundesländern über keine gültige Lizenz verfügen. Dieses allein aus der Kompetenzordnung folgende Ergebnis wird – anders als im Gemeinschaftsrecht – nicht noch zusätzlich einem (grund-)freiheitsrechtlichen Zumutbarkeitstest unterzogen. Das Problem der

19 *Kisker* (Fn 2) S. 56 f.

20 OVG NW GewArch 2003, 162; VG Stuttgart GewArch 2004, 201; BVerwG v. 21. 6. 2006 – 6 C 19.06; VG Köln vom 22. 6. 2006 – 1 K 2231/04; BayVGH vom 29. 9. 2004 – 24 BV 03.3162; BayVGH vom 13. 9. 2007 – 24 CS 07.82.

21 EuGH NJW 2004, 139; NJW 2007, 1515.

22 BVerfG GewArch 2006, 199.

föderativen Gefährdungslage wird nicht gesondert thematisiert oder allenfalls verklausuliert angesprochen. All dies mag im geschilderten Fall im Ergebnis nicht besonders ins Gewicht fallen, weil ein Fernhalten anderweitig zugelassener Wettveranstalter letztlich selbst vor den Grundfreiheiten gerechtfertigt werden könnte. Dass jedoch nicht einmal die Problematik gesehen und jedenfalls keiner kohärenten freiheitsrechtlichen Prüfung zugeführt wird, scheint mir symptomatisch für das deutsche Recht, das mit dem Problem föderativer Freiheitsgefährdungen nichts Rechtes anzufangen weiß.

2. *Unzureichende Instrumente*

Das deutsche Verfassungsrecht hält verschiedene Ansätze eines Schutzes bundesweiter Freiheit gegen landesrechtliche Rechtsvielfalt bereit, die jedoch in vielem umstritten sind und sich noch nicht zu einem (mit der Doktrin der Grundfreiheiten vergleichbaren) kohärenten Ganzen verbinden.

Kein taugliches Instrument des Schutzes gegen Rechtsvielfalt kann zunächst – jedenfalls für sich genommen – der Gleichheitssatz des Art. 3 Abs. 1 GG sein. Das in Art. 3 Abs. 1 GG verwirklichte Gerechtigkeitspostulat kann sich stets nur an *einen* zur gleichheitskonformen Gestaltung der Rechtordnung verpflichteten Rechtsetzer richten (Gleichheit vor dem Gesetz i.S.v. Gleichheit innerhalb einer Rechtsordnung). Wenn die föderale Kompetenzordnung dagegen die Rechtsetzungszuständigkeit auf verschiedene Rechtsetzer verteilt und so Rechtsvielfalt bewusst in Kauf nimmt, kann es nicht Sinn und Zweck des Gleichheitssatzes sein, diese Vielfalt unmöglich zu machen oder auch nur mit einem Siegel der Rechtfertigungsbedürftigkeit zu belegen. Dass die Verfassungsmäßigkeit eines Landesgesetzes nicht allein deswegen in Zweifel gezogen werden kann, weil dieses inhaltlich von anderen Landesgesetzen abweicht, entspricht st. Rspr. des BVerfG; allein innerhalb des ihm zugeordneten Gesetzgebungsbereichs habe der Landesgesetzgeber Gleichheit zu verwirklichen.[23] Gegen föderale Gefährdungslagen in Stellung gebracht wurde Art. 3 Abs. 1 GG bisweilen im Verbund mit Freiheitsrechten (z.B. Verbot von Landeskinderklauseln beim Hochschulzugang, Art. 12 Abs. 1 Satz 1 GG[24]). Der Gleichheitssatz entfaltet hierbei eine nur unselbständige Wirkung; er ist letztlich nicht mehr als ein Hinweis darauf, dass – so die hier vertretene These (s.u. IV.) – den bundesstaatlichen Freiheitsrechten eben auch die (»grundfreiheitliche«) Dimension des Schutzes bundesweiter Freiheitsbetätigung gegen landesrechtliche Diskriminierungen und aus föderaler Rechtsungleichheit resultierenden Beschränkungen zukommt. Seine Heranziehung erscheint letztlich entbehrlich (in anderen Fällen wurde auf sie auch verzichtet[25]); sie steht überdies in einem schwer erklärbaren Widerspruch

23 BVerfGE 51, 43, 58 f; *Bethge* (Fn 3) S. 207; *Kisker* (Fn 2) S. 55.
24 BVerfGE 33, 303, 356.
25 BVerfG NJW-RR 2005, 998.

dazu, dass, wie eingangs erörtert, Art. 3 Abs. 1 GG für sich betrachtet jede Schutzwirkung gegen föderale Rechtsvielfalt kategorisch abgesprochen wird.

Bereits größere Hoffnungen könnten auf zwei spezielle Gleichheitssätze gerichtet werden, nämlich in erster Linie auf das Gebot des Art. 33 Abs. 1 GG, wonach jeder Deutsche in jedem Lande die gleichen staatsbürgerlichen Rechte und Pflichten hat, daneben auch auf das in Art. 3 Abs. 3 GG ausgesprochene Verbot der Diskriminierung aus Gründen von Heimat und Herkunft. Gerade bzgl. Art. 33 Abs. 1 GG ist offensichtlich, dass ihm ein innerföderaler Schutzgehalt zukommt.[26] Jeweils geht es um das an *einen* (Landes-)Gesetzgeber (nur so kann ein Gleichheitssatz greifen) gerichtete Verbot, aus bestimmten Gründen der Landeszugehörigkeit oder Herkunft zu differenzieren. Beide Vorschriften scheinen so das Potential zu haben, jedenfalls den grundfreiheitlichen Schutzgehalt des Diskriminierungsverbots im deutschen Bundesstaat verwirklichen zu können und auf diese Weise z.B. eine wirksame Waffe gegen Landeskinderklauseln zu sein. Freilich muss man sich sogleich die Grenzen dieses Potentials vor Augen halten: Zum einen haben die Art. 33 Abs. 1, 3 Abs. 3 GG – grundfreiheitlich gesprochen – bereits von vornherein allenfalls das Potential zum Diskriminierungsverbot, nicht dagegen zum Beschränkungsverbot; sie verlangen von einem Land allein, den in diesem Land geltenden Rechtsstatus unterschiedslos auf alle Deutschen anzuwenden, nicht dagegen verlangen sie, dass dieser Rechtsstatus auch in allen Ländern gleich zu sein hat; sie sind also bereits von vornherein keine tauglichen Instrumente zur Eindämmung ggf. freiheitsgefährdender Rechtsvielfalt.[27] Zum anderen erscheint es problematisch, dass die Art. 33 Abs. 1, 3 Abs. 3 GG einen rein gleichheitsrechtlichen Blickwinkel anlegen und auf diese Weise völlig ausklammern, dass die im Streit stehende Diskriminierung ggf. zu einer Behinderung grenzüberschreitender Freiheit führt; nur eine freiheitsrechtliche Betrachtung kann diesen Aspekt adäquat verarbeiten, so dass es auch nicht verwunderlich ist, dass die Gerichte, soweit sie tatsächlich eine freiheitsrechtliche Betrachtung anstellen und Landeskinderklauseln z.B. an Art. 12 GG messen, Art. 33 Abs. 1 häufig ganz unter den Tisch fallen lassen.[28] Doch selbst wenn man von all dem absieht, wenn man also von vornherein konzediert, dass Art. 33 Abs. 1, 3 Abs. 3 GG allenfalls als den Freiheitsaspekt ungenügend berücksichtigende bloße Diskriminierungsverbote fungieren können, werden sie selbst diesem – eingeschränkten – Anspruch nur unzureichend gerecht, weil zu viele ihrer tatbestandlichen Voraussetzungen strittig und ungeklärt sind: So ist bei Art. 33 Abs. 1 GG unklar, was »staatsbürgerliche Rechte« sind:[29] Nur der staatsbürgerliche status activus (Wahlrecht u.Ä.) oder alle Rechtsbeziehungen des Bürgers zum Staat? Die Gerichtspraxis, die Art. 33 Abs. 1 GG z.B. bei Landeskinderklauseln nur sporadisch heranzieht, gibt keine eindeutige Antwort. Schwerer aber wiegt noch, dass bereits unklar ist, welche

26 *Masing* (Fn 4) Art. 33 Rn 29.
27 *Bethge* (Fn 3) S. 208, 211; *Jachmann* (Fn 3) Art. 33 Rn 2.
28 BVerfGE 33, 303, 351 ff; BVerfG NJW-RR 2005, 998.
29 Zum Folgenden: *Bethge* (Fn 3) S. 209 f; *Masing* (Fn 4) Art. 33 Rn 33.

Differenzierungskriterien es sind, die Art. 33 Abs. 1 GG als unzulässig einstuft:[30] Ist es allein die Landesstaatsangehörigkeit, nach der nicht differenziert werden darf (dann würde Art. 33 Abs. 1 GG leer laufen, weil Landesstaatsangehörigkeiten nicht eingerichtet worden sind) oder ist es eine wie auch immer zu definierende materielle Landeszugehörigkeit, d.h. bestimmte sachliche Kriterien der Verbundenheit mit einem Land (doch welche sollen das sein: Geburt, Wohnsitz, Ausbildung, Beschäftigung in einem Land?), die an die Stelle des formalen Kriteriums Staatsangehörigkeit treten? Wohl deswegen, weil eine fundamentale Unsicherheit über die unzulässigen Differenzierungskriterien herrscht, neigt die deutsche Rechtspraxis dazu, alle prima facie problematisch erscheinenden Diskriminierungen unter den völlig unbestimmten Begriff der »Landeskinderklausel« (angeknüpft wird hierbei an die unterschiedlichsten Kriterien) zu fassen, deren Behandlung ihrerseits unsicher ist.[31] Nichts anderes gilt für Art. 3 Abs. 3 GG bei dem die Herausarbeitung der zulässigen Differenzierungskriterien ähnliche Schwierigkeiten bereitet.[32] Es kann angesichts dieser Unsicherheiten nicht verwundern, dass die Art. 33 Abs. 1, 3 Abs. 3 GG in Bezug auf föderale Gefährdungslagen nur geringe Bedeutung erlangt haben und zum Teil auch übersehen werden.

Ein ähnlich ernüchterndes Bild ergibt sich bzgl. des Grundrechts der Freizügigkeit in Art. 11 GG. Auch hier ist offensichtlich, dass es sich um eine Gewährleistung handelt, die, indem sie ein bundesweites Mobilitätsrecht schafft, das Potential dazu hat, föderalen Gefährdungslagen entgegenzutreten.[33] Überdies handelt es sich hier um ein Freiheitsrecht, so dass Art. 11 GG – über das bloße Diskriminierungsverbot hinaus – prinzipiell geeignet erscheint, ggf. auch grundfreiheitliche Gehalte des Beschränkungsverbotes in sich aufzunehmen. Schließlich sticht die sachliche Verwandtschaft zu den gemeinschaftsrechtlichen Grundfreiheiten der Arbeitnehmerfreizügigkeit und der Niederlassungsfreiheit geradezu ins Auge. Doch auch diese Erwartungen haben sich nicht erfüllt und können es wohl auch nicht.[34] So ist bereits von vornherein strittig, ob Art. 11 GG – über das Recht, an jedem Ort Aufenthalt und Wohnsitz zu nehmen,[35] hinausgehend – überhaupt die Dimension einer auch wirtschaftlichen Freizügigkeit (Freiheit der Niederlassung oder der unselbständigen Arbeit an jedem Ort) einschließt; die h.M. geht dahin, das GG habe diesen Aspekt im Gegensatz zu Art. 111 WRV bewusst aus Art. 11 ausgeklammert und

30 Zum Folgenden: *Bethge* (Fn 3) S. 210 f; *Jarass* in: ders./Pieroth, Grundgesetz für die Bundesrepublik Deutschland, 9. Aufl. 2007, Art. 33 Rn 3; *Masing* (Fn 4) Art 33 Rn 30 ff; *Jachmann* (Fn 3)Art. 33 Rn 7.

31 Vgl. oben Fn 10.

32 In BVerfGE 33, 303, 351 ff. wurde Art. 3 Abs. 3 GG z.B. nicht herangezogen; vgl. *Bethge* (Fn 3) S. 209.

33 *Bethge* (Fn 3) S. 214.

34 Den Charakter eines unter dem GG eng ausgestalteten Grundrechts betont *Durner* in: Maunz/Dürig, Grundgesetz Kommentar, Stand 2007, Art. 11 Rn 51.

35 *Hailbronner* (Fn 4) § 131 Rn 22; *Gusy* (Fn 4) Art. 11 Rn 27.

in den hierfür allein zuständigen Art. 12 GG hineinverlagert.[36] Von anderen Autoren wird versucht – ohne dass sich all dies wirklich durchgesetzt hätte –, aus Art. 11 GG eine in andere Grundrechte hineinstrahlende Wertentscheidung zugunsten eines auch wirtschaftlich unbehinderten Zuges abzuleiten;[37] teilweise wird postuliert, jedenfalls ein Anspruch des Zuziehenden auf wirtschaftliche und rechtliche Gleichbehandlung (Diskriminierungsverbot) sei Art. 11 GG immanent;[38] nur vereinzelt wird darüber hinausgegangen und Art. 11 GG – in Richtung eines Beschränkungsverbots – etwa Bedeutung für die Anerkennung gleichwertiger Prüfungsleistungen zugesprochen.[39] Die ganz h.M. hält daran fest, dass rein mittelbar-faktische Erschwerungen der Freizügigkeit, die aus unterschiedlichen rechtlichen Rahmenbedingungen wirtschaftlicher Betätigung in den Ländern resultieren, keinen Eingriff in Art. 11 GG darstellten bzw. keine hinreichende freizügigkeitsregelnde Tendenz aufwiesen; der Einzelne habe aus Art. 11 GG kein Recht, in einem Land erworbene Rechtsstellungen in ein anderes Land mitzunehmen; das Freizügigkeitsgrundrecht gewährleiste keine unbeschränkbare Gewerbe- oder Berufsfreiheit.[40] Deutlich wird, dass Art. 11 GG die Funktion eines grenzüberschreitende Wirtschaftstätigkeit gewährleistenden Beschränkungsverbots nicht einnehmen kann; es bleibt, um ein Beispiel zu nennen, richtig, dass etwa die einen Zuziehenden treffende Pflichtmitgliedschaft in Kammern, so unstreitig sie die europäischen Grundfreiheiten berühren kann,[41] jedenfalls das Freizügigkeitsgrundrecht nicht beeinträchtigt.[42] Schließlich: Selbst wenn Art. 11 GG als Beschränkungsverbot zu fungieren in der Lage wäre, könnte er dies nur partiell, soweit die Inanspruchnahme grenzüberschreitender Wirtschaftsfreiheit mit einer Verlagerung von Sitz/Wohnsitz verbunden ist; jedenfalls die – ohne derartigen Ortswechsel auskommenden – Dimensionen der Warenverkehrs- und der Dienstleistungsfreiheit könnten niemals von Art. 11 GG erfasst werden.

Was bleibt, ist den Blick auf die Freiheitsrechte, namentlich auf Art. 12 GG zu richten. Sind sie in der Lage, föderalen Gefährdungslagen wirksam zu begegnen? Ansätze hierzu sind vorhanden, diese haben sich indes noch nicht zu einer Doktrin verdichtet, die es an Geschlossenheit und Schlagkraft auch nur annähernd mit den europäischen Grundfreiheiten aufnehmen könnte. Immerhin gibt es einige Entscheidungen, die sehr deutlich erkennen lassen, dass Art. 12 GG neben der allge-

36 So die (frühere) Kommentierung des Art. 11 durch *Dürig* in: Maunz/Dürig, Grundgesetz Kommentar, Stand 1970, Rn 19 f, 35; weitere Nachweise bei *Ziekow* Über Freizügigkeit und Aufenthalt, 1997, S. 469.

37 *Hailbronner* (Fn 4) § 131 Rn 36.

38 *Merten* Der Inhalt des Freizügigkeitsrechts, 1970, S. 64 ff; *Pernice* (Fn 4) Art. 11 Rn 16; *Bethge* (Fn 3) S. 214; ablehnend: *Durner* (Fn 34) Art. 11 Rn 87.

39 *Ziekow* (Fn 36) S. 471, 599; *Bethge* in: Grundrechtssicherung (Fn 3) S. 215.

40 *Pagenkopf* (Fn 4) Art. 11 Rn 21; *Durner* (Fn 34) Art. 11 Rn 116, 118; *Kisker* (Fn 2) S. 54; BayVerfGH 4, 122; allgemein zu mittelbar-faktischen Eingriffen in Art. 11 GG jedoch BVerfGE 110, 177.

41 EuGH Slg. 2000, I-7919.

42 BayVerfGH 4, 150, 164.

meinen Gewährleistung der Berufs- und Ausbildungsfreiheit auch den besonderen Aspekt einer bundesweiten, durch Landesgrenzen möglichst nicht behinderten Grundrechtsausübung einschließt; gerade bzgl. des Rechts der bundesweit möglichen Wahl der Ausbildungsstätte ist dies sehr deutlich geworden.[43] Zuzugeben ist, dass die meisten dieser Entscheidungen Landeskinderklauseln betreffen, die dem engeren grundfreiheitlichen Kern des bloßen Diskriminierungsverbots verhaftet bleiben oder jedenfalls nahe kommen; soweit jedoch z.B. die Anerkennung von Prüfungsleistungen oder das Erfordernis bestimmter Vorbeschäftigungszeiten zur Debatte stehen, betritt die Gewährleistung bereits ein Feld, das man – grundfreiheitlich gesprochen – als Beschränkungsverbot bezeichnen würde. Die dogmatischen Konturen dieser innerföderalen Gewährleistungsdimension des Art. 12 GG bleiben bei alledem allerdings noch sehr unsicher: So ist nicht geklärt, ob diese besondere, bundesstaatliche Dimension dem Art. 12 GG allgemein zu eigen ist, oder nur bzgl. solcher Lebenssachverhalte greift, die – was auch immer das bedeuten mag – »ihrer Natur nach« über die Ländergrenzen hinausgreifen.[44] So bleibt offen, in welchem Verhältnis der gegen Diskriminierungen und föderale Rechtsungleichheit schützende Gehalt des Art. 12 GG zu Art. 3 Abs. 1 GG steht, der zum Teil gesondert, zum Teil in Verbindung mit Art. 12 GG und zum Teil überhaupt nicht geprüft wird.[45] Und so ist nicht sicher, dass bei der Verhältnismäßigkeitsprüfung immer hinreichend zwischen der allgemein-grundrechtlichen Frage, ob eine bestimmte Regelung im Allgemeinen (überhaupt) zulässig ist, und der spezifisch föderal-grundfreiheitlichen Frage, ob sie gerade dem grenzüberschreitend Tätigen zumutbar ist, unterschieden wird.[46] Was vor allem noch fehlt, ist dass die einzelnen, auf föderale Schutzgehalte hindeutenden Beispiele zu einer übergreifenden Doktrin zusammengezogen werden; keine der Kommentierungen zu Art. 12 GG widmet diesen spezifisch föderalen/grundfreiheitlichen Gehalten einen eigenen Abschnitt, vielmehr tauchen sie allein bei den Einzelbeispielen auf. Nach wie vor auch gibt es Stimmen, die föderale Schutzgehalte der Freiheitsrechte grundsätzlich leugnen. Sie manifestieren sich etwa in dem Satz, die Freiheitsrechte ließen sich nicht gegen bundesstaatliche Vielfalt mobilisieren,[47] oder in der Aussage, wenn eine Zugangshürde mit Art. 12 GG im Allgemeinen vereinbar sei, dann dürfe sie auch allen Bewerbern – d.h. auch Bewerbern aus anderen Ländern – abverlangt werden.[48] Über bloße Ansätze – das wird deutlich – ist die Entwicklung »grundfreiheitlicher«, spezifisch gegen föderale Gefährdungslagen schützender Gehalte des Art. 12 GG bislang nicht hinausgekommen.

43 BVerfGE 33, 303, 339, 351 ff; 73, 301; BVerfG NJW-RR 2005, 998; BVerwG DÖV 1979, 751; BayVGH NJW 1981, 1973; VG Bremen vom 16. 8. 2006 – 6 V 1583/06; VG Berlin vom 26. 10. 2006 – 7 A 208.06.

44 BVerfGE 33, 303, 352; BVerwG NVwZ 1983, 223, 224.

45 BVerfGE 33, 303, 356; 73, 301, 315, 321; BVerfG NJW-RR 2005, 998.

46 Vgl. BVerfGE 73, 301, 315 ff; BVerfG NJW-RR 2005, 998, 999 ff.

47 *Kisker* (Fn 2) S. 57.

48 BVerwGE 64, 142, 144.

3. *Flucht in die Bundeseinheitlichkeit*

Das deutsche Recht hat bislang keine mit den Grundfreiheiten vergleichbare kohärente und intelligente Technik der grundrechtlichen Begrenzung freiheitsgefährdender Rechtsvielfalt entwickelt. Es hat seine eigene Methode, mit dem Problem fertigzuwerden: Es lässt Rechtsvielfalt (statt sie nur zu moderieren und zu begrenzen) bereits von vornherein nicht zu, es flüchtet sich in die Bundeseinheitlichkeit. Nur weil der Bereich, in dem die Länder überhaupt zu einer eigenständigen Regelung wirtschafts- und mobilitätsrelevanter Fragen in der Lage sind, ohnehin so klein ist, konnte es so lange angehen und gleichsam verborgen bleiben, wie unausgegoren die Instrumente des deutschen Bundesstaats zur Bewältigung des Problems freiheitsgefährdender Rechtsvielfalt sind. Art. 74 Abs. 1 Nr. 11 GG (Recht der Wirtschaft) und andere Kompetenztitel haben sich als Hebel erwiesen, das wirtschaftsrelevante Recht fast durchgehend in die Hände des Bundes zu überführen. Art. 72 Abs. 2 GG hat sich bei alledem nicht als wirksame Bremse bewährt. Im Gegenteil: Gerade diejenige Entscheidung des BVerfG, die die aus Art. 72 Abs. 2 GG folgenden Anforderungen endlich spürbar angehoben hat (das Altenpflegeurteil[49]), ist Beleg dafür, wie anfällig die deutsche Kompetenzordnung für das Argument »Wirtschaftseinheit« nach wie vor ist, war es doch gerade auch die Sorge um die aus unterschiedlichen Ausbildungsordnungen der Länder resultierenden negativen Konsequenzen für die bundesweite Mobilität der Altenpflegekräfte, mithilfe derer die Erforderlichkeit bundeseinheitlicher Regelung begründet wurde. Es ist dabei symptomatisch, dass die Frage, inwieweit sich diesem Problem auch mithilfe »milderer« Mittel, etwa einer grundrechtlichen Pflicht zur wechselseitigen Anerkennung unterschiedlicher Ausbildungsgänge, begegnen ließe, nicht einmal angedacht wurde. Hieraus folgt eine wichtige Erkenntnis: Es ist unzutreffend oder jedenfalls einseitig, wenn gegen die hier befürwortete Entwicklung und Stärkung grundrechtlicher Abwehrpositionen gegen übermäßige Rechtsvielfalt eingewandt wird, sie zerstöre auch noch den ohnehin kleinen Rest an bestehender Rechtsvielfalt in Deutschland. Das Gegenteil ist richtig: Erst wenn das deutsche Recht intelligente Techniken (in der Art der Grundfreiheiten) entwickelt, wie mit (grundsätzlich erwünschter) Rechtsvielfalt umzugehen ist und sie sinnvoll begrenzt werden kann, wird es sich auch mehr Mut zur Rechtsvielfalt zutrauen können; gerade weil der grundrechtliche Schutz gegen Rechtsvielfalt bislang so defizitär ist, stürzt sich das deutsche Recht vorschnell in die völlige Bundeseinheitlichkeit.[50]

49 BVerfGE 106, 62, hierbei v.a. S. 146 ff, 156 ff.

50 Eine unglückliche Kombination aus mangelndem Mut zur Vielfalt und ineffektiven Mitteln der Wahrung der nötigen Einheitlichkeit, aus der eine Art vorauseilende Einförmigkeit resultiert, ist für den deutschen Bundesstaat überhaupt typisch, vgl. – in anderem Kontext – *Möstl* Landesverfassungsrecht – zum Schattendasein verurteilt? AöR 130 (2005) 372.

Der mangelnde Mut zur Rechtsvielfalt, die (auch aus defizitären Instrumenten der Vielfaltskontrolle resultierende) vorauseilende Einförmigkeit des deutschen Rechts ist eine große Schwäche des deutschen Föderalismus. Es ist daher zu begrüßen, wenn die Föderalismusreform die Gesetzgebungsspielräume der Länder – gerade auch im wirtschafts- und mobilitätsrelevanten Bereich, vgl. die neuen Ausnahmen vom Kompetenztitel »Recht der Wirtschaft« in Art. 74 Abs. 1 Nr. 11 GG oder die Abweichungskompetenz im Bereich der Hochschulzulassung und Hochschulabschlüsse nach Art. 72 Abs. 3 Satz 1 Nr. 6 GG – tendenziell erweitert hat. Umso wichtiger und unumgänglicher wird es allerdings in Zukunft werden, dass das deutsche Verfassungsrecht effizientere Techniken der intelligenten Begrenzung etwaiger freiheitsgefährdender Auswirkungen prinzipiell wünschenswerter Rechtsvielfalt entwickelt. Das deutsche Verfassungsrecht darf in dem unter 2. geschilderten defizitären Rechtszustand nicht verharren.

IV. ERSCHLIESSUNG DER SPEZIFISCH BUNDESSTAATLICHEN/GRUNDFREIHEITLICHEN GEHALTE DER BUNDESGRUNDRECHTE

Für das deutsche Verfassungsrecht sollte – so die hier vertretene These – anerkannt werden, dass den Freiheitsrechten des Grundgesetzes (insbesondere Art. 12 GG) neben ihren allgemeinen abwehrrechtlichen Schutzgehalten (welche Freiheitseinschränkungen aus Gründen des öffentlichen Wohls darf ein Gesetzgeber im Allgemeinen vorsehen?) auch eine spezifisch bundesstaatliche Schutzdimension eigen ist, die – den Grundfreiheiten des Gemeinschaftsrechts vergleichbar – die Freiheit zu (landes-)grenzüberschreitender Grundrechtsbetätigung gegen jene spezifisch föderalen Gefährdungslagen in Schutz nimmt, die daraus resultieren, dass die Landesrechtsordnungen diskriminierende oder auch nur schlicht unterschiedliche Regelungen enthalten. Wie die Grundfreiheiten des Gemeinschaftsrechts entfalten – in dieser spezifisch bundesstaatlichen Gewährleistungsdimension – auch die Bundesgrundrechte einerseits den Gehalt eines Diskriminierungsverbots (der Landesgesetzgeber darf landesgrenzüberschreitende Sachverhalte prinzipiell nicht offen oder versteckt anders und schlechter behandeln als reine Inlandssachverhalte) und andererseits den Gehalt eines Beschränkungsverbots (gehen von einer Landesregelung aufgrund ihrer Unterschiedlichkeit zu den Regelungen anderer Länder spezifische Erschwerungen grenzüberschreitender Freiheitsbetätigung aus, so muss der Landesgesetzgeber dies mit hinreichenden Gründen dezentraler Gemeinwohlverwirklichung rechtfertigen können; anderenfalls können für grenzüberschreitende Sachverhalte Ausnahmen, Befreiungen, Anerkennungspflichten etc. notwendig werden). Die so umrissenen spezifisch föderalen Schutzgehalte sind von den allgemein-abwehrrechtlichen Schutzgehalten der Freiheitsrechte unterscheidbar (zwei unterschiedliche Grundrechtsdimensionen) und fügen sich doch zu einer gemeinsamen Freiheitsgewährleistung zusammen: Das Grundanliegen bundesweiter Freiheitsgewährleistung einerseits und durchgehender Rechtfertigungsbedürftigkeit staatlicher Eingriffe andererseits wird jeweils nur in einer anderen Facette thematisiert: Geht es den allgemein-abwehrrechtlichen Gehalten darum, welche Eingriffe eine (Landes-)Rechtsordnung im Allgemeinen vorsehen darf, geht es den spezifisch-föderalen Schutzgehalten darum, inwieweit sie – in einem Raum grenzüberschreitender Freiheit – gerade dem grenzüberschreitend Tätigen, von einer anderen Landesrechtsordnung Herkommenden zumutbar sind.

Der so umrissene föderale Schutzgehalt der Bundesgrundrechte ist natürlich in erster Linie für Art. 12 GG relevant, der die wesentlichen Gewährleistungen aller Grundfreiheiten (Warenverkehr, Arbeitnehmerfreizügigkeit, Niederlassung, Dienstleistung) in sich aufzunehmen vermag; vor allem durch Art. 12 GG wird die Bundesrepublik als ein Raum landesgrenzüberschreitender Wirtschaftsfreiheit konstituiert. Die föderalen Schutzgehalte bleiben andererseits aber nicht auf Art. 12 GG beschränkt, sondern bringen einen verallgemeinerungsfähigen Gedanken zum Ausdruck: Sie sind beispielsweise auch für Art. 14 GG relevant (Problematik unterschiedlicher Inhalts- und Schrankenbestimmungen bei der Mitnahme vermögenswerter Rechte), ebenso für Art. 5 Abs. 1 Satz 2 GG (Grundfreiheiten des in einem Land zugelassenen Privatrundfunkbetreibers), auch für Art. 2 Abs. 1 GG (z.B. passive Dienstleistungsfreiheit); für den Sonderbereich des Beamtenrechts kommt namentlich Art. 33 Abs. 2 GG (neben seinem allgemeinen Gewährleistungsgehalt diskriminierungsfreier Bewerberauswahl) auch die spezifisch föderale Funktion der Ermöglichung bundesweiter Beamtenmobilität zu. Fraglich ist, ob spezifisch föderale Schutzgehalte der Grundrechte – insoweit über die Grundfreiheiten des Gemeinschaftsrechts hinausgehend – auch für nichtwirtschaftliche Sachverhalte zu bejahen sind. Nach hier vertretener Ansicht ist dies grundsätzlich der Fall. Freilich ist zu bedenken, dass grenzüberschreitende Freiheitsgewährleistungen ihre besondere Schlagkraft im Wirtschaftsbereich typischerweise daraus ziehen, dass jemand im Vertrauen auf seine Heimatrechtsordnung bestimmte wirtschaftliche Dispositionen getroffen (z.B. eine bestimmte Ausbildung absolviert, ein bestimmtes Produktionsverfahren eingerichtet) hat und in diesem bereits ins Werk gesetzten Dispositionsvertrauen nicht enttäuscht werden möchte, wenn er nunmehr grenzüberschreitend tätig werden will (und z.B. eine zusätzliche Ausbildung absolvieren oder sein Produktionsverfahren umstellen soll). Bei nichtwirtschaftlichen Sachverhalten fehlt eine solche besondere Schutzwürdigkeit grenzüberschreitender Betätigungen häufig, so dass die föderale Schutzdimension des Grundrechts auch keine besondere Kraft entfalten kann. Einem sich nur besuchsweise in einem Bundesland aufhaltenden Raucher ist – um ein aktuelles Beispiel zu nennen – ein in diesem Bundesland geltendes Rauchverbot in öffentlichen Gebäuden nicht etwa deswegen weniger zumutbar als einem Einheimischen, weil er aus einem Bundesland kommt, in dem bislang noch kein Rauchverbot erlassen wurde. Sollte es bei nichtwirtschaftlichen Grundrechten andererseits ausnahmsweise doch einmal zu spezifisch föderalen Gefährdungslagen kommen (sollte es z.B. infolge der Übertragung der Gesetzgebungskompetenz im Bereich des Versammlungsrechts vom Bund auf die Länder schwieriger werden, Demonstrationen mit bundesweitem Einzugsbereich zu organisieren oder grenzüberschreitend von seinem Versammlungsrecht Gebrauch zu machen), so ist nicht einzusehen, warum die Bundesgrundrechte (z.B. Art. 8 GG) insoweit keine Schutzwirkung entfalten sollten.

Folgende Gründe sprechen zusammengefasst für die hier vertretene These von der besonderen föderalen/grundfreiheitlichen Dimension der Bundesgrundrechte:

- Die bislang anerkannten Vorkehrungen des Grundgesetzes zum Schutze bundesweiter Freiheitsbetätigung gegen landesrechtliche Diskriminierungen oder Beschränkungen sind unzureichend ausgeprägt und nur in Ansätzen vorhanden (siehe oben III. 2).
- Das Gemeinschaftsrecht hält in den Grundfreiheiten ein Modell des sachgerechten Ausgleichs rechtsordnungsübergreifender Freiheitsgewährleistung einerseits und legitimer dezentraler Regelungsanliegen andererseits bereit (siehe oben II.), von dem sich das deutsche Recht inspirieren lassen kann.
- Ein Bundesstaat ist ein dichter integriertes Gemeinwesen, ein dichter integrierter Binnenmarkt als eine supranationale Föderation und Wirtschaftsgemeinschaft. Das im Gemeinschaftsrecht geltende Niveau an grenzüberschreitendem Freiheitsschutz gegen dezentrale Rechtsvielfalt sollte in einem Bundesstaat daher erst recht gelten (siehe schon oben I.). In einer Art Erst-recht-Schluss kann das grundfreiheitliche Schutzniveau daher in die Bundesgrundrechte hineingelesen werden.
- Den Bundesgrundrechten wird dadurch keine Gewalt angetan. Dass ihnen spezifisch föderale Schutzgehalte zukommen, ist vor allem hinsichtlich Art. 12 GG bereits an verschiedenen Fallgruppen deutlich geworden und im Grunde anerkannt (siehe oben III. 2). Diese bereits vorhandenen Ansätze müssen nur konsequent zu Ende gedacht und ausgebaut werden.
- Die Anerkennung einer Dimension des Freiheitsschutzes auch gegen spezifisch föderale Gefährdungslagen ist für die Bundesgrundrechte folgerichtig. Für Bundesgrundrechte, die alle Staatsgewalt (d.h. die Bundes- und Länderebene gleichermaßen, vgl. Art. 1 Abs. 3 GG) binden wollen, wäre es eine eigenartige Schutzlücke, wenn nur die jeweils von Bund und einzelnen Ländern isoliert betrachtet herrührenden Freiheitseingriffe, nicht aber die aus dem Nebeneinander und Zusammenspiel der Rechtsordnungen resultierenden Freiheitsgefährdungen erfasst würden.[51]
- Die Anerkennung föderaler Schutzgehalte der Freiheitsrechte setzt sich nicht in Widerspruch zu Art. 11, 33 Abs. 1 GG, die den Grundgedanken des Schutzes grenzüberschreitender Freiheit gegen die spezifischen, aus dem Nebeneinander unterschiedlicher Landesrechtsordnungen herrührenden Gefahren nicht oder allenfalls in sehr eingeschränkter Form thematisieren (siehe oben III. 2). Gerade

51 Vgl. auch den in BVerfGE 89, 155, 175, zum Ausdruck kommenden Gedanken eines dem BVerfG aufgegebenen umfassenden Grundrechtsschutzes »in Deutschland«, der gegen derartige Schutzlücken spricht.

wenn man den Art. 11, 33 Abs. 1 GG hinsichtlich ihrer vielen dogmatischen Streitfragen eine jeweils enge Auslegung angedeihen lässt, ergeben sich kaum Überschneidungsbereiche zu den hier befürworteten föderalen Schutzgehalten der Freiheitsrechte.

- Dass allgemein-abwehrrechtliche und spezifisch-föderale Schutzgehalte, wie hier bzgl. der Bundesgrundrechte befürwortet, in einer gemeinsamen Freiheitsgewährleistung verortet und zusammengespannt werden, mag vom Gemeinschaftsrecht herkommend, wo die Grundfreiheiten einerseits (Art. 28 ff EG) und die Grundrechte andererseits (Art. 6 Abs. 2 EU) jeweils unterschiedliche Traditionslinien aufweisen, zunächst ungewöhnlich erscheinen. Auch im Unionsrecht selbst bahnt sich indes eine Zusammenführung an (vgl. Art. 15 Grundrechtecharta, wo in einem einzigen Artikel sowohl die Schutzdimensionen der allgemeinen Berufsfreiheit als auch der speziellen Grundfreiheiten angesprochen werden).
- Föderative Schutzgehalte der Freiheitsrechte sind, wie eine jahrzehntelange Rechtsprechungspraxis zu den Grundfreiheiten auf europäischer Ebene zeigt, durchaus handhabbar, sie liefern die Kompetenzordnung nicht einer völlig unkalkulierbaren Abwägung von Mobilität gegen Vielfalt aus.[52]
- Das Plädoyer für die Anerkennung föderativer Schutzgehalte der Freiheitsrechte darf nicht dahin missverstanden werden, als solle jetzt auch noch der letzte (ohnehin kleine) Rest an föderaler Rechtsvielfalt im deutschen Bundesstaat ausgerottet werden. Der deutsche Bundesstaat leidet an einer unglücklichen Kombination aus mangelndem Mut zur Vielfalt und ineffektiven Instrumenten ihrer intelligenten Moderation und Einhegung;[53] er ist zu sehr von vorauseilender Einförmigkeit geprägt und nutzt das in der lebendigen Spannung von zentrifugalen und zentripetalen Kräften angelegte Beweglichkeitspotential[54] des Bundesstaats viel zu wenig aus. Gerade weil der deutsche Bundesstaat – so die hier vertretene These (siehe oben III. 3) – bislang über keinen effektiven Grundrechtsschutz gegen Rechtsvielfalt verfügt, flüchtet er sich von vornherein in die Bundeseinheitlichkeit und lässt Vielfalt häufig gar nicht erst aufkommen. Erst wenn der deutsche Bundesstaat mit Vielfalt intelligenter umzugehen lernt, wird er sich auch mehr Rechtsvielfalt zutrauen. Die Erschließung föderativer Schutzgehalte der Freiheitsrechte bietet so gesehen eine Chance, mit mehr Rechtsvielfalt leben zu lernen.

52 Gegen *Kisker* (Fn 2) S. 56.
53 Siehe bereits Fn 50.
54 Vgl. *Lerche* Föderalismus als nationales Ordnungsprinzip, VVDStRL 21 (1964) 100.

Gestaltung der Finanz- und Wirtschaftsrechtsordnung durch Volksentscheid?

Bemerkungen anlässlich des Hamburger Volksentscheids vom Oktober 2007

PETER SELMER

I. DIE DEMOKRATIESTAATLICHE PROBLEMATIK. KONKRETER ANLASS DER UNTERSUCHUNG

a) Das demokratische Prinzip des Grundgesetzes, dem zufolge alle Staatsgewalt vom Volke ausgeht (Art. 20 Abs. 1 Satz 1 GG), ist seit geraumer Zeit ins Gerede gekommen. Seine Verwirklichung durch die im Grundgesetz praktizierte Idee der Repräsentation (Art. 20 Abs. 1 Satz 2 GG)[1] wird zunehmend als unbefriedigend empfunden. Von »Krisensymptomen parlamentarischer Repräsentation«,[2] vom »schönen Schein der Demokratie«[3] ist die Rede. Der Ruf nach Einführung (weiterer) plebiszitärer Strukturen wird deshalb lauter; eine substantielle Rückkoppelung parlamentarischer Entscheidungen im Volkswillen erscheint vielen nicht nur zulässig, sondern demokratiestaatlich geboten. Dabei werden die thematischen Grenzen plebiszitärer Erscheinungsformen nicht selten weit gezogen – bis zu einer jüngst getroffenen Feststellung, die potentiellen Gegenstände direktdemokratischer Entscheidungen seien prinzipiell unbegrenzt.[4]

Die Ursachen für die weithin ausgemachte Entfremdung der Bürger vom parlamentarisch gesetzten Recht liegen in der verbreiteten Überzeugung angelegt, dass hinsichtlich der Kontrolle der politischen Klasse in der real existierenden Demokratie der Bundesrepublik »ein gewaltiges Defizit« bestehe.[5] Dabei geht es ersicht-

1 Zu Begriff und Inhalt demokratischer Repräsentation vgl. übergreifend mwN etwa *Krüger* Allgemeine Staatslehre, 1966, S. 234 ff; *Böckenförde* Demokratie und Repräsentation, 1983; *ders.* Demokratische Willensbildung und Repräsentation, in: Isensee/Kirchhof (Hrsg.) Handbuch des Staatsrechts, Bd. II, 1987, § 30.

2 Vgl. den gleichnamigen Beitrag von *Grimm* in: Huber/Mößle/Stock (Hrsg.) Zur Lage der parlamentarischen Demokratie, Symposium zum 60. Geburtstag von Peter Badura, 1995, S. 3.

3 Vgl. den gleichnamigen Band von v. *Arnim*, um ein aktuelles Nachwort erweiterte vollständige Taschenbuchausgabe 2002, insb. S. 169 ff.

4 *Weber-Grellet* Steuerrecht und Steuerstaat in rechtsrealistischer Perspektive, Rechtstheorie 2005, 301, 315.

5 Vgl. v. *Arnim* (Fn 3) S. 189.

lich um die Parteipolitisierung aller Politik, um die – vom Liberalismus so nicht verifizierte – parteiendemokratische Prägung unseres politischen Systems: »Parlamentarische Repräsentation ist heute parteienvermittelte Repräsentation«.[6] Ihr Grundübel wird in der ständigen Versuchung vermutet, das Verhältnis von Problemlösung und Parteiziel umzukehren, »nämlich die Probleme zu instrumentalisieren, um die Ziele einer Partei gegen eine andere besser erreichen zu können«.[7] Ob die so oder ähnlich registrierten Fehlentwicklungen und Glaubwürdigkeitsprobleme der Parteiendemokratie[8] in der nicht selten geäußerten Schärfe zutreffen oder nicht, muss hier dahin stehen. Im Folgenden soll es vielmehr darum gehen, am Beispiel eines konkreten, auf Modifizierung und Ausweitung der – nach Art. 50 der Verfassung der Freien und Hansestadt Hamburg (HV)[9] – bestehenden Möglichkeiten plebiszitärer Willensbildung gerichteten Volksentscheids einige Kernfragen ihrer bundesverfassungsrechtlichen Grundlagen und Grenzen zu erörtern.[10]

b) Art. 50 HV sieht ein Verfahren plebiszitärer Entscheidungsfindung vor, das stufenweise über Volksinitiative (Art. 50 Abs. 1 HV) und Volksbegehren (Art. 50 Abs. 2 HV) unter bestimmten Voraussetzungen zu einem Volksentscheid (Art. 50 Abs. 3, 4 HV) führen kann.[11] Ausgeschlossen von den zur plebiszitären Entscheidungsfindung zugelassenen Gegenständen sind »Haushaltsangelegenheiten, Abgaben, Tarife der öffentlichen Unternehmen sowie Dienst- und Versorgungsbezüge« (Art. 50 Abs. 1 HV). Kommt es zu einem Volksentscheid, so ist ein Gesetzentwurf oder eine andere Vorlage »angenommen, wenn die Mehrheit der Abstimmenden und mindestens ein Fünftel der Wahlberechtigten zustimmen. Bei Verfassungsänderungen müssen zwei Drittel derjenigen, die ihre Stimme abgegeben haben, mindestens jedoch die Hälfte der Wahlberechtigten zugestimmt haben« (Art. 50 Abs. 3 HV). Ein durch Volksentscheid angenommenes Gesetz »kann innerhalb von zwei Jahren nicht im Wege von Volksinitiative, Volksbegehren und Volksentscheid geändert werden« (Art. 50 Abs. 4 HV). Die wesentlichen Auslegungsfragen der Ver-

6 Vgl. *Grimm* (Fn 2) S. 9.

7 Vgl. v. *Weizsäcker* in: ders. im Gespräch mit Gunter Hofmann und Werner A. Perger, 1992, S. 155.

8 Vgl. *Graf Vitzthum* Probleme der Parteiendemokratie, in: Huber/Mößle/Stock (Hrsg.) Zur Lage der parlamentarischen Demokratie (Fn 2) S. 70, 72 und passim.

9 Vom 6. Juni 1952, zuletzt geändert am 16. Mai 2001 (HmbGVBl. S. 105 ff).

10 Zur direkten Bürgerbeteiligung in Hamburg vgl. mwN *Thiele* Die Beteiligung der Bürger an der Ausübung der Staatsgewalt in Hamburg, 1991; ferner die Beiträge in: Bull (Hrsg.) Fünf Jahre direkte Bürgerbeteiligung in Hamburg, 2001; zuletzt *Karpen* Verfassungsrecht, in: Hoffmann-Riem/Koch (Hrsg.) 3. Aufl. 2006, S. 25, 35, 44 ff. Zu jüngeren Anwendungsfällen in anderen Ländern vgl. für Bayern (Transrapid) FAZ v. 8. 1. 2008, 5. 4. und v. 25. 3. 2008, S. 12, für Berlin (Religion als Wahlpflichtfach, Nutzung des Tempelhofer Feldes) FAZ v. 9. 1. 2008, S. 4 und v. 6. 3. 2008, S. 2.

11 Zu den bisherigen Anwendungsfällen vgl. *Karpen* (Fn 10) S. 44 ff.

fassungsrechtslage sind durch Urteile des Hamburgischen Verfassungsgerichts vom 15. Dezember 2004,[12] 22. April 2005[13] und 27. April 2007[14] geklärt worden.

Im Oktober 2007 stellte eine Initiative »Hamburg stärkt den Volksentscheid – Mehr Demokratie« nach Überwindung der vorangehenden Stufen ein Gesetz zur Änderung des Art. 50 HV zur Volksentscheidung.[15] Der vorgelegte Entwurf eines Änderungsgesetzes, dem neben einer allgemeinen Begründung Erläuterungen zu den einzelnen Änderungsvorschlägen beigefügt waren, sah u.a. insbesondere die folgenden Modifizierungen des Art. 50 HV vor:

Im Vordergrund stand die vorgeschlagene Ersetzung der »Haushaltsangelegenheiten« in Art. 50 Abs. 1 HV durch »Haushaltspläne«. Mit diesem Begriff, so die Erläuterung der Initiatoren, werde »hinreichend klargestellt, dass nur direkte Eingriffe in den Haushaltsplan ausgenommen und finanzwirksame Vorlagen grundsätzlich zulässig sind«. Dieser Sentenz legte die allgemeine Begründung die Überlegung zugrunde, dass Entscheidungen des Volkes nicht »deswegen unzulässig sein (sollten), weil sie finanzielle Auswirkungen haben. Andernfalls wäre kaum ein Volksentscheid zulässig«. Eine gänzlich neue Regelung wurde für Art. 50 IV HV vorgeschlagen. Danach sollte ein »von der Bürgerschaft beschlossenes Gesetz, durch das ein vom Volk beschlossenes Gesetz aufgehoben oder geändert wird (Änderungsgesetz), [...] nicht vor Ablauf von drei Monaten nach seiner Verkündung in Kraft (treten). Innerhalb dieser Frist können zweieinhalb vom Hundert der Wahlberechtigten einen Volksentscheid über das Änderungsgesetz verlangen. In diesem Fall tritt das Änderungsgesetz nicht vor Durchführung des Volksentscheids in Kraft. Das Volk entscheidet über das Änderungsgesetz«. Indem auf diese Weise die Aufhebung bzw. Änderung volksbeschlossener Gesetze durch die Bürgerschaft unter dem Vorbehalt eines – von einer kleinen Minderheit – geforderten erneuten Volksentscheids gestellt wurde, sollte, so die Erläuterung, im Volk »das Vertrauen in die nachhaltige Wirkung seiner Entscheidungen gefördert und dem weit verbreiteten 'Die da oben machen doch was sie wollen' entgegengewirkt werden«.

Ein zusätzlicher Art. 50 Abs. 4a HV sah ferner vor, dass ein Volksentscheid über eine »andere«, d.h. nicht als Gesetz formulierte Vorlage »Bürgerschaft und Senat (bindet). Die Bindung kann durch einen Beschluss der Bürgerschaft beseitigt werden«. Mit dieser Vorschrift sollte erreicht werden, »dass volksbeschlossene andere Vorlagen keine geringere Bindungswirkung entfalten als ein vom Volk beschlossenes Gesetz. [...] Ohne die hier festgeschriebene Bindungswirkung sind Volksentscheide über Gegenstände der politischen Willensbildung nicht sinnvoll und faktisch nur eine Volkspetition gemäß Art. 25c dieser Verfassung«. Mehrere weitere Änderungen wurden schließlich für Art. 50 Abs. 3 HV vorgeschlagen. Ihnen zufolge sollte ein Volksentscheid über einen Gesetzentwurf oder eine andere Vorlage

12 HmbJVBl 2005, S. 19.
13 HmbJVBl 2006, S. 13.
14 HmbJVBl 2007, S. 61.
15 Vgl. dazu die instruktive Darstellung von *Pergande* FAZ v. 22. 9. 2007, S. 10.

grundsätzlich »am Tag der Wahl zur Bürgerschaft, zum Deutschen Bundestag oder zum Europäischen Parlament« stattfinden. Vor allem aber sollte entgegen der bisherigen Regelung ein Volksentscheid bereits dann erfolgreich sein, wenn »die Mehrheit der Abstimmenden und mindestens 17,5 v. H. der Wahlberechtigten zustimmen. Bei Verfassungsänderungen müssen zwei Drittel derjenigen, die ihre Stimme abgegeben haben, mindestens jedoch 35 v. H. der Wahlberechtigten zugestimmt haben«. Die entsprechende Erläuterung meinte: »Die jetzt geltenden Quoren können praktisch nur an Wahltagen überwunden werden. Für verfassungsändernde Volksentscheide ist das bestehende Zustimmungsquorum von 50 v. H. auch dann nahezu unüberwindbar. Es blockiert faktisch das Verfassungsrecht des Volkes, die Verfassung zu ändern«.

Über die sehr disparaten, vorstehend nicht einmal vollständig aufgelisteten Einzelpunkte des Gesetzentwurfs konnte nicht getrennt, sondern nur einheitlich mit Ja oder Nein abgestimmt werden. Der am 14. Oktober 2007 zur Abstimmung gestellte Gesamtentwurf erbrachte mit 365 334 Ja-Stimmen nicht die für eine Verfassungsänderung nötige Zustimmung der Hälfte der Wahlberechtigten, die erst mit 607 468 Ja-Stimmen erreicht worden wäre.[16]

c) Im Folgenden soll es darum gehen, vor dem Hintergrund des geschilderten Hamburger Volksentscheids einige Grundfragen unmittelbarer Demokratiestaatlichkeit zu erörtern. Als Maßstab einer derartigen Erörterung kommt naturgemäß nicht das Landesverfassungsrecht – hier: die Verfassung der Freien und Hansestadt –, sondern das Grundgesetz in Betracht. Dessen direktdemokratische Ansätze werden zunächst in Augenschein genommen, bevor sich die Überlegungen sodann der Einwirkungskraft dieser Ansätze auf das Landesverfassungsrecht zuwenden. Dabei wird die demokratiestaatliche Problematik einer Gestaltung der Finanz- und Wirtschaftsrechtsordnung durch Volksentscheid im Vordergrund der Würdigung stehen, die auch der Frage einer zulässigen »Demokratisierung«[17] der Finanz- und Wirtschaftsrechtsordnung de constitutione ferenda nachgehen wird. Wie es mit der verfassungsrechtlichen Zulässigkeit einer von den Initiatoren eines Volksentscheids vorgegebenen einheitlichen Abstimmung über einen verschiedene Materien umfassenden Gesetzentwurf steht, wird ferner in den Blick zu nehmen sein.

II. DIREKTDEMOKRATISCHE ANSÄTZE IM GRUNDGESETZ

Das Grundgesetz, in seinen direktdemokratischen Dimensionen beeinflusst durch die destruktive Nutzung plebiszitärer Entscheidungsformen unter der Weimarer

16 Vgl. dazu den Bericht über die Ergebnisse des Volksentscheids von *Meyer-Wellmann* Hamburger Abendblatt v. 27./28. 10. 2007, S. 14.

17 Verwendete Terminologie bei *Weber-Grellet* Der Karlsruher Entwurf – ein Weg in die steuerstaatliche Vergangenheit, ZRP 2003, 279, 283.

Verfassung,[18] weist allenfalls zaghafte Spuren derartiger Entscheidungsformen auf. Zwar bestimmt die Verfassung in Art. 20 Abs. 2 Satz 1, dass »alle Staatsgewalt vom Volke« ausgeht, um sodann in Satz 2 freilich sogleich hinzuzufügen, dass sie »vom Volke in Wahlen und Abstimmungen und durch besondere Organe der Gesetzgebung, der vollziehenden Gewalt und der Rechtsprechung ausgeübt« wird. Der sich auf der Grundlage dieses Textbefundes aufdrängende Eindruck, hier werde eine strikte Repräsentationsverfassung festgeschrieben, wird anscheinend nur, wenn auch immerhin durch das Wort »Abstimmungen« in Art. 20 Abs. 2 Satz 2 GG abgemildert. Auch diese Ergänzung der »Wahlen« durch »Abstimmungen« ist indes durchaus in verschiedene Richtungen deutbar.[19] Lässt sich der Hinweis auf »Abstimmungen« einmal im Sinne einer über Art. 29 GG (Neugliederung des Bundesgebietes), Art. 118 GG (Neugliederung Baden-Württemberg) und Art. 118a GG (Neugliederung von Berlin und Brandenburg) hinaus gehenden grundsätzlichen Offenheit des Grundgesetzes gegenüber – im Rahmen des Art. 79 Abs. 3 GG – weiteren Erscheinungsformen direkter Demokratie verstehen, so könnte der Hinweis auf »Abstimmungen« allein der so gesehenen Notwendigkeit geschuldet sein, die im Grundgesetz ausdrücklich genannten Volksabstimmungen – und nur sie – demokratiestaatlich abzusichern. Im letzteren Fall gewönne der Grundsatz der repräsentativen Demokratie den Charakter eines nicht nur überragenden, sondern das Grundgesetz – mit Ausnahme der genannten Sonderfälle – allein beherrschenden Staatsfundamentalprinzips, das als Bestandteil der Ewigkeitsgrundsätze des Art. 79 Abs. 3 GG jegliche Auflockerung durch weitere plebiszitäre Elemente verböte.

Angesichts des in Art. 20 Abs. 2 Satz 1 GG so pointiert hervorgehobenen Volkes als Träger aller Staatsgewalt erscheint eine derartige Zementierung des Repräsentationsgrundsatzes freilich nicht eben als eine nahe liegende Interpretation des grundgesetzlichen Demokratiegebots. Die Entscheidung für eine repräsentative Demokratie bleibt allerdings vorrangig, wie nicht nur aus der Ansiedelung der »Abstimmungen« hinter den »Wahlen« in Art. 20 Abs. 2 Satz 2 GG und die Ausübung der Staatsgewalt durch die hier genannten »besonderen Organe«, sondern auch aus den die Zweitrangigkeit der »Abstimmungen«[20] bestätigenden Regelungen in Art. 28 Abs. 1 Satz 2 und Art. 38 Abs. 1 Satz 1 GG folgt. Das Repräsentationsprinzip hat sich denn auch, jedenfalls auf Bundesebene, in der Vergangenheit als ein überaus beharrungskräftiges Leitbild grundgesetzlicher Demokratiestaatlichkeit erwiesen. Überlegungen, dem Gedanken der direkten Demokratie zu deutlicherer Wirksam-

18 Vgl. dazu mwN *Schneider* Volksabstimmungen in der rechtsstaatlichen Demokratie, in: Bachof/Drath/Gönnenwein/Walz (Hrsg.) GS Walter Jellinek, 1955, S. 155, 157 f; *Krause* Verfassungsrechtliche Möglichkeiten unmittelbarer Demokratie, in: Isensee/Kirchhof (Hrsg.) Handbuch des Staatsrechts, Bd. II, 1987, § 39 Rn 7; *Stern* Das Staatsrecht der Bundesrepublik Deutschland, Bd. V, 2000, S. 755 ff.

19 Vgl. hierzu und zum Folgenden mwN die Darstellungen von *Krause* (Fn 18) § 39 Rn 13 ff; *Schnapp* in: v. Münch/Kunig, Grundgesetz, 5. Aufl. 2001, Art. 20 Rn 18 ff; *Stern* Das Staatsrecht der Bundesrepublik Deutschland, Bd. II, 1980, S. 13 ff.

20 Zu ihr *Krause* (Fn 18) § 39 Rn 15.

keit zu verhelfen, blieben folgenlos. Das galt vor allem für das Konzept der Enquête-Kommission »Verfassungsreform« von 1976.[21] Die Kommission erörterte zwar ausführlich die verschiedenen Möglichkeiten, die politischen Mitwirkungsrechte der Bürger im Hinblick auf den staatlichen Entscheidungsprozess über das bisherige Maß hinaus zu verstärken, um sodann das Für und Wider im Blick auf eine Festigung des demokratisch-repräsentativen Systems des Grundgesetzes abzuwägen. Im Ergebnis setzte sich aber in der Kommission »die Überzeugung durch, dass Volksbefragung, Volksbegehren, Volksentscheid und andere Formen der Volksinitiative keine geeigneten Instrumente seien, die Legitimation und Handlungsfähigkeit der repräsentativ-parlamentarischen Demokratie zu verstärken. Es besteht vielmehr die Gefahr, dass sie die Bedeutung des Parlaments verringern und die Funktions- und Integrationsfähigkeit der freiheitlichen demokratischen Grundordnung der Bundesrepublik insgesamt beeinträchtigen«.[22] Dem entsprechend blieb es bis heute bei der ursprünglichen Verfassungsrechtslage, sieht man von dem einigungsbedingten Art. 118a GG ab, der die plebiszitär angereicherten Neugliederungsvorschriften der Art. 29 und 118 GG um einen weiteren Anwendungsfall ergänzte.

Auf vorstehender Grundlage besteht an dieser Stelle keine Veranlassung, der nicht einfach zu beantwortenden Frage näher nachzugehen, welche Grenzen im Einzelnen einer verfassungsgesetzlichen Ausweitung plebiszitärer Elemente für die Bundesebene durch Art. 79 Abs. 3 GG gesetzt sind. Das Grundgesetz in seiner gegenwärtigen Ausformung jedenfalls bietet mit seinen Vorschriften nachdrücklich das demokratiestaatliche Bild einer entschiedenen Repräsentativverfassung, aufgelockert nur durch den – in seiner Aussagekraft nicht einmal eindeutigen[23] – Vorbehalt einer punktuellen Ausübung der Staatsgewalt vermittels »Abstimmungen«.

III. Die demokratiestaatlichen Anforderungen der Homogenitätsklausel des Art. 28 Abs. 1 GG

Nach Maßgabe der Homogenitätsklausel des Art. 28 Abs. 1 Satz 1, 2 GG werden die Landesverfassungen auf die Einhaltung der demokratiestaatlichen Vorschriften des Grundgesetzes verpflichtet: Gemäß Art. 28 Abs. 1 Satz 1 GG muss die verfassungsmäßige Ordnung in den Ländern – u.a. – dem Grundsatz des »demokratischen Rechtsstaates im Sinne dieses Grundgesetzes« entsprechen; Satz 2 fügt hinzu, dass das Volk in den Ländern, Kreisen und Gemeinden »eine Vertretung« haben muss, die aus allgemeinen, unmittelbaren, freien, gleichen und geheimen Wahlen hervor-

21 Vgl. Beratungen und Empfehlungen zur Verfassungsreform, Schlussbericht der Enquête-Kommission Verfassungsreform des Deutschen Bundestages, Teil I: Parlament und Regierung, Kapitel 1: Stärkung der politischen Mitwirkungsrechte der Bürger, in: Zur Sache 3/76, S. 45 ff.

22 Schlussbericht der Enquête-Kommission (Fn 21) S. 55.

23 Vgl. insb. *Krause* (Fn 18) § 39 Rn 15 (S. 324).

gegangen ist.[24] Dass Art. 28 Abs. 1 Satz 1 GG einen Verweis auf Art. 20 Abs. 1 und 2 GG zum Inhalt hat, liegt auf der Hand. Die normative Verpflichtungskraft der Bezugnahme auf den Grundsatz des demokratischen Staates »im Sinne dieses Grundgesetzes« gebietet zwar, da hier Typenbegriffe mit entsprechend geringerer Regelungsdichte in Rede stehen,[25] keine (vollständige) Identität der Grundsätze in Art. 20 und 28 Abs. 1 GG, wohl aber eine unmittelbare Nähe der Landesverfassungen zu der im Grundgesetz ausgeformten Verfassungsrechtslage.

Die gelegentlich vertretene Auffassung, die Modifizierungsbefugnis der Landesverfassungen sei unter Einbeziehung aller dem Grundgesetzgeber de constitutione ferenda offenen Möglichkeiten zu interpretieren, d.h.: was der Bund im Rahmen des Art. 79 Abs. 3 GG durch Verfassungsänderung einführen könne,[26] sei auch den Ländern nicht verboten, erscheint überaus problematisch. Wenn Art. 28 Abs. 1 Satz 1 GG eine Demokratiestaatlichkeit der Länderverfassungen im Sinne »dieses Grundgesetzes« fordert, so kann er dabei letzteres nur im Sinne seiner gegenwärtigen, nicht in einer wie auch immer gearteten künftigen Fassung im Auge haben. Es kann nicht in der Macht der Landesverfassungen liegen, eine dem Grundgesetz zwar qua Verfassungsänderung noch mögliche, aber bewusst unterlassene Einengung des Repräsentationssystems gleichsam antizipierend zu unterstellen; ein solches Vorgehen täte dem Homogenitätsgebot Gewalt an.

Einigkeit besteht denn auch, soweit ersichtlich, jedenfalls darin, dass das Repräsentationsprinzip auch in den Landesverfassungen seinen beherrschenden Einfluss behalten muss; Art. 28 Abs. 1 Satz 2 GG bestätigt dies zusätzlich. So sollen, um nur einige Stimmen von vielen zu nennen, Volksbegehren und Volksentscheid nur insoweit zulässig sein, »als der prägende Einfluss der Volksvertretung auf den staatlichen Willensbildungsprozess nicht ausgehöhlt wird und die Parlamente in die plebiszitäre Entscheidungsfindung eingebunden sind«;[27] plebiszitäre Elemente hätten nur insoweit Platz, »als das in Art. 28 I 1 und 2 und in Art. 20 II GG als selbstverständlich vorausgesetzte Übergewicht des parlamentarischen Gesetzgebers nicht in Frage gestellt wird«;[28] die Länderverfassungen müssten den »Vorrang des Repräsentativsystems, die Funktionstüchtigkeit des Parlamentarismus« wahren;[29] die unmittelbare Volkswillensbildung dürfe die »besonderen Organe des Art. 20 II 2 GG,

24 Vgl. zum Homogenitätspostulat hinsichtlich des demokratischen Prinzips die Darstellungen von *Löwer* in: v. Münch/Kunig, Grundgesetz, 5. Aufl. 2001, Art. 28 Rn 17 ff; *Krause* (Fn 18) § 39 Rn 13 ff, 20; *Herdegen* Strukturen und Institute des Verfassungsrechts der Länder, in: Isensee/Kirchhof, Handbuch des Staatsrechts, Bd. IV, 1990, § 97 Rd. 11 ff.

25 Vgl. *Löwer* (Fn 24) Art. 28 Rn 15.

26 Vgl. mwN *Löwer* (Fn 24) Art. 28 Rn 15 (S. 326).

27 Vgl. *Herdegen* (Fn 24) § 97 Rn 11.

28 Vgl. HmbVerfG Urt. v. 15. 12. 2004, HmbJVBl 2005, S. 27 unter Hinweis auf *Herzog* in: Maunz/Dürig/Herzog, Grundgesetz, Art. 20 II Rn 97; s.a. *Nierhaus* in: Sachs (Hrsg.) Grundgesetz, 3. Aufl. 2003, Art. 28 Rn 14.

29 Vgl. *Isensee* Plebiszit unter Finanzvorbehalt, in: Grupp/Hufeld (Hrsg.) FS Mußgnug, 2005, S. 101, 126.

insbesondere die Volksvertretung des Art. 28 II 2 GG, nicht verdrängen wollen«.[30] *Isensee* hat alledem durch die Feststellung apodiktischen Ausdruck verliehen: »Die Prävalenz des Parlamentarismus ist tabu«.[31]

Für die Länder, in denen natürlich differenzierte Meinungsstände herrschen, sei hier im vorstehenden Sinne der frühere Hamburger Bürgermeister *Herbert Weichmann* zitiert, der für den Vorrang der repräsentativen Demokratie überzeugend ins Feld führt: »Keine Interessengruppe, keine Bürgerinitiative [...] können die eigentliche Funktion einer demokratischen Volksvertretung ersetzen, nämlich die ganze Pluralität der Meinungen vor sich zu haben und im Spiel von Opposition und Regierungspartei, aber auch im Wege des fraktionellen Meinungsaustausches mit der erforderlichen Gründlichkeit und Sachlichkeit jene Entscheidungen zu treffen, die nach einem Optimum an Gemeinwohl auszurichten sind«.[32] Existenz und Wirksamkeit von Bürgerinitiativen seien daher, wie *Weichmann* an anderer Stelle hinzufügt, »nur in Grenzen zu bejahen. Es dürfen durch sie nicht die parlamentarischen Spielregeln außer Kraft gesetzt und Legislative oder Exekutive aus Angst vor ihnen gelähmt werden [...] Weder Bürgerinitiativen noch Beschlüsse der sogenannten Parteibasis dürfen die durch unsere Verfassung legitimierten und legal berufenen Entscheidungsgremien durch eine Art von Rätedemokratie über die Hintertür in ihrer Funktionsfähigkeit erschüttern«.[33]

IV. Insbesondere: Die Gestaltung der Finanz- und Wirtschaftsrechtsordnung unter Parlamentsvorbehalt

1. Grundsätzliches

a) Die hervorragende Stellung des Parlaments im Rahmen der deutschen Demokratiestaatlichkeit hat seit langem im Bereich des Finanzwesens ihren besonderen Ausdruck gefunden. Vor allem das Budgetrecht der gewählten Volksvertretung gehörte von Beginn an zu den Kernelementen, zu den Grundfesten der parlamentarischen Demokratie. So stellte schon die Weimarer Reichsverfassung – WRV – die Zulässigkeit der Volksgesetzgebung in Deutschland unter einen verfassungsrechtlichen Haushaltsvorbehalt, indem sie in Art. 73 Abs. 4 bestimmte, dass »über den Haushaltsplan, über Abgabengesetze und Besoldungsordnungen« nur der Reichspräsident einen Volksentscheid anordnen konnte. Dabei wurde der Begriff des Haushaltsplans – ausgehend von der Ratio des Art. 73 Abs. 4 WRV, Finanzfragen

30 Vgl. *Löwer* (Fn 24) Art. 28 Rn 20.

31 Vgl. *Isensee* (Fn 29) S. 127. Im Sinne der obigen Äußerungen vgl. zuletzt *Dreier* in: ders. (Hrsg.) Grundgesetz, 2. Aufl. 2006, Art. 28 Rn 64.

32 Vgl. *Weichmann* Der Gesellschaft und dem Staat verpflichtet. Einfache und schwierige Wahrheiten, 1983, S. 116.

33 Vgl. *Weichmann* (Fn 32) S. 180.

möglichst der Volksinitiative zu entziehen – weit überwiegend nicht in einem formellen, sondern in einem materiellen Sinne verstanden, der alle Gesetze erfasste, die wegen ihres wesentlich geldlichen Charakters den Haushaltsplan betrafen. So meinte *Anschütz* in seiner Kommentierung des Art. 73 Abs. 4 WRV, dass der Zweck dieser Bestimmung nur dann erreicht werde, wenn man die Begriffe »Haushaltsplan«, »Abgabengesetze«, »Besoldungsordnungen« weit auslege und insbesondere unter »Haushaltsplan« nicht bloß das Etatgesetz (Art. 85 Abs. 2 WRV), sondern »jedes Gesetz versteht, das infolge der von ihm angeordneten Einnahmen oder Ausgaben den Staatshaushalt wesentlich beeinflusst«.[34] Damit waren indirekte Auswirkungen auf den Etat, sofern sie nur wesentlich waren, in die Ausschlusskraft des Art. 73 Abs. 4 WRV einbezogen.[35]

Die Finanzausschlussklauseln der unter der Geltung des Grundgesetzes erlassenen Landesverfassungen haben ersichtlich an die vorstehend skizzierte Sicht angeknüpft, wobei die variierenden Textfassungen in den verschiedenen Landesverfassungen grundsätzlich keine Unterschiede in Inhalt, Zweck und Reichweite der in Rede stehenden Schranke der Volksgesetzgebung begründen.[36] Die Landesverfassungsgerichte – mit Ausnahme des Sächsischen Verfassungsgerichtshofes,[37] der indes mit seiner Meinung keinen Beifall gefunden hat[38] – haben sich dem traditionell weiten, d.h. materiellen Verständnis des Finanzvorbehalts durchweg angeschlossen.[39] Das trifft auch für das Hamburgische Verfassungsgericht zu, das in Auslegung der »Haushaltsangelegenheiten« des Art. 50 HV entgegen der Auffassung der Antragsgegnerin weder im Wortlaut dieser Bestimmung noch in ihrer Entstehungsgeschichte eine Begründung für eine formell zu verstehende Beschränkung des Ausschlusskataloges auf den Haushaltsplan fand.[40] Das Bundesverfassungsgericht hat sich ebenfalls in diesem Sinne geäußert, als es vor einiger Zeit dem Begriff »Haushalt des Landes« in Art. 41 Abs. 2 der Verfassung des Landes Schleswig-Holstein unter Berücksichtigung des Normzwecks ohne Weiteres einen über die förmliche Haushaltsgesetzgebung hinausgehenden materiellen Gehalt zusprach.[41] Ihn fasste das Gericht – in Übereinstimmung mit der Beurteilung durch die Verfassungsge-

34 Vgl. mwN *Anschütz* Die Verfassung des Deutschen Reichs vom 11. August 1919, Kommentar, 1933, Art. 73 Anm. 10 Fn 1.

35 Vgl. *Isensee* (Fn 29) S. 118.

36 Vgl. *Badura* Die Entscheidung über die Staatsaufgaben und ihre Finanzierung in der parlamentarischen Demokratie, in: Osterloh/Schmidt/Weber (Hrsg.) FS Selmer, 2004, S. 19, 27.

37 Vgl. SächsVerfGH NVwZ 2003, 472, 473 ff.

38 Vgl. *Badura* (Fn 36) S. 27, *Isensee* (Fn 29) S. 118 f; a.A. *Dreier* (Fn 31) Art. 20 Rn 64 Fn 190.

39 Vgl. BayVerfGH BayVBl 1977, 143, 150; DVBl 1995, 419, 425 f; NVwZ-RR 2000, 401, 403; BremStGH NVwZ 1998, 388, 389; NordÖR 1998, 297, 299; NRWVerfGH NVwZ 1982, 188, 189; ThürVerfGH LKV 2002, 83, 93; VerfGBbg DVBl 2001, 1777.

40 HmbVerfG HmbJVBl 2006, 13, 21.

41 BVerfGE 102, 176, 185 ff.

richte der Länder[42] – wie folgt zusammen: »Er erstreckt sich auf jede finanzwirksame Gesetzgebung, die geeignet ist, den Gesamtbestand des Haushalts auch mit Blick auf den Anteil bestehender Ausgabenverpflichtungen wesentlich zu beeinflussen. Eine solche finanzwirksame Gesetzgebung liegt regelmäßig bei einer Störung des Gleichgewichts des gesamten Haushalts vor, durch die der Haushaltsgesetzgeber zu einer Neuordnung des Gesamtgefüges gezwungen wird. Dies ist nicht nur dann der Fall, wenn die Volksinitiative in den durch Gesetz festgestellten Haushaltsplan eingreift, sondern auch dann, wenn sie den von der Regierung aufgestellten und in die Beratungen des Haushaltsgesetzgebers gegebenen Haushaltsplanentwurf für das jeweils nächste Jahr oder die zeitlich weiter ausgreifende Haushaltsplanung beeinträchtigt, durch die – kraft rechtlicher Verpflichtung – bestimmte Eckwerte zukünftiger Haushalte festgelegt werden. Ob eine solche Beeinträchtigung vorliegt und damit die Schwelle eines unzulässigen Eingriffs in den Haushalt des Landes im Sinne von Art. 41 Abs. 2 LV überschritten ist, hängt von den Umständen des Einzelfalls, etwa von Art und zeitlicher Dauer der von einem volksinitiierten Gesetzentwurf ausgehenden finanziellen Belastung ab«.[43] Dieser Befund des Bundesverfassungsgerichts darf zwar – noch – des Konsenses der meisten Verfassungsinterpreten sicher sein.[44] Angesichts der zunehmend kritischen Betrachtung des Grundsatzes der repräsentativen Demokratie in Teilen des Schrifttums[45] bedarf er aber der ergänzenden Überprüfung.

b) Im vorliegenden Zusammenhang kann und muss freilich offen bleiben, ob der Parlamentsvorbehalt für im vorstehend beschriebenen Sinne finanzwirksame Gesetze einen Grad und eine Dichte der Anerkennung in Judikatur und Schrifttum erlangt hat, dass von einer verfassungsgewohnheitsrechtlichen Ausfüllung des Homogenitätsgebots gesprochen werden könnte. Dies bedürfte besonderer Prüfung. Hier soll es um die Frage gehen, ob die Argumentationsmuster zugunsten der Finanzausschlussklauseln nach wie vor als solche in der Sache berechtigt erscheinen, ja sogar

42 Vgl. Fn 39.
43 BVerfGE 102, 176, 188.
44 Vgl. mwN *Birk/Wernsmann* Volksgesetzgebung über Finanzen. Zur Reichweite der Finanzausschlussklauseln in den Landesverfassungen, DVBl 2000, 669, 672; *Badura* (Fn 36) S. 26 f; v. *Danwitz* Plebiszitäre Elemente in der staatlichen Willensbildung. Verfassungsrechtliche Möglichkeiten, Eingrenzungen, Konsequenzen, DÖV 1992, 601, 603; *Isensee* (Fn 29) S. 118; *Degenhart* Direkte Demokratie in den Ländern – Impulse für das Grundgesetz? Der Staat 1992, 77, 94; *Hummel* Verfassungsrechtsfragen der Verwendung staatlicher Einnahmen, 2008, S. 70 f; *Muhle/Lontzek* Die Zulässigkeit finanzwirksamer Volksbegehren in Niedersachsen – am Beispiel des Volksbegehrens zum Landesblindengeld, NordÖR 2007, 227, 230 f; *Zschoch* Volksgesetzgebung und Haushaltsvorbehalt, NVwZ 2003, 438, 441; *Müller-Franken* Der Staat 2005, 19, 38 ff; enger *Jahndorf* Grundlagen der Staatsfinanzierung durch Kredite und alternative Finanzierungsformen im Finanzverfassungs- und Europarecht, 2003, S. 45 f.
45 Vgl. oben bei und in Fn 1 ff.

einer argumentativen Ergänzung zugänglich sind. Dem gelten die nachfolgenden Bemerkungen.

Bei der herkömmlichen Begründung der Finanzausschlussklauseln stand und steht ersichtlich die *Verteilungsfunktion* des staatlichen Budgets und der in diesem Zusammenhang zu treffenden haushaltswirksamen Entscheidungen im Vordergrund. Hier hat das häufig gebrauchte Wort von der »komplexen Natur« dieser Entscheidungen,[46] deren finanzielle Tragweite zu ermessen dem Volksgesetzgeber angesichts einer Fülle zu berücksichtigender Faktoren und Interdependenzen unmöglich ist, seinen rechten Standort. Nur das Parlament ist in der Lage, die Gemengelage der in die Verteilungsentscheidungen einzubindenden Aspekte – Personal- und sonstige Verwaltungskosten, außerbudgetäre Gesetze etwa in Gestalt sozialstaatlicher Leistungsgesetze, vertragliche Bindungen, Zins- und Tilgungslasten u.a. – in einem einnahmen- und ausgabenumfassenden finanzpolitischen Gesamtkonzept so zu gewichten und auszugleichen, dass unter Berücksichtigung der Pluralität der im Parlament vertretenen und diskutierten Meinungen solche von Sonderinteressen freie Gemeinwohlentscheidungen getroffen werden (können). Die Überzeugungskraft bereits dieser an die Verteilungsfunktion des Budgets anknüpfenden Erwägung erscheint auch gegenwärtig ungebrochen.

c) Der Verteilungsfunktion finanzwirksamer Entscheidungen zur Seite, aber bislang im vorliegenden Zusammenhang deutlich weniger ausgeprägt thematisiert, tritt die von ihr zu unterscheidende potentielle *Gestaltungsfunktion* der haushaltswirksamen Entscheidungen im Bereich der Einnahmen und Ausgaben. Dass die verfassungsrechtlichen Möglichkeiten des Staates zur Erzielung von Einnahmen – vermittels der Erhebung von Steuern, Gebühren, Beiträgen und Sonderabgaben – ein zulässiges Instrument der Gestaltung der Finanz- und Wirtschaftsordnung darstellen, ist für die Erhebung von Steuern und Vorzugslasten seit jeher[47] und zwischenzeitlich auch für die Erhebung von Sonderabgaben[48] allgemein anerkannt. Das Abgabengesetz ist, mit Billigung auch des Bundesverfassungsgerichts,[49] heute in vielerlei Hinsicht zugleich Interventionsgesetz. Der Einsatz dieses Gestaltungsmittels entspringt einer von vielfältigen politischen Implikationen abhängigen Entscheidung des Parlaments, die in einem verfassungsrechtlich austarierten Zusammenwirken mit der Regierung nach umfassender Diskussion aller im Parlament vertretenen

46 Vgl. für viele mwN *Muhle/Lontzek* NordÖR 2007, 227, 230; *Hummel* (Fn 44) S. 71; *Herdegen* (Fn 24) § 97 Rn 13; *Isensee* (Fn 29) S. 107; BVerfGE 102, 176, 187.

47 Vgl. für die Steuern mwN *Selmer* Steuerinterventionismus und Verfassungsrecht, 1972, passim; *ders.* Verfassungsrechtliche und umweltrechtliche Rahmenbedingungen, in: Breuer u.a. (Hrsg.) Umweltschutz durch Abgaben und Steuern, 1992, S. 15, 30 ff; für Gebühren und Beiträge vgl. ebd. S. 22 f.

48 Vgl. *Selmer* Sonderabfallabgaben und Verfassungsrecht. Ein Beitrag zum Umweltschutz durch Sonderabgaben und Steuern, 1996, S. 33 ff und passim.

49 St.Rspr.; vgl. aus jüngerer Zeit etwa BVerfGE 110, 274, 292 f für Steuern; BVerfGE 108, 1, 18 für Vorzugslasten; BVerfGE 110, 370, 389 für Sonderabgaben.

Kräfte getroffen wird und in ihrer Vielschichtigkeit nur von diesem getroffen werden kann. Der Volksgesetzgeber ist, mit anderen Worten, als abgabenrechtlicher Interventionsgesetzgeber a priori ungeeignet, weil ihm die Einsicht in den Stellenwert der zu berücksichtigenden mannigfachen Gegebenheiten notwendig abgeht.

Entsprechendes gilt für die Gestaltungsfunktion des Budgets, d.h. der Verwendungsseite des Haushalts, soweit Volksinitiativen in Rede stehen, die den Haushalt direkt oder indirekt wesentlich beeinflussen. Die Gestaltungsfunktion des Haushalts ist vor allem seit den Finanzreformen der ausgehenden sechziger Jahre vielfältig gesetzlich anerkannt[50] und hat in der Verpflichtung von Bund und Ländern auf die Erfordernisse des gesamtwirtschaftlichen Gleichgewichts bei ihrer Haushaltswirtschaft in Art. 109 Abs. 2 GG auch bundesverfassungsrechtlich exemplarischen Ausdruck gefunden. Anders als bei der Verteilungsfunktion des Budgets, bei der es vor allem um eine aufgabengerechte Verteilung der vorhandenen Mittel geht, handelt es sich beim – zulässigen – Einsatz seiner Gestaltungsfunktion gegebenenfalls um eine bewusst differenzierende Prioritätensetzung zur Erreichung vorgegebener finanz- oder wirtschaftspolitischer Ziele der Parlamentsmehrheit und der von ihr getragenen Regierung. Diese Ziele, denen regelmäßig eine alle Positionen berücksichtigende Auseinandersetzung im Parlament zugrunde liegt, durch die Zulassung intervenierender Volksinitiativen zu derogieren oder modifizieren, würde den Vorrang des Repräsentativgedankens der parlamentarischen Demokratie im Kern treffen und damit, soweit es um die Landesverfassungen geht, dem Homogenitätsgebot des Art. 28 Abs. 1 GG nachdrücklich widerstreiten.

Vorstehendes gilt, worauf vor allem *Hummel*[51] mit Recht hingewiesen hat, entgegen gelegentlich vertretener Auffassung[52] auch für Volksinitiativen, die zu geringeren Ausgaben führen. Wohl mag vordergründig zutreffen, dass sich der Handlungsspielraum des Parlaments hier erweitert. Vor dem Hintergrund der skizzierten Einsicht, dass die Haushaltsansätze des Budgets die Staatsaufgaben und die politischen Zielsetzungen widerspiegeln, die gerade das Parlament in seiner Mitverantwortung für die Staatsleitung mitgestaltet, können indes (auch) geringere Ausgaben Bestandteile einer bewussten politischen Gestaltungsentscheidung des Parlaments sein, so dass entsprechende Volksentscheide geeignet erscheinen, unmittelbar in die Budgetentscheidung und damit in die Budgethoheit des Parlaments einzugreifen.

d) Gerade unter dem Aspekt der potentiellen politischen Gestaltungsfunktion des Steuer- und Abgabenrechts wie der Haushaltsansätze des Budgets sind schließlich, abgesehen von grundsätzlichen demokratiestaatlichen Bedenken, die neuerdings

50 Vgl. mwN dazu etwa *Stern* Das Staatsrecht der Bundesrepublik Deutschland, Bd. II, 1980, S. 1194 ff; *Selmer* Zur Zweckbindung von Umweltsteuern im Rahmen eines Umweltgesetzbuches, in: Bohne (Hrsg.) Perspektiven für ein Umweltgesetzbuch, 2002, S. 297, 304 ff.

51 Vgl. *Hummel* (Fn 44) S. 72 f.

52 Vgl. *Birk/Wernsmann* DVBl 2000, 669, 671 und passim; *Jahndorf* (Fn 44) S. 47; *Weber-Grellet* ZRP 2003, 279, 283 Fn 40; s.a. StGH Bremen NVwZ-RR 1998, 708 (Leits. 2).

unternommenen Versuche[53] einer nahezu uneingeschränkten Unterwerfung des Finanzstaates unter die Regularien direktdemokratischer Elemente nicht zu billigen. Dass gegen die »Einführung von Volksabstimmungen über die öffentlichen Haushalte, zumindest über die mittelfristige Finanzplanung, und Volksentscheide über steuererhöhende Gesetze« aus »demokratietheoretischer Sicht« keine Bedenken bestehen sollen,[54] bleibt verfassungsrechtlich unbegründet. Richtig dürfte sein, dass gewichtige Eingriffe in den Grundsatz der repräsentativen Demokratie auf dem Gebiet des Finanz- und Haushaltswesens nicht nur de constitutione lata gegen das Homogenitätsgebot des Art. 28 Abs. 1 GG i.V.m. Art. 20 Abs. 2 GG verstoßen, sondern auch de constitutione ferenda im Hinblick auf Art. 79 Abs. 3 GG nicht realisierbar wären: Der Finanzvorbehalt ist dem »unantastbaren Kern« des grundgesetzlichen Verfassungsstaates zuzurechnen.[55]

2. *Zur demokratiestaatlichen Beurteilung von Art. 50 der Verfassung der Freien und Hansestadt Hamburg und seiner zum Volksentscheid gestellten Änderungen*

Unter Berücksichtigung der aus dem Homogenitätsgebot abzuleitenden Anforderungen an die Landesverfassungen unterliegt Art. 50 Abs. 1 Satz 2 HV, wenn er »Haushaltsangelegenheiten, Abgaben, Tarife der öffentlichen Unternehmen sowie Dienst- und Versorgungsbezüge« von Volksinitiativen ausnimmt, keinen bundesverfassungsrechtlichen Bedenken. Das Hamburgische Verfassungsgericht hat in seinem Urteil vom 22. April 2005[56] den Begriff »Haushaltsangelegenheiten« treffend dahin gedeutet, dass zwar nicht jegliche Kostenwirksamkeit von Volksinitiativen diese unzulässig mache. Eine »wesentliche Beeinträchtigung« des Haushaltsrechtes der Bürgerschaft solle indes mit dem Ausschlusskatalog des Art. 50 Abs. 1 Satz 2 HV verhindert werden; dabei will das Gericht die Frage, wann das Haushaltsrecht wesentlich beeinträchtigt wird, in Übereinstimmung mit dem gesicherten Meinungsstand in Rechtsprechung und Schrifttum[57] im Wege einer »wertenden Gesamtbeurteilung« entschieden wissen, bei der neben der absoluten und relativen Höhe der Kosten auch die Umstände des Einzelfalles, wie z.B. die Art und Dauer der zu erwartenden Belastungen, einzubeziehen seien.[58]

Ist mithin die geltende Regelung des Art. 50 Abs. 1 Satz 2 HV am Maßstab des Grundgesetzes nicht zu beanstanden, so hat die Initiative »Hamburg stärkt den Volksentscheid – Mehr Demokratie« mit ihrer zum Volksentscheid gestellten Er-

53 Vgl. insb. *Weber-Grellet* ZRP 2003, 279, 282 f; *ders.* Rechtstheorie 2005, 301, 314 f; v. *Arnim* (Fn 3) S. 178 ff, 198 ff und passim.
54 Vgl. *Weber-Grellet* ZRP 2003, 279, 283; *ders.* Rechtstheorie 2005, 301, 314.
55 Für viele *Isensee* (Fn 29) S. 127.
56 HmbJVBl 2006, 13, 20 f.
57 Vgl. oben bei und in Fn 37–44.
58 Vgl. Fn 56.

setzung der »Haushaltsangelegenheiten« durch »Haushaltspläne« den Boden der Bundesverfassung verlassen. Die hierin liegende Verengung des Finanzvorbehalts auf »direkte Eingriffe in den Haushaltsplan« ist mit dem Homogenitätspostulat des Art. 28 Abs. 1 GG i.V.m. Art. 20 Abs. 2 GG nicht mehr vereinbar. Indem sie finanzwirksame Vorlagen außerhalb des Haushaltsplans ohne Begrenzung zum Volksentscheid zulässt, höhlt sie das parlamentarische Budgetrecht in unvertretbarer Weise aus und verstößt zudem gegen Art. 109 Abs. 2 GG, weil sie potentiell der dem Land auferlegten Pflicht zur Wahrung des gesamtwirtschaftlichen Gleichgewichts widerstreitet.[59] Ein homogenitätskonformes Verständnis des Begriffs »Haushaltspläne« – etwa im Sinne eines materiellrechtlichen Haushaltsbegriffs, wie er bei Auslegung der Haushaltspläne des Art. 73 Abs. 4 WRV praktiziert worden ist[60] – erscheint ausgeschlossen. Denn den Initiatoren des Volksentscheids war bekannt, dass das zuvor ergangene Urteil des Hamburgischen Verfassungsgerichts vom 22. April 2005 dem Begriff der »Haushaltsangelegenheiten« einen »weiteren Anwendungsbereich des Finanztabus« attestiert hatte, »als er mit dem bei Einführung der Volksgesetzgebung durch den Verfassungsausschuss der Bürgerschaft verworfenen Begriff »Haushalt« verbunden wäre«.[61] Das Argument der Initiatoren, dass, folge man nicht der von ihnen vorgeschlagenen Verengung der Ausschlussklausel, »kaum ein Volksentscheid zulässig« wäre,[62] überzeugt in mehrfacher Hinsicht nicht. Zum einen haben Landesverfassungsgerichte und Bundesverfassungsgericht in Umsetzung der Begriffe »Haushalt des Landes«, »Landeshaushalt« oder »Haushaltsangelegenheiten« keineswegs alle Gesetze mit Auswirkungen auf den Haushalt von der Volksgesetzgebung ausgeschlossen, sondern nur solche, die den Haushalt »wesentlich« beeinflussen. Zum anderen bleibt der Volksgesetzgebung, worauf das Bundesverfassungsgericht mit Recht hingewiesen hat, auch in Fragen von hoher Bedeutung für den Einzelnen und die Allgemeinheit ein gewichtiger Anwendungsbereich: »So sind Fragen etwa nach der Reichweite staatlicher Eingriffsbefugnisse auf dem Gebiet der öffentlichen Sicherheit und Ordnung, Fragen der Ausgestaltung der Kommunalverfassung, aber auch des Schulwesens, die weder mittelbar noch unmittelbar wesentliche haushaltswirksame Ausgaben nach sich ziehen, der Volksgesetzgebung zugänglich«.[63]

Ob neben der Reduzierung der Finanzausschlussklausel in Art. 50 Abs. 1 Satz 2 HV noch weitere der von den Initiatoren zum Volksentscheid gestellten Änderungen des Art. 50 HV bundesverfassungsrechtlichen Bedenken unterliegen, muss im vorliegenden Zusammenhang im Einzelnen dahinstehen. Hingewiesen sei immerhin auf den vorgeschlagenen Art. 50 IV 2 HV. Wenn diese Bestimmung zulässt, dass nach Aufhebung oder Änderung eines Volksgesetzes durch die Bürgerschaft 2,5 v.

59 Vgl. in diesem Sinne auch BremStGH BayVBl 2000, 342, 345.
60 Vgl. oben bei und in Fn 34.
61 HmbVerfG HmbJVBl 2006, 13, 20.
62 Vgl. oben unter I. b.
63 BVerfGE 102, 176, 189.

H. der Wahlberechtigten einen (weiteren) Volksentscheid über das Aufhebungs- bzw. Änderungsgesetz verlangen können, so wird hier das Prinzip der demokratischen Repräsentation nicht mehr nur plebiszitär modifiziert, sondern übermäßig und im Kern angetastet. Denn dem von den Initiatoren ins Auge gefassten Ziel, das »Vertrauen (des Volkes) in die nachhaltige Wirkung seiner Entscheidungen« zu fördern,[64] wird bereits dadurch Rechnung getragen, dass sich das Parlament nach Maßgabe des Grundsatzes der Organtreue nicht leichtfertig über den im Volksentscheid zum Ausdruck gekommenen Willen des Volkes hinwegsetzen darf, sondern diesen würdigen und danach seine Abwägung vornehmen muss;[65] die in diesem Rahmen geschuldete Begründung muss dabei eine andere Qualität haben als die reine Feststellung, dass die politischen Vorstellungen der Bürgerschaftsmehrheit andere seien.[66]

V. ZUR CRUX DES VOLKSENTSCHEIDS: DAS BEFRAGTE VOLK NUR EIN »AKKLAMATIONSORGAN«?

Beim Volksentscheid wird dem Volk von außen eine Frage zur Abstimmung vorgelegt, auf deren Inhalt und Formulierung es keinen Einfluss hat. Ausgeschlossen vom gebotenen dialogischen Prozess ist es auf die Annahme oder Verwerfung der so gestellten Frage beschränkt; d.h., es kann auf die vorgelegte Frage nur mit »Ja« oder »Nein« antworten.[67] Damit gewinnt das Recht, die zu beantwortende Frage zu stellen und inhaltlich zu formulieren, eine hervorragende Bedeutung. Liegt es bei den Initiatoren des Volksentscheids, so gewinnen diese maßgebenden Einfluss auf die Volkswillen, dies vor allem dadurch, dass sie sich auf eine grob vereinfachende Fragestellung – in ihrem Sinne – beschränken (können). Nicht ohne Grund ist in diesem Zusammenhang von der »Demagogie der verkürzten Frage« gesprochen worden.[68]

Demokratiestaatlich problematisch wird diese Ausgangskonstellation nicht so sehr schon dann, wenn es um komplizierte Sachverhalte als solche geht, solange nur ein für sich zu würdigender Einzelsachverhalt in Rede steht.[69] Anderes muss indes

64 Vgl. oben unter I.b.

65 Vgl. HmbVerfG Urt. v. 15. 12. 2004, HmbJVBl 2005, 19, 29 unter Bezugnahme auf BVerfGE 35, 193, 199; 45, 1, 39; s. ferner HmbVerfG Urt. v. 27. 4. 2007, HmbJVBl 2007, 62, 72 f.

66 So die (mit Recht) abweichenden Meinungen der Verfassungsrichterinnen v. *Paczensky* und *Wirth-Vonbrunn* zu dem Urteil des HmbVerfG v. 27. 4. 2007 (Fn 65) HmbJVBl 2007, 83, 84.

67 Vgl. *Stern* (Fn 50) S. 15; *Krause* (Fn 18) § 39 Rn 27 (S. 335); *Böckenförde* (Fn 1) § 30 Rn 5.

68 Vgl. *Karpen* in: Landtag NRW (Hrsg.) Plebiszitäre Elemente in der repräsentativen Demokratie? Fachtagung des Landes NRW in Zusammenarbeit mit der Deutschen Gesellschaft für Gesetzgebung am 28. 2. 1991, 1991, S. 91.

69 Zu pauschal deshalb wohl das HmbVerfG Urt. v. 22. 4. 2005, HmbJVBl 2006, 13, 21.

dann gelten, wenn der mit »Ja« oder »Nein« zu beantwortenden Fragestellung ein mehrschichtiger Sachverhalt zugrunde liegt, der hinsichtlich seiner deutlich zu unterscheidenden Einzelkomplexe sehr wohl voneinander abweichenden Antworten zugänglich erscheint. Hier gewinnen die Initiatoren des Volksentscheids mit der Okkupierung des Rechts der Fragestellung eine Direktionsgewalt, »die das Volk doch wieder zum Akklamationsorgan herabstuft«.[70] Eben dies war bei der Initiative »Hamburg stärkt den Volksentscheid – Mehr Demokratie« der Fall. Bei ihr verbarg sich hinter der verführerisch verkürzten Themenstellung ein Gesetz zur Änderung des Art. 50 HV mit durchaus unterschiedlichen Elementen, so neben mehr technischen Änderungen u.a. die Beschränkung der bisherigen Finanzausschlussklausel auf direkte Eingriffe in den Haushaltsplan, die terminliche Verweisung von Volksentscheiden auf allgemeine Wahltage, die Herabsetzung der bestehenden Zustimmungsquoren, die Einführung eines erneuten Volksentscheides nach Aufhebung eines volksbeschlossenen Gesetzes durch die Bürgerschaft und die Anhebung der Bindungskraft volksbeschlossener außernormativer Vorlagen an die volksbeschlossener Gesetze. Die Abstimmungsberechtigten konnten zu diesen sehr verschiedenen Themen, deren Homogenität ihnen die grob vereinfachte Themenstellung nur suggerierte, nur einheitlich zustimmend oder ablehnend Stellung nehmen – mit entsprechender Minderung der Aussagekraft der schließlichen Abstimmungsergebnisse.[71]

Derartigen Konstellationen die der direktdemokratischen Ratio des Instituts Volksentscheid entschieden widersprechen, sucht die Verfassung der Schweiz in der – überzeugenden – Weise entgegenzuwirken, dass sie in Art. 121 Abs. 3 anordnet: »Wenn auf dem Wege der Volksanregung mehrere verschiedene Materien zur Revision oder zur Aufnahme in die Bundesverfassung vorgeschlagen werden, so hat jede derselben den Gegenstand eines besonderen Initiativbegehrens zu bilden«. Weder das Grundgesetz noch die deutschen Landesverfassungen – auch nicht Art. 50 HV – enthalten freilich eine solche ausdrückliche Regelung, wird auch der Grundsatz einer gegenstandsbezogenen Initiative in Art. 29 Abs. 3 Satz 2, Abs. 5 Satz 1, 2 GG und Art. 50 Abs. 1 Satz 1 HV (»bestimmte Gegenstände«) immerhin punktuell angesprochen. Als übergreifenden Grundsatz wird man ihn indes als dem recht verstandenen Begriff des Volksentscheids immanent ansehen können. Dies bedarf freilich näherer Untersuchung, die hier nicht geleistet werden kann. In jedem Falle sollten die Vorschriften der Landesverfassungen um einen entsprechenden expliziten Passus ergänzt werden, der die verfassungsrechtlichen Möglichkeiten unmittelbarer Demokratie auch insoweit überzeugungskräftig ausgestaltet.

70 *Böckenförde* (Fn 1) § 30 Rn 16 (S. 38).

71 Vgl. hierzu überzeugend auch die grundsätzlichen Überlegungen von *Krause* (Fn 18) § 39 Rn 27 (S. 335 f).

Die öffentliche Ordnung im Rahmen der verfassungsmäßigen Ordnung

VOLKMAR GÖTZ

I. EINFÜHRUNG

Die Rede ist noch einmal[1] von der öffentlichen Ordnung als Schutzgut des Polizei- und Ordnungsrechts. Dazu ermutigt die Rechtsprechung des BVerfG zur Gefährdung der öffentlichen Ordnung als Grundlage von Beschränkungen der Versammlungsfreiheit. Der Beitrag versucht eine Bestandsaufnahme (II) sowie eine Neuinterpretation des Begriffs der öffentlichen Ordnung (III). Dieser wird bisher allenthalben,[2] aber eher unreflektiert, so definiert wie im früheren preußischen Polizeirecht. Die Gesetzgebung von Sachsen-Anhalt (§ 2 Nr. 2 SOG) und Thüringen (§ 54 Nr. 2 OBG) hat die preußische Begriffsbestimmung sogar zur Legaldefinition erhoben, dabei allerdings den Zusatz hinzugefügt, dass die »ungeschriebenen Regeln [...], deren Beachtung nach den jeweils herrschenden Anschauungen als unerlässliche Voraussetzung eines geordneten staatsbürgerlichen Zusammenlebens« betrachtet wird, »im Rahmen der verfassungsmäßigen Ordnung« liegen müssen. Indem der Zusatz den traditionellen Begriff mit einer Öffnung für Einflüsse des Verfassungsrechts kombiniert, bezweckt er, die politische Entscheidung für die Beibehaltung der öffentlichen Ordnung als polizei- und ordnungsrechtliches Schutzgut unangreifbarer zu legitimieren. Dies entspricht der im Grundsatzstreit um die öffentliche

1 Aus jüngerer Zeit vgl. *Aubel* Das Menschenwürde-Argument im Polizei- und Ordnungsrecht, DV 37 (2004) 229, 231 ff; *Beaucamp* Das ordnungsrechtliche Verbot von Laserdromen, DVBl 2005, 1174; *Erbel* Öffentliche Sicherheit und Ordnung, DVBl 2001, 1714; *Fechner* »Öffentliche Ordnung« – Renaissance eines Begriffs? JuS 2003, 734; *Finger* Sicherheit, Sauberkeit und Ordnung im urbanen Raum, DV 40 (2007) 105; *Hebeler* Das polizeiliche Schutzgut der öffentlichen Ordnung, JA 2002, 521; *Mußgnug* Die öffentliche Ordnung. Plädoyer für einen unzeitgemäßen Rechtsbegriff, FS Quaritsch, 2000, S. 349. Zur öffentlichen Ordnung im Versammlungsrecht s. *Battis/Grigoleit* Neue Herausforderungen für das Versammlungsrecht? NVwZ 2001, 121, 128; *Brüning* Das Grundrecht der Versammlungsfreiheit in der »streitbaren Demokratie«, DSt 41 (2002) 213, 217 ff; *Dörr* Keine Versammlungsfreiheit für Neonazis? VerwArch 93 (2002) 485, 496 ff; *Hoffmann-Riem* Neue Rechtsprechung des BVerfG zur Versammlungsfreiheit, NJW 2002, 257, 260 ff; *Rühl* »Öffentliche Ordnung« als sonderrechtlicher Verbotstatbestand gegen Neonazis im Versammlungsrecht, NVwZ 2003, 531; *Wiefelspütz* Versammlungsrecht und öffentliche Ordnung, KritV 85 (2002) 19.

2 Auch vom BVerfG; vgl. BVerfGE 69, 315, 352 – *Brokdorf*; Beschl. v. 5. 9. 2003 (1. Kammer des 1. Senats), DVBl 2004, 235, 237.

Ordnung herrschend gebliebenen Auffassung, die verfassungsrechtliche Bedenken gegen die Verwendung der »öffentlichen Ordnung« als Schutzgut der Generalermächtigung nicht teilt.[3] Auch dieser herrschenden Auffassung gilt seit langem ein Vorbehalt des »Rahmens« der Verfassung als angezeigt: Es sei, so *Drews/Wacke/Vogel/Martens* seit der 8. Auflage (1977) ihres Lehrbuchs, zu berücksichtigen, dass einer Mehrheitsauffassung nur insoweit Beachtlichkeit zukommt, als sie sich im Rahmen der Verfassung und der Gesetze hält.[4] »In diesem Rahmen sichern namentlich die grundrechtlichen Gewährleistungen eine restriktive und freiheitliche Handhabung des Begriffs der öffentlichen Ordnung«. Die folgende Bestandsaufnahme soll dazu beitragen, die Einwirkung des Verfassungsrechts auf die Verwendung der »öffentlichen Ordnung« zu klären.

II. BESTANDSAUFNAHME

1. Liberalisierung durch Grundrechte

Die unablässig voranschreitende Liberalisierung der gesellschaftlichen Anschauungen hat, im Verein mit einer auf immer zahlreichere Gebiete ausgreifenden Spezialgesetzgebung, die reich gefüllte Schatzkammer der öffentlichen Ordnung, wie sie das *Drews/Wacke*'sche Lehrbuch unter Rückgriff auf die vorkonstitutionelle Polizeipraxis bis weit in die Nachkriegszeit hinein (bis zur 7. Auflage von 1961) vorführen konnte, nahezu entleert. Gewiss haben die Grundrechte dabei als Motor der Liberalisierung eine wichtige Rolle gespielt, indem sie den Wandel der gesellschaftlichen Auffassungen induzierten und beschleunigten, aber auch als Legitimation fortschrittlicher Gesetzgebung, wie etwa bei der Legalisierung der Homosexualität oder der Schaffung eines Ordnungsrahmens für die Prostitution. Als Maßstäbe einer juristischen Normenkontrolle, mit der die »herrschenden Auffassungen« über das gebotene Verhalten am Maßstab bestimmter Grundrechte überprüft worden wären, so wie es die oben zitierte Formel von der öffentlichen Ordnung »im Rahmen der Verfassung« nahe legen könnte, haben die Grundrechte hingegen für die Liberalisierung zugelassener Verhaltensweisen keine Bedeutung erlangt.

3 S. u. Fn 48.

4 Indem §§ 2 Nr. 2 sachsanhSOG und 54 Nr. 2 thürOBG die Formel »verfassungsmäßige Ordnung« verwenden, beziehen sie sich nicht nur auf den Vorrang der Verfassung, sondern auch der Gesetze.

2. *Die Wertordnung der Verfassung als Begriffsinhalt der öffentlichen Ordnung*

Eine zweite, der Liberalisierung durch Verfassungsrecht genau entgegengesetzte Dimension der Einwirkung der »verfassungsmäßigen Ordnung« auf die öffentliche Ordnung wird durch die Aufnahme von Positionen der grundgesetzlichen Wertordnung in den Begriff der öffentlichen Ordnung eröffnet. Hierdurch wirkt die Verfassung als Konsolidierung und Verstärkung des polizeirechtlichen Schutzguts.

In der Rechtspraxis unter dem Grundgesetz hat diese Dimension der Einwirkung der Verfassung auf die öffentliche Ordnung eine bedeutende Rolle gespielt. In der jüngsten Vergangenheit ist sie in der Auseinandersetzung zwischen dem OVG Münster[5] und dem BVerfG[6] um Verbote von rechtsextremistischen Versammlungen hervorgetreten. Die Dimension einer ordnungsverstärkenden verfassungsrechtlichen Überformung der polizeirechtlichen öffentlichen Ordnung wurde unter dem Grundgesetz frühzeitig entwickelt. Das Urteil des OVG Koblenz vom 29. Mai 1952 zum Verbot der Aufführung des Films »Die Sünderin«[7] hat den Anfang gemacht und dürfte bis heute in der Ausführlichkeit seiner Methodik unübertroffen sein, aber auch in der Unerbittlichkeit bei der Einforderung von Werten. Könnten die über den Film geäußerten Ansichten jener Richter dem heutigen Leser vielleicht nur als Ausdruck eines längst abgelebten Zeitgeistes erscheinen, so sollten besonders diejenigen, die beim Begriff der öffentlichen Ordnung den Ausweg aus der Unbestimmtheit in der Zuflucht zur verfassungsrechtlichen Wertordnung erblicken, die auffällige Modernität der Ansätze des *Sünderin*-Urteils anerkennen. Das OVG Koblenz verzichtet ausdrücklich auf den Rückgriff auf die Auffassungen des überwiegenden Teils der Bevölkerung, wie er nach der überkommenen Begriffsbildung eigentlich erforderlich gewesen wäre (d.h., es lässt sich nicht auf etwa inzwischen durchgedrungene »laxere« Auffassungen ein), und rechtfertigt das Verbot des Films unmittelbar aus dem Verstoß gegen die »verfassungsrechtlichen Ordnungsnormen«. Bei diesen steht, wiederum sehr modern, die Menschenwürde an erster Stelle. Auf dem gleichen methodischen Ansatz beruhen, fast 50 Jahre später, die Entscheidungen des OVG Münster[8] und des BVerwG[9] zum Verbot des sog. Laserdromes.

5 Vgl. OVG Münster NJW 2001, 2111; NJW 2001, 2113; NJW 2001, 2114; NJW 2001, 2986 = DVBl 2001, 1624.

6 Insbes. Beschl. der 1. Kammer des 1. Senats v. 26. 1. 2001, DVBl 2001, 558 = JZ 2001, 651 = NJW 2001, 113 – *Holocaust-Gedenktag*; v. 7. 4. 2001, DVBl 2001, 1054 = NJW 2001, 2072; v. 1. 5. 2001, DVBl 2001, 721 und DVBl 2001, 1132 = NJW 2001, 2076; v. 5. 9. 2003, DVBl 2004, 235 = NVwZ 2004, 90; v. 23. 6. 2004, DVBl 2004, 1230 = NJW 2004, 2814; v. 6. 5. 2005, DVBl 2005, 969 = NVwZ 2005, 1055; v. 26. 1. 2006, BayVBl. 2006, 348 = NVwZ 2006, 585.

7 AS 2, 48 = DÖV 1952, 664.

8 OVG Münster DÖV 2001, 217.

9 BVerwGE 115, 189.

Das BVerwG[10] tritt dem OVG Münster darin bei, dass die öffentliche Ordnung als wertausfüllungsbedürftige Generalklausel begriffen wird, deren rechtliche Bedeutung von grundrechtlichen Maßstäben beeinflusst werde, und zwar an erster Stelle dem Schutz der Menschenwürde.

Die Gleichsetzung der öffentlichen Ordnung mit der grundgesetzlichen Wertordnung bewehrt diese, über das Transportmittel des Polizei- und Ordnungsrechts, in genereller Weise mit Verhaltensverboten. Das läuft auf den Zwang zu wertkonformem Verhalten hinaus. Davor ist schon frühzeitig gewarnt worden.[11] Die Warnungen haben offensichtlich in der Rechtsprechung des BVerfG zum Versammlungsrecht[12] Gehör gefunden. Dies ist von großer Bedeutung, nicht nur für das Versammlungsrecht, sondern auch für das allgemeine Polizei- und Ordnungsrecht. Das BVerfG verwirft in der Auseinandersetzung um die Verbote rechtsextremistischer Versammlungen die vom OVG Münster[13] vertretene Ansicht, dass die grundgesetzliche Wertordnung mit ihren eindeutigen Wertentscheidungen in der Absage an den Nationalsozialismus unter die öffentliche Ordnung (§ 15 VersG) fällt, so dass auf dieser Grundlage zu ihrem Schutz Maßnahmen gegen die Versammlung ergriffen werden können. Wenn das BVerfG[14] in der Auseinandersetzung um die Versammlungsverbote mit der Formulierung zitiert werden kann »Das Grundgesetz baut zwar auf der Erwartung auf, dass die Bürger die allgemeinen Werte der Verfassung akzeptieren und verwirklichen, erzwingt die Werteloyalität aber nicht«, so ist damit zwar noch nicht das letzte Wort darüber gesprochen, ob die Werteloyalität wenn auch nicht durch das Grundgesetz selbst, so doch in bestimmten Hinsichten durch besondere Gesetzgebung eingefordert werden kann. Eine generelle Bewehrung der grundrechtlichen Wertordnung durch das Polizei- und Ordnungsrecht ist jedoch ausgeschlossen.

3. Beschränkung der zum Schutze der öffentlichen Ordnung erlaubten Grundrechtseingriffe

Die Rechtsprechung lässt die Anwendung der Generalermächtigung zum Schutz der öffentlichen Ordnung als Grundlage von Eingriffen in besondere Freiheitsrechte, im Unterschied zur allgemeinen Handlungsfreiheit, nicht mehr oder nur noch in beschränktem Umfang zu. Zum Teil geschieht dies seit jeher, zum Teil erst in jüngster Zeit. Auf die Grundsatzkritik, die ein Teil der Literatur seit 1970 mit Argumenten aus dem Demokratie- und dem Rechtsstaatsprinzip an der Generaler-

10 BVerwGE 115, 189, 198.
11 Mit eindringlicher Argumentation: *Störmer* Renaissance der öffentlichen Ordnung? DV 30 (1997) 233.
12 S. Fn 6.
13 S. Fn 5.
14 Beschl. v. 24. 3. 2001, NJW 2001, 2069, 2070.

mächtigung zur Abwehr von Gefahren für die öffentliche Ordnung führt,[15] hat sich die Rechtsprechung, soweit ersichtlich, nirgends berufen. Gleichwohl sind die Elemente dieser Kritik in den Begründungen und Ergebnissen wiederzufinden.

a) Berufsfreiheit. Das Urteil des BVerwG zum Verbot von Außenautomaten für Kondome aus dem Jahre 1960[16] sah die auf der Grundlage der Generalermächtigung getroffene Entscheidung darüber, ob die Berufstätigkeit die öffentliche Ordnung verletzt, als nicht mehr durch den Gesetzesvorbehalt des Art. 12 Abs. 1 Satz 2 GG gedeckt an. Die Entscheidung hänge von einer »verwickelten, in das Gebiet der Weltanschauungen hineinreichenden, abwägenden Wertung einer Mehrzahl verschiedener Schutzinteressen« ab. Die Regelung komme daher dem Gesetzgeber zu und dürfe nicht durch die Polizei vorweggenommen werden. Vier Jahrzehnte später bezieht sich das BVerwG[17] darauf in der *Laserdrome*-Entscheidung, zieht aber, kaum überzeugend,[18] aus dem Umstand, dass sich der mit der Frage bereits befasste Bundesgesetzgeber bisher nicht zu einem Verbot durchringen konnte, die Konsequenz, das Verbot in Anwendung der Generalermächtigung zuzulassen.

b) Meinungsfreiheit. Noch aus dem Weimarer Bestand[19] rührte der unter dem Grundgesetz lange Zeit mit fast axiomatischer Gewissheit anerkannte[20] Satz, dass die »allgemeinen Polizeigesetze«, namentlich die Generalermächtigung, und zwar ohne Unterscheidung nach dem Schutz der öffentlichen Sicherheit und der öffentlichen Ordnung, zu den allgemeinen Gesetzen (Art. 5 Abs. 2 GG) zu rechnen sind. Die versammlungsrechtliche Rechtsprechung des BVerfG hat der »öffentlichen Ordnung« diesen Status aberkannt, soweit Eingriffe zur Gefahrenabwehr auf einen Widerstreit des *Inhalts* der Meinungsäußerung mit der öffentlichen Ordnung gestützt werden. Die »öffentliche Ordnung« der Generalermächtigung kann nur noch im Hinblick auf die Art und Weise der Kundgabe der Meinung herangezogen werden.[21] Das muss man als eine Wende bezeichnen, auch wenn es in der Literatur[22]

15 S. u. Fn 47.

16 BVerwGE 10, 164.

17 BVerwGE 115, 189.

18 *Beaucamp* (s. Fn 1) S. 1177.

19 *Anschütz* Die Verfassung des Deutschen Reiches, 14. Aufl. 1933, Art. 118 Anm. 4 b. *Thoma* Grundrechte und Polizeigewalt, FG Pr.OVG, 1925, S. 183, 213; Pr.OVGE 78, 261, 264.

20 BGHZ 12, 197, 202 f; *Drews/Wacke* Allg. PolR, 7. Aufl. 1961, S. 75; v. *Mangoldt/Klein* GG, 2. Aufl. 1966, Art. 5 Anm. IX 3 a; *Bettermann* Die allgemeinen Gesetze als Schranken der Pressefreiheit, JZ 1964, 601 (die polizeiliche Generalklausel als »Paradefall« allgemeiner Gesetze). Aus der jüngeren Lit.: *Kannengießer* in: Schmidt-Bleibtreu, GG, 10. Aufl. 2004, Art. 5 Rn 22; *Wendt* in: v. Münch/Kunig, GG-Komm., 5. Aufl. 2000, Art. 5 Rn 74.

21 BVerfG Beschl. v. 24. 3. 2001, NJW 2001, 2069; v. 5. 9. 2003, DVBl 2004, 235, 237 = NVwZ 2004, 90; v. 23. 6. 2004, DVBl 2004, 1230, 1232 = NJW 2004, 2814.

schon seit langem Zweifel an der unbeschränkten Einreihung der Generalermächtigung unter die allgemeinen Gesetze gegeben hatte. Auf das Versammlungsrecht (§ 15 VersG) ist die Tragweite des Wandels nicht beschränkt. Sie erfasst auch die »öffentliche Ordnung« in der Generalermächtigung der allgemeinen Landesgesetze.

c) Kunstfreiheit. Schranken der Kunstfreiheit können zwar aus Konflikten mit Verfassungswerten herrühren.[23] Aber die »öffentliche Ordnung« der Generalermächtigung ist, wenn es um den klassischen Konflikt zwischen Kunst und Moral geht, als juristische Technik der Umsetzung von Werten in grundrechtsbeschränkende Verbote aus denselben Gründen[24] ungeeignet, aus denen dies vom BVerfG für den Konflikt zwischen dem Inhalt von Meinungsäußerungen und Verfassungswerten angenommen wird. Damit wird zum Abschluss gebracht, was das BVerwG 1954 in seinem *Sünderin*-Urteil[25] in Gang gesetzt hatte, als es die Gefährdung der öffentlichen Ordnung als Grundlage eines Filmverbots zwar nicht generell, aber jedenfalls im Ergebnis ausschloss.

d) Versammlungsfreiheit. Der *Brokdorf*-Beschluss des BVerfG[26] nimmt, in vorsichtig einschränkender Form, an, die Gefährdung der öffentlichen Ordnung werde »im Allgemeinen« nicht als Grundlage eines Verbotes oder der Auflösung der Versammlung genügen, sondern nur für Auflagen. Gestützt wird dies auf Erwägungen der Verhältnismäßigkeit. Aus dieser Sicht vermittelt die »öffentliche Ordnung«, im Unterschied zur Abwehr von Verletzungen des Rechtes und der geschützten Rechtsgüter (»öffentliche Sicherheit«) eine schwächere Legitimation. Daran hält das BVerfG[27] fest, ohne aber die Gefährdung der öffentlichen Ordnung als Grundlage von Versammlungsverboten und -auflösungen ganz auszuschließen.

4. Die verbliebenen Anwendungsfelder

a) Der öffentliche Raum der Städte und Gemeinden. Die Gewährleistung der öffentlichen Ordnung im öffentlichen Raum zielt darauf ab, allen, die den Raum der öffentlichen Straßen, Wege und Plätze und der Park- und Grünanlagen nutzen, die ungestörte Ausübung ihres Benutzungsrechts zu sichern. Im öffentlichen Raum haben sich die Menschen so zu bewegen und verhalten, dass sie sich unter wechselseitiger

22 Vgl. *Herzog* in: Maunz/Dürig, GG, 20. Lfg., Art. 5 Rn 271; *Jarass* GG, 1989, Art. 5 Rn 65 und *Jarass/Pieroth* GG, 8. Aufl. 2006, Art. 5 Rn 104 (allgemeines Gesetz nur bei Durchsetzung konkreter Verbotsvorschriften).

23 Vgl. BVerfGE 81, 278 – *Verunglimpfung der Bundesflagge*; BVerfGE 81, 298 – *Verunglimpfung der Nationalhymne*; BVerfGE 83, 130 – *jugendgefährdende Schriften.*

24 Zu diesen vgl. *Hoffmann-Riem* NJW 2002, 257, 261.

25 BVerwGE 1, 303.

26 BVerfGE 69, 315, 353. Zur Kritik vgl. *Dörr* (Fn 1) S. 497 mwN.

27 BVerfG Beschl. v. 23. 6. 2004, DVBl 2004, 1230, 1232 = NJW 2004, 2814.

Toleranz und Rücksichtnahme nicht unzumutbar belästigen oder behindern. Die »öffentliche Ordnung« der polizei- und ordnungsrechtlichen Generalermächtigung ist als Rechtstitel zur Eliminierung unzumutbarer Belästigungen und Behinderungen im öffentlichen Raum der Straßen und öffentlichen Anlagen unverzichtbar und rechtsstaatlich unbedenklich. Die jüngste umfassende Untersuchung[28] der »offenen Szenen« der Städte hat ergeben, dass störendes Verhalten im öffentlichen Raum zwar zu einem großen Teil, aber keineswegs vollständig als Gefährdung der »öffentlichen Sicherheit« erfasst werden kann, nämlich nur soweit es in Straftaten, Ordnungswidrigkeiten (§§ 116 ff OWiG) und Verletzung von Individualrechtsgütern besteht. Ohne den Rückgriff auf die »öffentliche Ordnung« fallen das Betteln, in der Regel sogar das aggressive Betteln, der öffentliche exzessive Alkoholgenuss und das öffentliche Lagern mit den jeweiligen Begleiterscheinungen aus dem Eingriffsraster heraus. Lärm, Verunreinigungen, Anpöbelei sind als unzumutbare Belästigungen typisch. Unzumutbare Belästigungen sind nicht gleichzusetzen mit nichtkonformem Verhalten. Die kommunalen Volksvertretungen, die sich der Sache durch den Erlass ordnungsbehördlicher Verordnungen zur Aufrechterhaltung der öffentlichen Sicherheit und Ordnung annehmen,[29] haben das Entscheidungsvorrecht und können bei der Abgrenzung der noch zu tolerierenden von den unzumutbaren Verhaltensweisen im öffentlichen Raum typisieren. Bei ihrer Willensbildung wie auch der allfälligen verwaltungsgerichtlichen Kontrolle ist (Un-)Zumutbarkeit der Maßstab für die Beurteilung als Störung der »öffentlichen Ordnung«. Der Bezugspunkt der Zumutbarkeitsprüfung ist das ungestörte Benutzungsrecht der anderen. Um die Durchsetzung von Mehrheitsauffassungen über öffentlichen Anstand geht es dabei nicht mehr, allenfalls noch mittelbar. Bei einigen der betroffenen »Szenen« wirkt die Gefahrenabwehr zum Schutz der öffentlichen Ordnung auch als Vorbeugung gegen Straftaten. Dieser Effekt sollte aber die Ordnungserfordernisse und -maßnahmen nicht unter rechtsstaatlichen Verdacht stellen, solange sie aus den genannten Gründen legitim sind.

Im Versammlungsrecht sind Auflagen zur Abwehr einer Gefahr für die »öffentliche Ordnung« möglich, durch die bei räumlich und zeitlich konkurrierenden, miteinander unvereinbaren Nutzungswünschen von Demonstrationen und Gegendemonstrationen verbindlich über das der einen und der anderen Seite zustehende Raum- und Zeitbudget entschieden wird.[30] Diese Aufteilung des öffentlichen Raumes für verschiedene Versammlungen, die schon faktisch unmöglich am gleichen Ort und zur gleichen Zeit stattfinden können, entspricht sinngemäß dem hier dargestellten Modell der öffentlichen Ordnung im öffentlichen Raum. Sie ist der unmittelbar der Unterbindung von Gewalttätigkeiten dienenden Gefahrenabwehr (»öffentliche Sicherheit«) vorgelagert.

28 *Finger* Die offenen Szenen der Städte, 2006; *ders.* Sicherheit, Sauberkeit und Ordnung im urbanen Raum, DV 40 (2007) 105.

29 Auszüge aus Satzungen s. bei *Finger* (Fn 28) S. 305 ff.

30 BVerfG Beschl. v. 6. 5. 2005, DVBl 2005, 969 = NVwZ 2005, 1055.

b) Öffentlicher (»innerer«) Friede. Die Störung des öffentlichen Friedens markiert eine Schmerzgrenze, die auch in einer offenen Gesellschaft mit freiheitlicher Rechtsordnung nicht überschritten werden darf. Der Gesetzgeber wird diese Grenze auch in Einzeltatbeständen zu ziehen haben. Dies ist geschehen (u.a. in §§ 130, 131, 166 ff StGB), aber keineswegs in abschließender Form, und es ist zu bezweifeln, dass eine abschließende strafrechtliche Regelung möglich und wünschbar wäre. Das Modell für den Gebrauch des polizei- und ordnungsrechtlichen Eingriffs zum Schutz der öffentlichen Ordnung liefert wiederum die Rechtsprechung des BVerfG zum Versammlungsrecht. Das BVerfG erkennt an, dass »durch die Art und Weise« der Kundgabe einer Meinung die öffentliche Ordnung verletzt werden kann. Dies ist bisher für Sachverhalte angenommen worden, die sämtlich als Störung des öffentlichen Friedens einzuordnen sind. Seine Rechtsprechung resümierend stellt das BVerfG[31] fest: Die öffentliche Ordnung kann durch ein aggressives, insbesondere andere Bürger einschüchterndes Auftreten der Versammlungsteilnehmer verletzt werden. Es kann zum Schutz der »öffentlichen Ordnung« verhindert werden, dass ein »Klima der Gewaltdemonstration und potenziellen Gewaltbereitschaft erzeugt wird.«[32] Störung der öffentlichen Ordnung ist auch ein Aufzug mit Provokationswirkung am Gedenktag für die Opfer des Holocaust.[33] »Gleiches gilt, wenn ein Aufzug sich durch sein Gesamtgepräge mit den Riten und Symbolen der nationalsozialistischen Gewaltherrschaft identifiziert und andere Bürger einschüchtert.«[34] In der Entscheidung[35] zum Vorbeimarsch einer NPD-Demonstration am Denkmal für die Opfer des Holocaust ging es bereits nicht mehr um die Generalklausel der öffentlichen Ordnung, sondern um den 2005 geschaffenen Spezialtatbestand des § 15 Abs. 2 VersG, der, die gefestigte Rechtsprechung des BVerfG zur Anwendung der »öffentlichen Ordnung« übernehmend,[36] teilweise eine gesetzliche Kodifizierung vornahm. Indem das BVerfG die von ihm in Einzelfällen anerkannten Ordnungs-Grenzen der Versammlungsfreiheit immer wieder resümiert, tritt eine tastende Suche nach diesen Grenzen hervor und wird die Schwierigkeit deutlich, angesichts einer konsequent freiheitlichen Konzeption der Versammlungsfreiheit derartige Grenzen zu sichern. Das BVerfG verwendet an dieser Stelle den Begriff des »öffentlichen Friedens« nicht. Dies könnte sich dadurch erklären, dass die Gefahr einer Verwechslung mit der »Friedlichkeits-«Grenze des Art. 8 Abs. 1 GG vermieden werden soll, die das BVerfG[37] wesentlich großräumiger, der Versammlungsfreiheit noch weiter entgegenkommend zieht. Gleichwohl ist der öffentliche Frieden das maßgebliche Schutzgut in diesen Fällen. Dies trifft nicht nur für das aggressive und einschüchternde Auftreten von Demonstranten zu. Auch die

31 Beschl. v. 23. 6. 2004, DVBl 2004, 1230, 1232 = NJW 2004, 2814, mwN.
32 S. Fn 31.
33 Beschl. v. 26. 1. 2001, DVBl 2001, 558.
34 S. Fn 31.
35 Beschl. v. 6. 5. 2005, DVBl 2005, 969 = NVwZ 2005, 1055.
36 *Leist* Die Änderung des Versammlungsrechts: ein Eigentor? NVwZ 2005, 1055.
37 Beschl. v. 24. 10. 2001, DVBl 2002, 256.

Demonstrationen am Holocaust-Gedenktag und vor dem Holocaust-Denkmal stören den öffentlichen Frieden. Der Gedenktag und die Gedenkstätte für die Opfer des NS-Terrors sind befriedet, weil die Würde der Opfer des Nationalsozialismus diesen Schutz verlangt.

Ob das Schutzgut des »öffentlichen Friedens« im allgemeinen Polizei- und Ordnungsrecht eine vergleichbare Bedeutung haben könnte wie im Versammlungsrecht, erscheint einstweilen als eher unwahrscheinlich. Daher ist die »öffentliche Ordnung« insoweit zunächst nur eine legitime Ordnungsreserve. In jedem Falle ist der Schutz des inneren Friedens die erstrangige Grundlage der Legitimation und des Inhalts der »öffentlichen Ordnung«.[38]

5. *Landesgesetzgebung*

1983 entfernte Bremen als erstes Land die »öffentliche Ordnung« aus der Aufgabenstellung der Polizei und der Generalermächtigung. Das Saarland (1989), Nordrhein-Westfalen (1989), Schleswig-Holstein (1992) und Niedersachsen (1994) schlossen sich diesem Vorgehen an, jedoch keines der neuen Bundesländer. Inzwischen ist die Verabschiedung der »öffentlichen Ordnung« aus der Landesgesetzgebung zum allgemeinen Polizei- und Ordnungsrecht nicht nur zum Stillstand gekommen, sondern größtenteils auch wieder rückgängig gemacht worden. Die politischen Entscheidungen für die Eliminierung der »öffentlichen Ordnung« beruhten auf einem Bündel von Gründen. Sie griffen die auf das Rechtsstaats- und das Demokratieprinzip gestützte Kritik an dem Verweisungsbegriff der »öffentlichen Ordnung« auf und fanden Unterstützung bei Polizeigewerkschaften (»polizeifremde Aufgaben«) und Datenschützern. Als eine für die Praxis spürbare Schwachstelle dieser politischen Konzeption erwies sich, dass die kommunalen Verordnungsgeber eines Rechtstitels verlustig gingen, den sie für die Erfüllung ihrer Aufgaben des notwendigen Schutzes der Ordnung im öffentlichen Raum benötigen. Während Nordrhein-Westfalen diese Lücke dadurch vermied, dass es die »öffentliche Ordnung« nur im Polizeigesetz, nicht aber im Ordnungsbehördengesetz strich, hat Bremen das gleiche Problem in wiederum vorbildgebender Weise[39] mit seinem Gesetz über die Rechtsetzungsbefugnisse der Gemeinden[40] in den Griff bekommen, indem es die – im Einzelnen benannten – Aufgaben des Schutzes der öffentlichen Ordnung im öffentlichen Raum den beiden Gemeinden des »Stadtstaates« zur Erledigung in kommunaler Selbstverwaltung übertrug. Nachdem das Saarland[41] und Niedersachsen[42] mittlerweile die »öffentliche Ordnung« wieder als Schutzgut in das allgemeine Polizei- und Ordnungsrecht aufgenommen haben, bleibt noch Schles-

38 *Möstl* Die staatliche Garantie für die öffentliche Sicherheit und Ordnung, 2002, S. 139 ff.
39 Vgl. *Finger* Die offenen Szenen der Städte, 2006, S. 287 ff.
40 § 3 a, eingefügt durch Gesetz v. 21. 3. 1983 (GBl. S. 141).
41 § 1 Abs. 2 SaarlPolG i.d.F. v. 26. 3. 2001 (ABl. S. 1074).
42 § 2 Nr. 1a Nds.SOG i.d.F. v. 19. 1. 2005 (GVBl. S. 9).

wig-Holstein als Beispiel für das Intermezzo, als das sich die Eliminierung der »öffentlichen Ordnung« in der Entwicklung des allgemeinen Polizei- und Ordnungsrechts erwiesen hat. Zwar war es aus prinzipiellen wie auch aus praktischen Gründen notwendig, diesen aus der Traditionsmasse überkommenen Begriff des Polizeirechts in Frage zu stellen. Aber seine Eliminierung schoss, wie die folgenden Überlegungen zur Neuinterpretation des Begriffs ergeben werden, über das Ziel hinaus.

III. NEUINTERPRETATION DER »ÖFFENTLICHEN ORDNUNG«

Es ist merkwürdig, dass dem Begriff der öffentlichen Ordnung heute noch überall die von *Bill Drews*[43] und dem Preußischen OVG[44] verwendete Definition unterlegt wird. Denn sie enthält Elemente, die offensichtlich durch ein überholtes Gesellschaftsmodell geprägt sind und außerdem für die juristische Praxis nichts hergeben. Während die in der Definition angesprochenen Regeln, deren Beachtung für ein geordnetes Zusammenleben unerlässlich ist, auch in einer heutigen offenen Gesellschaft benötigt werden, tritt in der Verweisung auf die »herrschenden Anschauungen« und die für erforderlich gehaltenen »ungeschriebenen« Regeln als Quelle der öffentlichen Ordnung das Modell einer geschlossenen Gesellschaft hervor, die Anpassung an den herrschenden Verhaltenskodex verlangt. Wir wollen uns hier allerdings nicht mit Raisonnements über die heutige und die frühere Gesellschaftsordnung aufhalten. Wichtiger sind Einwände gegen die juristische Brauchbarkeit der Definition. Die Verweisung auf die »herrschenden Anschauungen« wie auch die noch allgemeinere auf die »ungeschriebenen Regeln« sind Leerformeln. Zur Begründung, dass bestimmtes »abweichendes« Verhalten gegen die öffentliche Ordnung verstößt, würden heute Verwaltungsbeamte und -richter sich nicht auf die »herrschenden Anschauungen« zurückziehen können oder auch nur wollen, sondern sich allein auf die Sachgründe beziehen, aus denen sich die Störung ergibt. Ebenso wenig findet jemals eine empirische Feststellung der Sozialnormen und Mehrheitsanschauungen statt.[45]

Nach der *Drews*'schen Definition ist »öffentliche Ordnung« ein Verweisungsbegriff. Verwiesen wird auf außerrechtliche Regeln. Diese Konzeption sollte aufgegeben werden und die öffentliche Ordnung als ein komplexes Schutzgut, nicht anders als dies bei der »öffentlichen Sicherheit« angenommen wird, bestimmte Kategorien von Schutzgütern umfassen. Diese genießen den Schutz der polizei- und ordnungsrechtlichen Gefahrenabwehr, ohne dass dafür der juristische Umweg über Anschauungen der Mehrheit und ungeschriebene Regeln bemüht werden müsste. Aus der hier vorgenommenen Bestandsaufnahme ergibt sich, dass die Freiheit von un-

43 Preuß. Polizeirecht, Allg. Teil, 1927, S. 12 (in den folgenden Auflagen unverändert).
44 Pr.OVGE 91, 139, 140.
45 *Pieroth/Schlink/Kniesel* Polizei- und Ordnungsrecht, 4. Aufl. 2007, S. 143.

zumutbaren Belästigungen und Behinderungen bei der Nutzung des öffentlichen Raums sowie der öffentliche Frieden Schutzgüter sind, die unter das komplexe Schutzgut der öffentlichen Ordnung fallen. Die »Sittlichkeit« ist aus dem Kreis der Schutzgüter zu verabschieden. Soweit der Schutz des »öffentlichen Anstands« über die besondere Gesetzgebung im Straf- und Ordnungswidrigkeitenrecht hinaus auch heute legitim sein kann, kann er im Rahmen des Verbots unzumutbarer Belästigungen gewährt werden. Die verfassungsrechtliche Wertordnung im Ganzen wie auch die einzelnen Wertentscheidungen erhalten nicht den Status von Schutzgütern der Generalermächtigung, weil dies ihre generelle Bewehrung mit einer Verbotsermächtigung zur Folge hätte.[46]

In der vor rund 40 Jahren in Gang gekommenen[47] (und bis heute nicht abgeebbten) Debatte[48] um die Tragfähigkeit der »öffentlichen Ordnung« als Grundlage von Eingriffen hat der Verfasser die Notwendigkeit der Neuinterpretation hervorgehoben.[49] Die dafür angebotene Formel von der öffentlichen Ordnung als der rechtlich gesetzten und geschützten öffentlichen Ordnung war allerdings noch verbesserungs- und erläuterungsbedürftig.[50] Was es mit der »rechtlich geschützten Ordnung« auf sich hat, um die es bei der öffentlichen Ordnung im Sinne der Generalermächtigung wesentlich geht, kann jetzt nach den Erfahrungen aus vier Jahrzehnten der Entwicklung des Polizei- und Ordnungsrechtes wie auch im Lichte der Rechtsprechung des BVerfG zum Versammlungsrecht eindeutiger ausgeführt werden.

46 S. o. II.2.

47 *Denninger* Polizei in der freiheitlichen Demokratie, 1968, S. 22; *ders.* Polizei und demokratische Politik, JZ 1970, 145, 148 ff; *Götz* Allgemeines Polizei- und Ordnungsrecht, 1970, S. 43 ff. Die kritische Position erhielt zuerst in dem Beitrag von *Achterberg* (»Öffentliche Ordnung« im pluralistischen Staat, FS Scupin 1973, S. 9 ff), der die historische Dimension auslotete, wertvolle Unterstützung. Sie wird heute u.a. in den Lehrbüchern von *Pieroth/Schlink/Kniesel* (s. Fn 45) und *Kugelmann* (Polizei- und Ordnungsrecht, 2006, S. 150) vertreten.

48 Die Gegenkritik setzte mit den Beiträgen von *H. H. Klein* (Zur Auslegung des Rechtsbegriffs der »öffentlichen Sicherheit und Ordnung«, DVBl 1971, 233) und *Erbel* (Der Streit um die öffentliche Ordnung als polizeiliches Schutzgut, DVBl 1972, 435) ein. Die gegenkritische Position wird heute u.a. in den Lehrbüchern von *Knemeyer* (Polizei- und Ordnungsrecht, 11. Aufl. 2007, Rn 102 ff), *Schoch* (Polizei- und Ordnungsrecht, in: Schmidt-Aßmann [Hrsg.] Bes. Verwaltungsrecht, 13. Aufl. 2005, Rn 81, 83) und *Schenke* (Polizei- und Ordnungsrecht, 4. Aufl. 2005, Rn 62 ff) vertreten. Weitere Nachweise zur Kontroverse bei *Finger* DV 40 (2007) 105 (Fn 17, 22).

49 Seit der 3. Aufl. (1975) meines Lehrbuchs.

50 Daher seit der 12. Aufl. (1995) meines Lehrbuchs weggelassen.

IV. AUSBLICK: SCHUTZ DER ÖFFENTLICHEN ORDNUNG ALS FELD DER GESETZGEBUNG

Erfährt, wie die Bestandsaufnahme ergeben hat, das komplexe Schutzgut der öffentlichen Ordnung beim BVerfG verfassungsrechtliche Akzeptanz nur mit beträchtlichen Einschränkungen, so verändert sich die verfassungsrichterliche Sicht auf die öffentliche Ordnung vollständig, sobald Erfordernisse der öffentlichen Ordnung durch den Gesetzgeber, insbesondere den Strafgesetzgeber, in Einzeltatbeständen konkretisiert werden. Im gleichen Zuge, in dem das BVerfG[51] in seiner Rechtsprechung zum Versammlungsrecht sich dagegen ausspricht, Wertentscheidungen der Verfassung auf dem Wege über das komplexe Schutzgut der öffentlichen Ordnung mit Eingriffsermächtigungen generell zu bewehren, verweist es affirmativ auf die Strafgesetze, insbesondere §§ 86, 86a, 130 StGB. Diese sind, ohne dass verfassungsrechtliche Bedenken geäußert werden, sehr wohl in der Lage, Wertentscheidungen der Verfassung mit Verboten zu bewehren, und ihnen wird auch ohne weiteres die Eigenschaft von allgemeinen Gesetzen zugesprochen, die dem Inhalt von Meinungsäußerungen Schranken setzen können.[52] Das Thema der öffentlichen Ordnung und ihres Verfassungsrahmens stellt sich also vollständig neu, sobald nicht mehr das komplexe Schutzgut des Polizei- und Ordnungsrechts, sondern die zum Schutz der öffentlichen Ordnung erlassene Spezialgesetzgebung, die zu einem beträchtlichen Teil Strafgesetzgebung ist, behandelt wird. Die Zukunft eines Rechtes der öffentlichen Ordnung hängt von der Spezialgesetzgebung ab. Diese wird verschiedene Schwerpunkte haben, wie den Jugendschutz (Verbot von Gewaltdarstellungen), den Schutz der Verfassung (§§ 86 ff StGB), den öffentlichen Frieden einschließlich des religiösen Friedens (§§ 130 ff, 166 ff StGB), während der Schutz von Sittlichkeit und öffentlichem Anstand, ehedem das Herzstück der öffentlichen Ordnung, ein Rückzugsgebiet (§§ 118 ff OWiG) bleiben wird. Offen und eher fraglich ist, ob es ein die einzelnen Materien umgreifendes Recht der öffentlichen Ordnung geben wird.

51 BVerfG Beschl. v. 23. 6. 2004, DVBl 2004, 1230, 1232 = NJW 2004, 2814.
52 Vgl. BVerfGE 90, 241, 251 betr. § 130 StGB.

Die ministerielle »Auslegungshilfe« – ein neues Instrument der Wirtschaftslenkung?

PETER SALJE

Unter *Wirtschaftslenkung* kann man diejenigen Instrumente und Maßnahmen staatlicher Steuerung – und damit im weitesten Sinne: Wirtschaftspolitik – verstehen, die unmittelbar oder zumindest mittelbar auf unternehmerische Entscheidungen Einfluss nehmen. Der Jubilar hat sich immer wieder differenzierend mit dem Verhältnis von Wirtschaftslenkung und Wirtschaftspolitik befasst;[1] weil er als Staats- und Verwaltungsrechtler stets auf die enge Bindung der politisch Handelnden an die verfassungsrechtliche Ordnung geachtet hat, werden ihn alle Versuche der Exekutive interessieren, den eigenen Einflussbereich (ausdehnend) neu zu bestimmen.

Dass häufig bloße Äußerungen hoher amtlicher Stellen der Bundes- und Landespolitik geeignet sein werden, Einfluss auf das Handeln von Unternehmen zu zeitigen, ist eine Binsenweisheit. Um die Schranken derartiger Interventionen im weitesten Sinne aufzuzeigen, wird man aus rechtlicher Sicht primär an den Bindungscharakter der mit Außenwirkung getätigten Äußerung anknüpfen: Während Verwaltungsäußerungen mit Regelungswirkung im Sinne von § 35 VwVfG als Verwaltungsakte auf ihre Wirksamkeit vom Adressaten unmittelbar überprüfbar sind, bereiten diejenigen Verlautbarungen Schwierigkeiten, die im Gewande einer »unverbindlichen Meinungsäußerung« daherkommen, gleichwohl aber Interventionscharakter aufweisen, und sich tatsächlich auch so auswirken, insbesondere wenn die Entfaltung dieser Wirkungen auch gewollt sind.

I. INSTRUMENTE, AKTEURE UND SCHRANKEN DER WIRTSCHAFTSLENKUNG

Akteure der unternehmensbeeinflussenden Wirtschaftslenkung werden häufig hohe Regierungsstellen sein (Bundes- bzw. Landesministerien, obere Bundesbehörden wie Bundeskartellamt und Bundesnetzagentur). Unterscheidet man zwischen mittelbarer (globaler) und der auf die Entscheidungen einzelner Unternehmen unmittelbar sich auswirkenden Wirtschaftslenkung,[2] so handelt es sich bei derartigen

1 Vgl. nur *Stober* Allgem. Wirtschaftsverwaltungsrecht, 15. Aufl. 2006 § 30 I.
2 Vgl. *Jarass*, Wirtschaftsverwaltungsrecht, 3. Aufl. 1997, § 2 Rn 3.

Maßnahmen trotz behaupteter Unverbindlichkeit um unmittelbare Wirtschaftslenkung.

Wenn eine derartige »Verlautbarung« etwa eines Bundesministeriums dem Ziel dient, den zur Entscheidung durch Verwaltungsakt berufenen Behördenunterbau zu steuern, spricht man von Verwaltungsanweisung (Runderlass). Bestehen im Einwirkungsbereich der Verlautbarung aber gar keine verwaltungsbehördlichen Kompetenzen, weil es um einen Rechtsbereich geht, der sich allein privatrechtlich – zwischen Unternehmen – vollzieht, so müssen derartige Verlautbarungen unter strenge rechtliche Beobachtung gestellt werden, wenn sie über einen bloßen Ankündigungscharakter hinausgehen (Beispiel: Mitteilung einer demnächst erfolgenden Rechtsänderung, um die Unternehmen auf die sich ändernde Rechtslage vorzubereiten). Besonders kritisch sind diejenigen Fallkonstellationen, die dem Ziel dienen, zwischen Unternehmen bereits etablierte Rechtsverhältnisse (Verträge) ad hoc mit Sofortwirkung umzugestalten: Hier ist eine strikte Anwendung nicht nur der Grundrechte und des Rechtsstaatsprinzips geboten, sondern auch zu prüfen, ob ein solches ministerielles Vorgehen gerade angesichts der selbst postulierten Unverbindlichkeit nicht Probleme schon deshalb aufwirft, weil ein effektiver Rechtsschutz vereitelt zu werden droht (Art. 19 Abs. 3 GG). Diese Konstellation soll am Beispiel einer ministeriellen »Auslegungshilfe« exemplarisch dargestellt und untersucht werden.

II. Das Beispiel einer »Auslegungshilfe« zum EEG

Zum 1. August 2004 ist durch »Gesetz zur Neuregelung des Rechts der Erneuerbaren Energien im Strombereich«[3] das Erneuerbare-Energien-Gesetz (EEG) wesentlich reformiert worden.[4] Zu dieser Neuregelung gehört auch ein neuer § 8 Abs. 4, der für bestimmte Biomasse einsetzende KWK-Anlagen eine um 2,0 Cent/kWh erhöhte Mindestvergütung für in solchen Anlagen erzeugten Strom vorsieht (Satz 1). Zu den begünstigten Verfahren gehört die so genannte *Trockenfermentation*. Dabei handelt es sich um ein Verfahren, das mit einem deutlich geringeren Wassergehalt der zu fermentierenden Einsatzstoffe arbeitet, im Gesetz selbst aber nicht näher erläutert wird.

In Satz 2 des § 8 Abs. 4 EEG hat der Gesetzgeber eine Verordnungsermächtigung zugunsten des Bundesministeriums für Umwelt, Naturschutz und Reaktorsicherheit (im Folgenden: BMU) mit dem Ziel vorgesehen, die Vorgaben nach § 8 Abs. 4 Satz 1 EEG »an den Stand der Technik« anzupassen, sofern Einvernehmen mit dem Bundesministerium für Wirtschaft und Technologie sowie dem Bundesministerium für Ernährung, Landwirtschaft und Verbraucherschutz hergestellt werden kann.

3 Vom 21. 7. 2004, BGBl I S. 1918.
4 Art. 1 des Neuregelungsgesetzes.

Von dieser Ermächtigung hat das BMU bisher nicht Gebrauch gemacht, und auch eine diesbezügliche Änderung der Biomasseverordnung (BiomasseV)[5] ist bisher nicht erfolgt.

Offenbar mit dem Ziel, eine als lückenhaft empfundene Gesetzesbegründung (einengend) zu präzisieren, hat das BMU unter dem Aktenzeichen KI III 4/KI III 2 im Januar 2007 einen Text im www veröffentlicht, der mit »Auslegungshilfe: Trockenfermentation für kontinuierliche Biogasverfahren« bezeichnet wird.[6] Im zweiten Absatz dieser »Auslegungshilfe« heißt es:

> »Bei der Einstufung von Verfahren zur Biogaserzeugung als Trockenfermentationsverfahren und damit bei der Einstufung in die Vergütungsgruppen des EEG bestehen in der Praxis bei Anlagenbetreibern, Anlagenherstellern und Netzbetreibern jedoch Unsicherheiten, die mit der vorliegenden Auslegungshilfe ausgeräumt werden sollen.«

Diese Vorgehensweise ist aus mehreren Gründen ungewöhnlich. Zum einen hat das BMU den im Gesetz eröffneten Weg zum Erlass einer Rechtsverordnung bzw. zur Änderung der BiomasseV nicht gewählt. Zum anderen sind zur Auslegung des dem EEG zugrunde liegenden *zivilrechtlichen Fördersystems* letztlich die Gerichte berufen. Schließlich sind seit dem 1. August 2004 (Inkrafttreten des novellierten EEG) bereits eine Vielzahl von Anlagen in Betrieb gegangen, die den sog. TF-Bonus im Sinne von § 8 Abs. 4 Satz 1 EEG für sich in Anspruch genommen haben.

Diese Unternehmen sowie die derartige Anlagen herstellenden Unternehmen, die naturgemäß an einer Fortführung der bisherigen Auslegung des § 8 Abs. 4 Satz 1 EEG interessiert sind, bewegt die Frage nach der rechtlichen Verbindlichkeit der ministeriellen Meinungsäußerung. Sie befürchten Rückforderungsansprüche im Hinblick auf früher gezahlte TF-Boni; für derzeit in der Planung bzw. für vor Inbetriebnahme befindliche Anlagen stellt sich die Frage, ob Umrüstungsmaßnahmen eingeleitet oder aber Verträge mit dem bisherigen Hersteller gekündigt werden müssen, um den in die Finanzierung der Anlage eingestellten TF-Bonus sicher zu erhalten.

Das EEG vollzieht sich nach dem Willen des Gesetzgebers auf privatrechtlicher Basis durch ein System von Anspruchsbeziehungen, die mit Hilfe des Regelungsinstruments »Kontrahierungszwang«[7] verwirklicht werden. Eine vor Investition erfolgende Prüfung der Förderwürdigkeit der Anlage – nach Art und Umfang – unter Einschaltung einer Behörde erfolgt gerade nicht. Die beteiligten Rechtsanwender sind daher in besonderem Maße darauf angewiesen, dass der Gesetzgeber die Fördertatbestände präzise umschreibt und damit schon für die Planungs- und Errichtungsphase der Anlage – letztlich also im Hinblick auf die Finanzierungszusage auf der Basis des vorgelegten Geschäfts- und Finanzierungsplanes – eine tragfähige Investitionsgrundlage bereitzustellen vermag. Bei einem Vorlauf zwischen

5 Vom 21. 6. 2001, BGBl I S. 1234, zuletzt geändert durch Art. 1 der Verordnung vom 9. 8. 2005, BGBl I S. 2419.

6 Adresse: www.erneuerbare-energien.de/inhalt/39019/20049/.

7 Vgl. dazu *Salje* EEG, 3. Aufl. 2005, § 4 Rn 67 ff.

einem und mehr als drei Jahren – zwischen Planungsbeginn und Inbetriebnahme der Anlage – muss insbesondere der Anlagenbetreiber sichergehen können, dass die dem Anlagenkonzept zugrunde liegenden Fördertatbestände so rechtssicher ausgestaltet sind, dass die zur Aufrechterhaltung der Liquidität erforderlichen Zahlungsströme in einer sicher planbaren Höhe auch wirklich fließen können. Jede Änderung im Fördersystem benötigt deshalb einen zeitlichen Vorlauf, um dem zukünftigen Anlagenbetreiber eine Anpassung seines Konzeptes in der Plan- und Bauphase zu ermöglichen.

1. Konzept des EEG als Investitionsanreiz

Den bisher erlassenen Gesetzen zur Förderung der Stromerzeugung aus erneuerbaren Energien – vom Stromeinspeisungsgesetz 1991 über das EEG 2000 zum EEG 2004 – ist gemeinsam, dass Absenkungen von Mindestvergütungen und Zusatzförderungen während des Förderzeitraums von mehr als 20 Jahren (vgl. § 12 Abs. 3 EEG) nur nach einem dem jeweiligen Gesetz selbst zu entnehmenden Konzept erfolgt sind. Dies lässt sich nicht nur für die Höhe der Mindestvergütungen, sondern auch für die Förderzeiträume sowie die Aufrechterhaltung des alten Rechts im Hinblick auf die bisherige Förderung nachweisen. So ist mit dem EEG-Neuregelungsgesetz von 2004 zwar das EEG 2000 grundsätzlich aufgehoben worden;[8] jedoch wurde für die vor dem 1. August 2004 in Betrieb gegangenen Anlagen das alte Fördersystem des EEG 2000 aufrechterhalten (§ 21 Abs. 1 EEG 2004). Bei Ablösung des Stromeinspeisungsgesetzes durch das EEG 2000 erfolgte zwar eine Umstellung der Vergütungen auf das neue Recht; weil diese aber alle weit über den nach bisherigem Recht gezahlten Vergütungen lagen, hat der Gesetzgeber auch insofern den Grundsatz beachtet, *Kontinuität* des Förderzeitraumes und der während der Förderzeit zu zahlenden Vergütungen zu gewährleisten.

Damit kann als Grundprinzip eines zivilistisch ausgeprägten Fördersystems für erneuerbare Energien festgehalten werden: Weil die Anlagenbetreiber einen sicheren Förderzeitraum und – im Hinblick auf die Finanzierung planbare – feste Vergütungen benötigen, darf es insofern keinerlei Unschärfe oder Unsicherheit geben. Zwar kann es den Gerichten im Streitfall zwischen Netzbetreibern und Anlagenbetreibern überlassen werden, Einzelpräzisierungen vorzunehmen;[9] der Anlagenbetreiber muss nicht gegen jeglichen Nachteil etwa aus weniger geglückten Gesetzeswortlauten geschützt werden. Deshalb ist es hinzunehmen, wenn die Gerichte im Einzelfall bei Entstehung von Streit über die Höhe der Vergütung für Strom aus einer bestimmten Anlage beginnend mit dem Zeitpunkt, zu dem der Streit entstanden ist, eine Entscheidung über die im Einzelfall maßgebliche Auslegung des Gesetzes fällen.

8 Art. 4 Satz 2 des Neuregelungsgesetzes.
9 Vgl. zum Holzbonus des § 8 Abs. 2 Satz 2 EEG BGH v. 4. 4. 2007, ZNER 2007, 173.

In diesem zivilrechtlich geprägten System steht das *Auslegungsmonopol* aber *allein den Gerichten* zu. Weder die Netzbetreiber noch die an der Entwicklung des Förderrechts – etwa durch Verordnung – beteiligten Ministerien sind in der Lage, mit Bindungswirkung Fördertatbestände zu verändern. Insbesondere wäre es ohne Wirkung, wenn versucht werden würde, gegen den klaren Wortlaut einer Gesetzesbegründung zusätzliche Anforderungen aufzustellen, um die erhöhte Mindestvergütung zu erhalten. Ob derartige Präzisierungsversuche durch Netzbetreiber/Behörden vom geltenden Recht noch gedeckt sind, ist an späterer Stelle zu untersuchen; sie sind aber solange zumindest »systemfremd«, wie Gesetzeswortlaut und Gesetzesbegründung einen sicheren Hinweis auf Fördertatbestand und Förderhöhe ermöglichen. Eine behördliche »Auslegungshilfe« ist im Fördersystem nicht vorgesehen und auch nicht geeignet, auf dem Hintergrund einer existierenden Verordnungsermächtigung eine vorhandene Gesetzesbegründung einzuengen oder gar zu überwinden.

2. *Rechtsstaatsprinzip als Basis für Vertrauensschutz*

Rechtsstaatsprinzip (Art. 20 Abs. 3 GG) und Überprüfung privaten sowie staatlichen Handelns durch die Gerichte (Art. 19 Abs. 4 GG) gehören zu den auch das Privatrecht und damit das EEG prägenden Grundprinzipien der Verfassung. Wenn der Staat Investitionsanreize mit Hilfe spezieller Fördergesetze vorsieht, so muss der Investor von daraus resultierenden privatrechtlichen Ansprüchen auch Gebrauch machen können. Das in die Gesetzesbindung begründete Vertrauen der zukünftigen und derzeitigen Anlagenbetreiber ist schutzwürdig und darf weder in das Belieben der Legislative noch der Judikative – und erst recht nicht in das Belieben der Exekutive – gestellt werden.

Wer als Organ der Exekutive in laufende Fördertatbestände – mittelbar oder unmittelbar – eingreift oder einzugreifen versucht, weil etwa Befürchtungen im Hinblick auf die Funktionsfähigkeit des Gesetzes bestehen, der läuft Gefahr, den im Gesetz geronnenen Vertrauensschutz zu zerstören. Dies gilt unabhängig von der – unterstellt lauteren – Motivlage, weil bei jedem dieser Eingriffe Friktionen bei den Rechtsanwendern entstehen, die zu erheblichen Transaktionskosten führen werden.[10] Gerade weil das Fördersystem durch die Letztentscheidungszuständigkeit der Zivilgerichte geprägt wird, was eine Beteiligung von Behörden außerhalb der Verordnungszuständigkeiten ausschließt, muss eine gleichwohl eingreifende Behörde damit rechnen, dass bei Nichteinhaltung des vorgesehenen Verfahrens eine Überprüfung der Maßnahme erfolgen wird.

10 Zum Beispiel Durchführung von Streitverfahren vor den Gerichten.

Der Grundsatz des Vertrauensschutzes ist auch europarechtlich verankert und hat damit engen Bezug zum Marktrecht.[11] Dabei basiert die ständige Rechtsprechung des EuGH[12] auf dem Rechtsstaatsprinzip und ist an folgende Voraussetzungen gebunden: Zunächst muss eine Vertrauenslage im Sinne einer gesicherten Rechtsposition bestehen; ausreichend sind gesetzlich fundierte Erwartungen, die sich in Dispositionen wirtschaftlicher oder tatsächlicher Art konkretisiert haben.[13] Das daraus resultierende Vertrauen muss *schutzwürdig* sein; insofern ist zu prüfen, ob vertrauensvernichtende Kriterien vorhanden sind, die die Schutzwürdigkeit ausschließen. Dabei werden den Marktteilnehmern eine aufmerksame Beobachtung der Marktentwicklung, flexible Anpassungen an sich abzeichnende Rechtsänderungen sowie mögliche und zumutbare Anstrengungen und Aufwand zugemutet.[14] Die Prüfung des EuGH endet mit einer Interessenabwägung, die das Interesse der Gemeinschaft an marktkonform erfolgenden Rechtsänderungen einerseits und das Bestands- und Vertrauensinteresse der Wirtschaftsteilnehmer andererseits einander gegenüberstellt und gewichtet. Vermag ein Wirtschaftsteilnehmer die Rechtsänderung mit zumutbarer Anstrengung zu erkennen und sich daran anzupassen, fehlt es an schutzwürdigem Vertrauen.[15] Da über die erneuerbare Energien betreffende Richtlinie[16] den Mitgliedstaaten nur noch ein begrenzter Gestaltungsspielraum innerhalb des jetzt gemeinschaftsrechtlich gesetzten Rechtsrahmens zugestanden wird, ist der gemeinschaftsrechtliche Vertrauensgrundsatz auch bei Bestimmung von Reichweite und Schranken des nationalen Vertrauensschutzprinzips zu beachten.

Auf die konkrete Fallkonstellation angewendet bedeutet dies: Mit der Ausformung des TF-Bonus in § 8 Abs. 4 Satz 1 EEG nebst Gesetzesbegründung hat der nationale Gesetzgeber einen *Vertrauenstatbestand* für alle diejenigen begründet, deren Anlageninvestition (Planung, Finanzierungszusagen, Errichtung) diesen Technologiebonus einbezieht. Anlagenbetreiber und Hersteller konnten sich darauf verlassen, dass alle Anlagen, die den Regelwert einzuhalten vermögen, in den Bereich der insofern zusätzlich förderfähigen Anlagen fallen.

Weil mit der Einräumung des Anspruchs gegen den Netzbetreiber (§ 5 Abs. 1 EEG) eine *gesicherte zivilrechtliche Rechtsposition* im Sinne eines subjektiv privaten Rechts begründet wurde, ist dieses Vertrauen grundsätzlich auch schutzwürdig. Auch bei sorgfältiger Marktbeobachtung konnten Hersteller und Anlagenbetreiber in den Jahren 2005 und 2006 auf der Basis des seit 1. August 2004 geltenden Rechts-

11 Grundlegend: *Borchardt* Der Grundsatz des Vertrauensschutzes im Europäischen Gemeinschaftsrecht, 1988; *Borchardt* EuGRZ 1988, 309 ff.

12 Slg. 1997, I-1808 – *Irish Farmer Association*; Nachweise bei *Lenz/Borchardt* EG-Vertrag, 3. Aufl. 2003, Art. 220 Rn 65; vgl. auch *Kokott* AöR 121 (1996) 599, 626 ff.

13 *Lenz/Borchardt* EG-Vertrag, Art. 220 Rn 65.

14 *Borchardt* ebd.

15 Vgl. *Streinz/Kopp* EUV/EGV, 2003, Art. 34 EGV Rn 101, 102.

16 Richtlinie 2001/77/EG des Europäischen Parlaments und des Rates vom 27. September 2001 zur Förderung der Stromerzeugung aus erneuerbaren Energiequellen im Elektrizitätsbinnenmarkt, ABlEG L 283 v. 27. 10. 2001, S. 33.

zustandes keinerlei Tatsachen erkennen, die geeignet gewesen wären, das in die Gesetzesbegründung gesetzte Vertrauen zu erschüttern.

Die auf der dritten Prüfungsstufe durchzuführende Interessenabwägung hat das Interesse des BMU an der Belohnung möglichst innovativer Verfahren einerseits, konkretisiert in der Auslegungshilfe vom Januar 2007, und das Interesse der Anlagenbetreiber sowie Hersteller am Bestehenbleiben der vom Gesetzgeber geschaffenen Interessenlage andererseits zu berücksichtigen. Insofern ist es offensichtlich, dass angesichts der tatsächlichen und finanziellen Aufwendungen bezüglich der Anlagenentwicklung einerseits und der Herstellung der Betriebsbereitschaft derartiger Anlagen andererseits das Vertrauen von Anlagenbetreibern und Herstellern besonders hoch zu gewichten ist. Auf der Seite des BMU schlägt zu Buche, dass von dort aus versucht wird zu verhindern, dass wenig fortschrittliche (banale) Verfahren den TF-Bonus erhalten, zumal auf diese Weise quasi »Mitnahmeeffekte« eintreten, die die Entwicklung des technologischen Fortschritts letztlich zu hemmen vermögen, weil Hersteller in ihren Entwicklungsanstrengungen gelähmt werden.

Insofern besteht zwar ein hohes gesamtwirtschaftliches (öffentliches) Interesse am technologischen Fortschritt; weil das BMU im Einvernehmen mit dem BMELV und dem BMWT in der Lage ist, für die Zukunft im Rechtsverordnungswege für einen hohen technologischen Stand zu sorgen, ist der Weg zur Durchsetzung dieses öffentlichen Interesses bereits vom Gesetzgeber vorgezeichnet. Von diesem vorgezeichneten Weg darf das BMU außer in krassen Fällen nicht abweichen; zwar mag ein legitimes Interesse des BMU daran bestehen, für in der Zukunft liegende Investitionsfälle ein Vertrauen in die Bestandskraft der Gesetzesbegründung zu § 8 Abs. 4 Satz 1 EEG auszuschließen und auf diese Weise zukünftige Mitnahmeeffekte zu vermeiden. Für bereits abgeschlossene Fördersachverhalte, insbesondere solche der Jahre 2005 und 2006, vermag eine potenziell zur Vertrauensvernichtung geeignete Meinungsäußerung aber keinerlei Wirkung zu entfalten; Netzbetreiber und Gerichte *müssen* sie unbeachtet lassen.

Weil der Gesetzgeber zum Schutz des Vertrauens von Herstellern und Anlagenbetreibern zudem das technologische Anspruchsniveau in Satz 2 des § 8 Abs. 4 EEG bindend vorgezeichnet hat, können sich Anlagenbetreiber und Hersteller auf die Weitergeltung der Gesetzesbegründung zu § 8 Abs. 4 Satz 1 EEG verlassen, bis durch Rechtsverordnung unter Berücksichtigung eines angemessenen Übergangszeitraumes[17] die Rechtsänderung in rechtsstaatlicher Weise ins Werk gesetzt worden ist.

Damit steht als *Ergebnis des Abwägungsprozesses* fest: Das öffentliche Interesse an der Verwirklichung bestmöglichen technologischen Fortschritts im Hinblick auf die Entwicklung und Inbetriebnahme von Trockenfermentations-Biomasseanlagen hat solange gegenüber dem Bestands- und Vertrauensinteresse der Anlagenbetreiber und Hersteller zurückzutreten, bis eine wirksame Fortschreibung des technologischen Niveaus durch Rechtsverordnung erfolgt ist. Bis zu diesem Zeitpunkt bleiben

17 Vgl. dazu unten IV.

die entstandenen Vertrauenspositionen rechtlich schützenswert und können durch eine bloße Meinungsäußerung des BMU nicht vernichtet werden. Damit steht auch der gemeinschaftsrechtlich entwickelte Vertrauensschutzgrundsatz der Anwendung der Auslegungshilfe des BMU vom Januar 2007 entgegen.

Damit steht zugleich fest, dass angesichts der Missachtung des vom Gesetzgeber in § 8 Abs. 4 Satz 2 EEG vorgezeichneten Weges zur möglicherweise erwünschten Einschränkung der Gesetzesbegründung und Konkretisierung der förderfähigen Verfahren der Trockenfermentation der »Auslegungshilfe« des BMU ein das Vertrauen der Hersteller und Anlagenbetreiber einschränkender oder gar vernichtender Charakter nicht abzusprechen ist. Die beteiligten Verkehrskreise einschließlich der Netzbetreiber können und müssen sich demgegenüber weiterhin auf die Gesetzesbegründung zu § 8 Abs. 4 Satz 1 EEG (Trockenfermentation) verlassen.

Die »Auslegungshilfe« ist daher als Versuch der Exekutive zu werten, bestimmte Verfahren von der Zusatzförderung ex nunc auszuschließen. Sie beinhaltet nicht nur die Ankündigung, dass demnächst eine Verordnungsänderung – gestützt auf § 8 Abs. 4 Satz 2 EEG – erfolgen wird. Davon konkret betroffen sind jedenfalls Anlagenhersteller, die die Weiterentwicklung bisher verkaufter oder produzierter Anlagen aufgeben werden, sofern der Auslegungshilfe entsprechende Hinweise zu entnehmen sein sollten.[18] Auch solche Investoren, die sich derzeit in einem frühen Planungsstadium befinden, könnten veranlasst werden, ihre Investitionsentscheidung für ein Trockenfermentationsverfahren zu überdenken und diese nicht allein am Wassergehalt des Substrats (Regelgrenzwert) auszurichten. Für in fortgeschrittenem Planungsstadium befindliche Investoren, für im Bau befindliche Anlagen und für bereits betriebene Anlagen vermag dagegen diese »Auslegungshilfe« Wirkungen nicht mehr zu entfalten.

III. EXEKUTIVHANDELN IM ZIVILRECHT

Die höchstrichterliche Rechtsprechung ist genauso wie Exekutive und Legislative an das Rechtsstaatsprinzip und damit an Rückwirkungsverbot und Vertrauensschutzprinzip gebunden. Im konkreten Rechtsstreit wird das Vertrauen regelmäßig bereits dann erschüttert, wenn Streit über die Auslegung des Gesetzes entsteht. Die Rechtsprechung wird allerdings für die Vergangenheit (getätigte Investitionen) nur sehr vorsichtig und unter Berücksichtigung der Umstände des Einzelfalls eine Bindung an den historischen Gesetzgeberwillen verwerfen, an den die Investoren angeknüpft und im Vertrauen auf den sie investiert haben. Aus der Verkehrspflichten-Rechtsprechung sind Entscheidungen bekannt, mit denen der BGH das durch frühere höchstrichterliche Rechtsprechung geschaffene Vertrauen in Rechnung stellt und die Rechtsprechungsänderung erst für zukünftige Fallkonstellationen ankün-

18 Vgl. dazu unten IV.

digt.[19] In gleicher Weise muss derjenige geschützt werden, der zwar nicht auf den Bestand einer höchstrichterlichen Rechtsprechung, wohl aber umso stärker auf eine »quasi amtliche« Interpretation der Legislative vertraut hat.

1. Unzuständigkeit der Exekutive zur Wirtschaftslenkung im Privatrecht

Ziel der Auslegungshilfe des BMU vom Januar 2007 ist es offenbar, mit quasi »amtlicher Autorität« eine Entwicklung zu korrigieren, die aus der Sicht des Ministeriums als unerwünscht angesehen wird. Dabei erkennt das Ministerium die grundsätzlich bestehende Unzuständigkeit an:

> »Zu berücksichtigen ist dabei, dass es sich beim EEG grundsätzlich um ein Gesetz handelt, das alleine die Rechtbeziehung zwischen Privatpersonen regelt. Dem Ministerium für Umwelt, Naturschutz und Reaktorsicherheit oder anderen staatlichen Stellen werden keine Rechte eingeräumt, bei Konflikten zwischen den Beteiligten einzugreifen. Streitigkeiten bei der Anwendung des EEG können nur von den zuständigen Gerichten verbindlich geklärt werden. In diesem Sinne soll die Auslegungshilfe für die beteiligten Akteure die bestehenden Zweifelsfragen klären.«

Gleichwohl ist dieser Vortext zur eigentlichen Interpretation widersprüchlich: Obwohl die eigene Unzuständigkeit eingeräumt wird, nimmt das BMU gleichwohl für sich in Anspruch, »bestehende Zweifelsfragen (zu) klären«. Dabei hätte es nahe gelegen, lediglich den »Standpunkt des BMU« mitzuteilen und eine Änderung der BiomasseV unter Angabe des Zeitpunktes ihres voraussichtlichen Inkrafttretens anzukündigen.

Wer für sich in Anspruch nimmt, eine »Auslegungshilfe für die beteiligten Akteure« vorzulegen, der möchte zweifelsohne auf das Verhalten der »beteiligten Akteure« einwirken. Möglicherweise sollen Hersteller zur Verbesserung der TF-Verfahren veranlasst und Investoren darauf aufmerksam gemacht werden, dass der Wortlaut der Gesetzesbegründung aus der Sicht des BMU ergänzungsbedürftig ist. Offen bleibt auch, ob nicht eigentlich die Netzbetreiber Adressaten der Auslegungshilfe sind, um sie zu einer restriktiveren Haltung im Hinblick auf die Gewährung des TF-Bonus anzuhalten.

Die Auslegungshilfe nimmt *nicht* für sich in Anspruch, ein Sachverständigengutachten (zu Trockenfermentationsverfahren allgemein oder speziellen Verfahren) zu beinhalten; es wird auch nicht mitgeteilt, dass Fragen an das Ministerium gerichtet worden sind, die einer amtlichen Auskunft bedürfen. Offenbar handelt es sich auch nicht um den Abdruck einer Antwort des Ministers/Staatssekretärs auf Fragen, die Fraktionen oder einzelne Bundestagsabgeordnete gestellt haben und die wegen des allgemeinen Interesses der Öffentlichkeit in stärkerem Maße als über die Bundestagsdrucksachen möglich zugänglich gemacht werden sollen. Wenn Bezug genommen wird auf »Unsicherheiten in der Praxis bei Anlagenbetreibern, Anlagen-

19 BGH NJW 1985, 620, 621 – *Skiliftmast*.

herstellern und Netzbetreibern, die mit der vorliegenden Auslegungshilfe ausgeräumt werden sollen«, so bleibt der eigentliche Anlass der Veröffentlichung im Dunkeln.

2. *Nichteinhaltung des vorgeschriebenen Verfahrens*

Die Unbeachtlichkeit der »Auslegungshilfe« im Hinblick auf die qua Gesetzesbegründung für die Gerichte eingetretene Bindungswirkung ergibt sich zusätzlich aus dem *verfahrensrechtlichen Aspekt*. Wie oben gezeigt,[20] ist Grundlage für die Gewährung des Technologiebonus einerseits der vom Gesetzgeber gesetzte begriffliche Rahmen (Trockenfermentation), andererseits dessen Fortschreibung im Wege der Rechtsverordnung. Der systematische Zusammenhang zwischen Satz 2 und Satz 1 in § 8 Abs. 4 EEG lässt andere Rückschlüsse nicht zu, und in der Gesetzesbegründung[21] wird auf das identische System im Rahmen von § 7 Abs. 2 EEG zu Recht verwiesen.

Daraus folgt zwingend: Das BMU ist nach Herstellung des Einvernehmens mit den anderen Ministerien geradezu dazu aufgerufen, die Bedingungen zum Einsatz der in § 8 Abs. 4 Satz 1 EEG genannten Verfahren zu konkretisieren. Es muss sich insofern – aus Gründen des Vertrauens- und des Investitionsschutzes – an den in Satz 2 des § 8 Abs. 4 EEG aufgezeigten Verfahrensweg halten. Nur dieser Weg sichert, dass in rechtsstaatlich vertretbarer Weise – insbesondere im Hinblick auf zukünftig einzusetzende Verfahren – eine Anpassung und Fortschreibung an den Stand der Technik erfolgt. Andere Fortschreibungsmöglichkeiten stehen dem BMU nicht zur Verfügung; weil die Auslegungshilfe vom Januar 2007 die Anforderungen an Rechtsverordnungen im Sinne von § 80 Abs. 1 GG nicht erfüllt, ist diese Veröffentlichung des BMU nicht geeignet, die Bindung an die Gesetzesbegründung zu schwächen oder gar aufzulösen.

Damit leidet die Meinungsäußerung außerdem unter einer falschen Bezeichnung: Es handelt sich nicht um eine Auslegungshilfe, die wenigstens einen eingeschränkten Geltungsumfang im Sinne einer ministeriellen (und damit sachverständigen) Äußerung zu beanspruchen vermag, sondern es liegt eine völlig unverbindliche amtliche Mitteilung vor, die rechtlich betrachtet weder das Vertrauen der Investoren in die Gesetzesbegründung noch die Bindung an die Gesetzesbegründung zu beeinträchtigen vermag. Insofern zeigt die »Auslegungshilfe« deren eigene Problematik deutlich auf: Weil der vom Gesetzgeber vorgeschriebene Weg zur Anpassung der Gewährung des Technologiebonus an den Stand der Technik verlassen wird, werden Hersteller, Netzbetreiber und Anlagenbetreiber verunsichert, zumal die Gefahr besteht, dass sie den offenbar bewusst gewählten Begriff »Auslegungshilfe« als für sie quasi verbindlich ansehen.

20 II. vor 1.
21 BT-Drs. 15/2864, S. 41.

Es hätte ausgereicht, wenn das BMU die Vorstellungen von Bundesumweltamt und Wissenschaftlichem Beirat des Fachverbandes ohne eigene Stellungnahme veröffentlicht hätte, um sie einer breiteren Öffentlichkeit zugänglich zu machen. Ob das Abweichen vom gesetzgeberisch vorgezeichneten Anpassungsweg und die offensichtlich eine zumindest eingeschränkte Geltung beanspruchende Meinungsäußerung des Ministeriums geeignet sind, Schäden bei Herstellern und Anlagenbetreibern zu verursachen und – bejahendenfalls – insofern ein Rechtswidrigkeitszusammenhang zwischen derartigen potenziellen Schäden und der Veröffentlichung der Auslegungshilfe besteht, soll hier dahinstehen.

IV. AUSWIRKUNGEN DER »AUSLEGUNGSHILFE« AUF ZUKÜNFTIGE FÖRDERTATBESTÄNDE

Die »Auslegungshilfe« des BMU vom Januar 2007 ist zwar wie gezeigt nicht in der Lage, die aufgrund der Gesetzesbegründung zum TF-Bonus geschaffene Vertrauensbasis zu erschüttern. Dies gilt insbesondere für die bereits in Betrieb gegangenen Anlagen, die den in § 12 Abs. 3 EEG vorgesehenen Förderzeitraum einschließlich des TF-Bonus voll in Anspruch nehmen können. Möglicherweise wirkt sich die Auslegungshilfe aber auf die noch nicht in Betrieb gegangenen Anlagen aus; insofern könnte von einem Gericht, das sich die Interpretation des BMU zu eigen macht, argumentiert werden, dass ab Februar 2007 und damit dem Monat nach der Veröffentlichung in den beteiligten Verkehrskreisen die »Neuanforderungen« diskutiert wurden und damit jedenfalls ein volles Vertrauen in die Gesetzesbegründung möglicherweise nicht mehr vorhanden gewesen ist. Die Tragfähigkeit einer solchen Argumentation muss in Abhängigkeit vom Planungs- und Errichtungszustand geprüft werden, in dem sich die Anlage im Februar 2007 befunden hat.

Entsprechend dem mit Art. 14 GG kompatiblen Konzept von EEG und BiomasseV vermögen Rechtsänderungen die Förderbedingungen bereits betriebener Anlagen nicht mehr zu verändern. Hier kommt allenfalls eine (auch rückwirkende) Verbesserung der Bonuszahlungen in Betracht, vgl. etwa § 21 Abs. 1 Ziff. 4 EEG.[22] Dieses gesetzgeberische Konzept kann durch eine Auslegungshilfe nicht durchbrochen werden; da die Investitionen bereits getätigt wurden, muss sich der Gesetzgeber an sein mit der Begründung zu § 8 Abs. 4 Satz 1 EEG gegebenes »Versprechen« auch halten.

Wer mit der Errichtung einer Anlage, für die der TF-Bonus in Anspruch genommen werden soll, bereits begonnen hat, wird regelmäßig bereits mehrere hunderttausend Euro an Eigen- und Fremdkapital in die Anlage investiert haben. Die Finanzierung basiert auf der beim Netzbetreiber angefragten und durch die Geset-

22 Rückwirkende Anwendung der Zusatzvergütung des § 8 Abs. 2 EEG bereits ab 1. 1. 2004 (sieben Monate vor Inkrafttreten des EEG).

zesbegründung gedeckte Gesamtvergütung, also den Grundvergütungen einschließlich des Bonus nach Abs. 3 und dem TF-Bonus nach Abs. 4 des § 8 EEG. Die Einnahmen aus EEG-Vergütung und die monatlich erfolgenden Ausgaben – Pachtzahlungen, Tilgung des Fremdkapitals, Verzinsung von Eigen- und Fremdkapital – sind im Finanzplan fein ausbalanciert, und der Wegfall von 2 Cent/kWh kann bereits unmittelbar zur Unterdeckung der Einnahmen über die Ausgaben führen und kurzfristig einen Zustand der Illiquidität heraufbeschwören.

Weil staatliche Eingriffe in Unternehmungen, die beim Unternehmer den Verlust von Eigentum oder bevorstehende Insolvenz bedeuten, nach der Rechtsprechung des Bundesverfassungsgerichts mit Art. 14 GG regelmäßig unvereinbar sein werden,[23] werden die Gerichte die »Auslegungshilfe« auf derart bedrohte Betreibergesellschaften nicht anwenden, selbst wenn sie der Auffassung sein sollten, dass die Auslegungshilfe die gesetzgeberische Intention besser zum Ausdruck bringt als der Wortlaut der Gesetzesbegründung.

Ein Investor, dessen Genehmigungslage einen Übergang in die Errichtungsphase zulässt, wird die Anlage zunächst bei interessierten Anlagenherstellern ausschreiben. Die wirtschaftliche Lage des Investors unterscheidet sich in diesen Fällen nur graduell von derjenigen des Anlagenbetreibers, für den die Inbetriebnahme der Anlage in absehbarer Zeit bevorsteht. Denn auch der ausschreibende Investor hat in die Anlagenplanung meist schon mehr als hunderttausend Euro investiert. Ein Abbruch des Projekts wird für ihn regelmäßig kaum in Betracht kommen. Allenfalls kann er versuchen, im Falle des Zurückziehens der Fremdfinanzierungszusage durch die Banken den dann sicher eingetretenen Verlust im Wege eines Staatshaftungsanspruchs zu realisieren. Mittelbar wirkt sich die Veröffentlichung der Auslegungshilfe auch auf die Anlagenhersteller aus. Bei einer Ausschreibung werden zukünftig diejenigen Hersteller bevorzugt werden, deren Anlagenkonzept nicht nur die Gesetzesbegründung (Regelwert zum Wassergehalt), sondern zusätzlich diejenigen der Auslegungshilfe erfüllt.

Wurde mit dem Ausschreibungsverfahren noch nicht begonnen, befindet sich das Biomasseanlagen-Projekt also erst in einem mehr oder weniger fortgeschrittenen Planungsstadium, werden ebenfalls schon erhebliche Aufwendungen angefallen sein (Standortuntersuchung, UVP, Herstellung von Genehmigungsunterlagen, Zahlung von Genehmigungsantragsgebühren, Kosten für Ingenieurleistungen usw.). Einem Investor wird zunächst angesonnen werden müssen, eine Umplanung mit dem Ziel vorzunehmen, die Erfüllung der Kriterien der Auslegungshilfe (zusätzlich) zu gewährleisten. Gerade diese Fallkonstruktion zeigt, dass sich die Auslegungshilfe gravierend auf die Konkurrenzsituation der Anlagenhersteller auswirkt. Vermag der Investor noch umzuplanen und das Lastenheft für die Erstellung der Ausschreibungsunterlagen zu verändern, kommen bestimmte Anlagenhersteller von vornherein nicht mehr als Empfänger der Ausschreibungsunterlagen in Betracht.

23 Schutz gegen unverhältnismäßige Eingriffe, vgl. BVerfGE 58, 137, 147 ff.

Die Neueinführung eines im Gesetzestext nicht vorgesehenen Kriteriums stellt sich in Wirklichkeit als Akt der Rechtsschöpfung und nicht als bloße Auslegung des Gesetzes dar. Eigentümlicherweise beruft sich das BMU auch nicht auf einen seit Inkraftsetzung der Reform veränderten Stand der Technik, den das BMU gemäß § 8 Abs. 4 Satz 2 EEG zu beobachten verpflichtet ist. Weil keine Gesetzesauslegung, sondern eine Fortschreibung der Regelung vorgenommen wird, genügt die Auslegungshilfe nicht den methodologischen Anforderungen an eine ordnungsgemäße Gesetzesinterpretation.

Eine Erschütterung schutzwürdigen Vertrauens müssen Anlagenbetreiber/Hersteller in materieller Hinsicht nur hinnehmen, wenn nach Interessenabwägung das öffentliche Interesse an der Veränderung der Vertrauensbasis das Bestandsschutzinteresse der Betroffenen überwiegt. Weil das BMU aber offensichtlich auch in abgewickelte Vergütungssachverhalte einzugreifen beabsichtigt, eine Übergangsvorschrift fehlt und eine eventuelle »Fehlsteuerung« beim Technologiebonus auf dem in § 8 Abs. 4 Satz 2 EEG vorgezeichneten Weg ohne weiteres vermieden werden könnte, stehen Rechtsstaatsprinzip und Vorbehalt des Gesetzes der Rechtmäßigkeit dieser Veröffentlichung entgegen. Durch ministerielle Auslegungshilfen darf in Wirtschaftsvorgänge zwischen Privaten nicht eingegriffen werden.

Die Auswahlentscheidung bei der Besetzung von Stellen im öffentlichen Dienst

WOLF-RÜDIGER SCHENKE

Zu den vielen Rechtsgebieten, mit denen sich der Jubilar wissenschaftlich beschäftigte, gehört auch das Beamtenrecht. In diesem Zusammenhang äußerte er sich auch zur Auslegung der für Personalentscheidungen öffentlicher Dienstherren maßgeblichen Vorschrift des Art. 33 Abs. 2 GG[1] und damit zu einer Thematik, mit der sich die Rechtsprechung, aber auch das rechtswissenschaftliche Schrifttum seit langem intensiv befassen. Mit der Frage, welche verfahrensrechtlichen und materiellen Erfordernisse die öffentliche Hand bei der Entscheidung über die Besetzung einer Stelle zu beachten hat, haben die Gerichte vor allem in Verbindung mit Konkurrentenklagen Stellung zu nehmen, die durch erfolglose Bewerber um eine Stelle im öffentlichen Dienst erhoben werden und die sich darauf stützen, dass ein öffentlicher Dienstherr sie bei der Besetzung einer Stelle in rechtswidriger Weise überging. Die sich hier stellenden, für die Praxis besonders bedeutsamen Probleme sollen Gegenstand dieser Abhandlung sein.

I. DIE VERFASSUNGSRECHTLICHEN VORGABEN DES ART. 33 ABS. 2 GG

Die grundlegende Norm, welche bei der Auswahl von Bewerberinnen und Bewerbern (im Folgenden spreche ich nur von Bewerbern) zu berücksichtigen ist, ist Art. 33 Abs. 2 GG. Bei ihm handelt es sich um ein grundrechtsähnliches Recht, das eine spezielle Ausprägung des Gleichheitsgrundrechts darstellt. Nach Art. 33 Abs. 2 GG hat jeder Deutsche »nach seiner Eignung, Befähigung und fachlichen Leistung gleichen Zugang zu jedem öffentlichen Amt.« Entsprechende, z.T. angereicherte Vorschriften finden sich in den Beamtengesetzen der Länder. So heißt es etwa in § 11 LBG BW:

> »Ernennungen sind nach Eignung, Befähigung und fachlicher Leistung ohne Rücksicht auf Geschlecht, Abstammung, Rasse, Glauben, religiöse oder politische Anschauungen, Herkunft und Beziehungen vorzunehmen. Dem stehen gesetzliche Maßnahmen zur Förderung von Beamtinnen zur Durchsetzung der tatsächlichen Gleichstellung im Erwerbsleben nicht entgegen«.

1 *Wolff/Bachof/Stober* Verwaltungsrecht Bd. II, 5. Aufl. 1987, § 107 Rn 11 ff; in späteren Auflagen finden sich keine entsprechenden Stellungnahmen.

§ 11 LBG BW und ähnliche Vorschriften in anderen Beamtengesetzen stellen damit im Wesentlichen eine Synthese aus Art. 33 Abs. 2 GG und Art. 3 Abs. 2 und 3 GG dar.

Art. 33 Abs. 2 GG bezieht sich nicht nur auf Beamte, sondern u.a. auch auf sonstige Beschäftigte im öffentlichen Dienst[2] sowohl der unmittelbaren wie auch der mittelbaren Staatsverwaltung,[3] insbesondere also auch der Gemeindeverwaltung. Auch privatrechtliche Gesellschaften, die von einer juristischen Person des öffentlichen Rechts beherrscht werden, unterfallen nach richtiger, aber umstrittener Ansicht dem Art. 33 Abs. 2 GG.[4] Andernfalls wäre es in die Hand einer juristischen Person des öffentlichen Rechts gestellt, sich durch Austausch von Organisationsformen, insbesondere durch Flucht in das private Gesellschaftsrecht, grundrechtlichen Bindungen zu entziehen. Unabdingbar dürfte es deshalb auf jeden Fall sein, dass eine juristische Person des öffentlichen Rechts, die eine privatrechtliche Gesellschaft beherrscht, bei der Ausübung ihrer Gesellschaftsrechte unmittelbar durch Art. 33 Abs. 2 GG gebunden ist. Ausgenommen von der Anwendung des Art. 33 Abs. 2 GG sind grundsätzlich politische Ämter, deren Vergabe in der Regel aufgrund eines demokratischen Wahlakts erfolgt.[5] Art. 33 Abs. 2 GG umfasst nicht nur die Besetzung eines Amts, sondern auch alle vorbereitenden Schritte, wie etwa die Aufnahme in den Kreis der Bewerber.[6] Die Vorschrift ist im Übrigen nicht nur bei der Einstellung, sondern auch bei der Beförderung und dem Aufstieg zu beachten. Ob darunter auch die Versetzung und die Umsetzung fallen, ist umstritten und ist später noch anzusprechen.

Der in Art. 33 Abs. 2 GG verwandte Begriff der Befähigung meint allgemein der Tätigkeit zugute kommende Fähigkeiten, vor allem Begabung, Allgemeinwissen, Lebenserfahrung und allgemeine Ausbildung.[7] Fachliche Leistung i.S. des Art. 33 Abs. 2 GG umschreibt Fachwissen, Fachkönnen und Bewährung im Fach.[8] Eignung umfasst nach Art. 33 Abs. 2 GG alle sonstigen geistigen, körperlichen, psychi-

2 *Jachmann* in: v. Mangoldt/Klein/Starck, Grundgesetz Bd. II, 5. Aufl. 2005, Art. 33 Abs. 2 Rn 15; *Jarass* in: Jarass/Pieroth, Grundgesetz, 9. Aufl. 2007, Art. 33 Rn 9; MüKo-BGB/*Thüsing* Bd. I/2, Allgemeiner Teil, 5. Aufl. 2007 § 1 AGG Rn 14; *Wolff/Bachof/Stober* Verwaltungsrecht Bd. II, § 107 Rn 11; BAGE 87, 165, 170; 103, 212, 215; 104, 295, 298; 107, 329, 333.

3 *Jachmann* in: v. Mangoldt/Klein/Starck, GG, Art. 33 Abs. 2 Rn 15.

4 Ebenso *Masing* in: Dreier (Hrsg.) Grundgesetz Bd. II, 2. Aufl. 2006, Rn 42; AK-GG/*Trute* 3. Aufl. Stand 2001, Art. 33 Rn 26 (nur soweit funktional Verwaltungsaufgaben wahrgenommen werden); a.A. *Battis* in: Sachs, Grundgesetz, 4. Aufl. 2007, Art. 33 Rn 25; *Wolff/Bachof/Stober* Verwaltungsrecht Bd. II, § 107 Rn 11; *Höfling* in: Bonner Kommentar zum Grundgesetz, Stand 1998, Art. 33 Abs. 1 bis 3 Rn 82 f; offen gelassen von *Jarass* in: Jarass/Pieroth, GG, Art. 33 Rn 9.

5 *Höfling* in: Bonner Kommentar zum Grundgesetz, Art. 33 Abs. 1 bis 3 Rn 84 ff mwN; dahin tendierend auch *Wolff/Bachof/Stober* Verwaltungsrecht Bd. II, § 107 Rn 11.

6 *Kunig* in: v. Münch/Kunig, Grundgesetz, Bd. I, 5. Aufl. 2000, Art. 33 Rn 10.

7 *Jarass* in: Jarass/Pieroth, GG, Art. 33 Rn 14.

8 BVerfGE 110, 304, 322; BVerwGE 122, 147, 150.

schen und charakterlichen Eigenschaften, die für ein bestimmtes Amt von Bedeutung sind und nicht bereits von den Begriffen Befähigung und fachliche Leistung erfasst werden.[9] Die in Art. 33 Abs. 2 GG verwandten Begriffe lassen sich in praxi oft nur schwer voneinander trennen und weisen fließende Übergänge auf. Z.T. wird auch der Begriff der Eignung in einem weiteren Sinn verstanden, der sowohl die Eignung im engeren Sinn wie auch die Befähigung und fachliche Leistung umfasst.[10]

Bei den in Art. 33 Abs. 2 GG genannten Begriffen handelt es sich um unbestimmte Rechtsbegriffe, in Bezug auf die ein behördlicher Beurteilungsspielraum besteht.[11] Die Auslegung bzw. Subsumtion unter diese Begriffe ist demgemäß nach h.M. nur beschränkt gerichtlich überprüfbar. Das Gericht hat nur zu prüfen, ob die Verwaltung den anzuwendenden gesetzlichen Rahmen, in dem sie sich frei bewegen kann, verkannt hat, ob sie von einem unrichtigen Sachverhalt ausgegangen ist, allgemeingültige Wertmaßstäbe nicht beachtet oder sachwidrige Erwägungen angestellt hat.[12] Gekoppelt mit diesem Beurteilungsspielraum ist ein Ermessensspielraum,[13] der sich u.a. aus der der zuständigen Behörde obliegenden Gewichtung der einzelnen Eignungsmerkmale ergibt, aber auch daraus folgen kann, dass mehrere Bewerber um eine nur einmal zu vergebende Stelle gleich geeignet sind. Ein Recht auf Einstellung oder auf Beförderung lässt sich aus Art. 33 Abs. 2 GG schon deshalb nicht ableiten, weil die Entscheidung über die Einrichtung einer Stelle, welche durch einen Amtsträger besetzt werden kann, Ausfluss der Organisationsgewalt einer juristischen Person des öffentlichen Rechts ist. Sie liegt damit außerhalb des Schutzbereichs des Art. 33 Abs. 2 GG.[14] Das gilt selbst dort, wo ein Bewerber schon längere Zeit einen höherwertigen Dienstposten wahrnimmt.[15]

Hat die juristische Person des öffentlichen Rechts sich allerdings entschieden, eine Stelle neu zu besetzen oder einzurichten, so ist es denkbar, dass sich der behördliche Beurteilungs- und Ermessensspielraum ausnahmsweise so verengt, dass Art. 33 Abs. 2 GG nicht nur ein Recht auf eine beurteilungs- und fehlerfreie Entscheidung über eine Ernennung bzw. Anstellung zu entnehmen ist, sondern ein diesbezügli-

9 *Jarass* in: Jarass/Pieroth, GG, Art. 33 Rn 14 mwN.

10 *Jarass* in: Jarass/Pieroth, GG, Art. 33 Rn 14; BVerwGE 47, 330, 336.

11 BVerfGE 39, 334, 354; BVerwGE 86, 244, 246; BAGE 43, 50 f; *Jachmann* in: v. Mangoldt/Klein/Starck, GG, Bd. II, 5. Aufl. 2005, Art. 33 Rn 22 mwN; *Jarass* in: Jarass/Pieroth, GG, Art. 33 Rn 15.

12 S. dazu allgemein *Kopp/Schenke* Verwaltungsgerichtsordnung, 15. Aufl. 2007, § 114 Rn 23 ff; *Schenke* Verwaltungsprozessrecht, 11. Aufl. 2007, Rn 772 ff.

13 Zu dieser Ermessensentscheidung s. *Wolff/Bachof/Stober* Verwaltungsrecht Bd. II, § 107 Rn 11.

14 *Höfling* in: Bonner Kommentar zum GG, Art. 33 Abs. 1 bis 3 Rn 102; *Schenke* Fälle zum Beamtenrecht, 2. Aufl. 1990, S. 1 f; BVerfGE 84, 133, 147.

15 Vgl. auch *Wagner* ZBR 2007, 249, 250.

cher Rechtsanspruch.[16] Die durch Art. 33 Abs. 2 GG eingeräumten Beurteilungs- und Ermessensspielräume sind ohnehin durch die Rechtsprechung in ihrem Bestreben, einer Ämterpatronage entgegenzuwirken und eine Zugangsentscheidung nach Art. 33 Abs. 2 GG möglichst rational auszugestalten, partiell verengt worden. Von Bedeutung ist dies insbesondere bei Beförderungsentscheidungen, in Bezug auf die eine den Art. 33 Abs. 2 GG verdichtende Rechtsprechung vorliegt. Darauf wird später noch näher einzugehen sein.

II. Verfahrensrechtliche Erfordernisse bei der Besetzung von Stellen, insbesondere bei der Ernennung von Beamten

1. Die öffentliche Ausschreibung

Die durch Art. 33 Abs. 2 GG nach wie vor eingeräumten materiellrechtlichen Beurteilungs- und Ermessensspielräume erfordern eine verfahrensrechtliche Kompensation. Besondere Bedeutung kommt in diesem Zusammenhang der öffentlichen Ausschreibung von zu besetzenden Stellen zu. Zu Recht wird deshalb überwiegend davon ausgegangen, dass zu besetzende Stellen im öffentlichen Dienst grundsätzlich öffentlich auszuschreiben sind.[17] Die in § 11 Abs. 2 LBG BW und in anderen beamtenrechtlichen Vorschriften getroffene Regelung, nach der die Bewerber für Einstellungen durch öffentliche Ausschreibung der freien Stellen zu ermitteln sind, ist insoweit jedenfalls in gewissem Umfang bereits durch die Verfassung vorgegeben. Verfassungsrechtlich nicht zu beanstanden sein dürften jedoch die Ausnahmen von einer öffentlichen Ausschreibung, wie sie in § 50 Abs. 3 und 4 LBG BW vorgesehen sind. Danach kann bei freien Beförderungsdienstposten anstelle der öffentlichen Ausschreibung eine behördeninterne Ausschreibung treten und ist für bestimmte, dem Art. 33 Abs. 2 GG unterfallende Entscheidungen eine Ausschreibung nicht obligatorisch vorgeschrieben. Schon wegen der verfassungsrechtlichen Verankerung der Ausschreibungspflicht besteht eine solche grundsätzlich auch in Bezug auf solche Stellen im öffentlichen Dienst, die nicht durch Beamte besetzt werden sollen.

16 So z.B. auch *Höfling* in: Bonner Kommentar zum GG, Art. 33 Abs. 1 bis 3 Rn 97; *Masing* in: Dreier, GG, Art. 33 Rn 36; s. auch *Wolff/Bachof/Stober* Verwaltungsrecht Bd. II, § 107 Rn 11.

17 *Wolff/Bachof/Stober* Verwaltungsrecht Bd. II, § 107 Rn 11; ebenso *Höfling* in: Bonner Kommentar zum GG, Art. 33 Abs. 1 bis 3 Rn 192 ff; *Jarass* in: Jarass/Pieroth, GG, Art. 33 Rn 16; *Masing* in: Dreier, GG, Art. 33 Rn 39; a.A. aber BVerwGE 49, 232, 243; 56, 324, 327.

2. *Die Bestimmung des Anforderungsprofils*

In Verbindung mit der Ausschreibung bzw. der Besetzung einer Stelle muss die Behörde grundsätzlich deutlich machen, welche Anforderungen sie an einen künftigen Stelleninhaber stellen will.[18] Ohne ein solches Anforderungsprofil würden die Bestimmungen des Art. 33 Abs. 2 GG weitgehend ausgehöhlt, da sich die Eignung im weiteren Sinn, insbesondere die Befähigung und fachliche Leistung, oftmals nur in Bezug auf einen bestimmten Aufgabenbereich bestimmen lässt. Das Anforderungsprofil sollte zur Effektuierung des Art. 33 Abs. 2 GG deshalb möglichst präzise umschrieben werden und bereits in den Ausschreibungstext aufgenommen werden.[19] Die Bestimmung des Anforderungsprofils ist Ausfluss der Organisationsgewalt und lässt damit grundsätzlich keinen unmittelbaren Brückenschlag zu Art. 33 Abs. 2 GG zu. Bezüglich des genauen Inhalts des Anforderungsprofils besteht weitgehende Freiheit; es muss sich allerdings bei Beamten innerhalb der laufbahnrechtlichen Vorgaben halten. Unzulässig ist es auch, wenn das Anforderungsprofil von vorneherein so bestimmt wird, dass es nur auf eine ganz bestimmte, durch die Behörde für die Besetzung der Stelle vorgesehene Person passt. In einer solchen Vorgehensweise liegt eine rechtsmissbräuchliche Umgehung des Art. 33 Abs. 2 GG. An ein durch die Behörde für die Besetzung der Stelle aufgestelltes Anforderungsprofil bleibt diese im Rahmen des Bewerbungs- und Auswahlverfahrens prinzipiell gebunden.[20] Nicht gehindert wird sie jedoch, das Auswahlverfahren aus sachlichen Gründen abzubrechen[21] und die Stelle erst später wieder auszuschreiben und zu besetzen. Das kommt insbesondere dann in Betracht, wenn sich keine geeigneten Kandidaten beworben haben.[22] Eine unter dem Aspekt des Art. 33 Abs. 2 GG gebotene wichtige Ausnahme ist aber insoweit zu machen, als der Abbruch des Auswahlverfahrens nicht dadurch motiviert sein darf, den geeignetsten Bewerber aus Gründen, die nichts mit seiner Eignung zu tun haben, von der Besetzung auszuschließen. Dass in einer solchen Vorgehensweise ein Verstoß gegen Art. 33 Abs. 2 GG liegt, wird inzwischen auch in der Rechtsprechung anerkannt.[23]

18 *Jarass* in: Jarass/Pieroth, GG, Art. 33 Rn 16; *Wagner* ZBR 2007, 249, 251; OVG Bautzen ZBR 2001, 368 und 372; vgl. auch BAGE 104, 295, 299, wonach das Anforderungsprofil zur Gewährleistung eines hinreichenden Rechtsschutzes des unterlegenen Bewerbers nach Art. 19 Abs. 4 GG so zu dokumentieren sei, dass die Auswahlentscheidung nach den Kriterien des Art. 33 Abs. 2 GG überprüft werden kann.

19 S. auch *Wagner* ZBR 2007, 249, 251 sowie OVG Bautzen ZBR 2001, 368.

20 *Wagner* ZBR 2007, 249, 251; BVerwGE 115, 58.

21 *Kopp/Schenke* VwGO, § 114 Rn 30 c; *Wagner* ZBR 2007, 249, 253; BVerwGE 101, 112; BVerwG DVBl. 2000, 485; OVG Bautzen SächsVBl. 2004, 240.

22 *Wagner* ZBR 2007, 249, 254.

23 VGH München NVwZ 2006, 345.

3. *Die Pflicht zur Benachrichtigung erfolgloser Mitbewerber*

Ein zwingendes verfahrensrechtliches Erfordernis beinhaltet Art. 33 Abs. 2 GG auch insoweit, als die Personen, deren Bewerbung keinen Erfolg hat, bereits innerhalb angemessener Zeit vor der beabsichtigten Ernennung eines Konkurrenten hierüber zu informieren sind.[24] Es reicht also nicht aus, wenn sie erst gleichzeitig mit der Ernennung des Konkurrenten, oder gar erst nach dieser, hierüber informiert werden. Der Grund hierfür liegt darin, dass nach der ständigen und durch das BVerfG[25] gebilligten Rechtsprechung des BVerwG[26] eine einmal erfolgte Ernennung eines Beamten, selbst wenn sie unter Verstoß gegen Art. 33 Abs. 2 GG erfolgte, grundsätzlich nicht mehr rückgängig gemacht und auch durch das Verwaltungsgericht nicht mehr aufgehoben werden kann. Die hierfür durch Rechtsprechung und Lehre angeführten Gründe, nämlich vornehmlich die Prinzipien der Ämterstabilität und des Vertrauensschutzes, sind zwar alles andere als überzeugend und stehen in Widerspruch zu den sonst in Bezug auf die Aufhebung von Verwaltungsakten mit Drittwirkung allgemein anerkannten Grundsätzen. Gegen diese Judikatur läuft denn auch das rechtswissenschaftliche Schrifttum[27] seit Jahrzehnten Sturm, aber bisher ohne nennenswerten Erfolg. Aus diesem Grund ist die Rechtsprechung zur grundsätzlichen Unaufhebbarkeit einer unter Verstoß gegen Art. 33 Abs. 2 GG erfolgten Ernennung für die Praxis als ein Faktum hinzunehmen. Gerade deshalb ist es aber begrüßenswert, dass sich das BVerfG[28] bereits Anfang der 90er Jahre sich für eine Vorverlegung des Rechtsschutzes übergangener Bewerber in der Weise ausgesprochen hat, dass diese über die anstehende Ernennung eines Konkurrenten rechtzeitig zu informieren sind. Erst hierdurch wird ihnen die Möglichkeit eines vorbeugenden Rechtsschutzes eröffnet. Das gilt – wie das BAG[29] in verschiedenen Entscheidungen klargestellt hat – in entsprechender Weise auch für die Besetzung von Stellen im öffentlichen Dienst durch solche Beschäftigte, die in keinem Beamtenverhältnis stehen sollen. Auch hier besteht nämlich dann, wenn das Besetzungsverfahren abgeschlossen und mit dem erfolgreichen Bewerber ein Arbeitsvertrag abgeschlossen wurde, keine Möglichkeit zur Rückgängigmachung der Besetzung.[30] Freilich bleiben sowohl bei der vorgesehenen Ernennung von Beamten

24 *Jarass* in: Jarass/Pieroth, GG, Art. 33 Rn 19; *Masing* in: Dreier, GG, Art. 33 Rn 33; BVerfG NJW 1990, 501; BVerwG NVwZ 2004, 1257.
25 BVerfG NJW 1990, 501, 502; ZBR 2001, 171.
26 BVerwGE 80, 127, 130; BVerwG DVBl. 1989, 1150.
27 Dazu eingeh. Nachw. bei *Kopp/Schenke* VwGO, § 42 Rn 49; *Brohm* FS Menger, 1985, S. 235, 253; *Huber* Konkurrenzschutz im Verwaltungsrecht, 1991, S. 476; *Lecheler* DÖV 1983, 953, 955; *Ronellenfitsch* VerwArch. 82 (1991) 121, 139 f; *Schenke* FS Mühl, 1983, S. 571, 577; *ders.* Neues und Altes zur beamtenrechtlichen Konkurrentenklage, FS Schnapp, 2008; *Wieland* FS Blümel, 1999, S. 647, 648.
28 BVerfG NJW 1990, 501, 502.
29 Vgl. hierzu BAGE 87, 165 ff; 103, 212 ff; 104, 295 ff.
30 BAGE 87, 165, 170 f.

wie auch bei der Besetzung von Stellen durch sonstige Beschäftigte im öffentlichen Dienst noch eine Reihe kontrovers diskutierter Fragen offen. So gilt es einmal zu klären, bis wann die erfolglosen Bewerber zu informieren sind (dazu a) und inwieweit ihnen die Gründe für die Ablehnung ihrer Bewerbung und die Bevorzugung eines Konkurrenten mitzuteilen sind (dazu b). Einzugehen ist ferner auf sonstige rechtliche Folgerungen, die sich für das Bewerbungsverfahren aus Art. 33 Abs. 2 GG ergeben (dazu c).

a) Der Zeitpunkt der Benachrichtigung

Teilweise wird es bei beamtenrechtlichen Ernennungen als ausreichend angesehen, dass der Übergangene zwei Wochen[31] vor der bevorstehenden Ernennung eines anderen Bewerbers benachrichtigt wird. M. E. ist diese Frist zu kurz. Es liegt nahe, sich hier an der Einmonatsfrist zu orientieren, die auch sonst für die Anfechtung eines Verwaltungsakts gilt.[32] Das trifft insbesondere dann zu, wenn man in der Mitteilung eine endgültige oder vorläufige Ablehnung der Bewerbung der Übergangenen sieht und damit vom Vorliegen eines Verwaltungsakts ausgeht. Zu betonen ist allerdings, dass selbst dann, wenn man eine ohne Rechtsmittelbelehrung erfolgte Mitteilung als einen Verwaltungsakt qualifiziert, dies nicht bedeuten kann, dass sich der Betroffene noch innerhalb eines Jahres gegen die drohende Ernennung des Konkurrenten zur Wehr setzen kann.[33] Dies ist kein Systembruch, denn der Rechtsschutz des Übergangenen richtet sich in praxi zunächst ohnehin nicht gegen die Ablehnung seiner Bewerbung, sondern gegen die drohende Ernennung des Konkurrenten. Er ist überdies regelmäßig über die Beantragung einer einstweiligen Anordnung zu realisieren. Für die Entscheidung, ob er gegen die angekündigte Ernennung vorgehen will, erscheint mir ein Zeitraum von einem Monat als ausreichend, aber auch als geboten. Entsprechendes dürfte auch in Bezug auf die Besetzung von Stellen gelten, die nicht durch Beamte, sondern durch sonstige Beschäftigte im öffentlichen Dienst erfolgen soll. Hier liegt in der Mitteilung über die beabsichtigte Ernennung eines anderen Mitbewerbers zwar anders als im Beamtenrecht sicher kein Verwaltungsakt,[34] im Interesse einer Einheitlichkeit der Benachrichtigungspflicht spricht aber einiges dafür, auch hier vom Erfordernis einer einen Monat vorher zu erfolgenden Benachrichtigung auszugehen.

31 VGH Kassel NVwZ 1994, 398, 399; *Golitschek* ThürVBl. 1996, 1, 7; *Schnellenbach* NVwZ 1990, 637, 638.

32 *Kopp/Schenke* VwGO, § 42 Rn 50 mwN; *Busch* DVBl 1990, 107, 108; *Masing* in: Dreier, GG, Art. 33 Rn 55 Fn 294; *J. Martens* ZBR 1992, 129, 131.

33 Nach Ablauf eines Jahres scheidet allerdings die Möglichkeit eines Rechtsschutzes für den Übergangenen selbst dann aus, wenn die Stelle, um die er sich beworben hat, inzwischen noch nicht besetzt ist.

34 Unrichtig deshalb, wenn MüKo-BGB/*Thüsing* Bd. I/2, § 1 AGG Rn 16 auch hier in der Mitteilung einen Verwaltungsakt sehen will.

b) Die Begründungspflicht

Umstritten ist ferner, ob und inwieweit die Mitteilung von der beabsichtigten Ernennung eines Konkurrenten den übergangenen Bewerbern gegenüber zu begründen ist. Sieht man in der Mitteilung (zumindest auch) einen endgültigen oder vorläufigen Ablehnungsbescheid und damit einen Verwaltungsakt, so ergibt sich schon aus § 39 VwVfG, dass die Entscheidung schriftlich zu begründen ist. Da in Bezug auf diese Entscheidung ein Beurteilungsspielraum wie auch ein hiermit gekoppelter Ermessensspielraum besteht, kommt der Begründung der Entscheidung sogar eine ganz besondere Bedeutung zu. Dem trägt § 39 Abs. 1 Satz 3 VwVfG Rechnung, indem er für Ermessensentscheidungen vorschreibt, dass hier die Begründung von Ermessensentscheidungen die Gesichtspunkte erkennen lassen soll, von denen die Behörde bei der Ausübung ihres Ermessens ausgegangen ist; diese Vorschrift ist wegen der hier bestehenden strukturellen Verwandtschaft analog auf Entscheidungen anwendbar, die auf einer Rechtsvorschrift beruhen, welche der zuständigen Behörde in Bezug auf einen dort verwandten unbestimmten Rechtsbegriff einen Beurteilungsspielraum einräumen. Selbst wenn man in der Mitteilung aber keinen Verwaltungsakt sieht und § 39 VwVfG hier nicht für unmittelbar anwendbar hält, ist das Erfordernis einer Begründung unabdingbar. Die für die Auswahlentscheidung maßgeblichen Gesichtspunkte müssen zumindest schriftlich dokumentiert werden[35] und sind den übergangenen Bewerbern jedenfalls auf Nachfrage rechtzeitig mitzuteilen.[36] Ohne eine entsprechende Information wären diese nicht in der Lage, die Erfolgsaussichten einer von ihnen später angestrengten Konkurrentenklage zu überprüfen. Sie wären damit genötigt, auf Verdacht auf Unterlassung der vorgesehenen Ernennung des Konkurrenten zu klagen. Ja, sie wüssten bei Unkenntnis von der Person des Ernennungskandidaten noch nicht einmal, gegen welchen drohenden Verwaltungsakt sie sich gerichtlich zur Wehr zu setzen haben. Die Begründung muss bei Beförderungsentscheidungen zumindest erkennen lassen, ob sie

35 So fordert denn auch die arbeitsgerichtliche Rechtsprechung bei der Besetzung von Stellen im öffentlichen Dienst, dass die Leistungsbewertung und die wesentlichen Auswahlerwägungen schriftlich niederzulegen sind, damit der gerichtliche Rechtsschutz nicht vereitelt oder unzumutbar erschwert wird (BAGE 104, 295, 301). Eine solche Dokumentation wird auch in der verwaltungsgerichtlichen Rechtsprechung für die Transparenz der Auswahlentscheidung als unverzichtbar angesehen (VGH Kassel ZBR 1990, 185; NVwZ-RR 1994, 601; ebenso *Jachmann* in: v. Mangoldt/Klein/Starck, GG, Art. 33 Abs. 2 Rn 22; a.A. VGH Mannheim NJW 1996, 2525, 2527). Von einer solchen Dokumentationspflicht geht nunmehr auch BVerfG, NVwZ 2007, 1178, 1179 aus.

36 Nach VGH Mannheim NJW 1996, 2525, 2527 soll es bereits ausreichen, wenn der übergangene Bewerber sich rechtzeitig vor einer Ernennung des Mitbewerbers Kenntnis von den für die Auswahlentscheidung maßgeblichen Gründen verschaffen kann. Auf die Notwendigkeit einer Begründung schon vor der Inanspruchnahme gerichtlichen Rechtsschutzes weisen auch VGH Kassel DÖD 1997, 67, 68 und BVerfG, NVwZ 2007, 1178, 1179 hin.

wegen eines für die Eignung bedeutsamen Hauptkriteriums oder auf Grund von Hilfskriterien erfolgte.[37]

Die Begründungspflicht gilt für alle Ernennungen, auch für solche im Anwendungsbereich des Allgemeinen Gleichbehandlungsgesetzes, das nach § 24 AGG prinzipiell auch für Beamte anwendbar ist. Der Begründungspflicht steht es im Übrigen auch bei Bejahung der Verwaltungsaktsnatur der Mitteilung nicht entgegen, dass nach § 45 Abs. 1 Nr. 2, Abs. 2 VwVfG die erforderliche Begründung noch nachträglich bis zum Abschluss der letzten Tatsacheninstanz eines verwaltungsgerichtlichen Verfahrens nachgeholt werden kann. Die Heilung nach § 45 VwVfG tritt nach heute h.M. erst mit Wirkung ex nunc ein;[38] sie ändert also nichts an der vorher gegebenen Rechtswidrigkeit des Verwaltungsakts. Zudem kann – hiermit zusammenhängend – das Fehlen einer Begründung vor Einleitung eines gerichtlichen Verfahrens selbst dann, wenn eine präventive Konkurrentenklage keinen Erfolg hat, für die öffentliche Hand mit Kostennachteilen verbunden sein.[39] Zu beachten ist überdies, dass ein Austausch der Beurteilungs- und Ermessenserwägungen, welche für die Entscheidung über die eingegangenen Bewerbungen maßgeblich waren, im Rahmen eines bereits anhängigen gerichtlichen Verfahrens nicht mehr zulässig ist; § 114 Satz 2 VwGO erlaubt nach Rechtshängigwerden der Klage nur eine Ergänzung der Ermessenserwägungen.[40] Im Übrigen sprechen sogar gute Gründe dafür, nach Beantragung einer einstweiligen Anordnung ein Nachholen bzw. Nachschieben von Gründen allgemein für unzulässig anzusehen.[41]

Umstritten ist, ob die Begründungspflicht auch für die Ernennung solcher Beamten Geltung beansprucht, die aufgrund einer vorangegangenen Wahl durch den Gemeinderat oder einen Ausschuss zu erfolgen hat, wie dies etwa nach § 37 Abs. 7 GO BW in Verbindung mit der Hauptsatzung der Gemeinde vorgeschrieben sein kann. Soweit für die Ernennung Art. 33 Abs. 2 GG gilt, wird man auch hier vom Erfordernis einer Begründung auszugehen haben.[42] Ohne eine solche bestünde für den übergangenen Bewerber in der Regel keine Möglichkeit, die Rechtmäßigkeit der Ablehnung seiner Bewerbung zu überprüfen. Zudem hat er oftmals auch unabhängig davon, ein Interesse daran, die Gründe für die Erfolglosigkeit seiner Bewerbung zu erfahren. Deren Kenntnis kann für ihn bei zukünftigen Bewerbungen

37 *Kopp/Schenke* VwGO, § 42 Rn 50; *Schnellenbach* NVwZ 1990, 637, 638; *Schöbener* BayVBl. 2001, 321, 326.

38 S. dazu näher *Schenke* VerwArch. 97 (2006) 592, 604 mwN.

39 Dazu VGH Mannheim NJW 1996, 2525, 2527 unter Hinweis auf den in § 161 Abs. 3 VwGO enthaltenen Rechtsgedanken.

40 *Kopp/Schenke* VwGO, § 113 Rn 61.

41 Dazu näher *Schenke* Neues und Altes zur beamtenrechtlichen Konkurrentenklage, in: FS Schnapp, 2008, unter II.2; s. auch BVerfG, NVwZ 2007, 1178, 1179.

42 *Gern* Kommunalrecht Baden-Württemberg, 9. Aufl. 2005, S. 186 Rn 198; a.A. *Kunze/Bronner/Katz* Gemeindeordnung für Baden-Württemberg, § 37 Rn 48, wonach es deshalb keiner Begründung nach § 39 LVwVfG bedürfe, weil die für die Wahl maßgeblichen Gründe der Mitglieder des Wahlorgans gar nicht feststellbar seien.

durchaus hilfreich sein. Der Umstand, dass die Entscheidung über die Ernennung durch ein Gremium aufgrund einer Wahl erfolgt und die hier getroffene Wahlentscheidung bei einzelnen Mitgliedern des Wahlgremiums unterschiedlich motiviert sein kann, steht der Notwendigkeit einer Begründung nicht im Wege. Ihr kommt gerade bei einer Ermessensentscheidung eine besondere Bedeutung zu. Um dem Begründungserfordernis Rechnung zu tragen, kann in Verbindung mit der Wahl zugleich über die Begründung der Wahlentscheidung abgestimmt werden, wie dies etwa von *Gern*[43] befürwortet wird. Es dürfte aber bereits ausreichen, wenn das für die Außenvertretung zuständige Gemeindeorgan die für das Wahlgremium maßgeblichen Gründe dem Übergangenen ohne eine formelle Beschlussfassung über die Begründung mitteilt. Der Umstand, dass bei einer Wahl eine demokratische Entscheidung vorliegt, dispensiert entgegen der in der Kommentierung von Kunze/Bronner/Katz[44] vertretenen Ansicht nicht von der Beachtung des Art. 33 Abs. 2 GG. So erfolgt etwa auch die Ernennung von Richtern eines obersten Bundesgerichts auf Grund eines Wahlakts durch einen Richterausschuss. Trotzdem gehen hier aber Rechtsprechung und h.M. davon aus, dass dies nichts an der prinzipiellen Anwendbarkeit des Art. 33 Abs. 2 GG auf die Richterwahl ändert.[45] Durch das Demokratieprinzip weitgehend verdrängt und überlagert wird Art. 33 Abs. 2 GG nur in Bezug auf die Besetzung politischer Ämter.[46] Das gilt auch für die Bestellung der Beigeordneten nach § 50 GO BW, die primär durch politische Gesichtspunkte dominiert wird.[47] Deutlich wird dies bereits an § 50 Abs. 2 GO BW.[48] Danach sollen dort, wo die Hauptsatzung einer Gemeinde mehrere Beigeordnete vorsieht, die Parteien und Wählervereinigungen gemäß ihren Vorschlägen nach dem Verhältnis ihrer Sitze im Gemeinderat berücksichtigt werden.

c) Sonstige verfahrensrechtliche Konsequenzen des Art. 33 Abs. 2 GG

Bei der Durchführung des Verfahrens kommt dem aus Art. 33 Abs. 2 GG abzuleitenden Erfordernis der Verfahrensgleichheit eine besondere Bedeutung zu. Verletzt ist diese jedenfalls dann, wenn einer Person ohne sachliche Gründe eine verfahrensrechtliche Sonderbehandlung zuteil wird. Das traf etwa zu, wenn einer der Bewerber trotz gleicher Eignung wie Mitbewerber im Gegensatz zu diesen ohne sachlichen Grund nicht zu einem Vorstellungsgespräch eingeladen wird.[49] Insbesondere dann, wenn sich hier parteipolitische Präferenzen nachweisen lassen, ist von einer

43 *Gern* Kommunalrecht Baden-Württemberg, S. 186 Rn 198.
44 *Kunze/Bronner/Katz* Gemeindeordnung für Baden-Württemberg, § 37 Rn 48.
45 VGH Mannheim NJW 1996, 2525 f mwN.
46 *Masing* in: Dreier, GG, Art. 33 Abs. 2 Rn 43.
47 S. auch *Höfling* in: Bonner Kommentar zum Grundgesetz, Art. 33 Abs. 1 bis 3 Rn 87.
48 Dazu auch *Kunze/Bronner/Katz* Gemeindeordnung für Baden-Württemberg, § 50 Rn 5.
49 S. auch *Wagner* ZBR 2007, 249, 253, wonach aus Art. 33 Abs. 2 GG auch folgt, dass bei einem Vorstellungsgespräch allen Bewerbern ein gleicher und ausreichender Zeitraum einzuräumen ist, um ihre Vorstellungen darzulegen und zudem gleiche oder jedenfalls vergleichbare Fachthemen zur Diskussion gestellt werden müssen.

Verletzung der Verfahrensgleichheit auszugehen.[50] Auch der Grundsatz der Fairness des Verfahrens ist zu beachten.[51] Als verletzt wurde dieser durch die Rechtsprechung[52] dann angesehen, wenn ein Bewerber zu einem Vorstellungsgespräch bei einem Staatssekretär eingeladen wurde, er stattdessen aber später mit einer Fachkommission konfrontiert wurde. Zu Recht hat das sächsische Oberverwaltungsgericht darauf hingewiesen, dass das tatsächlich stattgefundene Vorstellungsgespräch einen ganz anderen Charakter hatte als das angekündigte.

III. DIE MATERIELLRECHTLICHE BINDUNG DER AUSWAHLENTSCHEIDUNG

Bei der Prüfung der materiellen Rechtmäßigkeit einer Beamtenernennung empfiehlt es sich, zwischen den Fällen zu differenzieren, bei denen es um die Einstellung eines Beamten geht und jenen, bei denen eine Beförderungsstelle zu vergeben ist. Für den letzteren Fall haben die Rechtsprechung und die ihr folgende h.L. nämlich den Art. 33 Abs. 2 GG in einer ganz spezifischen Weise verdichtet.

1. Die Bedeutung des Art. 33 Abs. 2 GG für Einstellungen

Was zunächst die Einstellung anbetrifft, besteht hier typischerweise die Situation, dass die Bewerber um eine Stelle häufig noch gar keine beruflichen Erfahrungen auf dem Tätigkeitsbereich vorweisen können, der mit der neu zu besetzenden Stelle verbunden ist. Dienstliche Beurteilungen, anhand derer es in besonderer Weise möglich ist, die fachliche Leistung eines Bewerbers zu beurteilen, liegen damit meist nicht vor, zumindest nicht von Seiten der für die Einstellung zuständigen Behörde. In diesen Fällen erlangen Zeugnisse, z.B. über die Prüfungsergebnisse des ersten oder zweiten juristischen Staatsexamens, für die Beurteilung der zu erwartenden fachlichen Leistung erhebliche Bedeutung; ergänzend herangezogen werden können ferner Beurteilungen aus einem eventuellen Vorbereitungsdienst.

Auch das Vorstellungsgespräch ist für die Feststellung der Befähigung und Eignung relevant. In diesem Zusammenhang ist gleichfalls Raum für das so genannte Assessment-Center-Verfahren,[53] in dem die zu beurteilende Person nicht nur wie in einem normalen Bewerbergespräch in einer Situation, sondern in mehreren Situationen (Verhaltenssimulationen, Arbeitsproben) durch geschulte Personen beobachtet und bewertet wird. Dieses so genannte AC-Verfahren soll nach Aussage seiner Befürworter vor allem Aussagen über die zwischenmenschliche Kontaktfähigkeit

50 *Wolff/Bachof/Stober* Verwaltungsrecht Bd. II, § 107 Rn 112.
51 Dazu *Wagner* ZBR 2007, 249, 250.
52 OVG Bautzen DRiZ 2005, 149.
53 S. zum Assessment-Center näher »Assessment-Center« in Wikipedia.

und Führungsqualitäten ermöglichen. Die Bedeutung solcher Verfahren für die Feststellung der Eignung eines Bewerbers sollte aber nicht überbewertet werden. Sie beruhen meist auf einer Momentaufnahme und ihre Ergebnisse hängen stark von der Tagesform des Beurteilten ab. Zudem wird das Verhalten der beurteilten Personen häufig durch die besondere Stresssituation beeinflusst, in der sich diese bei Durchführung eines solchen Verfahrens befinden. Die Anwendung des AC-Verfahrens ist in Verbindung mit einer Einstellung jedoch weniger problematisch als bei einer Beförderungsernennung (s. dazu unten III.2).

Erscheinen mehrere Personen unter Heranziehung der eben genannten Kriterien als gleich geeignet, kann auch das Geschlecht einer Person oder deren Schwerbehinderteneigenschaft Berücksichtigung finden. Insoweit erlangt bei Frauen das Gleichberechtigungsgebot des Art. 3 Abs. 2 GG Bedeutung. Der durch Art. 3 Abs. 2 Satz 2 GG postulierten Förderung der tatsächlichen Durchsetzung der Gleichberechtigung von Frauen und Männern sowie der Beseitigung bestehender Nachteile dient in Baden-Württemberg das Chancengleichheitsgesetz. Dieses bietet jedoch keine Basis für eine Einstellungspraxis, bei der für einen längeren Zeitraum wegen deren bisheriger Unterrepräsentation praktisch nur noch Frauen eingestellt werden dürfen.[54] Ohnehin dürfen bei der Bewertung des nach Art. 33 Abs. 2 GG primär maßgeblichen Eignungsurteils keine zu pauschalen und undifferenzierten Aussagen getroffen werden. Dies müsste in praxi dazu führen, dass Art. 33 Abs. 2 GG weitgehend durch Art. 3 Abs. 2 GG und die diesen konkretisierenden gesetzlichen Regelungen verdrängt würde. Entsprechendes gilt für Schwerbehinderte, die nach Art. 3 Abs. 3 Satz 2 GG und diesen konkretisierenden Gesetzen bei gleicher Eignung gegenüber nicht behinderten Personen bevorzugt werden dürfen. Als zulässig anzusehen ist bei gleicher Eignung von Bewerbern die Berücksichtigung von deren Landesangehörigkeit;[55] unzulässig ist es hingegen, wenn eine Gemeinde bei Eignungstests generell einen Bonus für einheimische Bewerber gewährt.[56]

2. *Beförderungen und Art. 33 Abs. 2 GG*

Bei der Entscheidung über eine Beförderung sowie eine dieser häufig vorangehende Übertragung eines entsprechenden höheren Dienstpostens liegt insofern eine besondere Situation vor, als der über die Beförderung entscheidende Dienstherr regelmäßig schon längere Zeit Erfahrungen und Kenntnisse in Bezug auf einen Beförderungsbewerber besitzt. Dem entspricht es, dass hier der dienstlichen Beurteilung eine besondere Bedeutung für die Bewertung der fachlichen Leistungen aber auch der Befähigung und Eignung des Beamten zukommt. Dem korrespondierend bildet die letzte dienstliche Beurteilung die wichtigste Grundlage für einen Leistungsver-

54 Dazu, dass Art. 33 Abs. 2 GG keine Quotenregelung zugunsten eines bestimmten Geschlechts gestattet, s. *Wolff/Bachof/Stober* Verwaltungsrecht Bd. II, § 107 Rn 12.
55 *Wolff/Bachof/Stober* Verwaltungsrecht Bd. II, § 107 Rn 11.
56 *Wolff/Bachof/Stober* Verwaltungsrecht Bd. II, § 107 Rn 11; BVerwG DÖV 1979, 793.

gleich zwischen verschiedenen Bewerbern,[57] insbesondere wenn der Dienstposten, der dem künftigen Amtsinhaber übertragen werden soll, sich nicht grundsätzlich von den Aufgaben unterscheidet, die ein Bewerber bisher wahrnahm. Auch zurückliegende dienstliche Beurteilungen ebenso wie frühere Prüfungsergebnisse können – freilich mit einem geringeren Gewicht als aktuelle deutliche Beurteilungen – bei der Entscheidung über eine Beförderung mit herangezogen werden.[58] Relevant werden sie vornehmlich dann, wenn die aktuellen Beurteilungen von Bewerbern keinen
oder jedenfalls keinen nennenswerten Unterschied aufweisen. Das ist nach der hier nicht immer ganz einheitlichen Rechtsprechung jedenfalls dann anzunehmen, wenn die Gesamtbeurteilung von Bewerbern nicht mehr als einen Punkt auseinander liegt.[59] Hierbei ist allerdings zu berücksichtigen, dass die Beurteilungspraxis bei einzelnen Behörden sehr unterschiedlich ausfallen kann. Rechtlich höchst problematisch ist auf jeden Fall eine nivellierende Beurteilungspraxis, bei der alle Beurteilten im Wesentlichen gleich abschneiden. Eine solche dienstliche Beurteilung wird dem Art. 33 Abs. 2 GG nicht gerecht.

Bei der Entscheidung über eine Eignung einer Person kann im Übrigen auch der Bewertung einzelner Eignungsmerkmale trotz gleicher Gesamtbeurteilung Gewicht beigemessen werden.[60] Sie vermag eine Bevorzugung zu rechtfertigen. Dies gilt insbesondere dann, wenn diesem Eignungsurteil unter Berücksichtigung des Anordnungsprofils der zu besetzenden Stelle eine spezifische Bedeutung zukommt.[61] Ebenso ist es aber denkbar, dass einer breiten dienstlichen Verwendbarkeit eines Bewerbers bei einer Beförderungsentscheidung Bedeutung beigemessen wird.[62] Um Missbräuchen vorzubeugen, wird man allerdings zu fordern haben, dass sich die Maßgeblichkeit dieser breiten Einsatzmöglichkeit aus dem Anforderungsprofil der zu besetzenden Stelle ergibt.[63] Konkurrieren Bewerber aus unterschiedlichen statusrechtlichen Ämtern einer Laufbahn, so ist das am Maßstab des statusrechtlichen Amts erstellte Gesamturteil der dienstlichen Beurteilung der Bewerber ohne eine zusätzliche Gewichtung nicht geeignet, den Wettbewerb zu entscheiden.[64]

Je länger eine dienstliche Beurteilung zurückliegt, umso geringer schlägt sie bei einem Eignungsurteil zu Buche. Auch Examensergebnisse, die möglicherweise

57 BVerwG NVwZ 2003, 1397, 1398; OVG Schleswig NVwZ-RR 1999, 417, 418; 1999, 652, 653; s. auch OVG Münster NVwZ-RR 1999, 593.

58 BVerwG NVwZ 2003, 1397; sie sollen aber nach OVG Saarlouis NVwZ-RR 1999, 260 nur Hilfskriterien bilden.

59 So BAGE 112, 13, 20. Nach *Wagner* ZBR 2007, 249, 253 und OVG Bautzen SächsVBl. 2005, 120 sind Bewerber im Wesentlichen gleich, wenn sie in ihrer letzten Beurteilung weniger als einen Punkt auseinander liegen.

60 *Kopp/Schenke* VwGO, § 114 Rn 30 a; OVG Münster NVwZ-RR 1999, 593.

61 OVG Münster NVwZ-RR 1999, 593.

62 OVG Bautzen SächsVBl. 2005, 295, 298.

63 S. auch *Wagner* ZBR 2005, 249, 253.

64 *Kopp/Schenke* VwGO, § 114 Rn 30 a; VGH München BayVBl. 2007, 182.

schon viele Jahre zurückliegende Prüfungen betreffen, schwächen sich in ihrer Bedeutung für das Leistungsurteil im Verlauf der Zeit zunehmend ab. Bei der großen Bedeutung, die der letzten dienstlichen Beurteilung für das Eignungsurteil zukommt, darf diese nicht zu lange zurückliegen, da ihr dann keine oder jedenfalls nur eine recht eingeschränkte Aussagekraft für die maßgebliche gegenwärtige Eignung eines Bewerbers, insbesondere auch für die Beurteilung seiner fachlichen Leistungsfähigkeit, zukommt. Wie lange die letzte dienstliche Beurteilung zurückliegen darf, um noch ausreichende Aktualität beanspruchen zu können, wird unterschiedlich beantwortet. Mitunter wird gefordert, dass diese nicht mehr als ein Jahr zurückliegen darf; nach überwiegender, durch den VGH Mannheim geteilter Auffassung genügt es, dass sie nicht mehr als ein drei Jahre zurückliegt;[65] nur ganz vereinzelt wird ein allgemeiner zeitlicher Rahmen für die letzte Beurteilung überhaupt nicht aufgestellt.[66] M.E. dürfte es genügen, wenn die Beurteilung nicht älter als drei Jahre ist. Erfolgte allerdings die Beurteilung hinsichtlich der anderen Bewerber regelmäßig in einem deutlich kürzeren Zeitabstand, muss im Interesse der Chancengleichheit der Bewerber auch hier allgemein ein kürzerer Zeitabstand gefordert werden. Sofern die letzte dienstliche Beurteilung nach dem vorher Gesagten nicht mehr die gebotene Aktualität besitzt, besteht im Hinblick auf das anstehende Bewerbungsverfahren grundsätzlich ein Anspruch auf eine Anlassbeurteilung.[67] Diese ist dann mit den noch aktuellen Beurteilungen anderer Bewerber zu vergleichen. Erfolgt unabhängig von dem Vorliegen einer noch aktuellen Regelbeurteilung wegen einer anstehenden Beförderungsentscheidung eine Anlassbeurteilung, so bedeutet dies nicht, dass der weiter zurückliegenden Regelbeurteilung keine Bedeutung mehr zukommt. Ihr ist vielmehr regelmäßig dasselbe Gewicht beizumessen wie der Anlassbeurteilung.

Eine für einen Bewerber nachteilige dienstliche Beurteilung kann im Rahmen des Ernennungsverfahrens grundsätzlich dann nicht mehr auf ihre Richtigkeit bzw. – genauer gesagt – ihre Beurteilungsfehlerfreiheit überprüft werden, wenn der Betroffene es versäumt hat, gegen die Beurteilung innerhalb angemessener Frist Einwendungen zu erheben.[68] Etwas anderes ist m.E. nur dann anzunehmen, wenn die Fehlerhaftigkeit der Beurteilung evident ist.[69] Das wird aber – nicht zuletzt im Hinblick auf den dem Dienstherrn auch in Bezug auf die Beurteilung zustehenden Beurteilungsspielraum – nur selten anzunehmen sein. Denkbar ist dies etwa, wenn die Beurteilung ersichtlich wesentlich durch unrichtige tatsächliche Feststellungen be-

65 OVG Münster DÖD 2001, 315; s. auch VGH Mannheim NVwZ-RR 2004, 120. VGH Kassel NVwZ-RR 2001, 255 und OVG Schleswig NVwZ-RR 1999, 652, 871 fordern, dass die letzte Beurteilung nicht länger als ein Jahr zurückliegen darf, was aber zu weitgehen dürfte (zu Recht kritisch auch *Wagner* ZBR 2007, 249, 252 Fn 59).

66 Nach VGH München NVwZ-RR 2004, 871, sollen keine grundsätzlichen Bedenken gegen eine mehr als drei Jahre zurückliegende Beurteilung bestehen.

67 *Kopp/Schenke* VwGO, § 114 Rn 30 a; OVG Koblenz NVwZ-RR 1994, 225, 226.

68 VGH Kassel ZBR 2000, 55, 57; OVG Saarlouis NVwZ-RR 2007, 117 f.

69 *Wagner* ZBR 2007, 249, 255; OVG Bautzen SächsVBl. 2005, 23.

einflusst wurde oder eine sachliche Voreingenommenheit des Beurteilenden in der Beurteilung klar zu Tage kommt. Ein Dritter soll nach Ansicht des OVG Bautzen keinen Anspruch darauf haben, dass in einem Konkurrentenrechtsstreit die dienstliche Beurteilung des Konkurrenten inzident rechtlich geprüft wird.[70] Dies kann aber m.E. jedenfalls auch hier dann nicht gelten, wenn die Beurteilung offensichtlich fehlerhaft ist oder der erfolglose Bewerber substantiierte Bedenken gegen die Rechtmäßigkeit einer solchen Beurteilung geltend macht. Würde man hier jede inzidente rechtliche Überprüfung ausschließen, so ließe sich Art. 33 Abs. 2 GG durch eine behördliche Manipulierung der Beurteilung des Dritten weitgehend aushebeln.

Grundsätzlich keine ausschlaggebende Bedeutung kommt dem Eignungsurteil dort zu, wo um die zu besetzende Stelle Beförderungs- und Versetzungsbewerber miteinander konkurrieren.[71] Wird hier ein Versetzungsbewerber bevorzugt, so ist die Entscheidung über die Besetzung der Stelle nicht an Art. 33 Abs. 2 GG auszurichten, sondern ähnlich wie auch sonstige organisationsrechtliche Entscheidungen primär an verwaltungspolitischen Gesichtspunkten. Entscheidet sich der Dienstherr jedoch, bei der konkreten Stellenbesetzung Beförderungs- und Versetzungsbewerber gleich zu behandeln, und hat er die Stellen entsprechend ausgeschrieben, so legt er sich auch gegenüber den Versetzungsbewerbern auf eine Auswahl nach den Vorgaben des Art. 33 Abs. 2 GG fest.[72] Geht es um die Konkurrenz zwischen mehreren Versetzungsbewerbern, dürfte entgegen der Rechtsprechung des Bundesverwaltungsgerichts ebenfalls Raum für eine Anwendung des Art. 33 Abs. 2 GG eröffnet sein.[73] Dasselbe gilt unbestreitbar dann, wenn es um die Besetzung eines höherwertigen Dienstpostens geht, welche der Vorbereitung einer Beförderungsentscheidung dient. Dies ergibt sich schon daraus, dass sich Art. 33 Abs. 2 GG nicht nur auf die Ernennungsentscheidung, sondern ebenso auf die dieser vorgelagerten Verfahrensakte erstreckt. Gerade hier wird sogar besonders deutlich, dass ohne eine solche Extension des Schutzbereichs des Art. 33 Abs. 2 GG aus faktischen Gründen nicht nur dieser, sondern auch Art. 19 Abs. 4 GG erheblich geschwächt wäre.

Die dienstlichen Beurteilungen spielen bei der Entscheidung über die Beförderungen eine wesentliche Rolle. Sie bilden deshalb das Hauptkriterium für die Beurteilung der Eignung eines Bewerbers um eine Beförderungsstelle. Daneben können aber auch so genannte Hilfskriterien bei der Entscheidung über eine Beförderung relevant werden. Auf sie ist dann zurückzugreifen, wenn sich unter Zugrundelegung der dienstlichen Beurteilung und der Auswertung aller anderen sich aus den Personalakten ergebenden Erkenntnisquellen eine gleiche Eignung von Bewerbern ergibt. Die Relevanz der Hilfskriterien für die Auswahlentscheidung folgt z.T. aus Art. 33 Abs. 2 GG, z.T. aber auch aus anderen Vorschriften, wie dem Art. 3 Abs. 2 und 3 GG. Mitunter wird der Begriff der Hilfskriterien allerdings nur für solche

70 OVG Bautzen SächsVBl. 2004, 66.
71 BVerwG PersV 2006, 60; krit. *Scheffer* ZBR 2006, 339, 341.
72 *Wagner* ZBR 2007, 249, 255; OVG Münster RiA 2003, 155.
73 *Carl* ZBR 2003, 343, 345; *Wagner* ZBR 2007, 249, 255.

Gesichtspunkte verwandt, welche nicht in Art. 33 Abs. 2 GG, sondern außerhalb dieser Vorschrift zu verankern sind und die bei einer Beförderungsentscheidung neben den primär maßgeblichen dienstlichen Beurteilungen ergänzend herangezogen werden können. Unabhängig von dieser begrifflichen Abgrenzung sind die Hilfskriterien jedenfalls dadurch gekennzeichnet, dass ihnen im Verhältnis zu den dienstlichen Beurteilungen nur eine nachgeordnete Bedeutung zukommt.[74] Solche Hilfskriterien, die schwerpunktmäßig dem Art. 33 Abs. 2 GG zugeordnet sind, bilden etwa die Ergebnisse von Auswahl- und Vorstellungsgesprächen[75] oder eines Assessment-Center-Verfahrens.[76] Sie lassen ebenfalls ein Urteil über die Eignung eines Bewerbers zu, sind aber den dienstlichen Beurteilungen nicht gleichwertig, weil sie nur auf einem momentanen Eindruck beruhen und stark durch Besonderheiten dieser aus aktuellem Anlass durchgeführten Eignungsbewertungen geprägt sind, die verallgemeinernde Schlüsse über die Eignung eines Kandidaten im »Dienstalltag« nur recht begrenzt zulassen.

Als Hilfskriterien, die einen Brückenschlag zu Art. 33 Abs. 2 GG erlauben, werden vielfach auch das Dienstalter und Lebensalter sowie die Dauer der Bewährung auf einem Beförderungsdienstposten benannt. Hierbei ist allerdings zu berücksichtigen, dass das Dienstalter und das Lebensalter nur insoweit Berücksichtigung finden können, als sie Rückschlüsse auf dienstliche Erfahrung und Lebenserfahrung zulassen, die bei der Wahrnehmung der Aufgaben, die mit der zu besetzenden Stelle verbunden sind, von Nutzen sein können.[77] Die Bedeutung dieser Hilfskriterien darf im Übrigen nicht überbetont werden, da sich Dienstalter und Lebensalter in gewissem Umfang bei der Wahrnehmung jeder dienstlichen Aufgabe in mehr oder weniger starkem Umfang als vorteilhaft erweisen und sie sich deshalb regelmäßig schon in der dienstlichen Beurteilung niederschlagen werden und sich ihre doppelte Berücksichtigung verbietet. § 10 Abs. 3 Satz 1 ChancengleichheitsG BW bestimmt denn auch ausdrücklich, dass bei der Auswahlentscheidung Dienstalter und Lebensalter nur zu berücksichtigen sind, soweit sie für die Beurteilung der Eignung, Leistung und Befähigung von Bedeutung sind. Gleiches gilt für die Berücksichtigung der letzten Beförderung. Ergänzend hierzu regelt § 10 Abs. 3 Satz 2 ChancengleichheitsG BW, dass bei Vorliegen gleicher Eignung, Befähigung und fachlichen Leistung von Frauen und Männern geringere aktive Dienst- oder Beschäftigungszeiten, Reduzierungen der Arbeitszeit oder Verzögerungen beim Abschluss

74 S. auch BVerwG NVwZ 2003, 1397: Erst wenn alle unmittelbar leistungsbezogenen Erkenntnisquellen (einschließlich früheren Beurteilungen) ausgeschöpft und Bewerber im Wesentlichen gleich einzustufen sind, sind Hilfskriterien heranzuziehen.

75 OVG Münster NVwZ-RR 2006, 343.

76 *Wagner* ZBR 2007, 249, 254 Fn 79 mwN.

77 S. auch VGH Kassel ZBR 2000, 55, wonach die Bevorzugung eines Beförderungsbewerbers allein aufgrund höheren Dienst- und Lebensalters rechtswidrig ist.

einzelner Ausbildungsgänge auf Grund der Betreuung von Kindern[78] oder pflegebedürftigen Angehörigen nicht berücksichtigt werden. Verfassungsrechtlich legitimieren lässt sich dies durch Art. 6 Abs. 4 und Abs. 1 GG.

Ein Hilfskriterium bildet bei gleicher Eignung der Bewerber auch die Frauenförderung.[79] Für die Beförderung von Frauen in einzelnen Bereichen, in denen sie geringer repräsentiert sind, sieht dementsprechend § 10 Abs. 1 ChancengleichheitsG BW vor, dass dies die Dienststelle unter Wahrung des Vorrangs des Art. 33 Abs. 2 GG nach Maßgabe der Zielvorgaben des Chancengleichheitsplans und entsprechender Personalplanung zu berücksichtigen hat. Auf die besonderen verfassungsrechtlichen Probleme, welche mit den sehr rigiden Zielvorgaben des § 6 Abs. 2 Satz 4 ChancengleichheitsG BW für Beförderungsentscheidungen verbunden sind, kann hier nicht näher eingegangen werden.[80] Unabhängig von der verfassungsrechtlichen Bewertung der dort getroffenen Regelung, nach der bei Beförderungen und der Übertragung höherwertiger Tätigkeiten der Anteil der Frauen in Bereichen, in denen sie in geringerer Zahl als Männer beschäftigt sind, deutlich zu erhöhen ist, besteht hier leicht die Gefahr, dass sich diese Regelung in praxi kontraproduktiv auswirkt, indem bei der Eignungsbeurteilung von Frauen strengere Maßstäbe angelegt werden und auf diese Weise die Regelung des § 6 Abs. 2 Satz 4 ChancengleichheitsG entschärft wird. Auch die Schwerbehinderteneigenschaft bildet im Hinblick auf Art. 3 Abs. 3 Satz 3 GG ein Hilfskriterium, das bei gleicher Eignung Schwerbehinderter grundsätzlich deren bevorzugte Berücksichtigung bei der Vergabe von Stellen rechtfertigt.[81] Kein zulässiges Hilfskriterium beinhaltet hingegen die Wertigkeit eines bisherigen Dienstpostens eines Bewerbers.[82]

IV. DER RECHTSSCHUTZ ERFOLGLOSER BEWERBER

1. *Rechtsschutz gegen die Vergabe eines Beförderungsdienstpostens*

Gegen die Vergabe eines Beförderungsdienstpostens kann sich ein übergangener Bewerber um eine Beamtenstelle verwaltungsgerichtlich zur Wehr setzen. Das gilt unabhängig davon, ob man in der Vergabe des Beförderungsdienstpostens einen

78 Zur Frage der Zulässigkeit des Ausgleichs schwangerschafts- und mutterschaftsbedingter Nachteile s. auch BVerfG NVwZ 1997, 55; *Höfling* in: Bonner Kommentar zum Grundgesetz, Art. 33 Abs. 1 bis 3 Rn 239.

79 Zur Frauenförderung als ein Hilfskriterium s. HessStGH NVwZ 1997, 784; OVG Saarlouis NVwZ-RR 2000, 31, 34.

80 Gegen starre Frauenquoten schon *Wolff/Bachof/Stober* Verwaltungsrecht Bd. II, § 107 Rn 12; *Jachmann* in: v. Mangoldt/Klein/Starck, GG, Art. 33 Abs. 2 Rn 21.

81 Zu weitreichend aber *Jarass* in: Jarass/Pieroth, GG, Art. 33 Rn 24, wonach die Einstellung von Schwerbeschädigten in gewissem Umfang trotz geringerer Eignung möglich sein soll; krit. insoweit zu Recht *Jachmann* in: v. Mangoldt/Klein/Starck, GG, Art. 33 Abs. 2 Rn 21.

82 BVerwG DÖV 2006, 264.

Verwaltungsakt sieht,[83] gegen den gerichtlich im Wege der Anfechtungsklage, ergänzt durch die §§ 80 ff VwGO, vorgegangen werden kann oder ob man die Verwaltungsaktsqualität der Vergabe wegen Fehlens einer auf Außenwirkung gerichteten Regelung verneint.[84] Im letzteren Fall ist der Rechtsschutz in der Hauptsache durch eine auf Rücknahme der Vergabe gerichtete allgemeine Leistungsklage zu gewähren, der praktisch bedeutsamere vorläufige Rechtsschutz über § 123 VwGO. Da die Vergabe eines Beförderungsdienstpostens die Entscheidung über die spätere Beförderung in praxi weitgehend präjudiziert, ist Art. 33 Abs. 2 GG bereits in diesem Stadium des Beförderungsverfahrens zu beachten. Hat die Klage eines Konkurrenten gegen die Vergabe des Beförderungsdienstpostens Erfolg, so kann eine Bewährung auf dem Beförderungsdienstposten bei der späteren Entscheidung über die Beförderung nicht berücksichtigt werden.

Sofern ein Beförderungsdienstposten nicht mit einem Beamten, sondern mit einem sonstigen Beschäftigten im öffentlichen Dienst besetzt werden soll, besteht aus entsprechenden Gründen ebenfalls die Notwendigkeit eines gerichtlichen Rechtsschutzes für übergangene Mitbewerber. Art. 33 Abs. 2 GG erfordert auch hier eine Vorverlegung des Rechtsschutzes durch Eröffnung eines Rechtsschutzes gegen die Vergabe des Beförderungsdienstpostens. Für diesen ist aber die Zuständigkeit der Arbeitsgerichte gegeben.

2. *Rechtsschutz gegen Ernennungen, insbesondere Beförderungsentscheidungen*

a) Grundsätzlich kein Rechtsschutz gegen eine bereits erfolgte Ernennung

Teilweise anders stellt sich die Situation in Bezug auf den Rechtsschutz gegen eine bereits erfolgte Ernennung, insbesondere gegen eine Beförderungsentscheidung dar. Wie schon oben angesprochen, geht die Rechtsprechung davon aus, dass nach einer erfolgten Ernennung eines Bewerbers um eine Beamtenstelle für die erfolglosen Mitbewerber grundsätzlich keine Möglichkeit des Rechtsschutzes besteht.[85] Diese m.E. sehr problematische Judikatur wird aber neuerdings durch das BVerwG[86] für einen Sonderfall eingeschränkt. Dieser liegt dann vor, wenn eine Ernennung eines Bewerbers unter Missachtung einer einstweiligen Anordnung erfolgte, die durch einen Konkurrenten erwirkt wurde und die vorläufige Besetzung der Stelle untersagt

83 Dafür *Kopp/Schenke* VwGO, § 42 Rn 50; ebenso OVG Koblenz ZBR 1975, 117 f; OVG Lüneburg DVBl. 1985, 1245.

84 So z.B. VGH Kassel NVwZ 1982, 638; OVG Münster NVwZ-RR 1988, 102, 103; OVG Saarlouis NVwZ 1990, 687.

85 BVerwGE 80, 127; BVerwG DVBl. 1989, 1150; VGH Kassel DVBl. 1983, 86; VGH Mannheim NVwZ 1983, 41; OVG Münster DVBl. 2003, 1558; krit. hierzu mwN *Kopp/Schenke* VwGO, § 42 Rn 49 und 148 sowie *Schenke* Neues und Altes zur beamtenrechtlichen Konkurrentenklage, in: FS Schnapp, 2008, unter III.

86 BVerwG DVBl. 2004, 318 f; s. auch schon vorher BVerwGE 115, 89, 91.

hatte. Hier wird der Betroffene durch die Ernennung seines Konkurrenten nicht gehindert, sein Rechtsschutzbegehren weiter zu verfolgen. Dem ist m.E. uneingeschränkt zuzustimmen. Denkt man diese Entscheidung des BVerwG konsequent zu Ende, so liegt es m.E. freilich nahe, einen nachträglichen Rechtsschutz auch dort zuzulassen,[87] wo die Ernennung eines Bewerbers erfolgte, ohne dass dessen Mitbewerber hierüber zuvor informiert wurden. In einem solchen Fall wird den qualifizierteren Mitbewerbern jede Möglichkeit genommen, sich im Wege einer einstweiligen Anordnung gegen die bevorstehende Ernennung eines Konkurrenten zur Wehr zu setzen. Dieses zusätzliche rechtswidrige Verhalten der Ernennungsbehörde, das in der Nichtinformation anderer Bewerber liegt, darf nicht zu Lasten von geeigneteren Mitbewerbern gehen. Deshalb wird man auch hier davon auszugehen haben, dass eine auf Ernennung oder jedenfalls auf Bescheidung gerichtete Verpflichtungsklage des geeignetsten Bewerbers trotz der inzwischen erfolgten Ernennung des Konkurrenten Erfolg hat. Der rechtswidrig Übergangene kann nicht nur auf die Möglichkeit eines Schadensersatzanspruchs wegen Verletzung des Art. 33 Abs. 2 GG verwiesen werden. Diese Ansicht vertritt nunmehr auch das OVG Münster.[88]

Gegen die Anstellung eines Beschäftigten im öffentlichen Dienst, die nicht im Rahmen eines Beamtenverhältnisses erfolgt, besteht auch nach der arbeitsgerichtlichen Rechtsprechung keine Möglichkeit des Rechtsschutzes für die übergangenen Mitbewerber. Der Verstoß gegen Art. 33 Abs. 2 GG führt nach Ansicht des Bundesarbeitsgerichts[89] nicht zur Nichtigkeit eines Dienst- bzw. Arbeitsvertrags. Zur Frage, ob hiervon – ähnlich wie im Beamtenrecht – Ausnahmen zugelassen werden müssen, besteht meines Wissens keine Rechtsprechung. In Betracht kommen dürften aber auch hier jedenfalls Schadensersatzansprüche wegen einer Verletzung des Art. 33 Abs. 2 GG.

b) Präventiver Rechtsschutz gegen die drohende Ernennung eines Konkurrenten

Werden die Bewerber, wie dies nach der Rechtsprechung des Bundesverfassungsgerichts und des Bundesverwaltungsgerichts geboten ist, rechtzeitig – nach der hier vertretenen Ansicht also spätestens einen Monat vor der geplanten Ernennung eines Konkurrenten – hierüber informiert, so steht ihnen die Möglichkeit eines vorbeugenden Rechtsschutzes offen. Als Hauptsacheverfahren bietet sich eine vorbeugende Unterlassungsklage an,[90] welche sich gegen die drohende Ernennung des Konkurrenten richtet. Das Rechtsschutzbedürfnis für eine vorbeugende Unterlassungsklage ergibt sich daraus, dass ein nachträglicher Rechtsschutz nicht möglich ist. Allerdings wäre der Rechtsschutz allein durch eine vorbeugende Unterlassungsklage

87 S. *Kopp/Schenke* VwGO, § 42 Rn 50 und 148.
88 OVG Münster NVwZ-RR 2006, 348.
89 BAGE 87, 165, 170 f; a.A. *Günther* ZTR 1993, 281, 284.
90 Dazu *Schenke* Verwaltungsprozessrecht, 11. Aufl. 2007, Rn 358; VGH Kassel NJW 1985, 1103; VGH Mannheim ESVGHE 18, 32, 37; s. auch BVerwGE 80, 127, 130.

viel zu zeitaufwendig, so dass sich der Übergangene gegen die Ernennung regelmäßig im Wege einer einstweiligen Anordnung gem. § 123 VwGO zur Wehr zu setzen hat.[91] Diese ist spätestens innerhalb eines Monats nach der erfolgten Mitteilung über die bevorstehende Ernennung eines anderen Mitbewerbers anzustrengen. Sie setzt nicht voraus, dass zuvor oder gleichzeitig ein Hauptsacheverfahren anhängig gemacht wurde. Wird die Ernennung vor Ablauf der dem Mitbewerber eingeräumten Frist für die Initiierung gerichtlichen Rechtsschutzes vorgenommen, so dürften auch hier andere Bewerber ihren Anspruch auf Neubescheidung, bzw. bei Besteignung auf Ernennung nicht verlieren.

Hat der Übergangene fristgerecht eine einstweilige Anordnung beantragt, ist die zuständige Behörde verpflichtet, die gerichtliche Entscheidung über die einstweilige Anordnung bzw. eine Beschwerdeentscheidung abzuwarten.[92] Auch in diesem Fall spricht viel dafür, dass bei einer dennoch erfolgten vorzeitigen Ernennung die Rechte des um einstweiligen Rechtsschutz nachsuchenden qualifizierteren Mitbewerbers nicht beeinträchtigt werden und für diesen, falls er der geeignetste Bewerber ist, sogar ein Anspruch auf Ernennung gegeben sein kann.

Nicht zu verkennen ist allerdings, dass die Stillhaltepflicht der Ernennungsbehörde und ihre Sanktionierung erhebliche praktische Probleme mit sich bringen und den Interessen des Dienstherrn an einer möglichst schnellen Besetzung freier Stellen eklatant zuwiderläuft. Deshalb sollte sich die Rechtsprechung überlegen, ob es nicht wesentlich sinnvoller und praktikabler wäre, zukünftig generell einen nachträglichen gerichtlichen Rechtsschutz übergangener Bewerber gegenüber der Ernennung eines Konkurrenten zuzulassen. In diesem Zusammenhang sollte auch bedacht werden, dass die einen nachträglichen repressiven Rechtsschutz ablehnende Judikatur des BVerwG zu einem Zeitpunkt entwickelt worden ist, in dem das erst später durch das Bundesverfassungsgericht aufgestellte Erfordernis einer vorherigen Information von Konkurrenten zur Ermöglichung präventiven Rechtsschutzes noch gar nicht in das Blickfeld des Gerichts gerückt war. Neben praktischen Erwägungen spricht ohnehin eine Vielzahl dogmatischer Argumente für eine Korrektur der Rechtsprechung. Interessanterweise hat das BVerwG[93] sogar vor einigen Jahren verlautbart, es erwäge, seine Rechtsprechung zur beamtenrechtlichen Konkurrentenklage zu revidieren. Trotz der hierdurch im rechtswissenschaftlichen Schrifttum geweckten Erwartungen hat es dann aber seine Rechtsprechung später im Wesentlichen beibehalten.[94]

91 *Kopp/Schenke* VwGO, § 123 Rn 5 mwN; *Schöbener* BayVBl. 2001, 323 ff; *Wernsmann* DVBl. 2005, 276, 280; BVerwG DVBl. 1994, 118 f; VGH Kassel NVwZ-RR 1996, 49.

92 *Kopp/Schenke* VwGO, § 123 Rn 5 mwN; *Bautzen* NVwZ 2004, 1134. BVerfG, NVwZ 2007, 1178 f fordert sogar, dass der unterlegene Bewerber die Möglichkeit haben muss, neben einem Eilantrag und einer Beschwerde auch eine Verfassungsbeschwerde einzulegen.

93 BVerwGE 115, 89, 91 f.

94 BVerwG DVBl. 2004, 317 f; für Fortgeltung der bisherigen Rspr. auch BVerfG DVBl. 2002, 1633.

Die Entscheidung über den Erlass einer einstweiligen Anordnung setzt einen Anordnungsgrund und einen Anordnungsanspruch voraus.[95] Ein Anordnungsgrund wird in der Regel anzunehmen sein, da eine einmal erfolgte Ernennung nach der Rspr. grundsätzlich nicht aufhebbar ist und der mögliche Rechtsschutz gegen die Vergabe eines Beförderungsdienstpostens bestehende Defizite aus Zeitgründen (s. auch § 7 Abs. 4a LVO BW) in der Regel nicht voll auszugleichen vermag. Für das Bestehen eines Anordnungsanspruchs kommt es auf die materielle Rechtslage an. Dementsprechend muss das Gericht bei der Entscheidung über den Erlass einer einstweiligen Anordnung bereits in eine summarische Überprüfung der Erfolgsaussichten des Hauptsacheverfahrens eintreten. Zumindest dann, wenn es hierbei zum Ergebnis kommt, dass der Erfolg eines durch den übergangenen Mitbewerber angestrengten bzw. anstrengbaren Hauptsacheverfahrens im Hinblick auf Art. 33 Abs. 2 GG wahrscheinlicher ist als dessen Misserfolg, hat es eine einstweilige Anordnung zu erlassen,[96] mit welcher der Ernennungsbehörde die Ernennung bis zu einer endgültigen Klärung im Hauptsacheverfahren untersagt wird. Da Anordnungsgrund und Anordnungsanspruch ein bewegliches System[97] bilden und am Bestehen eines Anordnungsgrunds wegen der grundsätzlichen Irreparabilität einer unter Verstoß gegen Art. 33 Abs. 2 GG erfolgten Ernennung regelmäßig kein Zweifel besteht, dürfte sogar schon bei geringeren Erfolgsaussichten – nämlich dann, wenn die Erfolgsaussichten im Hauptsacheverfahren nach einer summarischen Prüfung offen erscheinen[98] – der Erlass einer einstweiligen Anordnung geboten sein. Eine gem. § 123 VwGO ergangene Entscheidung kann durch das Gericht analog § 80 Abs. 7 VwGO abgeändert werden, wenn es im Laufe des (noch nicht erledigten) Hauptsacheverfahrens zu einer anderen Beurteilung neigt. Wird eine beantragte einstweilige Anordnung unanfechtbar abgelehnt, so ist der Weg für die durch die Behörde beabsichtigte Ernennung frei.

Die Notwendigkeit zur Gewährung eines präventiven Rechtsschutzes gegen eine drohende Anstellung eines Mitbewerbers, die außerhalb des Beamtenverhältnisses erfolgen soll, besteht auch für die Arbeitsgerichte. Ziel des präventiven Rechtsschutzes ist hier, eine beurteilungs- und ermessensfehlerfreie Neuentscheidung im Rahmen des Auswahlverfahrens herbeizuführen.

95 S. dazu näher *Schenke* Verwaltungsprozessrecht, Rn 1032 f.

96 Zur Verpflichtung, eine einstweilige Anordnung bei Vorliegen der Tatbestandsvoraussetzungen des § 123 zu erlassen, s. *Schenke* Verwaltungsprozessrecht, Rn 1033.

97 Dazu *Schenke* Verwaltungsprozessrecht, Rn 1033.

98 So auch BVerfG NVwZ 2003, 201; NVwZ 2007, 1178, 1179. VGH Mannheim VBlBW 2006, 63; OVG Münster NWVBl. 2002, 111 f; a.A. OVG Lüneburg RiA 1999, 251 f mwN.

V. Zusammenfassung

Als Ergebnis unserer Überlegungen zeigte sich, dass die grundrechtsähnliche Vorschrift des Art. 33 Abs. 2 GG durch Rechtsprechung und rechtswissenschaftliches Schrifttum zu Recht durch eine Reihe ihr entnommener verfahrensrechtlicher Erfordernisse effektuiert worden ist. Diese verfahrensrechtlichen Erfordernisse vermögen jedenfalls partiell die Schwächen auszugleichen, die sich aus der prinzipiellen Verneinung eines repressiven Rechtsschutzes durch die Rechtsprechung ergeben. Nicht zu überzeugen vermag jedoch die früher in der Rechtsprechung ohne jede Einschränkung vertretene Ansicht, nach der ein zu Unrecht übergangener Mitbewerber auf die Möglichkeit eines vorbeugenden Rechtsschutzes verwiesen wurde. Vorsichtige Ansätze in der Rechtsprechung zu einer partiellen Korrektur dieser Rechtsauffassung sollten weiter entwickelt und ausgebaut werden und zur zukünftigen Bejahung auch eines repressiven Rechtsschutzes führen.

Erweiterung der Berufsfreiheit – bei gleichzeitiger Aushöhlung?

Am Beispiel der erhöhten Besteuerung von Biokraftstoffen

WALTER FRENZ

I. BERUFSFREIHEIT ALS HAUPTGRUNDRECHT DER WIRTSCHAFTLICHEN BETÄTIGUNG

»Art. 12 Abs. 1 GG ist das Hauptgrundrecht der wirtschaftlichen Betätigung und ein Eckpfeiler jeder freiheitlich verfassten Wirtschaftsordnung.«[1] Besser als der Jubilar mit diesem Satz könnte man nicht zum Ausdruck bringen, welch fundamentale Bedeutung die Berufsfreiheit gerade für das von ihm besonders gepflegte Wirtschaftsverwaltungsrecht[2] hat. Dabei sind in jüngster Zeit einige wichtige Entscheidungen des Bundesverfassungsgerichts ergangen. Auf ihrer Basis lässt sich der Schutzbereich erweitern. Tiefer gehend aber ist zu fragen, ob durch die grundlegende Konzeption die Berufsfreiheit nicht ausgehöhlt zu werden droht. So wurde eine Verfassungsbeschwerde gegen die Besteuerung von Biokraftstoffen schon nicht zur Entscheidung angenommen. »Marktteilnehmer haben [...] keinen grundrechtlichen Anspruch aus Art. 12 Abs. 1 GG darauf, dass die Wettbewerbsbedingungen für sie gleich bleiben.«[3] Aufgrund des Gegenstandes dieser Entscheidung stellt sich indes umgekehrt die Frage, ob nicht auch die Berufsfreiheit Schutz vor steuerlichen Belastungen bieten kann.

II. BERUFSFREIHEIT VERSUS SICHERHEIT

1. *Schutz gegen Abhören*

Bevor auf diese Fragen eingegangen wird, sei hier der Konflikt zwischen Berufsfreiheit und Sicherheit aufgezeigt. Dies ist eine Reminiszenz an das besondere Stecken-

1 *Stober* in: ders. (Hrsg.) Deutsches und Internationales Wirtschaftsrecht, 2007, S. 384.
2 *Stober* Besonderes Wirschaftsverwaltungsrecht, 14. Aufl. 2007, Allgemeines Wirtschaftsverwaltungsrecht, 15. Aufl. 2006.
3 BVerfG NVwZ 2007, 1168, 1169.

pferd des Jubilars, das Sicherheitsrecht. Davon zeugt ein Beitrag in der NJW, den der Jubilar seinem Lehrer *Roellecke* gewidmet hat.[4] Der Konflikt der Sicherheit mit der Berufsfreiheit betrifft insbesondere Rechtsanwälte, wie die Entscheidung *IMSI Catcher* deutlich gemacht hat. Bei ihr ging es darum, ob das Orten von Handys bei der Fahndung nach Straftätern zulässig ist. Dadurch kann aber nicht nur der Straftäter, sondern auch der ihn vertretende Anwalt ausfindig gemacht werden. Für diesen ist indes eine unkontrollierte Berufsausübung von herausgehobener Bedeutung, kann sich doch nur so eine Vertrauensbeziehung zum Mandanten bilden.[5] Daher mag das Orten von Handys entsprechend der *IMSI-Catcher*-Entscheidung[6] außerhalb des Schutzbereichs von Art. 10 GG liegen, beeinträchtigt aber gleichwohl die anwaltliche Berufsfreiheit, muss doch dann der Mandant mit seiner Aufspürung rechnen, wenn er nur mit dem Anwalt über Handy telefoniert, und wird daher Gespräche über dieses Medium gar nicht mehr oder inhaltlich anders führen.[7]

2. *Rechtfertigung bei Terrorgefahren*

Ein Eingriff in das elementare Vertrauensverhältnis zum Mandanten verlangt ein hohes Maß an Rechtfertigung, zumal die Tätigkeit des Rechtsanwalts ihrerseits im allgemeinen Interesse an einer wirksamen und geordneten Rechtspflege liegt.[8] Ihre Einschränkung muss daher die seltene Ausnahme bleiben. Die Rechtfertigung für solche Eingriffe mag allerdings in Zukunft zunehmen, wenn die Gefahr terroristischer Anschläge droht und möglicherweise Beteiligte mit einem Anwalt in Verbindung stehen. Nach der bisherigen Rspr. des BVerfG dürfte ein solcher Ansatzpunkt allerdings mangels konkreter Gefahr nicht genügen.[9]

Genau darin indes liegt das Problem: Terroristische Bedrohungen sind latent vorhanden. Sie können sich jederzeit aktualisieren. Daher muss auch eine abstrakte Gefahr genügen, jedenfalls wenn Leib und Leben betreffende terroristische Anschläge drohen. Je größer der befürchtete Schaden, desto geringere Anforderungen dürfen auch insoweit an die Wahrscheinlichkeit des Eintritts gestellt werden; desto ungewisser kann auch der Zeitpunkt des Eintretens dieses Schadens sein.[10] Ansonsten läuft die Prävention vor terroristischen Anschlägen weitestgehend leer.[11]

Eine Auflockerung der bislang strikten Grenzen des BVerfG mag die europäische Ebene bringen. Durch den Vertrag von Lissabon verfügt die Union über erhebliche

4 *Stober* NJW 2007, 2008 ff.
5 BVerfG DVBl 2007, 760, 763 – *El Masri*; NJW 2006, 2974.
6 BVerfG NJW 2007, 351.
7 So im Hinblick auf Art. 10 GG BVerfGE 100, 313, 359 – *Telekommunikationsüberwachung*; BVerfG DVBl 2007, 760, 762 – *El Masri*.
8 BVerfG DVBl 2007, 760, 763 – *El Masri* unter Verweis auf BVerfGE 113, 29, 49.
9 S. BVerfG NJW 2006, 1939, 1952 – *Rasterfahndung*.
10 Sondervotum *Haas* NJW 2006, 1949, 1950.
11 Näher *Frenz* NVwZ, 2007, 631, 633 ff.

Kompetenzen für die Aufrechterhaltung der Sicherheit. Die auf dieser Basis ergehenden Maßnahmen müssen sich zwar an den europäischen Grundrechten messen lassen – aber eben auch nur an diesen, soweit keine nationalen Ausgestaltungsspielräume bestehen.[12] Ob diese ebenfalls so hohe Hürden gegenüber präventiven Sicherheitsmaßnahmen aufrichten, muss sich erst erweisen.[13]

III. SCHUTZ VOR STEUERN

1. Steuern als Eigentumsbeeinträchtigung

Auf den ersten Blick scheidet Art. 12 Abs. 1 GG als Schutznorm vor Steuern aus. Dieses Grundrecht bezieht sich auf den Erwerb, nicht das Erworbene, welches durch Steuern entzogen wird und davon auch jenseits einer erdrosselnden Wirkung[14] durch Art. 14 Abs. 1 GG geschützt sein kann, wie das BVerfG in seiner Entscheidung zum Halbteilungsgrundsatz nunmehr zu Recht anerkannt hat.[15] Das Gericht begründet seine Entscheidung aber damit, dass die geprüfte Steuer »an das Innehaben von vermögenswerten Rechtspositionen anknüpft und so den privaten Nutzen der erworbenen Rechtspositionen zu Gunsten der Allgemeinheit einschränkt«.[16] Nicht erfasst werden hingegen Verbrauchsteuern, da diese nicht an das Hinzuerworbene oder den Hinzuerwerb anknüpfen.[17]

2. Übertragung auf die Berufsfreiheit

Zwar ermöglicht das Verdienen von Geld einen Hinzuerwerb an Eigentum, worauf das BVerfG abhebt. Grundlage dafür ist aber im Bereich der vom BVerfG in seiner Entscheidung zum Halbteilungsgrundsatz geprüften Einkommen- und Umsatzsteuer zumeist die berufliche Tätigkeit, welche diesen Hinzuerwerb erst ermöglicht. Damit muss im Ergebnis vom durch Arbeit Verdienten etwas abgegeben werden. Dieses ist dann zwar schon erworben und steht daher im Eigentum. Anknüpfungspunkt der Einkommensteuer sind indes die Einkünfte, mithin »das, was der Steuer-

12 Das gilt auch bei nationalen Umsetzungsmaßnahmen, soweit diese europarechtlich vorgeprägt sind; s. zum Emissionshandel zuletzt BVerfG NVwZ 2007, 942 in Bestätigung von BVerwG NVwZ 2005, 1178; dazu *Günther/Schnutenhaus* NVwZ 2007, 1140, 1143; *Kopp-Assenmacher* ZUR 2006, 405, 407; a.A. *Weidemann* NVwZ 2006, 623, 629.

13 Zum jetzigen Stand ausführlich *Frenz* Handbuch Europarecht 4: Europäische Grundrechte, 2008, Kap. 6 §§ 1, 2 (i.E.).

14 S. auch jetzt wieder BVerfG NVwZ 2007, 1168, 1168 f – *Biokraftstoffbesteuerung*.

15 Krit. allerdings *Wernsmann* NJW 2007, 1169, 1170 ff; zweifelnd auch *Sacksofsky* NVwZ 2006, 661, 662.

16 BVerfG NJW 2006, 1191, 1193 – *Halbteilungsgrundsatz*.

17 BVerfG NVwZ 2007, 1168, 1169 – *Biokraftstoffbesteuerung*.

pflichtige im Laufe eines Jahres erworben hat«.[18] Belastet wird also das Verdienen insbesondere durch eine berufliche Tätigkeit. Davon wird dem Begünstigten ein Teil seines Erfolges abgezogen, damit der Staat dieses Geld zum Wohl der Allgemeinheit verwenden kann. Der Einzelne wird dadurch um einen Teil der Früchte seiner Arbeit gebracht. Grundrechtlicher Anknüpfungspunkt ist daher nur formal das hergegebene Geld als Eigentum, in erster Linie aber die Arbeit und damit der Beruf, dessen Erträge nicht vollständig persönlich behalten werden dürfen. So wie das BVerfG formulierte »Art. 14 GG schützt zwar nicht den Erwerb, wohl aber den Bestand des Hinzuerworbenen«,[19] könnte man sagen: Art. 12 GG schützt zwar nicht das Erworbene, aber das Behaltendürfen der Früchte des Erwerbs.

3. *Rückwirkungen auf den Erwerb*

Werden diese Früchte entzogen, hat dies auch gravierende Auswirkungen auf den Erwerb. So werden die Unternehmensformen für eine berufliche Tätigkeit regelmäßig auch und gerade im Hinblick auf die zu erwartenden Steuern gewählt. Zudem kann eine allzu hohe steuerliche Belastung eine prohibitive Wirkung auf eine berufliche Tätigkeit entfalten. Die Intensität der Berufsausübung lässt tendenziell umso mehr nach, je mehr von den Früchten an den Staat abzuliefern ist. Schließlich bringt das Nachhalten der Grundlagen für die Besteuerung einen erheblichen Aufwand, zumal wenn neue Pflichtvordrucke (Einnahmenüberschussrechnung mit Anlageverzeichnis der vorhandenen Wirtschaftsgüter) hinzukommen und die Abgabe einer Steuererklärung via Internet mit immer wieder aktualisierten und herunter zu ladenden Formularen obligatorisch wird, wie dies bei den Umsatzsteuervoranmeldungen der Fall ist. Und selbst die Änderung von Verbrauchsteuern kann sich in gravierender Weise auf die Berufstätigkeit auswirken. So führen Steuererhöhungen auf reinen Biodiesel zu Produktionsverlagerungen hin zu Beimischungen zu normalem Diesel und zur Flucht ins Ausland.[20]

4. *Notwendigkeit eines wirksamen Schutzes*

Die Steuererhebung greift daher empfindlich in die Berufsfreiheit ein. Allerdings ist der Schutz auch durch dieses Grundrecht erheblich begrenzt,[21] wenn nur eine stumpfe Verhältnismäßigkeitsprüfung stattfindet, die Gestaltungsfreiheit des Gesetzgebers im Vordergrund steht und lediglich eine im internationalen Vergleich besonders hohe Steuerlast als ungewöhnliche Härte besonderer Rechtfertigung

18 BVerfG NJW 2006, 1191, 1193 – *Halbteilungsgrundsatz*.
19 BVerfG NJW 2006, 1191, 1193 – *Halbteilungsgrundsatz*.
20 FAZ Nr. 253 vom 31. 10. 2007, S. 22: »Biodieselbranche flieht ins Ausland«.
21 Zust. *Sacksofsky* NVwZ 2006, 661, 662: »Das ist auch richtig so.«

bedarf.[22] Dabei bedürfte es gerade angesichts der jüngsten Steuererweiterungen eines wirksamen Schutzes. Das gilt allgemein, aber auch spezifisch deshalb, weil hohe Steuern zahlende Bürger zu einer Minderheit gehören und der Minderheitenschutz vom BVerfG ansonsten intensiv praktiziert wird.[23] Zwar dient die Berufsfreiheit nicht wie die Religionsfreiheit spezifisch dem Minderheitenschutz. Indes ist eine Gefährdung durch gesetzgeberische Entscheidungen besonders hoch, wenn die Betroffenen jedenfalls für die jeweils regierenden Parteien kein allzu großes Wählerpotenzial bilden. Daher ist es widersinnig, wenn das BVerfG insbesondere für den Fall einer zunehmenden Steuerbelastung der Gesamtheit oder doch einer Mehrheit der Steuerpflichtigen eine Darlegung besonderer rechtfertigender Gründe fordert[24] und die Belastung einer Minderheit in diesem Zusammenhang gar nicht erwähnt.

Zudem lässt die Ausklammerung der Verwendung der Steuergelder[25] und damit der Ausgabenseite eine Kontrolle der Steuerhöhe notwendig leer laufen. Diese austauschbare Verwendung ändert aber an der Belastungswirkung nichts.[26] Im Übrigen erfolgt mittlerweile eine sehr detaillierte Rechnung, welche Ausgaben sich der Staat angesichts welcher Steuereinnahmen leisten kann und will. Bei bestimmten Engpässen bzw. beabsichtigten teilweisen Entlastungen werden gezielt Steuern erhöht und von vornherein für eine bestimmte Ausgabe eingeplant – so die Mehrwertsteuererhöhung jedenfalls ursprünglich für eine Senkung der Beiträge zur Arbeitslosenversicherung. Schafft man hier keinen Vergleich und knüpft eine solche Erhöhung nicht an einen ursprünglich verfolgten Zweck, wird der Staat dazu eingeladen, unerwartet höhere Steuereinnahmen einfach auszugeben, statt eine ursprünglich an einen bestimmten Zweck gebundene Erhöhung wieder zurückzunehmen.[27] Die Erforderlichkeit ist dann nämlich entfallen.

22 BVerfG NJW 2006, 1191, 1194 – *Halbteilungsgrundsatz*.

23 Besonders augenfällig im Bereich der Religionsfreiheit am Beispiel des Kruzifixes im Klassenzimmer, BVerfGE 93, 1 sowie auch BVerwGE 109, 40. Zum Kopftuch VG Stuttgart NVwZ 2006, 1444, 1446, aber auch EGMR NVwZ 2006, 1389, 1392 f – *Leyla Sahin*; zu beiden *Frenz* DÖV 2007, 690 ff.

24 BVerfG NJW 2006, 1191, 1194 – *Halbteilungsgrundsatz*.

25 BVerfG NJW 2006, 1191, 1194 – *Halbteilungsgrundsatz*.

26 Den vorgenannten Einwand gerade wegen der Austauschbarkeit für irrelevant haltend *Elicker* DVBl 2006, 480, 485, der ebenfalls eine umfassende Verhältnismäßigkeitskontrolle bejaht.

27 Ausführlich *Frenz* GewArch 2006, 282, 284 ff auch zu finanzverfassungsrechtlichen Fragen sowie bereits *ders.* Das Verursacherprinzip im Öffentlichen Recht, 1997, S. 159 ff.

IV. GESETZLICHE RAHMENBEDINGUNGEN – AUSSERHALB DES SCHUTZBEREICHS?

1. *Anknüpfung des BVerfG an seine feste Rechtsprechung*

Das BVerfG erörterte die Frage, ob Steuern Art. 12 Abs. 1 GG beeinträchtigen können, in seinem Beschluss zur Besteuerung von Biokraftstoffen nicht, sondern schließt eine solche Beeinträchtigung schon deshalb aus, weil es sich um eine Verbrauchsteuer handelt, die alle gleichermaßen trifft. Diese knüpft an den Verbrauch von Biokraftstoff an und nicht an einen bestimmten Beruf.[28] Daher fehlt nach dem BVerfG der enge Zusammenhang mit der Ausübung eines Berufs und die daraus folgende objektiv berufsregelnde Tendenz ebenso wie die einem Eingriff als funktionales Äquivalent gleichkommende Zielsetzung und Wirkung.[29] Einen dieser beiden Ansätze verlangt das BVerfG, damit Normen, welche die Berufstätigkeit selbst unberührt lassen, den Schutzbereich von Art. 12 Abs. 1 GG fungieren.[30] Grundsätzlich schützt dieses Grundrecht »die Berufsfreiheit [...] nicht vor Veränderungen der Marktdaten und Rahmenbedingungen der unternehmerischen Entscheidungen«.[31] Ähnlich heißt es in dem Judikat zum möglichen weitgehenden Verbot anwaltlicher Erfolgshonorare: »Art. 12 Abs. 1 GG umfasst keinen Anspruch auf beruflichen Erfolg im Rahmen einer wettbewerblich strukturierten Ordnung.«[32]

Damit tritt eine bedenkliche Linie aus anderen Entscheidungen hervor. Art. 12 Abs. 1 GG soll die Berufsfreiheit grundsätzlich nicht vor Veränderungen der Marktdaten und Rahmenbedingungen der unternehmerischen Entscheidungen schützen. Danach haben Marktteilnehmer keinen Anspruch »darauf, dass die Wettbewerbsbedingungen für sie gleich bleiben. Insbesondere gewährleistet das Grundrecht keinen Anspruch auf eine erfolgreiche Marktteilhabe oder künftige Erwerbsmöglichkeiten. Vielmehr unterliegen die Wettbewerbsposition und damit auch die erzielbaren Erträge dem Risiko laufender Veränderung je nach den Verhältnissen am Markt und damit nach Maßgabe seiner Funktionsbedingungen.«[33]

Noch deutlicher zeigte sich dieser Ansatz in der auch jetzt[34] in Bezug genommenen Entscheidung des BVerfG zu staatlichen Warnungen und Empfehlungen im Hinblick auf glykolhaltige Substanzen enthaltende Weine. Der Staat vermag danach fairen Wettbewerb mit zu schaffen; er gestaltet die Funktionsbedingungen der

28 BVerfG NVwZ 2007, 1168, 1169 – *Biokraftstoffbesteuerung*.
29 BVerfG NVwZ 2007, 1168, 1169 – *Biokraftstoffbesteuerung*.
30 S. BVerfGE 97, 228, 254 – *Kurzberichterstattung im Fernsehen* und jüngst BVerfG DVBl 2007, 754, 756 f zu anwaltlichen Erfolgshonoraren.
31 BVerfG NVwZ 2007, 1168, 1169 – *Biokraftstoffbesteuerung*.
32 BVerfG DVBl 2007, 754, 756.
33 BVerfGE 110, 274, 288 – *Ökosteuer*; jetzt BVerfG NVwZ 2007, 1168, 1169 – *Biokraftstoffbesteuerung*.
34 BVerfG NVwZ 2007, 1168, 1169 – *Biokraftstoffbesteuerung*; auch DVBl 2007, 754, 756 zu anwaltlichen Erfolgshonoraren.

Berufsausübung mit. »Die Reichweite des Freiheitsschutzes« wird damit »auch durch die rechtlichen Regeln mitbestimmt, die den Wettbewerb ermöglichen und begrenzen.«[35]

2. *Öffnung der Berufsfreiheit für staatliche Prägung*

Die zitierte Sentenz erinnert an Art. 14 Abs. 1 GG, dessen Inhalt und Schranken gleichfalls durch den Staat bestimmt werden. Daraus folgt die stetige Wandelbarkeit des Eigentumsbegriffs.[36] Parallel dazu sollen im Rahmen der Berufsfreiheit auch »die Wettbewerbspositionen [...] der Veränderung je nach den Marktverhältnissen« unterliegen,[37] wobei staatliche Maßnahmen unter diesen Veränderungsbegriff fallen können sollen. »Die grundrechtliche Gewährleistung umfasst dementsprechend nicht einen Schutz vor Einflüssen auf die wettbewerbsbestimmenden Faktoren.«[38]

So zerfließen jedoch die Grenzen zwischen grundrechtlich geschützter privater Gestaltung und abwehrbarem staatlichen Eingreifen in den freien Wettbewerb als Grundlage beruflicher Entfaltung. Dabei steht der Berufsbegriff fest[39] und ist gerade nicht normabhängig.[40] Art. 12 Abs. 1 S. 2 GG sieht nur eine Regelung der Berufsausübung vor, nicht wie Art. 14 Abs. 1 S. 2 GG eine Bestimmung von Inhalt und Schranken. Die Berufsausübung liegt also in ihrem Gehalt der Beschränkung voraus und steht nicht der inhaltlichen Prägung durch den Staat offen.

3. *Ausblendung gravierender Folgen*

Die gravierenden Auswirkungen zeigen sich gerade in den vom BVerfG entschiedenen Sachverhalten. Bereits die Listenveröffentlichung schädigt die Wettbewerbsposition der Betroffenen und beeinträchtigt daher faktisch den künftigen Absatz. Entsprechendes gilt für die Einführung der Strom- bzw. die Erhöhung der Mineralölsteuer ebenso wie nunmehr für die Änderung der Besteuerung von Biokraftstoffen: Dadurch werden Wirtschaftsteilnehmer, die sich auf die bestehende Regelung eingerichtet haben, in ihren beruflichen Aktivitäten erheblich beeinträchtigt. Bisherige Kalkulationen werden hinfällig und manche berufliche Felder wegen

35 BVerfGE 105, 252, 265 – *Glykolweine*; ebenso BVerfGE 106, 275, 298 – *Festbeträge für Arzneimittel.*

36 *Hesse* Grundzüge des Verfassungsrechts der Bundesrepublik Deutschland, 20. Aufl. 1995, Rn 442. S. etwa BVerwGE 106, 228, 234 f für die Baufreiheit.

37 BVerfGE 105, 252, 265 – *Glykolweine*; ebenso BVerfGE 106, 275, 299 – *Festbeträge für Arzneimittel*: »unterliegen die Wettbewerbspositionen [...] dem Risiko laufender Veränderung«.

38 BVerfGE 105, 252, 265 – *Glykolweine.*

39 S. z.B. BVerfGE 97, 228, 253.

40 BVerwGE 96, 293, 296; 87, 37, 41; 22, 286, 289; *Scholz* in: Maunz/Dürig, GG, Stand: 12/07, Art. 12 Rn 28; s. aber BVerfGE 81, 70, 85 f; 7, 377, 397.

schwindender Rentabilität gegenstandslos. So werden die Produktionskapazitäten für reinen Biodiesel infolge der darauf bezogenen Steuererhöhung deutlich heruntergefahren bzw. jedenfalls der Absatz ins Ausland verlagert und die Herstellung der Beimischung zu normalem Diesel hochgefahren.[41] Die dazu führenden Ursachen sind staatlich bedingt und individuell belastend.

Das gilt entgegen dem BVerfG auch für eine Begrenzung von Anwaltshonoraren. Zwar kann ein Anwalt immer noch auf Honorarvereinbarungen ausweichen. Indes begrenzen auch die gesetzlich spezifisch gedeckelten Gebühren bei Streitigkeiten mit besonders hohen Gegenstandswerten sein sich daraus ergebendes Einkommen. Bereits dadurch wird seine Berufstätigkeit von vornherein bestimmt, da sich viele Mandanten automatisch an die normativ festgelegten Gebührensätze halten werden. Die Möglichkeit einer höheren Honorarvereinbarung ist daher oft nur theoretisch.[42]

Die inhaltliche Prägung der Information bzw. die Anhebung der Steuerlast bzw. die Festlegung der Gebühren übersteigt den vom Staat zu gewährleistenden, ohne Rechtfertigungspflicht die Berufsfreiheit prägenden Wettbewerbsrahmen und fällt daher nicht bereits aus dem Schutzbereich von Art. 12 Abs. 1 GG. Damit sollen nicht sämtliche Produktionsrückgänge und Unternehmensverlagerungen ins Ausland grundrechtlich erfasst werden, indes diejenigen, die tatsächlich und nicht nur vorgeschoben auf staatlicher Regulierung beruhen. Andernfalls werden wesentliche Verschiebungen der wettbewerblichen Rahmenbedingungen aus dem Schutzbereich der Berufsfreiheit ausgeblendet. Das gilt auch für das Vergaberecht.[43] Gerade dann geht es um die Wahrung von Chancengleichheit. Diese elementare Voraussetzung beruflicher Entfaltung ist in den Schutzbereich der Berufsfreiheit einzubeziehen.[44]

Das BVerfG misst zwar im Ansatz in Zielsetzung und Wirkungen einem Eingriff funktional äquivalente faktische und mittelbare Beeinträchtigungen an Art. 12 Abs. 1 GG. Auf die Zielsetzung kann es indes schwerlich ankommen, weil die Wirkung unabhängig davon eintreten kann. Entscheidend müssen daher die tatsächlichen Effekte sein. Deren Relevanz wie das BVerfG daneben von einer objektiv berufsregelnden Tendenz abhängen zu lassen, hebt die Schwelle sehr hoch und überlässt die Berufsausübung weitgehend staatlicher Regulierung, wenn es um Rahmenbedingungen ohne spezifisch berufsbezogene Gestaltung geht. Die Berufsfreiheit droht schleichend ausgehöhlt zu werden.

41 S. o. III.3.

42 Deshalb hat jedenfalls die Gebührenbegrenzung im sozialgerichtlichen Verfahren Eingriffscharakter, BVerfG DVBl 2007, 754, 757.

43 S. BVerfG NJW 2006, 3701, 3702; krit. dazu *Frenz* VergabeR 2007, 1 ff.

44 Näher *Cremer* in: Pünder/Prieß (Hrsg.) Vergaberecht im Umbruch, 2005, S. 29 (38 ff); *Frenz* Handbuch Europarecht 3: Beihilfe- und Vergaberecht, 2007, Rn 1811 ff; *Puhl* VVDStRL 60 (2001), 456 (481 f); anders *Stober* NJW 2007, 2008, 2009.

4. *Breite Rechtfertigungsmöglichkeit bei tatsächlicher Erforderlichkeit*

Eine andere Frage ist hingegen die der Rechtfertigung. Bei Berufsausübungsregelungen wird sie sich entsprechend der Drei-Stufen-Theorie[45] zumeist leicht finden lassen. Es genügen sachgerechte, vernünftige Erwägungen des Gemeinwohls, für die der Gesetzgeber einen großen Spielraum hat. Das gilt insbesondere, wenn er berufs-, arbeits- oder sozialpolitische Ziele[46] verfolgt und den betroffenen Beruf nicht unmittelbar regelt, sondern z.B. lediglich eine berufsunspezifische Kostenlast festlegt.[47] Auch bei spezifischem Berufsbezug ist eine Legitimation möglich. So dient die Begrenzung der gesetzlichen Gebühren für Rechtsanwälte bei Streitigkeiten mit besonders hohen Gegenstandswerten einer nicht durch zu hohe Kosten belasteten Justizgewährung, mit der die wirtschaftlichen Interessen der Anwälte angemessen ausgeglichen werden müssen.[48] Daher muss nicht schon der Schutzbereich von Art. 12 Abs. 1 GG eng gefasst werden, um solche Regelungen erlassen zu können. Es bleibt immer noch die Ebene der Rechtfertigung für eine sachgerechte Abwägung der aufeinandertreffenden Belange, welche teilweise auch das BVerfG trotz Verneinung eines Eingriffs noch vornimmt.[49] Diese Aspekte werden indes ausgeblendet, wenn bereits der Schutzbereich verkürzt wird. Dadurch erhält der Gesetzgeber gleichsam einen Freifahrschein.

V. FAZIT

Die Berufsfreiheit kann zwar auf der Basis der Judikatur des BVerfG sachgerecht erweitert werden. Auch der Schutz vor Steuern gehört einbezogen. Indes droht diese elementare Wirtschaftsfreiheit im Zentrum ausgehöhlt zu werden, wenn gesetzliche Rahmenbedingungen weitgehend keinen Eingriff bilden sollen. Diese sind vielmehr über die Verhältnismäßigkeitskontrolle zu bewältigen. Nur so kann Art. 12 Abs. 1 GG – um in den schon eingangs zitierten Worten des Jubilars zu enden – weiterhin »das Hauptgrundrecht der wirtschaftlichen Betätigung und ein Eckpfeiler jeder freiheitlich verfassten Wirtschaftsordnung« sein.

45 BVerfGE 7, 377, 405 ff – *Apothekenzulassung*.

46 So bei der Gebührensenkung im sozialgerichtlichen Verfahren, BVerfGE 83, 1, 14 f; BVerfG DVBl 2007, 754, 757.

47 BVerfGE 109, 64, 84 ff: Arbeitgeberzuschuss zum Mutterschaftsgeld, dessen normative Vorgabe Art. 3 Abs. 2 GG entsprechen muss.

48 BVerfG DVBl 2007, 754, 757 f.

49 So in BVerfG DVBl 2007, 754, 757 f für anwaltliche Erfolgshonorare, nicht aber in BVerfG NVwZ 2007, 1168, 1169 für die Biokraftstoffbesteuerung.

Privatisierung der Justiz? – ein Problemaufriss

Sven Eisenmenger

Rolf Stober ist ein innovativer Wissenschaftler, der sich in seinem Wirken nicht allein auf die wissenschaftliche Sichtweise beschränkt. Vielmehr ist es für ihn und sein bisheriges Gesamtwerk kennzeichnend, dass er zugleich pragmatische Lösungen entwickelt, mithin Wissenschaft und Praxis miteinander verknüpft, und hierdurch Impulsgeber ist.

Beispielhaft ist sein Eröffnungsvortrag »Privatisierung als Herausforderung des schlanken Staates« zum 8. Hamburger Wirtschaftsrechtstag 2005 mit dem Globalthema »Standortvorteil Recht – Private Partner für die Justiz«. Hier stellte *Stober* fest, dass sich die Debatte um »Public Private Partnerships« und »Privatisierung« bislang auf die Gesetzgebung und Verwaltung konzentriert habe, die Justiz jedoch lange Zeit ausgespart worden sei. Der Staat besitze aber weder ein Justiz- oder Rechtspflegemonopol, noch gebe es einen geschlossenen Kanon von Justizaufgaben.[1] Er leitete damit eine interdisziplinäre und internationale, wissenschaftliche ebenso wie praxisorientierte Tagung ein. Dieser Wirtschaftsrechtstag führte bei dem Verfasser dieses Beitrags zu der Idee, die »Privatisierungspotenziale in der Justiz aus rechtlicher und ökonomischer Sicht« im Rahmen einer gleichnamigen Habilitation zu untersuchen, die er an der Juristischen Fakultät der Ludwig-Maximilians-Universität München anfertigt.

Im Rahmen der Recherche zu den verfassungsrechtlichen Grundlagen der Thematik, zeigte sich abermals, dass es kaum etwas gibt, wozu *Rolf Stober* in seinem wissenschaftlichen Gesamtwerk nicht fundiert Stellung genommen hat. Bereits im Jahre 1979 beleuchtete er »Staatsgerichtsbarkeit und Schiedsgerichtsbarkeit« vor dem Hintergrund des Grundgesetzes und lieferte wesentliche Erkenntnisse zur Interpretation der einschlägigen verfassungsrechtlichen Bestimmungen,[2] die im Rahmen des wissenschaftlichen Projektes fruchtbar gemacht werden können.

Der Beitrag ist dem Jubilar gewidmet. Ihm hat der Verfasser sehr viel zu verdanken.

1 *Stober* Privatisierung als Herausforderung des schlanken Staates, in: Graf/Paschke/Stober (Hrsg.) Standortvorteil Recht – Private Partner für die Justiz, 2006, S. 11 f.
2 *Stober* NJW 1979, 2001 ff.

I. »JUSTIZ-OUTSOURCING« AUF DEM RECHTLICHEN UND ÖKONOMISCHEN PRÜFSTAND

Sollten Justizaufgaben privatisiert werden? Könnten einzelne Streitigkeiten von privaten Richtern entschieden werden, und zwar ohne vorherige Vereinbarung der Parteien? Ist es möglich und ratsam, Register-, Vormundschafts- oder Nachlassaufgaben der Gerichte zu privatisieren? Wo liegen die Grenzen eines »Justiz-Outsourcings«?[3]

Diese Fragen sind nicht rein akademischer Natur, denn betrachtet man die Verfahrensdauern vor deutschen Gerichten, so liegen die statistischen Durchschnittswerte der erstinstanzlichen Verfahren vor dem Bundespatentgericht bei 29,64 Monaten (technische Beschwerdesenate), vor den Finanzgerichten bei 19 Monaten, bei den Verwaltungsgerichten bei 14,1 Monaten (in Brandenburg 34,1 Monaten) und bei den Sozialgerichten bei 13,3 Monaten.[4] Angesichts dieser Zahlen werden erhebliche Standortnachteile im internationalen Wettbewerb befürchtet und die Gewährleistung des verfassungsrechtlich verankerten Justizgewährungsanspruchs in Frage gestellt,[5] der einen Anspruch auf Entscheidung in angemessener Zeit enthält.[6] Rechtsprechung in angemessener Zeit ist auch ein wesentliches Qualitätsmerkmal, wie der 66. Deutsche Juristentag 2006 festgestellt hat.[7] Neben den Aspekt der Verfahrensdauer treten Kostendeckungsgrade in der Justiz in Höhe von teilweise lediglich 30 Prozent.[8]

Die Reform der Justiz, d.h. der Gerichte, Staatsanwaltschaften, Justizministerien, Straf- und sonstigen Vollzugsbehörden, hat sich zu einem »Dauerbrenner« entwickelt.[9] Im Laufe der Zeit wurde seitens der Politik allerdings festgestellt, dass Optimierungsmöglichkeiten durch neue Personalentwicklungskonzepte und eine wei-

3 S. zum Begriff *Banzer/Merk* ZRP 2007, 103.

4 Bundespatentgericht – Jahresbericht 2006, S. 132; Stat. Bundesamt, Fachserie 10, Reihe 2.5 v. 10. 7. 2007, S. 18 (hier: erledigte Klagen insgesamt); Reihe 2.4 v. 20. 11. 2006, S. 23 f (hier: erledigte Hauptverfahren insgesamt); Bundesministerium für Arbeit und Soziales, »Ergebnisse der Statistik der Sozialgerichtsbarkeit 2006«, Tabelle 1. 2. 1 (hier: erledigte Klagen insgesamt).

5 *Eylmann/Kirchner/Knieper/Kramer/Mayen* Zukunftsfähige Justiz – Strukturreform durch Konzentration auf ihre Kernaufgaben, Studie erstellt für das Niedersächsische Justizministerium, 2004, hrsg. vom Niedersächsischen Justizministerium, Rn 3.

6 *Jarass* in: Jarass/Pieroth, GG-Kommentar, 9. Aufl. 2007, Art. 19 Rn 62 sowie Art. 20 Rn 97; s. zum Rechtsschutz bei überlangen Gerichtsverfahren *Steinbeiß-Winkelmann* ZRP 2007, 177 ff.

7 S. Beschluss Nr. 4, Verhandlungen des 66. Deutschen Juristentages, Sitzungsberichte – Referate und Beschlüsse, Bd. II/1, 2006, R 73.

8 *Schmidt-Trenz* Ökonomische Optimierung der Justiz: Verlust oder Garantie des Rechtsstaates?, in: Graf/Paschke/Stober (Fn 1) S. 29, 33.

9 Justizbehörde der Freien und Hansestadt Hamburg, Bericht zum Projekt »Justiz 2000«, in: Hoffmann-Riem (Hrsg.) Reform der Justizverwaltung, 1998, S. 37 ff.

ter ausgebaute Technisierung ausgereizt sind.[10] Im Vordergrund steht nunmehr die Beschränkung auf die Kernaufgaben.[11] Bestimmte von der Justiz erbrachte Aufgaben sollen nicht ersatzlos wegfallen, sondern durch andere Stellen – wie etwa private Partner – erfüllt werden.[12] Die Diskussion um ein »Justiz-Outsourcing« ist damit eröffnet.

Gefordert ist in einer solchen Debatte die Rechtswissenschaft, die aufgrund und mithilfe ihrer Methoden Lösungsmöglichkeiten aufzeigen kann. Es können die rechtmäßigen Privatisierungspotenziale ermittelt, d.h. die Justizaufgaben insbesondere vor dem Hintergrund des Grundgesetzes auf ihre Privatisierungsfähigkeit analysiert werden. Dabei handelt es sich aber nur um den ersten Schritt der Problemlösung, weil hiernach lediglich feststeht, was rechtlich machbar ist. Wissenschaftlich fundierte Handlungsempfehlungen setzen aber voraus, dass auch die Zweckmäßigkeit und Effizienz einzelner Privatisierungsmöglichkeiten geprüft wird. Hier kann eine ökonomische Untersuchung, d.h. eine Beurteilung des Justizaufgabenbestandes aus ökonomischer Sicht,[13] weiterhelfen. *Stober* stellt fest, dass Effizienz nicht nur eine bloße ökonomische Größe, sondern auch ein essenzieller Gerechtigkeitsmaßstab ist.[14] Die Effizienzforderung kommt verfassungsrechtlich in dem Wirtschaftlichkeitsprinzip als Verfassungsprinzip und als allgemeinem Rechtsgebot zum Ausdruck (Art. 114 Abs. 2 Satz 1 GG).[15] Ebenso verpflichten § 7 Abs. 1 Satz 1 BHO und in ähnlicher Weise auch die Landeshaushaltsordnungen dazu, bei der Aufstellung des Haushaltsplans die »Grundsätze der Wirtschaftlichkeit und Sparsamkeit« zu beachten. Diese Grundsätze verpflichten zur Prüfung, inwieweit u.a. staatliche Aufgaben etwa durch Privatisierung erfüllt werden können (s. § 7 Abs. 1 Satz 2 BHO).

Der Herausforderung »Privatisierungspotenziale in der Justiz« kann man nach alledem angemessen nur mit einem interdisziplinären Ansatz adäquat begegnen, namentlich mit einer Rechtmäßigkeits- und einer ökonomischen Zweckmäßigkeitsanalyse.

10 *Heister-Neumann*, Vorwort zu Eylmann/Kirchner/Knieper/Kramer/Mayen (Fn 5).

11 *Kusch* Rechtsgewährung bei knappen Budgets – Wohin steuert die Justiz? in: Graf/Paschke/Stober (Fn 1) S. 19, 21.

12 *Heister-Neumann* ZRP 2005, 12, 13.

13 Vgl. auch den Überblick bei *Budäus* Privatisierung öffentlich wahrgenommener Aufgaben – Grundlagen, Anforderungen und Probleme aus wirtschaftswissenschaftlicher Sicht, in: Gusy (Hrsg.) Privatisierung von Staatsaufgaben: Kriterien – Grenzen – Folgen, 1998, S. 12 ff.

14 *Stober* (Fn 1) S. 11.

15 *Stober* NJW 2007, 2008, 2012 mwN.

II. DIE PRIVATISIERUNGSFRAGE VOR DEM RECHTSPOLITISCHEN UND RECHTSTATSÄCHLICHEN HINTERGRUND

Die rechtspolitische Diskussion liefert ebenso wie die rechtstatsächliche Ausgangslage das entscheidende Material, um die Privatisierungsfrage auf den Punkt bringen zu können.

1. *Rechtspolitische Diskussion*

Bei dem Globalthema »Reformierung der Justiz« handelt es sich – wie bereits ausgeführt wurde – um einen Dauerbrenner.[16] Das Thema bezieht sich zunächst auf alle Justizaufgaben die von Gerichten, Staatsanwaltschaften, Justizministerien des Bundes und der Länder, Straf- und sonstigen Vollzugsbehörden erbracht werden. In die Diskussion einbezogen wurde mittlerweile auch die Maßgabe der »Konzentration auf die Kernaufgaben«[17] und die Privatisierung bestimmter Tätigkeiten. Hier ist es z.B. auch bereits zu Teilprivatisierungen im Strafvollzug außerhalb des hoheitlichen Bereiches gekommen.[18]

Die Privatisierungsfrage wird immer mehr ausdrücklich auch im Hinblick auf diejenigen Justizaufgaben gestellt, die von den Gerichten erfüllt werden, wobei hier nicht nur Aufgaben von Richtern, sondern auch von sonstigen dort tätigen Personen – wie etwa Gerichtsvollziehern – erfasst sind (im Folgenden »gerichtsbezogene Justizaufgaben«).[19] Ein Beleg für die gerichtsbezogene Privatisierungsdebatte ist der vom Bundesrat beim Deutschen Bundestag im Jahr 2007 eingebrachte Gesetzesentwurf zur Übertragung der Gerichtsvollzieheraufgaben auf Beliehene,[20] zu dem die Bundesregierung allerdings eine ablehnende Stellungnahme abgab.[21] Im Rahmen der Diskussion um die Privatisierung der gerichtsbezogenen Aufgaben kann zwischen den sog. Kernaufgaben oder Rechtsprechungsaufgaben und den akzidentiellen Aufgaben ohne Rechtsprechungscharakter unterschieden werden.

a) Kernaufgaben der Gerichte

Die *Kernaufgaben der Gerichte*, d.h. die den Richtern aufgetragenen Rechtsprechungsaufgaben, werden von der Frage der Privatisierung in der politischen Auslagerungsdiskussion gemeinhin ausgeklammert.[22] Dies sind zum einen Kernaufgaben

16 Justizbehörde der Freien und Hansestadt Hamburg (Fn 9) S. 37 ff.
17 *Kusch* (Fn 11) S. 21; *Heister-Neumann* ZRP 2005, 12, 13.
18 S. dazu auch *Banzer/Merk* ZRP 2007, 103.
19 S. dazu *Eylmann/Kirchner/Knieper/Kramer/Mayen* (Fn 5) Rn 15 ff.
20 BR-Drs. 150/07 v. 11. 5. 2007; s. dazu auch den korrespondierenden Gesetzesentwurf zur Änderung des Grundgesetzes, BR-Drs. 149/07 v. 11. 5. 2007 sowie *Heister-Neumann* ZRP 2007, 140 ff.
21 BT-Drs. 16/5727 v. 20. 6. 2007, Anlage 2 und BT-Drs. 16/5724 v. 20. 6. 2007, Anlage 2.
22 *Heister-Neumann* ZRP 2005, 12 ff.

im materiellen Sinn, die von ihrem sachlichen Gegenstand her verfassungsrechtlich zwingend den Gerichten – und hier den Richtern – zugewiesen sind.[23] Dazu zählen die im Grundgesetz verankerten Rechtsweggarantien im Sinne einer regelmäßig repressiven gerichtlichen Rechtskontrolle (s. Art. 19 Abs. 4 Satz 1 GG und weitere Sonderregelungen wie etwa in Art. 34 Satz 3 GG)[24] und verfassungsrechtlich normierte Richtervorbehalte, nach denen bestimmte staatliche Maßnahmen von vorneherein grundsätzlich nur aufgrund einer richterlichen Entscheidung zulässig sind, wie etwa im Falle von Wohnungsdurchsuchungen (Art. 13 Abs. 2 GG).[25] Zu den materiellen Kernaufgaben werden auch die sog. traditionellen »Kernbereiche« gerechnet, und zwar die Entscheidung in bürgerlich-rechtlichen Rechtsstreitigkeiten vermögensrechtlicher Art ebenso wie die Ausübung der Strafgerichtsbarkeit (Verhängung von Freiheitsstrafen und Kriminalstrafen).[26] Der traditionelle Kernbereich der Verwaltungsgerichtsbarkeit wird bereits von Art. 19 Abs. 4 Satz 1 GG abgedeckt.[27]

Ebenso nicht Gegenstand der rechtspolitischen Debatte sind die funktionellen Kernaufgaben. Darunter sind vorläufig jedenfalls solche Tätigkeiten zu verstehen, die bei funktionaler Betrachtung als Rechtsprechung einzuordnen sind. Dies sind gesetzlich, d.h. nicht verfassungsrechtlich angeordnete Verfahren, die eine letztverbindliche und gerichtlich nicht weiter überprüfbare Klärung eines Streitfalls vorsehen.[28] Eng mit den funktionellen und materiellen Kernaufgaben verzahnt ist schließlich die Aufgabe der Rechtsfortbildung im Sinne eines »rechtsfortbildenden Richterrechts«.[29]

b) Akzidentielle Aufgaben

Privatisierungspotenzial wird dagegen im Bereich der sog. *akzidentiellen Aufgaben*, d.h. der Aufgaben ohne Rechtsprechungscharakter,[30] gesehen und diskutiert.[31] Die Erscheinungsformen gerichtlicher Tätigkeit reichen hier von Aufgaben im Register-, Nachlass- und Vormundschaftswesen über das Vollstreckungswesen,[32] die Notaraufsicht (z.B. Notarprüfungen durch Richter)[33] bis hin zu Tätigkeiten, die Recht-

23 *Eylmann/Kirchner/Knieper/Kramer/Mayen* (Fn 5) Rn 18.
24 *Jarass* (Fn 6) Art. 19 Rn 34.
25 Vgl. *Eylmann/Kirchner/Knieper/Kramer/Mayen* (Fn 5) Rn 18 ff und den Überblick zu Rechtsweggarantien und Richtervorbehalten bei *Schulze-Fielitz* in: Dreier (Hrsg.) GG-Kommentar, Bd. III, 2000, Art. 92 Rn 28 ff; s. auch *Stober* NJW 1979, 2001, 2002 f.
26 *Eylmann/Kirchner/Knieper/Kramer/Mayen* (Fn 5) Rn 20.
27 *Schulze-Fielitz* (Fn 25) Art. 92 Rn 34.
28 *Eylmann/Kirchner/Knieper/Kramer/Mayen* (Fn 5) Rn 16 f.
29 *Schulze-Fielitz* (Fn 25) Art. 92 Rn 38 f.
30 *Schulze-Fielitz* (Fn 25) Art. 92 Rn 40 ff.
31 S. dazu *Kusch* (Fn 11) S. 21 ff und *Heister-Neumann* ZRP 2005, 12, 13; zum Strafvollzug s. *Banzer/Merk* ZRP 2007, 103.
32 *Eylmann/Kirchner/Knieper/Kramer/Mayen* (Fn 5) Rn 22.
33 *Heister-Neumann* ZRP 2005, 12, 13.

sprechung überhaupt ermöglichen sollen (etwa Geschäftsverteilung, Räume, Technik). Schließlich ist auch die »gerichtliche Mediation« oder »gerichtsinterne Mediation«[34] als Tätigkeitsfeld der Gerichte hervorzuheben, wobei die Qualifizierung als akzidentielle »Aufgabe« zu hinterfragen ist. Bei der Mediation handelt es sich allgemein um eine alternative Streitbehandlung, deren Ziel darin besteht, rechtlich verbindliche Vereinbarungen zu erreichen, die von den streitenden Parteien freiwillig, selbständig und eigenverantwortlich ausgehandelt und akzeptiert werden können.[35] Diese Streitbehandlungsmöglichkeit existiert zum einen in Form der außergerichtlichen Mediation, bei der ein freiberuflicher Mediator tätig ist; diese Variante zählt nicht zu den gerichtlichen Tätigkeiten oder akzidentiellen Aufgaben. Mediation wird aber zum anderen auch bei Gericht als »gerichtliche Mediation« oder »gerichtsinterne Mediation« von Richter-Mediatoren durchgeführt. Diese Mediationsform wird etwa in Berlin von einigen Amtsgerichten, dem Landgericht und dem Kammergericht angeboten,[36] in Freiburg vom Verwaltungsgericht, in München vom Sozialgericht und in Hamburg vom Arbeitsgericht.[37] Hier kann erhebliches Privatisierungspotenzial im Hinblick auf diese Mediationstätigkeiten der Gerichte bestehen.

Vor dem Hintergrund der rechtspolitischen Diskussion lässt sich zusammenfassend festhalten, dass sich die Auslagerungsfrage immer mehr auch auf die gerichtsbezogenen Justizaufgaben konzentriert. Die Fragestellung bezieht sich in diesem Rahmen allerdings allein auf die akzidentiellen, d.h. auf die Aufgaben ohne Rechtsprechungscharakter. Dies erweckt gerade angesichts der eingangs aufgeführten Verfahrensdauern das wissenschaftliche Interesse, auch den in der Diskussion vernachlässigten Bereich der Kernaufgaben genau zu analysieren. Dies ist auch deshalb notwendig, weil hier die Möglichkeit außer Acht gelassen wird, zwischen verschiedenen Privatisierungsformen und –graden zu differenzieren, obwohl hier erhebliche Unterschiede bestehen, wie etwa der Vergleich zwischen einer organisationsrechtlichen Beleihung und einer »echten« materiellen Privatisierung einer Aufgabe bzw. Aufgabenauslagerung belegt. Daher müssen ausnahmslos alle gerichtsbezogenen Justizaufgaben auf den Prüfstand gestellt werden.

Vor diesem Hintergrund muss der Fokus auf der Verwaltungs-, Finanz- und Sozialgerichtsbarkeit liegen. Ebenso erfasst ist die ordentliche Gerichtsbarkeit, und zwar die Zivilgerichte (einschließlich Familiensachen sowie lauterkeits- und kartellrechtliche Sachen) sowie die Strafgerichte. Einzubeziehen ist auch die Patentgerichtsbarkeit, die hier besonders genannt wird, weil es sich um einen teilweise ausgegliederten Zweig der ordentlichen Gerichtsbarkeit handelt. Darüber hinaus ist die Arbeitsgerichtsbarkeit zu prüfen.[38] Zu analysieren sind außerdem die Berufsge-

34 S. zum Begriff *Perker/Graf* Gerichtsverbundene Mediation – Hamburger Ansätze für eine Kooperation zwischen Gerichten und freiberuflichen Mediatoren, in: Lange/Kaeding/Lehmkuhl/Pfingsten-Wismer (Hrsg.) Frischer Wind für Mediation, 2007, S. 195 f.

35 *Würtenberger* Verwaltungsprozessrecht, 2. Aufl. 2006, S. 28.

36 Telefonat mit Frau Richterin am Kammergericht Berlin *Heike Hennemann* v. 21. 9. 2007.

37 S. *Ortloff* NVwZ 2007, 33 f; s. auch *Perker/Graf* (Fn 34) S. 195 f.

38 Vgl. auch den Überblick bei *Schilken* Gerichtsverfassungsrecht, 4. Aufl. 2007, S. 265 ff.

richtsbarkeiten; diese Gerichte sind teilweise bei den ordentlichen Gerichten oder den Verwaltungsgerichten errichtet, zum Teil werden sie auch durch öffentlich-rechtliche Körperschaften getragen (sog. »mittelbare Staatsgerichtsbarkeit«).[39] Privatisierungspotenziale in der Verfassungsgerichtsbarkeit sind dagegen in der Sache nicht ersichtlich. Gleiches gilt für die Disziplinargerichtsbarkeiten für den öffentlich-rechtlichen Dienst sowie für die Wehrstrafgerichtsbarkeit. Im Übrigen hat der Bundesgesetzgeber von der Möglichkeit, Wehrstrafgerichte zu errichten, bislang keinen Gebrauch gemacht.[40]

2. *Rechtstatsächliche Ausgangslage*

Auch aus rechtstatsächlicher Sicht ist die Prüfung von Privatisierungspotenzialen im Rahmen der gerichtsbezogenen Justizaufgaben dringend geboten. Bezogen auf den Funktionsbereich »Rechtsprechen« lagen die Verfahrensdauern in den Jahren 2005 und 2006 sowohl in den Eingangs- als auch in den Rechtsmittelinstanzen – von wenigen Ausnahmen abgesehen und soweit Zahlenmaterial vorlag – über einem halben Jahr:

Eingangsinstanzen (Verfahrensdauer im Bundesdurchschnitt in Monaten):

Verwaltungsgerichte (2005)[41] Oberverwaltungsgerichte (2005)[42]	14,1 (Brandenburg: 34,1) 16,0 (Hamburg: 49,5)
Finanzgerichte (2006)[43]	19,0 (Sachsen-Anhalt: 24,7)
Sozialgerichte (2006)[44]	13,3
Zivilsachen (2005) Amtsgerichte[45] Landgerichte[46]	 4,4 (mit streitigem Urteil: 6,9) 7,4
Familiensachen (2005) Amtsgerichte[47]	 10,3 (Berlin: 13,1)

39 S. dazu *Kopp/Schenke* VwGO-Kommentar, 15. Aufl. 2007, § 40 Rn 49g.
40 *Pieroth* in: Jarass/Pieroth GG-Kommentar, 9. Aufl. 2007, Art. 96 Rn 2.
41 Stat. Bundesamt, Fachserie 10, Reihe 2.4 v. 20. 11. 2006, S. 23 f (hier: erledigte Hauptverfahren insgesamt).
42 Stat. Bundesamt (Fn 41) S. 58 f (hier: erledigte Hauptverfahren insgesamt).
43 Stat. Bundesamt, Fachserie 10, Reihe 2.5 v. 10. 7. 2007, S. 18 f (hier: erledigte Klagen insgesamt).
44 Bundesministerium für Arbeit und Soziales, »Ergebnisse der Statistik der Sozialgerichtsbarkeit 2006«, Tabelle 1. 2. 1 (hier: erledigte Klagen insgesamt).
45 Stat. Bundesamt, Fachserie 10, Reihe 2.1 v. 29. 3. 2007, S. 28 (hier: erledigte Verfahren insgesamt).
46 Stat. Bundesamt (Fn 45) S. 54 (hier: erledigte Verfahren insgesamt).

Bundespatentgericht (2006)[48]	21,32 (Nichtigkeitssenate); 29,64 (Technische Beschwerdesenate); 14,31 (Gebrauchsmuster-Beschwerdesenat); 23,76 (Marken-Beschwerdesenate); 19,71 (Juristischer Beschwerdesenat)
Arbeitsgerichte (2005)[49]	18,6 % der Verfahren über sechs Monate
Strafsachen (2005)	
Amtsgerichte[50]	4,0
Landgerichte[51]	6,4
Oberlandesgerichte[52]	7,1

Rechtsmittelinstanzen:

Oberverwaltungsgerichte (2005)[53]	8,7
Bundesverwaltungsgericht (2005)[54]	10,8
Bundesfinanzhof (2006)[55]	10,0
Landessozialgerichte (2006)[56]	14,0
Bundessozialgericht[57]	10

47 Stat. Bundesamt, Fachserie 10, Reihe 2.2 v. 29. 12. 2006, S. 34 f (hier: erledigte Eheverfahren insgesamt).
48 Bundespatentgericht – Jahresbericht 2006, S. 132.
49 Papier AG 1/Bundesministerium für Arbeit und Soziales (Referat III A 1), »Tätigkeit der Arbeitsgerichte 2005« (Urteile).
50 Stat. Bundesamt, Fachserie 10, Reihe 2.3 v. 26. 2. 2007, S. 38 (hier: erledigte Verfahren insgesamt).
51 Stat. Bundesamt (Fn 50) S. 76 (hier: erledigte Verfahren insgesamt).
52 Stat. Bundesamt (Fn 50) S. 118 (hier: erledigte Verfahren insgesamt).
53 Stat. Bundesamt (Fn 41) S. 74 (hier: erledigte Berufungen, Beschwerden gegen Hauptsacheentscheidungen in Personalvertretungssachen und Beschwerden in Disziplinarverfahren).
54 Geschäftsstatistik des Bundesverwaltungsgerichts 2006, Pressemitteilung Nr. 8/2007 v. 21. 2. 2007 (hier: durch Urteil entschiedene Revisionsverfahren).
55 Stat. Bundesamt (Fn 43) S. 34 (hier: erledigte Verfahren insgesamt).
56 Bundesministerium für Arbeit und Soziales (Fn 44) Tabelle 2.1.1 (hier: Dauer der Berufungsverfahren).
57 Bundesministerium für Arbeit und Soziales (Fn 44) Tabelle 4.1 (hier: Revisionsverfahren).

Zivilsachen (2005)	
Landgerichte[58]	4,9 (mit streitigem Urteil: 6,8)
Oberlandesgerichte[59]	7,5
Bundesgerichtshof (einschl. Patentsachen)[60]	96 % der Verfahren über sechs Monate (28 % über 24 Monate)
Familiensachen (2005)	
Oberlandesgerichte[61]	5,1
Landesarbeitsgerichte (2005)[62]	37,6 % der Verfahren über sechs Monate
Bundesarbeitsgericht (2005)[63]	67,9 % über sechs Monate bis zu einem Jahr, 30,3 % über ein Jahr bis zu zwei Jahren und 1,8 % über zwei Jahre
Strafsachen (2005)	
Landgerichte[64]	3,9
Oberlandesgerichte[65]	1,5
Bundesgerichtshof[66]	12,8 % der Verfahren über sechs Monate

Nimmt man zu den angesprochenen Verfahrensdauern, die sich auf die Rechtsprechungstätigkeit selbst beziehen, den von *Schmidt-Trenz* ermittelten Kostendeckungsgrad für die Hamburger Justiz von lediglich 30 Prozent[67] als vorläufiges Indiz für die allgemeine Einnahmen- und Ausgabenseite bei den Gerichten hinzu, so zeigt sich, dass aus rechtstatsächlicher Sicht auch die Erbringung der akzidentiellen Aufgaben zu analysieren ist.

58 Stat. Bundesamt (Fn 45) S. 70 (hier: erledigte Verfahren in der Berufungsinstanz insgesamt).
59 Stat. Bundesamt (Fn 45) S. 92 (hier: erledigte Berufungssachen insgesamt).
60 Zivilsenate des Bundesgerichtshofes im Jahre 2006 – Jahresstatistik (hier: durch Urteil erledigte und vom Berufungsgericht zugelassene Revisionen sowie durch Urteil erledigte Berufungen in Patentsachen).
61 Stat. Bundesamt (Fn 47) S. 64 (hier: erledigte Berufungen und Beschwerden gegen Endentscheidungen in Familiensachen).
62 Papier AG 2/Bundesministerium für Arbeit und Soziales (Referat III A 1), »Tätigkeit der Landesarbeitsgerichte 2005« (hier: Berufungsverfahren).
63 Papier AG 3/Bundesministerium für Arbeit und Soziales (Referat III A 1), »Tätigkeit des Bundesarbeitsgerichts 2005« (hier: durch streitiges Urteil erledigte Revisionen).
64 Stat. Bundesamt (Fn 50) S. 96 (hier: in der Berufungsinstanz erledigte Verfahren insgesamt).
65 Stat. Bundesamt (Fn 50) S. 132 (hier: erledigte Revisionen insgesamt).
66 Stat. Bundesamt (Fn 50) S. 151 (hier: durch Urteil erledigte Revisionen).
67 *Schmidt-Trenz* (Fn 8) S. 33.

II. JUSTIZPRIVATISIERUNG IM FOKUS VON RECHT UND ÖKONOMIK

Aufbauend auf dieser Privatisierungsfrage, die sich auf die gerichtsbezogenen Kern- und akzidentiellen Aufgaben bezieht, stellen sich zahlreiche rechtliche und ökonomische Herausforderungen:

1. Rechtliche Herausforderungen

Im Rahmen der »Internationalen Bezüge« der Privatisierungsfrage sind die Vorschriften der EMRK nebst der dazugehörigen Rechtsprechung des EGMR zu analysieren. Denn nach Art. 6 Abs. 1 Satz 1 EMRK hat jede Person ein Recht darauf, dass über Streitigkeiten in Bezug auf ihre zivilrechtlichen Ansprüche und Verpflichtungen oder über eine gegen sie erhobene strafrechtliche Anklage von einem unabhängigen und unparteiischen, auf Gesetz beruhenden »Gericht« in einem fairen Verfahren, öffentlich und innerhalb angemessener Frist verhandelt wird. Zu prüfen ist auch Art. 13 EMRK (Recht auf wirksame Beschwerde bei einer »innerstaatlichen Instanz«). Der EMRK kommt in der Bundesrepublik im Übrigen der Rang eines einfachen Bundesgesetzes und damit Relevanz für die deutschen Gerichte zu.[68]

Im Rahmen der europarechtlichen Dimension ist die EU-Grundrechtecharta einzubeziehen. Nach Art. 47 Abs. 1 hat jede Person unter den dort genannten weiteren Voraussetzungen das Recht, »bei einem Gericht« einen wirksamen Rechtsbehelf einzulegen. Art. 47 Abs. 2 Satz 1 der Charta räumt jeder Person ein Recht darauf ein, dass ihre Sache von einem unabhängigen, unparteiischen und zuvor durch Gesetz errichteten Gericht in einem fairen Verfahren, öffentlich und innerhalb angemessener Frist verhandelt wird.[69] Im Rahmen der europarechtlichen Dimension der Privatisierungsfrage ist außerdem die Rechtsprechung des EuGH zu den Anforderungen an das mitgliedstaatliche Rechtsschutzsystem zu berücksichtigen. Hierhin gehört etwa die Maßgabe des effektiven Rechtsschutzes zur Durchsetzung der Vorgaben des Gemeinschaftsrechts.[70]

Im Zentrum steht jedoch das Grundgesetz mit seinem Privatisierungsspielraum. Gerade im Bereich »Rechtsprechen« existieren enge Grenzen. Dazu zählen u.a. die Grundrechte wie Art. 19 Abs. 4 GG als Rechtsweggarantie, grundrechtsgleiche Rechte wie z.B. Art. 101 Abs. 1 Satz 2 GG und das Rechtsstaatsprinzip mit Blick auf das Gewaltmonopol des Staates und den allgemeinen Justizgewährungsanspruch. Grenzen setzen auch Richtervorbehalte (z.B. Art. 13 Abs. 2 GG), die speziellen Vorschriften zur Rechtsprechung (Art. 92 ff GG) und der verfassungsrecht-

68 *Grabenwarter* Europäische Menschenrechtskonvention, 2. Aufl. 2005, § 3 Rn 6.
69 S. dazu *Streinz* in: ders. (Hrsg.) EUV/EGV-Kommentar, 2003, Art. 47 GR-Charta Rn 1 ff.
70 S. dazu EuGH – Rs. C-228/98 – *Charalampos Douias/Yporgou Oikonomikon,* Slg. 2000, I-577, Rn 64 sowie *Streinz* (Fn 69) Art. 47 GR-Charta Rn 6.

liche Funktionsvorbehalt für Richter i.S.d. Art. 33 Abs. 4 GG. Zu beleuchten ist aber auch das Wirtschaftlichkeitsprinzip als Verfassungsprinzip und allgemeines Rechtsgebot.

Soweit eine Privatisierung rechtmäßig und aus ökonomischer Sicht zweckmäßig ist, stellt sich die rechtliche Herausforderung, die rechtspraktische Umsetzung zu behandeln, und zwar einschließlich zu treffender Folgeregelungen im Sinne eines »Privatisierungsfolgenrechts«[71] (z.B. Haftung, Finanzierung, Aufsicht sowie Qualifikationsanforderungen an private Aufgabenträger und deren Überprüfung). Einzubeziehen sind hier auch Strukturen aus der privaten Schiedsgerichtsbarkeit[72] sowie der Vereins- und Verbandsgerichtsbarkeit.[73]

2. *Ökonomische Herausforderungen*

Auch aus ökonomischer Sicht sind zahlreiche Fragen offen. Bevor man ökonomische Maßstäbe fruchtbar machen kann, ist zunächst deren Anwendbarkeit auf die gerichtsbezogenen Justizaufgaben zu erörtern. Die Frage lautet also: Dürfen oder müssen die Gerichte ihre Aufgaben ökonomisch effizient erfüllen?[74] Darüber hinaus ist zu klären, welche normativen Ansätze herangezogen werden können. *Schmidtchen* und *Weth* ordnen die Frage der Übertragung von Justizaufgaben auf Private der ökonomischen Analyse des Rechts[75] mit dem im Zentrum stehenden Effizienzkriterium zu.[76]

Zu berücksichtigen sind daneben Extrempositionen, die die Justizaufgabendiskussion in der Sache tangieren. Dazu zählen etwa die Ansätze der sog. »Libertarians«: Ein Vertreter des neuen libertären Anarchismus, *Murray N. Rothbard*, forderte die Abschaffung des Staates.[77] Dieser Gedanke wird dahingehend pointiert, dass in der Konsequenz auch die Einrichtung von »privaten Gerichtsfirmen« erforderlich sei.[78] *Rothbards* Argumente sind im Einzelnen kritisch analysiert, d.h. wissenschaftlich

71 S. zu dieser Terminologie auch *Kämmerer* Privatisierung, 2001, S. 423 ff.

72 Vgl. näher *Graf* Entlastung für die Justiz: Schiedsgerichtsbarkeit und Wirtschaftsmediation, in: ders./Paschke/Stober (Fn 1) S. 39 ff.

73 Zur Einordnung siehe *Reichold* in: Thomas/Putzo, ZPO-Kommentar, 28. Aufl. 2007, Vorb. § 1029 Rn 2.

74 S. zur Problematik auch *Reinhardt* Richterliche Unabhängigkeit im »ökonomisierten Staat«, in: Schulze-Fielitz/Schütz (Hrsg.) Justiz und Justizverwaltung zwischen Ökonomisierungsdruck und Unabhängigkeit, Beiheft 5 der Zeitschrift »Die Verwaltung«, 2005, 179, 188 ff.

75 S. dazu *Eidenmüller* Effizienz als Rechtsprinzip, 3. Aufl. 2005.

76 *Schmidtchen/Weth* Ökonomische Analyse des Rechts – Ein Ausweg aus der Krise der Justiz? in: dies. (Hrsg.) Der Effizienz auf der Spur – die Funktionsfähigkeit der Justiz im Lichte der ökonomischen Analyse des Rechts, 1999, S. 237, 243.

77 *Rothbard* For a New Liberty: The Libertarian Manifesto, 3. Aufl. 1994, S. 237.

78 S. dazu *Haberman* Der Liberalismus und die »Libertarians«, in: Lehnel u.a. (Hrsg.) Ordo – Jahrbuch für die Ordnung von Wirtschaft und Gesellschaft, Bd. 47, 1996, S. 121, 132.

ernst genommen worden.[79] Insoweit sollte dieser Ansatz auch im Rahmen der Privatisierungsfrage einer kritischen Überprüfung unterzogen werden.

III. FAZIT: FORSCHUNGSBEDARF!

Fasst man vor dem rechtspolitischen und rechtstatsächlichen, rechts- und wirtschaftswissenschaftlichen Hintergrund die Kernfrage zusammen, so ist eine rechtliche und ökonomische Analyse der Privatisierungspotenziale bezogen auf die gerichtsbezogenen Justizaufgaben, d.h. der Kern- sowie der akzidentiellen Aufgaben, dringend erforderlich. Zu überprüfen sind die Verwaltungs-, Finanz- und Sozialgerichtsbarkeit. Gleiches gilt für die ordentliche Gerichtsbarkeit, und zwar die Zivilgerichte (einschließlich Familiensachen sowie lauterkeits- und kartellrechtliche Sachen) sowie die Strafgerichte. Einzubeziehen sind auch die Patentgerichtsbarkeit, die Arbeitsgerichtsbarkeit und die Berufsgerichtsbarkeiten. Die laufende Habilitation zu den »Privatisierungspotenzialen in der Justiz aus rechtlicher und ökonomischer Sicht« greift diese Kernfrage nebst der geschilderten rechtlichen wie ökonomischen Herausforderungen auf und zielt darauf, eine rechts- ebenso wie wirtschaftswissenschaftliche Forschungslücke zu schließen sowie praktische Neuregelungsvorschläge zu unterbreiten.

79 *Habermann* (Fn 78) S. 121 ff; *Mestmäcker* Vom Bürgerkrieg als Utopie, in: Lehnel u.a. (Hrsg.) Ordo – Jahrbuch für die Ordnung von Wirtschaft und Gesellschaft, Bd. 32, 1981, S. 103 ff.

Verfassungsfragen wirtschaftlicher Betätigung der Kirchen

FELIX HAMMER

1. GRUNDSÄTZLICHE PROBLEMATIK KIRCHLICHER WIRTSCHAFTSTÄTIGKEIT

»Wenn das Geld im Kasten klingt, die Seele in den Himmel springt« dieser Satz, der jedenfalls sinngemäß auf den berüchtigten Ablassprediger und Geldsammler *Johann Tetzel* zurückgeht[1] und einer der Auslöser der Reformation war,[2] zeigt, wie gefährlich wirtschaftliche Betätigung für die Kirchen sein kann. Zwar stellt der mittelalterliche Ablasshandel ein besonders abschreckendes Beispiel der Pervertierung des geistlichen Wesens der Kirche zu einem wirtschaftlichen Unternehmen dar, doch besteht diese Gefahr häufig, wenn sich Kirche gewinnorientiert betätigt und nicht mehr an ihrem geistlichen Auftrag orientiert. Andererseits verhilft wirtschaftliche Betätigung den Kirchen oft zu Wirkungsmöglichkeiten, die ihnen sonst in diesem Umfang oder gar nicht zur Verfügung stünden. Mit dem Satz »Im Keller des Bischofshauses kann ich kein Geld drucken« hat der Trierer Bischof *Reinhard Marx* die Grenzen kirchlichen Wirkens deutlich gemacht.[3] Dies rechtfertigt aber vor allem deshalb keine intensive unternehmerische Tätigkeit der Kirchen, weil ihnen in Deutschland Finanzierungsinstrumente – insbesondere die Kirchensteuer – zur Verfügung stehen,[4] die eher ihrer geistlichen Natur entsprechen und sie von einer unternehmerischen Teilnahme am Markt mit all ihren Risiken und Nebenwirkungen für das geistliche Wesen der Kirche unabhängig machen.

Muss damit kirchliche Wirtschaftstätigkeit eher eine Ausnahme bilden, sind doch Fälle denkbar, in denen eine solche legitim, ja wünschenswert erscheint, mit der Folge, dass ihr auch der weltanschaulich neutrale, freiheitliche Staat den Schutz seiner Verfassung, insbesondere der Grundrechte, zukommen lässt, ja lassen muss, will

1 Er wird ihm seit langem zugeschrieben, so schon *Büchmann* Geflügelte Worte. Der Citatenschatz des deutschen Volkes, 19. Aufl. 1898, S. 511.

2 Zur Bedeutung des Ablasses für die und in der Reformation vgl. *Boockmann* Der Ablass, sowie *Immenkötter* Der Ablassstreit, in: Martin Luther und die Reformation in Deutschland. Ausstellung z. 500. Gebtg. Martin Luthers, 1983, S. 51 ff, 161 ff.

3 Zitiert nach: *Feldhoff* Zur Zukunft der Kirchenfinanzen, Stimmen der Zeit 222 (2004) 363–369, 363.

4 Zum System der Kirchenfinanzierung in Deutschland *Hammer* Rechtsfragen der Kirchensteuer, 2002, S. 80–85.

er kirchliche Unternehmen nicht gegenüber weltlichen schlechter stellen und so möglicherweise gegen Art. 3 Abs. 3 GG verstoßen. Welche Bereiche hierfür in Frage kommen und welche rechtlichen Konsequenzen daraus herzuleiten sind, möchte dieser Beitrag umreißen – schärfere Konturen zu zeichnen muss freilich größer angelegten Untersuchungen vorbehalten bleiben.

2. ZUM STAND DER RECHTSWISSENSCHAFTLICHEN DISKUSSION

Kirchliche wirtschaftliche Betätigung wurde bislang als Rechtsfrage nur wenig problematisiert. So enthalten Lexika[5] sowie Hand- und Lehrbücher[6] des Kirchen- und Staatskirchenrechts meist keine entsprechenden Stichwörter oder Kapitel, sondern allenfalls knappe Ausführungen in anderem Zusammenhang zu diesem Thema.[7] Selbst groß angelegte Werke zum kirchlichen Finanzwesen widmen ihm keine Aufmerksamkeit.[8] Aufsätze oder monographische Untersuchungen behandeln häufig nur eng begrenzte Detailprobleme, etwa die GmbH als Unternehmensform für kirchliche Aufgaben,[9] die missbräuchliche Inanspruchnahme bestimmter Rechtsformen für wirtschaftliche Betätigung[10] oder die Verlagerung des operativen Geschäfts von Stiftungen zu (Konzern-)Tochtergesellschaften.[11] Zu den seltenen Ausnahmen gehören zwei Dissertationen: Eine verfassungsrechtliche Arbeit über Religionsgemeinschaften und wirtschaftliche Betätigung[12] und vor allem die thematisch weit gespannte, eingehende Untersuchung *Gerrit Brauser-Jungs* über Religionsge-

5 Artikel weder zu »Unternehmen, kirchliche«, oder »wirtschaftliche Betätigung, kirchliche« etc., finden sich etwa in: v. Campenhausen u.a. (Hrsg.) Lexikon für Kirchen- und Staatskirchenrecht (LKStKR), Bd. 3, 2004; Heun u.a. (Hrsg.) Evangelisches Staatslexikon (EvStL), Neuausg. 2006; Haering/Schmitz (Hrsg.) Lexikon des Kirchenrechts, 2004.

6 Beispielsweise: Listl/Pirson (Hrsg.) Handbuch des Staatskirchenrechts der Bundesrepublik Deutschland (HdbStKR), 2. Aufl., 1. Bd. 1994; 2. Bd. 1995; *von Campenhausen/de Wall* Staatskirchenrecht, 4. Aufl. 2006; Listl/Schmitz (Hrsg.) Handbuch des Katholischen Kirchenrechts, 2. Aufl. 1999.

7 *Pree/Primetshofer* Das kirchliche Vermögen, seine Verwaltung und Vertretung, 2007, S. 132, 164 ff, 178 ff; *Hammer* Kirchenvermögen, EvStL (Fn 5) Sp. 1245 ff; *Meyer/Hammer* Vermögensverwaltung, LKStKR, Bd. 3 (Fn 5) S. 790 ff.

8 Lienemann (Hrsg.) Die Finanzen der Kirche. Studien zu Struktur, Geschichte und Legitimation kirchlicher Ökonomie, München 1989.

9 *Bauer* Die GmbH als Rechtsform caritativer Einrichtungen der Kirche, 2003.

10 *Schmidt* Entziehung der Rechtsfähigkeit bei unrechtmäßig eingetragenen Wirtschaftsvereinen. Zum Stellenwert des Scientology-Urteils des BVerwG vom 6. 11. 1997, NJW 1998, 1124 ff.

11 *Gronemann* Die kirchliche Stiftung als mittelbare Unternehmensträgerin sozialcaritativer Einrichtungen, KuR 1996, 147–158 = Glied.-Nr. 270, 1–12.

12 *Starosta* Religionsgemeinschaften und wirtschaftliche Betätigung. Eine Untersuchung aus verfassungsrechtlicher Sicht, 1986.

werbe und Religionsunternehmerfreiheit, eine von *Rolf Stober* betreute Schrift.[13] Zwar ist es im hier zur Verfügung stehenden Rahmen unmöglich, sich mit dem Inhalt dieser Arbeiten im Einzelnen auseinander zu setzen, doch sei es erlaubt, in aller gebotenen Kürze einige Gedanken zu diesem Thema beizusteuern und damit auch den zu ehren, dem als Doktorvater das Verdienst zukommt, die bisher zurückhaltende wissenschaftliche Diskussion zu diesem Thema maßgeblich bereichert zu haben.

3. DER HISTORISCHE BEFUND: KIRCHLICHE WIRTSCHAFTSTÄTIGKEIT IN DER GESCHICHTE

Jedenfalls seit dem Mittelalter und während der frühen Neuzeit, vor dem Entstehen der Kirchensteuer und anderer moderner Kirchenfinanzierungsinstrumente,[14] beruhte die Finanzierung der Kirche ganz wesentlich auf wirtschaftlicher Betätigung. Dem entsprach die Ausbildung der Stiftung als zentraler kirchlicher Vermögensträgerin,[15] wobei das Stiftungsvermögen zur Erzielung von Erträgnissen unternehmerisch eingesetzt werden musste. Zunächst geschah dies – entsprechend der agrarischen Prägung weitester Bereiche Europas – als landwirtschaftliche Produktion.[16] Kirchliche Stiftungen bezogen nicht nur (Natural-)Abgaben, die Zehnten etwa, die im Übrigen zur Gewinnung von Geldeinkünften wiederum zu vermarkten waren, sondern ließen ihre landwirtschaftlichen Grundstücke bearbeiten und veräußerten die Feldfrüchte. In den Klöstern der Benediktiner und der Zisterzienser trug die Regel des Ordensgründers Benedikt den Mönchen Arbeit als materielle Lebensgrundlage der Klöster verbindlich auf,[17] wobei die Arbeit der Mönche in der Landwirtschaft bald schon durch die Beschäftigung von Landarbeitern und die Verpachtung von Grundstücken sowie andere Formen der rentenwirtschaftlichen Güternutzung ergänzt, wenn nicht ersetzt wurde.[18]

13 *Brauser-Jung* Religionsgewerbe und Religionsunternehmerfreiheit, Zum Spannungsverhältnis zw. Religion u. Wirtschaft aus wirtschaftsverwaltungsrechtl. Perspektive, 2002; Grundthesen zusammengefasst in: *ders.* Religiöse Unternehmerfreiheiten? in: Haratsch u.a. (Hrsg.) Religion und Weltanschauung im säkularen Staat, 2001, S. 151–153.

14 Zur historischen Entwicklung *Hammer* Kirchensteuer (Fn 4) S. 4–43.

15 *Hammer* Stiftung, Kath., LKStKR (Fn 5) S. 612; *ders.* Entfaltung der Stiftung zw. Stifterwille u. Stiftungsaufsicht, in: Puza u.a. (Hrsg.) Kirchliche Stiftung zwischen kirchlichem und staatlichem Recht, 2008, S. 65–87 (69 ff).

16 *Hammer* Kirchensteuer (Fn 4) S. 22.

17 Die Regel des Hl. Benedikt, hrsg. im Auftrag der Salzburger Äbtekonferenz, 8. Aufl. 1990, insb. Kap. 48, aber auch 57/1-4, 66/6-8; zu ihr: *Frank* Die Benediktusregel und ihre Auslegung bis Benedikt von Aniane, Rottenburger Jahrbuch für Kirchengeschichte 9 (1990) 11–25; *Engelmann* Das kirchliche und monastische Leben, in: Das tausendjährige St. Blasien. 200jähriges Domjubiläum, Bd. II, 1983, S. 33–55, 49 ff, 50.

18 *Sydow,* Die Zisterzienser – Entstehung und Geschichte eines Mönchordens, in: Die Zisterzienser im bad.-württ. Franken, Sonderdruck aus: Jahrbuch d. Historischen Vereins f.

Gerade aber die Klöster mit ihrem Bildungsvorsprung vor der übrigen Gesellschaft begannen besonders im späten Mittelalter damit, die landwirtschaftliche durch gewerbliche und frühindustrielle Betätigung zu ergänzen. Bekannt sind vor allem Klosterbrauereien und Mühlen, es existierten aber auch klösterliche Glashütten, Bergwerke, Salzgewinnungsanlagen, Hüttenwerke.[19] Frauenklöster trugen durch Hostienbereitung, web- und kunsthandwerkliche Arbeiten zur Bestreitung ihres Lebensunterhaltes bei.[20] Mit der – in Zentraleuropa in verschiedenen Wellen zu Ende des 18. und zu Beginn des 19. Jahrhunderts erfolgenden Säkularisation[21] – verloren die Kirchen vielfach die materielle Grundlage dieser wirtschaftlichen Betätigung, wobei Restbestände, etwa die so genannten Ökonomiepfarren oder auch Klosterbrauereien,[22] bis weit ins 20. Jahrhundert hinein Bestand hatten und verschiedentlich bis heute haben (so auch als Grundstücks- und Waldbewirtschaftung). Mit der Neugründung von Klöstern im 19. Jahrhundert, aber auch mit der Erschließung neuer kirchlicher Arbeitsfelder entstanden neue Formen wirtschaftlicher Betätigung, die sich – mit Modifikationen – bis heute erhalten haben: Ein kirchliches Verlags- und Pressewesen bildete sich aus, klösterliche Kongregationen, kirchliche Vereine und Stiftungen begründeten diakonische, caritative und Bildungseinrichtungen, etwa Schulen, Krankenhäuser, Heime, Ausbildungs- und Werkstätten für Behinderte oder elternlose und arme Kinder.[23] Besonders in Klöstern entstanden

Württembergisch-Franken, Bd. 72 (1990) S. 5–19, 11; *Rösener* Grundzüge der Wirtschaftsgeschichte d. Zisterzienserklosters Bebenhausen, in: Setzler/Quarthal (Hrsg.) Das Zisterzienserkloster Bebenhausen, 1995, S. 80–104, 82 ff; *Hummel* Kloster Schöntal, 1991, S. 84 ff; *Rudolf* in: Kruse u.a. (Hrsg.) Weingarten. Von den Anfängen bis z. Gegenwart, 1992, S. 206–211; *Spahr* Weinbau in Weißenau, in: Eitel (Hrsg.) Weißenau in Geschichte u. Gegenwart, 1983, S. 219–230.

19 *Metz* Bergbau, Hüttenwesen und gewerbl. Unternehmungen, in: St. Blasien (Fn 17) S. 67–86; *Koller* St. Peter als Salzproduzent, in: Das älteste Kloster im deutschen Sprachraum. St. Peter in Salzburg, 1982, S. 104–108; *Dopsch* Der Almkanal – eine Pionierleistung europäischer Bautechnik, ebd., S. 117–121; *Sydow* (Fn 18) S. 11; *Rösener* (Fn 18) S. 89; *Hammer* Kirchensteuer (Fn 4) S. 23 f.

20 *Diemer* Biberach, Franziskaner-Tertiarinnen, in: Zimmermann/Nicole Priesching (Hrsg.) Württembergisches Klosterbuch, 2003, S. 191 f; *Beck* Gutenzell, Zisterzienserinnen, ebd., S. 254–256, 255; *Haag* Heilbronn, Klarissen, ebd., S. 264 f.

21 *Hammer* Säkularisation, EvStL (Fn 5) Sp. 2069–2073 (mwN); Himmelein u.a. (Hrsg.) Alte Klöster neue Herren. Die Säkularisation im deutschen Südwesten 1803, 3 Bde., 2003; Marré u.a. (Hrsg.) Säkularisation und Säkularisierung 1803–2003, 2004.

22 Die Internet-Auftritte verschiedener noch bestehender (17. 10. 2007) Klosterbrauereien finden sich unter http://www.orden-online.de, dort Navigation »Klosterbetriebe«; eine Stiftung zur Förderung des Priesternachwuchses betreibt die Brauerei Bischofshof in Regensburg (http://www.bischofshof.de).

23 Vgl. nur *Weiss* Die Auferstehung der Klöster in Württemberg, in: Zimmermann/Priesching (Fn 20) S. 139–154, 141 ff; *Link/Banzhaf* Kongregation der Franziskanerinnen von Reute, ebd., S. 581 ff, 582; *Metzger/Beitel* Kongregation der Barmherzigen Schwestern vom Heiligen Vinzenz von Paul (Vinzentinerinnen), ebd., S. 598 ff, 599 ff; *Oschmann* Kongregation der Schwestern von der Buße und der christlichen Liebe, ebd., S. 577 ff, 580; *Windhab* Wallfahrt und Wohlfahrt. Die Geschichte von Heiligenbronn und seinem Klos-

handwerkliche und kunsthandwerkliche Betriebe,[24] relativ jung ist der Aufbau kirchlicher Bildungs- und Tagungshäuser. So konnte sich bis zur Gegenwart ein höchst ausdifferenziertes Bild kirchlicher Wirtschaftstätigkeit herausbilden, das – in der Summe zumindest – beachtliche Dimensionen besitzt.

4. DER AKTUELLE BEFUND: KIRCHLICHE WIRTSCHAFTSTÄTIGKEIT IN DER GEGENWART

Versucht man gegenwärtige kirchliche Wirtschaftstätigkeit in Kategorien einzuteilen, so lassen sich von ihrem grundsätzlichen Wesen her mindestens vier sehr verschiedene wichtige Gruppen feststellen,[25] die im Folgenden zur Verdeutlichung der rechtlichen Problematik darzustellen und zu erläutern sind.

a) Wirtschaftstätigkeit als Grundlage der Finanzierung kirchlichen Wirkens

Auch derzeit bietet wirtschaftliche Betätigung vielfach die materielle Grundlage kirchlichen Wirkens, oder anders gewendet: Soweit kirchliches Wirken in der Welt nicht (einigermaßen) wirtschaftlich ausgeglichen gestaltet werden kann, ist es auf Dauer nicht realisierbar. Dies gilt für viele Bereiche kirchlicher Tätigkeit. Ein Beispiel bildet das kirchliche Verlags- und Medienwesen, das unmittelbarer Ausdruck des Auftrags der Kirchen ist, das Evangelium in der Welt zu verkündigen. Können kirchlich orientierte Verlage und Medienunternehmen ihre Produkte nicht so vermarkten, dass sie keine oder nur begrenzt Zuschüsse aus Kirchensteuermitteln in Anspruch nehmen müssen, sind sie nicht überlebensfähig, da kirchliche Gelder nicht vorhanden sind, um sie im sonst notwendigen Ausmaß zu unterstützen.

Unerlässlich ist wirtschaftlich sachgerechtes Handeln sodann im caritativen oder diakonischen Bereich, zumal neuere Entwicklungen zu einem starken Abschmelzen staatlicher und kirchlicher Refinanzierungsmöglichkeiten für Einrichtungsträger geführt haben. Krankenhäuser, Altenhilfeeinrichtungen, Sozialstationen, Einrichtungen der Behindertenhilfe und Psychiatrie, der Jugendhilfe, Vorsorge- und Reha-Einrichtungen, Aus- und Fortbildungsstätten (um nur einige Beispiele zu nennen), müssen wirtschaftlich arbeiten, um bestehen zu können, und dementsprechend

ter, 2007, insb. S. 101 ff, 105 ff, 114; *Link* Die Stiftung Liebenau und ihr Gründer Adolf Aich, 1983; *Bartmann* Diakonie, EvStL (Fn 5) Sp. 368–374, 369 f.

24 *Kretz* Benediktinerinnen (OSB), in: Zimmermann/Priesching (Fn 20) S. 562 ff, 563 f; einen – sehr unvollständigen – Überblick bietet der Internet-Auftritt http://www.orden-online.de. Dort finden sich (Stand 17. 10. 2007) unter Navigation als Links Klosterbetriebe (34 Einträge), Klostermedizin, Klostermärkte (2 Einträge).

25 Eingehende Darstellung kirchlicher ökonomischer Aktivitäten bei *Brauser-Jung* Religionsgewerbe (Fn 13) S. 188 ff.

rechtlich organisiert und ausgerichtet sein.[26] Auch wenn sie nach wie vor in erheblichem Maße mit öffentlichen Mitteln finanziert werden und zumeist keine Gewinne erwirtschaften, haben sie sich zunehmend im wirtschaftlichen Wettbewerb mit anderen Anbietern zu bewähren und müssen ihre Leistungserbringung so strukturieren, dass diese möglichst wirtschaftlich, sparsam und effizient erfolgt. Und sie tragen bei Scheitern dieser Bemühungen das Risiko der Insolvenz der Einrichtung.

Nichts anderes gilt oft für den Betrieb kirchlicher Akademien und Tagungshäuser. Die Reihe der Beispiele ließe sich noch fortsetzen. Ihnen ist allen gemeinsam, dass wirtschaftliche Betätigung, Teilnahme am Wirtschaftsleben materielle Grundlage kirchlichen Wirkens ist, weil dieses weder durch kirchliche noch staatliche Haushaltsmittel ohne Rücksicht auf wirtschaftliche und sparsame Leistungserbringung finanzierbar ist. In eher geringem Maße findet kirchliche Wirtschaftstätigkeit daneben noch als historischer Restbestand der seit dem Mittelalter überkommenen Güterverwaltung statt: Die Stiftungen, die einst Grundlage der Finanzierung kirchlicher Arbeit waren und nicht oder nicht vollständig säkularisiert wurden oder ihr Vermögen durch verschiedene Geldentwertungen verloren haben, oder solche, die neu begründet wurden, erzielen durch Vermietung und Verpachtung und andere Maßnahmen der Vermögensverwaltung Einnahmen, die sie als materielle Grundlage kirchlichen Wirkens zur Verfügung stellen. Sie ergänzen die Kirchensteuer als Finanzierungsinstrument und erweitern so kirchliche Handlungsspielräume.

b) Wirtschaftstätigkeit als unterstützende Maßnahme für kirchliche Tätigkeit

Etwas verschieden von der eben dargestellten Fallgruppe ist diejenige der Wirtschaftstätigkeit zur Unterstützung anderer kirchlicher Aktivitäten. Beispiele bilden kirchliche Bank- und Versicherungseinrichtungen oder religiöse Reisen.[27] Hier erfolgt kirchliche wirtschaftliche Betätigung (jedenfalls zunächst) nicht zur Erzielung von Einnahmen, vielmehr gründen kirchliche Stellen Unternehmen, die Leistungen erbringen sollen, die sonst am Markt mit höherem Aufwand eingekauft werden müssten, um auf diese Weise kirchliche Mittel einzusparen oder besondere Sachkunde zu nutzen. Die Einnahmeerzielung kann jedoch einen Nebenzweck bilden oder bei erfolgreichem Agieren der Unternehmen sogar zum zentralen Aspekt der Unternehmenstätigkeit werden.

26 Vgl. etwa *Bangert* Wie gut sind die Träger aufgestellt? neue caritas 13/2007, 24 ff; *Nagy* Pragmatische Steuerung statt Kennzahlendschungel, neue caritas 12/2007, 28; *Ritter* BWL muss keine Fremdsprache bleiben, neue caritas, Jahrbuch 2007, S. 158 ff; *Roth* Caritas als Aufgabe der Kirche und wirtschaftliche Betriebsführung, unveröff. Vortragsmanuskipt 2002.

27 Vgl. die Darstellung bei *Brauser-Jung* Religionsgewerbe (Fn 13) S. 190 ff, 198 f.

c) Arbeit und wirtschaftliche Betätigung als religiöser Wert (»ora et labora«)

In einer weiteren Fallgruppe erscheint Arbeit und mit ihr verbundene wirtschaftliche Betätigung als religiöser Wert und dabei zwar nicht als Selbstzweck, aber doch als wesentlicher Bestandteil geistlichen Lebens. So sagt die Regel *Benedikts von Nursia*[28] in Kap. 48: »Müßiggang ist der Seele Feind. Deshalb sollen die Brüder zu bestimmten Zeiten mit Handarbeit, zu bestimmten Zeiten mit heiliger Lesung beschäftigt sein«. Von entscheidender Bedeutung ist hier die in der Kurzformel »ora et labora« zusammengefasste Einheit von Gebet und Kontemplation einerseits und Arbeit zum Erwerb der für den Lebensunterhalt notwendigen Mittel andererseits, von Ausrichtung auf das Geistliche und Verbundenheit mit dem Weltlichen. Dies bildet das Spezifikum benediktinischen Mönchtums und stellt sicher, dass die Mönche die Belange der Welt nicht aus den Augen verlieren und so in der Lage sind, die Welt geistlich zu durchdringen. Dementsprechend sind Benediktinerklöstern bis zur Gegenwart meist handwerkliche oder gewerbliche Betriebe angegliedert, von denen die Klosterbrauereien nur die populärste Erscheinungsform bilden.[29]

Mit Abweichungen im Einzelnen gilt dies auch für zahlreiche andere Orden, insbesondere für die vor allem im 19. Jahrhundert in großer Zahl gegründeten Kongregationen der Barmherzigen Schwestern und Brüder, der Schulschwestern und anderer Orden, deren Ziel einerseits ein religiöses Leben, andererseits tätige Nächstenliebe durch Erbringung caritativer und kultureller Dienstleistungen ist,[30] die aber – anders wäre ihre Tätigkeit gar nicht möglich gewesen – durch ihre Arbeit die finanziellen Mittel erarbeiten und erwirtschaften mussten (und auch heute noch müssen), um ihre Häuser und ihren Lebensunterhalt zu errichten und zu gewährleisten. Entsprechendes gilt für die Diakonissen in den evangelischen Kirchen. Für sie alle war und ist Arbeit und wirtschaftliche Betätigung nicht notwendiges Übel oder Randerscheinung ihres Wirkens, sondern zentraler, notwendiger Bestandteil ihres religiösen Lebens, das darauf abzielt, der Welt zu helfen, indem sie sich in ihr engagieren und mit den dort vorfindlichen Mitteln Gutes bewirken.

d) Wirtschaftliche Betätigung als Mittel kirchlichen Wirkens

In einer vierten Fallgruppe ist wirtschaftliche Betätigung für kirchliche, diakonische und caritative Einrichtungen notwendiges Mittel, um benachteiligten Personengruppen eine Möglichkeit zur Erwerbsarbeit zu bieten, die ihnen sonst nicht zuteil würde. Beispiele bieten Werkstätten für Behinderte, Qualifikationsmaßnahmen unter realen Arbeitsbedingungen für schwer vermittelbare Jugendliche und Beschäftigungsbetriebe zum Zwecke der Integration von Langzeitarbeitslosen in den

28 Nachw. s.o. Fn 17.
29 Nachw. in Fn 22, 24.
30 Nachw. s. Fn 23.

regulären Arbeitsmarkt.[31] Wirtschaftliche Betätigung ist hier Mittel kirchlichen Wirkens, das darauf abzielt, Arbeit für Menschen zu schaffen, weil nach dem Glauben der Kirche Teilhabe an der Arbeit ein so wichtiges Gut für den Menschen ist, dass sie als Ausdruck der Menschenwürde anzusehen ist und Arbeitslosigkeit zutiefst negative Folgen für die Persönlichkeit und die Gefahr der sozialen Ausgrenzung hervorruft.[32] Die Kirche beschränkt sich nicht darauf, politische Forderungen auf Gewährung von Arbeit für Benachteiligte zu erheben, sondern sorgt selbst für Arbeitsmöglichkeiten für diese. Damit diese Arbeit – in den Augen der Gesellschaft und derer, die sie leisten – wirklich sinnvoll ist, ist es notwendig, dass ihre Ergebnisse vermarktet werden, wobei diese Vermarktung andererseits wieder zur Finanzierung der Arbeitsmöglichkeiten beiträgt, so dass Berührungspunkte mit der ersten Fallgruppe gegeben sind. Der materielle Schwerpunkt dieser Gruppe liegt jedoch darin, dass die wirtschaftliche Betätigung aus religiöser, glaubensbedingter Motivation um der persönlichen Würde der betroffenen Menschen willen zur Schaffung von Arbeitsmöglichkeiten erfolgt, die diese vor geistiger und wirtschaftlicher Verelendung und vor sozialer Ausgrenzung bewahren.

5. Zur Kirchlichkeit kirchlicher wirtschaftlicher Betätigung

Die dargestellten gegenwärtigen wirtschaftlichen Betätigungen lassen sich (vor allem auch wegen der historischen Traditionen, in denen sie stehen) keineswegs als Rand- oder Ausnahmebereiche kirchlichen Wirkens begreifen. Vielmehr bilden sowohl die Verkündigung des Evangeliums, der das Verlags- und Medienwesen dient, als auch Caritas und Diakonie als Ausdruck tätiger christlicher Nächstenliebe unverzichtbare, zentrale Ausprägungen kirchlichen Handelns.[33] Die Arbeit der Benediktinermönche, der Barmherzigen Schwestern und der Diakonissen ist zutiefst glaubensgeleitet, wobei gerade auch der Erwerb der für den Lebensunterhalt notwendigen Mittel durch diese Arbeit ein religiöses Anliegen ist. Diese Verschränkung und

31 *Schepers* Ideenmanagement in Werkstätten: Mitdenken lohnt sich, neue caritas 11/2007, 28; *Buskotte/Meinerz* Zusatzjobber – Was tun sie bei der Caritas? neue caritas 11/2007, 25–27; *Wörner* In der Natur für den Arbeitsmarkt reifen, neue caritas, Jahrbuch 2007, S. 18–21; *Weigl* Ein Supermarkt als Mittel zum Leben, ebd., S. 289.

32 Vgl. nur: Päpstlicher Rat für Gerechtigkeit und Frieden, Kompendium der Soziallehre der Kirche, 2006, Tz. 155, 166, 275, 287 ff, 301.

33 Für die kath. Kirche: Papst *Benedikt XVI.* Enzyklika Deus Caritas est vom 25. 12. 2005, Verlautbarungen des Apostolischen Stuhls 171 (2006) insb. S. 30 ff (Tz. 22, 25); *Gebhard Fürst* (Bischof von Rottenburg-Stuttgart), Zeichenhaft handeln zum Wohle der Menschen, Neujahrsansprache 6. 1. 2006, o. J., S. 14 ff; für die evang. Kirche: *von Campenhausen* Offene Fragen im Verhältnis v. Staat u. Kirche am Ende d. 20. Jh., in: Marré u.a. (Hrsg.) Essener Gespräche z. Thema Staat u. Kirche 34 (2000) S. 105–145, 138 ff, insb. 138; *ders.* Die Kirchen als Schrittmacher, in: *ders.* Fragen zur Zeit, o. J. [2006] S. 130 f; *Bartmann* Diakonie, EvStL (Fn 5) Sp. 368–374, 368, 373 f.

Verbindung weltlicher Arbeit mit religiöser Grundhaltung ist nicht exzeptionell, sondern bezeichnend für das christliche Weltverständnis (Parallelen finden sich bei anderen Hochreligionen), das nicht von einer gänzlichen Trennung von Geistlichem und Weltlichem, nicht von weltabgekehrter Glaubensbetätigung und weltlicher Betätigung ohne religiösen Bezug geprägt wird, sondern auf glaubensgeleitetes Handeln in der Welt, auf Leben und Arbeiten gemäß den christlichen Prinzipien bei weltlicher Tätigkeit, auf Wirken der Christen und ihrer Kirche in die Welt und in die Gesellschaft hinein bei religiöser Betätigung in Verkündigung, Diakonie, Erziehung und in weiteren Bereichen angelegt ist.[34]

Damit lässt sich feststellen, dass wirtschaftliche Betätigung zentrale Bedeutung für die großen christlichen Kirchen und die ihnen angegliederten, organisatorisch selbständigen Gruppierungen und Einrichtungen besitzt. Daher stellt sich die Frage nach der notwendigen Abgrenzung zu verweltlichten Verfallserscheinungen, wie sie der Ablasshandel darstellte. Sie lässt sich nicht dadurch gewinnen, dass man fordert, dass kirchliche Wirtschaftstätigkeit nicht gewinnorientiert sein dürfe. Denn die Kongregationen, die sich kulturelle und soziale Dienstleistungen zur Aufgabe gemacht haben, müssen sehr wohl aus ihrer Tätigkeit den für ihre Lebensführung notwendigen Gewinn ziehen dürfen; es muss möglich sein, dass diakonische und caritative Einrichtungen aus einzelnen Betätigungsfeldern nachhaltige Gewinne erwirtschaften, um entweder andere damit zu bezuschussen oder die für eine sachgerechte Zukunftsvorsorge notwendigen Rücklagen bilden zu können – Kirchlichkeit des Handelns kann nicht nur dann vorliegen, wenn Gemeinnützigkeit im Sinne des Steuerrechts gegeben ist. Entscheidend müssen vielmehr zwei Kriterien sein: Kirchliche wirtschaftliche Betätigung darf sich zunächst nicht missbilligenswerter Mittel bedienen, wie sie der vorgebliche Verkauf des Seelenheils durch Ablässe, überteuerte Dienstleistungen, unseriöse Geschäftsmethoden und anderes mehr darstellen. Sodann muss die Kirche ihre wirtschaftliche Betätigung stets im Geiste der christlichen Armut ausüben, also nicht, um für sich selbst und ihre Amtsträger weltliche Reichtümer anzusammeln, sondern um der Welt und den in ihr lebenden Menschen zu helfen und ihre Güter mit ihnen zu teilen.[35]

6. VERFASSUNGSRECHTLICHE KONSEQUENZEN

a) Verfassungsgarantien des Staatskirchenrechts

Die Kirchen werden in ihrem Wirken vor allem durch die staatskirchenrechtlichen Verfassungsgarantien des Art. 4 Abs. 1 und 2 GG (die – korporative – Religions-

34 Kompendium (Fn 32) Tz. 62 ff; *Heckel* Vom Religionskonflikt zur Ausgleichsordnung, 2007, S. 63 f; *ders.* Die Kirchen unter dem Grundgesetz, VVDStRL 26 (1968) S. 5–56, 31 ff, insb. 40.

35 Dazu – aus katholischer Sicht – Kompendium (Fn 32) Tz. 44, 184, 324 f, 328 f, 540.

freiheit) sowie des Art. 137 Abs. 3 Satz 1 WRV/140 GG (das kirchliche Selbstbestimmungsrecht) geschützt. Dabei enthalten die Absätze 1 und 2 des Art. 4 GG keine trennscharf unterscheidbaren Rechte, vielmehr stellte das *BVerfG* völlig zu Recht fest, dass ein einheitliches, die Betätigung von Glauben und Religion sowie deren Ausübung umfassend schützendes Grundrecht vorliege.[36] Träger des Grundrechts sind nicht nur die Kirchen, sondern auch ihre Untergliederungen (unabhängig davon, ob sie in der Rechtsform einer Körperschaft des öffentlichen Rechts oder einer juristischen Person des Zivilrechts verfasst sind[37]), ebenso Vereinigungen, die sich nur partiell der Pflege des religiösen und weltanschaulichen Lebens widmen.[38] Geschützt ist das Wirken der Kirchen nicht nur durch organisatorisch oder institutionell mit ihnen verbundene Vereinigungen, sondern auch durch rechtlich selbständige juristische Personen, wenn und soweit ihr Zweck die Pflege oder Förderung ihres religiösen Bekenntnisses oder ihre Glaubensverkündigung ist, wobei dies abhängt von dem Ausmaß der institutionellen Verbindung mit der Kirche und der Art der mit der Vereinigung verfolgten Ziele.[39] Damit sind die Kirchen bei Gründung von GmbH, Genossenschaften oder anderen juristischen Personen – wenn diese Voraussetzungen vorliegen – durch die Glaubens- und Religionsfreiheit geschützt, ebenso, wenn sie diese als Medium ihres Wirkens in der Welt nutzen.

Das Grundrecht der Glaubens- und Religionsfreiheit schützt nicht allein die Freiheit des Glaubens und seiner Verkündigung, des Gottesdienstes und kultischer Handlungen, die Ausübung religiöser Gebote und Gebräuche, sondern in weitem und umfassendem Sinne alles, was Ausdruck des religiösen und weltanschaulichen Lebens ist, sowie allgemein die Pflege und Förderung des jeweiligen Bekenntnisses; welche Handlungen im Einzelnen erfasst sind, bestimmt sich wesentlich nach dem Selbstverständnis und der Eigendefinition einer Religionsgemeinschaft.[40] Geschützt sind also alle gemäß den Anschauungen eines Bekenntnisses religiös bedingten oder motivierten Tätigkeiten und Lebensäußerungen,[41] bei den christlichen Konfessionen

36 Hierzu – mwN zur Rspr. des BVerfG – *Heckel* Religionsfreiheit u. Staatskirchenrecht in der Rspr. des BVerfG, in: Badura/Dreier (Hrsg.) FS 50 Jahre Bundesverfassungsgericht, 2. Bd., 2001, S. 379–420, 395; *ders.* Religionsfreiheit. Eine säkulare Verfassungsgarantie, in: *ders.* Gesammelte Schriften, Bd. IV, 1998, S. 647–859, 670; *Hammer* Grundlinien des Verhältnisses zw. Kirchen u. Staat in Deutschland, in: Marga u.a. (Hrsg.) Religion zwischen Kirche, Staat und Gesellschaft, 2007, S. 31–52, 43.

37 *Heckel* FS BVerfG (Fn 36) S. 396 f.

38 BVerfGE 24, 236 ff – *Aktion Rumpelkammer*; BVerfGE 46, 73 ff – *Goch*.

39 BVerfGE 24, 236 ff, 246 f; 46, 73 ff.

40 BVerfGE 24, 236; BVerfG DÖV 2007, 202 – *Mun*; ebenso *Heckel* Ges. Schr. IV (Fn 36) S. 674 f, 680 ff, 689 ff; *ders.* FS BVerfG (Fn 36) S. 394, 401 ff; *Hollerbach* Die Kirchen unter dem Grundgesetz, VVDStRL 26 (1968) 57–106, 60 f; vgl. auch *Robbers* Staat und Religion, VVDStRL 59 (2000) 232–263, 236.

41 BVerfG, NJW 2003, 2815 – *Kopftuch bei Verkäuferin*; BVerfGE 108, 282 – *Kopftuch bei Lehrerin*; BVerfG, NJW 2002, 663; BVerfG, NJW 2002, 1485 – *Schächten als Ausdruck einer religiösen Grundhaltung*; *Heckel* Ausgleichsordnung (Fn 34) S. 63 f.

damit auch dem Nächstenliebegebot entspringende Betätigungen.[42] Schon deshalb unterfällt kirchliche wirtschaftliche Betätigung in den beiden oben dargestellten Fallgruppen c) und d) (Arbeit und wirtschaftliche Betätigung als religiöser Wert, wirtschaftliche Betätigung als Mittel kirchlichen Wirkens) dem Schutz des Art. 4 Abs. 1 und 2 GG. Dasselbe muss aber auch für die erste Fallgruppe gelten, wenn und soweit die wirtschaftliche Betätigung notwendige Voraussetzung für kirchliches Wirken ist und religiös motiviert erfolgt, um dieses zu ermöglichen.

Der Schutzbereich des Art. 137 Abs. 3 Satz 1 WRV/140 GG kann im freiheitlichen, säkularisierten und pluralistischen Staat, der sich mit keiner Religion und Weltanschauung identifiziert,[43] aber jeder von ihnen – sofern sie diese nicht missbrauchen – Freiheit zu Entfaltung und Betätigung gewährt, nur aus dem Grundanliegen der Freiheit kirchlichen und religionsgemeinschaftlichen Wirkens insgesamt abgeleitet werden:[44] Freiheit der Kirche im Staat kann nur Freiheit der Kirche zur Entfaltung gemäß ihren eigenen – und nicht staatlichen oder fremden – Vorstellungen bedeuten, muss also von ihrem Selbstverständnis ausgehen und daher den christlichen Kirchen Freiheit zum Wirken in der Welt entsprechend ihrem Auftrag, ihrer Sendung, die sie aus dem Evangelium beziehen, garantieren. Entsprechend der Weite des kirchlichen Handlungsauftrages und der Aufgabe des freiheitlichen Verfassungsstaates, Freiheit zur Selbstentfaltung (wenn auch in Verantwortung vor der im Staat lebenden und verfassten Gemeinschaft) zu gewähren,[45] ist der Schutzbereich des kirchlichen Selbstbestimmungsrechtes sehr weit gefasst und diesem Auftrag angemessen dimensioniert.[46] Dies hat die Konsequenz, dass alle vier dargestellten Fallgruppen kirchlicher wirtschaftlicher Tätigkeit dem Schutz des kirchlichen Selbstbestimmungsrechtes unterfallen, weil sie dem Wirken und der Entfaltung der Kirchen in Freiheit entsprechend ihrer eigenen Konzeption dienen.

Auch wenn wirtschaftliche Betätigung bei den großen Religionen, die in Europa von Bedeutung sind, in eher begrenztem Maße zu beobachten ist, kann den religiösen Freiheitsrechten, wie sie das *BVerfG* auslegt, kaum entnommen werden, dass sich Religionsgemeinschaften nicht durch Wirtschaftstätigkeit finanzieren dürfen. Wenn es ihrem religiösen Selbstverständnis entspricht, dass sie und religiöse Amtsträger sich von ihrer eigenen Arbeit ernähren sollen, steht dies unter dem Schutz der Verfassung. Eine Grenze dürfte erst erreicht sein, wenn nicht mehr ein angemessener Lebensunterhalt, sondern hohe Gewinne erwirtschaftet werden sollen, weil

42 BVerfGE 24, 236 – *Aktion Rumpelkammer*.

43 Zur Säkularisierung des Staates und ihren Konsequenzen für die Staatszwecke und -aufgaben: *Heckel* Ausgleichsordnung (Fn 34) S. 37 ff; *Isensee* Kirche und Staat am Anfang des 21. Jahrhunderts, ÖARR 2006, 21–63, 23 ff; *Hammer* Grundlinien (Fn 36) S. 47; *ders.* Kirchensteuer (Fn 4) S. 206 ff.

44 *K. Hesse* Das Selbstbestimmungsrecht der Kirchen u. Religionsgemeinschaften, HdbStKR, 1. Bd. (Fn 6) S. 521–559, 531.

45 *Chr. Starck* Vom Grund des Grundgesetzes, 1979, S. 46 ff.

46 *Heckel* VVDStRL 26 (Fn 34) 41; eingehend zum Schutzbereich *Neureither* Recht und Freiheit im Staatskirchenrecht, 2002, 149 ff.

dann eine missbräuchliche Berufung auf religiöse Freiheit vorliegt und diese nur den Vorwand für andere Ziele bildet.

b) Wirtschaftliche Grundrechte und kirchliche Wirtschaftstätigkeit

Wären die Kirchen nicht – in besonderem Maße – in ihrem Wirken durch die religiösen Freiheitsrechte der Verfassung geschützt, könnte kein Zweifel daran bestehen, dass sie bei von ihnen initiierter Wirtschaftstätigkeit unter dem Schutz der im Grundgesetz niedergelegten Grundrechte stünden, die allgemein wirtschaftliche und unternehmerische Freiheit gewährleisten. Auf Einzelheiten kann hier nicht eingegangen werden, es genügt, in aller Kürze festzuhalten, dass Art. 12 Abs. 1 Satz 1 i.V.m. 19 Abs. 3 GG auf wirtschaftlichen Erwerb gerichtete Tätigkeiten und Art. 14 Abs. 1 Satz 1 GG das dadurch Erworbene ebenso wie den eingerichteten und ausgeübten Gewerbebetrieb als Grundlage eines solchen Erwerbs schützen. Art. 2 Abs. 1 GG erfasst wirtschaftlich relevante Betätigungen, die nicht Art. 12 Abs. 1 GG oder einem sonstigen speziellen Grundrecht unterfallen.[47] Insoweit kommt Art. 5 Abs. 3 Satz 1 GG bei künstlerischen Produkten (wie sie Klosterwerkstätten herstellen) in Betracht – im Ergebnis besteht jedenfalls ein lückenloser Grundrechtsschutz im wirtschaftlichen Bereich.

c) Grundrechtskonkurrenzen, Verfassungsschranken

Damit stellt sich die Frage, ob für kirchliche Wirtschaftstätigkeit allein die religiösen Freiheitsgarantien zur Anwendung kommen, weil sie – als die spezielleren oder sachnäheren Grundrechte – die wirtschaftlichen verdrängen,[48] oder ob beide nebeneinander gelten, so dass kirchliche Arbeit durch ein Zusammenwirken beider Schutz erfährt. Diese Frage kann nicht unabhängig von der grundsätzlichen Freiheitskonzeption des Grundgesetzes beantwortet werden. Dieses hat nicht einzelne Freiheiten streng begrenzt und exakt umrissen durch einzelne Grundrechte eingeräumt, sondern insgesamt eine – durch die Grundrechte lediglich in vielfältiger Weise konkretisierte und in einzelnen Hinsichten besonders ausgeformte – Wertordnung errichtet, deren zentrales Ziel der Schutz der freien Entfaltung der innerhalb der sozialen Gemeinschaft autonom sich entfaltenden menschlichen Persönlichkeit und ihrer Würde bildet.[49] Sie ist durch ein System sich gegenseitig ergänzender und dadurch einander in ihrer Geltungskraft verstärkender Rechtsgewährleistungen

47 S. dazu nur (mwN) *Brauser-Jung* Religionsgewerbe (Fn 13) S. 242 ff, 246 f, 275 f.
48 So *Brauser-Jung* in: Haratsch (Fn 13) S. 153 (These VII.–IX.).
49 BVerfGE 7, 198 ff, 205; *Heckel* Ges. Schr., Bd. IV (Fn 36) S. 702 ff; *P. Kirchhof* Die verfassungsrechtl. Grundlagen des deutschen Kirchensteuersystems, in: Seer/Kämper (Hrsg.) Bochumer Kirchensteuertag, 2004, S. 11–25, 12 f; *Scholz* Deutschland in guter Werte-Verfassung? in: Wertewandel – Rechtswandel. Perspektiven auf die gefährdeten Voraussetzungen unserer Demokratie, 1997, S. 51–66, 53 ff.

gekennzeichnet.[50] Soweit die jeweiligen Voraussetzungen gegeben sind, gilt dies für die verschiedenen Freiheitsgarantien, besonders auch diejenigen des Art. 4 Abs. 1 und 2 GG sowie des Art. 137 Abs. 3 Satz 1 WRV/140 GG.[51] Beide besitzen zumindest teilweise unterschiedliche Voraussetzungen und knüpfen hieran zumindest teilweise unterschiedliche Rechtsfolgen, nicht um miteinander zu konkurrieren, sondern um möglichst umfassend religiöse, kirchliche Freiheit zu gewährleisten.

Für das Verhältnis der wirtschaftlichen Freiheitsgarantien zu den religiösen kann aber nichts anderes gelten als für diese untereinander. Auch insoweit will das Grundgesetz nicht restriktiv eine möglichst scharfe, Zweifel erst gar nicht zulassende Umgrenzung des Freiheitsraumes erreichen, sondern durch das Zusammenwirken verschiedener, sich wechselseitig ergänzender und verstärkender Garantien einen weiten Raum der Freiheit bereitstellen, in dem Kirchen und Religion sich ihrem Selbstverständnis entsprechend ohne ängstliche Bevormundung frei zu entfalten vermögen. Dies bedeutet aber, dass sich religiöse und wirtschaftliche Freiheitsgarantien nicht auf der Ebene der Gesetzeskonkurrenz verdrängen können, vielmehr wirken sie zusammen und unterstützen sich in ihren Wirkungen gegenseitig. Sie sind auch deshalb nebeneinander anzuwenden, weil sie unterschiedliche Aspekte einer religiös motivierten Tätigkeit und eines Erwerbsvorgangs erfassen und so erst dessen umfassenden, lückenlosen Schutz durch die Verfassung ermöglichen können: Werkstätten für Behinderte oder sonst Benachteiligte sind nicht allein religiös motiviert, sondern dienen gerade auch der beruflichen Entfaltung der dort Arbeitenden, deren Menschenwürde und Achtungsanspruch dadurch gestärkt wird, dass sie Anteil an der Erwerbsarbeit erhalten – beides verdient je für sich den Schutz der Verfassung.

Für die Frage der Grundrechtsschranken kann die Freiheitskonzeption durch sich gegenseitig ergänzende und erweiternde Freiheitsgarantien ebenfalls nicht folgenlos bleiben. Zwar können nicht einfach die Schranken eines Grundrechts auf andere in concreto anwendbare Grundrechte übertragen werden, doch ist zu berücksichtigen, dass sich die Kirchen unter dem Schutz der Verfassung auch außerhalb des eigentlichen Bereichs religiöser Freiheit bewegen dürfen. Damit haben sie die für alle andern dort Agierenden um konkurrierender Rechtsgüter willen bestehenden Freiheitsbeschränkungen ebenso wie diese hinzunehmen, *wenn und soweit* diese nicht gerade die religiösen Momente der Betätigung und damit die religiöse Freiheit selbst beeinträchtigen. Ist das der Fall, sind sie im Lichte der Glaubens- und Religionsfreiheit und des kirchlichen Selbstbestimmungsrechts einer besonderen Bewertung und Abwägung mit den religiösen Freiheitsgarantien zu unterziehen, die alle hierfür entwickelten Voraussetzungen zu beachten haben. Andernfalls haben die Kirchen die zum Schutze der Rechte anderer bestehenden Freiheitsbeschränkungen der

50 BVerfGE 7, 198 ff, 205.

51 *Heckel*, Ges. Schr., Bd. IV (Fn 36) S. 670; *ders.* FS BVerfG (Fn 36) S. 409; *ders.* VVDStRL 26 (Fn 34) 12 ff; *Germann* Selbstbestimmung, Selbstbestimmungsrecht (J), EvStL (Fn 5) Sp. 2129–2137, 2133 f.

Verfassungsordnung so hinzunehmen, wie sie alle anderen Grundrechtsträger ebenfalls akzeptieren müssen.

7. ERGEBNIS DER ÜBERLEGUNGEN

Wirtschaftliche Betätigung ist nicht nur als Sonderfall und in besonderen Bereichen kirchlichen Wirkens zulässig, sondern ein wichtiges Instrument kirchlicher Arbeit auf den verschiedensten Gebieten. Sie ist keineswegs allein kostendeckend oder – im Sinne des Steuerrechts – gemeinnützig auszugestalten, sie muss sich aber konsequent von der Rechtsordnung nicht missbilligter Mittel bedienen und ist im Geiste christlicher Armut auszuüben, darf also nicht dazu führen, dass sich Kirchen oder ihre Amtsträger weltliche Reichtümer ansammeln. Vielmehr hat sie den Zweck zu verfolgen, der Welt und den in ihr lebenden Menschen zu helfen. Bei nichtchristlichen Religionsgemeinschaften ist deren Selbstverständnis entscheidend. Eine Grenze ist aber stets erreicht, wenn hohe Gewinne erwirtschaftet werden, weil dann die Berufung auf die Religion den Vorwand für andere Ziele bildet.

Kirchliche wirtschaftliche Betätigung steht, wenn sie religiös motiviert ist, unter dem Schutz des Art. 4 Abs. 1 und 2 GG, sonst nur unter dem des kirchlichen Selbstbestimmungsrechts (Art. 137 Abs. 3 Satz 1 WRV/140 GG), weiterhin unterfällt sie den Gewährleistungen aller Grundrechte, die wirtschaftlich relevante Sachverhalte erfassen (Art. 12 Abs. 1 GG für den wirtschaftlichen Erwerb, Art. 14 Abs. 1 Satz 1 GG für das Erworbene, Art. 2 Abs. 1 GG soweit keine speziellen Garantien eingreifen). Die Schutzwirkungen dieser verschiedenen von der Verfassung gewährten Rechte sind nicht sektoral gegeneinander abzugrenzen, sondern schützen einerseits unterschiedliche Aspekte des Erwerbsvorgangs, andererseits ergänzen und verstärken sie sich untereinander, weil die freiheitliche Wertordnung des Grundgesetzes durch ein System sich gegenseitig ergänzender und einander in ihrer Geltungskraft verstärkender Rechtsgewährleistungen gekennzeichnet ist.

Die »Sozialklausel« im Postrecht

Systemwidrige Beschränkung unternehmerischer Betätigung oder Ausgangspunkt für generell festzuschreibende Mindestarbeitsbedingungen im Sozialstaat des GG?

LUDWIG GRAMLICH

I. ANLASS DER GEGENWÄRTIGEN DEBATTE

1. Nach Veröffentlichung des Vorschlags der Kommission für eine grundlegende Revision der EG-Postrichtlinie[1] vom Herbst 2006, mit dem ab 1. Januar 2009[2] sämtliche noch bestehenden Monopol- und besonderen Rechte im Postsektor beseitigt werden sollten (Art. 7 Abs. 1 n.F.),[3] hat auch in Deutschland wieder die Diskussion eingesetzt, ob es sinnvoll oder sogar angezeigt sei, durch Änderung des geltenden Postgesetzes das »Briefmonopol«, d.h. die bis 31. Dezember 2007 der Deutschen Post AG (DPAG) gesetzlich erteilte, befristete Exklusivlizenz für die gewerbsmäßige Beförderung von »Briefsendungen« (§ 4 Nr. 2 Satz 1 PostG[4]) und adressierten Katalogen mit einem Einzelgewicht bis zu 50 g und einem Einzelpreis bis 1,37 Euro, ein weiteres Mal (nach 2001[5]) zu verlängern. Als Grund dafür wird zum einen die Notwendigkeit angeführt, auch weiterhin einen (bisher allein von der DPAG vorgehaltenen[6]) qualitativ hochwertigen Universaldienst zu gewährleisten;

1 Richtlinie 97/67/EG des Europäischen Parlaments und des Rates vom 15. 12. 1997 über gemeinsame Vorschriften für die Entwicklung des Binnenmarktes der Postdienste der Gemeinschaft und die Verbesserung der Dienstequalität, ABl EG L 15 vom 21. 1. 1998, S. 14.

2 Dieses Datum wurde auf der Grundlage einer politischen Einigung zwischen Europäischem Parlament und Rat um zwei Jahre auf 1. Januar 2011 hinausgeschoben; s. Council of the EU, Press Release 13066/07 (Provisional Version), 1./2. 10. 2007, S. 7 (»Internal market of Community postal services«); Art. 2 der Änderungsrichtlinie 2008/6/EG vom 20. 2. 2008, ABl EU L 52 vom 27. 2. 2008, S. 3.

3 Vorschlag für eine Richtlinie des Europäischen Parlaments und des Rates zur Änderung der Richtlinie 97/67/EG über die Vollendung des Binnenmarktes für Postdienste, KOM(2006) 594 endg. vom 18. 10. 2006; zur Begründung ebd., S. 4.

4 Postgesetz vom 22. 12. 1997, BGBl I S. 3294.

5 Vgl. Art. 1 des Ersten Gesetzes zur Änderung des Postgesetzes vom 2. 9. 2001, BGBl I S. 2271; aus ökonomischer und rechtlicher Sicht ablehnend bereits *Blankart/Gramlich* Wirtschaftsdienst 81 (2001) 149 ff.

6 Hierzu ist dieses Unternehmen aufgrund von § 52 PostG (i.d.F. von Art. 2 Nr. 2 des Zweiten Gesetzes zur Änderung des PostG vom 30. 1. 2002, BGBl I S. 572) explizit für den Zeitraum der Exklusivlizenz verpflichtet; vgl. *Gramlich* CR 2002, 654, 656.

vor allem aber wird geltend gemacht, eine Öffnung auch dieses bislang noch »reservierten Bereichs« solle nur im Gleichschritt mit der Gesetzgebung und Praxis in den anderen (wichtigen) EG-Staaten vor sich gehen, um Wettbewerbsverzerrungen zulasten deutscher Postunternehmen, insbesondere der DPAG, zu vermeiden.[7]

2. Im zeitlichen Zusammenhang mit dieser Liberalisierungsdiskussion ist ein zweites Thema in den Vordergrund des öffentlichen Interesses gerückt – die Frage, ob und wie »soziale Belange« bei der »Regulierung«[8] des Postsektors ausreichend berücksichtigt werden, insbesondere ob die Arbeitsbedingungen der Beschäftigten bei *allen*, auch den neuen Postunternehmen angemessen seien. Die Statuierung einer »Sozialklausel« für den Post-, insbesondere den Briefsektor hat dabei rasch eine allgemeinere Debatte um eine Anhebung von Niedrig- bzw. eine Festsetzung von Mindestlöhnen[9] herbeigeführt, um Gefahren einer »Prekarisierung« größerer Gruppen von Arbeitnehmern gegenzusteuern.[10] Auf deren (Zwischen-)Ergebnisse soll am Ende dieses Beitrags kurz eingegangen werden (VI.).

II. RECHTLICHE GRUNDLAGEN FÜR EINE »SOZIALKLAUSEL« IM POSTRECHT

1. Die bisherige Fassung der EG-Postrichtlinie (2002/39/EG)[11] verweist in ihren Erwägungsgründen darauf, dass Maßnahmen im Bereich der »Postdienste« (Art. 2 Nr. 1 des Rechtsaktes) so gestaltet werden sollten, dass auch die sozialen Aufgaben nach Art. 2 EG-Vertrag als Ziele verwirklicht werden (Nr. 5). In ihrem normativen Teil ist eine entsprechende Vorschrift bisher nicht enthalten. Im Rahmen der Neufassung der Richtlinie will das Europäische Parlament dagegen eine Regelung dahingehend erreichen, dass die Mitgliedstaaten in dem vorher reservierten Bereich der Briefsendungen Maßnahmen im Einklang mit dem Gemeinschaftsrecht ergreifen dürfen, um die Arbeitsbedingungen in diesem Bereich zu erhalten. Denn ein

7 Dazu etwa CEP, Gutachten zur Aufhebung des Briefmonopols der Deutschen Post AG zum 1. Januar 2008, o.J. (2007) S. 10 f; *Brandt/Drews/Schulten* WSI-Mitteilungen 2007, 266, 267; *Neumann* wik Newsletter 66, März 2007, S. 1 f; *Stulz-Herrnstadt* N&R 2007, 60, 61.

8 Dazu *Stober/Moelle/Müller-Dehn* in: Stern (Hrsg.) Postrecht der Bundesrepublik Deutschland – Kommentar, 1997, § 1 PTRegG Rn 11 f; *Gramlich* Postrecht im Wandel, 1999, S. 21.

9 S. nur *Baumhaus* BB 2007, H. 35, S. I; *Funk* wisu 2007, 192.

10 Vgl. Input Consulting, Liberalisierung und Prekarisierung – Beschäftigungsbedingungen bei den neuen Briefdienstleistern in Deutschland, Dez. 2006, S. 13 ff, 80 ff; ferner *Manske/Heil* BldtintPol 2007, 995 ff (zum »Niedriglohnsektor als Boombranche«).

11 »Zur Änderung der Richtlinie 97/67/EG im Hinblick auf die weitere Liberalisierung des Marktes für Postdienste in der Gemeinschaft« vom 10. 6. 2002, ABl EG L 176 vom 5. 7. 2002, S. 21.

fairer Wettbewerb könne nur funktionieren, wenn ein Mindeststandard an sozialer Sicherheit für alle Beschäftigten in diesem Sektor gewährleistet sei.[12]

2. Das geltende Postgesetz (vom 22. Dezember 1997) nimmt an drei Stellen auf »soziale« Aspekte Bezug:

- Die »Berücksichtigung sozialer Belange« ist nach § 2 Abs. 2 Nr. 5 ein (am Ende der Auflistung angeführtes) »Ziel« der Regulierung, das schon in der Vorgängerregelung von 1994[13] enthalten war.
- Als Voraussetzung (im Sinne eines Versagungsgrundes) für die Erteilung einer nach § 5 Abs. 1 PostG erforderlichen Lizenz wird (ebenfalls an letzter Stelle) gem. § 6 Abs. 3 Satz 1 Nr. 3 PostG gefordert, dass keine »Tatsachen die Annahme rechtfertigen, dass der Antragsteller die wesentlichen Arbeitsbedingungen, die im lizenzierten Bereich üblich sind, nicht unerheblich unterschreitet«. Ansonsten muss die Lizenz zur Briefbeförderung antragsgemäß erteilt werden (§ 6 Abs. 1 Satz 3 PostG). Wird diese »Sozialklausel«[14] erst nach der Lizenzerteilung nicht beachtet, so ist die Bundesnetzagentur[15] berechtigt, nach einer erfolglos gebliebenen Aufforderung zur Korrektur des Mangels die Lizenz nachträglich zu widerrufen (§ 9 PostG i.V.m. § 49 VwVfG). § 6 PostG gilt nur für Lizenzen, die von der Bundesnetzagentur erteilt werden, nicht – jedenfalls nicht ausdrücklich – auch im Rahmen der gesetzlichen Exklusivlizenz der DPAG.[16]
- Ein sachlich gerechtfertigter Grund dafür, von den in § 20 Abs. 2 Satz 1 PostG genannten Kriterien für die Entgeltregulierung bei marktbeherrschenden Lizenznehmern abzuweichen, sind nach § 20 Abs. 2 Satz 2 PostG »insbesondere« auch die »Kosten für die Einhaltung der wesentlichen Arbeitsbedingungen, die

12 Vgl. Begründung zum Vorschlag, in Art. 9 einen Abs. 3a einzufügen (Änderungsantrag 17): EP, Ausschuss für Verkehr und Fremdenverkehr, Entwurf eines Berichts (*M. Ferber*), Dok. 2006/0196 (COD) vorl. vom 12. 3. 2007; abgeschwächt übernommen in Art. 9 Abs. 2 UAbs. 2 5. Spiegelstrich der Neufassung (Fn 2) i.V.m. Erwägungsgrund 53, 1996 scheiterte ein ähnlicher Vorstoß in Bezug auf den Rechtsakt von 1997 (s. BeckPostG-Komm/*v. Danwitz* EUGrdl Rn 7).

13 Mit identischem Wortlaut; dazu *Stober/Moelle/Müller-Dehn* in: Stern (Fn 8) § 2 PTRegG Rn 56 f; ferner *Badura* Beck'scher PostG-Kommentar, 2000, § 2 Rn 30 f.

14 So BeckPostG-Komm/*Badura* § 6 Rn 26; *Säcker* Soziale Schutzstandards im Postregulierungsrecht, Jan. 2007, S. 5. *Jochum* Zur Frage der Verfassungsmäßigkeit des Lizenzversagungsgrundes § 6 Abs. 3 Satz 1 Nr. 3 PostG, 2000, S. 80, will die Vorschrift hingegen »ausschließlich als wettbewerbsregulierende Norm [...] qualifizieren«.

15 Die Umbenennung der bisherigen »Regulierungsbehörde für Telekommunikation und Post« in »Bundesnetzagentur für Elektrizität, Gas, Telekommunikation, Post und Eisenbahnen« (Bundesnetzagentur, BNetzA) erfolgte mit Wirkung vom 13. 7. 2005 durch Art. 2 des Zweiten Gesetzes zur Neuregelung des Energiewirtschaftsrechts vom 7. 7. 2005, BGBl I S. 1970.

16 Dazu bereits krit. *Gramlich* NJW 1998, 866, 869; *ders.* (Fn 8) S. 39; ebenso *Säcker* (Fn 14) S. 33.

im lizenzierten Bereich üblich sind«.[17] Hierauf nimmt dann § 3 Abs. 4 Satz 3 PEntgV[18] für das Einzelgenehmigungs- und § 4 Abs. 2 Ziff. 3 PEntgV für das *price cap*-Verfahren Bezug.[19]

III. INHALT UND REICHWEITE DER KOMPETENZEN DER BUNDESNETZAGENTUR NACH DEM POSTG

1. Die Aufnahme, Änderung oder Beendigung eines Betriebs, in dessen Rahmen »Postdienstleistungen« (§ 4 Nr. 1 PostG) erbracht werden, ist regelmäßig nicht lizenz-, sondern nur anzeigepflichtig (§ 36 Satz 1 PostG). Wird eine Anzeige schuldhaft unterlassen oder verzögert, kann die Bundesnetzagentur darauf lediglich mit einem Bußgeld (bis zu 500 000 Euro) reagieren (§ 49 Abs. 1 Nr. 4 b) und Abs. 2, § 50 PostG). Eine Gewerbeuntersagung (entsprechend § 35 GewO) ist insoweit im Postgesetz nicht vorgesehen; ganz allgemein stellt diese primär auf »Unzuverlässigkeit« ab, ein Kriterium also, das in § 6 PostG neben (und vor) der »Sozialklausel« verwendet wird (§ 6 Abs. 3 Satz 1 Nr. 1 und Satz 2 Nr. 2).[20]

Einer behördlichen Erlaubnis durch die Bundesnetzagentur bedürfen dagegen nur Personen oder Unternehmen im »lizenzierten Bereich« (§ 5 PostG). Dieser umfasst weder den gesamten Postsektor noch auch nur den »Universaldienst« nach § 11 PostG, § 1 PUDLV,[21] sondern lediglich einen Teil der Briefbeförderung, nämlich die gewerbsmäßige »Beförderung« (§ 4 Nr. 3) von »Briefsendungen« (Nr. 2 ebd.) für andere. Nur für die insoweit notwendige Lizenz – deren Einholung ebenfalls mittelbar über eine Bußgeldsanktion erzwungen werden kann (§ 49 Abs. 1 Nr. 1 und Abs. 2 PostG) – müssen beim Zutritt zum und während der Tätigkeit am Markt sämtliche Voraussetzungen des § 6 Abs. 3 PostG erfüllt werden.

Bei der gesetzlichen Exklusivlizenz der DPAG sieht das Postgesetz weder dieselben noch ähnliche Voraussetzungen vor; allein dem Gesetzgeber – nicht aber der Bundesnetzagentur und auch nicht dem Bundeswirtschaftsminister im Rahmen des § 55 PostG – ist es hier möglich zu entscheiden, ob und wie er auch diesem Unternehmen gegenüber auf eine Nicht-Einhaltung von Mindestarbeitsbedingungen reagieren will. Erbringt die DPAG allerdings – wie bisher – auch postalische Dienstleistungen im »lizenzierten« oder im nur anzeigepflichtigen Bereich,[22] muss sie in-

17 Vgl. BeckPostG-Komm/*Sedemund/v. Danwitz* § 20 Rn 126; zur Verknüpfung mit § 6 Abs. 3 S. 1 Nr. 3 PostG *Säcker* (Fn 14) S. 18 Fn 57.
18 Post-Entgeltregulierungsverordnung vom 22. 11. 1999, BGBl I S. 2386.
19 Dazu näher BeckPostG-Komm/*Sedemund/v. Danwitz* § 21 Rn 8 ff.
20 Vgl. hierzu BeckPostG-Komm/*Badura* § 6 Rn 22 f.
21 Post-Universaldienstleistungsverordnung vom 15. 12. 1999, BGBl I S. 2418.
22 DPAG, Produkte A–Z; http://www.deutschepost.de/dpag?tab=1&skin=hi&check=yes&lang=de_DE&xmlFile=1015499.

soweit wie jedes andere Unternehmen die Vorschriften der §§ 5 ff und § 36 Satz 1 PostG einhalten.[23]

2. Die in § 6 Abs. 3 PostG normierten drei Versagungsgründe für eine Lizenzerteilung sind abschließend. Sie stellen eine legitime »subjektive« Berufszugangsregelung dar, bei deren Erfüllung nach § 6 Abs. 1 Satz 3 PostG ein Rechtsanspruch auf antragsgemäße Erteilung der Erlaubnis zur Aufnahme der beantragten Briefbeförderungsleistungen besteht.[24]

Jeder Versagungsgrund ist nach § 9 Abs. 1 PostG als Anforderung ausgestaltet, die für die gesamte Dauer der lizenzierten Aktivität einzuhalten ist. Daraus ergibt sich die Notwendigkeit einer laufenden Überwachung durch die Bundesnetzagentur, ob ein Lizenznehmer seinen Verpflichtungen auch aus § 6 Abs. 3 Satz 1 Nr. 3 PostG nachkommt. Insoweit kann die Behörde Auskunfts-, Einsichts- und Prüfungsbefugnisse gegenüber Lizenznehmern und anderen im Postwesen tätigen Unternehmen auf § 45 Abs. 1 PostG stützen.[25] Zur Sicherstellung, dass die Regulierungsziele – nicht zuletzt § 2 Abs. 2 Nr. 5 PostG – beachtet werden, kann die Bundesnetzagentur die Lizenz auch sowohl bei der Erteilung als auch später mit Nebenbestimmungen verknüpfen, etwa mit der Auflage, in regelmäßigen Abständen nachzuweisen, dass und wie die Voraussetzungen (auch) des § 6 Abs. 3 Satz 1 Nr. 3 PostG eingehalten werden. Diese Befugnis widerspricht nicht der Verpflichtung, eine Lizenz bei Fehlen von Versagungsgründen zu erteilen; sie gewährleistet vielmehr, dass eine Lizenz überhaupt erteilt (und später nicht widerrufen) werden darf, und entspricht daher der allgemeinen Regelung des § 36 Abs. 1 VwVfG.[26]

Die nachträgliche Aufhebung einer rechtmäßig erteilten Lizenz ist gem. § 9 Abs. 1 PostG nur zulässig, wenn der betreffende Lizenznehmer einer Aufforderung der Bundesnetzagentur, seinen Verpflichtungen (auch aus § 6 Abs. 3 Satz 1 Nr. 3 PostG) ordnungsgemäß nachzukommen, nicht innerhalb der ihm gesetzten (angemessenen) Frist nachgekommen ist; dieser Widerrufsgrund tritt neben die allgemeinen, in § 49 Abs. 2 VwVfG normierten.[27] Ein milderes Mittel im Verhältnis zu einem Widerruf kann auch die Ergänzung der Lizenz durch nachträgliches Beifügen einer Nebenbestimmung sein. Auf diese Weise könnte die Bundesnetzagentur jeweils *einzelnen* Lizenznehmern gegenüber auch auferlegen, ihren Beschäftigten gegenüber bestimmte (die »üblichen« nicht erheblich unterschreitenden) Mindestlöh-

23 So wohl auch BeckPostG-Komm/*Badura* § 5 Rn 1, 8; BeckPostG-Komm/*Stern* § 36 Rn 4 f.

24 BeckPostG-Komm/*Badura* § 6 Rn 3, 19; *Säcker* (Fn 14) S. 22 ff.

25 Zu einer (aufgrund einer Entscheidung des VG Köln vom 13. 8. 2007, Az. 22 L 1042/07, N & R, 2008, 46 ff), leicht nachgebesserten Auskunftsanordnung im Hinblick auf »im Briefmarkt übliche Arbeitsbedingungen« s. http://www.bundesnetzagentur.de/enid/c96d45e3f70ff255f4271bd3e5ec538b,0/Regulierung_Postmarkt/Auskunftsanordnung_3sc.html; ferner OVG Münster N & R 2008, 48 f mit Anm. *Gramlich*.

26 Dazu nicht völlig konsistent BeckPostG-Komm/*Badura* § 6 Rn 20 und 32.

27 BeckPostG-Komm/*Badura* § 9 Rn 4.

ne oder andere Mindestarbeitsbedingungen (oberhalb gesetzlicher Regelungen) einzuhalten. Würde eine derartige Auflage auch nach einer entsprechenden Mahnung mit Fristsetzung nicht erfüllt, wäre dies dann ein selbstständiger Widerrufsgrund (§ 49 Abs. 2 Satz 1 Nr. 2 VwVfG).[28]

3. Die Bundesnetzagentur besitzt daher (seit Inkrafttreten des geltenden PostG) die Zuständigkeit zur Kontrolle der Einhaltung der Mindest-Arbeitsbedingungen im »lizenzierten Bereich« und zur Sanktionierung bei Nichteinhaltung. Allerdings kann eine Erfüllung von Auskunftspflichten zwar mittels Verwaltungszwangs durchgesetzt werden, jedoch ist bei Zuwiderhandlung gegen die Mitwirkungsverpflichtungen aus § 45 PostG kein Bußgeld vorgesehen.

Die Bundesnetzagentur ist jedoch *nicht* befugt, Standard- oder Mindest-Arbeitsbedingungen gegenüber allen oder auch nur einzelnen Lizenznehmern anzuordnen (im Unterschied etwa zu ihrer Befugnis, Standardangebote von SMP-Unternehmen[29] im Vergleich zu Nachfragern nach Zugangsleistungen im TK-Sektor vorzuschreiben und auszugestalten[30]). Für eine verbindliche Anordnung solcher Bedingungen sind, soweit dies überhaupt unter den Aspekten der Vertrags-, Koalitions-, Berufs- und Eigentumsfreiheit (Art. 2 Abs. 1, 9 Abs. 3, 12 Abs. 1, 14 Abs. 1 GG) zulässig ist, allein andere staatliche Stellen unter anderen Voraussetzungen zuständig, etwa das Bundesministerium für Arbeit und Soziales nach § 5 TVG[31] oder nach § 1 Abs. 3a AEntG.[32]

4. Die Bundesnetzagentur prüft bislang – nach einem jeweils in ihrem Amtsblatt und auf der Webseite veröffentlichten Konzept[33] – das Vorliegen des Lizenzversagungsgrundes nach § 6 Abs. 3 Satz 1 Nr. 3 PostG primär im Hinblick auf die Art der Arbeitsverhältnisse (sozialversicherungspflichtig oder nicht[34]); sie stellt nicht speziell auf (wesentliche) Arbeitsbedingungen ab. § 6 Abs. 3 Satz 1 Nr. 3 PostG findet dieser Praxis zufolge keine Anwendung auf Unternehmen ohne oder mit bis zu 10[35] Arbeitnehmern. Bei Aufnahme einer Tätigkeit im lizenzierten Bereich müssen

28 BeckPostG-Komm/*Badura* § 9 Rn 3.
29 *S*ignificant *m*arket *p*ower; s. § 3 Nr. 4 i.V.m. § 11 Abs. 1 Sätze 3–5 des Telekommunikationsgesetzes (TKG) vom 22. 6. 2004, BGBl I S. 1190.
30 Vgl. im Einzelnen § 23 TKG.
31 Dazu BVerfG DVBl 2007, 61, 65 f; *Säcker* (Fn 14) S. 26 f.
32 Zu den legitimen Zielen dieses Gesetzes BVerfG NJW 2000, 3704 f; BVerfG v. 20. 3. 2007 – 1 BvR 1047/05, Rn 36 ff; dazu auch unten, VI.
33 Jüngste Fassung: Mitt. Nr. 17/2006, ABl. BNetzA 2006, S. 75 ff (»Lizenzierung nach dem Postgesetz«); http://www.bundesnetzagentur.de/enid/63be48fb91a8f8bdb94cda65ddeb03cb,0/Lizenzen_gemae___5_PostG/Hinweise_zur_Lizenzbeantragung_7a.html#Anlage_2.
34 Lizenzierung nach dem Postgesetz (vorige Fn.), Ziff. 6.4.2. i.V.m. Anlage 1, A.
35 Ursprünglich wurde auf höchstens fünf Arbeitnehmer (»Kleinbetrieb«) abgestellt; s. zur »Beantragung von Lizenzen zur Beförderung von Briefsendungen« Vfg. Nr. 8/1998, ABl.

die Anforderungen erst nach Ablauf eines Jahres (für bestehende Unternehmen) bzw. von zwei Jahren (bei Neugründungen) erfüllt werden. Ein Versagungsgrund wird dabei nur angenommen, wenn Arbeiten zu höchstens 80 Prozent der betrieblichen Gesamtarbeitszeit in für den lizenzierten Bereich typischen Arbeitsverhältnissen ausgeführt werden; Ausgangspunkt hierfür ist die Zahl der versicherungspflichtigen Beschäftigungsverhältnisse. Auch bei einem niedrigeren Prozentsatz kann diese Abweichung noch sachlich gerechtfertigt werden.

5. Die von der Bundesnetzagentur seit 1998 geübte, seither kaum geänderte Praxis[36] zieht einerseits Kriterien heran, die sich im Wortlaut des § 6 Abs. 3 Satz 1 Nr. 3 PostG nicht ohne weiteres wiederfinden, zum andern stellt die Behörde gerade nicht ausdrücklich bzw. näher auf die dort normierten Tatbestandsmerkmale ab. Zwar hat die Regulierungsbehörde/Bundesnetzagentur bei der Lizenzerteilung »die« – d.h. alle – Ziele des § 2 Abs. 2 PostG zu »beachten«. Um sie zu einem angemessenen Ausgleich zu bringen, erwächst ihr hieraus ein gewisser Gestaltungsspielraum.[37] Gleichwohl erscheint es diskussionswürdig, ob die bisherige Praxis die meist »unbestimmten Rechtsbegriffe« der »Sozialklausel« des Postgesetzes angemessen erfasst und umgesetzt hat.

IV. NOTWENDIGKEIT, MÖGLICHKEITEN UND GRENZEN EINER »NACHBESSERUNG« DER PRAXIS DER BUNDESNETZAGENTUR

Eine Auslegung des § 6 Abs. 3 Satz 1 Nr. 3 PostG im Hinblick auf dessen Wortlaut, Systematik, Sinn und Zweck sowie (erst in zweiter Linie[38]) Entstehungsgeschichte ergibt für die einzelnen Kriterien dieser Vorschrift folgende Ergebnisse:

1. Lizenzantragsteller und -nehmer müssen in Bezug auf ihre Arbeitnehmer bestimmte Mindest-»Arbeitsbedingungen« einhalten. Diese ergeben sich aus den Festlegungen im Arbeitsvertrag, die für Arbeitgeber wie für Arbeitnehmer[39] ver-

RegTP 1998, S. 90 ff, und Vfg. Nr. 206/1999, ABl. RegTP 1999, S. 1509 ff, jeweils Anlage 2, lit. a).

36 Vgl. bereits Vfg. Nr. 8/1998, Ziff. 3.4., wo als Antragsinhalt in Bezug auf »Arbeitsbedingungen« lediglich die Tätigkeit von sozialversicherungspflichtigen bzw. nicht sozialversicherungspflichtigen Kräften abgefragt wird (nach Ziff. 5.4.2. der Vfg. Nr. 206/1999 mit dem Zusatz »insbesondere«); gegen diesen Ansatz bereits *Lörcher* Die sozialen Lizenzanforderungen im Postgesetz (§ 6 Abs. 3 Satz 1 Nr. 3 PostG), 1998, S. 29.

37 Ähnlich BeckPostG-Komm/*Badura* § 6 Rn 20.

38 Stärker auf die Genese abstellend hingegen *Lörcher* (Fn 36) S. 5 f.

39 Nicht einzubeziehen sind noch (gem. Art. 143b Abs. 3 GG i.V.m. dem Postpersonalrechtsgesetz [= Art. 4 des Postneuordnungsgesetzes vom 14. 9. 1994, BGBl I S. 2325]) Beschäftigte (der DPAG), deren Beamtenverhältnis fortdauert, da sich deren »Dienstbedingungen« allein aus dem (modifizierten) Beamtenrecht ergeben. Wie hier *Lörcher* (Fn 36) S. 19.

bindlich sind. § 6 Abs. 3 Satz 1 Nr. 3 PostG stellt nicht auf alle, sondern nur auf »wesentliche« Arbeitsbedingungen ab. Dazu zählen nicht nur Lohn oder Gehalt (als Entgelt für die geschuldete und geleistete Arbeit, § 611 BGB), sondern auch die wichtigsten Bestandteile der Arbeitsleistung, nämlich neben der Art der geschuldeten Tätigkeit Arbeitszeit und Urlaubsdauer (vgl. § 2 Abs. 1 Nr. 2 NachwG[40]).

2. Maßstab für die Arbeitsbedingungen bei jedem Lizenzantragsteller und -nehmer sind die im »lizenzierten Bereich« »üblichen« wesentlichen Arbeitsbedingungen.

a) Die Notwendigkeit einer Lizenz (= behördliche Erlaubnis) für bestimmte gewerbsmäßige Briefbeförderungen ergibt sich aus § 5 Abs. 1 PostG. Nicht unter § 5 Abs. 1 PostG fällt (formal) die gewerbsmäßige Briefbeförderung durch die DPAG selbst, soweit sie bereits Bestandteil der gesetzlichen Exklusivlizenz nach § 51 Satz 1 PostG ist und daher insoweit eine (erneute) Lizenzierung durch die Bundesnetzagentur nicht notwendig, ja, schon nicht zulässig ist.[41] Insoweit ist es der Bundesnetzagentur auch verwehrt, die Einhaltung der »Sozialklausel« durch die DPAG zu überwachen oder gar auf etwaige Verstöße seitens dieses Unternehmens mit Sanktionen zu reagieren.

§ 5 PostG ist insgesamt mit »Lizenzierter Bereich« überschrieben. Wenn § 6 Abs. 3 Satz 1 Nr. 3 PostG auf diesen Begriff Bezug nimmt, werden daher auch die drei in § 5 Abs. 2 PostG aufgeführten Sonderfälle einbezogen, obwohl für die betreffenden Tätigkeiten keine eigene Lizenz, sondern (in der Regel) nur eine Anzeige erforderlich ist.[42]

Auch die DPAG ist allerdings »Lizenznehmer« i. S. des PostG und unterliegt gerade deshalb – mit gewissen Besonderheiten für die Dauer der Exklusivlizenz (§§ 52 f) – allen Bestimmungen über Entgelt-, Zugangs- und sonstige Regulierung, die an dieses Merkmal anknüpfen.[43] Da sie auch im Rahmen der Exklusivlizenz weit überwiegend Dienstleistungen erbringt, die ihrem Gegenstand nach in den »lizenzierten Bereich« fallen, spricht vieles dafür, dass § 6 Abs. 3 Satz 1 Nr. 3 PostG nicht nur auf die von § 5 PostG erfassten Personen und Unternehmen abstellt, sondern die DPAG hier ebenfalls einzubeziehen ist.

b) »Üblich« sind damit die Lohn- und anderen wesentlichen Arbeitsbedingungen der Postunternehmen im lizenzierten Bereich in Deutschland. Das Kriterium des »Üblichen« stellt in erster Linie auf verifizierbare Tatsachen, nicht auf normative

40 So auch *Lörcher* (Fn 36) S. 18, 20 ff; BT-Drs. 14/1109 vom 2. 6. 1999, S. 2 (Begründung zum Entwurf der PDS-Fraktion einer Änderung des PostG); BT-Drs. 16/4908 vom 29. 3. 2007, S. 4 (Begründung zum Entwurf der Fraktion DIE LINKE einer Änderung des PostG); *Säcker* (Fn 14) S. 15 und 57; *Dieke/Zauner* Arbeitsbedingungen im Briefmarkt, wik Diskussionsbeitrag Nr. 295, Mai 2007, S. 2; anders *Jochum* (Fn 14) S. 141 f.

41 Im Ergebnis ebenso *Lörcher* (Fn 36) S. 15; BeckPostG-Komm/*Badura* § 5 Rn 1.

42 Anders offenbar BeckPostG-Komm/*Badura* § 5 Rn 8 ff, 15.

43 Dazu im Hinblick auf Teilleistungen (§ 28 PostG) näher *Gramlich* N&R 2004, 154, 157 f.

Vorgaben oder Ziele ab; gesetzes- oder sittenwidriges Verhalten kann dabei freilich nicht als Meßlatte dienen. Maßgeblich sind also zunächst reale, gegenwärtig existierende – und nicht hypothetische, bei funktionierendem Wettbewerb eintretende – Verhältnisse auf dem nationalen Arbeitsmarkt. Die Arbeitsbedingungen bei der DPAG als eines – wenn auch dominanten – Marktteilnehmers sind dabei jedoch nur *einer* von mehreren Faktoren bei der Bestimmung des »Üblichen«.[44] Bei diesem Vorgang muss vielmehr die Situation im gesamten lizenzierten Bereich analysiert werden, denn ansonsten würde das Verhalten eines einzigen privaten Unternehmens – und nicht mehr der dem öffentlichen Interesse verpflichtete Gesetzgeber – über den für notwendig erachteten (Mindest-)Standard der Arbeitsbedingungen auch für andere, mit jenem auf demselben Markt(segment) konkurrierende Unternehmen entscheiden.

Zur Ermittlung der »üblichen« Bedingungen bedarf es also einer Erhebung der relevanten Daten einmal bei allen – bzw. möglichst vielen – im »lizenzierten Bereich« nach § 5 Abs. 1 und 2 PostG aktiv tätigen Unternehmen (bzw. in Bezug auf diese), darüber hinaus auch bei/hinsichtlich der DPAG und mit dieser verbundenen Unternehmen.[45] Dabei muss eine ausschließliche oder zumindest überwiegende Briefbeförderung durch ein Unternehmen Ausgangspunkt der Erhebung sein; die in diesem Bereich gezahlten Löhne mitsamt den direkt lohnrelevanten Regelungen zur Arbeits- und Urlaubszeit sind kein Merkmal für die Abgrenzung der Tätigkeit (auf bestimmten Märkten), sondern Gegenleistung für die dem auf solchen Märkten tätigen Unternehmen/Arbeitgeber erbrachte Arbeitsleistung. Zur Konsolidierung der Analyse ist es sodann angezeigt, nicht nur Arbeitsbedingungen im Bereich der Briefbeförderung, sondern auch beim Erbringen anderer Postdienstleistungen und zusätzlich auch auf anderen, in Bezug auf den Gegenstand der Tätigkeit hinreichend ähnlichen Märkten zu ermitteln.[46] Hier kommen vor allem die Bereiche der Güterbeförderung[47] außerhalb des Postsektors, etwa das Speditionsgewerbe und der Vertrieb von Presseerzeugnissen, in Betracht.

Zu berücksichtigen ist ferner die im lizenzierten Bereich (ähnlich wie im Postsektor insgesamt) bestehende, »übliche« Differenzierung zwischen verschiedenen Tätigkeiten im Rahmen der Wertschöpfungskette.[48] Auch insoweit darf einerseits die Praxis der DPAG vor allem bei der Briefbeförderung nicht außer Acht gelassen, darf diese andererseits aber auch nicht einfach als Maßstab für den Gesetzesvollzug

44 Allein deren »Arbeitsverhältnisse« als »Maßstab« nehmen will hingegen BeckPostG-Komm/*Badura* § 6 PostG Rn 28; ähnlich, aber weniger strikt *Jochum* (Fn 14) S. 142.

45 So auch *Dieke/Zauner* (Fn 40) S. 3, 10 ff; *Säcker* (Fn 14) S. 56 f; anders *Blanke* Wettbewerb, Prekarität und Sozialschutz, 2007, S. 54.

46 Enger wohl *Säcker* (Fn 14) S. 55.

47 Darüber hinausgehende »exemplarische Vergleichsbranchen« ziehen heran *Dieke/Zauner* (Fn 40) S. 4, 27 f.

48 Dazu etwa *Schölermann* Das Produktangebot von Universaldienstleistern und deren Vergeichbarkeit, wik Diskussionsbeitrag Nr. 260, Dez. 2004, S. 2 ff.

übernommen werden. Vielmehr sind hier allgemein übliche Unterscheidungen (Beschäftigungsebenen, Beschäftigungsarten etc.) zugrunde zu legen.

Die Anknüpfung an »übliche« Bedingungen verlangt schließlich nicht nur sachliche, sondern auch räumliche Differenzierungen.[49] Unterschiede des bestehenden Lohnniveaus zwischen verschiedenen Regionen bzw. Orten in Deutschland sind – offensichtlich auch im lizenzierten Bereich, mit Ausnahme der DPAG selbst[50] – weit verbreitet. Soweit bei anderen wesentlichen Arbeitsbedingungen mit Beschäftigten über die gesetzlichen Mindeststandards hinaus gehende Vereinbarungen getroffen werden, erfolgt auch dies nicht bundes- bzw. brancheneinheitlich in gleicher Weise. Anderes gilt hier nur, wenn und soweit Tarifverträge wesentliche Arbeitsbedingungen festlegen. Selbst dann könnte »Üblichkeit« nur bejaht werden, wenn nicht nur die Mehrzahl der Arbeitnehmer des Briefbeförderungs- bzw. Postsektors, sondern auch die Mehrzahl der Unternehmen/Arbeitgeber in diesem Bereich tarifvertraglich gebunden wären.[51]

3. Ein Versagungsgrund für eine Lizenzerteilung und ein Widerrufsgrund für eine bestehende Lizenz sind erst bei einem »nicht unerheblichen Unterschreiten« der relevanten Arbeitsbedingungen gegeben. Diese doppelt verneinende Formulierung unterscheidet sich inhaltlich nicht vom Merkmal »erheblich«; sie macht aber deutlich, dass die Abweichung nach unten hinreichend deutlich sein muss, um eine Lizenzversagung zu rechtfertigen. Im Hinblick auf einen Widerruf folgt daraus auch, dass die Unterschreitung nicht nur punktuell, sondern auf längere Zeit (»nachhaltig«) erfolgt sein muss, bevor die Bundesnetzagentur reagieren darf.[52] Ausmaß und Dauer des Verstoßes kann und muss die Bundesnetzagentur bei ihrer Ermessensentscheidung nach § 9 Abs. 1 PostG (i.V.m. § 40 VwVfG) angemessen berücksichtigen. »Erheblichkeit« kann mit Blick auf ähnliche Bagatellgrenzen bzw. Schwellenvorschriften im Arbeits- und im öffentlichen Recht bei Lohn, Arbeitszeit und Urlaubsdauer gleichermaßen auf mindestens 10 Prozent beziffert werden.[53]

4. Im Hinblick auf Lohn und Gehalt der Beschäftigten im lizenzierten Bereich ist klarzustellen, dass hierbei allein das vom Arbeitgeber (nach § 611 BGB geschuldete und) gezahlte Entgelt Kriterium des »Üblichen« ist. Werden hingegen bei der Briefbeförderung Personen nicht nur ausnahmsweise und in geringer Zahl auf sog.

49 *Lörcher* (Fn 36) S. 24.

50 Zu deren Regelungen s. etwa *Brandt/Drews/Scholten* WSI-Mitteilungen 2007, 266, 269 f.

51 Nicht notwendig an einen einzigen Branchentarifvertrag, aber auch nicht allein bezogen auf einen »Haus«-Tarifvertrag zumal des marktbeherrschenden Unternehmens; s. zur schweizerischen »Lösung« unten, bei Fn 75, 76.

52 Das Fehlverhalten kann, muss jedoch nicht (so jedoch BeckPostG-Komm/*Badura* § 9 Rn 4) zugleich die »Zuverlässigkeit des Lizenznehmers in Frage stellen«, da insoweit eine eigene Zulassungs- und Aufhebungsvoraussetzung normiert ist.

53 Ebenso *Säcker* (Fn 14) S. 58; *Blanke* (Fn 45) S. 63; abweichend *Lörcher* (Fn 36) S. 27: fünf bis höchstens zehn Prozent.

»Minijobs«[54] beschäftigt und sind diese daher zum Bestreiten ihres Lebensunterhalts auf staatliche Unterstützungsleistungen angewiesen, wäre ein solches »Geschäftsmodell Lohndumping«[55] nach § 6 Abs. 3 Satz 1 Nr. 3 PostG nicht lizenzierungsfähig[56] und ist die Bundesnetzagentur berechtigt, gegen eine derartige Praxis im lizenzierten Bereich nach § 9 PostG vorzugehen, und erforderlichenfalls auch eine Betriebsuntersagung gem. § 44 Satz 2 PostG i.V.m. § 71 Satz 2 TKG 1996 anzuordnen.[57]

5. Die Praxis, Arbeitsbedingungen in Kleinbetrieben von der Anwendung der »Sozialklausel« auszunehmen, bedarf, wenn sie beibehalten werden soll, einer gesetzlichen Grundlage, weil mit ihr Berufszulassungsregeln unterschiedlich strikt ausgestaltet (und damit Art. 12 Abs. 1 und Art. 3 Abs. 1 GG tangiert) werden. Dies zeigt auch der Blick auf das »Vorbild« im KSchG.[58] Dem Ziel der Förderung kleiner (und mittlerer) Unternehmen[59] hat der Gesetzgeber schon und nur dadurch Rechnung getragen, dass die Lizenzierung nicht an eine Auflage einer flächendeckenden Dienstleistungsverpflichtung geknüpft wurde.

Dasselbe Erfordernis gesetzlicher Ausgestaltung gilt für »Lizenzierungsferien«:[60] Auch im Fall des § 6 Abs. 3 Satz 1 Nr. 3 PostG betrifft zwar die Lizenzierungsentscheidung eine erst künftig aufgenommene Tätigkeit, verlangt wird andererseits jedoch – wie im Fall der Nr. 1 und 2 –, dass von Beginn an keine Versagungsgründe

54 Geringfügige Beschäftigungen i.S.v. § 8 SGB IV; dazu schon *Luke* Soziale Standards bei der Post, 2002, S. 133 ff.

55 So *Blanke* (Fn 45) S. 32, 34.

56 In zahlreichen Äußerungen der Bundesregierung wird betont, nach den Gesetzesmaterialien (Bezug genommen wird wohl auf BT-Drs. 13/7774 vom 30. 5. 1997, S. 46 [Stellungnahme des Bundesrates]) bestehe der »Zweck« dieses Satzes darin, »einem (massenhaften) Ausweichen neuer Lizenznehmer in ungeschützte Arbeitsverhältnisse vorzubeugen, und zwar unter Wahrung von Tarifautonomie, Gewerbe- und Vertragsfreiheit« (z.B. BT-Drs. 14/646, S. 5; 14/5615 vom 19. 3. 2001, S. 2; 14/9213 vom 3. 6. 2002, S. 2; BT-Drs. 16/5216 vom 4. 5. 2007, S. 7; eingehende Darstellung des Gesetzgebungsverfahrens bei *Säcker* [Fn 14] S. 5 ff; *Jochum* [Fn 14] S. 40 ff). Sie setzt dabei sozialversicherungspflichtige mit »gesetzlich geschützten« Arbeitsverhältnissen gleich (BT-Drs. 14/9213, ebd.). Mitte 2002 verwies die Bundesregierung aber auch auf eine Auskunft der (damaligen) RegTP, bisher sei in keinem Fall die Lizenzerteilung wegen Nichteinhaltung des § 6 Abs. 3 Satz 1 Nr. 3 PostG versagt worden (BT-Drs. 14/9213, S. 3).

57 BeckPostG-Komm/*Badura* § 44 Rn 43.

58 Vgl. § 23 dieses Gesetzes; dazu *Jochum* (Fn 14) S. 144; zur Abgrenzung der Ausnahme für »Kleinbetriebe« anhand der Arbeitnehmer-Zahl BVerfGE 97, 169, 181 ff.

59 BT-Drs. 13/7774, S. 21; BeckPostG-Komm/*Badura* § 6 Rn 31.

60 Ebenso *Jochum* (Fn 14) S. 146. Die Formulierung ist orientiert an den anlässlich der Einführung des § 9a TKG über »neue Märkte« (durch Art. 2 Nr. 3 des Gesetzes zur Änderung telekommunikationsrechtlicher Vorschriften vom 18. 2. 2007, BGBl I S. 106) diskutierten »Regulierungsferien«; s. nur *Neumann* Richtlinienkonformität der vom Deutschen Bundestag verabschiedeten Vorschriften über neue Märkte, 2006, S. 11 ff; *Dahlke/Neumann* CR 2006, 377 ff; *Koenig/Loetz/Senger* K&R 2006, 258 ff; *Dahlke/Theis* CR 2007, 227 ff.

gegeben sind. Besonderheiten in der Anlaufphase dürfen nur, aber immerhin im Rahmen des Ermessens[61] hinsichtlich eines Einschreitens nach § 9 PostG berücksichtigt werden.

6. Die zuvor aufgezeigten Bedenken lassen sich auch durch den Hinweis auf Spielräume der Bundesnetzagentur bei der Zielkonkretisierung nicht gänzlich ausräumen. Bereits aus dem Wortlaut des § 2 Abs. 2 PostG resultiert zwar eine durchaus unterschiedliche Gewichtung: »Sicherstellung« (Nr. 2, 3) und »Wahrung« (Nr. 1, 4) dürfen stärker ausgeprägt sein als »Berücksichtigung« (Nr. 5). Wenn und soweit aber beim Vollzug des Gesetzes im Hinblick auf den »lizenzierten Bereich« – und nur auf diesen – die »Sozialklausel« als Voraussetzung für Lizenzerteilung und -bestand durch bestimmte Tatbestandsmerkmale näher umschrieben ist, sind diese Grundlage und Grenzen rechtmäßigen behördlichen Handelns. Deren Beachtung kann zudem durch Nebenbestimmungen (§ 36 Abs. 2 VwVfG), etwa durch Auflagen über regelmäßige Nachweise zu betrieblichen Arbeitsverhältnissen, sichergestellt werden (§ 6 Abs. 2 Satz 2 PostG).[62]

7. Die bisher von der Bundesnetzagentur eingeschlagene Praxis im Hinblick auf die Auslegung des § 6 Abs. 3 Satz 1 Nr. 3 PostG[63] erscheint damit in einigen Punkten angreifbar und daher präzisierungs- bzw. änderungsbedürftig, aber auch ohne eine Gesetzesänderung änderungsfähig. Die für Lizenzantragsteller gegebenen »Hinweise«[64] sollten daher mit Wirkung für die Zukunft im Hinblick auf die zuvor gegebenen Vorschläge überprüft und ggf. angepasst werden. Würde dieser Empfehlung gefolgt, so erübrigte sich auch eine diesbezügliche Weisung des Bundesministeriums für Wirtschaft und Technologie nach § 44 Satz 2 PostG i.V.m. § 66 Abs. 5 TKG 1996; deren Zulässigkeit braucht daher nicht erörtert zu werden.[65] Eine Gesetzesänderung (im Postrecht oder anderweit) wäre nur erforderlich, wenn das PostG de lege lata keine entsprechend vernünftige, ggf. die bisherige nachbessernde und optimierende Auslegung zuließe. Wie gezeigt, erscheint jedoch eine solche Lesart der »Sozialklausel« im Rahmen einer Neuinterpretation durchaus möglich.

8. Die Einhaltung der Voraussetzungen auch des § 6 Abs. 3 Satz 1 Nr. 3 PostG könnte flankierend dadurch gewährleistet werden, dass entsprechende Erklärungen

61 Hingegen nimmt *Lörcher* offenbar einen Fall gebundener Verwaltung an (aaO [Fn 36] S. 31).
62 So auch BeckPostG-Komm/*Badura* § 6 Rn 30.
63 Sie wird auch von der Bundesregierung geteilt; s. BT-Drs. 14/646 vom 22. 3. 1999, S. 5 ff; s.a. *Säcker* (Fn 14) S. 11 f; krit. *Brandt/Drews/Schulten* WSI-Mitteilungen 2007, 266, 271; *Luke* (Fn 54) S. 167 ff.
64 S. oben, bei Fn 33–36.
65 Zu dieser Befugnis und ihren Grenzen bereits *Gramlich* CR 2000, 816 ff.

seitens aller Bieter im Rahmen der Vergabe »öffentlicher Aufträge«[66] durch die Bundesnetzagentur wie alle anderen »öffentlichen Auftraggeber« für Briefdienstleistungen gefordert werden.[67] Andererseits dürfen Lizenznehmer ohne einschlägige gesetzliche Regelung (in einem neu gefassten § 6 Abs. 3 PostG oder in anderen Vorschriften) nicht allein deshalb von der Teilnahme an einem Vergabeverfahren ausgeschlossen werden, weil sie im Verhältnis zu ihren Beschäftigten nicht an einen Branchen- oder Haustarifvertrag gebunden sind.

V. Rechtsschutz

1. Rechtsschutz gegen die Verweigerung einer beantragten Lizenzerteilung steht zunächst (nach Maßgabe von § 44 Satz 2 PostG, § 80 TKG 1996[68]) dem beschwerten Unternehmen zu; Auch wenn nur verbunden mit der Lizenzerteilung eine die Umsetzung der »Sozialklausel« sicherstellende Nebenbestimmung getroffen wurde, dürfte deren isolierte Anfechtung nicht sinnvoll sein, wenn und soweit ohne sie eine gänzliche Ablehnung des Antrags erfolgt wäre. Das Begehren muss daher mit einem Verpflichtungsrechtsbehelf verfolgt werden. Wird hingegen eine einmal wirksam erteilte Lizenz im Wege eines Widerrufs (oder auch einer Rücknahme[69]) im Nachhinein wieder aufgehoben, so liegt hierin ein an den Lizenznehmer gerichteter und diesen belastender Verwaltungsakt, sodass in diesem Fall eine Anfechtungskonstellation gegeben ist. Im einen wie im anderen Fall sind nach § 40 Abs. 1 VwGO Verwaltungsgerichte zur Entscheidung des Rechtsstreits berufen.

2. Gegen eine Lizenzerteilung unter Missachtung des § 6 Abs. 3 Satz 1 Nr. 3 PostG oder auch auf eine Verpflichtung auf Erlass eines Widerrufsbescheids durch die Bundesnetzagentur vorgehen könnte auch die DPAG (oder ein anderer Konkurrent), wenn die »Sozialklausel« jedenfalls auch dem Schutz speziell ihrer Rechte diente.[70] Allein die angebliche Verkennung des an öffentlichen Interessen ausgerichteten Ziels der »Sicherstellung eines chancengleichen und funktionsfähigen Wettbewerbs« (§ 2 Abs. 2 Nr. 2) begründet noch keinen Konkurrenzschutz. Gleichwohl sieht *Badura* den dafür notwendigen Ausnahmefall gerade dann als gegeben an, »soweit« die »Sozialklausel« einem »unverfälschten Wettbewerb dient«

66 Zur Einbeziehung von »Postdiensten« in das europäische Vergaberecht s. Richtlinie 2004/17/EG des Europäischen Parlaments und des Rates vom 31. 3. 2004, ABl EU L 134 vom 30. 4. 2004, S. 1, insbes. Art. 6.

67 Angedeutet auch von *Säcker* (Fn 14) S. 54 Fn 187; zur Zulässigkeit BVerfG DVBl 2007, 61, 64; dazu *Pietzcker* ZfBR 2007, 131, 135 ff; krit. etwa *Rieble* NZA 2007, 1 ff; *Preis/Ulber* NJW 2007, 465 ff; früher *Löwisch* DB 2004, 814 ff.

68 Zur Nichtanwendbarkeit von § 137 TKG 2004 s. BVerwG Beschl. vom 31. 1. 2006 – 6 B 78.05, S. 4 f und vom 28. 3. 2006 – 6 C 13.05, Rn 5 ff.

69 Dazu BeckPostG-Komm/*Badura* § 9 Rn 1.

70 So explizit BeckPostG-Komm/*Badura* § 6 Rn 29 i.V.m. Rn 5, § 9 Rn 5.

bzw. durch sie »chancengleicher Wettbewerb durch Verhinderung unangemessener Arbeitsbedingungen gesichert werden soll«.[71] Ähnlich wie im Telekommunikationssektor[72] dürfte jedoch erst und nur aus der konkreten Ausgestaltung der Entgeltregulierung eine Schutznorm resultieren (können). Denn jedenfalls können (Konkurrenz-)Unternehmen nur die sie unmittelbar betreffenden Folgen des rechtswidrigen Behördenhandelns rügen, nicht hingegen auch oder gar primär eine finanzielle und/oder rechtliche Beeinträchtigung ihrer Arbeitnehmer als insoweit dritter Personen, für die sich Nachteile überdies erst durch ein Verhalten des eigenen Arbeitgebers ergeben.

3. Eine rechtswidrige Auslegung dieser Lizenzvoraussetzung kann dazu führen, dass einerseits Arbeitsbedingungen von Beschäftigten »neuer« Wettbewerber der DPAG ungünstiger ausgestaltet werden, als dies bei korrektem Verständnis der »Sozialklausel« geschehen (sein) würde. Andererseits kann aber auch eine Verschlechterung der Situation von (nicht beamteten) DPAG-Bediensteten die Folge sein, indem deren bisherige Arbeitsbedingungen durch Organisations- oder Personalmaßnahmen dieses Unternehmens in einem »race to the bottom« an schlechtere von Konkurrenzunternehmen angeglichen werden. Zudem könnte eine fehlerhafte Interpretation in Bezug auf das Kriterium des »Üblichen« – an welche Umstände dieses Merkmal anknüpfen darf oder muss – die Koalitionsfreiheit auf Arbeitgeber- wie Arbeitnehmerseite tangieren, wenn und soweit durch eine solche behördliche Praxis in den Tarifvertragsparteien eröffnete und vorbehaltene Gestaltungsspielräume eingegriffen würde. Wenn aber Koalitionen oder auch einzelne Postunternehmen durch den Abschluss von und konkrete Regelungen in Tarifverträgen ihrerseits maßgeblich zur Präzisierung des »Üblichen« beitragen können, so bleiben deren Grundrechte aus Art. 9 Abs. 3 GG freilich hinreichend gewahrt. Gegenüber einzelnen Arbeitnehmern von Postunternehmen zeitigt dagegen eine Lizenzversagung oder -aufhebung keine unmittelbaren Rechtswirkungen: Deren Adressat ist allein der (Antragsteller bzw.) Lizenznehmer; soweit das ohne wirksam erteilte Kontrollerlaubnis geltende Betätigungsverbot zur Folge hat, dass der hiervon Betroffene bestehende Arbeitsverträge kündigt, ist dies gerade nicht schon Gegenstand der Entscheidung der Bundesnetzagentur. Direkt an einzelne Beschäftigte gerichtete oder diese sonst rechtlich belastende Maßnahmen sieht das Postgesetz (anders als § 21 GastG[73] oder § 36 KWG) nicht vor.

71 BeckPostG-Komm/*Badura* § 6 Rn 4, 29; s.a. ebd., § 2 Rn 31, freilich bezogen allein auf die Entgeltregulierung.

72 Zum Drittschutz bei der TKG-Entgeltregulierung s. *Holznagel/Enaux/Nienhaus* Telekommunikationsrecht, 2. Aufl. 2006, Rn 306 ff.

73 Vgl. *Stober* Besonderes Wirtschaftsverwaltungsrecht, 13. Aufl. 2004, S. 100.

VI. Postrechtliche »Sozialklausel« und Novellierung des AEntG

1. Als Alternative oder Ergänzung zur bisherigen »Sozialklausel« kam seit je her eine Allgemeinverbindlichkeitserklärung der seitens der DPAG mit ver.di geschlossenen Tarifverträge für den gesamten lizenzierten Bereich oder gar den Postsektor insgesamt in Betracht, sie wurde freilich nicht realisiert.[74] Ebenfalls nicht zwingend nur über eine Gesetzesänderung könnte die schweizerische Lösung verwirklicht werden, bei der der dortige Regulierer ebenfalls im Rahmen der Konzessionserteilung und -überwachung auf die Einhaltung der »Arbeitsbedingungen der Branche« zu achten hat;[75] dadurch ist es abgedeckt, wenn auch nicht geboten, dass als wesentlicher Maßstab die Bindung des Unternehmens durch einen Tarifvertrag herangezogen wird und bislang alle Konzessionäre dieser Anforderung gerecht zu werden bestrebt sind.[76]

2. Weil »im Bereich der Postdienstleistungen« im Hinblick auf das Ende 2007 auslaufende »Postmonopol« – d.h. die gesetzliche Exklusivlizenz – »kurzfristig Handlungsbedarf« bestehe, zielt ein Gesetzesentwurf der Bundesregierung vom 20. September 2007[77] darauf ab, durch eine Ergänzung von § 1 Abs. 1 Satz 4 AEntG[78] eine entsprechende Anwendung der Sätze 1–3 auch für »Tarifverträge für Briefdienstleistungen« vorzuschreiben. »Infolge der Liberalisierung der Postmärkte besteht für Dienstleistungserbringer künftig die Möglichkeit, in Deutschland umfassend Postdienstleistungen zu erbringen und dabei Arbeitnehmerinnen und Arbeitnehmer einzusetzen, die nicht durch die in Deutschland maßgeblichen tarifvertraglichen Arbeitsbedingungen geschützt werden. Um für alle in Deutschland beschäftigten Arbeitnehmerinnen und Arbeitnehmer angemessene Arbeitsbedingungen sicherzustellen, haben sich Tarifvertragsparteien aus dem Bereich Postdienstleistungen für die Aufnahme in das Arbeitnehmer-Entsendegesetz ausgesprochen«.[79] Die Einschätzung, dass es der »Nutzung des Instrumentariums« des AEntG bedürfe, werde

74 Vgl. *Blanke* (Fn 45) S. 29 ff.

75 Dazu *Blanke* (Fn 45) S. 119 ff.

76 Vgl. die Dokumentation der Postregulationsbehörde (PostReg); http://www.postreg.admin.ch/de/publikationen/Dok_branchenuebliche_Arbeitsbedingungen_d.pdf.

77 BR-Drs. 644/07; dazu auch BR-Drs. 644/07 (Beschluss) vom 12. 10. 2007 (keine Einwendungen von Seiten des Bundesrats); Zweites Gesetz zur Änderung des AEntG vom 21. 12. 2007, BGBl I S. 3140.

78 Gesetz über zwingende Arbeitsbedingungen bei grenzüberschreitenden Dienstleistungen (Arbeitnehmer-Entsendegesetz) vom 26. 2. 1996 (BGBl I S. 227); hierzu allgemein etwa *Rotte* Das Entsendegesetz – Sündenfall oder Lösung des Arbeitslosigkeitsproblems? 1998.

79 BR-Drs. 644/07, S. 2 (Gesetzesziel); ähnlich auch der Antrag der Fraktion BÜNDNIS 90/DIE GRÜNEN, BT-Drs. 16/6631 vom 10. 10. 2007.

»auch von Sozialpartnern aus der Branche geteilt«.[80] »Briefdienstleistungen« wird dabei nicht im Gesetz selbst, sondern lediglich in der Begründung als Unterfall (lit. a]) von »Postdienstleistungen« (§ 4 Nr. 1 PostG), nämlich als »Befördern« (§ 4 Nr. 3) von »Briefsendungen« (§ 4 Nr. 2) definiert. Angelehnt an das Postgesetz ist auch die Erläuterung, umfasst werde »die gesamte Wertschöpfungskette vom Absender bis zum Empfänger«.[81]

3. Offen bleibt, welche wesentlichen Merkmale Briefabholer, -beförderer und -zusteller mit Bauarbeitern[82] und Gebäudereinigern[83] gemeinsam haben, um den Anforderungen des Art. 3 Abs. 1 GG zu genügen.[84] Auch unterbleibt jegliche Verknüpfung mit oder Anpassung des § 6 Abs. 3 Satz 1 Nr. 3 PostG, so dass für Briefdienstleistungen im Bereich des § 5 Abs. 2 bzw. mit einem höheren als dem in § 5 Abs. 1 festgelegten Gewicht anscheinend alles beim Alten bleibt. Das AEntG erstreckt sich überdies nicht allein auf (Mindest-)Entgelte und Urlaub, sondern auf alle Rechtsnormen eines Tarifvertrags und betrifft so weitaus mehr Arbeitsbedingungen als die postrechtliche Regelung. Zwar sind gleichzeitig mit der AEntG-Novelle eingebrachte Vorschläge eines allgemeinen »Mindestlohngesetzes«[85] einstweilen gescheitert. Angesichts der handwerklichen Defizite der speziellen Neuregelung dürfte aber die Debatte um Zulässigkeit und Sinn sozialstaatlich geprägter Zulassungsvoraussetzungen für wirtschaftliche Aktivitäten damit noch nicht ihr Ende gefunden haben, die im Titel aufgeworfene Frage daher derzeit keine eindeutige Antwort erfahren können.

80 BR-Drs. aaO (vorige Fn) S. 3. Im Verfahren wurde noch eine Beschränkung auf die »Branche Briefdienstleistungen« in den Gesetzestext eingefügt (s. BT-Drs. 16/7512 vom 12. 12. 2007, S. 8); dazu auch BT-Drs. 16/7740 vom 16. 1. 2008, S. 3 f.

81 Ebd.; dazu bereits BT-Drs. 13/7774, S. 20; BeckPostG-Komm/*Herdegen* § 4 Rn 34.

82 Hierzu auch EuGH Urt. v. 25. 10. 2001 – Rs. C-49/98 u.a. – *Finalarte*, Slg. 2001, I-7831, wonach Beschränkungen der Dienstleistungsfreiheit durch das Ziel eines »sozialen Schutzes« von Arbeitnehmern, aber nicht durch Ziele wirtschaftlicher Art wie den Schutz der inländischen Unternehmen (»Bekämpfung angeblich unfairen Wettbewerbs durch europäische Billiglohnunternehmen«) gerechtfertigt werden können (Rn 43 f, 46 f).

83 Einbezogen ab 1. 7. 2007 durch Art. 1 Nr. 1a) bb) des 1. Gesetzes zur Änderung des AEntG vom 25. 4. 2007, BGBl I S. 576. Die Regelung zielt auf den »Schutz der Beschäftigten dieser Branche vor unerwünschten sozialen Verwerfungen durch untertarifliche Entlohnung« ab (BT-Drs. 16/3064 vom 20. 10. 2006, S. 7).

84 Die frühere Novellierung hatte für die »erforderliche Vergleichbarkeit« im Wesentlichen drei Umstände angeführt (s. BT-Drs. 16/3064, ebd.), wovon lediglich das Kriterium der »lohnkostenintensiven Branche« auch für Briefdienstleistungen gelten mag.

85 Am 12. 10. 2007 beschloss der Bundesrat, den Gesetzesantrag des Landes Rheinland-Pfalz (BR-Drs. 622/07 vom 4. 9. 2007) nicht in den Bundestag einzubringen (BR-Drs. 622/2007 [Beschluss]). Abgelehnt wurden in der 837. Sitzung auch Anträge der Länder Berlin (BR-Drs. 517/07 vom 26. 7. 2007) und Bremen (BR-Drs. 634/07 vom 13. 9. 2007).

Sozialrechtliche Regulierung des privatrechtlichen Versicherungswesens

Das Beispiel des »Basistarifs« in der privaten Krankenversicherung

RAINER PITSCHAS

Verfasser und Jubilar sind seit langen Jahren in gemeinsamer Arbeit dem nationalen wie auch dem internationalen Wirtschaftsrecht verbunden.[1] Dabei stets neuen Entwicklungen gegenüber aufgeschlossen, dürfte für den zu Ehrenden auch das hier behandelte Thema von hohem Interesse sein. Denn es steht einerseits für die dem demokratischen und sozialen Rechtsstaat immanente wechselseitige Verflechtung des Wirtschaftsrechts mit dem Sozialen,[2] andererseits vermag es zugleich die Qualitätsveränderung der rechtlichen Ordnung marktwirtschaftlicher Vorgänge unter dem Signum eines um sich greifenden Regulierungsverwaltungsrechts[3] am Beispiel einzelner Entwicklungen im Versicherungssektor zu verdeutlichen.[4]

1 Vgl. etwa *Pitschas* Grundlagen und Entwicklungen des deutschen Subventionsrechts – eine kritische Zwischenbilanz, in: Stober/Vogel (Hrsg.) Subventionsrecht und Subventionspolitik auf dem Prüfstand, 1999, S. 17 ff; *ders.* »Business Improvement Districts (BID)« in Deutschland – ein Beitrag zur modernen Stadtentwicklung im Zeichen der Corporate Citizenship, in: Graf/Paschke/Stober (Hrsg.) Rechtsrahmen der Business Improvement Districts, 2007, S. 77 ff; *Stober* Wirtschaftsaufsicht und Bankenaufsicht, in: Pitschas (Hrsg.) Integrierte Finanzdienstleistungsaufsicht. Bankensystem und Bankenaufsicht vor den Herausforderungen der Europäischen Wirtschafts- und Währungsunion, 2002, S. 21 ff; *ders.* Wirtschaftsverwaltungsrechtliche Entwicklungslinien in der Bundesrepublik Deutschland und rechtliche Rahmenbedingungen der Wirtschaftsförderung unter Berücksichtigung der Rechtslage in der Europäischen Union, in: Pitschas (Hrsg.) Entwicklungen des Staats- und Verwaltungsrechts in Südkorea und Deutschland, 1998, S. 205 ff.

2 *Rixen* Sozialrecht als öffentliches Wirtschaftsrecht, 2005, bes. S. 30 ff, 45 ff; *Zacher* Das Sozialrecht im Wandel von Wirtschaft und Gesellschaft, in: Wirtschaft und Wissenschaft 1978, S. 17, 19 ff, 23 f.

3 *Stober* Zum Leitbild eines modernen Regulierungsverwaltungsrechts. Stand und Perspektiven des öffentlich-rechtlichen Privatisierungsfolgenrechts, in: FS R. Scholz, 2007, S. 943 ff; *Pitschas* Regulierung der europäischen Kapitalmärkte durch die Gemeinschaft und ihre Mitgliedstaaten, in: FS R. Scholz, 2007, S. 855 ff.

4 Vgl. BVerfGE 114, 1, 42 ff; 114, 73, 99 ff, 103 ff; siehe ferner *Badura* Wirtschaftsverfassung und Wirtschaftsverwaltung, 2. Aufl., 2005, Rn 180, 181; *Kaulbach* in: Fahr/ders./Bähr, VAG, 4. Aufl., 2007, Vor § 1 Rn 5 ff; *Ruthig/Storr* Öffentliches Wirtschaftsrecht, 2005, Rn 368, 388; *Winter* Zielsetzungen der Versicherungsaufsicht, ZVersWiss 2005, 105, 143.

I. DIE DUALE VERSICHERUNGSVERFASSUNG DES GRUNDGESETZES

1. *Sozialversicherung und privatrechtliches Versicherungswesen als komplementäre Kompetenztitel*

Nach Art. 74 Abs. 1 Nr. *11* GG erstreckt sich die konkurrierende Gesetzgebung des Bundes auf das Recht der Wirtschaft. Die entsprechenden Gesetzgebungsbefugnisse umfassen auch das »privatrechtliche Versicherungswesen«. Davon will der Verfassunggeber die »Sozialversicherung einschließlich der Arbeitslosenversicherung« kompetenziell abgegrenzt wissen, indem er diese in Art. 74 Abs. 1 Nr. *12* GG zu den Gegenständen konkurrierender Gesetzgebung zählt.

Als »besonders prägnanter Ausdruck des Sozialstaatsprinzips«[5] bildet die letztgenannte Kompetenzvorschrift den verfassungsrechtlichen Ausgangspunkt für die gesetzliche Ordnung der sozialen Vorsorge in Gestalt der *Sozialversicherung*. Sie umfasst allerdings nicht die »Soziale Sicherheit« schlechthin. Der Begriff der »Sozialversicherung« setzt vielmehr ein Leistungs- und Sicherungssystem voraus, das in den Formen und mit den rechtlichen Instrumenten verwirklicht wird, die den wesentlichen Strukturprinzipien der überkommenen Sozialversicherung entsprechen.[6] Allerdings darf diese Regelungsgesamtheit nicht nur aus einer traditionsgespeisten Perspektive heraus verstanden werden. Denn »Sozialversicherung« ist wie kaum ein anderes Rechtsgebiet ständigen Wandlungen unterworfen, die den vielfältigen und vor allem wirtschaftlichen sowie demographischen Veränderungen in der Gesellschaft Rechnung tragen müssen.

Im Vordergrund steht dabei die spezifische Art und Weise, in der das Grundgesetz die solidarische Risikovorsorge organisiert wissen will. Es spricht von einer »Sozialversicherung«, um damit das *Versicherungsprinzip* zu den charakteristischen Fundamenten der Sozialversicherung zu erklären.[7] Bezogen auf die Sozialversicherung als Krankenversicherung, wird sonach kompetenziell, aber mit materiellen Auswirkungen das Nebeneinander öffentlicher und privater Gesundheitssicherung in ein verfassungsrechtlich festgelegtes Grundmaß von sozialpolitischer Kooperation, funktioneller Eigenständigkeit und partnerschaftlichem Zusammenspiel überführt. »Sozialversicherung« erweist sich innerhalb dieses Komplementärverhältnisses als ein Kompetenzgehäuse, innerhalb dessen sich die versicherungsrechtlich organisierten Leistungsformen der öffentlichen Hand zur Garantie sozialer Sicherheit an dem »Gattungsbegriff« der klassischen Sozialversicherung zu orientieren haben. Zugleich beruft diese begriffliche Öffnung die freiheitlich-autonom gedachte Eigenverantwortung und Selbstentfaltung der Staatsbürger zur Risikovorsorge. Die ihnen zugemessene Individualautonomie in Gestalt der Versicherungsautonomie begrenzt

5 BVerfGE 28, 324, 348; vgl. auch BVerfGE 75, 348, 359.
6 BVerfGE 11, 105, 112; 75, 108, 146 ff; 83, 363, 381.
7 *Hase* Versicherungsprinzip und sozialer Ausgleich, 2000, S. 18 ff, 37 ff, 43 ff.

die Reichweite staatlich organisierter »Sozialversicherung« zugunsten einer privatversicherungswirtschaftlichen Kooperation bzw. Formgebung.[8]

Private Versicherung steht somit einerseits in einer komplexen Gegenseitigkeitsbeziehung zur *Sozial*versicherung. Diese darf andererseits unter dem Grundgesetz jedenfalls kompetenziell-verfassungsrechtlich auf ihren Eigenstand vertrauen. Mehr noch: Über den Strukturbegriff der »Versicherung« wird in Verbindung mit der Subsidiarität des Sozialstaats die individuelle Sozialverantwortung von Bürger und Gesellschaft der staatlichen Sozialverantwortung von Verfassungs wegen funktionell eigengewichtig an die Seite gestellt (»kooperative Versicherungsverantwortung«). Staatliche Sozialverantwortung darf deshalb als »Sozialversicherung« individuelle und gesellschaftliche Selbstverantwortung für den Gesundheitsschutz bzw. jede andere private Risikovorsorge nicht beliebig verdrängen oder gar in monopolartiger Form substituieren. Gleiches gilt allerdings auch umgekehrt; so wäre etwa der Übergang zu einer ausschließlich privaten Krankenversicherung ohne solidarischen Grundschutz verfassungswidrig.[9]

Für die Inanspruchnahme der an diesen Verfassungsrahmen gebundenen privatversicherungsrechtlichen Gesetzgebungszuständigkeit durch den Bund kommt es nicht auf die Rechtsform der Organisation, sondern darauf an, dass ein Versicherungsunternehmen private Versicherungsverträge abschließt und insoweit mit privatrechtlich verfassten Unternehmen im Wettbewerb steht.[10] Unter diesem Konkurrenzdruck muss es durch privatrechtliche Verträge Risiken versichern und die dafür erhobenen Prämien am individuellen Risiko und nicht am Erwerbseinkommen des Versicherten orientieren. Die für den Versicherungsfall vertraglich zugesagten Leistungen werden aufgrund eines kapitalgedeckten Finanzierungssystems erbracht.[11] Auf diese Weise inkorporiert die verfassungsrechtliche Abgrenzung der Gesetzgebungskompetenzen für die »Sozialversicherung« und für das »privatrechtliche Versicherungswesen« zugleich ein *materielles* Grundverständnis beider Versicherungsformen.

2. *Materielle Verfassungsgrundlagen*

Die skizzierte Deutung des Kompetenztitels »privatrechtliches Versicherungswesen« schließt an dessen materiell-rechtliche Gewährleistung im Grundgesetz an. Zwar findet sich dort die Privatversicherung institutionell nicht explizit garantiert. Ihre verfassungsrechtliche Gewährleistung gründet jedoch auf der durch Art. 2 Abs. 1 GG i. V. mit dem Sozialstaatsprinzip geschützten *individuellen Vorsorge-*

8 So bereits *Scholz* Öffentliche und Privatversicherung unter der grundgesetzlichen Wirtschafts- und Sozialverfassung, in: FS Sieg, 1976, S. 507, 523 ff; nunmehr auch BVerfGE 114, 1, 34 f zur »Privatautonomie der Versicherungsnehmer«.

9 So für die Krankenversicherung BVerGE 18, 257, 267; 68, 193, 209.

10 BVerfGE 103, 197, 216.

11 BVerfGE 103, 197, 216 f.

freiheit gegen Daseinsrisiken, denen sich der Staatsbürger ausgesetzt sieht. Sie stellt ihm frei, sein Einkommen bzw. Vermögen für den Aufbau eigener und familiärer sozialer Sicherheit nach eigenem Gutdünken einzusetzen.[12] Private Versicherungsträger, die hierfür ihre Dienste anbieten, im Wettbewerb mit anderen durch privatrechtliche Verträge Risiken versichern, ihre Prämien am individuellen Risiko ausrichten und ihre Leistungen auf der Grundlage der Kapitaldeckung finanzieren, also in *Unternehmensform* tätig werden, dürfen sich auf die Grundrechtsgarantien der Art. 12 und 14 GG sowie im Wettbewerb mit anderen ergänzend auf die Gewährleistung der Wettbewerbsfreiheit unter Einbezug von Art. 2 Abs. 1 GG berufen.[13]

Die Freiheitsordnung des Grundgesetzes garantiert insofern und von Verfassungs wegen auch materiell-rechtlich eine Aufgabenteilung zwischen der öffentlichen und Privatversicherung.[14] Die Absicherung auch existenzieller Risiken ist deshalb keineswegs der Sozialversicherung vorbehalten, wie dies zutreffend das BVerfG betont.[15] Es weist zu Recht darauf hin, dass private Versicherungsunternehmen seit langem solche Risiken wie z.B. das der Krankheit versichern. Dementsprechend lässt sich von der Existenz einer »dualen Versicherungsverfassung« unter dem Grundgesetz sprechen, die der dargestellten Zweigleisigkeit von Vorsorge durch »Versicherung« Raum gibt und die – kompetenziell ausgemünzt – den verfassungsrechtlichen Eigenwert der eigenverantwortlichen *Risikovorsorge durch Privatversicherung* hervorhebt. Denn auch der freiheitlich verfasste Sozialstaat[16] fordert, dass Bürger und Gesellschaft durch Versicherung (und Vermögensbildung[17]) selbst risikoschützende Eigenvorsorge wahrnehmen können und sollen.[18] Die (Mit)Verantwortung des Staates für soziale Vorsorge wird dadurch entlastet.[19]

3. *Entwicklungsoffenheit der dualen Versicherungsverfassung*

Weder die Sozialversicherung noch das privatrechtliche Versicherungswesen verschließen sich allfälligen Entwicklungen der sozialen Realität.[20] Dementsprechend hat das BVerfG unter den Begriff der »Sozialversicherung« alles das eingeordnet,

12 BVerfGE 114, 1, 34; *Pitschas* Soziale Sicherungssysteme im »europäisierten« Sozialstaat, in: FS 50 Jahre Bundesverfassungsgericht, Bd. 2, 2001, S. 827, 829 ff.

13 BVerfGE 18, 257, 267; 59, 172, 213; 114, 73, 93.

14 *Scholz* (Fn 8) S. 523 ff; zweifelnd aber *Wieland* VVDStRL 64 (2005) 189 f (Diskussionsbeitrag).

15 BVerfGE 103, 197, 217.

16 Zu diesem näher *Pitschas* Die Zukunft der sozialen Sicherungssysteme, VVDStRL 64 (2005) 109, 112 f mwN.

17 BVerfGE 29, 221, 236; *Zacher* Das soziale Staatsziel, in: HdBStR, Bd. II, 3. Aufl., 2004, § 28 Rn 19 ff, 22 ff, 45.

18 Vgl. BVerfGE 10, 354, 369; 76, 256, 301.

19 *Ruland* Sozialrecht, in: Schmidt-Aßmann (Hrsg.) Besonderes Verwaltungsrecht, 11. Aufl. 1999, S. 727, 748 ff.

20 BVerfGE 103, 197, 217.

»was sich der Sache nach als Sozialversicherung« darstelle.[21] Auf diese Weise könnten, so führt das Gericht aus, »neue Lebenssachverhalte [...] in das Gesamtsystem ›Sozialversicherung‹ einbezogen werden, wenn die neuen Sozialleistungen in ihren wesentlichen Strukturelementen, insbesondere in der organisatorischen Durchführung und hinsichtlich der abzudeckenden Risiken, dem Bild entsprechen, das durch die ›klassische‹ Sozialversicherung geprägt ist. Zur Sozialversicherung gehört jedenfalls die gemeinsame Deckung eines möglichen, in seiner Gesamtheit schätzbaren Bedarfs durch Verteilung auf eine organisierte Vielheit.«[22] Dagegen gehört nach Ansicht des Gerichts die Beschränkung auf Arbeitnehmer und auf eine Notlage nicht zum Wesen der Sozialversicherung.[23]

Die notwendige Flexibilität von Begriff und Reichweite sozialversicherungsrechtlicher Gesetzgebung wird auf diese Weise gesichert. Von der anderen Seite her darf der Gesetzgeber aber auch den Typusbegriff des »privatrechtlichen Versicherungswesens« in seiner Reichweite prägen und materiell mit solchen Gehalten »auffüllen«, die sich im Sozialstaat des Grundgesetzes dem traditionellen Verständnis von Privatversicherung entfremden. So ist dem Privatversicherungsrecht infolge seines Komplementärverhältnisses zur Sozialversicherung eine Versicherungspflicht des Versicherungsnehmers bei freier Wahl des Versicherers keineswegs unbekannt und mit der Verfassung vereinbar, wie sich an den Beispielen der Pflichtversicherung für Kraftfahrzeughalter oder auch an der privaten Pflege-Pflichtversicherung zeigt.[24] Auch der dadurch dem Versicherungsunternehmen auferlegte Kontrahierungszwang widerspricht nicht dem Begriff und Verständnis von Privatversicherung.[25] Schließlich wäre verfassungsrechtlich unbedenklich, worauf das BVerfG jüngst hingewiesen hat, wenn die privatautonome Gestaltung des Inhalts von Versicherungen nicht unerheblich eingeschränkt werden sollte, so etwa im Hinblick auf die Prämiengestaltung.[26]

In der Konsequenz dessen wird die duale Versicherungsverfassung des Grundgesetzes von einer *zweckhaften Entwicklungsoffenheit* ihrer Grundlagen geprägt. Sie ist folgerichtig auch im Binnenbereich einer veränderlichen Grenzziehung zwischen ihren beiden Tragpfeilern unterworfen. Legitimiert vor allem durch das Sozialstaatsprinzip des Grundgesetzes, darf der Gesetzgeber nicht nur die Sozialversicherung, sondern auch das private Versicherungswesen zukunftsbezogen entsprechend den Herausforderungen des gesellschaftlichen Wandels und mit Blick auf knapper gewordene Ressourcen umgestalten und dabei beide aufeinander zuführen. Er ist dazu mit dem Kompetenztitel des Art. 74 Abs. 1 Nr. 11 GG »auch dann berufen, wenn er für einen von ihm neu geschaffenen Typ von privatrechtlicher Versiche-

21 BVerfGE 75, 108, 146.
22 BVerfGE 75, 108, 146.
23 BVerfGE 75, 108, 146.
24 So auch BVerfGE 41, 205, 224; 103, 197, 218.
25 BVerfGE 103, 197, 218.
26 BVerfGE 103, 197, 219.

rung Regelungen des sozialen Ausgleichs vorsieht und insbesondere während einer Übergangszeit die das privatwirtschaftliche Versicherungswesen prägenden Merkmale nur begrenzt wirken lässt«.[27] Darin liegt keine verfassungswidrige Vermischung der Rechtskreise des Privat- und öffentlichen Rechts bzw. von privatrechtlich organisierter Versicherung und Sozialversicherung.

4. *Insbesondere: Gesetzliche und private Krankenversicherung*

Schon längst prägen diese Gegenseitigkeit und Entwicklungsoffenheit der dualen Versicherungsverfassung und eine Konvergenz der »Versicherungen« auch das Verhältnis zwischen gesetzlicher Krankenversicherung (GKV) und privater Krankenversicherung (PKV). Denn letztere ist von ihrem Beginn an den gesetzlichen Maßgaben zur Versicherungspflicht und Versicherungsberechtigung sowie dem Leistungs- und Leistungserbringerrecht in der GKV unterworfen.[28] Demgemäß konnte die PKV ihre substitutive Krankenversicherung stets nur nach Maßgabe des Sozialgesetzbuchs – Teil V (SGB V)[29] und über das Recht zum freiwilligen Beitritt oder zur freiwilligen Weiterversicherung außerhalb der GKV und in Konkurrenz zu dieser entfalten. Vor allem die in Abhängigkeit gesehene Beitrags- und Leistungsseite formt auch heute das Wettbewerbsfeld und den am Sozialstaatsprinzip ausgerichteten *sozialwirtschaftlichen Wettbewerb* zwischen GKV und PKV.[30] Jede institutionelle Stärkung der PKV geht daher in solcher Wechselbezüglichkeit »auf Kosten« der GKV, wie umgekehrt diese in der sozialpolitischen Auseinandersetzung mit der ersteren zu deren Lasten auch »gewinnen« kann, wenn der Gesetzgeber den Wirkungskreis der PKV durch entsprechende Regelungen beschränkt. Immer wieder haben sich die Leistungen der Privatversicherung, die ganz oder teilweise die im gesetzlichen System vorgesehene soziale Krankenversicherung ersetzen wollen, an denjenigen der GKV zu orientieren. Sie nutzen dann die bloße Chance auf Wettbewerbsgewinne oberhalb eines Grundmaßes an Selbststand. Nur in Bezug auf diesen bleibt die Identität der PKV zu gewährleisten.[31] Eine feststehende »Frie-

27 BVerfGE 103, 197, 217.

28 *Schirmer* in: Schulin (Hrsg.) Handbuch des Sozialversicherungsrechts, Bd. 1: Krankenversicherungsrecht, § 14 Rn 165; grds. anders *Sodan* Private Krankenversicherung und Gesundheitsreform 2007, 2. Aufl. 2007, passim.

29 Sozialgesetzbuch (SGB) Fünftes Buch (V): Gesetzliche Krankenversicherung (SGB V) v. 20. 12. 1988 (BGBl I S. 2477), zul. geänd. durch Gesetz v. 26. 3. 2007 (BGBl I S. 378).

30 So prononciert *Scholz* Wettbewerb zwischen Ersatzkassen und Privatversicherung, in: ders./J. Isensee, Zur Krankenversicherung der Studenten, 1973, S. 16 ff; dagegen aber *Fuchs* Wettbewerb zwischen privaten und öffentlichen Krankenversicherungen, ZSR 46 (2000) 315 ff, der sowohl einen Wettbewerb zwischen PKV und GKV ausschließt (S. 319) als auch die Selbständigkeit der PKV leugnet (S. 328).

31 *Schirmer* (Fn 28) Rn 166; *Scholz* Zur Wettbewerbsgleichheit von gesetzlicher und privater Krankenversicherung, 1991, S. 14 ff, 18 ff, 26 ff; *Uleer* Die »richtige« Abgrenzung von PKV und GKV, in: FS Baron von Maydell, 2007, S. 767, 770, 774 ff.

densgrenze« zwischen beiden Versicherungsformen kann es darüber hinaus nicht geben.

Dem Gesetzgeber belässt die Verfassung für die Ausgestaltung des Wechselspiels zwischen GKV und PKV einen gehörigen Erprobungs- und Entwicklungsspielraum. Er wird von der Sozialpolitik seit einer Reihe von Jahren und angesichts der an sie adressierten Herausforderungen des sozialen Wandels im Wege zahlreicher »Gesundheitsreformen« und zuletzt durch die *Gesundheitsreform 2007* ausgreifend genutzt.[32] Selbst die Einführung einer gesetzlichen »Bürgerversicherung« als Endpunkt zulässiger sozialrechtlicher Regulierung des Gegenseitigkeitsverhältnisses von PKV und GKV würde in grundrechtlicher Perspektive als zulässig erscheinen.[33] Allerdings wirft der damit verbundene (partielle) Systemwechsel in der Gesundheitsvorsorge, den die Gesetzgebung nunmehr unter Beachtung des Verfassungswertes der Kontinuität mit der Kreation des neuen Typs einer *sozialkonditionierten PKV* veranlasst hat,[34] eine Reihe berechtigter Verfassungsfragen auf. Auf sie wird im Rahmen der nachfolgenden Darstellung des sozialrechtlichen Regulierungsansatzes in der privaten Krankenversicherung am Beispiel des »Basistarifs« eingegangen werden.

II. DUALE VERSICHERUNGSVERFASSUNG UND GESUNDHEITSREFORM 2007

1. Das GKV-Wettbewerbsstärkungsgesetz vom 26. März 2007

Die damit beschriebene Entwicklungsoffenheit der dualen Versicherungsverfassung im Grundgesetz nutzt das am 1. April 2007 nach langen Auseinandersetzungen in Kraft getretene Gesetz zur Stärkung des Wettbewerbs in der gesetzlichen Krankenversicherung (GKV-WSG).[35] Die ihm erfließende »Gesundheitsreform 2007« bildet den Einstieg in den *Systemwechsel* der gesetzlichen Krankenversicherung in Deutschland. Dessen Reichweite wird zwar weitgehend verkannt. Doch dürfte sich

32 *Bitter* Das GKV-Wettbewerbsstärkungsgesetz (GKV-WSG) im Überblick, GesR 2007, 152 ff; *Sodan* (Fn 28) S. 108 ff hinsichtlich der PKV-Belastungen durch das GKV-WSG.

33 *Pitschas* (Fn 16) S. 132 f, 137; dezidiert a.A. *Sodan* Die Zukunft der sozialen Sicherungssysteme, VVDStRL 64 (2005) 144, 149 ff; s. ferner die Beiträge in: Voit (Hrsg.) Gesundheitsreform 2007. Rechtliche Bewertung und Handlungsoptionen, 2008.

34 Zur Diskontinuität und (vermeintlichen) Verfassungswidrigkeit dieser Entwicklung aber *Sodan* Verpflichtende Basistarife in der privaten Krankenversicherung als Verfassungsproblem, in: FS J. Isensee, 2007, S. 983 ff; *ders.* (Fn 28) passim. Zur verfassungsrechtlichen Bedeutung der »Kontinuität« siehe auch und zuvor *Pitschas* (Fn 16) S. 114, 136 unter Hinweis auf BVerfGE 102, 68, 97; in gewisser Weise »nachklappend« nunmehr *Axer* FS J. Isensee, 2007, S. 965 ff.

35 Gesetz zur Stärkung des Wettbewerbs in der gesetzlichen Krankenversicherung (GKV-Wettbewerbsstärkungsgesetz – GKV-WSG) v. 26. 3. 2007 (BGBl I S. 378).

erst im Verlauf der Umsetzung des neuen Rechts die in der allgemeinen Diskussion um die Gesundheitsreform vorherrschende Grundfrage beantworten lassen, ob das neue Gesetzeswerk tatsächlich ein zukunftsfestes und leistungsfähiges solidarisches Gesundheitssystem erschaffen hat. Jedenfalls besteht die Chance, dass es durch seine dem Solidaritäts- *und* Wettbewerbsdenken zugleich geöffneten Strukturen die Qualität und Wirtschaftlichkeit der Gesundheitsversorgung in Deutschland zu verbessern geeignet ist.

Die Begründung zum Gesetzentwurf des GKV-WSG will hieran keinerlei Zweifel lassen.[36] Sie stellt fest, das Gesundheitswesen biete derzeit eine Patientenversorgung auf hohem Niveau und im internationalen Vergleich sei das deutsche Gesundheitswesen leistungsfähig. Freilich bedürfe es, so hebt die Begründung hervor, der im Gesetz vorgesehenen Reformmaßnahmen, um auch in Zukunft soziale Sicherheit im Krankheitsfall für alle gewährleisten zu können.

Deshalb sehe das Gesetz insbesondere Versicherungsschutz für alle Einwohner vor, garantiere den Zugang der Versicherten zu allen medizinisch notwendigen Leistungen und es stelle die Weichen für die Beteiligung aller an der Finanzierung des Gesundheitssystems. Jeweils stehe der Bürger im Mittelpunkt der gesetzlichen Bemühungen.

Zur Verwirklichung dieser Ziele greift die Gesundheitsreform 2007 *inhaltlich* weit aus: Sie kreiert in der Verbindung mit der Reform des Risikostrukturausgleichs (RSA) einen Gesundheitsfonds zur Finanzierung der GKV mit einem inhärenten Ausgleichsfonds und sie verbindet diesen zentralen Reformansatz mit einer Modernisierung der »Institutionen des Gesundheitssektors« durch die Einführung eines einheitlichen Spitzenverbandes »Bund« sowie mit Strukturveränderungen des Gemeinsamen Bundesausschusses (GBA). Gleichfalls kommt es zu einer Neuorganisation der Kassen und ihrer Verbände. Dem Leistungsrecht werden neue Wettbewerbselemente auf Seiten der GKV (Einzelverträge und Wahltarife) eingefügt, wie überhaupt die *wettbewerbliche Ausgestaltung der GKV* vorangetrieben wird. Zugleich sieht sich die bereits apostrophierte »Friedensgrenze« zwischen gesetzlicher und privater Krankenversicherung (PKV) weitgehend aufgehoben.

Andere Elemente der Reform bei der ärztlichen Vergütung und im Leistungserbringerrecht sowie in der Hilfs- und Arzneimittelversorgung vervollständigen den Reformkatalog. Ihre »Tiefenschärfe« gewinnen die voraufgehend skizzierten Reformschritte aber erst und andererseits durch die damit in Verbindung zu sehenden Regelungsdirektiven des dem GKV-WSG voraufgegangenen Vertragsarztrechtsänderungsgesetzes (VÄndG).[37] Besondere Aufmerksamkeit zieht aber vor allem die gesetzgeberische Veränderung des Geschäftsmodells der PKV durch Einführung des schon erwähnten »Basistarifs« auf sich. Dabei handelt es sich um eine gesetzliche

36 Gesetzentwurf der BReg zum GKV-WSG (Fn 35) v. 20. 12. 2006, BT-Drs. 16/3950, S. 1 ff.

37 Gesetz zur Änderung des Vertragsarztrechts und anderer Gesetze (Vertragsarztrechtsänderungsgesetz-VÄndG) v. 22. 12. 2006 (BGBl I S. 3439); dazu *Orlowski* Vertragsarztrechtsänderungsgesetz – Überblick zu Neuregelungen -, VSSR 2007, 157 ff.

Prämienbegrenzung i. S. des § 12 Abs. 1a VAG[38] ohne die Möglichkeit von Risikozuschlägen oder risikobezogener Ausschlüsse von Versicherten unter gleichzeitig rechtlich aufgegebener Vereinbarung von Leistungen nach Art, Umfang und Höhe entsprechend denen der GKV (§§ 257 Abs. 2a Nr. 2, 315 Abs. 2 SGB V). Die Gesundheitsreform 2007 lässt dabei allerdings unbeantwortet, wie die schrittweise wegfallende milliardenschwere Quersubvention der ambulanten und stationären Versorgungsstrukturen durch die PKV zukünftig aufgefangen werden kann. Eine Kompensation wäre nur durch zusätzliche Steuergelder möglich, deren künftige Existenz freilich skeptisch zu beurteilen ist.

2. *Die Gesundheitsreform 2007 als »Systemwechsel«*

Die »Mängelliste« des GKV-WSG ließe sich an dieser Stelle unschwer verlängern. Gleichwohl treffen alle diese und andere Mängelrügen nicht den wahren Kern des Reformgesetzes. Dieser liegt vielmehr in dem *Modernisierungsprozess*, den der Gesetzgeber mit seinem Reformwerk und anschließend an das sog. Gesundheitsmodernisierungsgesetz (GMG) und an das VÄndG in Gang gesetzt hat, um unter den Erfordernissen des »neuen sozialen Rechtsstaates« im Globalisierungsprozess den unvermeidbaren Systemwechsel in der GKV durch Konvergenz mit der PKV – und eingebettet in den allgemeinen Strukturwandel der deutschen Sozialversicherung – herbeizuführen.[39]

In diesem Sinne und im hiesigen Zusammenhang ist dabei von besonderem Interesse die künftige *Gestaltung der PKV* und deren *Verhältnis zur GKV*. Die Gesetzgebung hierzu umfasst im Wesentlichen die Einrichtung eines staatlichen Gesundheitsfonds mit dem ihm zukünftig verbundenen Risikostrukturausgleich, die Neuregelungen im Mitglieds- und Beitragsrecht sowie die gesondert zu schaffenden Insolvenzvorschriften für die gesetzlichen Krankenkassen. Namentlich führt das GKV-WSG eine *Versicherungspflicht* für *alle* Arbeitnehmer in der Krankenversicherung ein. Darin liegt ebenfalls eine neue Entwicklung; der von ihr ausgehende *Eingriff* in die Versicherungsautonomie des einzelnen Bürgers als Ausfluss seiner allgemeinen Handlungsfreiheit wird jedoch verfassungsrechtlich noch als hinnehmbar angesehen werden müssen. Die Finanzierbarkeit einer allgemeinen Gesundheitsversorgung auf der Grundlage qualitätsgesicherter Leistungen und deren Einbettung in einen sozialen Ausgleich verkörpern überragend wichtige Gemeinschaftsgüter, die auch solche weitgehenden Regelungen zur Versicherungspflicht des Einzelnen vor Art. 2 Abs. 1 GG rechtfertigen.[40]

38 Gesetz über die Beaufsichtigung der Versicherungsunternehmen (Versicherungsaufsichtsgesetz-VAG) i.d.F. der Bekanntmachung v. 17. 12. 1992 (BGBl 1993 I S. 2) und der Änderung durch Art. 44 GKV-WSG v. 26. 3. 2007 (BGBl I S. 378).

39 Zum aktuellen Strukturwandel der deutschen Sozialversicherung siehe statt anderer *Pitschas* (Fn 16) S. 128 ff. (»Neue Architektur der sozialen Sicherung«) mwN.

40 BVerfGE 103, 197 (222: »Verhältnismäßigkeit«); 115, 25, 42 ff, 44.

Mit dieser Pflichtigkeit wird allerdings nach wie vor – freilich durch § 6 Abs. 4 SGB V erschwert – die Möglichkeit verbunden, den Beitritt zur *PKV* zu wählen. Zu diesem Zweck wird die PKV verpflichtet, für alle Nicht-Versicherten den bereits erwähnten »*Basistarif*« anzubieten; insofern wird ein Kontrahierungszwang angeordnet. Im Übrigen gilt im Rahmen der neuen Fondsstruktur, dass für alle in der *GKV* Versicherten erstmalig ein einheitlicher Beitragssatz bis spätestens zum 30. 11. 2008 mit Wirkung für 2009 festgelegt wird, der auf die Prämienhöhe für die Leistungsangebote der *PKV* zurückwirkt.

3. Regulierungsfolgen für die Privatversicherung

Die voraufgehend skizzierten Eingriffe des Gesetzgebers falten die sozialpolitische Regulierung der privaten Versicherung gegen Lebensrisiken weiter aus. Sie haben zunächst für das bestehende Gesundheitssystem erhebliche Konsequenzen. Schon das VÄndG hatte mit der Eröffnung von überbereichlichen Berufsausübungsgemeinschaften und Zweigpraxen sowie mit Regelungen zu vertraglichen Neuregelungen in großen Teilen veränderte Berufsvoraussetzungen für die Leistungserbringer herbeigeführt.[41] Gleiches gilt für die allgemeine Liberalisierung des ärztlichen Berufsrechts. Probleme und Chancen des VÄndG sowie des GKV-WSG bedürfen deshalb eingehender Würdigung, die an anderer Stelle zu leisten ist.

Demgegenüber soll an dieser Stelle aus der Regulierungsperspektive die *Einführung des Basistarifs* gem. §§ 257 Abs. 2a, 315 Abs. 1 und 2 SGB V näher betrachtet und in ihren Konsequenzen für die PKV beleuchtet werden. Zu diesem Zweck ist im Folgenden zunächst darzustellen, wie sich der sog. Basistarif künftig in die fortbestehende Parallelität von gesetzlicher und privater Krankenversicherung nach dem geltenden Sozialrecht einordnet (III.). Daran anschließend werden Einzelvorschriften zum »Basistarif« in der PKV näher untersucht sowie in ihren detaillierten Folgenwirkungen für einen neuen Solidaritätsverbund von GKV und PKV, ferner aber auch im Hinblick auf die Modifizierung des Geschäftsmodells der PKV analysiert (IV.). Die Ausführungen schließen mit der Feststellung, dass der sog. Basistarif zu einer Angleichung von gesetzlicher und überkommener privater Krankenversicherung führt und in dieser Deutung einen neu geschaffenen Typ privatrechtlicher Versicherung i. S. der Rechtsprechung des BVerfG[42] verkörpert.

41 Vgl. *Orlowski* (Fn 37) 160 ff, 166 ff.
42 BVerfGE 103, 197, 217.

III. Künftige Gesundheitsversorgung auf der Grundlage gesetzlicher oder privater Krankenversicherung

1. *Neu konfiguriertes »Zwei-Wege-Modell« der Krankenversicherung*

Nahezu 90 Prozent aller Bürger der Bundesrepublik Deutschland sind Mitglieder in der GKV. Gleichwohl bleibt von Verfassungs wegen – wie schon eingangs hervorgehoben – die individuelle Vorsorge gegen die Risiken des Lebens, also auch gegenüber Krankheiten, eine Angelegenheit des einzelnen Bürgers. Die *individuelle Vorsorgefreiheit* soll durch Versicherung und Vermögensbildung dem Einzelnen die rechtliche Möglichkeit einräumen, sein Einkommen bzw. sein Vermögen für den Aufbau eigener und familiärer sozialer Sicherung nach eigenem Gutdünken einzusetzen.[43]

Von diesem Zweck will (und darf) der Gesetzgeber auch künftig *private Versicherungsträger*, die hierfür ihre Dienste anbieten und sich dafür auf die Grundrechtsgarantien der Berufs- und Eigentumsfreiheit in Art. 12 und 14 GG sowie auf die allgemeine Handlungsfreiheit gem. Art. 2 Abs. 1 GG berufen können, nicht ausschließen. Die in der Wirtschafts- und Sozialverfassung Deutschlands garantierte Verantwortungsteilung zwischen der öffentlichen *und* Privatversicherung besteht denn auch nach Inkrafttreten des GKV-WSG fort, obschon in der Tat die Träger der PKV und die in ihr Versicherten mit beträchtlichen finanziellen Einbußen rechnen müssen: Die Krankheitskostenvollversicherung droht unrentabel zu werden und es kommt zu erheblichen Beitragssteigerungen bei den Bestandsversicherten.[44] Doch verhindern das neue Krankenversicherungsrecht, ebenso wie das Gemeinschaftsrecht, die Entstehung eines *Sozialversicherungsmonopols* dadurch, dass vielfältige wettbewerbliche Entwicklungsspielräume der PKV in der Sparte der Zusatzversicherungen[45] sowie bei der Ausgestaltung des Basistarifs[46] verbleiben.

M. a. W. besteht unter dem Grundgesetz auch nach Inkrafttreten des GKV-WSG das »Zwei-Wege-Modell« der Krankenversicherung durch Einbezug der Privatversicherung – im hiesigen Zusammenhang der PKV – grundsätzlich, wenn auch mit erheblichen Einschränkungen fort. Die *duale Versicherungsverfassung* hat Bestand, jedoch in veränderter Form. Der Gesetzgeber fordert die Entwicklung eines neuen

43 Dazu siehe schon oben im Text um und zu Fn 17 ff.

44 Dementsprechend hat sich der Zulauf zur PKV wegen eines vollen Krankheitsschutzes im ersten Halbjahr 2007 abgeschwächt; starkes Wachstum weisen dagegen die Verträge bei den Zusatzversicherungen aus, vgl. die Zahlenangaben in FAZ v. 20. 11. 2007, S. 11.

45 Das Grundgesetz gewährleistet auch in Art. 12 und 14 GG kein »Vollkostengeschäft« der PKV, vgl. BVerfGE 106, 275, 299; ähnlich wie hier *Rixen* GesR 2007, 191, 192.

46 Bislang haben sich allerdings die Unternehmen der PKV hinsichtlich der attraktiven Ausgestaltung dieses Tarifs auf eine »Verweigerungsstrategie« festgelegt, vgl. *Leienbach* Einbeziehung der PKV in die GKV? Chancen und Gefahren (der Gesundheitsreform) aus Sicht der PKV, Thesen zum Vortrag am 8. 11. 2007 in Berlin auf dem Symposium der Deutschen Gesellschaft für Kassenarztrecht.

Typs privatrechtlicher Versicherung unter Orientierung am Gedanken des sozialen Ausgleichs. Ihre Gestaltungsmaßgaben bleiben privatversicherungsrechtlicher Strukturgebung noch immer verpflichtet, stellen also keine »Sozialversicherung im Gewande der Privatversicherung« dar.[47] Vielmehr entsteht ein neues Geschäftsmodell der PKV.

2. *Der Basistarif als Folgeregelung zur Fondsfinanzierung der GKV*

2.1 Die Neuregelung des § 257 Abs. 2a Nr. 2 SGB V i. V. mit § 12 Abs. 1a VAG

Ausgangspunkt der Einführung des die »neue PKV« konstituierenden Basistarifs sind die *Beitragszuschüsse*, auf die freiwillig in der gesetzlichen Krankenversicherung versicherte Beschäftigte einerseits, die versicherungsfreien oder die von der Versicherungspflicht befreiten Beschäftigten, die wegen Überschreitens der Jahresarbeitsentgeltgrenze bei einem privaten Krankenversicherungsunternehmen versichert sind und die für sich und ihre Angehörigen, die bei Versicherungspflicht des Beschäftigten gesetzlich versichert wären, andererseits Anspruch haben, wenn sie solche Vertragsleistungen geltend machen, wie sie der Art nach den Leistungen des SGB V entsprechen. An diese inhaltlich vorgeformte *Zuschusszahlung* knüpft der Gesetzgeber nunmehr mit der Einführung des Basistarifs in der PKV an: Der erwähnte Zuschuss soll ab 1. Januar 2009 für eine private Krankenversicherung *nur dann* gezahlt werden, wenn das Versicherungsunternehmen
1. diese Krankenversicherung nach Art der Lebensversicherung betreibt,
2. einen *Basistarif* im Sinne des § 12 Abs. 1a VAG anbietet,
sowie weitere Voraussetzungen, die in § 257 Abs. 2a SGB V genannt werden, erfüllt.

Der Versicherungsnehmer hat überdies dem Arbeitgeber jeweils im Zeitraum von drei Jahren eine Bescheinigung des Versicherungsunternehmens darüber vorzulegen, dass die *Aufsichtsbehörde* dem Versicherungsunternehmen bestätigt habe, dass es die Versicherung, die Grundlage des Versicherungsvertrages ist, nach den voraufgehend genannten Voraussetzungen betreiben würde. Auf diese (indirekte) Art und Weise sucht der Gesetzgeber zu erreichen, dass ab dem Jahr 2009 alle privaten Krankenversicherungen einen branchenweit einheitlichen *Basistarif* anbieten, dessen Leistungen in Art und Umfang dem GKV-Leistungskatalog vergleichbar sind. Auch die Prämie dafür soll, wie bereits jetzt bei dem erwähnten Standardtarif, den durchschnittlichen Höchstbeitrag in der GKV, derzeit ca. 500 Euro, nicht übersteigen. Eine Gesundheitsprüfung findet in diesem Zusammenhang nicht statt; die Unternehmen unterliegen vielmehr einem *Kontrahierungszwang*.

47 So aber *Axer* Einbeziehung der PKV in die GKV. Standard- und Basistarif als Gegenstand der Sicherstellung in der vertragsärztlichen Versorgung, Thesen zum Vortrag am 8. 11. 2007 auf dem Symposium der Deutschen Gesellschaft für Kassenarztrecht (These No. 2).

Schon *bestehende Verträge* zum brancheneinheitlichen Standardtarif können ab 1. Januar 2009 in Basistarif-Verträge umgewandelt werden. Zugleich müssen bis dahin die einschlägigen Versicherungsunternehmen die strengen Voraussetzungen des § 257 Abs. 2a SGB V erfüllen. *PKV-Neukunden* steht im Übrigen der Basistarif ab dem 1. 1. 2009 offen. Abhängig Beschäftigte unter ihnen müssen jedoch für einen zulässigen Beitritt gem. § 6 Abs. 4 SGB V künftig mindestens in drei aufeinander folgenden Kalenderjahren ein Einkommen oberhalb der Versicherungspflichtgrenze von derzeit 47 700 Euro im Jahr bezogen haben.

Schließlich können *PKV-Bestandsversicherte* nur zwischen dem 1. Januar und dem 30. Juni 2009 unter Mitnahme ihrer Alterungsrückstellungen in einen Basistarif-Vertrag eines beliebigen Anbieters wechseln. Danach können sie nur noch den Basistarif ihrer eigenen Versicherung wählen. Das Entscheidende hieran ist die nunmehr gesetzlich angeordnete *Portabilität* der für das Alter von Versicherten vom Unternehmen pflichtweise gebildeten Rückstellungen – eine Regelung, die verfassungsrechtlich nicht unproblematisch und gegenüber dem Eigentumsschutz der Bestandsversicherten unhaltbar ist,[48] die aber für das Neugeschäft unternehmensseitig kalkulatorisch aufgefangen werden kann. Insoweit hält sich die Anordnung der Portabilität mit Blick auf die Versicherer noch im Rahmen der Sozialbindung des Eigentums gem. Art. 14 Abs. 1 GG und der Unternehmensfreiheit.

2.2 Gesetzliche Begründung und Verknüpfung mit den Regelungen zum Gesundheitsfonds

Die gesetzliche Begründung zur Einführung des Basistarifs zeigt sich hinsichtlich der auftretenden Rechts- und Sachfragen wenig ergiebig. Über seinen Inhalt und die Voraussetzungen, die den Zugang zum Basistarif regulieren, wird auf § 12 des VAG verwiesen. Festgehalten wird in der gesetzlichen Begründung, dass die Pflicht, einen Basistarif anzubieten, *alle* Unternehmen der PKV trifft.[49]

Was der Gesetzgeber allerdings anstrebt, ergibt sich dann doch noch aus der Einleitung der gesetzlichen Begründung zu § 257 SGB V: Dort heißt es, die Vorschrift stelle eine »Folgeregelung zur Neufassung des § 241« dar.[50] Nach dieser Vorschrift legt nämlich das Bundesministerium für Gesundheit durch Rechtsverordnung mit Wirkung zum 1. Januar 2009 einen allgemeinen Beitragssatz fest, der auch den bisherigen Zusatzbeitrag (0,9 Prozent) enthält. Die Formulierung lässt im Zusammenhang mit der Begründung zu § 257 Abs. 2a SGB V vermuten, dass es dem Ge-

48 Vgl. BVerfG NJW 2006, 1783, 1785; in diese Richtung auch *Depenheuer* Alterungsrückstellungen und Eigentumsgarantie. Verfassungsrechtliche Rahmenbedingungen einer Portabilität von Alterungsrückstellungen, in : FS R. Scholz, 2007, S. 205 ff, bes. S. 210 ff, 213 ff, 216; skeptisch dagegen *R. Scholz* »Mitgabe« der Alterungsrückstellungen in der privaten Krankenversicherung beim Wechsel des Versicherers? in: ders./U. Mayer/J. Beutelmann, Zu den Wechseloptionen der PKV, 2001, S. 8, 25 ff, 38 ff, 54 f.

49 AaO (Fn 36).

50 AaO (Fn 36).

setzgeber künftig darum geht, den Beitragssatz auf der Grundlage der Festsetzung im Rahmen des Gesundheitsfonds und den Basistarif in der PKV miteinander zu einem *vergleichbaren Beitragsniveau* zu verbinden. Denn nur auf diese Weise ließe sich auf Dauer die letztlich beabsichtigte Zusammenführung der GKV und der PKV auf wettbewerblicher Grundlage, wie sie in der Europäischen Sozialunion erforderlich wird,[51] erreichen.

IV. PKV und GKV – Solidaritätsverbund und gegenseitiger Wettbewerb über den Basistarif

Betrachtet man näher noch die Auswirkungen der Einführung des Basistarifs, so lassen sich diese von drei unterschiedlichen Standpunkten aus beurteilen. Auf der einen Seite besteht kein Zweifel, dass der Gesetzgeber unter Solidaritätsgesichtspunkten die GKV und die PKV enger als bisher i. S. ihrer Konvergenz unter Einbezug international präferierter Modelle[52] zusammenführen will. Er verstärkt zu diesem Zweck die Solidaritätsverpflichtung der PKV. Zur verfassungsrechtlichen Legitimation dessen darf er auf die Sozialbindung des Eigentums zurückgreifen, sich vor Art. 12 Abs. 1 GG zur Rechtfertigung der Berufsausübungsbeschränkung von PKV-Unternehmen auf vernünftige Gründe des Gemeinwohls stützen und nicht zuletzt die Legitimationskraft des Sozialstaatsprinzips ins Feld führen. Andererseits verbindet er mit seinen Regelungen zugleich einen erheblichen Schritt zur Modifizierung des Geschäftsmodells der PKV sowie zur Vergütungsreform der Vertragsärzteschaft.[53] Darin liegt allerdings (noch) kein Übergang zu einer eigenständigen Bürgerversicherung oder zur Einführung einer Kopfprämie, wie sie im Vorfeld der Gesundheitsreform 2007 kontrovers und erbittert diskutiert worden sind.[54]

Schließlich geht der Basistarif mit einer *neuen Stufe des Wettbewerbs* zwischen PKV und GKV einher. Er fördert die grundgesetzliche Wettbewerbsfreiheit und -gleichheit. Denn das Gesundheitssystem wird durch die nunmehr angenäherte

51 Dazu näher *Pitschas* Deutsches und europäisches Gesundheitsrecht zwischen öffentlichrechtlicher Wettbewerbsordnung und Verbraucherschutz. Soziale Krankenversicherung als Ausnahmebereich des Art. 86 Abs. 2 EGV, ZSR 46 (2000) 475, 481 f; *ders.* Die Weiterentwicklung der sozialen Krankenversicherung in Deutschland im Gegenlicht europäischer Gesundheitspolitik, VSSR 1994, 85 (117 f: »Neuordnung der deutschen Versicherungsverfassung«).

52 Vgl. etwa *Spycher* Bürgerversicherung und Kopfpauschalen in der Krankenversicherung der Schweiz: Vorbild oder abschreckendes Beispiel? GGW 4 (2004) 19 ff.

53 *Korzilius* Konzept gegen die Angleichung der Vergütungssysteme, Dt. Ärzteblatt 104 (2007) H. 30, C 1784 ff; *Voit* PKV und GKV-Wettbewerb im Basistarif unter ungleichen Voraussetzungen?, in: Voit (Fn 33) S. 73 ff.

54 Zum Streitstand vgl. *Pitschas* einerseits (Fn 16) S. 131 ff und *Sodan* (Fn 33) andererseits, S. 149 ff.

Rollen- bzw. Aufgabengleichheit von gesetzlicher und privater Krankenversicherung weiterem Wettbewerb zwischen diesen Versicherungsformen ausgesetzt. Insofern lassen sich auch positive Folgen der Einführung des Basistarifs in der PKV erkennen.

Hierfür ist hilfreich, dass sich der Basistarif des weiteren als ein Instrument der Verlängerung von Solidarität in die *Privatversicherung* darstellt. Ohne Risikoprüfung sowie unter Kontrahierungszwang wird die Aufnahme in ein privates Versicherungsunternehmen von Gesetzes wegen herbeigeführt. Die Leistungsinanspruchnahme der PKV wird dabei durch einen brancheneinheitlichen Tarif erzwungen. Die Inhaber einer Krankheitskostenvollversicherung sowie jene Versicherten, die zu höherwertigen Wahltarifen in der PKV versichert sind, subventionieren in diesem Zusammenhang den Leistungsaufwand für einen ggf. nicht kostendeckenden Basistarif – dies freilich nur, wenn sie in der PKV verbleiben und selbst nicht in den preiswerten Tarif überwechseln. Mit dieser Möglichkeit bleibt denn auch die individuelle Vorsorgefreiheit gewährleistet.

2. *Modifizierung des Geschäftsmodells der privaten Krankenversicherung*

Auch aus der *Sicht der PKV* führt die Gesundheitsreform 2007 zu weit reichenden Veränderungen in deren Strukturprinzipien. Dies gilt zum einen für den *Kontrahierungszwang*. Seine Anordnung ohne Rücksicht auf Risikofaktoren widerspricht insbesondere dem Äquivalenzprinzip sowie dem Prinzip der Kapitaldeckung.[55] Die gesetzliche Festlegung des Leistungsumfangs unter Orientierung am Leistungsspektrum der GKV, die Bindung an Höchstprämien und der Einbezug in einen Risikostrukturausgleich (»finanzieller Spitzenausgleich«) ebnen zugleich den Wettbewerb zwischen den privaten Versicherungsunternehmen ein.

Die Einführung des Basistarifs zwingt die Unternehmen ferner dazu, die Unterschiede zwischen ihm und den selbstentwickelten Wahltarifen bis hin zur Krankheitsvollkostenversicherung in der Werbung zu betonen, ohne den Basistarif allzu sehr »abzuspecken«. Denn auf diese Weise würde kein freiwillig in der GKV-Versicherter in den privaten Basistarif wechseln. Umgekehrt wäre eine etwaige attraktive Ausgestaltung des Basistarifs mit dem Makel behaftet, dass die von den privaten Versicherungsträgern selbst gestalteten Tarife den dann vertieften Subventionsbedarf des Basistarifs noch stärker decken müssten. Dieser Bedarf fällt umso größer aus, je mehr sich Versicherte der GKV überhaupt für den Versicherungswechsel interessieren. In diesem Fall dürfte dann der Druck für die PKV-»Normalversicherten« groß werden, selbst in den Basistarif zu wechseln.

55 Vgl. dazu schon oben im Text um und zu Fn 10, 11; s. ferner *Hase* (Fn 7) S. 89 ff.

Damit aber kommt wiederum ein Prozess in Gang, an dessen Ende die unerwünschte weil schädliche *Einheitsversicherung* stehen könnte.[56] Denn ist erst einmal eine größere Zahl von Bürgern im Basistarif versichert, so ist der Weg für eine weitere Vereinheitlichung von gesetzlicher und privater Krankenversicherung frei. Ich meine allerdings, dass dies die europäische Gesundheitsverfassung geradezu erzwingt.

V. ZUSAMMENFASSUNG

Damit aber schließt sich der Kreis. Die sozialrechtliche Regulierung der privatrechtlichen Krankenversicherung fügt sich letztendlich in das gemeinschaftsrechtliche Projekt des Umbaus sozialer Daseinsvorsorge zugunsten effizienter Versicherungsdienstleistungen ein. Die duale Versicherungsverfassung des Grundgesetzes steht dem nicht im Wege. Der Beitrag hat gezeigt, dass sie zwar kompetenziell wie materiell den Eigenstand der privatrechtlichen Versicherung als Ausdruck individueller Risikovorsorge und wirtschaftlicher Unternehmensführung umfasst wie schützt, zugleich aber die Konvergenz von GKV und PKV ermöglicht. Der Gesetzgeber verfügt insoweit über einen breiten, gemeinschaftsrechtlich gestützten Entwicklungs- und Experimentierspielraum.

Vor diesem Hintergrund begegnet die sozialrechtliche Regulierung der privaten Krankenversicherung keinen durchschlagenden verfassungsrechtlichen Bedenken. Die Einführung des sog. Basistarifs verändert zwar das Geschäftsmodell der PKV, doch verstößt sie weder gegen Art. 2 Abs. 1 noch gegen Art. 12 und 14 GG. Das regulierende Zusammenspiel von Sozial- und Wirtschaftsrecht im Dienst der Krankenversicherung schafft vielmehr einen neuen Typ der Privatversicherung, der dem sozialen Ausgleich dient und deshalb kompetenziell wie materiell-verfassungsrechtlich allen Einwänden standhält.

56 Näher noch *Pitschas* Gesundheitsstrukturreform – Einheitsversicherung oder Trägervielfalt? in: Bitburger Gespräche, Jahrbuch 1996, 1997, S. 15 ff, 26 ff.

Sozialversicherungsrecht und Umweltschutz

OTTO ERNST KRASNEY

1. DISKUSSIONSSTAND

»Zwischen dem Wirtschaftsverwaltungsrecht und dem Sozialverwaltungsrecht bestehen zahlreiche Querverbindungen. Sie resultieren aus dem Umstand, dass sich Aufgaben und Mittel teilweise überschneiden und dass der Staat und andere Verwaltungsträger aus sozialstaatlichen und sozialrechtlichen Erwägungen Regelungen und Maßnahmen zum Schutz bestimmter Bevölkerungsgruppen erlassen, die auch die Wirtschaftsbürger und Unternehmen betreffen«.[1]

Später schrieb der Jubilar über das Wirtschaftsverwaltungsrecht u.a.: »Das Wirtschaftsverwaltungsrecht ist eine Querschnittsmaterie. Sie hat ökonomische und administrative, ökologische und soziale, technische und finanzielle Interessen zu bewältigen«.[2] Gleiches gilt, wenn auch mit anderen Schwerpunkten, für die Sozialversicherung. Sie ist ebenfalls eine Querschnittsmaterie, welche auch die vorstehend angeführten Interessen zu bewältigen hat.[3]

Verbindungen zwischen Sozialversicherung und Umweltschutz ergeben sich zunächst einmal und insbesondere aus den sich im Bereich der Gesundheit der Bevölkerung auswirkenden Defiziten im Umweltschutz und sind, worauf der Jubilar – wie aufgezeigt – schon früher hingewiesen hat, insoweit bereits in mehrfacher Hinsicht vorhanden. Die Sozialversicherung sichert in der gesetzlichen Krankenversicherung (KV) und in der gesetzlichen Rentenversicherung (RV) sowie im begrenzten Rahmen in der gesetzlichen Unfallversicherung (UV) mit ihren Leistungen bei Eintritt des Versicherungsfalls von jeher insoweit umweltbedingte Gesundheitsrisiken mit ab. Es sind zudem bereits Anhaltspunkte einer direkten und indirekten Mitwirkung der Sozialversicherung an der Prävention im Umweltschutz vorhanden, die im Rahmen des Arbeitsschutzes am stärksten ausgeprägt sind.

1 *Stober* Handbuch des Wirtschaftsverwaltungs- und Umweltrechts, 1989, § 1 IX 2 f, S. 15.
2 *Stober* in: Geis/Lorenz (Hrsg.) Staat – Kirche – Verwaltung, FS Hartmut Maurer 2001, S. 827, 828.
3 Vgl. zu Parallelen und Ergänzungen in der sachlichen Problematik und deren Bewältigung *Watermann*, Sozialversicherungsrecht und Umweltschutz, Sozialer Fortschritt 1991, 31.

2. Gesetzliche Krankenversicherung

2.1 *Abdeckung gesundheitlicher Schäden*

Führen schädigende Umwelteinflüsse, die zunächst nicht erkannt und die auch danach nicht gänzlich ausgeschlossen werden konnten oder – aus welchen Gründen auch immer – nicht ausgeschlossen wurden, zu Gesundheitsschäden der Bevölkerung, so werden die betroffenen Personen, soweit sie – wie rd. 90 v.H. unserer Bevölkerung – in der KV versichert sind, grundsätzlich im Rahmen und auf Kosten der KV behandelt. Verursachen die schädigenden Umwelteinflüsse krankheitsbedingte Arbeitsunfähigkeit der betroffenen Personen, so erhalten diese das Krankengeld. Der volle Umfang der allgemein durch schädigende Umwelteinflüsse den Trägern der KV entstehenden Kosten ist kaum erforscht.[4] Vielfach ist noch umstritten, ob und in welchem Umfang Gesundheitsstörungen durch Defizite im Umweltschutz entstanden oder wenigstens beeinflusst worden sind.[5] In vielen Einzelfällen würden entsprechende Gesundheitsstörungen, die unstreitig auf Defizite im Umweltschutz zurückzuführen wären, in aller Regel nicht erkannt werden, wie das folgende Beispiel zeigt.

Der Bundesgerichtshof (BGH) hatte sich in seinem Urteil vom 16. Dezember 1977[6] mit Problemen des zivilrechtlichen Schadenersatzes zu befassen, die dadurch entstanden waren, dass Schäden an Baumschulkulturen auf einen vermehrten Ausstoß von Fluorgasen aus einem Ziegelwerk zurückgeführt wurden.

Wie wäre es aber gewesen, wenn die vermehrten Fluorgase die Baumschule nicht geschädigt, sondern vielleicht die Bäume sogar einem noch besseren Wachstum z.B. durch die erfolgreiche Bekämpfung von Schädlingen zugeführt hätten, aber der neben der Baumschule wohnende Verwalter durch die jahrlange Einwirkung dieser – angenommenen – geruchfreien Gase an einer sich langsam, aber stetig entwickelten Bronchitis erkrankt wäre? Der Verwalter hätte sich erfahrungsgemäß auf Kosten der KV in ärztliche Behandlung begeben, ohne dass von ihm oder dem Arzt nachgeforscht worden wäre, worauf die Bronchitis zurückzuführen war. Der Betroffene hätte die Behandlung seines – in seiner Herkunft nicht erkannten – Gesundheitsschadens und einen Verdienstausfall im Anschluss an die Entgeltfortzahlung im Krankheitsfall durch die KV abgedeckt erhalten; die Suche nach einem Schadenersatzpflichtigen wäre für ihn nicht so drängend gewesen wie bei einem sonst haf-

4 *Siebeck* 40 Jahre Bundesrepublik Deutschland: Wandlungen und Tendenzen in den Beziehungen von Krankenversicherung und Gesundheitswesen, Wege zur Sozialversicherung 1989, 177, 179.

5 Vgl. u.a. die Beiträge in den Schwerpunktheften »Umweltbezogene Krankheiten« des »Der medizinische Sachverständige« 2001, Hefte 5 und 6 von *Nix/Strehl/Herholz/Paufler/Dunkelberg/Dressing/Plassmann,* S. 171–201 und von *Leonhardt, Foerster, Strommel, Nasterlack, Bahemann, Raddatz,* S. 214–231.

6 BGHZ 70, 102.

tungsrechtlich nicht abgedeckten Sachschaden. Für den Sozialversicherungsträger hätte die nicht selten auftretende und allgemein nicht nur auf toxische industrielle Einwirkung zurückzuführende Bronchitis ohne nähere Anhaltspunkte eine Suche nach umweltschädlichen Einflüssen im Einzelfall ebenfalls nicht nahe gelegt. Das gilt insbesondere für den hier angenommenen Fall des Verwalters einer großen Baumschule, bei dem man davon ausgeht, dass er viel an der »frischen Luft« arbeitet.

Dieses Beispiel zeigt zweierlei. Erstens lässt es einen großen Beitrag der KV zu Defiziten des Umweltschutzes insoweit erkennen, als dieser Sozialversicherungszweig die gesundheitlichen Schäden einer nicht ausreichenden Prävention im Umweltschutz abdeckt. Die Frage nach der Haftung stellt sich für den Betroffenen hier regelmäßig nicht notwendigerweise, da eben – anders als bei Sachschäden – eine für die Gesundheitsschäden so wichtige sozialversicherungsrechtliche allgemeine, in der KV nicht kausal abgeleitete »Deckungsvorsorge« gegeben ist. Solange nicht durch besondere Umstände erkennbar ist, dass z.B. nach einer Explosion in einem Werk oder nach einer starken und dadurch allgemein bekannt gewordenen Abgasverseuchung der Luft durch einen technischen Fehler bei vielen Menschen im Umkreis um die Schadstelle gleichartige Gesundheitsstörungen auftreten, dürfte regelmäßig von der Krankenkasse ein Regressanspruch nicht geprüft werden, da man in den meisten Fällen ohne besondere Anhaltspunkte nicht nach der Ursache der Erkrankung des einzelnen Versicherten in seinem weiteren Umfeld forscht und im Hinblick auf die große Zahl der täglich zur Behandlung gelangten Fälle nicht regelmäßig forschen kann. Dies ist nicht als Vorwurf gegenüber den Krankenkassen zu werten, zeigt vielmehr nur, dass die KV ohne Rücksicht auf die Ursache der Erkrankung ihre Leistung erbringen muss und es deshalb gar nicht in ihrem primären Aufgabenbereich und bei dem weiten Bereich der in Betracht kommenden schädlichen Einflüsse auf die Umwelt auch außerhalb ihrer personellen und wirtschaftlichen Möglichkeiten liegt, unabhängig von konkreten Anhaltspunkten nach einer im unzureichenden Umweltschutz liegenden causa der Erkrankung zu suchen. Zudem lässt das eingangs gewählte Beispiel der Bronchitis erkennen, dass viele Erkrankungen sowohl unabhängig von Umwelteinflüssen als auch allein durch Umwelteinflüsse entstehen oder in Verbindung mit ihnen durch sie verschlimmert werden können, so dass insoweit erst recht sich die Suche nach einem ersatzpflichtigen Schädiger nicht aufdrängt.

Zweitens muss die Krankenkasse weiterhin Versicherungsschutz gegenüber den Versicherten selbst für die Erkrankungen sichern, die für sie erkennbar auf rechtswidrige Defizite im Umweltschutz zurückzuführen sind. Eine Inanspruchnahme des Schädigers bleibt – wie bisher – Regressansprüchen der Krankenkassen überlassen. Das bietet den Versicherten u.a. den systemgerechten und sozialversicherungsrechtlich beizubehaltenden Vorteil, die notwendigen Leistungen im Rahmen der KV unabhängig davon zu erhalten, ob – wie nicht selten bei Umweltschäden – überhaupt die Haftung eines Schädiger gegeben ist oder selbst bei grundsätzlich gegebener Haftung der in Betracht kommende Schädiger überhaupt nicht oder erst sehr spät ermittelt wird oder aber die Verursachung der Erkrankung durch ein Umweltschutzdefizit nicht oder erst nach längeren Ermittlungen feststellbar ist.

Es wurde vorübergehend vereinzelt andiskutiert, die Unternehmen, die bei gesetzeskonformer Produktion Schadstoffe in die Luft ausstoßen oder in Gewässer einleiten und dadurch Umweltschäden verursachen, die wiederum Menschen gesundheitlich schädigen können, mit höheren Beitragsanteilen zur KV zu belasten. Dies ist jedoch weiterhin abzulehnen. Bis auf die konkreten Beispiele in § 52 SGB V wird auch ein gesundheitlich abträgliches Verhalten des Versicherten nicht mit höheren Beiträgen geahndet. Zudem wären schon der Umfang der durch Umweltschäden verursachten Kosten und erst recht bei in der Regel mehreren Unternehmen der jeweilige Anteil an der Höhe des Schadens kaum zu ermitteln. Nicht anwendbar wäre zudem im Rahmen der KV die vom BGH in seinem Urteil vom 16. Dezember 1977 angesprochene Berücksichtigung eines eventuellen Mitverschuldens des Geschädigten, weil dieser die Baumschule in unmittelbarer Nähe des Ziegelwerkes eingerichtet hatte. Ein Mitverschulden des Versicherten, weil er z.B. in der Nähe des Ziegelwerkes gearbeitet oder sogar (vielleicht besonders preisgünstig) sein Privathaus gebaut oder sich nicht rechtzeitig an den Schädiger mit der Aufforderung gewandt hätte, die gesundheitlich schädigenden Emissionen einzustellen, würde, soweit ein »Mitverschulden« überhaupt angenommen werden dürfte, nicht zu einer Leistungsminderung der Krankenkasse oder zu höheren Beitragsanteilen führen.

2.2 *Prävention*

Die Ausführungen oben unter 2.1 am Ende führen jedoch zu einem weiteren Aspekt: zur Prävention. Um jegliche Missverständnisse von vornherein zu vermeiden, ist vorweg klarzustellen, dass hier ebenfalls davon ausgegangen wird, dass der Umweltschutz selbst auch hinsichtlich der durch vermeidbare Erkrankungen der Bürger allgemein schon nach dem System der KV nicht Aufgabe der Krankenkassen ist und nicht sein kann. Aber gerade bei der Prävention im Gesundheitswesen einschließlich des Anteils der UV bestehen die vom Jubilar angesprochenen Querverbindungen zwischen Sozialversicherung und Umweltschutz als Teil des Wirtschaftsverwaltungsrechts. Zwar wurde schon vor mehr als 35 Jahren die steigende Umweltbelastung auch als Herausforderung für die KV bewertet und als eine »Aufgabe mit hohem Stellenwert« für die KV angesehen.[7] Konkrete Aufgaben und erst

7 S. u.a. *Neldner* Umweltschutz und Sozialversicherung, Die Krankenversicherung, 1972, 192; s. auch *Siebeck* (Fn 4); *Funke-Wittig/Klein* Umwelt und Gesundheit, Die Ortskrankenkasse 1990, 262; *Peter* Bessere Vernetzung ist im Gesundheitswesen überfällig, Soziale Sicherheit 1991, 208; *Wagner* Die Aufgaben des Haftungsrechts – eine Untersuchung am Beispiel der Umwelthaftungsrechts-Reform, JZ 1991, 175; *Watermann* (Fn 3), 31; *Burk* Betriebliche Gesundheitsförderung und Umweltschutz, Die Ortskrankenkasse 1992, 649; *Kruse/Kruse* Präventionsaufgaben der gesetzlichen Krankenversicherung im Rahmen mo-

recht konkrete Handlungsvorgaben wurden und werden weiterhin jedoch nicht genannt.

Die Krankenkassen sind Leistungs- und Präventionsträger. Ihre Aufgabe, »die Gesundheit der Versicherten zu erhalten«, ist im Gesetz an erster Stelle festgeschrieben (s. § 1 Satz 1 SGB V) und als primäre Prävention in § 20 SGB V (wenn auch unzureichend) etwas umschrieben. Dies trifft jedoch grundsätzlich und im Wesentlichen auf den einzelnen Versicherten oder auf bestimmte Versichertengruppen bezogene Maßnahmen zu. Es handelt sich zudem nur um in der Satzung oder (zur Zeit noch) durch Spitzenverbände festlegbare und – bis auf die Zahnprophylaxe (§§ 20, 22 SGB V) – nicht schon durch Gesetz festgelegte Maßnahmen. Selbst die unterhalb der Prävention einzureihenden Früherkennungsmaßnahmen sind nur in begrenztem Umfang gesetzlich vorgesehen. Sie betreffen gemäß §§ 25 ff SGB V nach den erfassten Krankheiten und in ihrer Zielrichtung im Wesentlichen nicht allgemein durch Defizite im Umweltschutz mögliche Erkrankungen. Obgleich ihre Versicherten aufgrund der verstärkten Umweltbelastung durch Schadstoffe gesundheitlich mehr gefährdet sind als früher, ist es nicht Aufgabe der KV und wäre den Krankenkassen faktisch in der Regel nicht möglich, global im Umweltschutz selbst präventiv nennenswert tätig zu werden oder zumindest z.B. durch regelmäßige Untersuchungen in besonders gefährdeten Wohngebieten Vorsorge im Umweltschutz zu treffen, dass bestimmte Schadstoffe, die von Industrie und Handwerk ausgestoßen werden, nicht zu größeren Gesundheitsschäden führen. Man wird mit *Ossenbühl*[8] darauf hinweisen müssen, dass Vorsorge nur ziel- und zweckbezogen durchzuführen, Vorsorge als Rechtsprinzip strukturell abhängig von den speziellen Sachbereichen ist. Letzteres gilt nicht nur für die Vorsorge als Rechtsprinzip, sondern betrifft ebenfalls deren praktische Durchführung. Die Träger der KV sind aber – auf die Zahl der Versicherten bezogen – überwiegend nicht strukturell nach Sachbereichen gegliedert. Eine gewisse strukturelle Beziehung konnte man bei den Betriebskrankenkassen bis zu ihrer Öffnung für die Wahl der Versicherten gemäß § 173 SGB V erkennen. Insoweit kann die KV jedenfalls weiterhin nicht als Ansatzpunkt für eine Prävention im Umweltschutz selbst gesehen werden. Eine finanzielle Belastung durch solche globale direkte Maßnahmen des Umweltschutzes von Krankenkassen durch Beiträge statt durch Steuern wäre zudem insoweit deshalb nicht berechtigt, weil die Beiträge zur KV zur Hälfte von den Versicherten getragen werden. Allerdings ist auch der Anteil der 90 v.H. der Bevölkerung umfassende Teil der Versicherten an den vielfältigen Umweltbelastungen (z.B. schon durch die Teil-

derner Gesundheitspolitik, Die Sozialversicherung 1995, 199; *von Maydell* Die gesetzliche Unfallversicherung – ein übertragbares Modell? in: Hauptverband der gewerblichen Berufsgenossenschaften (Hrsg.) Die soziale Unfallversicherung – Beiträge zur Standortbestimmung, Friedrich Watermann zum 75. Geburtstag, S. 123. In den Registerbänden der Entscheidungen des BSG in BSGE und SozR ist der Umweltschutz als Stichwort nicht verzeichnet.

8 *Ossenbühl* Vorsorge als Rechtsprinzip im Gesundheits-, Arbeits- und Umweltrecht NVwZ 1986, 161, 164.

nahme am Straßenverkehr und die Heizung der privaten Haushalte) nicht zu verschweigen.

Eine Mitwirkung der Krankenkassen im Rahmen des Umweltschutzes liegt vielmehr – den vom Jubilar angeführten Querverbindungen entsprechend – in der Zusammenarbeit mit den zuständigen Behörden für den Umweltschutz und mit allen anderen Stellen, die sich dem Schutz der Umwelt und dadurch der Gesundheit der Bevölkerung widmen. Gelegentliches und insbesondere aus konkretem Anlass erforderliches oder wenigstens praktiziertes Mitwirken der Krankenkassen könnte durch eine ständige Kooperation ersetzt werden. Die für den Umweltschutz zuständigen Behörden oder die entsprechenden mitwirkenden Stellen vermögen den Krankenkassen u.a. Hinweise zu geben, in welchen Bereichen es zweckmäßig erscheint, die den Krankenkassen zur Verfügung stehenden Daten unter dem Gesichtspunkt des Umweltschutzes auszuwerten. Umgekehrt ist es den Krankenkassen z.B. möglich, für den Umweltschutz zweckdienliche Hinweise aus regional veränderten oder vermehrt auftretenden Krankheitsbildern zu geben. So könnten die Krankenkassen ihre entsprechenden statistischen Erhebungen mit einer Stellungnahme des Medizinischen Dienstes der Krankenkassen an die Umweltschutzbehörden weiterleiten. Dabei ist zugleich darauf hinzuweisen, dass die Prävention gerade im Gesundheitsrecht nicht allein unter dem Gesichtspunkt der – langfristig doch positiven – Kosten-Nutzen-Relation zu sehen ist. Das hohe Gut der menschlichen Gesundheit wäre selbst dann im Rahmen der Prävention zu schützen, wenn Prävention insoweit jedenfalls zunächst teurer als medizinische Behandlung und Rehabilitation wäre. Die durch solche Kooperationen den Krankenkassen entstehenden Kosten aus dem Beitragsaufkommen zu decken, dürfte anders als bei oben angesprochenen unmittelbaren Umweltschutzmaßnahmen durch die Aufgabenzuweisung nach § 1 Satz 1 SGB V gerechtfertigt sein, zumal die weite Auslegung dieser Vorschrift durch Art. 20a GG untermauert ist. Als rechtliche Grundlage kann außerdem § 4 Abs. 3 SGB V herangezogen werden. Danach arbeiten die Krankenkassen und ihre Verbände nicht nur untereinander eng zusammen, sondern auch »mit allen anderen Einrichtungen des Gesundheitswesens«. Der auf die Menschen bezogene Umweltschutz kann in diesem Rahmen als Teil des Gesundheitswesens im Sinne der vorstehenden Vorschrift eingestuft werden. Das mit dem Zusammenwirken verfolgte Interesse an der »Leistungsfähigkeit und Wirtschaftlichkeit« der KV ist von einer verstärkten Kooperation mit den zuständigen Behörden und Stellen des Umweltschutzes schon im Hinblick auf die angestrebte Prävention gegenüber Gesundheitsschäden gegeben.

3. GESETZLICHE UNFALLVERSICHERUNG

3.1 Prävention

Anders als für die KV ist die Prävention in der UV nicht nur wegen ihres rechtlichen Stellenwertes, sondern insbesondere wegen ihrer tatsächlich weiten und intensiven Ausübung an erster Stelle zu nennen.[9] Die Träger der UV, insbesondere die gewerblichen Berufsgenossenschaften, können wegen der von ihnen jeweils erfassten Gewerbebereiche, einen wesentlich stärkeren Beitrag zur Prävention für den Umweltschutz leisten und verwirklichen ihn schon seit Jahrzehnten. Bei den Aufgaben der UV wird nicht nur an erster Stelle die Erhaltung der Gesundheit der Versicherten genannt, sondern die Träger der UV haben »mit allen geeigneten Mitteln« Arbeitsunfälle und Berufskrankheiten »sowie arbeitsbedingte Gesundheitsgefahren« zu verhüten.[10] Sie sollen dabei auch den »Ursachen von arbeitsbedingten Gefahren für Leben und Gesundheit« nachgehen. Dieser Präventionsauftrag der UV geht damit über die gewerblichen Gefahren hinaus, die zu einer entschädigungspflichtigen Berufskrankheit oder zu einer Entschädigung wie eine BK führen könnten. Die Aufgaben der Träger der UV sind für die Prävention einerseits erweitert allgemein auf arbeitsbedingte Gefahren. Anderseits bleibt doch der Auftrag begrenzt auf die Prävention und umfasst nicht eine Entschädigung aus der UV. Er ist außerdem beschränkt auf die Einwirkungen, denen die Versicherten bei ihren den Versicherungsschutz begründenden Verrichtungen ausgesetzt sind. Diese Einwirkungen können jedoch nicht nur die unmittelbar im Betrieb tätigen Versicherten gefährden, sondern selbst durch Emissionen nach außen allgemein die Umwelt belasten und ggf. bei Menschen Schäden herbeiführen oder zumindest im Zusammenwirken mit anderen Umweltbelastungen sich gesundheitsgefährdend auswirken.

Die vom Träger der UV getroffenen eigenen Präventionsmaßnahmen – z.B. die Verminderung des Schadstoffausstoßes – beziehen sich zwar auf die versicherte Tätigkeit der jeweils betroffenen Versicherten. Sie entfalten jedoch darüber hinaus oft allgemein Schutzmaßnahmen für die Bevölkerung, soweit durch die Schutzvorkehrungen für die Versicherten zugleich Emissionen von Schadstoffen in die Umwelt wesentlich vermindert oder gar ganz vermieden werden. So enthält z.B. das Arbeitsstoffprogramm der Berufsgenossenschaft der Chemie vordringlich die Suche nach Ersatzstoffen, die nicht nur den Beschäftigten, sondern ebenso allen mit dem Stoff arbeitenden Personen im privaten Bereich zugute kommt. Schon das Gesetz über technische Arbeitsmittel vom 24. Juni 1968[11] beruht nicht nur wesentlich darauf, dass die Erfahrungen der Berufsgenossenschaften bei der Verhütung von betriebli-

9 *Watermann* (Fn 3) S. 36 f.
10 S. § 1 Nr. 1, § 14 Abs: 1 Satz 1 SGB VII.
11 BGBl I S. 717.

chen Unfällen durch technische Arbeitsmittel mit geringerem Kostenaufwand bereits beim Bau der Maschine und nicht erst durch einen nachträglichen Einbau von Schutzvorrichtungen zu berücksichtigen sind. Dieses Gesetz entstammt vielmehr zugleich der Erkenntnis, dass die Berücksichtigung der Erfahrungen der Unfallverhütung bereits beim Bau des technischen Arbeitsmittels ebenso die vielen Personen schützt, die im privaten Bereich mit diesen Arbeitsmitteln ungeschützt durch Unfallverhütungsvorschriften arbeiten und nachträglich regelmäßig keine Schutzvorrichtungen einbauen lassen würden. Dies erfasst die Gefahren, die in Arbeitsgeräten für die weitere Umwelt enthalten sein könnten, z.B. durch starken Lärm oder durch erhebliche gesundheitsschädliche Staubentwicklung. Gleiches gilt u.a. für die laufenden Emissionen und ihre Grenzwerte sowie die Maßnahmen, die als Vorsorge für einen Störfall getroffen sind. Die Unfallverhütungsmaßnahmen einer Berufsgenossenschaft in einem Unternehmen oder in einem Unternehmenszweig für bestimmte Störfälle, die z.B. die Möglichkeit der Fluchtwege für die Arbeitnehmer klären, dürfen in vielen Fällen nicht damit abgeschlossen werden. Vielmehr sind die Ergebnisse der UV für Störfälle eines bestimmten Unternehmens dahin auszuwerten, dass – soweit erforderlich – die in der Nähe des Werkes wohnende Bevölkerung insoweit mit in den Schutz einbezogen würde, dass von den für den Umweltschutz maßgebenden Stellen unter Auswertung der Erfahrungen der Berufsgenossenschaften für die Evakuierung und andere notwendige Schutzmaßnahmen und Maßnahmen der ersten Hilfe rechtzeitig Vorsorge treffen.

Hinsichtlich des Lärmschutzes ist allerdings umgekehrt auf Defizite im außerbetrieblichen Bereich hinzuweisen. Die Träger der UV verfügen seit langem über umfassende Erkenntnisse für die schädigenden Wirkungen durch Lärm. Es ist nicht nur bekannt, in welcher Stärke Lärm das Gehör schädigen kann, sondern es ist ebenfalls eine seit langem gesicherte Erkenntnis, dass Lärmeinwirkungen selbst dann zu Schädigungen führen, wenn sie nur relativ kurze Zeit, aber wiederholt auftreten. Z. B. bei dem Besuch von Discotheken sind die Jugendlichen vielfach nicht nur von der Höhe des Lärmpegels, sondern auch von ihrer zeitlichen Einwirkung im Ergebnis den gleichen gesundheitlichen Gefahren ausgesetzt, denen man im gewerblichen Bereich erfolgreich mit präventiven Maßnahmen des betrieblichen Lärmschutzes zu begegnen versucht. Für die Discotheken geschieht nicht Entsprechendes.

Der allgemeine Präventivschutz durch die Arbeit der Träger der UV wird gestützt durch die Verpflichtung der Ärzte, bereits bei den Fällen eines Verdachtes auf eine Berufskrankheit eine entsprechende Meldung für die UV abzugeben.

In der gewerblichen Wirtschaft eingesetzte Stoffe werden hinsichtlich möglicher gesundheitlicher Schädigungen für die versicherten Arbeitnehmer geprüft und gegebenenfalls entsprechende Schutzmaßnahmen vorgeschlagen, die zugleich allgemein dem Umweltschutz zu dienen vermögen. Dabei zeigt sich eine für den allgemeinen Umweltschutz vor schädigenden Emissionen gleichfalls bestehende Schwierigkeit. Zahlreiche Stoffe sind allein genommen für die menschliche Gesundheit nicht schädigend. In einer Zusammensetzung mit anderen ebenfalls allein nicht schädigenden Stoffen können sich jedoch schädigende Auswirkungen ergeben besonders für die Arbeitnehmer, darüber hinaus im privaten Bereich und damit zugleich allgemein für die Umwelt. Die Kombinationsstoffe, denen vor allem die in den Betrieben Beschäftigten ausgesetzt sind, werden zwar – soweit dies bei der Vielzahl der in der Praxis verwendeten Stoffe möglich ist – von den Berufsgenossenschaften hinsichtlich der Wirkungen auf die Gesundheit des Versicherten und der hiergegen möglichen Maßnahmen untersucht, die zur Abwehr der Gesundheitsgefährdung des Versicherten selbst zu treffen sind. Die dadurch gewonnenen Erfahrungen werden bereits vielfach, müssen aber im Rahmen einer vertieften Kooperation zwischen Trägern der UV und den für den Umweltschutz zuständigen Behörden und Stellen noch verstärkt für Arbeiten im privaten Bereich sowie für den Schutz der Nachbarschaft solcher Unternehmen und gegebenenfalls der Bevölkerung überhaupt ausgewertet werden.

Es wird nicht verkannt, dass durch eine verstärkte Kooperation und selbst bei nur umfangreicheren Mitteilungspflichten für die Unternehmen ebenfalls direkt und/oder mittelbar durch gegebenenfalls (gering) höhere Beiträge entsprechend höhere Kosten verbunden sind. Anders als in der KV ist hier jedoch zu berücksichtigen, dass in der UV die Beiträge allein von dem Unternehmen aufgebracht werden. Deshalb dürfte es durchaus mit dem System der UV zu vereinbaren sein, wenn man diese Zusammenarbeit als eine Art Ablösung der Unternehmerhaftpflicht (nicht Arbeitgeberhaftung) gegenüber anderen unmittelbar betroffenen Bevölkerungsgruppen mit in die jeweilige Beitragsberechnung der UV einbezieht – ein Gedanke, der sicherlich noch eingehenden, differenzierten Durchdenkens bedarf und der zu verschiedenen Lösungen führen kann. Er ist aber von vornherein nicht als so realitätsfremd zu bewerten, wie aus der Sicht des Zivilrechts und des öffentlichen Rechts vor mehr als 100 Jahren die Schaffung der UV schien.

Wiederum ist zu betonen, dass es sich insoweit nicht um die Zuordnung weiterer Risiken in dem Entschädigungsbereich der UV handelt. Vielmehr bezweckt eine verstärkte Kooperation der Träger der UV mit den Behörden und anderen Stellen des Umweltschutzes, Erkenntnisse aus den vielen und vielfältigen Präventionsmaßnahmen der UV weiterzugeben wie Entwicklungen im Umweltschutz, die auf besondere Gefährdungen der in der UV versicherten Personen hinweisen könnten, den Trägern der UV zugänglich zu machen.

Dies bestätigt die bereits im Jahre 1991 von *Watermann*[12] getroffene Feststellung, dass das »Umweltschutzrecht aufgrund weitgehender Identität des Gefährdungspotentials eine enge Beziehung zum Arbeitsschutzrecht« aufweise. Den Umweltschutz könne man als einen »extrovertierten Arbeitsschutz« bezeichnen. *Watermann* ging davon aus, dass einiger Anlass zur Überlegung bestehe, inwieweit man das erprobte Modell der gesetzlichen UV für das Umwelthaftungsrecht nutzbar machen könne. Diese Frage war von *Wagner*[13] bereits untersucht und mit dem Ergeb-

12 S. Fn 3, S. 36, 37.
13 Kollektives Umweltschutzrecht auf genossenschaftlicher Grundlage, 1990.

nis abgeschlossen worden, dass eine Übertragung des Vorsorge- und Entschädigungssystems der UV auf das Umwelthaftungsrecht unter bestimmten Modifikationen möglich sei und dass auf diesem Wege Defizite im bisherigen zivilrechtlichen Haftungssystem vermieden werden könnten. Darauf kann und soll hier nicht näher eingegangen werden.[14] Hier sollte nur aufgezeigt werden, in welchem Umfang das geltende Recht der UV Anlass geben könnte, zwischen den Trägern der UV und den zuständigen Behörden oder anderen Stellen des Umweltschutzes Erfahrungen umfangreicher und vertiefter auszutauschen oder die Zusammenarbeit zu stärken oder weitergehend Kooperationen zu stärken oder einzuführen. Das erprobte Modell der UV darüber hinaus für den Umweltschutz nutzbar zu machen, wie *Watermann* anregte, sollte jedoch nicht ohne die Erkenntnisse und Erfahrungen des Jubilars[15] in Betracht gezogen werden.[16]

3.2 Eintritt des Versicherungsfalls der UV

Defizite im Umweltschutz können wie in der KV zu einem Versicherungsfall in der UV führen und deren Leistungspflicht begründen. Dies wird jedoch gegenüber der KV im wesentlich geringeren Umfang der Fall sein, weil die UV eben nur einen geringeren Risikobereich abdeckt.

3.2.1 Arbeitsunfall und Berufskrankheit

Defizite im Umweltschutz können durch von außen wirkende zeitlich begrenzte Ereignisse und damit als Unfallereignisse körperliche Schäden hervorrufen und zu Entschädigungsleistungen der UV führen. Hierfür gibt es kaum neue Ansatzpunkte oder besondere Erfahrungen der UV. Der Unfallbegriff der UV unterscheidet sich nicht wesentlich von dem der privaten Haftpflichtversicherung. Im Hinblick auf die zeitliche Begrenzung des Ereignisses, für die allgemein eine Arbeitsschicht angenommen wird, dürften als Unfälle im Sinne der UV nur Störfälle in Betracht kommen.

In der UV entschädigt werden Arbeitsunfälle. Das sind Unfälle, die sich bei einer der versicherten Tätigkeit zuzurechnenden, mit ihr im inneren Zusammenhang stehenden Verrichtung ereignen. Ein Störfall kann jedoch nicht nur für die Beschäftigten des Unternehmens einen Arbeitsunfall bilden, in dem sich der Störfall ereignete. Dem Schutz der UV sind auch die Fälle zugeordnet, in denen Beschäftigte eines anderen Unternehmens für dieses Unternehmen im Rahmen ihres Beschäftigungsverhältnisses tätig werden und deshalb ihr Arbeitsplatz vorübergehend in dem Betrieb ist, in dem sich der Störfall ereignet.

14 S. dazu auch *von Maydell* (Fn 7) S. 102/103.
15 S. Fn 1 und 2.
16 S. aber auch noch kurz unter 3.2.1 und 3.2.2.

Für Schäden durch Umweltdefizite, die nicht durch ein Unfallgeschehen, sondern durch längere Einwirkungen zu Erkrankungen der Menschen führen, enthält das Recht der UV zwei mögliche Entschädigungen.

In erster Reihe stehen insoweit die Berufskrankheiten. Berufskrankheiten sind jedoch grundsätzlich nur Erkrankungen, die in einer Liste als Anlage zur Berufskrankheiten-Verordnung aufgeführt sind. Hinsichtlich der schädigenden Einwirkungen, die nicht durch ein zeitlich – in der UV auf eine Arbeitsschicht – begrenztes Ereignis sondern erst über längere Zeit eine Erkrankung herbeigeführt haben, hat der Gesetzgeber bewusst grundsätzlich von einer Entschädigung aller der Krankheiten durch die UV abgesehen, die zwar nachweislich im Einzelfall auf eine versicherte Tätigkeit zurückzuführen sind, die aber nicht in die Berufskrankheitenliste aufgenommen sind.

Würde man bei einem Umwelthaftungsrecht die Regelungen der UV mit zum Vergleich heranziehen,[17] so wäre gegebenenfalls folgendes zu beachten. In der UV setzt die Aufnahme in die Liste der Anlage zur Berufskrankheiten-Verordnung nach § 9 Abs. 1 SGB VII voraus, dass es sich um eine Krankheit handelt, die nach den Erkenntnissen der medizinischen Wissenschaft durch besondere Einwirkungen verursacht sind, denen bestimmte – hier versicherte – Personengruppen in erheblich höherem Grade ausgesetzt sind als die übrige Bevölkerung. Hier werden wiederum Ansatzpunkte für eine Lösung zu finden sein. Haftung im Umweltrecht könnte ebenfalls zunächst bei länger dauernden Emissionen darauf beschränkt werden, dass es sich um Schadstoffe handelt, die nach den Erkenntnissen der Wissenschaft erheblich stärker als andere Emissionen geeignet sind, allgemein bei der Bevölkerung Schäden hervorzurufen. Ebenso könnte man bei bestimmten Emissionen die Bevölkerungsgruppen in den Schutz einbeziehen, die z.B. durch die Wohnlage im stärkeren Maße als andere Bevölkerungsgruppen bestimmten Einwirkungen und den dadurch bedingten Gesundheitsgefährdungen ausgesetzt sind.

Im Umweltrecht würde gleichfalls ein »Listensystem« allein die rechtzeitige Anpassung an neue Erkenntnisse der Wissenschaft in Praxi nicht sichern. Der Gesetzgeber hat jedoch für die UV in beschränktem Umfange vorgesorgt. Nach § 9 Abs. 2 SGB VII (früher schon § 551 Abs. 2 RVO) sollen die Träger der UV im Einzelfall eine Krankheit, auch wenn sie nicht in der Rechtsverordnung bezeichnet ist oder die dort bestimmten Voraussetzungen nicht vorliegen, wie eine Berufskrankheit entschädigen, sofern nach neuen Erkenntnissen die übrigen Voraussetzungen des § 9 Abs. 1 SGB VII erfüllt sind. Die dort aufgezeigte Kombination könnte auch Ansatzpunkte für eine Haftung bei Personenschäden durch Umweltschutzdefizite bieten.

17 S. jedoch oben unter 3.1.

3.2.2 Kausalzusammenhang

In Übereinstimmung mit dem privaten Haftpflichtrecht setzt die UV einen Kausalzusammenhang zwischen der gesundheitlichen Störung und einem bestimmten, dem versicherten Risiko zuzurechnenden Ereignis voraus. Zwei Besonderheiten der UV im Bereich der Kausalität könnten Hilfen bei der Entscheidung über Haftung im Umweltrecht bieten.

In der UV gilt die so genannte Kausalitätslehre der wesentlichen Bedingung. Auf die Übereinstimmungen mit und die Abweichungen zu der Adäquanztheorie im Zivilrecht kann hier im Einzelnen nicht eingegangen werden.[18] Auf ein wesentliches Merkmal ist aber hinzuweisen. In der UV wird bei der Kausalitätsprüfung mit Bedacht nicht auf das Vorhandensein eines Haftpflichtigen, sondern auf ein von der UV abgedecktes Risiko abgestellt. In der UV ist nicht wesentlich das Vorhandensein eines Schädigers, der für einen bestimmten Schaden haftet, sondern in der UV stehen im Mittelpunkt das in den Risikobereich fallende schädigende Ereignis und die Entschädigung des Geschädigten. Für viele Bereiche des Umweltschutzes könnte ebenfalls geprüft werden, ob nicht eine Lösung zu finden ist, die im Rahmen eines Vorsorgesystems für die Entschädigung des Geschädigten darauf abstellt, dass ein bestimmter Schaden durch einen bestimmten, dem Vorsorgesystem zuzurechnenden Faktor – z.B. ein Defizit im Umweltschutz – eingetreten ist, und bei der Kausalitätsprüfung den Schädiger und Haftpflichtigen jedenfalls für die Entschädigung des Geschädigten in den Hintergrund drängt. In diesem Fall wäre es möglich, im Umweltrecht die Kausalitätslehre der wesentlichen Bedingung anzuwenden. Sie führt zwar in vielen Fallgestaltungen zu gleichen Ergebnissen wie die Adäquanztheorie. Aber in dem System einer Sozialversicherung weist sie gegenüber der Adäquanztheorie besondere Vorteile für die Fallgestaltungen auf, in denen es wesentlich darauf ankommt, einen durch ein dem versicherten Risiko zuzurechnendem Ereignis eingetretenen Schaden zu beheben. Dagegen tritt die Frage nach einem sonst Haftpflichtigen und nach der Voraussehbarkeit des Schadens zurück. Beide Fragen sind ggf. erst für bestehende Regressansprüche des Trägers der UV wesentlich.

Für die Annahme eines Kausalzusammenhangs zwischen dem schädigenden Ereignis und der Gesundheitsstörung reicht in der UV die Wahrscheinlichkeit aus, was den Nachweis erleichtert und zugleich eine Kasuistik von Beweiserleichterungen einschränkt und Beweislastumkehrungen vermeidet.[19]

Die in der Berufskrankheitenliste enthaltenen Krankheiten sind ebenfalls dann zu entschädigende Berufskrankheiten, wenn sie die Versicherten infolge der versicherten Tätigkeit erleiden. Deshalb beschränken sich die Entschädigungsfälle vornehm-

18 S. mwN *Krasney* in: Brackmann/Krasney/Becker/Burchardt/Kruschinski, Handbuch der Sozialversicherung, Bd. 3, Gesetzliche Unfallversicherung, § 8 Rn 303–325; *Becker* Ursachenzusammenhang im Berufskrankheitenrecht SGb 2007, 449; *Watermann* (Fn 3) S. 32 und 34 f.

19 BSG SozR 4-2700 § 8 Nr. 17; *Krasney* (Fn 18) Rn 326–330.

lich auf die Defizite des Umweltschutzes, denen die Versicherten durch ihre versicherte Tätigkeit ausgesetzt waren, die aber erst nach einer längeren Zeit als eine Arbeitsschicht in einer in der Berufskrankheitenliste erfassten Krankheit geführt haben. In die Entschädigung einbezogen sind jedoch die Fälle, in denen betriebliche Einflüsse gemeinsam mit allgemein die Bevölkerung betreffenden Defiziten des Umweltschutzes die Berufskrankheit hervorgerufen haben, sofern die betrieblichen Einflüsse auch eine wesentliche Bedingung der Erkrankung und deshalb Mitursache waren.[20]

Die Schwierigkeiten, einen Erkrankungsvorgang über längere oder sogar lange Zeit zurückzuverfolgen und die wesentlichen Ursachen der Erkrankung zu erforschen, sind aber zumindest unvermindert groß bei den vielen Erkrankungen, die durch verschiedene sowohl im betrieblichen als auch im persönlichen Bereich liegende Einwirkungen wesentlich bedingt sein können. Für viele Erkrankungen sind die Einflüsse der Arbeitswelt nur ein Teilbereich, die zudem durch die Lebensgestaltung des Versicherten wesentlich mit beeinflusst werden. Als ein Beispiel sei die Asbestoseexposition genannt. Nach statistischen Erhebungen erkrankten von 100 000 Menschen etwa 50 Nichtraucher an Lungenkrebs, wenn sie nicht asbestoseexponiert waren. Nichtraucher, die asbestoseexponiert waren, erkrankten etwa 170 von 100 000 an Lungenkrebs. Dagegen stieg die Zahl der Arbeitnehmer, die asbestoseexponiert waren und rauchten, auf fast 1 600 je 100 000 Personen. Nimmt man als weiteres Beispiel den hier unter 2.1 modifizierten Sachverhalt der Entscheidung des BGH vom 16. Dezember 1977, so können auch ihm die vorstehend angeführten Schwierigkeiten zugrunde liegen, wenn der Gärtner der Baumschule ein sehr starker Raucher gewesen wäre. Ob seine Bronchitis dann wesentlich durch die langjährigen Umwelteinflüsse und auch – was dem Zusammenhang aus unfallversicherungsrechtlicher Sicht nicht entgegenstehen würde – wesentlich durch das Rauchen oder wesentlich allein durch das Rauchen – was die Entschädigungspflicht der Berufsgenossenschaft entfallen lassen würde – verursacht worden ist, dürfte wohl zu einem längeren Prozess mit vielen medizinischen Gutachten führen. Bei den zusätzlichen Schwierigkeiten im Bereich eines Umwelthaftungsrechts müsste ganz besonders sorgfältig geprüft werden, ob eine § 9 Abs. 2 SGB VII entsprechende Vorschrift gerechtfertigt und – wenn ja – auch praktikabel sein könnte.

4. GESETZLICHE RENTENVERSICHERUNG

Für die RV gelten im Wesentlichen die Ausführungen zur KV. Die Entwicklung des Versicherungsfalls der verminderten Erwerbsfähigkeit kann nicht nur Aufschluss darüber geben, welcher Art die zugrunde liegenden Krankheitsbilder sind. Vielmehr sind in der RV gewonnene Erkenntnisse speziell dahingehend auszuwerten, inwie-

20 S. *Krasney* (Fn 18) Rn 314.

weit Umwelteinflüsse den Versicherungsfall der teilweisen oder vollständigen Erwerbsminderung bedingen. Gegenüber den Daten der KV zeigen die der RV insbesondere viel stärker einen langjährigen, ggf. sogar jahrzehntelangen Verlauf der Krankheitsbilder.

5. Ausblick

Die Diskussion über ein Umwelthaftungsrecht in Anlehnung an das berufsgenossenschaftliche Modell ist seit mehr als 15 Jahren weder in der Literatur noch in der Praxis intensiv fortgeführt worden. Eine Entscheidung dürfte deshalb erst nach einer erneuten wissenschaftlichen Aufarbeitung der bisherigen und gegebenenfalls neuen validen Erhebungen, Erkenntnisse und Erfahrungen sowohl im Umweltschutzrecht als auch in der UV getroffen werden. Besondere Eile ist nicht erforderlich. Zwar wird immer sporadisch vorgebracht, die – in ihrem Umfang noch nicht annähernd ermittelten, aber jedenfalls erheblichen – Kosten der gesundheitlichen Schädigungen durch Defizite im Umweltschutz dürften im Rahmen der Sozialversicherung nicht weiterhin durch Beitragsanteile der Versicherten mitfinanziert werden. Dem ist jedoch zumindest als Argument für eine behutsame Prüfung eines Umwelthaftungsrechts u.a. entgegengehalten worden, dass ein großer Teil der Umweltbelastungen von der Bevölkerung verursacht wird und 90 v.H. der Bevölkerung in der KV versichert sind. Außerdem haben in der KV und in der gesetzlichen RV die Unternehmer regelmäßig die Hälfte der Beiträge zu tragen, obgleich in beiden dieser Sozialversicherungszweige ganz überwiegend Risiken abgedeckt werden, die nicht der beruflichen Beschäftigung zuzurechnen sind.

IV. Wirtschaftsverwaltungsrecht

Verwaltungswissenschaftliche Impulse für die Fortentwicklung der Lehre vom Verwaltungsvertrag

HARTMUT BAUER

I. ZUM MODERNISIERUNGSBEDARF DER VERWALTUNGSVERTRAGSRECHTSLEHRE

Über die praktische Bedeutung des Verwaltungsvertrags bestand in der Verwaltungsrechtslehre lange Zeit Unsicherheit.[1] *Rolf Stober* hat dazu schon vor vielen Jahren eine klare Position eingenommen und festgestellt: Der verwaltungsrechtliche Vertrag ist »zu einem selbstverständlichen, unverzichtbaren und weit verbreiteten Handlungsinstrument«[2] herangewachsen! Weitsichtig prognostizierte der Jubilar damals ein zunehmendes Bedürfnis nach kooperativen Handlungsformen und verwies zur Begründung u.a. auf seinerzeit hochmoderne, bis heute aktuell gebliebene Entwicklungen wie Mediation und Public Private Partnerships.[3] Inzwischen ist der scheinbar unaufhaltsame Trend zum kooperativen Staat ubiquitär. Das bestätigt *Stobers* Einschätzung und weckt »verwaltungsvertraglichen Reformbedarf«.[4]

Damit ist zunächst »gesetzgeberischer Novellierungsbedarf«[5] angesprochen. Denn die »stiefmütterliche« Behandlung[6] des Vertrags im Verwaltungsverfahrens-

1 Bis in die jüngere Vergangenheit ist diese Unsicherheit selbst in empirisch ausgerichteten oder zumindest aufgeklärten Arbeiten zum Verwaltungsvertrag nachweisbar. So gelangt etwa die Untersuchung von *Bartscher* Der Verwaltungsvertrag in der Behördenpraxis, 1997, S. 297 ff, zu dem Ergebnis, dass sich der öffentlichrechtliche Vertrag »in der Verwaltungspraxis fest etabliert« habe, auf »zahlreichen Gebieten [...] heutzutage routinemäßig Verwaltungsverträge abgeschlossen« würden und der Verwaltungsvertrag in der Praxis »seine Entwicklung zum voll- und gleichwertigen Handlungsinstrument schon hinter sich« habe (Zitate: S. 297, 303), während nach Einschätzung von *Schlette* Die Verwaltung als Vertragspartner, 2000, S. 253 f, 334, »vertragliches Handeln, *quantitativ* gesehen, bei den meisten Behörden eine *wenig bedeutsame bis unbedeutende* Rolle« spiele. Zu den weiter zurückreichenden Entwicklungslinien und den bei Teilen der Verwaltungsrechtslehre tief verwurzelten Vorbehalten gegen den öffentlichrechtlichen Vertrag siehe *Bauer* Verwaltungsverträge, in: Hoffmann-Riem/Schmidt-Aßmann/Voßkuhle (Hrsg.) Grundlagen des Verwaltungsrechts, Bd. II, 2008, § 36 Rn 1 ff mwN.

2 So bereits in der ersten von *Stober* besorgten Neubearbeitung des Klassikers »Wolff/Bachof«; siehe *Wolff/Bachof/Stober* Verwaltungsrecht I, 10. Aufl. 1994, § 54 Rn 2.

3 *Wolff/Bachof/Stober* Verwaltungsrecht I (Fn 2) § 54 Rn 2.

4 *Wolff/Bachof/Stober/Kluth* Verwaltungsrecht I, 12. Aufl. 2007, § 54 Rn 5.

5 *Wolff/Bachof/Stober/Kluth* Verwaltungsrecht I (Fn 4) § 54 Rn 22.

gesetz, das im langen Schatten *Otto Mayers* den öffentlichrechtlichen Vertrag skeptisch noch eher in eine Außenseiterrolle abdrängte und als Handlungsform vornehmlich zur Regelung atypischer Konstellationen einstufte,[7] wird der Normalität[8] und der noch immer zunehmenden Bedeutung verwaltungsvertraglichen Handelns längst nicht mehr gerecht. Daher steht seit geraumer Zeit eine Novellierung der verwaltungsverfahrensgesetzlichen Vorschriften[9] über den öffentlichrechtlichen Vertrag auf der politischen Agenda: »Die Bundesregierung wird rechtliche Rahmenbedingungen für kooperative Vertragsverhältnisse schaffen. Der Verwaltung steht für die Kooperation mit Privaten derzeit nur der öffentlich-rechtliche Vertrag in seiner überkommenen Form zur Verfügung. Für eine weiterführende Zusammenarbeit im Sinne des aktivierenden Staates und die Gestaltung einer neuen Verantwortungsteilung ist dies nicht mehr ausreichend. Deshalb werden für die Ausgestaltung von Kooperationsbeziehungen taugliche Vertragstypen und Vertragsklauseln im Verwaltungsverfahrensrecht verankert«.[10] Zur Vorbereitung der

6 *Hoffmann-Riem* Verwaltungsrechtsreform – Ansätze am Beispiel des Umweltschutzes, in: Hoffmann-Riem/Schmidt-Aßmann/Schuppert (Hrsg.) Reform des Allgemeinen Verwaltungsrechts: Grundfragen, 1993, S. 115, 155.

7 Vgl. BT-Drs. 7/810, S. 76 ff, insbes. 81; *Wolff/Bachof/Stober/Kluth* Verwaltungsrecht I (Fn 4) § 54 Rn 6; näher zu der – nicht durchgängig konsistenten – Begründung des Gesetzentwurfs zum Verwaltungsverfahrensgesetz *Bauer* Verwaltungsverträge (Fn 1) § 36 Rn 4 f.

8 Von einer »Normalität« vertraglicher Beziehungen auch im Verwaltungsrecht spricht mit Recht *Schmidt-Aßmann* Das allgemeine Verwaltungsrecht als Ordnungsidee, 2. Aufl. 2004, Kapitel 6 Rn 114.

9 Zu dem daneben zu beobachtenden und mit stimulierender Intention für die Verwaltungspraxis vorangetriebenen spezialgesetzlichen Ausbau des Verwaltungsvertrags vgl. exemplarisch für das klassische Referenzgebiet des Städtebaurechts *Kahl* Das Kooperationsprinzip im Städtebaurecht, DÖV 2000, 793 ff; *Lorz* Unzulänglichkeiten des Verwaltungsvertragsrechts am Beispiel der städtebaulichen Verträge, DÖV 2002, 177 ff; *Birk* Städtebauliche Verträge, 4. Aufl. 2002; knapper Überblick zur Entwicklung bei *Bonk* in: Stelkens/Bonk/Sachs (Hrsg.) Verwaltungsverfahrensgesetz, 6. Aufl. 2001, § 54 Rn 134 ff; Überblick über Einsatzfelder des Verwaltungsvertrags bei *Wolff/Bachof/Stober/Kluth* Verwaltungsrecht I (Fn 4) § 54 Rn 12 ff.

10 So zu dem Leitprojekt *»Rechtliche Regelung für Public Private Partnership«* das vom Bundeskabinett am 1. 12. 1999 verabschiedete Programm »Moderner Staat – Moderne Verwaltung. Leitbild und Programm der Bundesregierung« (im Internet abrufbar unter www.verwaltung-innovativ.de/Anlage/original_550397/Moderner-Staat-Moderne-Verwaltung-Das-Programm-der-Bundesregierung.pdf; Stand: 31. 10. 2007). Das Projekt datiert zwar noch aus der Zeit der Rot-Grünen Koalition, wird aber unter der Großen Koalition fortgeführt; Näheres dazu sogleich im Text. Unabhängig davon besteht heute »auf allen Ebenen (Bund, Länder und Gemeinden) und über Parteigrenzen hinweg ein Grundkonsens, Public Private Partnerships zu fördern« (*Uechtritz/Otting* Das »ÖPP-Beschleunigungsgesetz«: Neuer Name, neuer Schwung für »öffentlich-private Partnerschaften«, NVwZ 2005, 1105, 1105); ein besonders anschaulicher Beleg ist das Gesetz zur Beschleunigung der Umsetzung von Öffentlich Privaten Partnerschaften und zur Verbesserung gesetzlicher Rahmenbedingungen für Öffentlich Private Partnerschaften vom 1. 9. 2005 (BGBl I S. 2676), im Folgenden abgekürzt: ÖPP-Beschleunigungsgesetz. Zum

Novelle hat das Bundesinnenministerium zwei wissenschaftliche Gutachten in Auftrag gegeben, die für eine umfassende gesetzliche Ordnung der Kooperation zwischen Öffentlicher Verwaltung und Privaten plädieren und dazu ganz konkrete Regelungsvorschläge unterbreiten.[11] Die dort anvisierte sog. »große Lösung« wird derzeit in der ministeriellen Modernisierungsarbeit zwar nicht weiterverfolgt.[12] Immerhin liegt regierungsintern jedoch seit längerem ein Referentenentwurf vor, der eine »behutsame Überarbeitung« der §§ 54 ff VwVfG anstrebt und mit einer sog. »kleinen Lösung« den Kooperationsvertrag als neuen Vertragstyp in das Verwaltungsverfahrensgesetz aufnehmen will.[13] Der Entwurf befindet sich gegenwärtig

auch auf der europäischen Ebene bestehenden Interesse an Triple P siehe Kommission der Europäischen Gemeinschaften, Grünbuch zu Öffentlich-Privaten Partnerschaften und den gemeinschaftlichen Rechtsvorschriften für öffentliche Aufträge und Konzessionen vom 30. 4. 2004, KOM (2004) 327 endg.

11 *Schuppert* Grundzüge eines zu entwickelnden Verwaltungskooperationsrechts, Regelungsbedarf und Handlungsoptionen eines Rechtsrahmens für Public Private Partnership. Rechts- und verwaltungswissenschaftliches Gutachten, erstellt im Auftrag des Bundesministeriums des Innern, Juni 2001; *Ziekow* Verankerung verwaltungsrechtlicher Kooperationsverhältnisse (Public Private Partnership) im Verwaltungsverfahrensgesetz. Wissenschaftliches Gutachten, erstattet für das Bundesministerium des Innern, Juni 2001; beide Gutachten sind im Internet abrufbar unter www.staat-modern.de/Anlage/original_548355/Gutachten-Prof.-Dr.-Schuppert und www.staat-modern.de/Anlage/original_548355/Gutachten-Prof.-Dr.-Ziekow (Stand: 31. 10. 2007). Die in den Gutachten vorgeschlagenen Regelungen greifen (auch) auf verwaltungswissenschaftliche Erkenntnisse zurück; dies zeigt, dass die Verwaltungswissenschaft den Modernisierungsprozess auf der Gesetzgebungsebene von Anbeginn intensiv begleitet hat.

12 Näheres zu den vorbereitenden Tätigkeiten auf dem Weg zum Gesetzentwurf und insbes. zur sog. »großen Lösung« sowie der in der Gesetzgebungspraxis bevorzugten »kleinen Lösung« bei *Schmitz* »Die Verträge sollen sicherer werden« – Zur Novellierung der Vorschriften über den öffentlich-rechtlichen Vertrag, DVBl 2005, 17, 19 ff. Vgl. zu der beabsichtigten Neuregelung auch die Mitteilungen zum Bericht und zu den Beschlussempfehlungen des Beirats Verwaltungsverfahrensrecht beim Bundesinnenministerium, NVwZ 2002, 834 f; *Becker* Rechtsrahmen für Public Private Partnership, ZRP 2002, 303 ff; *Bonk* Fortentwicklung des öffentlich-rechtlichen Vertrags unter besonderer Berücksichtigung der Public Private Partnerships, DVBl 2004, 141, 147 ff; *Reicherzer* Die gesetzliche Verankerung von Public-Private-Partnerships, DÖV 2005, 603 ff; *Stelkens* Von der Nichtigkeit zur Vertragsanpassungspflicht – Zur Neuordnung der Fehlerfolgen öffentlich-rechtlicher Verträge, Die Verwaltung 37 (2004) 193 ff; *ders.* »Kooperationsvertrag« und Vertragsanpassungsansprüche: Zur beabsichtigten Reform der §§ 54 ff VwVfG, NWVBl. 2006, 1 ff; *Gündling* Modernisiertes Privatrecht und öffentliches Recht, 2006, S. 122 ff; *Maurer* Fortentwicklung des Verwaltungsverfahrensrechts – aber wohin? in: Spannowsky (Hrsg.) Erscheinungsbilder eines sich wandelnden Verwaltungsrechts, FS Püttner, 2007, S. 43, 50 ff; *Wollenschläger* Effektive staatliche Rückholoptionen bei gesellschaftlicher Schlechterfüllung, 2006, S. 191 ff; *Lämmerzahl* Die Beteiligung Privater an der Erledigung öffentlicher Aufgaben, 2007, S. 223 ff.

13 Nach telefonischer Auskunft des BMI orientiert sich der vorerst noch nicht veröffentlichte Entwurf im Wesentlichen an dem im April 2004 in München beschlossenen Bund-Länder-Musterentwurf; die Eckpunke des Musterentwurfs sind mit den vorgeschlagenen Änderungen des VwVfG vorgestellt bei *Schmitz* Novellierung (Fn 12) S. 21 ff.

im Stadium interministerieller Abstimmung, deren Ausgang noch nicht absehbar ist.[14]

Wegen des noch ungewissen Ausgangs der Regelungsaktivitäten, aber auch wegen der sich schon jetzt abzeichnenden inhaltlichen Zurückhaltung der geplanten Novelle betrifft der Modernisierungsbedarf freilich nicht nur die Gesetzgebung, sondern auch die Verwaltungsvertragsrechtslehre. Selbst eine etwaige Novellierung nach Maßgabe der »kleinen Lösung« würde den gesetzgeberischen Handlungsbedarf nämlich nur in Teilen abbauen und deshalb unvollständig bleiben. Die fortwährende Lückenhaftigkeit des gesetzlichen Rahmens verlangt von einer leistungsfähigen Vertragsrechtsdogmatik die Bereitstellung[15] ergänzender Regeln, Institute, Grundsätze und Orientierungshilfen, die zur Transparenz des Verwaltungsvertragsrechts beitragen und zugleich dessen praktische Handhabung erleichtern. Dieser Befund mündet letztlich in die Forderung nach einer Fortentwicklung der Lehre vom Verwaltungsvertrag,[16] für die von der Verwaltungswissenschaft wichtige Impulse ausgehen könnten.

Die Verwertung solcher Impulse ist für die Lehre vom Verwaltungsvertrag allerdings nicht selbstverständlich. Während die Verwaltungswissenschaft den gesetzgeberischen Modernisierungsprozess von Anbeginn intensiv begleitet hat,[17] beschäftigt sich die konventionelle Vertragsrechtsdogmatik oftmals über weite Strecken ohne eingehendere verwaltungswissenschaftliche Kontaktaufnahmen mit althergebrachten Fragestellungen.[18] Namentlich im Spiegel der Lehrbuch- und Kommen-

14 Telefonische Auskunft des BMI von Ende Oktober 2007.

15 Richtungweisend für die Bereitstellungsfunktion des Rechts im Zusammenhang mit der Reform des Allgemeinen Verwaltungsrechts *Schuppert* Verwaltungsrechtswissenschaft als Steuerungswissenschaft. Zur Steuerung des Verwaltungshandelns durch Verwaltungsrecht, in: Hoffmann-Riem/Schmidt-Aßmann/Schuppert (Hrsg.) Reform (Fn 6) S. 65, insbes. S. 96 ff, 98 ff, 111 ff; speziell im verwaltungsvertraglichen Kontext vgl. *ders.* Verwaltungskooperationsrecht (Fn 11) insbes. S. 80 ff; *Reimer* Mehrseitige Verwaltungsverträge, VerwArch 94 (2003) 543, 546: »Der Bereitstellungsfunktion des Rechts korrespondiert eine Bereitstellungsfunktion der Rechtswissenschaft«.

16 Vgl. nur zur wiederholt eingeforderten Erarbeitung eines Verwaltungskooperationsrechts *Wolff/Bachof/Stober/Kluth* Verwaltungsrecht I (Fn 4) § 54 Rn 5 mwN.

17 Siehe dazu oben bei und in Fn 11.

18 Mit einiger Berechtigung werden daher nicht selten dogmatische »Entwicklungsrückstände« beklagt; vgl. etwa *Schlette* Vertragspartner (Fn 1) S. 3, und *Kaminski* Die Kündigung von Verwaltungsverträgen, 2005, S. 50 ff, insbes. 59 ff, jeweils mwN. Solche Klagen wollen freilich richtig eingeordnet sein (dazu *Bauer* Verwaltungsverträge [Fn 1] § 36 Rn 16 ff), zumal gerade in den zurückliegenden gut zehn Jahren insbes. mehrere Habilitationsschriften wichtige Anstöße zur Fortentwicklung der Lehre vom Verwaltungsvertrag gegeben haben: *Gurlit* Verwaltungsvertrag und Gesetz, 2000; *Röhl* Verwaltung durch Vertrag, i. E.; *Schlette* aaO; *Seer* Verständigungen im Steuerverfahren, 1996; *Spannowsky* Grenzen des Verwaltungshandelns durch Verträge und Absprachen, 1994; ferner aus österreichischer Sicht *Eberhard* Der verwaltungsrechtliche Vertrag, 2005. Hinzu kommt eine Reihe von zum Teil sehr bemerkenswerten Dissertationen; vgl. z.B. *Bartscher* Verwaltungsvertrag (Fn 1); *Gündling* Modernisiertes Privatrecht (Fn 12); *Kaminski* aaO; *Keller* Vorvertragliche Schuldverhältnisse im Verwaltungsrecht, 1997.

tarliteratur konzentriert sich die Lehre vom Verwaltungsvertrag regelmäßig auf öffentlichrechtliche Verträge[19] mit einer gewissen Dominanz der Staat-Bürger-Verträge. Dementsprechend stehen die §§ 54 ff VwVfG im Vordergrund. Dort ist der Vertrag freilich nur sehr fragmentarisch geregelt. Auch erfasst das Verwaltungsverfahrensgesetz bei weitem nicht alle Verträge, die in der Verwaltungspraxis anzutreffen sind. Ausgeblendet bleiben beispielsweise die zivilrechtlichen Verträge der Verwaltung, sozial- und abgabenrechtliche Verträge, die »Verwaltungsbinnenrechtsverträge« und öffentlichrechtliche Verträge zwischen Privaten.[20] Schon diese Begrenzungen bewirken eine sehr selektive Wahrnehmung der Verwaltungswirk-

19 Vgl. etwa aus der Lehrbuchliteratur *Bull/Mehde* Allgemeines Verwaltungsrecht mit Verwaltungslehre, 7. Aufl. 2005, S. 360 ff; *Ipsen* Allgemeines Verwaltungsrecht, 5. Aufl. 2007, S. 230 ff; *Maurer* Allgemeines Verwaltungsrecht, 16. Aufl. 2006, S. 359 ff; und aus der Kommentarliteratur die Kommentierung von *Henneke* in: Knack (Begr.) Verwaltungsverfahrensgesetz, Kommentar, 8. Aufl. 2004. Trotz aller in jüngerer Zeit verstärkt zu beobachtenden Auflockerungen bleibt die Konzentration auf traditionsreiche Standardthemen (Begriff und Bedeutung in Abgrenzung zum Verwaltungsakt, verwaltungsverfahrensgesetzlich geregelte Zulässigkeitsanforderungen und Vertragsarten, Rechtsnatur, Form und Verfahren, Rechtsfolgen rechtswidriger öffentlichrechtlicher Verträge usw.) auch dort erhalten, wo in Neubearbeitungen der einschlägigen Lehrbuchpassagen beispielsweise (wie etwa bei *Gurlit* Verwaltungsrechtlicher Vertrag und andere verwaltungsrechtliche Sonderverbindungen, in: Erichsen/Ehlers [Hrsg.] Allgemeines Verwaltungsrecht, 13. Aufl. 2006, S. 685, 692 ff) dem Verwaltungsvertrag auch zivilrechtliche und in Sonderheit vergaberechtliche Verträge zugeordnet, anschließend aber nicht mehr zentral behandelt werden (vgl. *Gurlit* aaO S. 694 f, 698 f, 701 f), oder (wie etwa bei *Wolff/Bachof/Stober/Kluth* Verwaltungsrecht I [Fn 4] § 54 Rn 1 ff, 15, 74 f) zwar zahlreiche Stichwörter aus den aktuelleren Debatten (Kooperationsprinzip, gleichrangige Partnerschaft, neue Verwaltungskultur, Mediationspotentiale, Verhandlungsmodell, mehrpolige Rechtsverhältnisse, Public-Private-Partnerships, Regulierungsverwaltung, Gewährleistungsverwaltung, Zielvereinbarungen im Rahmen des Kontraktmanagements, verwaltungsvertragliche Kautelarjurisprudenz usw.) aufgegriffen werden, aber dogmatisch eher folgenlos bleiben, oder (vgl. *Bonk* VwVfG [Fn 9] § 54 Rn 43a f) modernere Entwicklungstendenzen wie Public Private Partnerships und Public Finance Initiative eher beiläufig und im Wesentlichen lediglich abrundend thematisiert werden. Für all dies gibt es freilich eine einfache Erklärung: Die zumal in Kommentaren legitime Konzentration auf die (bruchstückhaften) Regelungen in §§ 54 ff VwVfG tendiert zur Ausblendung von dort nicht ausdrücklich geregelten Aspekten des Verwaltungsvertragsrechts.

20 Siehe zur Unanwendbarkeit von §§ 54 ff VwVfG auf zivilrechtliche Verwaltungsverträge *Gurlit* Vertrag (Fn 19) S. 698 f; *Maurer* Verwaltungsrecht (Fn 19) S. 365 ff; *Bonk* VwVfG (Fn 9) § 54 Rn 20, 68, 73; zur Unanwendbarkeit auf sozial- und abgabenrechtliche Verträge § 2 Abs. 2 Nr. 1 und 4 VwVfG und dazu *Gurlit* aaO S. 703, sowie *Maurer* aaO S. 360 ff; zur Unanwendbarkeit auf »Verwaltungsbinnenrechtsverträge« (Stichwort: Kontraktmanagement, Zielvereinbarungen) *Oebbecke* Verwaltungssteuerung im Spannungsfeld von Rat und Verwaltung, DÖV 1998, 853, 857; zur Unanwendbarkeit auf Verträge zwischen Privaten (sofern nicht zumindest ein Vertragspartner als Beliehener tätig wird) §§ 1 f VwVfG und dazu *Gurlit* aaO S. 702; *Bonk* aaO § 54 Rn 65.

lichkeit, die durch die Blickverengung auf traditionelle Referenzgebiete[21] noch verschärft wird.

Aus all diesen und anderen gedanklichen Engführungen resultieren auffallende rechtsdogmatische Defizite, die durch eine Intensivierung des Dialogs mit der Verwaltungswissenschaft reduziert werden könnten. Der demnach gebotene inter- und intradisziplinäre Gedankenaustausch ist das zentrale Anliegen des vorliegenden Beitrags, das exemplarisch anhand von vier ausgewählten Referenzkonstellationen vorzustellen ist. Dabei meint die Beschäftigung mit Referenzkonstellationen nicht die schlichte Aneinanderreihung von bislang mehr oder weniger unbekannten bzw. unzulänglich berücksichtigten (weiteren) Vertragsbeispielen aus dem Besonderen Verwaltungsrecht. Vielmehr geht es bei der *Arbeit mit Referenzkonstellationen* etwas anspruchsvoller vor allem um die Sichtung, die Erfassung, die Ordnung, die Analyse und die dogmatische Aufbereitung typischer Erscheinungsformen von Verwaltungsverträgen und verwaltungsvertraglichen Problemlagen, die möglichst schon in mehreren Gebieten des Fachrechts praktisch geworden sind oder jedenfalls praktisch werden können.[22] Das damit verbundene Erkenntnisinteresse will das Allgemeine Verwaltungsrecht bereichern und weist bereits im ersten Zugriff über einzelne Sparten des Fachrechts hinaus. Gegenüber der noch immer zu beobachtenden mehr deskriptiven Kompilation von Einsatzfeldern und Anwendungsbeispielen zielt der hier verfolgte Ansatz auf die Typisierung verwaltungsvertraglichen Handelns, das in mehreren Gebieten des Besonderen Verwaltungsrechts vorkommt (oder zumindest vorkommen kann). Deshalb sollten Referenzkonstellationen bereits vor der Einspeisung »ins Allgemeine« möglichst in mehreren Referenzgebieten nachweisbar, bedeutsam und gegebenenfalls erprobt sein; haben sie referenzgebietsübergreifende »Feuerproben« bestanden, dann spricht vieles dafür, dass sie einen Beitrag zur Modernisierung der herkömmlichen Verwaltungsvertragsrechtslehre leisten können und in das Allgemeine Verwaltungsrecht einzustellen sind. Nach diesen Abschichtungen sind, wie erwähnt, nur exemplarisch vier ausgewählte Referenzkonstellationen und Modernisierungsimpulse zu präsentieren.

21 Allgemein zu Bedeutung und Auswahl von Referenzgebieten *Schmidt-Aßmann* Zur Reform des Allgemeinen Verwaltungsrechts, in: Hoffmann-Riem/Schmidt-Aßmann/Schuppert (Hrsg.) Reform (Fn 6) S. 11, 26 ff; *Voßkuhle* Neue Verwaltungsrechtswissenschaft, in: Hoffmann-Riem/Schmidt-Aßmann/Voßkuhle (Hrsg.) Grundlagen des Verwaltungsrechts, Bd. I, 2006, § 1 Rn 43 ff. Im Verwaltungsvertragsrecht gilt das Baurecht als »klassisches Referenzgebiet« (*Röhl* Verwaltung [Fn 18] S. 2), wobei allerdings heute Einigkeit darüber bestehen dürfte, dass das Baurecht als alleiniges Referenzgebiet viel zu »eng« wäre. Dementsprechend hat sich die Vertragsrechtslehre längst neue Referenzgebiete erschlossen und die dort anzutreffenden Verträge beschrieben und analysiert – so z.B. Verträge im Abgabenrecht, im Sozialrecht, im Dienstrecht, im Wirtschaftsverwaltungs- und Umweltrecht, bei der Einschaltung Privater in die Erfüllung öffentlicher Aufgaben und im Verwaltungsverfahrensrecht (Überblick über Einsatzfelder bei *Wolff/Bachof/Stober/Kluth* Verwaltungsrecht I [Fn 4] § 54 Rn 12 ff).

22 Vgl. dazu und zum Folgenden auch *Bauer* Verwaltungsverträge (Fn 1) § 36 Rn 36 ff.

II. Ausgewählte Referenzkonstellationen und Modernisierungsimpulse

1. *»Routine- und Massenverwaltung« durch Vertrag*

Die erste Referenzkonstellation betrifft die »Routine- und Massenverwaltung« durch Vertrag. Dazu findet sich im Allgemeinen Verwaltungsrecht immer wieder die Behauptung, öffentlichrechtliche Verträge zwischen Staat und Bürger spielten, quantitativ gesehen, bei den meisten Behörden nur eine wenig bedeutsame bis unbedeutende Rolle,[23] sie seien für die »Massenverwaltung« eher ungeeignet[24] und jedenfalls noch nicht zum »Handlungsinstrument des Verwaltungsalltags« herangereift.[25] Derartige Einschätzungen, die bei »Routineangelegenheiten und Massenverwaltungsgeschäften« vorrangig auf den Verwaltungsakt setzen,[26] haben eine lange Tradition.[27] Sie rücken den Verwaltungsvertrag in den Bereich des Irregulären, setzen vertragliches Handeln unter einen permanenten Rechtfertigungsdruck für atypisches Verhalten und drängen den in ein Konkurrenzverhältnis zum Verwaltungsakt gestellten Vertrag in die »zweite Reihe« ab.

Indes bewegt sich die These von der fehlenden Eignung des Vertrags für die »Routine- und Massenverwaltung« auf tönernen Füßen und einem zunehmend brüchiger werdenden Fundament. Praktikerberichten zufolge ist der Verwaltungsvertrag beim Regierungspräsidium Stuttgart nämlich schon vor weit über zwanzig Jahren bei der Beseitigung von Schwarzbauten »massenhaft« zum Einsatz gekommen.[28] Man mag darüber streiten, ob eine vergleichbare Praxis auch bei anderen

23 Vgl. *Schlette* Vertragspartner (Fn 1) S. 253 f; ähnliche Einschätzung bei *Ziekow* Verwaltungsverfahrensgesetz, Kommentar, 2006, § 54 Rn 2.

24 Z.B. *Henneke* VwVfG (Fn 19) Vor § 54 Rn 39; *Maurer* Der Verwaltungsvertrag – Probleme und Möglichkeiten, DVBl 1989, 798, 806; ähnlich für Verträge, die Verwaltungsakte ersetzen, *ders.* Fortentwicklung (Fn 12) S. 48 (»keine große Bedeutung« unter Hinweis auf *Püttner*, jedoch mit Einschränkungen für die vertragliche Gestaltung des Zugangs zu öffentlichen Einrichtungen); noch enger *Waechter* Der öffentlich-rechtliche Vertrag, JZ 2006, 166, 168, wonach es bei öffentlichrechtlichen Verträgen nicht um die »normale« Verwaltung gegenüber dem Bürger gehe und das Massengeschäft gleichliegender Fälle auch in der Leistungsverwaltung nach wie vor durch Verwaltungsakt abgewickelt werde.

25 *Maurer* Verwaltungsrecht (Fn 19) S. 380; zu den völlig uneinheitlichen Einschätzungen der Vertragspraxis in der Literatur siehe *Schlette* Vertragspartner (Fn 1) S. 251 ff mwN.

26 Vgl. *Maurer* Fortentwicklung (Fn 12) S. 48; *Waechter* Vertrag (Fn 24) S. 168.

27 Siehe nur zur gesetzgeberischen Ausrichtung des öffentlichrechtlichen Vertrages auf atypische Regelungskonstellationen oben bei und in Fn 7; zu vermuteten Nachwirkungen dieses Denkens in der Verwaltungspraxis *Schmitz* Novellierung (Fn 12) S. 18.

28 Nach den Berichten haben die Behörden bis Ende 1986 in über 1 200 Fällen (!) öffentlichrechtliche Verträge über die Beseitigung von baurechtswidrigen Gartenhäusern geschlossen. In diesen Verträgen verpflichteten sich die beteiligten Privaten, die Gartenhäuser bis zu einem bestimmten Zeitpunkt abzubrechen oder so zurückzubauen, dass die verbleibende Anlage belassen werden kann – im Gegenzug verpflichtete sich die Behörde zur vorübergehenden Duldung der illegalen Zustände. Bei der Fristbemessung für den Ab-

Behörden anzutreffen ist und die Beseitigung von Schwarzbauten dem »typischen Bild der Massenverwaltung« entspricht.[29] Doch ändert dies nichts an der durch die Verwaltungspraxis belegten prinzipiellen Eignung des Vertrags für Routineangelegenheiten in der Massenverwaltung. In dieselbe Richtung weisen die Ergebnisse rechtstatsächlicher Untersuchungen, wonach sich der öffentlichrechtliche Vertrag in der Praxis fest etabliert hat und in zahlreichen Gebieten »routinemäßig« eingesetzt wird.[30] Obschon diese Wertung in quantitativer Hinsicht umstritten geblieben ist,[31] bestätigt sich die Eignung des Verwaltungsvertrages für Routineangelegenheiten jedenfalls dann, wenn das Segment der öffentlichen Aufträge mit in den Blick genommen wird.[32] Denn bei diesen Verträgen handelt es sich um »einen außerordentlich häufigen Typus administrativen Vertragshandelns«.[33] Nicht anders verhält es sich im »Alltagsgeschäft« etwa mit Verträgen über den Zugang und die Benutzung öffentlicher Einrichtungen der Kommunen (Museen, Bibliotheken, Theater, Spaßbäder usw.), mögen diese »Alltagsverträge« öffentlichrechtlicher oder privatrechtlicher Natur sein.[34] All diese Beispiele dokumentieren in ganz unterschiedlichen Referenzgebieten den »massenhaften« Einsatz von Verwaltungsverträgen und damit die Eignung des Vertrags für Routineangelegenheiten. Abweichende Bewertungen von Einzelaspekten mögen manchen zwar noch zu einer anderen Einschätzung verleiten. Doch dürfte es sich dabei um letzte Rückzugsgefechte handeln, die den von der Rechtspraxis angelieferten Befund nicht mehr wirklich erschüttern können.

bruch bzw. Rückbau gestand die Behörde meist eine mehrjährige Zeit der »Restnutzung« zu, die in manchen Härtefällen bei älteren Gartenbesitzern sogar bis zu einer Duldungszusage »auf Lebenszeit« reichte. Siehe dazu und zu weiteren Beispielen die auch heute noch ebenso lesenswerten wie instruktiven Beiträge von *Arnold* (Die Arbeit mit öffentlichrechtlichen Verträgen im Umweltschutz beim Regierungspräsidium Stuttgart, VerwArch. 80 [1989] 125, 132 ff) und *Bulling* (Kooperatives Verwaltungshandeln [Vorverhandlungen, Arrangements, Agreements und Verträge] in der Verwaltungspraxis, DÖV 1989, 277, 282 ff). Noch weiter zurückliegende Beispiele finden sich in schl.-hol.LT-Drs. 5/650, S. 133, wonach in Schleswig-Holstein eine beachtliche Zahl von Wiedergutmachungssachen durch Vertrag erledigt werden konnte, nämlich 1957 11 Prozent, 1958 17 Prozent, 1959 22 Prozent und 1960 29,3 Prozent aller Wiedergutmachungssachen.

29 Hier setzen die Vorbehalte von *Maurer* (Verwaltungsvertrag [Fn 24] S. 806 mit Fn 61; Verwaltungsrecht [Fn 19] S. 380) an.

30 *Bartscher* Verwaltungsvertrag (Fn 1) S. 297.

31 Dazu bereits oben Fn 1.

32 Das konzediert auch *Schlette* Vertragspartner (Fn 1) S. 254 mit Fn 31. Die Einbeziehung der öffentlichen Aufträge wird freilich durch die ganz überwiegend zivilrechtliche Einordnung der Vergabeverträge behindert. Dabei handelt es sich in gewissem Umfang um ein terminologisches Problem, das sich relativiert, wenn – wie hier – dem Begriff des Verwaltungsvertrags in Übereinstimmung mit einer in der Literatur inzwischen verbreiteten Auffassung auch zivilrechtliche Verträge zwischen Verwaltung und Bürger zugeordnet werden; näher dazu unten in und bei Fn 58.

33 *Schlette* Vertragspartner (Fn 1) S. 254 mit Fn 31.

34 Vgl. zu öffentlichrechtlichen Verträgen *Maurer* Fortentwicklung (Fn 12) S. 48; *ders.* Verwaltungsrecht (Fn 19) S. 384 mit Hinweisen auf Schriftformprobleme und deren Ausräumung; zur Einbeziehung zivilrechtlicher Verträge siehe sogleich bei Fn 58.

Jedenfalls können die erwähnten Vorbehalte seit dem Hartz IV-Gesetz[35] nicht mehr fortgeführt werden. Spätestens mit Hartz IV hat der Gesetzgeber die Weichen nämlich in die »Massenverwaltung« durch Vertrag gestellt. Das neue Recht der Grundsicherung für Arbeitsuchende schreibt der Sozialverwaltung vor, mit jedem erwerbsfähigen Hilfebedürftigen die für seine Eingliederung erforderlichen Leistungen zu vereinbaren.[36] Die Eingliederungsvereinbarung ist nach herrschender Lesart ein öffentlichrechtlicher Vertrag, und zwar ein subordinationsrechtlicher Vertrag.[37] Bei dem derzeitigen Heer von Arbeitslosen steht der Abschluss von Verträgen daher im administrativen Tagesgeschäft millionenfach an. Gegenstand der Eingliederungsverträge[38] sind neben anderem die Leistungen, die der Hilfebedürftige für die Eingliederung in Arbeit erhält, und die Bemühungen, die er zu dieser Eingliederung unternehmen muss. Zu den vertraglich übernommenen Pflichten der Verwaltung zählen beispielsweise

– Beratungsleistungen,

35 Viertes Gesetz für Moderne Dienstleistungen am Arbeitsmarkt vom 24. 12. 2003 (BGBl I S. 2954), zuletzt geändert durch Gesetz vom 23. 12. 2007 (BGBl I S. 3254).

36 In Auszügen hat die Regelung der Eingliederungsvereinbarung in § 15 SGB II folgenden Wortlaut:
»(1) [1]Die Agentur für Arbeit soll im Einvernehmen mit dem kommunalen Träger mit jedem erwerbsfähigen Hilfebedürftigen die für seine Eingliederung erforderlichen Leistungen vereinbaren (Eingliederungsvereinbarung). [2]Die Eingliederungsvereinbarung soll insbesondere bestimmen,
1. welche Leistungen der Erwerbsfähige zur Eingliederung in Arbeit erhält,
2. welche Bemühungen der erwerbsfähige Hilfebedürftige in welcher Häufigkeit zur Eingliederung in Arbeit mindestens unternehmen muss und in welcher Form er die Bemühungen nachzuweisen hat.
[3]Die Eingliederungsvereinbarung soll für sechs Monate geschlossen werden. [4]Danach soll eine neue Eingliederungsvereinbarung abgeschlossen werden. [5]Bei jeder folgenden Eingliederungsvereinbarung sind die bisher gewonnenen Erfahrungen zu berücksichtigen. [6]Kommt eine Eingliederungsvereinbarung nicht zustande, sollen die Regelungen nach Satz 2 durch Verwaltungsakt erfolgen.
[…]«.

37 Statt vieler *Berlit* Das neue Sanktionensystem (Teil 2), ZfSH/SGB 2006, 11, 15 f; *Lang* Die Eingliederungsvereinbarung zwischen Autonomie und Bevormundung, NZS 2006, 176, 181; *Rixen* in: Eicher/Spellbrink (Hrsg.) SGB II, Kommentar, 2005, § 15 Rn 3; eingehende Analyse der Rechtsnatur bei *Kretschmer* »Sozialhilfe« durch Vertrag, DÖV 2006, 893, 895 f mwN auch auf vereinzelte abweichende Einordnungen wie »unverbindliche Absichtserklärung«, »reine Verfügung«, »bloßer Realakt« und »Mischform«; anders z.B. *Spellbrink* Eingliederungsvereinbarung nach SGB II und Leistungsabsprache nach dem SGB XII aus Sicht der Sozialgerichtsbarkeit, Sozialrecht aktuell 2006, 52, 54 f: »hoheitliches Handeln sui generis«. Zur Einordnung in die Kategorie des sog. subordinationsrechtlichen Vertrags nach § 53 Abs. 1 Satz 2 SGB X siehe *Rixen* aaO § 15 Rn 3; *Luthe/Timm* Die Eingliederungsvereinbarung des SGB II, SGb 2005, 261, 261; *Berlit* Eingliederungsvereinbarungen nach dem SGB II – Rechtsrahmen und Rechtsschutz, Sozialrecht aktuell 2006, S. 41, 41 f.

38 Vgl. zum Folgenden §§ 15 f SGB II; *Kretschmer* »Sozialhilfe« (Fn 37) S. 894; *Rixen* SGB II (Fn 37) § 15 Rn 7 ff.

- die Ermittlung des status quo der Eignung des Arbeitslosen für bestimmte Berufsfelder,
- das Aufzeigen von medizinischen oder therapeutischen Wegen zur Verbesserung der Eingliederungsfähigkeit,
- Offerten für die Teilnahme an Weiterbildungsmaßnahmen,
- die Unterbreitung von Vermittlungsangeboten,
- gegebenenfalls auch die Übernahme von Weiterbildungs-, Bewerbungs- und Umzugskosten.

Im Gegenzug verpflichten sich die Arbeitsuchenden etwa zur Aufgabe und Auswertung von Stellenanzeigen, zu gezielten Initiativbewerbungen, zum Besuch von Arbeitsmarktbörsen, zur Mitwirkung an sozialtherapeutischen Maßnahmen oder zur Teilnahme an Kursen für die weitere berufliche Qualifikation.

Der Rechtsform nach ließen sich all diese Vertragsinhalte ebenso gut – und wie in der Vergangenheit üblich – durch Verwaltungsakt festlegen. Davon hat der Gesetzgeber jedoch ab- und die Festsetzung durch Verwaltungsakt nachrangig nur noch für die Fälle vorgesehen, in denen die vertragliche Vereinbarung scheitert.[39] Die Motive für die gewählte Regelungstechnik finden sich in den Maximen des »aktivierenden Staats«: Der Gesetzgeber will den Hilfebedürftigen aus der Rolle des rein passiven Empfängers staatlicher Unterstützung herausholen und die Eigenverantwortung des Arbeitsuchenden stärken. Umgekehrt soll auch die Verwaltung aus der Grundhaltung passiver Abfederung von Arbeitslosigkeit durch – vornehmlich finanzielle – Leistungsgewährung herausgeführt werden. Ziel ist die Einbindung von Arbeitsuchenden und Verwaltung in vertragliche Arrangements, in denen alle Beteiligten aktiv zusammenarbeiten, um die Arbeitslosigkeit zu beseitigen.[40] Die Überzeugungskraft des veränderten Steuerungsansatzes ist hier nicht zu diskutieren. Festzuhalten ist jedoch die gesetzliche Umstellung eines in der Verwaltungswirklichkeit außerordentlich bedeutsamen Bereichs der Sozialverwaltung auf das Konzept vertraglicher Selbststeuerung.

Das Vertragsmodell bringt eine Reihe von Anschlussproblemen mit sich. Ein Hauptproblem ist die fehlende Erfahrung der Verwaltung im Umgang mit Verträgen. Das betrifft insbesondere die inhaltliche Ausgestaltung der Verträge und hat alsbald den Ruf nach Handlungsempfehlungen laut werden lassen. Inzwischen liegen Formulierungshilfen vor, in denen die beiderseitigen Rechte und Pflichten abstrakt vorstrukturiert und Bausteine etwa für die Regelung der Rechtsfolgen bei Nichterfüllung der vertraglichen Verpflichtungen angeboten werden.[41] Ungeachtet der darin angelegten Typisierungen bleibt es allerdings bei der Konkretisierung des

39 § 15 Abs. 1 Satz 6 SGB II (Fn 36).

40 Vgl. *Lang* Eingliederungsvereinbarung (Fn 37) S. 176; *Kretschmer* »Sozialhilfe« (Fn 37) S. 894.

41 Näheres dazu bei *Bauer* Verwaltungsverträge (Fn 1) § 36 Rn 40 mwN. Insofern bestehen auffällige Parallelen zu anderen Verträgen der »Routineverwaltung«, weil auch dort »für gängige Vertragsarten fast immer Musterverträge und Textbausteine verwendet werden« (*Bartscher* Verwaltungsvertrag [Fn 1] S. 297).

Sozialrechtsverhältnisses durch die Vertragsparteien. Darin liegt zugleich eine normativ angelegte Umsteuerung der Verwaltungskultur vom einseitig erlassenen Hoheitsakt auf die gemeinsam erarbeitete und einvernehmlich geregelte Problemlösung durch Vertrag, und zwar in der »Massenverwaltung«! Eine zeitgerechte Lehre vom Verwaltungsvertrag sollte diesen Modernisierungsimpuls aufnehmen, daraus die längst überfälligen Konsequenzen ziehen, den öffentlichrechtlichen Vertrag aus dem überkommenen, die Entwicklung des Vertrags behindernden Konkurrenzverhältnis zum Verwaltungsakt bzw. aus dem Würgegriff des Verwaltungsakts befreien und den Verwaltungsvertrag als vollwertiges eigenständiges Rechtsinstitut dogmatisch entfalten.

2. *Public Private Partnerships*

Eine gänzlich andere Ausrichtung als die »Sozialhilfe durch Vertrag« haben die vielfältigen Erscheinungsformen der Public Private Partnerships.[42] Der Maut-Konzessionsvertrag mit Toll Collect ist das wohl prominenteste Beispiel.[43] Doch haben derartige Kooperationen mittlerweile in vielen Referenzgebieten Fuß gefasst:[44] von der Entsorgungs- und Versorgungswirtschaft über die Kinder- und Jugendhilfe bis hin zu Police Private Partnership,[45] um nur einige weitere Beispiele zu nennen. Über alle Verwaltungsebenen in Bund, Ländern und Gemeinden hinweg und auch bei der EG besteht heute ein Grundkonsens, Öffentlich Private Partnerschaften zu fördern.[46] Die fachgebietsübergreifende Präsenz macht Public Private Partnerships zu einem Musterbeispiel für die hier interessierenden Referenzkonstellationen[47] des Verwaltungsvertragsrechts.

Gleichwohl tut sich die Verwaltungsvertragsrechtslehre erkennbar schwer mit dem Begriff, weil »Public Private Partnership« – was durchaus zutrifft – (noch)

42 Statt vieler *Wolff/Bachof/Stober* Verwaltungsrecht 3, 5. Aufl. 2004, § 92 mwN; vgl. zur Vielfalt der Erscheinungsformen auch *Schulze-Fielitz* Grundmodi der Aufgabenwahrnehmung, in: Hoffmann-Riem/Schmidt-Aßmann/Voßkuhle (Hrsg.) Grundlagen I (Fn 21) § 12 Rn 96, 114 ff.

43 Vgl. dazu und zum Folgenden *Bauer* Verwaltungsverträge (Fn 1) § 36 Rn 40 ff mwN.

44 Vgl. *Schoch* Public Private Partnership, in: Erichsen (Hrsg.) Kommunale Verwaltung im Wandel, 1999, S. 101, 106 ff; *Bauer* Public Private Partnership als Erscheinungsformen der kooperativen Verwaltung, in: Stober (Hrsg.) Public-Private-Partnerships und Sicherheitspartnerschaften, 2000, S. 21, 27 ff; *Wolff/Bachof/Stober* Verwaltungsrecht 3 (Fn 42) § 92 Rn 7 ff; jew. mwN; Budäus/Eichhorn (Hrsg.) Public Private Partnership, 1997; Budäus (Hrsg.) Kooperationsformen zwischen Staat und Markt, 2006.

45 Begriffsprägend *Stober* Staatliches Gewaltmonopol und privates Sicherheitsgewerbe, NJW 1997, 889, 889, 895 f; *ders.* Police-Private-Partnership aus juristischer Sicht, DÖV 2000, 261 ff; vgl. ferner etwa *Peilert* Police Private Partnership, DVBl 1999, 282 ff; *Jungk* Police Private Partnership, 2001.

46 Fn 10.

47 Dazu oben nach Fn 21.

nicht »als Grundlage juristischer Ableitungen« taugt.[48] Demgegenüber nutzen die Verwaltungswissenschaften den unlängst sogar in die Gesetzessprache eingeführten[49] Begriff vorerst als intra- und interdisziplinären Verbundbegriff, der heuristische und strukturierende, also keine rechtsdogmatischen Funktionen übernimmt.[50] Für diese Begriffsverwendung stellen die Materialien zu dem ÖPP-Beschleunigungsgesetz[51] charakteristische Merkmale heraus: »Mit Öffentlich Privaten Partnerschaften wird eine dauerhafte, in beiderseitigem Vorteil liegende, dem Gemeinwohl dienende Kooperation zwischen öffentlichen Händen und Privatwirtschaft angestrebt. [...] ÖPP heißt Kooperation von öffentlicher Hand und privater Wirtschaft beim Entwerfen, bei der Planung, Erstellung, Finanzierung, dem Management, dem Betreiben und dem Verwerten von bislang in staatlicher Verantwortung erbrachten öffentlichen Leistungen«.[52]

Diese Erläuterung ist zwar alles andere als besonders trennscharf. Sie deckt aber wesentliche Aspekte des verwaltungswissenschaftlichen Begriffsverständnisses[53] ab und vermittelt einen ersten Eindruck dessen, was mit Public Private Partnership gemeint ist. Auf dieser Grundlage lassen sich Öffentlich Private Partnerschaften nicht nur analysieren, sondern es lassen sich auch Anregungen für die Fortentwicklung der Verwaltungsvertragsrechtslehre geben. Dies ist hier nur beispielhaft an drei Punkten vorzuführen.

Erstens: Verwaltungswissenschaftliche Untersuchungen haben gezeigt, dass Public Private Partnerships regelmäßig auf vertraglicher Grundlage beruhen.[54] Die Beobachtungen haben weiter gezeigt, dass die Zuordnung dieser Verträge zum

48 *Burgi* Funktionale Privatisierung und Verwaltungshilfe, 1999, S. 99; vgl. zur Problematik begrifflicher Erfassung auch *Schuppert* Verwaltungskooperationsrecht (Fn 11) S. 4 (Definitionsversuche gleichen dem Versuch, »einen Pudding an die Wand zu nageln«); *Wolff/Bachof/Stober* Verwaltungsrecht 3 (Fn 42) § 92 Rn 1 ff.

49 ÖPP-Beschleunigungsgesetz (Fn 10); zur Verbreitung im amtlichen Sprachgebrauch siehe nur Bundesministerium für Wirtschaft und Arbeit (Hrsg.) Public Private Partnership – Ein Leitfaden für Verwaltung und Unternehmer, 2. Aufl. 2003.

50 Näheres bei *Bauer* Public Private Partnership (Fn 44) S. 24 ff.

51 Fn 10.

52 BT-Drs. 15/5668, S. 10.

53 Dazu etwa *Schoch* Partnership (Fn 44) S. 103 ff; *Schuppert* Die öffentliche Verwaltung im Kooperationsspektrum staatlicher und privater Aufgabenerfüllung – Erscheinungsformen von Public Private Partnership als Herausforderung an Verwaltungsrecht und Verwaltungswissenschaft, in: Budäus/Eichhorn (Hrsg.) Partnership (Fn 44) S. 93, 94 f; *Budäus/Grüning* Public Private Partnership – Konzeption und Probleme eines Instruments zur Verwaltungsreform aus Sicht der Public Choice-Theorie, ebd., S. 25, 48 ff; *Roggenkamp* Public Private Partnership, 1999, S. 26 ff.

54 Im Anschluß daran unterscheiden stark simplifizierende modellorientierte Zugriffe typologisch nicht selten zwischen »Vertrags-PPP« und »Organisations-PPP«; so etwa *Tettinger* Public Private Partnership, Möglichkeiten und Grenzen – ein Sachstandbericht, NWVBl. 2005, 1, 2 ff. Für die Lehre vom Verwaltungsvertrag sind beide Typen von Interesse, weil die »Organisations-PPP« auf eine vertragliche, nämlich eine gesellschaftsvertragliche Grundlage zurückgeht und die Verwaltungspraxis zudem die beiden Modelltypen oftmals kombiniert.

Öffentlichen Recht oder zum Zivilrecht oftmals ungewiss ist.[55] Und sie haben gezeigt, dass sich die Vertragspartner in der Rechtspraxis häufig keine Gedanken über die Zuordnung des Vertrags zu einer der beiden Teilrechtsordnungen machen.[56] Selbst rechtlich gründlich beratene Verwaltungen wissen bei der Ausarbeitung komplexer Vertragswerke häufig nicht, ob sie im Öffentlichen Recht oder im Privatrecht agieren.[57] Dieser Befund unterstützt die von Teilen der Rechtslehre schon seit Längerem erhobene Forderung, dem *Begriff des Verwaltungsvertrags* unabhängig von der Rechtsform alle Verträge zuzuordnen, an denen mindestens auf einer Seite die öffentliche Verwaltung beteiligt ist.[58]

Im Anschluss an diese Modernisierung lassen sich zunächst – *zweitens* – aus verwaltungswissenschaftlicher Sicht *rechtsformunabhängige Anforderungen an die Konstitution* des auszuwählenden privaten Vertragspartners formulieren.[59] Ansatz-

55 Siehe zu den Abgrenzungsschwierigkeiten etwa die weiter zurückliegenden differenzierenden Überlegungen zu Kooperationsverträgen bei *Henke* Praktische Fragen des öffentlichen Vertragsrechts – Kooperationsverträge, DÖV 1985, 41, 44 ff; ferner *Schuppert* Kooperationsspektrum (Fn 53) S. 123, der offenbar für eine öffentlichrechtliche Qualifikation von ansonsten verbreitet dem Zivilrecht zugeordneten Verträgen plädiert; und aus jüngerer Zeit nur die Kontroversen über die Qualifikation der Beschaffungsvorgänge im Öffentlichen Auftragswesen (insbes. Liefer- und Bauaufträge), in denen abweichend von der traditionellen zivilrechtlichen Deutung mitunter für eine öffentlichrechtliche Einordnung plädiert wird (für die »Publifizierung« insbes. *Schlette* Vertragspartner [Fn 1] S. 148 ff; vgl. auch *Gurlit* Verwaltungsvertrag [Fn 18] S. 52 ff, 331; *dies.* Vertrag [Fn 19] S. 694 f, 701 f). Nicht nur am Rande bemerkenswert ist, dass sich die Unsicherheiten inzwischen sogar auf die öffentlich- bzw. privatrechtliche Zuordnung des dem Vertrag vorgelagerten Rechtsverhältnisses beziehen und bis in die fachgerichtliche Spruchpraxis nachweisbar sind; vgl. nur zum vorvertraglichen Schuldverhältnis im sog. »unterschwelligen« Vergaberecht unlängst für die Rechtspraxis (vorerst) im Sinne des ordentlichen Rechtswegs klärend BVerwG DÖV 2007, 824 ff mwN auf die bis dahin völlig uneinheitliche obergerichtliche Judikatur.

56 So allgemein zur Rechtspraxis etwa *Schlette* Vertragspartner (Fn 1) S. 111; *Kaminski* Kündigung (Fn 18) S. 51.

57 So allgemein zur Vertragspraxis *Schmidt-Aßmann* Verwaltungsverträge im Städtebaurecht, in: Lenz (Hrsg.) FS Gelzer, 1991, S. 117, 127.

58 Siehe dazu insbes. *Schmidt-Aßmann/Krebs* Rechtsfragen städtebaulicher Verträge, 2. Aufl. 1992, S. 137; *Schmidt-Aßmann* Verwaltungsverträge (Fn 57) S. 117; *ders.* Ordnungsidee (Fn 8) Kap. 6 Rn 114; *Krebs* Verträge und Absprachen zwischen der Verwaltung und Privaten, VVDStRL 52 (1993) 248, 258; *ders.* Grundfragen des öffentlich-rechtlichen Vertrages, in: Ehlers/Krebs (Hrsg.) Grundfragen des Verwaltungsrechts und des Kommunalrechts, 2000, S. 41 (41: »inzwischen eingeführte Terminologie«); *Spannowsky* Grenzen (Fn 18) S. 47 f; *Reimer* Verwaltungsverträge (Fn 15) S. 545; *Kaminski* Kündigung (Fn 18) S. 50 ff; *Gurlit* Verwaltungsvertrag (Fn 18) S. 23 f; mit mancherlei Einschränkungen und Differenzierungen auch *Röhl* Verwaltung (Fn 18) S. 20 ff; kritisch etwa *Brohm* Grundsatzfragen städtebaulicher Verträge, in: Hartmut Bauer u.a. (Hrsg.) 100 Jahre Allgemeines Baugesetz Sachsen, 2000, S. 457, 460 ff; *Maurer* Fortentwicklung (Fn 12) S. 52 f; *ders.* Verwaltungsrecht (Fn 19) S. 366 f.

59 Vgl. zum Folgenden *Bauer* Zur notwendigen Entwicklung eines Verwaltungskooperationsrechts – Statement, in: Schuppert (Hrsg.) Jenseits von Privatisierung und »schlankem« Staat, 1999, S. 251, 260 f mwN.

punkte bietet das Vergaberecht, das für die von ihm erfassten (zivilrechtlichen) Verträge Fachkunde, Leistungsfähigkeit, Zuverlässigkeit und Eignung des Privaten verlangt. Ähnliche Voraussetzungen finden sich in verstreuten fachgesetzlichen Regelungen für (öffentlichrechtliche) Verwaltungsverträge. In der Sache ist dieses Anforderungsprofil unmittelbar einleuchtend, trotz der Sensibilisierung für das Problem der Auswahl des privaten Vertragspartners gebietsübergreifend rechtlich aber nicht ohne weiteres begründbar. Denn solche Regelungen zur Qualitätssicherung sind in den einschlägigen Normtexten des Besonderen Verwaltungsrechts weder einheitlich ausgeformt noch durchgängig anzutreffen. Das macht eine »vor die Klammer gezogene«, sämtliche Verwaltungsverträge erfassende normative Begründung von Qualifikationsanforderungen schwierig. Der eingangs angesprochene Gesetzesentwurf[60] schafft Klarheit. Er greift das alte verwaltungswissenschaftliche Anliegen auf und schreibt der Behörde vor, nur einen Vertragspartner auszuwählen, »der fachkundig, leistungsfähig und zuverlässig ist«.[61] Dazu besteht Anlass, weil diese – an sich selbstverständlichen – Auswahlkriterien in der Vergangenheit nicht immer beachtet wurden. So ist etwa eine Sicherheitspartnerschaft in Berlin zeitweise ins Kreuzfeuer öffentlicher Kritik geraten, als bekannt wurde, dass ein erheblicher Teil des eingesetzten Personals eine »zwielichtige Vergangenheit« hatte.[62]

Drittens: Noch weitaus wichtiger ist die in dem umfassenden Verwaltungsvertragsbegriff angelegte *Programmatik einer rechtsdogmatischen Annäherung des öffentlichrechtlichen und des privatrechtlichen Verwaltungsvertrags.*[63] Das Annäherungsprogramm hebt die Unterscheidung zwischen öffentlichrechtlichen und privatrechtlichen Verträgen nicht auf, zumal die beiden Vertragsarten schon aus Gründen des Rechtswegs auch künftig auseinanderzuhalten sind. Es ermöglicht aber die Erarbeitung gemeinsamer Grundregeln und Standards, die den Umgang mit Verwaltungsverträgen erleichtern, in der konkreten Fallkonstellation freilich bereichsspezifischer Konkretisierung zugänglich und bedürftig sind. Solche rechtsformübergreifenden Regeln enthält bereits das Gemeinschaftsrecht. Danach unterliegt etwa die vertragliche Subventionsvergabe dem Beihilferegime der Art. 87 ff EGV unabhängig von der Rechtsnatur des jeweiligen Vertrags. Ähnlich verhält es sich mit vergaberechtlichen Direktiven, die nicht zwischen öffentlichrechtlichen und privatrechtlichen Verträgen unterscheiden und im europäisierten Vergaberecht bis hin zu Nichtigkeitsgründen die öffentliche Auftragsvergabe rechtsformunab-

60 Fn 13; zu verwaltungswissenschaftlich inspirierter Vorarbeit siehe insbes. *Schuppert* Verwaltungskooperationsrecht (Fn 11) S. 56 f, 122 f, 124, 125 f, 131.

61 § 56a Satz 2 VwVfG neu (*Schmitz* Novellierung [Fn 12] S. 21).

62 Dazu *Bauer* Public Private Partnership (Fn 44) S. 46 f mwN.

63 Vgl. dazu und zum Folgenden insbes. *Schmidt-Aßmann* Verwaltungsverträge (Fn 57) S. 127 ff; *Krebs* Verträge (Fn 58) S. 257 f, 273 ff; *Spannowsky* Verträge (Fn 18) S. 162 ff; *Bauer* Verwaltungsverträge (Fn 1) § 36 Rn 71 f, 84 ff, 94 ff mwN; kritisch etwa *Schlette* Vertragspartner (Fn 1) S. 164 ff; *Jochum* Verwaltungsverfahrensrecht und Verwaltungsprozeßrecht, 2004, S. 224 f; *Stelkens* Verwaltungsprivatrecht, 2005, S. 949 ff; siehe zur Kritik auch die Nachw. in Fn 58 a.E.

hängig steuern. Rechtsformunabhängige Vorschriften für Verwaltungsverträge finden sich auch im Verfassungsrecht. Dazu gehören neben grundgesetzlichen Gewährleistungsaufträgen rechtsstaatliche Maximen. So ist die Verwaltung jedenfalls bei zivilvertraglichem Handeln, das (unmittelbar) der Wahrnehmung öffentlicher Aufgaben dient, nach Art. 1 Abs. 3 GG an Grundrechte gebunden. Auch gilt der Grundsatz der Gesetzmäßigkeit der Verwaltung (Art. 20 Abs. 3 GG) für öffentlichrechtliche wie privatrechtliche Verwaltungsverträge gleichermaßen. Und dem Demokratieprinzip (Art. 20 Abs. 2 GG) ist die privatrechtsförmige Verwaltung ebenfalls nicht entzogen. Bekanntes Beispiel ist die Absicherung von Gemeinwohlbindung und demokratischer Legitimation durch notfalls vertraglich zu vereinbarende staatliche Ingerenzrechte.[64]

Im ersten Zugriff wesentlich schwieriger ist die Ermittlung rechtsformunabhängiger Aussagen auf der Ebene des einfachen Rechts. Denn auf dieser Ebene errichten §§ 54 ff VwVfG speziell für öffentlichrechtliche Verträge ein Sonderregime und scheinen sich deshalb auf ein »dualistisches Vertragsrecht«[65] festzulegen. Doch beschränken sich diese Vorschriften auf mehr oder weniger punktuelle Regelungen und verweisen ergänzend namentlich in § 62 Satz 2 VwVfG auf die entsprechende Anwendung des Bürgerlichen Gesetzbuchs. Schon diese Verschränkung mit dem Bürgerlichen Recht führt auch auf der einfachrechtlichen Ebene unausweichlich zum Befund rechtsformunabhängigen Verwaltungsvertragsrechts. Weitere teilrechtsordnungsübergreifende Annäherungen lassen sich Einzelnormanalysen entnehmen. So kristallisiert sich seit längerem § 59 Abs. 1 VwVfG i.V.m. § 134 BGB als »Schlüsselnorm« der Fehlerfolgenlehre heraus; die Vorschrift verklammert die beiden Teilrechtsordnungen und differenziert bei der Nichtigkeitsfolge nicht danach, ob der Schwerpunkt des Vertrages im Öffentlichen Recht oder im Zivilrecht liegt.[66] § 58 VwVfG, wonach die Wirksamkeit öffentlichrechtlicher Verträge, die in Rechte Dritter eingreifen, von der Zustimmung des Dritten abhängt, ist Ausdruck des auch

64 Grundlegend *Püttner* Die Einwirkungspflicht, DVBl 1975, 353 ff; ferner *Ehlers* Verwaltung in Privatrechtsform, 1984, S. 124 ff; *Gersdorf* Öffentliche Untenehmen im Spannungsfeld zwischen Demokratie- und Wirtschaftlichkeitsprinzip, 2000, S. 222 ff; *Mehde* Ausübung von Staatsgewalt in Public Private Partnership, VerwArch 91 (2000) 540 ff; *Storr* Der Staat als Unternehmer, 2001, S. 67 ff; *Berger* Staatseigenschaft gemischtwirtschaftlicher Unternehmen, 2006, S. 77 mwN.

65 *Brohm* Grundsatzfragen (Fn 58) S. 463 ff; vgl. dazu kritisch *Schmidt-Aßmann* Zur Gesetzesbindung der verhandelnden Verwaltung, in: Eberle/Ibler/Lorenz (Hrsg.) FS Brohm, 2002, S. 547, 566.

66 § 134 BGB kommt entweder unmittelbar oder über § 59 Abs. 1 VwVfG im praktischen Ergebnis auf zivil- und öffentlichrechtliche Verträge gleichermaßen zur Anwendung; vgl. dazu instruktiv *Ziekow/Siegel* Entwicklung und Perspektiven des öffentlich-rechtlichen Vertrags – Teil 3, VerwArch. 95 (2004) 281, 282: »Gerade im Diffusionsbereich komplexer Verwaltungskooperationen, die nicht selten ein Mix öffentlich-rechtlicher und zivilrechtlicher Elemente enthalten, kommt derartigen teilrechtsordnungsübergreifenden Problemlösungsmustern besondere Bedeutung zu«.

im Zivilrecht geltenden Verbots von Verträgen zu Lasten Dritter.[67] Das Koppelungsverbot des § 56 VwVfG gilt als Konkretisierung eines allgemeinen rechtsstaatlichen Grundsatzes.[68] Und die fachgesetzlichen Vorgaben für die Vertragsgestaltung sind regelmäßig ebenfalls rechtsformunabhängig. Trotz aller fortbestehenden Unterschiede gleichen sich die Rechtmäßigkeitsmaßstäbe tendenziell an.[69]

Weitergehende Angleichungen finden sich in den zur Vorbereitung der VwVfG-Novelle eingeholten Gutachten.[70] Die Gutachten beschränken sich nämlich nicht auf den eher schmalen Bereich des öffentlichrechtlichen Vertrages, sondern wollen prinzipiell alle Vertragsformen der Kooperation mit Privaten erfassen.[71] Nach dem stark verwaltungswissenschaftlich inspirierten Vorschlag von *Gunnar Folke Schuppert* soll ein rechtsformunabhängiges Verwaltungskooperationsrecht als eigener Abschnitt in das Verwaltungsverfahrensgesetz eingestellt werden.[72] Gegenstand dieses Verwaltungskooperationsrechts sind neben anderem gesetzlich vorgeschriebene Mindestinhalte für Kooperationsverträge, die den staatlichen Einfluss auf die Aufgabenerfüllung, die ordnungsgemäße Leistungserbringung und die Qualitätssicherung betreffen. Der Vorschlag nimmt den Annäherungsimpuls auf und bestätigt rechtspolitischen Angleichungsbedarf im Verwaltungsvertragsrecht.

Der Referentenentwurf ist dieser sog. »großen« Lösung bekanntlich vorerst nicht gefolgt. Er nimmt aber wichtige Teilaspekte auf und sieht eine Regelung vor, wonach (öffentlichrechtliche) Kooperationsverträge nur geschlossen werden können, »wenn die Behörde sicherstellt, dass ihr ein hinreichender Einfluss auf die ordnungsgemäße Erfüllung der öffentlichen Aufgabe verbleibt«.[73] Wie dieser Mindestinhalt des »hinreichenden Einflusses« im Einzelnen abzusichern ist, überlässt die geplante Neuregelung der Vertragsgestaltung. Darauf wird zurückzukommen sein.

3. *Public Public Partnerships*

In gewisser Parallelität zu Public Private Partnerships thematisiert Public Public Partnership[74] die Kooperation von Verwaltungsträgern. Traditionsreiches An-

67 Vorbehaltlich der Zustimmung der betroffenen Dritten; vgl. *Bonk* VwVfG (Fn 9) § 58 Rn 2, 10.

68 Statt vieler *Bonk* VwVfG (Fn 9) § 56 Rn 4.

69 *Gurlit* Verwaltungsvertrag (Fn 18) S. 640.

70 Fn 11.

71 Knapper Überblick zu einzelnen Konzepten für ein bereichsübergreifendes Verwaltungskooperationsrecht bei *Schmidt-Aßmann* Gesetzesbindung (Fn 65) S. 561 ff.

72 *Schuppert* Verwaltungskooperationsrecht (Fn 11) S. 124 ff, insbes. 130 f; teilrechtsordnungsübergreifende Überlegungen zum Verwaltungskooperationsvertrag auch bei *Ziekow* Kooperationsverhältnisse (Fn 11) S. 206 ff; zum – deutlich zurückhaltenderen – derzeitigen Stand der Reformüberlegungen siehe oben bei Fn 13.

73 § 56a Satz 1 VwVfG neu (*Schmitz* Novellierung [Fn 12] S. 21).

74 Der Terminus ist noch eher ungebräuchlich, aber bereits wiederholt verwendet. Siehe in sozialrechtlichem Kontext *Brosius-Gersdorf* Hartz IV und die Grundsicherung für hilfebedürftige erwerbsfähige Arbeitsuchende, VSSR 2005, 335 (335: »Public-Public-Partner-

schauungsmaterial bietet die interkommunale Zusammenarbeit. Erscheinungsformen von Public Public Partnerships finden sich indes nicht nur im Kommunalrecht. Aufsehen erregende Beispiele aus dem Sozialrecht sind die im SGB II vorgesehenen Arbeitsgemeinschaften.[75] Nach dem Gesetz sind diese Arbeitsgemeinschaften von den Arbeitsagenturen und den kommunalen Trägern zur einheitlichen Wahrnehmung ihrer Aufgaben »durch privatrechtliche oder öffentlich-rechtliche Verträge«[76] zu errichten.

Für den Dialog zwischen Verwaltungswissenschaften und Verwaltungsrechtslehre sind die vertraglich einzurichtenden Arbeitsgemeinschaften aus mehreren Gründen von Interesse. *Zum einen* bestätigen sie den Trend der Gesetzgebung, im Zuge der Staatsmodernisierung verstärkt auf Verwaltungsverträge zu setzen. *Zum anderen* stellen sie klar, dass eine Verwaltungsvertragsrechtslehre, die ihrem Gegenstand gerecht werden will, die immer wieder anzutreffende Verengung auf Staat-Bürger-Verträge hinter sich lassen und daneben weit mehr als bisher Verträge auch zwischen Verwaltungsträgern dogmatisch verarbeiten muss. *Des Weiteren* deutet die im SGB II vorgeschriebene Errichtung der Arbeitsgemeinschaften »durch privatrechtliche oder öffentlich-rechtliche Verträge« funktionell äquivalente Einsatzmöglichkeiten der beiden Rechtsformen und damit auch deren prinzipielle Austauschbarkeit an.

Schließlich und vor allem: Mit § 44b SGB II hat der Gesetzgeber die Errichtung der Public Public Partnerships zwar eindeutig und zwingend auf die Vertragsform festgelegt, der Praxis aber Steine statt Brot gegeben. Denn die Formulierung »privatrechtliche oder öffentlich-rechtliche Verträge« lässt für die vertragliche Selbststeuerung durch die beteiligten Akteure vieles offen. Im Grunde handelt es sich um eine »offene Organisationsnorm«.[77] Zwar finden sich in § 44b SGB II zu Einzelfragen wie der Berücksichtigung von regionalen Besonderheiten wichtige Vorgaben für die Vertragsinhalte. Gleichwohl bleiben zahlreiche Fragen des konkreten Vertragsdesigns ungeklärt. In der Institutional-Choice-Situation sind die Normadressaten deshalb weitgehend auf sich selbst gestellt. Das betrifft neben anderem die

ship als Organisationsmodell für die Ausführung des SGB II«); und in vergaberechtlichem Kontext *Storr* Public-Public-Partnerships, LKV 2005, 521 ff; *Ziekow/Siegel* Public Public Partnerships und Vergaberecht: Vergaberechtliche Sonderbehandlung der »In-State-Geschäfte«? VerwArch. 96 (2005) 119 ff; vgl. auch *Schuppert* Verwaltungswissenschaft, 2000, S. 291 (»Public-Semipublic-Partnership«). Die funktionelle Bedeutung des Begriffs ist ähnlich wie die von Triple P; dazu oben bei Fn 50.

75 In Auszügen hat die Regelung der Arbeitsgemeinschaften in § 44b SGB II folgenden Wortlaut:
»(1) [1]Zur einheitlichen Wahrnehmung ihrer Aufgaben nach diesem Buch errichten die Träger der Leistungen nach diesem Buch durch privatrechtliche oder öffentlich-rechtliche Verträge Arbeitsgemeinschaften. […] [3]Die Ausgestaltung und Organisation der Arbeitsgemeinschaften soll die Besonderheiten […] des regionalen Arbeitsmarktes und der regionalen Wirtschaftsstruktur berücksichtigen. […]«.

76 § 44b Abs. 1 Satz 1 SGB II.

77 Vgl. *Rixen* SGB II (Fn 37) § 44b Rn 3: ARGE »als ›offene‹ Organisationsform«.

Rechtsform der ARGE, für die allerlei Varianten privat- und öffentlichrechtlicher Provenienz im Gespräch sind: aus dem Zivilrecht teils mit Beleihungskonstruktionen die GmbH und die Gesellschaft bürgerlichen Rechts, aus dem Öffentlichen Recht Körperschaften, Anstalten und auch eine »Rechtsform sui generis«.[78] Inzwischen wurden für die Errichtung der Arbeitsgemeinschaften Musterverträge und Bausteine für die Vertragsgestaltung mit ergänzenden Hinweisen auf »unverzichtbare Vertragselemente« entwickelt.[79] Damit ist auch bei Public Public Partnership die Brücke zur Vertragsgestaltung geschlagen, die trotz der großen praktischen Bedeutung von der konventionellen Verwaltungsvertragsrechtsdogmatik bislang noch viel zu wenig zur Kenntnis genommen ist.

4. *Zur Notwendigkeit einer Vertragsgestaltungslehre*

»Routine- und Massenverwaltung« durch Vertrag, Public Private Partnerships und Public Public Partnerships liegen auf den ersten Blick weit voneinander entfernt und haben doch viele Gemeinsamkeiten. Eine dieser Gemeinsamkeiten ist die unvollständige gesetzgeberische Determinierung der Vertragsinhalte.[80] Wo sich die normative Steuerung darauf beschränkt, vertragliches Verwaltungshandeln anzuordnen, anzuregen oder dafür Optionen bereitzustellen, und ergänzend nur noch Stichworte für einzelne Mindestinhalte vorgibt, belässt sie – verwaltungswissenschaftlich gesprochen – den Akteuren beträchtlichen Raum für die Selbststeuerung. Dadurch entsteht gleichsam unterhalb der gesetzlichen Regelungsebene eine mehr

78 Vgl. etwa *Ruge/Vorholz* Verfassungs- und verwaltungsrechtliche Fragestellungen bei der Arbeitsgemeinschaft nach § 44b SGB II, DVBl 2005, 403, 408 ff; *Strobel* Die Rechtsform der Arbeitsgemeinschaften nach § 44b SGB II, NVwZ 2004, 1195, 1196 ff; *Brosius-Gersdorf* Hartz IV (Fn 74) S. 341. In der Verwaltungspraxis wurden überwiegend öffentlichrechtliche Verträge abgeschlossen, aber auch die privatrechtlichen Formen der GmbH und der GbR sowie vereinsrechtliche Lösungen gewählt; vgl. *Groß* Die Verwaltungsorganisation als Teil organisierter Staatlichkeit, in: Hoffmann-Riem/Schmidt-Aßmann/Voßkuhle (Hrsg.) Grundlagen I (Fn 21) § 13 Rn 115. Nach Abschluss des vorliegenden Beitrags hat das Bundesverfassungsgericht mit Urteil vom 20. 12. 2007 (2 BvR 2433/04; 2 BvR 2434/04) § 44b SGB II als verfassungswidrig eingestuft und nur noch für eine spätestens am 31. 12. 2010 ablaufende Übergangsfrist für anwendbar erklärt. Die Entscheidung ändert im Prinzipiellen allerdings nichts an den hier vor allem interessierenden Aspekten, nämlich an dem im Zuge der Staatsmodernisierung feststellbaren grundsätzlichen Trend zu vertraglicher Zusammenarbeit auch von Verwaltungsträgern, an der oftmals zurückgenommenen gesetzlichen Steuerung dieser Kooperation und an den daraus resultierenden Folgeproblemen etwa der Vertragsgestaltung.

79 Ins Internet eingestellte Orientierungshilfen finden sich unter www.sh-landkreistag.de/media/custom/100_8200_1.PDF?loadDocument&ObjSvrID=100&ObjID=8200&ObjLa=1&Ext=PDF (Stand: 31. 10. 2007); zu von der Bundesagentur für Arbeit entworfenen ARGE-Musterverträgen siehe *Brosius-Gersdorf* Hartz IV (Fn 74) S. 342.

80 Die hier ansetzende Vertragsgestaltung verweist gleichsam auf eine »doppelte« Referenzkonstellation, weil es sich um referenzkonstellationenübergreifende Problemlagen handelt; das unterstreicht den hohen Stellenwert der Vertragsgestaltung in der Rechtspraxis.

oder weniger dicke Schicht eines von den Parteien autonom gesetzten Verwaltungsvertragsrechts.[81]

Verwaltungsrechtsdogmatisch geht es dabei um »verwaltungsvertragliche Kautelarjurisprudenz«[82], die allerdings in der Lehrbuchliteratur bislang kaum vorkommt.[83] Wer die Vertragsgestaltung dort überhaupt anspricht, tendiert mitunter dazu, sie der »Kunst der Rechtspraktiker«[84] zu überlassen. Eine anwendungsorientierte Verwaltungsvertragsrechtslehre wird sich damit nicht begnügen können. Vielmehr fordert schon der hohe praktische Stellenwert von Gestaltungsfragen eine Perspektivenerweiterung, eine Ergänzung der herkömmlichen Verwaltungsvertragsrechtslehre um eine Vertragsgestaltungslehre. Eine solche Vertragsgestaltungslehre sollte normativ ansetzen und für die Akteure rechtsdirigierte Gestaltungsvarianten[85] aufbereiten; Ziel dieser Vertragsgestaltungslehre wäre in erster Linie die wissenschaftlich fundierte Bereitstellung von Vertragstypen und Vertragsklauseln,[86] die in der Rechtspraxis den Umgang mit Verwaltungsverträgen erleichtert, daneben aber auch gesetzgeberische Aktivitäten bei der Fortentwicklung des Verwaltungsvertragsrechts begleiten und unterstützen kann.[87]

Zur Veranschaulichung der Aufgaben einer Vertragsgestaltungslehre muss an dieser Stelle ein Beispiel aus den zahlreichen Public-Private-Partnership-Konstellationen genügen, nämlich das Beispiel der Teilprivatisierung der Abwasserentsorgung. Dazu bestimmt das Wasserhaushaltsgesetz in dem hier interessierenden Zusammenhang lapidar, dass sich die zur Abwasserbeseitigung verpflichteten Kom-

81 Vgl. *Bauer* Verwaltungskooperationsrecht (Fn 59) S. 255 f; *Schuppert* Verwaltungswissenschaft (Fn 74) S. 444 f.

82 Begriffsprägend *Krebs* Verträge (Fn 58) S. 271, der diesen Ansatz allerdings nur als Teilaspekt der »Rechtsstellung nach Vertragsschluß« thematisiert und nicht näher ausarbeitet. Zu der im Schrifttum bemerkenswert spät einsetzenden wissenschaftlichen Beschäftigung mit der Abfassung und Ausgestaltung von Verwaltungsverträgen siehe etwa *Bauer* Verwaltungsrechtliche und verwaltungswissenschaftliche Aspekte der Gestaltung von Kooperationsverträgen bei Public Private Partnership, DÖV 1998, 89, 91 ff; *Schuppert* Verwaltungswissenschaft (Fn 74) S. 447 ff; *Grziwotz* Vertragsgestaltung im öffentlichen Recht, 2002.

83 Vgl. etwa *Gurlit* Vertrag (Fn 19) S. 692 ff (mit knappen Überlegungen zur gesetzesdirigierten Gestaltung von Vertragsinhalten [S. 714 ff], die sich in dem hier interessierenden Zusammenhang aber im Wesentlichen auf die Feststellung vertragsspezifischer Regelungsspielräume beschränken); *Maurer* Verwaltungsrecht (Fn 19) S. 359 ff. Eher seltene Thematisierung in der Lehrbuchliteratur bei *Wolff/Bachof/Stober/Kluth* Verwaltungsrecht I (Fn 4) § 54 Rn 75, die sich allerdings auf eine (knappe) Randnummer von insgesamt 75 Randnummer beschränkt; vgl. aber auch die eingehenderen Überlegungen bei *Wolff/Bachof/Stober* Verwaltungsrecht 3 (Fn 42) § 92 Rn 24 ff, 33 ff (zu Triple P).

84 Vgl. *Bull/Mehde* Verwaltungsrecht (Fn 19) S. 366.

85 Grundlegend zur »gesetzesdirigierten Vertragsgestaltung« *Schmidt-Aßmann* Verwaltungsverträge (Fn 57) S. 122 ff.

86 Zur bislang defizitären Bereitstellung von Vertragstypen und Vertragsklauseln siehe bereits das Programm »Moderner Staat – Moderne Verwaltung« (Fn 10).

87 Vgl. an dieser Stelle nur *Schuppert* Verwaltungswissenschaft (Fn 74) S. 447 ff; Näheres bei *Bauer* Verwaltungsverträge (Fn 1) § 36 Rn 121 ff mwN.

munen »zur Erfüllung ihrer Pflichten Dritter bedienen«[88] können. Die darauf gestützten Public Private Partnerships können nicht weniger als Planung, Sanierung, Ausbau, Ausrüstung, Finanzierung und den jahrzehntelangen Betrieb der Abwasserentsorgungsanlage auf Private verlagern.[89] In der Praxis bedeutet dies nicht selten, dass die gesamte Anlage einschließlich des Kanalnetzes zusammen mit weiteren zur Aufgabenerfüllung eingesetzten sächlichen und personellen Mitteln auf den Privaten »übertragen« wird. Allerdings können sich die Kommunen durch solche Teilprivatisierungen nicht von ihrer unaufgebbaren Letztverantwortung für die ordnungsgemäße Abwasserbeseitigung freizeichnen. Das wirft namentlich für die Vertragsbeendigung hochkomplexe Gestaltungsprobleme auf, weil die Kommune gleichsam »von einer Minute auf die andere« die übergangslose Entsorgungssicherheit gewährleisten muss. Zur Absicherung der kommunalen Gewährleistungsverantwortung sind in der Vertragspraxis ganz unterschiedliche Klauseln mit teils obligatorischem, teils fakultativem Inhalt denkbar, die es der Verwaltung ermöglichen, im Falle einer Rekommunalisierung »die Zügel in der Hand« zu behalten. Hervorzuheben sind als Mindestinhalte der Kontrakte effektive vertragliche Rückholoptionen[90] zur Wahrung der Handlungsfähigkeit der Verwaltung gegenüber dem privaten Anlagenbetreiber wie etwa die Vereinbarung von sog. »Heimfallklauseln«.[91]

Diesen Grundgedanken greift nunmehr der eingangs erwähnte[92] Gesetzesentwurf auf, wenn er von Kooperationsverträgen die Sicherstellung eines »hinreichenden« behördlichen Einflusses »auf die ordnungsgemäße Erfüllung der öffentlichen Aufgabe« fordert.[93] Kooperationsverträge, die dieser Anforderung nicht genügen, belegt der Entwurf mit dem Verdikt der Nichtigkeit.[94] Bemerkenswert ist die in der Novelle ebenfalls enthaltene Vorschrift, wonach in diesen Nichtigkeitsfällen »jede Vertragspartei anstelle der Rückabwicklung die Anpassung des Vertrages verlangen« kann, »soweit die nichtige durch eine angemessene wirksame Regelung ersetzt

88 § 18a Abs. 2 Satz 2 WHG.

89 Näheres dazu und zum Folgenden bei *Bauer* Privatisierungsimpulse und Privatisierungspraxis in der Abwasserentsorgung, VerwArch. 90 (1999) 561, insbes. 563 ff, 566 ff; *ders.* Verwaltungsverträge (Fn 1) § 36 Rn 123 mwN.

90 Siehe dazu vor allem *Wollenschläger* Rückholoptionen (Fn 12); vgl. außerdem allgemein *Voßkuhle* Beteiligung Privater an der Wahrnehmung öffentlicher Verwaltung und staatliche Verantwortung, VVDStRL 62 (2003) 266, 326; *Schulze-Fielitz* Grundmodi (Fn 42) § 12 Rn 166; *Butzer* Sicherstellungsauftrag, HStR IV, 3. Aufl. 2006, § 74 Rn 58; ferner bereits *Bauer* Privatisierung von Verwaltungsaufgaben, VVDStRL 54 (1995) 243, 276, 278.

91 Der vor allem auf das Erbbaurecht zurückgehende Begriff wird oftmals in einem untechnischen Sinn verwendet und dient dann als Chiffre für die umfassende Rückführung der zur Abwasserentsorgung eingesetzten Grundstücke, Anlagen und Einrichtungen an die Kommune; hinzu kommt etwa die Überleitung des Personals.

92 Fn 13.

93 § 56a Satz 1 VwVfG neu (*Schmitz* Novellierung [Fn 12] S. 21).

94 § 59 Abs. 2a VwVfG neu (*Schmitz* Novellierung [Fn 12] S. 23).

werden kann«.[95] Diese Regelung gibt den an sich »nichtigen« Kooperationsvertrag gleichsam zur »Nachbesserung« an die Vertragsparteien zurück. Für die Vertragsgestaltungslehre ist diese Regelungstechnik alles andere als neu. Verwaltungswissenschaftliche Vertragsanalysen haben nämlich längst Optionen für vertragsinterne Fehlerfolgenregelungen aufgezeigt, entwickelt und diskutiert, mit denen die Akteure etwa durch Nachbesserungs-, Vertragsergänzungs- und Neuverhandlungsklauseln[96] Vorsorge für eine sachadäquate Interessenregulierung in Nichtigkeits- und Teilnichtigkeitskonstellationen treffen.

III. Resümee

Das ursprünglich auf atypische Konstellationen zugeschnittene Konzept der §§ 54 ff VwVfG wird der normativ gestalteten Vertragswirklichkeit im kooperativen und aktivierenden Staat nicht mehr gerecht. Die auf dieses Konzept ausgerichtete konventionelle Lehre vom Verwaltungsvertrag bedarf daher der Fortentwicklung. Für die gebotene Modernisierung kann die Verwaltungswissenschaft wichtige Impulse geben. Stimulierend wirkt zudem die anstehende Gesetzesnovelle, die von der Verwaltungswissenschaft mit vorbereitet wurde. Die geplante Novelle greift den Kooperationsvertrag auf, regelt ihn aber auffallend zurückhaltend und bleibt weit hinter den Vorschlägen der vorbereitenden Gutachten zurück. Das weckt bei den Akteuren Bedarf nach wissenschaftlich fundierter Unterstützung namentlich bei der rechtsformübergreifenden Vertragsgestaltung durch die Bereitstellung von funktionsfähigen Vertragstypen und Vertragsklauseln. Hier haben Verwaltungswissenschaft und Verwaltungsrechtslehre ein wichtiges gemeinsames Arbeitsfeld für die innovative Generierung einer zeitgerechten, modernen Lehre vom Verwaltungsvertrag, die – um abschließend nochmals *Rolf Stober* aufzugreifen – den Weg in eine »neue Verwaltungskultur«[97] bereitet.

95 § 59 Abs. 4 VwVfG neu; dazu *Schmitz* Novellierung (Fn 12) S. 23 f.
96 Vgl. zu solchen Klauseln *Schlette* Vertragspartner (Fn 1) S. 573; *Ziekow/Siegel* Entwicklung (Fn 66) S. 298 f; *Bauer* Verwaltungsverträge (Fn 1) § 36 Rn 97.
97 *Wolff/Bachof/Stober/Kluth* Verwaltungsrecht I (Fn 4) § 54 Rn 2; im Original hervorgehoben.

Wirtschaftsverwaltung und Dienstleistungsrichtlinie

Ein Weg zur Stärkung der wirtschaftlichen Selbstverwaltung?*

MARTIN MÜLLER

Das Wirtschaftsverwaltungsrecht wird schon seit vielen Jahren vom Recht der Europäischen Union[1] (mit-)bestimmt. Dieser Entwicklung hat insbesondere *Rolf Stober* in seinen Publikationen schon sehr frühzeitig Rechnung getragen.[2] Nun hat sich die EU Ende 2006 nach langem, zähen Ringen[3] auf die Richtlinie 2006/123/EG des Europäischen Parlaments und des Rates vom 12. Dezember 2006 über Dienstleistungen im Binnenmarkt[4] (kurz: Dienstleistungsrichtlinie) verständigt. Beschränkte sich das Gemeinschaftsrecht in der Vergangenheit im Wesentlichen auf Vorgaben zum materiellen Wirtschaftsverwaltungsrecht, so enthält die Dienstleistungsrichtlinie demgegenüber vor allem Regelungen zu Organisation und Verfahren der Wirtschaftsverwaltung. Die EU wagt sich damit in einen Bereich vor, der insbesondere in Deutschland ausgesprochen vielgestaltig ist und demzufolge auch besonders sensibel auf Veränderungen reagiert. Nicht nur die aus der Bundesstaatlichkeit[5] resultierende vertikale Aufgabenverteilung zwischen Bund, Ländern und Gemeinden, sondern auch die horizontale Aufgabenteilung zwischen unmittelbarer und mittelbarer Staatsverwaltung, insbesondere mit Blick auf die wirtschaftliche Selbstverwaltung, stehen auf dem Prüfstand. Die wirtschaftliche Selbstverwaltung[6] insbeson-

* Der Beitrag enthält zahlreiche Verweise auf Internet-Fundstellen, die sämtlich auf dem Stand vom 1. 11. 2007 sind.

1 Der Begriff »Europäische Union« hat den Begriff »Europäische Gemeinschaft(en)« in der Öffentlichkeit wie im juristischen Schrifttum – zu Unrecht – weitestgehend verdrängt. Zutreffend die Kritik an dieser Entwicklung von *Jeske* NJW 2001, 1986 f. Da auch die EG sich inzwischen selbst weitestgehend nur noch als EU bezeichnet, findet im Weiteren nur die Bezeichnung EU Verwendung.

2 Bereits in der 2. Aufl. des Lehrbuchs *Stober* Wirtschaftsverwaltungsrecht, aus dem Jahre 1980 findet sich zu einzelnen Kapiteln ein Abschnitt über das EG-Recht; aus jüngster Zeit Stober (Hrsg.) Deutsches und Internationales Wirtschaftsrecht, Stuttgart 2007.

3 Vgl. Dt. Forschungsinstitut für öffentliche Verwaltung Speyer, Gestaltungsoptionen und Anforderungen an »Einheitliche Ansprechpartner« des Vorschlags einer EU-Dienstleistungsrichtlinie im föderalen System der Bundesrepublik Deutschland, 2006, S. 13 ff, im Internet abrufbar unter www.bmwi.de.

4 ABlEG L 376 v. 27. 12. 2006, S. 36.

5 *Stober* BayVBl. 1989, 97 ff.

6 Zum Begriff *Stober* Allgemeines Wirtschaftsverwaltungsrecht, 15. Aufl. 2006, § 8 II.1., 43 V.; *Kluth* Funktionale Selbstverwaltung, 1997, S. 123 ff; *Ziekow* Öffentliches Wirtschaftsrecht, 2007, § 4 III.; verkürzt *Schmidt-Trenz* in: Stober (Hrsg.) Deutsches und Internationales

dere in Gestalt der Industrie- und Handelskammern sowie der Handwerkskammern, ebenfalls seit jeher ein Forschungsschwerpunkt des Jubilars,[7] stehen möglicherweise vor ganz neuen Herausforderungen und gleichzeitig zunehmendem Rechtfertigungsdruck. Die mit der DLR geschaffenen Rahmenbedingungen und die daraus resultierenden Entwicklungsperspektiven der Wirtschaftsverwaltung sollen nachfolgend aufgezeigt werden.

I. DIENSTLEISTUNGEN ALS EIN KERN WIRTSCHAFTLICHER TÄTIGKEIT

Den Schwerpunkt wirtschaftlicher Betätigung bilden die gewerblichen Tätigkeiten, und hier wiederum Dienstleistungen. Dies gilt für die Bundesrepublik Deutschland und für die EU insgesamt: In Deutschland beträgt der Anteil der Dienstleistungen mit 1435,4 Mrd. Euro am BIP (in 2006: 2302,7 Mrd. Euro) immerhin über 62 Prozent,[8] im europäischen Durchschnitt entfallen mehr als 60 Prozent des BIP aller EU-Mitgliedstaaten auf den Dienstleistungssektor.[9] Auch wenn der Begriff der Dienstleistung nach deutschem wie europäischem Verständnis sehr weit reichend ist[10] und die DLR bestimmte Bereiche von Dienstleistungen von ihrem Anwendungsbereich ausnimmt, ändert dies nichts an der erheblichen Bedeutung dieser Tätigkeiten.

II. DIE GEGENWÄRTIGE ORGANISATION DER WIRTSCHAFTSVERWALTUNG IN DEUTSCHLAND

Die Wirtschaftsverwaltung ist in Deutschland Aufgabe einer Vielzahl unterschiedlicher Stellen, es besteht eine vertikale wie horizontale Aufgabenteilung.[11] Es gilt, hier zunächst einmal die verschiedenen beteiligten Akteure zu identifizieren. Der nachfolgende Überblick orientiert sich dabei – hinsichtlich der staatlichen Wirt-

Wirtschaftsrecht, 2007, S. 1, 9, der allein die Industrie- und Handelskammern als Selbstverwaltungseinrichtungen der Wirtschaft behandelt.

7 *Stober* GewArch 2001, 393 ff; *ders.* ZRP 1998, 224 ff; *ders.* GewArch 1996, 184 ff; *ders.* DÖV 1993, 333 ff; *ders.* GewArch 1992, 41 ff; *ders.* DVP 1989, 199 ff; *ders.* JA 1988, 250 ff.

8 Vgl. *Räth/Braakmann u.a.* Bruttoinlandsprodukt 2006, in: Statistisches Bundesamt, Wirtschaft und Statistik 1/2007, http://www.destatis.de.

9 Stand 2005, vgl. http://europa.eu/abc/keyfigures/index_de.htm; einen noch höheren Anteil von 70 Prozent nennt der Erwägungsgrund 4 der DLR.

10 So unterteilen *Räth/Braakmann u.a.* (Fn 8) den Dienstleistungsbereich in Handel, Gastgewerbe und Verkehr (1435,4 Mrd. Euro), Finanzierung, Vermietung und Unternehmensdienstleister (601,7 Mrd. Euro) sowie öffentliche und private Dienstleister (454,1 Mrd. Euro).

11 *Schliesky* DVBl 2005, 887, 891, spricht vom »Hierarchieprinzip mit fachlicher Dekonzentration und örtlicher Dezentralisation«.

schaftsverwaltung in den Bundesländern – am gegenwärtigen Organisationsmodell in Niedersachsen, welches die Besonderheit aufweist, dass die sog. Landesmittelbehörden (Bezirksregierungen) zum 1. Januar 2005 abgeschafft wurden.[12] Die Übersicht beschränkt sich zudem auf die Zuständigkeiten bei gewerblichen Dienstleistungen, so dass der Warenverkehr (z.B. auf Grund des GüKG) wie auch der gesamte Bereich der freiberuflichen Tätigkeiten sowie die Anlagenüberwachung und hier insbesondere die Sachkonzessionen (z.B. auf Grund des BImSchG) unberücksichtigt bleiben.[13]

Der Vollzug der Wirtschaftsverwaltungsgesetze erfolgt typischerweise durch die Länder als eigene Angelegenheiten (Art. 83 GG).[14] Im Rahmen der unmittelbaren Staatsverwaltung sind vor allem zu nennen

- die *Staatlichen Gewerbeaufsichtsämter*, zuständig z.B. für die Sachkundeprüfung aufgrund § 5 ChemVerbotsV,[15]
- die *Landkreise* und *kreisfreien Städte*,[16] zuständig grundsätzlich für Erlaubnisverfahren gem. §§ 30 ff GewO,
- die *Gemeinden* als örtliche Ordnungsbehörden, zuständig insbesondere für die Entgegennahme der Gewerbeanzeige (§ 14 GewO), die Ausstellung von Gewerbescheinen (§ 15 Abs. 1 GewO), die Zulassungen gem. §§ 33a, 33c, 33d GewO und die Erteilung von Reisegewerbekarten (§ 55 Abs. 2 GewO),

Im Bereich der mittelbaren Staatsverwaltung durch die Träger der Selbstverwaltung der Wirtschaft sind – ohne die vorrangig politischen Aufgaben der Interessenwahrnehmung und Wirtschaftsförderung sowie ohne die Aufgaben im Zusammenhang mit der Ausbildung – zu nennen

- die *Industrie- und Handelskammern*, zuständig u.a. für zahlreiche gewerbliche Sach- (z.B. § 34a GewO i.V.m. BewachV, § 50 AMG) und Fachkundeprüfungen (z.B. §§ 3 GüKG, 4 GBZugV, 13 PBefG, 4 PBZugV), die öffentliche Bestellung und Vereidigung von besonders sachkundigen Versteigerern (§ 34b Abs. 5 GewO), die Unterstützung des Registergerichts (Amtsgericht) bei der Führung des Handelsregisters (§ 126 FGG) sowie im internationalen Verkehr für das Ausstellen von Ursprungszeugnissen, von besonderen Bescheinigungen für das

12 Vgl. Art. 1 – Gesetz zur Auflösung der Bezirksregierungen – des Gesetzes zur Modernisierung der Verwaltung in Niedersachsen vom 5. 11. 2004, NdsGVBl. 2004, S. 394.

13 Zum Anwendungsbereich der DLR allgemein *Korte* NVwZ 2007, 501, 503; *Lemor* EuZW 2007, 135 ff. Zu den steuerberatenden Berufen *Steggewentz* DStR 2007, 271 ff.

14 Bund-Länder-Ausschuss »Gewerberecht«, Herbstsitzung 2006, GewArch 2007, 108, 109.

15 Die wesentlichen Zuständigkeiten im Arbeits-, Umwelt- und Verbraucherschutz ergeben sich aufgrund von ArbeitszeitG, MutterschutzG, GefahrstoffVO, ArbeitsstättenVO.

16 In Niedersachsen zudem die großen selbständigen Städte und die selbständigen Gemeinden, vgl. dazu §§ 10 II, 12 NdsGO.

Ausland, von Carnets ATA und – innerhalb der EU[17] – verbindlichen Ursprungsauskünften;
- die *Handwerkskammern*, zuständig u.a. für das Führen der Handwerksrolle (§§ 91 Abs. 1, 6 Abs. 1 HwO), das Erteilen von Ausübungsberechtigungen (§§ 7a f HwO) und Ausnahmebewilligungen (§§ 8 f HwO), das Ausstellen der Handwerkskarte (§ 10 HwO), die Entgegennahme von Anzeigen (§§ 16 Abs. 2, 18 Abs. 1 HwO), die Sachverständigenbestellung (§ 91 Abs. 1 HwO), die Anerkennung ausländischer Prüfungszeugnisse, das Ausstellen von Ursprungszeugnissen (§ 91 Abs. 1 HwO).

Zusätzlich ist der einzelne Wirtschaftsteilnehmer einer Vielzahl weiterer Stellen der öffentlichen Verwaltung gegenüber (an)melde-, antrags- und/oder anzeigepflichtig. Diese Pflichten kann der Gewerbetreibende allerdings heute bereits häufig durch die Gewerbeanzeige gegenüber der Gemeinde oder die Eintragung in die Handwerksrolle der zuständigen Handwerkskammer (mit-)erledigen, da hier eine gesetzlich angeordnete Datenweitergabe erfolgt. Dies betrifft
- die *Amtsgerichte*, zuständig für die Führung des Handelsregisters (§§ 125 FGG, 8 HGB),[18]
- die *Finanzämter*, zuständig für die Entgegennahme der Anzeige der Eröffnung eines Gewerbebetriebs (§ 138 AO), welche über die Gewerbeanzeige bei der Gemeinde durch die Gemeinde im Wege der Datenweiterleitung erfolgt und die Zuteilung einer Wirtschafts-Identifikationsnummer (= Steuernummer, § 139a AO),
- die *Kranken-, Renten- und Pflegeversicherungsträger*, zuständig auch für selbständige Handwerker (§§ 5 ff SGB V, 2 Nr. 8 SGB VI, 20 ff SGB XI),
- die *Berufsgenossenschaften*, zuständig für die Entgegennahme der Anmeldung zur gesetzlichen Unfallversicherung (§§ 2 ff SGB VII),
- die *Agentur für Arbeit*, zuständig für die Erteilung einer Betriebsnummer (§ 28h Abs. 3 SGB IV), ferner unter Umständen
- die *Regionaldirektion Niedersachsen-Bremen der Bundesagentur für Arbeit*, zuständig für die Erteilung der Erlaubnis zur Arbeitnehmerüberlassung an Inländer (§ 1 Abs. 1 AÜG).

Bei grenzüberschreitenden Dienstleistungserbringern treten verschiedene weitere Akteure hinzu oder auch an die Stelle der sonst (für Inländer) zuständigen Träger öffentlicher Verwaltung, so z.B.
- das *Bundeszentralamt für Steuern*, zuständig für die Zuteilung von Wirtschaftsidentifikationsnummern (§ 139a AO) und die Erteilung von Umsatzsteueridentifikationsnummern (§ 27a UStG),

17 In allen anderen Fällen sind zuständig die Zolltechnischen Prüfungs- und Lehranstalten (ZPLA) der Oberfinanzdirektionen.

18 Gewerbetreibende sind kraft Gesetzes Kaufleute, § 1 II HGB.

- die *Zolltechnischen Prüfungs- und Lehranstalten* der Oberfinanzdirektionen, zuständig für die Erteilung verbindlicher Zolltarifauskünfte (Art. 12 ZK i.V.m. § 25 ZollV) und unverbindlicher Auskünfte für Umsatzsteuerzwecke zur Vorlage beim Finanzamt,
- die *Hauptzollämter*, zuständig zur Vergabe der Verbrauchssteuernummer,
- die *Koordinierende Stelle ATLAS*, zuständig zur Vergabe der Zollnummer,
- das *Bundesamt für Güterverkehr* bzw. die Regierung der Oberpfalz, zuständig für die CEMT-Genehmigung für grenzüberschreitenden Güterverkehr (§ 4 GüKGKabotageV),
- die *Regionaldirektionen der Bundesagentur für Arbeit*, zuständig für die Erteilung der Erlaubnis zur Arbeitnehmerüberlassung an Ausländern (§ 3 AÜG).

Die vorstehend aufgezeigten Zuständigkeiten knüpfen häufig an bestimmte Arten der gewerblichen Tätigkeit an und gelten nur für diese. Den einzelnen Dienstleistungserbringer trifft also immer nur ein Teil der vorstehenden Pflichten, je nachdem, welcher Art seine Dienstleistung ist, ob er Arbeitnehmer beschäftigt, ob er nur im Inland oder (auch) im Ausland tätig ist usw. Die Konsequenz der aufgezeigten Vielgestaltigkeit liegt dennoch auf der Hand: An der Aufnahme einer Dienstleistungstätigkeit in Deutschland sind gegenwärtig bis zu ca. 20 öffentliche Stellen beteiligt. Auch für den aus dem Ausland und damit grenzüberschreitend in Deutschland tätig werdenden Dienstleistungserbringer verbleibt eine Vielzahl von Pflichten und damit Behördengängen.[19] Für ihn ist zudem nur mit erheblichen Anstrengungen überhaupt feststellbar, welche Anträge, Anzeigen und Meldungen er bei welcher öffentlichen Stelle vorzunehmen hat und welche Genehmigungen er wo ausgestellt bekommt – ein Befund, der leider in gleichem Maße für den inländischen Gewerbetreibenden gilt.

Zwei Klarstellungen zum Anwendungsbereich der DLR sind an dieser Stelle erforderlich: Zum einen sind einzelne Gewerbezweige ausdrücklich aus dem Anwendungsbereich der DLR ausgenommen, d.h. die DLR erfasst nicht sämtliche grenzüberschreitenden gewerblichen Dienstleistungen. Dies betrifft z.B. das Sicherheitsgewerbe sowie Verkehrsdienstleistungen.[20] Zum anderen ist die DLR nicht auf Dienstleistungen gewerblicher Art beschränkt, sondern gilt für Dienstleistungen aller Art, insbesondere auch freiberufliche Tätigkeiten.[21]

19 Vgl. auch das Beispiel bei *Windoffer* DVBl 2006, 1210, 1211, allerdings zur Niederlassungsfreiheit.

20 Art. 2 II lit. d und k sowie Erwägungsgrund 21 der DLR.

21 Vgl. die allgemeine Umschreibung in Art. 2 I sowie Erwägungsgrund 33 der DLR.

III. ANFORDERUNGEN DER DIENSTLEISTUNGSRICHTLINIE

Die Dienstleistungsrichtlinie formuliert zahlreiche Zielsetzungen, um dem grenzüberschreitend tätigen Dienstleistungserbringer zukünftig die Feststellung der rechtlichen (und ggf. wirtschaftlichen) Anforderungen und Formalitäten sowie deren Durchführung zu erleichtern. Konkret enthalten in Kapitel II »Verwaltungsvereinfachung« die dortigen Art. 6–8 DLR folgende Vorgaben zur zukünftigen Organisation der Wirtschaftsverwaltung:[22]

1. Einrichtung einheitlicher Ansprechpartner

Der Art. 6 Abs. 1 DLR verlangt die Einrichtung sog. einheitlicher Ansprechpartner. In verwaltungsorganisationsrechtlicher Hinsicht stellt die Forderung wohl die größte Herausforderung im Rahmen der Umsetzung der Richtlinie in nationales deutsches Recht dar. Als Gegenbegriff zum tatsächlichen Befund der sektoralen, instanziellen und örtlichen Teilzuständigkeit einzelner Verwaltungsträger, die von Unternehmen zu Recht als völlig unübersichtlich empfunden wird, hat sich in der politischen, verwaltungswissenschaften und rechtswissenschaftlichen Diskussion seit längerer Zeit das Modell der »One-Stop-Agency«, der »One-Stop-Shop-Strategie« und des »OneStop-Government«[23] etabliert, ohne aber bislang flächendeckend umgesetzt zu sein. Genau diese Realisierung fordert nun aber die DLR bis zum Ablauf der Umsetzungsfrist Ende Dezember 2009.

Im Übrigen eröffnet die DLR den Mitgliedstaaten einen weiten Gestaltungsspielraum, wenn es dort heißt, die einheitlichen Ansprechpartner könnten nicht nur bei Verwaltungsbehörden angesiedelt werden, sondern auch bei Handels- und Handwerkskammern, Berufsorganisationen oder privaten Einrichtungen, die die Mitgliedstaaten damit betrauen (Erwägungsgrund 48 S. 5 DLR).

2. Aufgaben der einheitlichen Ansprechpartner

Den einheitlichen Ansprechpartnern sollen nach der Richtlinie gegenüber verschiedenen Akteuren unterschiedliche Funktionen und Aufgaben zukommen: gegenüber Dienstleistungserbringern als Verfahrenspartner, gegenüber Dienstleistungserbringern und -empfängern als Informationsbroker. Die Stellung als Verfahrenspartner gegenüber Dienstleistungserbringern umfasst die

- Abwicklung aller erforderlichen Verfahren und Formalitäten zur Aufnahme der Dienstleistungstätigkeit,

22 Zu den verwaltungsverfahrensrechtlichen Anforderungen zuletzt *Ruffert* DÖV 2007, 761, 764 f.

23 VITAKO-Bundesarbeitsgemeinschaft der Kommunalen IT-Dienstleister e.V., Presseinformation v. 14. 5. 2007, abrufbar unter: www.vitako.de.

- Beantragung der für die Ausübung ihrer Dienstleistungstätigkeit erforderlichen Genehmigungen sowie
- Entgegennahme von Änderungsmitteilungen in Bezug auf die Gründung von Tochtergesellschaften oder das Vorliegen der Voraussetzungen einer bereits erteilten Genehmigung.

Die Funktion als Informationsbroker gegenüber Dienstleistungserbringern und -empfängern beinhaltet die leichte Zugänglichkeit für beide Gruppen zu

- Informationen über die Anforderungen, die für in ihrem Hoheitsgebiet niedergelassene Dienstleistungserbringer gelten,
- Angaben über die zuständigen Behörden,
- Informationen über die Mittel und Bedingungen des Zugangs zu öffentlichen Registern und Datenbanken,
- Informationen über die allgemein verfügbaren Rechtsbehelfe,
- Angaben zu den Verbänden oder Organisationen, die, ohne eine zuständige Behörde zu sein, Erbringer oder Empfänger praktisch unterstützen sowie
- Informationen über die gewöhnliche Auslegung und Anwendung der maßgeblichen Anforderungen.

In Deutschland besteht zudem Einigkeit, dass nicht nur der aus dem Ausland kommende Wirtschaftsteilnehmer in den Genuss etwaiger Erleichterungen und Vereinfachungen kommen soll, sondern darüber hinaus selbstverständlich auch der in Deutschland ansässige Dienstleistungserbringer. Inländerdiskriminierung soll insoweit vermieden werden.

IV. KONSEQUENZEN FÜR DIE ORGANISATION DER WIRTSCHAFTSVERWALTUNG IN DEUTSCHLAND – UMSETZUNGSMÖGLICHKEITEN

Die Forderung einer Restrukturierung der (Wirtschafts-)Verwaltung ist nicht wirklich neu, sie wurde und wird gerade in der Bundesrepublik mit ihrem föderalen Staatsaufbau – insgesamt[24] oder in Teilbereichen[25] – regelmäßig neu formuliert und diskutiert. Mit der DLR hat diese Forderung nun aber eine neue Qualität erhalten. Die EU beschränkte sich in der Vergangenheit auf allenfalls rudimentäre organisationsrechtliche Festlegungen und überließ die Organisation der Wirtschaft und der

24 Statt vieler Sachverständigenrat »Schlanker Staat«, Abschlussbericht, 2. Aufl. 1998.

25 Beispielhaft zur Forderung nach einer Übertragung der Führung des Handelsregisters von den Amtsgerichten auf die Industrie- und Handelskammern *Stober* ZRP 1998, 224 ff; *Schmidt-Trenz* (Fn 6) S. 9.

Wirtschaftsverwaltung den Mitgliedstaaten.[26] In der DLR gibt die EU ihre bisherige Zurückhaltung in Fragen der Organisation nun teilweise auf, indem sie erstmals in einer Richtlinie klare Strukturvorgaben für die Mitgliedstaaten als verbindliches Ziel vorgibt (Art. 249 Abs. 3 EG) und ihre Umsetzung zudem mit einer Frist bis zum 28. Dezember 2009 versehen hat (Art. 44 Abs. 1 DLR).

1. *Bestehende Ansätze*

Die DLR gibt dabei auch Anlass zu einer grundsätzlichen Aufgabenkritik in dem Sinne, dass die Mitgliedstaaten zunächst und vorab die zur Zeit geltenden Verfahren und Formalitäten für die Aufnahme und Ausübung einer Dienstleistungstätigkeit zu prüfen und ggf. zu vereinfachen haben (Art. 5 Abs. 1 DLR). Als Ergebnis eines solchen Normenscreenings kommt auch eine Abschaffung bestehender Anzeige- und Genehmigungsverfahren in Betracht, ebenso eine weitere Verlagerung von Aufgaben auf die Träger der (wirtschaftlichen) Selbstverwaltung. Ansätze finden sich bereits an zahlreichen Stellen:

So sind in Niedersachsen mit der Auflösung der Bezirksregierungen zum 1. Januar 2005 beispielsweise zahlreiche vormals von staatlichen Stellen wahrgenommene Zuständigkeiten auf die Träger der wirtschaftlichen Selbstverwaltung, insb. die Handwerkskammern, übertragen worden (insb. die Aufgaben nach §§ 7a, 7b, 8 und 9 HwO).[27] Eine weitere Entlastung staatlicher Stellen und gleichzeitige Stärkung der wirtschaftlichen Selbstverwaltung würde etwa die – auch in Deutschland vor einigen Jahren bereits einmal diskutierte – Übertragung des Handelsregisters von den Amtsgerichten zu den Industrie- und Handelskammern bedeuten, welche diese Aufgabe z.B. auch in den Niederlanden wahrnehmen.[28]

Zudem halten die Träger der wirtschaftlichen Selbstverwaltung, namentlich die Industrie- und Handelskammern[29] sowie die Handwerkskammern mit ihren sog.

26 *Wolff/Bachof/Stober/Kluth* Verwaltungsrecht I, 12. Aufl. 2007, § 6 Rn 9 ff, 17, § 17 Rn 1 ff; auch BGH EuZW 1994, 637 f.

27 Zum 1. 8. 2005 sind die vordem den Landkreisen und kreisfreien Städten zugeordneten Aufgaben aus dem Berufsbildungsbereich (§§ 23 II 2, 24, 42q I) ebenfalls den Handwerkskammern übertragen worden.

28 Sachverständigenrat »Schlanker Staat« (Fn 24) S. 189, 195; Bundeskabinett, Beschluss v. 18. 3. 1998, BT-Drs. 13/10145, S. 11 (Teil XI.2); *Stober* ZRP 1998, 224, 225; *Schöpe* ZRP 1999, 449 ff; *Ulmer* ZRP 2000, 47 ff; *Borchert* BB 2003, 2642 ff; unter Hinweis auf die Niederlande *Schmidt-Trenz* (Fn 6) S. 1, 9.

29 *Stober* Die Industrie- und Handelskammer als Mittler zwischen Staat und Wirtschaft, 1992, S. 45 f, sprach hier frühzeitig von den Kammeraufgaben als Service-Leistungen u.a. in beratender, informierender, betreuender, ausstellender und mitwirkender Hinsicht. Kritisch zur »Dienstleistungsoffensive« der Kammern *Kluth* Demokratische Legitimation in der funktionalen Selbstverwaltung – Grundzüge und Grundprobleme, in: Schnapp (Hrsg.) Funktionale Selbstverwaltung und Demokratieprinzip – am Beispiel der Sozialversicherung, 2001, S. 17, 41.

Starter-Centern[30] heute bereits zahlreiche Leistungen vor, die dem Modell eines einheitlichen Ansprechpartners im Sinne der DLR recht nahe kommen. So werden dort z.B. Gewerbeanzeigen angenommen und weitergeleitet, darüber hinaus können gewerberechtliche Genehmigungen beantragt werden. Die daraus resultierende Kompatibilität von gegenwärtigem Leistungsangebot der Selbstverwaltungsträger und zukünftigem Aufgabenspektrum der einheitlichen Ansprechpartner findet sich allein bei den Kammern und bei keinem anderen Träger der Wirtschaftsverwaltung. Die Industrie- und Handelskammern unterhalten zudem bereits heute ein umfangreiches transnationales Informations- und Kontaktnetz in Gestalt der Außenhandelskammern.[31] Ähnliches findet sich auch in unterschiedlichen Ausformungen bei den Handwerkskammern.[32] Vereinzelt unterhalten beide Kammersysteme auch heute schon gemeinsame Plattformen.[33]

2. *Notwendige Grundentscheidung*

Zunächst stehen die Verwaltungen der Mitgliedstaaten vor einer Entscheidung grundlegender Art. Denn die Realisierung eines einheitlichen Ansprechpartners kann – rein theoretisch – auf drei Wegen erfolgen: (a) mittels Neuorganisation der deutschen Wirtschaftsverwaltung in Gestalt der Zusammenführung aller Zuständigkeiten in einer öffentlichen Stelle, die dann gleichzeitig einheitlicher Ansprechpartner und zuständige Behörde wäre, (b) mittels Bestimmung einer beteiligten Behörde als einheitlicher Ansprechpartner oder (c) mittels Vorschaltens einer noch zu definierenden, bereits existierenden oder neu zu schaffenden Stelle öffentlicher Verwaltung als einheitlicher Ansprechpartner bei im Übrigen fortbestehenden Zuständigkeiten der bereits heute zur Entscheidung berufenen zuständigen Behörde.

a) Zuständigkeitskonzentration

Der zweite Ansatz zielt auf eine Neuorganisation der deutschen Wirtschaftsverwaltung mit Zusammenführung der Zuständigkeiten dergestalt, dass der einheitliche Ansprechpartner und die zuständige Behörde ein- und dieselbe Stelle wären. Dieses Modell begegnet in zweifacher Hinsicht erheblichen Bedenken:

30 Beispielhaft genannt seien hier das bundesweite Portal www.dienstleister-info.ihk.de, die 16 Starterzentren der IHKn in Rheinland-Pfalz unter www.rheinhessen.ihk24.de sowie das Starter-Center für Handwerksbetriebe der Handwerkskammer Braunschweig unter www.gruendungszentrum-hwk-bs.de, der Handwerkskammer Hamburg unter www.starter-center-hamburg.de sowie die Starter-Center der Handwerkskammern Lüneburg-Stade und Stuttgart.

31 Das Dienstleistungsangebot ist verfügbar unter www.deinternational.de.

32 Zu nennen ist hier etwa das Euro Info Centre der Handwerkskammer Region Stuttgart mit www.handwerk-international.de; zur handwerklichen Ausbildung im Ausland www.chance-europa.de.

33 Z.B. www.auwi-bayern.de.

Zunächst sprechen schlicht die Strukturen der bestehenden Organisation der Wirtschaftsverwaltung gegen diesen Ansatz. Das einleitend aufgezeigte Geflecht aus höchst ausdifferenzierten Zuständigkeiten einerseits und unterschiedlichen Partizipationsrechten der verschiedenen Akteure auf Verwaltungsseite andererseits lässt sich nicht mit einem Federstrich des Gesetzgebers auflösen und neu ordnen, – ganz abgesehen davon, dass es hierzu nicht nur eines Federstriches des Bundesgesetzgebers bedürfte, sondern 16 – gleichgerichteten – Federstrichen der Landesgesetzgeber. Noch nicht bedacht ist in diesem Zusammenhang der höchst unterschiedliche Verwaltungsaufbau bei Flächen- und Stadtstaaten, aber auch im Vergleich der Flächenstaaten untereinander.

Darüber hinaus hat die Föderalismusreform I des Jahres 2006 und das in ihrer Vorbereitung mehrfach deutlich gewordene Ringen um Zuständigkeiten gezeigt, mit welchen Schwierigkeiten ein derartiger Ansatz verbunden ist. Die Kenntnis dieses Prozesses indiziert die Praxisferne dieser Alternative. Das Modell ist bei realistischer Betrachtung im föderalen Staatsaufbau nicht zu realisieren. Insoweit besteht auch Einigkeit zwischen allen an der Umsetzung der DLR beteiligten Kreisen.[34]

b) Leading Office

Das Modell des Leading Office, bei welchem eine von mehreren verfahrensbeteiligten Behörden die Verfahrensleitung erhält, würde zunächst die Verfahrensbeteiligung mehrerer Behörden voraussetzen. Eine derart homogene Verfahrensstruktur ist aber im deutschen Verwaltungsrecht, insbesondere auch im Wirtschaftsverwaltungsrecht, eher die Ausnahme. Konzeptionell zerfällt das Wirtschaftsverwaltungsrecht verfahrensmäßig und organisatorisch in verschiedene einzelne Verfahren bei verschiedenen Behörden. Ob der damit denklogisch vorgelagerte Schritt einer Verfahrenszusammenführung und die gleichzeitig oder anschließend erfolgende Betrauung einer Behörde mit der Verfahrensleitung tatsächlich realisierbar wäre, erscheint vor dem Hintergrund auch der Erfahrungen um die Förderalismusreform eher unwahrscheinlich.

c) Front Office und Back Office

Die Möglichkeit des Vorschaltens einer noch zu definierenden, bereits existierenden oder noch zu schaffenden Stelle öffentlicher Verwaltung als zukünftig einheitlicher Ansprechpartner i.S.d. DLR (Front Office) bei im Übrigen fortbestehenden Zuständigkeiten der bereits heute zur Entscheidung berufenen zuständigen Behörde (Back Office) verbleibt als letzte Konzeption und stellt vordergründig die wohl einfachste und schnellste Lösung dar.

34 Vgl. *Schliesky* Schleswig-Holstein: E-Government durch Recht, in: Zechner (Hrsg.) Handbuch E-Government, 2007, S. 49, 51.

aa) Bundes-, Landes-, Bezirks- und Kommunalebene

Eine solche Stelle ist im Ansatz zunächst denkbar auf Bundes-, Landes-, Bezirks- oder Kommunalebene, wobei die Bundesebene wegen Fehlens der Vollzugskompetenz des Bundes für die Durchführung der Aufgaben der einheitlichen Ansprechpartner von vornherein rechtlich ausscheidet (vgl. Art. 84 Abs. 1 GG[35]).[36]

Es verbleiben die Landes-, Bezirks- und Kommunalebene. Dieser Lösungsansatz begegnet aber ebenfalls organisatorischen Bedenken: Insbesondere ein Ansiedeln des einheitlichen Ansprechpartners auf Bezirks- oder Kommunalebene wäre problematisch, da die Zuständigkeit des einheitlichen Ansprechpartners nach deutschem Rechtsverständnis die Verbandskompetenz seines Rechtsträgers voraussetzt. Ein Tätigwerden außerhalb der Verbandskompetenz ist nicht möglich. Ein Wechsel der Verbandskompetenz müsste in der Konsequenz zu einem Wechsel des einheitlichen Ansprechpartners führen mit der Folge, dass ein Unternehmer unter Umständen gleichzeitig mehrere einheitliche Ansprechpartner hätte. Ein Ergebnis, welches die DLR nicht ausschließt, das aber erkennbar nicht dem Sinn und Zweck des einheitlichen Ansprechpartners i.S.d. DLR entspricht.[37]

Hinzu kommen technische Bedenken. Bei der Schaffung einheitlicher Ansprechpartner auf Landes-, Bezirks- oder gar Kommunalebene besteht die Gefahr einer Verfestigung von Teil- und Insellösungen insbesondere im IT-Bereich, was vor allem dem Erfordernis einer elektronischen Verfahrensabwicklung zuwiderläuft. Diese im Schnittpunkt von Verwaltungsorganisation und -verfahren stehende Sachfrage lässt sich nur bewältigen, wenn Kompatibilität und Interoperabilität über sachliche, instanzielle und örtliche Zuständigkeitsgrenzen hinweg gewährleistet sind.[38]

bb) Träger der wirtschaftlichen Selbstverwaltung

Alternativ und ebenfalls als Front- und Back-Office-Lösung ausgestaltet kommt die Übertragung der Funktion der einheitlichen Ansprechpartner auf die Träger der wirtschaftlichen Selbstverwaltung, d.h. die 81 Industrie- und Handelskammern sowie die 54 Handwerkskammern, in Betracht.[39] Wie bereits erwähnt, sieht die DLR

35 I.d.F. des Änderungsgesetzes vom 28. 8. 2006, BGBl I S. 2034 ff.

36 Allgemein Dt. Forschungsinstitut für öffentliche Verwaltung Speyer (Fn 3) S. 65 ff; für die Bundesebene ebd., S. 67 ff; ebenso unter besonderer Betonung der Konsequenzen der Föderalismusreform *Schliesky* (Fn 34) S. 51; *Palige* GewArch 2007, 273, 274. Zu den gegenwärtig auf Bundesebene existierenden reinen Informationsportalen zählen z.B. www.startothek.de, www.german-business-portal.info, www.existenzgruender.de, www.ixpos.de.

37 Ebenso wohl *Ziekow* GewArch 2007, 179, 182; a.A. *Schliesky* (Fn 11) S. 890, der die Einheitlichkeit des Ansprechpartners im Außenauftritt nur gewahrt sieht, wenn dessen Koordinierungsrolle bundesweit einheitlich an dieselbe Organisationseinheit zugewiesen wird.

38 So auch Bund-Länder-Ausschuss »Gewerberecht«, Frühjahrssitzung 2007, GewArch 2007, 320, 324.

39 Dazu jüngst – allerdings primär für die Industrie- und Handelskammern – *Eisenmenger* Die Auswirkungen der Dienstleistungsrichtlinie auf die Wirtschaftsverwaltungsorganisa-

diese Möglichkeit ebenfalls ausdrücklich vor. Die Vorteile und Probleme einer solchen Lösung sowie ihre rechtliche Zulässigkeit soll im Weiteren näher beleuchtet werden.

V. BESTIMMUNG DER TRÄGER WIRTSCHAFTLICHER SELBSTVERWALTUNG ALS EINHEITLICHE ANSPRECHPARTNER

1. Vorteile der Nutzung der Träger wirtschaftlicher Selbstverwaltung als einheitliche Ansprechpartner

Als Ergebnis der unterschiedlichen Anzeige- und Genehmigungspflichten sind die Anforderungen an in Deutschland tätige Dienstleistungserbringer vielgestaltig und komplex. Dieser Befund gilt in ähnlicher Weise für ausländische Dienstleistungserbringer. So verwundert es nicht, dass grenzüberschreitende Dienstleistungserbringer heute häufig nur eine Gewerbeanzeige nach § 14 GewO erstatten; darüber hinaus notwendige Gewerbezulassungen werden gar nicht erst beantragt. Handelt es sich um eine handwerkliche Dienstleistung, unterbleibt regelmäßig die – gleichzeitig mit der Gewerbeanzeige vorzunehmende – Anzeige bei der Handwerkskammer gem. § 16 Abs. 2 HwO.[40] Hier könnte die Betrauung der Träger der wirtschaftlichen Selbstverwaltung mit der Funktion und den Aufgaben der einheitlichen Ansprechpartner Abhilfe schaffen.

Die Bestimmung der Industrie- und Handelskammern wie der Handwerkskammern zu einheitlichen Ansprechpartnern würde zahlreiche Motive der wirtschaftlichen Selbstverwaltung bestätigen, stärken und erneuern, namentlich die Entlastung der staatlichen und kommunalen Wirtschaftsverwaltung zugunsten einer eigenverantwortlichen Erledigung, die Erleichterung eines sachgerechten Interessenausgleichs bei gleichzeitig höherer Effektivität, Nutzung des verwaltungsexternen Sachverstandes und der aus der Wirtschaftsnähe resultierenden Sachnähe der Kammern und ihrer Angehörigen.[41] Auch verfügen die Kammern über langjährige Erfahrungen in der Kooperation mit Behörden und werden als verlässliche Partner geschätzt.

Abschließend sei darauf hingewiesen, dass die Träger der wirtschaftlichen Selbstverwaltung auch bereits ihre Bereitschaft bekundet haben, als einheitliche Ansprechpartner zu fungieren. Die Kammern sehen sich insoweit nicht mit einer weiteren, zusätzlichen Aufgabe belastet, sondern begreifen sich als Teil eines kom-

tion – IHKs als einheitliche Ansprechpartner, in: Hatje/Oeter (Hrsg.) Dienstleistungsfreiheit in Europa: Finalität oder Illusion? 2008 (Manuskript, S. 1 ff).

40 S. auch § 18 I HwO für zulassungsfreie Handwerke und handwerksähnliche Gewerbe.

41 Vgl. *Stober* (Fn 6) § 43 IV. 1. – S. 285; *ders.* (Fn 29) S. 127; *Ziekow* (Fn 6) § 4 III Rn 10.

petenten und schlanken Netzwerks für die von den einheitlichen Ansprechpartnern gegenüber Gewerbetreibenden zu erbringenden Unterstützungsleistungen.[42]

2. *Probleme der Nutzung der Träger wirtschaftlicher Selbstverwaltung als einheitliche Ansprechpartner*

Nicht verschwiegen werden darf an dieser Stelle, dass die Betrauung der Träger wirtschaftlicher Selbstverwaltung mit den Aufgaben der einheitlichen Ansprechpartner auch auf Probleme stößt. Genannt seien hier etwa der höchst unterschiedliche Zuschnitt der Kammerbezirke und die daraus resultierende unterschiedliche Größe wie personelle, sachliche und finanzielle Ausstattung, mithin die stark variierende Leistungsfähigkeit der Kammern. Des Weiteren sind die Kammern in doppelter Hinsicht binnenorientiert, da sie zuvorderst die Interessen der Gesamtheit ihrer Mitglieder wahrzunehmen haben und zu ihren Mitgliedern – anders als bei den Berufskammern – nicht auch aus dem Ausland kommende, in Deutschland tätige Dienstleistungserbringer ohne inländische Niederlassung zählen. Und falls man diese ausländischen Dienstleistungserbringer einer Kammer zuordnen wollte, würde sich die weitere Frage stellen, ob dies insgesamt für alle oder nur für gewerbliche Dienstleistungserbringer statthaft wäre. Und wo bleiben im letzten Fall die nicht gewerblichen Dienstleistungserbringer oder anders gefragt: Wer wird einheitlicher Ansprechpartner für nicht gewerbliche Dienstleistungserbringer?

3. *Rechtliche Zulässigkeit*

Die rechtliche Zulässigkeit einer Betrauung der Träger der wirtschaftlichen Selbstverwaltung mit den Aufgaben der einheitlichen Ansprechpartner ist aus gemeinschaftsrechtlicher, verfassungsrechtlicher und schließlich verwaltungsrechtlicher Sicht zu prüfen.

a) Gemeinschaftsrechtlicher Rahmen

Der Ansatz einer Beurteilung der Benennung der Träger der wirtschaftlichen Selbstverwaltung als einheitliche Ansprechpartner aus gemeinschaftsrechtlicher Perspektive mag zunächst verwundern. Denn als Richtlinie i.S.v. Art. 249 Abs. 3 EGV stellt die DLR ein in sich geschlossenes Regelwerk dar. Bezogen auf die hier zu erörternde Thematik sieht sie z.B. selbst ausdrücklich die Möglichkeit vor, dass neben Verwaltungsbehörden u.a. auch Handels- und Handwerkskammern mit dieser Auf-

42 ZDH, Wachstumssignale setzen, Bildung stärken – Zukunft sichern in einem modernen und verlässlichen Staat, Handwerk zur 2. Hälfte der Legislaturperiode, 2007, S. 15. Ferner *Steggewentz* DStR 2007, 271 ff.

gabe betraut werden können.[43] Darüber hinaus gestattet die DLR z.B. ausdrücklich die Erhebung von Gebühren für die Inanspruchnahme von einheitlichen Ansprechpartnern.[44] Andererseits darf die DLR aber natürlich nicht isoliert betrachtet werden, sondern muss im Kontext des sonstigen einschlägigen Gemeinschaftsrechts und der Rechtsprechung des EuGH betrachtet werden.

Zuvorderst ist hier natürlich die Dienstleistungsfreiheit der Art. 49 ff EGV in den Blick zu nehmen. Eine umfassende Darstellung zu Inhalt und Umfang dieser Grundfreiheit muss an dieser Stelle unterbleiben.[45] Mit Blick auf den Untersuchungsgegenstand ist hier vielmehr zu fragen, welche Konkretisierungen die Dienstleistungsfreiheit im Sekundärrecht und in der Rechtsprechung erfahren hat.

Der EuGH hatte bereits im Jahr 2000 entschieden, dass das Erfordernis einer Eintragung in die Handwerksrolle des Aufnahmelandes weder zusätzliche Verwaltungskosten noch die obligatorische Zahlung von Beiträgen an die Handwerkskammer nach sich ziehen dürfe.[46] In einem weiteren Urteil aus dem Jahre 2003 wurde festgestellt, dass die Dienstleistungsfreiheit der Verpflichtung eines Wirtschaftsteilnehmers, sich in die Handwerksrolle eintragen zu lassen, entgegensteht, wenn sie die Erbringung von Dienstleistungen im Aufnahmemitgliedstaat verzögert, erschwert oder verteuert.[47] Eine etwa erforderliche Eintragung in die Handwerksrolle des Aufnahmemitgliedstaats könne nur noch automatisch erfolgen, sie dürfe aber weder Voraussetzung für die Erbringung der Dienstleistung sein noch Verwaltungskosten für den betroffenen Leistenden verursachen, noch die obligatorische Zahlung von Beiträgen an die Handwerkskammern nach sich ziehen.[48]

Auch als Reaktion auf dieses EuGH-Rechtsprechung wurde die Richtlinie 2005/36/EG des Europäischen Parlaments und des Rates vom 7. September 2005 über die Anerkennung von Berufsqualifikationen[49] (kurz: Berufsanerkennungsrichtlinie – BAR) beschlossen. Sie findet Anwendung auf die sog. reglementierten Berufe[50] und regelt in Titel II die Dienstleistungsfreiheit. Dort ist zum – mitgliedstaatsrechtlichen – Erfordernis der Mitgliedschaft bei einer Berufsorganisation bestimmt, dass die Mitgliedstaaten für grenzüberschreitend tätige Dienstleistungserbringer eine Pro-Forma-Mitgliedschaft vorsehen können, sofern die Mitgliedschaft die Erbringung der Dienstleistungen in keiner Weise verzögert oder erschwert und

43 Erwägungsgrund 48 S. 5 DLR.
44 Erwägungsgrund 49 DLR.
45 Statt vielen aus wirtschaftsverwaltungsrechtlicher Sicht *Stober* (Fn 6) § 9 VI mwN.
46 EuGH – Rs. C-58/98, Slg. I-2000, 7919 – *Corsten*; dazu auch *Kluth* in: Calliess/Ruffert (Hrsg.) EUV/EGV, 3. Aufl. 2007, Art. 49/50 Rn 61a.
47 EuGH – Rs. C-215/01, Slg. I-2003, 14847, Rn 40 – *Schnitzer*.
48 EuGH (Fn 47) Rn 37.
49 ABlEG L 255 v. 30. 9. 2005, S. 22.
50 S. dazu die Definition in Art. 3 I lit. a und b i.V.m. den Anhängen II, III BAR. Im Kontext dieses Beitrags sind dies insb. die handwerklichen Gewerbe.

für den Dienstleistungserbringer keine zusätzlichen Kosten verursacht (Art. 6 lit. a BAR).[51]

b) Verfassungsrechtlicher Rahmen

aa) Wirtschaftsverfassung

Zunächst ist an dieser Stelle die wirtschaftsverfassungsrechtliche Dimension der Benennung von Industrie- und Handelskammern sowie Handwerkskammern als einheitliche Ansprechpartner i.S. der DLR zu beleuchten. Das Grundgesetz enthält kein eigenes Kapitel »Wirtschaftsverfassung«, es erwähnt zudem mit keinem Wort die wirtschaftliche Selbstverwaltung.[52] Die Feststellung des BVerfG, die Wirtschaftsverfassung des Grundgesetzes sei relativ offen und neutral,[53] gilt auch mit Blick auf die Wirtschaftsorganisation einschließlich der Beteiligung der Träger der Selbstverwaltung der Wirtschaft an der staatlichen Aufgabenerfüllung,[54] und auch insoweit, als diese staatliche Aufgabenerfüllung der Umsetzung gemeinschaftsrechtlicher Vorgaben dient. Dem Gesetzgeber steht insoweit ein weiter Gestaltungsspielraum zu.[55] Der wirtschaftsverfassungsrechtliche Ansatz des Grundgesetzes gestattet mithin eine Betrauung der Kammern mit den Aufgaben der einheitlichen Ansprechpartner.

bb) Demokratische Legitimation der Träger der wirtschaftlichen Selbstverwaltung

Die Betrauung der Kammern mit den Aufgaben der einheitlichen Ansprechpartner könnte problematisch sein, wenn und insoweit die Kammern allein für ihre Mitglieder tätig werden dürften, aber – abhängig von der Art ihrer Dienstleistung – nicht alle ausländischen Dienstleistungserbringer auch einer Kammer als Träger der wirtschaftlichen Selbstverwaltung zugehörig sein werden. Bedarf es in der Konsequenz zumindest für solche tätigkeitsbedingt kammerfremden Dienstleistungserbringer eines eigenen, kammerfremden einheitlichen Ansprechpartners mit der Folge einer geteilten Zuständigkeit?

Die Anforderungen an die demokratische Legitimation in der wirtschaftlichen Selbstverwaltung und die Frage, ob und unter welchen Voraussetzungen ihnen ge-

51 *Möstl* DÖV 2006, 281, 285, sieht dadurch die »Sprengkraft der Dienstleistungsrichtlinie [...] entschärft«.

52 Anders Art. 57 I NdsVerf., dessen Garantie der Selbstverwaltung »Gemeinden und Landkreise und die sonstigen öffentlich-rechtlichen Körperschaften« umfasst; dazu instruktiv *Kluth* DÖV 2005, 368, 370 ff; allgemein *Stober* (Fn 29) S. 57; *Kluth* Verfassungsfragen der Privatisierung von Industrie- und Handelskammern, 1997, S. 57 ff; *Ernst/Pietrowski* NVwZ 2004, 924 ff.

53 BVerfGE 4, 7, 18; 50, 290; *Stober* (Fn 6) § 5 I; *Papier* in: FS Selmer, 2004, S. 459 ff.

54 *Stober* ZRP 1998, 224, 226; *ders.* (Fn 29) S. 57 ff; *Kluth* (Fn 6) S. 511 ff; *ders.* Verfassungsfragen der Privatisierung von Industrie- und Handelskammern, 1997, S. 51.

55 Instruktiv *Meyer/Diefenbach* Handwerkskammern, andere Wirtschaftskammern und Berufskammern, 2005, S. 51 ff.

nügt wird, sind umstritten.[56] Die Diskussion konzentriert sich bislang allerdings allein auf die innerstaatliche Dimension. Im Rahmen dieses Beitrags wird die hinreichende demokratische Legitimation der Industrie- und Handelskammern sowie der Handwerkskammern unterstellt. Mit der DLR tritt nun die europäische Dimension hinzu und es ist der Frage nachzugehen, ob der hinzutretende Aspekt grenzüberschreitender Tätigkeit insoweit eine andere Beurteilung erforderlich macht.

Dies ist im Ergebnis zu verneinen: Erstens sieht bereits das geltende Recht die Möglichkeit vor, Nichtmitglieder in die Kammertätigkeit einzubinden, so etwa bei der Möglichkeit der Zuwahl von sachverständigen Externen in die Vollversammlung (§ 93 Abs. 1 Satz 2 HwO).[57] Zweitens ist es bereits heute so, dass die Kammern ihr Know How verschiedentlich privaten Nichtmitgliedern zur Verfügung stellen; erinnert sei hier nochmals an die sog. Starter-Center.[58] Drittens wird den Kammern – wie auch allen sonst als einheitliche Ansprechpartner in Betracht kommenden Stellen – bei realistischer Bewertung der denkbaren Optionen – letztlich nur die Funktion eines Front Office zuerkannt werden, ohne dass damit Befugnisse oder Kompetenzen zur Sachentscheidung oder zumindest Letztentscheidung verbunden sein werden.[59]

cc) Gebot optimaler Verwaltungsorganisation

Der vorstehend unter lit. bb) formulierte Einwand zielt darüber hinaus auf das Gebot optimaler Verwaltungsorganisation und verknüpft hier mehrere Aspekte, die im Rahmen der rechtlichen Betrachtung zu unterscheiden sind:

(1) Wirtschaftliche und berufsständische Selbstverwaltung

Zunächst ist damit die Unterscheidung zwischen wirtschaftlicher und berufsständischer Selbstverwaltung angesprochen. Auch gegenwärtig, aber diskutiert im Wesentlichen mit Blick auf inländische Dienstleistungserbringer existiert bereits die Situation, dass nicht sämtliche in Deutschland tätigen Dienstleistungserbringer Mitglieder einer Industrie- und Handelskammern oder einer Handwerkskammern sind. Zu nennen sind hier insbesondere die freien Berufe, denen nach deutschem Rechtsverständnis die Gewerbsfähigkeit fehlt (§§ 2 Abs. 2 BRAO, 2 EStG). Sie sind damit nicht Mitglieder eines Trägers der wirtschaftlichen Selbstverwaltung; soweit sie dennoch in Kammerstruktur Selbstverwaltungsaufgaben wahrnehmen, geschieht dies nach Berufsgruppen getrennt in der sog. berufsständischen Selbstverwaltung.[60] Allerdings bestehen insoweit keine starren Grenzen und die Zugehörigkeit eines

56 Statt vieler BVerfGE 107, 59; *Kluth* (Fn 6) S. 342 ff; *Meyer/Diefenbach* (Fn 55) S. 85 ff.

57 So BVerfGE 107, 59, 99; *Honig* HwO-Kommentar, 3. Aufl. 2004, § 93 Rn 7; *Meyer/Diefenbach* (Fn 55) S. 95; a.A. *Kluth* (Fn 6) S. 473 f.

58 S. die Nachweise o. Fn 30–33.

59 In diesem Sinne auch BVerfGE 83, 60, 74; 93, 37, 70.

60 *Stober* (Fn 6) § 43 II; *Ziekow* (Fn 6) § 4 III Rn 12.

Freiberuflers zur berufsständischen Selbstverwaltung schließt die gleichzeitige Mitgliedschaft bei einem Träger der wirtschaftlichen Selbstverwaltung nicht aus. Hier existieren vielmehr Überschneidungen: So sind Freiberufler bereits heute (auch) Mitglied der IHK, wenn sie im Handelsregister eingetragen sind (§ 2 Abs. 2 IHKG).

(2) Zwangsmitgliedschaft und Beitragspflicht

Für den grenzüberschreitend aus dem Ausland tätig werdenden Dienstleistungserbringer stellt sich zudem die weitere Frage, ob er zumindest bei einer gewerblichen Tätigkeit (Zwangs-)Mitglied in der für sein Gewerbe zuständigen Industrie- und Handelskammer oder Handwerkskammer würde bzw. werden müsste, damit der jeweilige Selbstverwaltungsträger für ihn als einheitlicher Ansprechpartner fungieren kann. Das deutsche Recht, insb. IHKG und HwO, trifft hierzu zwei Festlegungen: zum einen setzt die Mitgliedschaft in den dort geregelten Kammern eine Niederlassung in Deutschland voraus,[61] zum anderen ergibt sich aus der Beschränkung der Kammern auf die Wahrnehmung öffentlicher Aufgaben im Interesse der ihnen zugehörigen Gewerbetreibenden ihres Bezirks, dass die Aufgabenerfüllung gerade diesen Personenkreis betreffen muss.[62] Im Schrifttum besteht indes Einigkeit, dass mit Blick auf die – vorstehend unter lit. a dargestellten – Art. 49 ff EGV, die Berufsanerkennungsrichtlinie und die Rechtsprechung des EuGH für denjenigen, der ohne Niederlassung in Deutschland als reiner Binnenmarktdienstleistungserbringer[63] gewerblich tätig wird, die Begründung einer Pflichtmitgliedschaft kraft Gesetzes unter der Voraussetzung möglich wäre, dass er hierfür weder selbst aktiv tätig werden müsste noch einer Beitragspflicht unterfiele.[64] Die Zulässigkeit einer gesetzlichen Zwangsmitgliedschaft weist damit zumindest einen Weg in den Fällen der Erbringung einer grenzüberschreitenden Dienstleistung gewerblicher Art.

dd) Verbandskompetenz

Im Übrigen geht der Einwand von dem unzutreffenden Ansatz aus, dass Kammern generell nur Leistungen an Mitglieder erbringen können.[65] Weder das IHKG noch

61 §§ 2 IHKG, 1 I, 90 II HwO. Der Gesetzgeber hat mit der Handwerksnovelle 2004 durch Streichung des § 6 II HwO a.F. ausländische Dienstleistungserbringer bewusst von der Eintragungspflicht und der Pflichtmitgliedschaft freigestellt, s. Drittes Gesetz zur Änderung der HwO und anderer handwerksrechtlicher Vorschriften vom 24. 12. 2003, BGBl I S. 2934, und dazu *Müller* NVwZ 2004, 403 ff. Anders zumindest teilweise die Regelungen für Rechtsanwälte (§ 29a II BRAO) und Steuerberater (§ 40 I 3 StBerG).

62 §§ 1 I IHKG, 90 HwO.

63 *Stober* (Fn 6) § 43 IV. 3.

64 *Stober* (Fn 6) § 43 IV. 3. ; *Ziekow* (Fn 6) § 4 III.3; jeweils unter Hinweis auf EuGHE 2000, I-7919 Rn 45 ff – *Corsten*; 2003, I-14847 Rn 36 ff – *Schnitzer*; EuGH GewArch. 2004, 62 ff.

65 Dazu schon *Stober* (Fn 29) S. 9, 11 f; eine solche absolute Aufgabenschranke sieht indes das Dt. Forschungsinstitut für öffentliche Verwaltung Speyer (Fn 3) S. 111.

die HwO enthalten eine derartige absolute Aufgabenschranke. Im Gegenteil: Bereits § 1 IV IHKG gestattet ausdrücklich die Übertragung weiterer Aufgaben auf die Industrie- und Handelskammer und auch § 91 Abs. 1 HwO enthält nur eine beispielhafte Aufzählung der Aufgaben der Handwerkskammern (»insbesondere«). Dessen ungeachtet ist eine ausdrückliche Aufgabenzuweisung durch Aufnahme der Funktion der Kammern als einheitliche Ansprechpartner in den vorgenannten Bestimmungen mit Blick auf die darin liegende Begründung der Verbandskompetenz erforderlich.[66]

In diesem Zusammenhang sei erwähnt, dass die gleichzeitige Begründung der Verbandskompetenz bei den Industrie- und Handelskammern wie bei den Handwerkskammern unproblematisch erscheint, wenn man bedenkt, dass die Kammern heute bereits in verschiedenen Bereichen parallele Aufgaben wahrnehmen.[67]

ee) Heterogenität der Kammerbezirke

Darüber hinaus wird der Einwand formuliert, dass die Kammerbezirke in ihrem örtlichen Zuschnitt zu heterogen seien, um eine effektive Aufgabenwahrnehmung zu gewährleisten. Insbesondere seien die Kammerbezirke häufig nicht deckungsgleich mit den Verwaltungsgrenzen der staatlichen Behörden auf kommunaler und regionaler Ebene. Dieses Argument verkennt indes, dass die gerügte Heterogenität der örtlichen Zuständigkeiten kein kammerspezifisches Problem ist, sondern ein Kennzeichen der gesamten deutschen Verwaltungsorganisation, auch und gerade im Bereich der Wirtschaftsverwaltung. Vergegenwärtigt man sich noch einmal den bereits oben (II.) entfalteten Strauß der unterschiedlichen beteiligten öffentlichen Stellen, wird deutlich, dass die Deckungsgleichheit von Verwaltungsgrenzen allgemein kein beherrschendes Organisationsprinzip darstellt. Im Gegenteil: Die Benennung der Kammern als einheitliche Ansprechpartner würde hier zu einer weit über das bestehende Maß hinausgehenden Vereinheitlichung führen und bietet wie kaum eine andere Alternative die Möglichkeit zu einer Vereinheitlichung im regionalen Raum, über Gemeinde-, Kreis- und Bezirksregierungsgrenzen hinweg.[68]

66 Dt. Forschungsinstitut für öffentliche Verwaltung Speyer (Fn 3) S. 109; allgemein dazu *Stober/Eisenmenger* Interessenvertretung und Beratung, in: Kluth (Hrsg.) Handbuch des Kammerrechts, 2005, S. 211, 230; *Kluth* Entwicklungsgeschichte und aktuelle Rechtsgrundlagen der Kammern im Überblick, in: ders. (Hrsg.) ebd., S. 41, 154, und *ders.* in: ders. (Hrsg.) Jahrbuch des Kammerrechts 2002, 2003, S. 43, 54 ff unter Hinweis auf das Demokratieprinzip und den Vorbehalt des Gesetzes; a.A. *Eisenmenger* (Fn 34) S. 7, der den in § 1 Abs. 1 IHKG heute bereits normierten Kammerauftrag zur »Förderung der gewerblichen Wirtschaft« umfassend versteht.

67 Z.B. die regionale Wahrnehmung und Vertretung der Interessen und Belange der Wirtschaft, vgl. §§ 1 I IHKG, 91 I Nr. 1 HwO.

68 Als Beispiel einer flächenmäßigen »Groß«-Kammer sei die zum 1. 1. 2009 mit dem Zusammenschluss der Handwerkskammern Braunschweig und Lüneburg-Stade entstehende Handwerkskammer Braunschweig-Lüneburg-Stade genannt.

ff) Konnexitätsprinzip contra Gebührenfinanzierung

Auch der Hinweis, die Kammern würden über die Beiträge ihrer Mitglieder finanziert, trägt nicht. Denn zwar werden die Kosten der Errichtung und Tätigkeit der Kammern im Grundsatz aus den Beiträgen der kammerzugehörigen Mitglieder gedeckt, aber nur, soweit keine anderweitige Deckung erfolgt (§§ 3 Abs. 2 IHKG, 113 Abs. 1 HwO). Eine solche anderweitige Deckung erscheint jedoch möglich und geboten, wenn der Gesetzgeber sich entscheiden sollte, die Aufgaben der einheitlichen Ansprechpartner neu und zusätzlich auf die Kammern zu übertragen. Zu denken ist an die Finanzierung durch den Bund bzw. die Länder oder eine Gebührenfinanzierung. Zwar besteht eine Finanzgarantie i.S. einer Pflicht des die Aufgabe Übertragenden zum Ausgleichs der durch die Aufgabenzuweisung entstehenden Mehrbelastung beim Übernehmenden nicht. Dieses sog. Konnexitätsprinzip ist allein in Art. 57 Abs. 4 NdsVerf verankert, allerdings wird es vom NdsStGH nicht als Pflicht zur vollständigen Kostendeckung interpretiert.[69] Die Rechtsprechung beschränkt sich aber bislang auf Aussagen zum Umfang des Konnexitätsprinzips bei der kommunalen Selbstverwaltung. Die Kommunen können sich aber – anders als die Träger der wirtschaftlichen Selbstverwaltung – im Wesentlichen über Steuern finanzieren. Mithin erscheint die Geltung dieser Rechtsprechung und ihre Übertragbarkeit auf die mitgliedschaftlich beitragsfinanzierten Kammern fraglich.[70]

Im vorliegenden Kontext müssen Geltung und Umfang des Konnexitätsprinzips letztlich nicht bestimmt werden. Denn wie bereits oben (V. 3. a) dargelegt, gestattet die DLR ausdrücklich die Erhebung von Gebühren für die Inanspruchnahme einheitlicher Ansprechpartner.

Das nationale deutsche (Wirtschafts-)Verfassungsrecht steht damit einer Qualifizierung/Benennung der Industrie- und Handelskammern wie auch der Handwerkskammern als einheitliche Ansprechpartner i.S. der DLR und der Übertragung der damit verbundenen – rein koordinierenden – Aufgaben nicht entgegen.

c) Verwaltungsrechtlicher Rahmen

aa) Bereits existierende Informationsgesetze

Der verwaltungsrechtliche Rahmen ist zunächst gekennzeichnet durch die zahlreichen heute bereits existierenden Informationsgesetze, seien sie allgemeiner Art (In-

69 Zur kommunalen Selbstverwaltung NdsStGH DVBl 1995, 1175, 1177; *Hennecke* Der Landkreis 2001, 120, 133 f; zur Bedeutung für die wirtschaftliche Selbstverwaltung *Kluth* DÖV 2005, 368, 375.

70 *Kluth* in: ders. (Hrsg.) (Fn 66) S. 41, 152 f; zurückhaltend formuliert *ders.* DÖV 2005, 368, 375, dahin, dass die Spielräume des Gesetzgebers bei der Übertragung von staatlichen Aufgaben auf die Kammern »deutlich geringer ausfallen müssen«. Ebenso *Franz* Kammerfinanzierung, in: Kluth (Hrsg.) (Fn 66) S. 323, 416 mwN.

formationsfreiheitsgesetz des Bundes[71] sowie die entsprechenden Gesetze in einzelnen Bundesländern[72]) oder auch sektorspezifischer Natur (Umweltinformationsgesetz[73]). Dabei unterscheidet sich aber der gewählte Ansatz grundlegend: Während die DLR in ihrem Anwendungsbereich die Bereitstellung der Informationen durch den Einheitlichen Ansprechpartner erfordert, richtet sich der Informationsanspruch nach den vorgenannten Gesetzen gegen die Behörde, die zur Verfügung über die begehrten Informationen berechtigt ist, d.h. regelmäßig die jeweils zuständige(n) Behörde(n), oder solche informationspflichtigen Stellen, bei welchen die Informationen vorhanden sind oder für die sie bereitgehalten werden.[74] Anspruchsverpflichtet i.S. der Informationsgesetze ist damit regelmäßig die zur Sachentscheidung berufene Behörde. Die zur Sachentscheidung berufene Behörde kann in Umsetzung der DLR vom Gesetzgeber zukünftig – wie aufgezeigt – zum einheitlichen Ansprechpartner bestimmt werden, zwingend ist dies aber eben nicht.

d) Verwaltungsorganisatorische Dimension

Aus verwaltungsorganisatorischer Sicht ist die Funktionsfähigkeit der Träger der wirtschaftlichen Selbstverwaltung als einheitliche Ansprechpartner zu klären. Als Kriterien sind zu nennen die Sicherstellung einer ordnungsgemäßen Erledigung der übertragenen Aufgabe, eine hinreichende Sachkunde, Fachkunde und Zuverlässigkeit sowie kein Entgegenstehen öffentlicher Interessen.[75] Die Industrie- und Handelskammern wie auch die Handwerkskammern genügen allein aufgrund ihres Status als öffentlich-rechtliche Körperschaften den vorgenannten Kriterien.[76] Ihre Partizipation an der Erledigung staatlicher Verwaltungsaufgaben hat sich bewährt. Gerade das schon mehrfach angesprochene, gegenwärtig dort bereits vorgehaltene Beratungsangebot (insbesondere in Gestalt der sog. Starter-Center) unterstreicht dabei die vorhandene Kompetenz in Form eines funktionalen, nicht an behördlichen Zuständigkeiten orientierten Ansatzes, wie er für die Stellung des einheitlichen Ansprechpartners kennzeichnend ist.

71 Gesetz zur Regelung des Zugangs zu Informationen des Bundes (IFG), BGBl 2005 I S. 2722; s. auch *Stober* (Fn 6) § 19 I. 2. a.E.

72 Gegenwärtig in Berlin, Brandenburg, Bremen, Hamburg, Mecklenburg-Vorpommern, Nordrhein-Westfalen, Saarland, Schleswig-Holstein. In Niedersachsen hat sich die amtierende Landesregierung ausdrücklich gegen ein Informationsfreiheitsgesetz ausgesprochen, da kein Bedarf und kein wirklicher zusätzlicher Nutzen erkennbar sei, so der niedersächsische Innenminister Schünemann in einer Sitzung des Landtages am 27. 5. 2004.

73 BGBl 2004 I S. 3704; s. auch *Stober* (Fn 6) § 19 I. 2. a.E. Zum – von Bundestag und Bundesrat gebilligten – überarbeiteten – Entwurf eines Gesetzes zur Verbesserung der gesundheitsbezogenen Verbraucherinformation (VIG) s. BR-Drs. 273/07 und BT-Drs. 16/5404.

74 §§ 7 I IFG, § 2 IV UIG, § 1 III VIG-Entwurf. Zur aktuellen Entwicklung *Britz/Eifert/Groß* DÖV 2007, 717 ff.

75 Vgl. zu diesen Kriterien *Stober* Handelsregister und Selbstverwaltungskörperschaften der Wirtschaft, 1998, S. 30 mwN.

76 *Kluth* in: Wolff/Bachof/Stober, Verwaltungsrecht 3, 5. Aufl. 2004, § 87.

VI. Die Träger der wirtschaftlichen Selbstverwaltung als alleinige einheitliche Ansprechpartner oder in Kombination mit den Kommunen

Sind damit die Industrie- und Handelskammern wie auch die Handwerkskammern als Träger der wirtschaftlichen Selbstverwaltung für die Funktion der einheitlichen Ansprechpartner gleichsam prädestiniert, bleibt allein zu klären, ob die Kammern allein oder in Kombination insb. mit der Kommunalverwaltung mit dieser Stellung betraut werden sollen. Hierbei handelt es sich nicht um eine rein rechtspolitische Fragestellung. Vielmehr hängt ihre Beantwortung von der rechtlichen Zulässigkeit des Tätigwerdens der Träger der wirtschaftlichen Selbstverwaltung auch gegenüber Nichtmitgliedern, insbesondere Nicht-Pro-Forma-Mitgliedern, ab. Dass ein solches Tätigwerden als einheitlicher Ansprechpartner auch gegenüber Nichtmitgliedern den Kammern bei entsprechender ausdrücklicher Aufnahme im Aufgabenkatalog des § 1 IHKG bzw. des § 91 HwO möglich wäre, wurde bereits oben (V. 3. b) im Zusammenhang mit den Ausführungen zur demokratischen Legitimation, zur Verbandskompetenz und zur Finanzierung dargelegt.[77] Unter Beachtung des so umrissenen rechtlichen Rahmens bedarf es mithin keiner Begründung paralleler Zuständigkeiten außerhalb der Kammern auf kommunaler Ebene. Die vor diesem Hintergrund allenfalls politisch zu begründende Entscheidung für eine derartige parallele Zuständigkeit von Kammern und Kommunen ist damit zwar nicht ausgeschlossen, sie ist aber eben rechtlich nicht geboten.

Rein tatsächlich würde die Begründung von Parallelzuständigkeiten letztlich dem Ziel der DLR zuwiderlaufen, mit der Einrichtung einheitlicher Ansprechpartner mehr Klarheit und Eindeutigkeit und somit letztlich Rechtssicherheit zu schaffen. Wo parallele Zuständigkeiten nicht zwingend erforderlich sind, sollten sie tunlichst nicht begründet werden.

VII. Ergebnis

Im Ergebnis bleibt festzuhalten, dass die DLR über die Funktion des einheitlichen Ansprechpartners die Möglichkeit eröffnet, das bestehende vertikale wie horizontale Zuständigkeitsgeflecht im Bereich der Wirtschaftsverwaltung zumindest für den Wirtschaftsbürger handhabbar zu machen. Die DLR schafft mit dem einheitlichen Ansprechpartner einen konkreten Kontaktpartner, über den der ausländische Dienstleistungserbringer – und nach dem Willen der deutschen Politik auch der inländische – sämtliche Formalitäten im Zusammenhang mit seiner Dienstleistungstätigkeit abwickeln kann. Als dieser Partner empfehlen sich in besonderer Weise die

77 Ebenso im Ergebnis *Eisenmenger* (Fn 34) S. 7; a.A. Dt. Forschungsinstitut für öffentliche Verwaltung Speyer (Fn 3) S. 110, 115.

Träger der wirtschaftlichen Selbstverwaltung, namentlich die 81 Industrie- und Handelskammern sowie die 54 Handwerkskammern, die im Ansatz bereits heute schon vergleichbare Beratungs- und Hilfeleistungen bereitstellen und eine entsprechende Infrastruktur vorhalten. Hierauf kann und sollte im Interesse aller (ausländischen wie inländischen) Dienstleistungserbringer aufgebaut werden.

Industrie- und Handelskammern und Electronic Government

ULRICH KARPEN/WOLF-RÜDIGER BIERNERT

Rolf Stober ist einer der bekanntesten Wirtschaftsrechtler unseres Landes. Er hat sich wiederholt mit dem Recht der Industrie- und Handelskammern befasst. Der erstgenannte Autor ist *Rolf Stober* seit Jahren als Fakultätskollege freundschaftlich verbunden; der Zweitgenannte hat seine Hamburger Dissertation unter *Stobers* Betreuung dem Recht der Industrie- und Handelskammern gewidmet.

Kaum ein neues Medium hat sich mit so rasanter Geschwindigkeit ausgebreitet und in breiten Bevölkerungsschichten etabliert wie das Internet.

Es gewinnt dabei eine immer größere Bedeutung für den Staat, die Wirtschaft und den Bürger. Nach einer aktuellen repräsentativen Umfrage sind mittlerweile fast zwei Drittel, genau 38 Millionen, respektive 58 Prozent der über 14-Jährigen, in Deutschland online.[1] Vor zehn Jahren lag dieser Anteil noch bei nur 6,5 Prozent.

Die damit einhergehenden neuen Medien sowie der technologische Fortschritt eröffnen im Informations- und Kommunikationssektor (IuK-Sektor) eine Vielzahl neuer Informations-, Kommunikations- und Transaktionsmöglichkeiten. In der täglichen Diskussion fallen dabei häufig Begriffe wie E-Government, E-Services, E-Business etc.

Dieser neuen Techniken bedienen sich auch die Industrie- und Handelskammern als Mittler zwischen Staat und Wirtschaft[2] in immer stärkerem Maße. Sie haben sich des Themas in vielfältiger Weise angenommen, zumal die Notwendigkeit des Einsatzes neuer elektronischer Kommunikations- und Handlungsinstrumente sowohl innerhalb der Kammerorganisation als auch außerhalb bei den Mitgliedsunternehmen außer Frage steht.

Der nachfolgende Beitrag soll diese Entwicklung beleuchten und aufzeigen, was bisher auf Bundes-, EU- und Kammerebene erreicht wurde und welche Potentiale für die Industrie- und Handelskammern noch erschlossen werden müssen.

1 N(onliner) Atlas 2007, TNS Infratest, Juni 2007, www.nonliner-atlas.de.

2 BVerfGE 38, 281, 299; *Basedow* Die Industrie- und Handelskammern – Selbstverwaltung zwischen Staat und Verbandswesen, BB 1977, 366, 368; *Stober* Die Industrie- und Handelskammern als Mittler zwischen Staat und Wirtschaft, 1992, S. 79 ff, 88 ff und 113 ff; *ders.* Kammern der Wirtschaft, GewArch 2001, 393, 403.

1. Definition und Begriffsbildung

Zunächst muss dafür begrifflich eindeutig geklärt werden, was E-Government ist, um davon ausgehend deutlich zu machen, wie sich Veränderungen im E-Government auf den Staat und die Wirtschaft aber auch gerade auf die Industrie- und Handelskammern auswirken.

Übersetzt man in einem ersten Schritt den Begriff E-Government wörtlich, so verstünde man darunter »Elektronische Regierung« oder auch »Elektronisches Regieren«. Diese wörtliche Übersetzung kennzeichnet bereits ein Grundproblem, nämlich dass sich Regieren im engeren Sinne in den Grenzen der Gesetze und Verordnungen bewegt. Jeder Bundesbürger hatte zum Stichtag 24. September 2007 1 817 Bundesgesetze mit 55 555 Einzelnormen und 2 728 Rechtsverordnungen mit 44 689 Einzelnormen zu beachten, insgesamt also 100 244 Einzelvorschriften im Bundesrecht.[3] Allein in der 16. Legislaturperiode wurden bis zum 9. Oktober 2007 vom Deutschen Bundestag 285 Gesetze verabschiedet und 861 Rechtsverordnungen in Kraft gesetzt.[4]

Diese Gesetzesflut[5] ist ein ganz wesentlicher Bestandteil der Rahmenbedingungen, die bei Veränderungsprozessen im E-Government zu beachten sind. Hinzu kommt bei genauerer Betrachtung des Begriffes, dass dieser unterschiedlich verstanden wird. So findet die Internetsuchmaschine Google insgesamt 7 820 000 Seiten im Internet,[6] die den Begriff verwenden. Eingriffe können erhebliche Folgewirkungen haben und bei Fehlentscheidungen kann es statt zu Verwaltungsvereinfachungen auch zu einem Anwachsen von Verwaltungsbürokratie kommen. Auf die Notwendigkeit eines klaren, einfachen, effektiven und funktionierenden Regelumfeldes mit dem Ziel, Normen nur dann zu erlassen, wenn sie unbedingt erforderlich sind und dann so praktikabel und wirtschaftlich wie möglich zu gestalten, hat bereits der so genannte »Mandelkernbericht«[7] der Europäischen Union vom November 2001 (Better Regulation) ausdrücklich hingewiesen. Das Thema Gesetzesfolgenabschätzung war bereits davor und ist auch noch immer im Bund wie in allen Bundesländern ein intensiv diskutiertes Thema.[8]

3 Vgl. Drs. 16/6672 Antwort 1.
4 Drs. 16/6672 Antwort 2.
5 *Karpen* Gesetzgebungs-, Verwaltungs- und Rechtsprechungslehre, S. 111.
6 Abfrage vom 22. 10. 2007.
7 Bundesministerium des Innern, Der Mandelkernbericht – Auf dem Weg zu besseren Gesetzen, aus: Die Bundesregierung, Moderner Staat – Moderne Verwaltung, Berlin 2002.
8 *Karpen/Hof* Wirkungsforschung im Recht IV – Möglichkeiten einer Institutionalisierung der Wirkungskontrolle von Gesetzen, Baden-Baden 2003; *Karpen* Weniger Quantität – Mehr Qualität. Einige vergleichende Beobachtungen zum Stand von Gesetzgebungslehre und -kunst in europäischen Ländern, in: Jann/König/Landfried/Wordelmann (Hrsg.) FS Carl Böhret, Baden-Baden 1998, S. 433 ff; *ders.* Nachträgliche Wirkungskontrolle von Gesetzen, in: Deutscher Juristentag. Verhandlungen des 65. Juristentages. Bonn, 2004, Bd. II/1, Sitzungsberichte (Referate und Beschlüsse), München 2004, Teil S., S. 33–45; *ders.* Gesetzesfolgenabschätzung – Ein Mittel zur Entlastung von Bürgern, Wirtschaft und Ver-

Dass hier auch Industrie- und Handelskammern an der Problemlösung direkt beteiligt sein können, zeigt sich in Berlin. Dort wurde eine unabhängige, bei der Senatskanzlei angesiedelte Normprüfungskommission eingerichtet, die mit fünf Mitgliedern, darunter ein Vertreter der IHK Berlin, besetzt ist, und jeden neuen Gesetzentwurf des Senats einer umfassenden sachlichen und rechtlichen Prüfung, u.a. unter dem Gesichtspunkt der Entbürokratisierung und Normvermeidung unterzieht.[9]

Nach diesem kurzen Exkurs zurück zur Definition des Begriffes E-Government.

Im Rahmen des Forschungsprojekts »Regieren und Verwalten im Informationszeitalter« wurde am Forschungsinstitut für öffentliche Verwaltung bei der Deutschen Hochschule für Verwaltungswissenschaften Speyer die nachfolgende begriffliche Festlegung von »Electronic Government« erarbeitet:

Nach dieser mittlerweile vorherrschenden so genannten »Speyerer Definition« ist E-Government die »Abwicklung geschäftlicher Prozesse im Zusammenhang mit Regieren und Verwalten (Government) mit Hilfe von Informations- und Kommunikationstechniken über elektronische Medien.«[10]

E-Government wird damit als strategisches Gesamtkonzept zur Modernisierung von Verwaltung unter Verwendung von Informations- und Kommunikationstechniken betrachtet und damit als Ziel einer neuen elektronischen Verwaltungsstruktur verstanden, die an das Konzept des »New Public Management« anknüpft und es weiterentwickelt, indem der enorme Fortschritt auf dem Gebiet des IuK-Sektors in das Konzept integriert wird.[11]

2. VERSCHIEDENE INTERAKTIONSSTUFEN VON E-GOVERNMENT

Hinter dem so verstandenen Begriff des E-Governments verbirgt sich aus juristischer Perspektive ein breites Spektrum staatlicher oder im Falle von Kammern mittelbar staatlicher Verhaltensweisen von der bloßen Informationstätigkeit über

waltung, ZRP 2002, 443 ff; *Seckelmann* Die Optimierung des Informations- und Kommunikationsmanagements der öffentlichen Verwaltung, in: Bieler/Schwarting (Hrsg.) e-Government, Perspektiven, Probleme, Lösungsansätze, 2007, S. 33, 53 ff.

9 *Pasutti/Mayr* Bürokratieabbau in Berlin – Wunsch oder Wirklichkeit? LKV 2005, 247, 249.

10 *v. Lucke/Reinermann* in: Reinermann/v. Lucke (Hrsg.) Electronic Government in Deutschland, Speyerer Forschungsberichte 226, 2002, S. 1 ff; siehe auch *Hill* BayVBl. 2003, 737 sowie *Schliesky* E-Government – Schlüssel zur Verwaltungsmodernisierung oder Angriff auf bewährte Verwaltungsstrukturen? LKV 2005, 89; zu bestehenden Defiziten existierender Definitionsansätze: *Zink* E-Government in Frankreich und Deutschland, 2005, S. 30 ff.

11 *Boehme-Neßler* NVwZ 2001, 374 f; *Groß* DÖV 2001, 159, 163; *Naujokat/Eufinger* in: Reinermann/v. Lucke, S. 46, 47 ff.

Auskünfte (§ 25 Satz 2 VwVfG) bis hin zum Verwaltungsakt (§ 35 VwVfG), die unterschiedlichen rechtlichen Maßstäben unterliegen.[12]

E-Government bietet grundsätzlich drei verschiedene Interaktionsstufen, das heißt Stufen unterschiedlich hoher Beteiligung der Aktionspartner.[13] Zuallererst zu nennen sind die Informationsdienste (E-Information).[14] Dazu zählen Informationssysteme für den Einzelnen und die Mitgliedsunternehmen, Gremieninformationssysteme zur Unterstützung von Versammlungen und Ausschüssen, Fachinformationssysteme und sonstige Wissensdatenbanken.[15]

Viele Informationsdienste werden um Kommunikationslösungen mit Dialogmöglichkeiten (E-Communication) ergänzt.[16] E-Government beinhaltet darüber hinaus Formularlösungen (E-Forms). Hierzu gehören alle Formen von elektronischen Formularen, angefangen von auf Papier auszudruckenden, handschriftlich auszufüllenden und mit der Post zurückzusendenden HTML- oder PDF-Dateien.[17]

Derartige Formularlösungen sind der erste Schritt zu Online-Transaktionsdiensten (E-Transactions), einer weiteren tragenden Säule von E-Government.[18] Neben der elektronischen Annahme zählen hierzu insbesondere auch die elektronische Bearbeitung eines Antrages oder Auftrages oder die Beschaffung von Gütern und Dienstleistungen (E-Procurement). Der Transaktionsbereich von E-Government umschließt also auch den Vertrieb von Bescheiden, Dienstleistungen und Produkten öffentlicher Dienststellen (E-Service). Diese Gruppe umfasst elektronische Verwaltungsbescheide, Zulassungen, Lizenzen und Genehmigungen, aber auch elektronische Verwaltungsdienstleistungen (Electronic Service Delivery) und den elektronischen Vertrieb von Produkten (Electronic Product Delivery).[19]

3. ZIELSETZUNG VON E-GOVERNMENT

Die verfolgte Zielsetzung von E-Government erklärt sich demzufolge auch aus dem Anwendungsbereich. Es geht konkret um die Senkung von Verwaltungskosten, die

12 *Schliesky* E-Government, aaO, LKV 2005, 89 f.

13 *Daum* Die Bedeutung personalisierter Portale im Electronic Government, in: Wirtschaftswissenschaftlicher Studium, 2003, S. 197 ff.

14 *Mann* Akzeptanz des e-Governments, in: Bieler/Schwarting (Hrsg.) e-Government, aaO, S. 267, 275.

15 *v. Lucke/Reinermann* in: Reinermann/v. Lucke (Hrsg.) Electronic Government in Deutschland, aaO, S. 3.

16 *Mann* Akzeptanz des e-Governments, in: Bieler/Schwarting (Hrsg.) e-Government, aaO, S. 267, 275.

17 *v. Lucke/Reinermann*, in: Reinermann/v. Lucke (Hrsg.) Electronic Government in Deutschland, aaO, S. 3.

18 *Mann* Akzeptanz des e-Governments, in: Bieler/Schwarting (Hrsg.) e-Government, aaO, S. 267, 276 f.

19 *v. Lucke/Reinermann* in: Reinermann/v. Lucke (Hrsg.) Electronic Government in Deutschland, aaO, S. 4.

Beschleunigung von Verwaltungsvorgängen, eine höhere Transparenz sowie eine Nutzensteigerung von Verwaltungshandeln und schließlich um eine höhere Dienstleistungs- und Kommunikationsqualität insgesamt.[20]

4. E-GOVERNMENT: STRATEGIE DES BUNDES

Um eben diese Ziele erreichen zu können, bedarf es einer politischen Strategie. Hier ist es vor allem der Bund, der mit seinen Projekten BundOnline 2005, DeutschlandOnline sowie E-Government 2.0 beachtliche Anstrengungen unternommen hat und weiter unternimmt, um seine Verwaltungsstrukturen zu modernisieren.

4.1 BundOnline 2005

Mit der Initiative BundOnline 2005[21] hatte sich die Bundesregierung verpflichtet, alle internetfähigen Dienstleistungen der Bundesverwaltung bis zum Jahr 2005 online für die Bürgerinnen und Bürger, die Wirtschaft und die Verwaltung über das Portal www.bund.de bereitzustellen.

Am 18. September 2000 fiel der Startschuss zum Kongress der Initiative D21 auf der Expo. Vorgestellt wurde die Initiative als Bestandteil eines Zehn-Punkte-Plans »Internet für alle« vor. In wenigen Jahren sollte es zur Selbstverständlichkeit werden, die Leistungen des Staates online in Anspruch zu nehmen.

Der Abschlussbericht vom 24. Februar 2006 zu dieser Initiative stellte fest, dass zum Ende des Jahres 2005 insgesamt 440 Dienstleistungen der Bundesverwaltung online zur Verfügung standen, davon 265, die sich vor allem an die Bürgerinnen und Bürger richten und 244, die für Unternehmen relevant sind.[22]

Mit 239 Informationsdienstleistungen wie Behörden-Homepages, Online-Datenbanken und Fachinformationsportalen sowie 119 komplexen Transaktionsdienstleistungen wie Antrags-, Förder- und Beschaffungsverfahren im Internet wurden neue Zugangskanäle zu den Verwaltungsdiensten geschaffen.[23] Den Kosten in Höhe von insgesamt ca. 650 Millionen Euro steht ein durchschnittliches Einsparpotenzial, verteilt über die gesamte Bundesverwaltung, in Höhe von jährlich 250 bis 350 Millionen Euro pro Jahr gegenüber.[24]

Von den im Rahmen der Initiative realisierten Anwendungen besonders hervorzuheben ist das Automatisierte Tarif- und lokale Zollabwicklungssystem (AT-

20 *Grabow/Siegfried* Kommunales E-Government 2006 – eine empirische Bestandsaufnahme, Berlin 2006, S. 18 f.

21 www.bundonline2005.de; *Schlatmann* Der bundesrechtliche Rahmen für e-Government, in: Bieler/Schwarting (Hrsg.) e-Government, aaO, S. 379, 381.

22 Bundesministerium des Innern, Abschlussbericht BundOnline 2005 vom 24. 2. 2006, S. 8.

23 Bundesministerium des Innern, Abschlussbericht, aaO, S. 9 f.

24 Bundesministerium des Innern, Abschlussbericht, aaO, S. 18.

LAS)[25] der Bundeszollverwaltung, das zu den meistgenutzten Antragsverfahren unter den Bund-Online Dienstleistungen zählt. ATLAS stellt ein weitgehend automatisiertes Verfahren zur Abfertigung und Überwachung des grenzüberschreitenden Warenverkehrs zur Verfügung. Dieses ersetzt schriftliche Zollanmeldungen und Abgabenbescheide durch elektronische Mitteilungen, wodurch die Zollabfertigung für den Handel schneller und effizienter wird. Die Umstellung der 11 Millionen Anträge im Jahr 2004 auf das Online-Verfahren führte verwaltungsintern allein zu Einsparungen von rund 107 Millionen Euro, und damit knapp zehn Euro pro Antrag.[26]

Ein weiteres BundOnline-Antragsverfahren ist die Elektronische Steuererklärung (ELSTER).[27] Dieses bietet die Möglichkeit, Einkommens-, Umsatz- und Gewerbesteuererklärungen aber auch Umsatzsteuervoranmeldungen, Lohnsteueranmeldungen, KfZ-Zulassungsdaten durch Zulassungsstellen, Daten der Industrie- und Handelskammern und Steuerbescheide elektronisch zu übermitteln.

Neben verwaltungsinternen Einsparungen haben die BundOnline-Dienstleistungen auch finanzielle Nutzeneffekte für die Wirtschaft. Durch die schnellere Vergabe von Aufträgen und Fördermitteln werden Unternehmen entlastet. Zudem steigt die Beschleunigung von Patentanmeldungen, Zulassungen von Sorten, Arzneien sowie Genehmigungsverfahren die Innovationsfähigkeit der Wirtschaft.

Neben der Realisierung von Kostensenkungspotenzialen[28] wird BundOnline 2005 deshalb auch vor allem als wesentlicher Bestandteil der Initiative zum Abbau von Bürokratie und Überregulierung verstanden.[29]

4.2 DeutschlandOnline

Bürgerfreundliches E-Government erfordert eine umfassende Integration und Optimierung von Verwaltungsprozessen auf allen Verwaltungsebenen und ebenenübergreifend. Diesem Ziel steht die gegenwärtig heterogene IT-Landschaft von Bund, 16 Ländern, über 300 Landkreisen und weit über 13 000 Kommunen in Deutschland entgegen.[30] Unterschiedliche Stellen entwickeln parallel vergleichbare IT-Anwendungen. Medienbruchfreie elektronische Abläufe zwischen Bund, Ländern und Kommunen sind derzeit noch die Ausnahme, nicht die Regel. Verwaltung in der Informationsgesellschaft braucht jedoch zeitgemäße Strukturen und moderne Kommunikation.

25 www.atlas.zoll.de.
26 Bundesministerium des Innern, Abschlussbericht, aaO, S. 19.
27 www.elster.de.
28 Hierzu: Bundesregierung, Bund Online 2005 – Umsetzungsplan 2003, S. 53 f; für die Einführungsphase kritisch: *Schmitz* in Schmidt-Aßmann u.a. (Hrsg.) Festgabe 50 Jahre BVerwG, 2003, S. 677, 695.
29 *Schliesky* E-Government, aaO, LKV 2005, 90.
30 Land Brandenburg, Aktionsplan eGovernment, S. 60.

Kunden dieser Verwaltung erwarten ein Dienstleistungsangebot, unabhängig von Behörden- und Zuständigkeitsgrenzen, bürgerfreundlich, effizient und kostengünstig. Mit dem Projekt DeutschlandOnline haben die Regierungschefs von Bund und Ländern am 26. Juni 2003 einen weiteren wichtigen Schritt in diese Richtung getan. Sie haben mit diesem Programm nicht weniger als die deutsche Strategie für ein integriertes E-Government beschlossen.[31]

Mit ihr wollen Bund, Länder und Kommunen gemeinsam eine effizientere Verwaltung in Deutschland schaffen, indem Verwaltungsabläufe unter Nutzung der aktuellen Informationstechnik vereinfacht und automatisiert werden können. Ziel von Deutschland-Online ist es also, eine vollständig integrierte E-Government-Landschaft in Deutschland zu schaffen.

Bundeskanzlerin Dr. *Angela Merkel* und die Regierungschefs von Bund und Ländern haben am 22. Juni 2006 den »Aktionsplan Deutschland-Online« verabschiedet, der am 14. Juni 2007 noch erweitert wurde. Kernstück des Aktionsplans ist ein integriertes sicheres Kommunikationsnetz für die deutsche Verwaltung in Bund, Ländern und Gemeinden. Diese nationale Kommunikationsinfrastruktur soll es ermöglichen, dass alle Behörden Deutschlands untereinander elektronisch erreichbar sind.

Ein wesentliches Projekt im Rahmen dieser Initiative ist es beispielsweise, alle 5 283 Meldebehörden durch ein zentrales Bundesmelderegister bis zum Jahr 2010 zu ersetzen. Durch die Errichtung zentraler Strukturen im Meldewesen sollen das Rückmeldeverfahren weiter vereinfacht, die Daten konsolidiert, die Aktualität der Daten erhöht, die Nutzung für öffentliche Stellen erleichtert und eine zentrale Online-Melderegisterauskunft ermöglicht werden.

4.3 E-Government 2.0

Ausgehend von den vorgenannten Programmen hat die Bundesregierung am 13. September 2006 das Programm E-Government 2.0[32] beschlossen. Die Umsetzung erfolgt durch alle Bundesressorts. Die Koordinierung liegt jedoch allein beim Bundesministerium des Innern. Die Bundesregierung hat insgesamt vier Handlungsfelder identifiziert, die in den kommenden Jahren bis 2010 gezielt ausgebaut werden sollen. Dazu zählt der bedarfsorientierte qualitative und quantitative Ausbau des E-Government-Angebotes des Bundes (Handlungsfeld Portfolio), die Einführung eines elektronischen Personalausweises und der Erarbeitung von E-Identity-Konzepten (Handlungsfeld Identifizierung), der Aufbau einer sicheren Kommunikationsinfrastruktur für Bürgerinnen und Bürger, Unternehmen und Verwaltungen (Handlungsfeld Kommunikation) sowie die Realisierung einer stär-

31 *Schlatmann* Der bundesrechtliche Rahmen für e-Government, in: Bieler/Schwarting (Hrsg.) e-Government, aaO, S. 379, 381.

32 www.egov2.de.

keren elektronischen Zusammenarbeit zwischen Wirtschaft und Verwaltung durch gemeinsame Prozessketten (Handlungsfeld Prozessketten).

Die größten Effizienzpotenziale bestehen nach Auffassung der Bundesregierung an der Schnittstelle zwischen Wirtschaft und Verwaltung.[33] Bereits heute können danach Unternehmen, Bürgerinnen und Bürger überschlägig 430 Mio. Euro jährlich durch die Nutzung bestehender E-Government-Dienstleistungen des Bundes einsparen.[34]

Das Internet soll durch das Programm zum bevorzugten Kommunikations- und Vertriebskanal für bedarfsgerechte Verwaltungsdienstleistungen werden. Bis zum Jahr 2010 sollen alle Online-Dienstleistungen des Staates elektronisch genutzt, also z.B. heruntergeladene Formulare auch online eingereicht werden können.

5. Industrie- und Handelskammern als »einheitliche Ansprechpartner« im Sinne Art. 8 Abs. 1 der Europäischen Dienstleistungsrichtlinie

Neben dem Bund verfolgt auch die EU-Kommission längst ein umfangreiches E-Government-Gesamtkonzept.[35] Besondere Beachtung verdient in diesem Zusammenhang die Richtlinie des Europäischen Parlaments und des Rates über Dienstleistungen im Binnenmarkt vom 12. Dezember 2006.[36] Die Richtlinie wurde am 27. Dezember 2006 im EU-Amtsblatt veröffentlicht und bedarf als EG-Richtlinie der Transformation in jeweiliges nationales Recht durch die einzelnen Mitgliedstaaten bis zum 28. Dezember 2009.

Die Umsetzung der Richtlinie, mit der Zielvorgabe einen einheitlichen Binnenmarkt für Dienstleistungen zu schaffen, wird dem E-Government in jedem Fall entscheidende Impulse verschaffen.[37]

In Artikel 8 der Richtlinie findet der Bereich E-Government ausdrückliche Erwähnung: So müssen nach Art. 8 Abs. 1 (Elektronische Verfahrensabwicklung) die Mitgliedstaaten sicherstellen,

> »[...] dass alle Verfahren und Formalitäten, die die Aufnahme oder die Ausübung einer Dienstleistungstätigkeit betreffen, problemlos aus der Ferne und elektronisch über den betreffenden einheitlichen Ansprechpartner oder bei der betreffenden zuständigen Behörde abgewickelt werden können.«

33 Bundesministerium des Innern, E-Government 2.0, Das Programm des Bundes, November 2006, S. 12.
34 Bundesministerium des Innern, E-Government 2.0, Das Programm des Bundes, November 2006, S. 12.
35 Aktionsplan eEurope 2005.
36 http://ec.europa.eu/internal_market/services/services-dir/index_de.htm.
37 *Schliesky* Regelungsbedarf für elektronische Verwaltungsstrukturen, in: Henneke (Hrsg.) Kommunale Verwaltungsstrukturen der Zukunft, 2006, S. 59, 62 ff.

Eine in diesem Sinne integrierte Verwaltung in der Behörden, Kammern und Wirtschaftsunternehmen medienbruchfrei untereinander agieren, kann man mit Recht als »Herkulesaufgabe« bezeichnen. Bedeutet es doch im Klartext, dass europaweit alle wirtschaftsrelevanten Genehmigungsverfahren auf Wunsch des Unionsbürgers über die einheitliche Ansprechstelle elektronisch abgewickelt werden müssen. Auch diese Anforderung ist spätestens drei Jahre nach Inkrafttreten der Dienstleistungsrichtlinie umzusetzen.

Die Richtlinie überlässt die Auswahl des einheitlichen Ansprechpartners zwar den Mitgliedstaaten, nach ihrer Zielsetzung soll jedoch eine möglichst große sachliche und örtliche Nähe zu den Dienstleistungserbringern gewährleistet sein.[38] Die Aufgabe der einheitlichen Ansprechpartner kann sowohl von einer Verwaltungsorganisation selbst, als auch von einem zwischen Unternehmer und Verwaltung stehenden Mittler übernommen werden. Da diese beiden Erwägungen für Industrie- und Handelskammern aufgrund ihrer dezentralen Struktur besonders zutreffen, werden sie auch ausdrücklich in Erwägungsgrund 25 des Richtlinienentwurfs erwähnt.

Viele Aufgaben, um die es bei dieser Funktion geht, werden bereits von der IHK-Organisation wahrgenommen und gehören zu deren Kernkompetenzen, wie beispielsweise Beratung von Existenzgründern von Unternehmen, die Betreuung spezieller Branchen sowie die Beratung und Information im Rahmen des Euro-Info-Centres-Netzwerks. Die Aufgabe eines einheitlichen Ansprechpartners entspricht als Selbstverwaltungstätigkeit auch dem Selbstverständnis der IHK-Organisation. Hier liegen zugleich die Vorteile gegenüber der Wahrnehmung dieser Aufgabe durch eine öffentliche Stelle, die zwar in das eigentliche Verwaltungsverfahren eingebunden, jedoch nicht mit spezifisch unternehmerischen Interessen vertraut ist.[39] Speziell mit Blick auf die Bedienung ausländischer Dienstleister wird zu Recht darauf verwiesen, dass etwa die deutschen Industrie- und Handelskammern nicht nur in Deutschland als erste Ansprechpartner der Wirtschaft bekannt sind, sondern zudem über ein gut ausgebautes Informationsnetz auf elektronischer Basis verfügen und über das Netz der Auslandshandelskammern[40] vor Ort in den anderen Mitgliedstaaten der EU bereits Anlaufstellen bereitstellen, die die Sprache der niederlassungswilligen Unternehmen sprechen und Kenntnisse über deren Rechtskreis besitzen.[41] Insofern besteht im qualitativ und quantitativ bedeutsamen Zuständig-

38 *Biernert* Kooperation von Industrie- und Handelskammern in Deutschland und Europa, S. 227; *Kluth* Die Bedeutung der EU-Dienstleistungsrichtlinie für die Kammern und ihrer Aufgaben, in: ders. (Hrsg.) Jahrbuch des Kammerrechts 2003, S. 94, 96.

39 *Biernert* Kooperation von Industrie- und Handelskammern, aaO, S. 228.

40 Siehe hierzu auch *Biernert* Kooperation von Industrie- und Handelskammern, aaO, S. 186 ff.

41 Vgl. *Möllering* Statement anlässlich der Kooperationsveranstaltung »Deutsche Dienstleister und Kammern im Wirkungsfeld der EU-Dienstleistungsrichtlinie« von IHK Halle-Dessau, DIHK und IFK am 31. 5. 2005.

keitsbereich der Industrie- und Handelskammern die Möglichkeit, an bereits vorhandene transnationale Infrastrukturen anzuknüpfen.[42]

In Bezug auf das Verhältnis zu den zuständigen Stellen kann auf die langjährige Erfahrung der Industrie- und Handelskammern in der Zusammenarbeit mit Behörden hingewiesen werden, sei es in der Mitwirkung an Verwaltungsverfahren oder in ihrer Informations- und Beratungsfunktion außerhalb solcher Verfahren. Sie wirken insofern bereits in vielfältiger Weise als Mittler zwischen den Interessen der Mitgliedsunternehmen und den Belangen der Verwaltungsbehörden.

Zu beachten ist, dass die Kammerbezirke regelmäßig die Verwaltungsbezirke mehrerer Stadt- und Landkreise umfassen, so dass die Zuständigkeit einer Kammer für mehrere untere Verwaltungsbehörden und sonstige zuständige Stellen begründet wäre. Teilweise verläuft die Kammerbezirksgrenze auch innerhalb des Bezirks einer unteren Verwaltungsbehörde; in diesem Fall müsste im Sinne einer subjektiven Einheitlichkeit des Ansprechpartners aus Sicht des Dienstleisters sichergestellt sein, dass die Zuständigkeitsgrenzen der Kontaktstellen eindeutig erkennbar sind.[43]

Wenn die Industrie- und Handelskammern nun schon als einheitlicher Ansprechpartner im Sinne des Art. 8 Abs. 1 Dienstleistungsrichtlinie in Betracht kommen, soll nun aufgezeigt werden, welche Strategie die Kammern national verfolgen.

6. E-GOVERNMENT: STRATEGIE DER INDUSTRIE- UND HANDELSKAMMERN

6.1 Masterplan E-Government des Deutschen Industrie- und Handelskammertages (DIHK)

Im Juni 2003 verabschiedete der DIHK den Masterplan E-Government.[44] Darin hob der Dachverband der deutschen Industrie- und Handelskammern die Bedeutung von E-Government als ein wichtiges und unverzichtbares Instrument zur Verbesserung des Wirtschaftsstandortes Deutschland hervor und stellte zugleich die Forderung nach einem Ausbau von E-Government Angeboten auf.

Dieser Ausbau lässt sich aufteilen in eine stärkere Beteiligung der Industrie- und Handelskammern in bestehende Verwaltungsprozesse und in den Ausbau eigener Government to Business Angebote (G2B).

42 *Ziekow/Beck/Bohne/Hill/Jansen* Gestaltungsoptionen und Anforderungen an »Einheitliche Ansprechpartner« des Vorschlags einer EU-Dienstleistungs-Richtlinie im föderalen System der Bundesrepublik Deutschland, Gutachten für das Bundesministerium für Wirtschaft und Technologie vom 15. 2. 2006, S. 113.

43 *Ziekow/Beck/Bohne/Hill/Jansen* Speyerer Gutachten, aaO, S. 114.

44 http://www.dihk.de/inhalt/download/themenblatt_egovernment.pdf.

6.2 Beteiligung in Verwaltungsprozessen

Nachfolgend werden drei Bereiche aufgezeigt, in denen eine stärkere Beteiligung der Industrie- und Handelskammern angestrebt werden sollte.

6.2.1 Gesetz über elektronische Handelsregister und Genossenschaftsregister sowie das Unternehmensregister (EHUG)

Durch das Gesetz über elektronische Handelsregister und Genossenschaftsregister sowie das Unternehmensregister (EHUG)[45] wurde das deutsche Registerwesen insgesamt umfassend reformiert und an das Internetzeitalter angepasst. Mit Inkrafttreten am 1. Januar 2007 wurde die Möglichkeit geschaffen, über das gemeinsame Registerportal der Länder[46] bundesweit Registerdaten abzurufen. Angeboten werden insbesondere der aktuelle Ausdruck mit einem Überblick über alle derzeit gültigen Eintragungen, der chronologische Ausdruck mit allen Daten ab Umstellung auf elektronische Registerführung sowie der historische Ausdruck mit allen Daten, die bis zur Umstellung auf die elektronische Registerführung gültig waren.

Das EHUG führt damit zu einer Beschleunigung und Entbürokratisierung der Unternehmenspublizität und zu einem erleichterten Zugriff auf Unternehmensdaten über das Internet. Es ist Bestandteil des »small-company-act« zur Entlastung mittelständischer Unternehmen von Bürokratie und zur Beschleunigung von Planungs- und Genehmigungsverfahren, auf den sich die Große Koalition im Koalitionsvertrag vom November 2005 verständigt hat.[47]

Damit sind die 1. gesellschaftsrechtliche EU-Richtlinie (Registerpublizität)[48] sowie die EU-Transparenzrichtlinie[49] umgesetzt worden.

Nach § 37 Abs. 1 Nr. 1 Handelsregisterverordnung (HRV), die in ihrer aktuellen Fassung vom 21. 12. 2007 auf den EHUG beruht, hat das Registergericht der IHK jede Neuanlegung und jede Änderung eines Registerblatts mitzuteilen. Dies erfolgte bisher nicht auf elektronischem Wege, soll aber nun im Laufe des Jahres automatisiert werden, was einen enormen Zeit- wie auch Kostenvorteil für alle am Verfahren Beteiligten hätte.

Nicht nur die Amtsgerichte als registerführende Stellen sind damit auf den vollelektronischen Workflow umgestiegen, sondern auch ihre Kommunikationspartner,

45 BGBl 2006 I S. 2553 ff.
46 www.handelsregister.de.
47 Siehe Koalitionsvertrag von CDU/CSU und SPD vom 11. 11. 2005, S. 74.
48 Richtlinie 2003/58/EG des Europäischen Parlaments und des Rates vom 15. 7. 2003 zur Änderung der Richtlinie 68/151/EWG des Rates in Bezug auf die Offenlegungspflichten von Gesellschaften bestimmter Rechtsformen, Amtsblatt Nr. L 221 vom 4. 9. 2003 S. 0013–0016.
49 Richtlinie 2004/109/EG des Europäischen Parlaments und des Rates zur Harmonisierung der Transparenzanforderungen in Bezug auf Informationen über Emittenten, deren Wertpapiere zum Handel auf einem geregelten Markt zugelassen sind, und zur Änderung der Richtlinie 2001/34/EG.

die Notare und die Industrie- und Handelskammern profitieren in zunehmendem Maße. Da letztere jedes Jahr viele Tausend firmenrechtliche Stellungnahmen gegenüber den Amtsgerichten und Notaren abgeben, sind auch sie von der Umstellung auf das elektronische Verfahren betroffen.

Mit Ausnahme von Rheinland-Pfalz verwenden bislang alle Bundesländer für den elektronischen Informationsaustausch mit Dritten das »Einheitliche Gerichts- und Verwaltungspostfach« (EGVP).[50] Rheinland-Pfalz verfügt über eine eigene Softwarelösung, die noch mit dem EGVP in Einklang gebracht werden soll.

Die Anforderung einer Stellungnahme durch die Industrie- und Handelskammern wird in das Ermessen des Registerrichters gestellt. Die Abgabe der Handelskammer-Stellungnahmen soll gemäß § 23 HRV elektronisch erfolgen. Hier ist die gerichtliche Praxis derzeit jedoch nicht einheitlich. Ein konsequentes Abstellen auf die elektronische Übermittlung wäre auch hier wünschenswert.

Zu überlegen wäre zudem, ob die Industrie- und Handelskammern auch elektronisch auf Anfragen von Gerichten oder Notaren beispielsweise in Verfahren zur Freiwilligen Gerichtsbarkeit, ihre Stellungnahmen abgeben könnten, was derzeit jedoch noch nicht der Fall ist.

6.2.2 Elektronische Übermittlung von Gewerbedaten

Nach § 14 Abs. 9 Nr. 1 GewO wird die jeweilige Industrie- und Handelskammer vom zuständigen Gewerbeamt über alle neuen Gewerbemeldungen (An-, Um-, und Abmeldungen) in ihrem Kammerbezirk informiert.

Eine aktuelle Umfrage des Deutschen Industrie- und Handelskammertages aus dem Jahr 2007 hat ergeben, dass die Zahl der Übermittlungsdatensätze pro Monat bei allen 81 Industrie- und Handelskammern insgesamt 88 648 beträgt, davon entfallen 44 302 Datensätze, die nur in Papierform übermittelt werden. Hier könnte durch eine ausschließlich auf dem elektronischen Weg erfolgende Übermittlung der Gewerbedaten eine immense Kosten- als auch Zeitersparnis erreicht werden.

6.2.3. Elektronische Bauleitplanung

Die Unternehmen der Baubranche können sich in vielen Bundesländern die gesamten Vergabeunterlagen für bestimmte Baumaßnahmen wie Leistungsverzeichnisse, Vertragsbedingungen und Zeichnungen über das Internet kostenlos auf ihre PCs am Arbeitsplatz herunterladen.[51] Für das Bearbeiten der verschiedenen Unterlagen steht zum Beispiel in Berlin ein kostenfreies Bieterprogramm zum Ausfüllen der Leistungsverzeichnisse zur Verfügung. Wie gewohnt, können dann die Unterlagen auf dem Postweg versendet werden oder elektronisch.

50 www.egvp.de.
51 *Stember* Prozessmanagement im e-Government, in: Bieler/Schwarting (Hrsg.) e-Government,, aaO, S. 290, 305 ff.

Für die digitale Angebotsabgabe benötigen die Bieter eine digitale Signatur und ein Kartenlesegerät. Damit wird das Angebot elektronisch und rechtsverbindlich unterschrieben und verschlüsselt zurückgeschickt.

Vor allem kleine und mittlere Unternehmen profitieren von dem elektronischen Verfahren. Sie haben einen deutlich reduzierten Zeit- und Kostenaufwand; der gesamte Prozess wird transparenter und sicherer. Vollständigkeits- und Plausibilitätsprüfungen verringern das Risiko, wegen formaler Fehler ausgeschlossen zu werden.

Neben den Bauausschreibungen finden sie auch Vergaben von Liefer- und Dienstleistungen. Auch hier könnten die Industrie- und Handelskammern aufgrund ihrer Sachnähe stärker in den Verwaltungsprozess einbezogen werden.

In Bayern gibt es beispielsweise seit nunmehr zehn Jahren eine enge Kooperation zwischen dem Bayerischen Wirtschaftsministerium und den Bayerischen Industrie- und Handelskammern. Aus dieser Kooperation ist das Standort-Informations-System-Bayern (SISBY)[52] entstanden. SISBY informiert internetbasiert über verfügbare gewerbliche Immobilienangebote, verfügbare Gewerbeflächen, Strukturdaten wie Bevölkerungszahlen, interaktive Ortskarten und bietet ein Online-Formular zur Inserierung von Immobilienangeboten. Zwischen September 2006 und August 2007 haben monatlich 11 000 Nutzer SISBY verwendet, was den großen Nutzen und die hohe Akzeptanz unterstreicht.

6.3 Eigene Angebote von G2B-Anwendungen

Neben einer stärkeren Beteiligung an Verwaltungsprozessen gehört es auch zur Strategie der Industrie- und Handelskammern, eigene Angebote von Government to Business Anwendungen (G2B) für die Mitgliedsunternehmen bereitzustellen.

Hier sind drei Bereiche von besonderer Relevanz für die Kammern.

6. 3. 1 Versicherungsvermittlerregister

Mit dem Gesetz zur Neuregelung des Versicherungsvermittlerrechts vom 19. Dezember 2006 (VermG)[53] setzte der Gesetzgeber mit mehr als zwei Jahren Verspätung die Richtlinie 2002/92/EG des Europäischen Parlaments und des Rates vom 9. Dezember 2002 über Versicherungsvermittlung (EU-Vermittlerrichtlinie)[54] in nationales Recht um.[55]

Wer gewerbsmäßig als Versicherungsvermittler tätig werden will, benötigt ab dem 22. Mai 2007 dazu gem. § 34 d Abs. 1 GewO die Erlaubnis der zuständigen

52 www.sisby.de.
53 BGBl 2006 I S. 3232 ff.
54 Richtlinie 2002/92/EG des Europäischen Parlaments und des Rates vom 9. 12. 2002 über Versicherungsvermittlung, ABl. L 9 vom 15. 1. 2003, S. 3–10.
55 Weitergehend: *Beenken/Sandkühler* Das Vermittlergesetz und seine Konsequenzen für die Branche, in: Recht und Schaden 2007, 182 ff.

IHK und muss gem. §§ 34 d Abs. 7 i.V.m. 11 a Abs. 1 GewO in das neue *Vermittlerregister* eingetragen sein.

Diese wird nur erteilt, wenn der Gewerbetreibende zuverlässig ist, über die erforderliche Sachkunde verfügt, in geordneten Vermögensverhältnissen lebt und das Bestehen einer Berufshaftpflichtversicherung nachweisen kann. Gebundene Vermittler, für die seitens eines oder mehrerer Versicherungsunternehmen die uneingeschränkte Haftung übernommen wurde und Vermittler nach § 34 d Abs. 9 GewO (z.B. Gewerbetreibende, die nicht hauptberuflich Versicherungen vermitteln) unterliegen nicht der Erlaubnispflicht.

Zuständige Registerbehörden sind die Industrie- und Handelskammern. Für die Führung dieses Registers bedienen sich diese ihrer gemeinsamen Stelle gemäß § 32 Abs. 2 Umweltauditgesetz, also dem DIHK.

Der DIHK führt als zentrale Stelle das Versicherungsvermittlerregister, das wiederum dezentral von den 81 Industrie- und Handelskammern gepflegt wird, die ebenfalls die Beratung vor Ort übernehmen und darüber entscheiden, wer in das Register aufgenommen wird.

6.3.2 Verpackungsverordnung

Die Sammlung und ökologische Verwertung von Verpackungsabfällen ist das grundsätzliche Ziel der Verpackungsverordnung. Die nunmehr fünfte Verordnung zur Änderung der Verpackungsverordnung[56] hat zum Kernziel, die haushaltsnahe Entsorgung von Verkaufsverpackungen dauerhaft sicherzustellen und faire Wettbewerbsbedingungen zwischen den Wirtschaftsbeteiligten zu schaffen.

Nach § 10 werden Hersteller und Vertreiber verpflichtet, eine Vollständigkeitserklärung über sämtliche von ihnen in Verkehr gebrachte Verkaufsverpackungen abzugeben.

Primäres Ziel dieser Regelung ist es, Hersteller und Vertreiber von Verkaufsverpackungen dazu anzuhalten, ihren Beteiligungspflichten am dualen System vollständig und korrekt nachzukommen. Die Bundesregierung geht davon aus, dass bereits der Umstand, dass Hersteller und Vertreiber verpflichtet werden, eine unter eigenem Namen verfasste Erklärung darüber abzugeben, welche Verpackungsmengen das Unternehmen in Verkehr gebracht hat und welcher Anteil dieser Verpackungen zu privaten Endverbrauchern gelangt, wesentlich dazu beitragen wird, dass der Anteil der so genannten Trittbrettfahrer, die sich ganz oder vollständig ihren Beteiligungspflichten am dualen System entzogen haben, deutlich reduziert wird. [57]

Hersteller und Vertreiber haben nach § 10 Abs. 5 der Änderungsverordnung ihre Vollständigkeitserklärungen bei ihrer örtlich zuständigen IHK zu hinterlegen. Die Industrie- und Handelskammern werden als neutrale, wirtschaftsnahe und flächen-

56 Gesetzentwurf der Bundesregierung, BT-Drs. 16/6400 vom 19. 9. 2007.
57 Vgl. Begründung des Gesetzesentwurfs, BT-Drs. 16/6400, S. 23.

deckende Organisation als am besten geeignet angesehen, um die Organisation der Hinterlegung der Vollständigkeitserklärungen zu gewährleisten.[58]

Die für das Abfallrecht zuständigen Überwachungsbehörden der Länder werden damit in die Lage versetzt, in die hinterlegten Vollständigkeitserklärungen durch einen einfachen internetgestützten Zugriff einzusehen, und so festzustellen, ob der Beteiligungspflicht am dualen System nachgekommen wurde.

6.3.3 Präqualifizierung

Normalerweise ist im Vergabeverfahren die Prüfung der Eignungsnachweise notwendig.

Präqualifikation ist die vorgelagerte, auftragsunabhängige Prüfung der Eignungsnachweise entsprechend der in § 8 VOB/A definierten Anforderungen. Damit kann jedes an öffentlichen Aufträgen interessierte Unternehmen künftig seine Eignung gegenüber den öffentlichen Auftraggebern zu erheblich reduzierten Kosten nachweisen. Mit Eintragung in die Präqualifizierungsliste dokumentieren die Unternehmen ihre Zuverlässigkeit, Sachkunde und Leistungsfähigkeit.

Im Baubereich führt diese Liste der Verein für die Präqualifikation von Bauunternehmen e.V.[59] (Bundes- und Länderministerien, in deren Zuständigkeit das Bauen fällt, sowie von Spitzenorganisationen der Landkreise, Städte und Gemeinden, deren Mitglieder als potentielle Auftraggeber im Baubereich tätig sind, Haupt- und Wirtschaftsverbänden, die die Interessen der Bauindustrie, des Baugewerbes und spezieller Fachbereiche des Bauens vertreten und deren Mitglieder als potentielle Auftragnehmer infrage kommen); im Liefer- und Leistungsbereich gibt es verschiedene Systeme. So bieten beispielsweise die Industrie- und Handelskammern in Nordrhein-Westfalen die Daten in einem virtuellen Vergabemarktplatz an.

Wünschenswert wäre, wenn es einen einheitlichen Anbieter geben würde und ein bundeseinheitliches System. Aufgrund ihrer Wirtschaftsnähe sollte überlegt werden, dafür die Industrie- und Handelskammern zu beauftragen. Diese verfügen neben etablierten Beratungskapazitäten zudem über große Erfahrung in diesem Bereich.

7. EIGENE E-GOVERNMENT ANGEBOTE DER INDUSTRIE- UND HANDELSKAMMERN FÜR UNTERNEHMEN UND DRITTE[60]

Bereits heute existiert ein umfangreiches Angebot eigener E-Government Angebote der Industrie- und Handelskammern für ihre Mitgliedsunternehmen und Dritte. Das bestehende Angebot lässt sich in informations-, kommunikations- und transaktionsorientierte Dienstleistungen aufteilen.

58 Vgl. Begründung des Gesetzesentwurfs, BT-Drs. 16/6400, S. 23.
59 www.pq-verein.de
60 IHK Berlin, eGovernment, Chancen für den Mittelstand? Berlin 2004, S. 15 ff.

7.1 Informationsorientierte Angebote

Zu den informationsorientierten Angeboten zählen beispielsweise der Businessplan online, mit dem Existenzgründer die Möglichkeit haben, ihr individuelles Unternehmenskonzept im Internet online unterstützt zu erstellen.

Des Weiteren gibt es eine Vielzahl branchenspezifischer Newsletter und Infobriefe mit Informationen zu aktuellen Themen und Entwicklungen, Webseiten mit Informationen zur Vollversammlungswahl und das Umweltfirmen-Informationssystem (UMFIS).[61]

Mit UMFIS können alle Unternehmen, die Produkte oder Dienstleistungen für den Umweltschutz anbieten ihr individuelles Leistungsprofil datenbankgeschützt präsentieren. Hersteller, Händler und Dienstleister können so ihre Produkte und Qualifikation zielgerichtet vorstellen.

7.2 Kommunikationsorientierte Angebote

Im Grad der Interaktion eine Stufe höher sind die kommunikationsorientierten Angebote. Hierzu zählen beispielsweise der Ausbildungsvertrag online mit der Möglichkeit, einen Vertrag online auszufüllen und auszudrucken oder einen leeren Vordruck abzurufen.

Ebenfalls in diesen Bereich gehört das Umweltinformations- und Kommunikationssystem (UMKIS).[62] UMKIS wird von den Industrie- und Handelskammern, den Auslandshandelskammern und dem DIHK gemeinsam betrieben und informiert über deren vielfältige Aktivitäten wie die Interessenvertretung der gewerblichen Wirtschaft oder die hoheitliche Aufgabenerfüllung und ermöglicht eine direkte aktuelle und zielgruppenspezifische Kommunikation.

Zu nennen ist zudem die Nachfolgebörse, eine Gemeinschaftsinitiative des ZDH, des DIHK und der KfW-Mittelstandsbank. Partner sind u.a. die Industrie- und Handelskammern. Mit der Nachfolgebörse bieten diese der mittelständischen Wirtschaft sowie Existenzgründern einen speziellen Vermittlungs-, Kontakt- und Beratungsservice an mit Möglichkeiten bei der Partnersuche und bei der begleitenden Betreuung im Zusammenhang mit einer anstehenden Unternehmer-/Unternehmensnachfolge.[63]

Schließlich ist noch die Kooperationsbörse zu nennen, deren Angebote über die bundesweite Datenbank der Industrie- und Handelskammern veröffentlicht werden.[64] Ziel der IHK-Kooperationsbörse ist es, die zwischenbetriebliche Zusammenarbeit zu fördern. Durch die Kooperation sollen Rationalisierungsvorteile realisiert werden, die in der gemeinschaftlichen Ausübung von Unternehmensfunktionen lie-

61 www.umfis.de.
62 www.umkis.de.
63 www.change-online.de.
64 www.kooperationsboerse.ihk.de.

gen, ohne dass dabei die wirtschaftliche Selbständigkeit der Unternehmen verloren geht.

7.3 Transaktionsorientierte Angebote

Im Bereich der transaktionsorientierten Angebote gibt es einerseits die IHK-Online-Akademie[65] und andererseits im Bereich E-Procurement diverse Shops (Electronic Product Delivery) in denen Materialien und Publikationen von den Industrie- und Handelskammern und dem DIHK[66] angeboten werden. Die IHK-Online-Akademie wird als bundesweiter eLearning-Marktplatz aller deutschen Industrie- und Handelskammern mit verschiedenen Qualifizierungsangeboten verstanden. Eine Veranstaltung in der IHK-Online-Akademie besteht grundsätzlich aus Präsenztagen, einem oder mehreren Selbstlernprogrammen und Instrumenten zur Kommunikation für die Teilnehmer untereinander wie beispielsweise Chats, Foren und Downloadbereiche. Es besteht die Möglichkeit, gemeinsam über das Internet erarbeitete Projekte zu präsentieren oder auch Prüfungen abzulegen.

7.4 Bewertung

Deutlich wird bei näherer Betrachtung, dass vor allem die transaktionsorientierten Angebote derzeit mit weitem Abstand die kleinste Gruppe bilden. Je höher der Grad der Interaktion ist, desto höher ist jedoch auch der Nutzen für die Anwender. Gerade der Bereich der transaktionsorientierten Angebote muss deshalb in Zukunft noch erheblich ausgebaut werden.

8. WIRTSCHAFTLICHKEITSPOTENTIAL

Sämtliche Online-Angebote verbessern nicht nur die Dienstleistungs- und Kommunikationsqualität der Industrie- und Handelskammern, sondern bringen auch einen erheblichen Kostenvorteil.

Dies zeigt die folgende Darstellung über die Wirtschaftlichkeitspotentiale einzelner Angebote.

So erfordert die klassische Erfassung IHK-Zugehöriger im Durchschnitt fünf Stunden pro Unternehmen, während der Zeitaufwand bei einer digitalen Erfassung unter zwei Stunden beträgt.[67] Dabei ergeben sich höhere Einsparungen bei Änderungen und geringere bei Löschungen.

65 www.ihk-online-akademie.de.
66 www.dihk.de/publikationen.
67 *Driessen* Vortrag anlässlich des DIHK-Hauptgeschäftsführer-Workshops »Digitale IHK« vom 27. 2. 2007 zum Thema: eGovernment in der IHK-Organisation.

Bei Handelsregister-Stellungnahmen ist der Aufwand klassisch vor allem durch den Transport und die Archivierung wesentlicher höher. Schließlich hat das Institut für Wirtschaftsinformatik der Universität Hannover im Rahmen einer Untersuchung festgestellt, dass digitale Rechnungen Kosten von 4,20 Euro pro Stück sparen im Vergleich zu konventionell erstellten Rechnungen.[68]

9. E-GOVERNMENT: IST-ZUSTAND

Die föderalen Strukturen in Deutschland haben in der Vergangenheit einen Flickenteppich heterogener und zum Teil nicht kompatibler Lösungen gefördert.[69] Um dies zu vermeiden, muss zukünftig die Zusammenarbeit zwischen den Gebietskörperschaften untereinander aber auch zwischen Staat und Wirtschaft wesentlich verbessert werden. Das senkt Kosten, erhöht die Akzeptanz und kann die Qualität verbessern.

Die Einführung von E-Government-Lösungen darf eben nicht nur dazu führen, dass Verwaltungshandeln schneller oder effizienter erfüllt werden kann. Gleichzeitig müssen sie einen konkreten Nutzen für die Unternehmen haben. Beide Seiten – Wirtschaft und Verwaltung – dürfen hier nicht länger isoliert nebeneinander agieren. Eines der größten Hemmnisse für integrierte E-Government-Prozesse sind deshalb auch nach wie vor fehlende Standards und Kompatibilitäten.[70] Dies ist auch ein Hauptkritikpunkt vieler Klein- und Mittelständischer Betriebe.[71] Zudem gibt es zu viele Insellösungen ohne Betrachtung des gesamten Workflows, eine Dominanz der einseitigen Bereitstellung von Informationen und zu wenig kommunikations- und insbesondere transaktionsbasierte Angebote. Hinzu kommt, dass man die Abwicklung eines medienbruchfreien elektronischen Verwaltungsverfahrens in der Regel immer noch vergebens sucht.[72]

Ein erster Schritt in die richtige Richtung sind die bereits erwähnten Projekte der Bundesregierung DeutschlandOnline sowie E-Government 2.0, um notwendige einheitliche Standards über föderale Ebenen hinweg zu fördern und Kooperationen voranzutreiben. Grund zur Hoffnung bietet hier auch die Erkenntnis der Bundesregierung, dass das größte Effizienzpotential an der Schnittstelle zwischen Wirt-

68 *Driessen* Vortrag anlässlich des DIHK-Hauptgeschäftsführer-Workshops »Digitale IHK« vom 27. 2. 2007 zum Thema: eGovernment in der IHK-Orgnisation.

69 *Schliesky* Regelungsbedarf für elektronische Verwaltungsstrukturen, in: Henneke (Hrsg.) Kommunale Verwaltungsstrukturen der Zukunft, 2006, S. 59, 65 ff.

70 Positionspapier des DIHK vom 18. 1. 2006 zum Thema: e-government – Standardisierung forcieren.

71 Positionspapier des DIHK vom 18. 1. 2006 zum Thema: e-government – Standardisierung forcieren.

72 *Schliesky* Regelungsbedarf für elektronische Verwaltungsstrukturen, in: Henneke (Hrsg.) Kommunale Verwaltungsstrukturen der Zukunft, 2006, S. 59, 61.

schaft und Verwaltung durch die elektronische Verknüpfung ihrer Prozessketten gesehen wird.[73]

Um das Potential von E-Government auszunutzen, bedarf es eines ganzheitlichen Ansatzes, das heißt, die Industrie- und Handelskammern müssen weg von der bloßen Aufgabenorientierung und hin zu einer Prozessorientierung. Dafür müssen bestehende Insellösungen verbunden oder integriert werden. Ein wesentliches Kriterium für den Erfolg von E-Government besteht mithin darin, dass die herkömmlichen Grenzen der sachlichen und örtlichen Zuständigkeit die elektronische Kommunikation nicht behindern. Hier spielt zwangsläufig der im Rahmen des New Public Management aufgekommene Gedanke der Trennung von Front Office und Back Office eine entscheidende Rolle.[74] Es muss also die Frage gestellt und beantwortet werden, ob alle Dienstleistungen zwingend auch von allen 81 Industrie- und Handelskammern angeboten werden müssen, oder ob hier nicht eine Spezialisierung erfolgen muss und das EFA-Prinzip = Einer-für-Alle[75] wesentlich stärker berücksichtigt werden sollte. Die Probleme, die hierbei zu lösen sind, bestehen einerseits darin, wie mit der Antragstellung bei einer örtlich unzuständigen Kammer zu verfahren ist und andererseits, wie die Trennung von formeller und materieller Prüfung der Unterlagen (Front-/Backoffice) rechtlich umgesetzt werden kann.[76] Derartige Vorgehensweisen bieten sich gerade im Bereich der vernetzten elektronischen Verwaltung an. Die Realisierung derartiger Lösungen scheitert bislang aber regelmäßig an dem geltenden Verwaltungsorganisationsrecht und auch dem Kammerrecht, das durch starre Zuständigkeitsregelungen und strikte Kompetenzabgrenzungen geprägt ist.[77]

10. AUSBLICK: E-GOVERNMENT UND INDUSTRIE- UND HANDELSKAMMERN

Die Industrie- und Handelskammern sind in ihrer Mittlerfunktion zwischen den Unternehmen und dem Staat in einer guten Ausgangsposition, zumal bereits eine

73 Bundesministerium des Innern, E-Government 2.0, Das Programm des Bundes, November 2006, S. 12.

74 *Schliesky* Regelungsbedarf für elektronische Verwaltungsstrukturen, in: Henneke (Hrsg.) Kommunale Verwaltungsstrukturen der Zukunft, 2006, S. 59, 70.

75 *Strack* e-Government und IT-Sicherheit, in: Bieler/Schwarting (Hrsg.) e-Government, aaO, S. 673, 686.

76 Siehe hierzu auch *Biernert* Kooperation von Industrie- und Handelskammern, aaO, S. 89 ff; *ders.* Referat auf dem Kammerrechtstag 2007 zum Thema: Kooperation von Kammern und Electronic Government.

77 *Britz* in: Hoffmann-Riem/Schmidt-Aßmann (Hrsg.) Verwaltungsverfahren und Verwaltungsverfahrensgesetz, 2002, S. 213, 237 ff; *Schliesky* in Meyer/Wallerath (Hrsg.) Gemeinden und Kreise in der Region, 2004, S. 80, 100 ff; *ders.* Regelungsbedarf für elektronische Verwaltungsstrukturen, in: Henneke (Hrsg.) Kommunale Verwaltungsstrukturen der Zukunft, 2006, S. 59, 71.

enge Kooperation mit dem Bund und den Ländern stattfindet. Sie müssen in Zukunft ihr eigenes Angebot an Online-Dienstleistungen, insbesondere im transaktionsorientierten Bereich, kontinuierlich ausweiten und sich für eine stärkere Harmonisierung der E-Government-Anwendungen einsetzen. Konkret geht es um eine grenzüberschreitende Standardisierung. Darüber hinaus muss die nötige Infrastruktur geschaffen werden, insbesondere eine flächendeckende Breitbandversorgung sowie die Etablierung durchgängiger Prozessketten, die medienbruchfrei auch grenzüberschreitend bestehen. Mit derartigen Leistungsangeboten können die Kammern Anstöße in der Qualität und Weiterentwicklung von Onlineangeboten geben und so eine breite Akzeptanz von E-Government bei allen Beteiligten fördern.

Notwendig sind dafür eine fachlich und inhaltlich stärkere Vernetzung der bestehenden Projektgruppen innerhalb der Kammerorganisation und der Aufbau eines leistungsfähigen Projektmanagements für den Modernisierungsprozess.

Bei Erfolg werden Kammerleistungen für den Bürger und die Mitgliedsunternehmen schneller und transparenter, einfacher und serviceorientierter sowie kostengünstiger und besser erreichbar werden, ganz nach dem Motto: »Die Daten, nicht die Bürger sollen laufen.«[78]

78 Bundeskanzler a.D. *Gerhard Schröder* Rede vor dem Kongress der Initiative D21 auf der Expo 2000 vom 17. 9. 2000.

Zur rechtlichen Überprüfung von Stellungnahmen der Industrie- und Handelskammern, des Deutschen Industrie- und Handelskammertages und der IHK-Landesarbeitsgemeinschaften

JÜRGEN MÖLLERING

Es ist kein Geheimnis, dass sich der Jubilar um das Recht und – weiter noch – den Status der Industrie- und Handelskammern (IHKs) in Deutschland sehr verdient gemacht hat. In zahlreichen Monographien, Aufsätzen und Vorträgen hat er gegenüber der deutschen Politik und Wirtschaft stets das Modell der öffentlich-rechtlichen Kammern verteidigt und auf die – vielfach noch ungenutzten – Möglichkeiten der Selbstverwaltung der Wirtschaft durch die Kammern aufmerksam gemacht. Hervorzuheben sind seine Monographie »Die Industrie- und Handelskammern als Mittler zwischen Staat und Wirtschaft«,[1] sein sachverständiges Zeugnis in der Anhörung des Ausschusses für Wirtschaft des Deutschen Bundestages am 31. Januar 1996[2] und sein beherztes Plädoyer »Kammern der Wirtschaft: Mehr als Pflichtmitgliedschaft?« aus dem Jahre 2001.[3] Er hat die Idee der Selbstverwaltung der Wirtschaft darüber hinaus auch in die »weite« Welt getragen. In besonderer Erinnerung ist dem Verfasser der gemeinsame Auftritt bei einem Deutsch-Chinesischen Symposium zum Thema »Unternehmen – Kammern – Regierung« in Kunming im Dezember 2002.

1. STELLUNGNAHMEN DER IHK-ORGANISATION ALS GEGENSTAND VON BESCHWERDEN UND KLAGEN

Einer der drei großen Aufgabenbereiche, die der deutsche Gesetzgeber den IHKs übertragen hat, ist die Vertretung des Gesamtinteresses der gewerblichen Wirtschaft, der sich der Jubilar in dem Kapitel »Interessenvertretung und Beratung« im

1 *Stober* Die Industrie- und Handelskammern als Mittler zwischen Staat und Wirtschaft, 1992.

2 Wortprotokoll der öffentlichen Anhörung des Ausschusses für Wirtschaft vom 31. Januar 1996 zum Gesetzentwurf der Abg. Dr. Uwe Jens, Hans Berger u.a. und der Fraktion der SPD, Protokoll Nr. 24, 13. Wahlperiode, Ausschuss für Wirtschaft (9. Ausschuss/24. Sitzung) – Az.: 742 2401.

3 GewArch 2001, 393 ff.

Handbuch des Kammerrechts ausführlich gewidmet hat.[4] Der Gesetzgeber ist bei der Übertragung dieses Aufgabenbereiches davon ausgegangen, dass ausgewogene, die Belange aller Branchen und Standorte berücksichtigende Stellungnahmen im grundsätzlichen Interesse sowohl der Wirtschaftsunternehmen als den »Vertretenen« wie auch des Staates in seinen vielfältigen Erscheinungsformen als dem »Empfänger« liegen. Die IHK tritt hier – einerseits selbst eine Institution im staatlichen Verwaltungsgefüge, andererseits ein Sprachrohr der ihr zugehörigen Unternehmen – im wahrsten Sinne des Wortes als »Mittlerin« zwischen Staat und Wirtschaft auf. Diese Sicht äußert sich etwa auch in zahlreichen Gerichtsentscheidungen zur IHK-Pflichtmitgliedschaft bis hin zum Bundesverfassungsgericht.[5] Man findet sie bei den staatlichen Partnern der IHKs, in der Rechtswissenschaft und – allerdings eher vereinzelt – in der allgemeinen Wirtschaftspublizistik. Sie wird indes nicht immer von denjenigen geteilt, deren Interessen die IHK qua Gesetzesauftrag repräsentiert. Im Gegenteil: Stellungnahmen des Deutschen Industrie- und Handelskammertages (DIHK), von Industrie- und Handelskammern (IHKs) oder einzelnen Landesarbeitsgemeinschaften der IHKs waren und sind recht häufig Gegenstand von Beschwerden und Klagen aus dem Kreis der IHK-Mitglieder.

Solche Beschwerden – soweit sie IHK-Stellungnahmen betreffen – werden manchmal an den DIHK gerichtet. Hier wird offenbar verkannt, dass der DIHK nicht vorgesetzte Stelle der IHKs ist. Er führt daher weder Fach- noch auch nur Rechtsaufsicht über die IHKs und kann daher nur mit »persuasive authority« gegenüber den IHKs tätig werden. Falls ein plausibler Grund für die Beschwerde ersichtlich ist, geschieht dies natürlich. In aller Regel kann der Beschwerde dann auch abgeholfen oder dem Beschwerdeführer zumindest erklärt werden, warum die Stellungnahme mit dem kritisierten Inhalt so abgegeben worden ist.

Inwieweit daneben die Möglichkeit genutzt wird, Beschwerden an die Landeswirtschaftsministerien als Aufsichtsbehörden heranzutragen, ist schwer zu beurteilen. Die Aufsichtsbehörden haben die Möglichkeit, auch rechtlich gegenüber den IHKs einzuschreiten. In aller Regel werden diese Fälle im Verhältnis Aufsichtsbehörde/IHK geklärt und der DIHK erhält darüber keine Nachricht. Auch hier dürfte allerdings der Regelfall sein, dass es nicht zu einer formellen Aufsichtsmaßnahme kommt.

Hin und wieder geschieht es, dass der Petitionsausschuss des Deutschen Bundestages angerufen und der DIHK um Stellungnahme zu der Petition gebeten wird. Aber solche Fälle sind recht selten und betreffen in aller Regel das Thema Pflichtmitgliedschaft und IHK-Beitrag und nicht die Vertretung des Gesamtinteresses der gewerblichen Wirtschaft.

In neuerer Zeit werden Stellungnahmen der IHKs, des DIHK und der IHK-Landesarbeitsgemeinschaften allerdings auch zunehmend durch Klage bei den Ver-

4 *Stober/Eisenmenger* Interessenvertretung und Beratung, in: Kluth (Hrsg.) Handbuch des Kammerrechts, 1. Aufl., 2005, S. 211 ff.

5 BVerfG Kammerbeschluss vom 7. 12. 2001 – 1 BvR 1806/98 – GewArch 2002, 111.

waltungsgerichten angegriffen. Kläger sind einerseits »Kammerverweigerer«, die angesichts evident schlechter Erfolgsaussichten von Klagen gegen IHK-Beitragsbescheide – insbesondere soweit dies mit der angeblichen Verfassungswidrigkeit oder Europarechtswidrigkeit begründet wird – nun ein neues Feld entdeckt haben. Einige Kläger kommen aber auch aus der Branche der erneuerbaren Energien. Diese sind anscheinend unzufrieden mit der IHK-Organisation, weil die in Bezug auf die Förderpolitik eine differenzierte Position vertritt, bei der auch die Kosten für Industrie und Handel als Nutzer von Energie und der globale Wettbewerb berücksichtigt werden.

2. ANSPRUCHSGRUNDLAGEN

Dazu ist zunächst zu sagen, dass bislang alle Prozesse vom DIHK bzw. von den IHKs gewonnen wurden. Einige sind allerdings noch in der zweiten Instanz anhängig oder werden voraussichtlich in die zweite Instanz gehen. Insgesamt wurden bislang sechs Anspruchstypen verfolgt:

a) Privatrechtliche Unterlassungs- und ggf. Schadensersatzansprüche nach § 823 Abs. 1 i.V.m. § 1004 BGB analog

Diese Ansprüche sollen sich auf einen Eingriff in den eingerichteten und ausgeübten Gewerbebetrieb gründen. Das ist nicht Erfolg versprechend, denn ein solcher Anspruch scheitert in aller Regel schon an der mangelnden Betriebsbezogenheit des Eingriffs. Die wirtschaftspolitischen Stellungnahmen sind ja nicht konkret gegen ein bestimmtes Unternehmen gerichtet.[6] Das gilt für Stellungnahmen der IHKs, des DIHK oder einer Landesarbeitsgemeinschaft gleichermaßen.

b) Öffentlichrechtlicher Anspruch auf Unterlassung von Überschreitungen des gesetzlichen Aufgabenbereichs

Solche Ansprüche sind ernst zu nehmen, denn nach der Rechtsprechung des Bundesverfassungsgerichts[7] wie auch des Bundesverwaltungsgerichts[8] kann jedes einzelne Pflichtmitglied der IHK ein einklagbares Recht, dass die IHK nicht über die ihr vom Gesetzgeber zugewiesenen Aufgaben hinaus tätig wird. Dieser Unterlassungsanspruch wird aus Art. 2 Abs. 1 GG abgeleitet, der nach Auffassung der

6 LG Berlin Urt. vom 15. 6. 2006 – 27 O 36/06; dazu *Ennuschat/Tille* Unterlassungsansprüche von Kammermitgliedern gegen Äußerungen des DIHK, GewArch 2007, 24 ff.

7 Vgl. BVerfG Kammerbschluss vom 7. 12. 2001 – 1 BvR 1806/98 – GewArch 2002, 111.

8 BVerwG Urteil vom 21. 7. 1998 – 1 C 32.97 – GewArch 1998, 410 und Urteil vom 19. 9. 2000 – 1 C 29.99 – GewArch 2001, 161.

obersten Gerichte »auch davor schützt, durch Zwangsmitgliedschaft von ›unnötigen‹ Körperschaften in Anspruch genommen zu werden«. Die Rechtsprechung verlangt dabei nicht, dass der Kläger einen darüber hinausgehenden rechtlichen oder faktischen Nachteil erleidet.[9] Der Unterlassungsanspruch besteht ohne individuellen Betroffenheitsnachweis auch dann, wenn die Aufgabenüberschreitung allein darin liegt, dass die IHK Stellungnahmen zu Themen abgibt, die nicht in ihren Kompetenzbereich fallen.[10] Unter Umständen – wenn weitere den Kompetenzbereich überschreitende Stellungnahmen zu erwarten sind – kann das IHK-Mitglied den Unterlassungsanspruch auch im Wege der vorbeugenden Unterlassungsklage geltend machen.[11]

Der oben genannte Anspruch besteht allerdings zunächst einmal nur in Bezug auf Stellungnahmen der IHK selbst. Er kann nach aktueller Rechtsprechung[12] nicht darauf gestützt werden, dass der DIHK oder die Landesarbeitsgemeinschaft als Dachverband den in der jeweiligen Vereinssatzung festgelegten Aufgabenbereich verlassen haben. Denn der gesetzliche Aufgabenbereich ist ja nur im Verhältnis Mitglied/IHK relevant. Verstöße gegen die Satzung des Dachverbandes berühren hingegen unmittelbar lediglich die rechtlichen Interessen der diesem angeschlossenen IHKs. Die rechtlichen Interessen der diesen IHKs wiederum zugehörigen Mitglieder werden nur mittelbar berührt.

Gegen den DIHK und die Landesarbeitsgemeinschaften direkt besteht ein solcher Anspruch ebenfalls nicht. Die Klage eines IHK-Mitglieds, mit der direkt gegen den DIHK auf dem Verwaltungsrechtsweg der Anspruch auf Unterlassung einer Stellungnahme zur Umweltpolitik geltend gemacht werden sollte, wurde von dem angerufenen Verwaltungsgericht an das zuständige Landgericht verwiesen.[13] Aber auch eine Klage vor den Zivilgerichten ist aussichtslos, denn das IHK-Mitglied selbst ist nicht zugleich Mitglied des Dachverbandes. Gegen eine etwaige satzungswidrige Beschlussfassung könnten sich nur die IHKs als Mitglieder des Dachverbandes zur Wehr setzen.[14] Abgesehen davon fehlt es in aller Regel an einer materiellen Anspruchsgrundlage.[15]

9 BVerwG GewArch 2001, 161: Das gilt allerdings nur bezüglich des Anspruchs darauf, dass die IHK nicht ihren gesetzlichen Aufgabenbereich überschreitet. Anders sind Klagen zu bewerten, in denen das Mitglied geltend macht, die Körperschaft habe eine ihr zustehende Aufgabe nicht ordnungsgemäß wahrgenommen. Diese Unterscheidung ist von Bedeutung bei der später zu behandelnden Frage ordnungsgemäßer Befassung der Gremien.

10 VG Kassel Urteil vom 30. 1. 2007 – 3 E 2253/04 n.rkr.

11 BVerwG Urteil vom 26. 9. 1969 – VII C 65.68 – NJW 1970, 292.

12 VG Düsseldorf Urteil vom 26. 9. 2007 – 20 K 4698/06, S. 12 n.rkr.

13 VG Berlin Beschluss vom 12. 12. 2005 – VG 11 A 891.05.

14 Vgl. LG Berlin aaO.

15 Siehe oben Buchstabe a).

c) Öffentlichrechtlicher Anspruch auf Austritt der IHK aus dem Dachverband

Dieser Anspruch wird ebenfalls auf der Basis von Art. 2 Abs. 1 GG geltend gemacht. Aus Art. 2 Abs. 1 GG hat das OVG NRW den Anspruch des Mitglieds einer Ärztekammer auf Austritt aus einem privatrechtlichen Verband, der die Interessen aller freien Berufe vertritt, bejaht. Es sei nicht Aufgabe der Ärztekammer, auch die Interessen anderer Berufsgruppen zu verfolgen.[16] Bei dem gegen eine IHK gerichteten Anspruch kann ergänzend auf § 1 Abs. 2 IHKG Bezug genommen werden. Nach § 1 Abs. 2 IHKG dürfen IHKs zwar Anlagen und Einrichtungen, die der Förderung der gewerblichen Wirtschaft oder einzelner Gewerbezweige dienen, begründen, unterhalten und unterstützen. Das BVerwG legt dabei den Begriff »dienen« jedoch sehr eng in dem Sinne aus, dass »die jeweilige Anlage oder Einrichtung gerade und in erster Linie das Interesse der gewerblichen Wirtschaft oder einzelner Gewerbezweige fördern muss«.[17] Bei einer Einrichtung, die sich außerhalb des Aufgabenbereichs der IHKs betätigt – insbesondere auch Interessen vertritt, die nicht vom Gesamtinteresse der IHK-zugehörigen Gewerbetreibenden abgedeckt sind – könnte dies zumindest zweifelhaft sein.

Die Mitgliedschaft der IHKs im DIHK und in den Landesarbeitsgemeinschaften hält sich indes in dem durch die oben genannte Rechtsprechung gesetzten Rahmen. Die Mitgliedschaft im DIHK steht nach § 3 Abs. 1 der DIHK-Satzung nur den IHKs offen. Nach § 1 Abs. 1 der DIHK-Satzung hat der DIHK »in allen die Gesamtinteressen der gewerblichen Wirtschaft im Bereich des DIHK betreffenden Fragen einen gemeinsamen Standpunkt der IHKs zur Geltung zu bringen, insbesondere ihre Interessen gegenüber Behörden und sonstigen Instanzen des Bundesgebietes zu vertreten«. Neben den IHKs können zwar auch deutsche Auslandshandelskammern (AHKs) nach § 4 a der DIHK-Satzung die Mitgliedschaft beantragen. Es handelt sich aber um eine außerordentliche Mitgliedschaft. Die AHKs haben kein Stimmrecht in der Vollversammlung und zahlen auch keine Beiträge.

Durch § 1 der DIHK-Satzung ist somit sicher gestellt, dass der Vereinszweck und die Aufgabenstellung nicht weitergehen als die gesetzlichen Aufgaben der IHKs nach dem IHKG. In § 1 Abs. 3 der DIHK-Satzung ist – für die Problematik der Stellungnahmen von besonderem Interesse – sogar ausdrücklich festgelegt, dass die Behandlung politischer, insbesondere parteipolitischer Fragen, nicht zur Zuständigkeit des DIHK gehört. Entsprechendes gilt für die Landesarbeitsgemeinschaften. Insoweit unterscheiden sich die hier zur Diskussion stehenden Fälle deutlich von dem Sachverhalt in dem oben zitierten »Ärztekammer«-Fall. Abgesehen davon ist

16 OVG NRW Urteil vom 9. 12. 1999 – 8 A 395/97 – GewArch 2000, 378; *Hahn* Verwaltungsstreitverfahren zwischen Kammern und ihren Mitgliedern, GewArch 2003, 217, 222,
17 Urteil vom 19. 9. 2000 – 1 C 29.99.

darauf hinzuweisen, dass auch der Gesetzgeber den DIHK längst »anerkennt«, indem er ihm direkt gesetzliche Aufgaben zugewiesen hat.[18]

Ob nun dieses Recht zur Mitgliedschaft der einzelnen IHK im DIHK bereits dann tangiert wird, wenn der Dachverband tatsächlich Aufgaben wahrnimmt, die nicht durch seine Satzung – beim DIHK insbesondere § 1 der Satzung – gedeckt sind bzw. wenn eine Stellungnahme von dem Dachverband außerhalb des gesetzlichen Aufgabenbereichs der IHKs abgegeben wird, kann noch nicht als endgültig geklärt angesehen werden:

(i) Bisher wird in der Rechtsprechung offenbar durchweg die Auffassung vertreten, dass eine konkrete Aufgabenüberschreitung des Dachverbands – etwa des DIHK – ebenso wenig ein Austrittsverlangen des IHK-Mitglieds rechtfertigen kann, wie eine Aufgabenüberschreitung der IHK ihm das Recht zum Austritt aus der IHK oder auch nur zur Beitragsverweigerung[19] gäbe. Dem IHK-Mitglied wird ja auch gegenüber seiner IHK nur ein Anspruch auf Unterlassung künftiger Aufgabenüberschreitungen zugesprochen.[20] An anderer Stelle wird zudem darauf hingewiesen, dass entscheidend sei, ob die Kammer im Bereich der ihr gesetzlich zugewiesenen Aufgaben – und dazu gehört bei den IHKs die Vertretung des Gesamtinteresses der ihnen zugehörigen Gewerbetreibenden ihres Bezirkes (§ 1 Abs. 1 IHKG) – an Beschlüsse des Dachverbands gebunden sei oder nicht. Nur der zuerst genannte Fall wird als bedenklich eingestuft. Bestehe hingegen keine Bindung, sei die Kammer nicht gehindert, sich auf der Basis ihrer gesetzlich vorgeschriebenen Willensbildung abweichend von der Position des Dachverbandes zu äußern. Die Position des Dachverbandes sei nicht der IHK – und erst recht nicht ihrem Mitglied – zuzurechnen. Dementsprechend wird dem Mitglied in solchen Fällen auch kein Anspruch auf Austritt der Kammer aus dem Dachverband eingeräumt.[21] Beim DIHK ist eine Bindung der IHKs an Gremienbeschlüsse in dem hier relevanten Bereich nicht gegeben, denn durch § 3 Abs. 5 der Satzung ist sicher gestellt, dass eine IHK sich bei wirtschaftspolitischen Stellungnahmen auch gegen einen Beschluss des DIHK positionieren kann. Bei den Landesarbeitsgemeinschaften der IHKs ist das ebenso.

(ii) Allerdings ist darauf hinzuweisen, dass der Anspruch des einzelnen Kammerzugehörigen auf Austritt seiner Kammer aus dem Dachverband wegen konkreter Aufgabenüberschreitung in den bisherigen Urteilen immer nur inzidenter angesprochen wurde. Entweder wurde der Vorwurf einer konkreten Aufgabenüberschreitung gar nicht erhoben – so in der grundlegenden BVerwG-Entscheidung zu

18 Beispielsweise in § 65 WPO, § 32 Abs. 2 Umweltauditgesetz und § 11a Abs. 1 GewO.
19 OVG NRW Beschluss vom 29. 4. 1998 – 4 A 2384/97 – GewArch 1998, 413.
20 So inzidenter OVG Rheinland-Pfalz Urteil vom 23. 12. 1992 – 11 A 10144/92.OVG – GewArch 1993, 289.
21 So BVerwG für die Mitgliedschaft der Handwerkskammern im ZDH, Urteil vom 10. 6. 1986 – 1 C 4/86 – GewArch 1986; 298; dazu auch *Hahn* GewArch 2003, 217, 222.

den Handwerkskammern – oder es wurde festgestellt, dass eine konkrete Aufgabenüberschreitung aus tatsächlichen Gründen nicht gegeben war – so in allen bisherigen Entscheidungen im IHK-Bereich.

Es ist nicht zu verkennen, dass der Anspruch des einzelnen IHK-Mitglieds gegenüber seiner IHK auf Unterlassung von Stellungnahmen jenseits des gesetzlichen Aufgabenbereichs auf der Basis der oben dargestellten Auffassung der Rechtsprechung in den Fällen, in denen diese Stellungnahme durch den Dachverband erfolgt, geschwächt wird.[22] Gibt die IHK selbst eine solche Stellungnahme ab, kann das IHK-Mitglied den Unterlassungsanspruch sogar dann geltend machen, wenn die Stellungnahme von der Vollversammlung der IHK einstimmig verabschiedet worden ist. Würde die gleiche Stellungnahme indes vom DIHK abgegeben, bliebe ihm nur die Möglichkeit, auf die zuständigen Gremien seiner IHK einzuwirken mit dem Ziel, dass diese sich für eine Revision der DIHK-Stellungnahme einsetzen oder sich zumindest von ihr öffentlich distanzieren möge. Dafür müssten erst die notwendigen Mehrheiten erzeugt werden. Vor diesem Hintergrund lässt sich nur schwer einschätzen, wie die Rechtsprechung verfahren würde, wenn wirklich einmal eine Stellungnahme des DIHK oder einer Landesarbeitsgemeinschaft den Aufgabenrahmen des IHKG überschritte.[23] Dass dies geschieht, ist eher unwahrscheinlich, denn beispielsweise beim DIHK wird streng darauf geachtet, dass Stellungnahmen in Bezug auf Inhalt und Abstimmungsverfahren den Ansprüchen des IHKG genügen.

Selbstverständlich bleibt dem IHK-Mitglied die Möglichkeit, in den oben genannten Fällen die Aufsichtsbehörde zu informieren. Diese hätte die Möglichkeit, bei der IHK mit Aufsichtsmitteln zu intervenieren. Das wäre im Einzelnen jedoch von der konkreten Gestaltung des Sachverhalts abhängig und kann hier nicht weiter vertieft werden. Unmittelbar gegen den DIHK und die Landesarbeitsgemeinschaften kann jedoch auch die Aufsichtsbehörde nicht einschreiten.

22 *Kluth* vertritt die Ansicht, dass die Konstruktion eines privatrechtlich organisierten Spitzenververbandes öffentlich-rechtlicher Körperschaften eine nach der Verfassung zwar zulässige, aber jedenfalls suboptimale Lösung ist – *Kluth* Funktionale Selbstverwaltung, 1997, S. 478 ff, 482. Das geschilderte Problem mag auch ein Ausdruck dieser »suboptimalen Lösung« sein.

23 Diese zurückhaltende Bewertung der bisherigen Rechtsprechung findet sich auch bei *Hahn* GewArch 2003, 217, 222 unten; vgl. auch *Ennuschat/Tille* GewArch 2007, 24, 26, deren Verweisung auf VGH Hessen GewArch 1984, 234 allerdings schwer nachzuvollziehen ist.

d) Anspruch gegen die IHK auf Einstellung der finanziellen Unterstützung des DIHK hilfsweise deren Beschränkung »auf öffentliche Aufgaben im Sinne des Grundgesetzes unter Beachtung des Verhältnismäßigkeitsgrundsatzes«

Dieser Anspruch wurde in einer Klage gegen die IHK für München und Oberbayern vor dem BayVG München geltend gemacht. Anlass war auch hier eine angeblich allgemeinpolitische Stellungnahme des DIHK. Der Antrag hat zwar nicht den Austritt der IHK aus dem Dachverband zum Gegenstand, würde aber im Falle der Stattgabe zur finanziellen Aushungerung des Dachverbandes führen oder zumindest beitragen. Das Verwaltungsgericht hat den Antrag als unzulässig zurückgewiesen, da er nicht die Mindestanforderungen an eine Klageerhebung (§ 82 Abs. 1 VwGO) erfülle. Danach sei zu verlangen, dass die Handlung, die nicht vorgenommen werden solle, so genau bezeichnet werde, dass sich die beklagte IHK bei Verurteilung daran halten könne. Nur so sei die Zwangsvollstreckung möglich.[24]

e) Anspruch gegen die IHK auf »Einwirkung« auf den Dachverband

In dem vorgenannten Verfahren vor dem BayVG München ist von der Klägerin auch versucht worden, dem im Abschnitt c) ii) erwähnten Einwirkungsverlangen rechtliche Gestalt zu geben. Die IHK sollte danach verpflichtet werden, auf den DIHK »einzuwirken«, keine allgemeinpolitischen Stellungnahmen abzugeben. Ein solcher Antrag wurde indes von dem Verwaltungsgericht zurückgewiesen, da er ebenfalls nicht vollstreckbar sei und der beklagten IHK mangels genauerer Fassung nicht erkennbar sei, was ihr konkret vorgegeben werden solle. Allerdings gilt auch hier, dass das Verwaltungsgericht auch den materiellen Anspruch abgelehnt hat, weil es in den angegriffenen Äußerungen des DIHK nicht erkennen konnte, dass sich dieser »aus dem auch durch eigene Satzung (§ 1 Abs. 3 und 5) vorgegebenen Aufgabenkreis hinausbewegt und sich ohne jeglichen wirtschaftspolitischen Bezug zu allgemeinpolitischen Themen geäußert« hat.[25]

f) Anspruch aus Verletzung der Meinungsfreiheit (Art. 5 Abs. 1 GG)

Teilweise gründen die Kläger ihre Ansprüche auch auf Art. 5 Abs. 1 GG. Die Meinungsfreiheit sei dadurch verletzt, dass sie als Mitglied der IHK eine Stellungnahme mittragen müssten, die den eigenen Interessen zuwider laufe. Diese Argumentation ist von den Gerichten zu Recht abgelehnt worden, denn die in den Stellungnahmen der Kammern vertretenen Auffassungen sind den einzeln IHK-Mitgliedern nicht

24 VG München Urteil vom 29. 8. 2006 – M 16 K 05.4790 n.rkr.
25 VG München aaO.

persönlich zuzurechnen. Es bleibt ihnen unbenommen, ihre abweichende Meinung eigenständig zu äußern.[26]

3. MATERIELLE ARGUMENTE DER KLÄGER

Der Vorwurf betrifft immer eine Kompetenzüberschreitung. Nur so lässt sich der Unterlassungsanspruch rechtfertigen (s.o.):

a) Allgemeinpolitische Äußerungen

Diese Kompetenzüberschreitung wird in den meisten Fällen damit begründet, dass die IHK bzw. der DIHK oder die Landesarbeitsgemeinschaft »allgemeinpolitische Äußerungen« abgegeben hätten. Ein »allgemeinpolitisches Mandat« steht öffentlichrechtlichen Körperschaften mit Pflichtmitgliedschaft nach gefestigter höchstrichterlicher Rechtsprechung nicht zu.[27] Allerdings ist es ausgesprochen schwierig, dieses »allgemeinpolitische Mandat« von der gesetzlichen Aufgabe der IHKs zur Vertretung des Gesamtinteresses der ihnen zugehörigen Gewerbetreibenden (§ 1 Abs. 1 IHKG) abzugrenzen.

Es liegt in der Natur der Sache, dass eine Vertretung des Gesamtinteresses der gewerblichen Wirtschaft in sehr vielen Fällen auch politische Fragen – oft auch solche allgemeiner Art – berührt. Sehr viele öffentliche und staatliche Aufgaben tangieren ihrerseits die gewerbliche Wirtschaft. »Nähme man der wirtschaftlichen Selbstverwaltung die Legitimation, mit dem Gewicht der zwei Millionen[28] Gewerbebetriebe wirtschaftspolitische Interessen zu vertreten – eine gewichtige und unabhängige Stimme würde fehlen«.[29] Die Rechtsprechung versteht daher die Vertretung des Gesamtinteresses der gewerblichen Wirtschaft in einem eher weiten Sinne.[30] Stellungnahmen der IHKs zu politischen Themen sind danach zulässig, soweit überhaupt Belange der gewerblichen Wirtschaft berührt sind – selbst wenn dies nur am Rande geschieht.[31] Bei umwelt-, verkehrs- und steuerpolitischen Themen wird

26 BVerwG Urteil vom 21. 7. 1998 – 1 C 32/97 – GewArch 1998, 410.

27 BVerwG Urteil vom 12. 5. 1999 – 6 C 10.98 – NVwZ 2000, 323; Urteil vom 13. 12. 1979 – 7 C 58.78; Urteil vom 26. 9. 1969 – VII C 65.68 – BVerwGE 34, 69. Das gilt auch für die IHKs: VG Kassel Urteil vom 30. 1. 2007 – 3 E 2253/04 n.rkr.; VG Arnsberg Urteil vom 8. 11. 2000 – 1 K 2473/99 – GewArch 2001, 163; dazu auch *Stober/Eisenmenger* in: Kluth (Hrsg.) Handbuch des Kammerrechts 2005, S. 233.

28 Aktuell sind es sogar fast vier Millionen Mitglieder.

29 Aus einem Leitartikel von *Prost* in der FAZ vom 6. 12. 1988 Nr. 284, S. 13, zitiert nach *Stober* Industrie- und Handelskammern als Mittler zwischen Staat und Wirtschaft, 1992, S. 118.

30 BVerwG Urt. vom 19. 9. 2000 – 1 C 29/99 – GewArch 2001, 161.

31 HamburgOVG Beschluss vom 12. 10. 2007 – 1 Bs 236/07; VG Kassel Urt. vom 30. 1. 2007 – 3 E 2253/04 n.rkr.

ein solcher »spezialpolitischer«[32] Bezug in aller Regel vorhanden sein. Das kann aber auch auf familienpolitische oder bildungspolitische Themen zutreffen, wenn diese Auswirkungen auf den Wirtschaftsstandort haben.[33] Sogar beim Votum gegen einen geplanten Volksentscheid ist die Zulässigkeit bejaht worden, weil auch dieser die wirtschaftliche Entwicklung des Standorts beeinträchtigen könnte.[34]

b) *Öffentliche Publizität*

Einige Kläger richten ihre Angriffe auch gegen das »Wie« der Stellungnahme und wenden ein, dass die IHK sich immer nur auf Befragung durch die staatlichen Stellen und immer auch nur zu einzelnen Fragen äußern dürfe, in denen sie über eine besondere Kompetenz verfüge. Das wird aus dem Beratungsauftrag nach § 1 Abs. 1 IHKG abgeleitet. Die Rechtsprechung folgt dieser Auffassung zu Recht nicht. Die Vertretung des Gesamtinteresses der gewerblichen Wirtschaft kann auch auf eigene Initiative durch öffentliche Stellungnahmen und publizistische Auseinandersetzung mit anderen wirtschaftspolitischen Anschauungen erfolgen. Das entspricht dem Wortlaut des § 1 Abs. 1 IHKG, wo es heißt, dass die IHKs »insbesondere« die Behörden durch Vorschläge, Gutachten und Berichte zu unterstützen und zu beraten haben.[35]

Allerdings verlangt die Rechtsprechung, dass sich die IHK einer sachbezogenen Argumentation bedient.[36] Dem ist zuzustimmen. Damit ist nicht nur politische Polemik ausgeschlossen. Es ist zudem zu bezweifeln, dass sich die IHKs bei politischen Demonstrationen engagieren dürfen.[37] Die IHKs werden immer wieder von Mitgliedern und externen Interessengruppen aufgefordert, bei der Organisation von Protesten gegen bestimmte politische Vorhaben mitzuwirken. Der DIHK hat in diesen Fällen stets empfohlen, davon Abstand zu nehmen, selbst wenn die betreffenden Vorhaben einen engen wirtschaftspolitischen Bezug hatten. Ob es in Extremfällen Ausnahmen geben mag,[38] soll hier nicht diskutiert werden. Auch parteipolitische Stellungnahmen sind unzulässig. Viele IHKs sowie der DIHK haben das zudem in ihren Satzungen ausdrücklich festgeschrieben.[39]

Bei der Beurteilung der Frage, ob sich die IHK noch im Rahmen der Vertretung des Gesamtinteresses der gewerblichen Wirtschaft bewegt oder schon ein »allge-

32 Dazu *Stober/Eisenmenger* in: Kluth (Hrsg.) Handbuch des Kammerrechts, 2005, S. 233.
33 VG Kassel aaO.
34 HamburgOVG aaO.
35 VG Kassel aaO.
36 HamburgOVG aaO.
37 So wurde die Beteiligung der Zahnärztekammer an einer sog. »Strafzettelaktion« der Zahnärzte als nicht rechtmäßig angesehen – vgl. OVG NRW Beschluss vom 21. 9. 1999 – 8 B 1683/99.
38 Beispielsweise, wenn die Institution der Selbstverwaltung der Wirtschaft selbst angegriffen wird.
39 Beim DIHK: § 1 Abs. 3 der Satzung.

meinpolitisches Mandat« wahrnimmt, ist auf den verständigen Adressaten abzustellen.[40] Dabei kann es nützlich sein, wenn in der Stellungnahme selbst der Wirtschaftsbezug deutlich gemacht wird. Das Maß, in dem das Interesse der gewerblichen Wirtschaft berührt ist, bestimmt ferner den zulässigen Umfang und das Gewicht der Betätigung der Kammer.[41]

c) Sozialpolitische und arbeitsrechtliche Interessenvertretung

Ein konkreter Fall der Begrenzung der IHK-Tätigkeit ist in § 1 Abs. 5 IHKG normiert. Danach gehört nicht zu den Aufgaben der IHKs die Wahrnehmung sozialpolitischer und arbeitsrechtlicher Interessen. Eine gerichtliche Bestimmung der Reichweite der Vorschrift gibt es noch nicht. Der HessVGH hat allerdings in dem Verfahren über die Berufungszulassung der Klägerin gegen das oben zitierte Urteil des VG Kassel die Forderung in dem Grundsatzpapier der Arbeitsgemeinschaft hessischer Industrie- und Handelskammern, das Land Hessen müsse sich für eine Änderung des Hochschulrahmengesetzes einsetzen, um sozialverträgliche Studiengebühren einführen zu können, als mögliche Überschreitung der durch § 1 Abs. 1 IHKG vorgegebenen Grenzen angesehen.[42] Es ist kaum zu erwarten, dass diese Sicht im Berufungsverfahren selbst aufrechterhalten bleibt, denn der Begriff »sozialpolitisch« bezeichnet die kollektiven Beziehungen zwischen Arbeitnehmer- und Arbeitgeberorganisationen.[43] Die Frage der Studiengebühren hat damit gar nichts zu tun. Außerdem ist es nach dem erklärten Willen des Gesetzgebers den IHKs »nicht verwehrt, allgemeine sozialpolitische und arbeitsrechtliche Fragen, welche die gewerbliche Wirtschaft berühren, zu behandeln«.[44] Dennoch ist bei Äußerungen zu sozialpolitischen und arbeitsrechtlichen Fragen Vorsicht geboten – insbesondere dann, wenn es um Fragen geht, die ein konkretes individuelles Arbeitsrechtsverhältnis oder konkrete kollektiv- oder tarifrechtliche Beziehungen betreffen.

d) Nichtberücksichtigung der Interessen einzelner Mitglieder oder Mitgliedergruppen

Häufig wird auch geltend gemacht, dass die Stellungnahme der IHK oder eines Dachverbandes die Interessen des Klägers nicht wiedergebe. Die IHK habe sich zudem bei Fragen, zu denen es unterschiedliche Positionen gebe, überhaupt einer

40 HamburgOVG aaO.
41 VG Hamburg Beschluss vom 9. 10. 2007 – 2 E 3338/07.
42 Beschluss vom 26. 7. 2007 – 8 ZU 900/07.
43 Schriftlicher Bericht des Ausschusses für Wirtschaftspolitik vom 19. 5. 1956 – Drs. zu 2380 der 2. Wahlperiode, S. 2.
44 Ausschuss für Wirtschaftspolitik aaO; ebenso Antwort der Bundesregierung auf eine kleine Anfrage des Abgeordneten *Winkelheide u.a.* vom 25. 10. 1967 – Drs. V/2218; vgl. auch *Frentzel-Jäkel-Junge* Kommentar zum IHKG, 6. Aufl. 1999, § 1 Rn 258 ff.

Stellungnahme zu enthalten. Das ist kein gutes Argument. Der gesetzliche Auftrag der Vertretung des Gesamtinteresses setzt eine Abwägung der unterschiedlichen – manchmal durchaus konträren – Interessen der Gewerbezweige und Betriebe und den Versuch des Interessenausgleichs voraus. Es ist nicht verlangt, dass die IHK nur solche Positionen vertritt, mit denen alle Mitglieder einverstanden sind. Es können durchaus auch Mehrheitspositionen vertreten werden, die den Interessen einzelner Gewerbezweige und Betriebe konträr entgegenstehen.[45] Weitergehende Verpflichtungen sind von der Rechtsprechung bislang nicht aufgestellt worden.

In der rechtswissenschaftlichen Literatur wird jedoch aus dem Abwägungsgebot des § 1 Abs. 1 IHKG abgeleitet, dass sich das Votum mit den Minderheitspositionen auseinandersetzen muss. Darüber hinaus wird es für zweckmäßig erachtet, die Auffassungen einer geschlossenen größeren Minderheit ausdrücklich aufzuführen. Empfohlen wird auch ein Hinweis darauf, auf welche Umfragen und Beratungen sich das Kammervotum stützt.[46] Dem ist grundsätzlich zuzustimmen. Wenn man die Vertretung des Gesamtinteresses entsprechend den Vorgaben des § 1 Abs. 1 IHKG zutreffend als Beratung des Staates – auf allen Ebenen und in allen Erscheinungsformen – begreift, dann erfüllt eine Stellungnahme, die lediglich die Mehrheitsposition einer »Meinungsumfrage« wiedergibt, diesen Anspruch in aller Regel nicht. Aus dem Beratungsauftrag folgt vielmehr, dass die IHKs gehalten sind, Grundlagen für eine informierte Entscheidung zu liefern. Dazu gehört auch, dass der »Beratene« in die Lage versetzt wird, die Abwägungsprozesse zu beurteilen, die zu dem vorgestellten Ergebnis geführt haben.

Allerdings lässt sich aus den oben dargestellten Vorgaben noch kein eigenes Recht des Mitglieds ableiten, auf deren Beachtung oder – im Falle der Nichtbeachtung – auf Unterlassung der Stellungnahme zu klagen. Eine Überschreitung des gesetzlichen Aufgabenkreises ist darin nicht zu sehen, denn es steht nicht zur Diskussion, ob die IHK zu dem betreffenden Thema überhaupt eine Stellungnahme abgeben durfte. Man mag auch berechtigte Zweifel haben, ob die Wiedergabe von Minderheitspositionen und die Transparenz der Entscheidungsfindung sich als echte Rechtspflicht konstruieren lassen. Zumindest ist bei der Ausgestaltung der Stellungnahme in concreto und insbesondere hinsichtlich der Frage, wie und in welchem Umfang Minderheitsinteressen berücksichtigt werden, den IHKs und ihren Dachverbänden ein weites Ermessen einzuräumen. Selbst wenn man indes eine Rechtspflicht annimmt und das Ermessen im konkreten Fall auf Null reduziert sein würde, stellt sich jedoch die Frage, ob eine solche Pflicht nur allgemein oder auch gegenüber dem einzelnen Mitglied besteht. In der Rechtsprechung wird zutreffend

45 BVerwG Urteil vom 21. 7. 1998 – 1 C 32.97; OVG Rheinland-Pfalz Urteil vom 23. 12. 1992 – 11 A 10144/92.OVG – GewArch 1993, 289; VG Arnsberg Urteil vom 8. 11. 2000 – 1 K 2473/99 – GewArch 2001, 163, dazu *Möllering* Vertretung des Gesamtinteresses der gewerblichen Wirtschaft durch die Industrie- und Handelskammern – Legitimation durch Verfahren, WiVerw 2001, 25 ff.

46 *Frentzel-Jäkel-Junge*, Kommentar zum IHKG, 6. Aufl. 1999, § 1 Rn 12.

darauf hingewiesen, dass den einzelnen IHK-Mitgliedern jenseits der Fälle der Überschreitung des gesetzlichen Aufgabenkreises eine allgemeine Rechtmäßigkeitskontrolle nicht zustehe.[47]

e) Nichtberücksichtigung »externer Interessen«

Eine Frage, die sich bei den Gerichten offenbar noch nie gestellt hat, ist die Verpflichtung zur Berücksichtigung »externer Interessen«. Denn da die Kläger vorzugsweise ihre eigenen wirtschaftlichen Interessen verfolgen und im konkreten Gerichtsverfahren in aller Regel auch nur diese zählen, gibt es dazu bislang verständlicherweise keine einschlägige Rechtsprechung. Ganz ausgeschlossen ist es jedoch nicht, dass auch diese Frage einmal die Gerichte beschäftigen wird. Denn gerade bei den Klagen aus dem Kreis der Erzeuger erneuerbarer Energien fließen schon mal Argumente ein, die sich nicht ausschließlich auf die wirtschaftlichen Interessen der Kläger zurückführen lassen.

Grundsätzlich ist eine Verpflichtung der IHKs, externe Interessen zu berücksichtigen, nicht gegeben. Das gilt jedenfalls insoweit, als es sich um Interessen von Personen oder Personengruppen handelt. § 1 Abs. 1 IHKG verpflichtet die IHKs ausdrücklich nur, das Gesamtinteresse der »ihnen zugehörigen Gewerbetreibenden ihres Bezirks« wahrzunehmen. Nach dem eindeutigen Wortlaut dieser Vorschrift muss – und darf – sie daher weder das Interesse von Gewerbetreibenden außerhalb des eigenen IHK-Bezirks und erst recht nicht das Interesse von Nicht-Gewerbetreibenden – etwa Freiberuflern, Verbrauchern und Naturschutzbünden – und sogar von Handwerkern[48] in die vom Gesetz vorgeschriebene Interessenabwägung einfließen lassen.[49]

Andererseits wird – auch von dem Jubilar – jedoch die Ansicht vertreten, dass die Bindung der öffentlich-rechtlichen Kammern an das »Gemeinwohl« die Berücksichtigung auch divergierender Interessen erfordere. Es sei zwar den Kammermitgliedern nicht immer leicht zu vermitteln, wenn die Kammern im Lichte des »Gemeinwohlauftrages« eine vermittelnde Position und keine egoistische Interessenvertretung wahrnähmen. Die Verpflichtung dazu folge aus der Bindung der Kammer als öffentlichrechtliche Körperschaft an die Verfassung und damit auch an die Grundrechte und das Sozialstaatsprinzip. Insbesondere sei eine rein wirtschaftliche, allein auf die Gewinnerzielung der Mitglieder gerichtete Kammertätigkeit untersagt.[50]

47 VG Kassel Urteil aaO S. 14 n.rkr. – bei den Berufskammern ist die Klagebefugnis teilweise weiter gefasst, vgl. § 90 Abs. 2 BRAO.

48 Vgl. § 1 Abs. 1: »[...] soweit nicht die Zuständigkeit der Organisationen des Handwerks nach Maßgabe des Gesetzes zur Ordnung des Handwerks (Handwerksordnung) vom 17. September 1953 (Bundesgesetzbl. I S. 1411) gegeben ist, [...]«.

49 Vgl. *Frentzel-Jäkel-Junge* aaO § 1 Rn 7; *Möllering* WiVerw 2001, 25, 33.

50 *Stober/Eisenmenger* in: Kluth (Hrsg.) Handbuch des Kammerrechts, 2005, S. 232.

Dazu bedarf es einer differenzierten Stellungnahme: Die IHK ist – darauf weisen *Stober/Eisenmenger* zutreffend hin – als Teil der öffentlichen Verwaltung Adressat der Verfassung einschließlich der Grundrechte und Staatsziele. Auch in dem Kammerbeschluss des Bundesverfassungsgerichts werden wiederholt die Begriffe »Gemeinwohlbindung« »Gemeinwohlorientierung«, »Gemeinwohlauftrag« und »Allgemeininteresse« gebraucht,[51] um damit die Vertretung des Gesamtinteresses durch die Kammern von der Interessenvertretung durch private Verbände abzugrenzen. Doch kann das im konkreten Fall wirklich bedeuten, dass die IHK, nachdem sie beispielsweise aus den – wie es das Abwägungsgebot des § 1 Abs. 1 verlangt – *wirtschaftlichen* Interessen ihrer Mitglieder eine klares und eindeutiges Gesamtinteresse an der Abschaffung der Ladenschlusszeiten herausgefiltert hat, nun auch noch »kammerexterne divergierende Aspekte« wie das Interesse der Arbeitnehmer des Handels an geregelten Arbeitszeiten oder das Interesse der Verbraucher daran, noch nachts einkaufen zu können, berücksichtigen muss?

Selbstverständlich findet das vorstehend genannte Interesse der Verbraucher in der Kammerpraxis Beachtung – aber nur als Teil der in die vorangegangene Interessenabwägung zur Ermittlung des Gesamtinteresses gewerblichen Wirtschaft bereits eingeflossenen *wirtschaftlichen* Interessen des Handels, der ja von diesem Interesse des Verbrauchers unmittelbar profitiert. Bei den Arbeitnehmerinteressen ist die Situation noch deutlicher. Der Gesetzgeber hat sich 1956 bei der Verabschiedung des IHKG bewusst – wenngleich bewusst nicht endgültig[52] – gegen eine Berücksichtigung der Arbeitnehmerinteressen entschieden, als er – anders als bei den Handwerkskammern – die von der SPD geforderte Arbeitnehmerbeteiligung in den Vollversammlungen abgelehnt hat. Daran hat sich bis heute nichts geändert. Im Gegenzug dazu hat er aus den Aufgaben der IHKs die sozialpolitische und arbeitsrechtliche Interessenvertretung ausgeklammert. Auch hier gilt allerdings, dass die Interessen der Arbeitnehmer durchaus in den gesetzlich geforderten Abwägungsprozess zur Ermittlung des Gesamtinteresses einfließen können, wenn sie – was gar nicht so selten ist – auch den Unternehmensinteressen entsprechen.

Der Hinweis auf die Entwicklungen bei der ursprünglichen Verabschiedung des IHKG zeigt weiterhin: Es gibt kein Gesamtinteresse ohne die Personen, welche die Einzelinteressen verkörpern. Wenn in den Gremien, denen die Ermittlung des Gesamtinteresses übertragen ist, nur Unternehmer sitzen, dann wird das Gesamtinteresse das Ergebnis einer Abwägung von Unternehmerinteressen sein. Und so wird es sich auch präsentieren. Was sollte denn geschehen, um das so ermittelte Gesamtinteresse mit »kammerexternen divergierenden Aspekten« anzureichern? Sollen die in der Vollversammlung vertretenen Unternehmer nun noch einmal als Verbraucher – die sie ja auch alle sind – Korrektur lesen? Oder sollen sie sich »den Hut eines Ar-

51 BVerfG Beschluss vom 7. 12. 2001 – 1 BvR 1806/98 – GewArch 2002, 111, 113.

52 Daher die Bezeichnung »Gesetz zur *vorläufigen* Regelung des Rechts der Industrie- und Handelskammern« – vgl. dazu die sehr aufschlussreiche Debatte im Deutschen Bundestag zur 3. Lesung des IHKG, Plenarprotokoll der 173. Sitzung vom 16. 11. 1956, S. 9568.

beitnehmers aufsetzen«? Oder soll anschließend das Hauptamt der IHK das Ergebnis der Interessenabwägung noch einmal auf die Berücksichtigung externer Interessen hin überprüfen? Das kann nicht sein. Dies zu verlangen, wäre der Gesetzgeber zudem schlecht beraten. Denn der Wert der Stellungnahmen der IHKs ergibt sich ja gerade daraus, dass sie das unverfälschte Ergebnis einer verfassten Interessenabwägung der Gewerbetreibenden darstellen.

Problematischer könnte die Nicht-Berücksichtigung »kammerexterner divergierender Aspekte« sein, die als Staatsziele – wie etwa der Umweltschutz (Art. 20 a GG) – in das Grundgesetz aufgenommen worden sind. Darf sich die IHK gegen die Ausweisung eines geschützten Feuchtgebietes aussprechen, wenn dadurch nach Auffassung aller Vollversammlungsmitglieder die wirtschaftliche Entwicklung der Region erheblich gefährdet wird? Darf sie den Erhalt eines Atomkraftwerks fordern und bezüglich der Förderung alternativer Energien maßgeblich auf Aspekte des globalen Wettbewerbs abstellen? Muss sie das Staatsziel Umweltschutz wenigstens in die Abwägung einbeziehen – mit dem Ergebnis, dass es am Ende vielleicht doch den wirtschaftlichen Interessen der IHK-Mitglieder untergeordnet wird? Oder muss der Hauptgeschäftsführer als »Hüter des Rechts« in der IHK es verhindern, dass eine solche Stellungnahme abgegeben wird – notfalls mittels Einschaltung der Rechtsaufsicht oder im Wege der Organklage?

Die Fragen sollen hier nicht abschließend behandelt werden. Bereits der Umstand, dass man über den Weg, wie man am besten Umweltschutz betreibt, höchst unterschiedlicher Meinung sein kann, sollte bei der Konstruktion einer Verpflichtung zur Berücksichtigung solcher »kammerexterner divergierender Aspekte« Zurückhaltung gebieten. Entsprechendes gilt für das Interesse der Empfänger von IHK-Stellungnahmen: Dies kann vernünftigerweise nur darin bestehen, ein unverfälschtes Bild der Interessenlage in der Unternehmerschaft zu bekommen. Hätte der Gesetzgeber etwas anderes gewollt, dann hätte er statt der IHKs eine senatsähnliche Institution schaffen müssen, in der alle gesellschaftlichen Interessen vertreten gewesen wären. Er hätte sich dann aber selbst möglicherweise überflüssig gemacht. Die IHK ist kein Ersatz für die staatlichen Institutionen, welche die politischen Entscheidungen zu treffen haben.

Des Weiteren spricht auch das Verbot »allgemein-politischer Stellungnahmen« für eine Zurückhaltung bezüglich der Instrumentalisierung »kammerexterner divergierender Aspekte« im Rahmen der Vertretung des Gesamtinteresses der gewerblichen Wirtschaft – selbst wenn sie zu Staatszielen erhoben wurden. Die IHK verlässt, wenn sie solche externen Aspekte aufgreift, sehr schnell ihren spezialpolitischen Auftrag und begibt sich in die allgemeine Politik.

Und schließlich wäre auch die Durchsetzung des Gebots der Berücksichtigung »kammerexterner divergierender Aspekte« problematisch. Nähme man dieses als rechtliches Gebot ernst, dann müsste man Hauptgeschäftsführer und Rechtsaufsicht als verpflichtet ansehen, gegen diesbezügliche Unterlassungen einzuschreiten. Das einzelne IHK-Mitglied könnte die Beachtung des Gebots indes keinesfalls durchsetzen. Die Nichtbeachtung »kammerexterner divergierender Aspekte« hätte nicht die Qualität einer Überschreitung des gesetzlichen Aufgabenbereichs, die von den IHK-Mitgliedern auch ohne Nachweis der Selbstbetroffenheit durch die Unterlassungsklage angegriffen werden kann. Außerhalb dieser Kategorie steht dem Mitglied eine allgemeine Rechtmäßigkeitskontrolle der Kammertätigkeit nicht zu. Darauf wurde bereits oben unter Buchstabe d) am Ende hingewiesen.

Es erscheint nach allem geboten, die »Gemeinwohlbindung« nicht ergebnisorientiert sondern verfahrensorientiert zu bestimmen: Die Stellungnahmen müssen auf einem nachvollziehbaren verfassten Verfahren beruhen, dessen Eckpunkte der Gesetzgeber im IHKG selbst und dessen Details die IHK-Vollversammlung in ihrem Satzungsrecht geregelt hat.[53]

f) Verstoß gegen Verfahrensvorschriften

Immer wieder wird denn auch von den IHK-Mitgliedern, die sich durch eine Stellungnahme benachteiligt fühlen, eingewendet, dass die Ermittlung des (angeblichen) Gesamtinteresses mit Verfahrensfehlern behaftet gewesen sei. So wird beispielsweise geltend gemacht, dass die betroffenen Unternehmen, Branchen oder deren Verbände gar nicht befragt worden seien. Auch das ist kein gutes Argument, denn eine Unternehmens- oder Verbändebefragung mag in vielen Fällen zwar sinnvoll sein.[54] Sie wird vom Gesetzgeber indes nicht verlangt. Des Weiteren wird geltend gemacht, die nach § 1 Abs. 1 IHKG vorgeschriebene Abwägung habe überhaupt nicht stattgefunden. Der Präsident habe von sich aus gehandelt, ohne dazu ermächtigt zu sein. Die Stellungnahme sei direkt von einem Fachausschuss abgegeben oder – schlimmer noch – lediglich vom Hauptamt ohne jede Rückkoppelung zur Wirtschaft erstellt worden. Es ließen sich weitere Beispiele bilden. Hier ist in der Tat zu vermuten, dass eine solche Praxis nicht dem Wortlaut und erst recht nicht dem Geiste des IHKG entsprechen könnte.

Die Stellungnahmen der IHK sind im gesetzlichen Regelfall nach § 4 Satz 1 IHKG durch die Vollversammlung zu beschließen. Dementsprechend sehen auch die IHK-Satzungen vor, dass die Richtlinien der Kammerarbeit durch die Vollversammlung festzulegen sind und diese über Fragen, die für die gewerbliche Wirtschaft des Kammerbezirks oder die Arbeit der Kammer von grundsätzlicher Bedeutung sind, entscheidet.[55] Bei wirtschaftspolitischen Stellungnahmen von grundsätzlicher Bedeutung dürfte sich das aber auch schon aus der Ratio des IHKG ergeben, denn nur die Vollversammlung ist aufgrund der durch die Wahlgruppeneinteilung (§ 5 Abs. 3 Satz 2 IHKG) vorgegebenen Zusammensetzung und als von den IHK-Mitgliedern gewähltes Gremium (§ 5 Abs. 1 IHKG) mit der notwendigen

53 *Möllering* WiVerw 2001, 25 ff.

54 Vgl. auch die Entscheidungsgründe in OVG Rheinland-Pfalz Urteil vom 23. 12. 1992 – 11 A 10144/92.OVG – GewArch 1993, 289.

55 Vgl. VG Kassel Urteil vom 30. 1. 2007 – 3 E 2253/04 n.rkr.; so auch schon *Stober* Kammerverfassungsrecht, in: Kluth (Hrsg.) Handbuch des Kammerrechts, 2005, Rn 11 ff.

Legitimation und breiten Kompetenz ausgestattet, um komplizierte Abwägungsprozesse verschiedenster Interessen vorzunehmen.[56] Ansonsten gilt die Einschränkung »soweit nicht die Satzung etwas anderes bestimmt«. Danach kann die Beschlusskompetenz durch Satzung auf das Präsidium und sogar den Präsidenten und Hauptgeschäftsführer übertragen sein.

Das Erfordernis der Beschlussfassung durch die Vollversammlung bedeutet nicht, dass diese zwingend vor jeder Stellungnahme erfolgt sein muss. Die Rechtsprechung hält vielmehr auch eine spätere Genehmigung von Stellungnahmen des Präsidenten oder Hauptgeschäftsführers entsprechend § 185 BGB durch nachfolgenden Vollversammlungsbeschluss für möglich.[57] Beim DIHK, wo die Beschlusskompetenz über Stellungnahmen im Grundsatz beim Vorstand liegt, ist in der Satzung vorgesehen, dass der Präsident in Eilfällen von sich aus Stellungnahmen abgeben kann. Er muss sie jedoch bei nächster Gelegenheit vom Vorstand bestätigen lassen.[58] Diese Bestätigung bedarf wie jeder Beschluss des DIHK-Vorstands einer Drei-Viertel-Mehrheit der anwesenden Vorstandsmitglieder[59] – es ist also eine beachtliche Hürde eingebaut, die sicherstellt, dass mit der »Eilkompetenz« nicht leichtfertig umgegangen wird. Auch Stellungnahmen, die ausschließlich vom Hauptamt abgegeben werden, können gesetzeskonform sein, wenn sie sich auf von der Vollversammlung beschlossene Grundsatzpositionen zurückführen lassen oder durch die zuständigen Gremien nachträglich »abgesegnet« werden.[60] Denn auch in dem zuletzt genannten Fall sind die Stellungnahmen der politischen Verantwortung der Vollversammlung zuzurechnen. Strengere Maßstäbe wären angesichts des Umstandes, dass die IHK sich häufig ad hoc positionieren muss und eine ständige Präsenz der ausschließlich ehrenamtlich tätigen Vollversammlungsmitglieder nicht erwartet werden kann, auch gar nicht praktikabel und daher nicht verhältnismäßig.

Des Weiteren ist wiederum fraglich, ob das einzelne Mitglied aus einem Verstoß gegen die formalen Erfordernisse des Abwägungsprozesses eigene Ansprüche herleiten kann. Von der Rechtsprechung wird dies bislang verneint. Aus der Verletzung der Regularien des IHKG oder der IHK-Satzung bei der Genese einer Stellungnahme ergebe sich kein eigener Anspruch für das IHK-Mitglied – selbst dann nicht, wenn diese seine Interessen berührt. Begründet wird dies ebenfalls damit, dass das einzelne IHK-Mitglied jenseits des Falles der Überschreitung des gesetzlichen Aufgabenbereichs keine allgemeine Rechtsmäßigkeitskontrolle über die IHK ausübe.[61] Das gilt dann natürlich in Bezug auf die Stellungnahmen von DIHK und Landesarbeitsgemeinschaften erst recht.

56 Vgl. dazu *Möllering* WiVerw 2001, 25, 40 ff.
57 VG Kassel Urteil vom 30. 1. 2007 – 3 E 2253/04 S. 13 n.rkr.
58 § 13 Abs. 2 DIHK-Satzung.
59 § 10 Abs. 4 DIHK-Satzung.
60 *Möllering* WiVerw 2001, 25, 40 ff; *Loertzer* Tagungsbericht zum Kammerrechtstag 2002, in: Kluth (Hrsg.) Jahrbuch des Kammerrechts 2002, S. 425, 435.
61 VG Kassel aaO S. 14 n.rkr.

Dieses Ergebnis mag für das IHK-Mitglied unbefriedigend sein. Es entspricht jedoch den Prinzipien, nach denen repräsentativ-demokratische Institutionen funktionieren. Das IHK-Mitglied übt seine Rechte durch Wahl aus. Es kann sich gerichtlich gegen Kompetenzüberschreitungen der Institution zur Wehr setzen, weil § Art. 2 Abs. 1 GG ihn »davor schützt, durch Zwangsmitgliedschaft in ›unnötigen‹ Körperschaften in Anspruch genommen zu werden« und jede Kompetenzüberschreitung eine solche Inanspruchnahme begründet.[62] In Bezug auf Verletzungen der Kompetenz von deren Organen können jedoch nur die jeweiligen Organe selbst klagen. Nicht einmal einzelne Vollversammlungsmitglieder der IHK können eine Verletzung der Rechte der Vollversammlung geltend machen. In solchen Fällen kann lediglich die Vollversammlung insgesamt per Mehrheitsbeschluss eine Organklage gegen das Präsidium, den Präsidenten oder Hauptgeschäftsführer – je nachdem, wer die Kompetenz der Vollversammlung nicht respektiert hat – einreichen. Dem einzelnen Mitglied bleibt lediglich die Möglichkeit, die Aufsichtsbehörde zu informieren, die nach § 11 Abs. 1 IHKG im Rahmen der Rechtsaufsicht das Verfahren beanstanden kann.

4. Zusammenfassung

Stellungnahmen der IHKs müssen die gesetzlichen Vorgaben des IHKG beachten. IHK-Mitglieder können auf Unterlassung der Stellungnahme jedoch nur in den Fällen klagen, in denen die IHK ihren gesetzlichen Kompetenzbereich überschreitet. Das tut sie, wenn sie »allgemeinpolitische Stellungnahmen« abgibt. Stellungnahmen zu politischen Themen werden allerdings von der Rechtsprechung nur als »allgemeinpolitisch« gewertet, wenn sie überhaupt keinen Bezug zum Gesamtinteresse der gewerblichen Wirtschaft haben. Dieser Bezug sollte zudem für einen verständigen Adressaten erkennbar sein. Höhere Anforderungen gelten bei Stellungnahmen zur Sozialpolitik und zum Arbeitsrecht. Denn nach § 1 Abs. 5 IHKG gehört die sozialpolitische und arbeitsrechtliche Interessenvertretung nicht zu den Aufgaben der IHK. Die IHK darf sich zwar im Bereich Sozialpolitik und Arbeitsrecht äußern. Dabei muss jedoch der Bezug zum Gesamtinteresse der gewerblichen Wirtschaft besonders deutlich gemacht werden. Beratung und Interessenvertretung in individuellen Streitfällen haben ganz zu unterbleiben. Das gleiche gilt für eine Parteinahme in Tarifkonflikten. Stellungnahmen müssen sich zudem jeglicher Parteipolitik enthalten und stets sachlich formuliert sein. Das gilt umso mehr, je entfernter der Bezug zum Gesamtinteresse der gewerblichen Wirtschaft ist.

Die Ausführungen zur Kompetenzüberschreitung gelten auch für die Dachverbände der IHKs – den DIHK und die Landesarbeitgemeinschaften. Allerdings ergibt sich aus einer Kompetenzüberschreitung des DIHK oder einer Landesarbeits-

62 BVerwG Urteil vom 19. 9. 2000 – 1 C 29/99.

gemeinschaft kein Klagerecht der IHK-Mitglieder – weder gegen die genannten Dachverbände noch gegen die eigene IHK. Lediglich dann, wenn der betreffende Verband auf die Wahrnehmung von Interessen jenseits des Kreises der IHK-Mitglieder angelegt ist, kann das einzelne Mitglied auf Austritt seiner IHK aus dem Verband klagen. Eine solche Klage wäre gegebenenfalls auch möglich, wenn die Satzung des Verbandes den IHKs keine Abweichung von den vom Verband beschlossenen Positionen gestatten würde.

Ansonsten haben die IHKs wie auch deren Dachverbände die Vorgaben von Gesetz und Satzung zu beachten. Aus Verstößen gegen dieses Gebot ergibt sich jedoch kein Klagerecht der IHK-Mitglieder. Bei Verstößen einer IHK gegen Gesetz oder Satzung können jedoch gegebenenfalls die Aufsichtsbehörden gegen diese IHK Aufsichtsmittel anordnen. Solche Verstöße liegen insbesondere dann vor, wenn die in § 1 Abs. 1 IHKG vorgeschriebene Interessenabwägung nicht stattgefunden hat oder das dafür in der Satzung vorgeschriebene Verfahren nicht eingehalten wurde.

Soweit wie möglich sollten Stellungnahmen vor der Veröffentlichung in der Vollversammlung verabschiedet werden. Bei besonders kontroversen Punkten kann es – insbesondere, wenn eine größere zusammenhängende Minderheit betroffen ist – sinnvoll sein, auch die Gegenposition in der Stellungnahme aufscheinen zu lassen. Da es nicht immer möglich ist, die Vollversammlung vorab zu befassen, sollte in der IHK-Satzung ein Prozedere für Eilfälle vorgesehen sein. Es kann zudem nützlich sein, von der Vollversammlung »auf Vorrat« allgemeine Grundsätze – entsprechend etwa den wirtschaftpolitischen Positionen des DIHK – zu verabschieden, auf die dann in Stellungnahmen zurückgegriffen werden kann. Stellungnahmen in Eilfällen sollten zumindest dann, wenn es sich um kontroverse Themen handelt, nachträglich von dem zuständigen Gremium genehmigt werden. Stellungnahmen von Ausschüssen sind generell problematisch, da dort in aller Regel nur ein Teilspektrum des Gesamtinteresses vertreten ist und außerdem die demokratische Legitimation begrenzt ist. Ausschüsse sollten daher in aller Regel Stellungnahmen der IHK oder des DIHK nur vorbereiten. Die Abwägung und Beschlussfassung ist zu dokumentieren.

Ein Rechtsverstoß kann nicht mit dem Argument begründet werden, dass das Interesse eines IHK-Mitglieds oder einer Branche in dem Votum der IHK nicht ausreichend berücksichtigt wurde. Dementsprechend wird auch eine Direktbefragung von Unternehmen und Branchenverbänden vom IHKG nicht verlangt. Sie mag in bestimmten Fällen nützlich sein, bedarf allerdings einer Auswertung im Rahmen des oben beschriebenen verfassten Abwägungsprozesses. »Kammerexterne divergierende Aspekte« können ebenfalls nur im Rahmen dieses Abwägungsprozesses – und nicht als Korrekturfaktor – berücksichtigt werden.

Ein »guter« Zwang, weil er Freiheit schafft

Der Beitragszwang bei den Kammern in der steten Bewährungsprobe

Hans-Jörg Schmidt-Trenz

Es gibt Zwänge, die Freiheit erst ermöglichen. Wären etwa die grundlegenden Leistungen staatlicher Infrastruktur wie Justiz, Polizei, die Aufsicht über Schulen und die Erbringung anderer öffentlicher Güter denkbar ohne den Zwang, Steuern zu entrichten? Sicherlich nein!

Gibt es aber auch Zwänge, die der Freiheit entgegenstehen? Sicherlich ja! Mit vorgehaltener Pistole zur Herausgabe seiner Geldbörse gezwungen zu werden, erscheint gemeinhin als ein solcher Zwang.

Wenn es also guten, freiheitsschaffenden und andererseits schlechten, freiheitsgefährdenden Zwang gibt, welches Kriterium erlaubt es uns zu unterscheiden, welche Art von Zwang vorliegt?

Ohne ein einvernehmliches Kriterium wird es immer wieder zu Kontroversen über die Frage kommen, ob ein staatlich ausgeübter Zwang ein guter oder ein schlechter ist. Ist z.B. ein Anschluss- und Benutzungszwang an ein Fernwärmekraftwerk ein guter Zwang, weil damit z.B. ein Beitrag zu einer positiven Klimabilanz geleistet wird, oder ist es ein schlechter Zwang, weil den privaten Haushalten individuelle Wahlmöglichkeiten hinsichtlich der Art ihrer Wärmeversorgung genommen werden? Ist, um ein anderes Beispiel aus dem Interessenbereich von *Rolf Stober* zu nehmen,[1] der auf die Gewerbetreibenden in Deutschland und andernorts ausgeübte Zwang, Mitglied einer Industrie- und Handelskammer zu sein, ein guter, freiheitseröffnender oder ein schlechter, freiheitsgefährdender Zwang?

Fragestellungen dieses Typus ließen sich beliebig erweitern und sie führen immer wieder zu hitzigen und teilweise polarisierenden Diskussionen.

Wer eine fundierte Antwort auf solche Fragen sucht, der kommt um die Antworten der ökonomischen Theorie der Verfassung nicht herum. Als Constitutional Economics hat sie sich seit den 60er Jahren, fußend auf den Schriften von *Gordon Tullock* und *James M. Buchanan*,[2] in den USA entwickelt und erfreut sich spätestens seit der Verleihung des Nobelpreises an letzteren auch in Deutschland wissen-

1 *Stober* Die Industrie- und Handelskammern als Mittler zwischen Staat und Wirtschaft. Zum IHK-Auftrag vor den Herausforderungen in Gegenwart und Zukunft, Köln u.a. 1992.

2 *Buchanan/Tullock* The Calculus of Consent. Legal Foundations of Constitutional Democracy, Ann Arbor 1965; *Buchanan* The Limits of Liberty. Between Anarchy and Leviathan, 1975; *Vanberg* Markt und Organisation. Individualistische Sozialtheorie und das Problem korporativen Handelns, 1982.

schaftlicher Beachtung, zumal der Ökonom und Nobellaureat *Friedrich August von Hayek*[3] schon lange vorher erste Schneisen in ein bis dato vorwiegend von Juristen beackertes Feld geschlagen hat.

Zwang ist gut und schafft Freiheit, so nun die vereinfachte Antwort der Verfassungsökonomik, würden sich die Menschen, wenn sie die Verfassung neu erfinden würden, einvernehmlich auf den in Rede stehenden Zwang verständigen. Ein Zwang, der einen solchen hypothetischen vorkonstitutionellen Einstimmigkeitstest nicht bestünde, wäre, würde er dennoch ausgeübt, folgerichtig schlecht und freiheitsgefährdend.

Was für den Steuerzwang als Ausdruck des Beitragszwangs zur staatlichen Bereitstellung öffentlicher Güter gelten mag, weil er unser rechtsstaatliches Zusammenleben ermöglicht und kollektiven Interessen dient, muss allerdings für den Beitragszwang bei Selbstverwaltungseinrichtungen noch lange nicht gelten. Oder doch?

Ich meine ja, denn das Muster des Grundproblems ist dasselbe. Ob es um die Finanzierung von Polizei und Justiz oder, beides wichtige Aufgaben der deutschen Industrie- und Handelskammern, um die Finanzierung des dualen Berufsbildungssystems oder um die Beratung des Gesetzgebers hinsichtlich der wirtschaftlichen Folgen seines Tuns geht. Alle diese Aufgaben kranken am selben Problem: Auch Nichtzahler, besser Trittbrettfahrer genannt, profitieren von den Früchten ihrer Bereitstellung. Deshalb wäre die Versorgung mit diesen Gütern unzureichend, im schlimmsten Fall Null, überließe man ihre Bereitstellung freiwilligen philantropischen Beiträgen. Die Menschen würden der Versuchung unterliegen, Trittbrettfahrer sein zu wollen, ihre Wertschätzung für das Gut verschweigen und seine allfällige Bereitstellung, so es denn überhaupt dazu kommt, genießen. Sie bekämen dann rasch Gesellschaft von denen, deren Ehrlichkeit alsbald als Dummheit tituliert würde.

Der Stammvater der Neuen Politischen Ökonomie, *Mancur Olson*, hat dies in seinem bahnbrechenden Werk über die Logik kollektiven Handelns (1965, dt. Ausgabe 1992, S. 12) wie folgt zum Ausdruck gebracht:

> »[T]rotz der Kraft des Patriotismus, der Anziehungskraft der nationalen Ideologie, des Bandes einer gemeinsamen Kultur und der Unentbehrlichkeit eines Systems von Recht und Ordnung war in der Neuzeit kein bedeutender Staat in der Lage, sich durch freiwillige Abgaben oder Beiträge selbst zu erhalten. Philantropische Beiträge stellen in den meisten Ländern nicht einmal eine nennenswerte Einnahmequelle dar. Steuern, definitionsgemäß *Zwangszahlungen*, sind notwendig. Ja, wie ein altes Sprichwort sagt, sind sie unausbleiblich wie der Tod.
>
> Wenn der Staat mit allen ihm zur Verfügung stehenden Hilfsmitteln seine grundlegendsten und lebenswichtigen Tätigkeiten nicht ohne Zwangsanwendung finanzieren kann, darf man annehmen, dass große private Organisationen ebenfalls Schwierigkeiten haben dürften, die Einzelnen in den Gruppen, deren Interessen sie zu vertreten suchen, dazu zu bewegen, die notwendigen Beiträge freiwillig zu leisten.«

3 *v. Hayek* Die Verfassung der Freiheit, 1971.

Vor diesem Hintergrund darf daher angenommen werden, dass sich die Betroffenen zur Lösung des Beitragsproblems bei der Bereitstellung von solchen Kollektivgütern, von deren Konsum Nichtzahler nicht ausgeschlossen werden können, auf einen Beitragszwang für alle einigen.

Deshalb halten die Bürger die Regel, der zu Folge alle Bürger zu Steuerzahlungen heranzuziehen sind, gemeinhin für legitim. Das Wehklagen hierüber oder gar der Versuch, dieselben zu hinterziehen, steht dazu nicht in Widerspruch. Beides ist Ausdruck verschiedener Handlungsebenen. Ersteres betrifft die konstitutionelle Ebene und damit die Wahl, welche Regel für alle gelten soll. Letzteres betrifft die postkonstitutionelle Ebene, das heißt die Wahl des eigenen Verhaltens, nachdem die Regel in Kraft ist und das Individuum z.B. möglicherweise feststellt, dass die Regel nicht hundertprozentig und zeitnah durchgesetzt wird.

Nun wäre es gleichwohl zu kurz gesprungen, wenn aus der Einsicht in den Zwang zu Steuerzahlungen auf die Legitimität von Staatswesen und, mutatis mutandis, auf diejenige von Parafiski wie den Selbstverwaltungseinrichtungen geschlossen würde. Dafür sind zu viele Staatswesen im Laufe der Geschichte umgestürzt worden, trotz dieser Einsicht.

Unter den vielen Erklärungen, die man hierfür anführen mag, sei eine wesentliche herausgegriffen: Die Steuerzahler finanzieren mit ihren Steuern einen Agenten der kollektiven Aktion: den Staatsapparat als Summe von Polizei, Justiz, Armee und seiner weiteren Organe. Wer stellt dann eigentlich sicher, dass dieser Agent tatsächlich im Sinne seiner Auftraggeber tätig wird und wer verhindert, dass der Agent stattdessen seine ureigenen Interessen verfolgt?[4] Die Steuerzahler stehen damit zuzüglich zum Beitragsproblem vor einem weiteren: dem Delegationsproblem.[5]

Für die Frage der Legitimität kommt es dann entscheidend darauf an, was der Empfänger der Steuerzahlungen mit denselben anfängt und gemäß welcher Verfahren er seine Einnahme- und Ausgabeentscheidungen trifft. Ist das Delegationsproblem nicht einvernehmlich gelöst, droht die Verständigung auf den notwendigen Beitragszwang zu scheitern. Ja, der Beitragszwang liefert die Steuerzahler womöglich der Ausbeutung durch den Agenten der kollektiven Aktion aus, wenn es keine Gegenmacht gibt.

Die Constitutional Economics argumentiert im Hinblick auf die genannten Kollektivgüter, dass sich die Bürger deshalb auf einer konstitutionellen Ebene nicht nur über einen Beitragszwang verständigen müssen, sondern auch über Entscheidungsverfahren hinsichtlich der Einnahme- und Ausgabepolitik. So entsteht Legitimität durch die gleichzeitige Lösung zweier miteinander verbundener Probleme: Ein Beitragszwang löst das Beitragsproblem, eine transaktionskostenoptimierte

4 Mit der klassischen Frage *Who guards the guardians?* beschäftigen sich u.a. *Tullock* The Social Dilemma. The Economics of War and Revolution, 1974 und *Witt* Multiple Gleichgewichte und kritische Masse – das Problem der Verfassungstreue, in: Jahrbuch für Neue Politische Ökonomie 12, 1993, S. 229–246.

5 *Schmidt-Trenz* Die Logik kollektiven Handelns bei Delegation, 1996, insbes. S. 106 ff.

Mehrheitsdemokratie als postkonstitutionelles Entscheidungsverfahren das Delegationsproblem. Angesichts rationaler Wirtschaftssubjekte steht zu erwarten, dass beides auf einer konstitutionellen Ebene (also der in eine anarchische Situation eingebetteten Ebene der Verhandlungen über den grundlegenden Verfassungsvertrag) vereinbart wird.

Dies bringt die Debatte um die Kammerbeiträge auf den Punkt. Die Einsicht in die Notwendigkeit des Beitragszwangs ist auf der postkonstitutionellen Ebene, also aus Sicht der Verfassungs*wirklichkeit*, für die betroffenen Wirtschaftssubjekte in dem Maße notleidend, wie das verbandliche Delegationsproblem als ungelöst erscheint. Wie also, so muss dann die nächste Frage lauten, ist es um die Verbandsdemokratie bestellt?

Ich meine gut, auch wenn dies nicht bedeutet, dass keine Verbesserungen möglich seien. Konnte *Eschenburg* noch 1955 von Funktionärsverkrustungen und oligarchischen Strukturen sprechen,[6] die letztlich zu Forderungen nach gesetzlichen Verankerungen von mehr Verbandsdemokratie führten – das Stichwort hieß und heißt: *Verbändegesetz* –, so können gerade die Industrie- und Handelskammern im Unterschied zu den freiwilligen Verbänden für sich reklamieren, dass ihnen das bundesdeutsche IHK-Gesetz von 1956 strenge demokratische Spielregeln auferlegt. Von fünfzehn Paragraphen ist ein einziger dem Beitragszwang gewidmet. Alle anderen betreffen die demokratische Kontrolle des Agenten der kollektiven Aktion. Verankert wird z.B. das Wahlrecht der Beitragszahler zum parlamentarischen Repräsentativorgan der Kammern, der aus Unternehmern bestehenden Vollversammlung. Sie besitzt alle entscheidenden Rechte, die durch Satzung nicht abbedungen werden können, wie die Wahl von Präsident und Hauptgeschäftsführer, die Festlegung der Grundsätze der Kammerarbeit und die Feststellung der Beiträge und des Haushalts.

Solch strenge Vorgaben gelten für die auf dem Vereinsrecht beruhenden Verbände mit freiwilliger Mitgliedschaft in vergleichbarer Tiefe und Präzision nicht. Viele der Kompetenzen einer Mitgliederversammlung sind gemäß der einschlägigen BGB-Paragraphen zugunsten anderer Vereinsorgane abdingbar.

Damit nicht genug. Im Falle der Industrie- und Handelskammern überprüft ein eigener Rechnungshof die Rechnungslegung gemäß den Grundsätzen sparsamer Rechnungslegung und unterstützt die Arbeit der aus der Mitte der Vollversammlung gewählten ehrenamtlichen Rechnungsprüfer. Die Wirtschaftsministerien der Länder schließlich wachen als Rechtsaufsichtsorgane darüber, dass sich die Kammern an die einschlägigen Gesetze halten. Als Gegengewicht zur Beitragspflicht treten damit umfangreiche Rechte der Mitglieder, über deren Einhaltung eine hochentwickelte Aufsicht wacht.

Stimmen, welche die Legitimität der Kammern in Zweifel ziehen, können damit handfeste verfassungsökonomische Argumente entgegengehalten werden. Soweit solche Stimmen der Politik entstammen, muss erstens gefragt werden, ob man sich

6 *Eschenburg* Herrschaft der Verbände? 1955.

nicht einer unabhängigen und oftmals kritischen gutachterlichen Stimme entledigen will, die auf die wirtschaftlichen Folgen politischen Tuns hinweist. Die Folge wäre ein Stück mehr sachliche Unfreiheit. Zweitens muss gefragt werden, ob man unter dem Deckmantel der Privatisierung der Kammern nicht eine Verstaatlichung ihrer Aufgaben anstrebt, wie zum Beispiel einen Ersatz des selbstverwalteten dualen Ausbildungssystems in Form eines durch ein Berufsbildungsamt verstaatlichtes (siehe den Zusammenhang zu der im politischen Raum immer wieder geforderten Ausbildungsabgabe). Die Folge wäre ein Stück mehr wirtschaftliche Unfreiheit.

Soweit kritische Stimmen hinsichtlich des Beitragszwangs aus der Unternehmerschaft erschallen, so muss das Staatsvolk die Frage stellen, ob nicht durch eine Privatisierung der Kammern eine Sozialisierung der Kosten ihrer Aufgaben erfolgen soll. Solche Unternehmer führen im Schilde, die Finanzierung von Selbstverwaltungsaufgaben, die die Gruppe der Unternehmer betreffen, auf den allgemeinen Steuerzahler zu überwälzen in der Hoffnung, dass dieser es nicht nennenswert spürt. Dem muss die Politik entschieden entgegentreten, wenn sie es denn mit dem Subsidiaritätsprinzip ernst meint, dass Aufgaben dort und von denen zu erledigen und zu finanzieren sind, wo die Betroffenheit liegt. Die Folge wäre sonst mehr politische Unfreiheit.

Dass sich die Kammern trotz dieser Einsichten in den Jahrhunderten und Jahrzehnten ihrer Existenz nahezu zyklenartig immer wieder in der Diskussion befinden, ist, bei allen notwendigen effizienzsteigernden Maßnahmen, nicht zuletzt Spiegelbild einer gesellschaftlichen Entwicklung, die generell freiheitsgefährdend wirkt. Nachdem die Negativbeispiele sozialistischer Unfreiheit eliminiert sind, wird wieder trefflich herumexperimentiert am vermeintlich idealen Staat. Es liegt an den Unternehmern selbst, ob sie erkennen, dass die Erhaltung des Beitragszwangs bei den Industrie- und Handelskammern unter den gegebenen Bedingungen demokratischer Selbstverwaltung der Lackmustest dafür ist, wie es in diesem Lande mit der wirtschaftlichen Freiheit im weiteren Sinne bestellt ist. Dass es sich um einen Zwang handelt, der solche Freiheit erst ermöglicht, mag man schon durch Ansehung derer erkennen, die verhüllt oder unverhüllt seine Abschaffung betreiben.

Konfusion um die Konstruktion der Konzession

STEFAN STORR

1. DAS RECHTSINSTITUT DER KONZESSION IN HISTORISCHER BETRACHTUNG

1.1 Die Konzession als Verleihung subjektiver Rechte

Im »Verwaltungsrecht« von »Wolff/Bachof/Stober« grenzt *Rolf Stober* die Konzession von der Beleihung ab: Durch die Konzession – so heißt es dort – *»wird jemand berechtigt und verpflichtet [...], eine Tätigkeit auszuüben, für die sich der Staat ein Verleihungsrecht vorbehalten hat«*. Die Konzession soll aber keine Wahrnehmungszuständigkeit vermitteln, weshalb mit der konzessionierten Tätigkeit keine öffentlich-rechtlichen Kompetenzen wahrgenommen werden.[1] So werde in Konzessionsverträgen (z.B. mit Energieversorgungsunternehmen) ein Bündel zivilrechtlicher Vereinbarungen festgelegt, ohne dass zugleich die Versorgungsaufgabe einer Körperschaft des öffentlichen Rechts auf das Unternehmen im Wege der Delegation übertragen werde.[2]

Mit dieser Definition setzt sich *R. Stober* über ein Konzessionsverständnis hinweg, wie es sich im Konstitutionalismus als Rechtsinstitut herausgebildet hatte. Bei *O. Mayer* findet sich eine ausführliche Darstellung der Konzession in Anlehnung an das französische Institut der »concession des service public«.[3] Die Konzession sollte als eine Verleihung durch Verwaltungsakt begriffen werden, durch die dem Beliehenen *»rechtliche Macht gegeben werden soll über ein Stück öffentliche Verwaltung und die darin erscheinende öffentliche Gewalt«*.[4] Verliehen wurde ein besonderes Gebrauchsrecht, das mit einer Gebührenpflicht verbunden werden konnte. Der Staat beanspruchte ein Aufsichtsrecht.

Ähnlich hatte *E. R. Huber*[5] die Konzession als eine Unterform der Beleihung definiert, als *»öffentlich-rechtliche Befugnis, kraft derer ein beliehener Unternehmer berechtigt ist, eine wirtschaftliche Tätigkeit auszuüben, für die kein Staatsvorbehalt besteht, für die die öffentliche Verwaltung jedoch ein Verleihungsrecht besitzt«*. Die

1 *Stober* in: Wolff/Bachof/Stober, Allgemeines Verwaltungsrecht, Bd. 3, 5. Aufl. 2004, S. 515; vgl. zur Verleihung ferner: *H. J. Wolff* Verwaltungsrecht I, 6. Aufl. 1965, S. 283.
2 *Stober* Handbuch des Wirtschaftsverwaltungs- und Umweltrechts, 1989, S. 877.
3 Dazu *Wieland* Die Konzessionsabgaben, 1991, S. 93.
4 *O. Mayer* Deutsches Verwaltungsrecht, 2. Bd., 3. Aufl. 1924, S. 95.
5 *E. R. Huber* Wirtschaftsverwaltungsrecht, Bd. 1, 2. Aufl. 1953, S. 548 f.

Konzession sollte vom »Privileg« und von der (schlichten) Gewerbeerlaubnis abgegrenzt werden. Das Privileg sollte sich aus einem staatlichen Regal (i. S. e. öffentlich-rechtlichen Monopols) ableiten, die Konzession aus einem »anderen« Verleihungsrecht. Von der (schlichten) Gewerbeerlaubnis war die (echte) Konzession dadurch zu unterscheiden, dass jene ein »subjektives öffentliches Freiheitsrecht« anerkannte, die (echte) Konzession aber ein subjektives Recht auf Ausübung einer dem hoheitlichen Bereich zugeordneten Wirtschaftsbefugnis verlieh: Die Konzession *»[...] ist kein bloßes Recht auf Freiheit, sondern ein Recht zum Handeln innerhalb eines bestimmten Bereichs öffentlicher Verwaltung«*. Deshalb soll der mit einer Konzession ausgestattete Unternehmer einer über die normale Gewerbeaufsicht hinausgehenden intensiven Verwaltungsaufsicht unterworfen sein.

Die Konzession i. S. v. *O. Mayer* – aber auch die von *E. R. Huber* – hatte die Funktion, dem Einzelnen ein subjektives öffentliches Recht zu Teil werden zu lassen in einem Bereich, in dem ihm keine Abwehrrechte gegenüber staatlichen Eingriffen zukamen.[6] Diese (echte) Konzession verstand sich von einem Staatsverständnis her, dem Grundrechte als subjektiv-öffentliche Abwehrrechte unbekannt waren, weshalb der obrigkeitliche Staat nicht gegenüber Privaten gebunden werden konnte. Nur die Konzession sollte ihrem Inhaber eine öffentliche Rechtsposition einräumen; Eingriffe in das Konzessionsrecht waren nur unter besonderen Voraussetzungen zulässig. Der Staat war verpflichtet, die Ausübung des Konzessionsrechts zu schützen.[7] Die Verleihung dieser besonderen Rechtsposition schaffte Rechtssicherheit, die erforderlich war, um die notwendige Investitionen für große Infrastrukturvorhaben aufzubringen.[8]

1.2 Das Verleihungsrecht im freiheitlichen Staat

In einem freiheitlichen Staat ist das Rechtsinstitut der Konzession, durch das subjektive öffentliche Rechte erst eingeräumt werden, so nicht mehr haltbar.[9] Jede wirtschaftliche, also nicht hoheitliche (durch Beleihung legitimierte) Betätigung durch Private – auch in »Verwaltungsbereichen« – ist Ausübung grundrechtlich garantierter Freiheit. Staatliche Vorbehalte gibt es grundsätzlich nicht. Wirtschaftliche Betätigung ist Privaten durch das Grundrecht der Gewerbe- und Unternehmerfreiheit umfassend garantiert. Art. 12 Abs. 1 GG schützt den Beruf als *jede* auf Erwerb gerichtete Tätigkeit, die auf Dauer angelegt ist und der Schaffung und Aufrechterhaltung einer Lebensgrundlage dient.[10] Folglich muss jeder berufsrelevante Staats-

6 *K. Vogel* Öffentliche Wirtschaftseinheiten in privater Hand, 1959, S. 51.
7 *O. Mayer* Deutsches Verwaltungsrecht, 2. Bd., 3. Aufl. 1924, S. 101 f.
8 *Pielow* Grundstrukturen öffentlicher Versorgung, 2001, S 422.
9 *Gröschner* Das Überwachungsrechtsverhältnis, 1992, S. 194.
10 BVerfGE 7, 377, 397 – *Apotheke*.

vorbehalt, der dem Geltungsbereich des Art. 12 Abs. 1 GG nicht unterliegen soll, durch das Grundgesetz selbst ausgeschlossen sein.[11]

Das BVerfG hat das nur wenigen Fällen angenommen. Für das öffentlich-rechtliche Versicherungswesen hat es auf Art. 74 Abs. 1 Nr. 11 GG verwiesen, der das privatrechtliche Versicherungswesen zum Recht der Wirtschaft zählt, was im Umkehrschluss bedeute, dass das öffentlich-rechtliche Versicherungswesen keine wirtschaftliche Tätigkeit sei und deshalb auch nicht dem »*Prinzip der Gewerbe- und Unternehmerfreiheit und damit dem Maßstab des Art. 12 Abs. 1 GG*« unterstellt werden solle.[12] Für das Postmonopol ergibt sich die Beschränkung unmittelbar aus Art. 143b Abs. 2 Satz 1 GG.[13] Solche Staatsvorbehalte sind aber die Ausnahme. Die Erteilung von »Spielbank-Konzessionen« – um ein Beispiel zu nennen – unterliegt dem Grundrechtsschutz des Art. 12 Abs. 1 GG.[14] Für sie gibt es keine vergleichbaren verfassungsrechtlichen Sonderregelungen.

Vor dieser verfassungsrechtlichen Ausgangslage ist die »*seltsame*« (*K. Vogel*[15]) Definition *E. R. Hubers* nicht mehr tragfähig, weil sie die Konzession als Befugnis zur wirtschaftlichen Tätigkeit begreifen will, die dem Staat nicht vorbehalten sein, aber zur öffentlichen Verwaltung gehören soll. Wie gezeigt unterliegt eine wirtschaftliche Tätigkeit aber dem Grundrecht der Gewerbe- und Unternehmerfreiheit, kann daher nicht »zur Verwaltung gehören«. Auf einen weiteren Widerspruch der (echten) Konzession hat *U. Steiner* hingewiesen: Es ist nicht denkbar, dass der Konzessionsempfänger einerseits als Träger einer Verwaltungsfunktion qualifiziert wird, andererseits privatrechtliche Ziele verfolgt.[16]

2. DIE KONZESSION IM MODERNEN VERWALTUNGSRECHT

2.1 Die Konzession als Zulassung

§ 7 GewO hat das Recht des Fiskus, Konzessionen zu vergeben, bereits zum 1. 1. 1873 abgeschafft.[17] Das bezog sich aber nur auf den Staat als Privatrechtssubjekt. Andere Konzessionen gelten bis heute fort.[18] Soweit die GewO den Konzessi-

11 Restriktiv zu Staatsvorbehalten aus Art. 20 Abs. 2 GG: BVerfGE 107, 59, 93 – *Wasserverbände*.
12 BVerfGE 41, 205, 227 f – *Gebäudeversicherung*.
13 BVerfGE 108, 370, 388 – *Postmonopol*.
14 BVerfGE 102, 197, 213 – *Spielbank Baden-Württemberg*; BVerwGE 96, 302, 307 – *Spielbank Lindau*.
15 *K. Vogel* Öffentliche Wirtschaftseinheiten in privater Hand, 1959, S. 90.
16 *U. Steiner* Öffentliche Verwaltung durch Private, 1975, S. 44.
17 Die Bestimmung wird eng ausgelegt: sie bezieht sich nur auf den Staat als Privatrechtssubjekt (»Fiskus«) verhindert daher nicht den öffentlich-rechtlichen Genehmigungszwang durch den hoheitlichen Staat (*Sydow* in: Pielow, Beck-OK, GewO, § 7 Rn 18).
18 Z.B.: § 149 BBergG; § 26 ApoG.

onsbegriff kennt, wird dieser aber inzwischen synonym für den Begriff »Zulassung« verstanden.[19] Das gilt namentlich für § 30 GewO, der eine Konzession für den Betrieb von Privatkrankenanstalten anordnet. Seit 1984 fasst § 15 Abs. 2 GewO Erlaubnis, Genehmigung, Konzession und Bewilligung ausdrücklich unter dem Begriff der Zulassung zusammen. Hier ließe sich auch noch die Lizenz anführen. Die noch heute gebrauchte Formulierung von der »Gaststättenkonzession«[20] ist nichts anderes als eine gewerberechtliche Zulassung.[21]

2.2 Die Konzession als Erlaubnis bei repressiven Verboten mit Befreiungsvorbehalt

C. Koenig[22] hat vorgeschlagen, den Begriff der Konzession für die Fälle des repressiven Verbots mit Befreiungsvorbehalt zu reservieren. Er verweist auf die wasserrechtliche Bewilligung (§ 8 WHG), die erst mit ihrer Erteilung ein subjektives öffentliches Recht gewährt. In einigen Ländern ist das Recht der Sportwetten, des Zahlenlottos und anderer Glücksspiele[23] sowie des Rundfunks[24] als repressives Verbot mit Befreiungsvorbehalt ausgestaltet, wobei die Befreiung durch eine Konzession erfolgen soll. Für die Konzessionsvergabe kommt der Behörde zwar ein weiter Entscheidungsspielraum zu; dennoch erfolgt sie nicht im grundrechtsfreien Raum.[25] Lediglich die wasserrechtliche Bewilligung ist insofern ein Sonderfall, als sie auf dem speziellen Eigentumsregime des Wassers beruht.

2.3 Die Konzession als Wirtschaftslenkungsinstrument

Die Konzession wird als ein besonders intensives Wirtschaftslenkungsinstrument verstanden. Bereits 1703 war in Preußen für alle neu gegründeten Manufakturen Konzessionszwang eingeführt worden, denn für diese galt das Zunftrecht nicht und durch die Konzessionsvergabe sollte ruinöser Konkurrenzkampf unterbunden werden.[26]

19 *Jarass* Die Genehmigungspflicht für wirtschaftliche Tätigkeiten, GewArch 1999, 177; *Tettinger* in: ders./Wank, GewO, vor § 30 Rn 3; *Frotscher* in: R. Schmidt, Öffentliches Wirtschaftsrecht, Bd. 1, 1995, S. 68, Fn 312.

20 Vgl. etwa OLG Düsseldorf NVwZ 1991, 815;VGH Kassel NVwZ-RR 1996, 325.

21 *Scheer* Gaststättengesetz, 1959, S. 20; vgl. a. *Stober* Der Befähigungsnachweis im Gastgewerbe als Rechtsproblem, 1986, S. 3.

22 *C. Koenig* Die öffentlich-rechtliche Verteilungslenkung, 1994, S. 105; vgl. a. *Manssen* in: v. Mangoldt/Klein/Starck, GG, 4. Aufl. 1999, Art. 12 Abs. 1 Rn 154.

23 § 4 Sachs-Anh.GlüG; § 3 ÖffLottSportWettG SH; § 3 Nieds. LottG. Das Brandb.LottoG fordert zwar eine Erlaubnis, lässt aber Konzessionsabgaben zu: § 4 Abs. 2 Brandb.LottoG.

24 Z.B. § 49 Saar LRdfG.

25 BVerfGE 115, 276, 300 – *Sportwetten;* BVerwGE 126, 149, 154 – *Sportwetten*; BVerfGE 97, 298, 310 f – *extra radio.*

26 *Ziekow* Freiheit und Bindung des Gewerbes, 1992, S. 316 f.

Eine lenkende Funktion nehmen heute verkehrsrechtliche Genehmigungen ein, die in »juristischer Umgangssprache« auch Konzessionen genannt werden.[27] Das PBefG verwendet den Begriff »Konzession« selbst nicht. § 2 Abs. 2 PBefG ordnet einen Genehmigungszwang an und ist weder Rechtsgrundlage für eine Beleihung noch für eine Rechteverleihung. Genehmigungsvoraussetzungen sind Zuverlässigkeit, Leistungsfähigkeit, Eignung und die Niederlassung im Inland (§ 12 PBefG). Bemerkenswert ist eine Besonderheit im Recht der Verkehrsgenehmigung, die diese damit zumindest inhaltlich in die Nähe historischer Konzessionen rückt: Die Genehmigung ist als wirtschaftspolitisches Steuerungsinstrument konzipiert, um ruinösen Konkurrenzkampf zu unterbinden.[28] Die Behörde hat für die Genehmigung von Straßenbahn-, Obusverkehr und Linienverkehr mit Kraftfahrzeugen die öffentlichen Verkehrsinteressen zu berücksichtigen und eine Genehmigung zu versagen, wenn der Verkehr mit den vorhandenen Verkehrsmitteln befriedigend bedient werden kann (§ 12 Abs. 2 Nr. 2 lit. a PBefG). Die »Taxikonzession« ist zu versagen, wenn die öffentlichen Verkehrsinteressen dadurch beeinträchtigt werden, dass durch die Ausübung des beantragten Verkehrs das örtliche Taxengewerbe in seiner Funktionsfähigkeit bedroht wird (§ 12 Abs. 4 PBefG).

2.4 Die Konzession als Sondernutzungsrecht

Die Konzession wird ferner als ein besonderes Nutzungsrecht verstanden. Beispielsweise wird für das Recht, einen Nebenbetrieb an der Autobahn zu betreiben, eine Konzession verlangt (§ 15 Abs. 3 FStrG); dafür sind Konzessionsabgaben zu leisten. Auch die besondere Zustimmung, die Unternehmen der Energie-, Wasser- und Telekommunikationsversorgung für die Nutzung öffentlicher Wege in über den Gemeingebrauch hinausgehender Weise bedürfen, heißt Konzession.

Die Straßen- und Wegeeigentümer, also bei öffentlichem Grund z.B. die Gemeinden, können ihre Zustimmung mit Voraussetzungen verbinden und so Einfluss auf die Wirtschaftstätigkeit des Unternehmens nehmen. Durch ihre Wegerechte haben sie ein faktisches Monopol. Weil die Unternehmen auf ihre Zustimmung zwingend angewiesen sind, wirkt die Wegekonzession faktisch wie eine Wirtschaftskonzession.[29] Die Konzessionsverträge können Benutzungsregeln, Kontrahierungszwänge, Tarifregelungen oder Bestimmungen über Konzessionsabgaben enthalten. § 103 GWB a.F. hatte die Konzessionsverträge vom Kartellrecht weitgehend freigestellt.[30]

27 Vgl. z.B. OVG Münster NVwZ-RR 1991, 147 ff; VG Koblenz LKRZ 2007, 118; *Dietlein* Konzessionsübertragung und Konzessionshandel im Taxi-Gewerbe, GewArch 1999, 89 ff; Anlage zu § 2 Verordnung über den Ausgleich gemeinwirtschaftlicher Leistungen im Eisenbahnverkehr.

28 In historischer Bedeutung: *Ziekow* Freiheit und Bindung des Gewerbes, 1992, S. 316 f.

29 *E. R. Huber* Wirtschaftsverwaltungsrecht, Bd. 1, 2. Aufl. 1953, S. 566.

30 *Tettinger* in: R. Schmidt, Öffentliches Wirtschaftsrecht, Besonderer Teil 1, 1995, S. 713.

Für die Trinkwasserversorgung besteht die Möglichkeit, Konzessionsverträge abzuschließen, fort (§ 130 Abs. 5 GWB).

Für liberalisierte Sektoren passt dieses Konzessionswesen nicht mehr. § 68 TKG hat den Kommunen das alleinige Wegenutzungsrecht genommen. § 46 EnG verpflichtet die Gemeinden nun, die Wegenutzung zuzulassen. Dennoch lässt § 48 EnG den Gemeinden das Recht – hier hat der Begriff noch überlebt –, »Konzessionsabgaben« zu fordern; weitergehende Bedingungen können damit aber nicht mehr verbunden werden (§ 3 KAV).

3. DAS KONZESSIONSMODELL IN PUBLIC-PRIVATE-PARTNERHIPS

3.1 Privatisierungsmodelle als PPP-Strukturierungsvorschläge

Durch die Privatisierungsdiskussion der vergangenen Jahre hat die Konzession neuen Auftrieb erfahren. Wo Private mit der öffentlichen Hand kooperieren und z.B. bestimmte Aufgaben der Daseinsvorsorge übernehmen, kommt es darauf an, die Arbeitsteilung und Verantwortungszuweisung zwischen öffentlicher Hand und Privaten genau zu definieren.[31] Als besondere Strukturmodelle von Public-Private-Partnerships[32] haben sich das Betriebsführungsmodell, das Betreibermodell, das Konzessionsmodell und das Kooperationsmodell herausgebildet.

Beim Betriebsführungsmodell wird der Private lediglich mit der kaufmännischen und technischen Leitung des Betriebs einschließlich der Wartung und Instandhaltung der Anlagen beauftragt.[33] Nach außen – gegenüber den Nutzern – tritt aber nur die öffentliche Hand auf; der Private führt den Betrieb für die öffentliche Hand. Die öffentliche Hand bleibt Eigentümer der Anlagen und Grundstücke; ihr obliegt die Erfüllungsverantwortung. Dem Betriebsführungsmodell entspricht eine Qualifikation des Privaten als unselbständiger Verwaltungshelfer.

Im Betreibermodell übernimmt der Betreiber Planung, Finanzierung, Bau- und Lieferverpflichtung sowie die Verpflichtung zum Betrieb, der Instandhaltung und sonstigen Wartung.[34] Hier ist der Private auch der Eigentümer oder es wird ihm ein Erbbaurecht bestellt. Der Betreiber tritt zwar gegenüber den Nutzern auf, aber nur im Namen der öffentlichen Hand. Die Pflicht gegenüber den Nutzern, die öffentliche Daseinsvorsorge zu erbringen, liegt weiterhin in der Erfüllungsverantwortung

31 Vgl. *H. Bauer* Privatisierung von Verwaltungsaufgaben, VVDStRL 54 (1995) 243, 277 f.

32 *Stober* in: Wolff/Bachhof/Stober, Allgemeines Verwaltungsrecht, Bd. 3, 5. Aufl. 2004, S. 609 f.

33 *Zacharias* Privatisierung der Abwasserbeseitigung, DÖV 2001, 454, 455.

34 *Schoch* Rechtsfragen der Privatisierung von Abwasserbeseitigung und Abfallentsorgung, DVBl 1994, 1, 10.

der öffentlichen Hand. Im Verwaltungsorganisationsrecht entspricht dieses Modell dem Mandat.[35]

Noch weiter geht die Übertragung der Verantwortung beim Konzessionsmodell. Der Konzessionsnehmer soll nicht nur die Bau- oder Lieferverpflichtung sowie die Verpflichtung zum Betrieb, der Instandhaltung und Wartung übernehmen, sondern auch die Verpflichtung zur Leistungserbringung gegenüber Dritten. Der Private tritt nun im eigenen Namen gegenüber den Nutzern auf. Während der Betreiber im Betreibermodell sein Entgelt von der öffentlichen Hand erhalten wird, fordert der Private beim Konzessionsmodell das Nutzungsentgelt im eigenen Namen unmittelbar vom Nutzer ein, der die Dienstleistung in Anspruch nimmt.[36] Die Erfüllungsverantwortung liegt beim Konzessionsnehmer. In dieser Konstruktion wird dem Konzessionsnehmer nicht zwangsläufig ein besonderes Nutzungsrecht verliehen, etwa wenn er das Bauwerk in eigenem Namen errichtet hat und es in seinem Eigentum steht. Ihm kann aber das Recht verliehen sein, im eigenen Namen Gebühren zu erheben.

Das Kooperationsmodell ist eine besondere Form der Aufgabenerfüllung. Die öffentliche Hand und Private sind gemeinsam an einem Unternehmen beteiligt, das die Aufgaben der Erfüllung wahrnimmt. Das Kooperationsmodell steht nicht im direkten Gegensatz zum Konzessionsmodell, weil beide Modelle in Mischformen denkbar sind.

Das Konzessionsmodell ist folglich vom Betriebsführungsmodell und vom Betreibermodell nach der verbleibenden Verantwortung für die Aufgabenerfüllung bei der öffentlichen Hand abzugrenzen. Außerdem tritt der Private gegenüber den Nutzern im eigenen Namen auf.

Das Konzessionsmodell als Privatisierungsstrukturmodell hat mit einer Konzession als öffentlich-rechtlicher Zulassung nichts zu tun. Dem Konzessionsmodell liegt ein Privatisierungsvertrag zugrunde, der einen Auftrag an den Konzessionsnehmer enthält, die privatisierte Leistung zu erbringen. Es wird auch kein Nutzungsrecht verliehen; der private Unternehmer ist selbst Eigentümer der Anlagen. Allen Modellen ist gemein, dass es nur idealisierte Strukturtypen für die Einbindung Privater in die Erfüllung öffentlicher Aufgaben sind.[37] Um Rechtsinstitute handelt es sich nicht; die konkreten Anforderungen an eine Public-Private-Partnership müssen sich aus dem Gesetz ergeben.

35 *Schaffarzik* Folgen der Privatisierung für die Erhebung öffentlicher Aufgaben, SächsVBl 2006, 225, 228.

36 *Stober* in: Wolff/Bachhof/Stober, Allgemeines Verwaltungsrecht, Bd. 3, 5. Aufl. 2004, S. 617 f.

37 Weitergehende Varianten bei *Tettinger* Die rechtliche Ausgestaltung von Public-Private-Partnership, DÖV 1996, 764, 765 f.

3.2 *Die Konzession als Delegation*

Denkbar ist z.B. dem Privaten hoheitliche Befugnisse zuzuweisen wie das Recht der Gebührenerhebung. In dieser Kombination mit einer Beleihung findet sich der Konzessionsbegriff auch im Gesetz wieder, z.B. als das Recht, Aufgaben des Neu- und Ausbaus von Bundesfernstraßen auf der Grundlage einer Mautgebührenfinanzierung zu erheben (§ 1 FStrPrivFinG).[38]

Liegt eine Übertragung öffentlich-rechtlicher Kompetenzen vor, kann die Konzession eine Delegation sein.[39] Doch kann es sich nur um eine »unechte« Delegation handeln. Eine »echte« Delegation liegt vor, wenn die Verantwortung für die Aufgabenerfüllung mit devolvierender (befreiender) Wirkung auf eine andere Einrichtung ausgelagert wird (materielle Privatisierung). Bei einer »unechten« Delegation findet zwar ebenfalls eine Zuständigkeitsübertragung statt, die Auffangverantwortung, die auf die Sicherstellung einer bestimmten Aufgabenwahrnehmung abzielt, bleibt aber bei der delegierenden Stelle.[40]

Im Bereich der kommunalen Daseinsvorsorge wird es sich anbieten, eine kommunale Einrichtung in eine Public Private Partnership einzubringen. Die kommunale Einrichtung wird durch Widmung eine öffentliche Sache, aus der besondere Rechte und Pflichten der Kommune, der Bürger und der Betreiber folgen. Das schließt es aber nicht aus, eine kommunale Einrichtung einem Dritten (Privaten) zu überlassen, sofern die Kommune verantwortliche Trägerin der Einrichtung bleibt. Das gilt jedenfalls, wenn Anschluss- und Benutzungszwang angeordnet wurde und folgt aus dem Verhältnismäßigkeitsgrundsatz,[41] weil Anschluss- und Benutzungszwang Grundrechtseingriffe sind, die nur angemessen sein können, wenn die Kommune im Gegenzug die Versorgungssicherheit garantiert. Auch das Rechtsinstitut der öffentlichen Einrichtung selbst verlangt, dass sich die Kommune eine Restverantwortung vorbehält.[42] Denn die öffentliche Einrichtung ist ein Instrument der Kommune zur Ausübung von Selbstverwaltungsaufgaben (§ 2 Abs. 1 SächsGO). Würde die Kommune ihre Verantwortung für den Betrieb der Einrichtung aufgeben, könnte sie nicht mehr mit Hilfe der Einrichtung nach eigenen Maßstäben, autonom, ihre Selbstverwaltungsaufgaben wahrnehmen. Auch könnte sie die

38 Vgl. indirekt § 3 FStrPrivFinG: »Konzessionslaufzeit«, »Konzessionsvertrag«; § 45 Abs. 1e StVO: »Konzessionsnehmer«.

39 Zur Übertragung von Hoheitsmacht auf Private: *Reinhardt* Delegation und Mandat im öffentlichen Recht, 2006, S. 20.

40 *Storr* Kooperation nur nach Ausschreibung? SächsVBl 2006, 234, 239: »unechte« Delegation; konkurrierende Zuständigkeit: *Kluth* in: Wolff/Bachhof/Stober, Allgemeines Verwaltungsrecht, Bd. 3, 5. Aufl. 2004, S. 274 f; *Schenke* Delegation und Mandat im öffentlichen Recht, VerwArch 68 (1977) 118, 142 f.

41 BVerwGE 123, 159, 164; *Tolkmitt* Kommunale öffentliche Einrichtungen in der Privatisierung, SächsVBl 2006, 240, 243.

42 SächsOVG SächsVBl 2005, 14, 15.

gesetzlichen Zulassungsansprüche nicht mehr erfüllen.[43] Schließlich kann der kommunalabgabenrechtliche Beitragsanspruch nur bestehen, wenn die Einrichtung unter kommunaler Verantwortung betrieben und dadurch gewährleistet wird, dass dem Beitragspflichtigen gegenüber eine fortdauernde Leistung erbracht wird.[44]

Daraus folgt, dass sich die Kommune durch Einwirkungs- und Kontrollrechte Einflussmöglichkeiten erhalten muss. Das SächsOVG geht hier weit und verlangt, dass sich die Gemeinde das »Recht zur jederzeitigen Einwirkung auf das Handeln der Privatrechtsperson« vorbehalten muss.[45] Der Private kann als Verwaltungshelfer eingesetzt, ihm kann der Betrieb übertragen oder es kann ihm eine Konzession (i. S. e. Auftrags) erteilt werden, solange die Trägerschaft bei der Gemeinde verbleibt und diese sich hinreichende Einflussmöglichkeiten vorbehält. Dies kann im Wege eines »Konzessionsvertrages« erfolgen.[46]

4. DIE KONZESSION IM VERGABERECHT

Aus dem Vergaberecht ist eine weitere juristische Begriffsvariante der Konzession bekannt. Art. 1 Abs. 4 RiL 2004/18[47] definiert Dienstleistungskonzessionen als Verträge, die von öffentlichen Dienstleistungsaufträgen nur insoweit abweichen, als die Gegenleistung für die Erbringung der Dienstleistungen ausschließlich in dem Recht zur Nutzung der Dienstleistung oder in diesem Recht zuzüglich der Zahlung eines Preises besteht. Im Wesentlichen gleich lautet die Definition für öffentliche Baukonzessionen (vgl. § 98 Nr. 6 GWB). Die (vergaberechtliche) Konzession ist vom öffentlichen Auftrag abzugrenzen. Dabei handelt es sich um einen entgeltlichen Vertrag zwischen öffentlichem Auftraggeber und Unternehmen, der Liefer-, Bau- oder Dienstleistungen zum Gegenstand hat und Auslobungsverfahren, die zu Dienstleistungsaufträgen führen sollen.[48]

4.1 Die »vergaberechtliche Konzession«

Eine Dienstleistungskonzession hat üblicherweise Tätigkeiten zum Inhalt, die nach ihrer Natur, ihrem Gegenstand und nach den Vorschriften, denen sie unterliegen, in den Verantwortungsbereich des Staates fallen und die Gegenstand von ausschließli-

43 *Stober* Kommunalrecht, 3. Aufl. 1996, S. 236.
44 SächsOVG SächsVBl 2005, 14, 16.
45 SächsOVG SächsVBl 2005, 14, 16.
46 VG Stuttgart NVwZ 2007, 614.
47 Richtlinie 2004/18/EG vom 31. 3. 2004 über die Koordinierung der Verfahren zur Vergabe öffentlicher Bauaufträge, Lieferaufträge und Dienstleistungsaufträge, ABl L 134 v. 30. 4.2004, S. 114 f.
48 § 99 Abs. 1 GWB, vgl. a. Art. 1 Abs. 2 lit. a RiL 2004/18 EG.

chen und besonderen Rechten sein können.[49] Während die »vergaberechtliche Konzession« also nur ein Recht ist, eine Aufgabe für die öffentliche Hand wahrzunehmen, indem eine Bau- oder Dienstleistung unmittelbar an Dritte erbracht wird, wird der öffentliche Auftrag unmittelbar gegenüber der öffentlichen Hand erbracht und – im Idealfall – auch von dieser finanziert.

Diese »vergaberechtliche Konzession« ist von der Zulassungs-Konzession in dreifacher Hinsicht abzugrenzen. Erstens liegt der »vergaberechtlichen Konzession« ein Vertragsverhältnis zugrunde (ausdrücklich Art. 17 RiL 2004/18). Es werden Leistung und Gegenleistung zwischen Dienstleistungserbringer und Konzessionsnehmer ausgetauscht. Die Zulassungs-Konzession kann – muss aber nicht – auf einem Vertrag beruhen. Als Genehmigung wird sie regelmäßig durch Verwaltungsakt erteilt. Die Definition der RiL 2004/18 ist dabei enger als die ursprüngliche Begriffsbestimmung der Kommission, die unter der Konzession alle *»auf den Staat zurechenbare Akte«* zusammenfassen wollte, *»durch die eine Behörde einem Dritten entweder vertraglich oder durch einen einseitigen Akt mit Zustimmung dieses Dritten die vollständige oder teilweise Durchführung von Dienstleistungen überträgt, die grundsätzlich in seine Zuständigkeit fallen und für die der Dritte die Nutzung trägt«*.[50]

Zweitens ist mit der »vergaberechtlichen Konzession« eine Hauptleistungspflicht des Privaten gegenüber dem Konzessionsgeber verbunden. Das ist die Verpflichtung, eine Dienstleistung zu erbringen bzw. ein Bauwerk zu errichten und zu betreiben. Dabei kommt es nicht darauf an, ob und welche Anforderungen an die Leistungserbringung gestellt werden, entscheidend ist, dass sich der Unternehmer überhaupt verpflichtet, Leistungen *für* den Konzessionsgeber zu erbringen. Hierfür erhält er das Nutzungsrecht. Auch die Kommission stellt ausdrücklich darauf ab, dass mit der vergaberechtlichen Konzession die vollständige oder teilweise Durchführung von Dienstleistungen übertragen wird und damit die Verpflichtung, diese zu erbringen. Die Zulassung ist dagegen nur ein Recht, das den Leistungserbringer nicht zur Leistung verpflichtet, sondern nur berechtigt.

Drittens ist die vergaberechtliche Konzession auf wirtschaftliche Tätigkeiten i.S.d. Art. 43 bis 55 EG beschränkt. Denn die Gemeinschaft hat für die Rechtsharmonisierung nur Kompetenzen im Bereich des Binnenmarkts. Damit unterliegen die Ausübung hoheitlicher Gewalt (Art. 45 EG) und andere nicht-wirtschaftliche Tätigkeiten sozialer oder kultureller Art nicht dem gemeinschaftlichen Konzessionsvergaberegime.

49 Mitteilung der Kommission zu Auslegungsfragen im Bereich Konzessionen im Gemeinschaftsrecht, ABl C 121 v. 29. 4. 2000, S. 4.

50 Mitteilung der Kommission zu Auslegungsfragen im Bereich Konzessionen im Gemeinschaftsrecht, ABl C 121 v. 29. 4. 2000, S. 5.

4.2 Die Abgrenzung der Dienstleistungskonzession vom Dienstleistungsauftrag

Die Abgrenzung der Dienstleistungskonzession vom Dienstleistungsauftrag ist von grundsätzlicher Bedeutung, weil die RiL 2004/18 für die Dienstleistungskonzession grundsätzlich nicht gilt (Art. 17 RiL 2004/18)[51] und der deutsche Gesetzgeber die Vergabe von Dienstleistungskonzessionen nicht in das streng regulierte Kartellvergaberecht eingebunden hat. Lediglich für öffentliche Baukonzessionen finden sich bei Verträgen über 6,242 Mio. Euro besondere Vorschriften in den Art. 56 ff RiL 2004/18. Im Kartellvergaberecht sind diese Verpflichtungen so umgesetzt worden, dass Baukonzessionen als Bauaufträge behandelt werden.[52]

Das heißt nicht, dass das Europarecht an die Vergabe von Dienstleistungskonzessionen keine Anforderungen stellt. Der EuGH hat klargestellt, dass die allgemeinen Grundsätze der Gleichbehandlung, der Transparenz und das Verbot der Diskriminierung aus Gründen der Staatsangehörigkeit zu beachten sind.[53] Allerdings handelt es sich eben nur um Grundsätze, die die Konzessionsvergabe nicht regeln, sondern den Mitgliedstaaten und öffentlichen Auftraggebern einen sehr weiten Gestaltungsspielraum belassen.

Auszugehen ist zunächst davon, dass alle PPP-Konstruktionen entweder öffentliche Aufträge oder Konzessionen sind.[54] Dienstleistungsauftrag und Dienstleistungskonzession sollen sich prinzipiell darin unterscheiden, dass der Dienstleistungsauftrag ein »Beschaffungsvorgang« der öffentlichen Hand ist, während die Dienstleistungskonzession den Dienstleistungserbringer zu einer »Verwertungshandlung«, der Nutzung des Rechts, berechtigt.[55] Aber »Beschaffungsvorgang« und »Rechtenutzung« schließen sich nicht aus, können vielmehr miteinander kombiniert werden:

a) Die Leistungserbringung

In seiner Grundstruktur ist der öffentliche Auftrag ein gegenseitiger Vertrag, durch den der Auftraggeber beim Auftragnehmer ein Gut beschafft und der Auftragnehmer hierfür eine Vergütung erhält. Doch kann es für einen öffentlichen Auftrag

51 Etwas anderes betrifft nur die Nichtdiskriminierungsklausel für die Zuerkennung besonderer oder ausschließlicher Rechte in Art. 3 RiL 2004/18.

52 Das ergibt sich nicht ausdrücklich aus dem GWB, folgt aber aus § 98 Nr. 6 GWB und § 6 VgV.

53 EuGH v. 7. 12. 2000 – Rs. C-324/98 – *Telaustria*, Rn 60 f; EuGH v. 21. 7. 2005 – Rs. C-231/03 – *Co.Na.Me*, Rn 16; EuGH v. 13. 10. 2005 – Rs. C-458/03 – *Parking Brixen*, Rn 46 f.

54 Mitteilung der Kommission vom 15. 11. 2005 zu öffentlich-privaten Partnerschaften und den gemeinschaftlichen Rechtsvorschriften für das öffentliche Beschaffungswesen und Konzessionen, KOM(2005) 569, S. 6.

55 OLG Düsseldorf NZBau 2005, 652, 653; krit. *Hattig/Ruhland* Die Rechtsfigur der Dienstleistungskonzession, NZBau 2005, 626, 628.

nicht darauf ankommen, wem gegenüber eine Leistung unmittelbar erbracht wird. Denn der Begriff des Dienstleistungsauftrags ist weit zu verstehen. Es ist eine tragende Idee der Vergabe-RiL, dass im Grundsatz alle Einkäufe der *öffentlichen Hände* dem regulierten Vergaberecht unterliegen sollen. Zudem ist der Dienstleistungsauftrag in § 99 Abs. 4 GWB bereits als ein Auffangtatbestand konzipiert.[56] Ein Beschaffungsgeschäft der öffentlichen Hand kann z.B. auch dann vorliegen, wenn eine Gemeinde einen Privaten mit der Abwasserentsorgung in ihrem Gemeindegebiet beauftragt und dieser seine Leistungen – etwa nach dem PPP-Konzessionsmodell – unmittelbar den Gemeindeeinwohnern und damit für die Gemeinde erbringt.

Für einen öffentlichen Auftrag muss die Leistungserbringung an Dritte jedenfalls Hauptpflicht des Vertrages zwischen Auftraggeber und Auftragnehmer sein. Hierfür müssen Leistung und Gegenleistung durch die Begründung eines synallagmatischen Gegenseitigkeitsverhältnis, durch Vereinbarung einer Bedingung oder durch die Abrede, dass die eine Leistung den Rechtsgrund für die andere darstellt, rechtlich verknüpft sein.[57] Irrelevant ist mithin, ob der Dienstleistungserbringer im eigenen Namen und für eigene Rechnung oder im fremden Namen und für fremde Rechnung leistet.

b) Die Vergütung

Für einen öffentlichen Auftrag kann es nicht darauf ankommen, ob der Auftraggeber den Auftragnehmer unmittelbar vergütet. Der öffentliche Auftrag ist ein »entgeltlicher Vertrag« (§ 99 Abs. 1 GWB); diese Voraussetzung muss aber weit interpretiert werden. Andernfalls wäre es ein Leichtes für den öffentlichen Auftraggeber, das Vergaberecht zu umgehen. Anstatt für die Erbringung einer Dienstleistung selbst ein Entgelt zu leisten, könnte er Dritte zu deren Finanzierung verpflichten.

Folglich kann ein öffentlicher Auftrag selbst dann vorliegen, wenn der Auftraggeber dem Auftragnehmer das ausschließliche Recht einräumt, die eigene Leistung zu nutzen oder entgeltlich zu verwerten.[58] In der Übertragung eines ausschließlichen Rechts könnte ein Verzicht des Auftraggebers auf eigene Nutzung der Leistung gesehen werden. Dieser Verzicht ist zwar wirtschaftlich werthaft,[59] doch begründet der bloße Eigenverzicht noch keine Entgeltlichkeit. Entscheidend ist, ob das Recht zur Nutzung die Vergütung für die gegenüber Dritten zu erbringende Dienstleistung darstellt oder ob das Recht zur Nutzung lediglich die Gegenleistung für die Wahrnehmung von Aufgaben der öffentlichen Hand ist, nicht aber die Vergütung für die konkrete Dienstleistung, die jedem einzelnen Nutzer noch zu erbringen ist und die erst noch erwirtschaftet werden muss. Die Übertragung von

56 *Bungenberg* in: Loewenheim/Meessen/Riesenkampff, GWB, 2006, § 99 Rn 21.
57 OLG Düsseldorf NZBau 2005, 652, 653.
58 BayObLG NZBau 2002, 233, 234.
59 *Hailbronner* in: Byok/Jaeger, Kommentar zum Vergaberecht, 2. Aufl. 2005, § 99 Rn 460.

Rechten zur Verwertung der eigenen Dienstleistung allein kann die Voraussetzung der Entgeltlichkeit i. S. v. § 99 Abs. 3 GWB schon deshalb nicht erfüllen, weil in der Nutzung eines Rechts ja das Wesen der Dienstleistungskonzession liegt. Die Abgrenzung zwischen einem Dienstleistungsauftrag und einer Dienstleistungskonzession muss deshalb durch ein anderes Kriterium erfolgen.

c) Das wirtschaftliche Risiko

Bei einem Beschaffungsauftrag verpflichtet sich der Auftraggeber zu einer Gegenleistung, dem Entgelt. Das wirtschaftliche Risiko der Dienstleistung trägt der Auftraggeber. An dieser entgeltlichen Gegenleistung fehlt es typischerweise bei der Dienstleistungskonzession. Vielmehr wird die Dienstleistung vom Dienstleistungserbringer kommerziell genutzt. Das impliziert, dass der Dienstleistungserbringer das wirtschaftliche Risiko trägt.[60]

Ob der Dienstleistungserbringer oder der Auftraggeber das wirtschaftliche Risiko einer Unternehmung trägt, wird nicht immer einfach zu beurteilen sein. Denn das Vorliegen einer Konzession wird nicht dadurch ausgeschlossen, dass der Auftraggeber an den Auftragnehmer eine Vergütung leistet, sofern dadurch nicht das ungewisse und sich aus der Natur der Nutzung ergebende Risiko beseitigt wird.[61]

Dennoch ist es für die Abgrenzung der Dienstleistungskonzession vom Dienstleistungsauftrag ein wichtiges Indiz, wer das Vorhaben finanziert. In der Entscheidung *Parking-Brixen*, in der es um den Betrieb eines kommunalen Parkplatzes ging, hat der EuGH darauf verwiesen, dass die Bezahlung des Dienstleistungserbringers nicht durch die betreffende öffentliche Stelle erfolgte, sondern aus den Beträgen, die Dritte für die Benutzung des betreffenden Parkplatzes entrichteten. Diese Art der Bezahlung bringe es mit sich, dass der Dienstleistungserbringer das Betriebsrisiko der fraglichen Dienstleistungen übernehme, und sei damit kennzeichnend für eine öffentliche Dienstleistungskonzession.[62] Allgemeiner formuliert die Europäische Kommission, dass der Konzessionsnehmer, der die jeweiligen Vorhaben normalerweise zumindest teilweise finanziert, das mit der Nutzung verbundene Risiko zu tragen hat.[63]

Ein Indiz für das Vorliegen einer Konzession kann ferner sein, dass dem Dienstleistungserbringer die Verantwortung für die Aufgabe zukommt. Denn mit dem Nutzungsrecht wird dem Unternehmer auch die Verantwortung übertragen. Nur weil er die Verantwortung trägt, trägt er das wirtschaftliche Risiko. Gemeint ist die umfassende technische, finanzielle und administrative Verantwortung für das Werk.

60 OLG Düsseldorf NZBau 2005, 652, 654.

61 Mitteilung der Kommission zu Auslegungsfragen im Bereich Konzessionen im Gemeinschaftsrecht, ABl C 121 v. 29. 4. 2000, S. 3.

62 EuGH v. 13. 10. 2005 – Rs. C-458/03 – *Parking Brixen*, Rn 40.

63 Mitteilung der Kommission vom 15. 11. 2005 zu öffentlich-privaten Partnerschaften und den gemeinschaftlichen Rechtsvorschriften für das öffentliche Beschaffungswesen und Konzessionen, KOM(2005) 569, S. 7.

So wird eine Konzession vorliegen, wenn es in der Verantwortung des Unternehmers liegt, die notwendigen Investitionen durchzuführen, damit das Werk den Benutzern ordnungsgemäß zur Verfügung gestellt werden kann.[64] Gegen das Vorliegen einer Konzession – und für einen Auftrag – spricht es, wenn die wesentlichen Parameter der Leistungserbringung, Inhalt und Umfang des Leistungsangebots sowie die Finanzierung einer eigenen Gestaltungskompetenz des Leistungserbringers entzogen sind.[65]

Das wirtschaftliche Risiko des Unternehmers ist noch nicht dadurch entfallen, dass ihm ein ausschließliches Recht übertragen wird. Das wird sich aber anders darstellen, wenn die Leistungserbringung mit der Anordnung von Anschluss- und Benutzungszwang verbunden wird sowie mit der Berechtigung (und Verpflichtung), den kommunalabgabenrechtlichen Vorschriften entsprechend ein kostendeckendes Entgelt zu erheben.[66] Dem Unternehmer sind dann folgende Risiken[67] genommen:

- das Verwendungsrisiko, also das Risiko, ob und in welchem Umfang Leistungen in Anspruch genommen werden.
- das finanzielle Risiko, also das Risiko, dass die Kosten der zu erbringenden Leistungen richtig kalkuliert sind. Eine Unterfinanzierung verbietet das Kostendeckungsgebot. Deshalb sind Kostenunterdeckungen auszugleichen.[68]
- das Beitreibungs- und Insolvenzrisiko, also das Risiko des Forderungsausfalls wegen Zahlungsunfähigkeit einzelner Schuldner. Denn das kommunalabgabenrechtliche Kostendeckungsgebot verpflichtet zur gebührenrechtlichen Vorsorge, dass die Versorgungseinrichtung nicht durch schlichte Verringerung des Gebührenaufkommens in die Insolvenz getrieben wird. Das wird bei Daseinsvorsorge grundsätzlich nicht hingenommen werden können. Deshalb spricht das Kostendeckungsgebot dafür, dass etwaige Zahlungsausfälle auf die Gemeinschaft der Leistungsbezieher/Zahlungspflichtigen umgelegt werden können.

5. AUSBLICK

Einen einheitlichen Konzessionsbegriff kennt die Verwaltungsrechtsdogmatik nicht mehr. Es gibt auch kein einheitliches Rechtsinstitut der Konzession. Die historische von *O. Mayer* und *E. R. Huber* wesentlich geprägte Definition ist für eine auf den Grundrechten organisierte Wirtschaftsordnung nicht mehr brauchbar. Bestimmte Eigenarten schwingen noch heute im Konzessionsbegriff fort. In Anleihe an das

64 Mitteilung der Kommission zu Auslegungsfragen im Bereich Konzessionen im Gemeinschaftsrecht, ABl C 121 v. 29. 4. 2000, S. 2.

65 Vgl. a. *Baumeister/Klinger* Perspektiven des Vergaberechts im straßengebundenen ÖPNV durch die Novellierung der Verordnung (EWG) Nr. 1191/69, NZBau 2005, 601, 604.

66 Zum Vorliegen eines öffentlichen Auftrags bei Anschluss- und Benutzungszwang: *Hüser* Ausschreibungspflichten bei der Privatisierung öffentlicher Aufgaben, 2005, S. 309.

67 OLG Düsseldorf NZBau 2005, 650, 651.

68 Vgl. z.B. § 10 Abs. 2 SächsKAG.

historische Verleihungsrecht wird die Konzession als ein Instrument zur Kompetenz- und Verantwortungszuweisung in besonders »verwaltungsnahen Sphären« verwendet, sei es weil ein repressives Verbot mit Befreiungsvorbehalt besteht, sei es weil der Staat die Konzession als besonderes Wirtschaftslenkungsinstrument begreift oder weil Hoheits- oder Nutzungsrechte übertragen werden. Eine gemeinsame, diese Varianten übergreifende Definition lässt sich aber nicht schaffen; diese Konzessionen sind nur mehr aus ihrem spezifischen Rechtszusammenhang heraus zu begreifen.

Dieser Befund kann auch positiv formuliert werden: Obgleich der Konzessionsbegriff dogmatisch aufgelöst ist, gibt die sich entwickelnde Privatisierungsdogmatik Anlass darüber nachzudenken, diesen wieder als eigenständiges Rechtsinstitut einzuführen.[69] Die Konzession könnte als ein besonderes Instrument kooperativer Aufgabenerfüllung zwischen öffentlicher Hand und Privaten begriffen werden, mit dem spezifische Rechte übertragen werden. Ausgangspunkt könnte die Definition in der Vergabe-RiL sein, die die Übertragung eines Nutzungsrechts in den Vordergrund stellt. Nicht ergiebig wird es sein, die Konzession mit bestimmten Verantwortungszuweisungen zu verbinden; diese müssen aus der konkreten Aufgabe und der zu privatisierenden Materie hergeleitet werden. Als eine »besondere« Gestattung in Verbotsbereichen mit Befreiungsvorbehalt wird die Konzession keinen dogmatischen Gewinn bringen. Ein vergaberechtlicher Ansatz hätte zudem den Charme, ein Rechtsinstitut zu entwickeln, das seinen Ursprung im Verwaltungsrecht der Mitgliedstaaten hat, sich dort aber verloren hat und durch das Europarecht neu belebt wird.

69 *Schmidt-Aßmann* in: Hoffmann-Riem/Schmidt-Aßmann, Öffentliches Recht und Privatrecht als wechselseitige Auffangordnungen, 1996, S. 32.

Gegenwartsfragen der Beleihung in der Luftverkehrsverwaltung

KARSTEN BAUMANN

I. EINLEITUNG

Das wissenschaftliche Werk *Rolf Stobers* widmet sich in vielfältiger Weise den mit der Privatisierung öffentlicher Aufgaben sowie dem Rechtsinstitut der Beleihung verbundenen Rechtsfragen.[1] Dies ist Ausdruck des hohen Stellenwerts, den die Beleihung in Bereichen des Besonderen Verwaltungsrechts, so auch im Wirtschaftsverwaltungsrecht, einnimmt. Dessen Regelungsgegenstände stellen sich nicht selten als ausgesprochene Spezialistenmaterien dar, die in besonderem Maße auf die Nutzbarmachung »sachnaher« privater Kenntnisse und Fertigkeiten für den Vollzug der Verwaltungsaufgaben angewiesen sind.[2] Hinzu kommt das mit dem Schlagwort des »schlanken Staates« umschriebene Bestreben, in Bereichen der (nicht nur) leistenden Verwaltung einen weit gehenden Rückzug des Staates aus der eigentlichen Diensteerbringung auf die für die Sicherstellung der Gemeinwohlfunktionen prinzipiell ausreichenden Normsetzungs-, Regulierungs- und Kontrollaufgaben und mithin einen Wandel vom Leistungs- zum Regulierungsstaat zu vollziehen.[3] Das moderne Wirtschaftsverwaltungsrecht ist damit vielfach Produkt einer Entwicklung zu einem »Recht der staatlichen Steuerungsverantwortung«, die ungeachtet der Einbeziehung Privater in den Aufgabenvollzug weiterhin effektiv wahrgenommen werden muss.[4] Diesbezüglich wird die Beleihung bereichsspezifisch als probates Mittel zur Durchsetzung der staatlichen Gewährleistungsverpflichtungen angesehen, was zumindest dann gilt, wenn die zu privatisierenden Gemeinwohlfunktionen nicht ausschließlich mit den Mitteln des »Jedermann-Rechts« ausgeübt werden können. Teilweise ist daher bereits von einer »Renaissance der Beleihung«, mit der

1 Vgl. etwa *Stober* Die privatrechtlich organisierte öffentliche Verwaltung – Zur Problematik privatrechtlicher Gesellschaften und Beteiligungen der öffentlichen Hand, NJW 1984, 449 ff; *dens.* Allgemeines Wirtschaftsverwaltungsrecht, 15. Aufl. 2006, §§ 40 und 41, S. 274 ff.

2 Vgl. *Stober* (Fn 1) S. 449 ff. Dazu neuerdings *Schmidt am Busch* Die Beleihung: Ein Rechtsinstitut im Wandel, DÖV 2007, 533 f.

3 Dazu im Bereich des Luftverkehrsrechts *Baumann* Private Sicherheitsgewähr unter staatlicher Gesamtverantwortung – Zum Wandel vom Leistungs- zum Regulierungsstaat am Beispiel der Luftfahrtverwaltung, DÖV 2003, 790 ff.

4 So für das Telekommunikationsrecht *Stober* Telekommunikation zwischen öffentlich-rechtlicher Steuerung und privatwirtschaftlicher Verantwortung, DÖV 2004, 221 ff.

auch sensible staatliche Kernaufgaben aus dem Bereich der öffentlichen Sicherheit einer Wahrnehmung durch Private zugänglich sein sollen, die Rede.[5]

Auf den ersten Blick stellt das Luftverkehrsrecht mit seinen zahlreichen, zum Teil bereits seit langem bestehenden und geradezu »klassischen« Beleihungstatbeständen ein funktionierendes Beispiel der engen Einbeziehung Privater in den Aufgabenvollzug kraft Beleihung und mithin geradezu einen Modellfall für die Delegation hoheitlicher Befugnisse auf Private dar.[6] Verwiesen sei etwa auf die Befugnisse des verantwortlichen Luftfahrzeugführers zur Aufrechterhaltung von Sicherheit und Ordnung an Bord von Luftfahrzeugen (so genannte Bordgewalt) aus § 12 LuftSiG[7] (zuvor § 29 Abs. 3 LuftVG), die generalklauselartige Übertragung der allgemeinen Luftaufsicht auf Private gem. § 29 Abs. 2, 1. Alt. LuftVG sowie die daraus entwickelte spezialgesetzliche Beleihung des Flugsicherungsunternehmens mit den zur Ausübung der Flugsicherung erforderlichen Befugnissen gem. § 31b LuftVG. In jüngerer Zeit ist das scheinbar stabile System der luftverkehrsrechtlichen Beleihung indessen in Bewegung geraten. An zwei aktuellen Beispielen – der (beabsichtigten) funktionalen Privatisierung der Flugsicherung sowie der Ausübung der örtlichen Luftaufsicht durch Private – soll gezeigt werden, welchen Anforderungen und Grenzen die Beleihung Privater in der Luftverkehrsverwaltung unterliegt.

II. Das Rechtsinstitut der Beleihung, seine verfassungsrechtliche Zulässigkeit und Grenzen in der Luftverkehrsverwaltung

Unter Beleihung ist nach heute ganz vorherrschender Auffassung die Übertragung hoheitlicher Befugnisse auf ein Privatrechtssubjekt – entweder einen »echten«, d.h. staatsfernen Privaten oder aber eine staatlich durch entsprechenden Anteilsbesitz dominierte juristische Person des Privatrechts – zur Ausübung in eigenem Namen zu verstehen,[8] wodurch die Behördeneigenschaft des Beliehenen im verwaltungsfunktionalen Sinne (§ 1 Abs. 4 VwVfG Bund) begründet wird. An der grundsätzlichen verfassungsrechtlichen Zulässigkeit der Beleihung besteht kein Zweifel. Als wesentlicher Akt der Verwaltungsorganisation steht die Beleihung unter Gesetzes-

5 Vgl. zu den aktuellen Entwicklungen *Schmidt am Busch* (Fn 2) S. 533, 534.

6 So *Ruhwedel* Rechtsnatur der Flugplatzgebühren, BB 1965, 1093; *Steiner* in: Reiner Schmidt (Hrsg.) Öffentliches Wirtschaftsrecht, Besonderer Teil 2, 1995, S. 218.

7 Luftsicherheitsgesetz; Art. 1 des Gesetzes zur Neuregelung von Luftsicherheitsaufgaben vom 11. 1. 2005 (BGBl I S. 78), geändert durch Art. 49 des Gesetzes vom 21. 6. 2005 (BGBl I S. 1818) sowie durch die Entscheidung des Bundesverfassungsgerichts vom 15. 2. 2006 (BGBl I S. 446).

8 So bereits *Vogel* Öffentliche Wirtschaftseinheiten in privater Hand, 1959, S. 81; vgl. außerdem statt vieler etwa *Britz* Die Mitwirkung Privater an der Wahrnehmung öffentlicher Aufgaben durch Einrichtungen des öffentlichen Rechts, VerwArch 91 (2000) 418, 432.

vorbehalt (so genannter institutioneller Gesetzesvorbehalt)[9] und wird mithin durch (Legalbeleihung) oder aufgrund Gesetzes (Administrativbeleihung) vollzogen. Aus dem Funktionsvorbehalt des Art. 33 Abs. 4 GG sowie der verfassungsrechtlichen Ordnung der Verwaltungskompetenzen der Art. 83 ff ist des Weiteren abzuleiten, dass die Verwaltung in der Regel öffentlich-rechtlichen Rechtsträgern obliegt und die Beleihung dazu in einem Regel-Ausnahme-Verhältnis steht.[10]

Aus dem Demokratieprinzip des Art. 20 Abs. 1 GG und dem Rechtsstaatsgebot des Art. 20 Abs. 3 GG folgt zudem, dass das Verwaltungshandeln der Privatrechtssubjekte so an die staatlichen Körperschaften rückgebunden sein muss, dass Kontrolle und Korrektur privatverantwortlicher Entscheidungen nach Maßgabe des Willens demokratisch legitimierter Staatsorgane möglich sind.[11] Dies gilt schon deshalb, weil die Verwaltungsaufgabe ungeachtet ihrer Wahrnehmung durch Privatrechtssubjekte vollständig im staatlichen Verantwortungsbereich verbleibt und sich an der Aufgabenzuständigkeit des »Muttergemeinwesens« mithin nichts ändert.[12] Die beleihenden Körperschaften trifft deshalb eine Pflicht zur Aufsicht, Kontrolle und Einwirkung auf den Beliehenen (so genannte Ingerenzpflicht). Wie eng die Rückbindung an das Muttergemeinwesen ausfällt und wie weit reichend dessen Einflussmöglichkeiten auf den Beliehenen sein müssen, richtet sich nach der spezifischen verfassungsrechtlichen Regelung der jeweiligen Verwaltungskompetenz, worauf sogleich zurückzukommen sein wird. In jedem Falle bedarf es der umfassenden Rechts- und Fachaufsicht der beleihenden Körperschaft über den Beliehenen.[13]

Auch die Person des Beleihungsadressaten kann verfassungsrechtlich prädisponiert sein. Das Postulat bundeseigener Verwaltung, das gem. Art. 87d Abs. 1 Satz 1 GG für die Luftverkehrsverwaltung gilt und eine Beleihung nur insoweit gestattet, als die Verwaltung in der *Organisationsform* des privaten Rechts erfolgt (vgl. Art. 87d Abs. 1 Satz 2 GG), bedeutet, dass eine Wahlfreiheit des einfachen Gesetzgebers nur im Hinblick auf die organisatorische Einkleidung von Funktionseinheiten besteht, die das Merkmal »bundeseigen« erfüllen. Dies ist nur hinsichtlich solcher Beleihungsadressaten der Fall, deren Verhalten durch den Bund »von innen her« – d.h. wie in einer Behörde[14] – kraft entscheidungsbestimmender Anteilsmehrheit gesteuert werden kann, weil sonst von »eigen« bereits begrifflich keine Rede

9 Vgl. nur *Bansch* Die Beleihung als verfassungsrechtliches Problem, Diss. 1973, S. 146 ff; *Burmeister* Herkunft, Inhalt und Stellung des institutionellen Gesetzesvorbehalts, 1991, S. 1 ff.

10 So statt vieler *Ehlers* Verwaltung in Privatrechtsform, 1984, S. 117 ff; *Gramm* Privatisierung und notwendige Staatsaufgaben, 2001, S. 373; *Zuleeg* Die Anwendungsbereiche des öffentlichen Rechts und des Privatrechts, VerwArch 73 (1982) 384, 399.

11 Zu den demokratiestaatlichen Nachteilen der Privatisierung von Verwaltungsaufgaben vgl. *Stober* (Fn 1) S. 449, 452; außerdem *Pabst/Schwartmann* Privatisierte Staatsverwaltung und staatliche Aufsicht, DÖV 1998, 315, 321.

12 Vgl. dazu *Baumann* (Fn 3) S. 790, 791 mwN.

13 Vgl. dazu im Einzelnen *Baumann* Private Luftfahrtverwaltung, 2002, S. 49 mwN.

14 Vgl. *Pabst/Schwartmann* DÖV 1998, 315, 321.

sein kann. Das bereits erwähnte Postulat von Aufsicht und Steuerung der Beliehenen »von außen her« – vor allem mit den Mitteln der Rechts- und Fachaufsicht – genügt dieser spezifischen Anforderung nicht. Es ist als bloße Grundanforderung, die verfassungsrechtlich an jede Form mittelbarer Staatsverwaltung gestellt wird, nicht zur Durchsetzung der besonderen Rückbindung des Beliehenenhandelns an den Bundeswillen geeignet. Diese verkörpert aber gerade das besondere Wesensmerkmal der bundeseigenen Verwaltung.[15]

Damit ist die Beleihung nicht durch den Bund beherrschter Privatrechtssubjekte (d.h. »echter« Privater) in der Luftverkehrsverwaltung gleichwohl nicht schlechterdings gesperrt. Etwas anderes würde nicht nur die Verfassungswidrigkeit zahlreicher Beleihungstatbestände zur Folge haben, sondern auch dem Willen des Verfassungsgesetzgebers offensichtlich nicht entsprechen.[16] Aus Art. 87d Abs. 1 GG folgt jedoch, dass die Kernbereiche der Luftverkehrsverwaltung de constitutione lata einer weiter gehenden als der organisatorischen Privatisierung nicht zugänglich sind, wodurch der Kreis der potentiellen Beleihungsadressaten von vornherein eingeschränkt ist.[17] In den qualitativ und quantitativ weniger bedeutenden Randbereichen der Luftverkehrsverwaltung, die traditionell Gegenstand der Beleihung sind, kommen nach herrschender Auffassung und gefestigter Verwaltungspraxis demgegenüber auch bundesfremde Privatrechtssubjekte als Beleihungsadressaten in Betracht.

Das Verwaltungshandeln des Beliehenen unterliegt wie alle Staatsgewalt den Bindungen des Rechtsstaatsgebots aus Art. 20 Abs. 3 GG, die gemäß den Maßgaben der §§ 9 ff des jeweils anzuwendenden (Bundes- oder Landes-)Verwaltungsverfahrensgesetzes einfach-rechtlich ausgeformt sind. Verwaltungsorganisatorische Anforderungen an die Beleihung ergeben sich hieraus lediglich insoweit, als gerade durch die Einbeziehung eines sachkundigen Privaten in das Verwaltungsverfahren eine besondere, institutionell begründete Gefahr rechtsstaatswidriger Verwaltungstätigkeit verursacht wird. Dies kommt vor allem dann in Betracht, wenn infolge der Beleihung eine besondere Nähebeziehung zwischen Verwalter und Verwaltungsbetroffenem besteht und die Unbefangenheit bzw. Unparteilichkeit der Amtsführung (§§ 20 und 21 VwVfG) damit bereits durch die gewählte Verwaltungsorganisation in Frage gestellt wird. Dies schließt nicht schlechterdings die Beleihung von Personen aus, die zu dem Verwaltungsgegenstand bereits eine aus einer privatberuflichen (Haupt-)Tätigkeit resultierende Nähe aufweisen. Vielfach wird die Motivation für die Beleihung gerade in der Nutzbarmachung des unabdingbaren Wissens solcher Privater für die Verwaltung bestehen. Unzulässig sind allerdings konkrete Doppelfunktionalitäten, d.h. Dualismen aus hoheitlichen und rein privaten Zwecken hin-

15 Vgl. *Baumann* Bundeseigenverwaltung und Wettbewerb? – Die Neuordnung der Flugsicherung, DVBl 2006, 332, 335.
16 Vgl. *Baumann* Luftsicherheit und materielle Privatisierung, ZLW 2001, 304, 309 f.
17 Vgl. zuletzt *Wieland* Rechtsfragen der Flugsicherung, Rechtsgutachten im Auftrag des Landratsamts Waldshut, 2006, S. 30 ff.

sichtlich ein und derselben Tätigkeit eines Beliehenen. Die »Aufladung« des Verwaltungshandelns durch eine parallel verfolgte private Motivlage begründet den bereits institutionell veranlassten Verdacht einer Gefährdung der unparteiischen und von Dritten unbeeinflussten Amtsführung und ist daher verwaltungsorganisatorisch zu vermeiden.[18]

III. AKTUELLE PROBLEMSTELLUNGEN DER BELEIHUNG IN DER LUFTVERKEHRSVERWALTUNG

1. *Die Kapitalprivatisierung der Flugsicherung*

Eines der drängendsten Gegenwartsprobleme des Luftverkehrsrechts, welches sich unmittelbar aus den verfassungsrechtlichen Grenzen der Beleihung im Luftverkehrsrecht erklärt, stellt die beabsichtigte Kapitalprivatisierung der Flugsicherung dar.

a) Gesetzesvorhaben und verfassungsrechtliche Beurteilung

Mit dem Entwurf eines Gesetzes zur Neuregelung der Flugsicherung vom 12. August 2005,[19] dessen Kern ein Flugsicherungsgesetz (FSG) sein sollte (vgl. Art. 1 des Gesetzentwurfs), hat die Bundesregierung beabsichtigt, den gemeinschaftsrechtlich durch die so genannten Single-European-Sky-Verordnungen[20] eröffneten Rahmen für eine Liberalisierung der Flugsicherung auszuschöpfen. Das FSG sollte das gemeinschaftsrechtliche Postulat der Trennung von Aufsichtsfunktionen im Flugsicherungsbereich und der Erbringung von Flugsicherungsdiensten aufgreifen und sich zur Sicherstellung der ordnungsgemäßen Leistungserbringung der Beleihung von zertifizierten und aufgrund dessen gesetzlichen Betriebspflichten unterliegenden Flugsicherungsorganisationen bedienen.[21] In diesem Zusammenhang sollten nicht nur konkurrierende Flugsicherungsdiensteanbieter jeweils in bestimmten Luftraumblöcken zugelassen, sondern auch die bislang bundeseigene Deutsche Flugsicherung GmbH einer Kapitalprivatisierung unterzogen werden. Der Entwurf

18 Vgl. *Baumann* (Fn 13) S. 461.
19 BR-Drs. 622/05.
20 VO (EG) Nr. 549/2004 vom 10. 3. 2004 zur Festlegung des Rahmens für die Schaffung eines einheitlichen europäischen Luftraums (»Rahmenverordnung«), ABl. L 96 vom 31. 3. 2004, S. 1; VO (EG) Nr. 550/2004 vom 10. 3. 2004 über die Erbringung von Flugsicherungsdiensten im einheitlichen europäischen Luftraum (»Flugsicherungsdienste-Verordnung«), ABl. L 96 vom 31. 3. 2004, S. 10; VO (EG) Nr. 551/2004 vom 10. 3. 2004 über die Ordnung und Nutzung des Luftraums im einheitlichen europäischen Luftraum (»Luftraum-Verordnung«), ABl. L 96 vom 31. 3. 2004, S. 20; VO (EG) Nr. 552/2004 vom 10. 3. 2004 über die Interoperabilität des europäischen Flugverkehrsmanagements (»Interoperabilitäts-Verordnung«), ABl. L 96 vom 31. 3. 2004, S. 26.
21 Vgl. die §§ 2 ff FSG-E.

des § 16 Abs. 3 FSG sollte die Übertragung der Flugsicherung an eine beliehene Flugsicherungsorganisation gestatten, an welcher der Bund nur noch eine Beteiligung von mindestens 25,1 Prozent der Geschäftsanteile halten musste. Damit sollte der Verkauf von bis zu 74,9 Prozent der Geschäftsanteile an der Flugsicherungsorganisation durch den Bund an private Investoren ermöglicht werden. Hintergrund war unter anderem das Bestreben, privates Kapital für die anstehenden umfangreichen und kostenintensiven Modernisierungs- und Harmonisierungsmaßnahmen der Flugsicherungstechnik zu mobilisieren.

Mit gleich lautenden Schreiben vom 23. Oktober 2006 an die Bundeskanzlerin, den Präsidenten des Bundestages sowie den Präsidenten des Bundesrats hat der Bundespräsident mitgeteilt, dass er aus verfassungsrechtlichen Gründen gehindert sei, das Gesetz zur Neuregelung der Flugsicherung auszufertigen. Eine kapitalprivatisierte Flugsicherung widerspreche bereits der Regelung des Art. 87d Abs. 1 GG. Als »bundeseigen« könne lediglich eine organisationsprivatisierte Flugsicherung – die durch die Verfassungsnorm ausdrücklich erlaubt werde –, nicht aber die Schaffung eines Flugsicherungsdienstleisters qualifiziert werden, an welchem der Bund nur eine Minderheitsbeteiligung hält. Selbst wenn man nicht jede Kapitalprivatisierung der Flugsicherung als verfassungsrechtlich gesperrt ansehe, reichten die zur Aufrechterhaltung der staatlichen Gewährleistungsverantwortung gesetzgeberisch vorgesehenen Steuerungs- und Kontrollrechte zur Erfüllung der dem Bund obliegenden Ingerenzpflichten jedenfalls nicht aus. Neben der gem. § 16 Abs. 6 Satz 1 FSG-E eröffneten Möglichkeit, die Hauptbetriebsstätte des Flugsicherungsunternehmens nach Ablauf von 20 Jahren in das Ausland zu verlagern, ohne dass dafür Voraussetzungen bzw. Vorkehrungen zur Wahrnehmung der Ingerenzrechte des Bundes normiert gewesen sind, hat der Bundespräsident insbesondere die aufgrund lediglich einer Sperrminorität von 25,1 Prozent vermittelte bloße Vetoposition des Bundes als zu schwach für die gebotene innere Beherrschung des Flugsicherungsunternehmens durch den Bund angesehen. Sie reiche zwar aus, um dem Bundeswillen widersprechende Satzungsänderungen zu verhindern, genüge aber nicht den verfassungsrechtlichen Anforderungen an die Einflussnahme auf die operative Geschäftsführung. Der Bund würde aufgrund dessen jeden gesellschaftsrechtlichen Einfluss verlieren.[22]

Der verfassungsrechtlichen Beurteilung des Bundespräsidenten ist mit Blick auf die gemeinhin vorherrschende – im Einzelnen aber durchaus zu hinterfragende[23] – Zuordnung von Flugsicherung zum staatlichen Wirkungskreis in vollem Umfang zuzustimmen.[24] Nach überkommenem – auch dem Entwurf des Flugsicherungsgesetzes zugrunde liegenden – Verständnis stellt sich Flugsicherung geradezu als ein

22 Vgl. zum Ganzen die Unterrichtung durch den Bundespräsidenten zum Gesetz zur Neuregelung der Flugsicherung (BT-Drs. 16/240, 16/1161) vom 23. 10. 2006, BT-Drs. 16/3262.
23 Vgl. unten unter b).
24 Ablehnend zu dem Gesetzentwurf schon zuvor *Baumann* (Fn 15) S. 332, 335 ff.

Kernbereich der Luftverkehrsverwaltung dar,[25] der den engen Bindungen des Art. 87d Abs. 1 GG unterfällt. Ihr wird gemeinhin materiell sonderpolizeilicher Charakter zuerkannt.[26] Als Ausformung einer mittels hoheitlicher Befugnisse wahrzunehmenden Sicherheitsfunktion wird die Flugsicherung bislang zum Bestand notwendiger Staatsaufgaben gezählt. Vor dem Hintergrund dieses allgemein anerkannten Rechtscharakters von Flugsicherung markiert der durch Art. 87d Abs. 1 Satz 2 GG gezogene verwaltungsorganisatorische Rahmen mit der verfassungsrechtlichen Zulassung einer privaten Organisationsform bereits die äußerste Grenze ihrer Privatisierbarkeit. Sie stellt sich als bereichsspezifische und zum Zeitpunkt der Änderung des Art. 87d Abs. 1 GG keineswegs unumstrittene Ausnahme vom so genannten »Funktionsvorbehalt« aus Art. 33 Abs. 4 GG dar.[27] wonach die Ausübung hoheitsrechtlicher Befugnisse in der Regel Angehörigen des öffentlichen Dienstes vorbehalten ist, die in einem öffentlich-rechtlichen Dienst- und Treueverhältnis stehen.[28]

Vor diesem Hintergrund ist festzustellen, dass der Gesetzgeber des nunmehr gescheiterten Flugsicherungsgesetzes mit der beabsichtigten Zulassung von Wettbewerb unter der gleichzeitig gewollten Beibehaltung der Flugsicherung als mittels hoheitlicher Befugnisse zu erfüllende Staatsaufgabe zwei Zielsetzungen verfolgt hat, die nicht bzw. nicht ohne weiteres miteinander kompatibel sind. Die de constitutione lata gebotene »innere« Beherrschung des Flugsicherungsunternehmens widerspricht der gewollten Entwicklung der Flugsicherung zu einer im Wettbewerb verschiedener Diensteanbieter erfüllten Aufgabe. Wettbewerb kann sich aber nicht entwickeln, wenn der Bund bei verfassungskonformer Ausgestaltung der Flugsicherung streng genommen kraft Anteilsmehrheit beherrschenden Einfluss auf *jede* einzelne zertifizierte Flugsicherungsorganisation ausüben können muss und damit das den Wettbewerb kennzeichnende, lediglich durch normative Rahmensetzung und staatliche Aufsicht eingegrenzte »freie Spiel der Marktkräfte« von vornherein ausgeschlossen wird.[29] Mit anderen Worten sind Wettbewerb einerseits und Bundesei-

25 Vgl. statt vieler die Unterrichtung durch den Bundespräsidenten über die Nichtausfertigung des Zehnten Gesetzes zur Änderung des LuftVG vom 22. 1. 1991, BT-Drs. 12/67, S. 2.

26 Vgl. etwa *Lischka* Die Bundesanstalt für Flugsicherung – gesetzlicher Auftrag und aktuelle Probleme, VerwArch 79 (1988) 445, 446; *Epping* Das Ausfertigungsverweigerungsrecht im Selbstverständnis des Bundespräsidenten, JZ 1991, 1102, 1104; *Riedel/Schmidt* Die Nichtausfertigung des Gesetzes zur Privatisierung der Flugsicherung durch den Bundespräsidenten, DÖV 1991, 371, 374 f; *Trampler* Verfassungs- und unternehmensrechtliche Probleme der bundesdeutschen Flugsicherung, 1993, S. 15 und 93 f.

27 So auch *Wieland* Zur zukünftigen Ausgestaltung der Flugsicherung in Deutschland – Die Aufgaben der Flugsicherung und der Rahmen ihrer Privatisierung nach einer Verfassungsänderung, Gutachten im Auftrag der DFS Deutsche Flugsicherung GmbH, 2007, S. 103.

28 Seinerzeit kritisch zum Ganzen *Trampler* (Fn 26).

29 In diesem Sinne nunmehr auch *Hobe/Plingen* Möglichkeiten der Privatisierung der DFS Deutsche Flugsicherung GmbH unter besonderer Berücksichtigung der Single European Sky Verordnungen, ZLW 2007, 349, 361.

genverwaltung sowie Ausübung hoheitlicher Befugnisse andererseits bereits begrifflich unvereinbar.

Festzustellen ist daher, dass sich der Gesetzgeber mit dem vom FSG-E vorgesehen Zertifizierungs- und Überwachsungssystem verschiedener im Wettbewerb stehender Flugsicherungsdiensteanbieter eines Regelungssystems bedient hat, das nicht auf den Bereich der hoheitlich zu erfüllenden Staatsaufgaben, sondern vielmehr auf die Wahrnehmung der staatlichen Gewährleistungsverantwortung in materiell privatisierten Funktionen der (einstmals) leistenden Verwaltung – etwa im Infrastrukturbereich einschließlich des Telekommunikationswesens – zugeschnitten ist.[30]

b) Lösungsmöglichkeiten für materielle Privatisierungsbestrebungen der Flugsicherung

Im Nachgang der Entscheidung des Bundespräsidenten hat es an Vorschlägen, wie das gesetzgeberische Ziel gleichwohl in Übereinstimmung mit dem gemeinschaftsrechtlich eröffneten Regelungsrahmen erreicht werden kann, nicht gemangelt. Wie häufig in derartigen Fällen ist das Augenmerk vielfach vorrangig auf die Frage gerichtet worden, in welcher Weise der nunmehr als unzumutbare Fessel empfundene Art. 87d Abs. 1 GG (erneut) geändert werden muss, damit die beabsichtigte wettbewerbsorientierte Gestaltung der Flugsicherung sowie die Kapitalprivatisierung der bislang bundeseigenen Flugsicherungsorganisation verwirklicht werden können.

Vorgeschlagen worden ist insoweit unter anderem eine Änderung des Vorbehalts der Luftverkehrsverwaltung als Gegenstand der Bundeseigenverwaltung in das organisationsrechtliche Postulat der »Bundesverwaltung«. Der organisationsrechtliche Gehalt des Art. 87d Abs. 1 GG, der in der bisherigen Fassung mit der grundsätzlichen – lediglich durch die Gestaltungsmöglichkeit hinsichtlich der Organisationsform durchbrochenen – Anordnung der unmittelbaren Bundesverwaltung im Sinne von Art. 86 GG eine enge Rückbindung an den Bundeswillen impliziere, könne bei einer Neufassung auf eine reine Abgrenzung der Bundes- von der Landesverwaltungszuständigkeit reduziert werden. Die Flugsicherung verbleibe dann als Gefahrenabwehrfunktion mit hoheitlichem Kernbereich in der Verantwortung des Bundes, die aber auf eine bloße Aufsicht »von außen« über die Erbringer privatwirtschaftlicher Dienstleistungen, wie sie aus Gründen der Infrastrukturverantwortung geboten ist, reduziert sei.[31]

Wenngleich eine derartige verfassungsrechtliche Organisationsvorgabe für die Luftverkehrsverwaltung rechtskonstruktiv durchaus möglich erscheint, wirft sie doch eine Reihe von Fragen auf, die Anlass zu Zweifeln geben, ob damit der beabsichtigte »Befreiungsschlag« – auch im Hinblick auf sonstige Privatisierungsgegenstände der Luftverkehrsverwaltung – gelingen wird.

30 Vgl. *Baumann* (Fn 15) S. 332, 338.
31 So zum Ganzen *Wieland* (Fn 27) S. 104.

Im Grundsatz ist nicht ausgeschlossen, die bislang in Bundeseigenverwaltung auszuübenden Verwaltungsmaterien dergestalt organisatorisch zu flexibilisieren, dass neben der unmittelbaren Bundesverwaltung in größerem Umfang, als dies bisher durch Art. 87d Abs. 1 Satz 2 GG ermöglicht wird, auch Formen mittelbarer Bundesverwaltung zugelassen werden können. Eher von terminologischem als rechtsdogmatischem Gewicht ist insoweit der Einwand, dass es hierfür eines neuen Begriffs der »Bundesverwaltung« mit seinen Unschärfen hinsichtlich des organisationsrechtlichen Bedeutungsgehalts nicht bedürfte, wenn man stattdessen Art. 87d Abs. 1 Satz 2 GG dergestalt fassen würde, dass (bestimmte) Aufgaben der Luftverkehrsverwaltung durch Bundesgesetz privaten Rechtssubjekten, die der Aufsicht des Bundes unterstehen, übertragen werden können. Derartige bereichsspezifische organisatorische Lockerungen sind bei verschiedenen Gegenständen der bundeseigenen Verwaltung nicht unüblich, auch wenn damit bislang vor allem die Übertragung auf die Länder – z.T. als deren eigene Angelegenheit – ermöglicht wird.[32] Dies zeigt jedoch, dass das Postulat bundeseigener Verwaltung mit seinen engen organisationsrechtlichen Bindungen partiell durchbrochen werden kann, ohne einen neuen verfassungsrechtlichen Typus der Bundesverwaltung zu benötigen.[33]

Schwerer als diese Vorbehalte gegen die organisationsrechtliche Einkleidung der beabsichtigten Flexibilisierung wiegt jedoch, dass ihr offensichtlich die Annahme zugrunde liegt, das Ingerenzregime werde trotz der weiter bestehenden »Hoheitlichkeit« der Flugsicherung aufgrund dessen so weit abgeschwächt, dass die gebotene Einflussnahme auf das Verhalten der in die Aufgabenwahrnehmung eingeschalteten Privatrechtssubjekte auch »von außen« mit den Mitteln der Rechts- und Fachaufsicht über Beliehene wahrgenommen werden kann. Hieran bestehen erhebliche Zweifel. Das Maß verfassungsrechtlich gebotener Kontrolle und Steuerung muss umso weit gehender ausfallen, je bedeutender sich die von dem in die Aufgabenwahrnehmung eingeschalteten Privatrechtssubjekt wahrgenommenen Funktionen darstellen.[34] Bleibt es bei dem Verständnis von Flugsicherung als einem Kernbereich staatlicher Gefahrenabwehraufgaben mit materiell sonderpolizeilichem Charakter, impliziert dies eine enge Rückbindung des Handelns der für den Aufgabenvollzug zuständigen Stellen an den demokratisch legitimierten Volkswillen. Die Beleihung »echter« Privater (d.h. solcher Privatrechtssubjekte, die von staatlichen Körperschaften materiell verschieden sind und deren Verhalten nicht »von innen« her beeinflusst werden kann) ist in solchen Kernfunktionen des Staatlichen weder mit dem Demokratieprinzip aus Art. 20 Abs. 2 GG noch mit dem Funktionsvorbehalt aus Art. 33 Abs. 4 GG zu vereinbaren.[35] Insoweit gilt für den Luftverkehrsbereich

32 Vgl. etwa Art. 87e Abs. 1 S. 2 GG.

33 Kritisch zum Modell einer »Bundesverwaltung«, die sich als mittelbare Bundesverwaltung durch Private kennzeichnen würde, *Hobe/Plingen* (Fn 29) S. 349, 355.

34 Vgl. statt vieler *Ehlers* (Fn 10) S. 119 f; *Gusy* Rechtsgüterschutz als Staatsaufgabe, DÖV 1996, 573, 583; *Pabst/Schwartmann* (Fn 11) S. 315, 317.

35 So im Ergebnis auch *Hobe/Plingen* (Fn 29) S. 349, 361 f.

nichts anderes als beispielsweise für den Aufgaben- und Befugniskern von Polizei und Justiz(-vollzug).[36] Der Verweis auf andere Beleihungsfälle im Luftverkehrsrecht, bei denen ebenfalls »echte« Private Adressaten der Übertragung hoheitlicher Befugnisse sind und deren Verhalten von den beleihenden Körperschaften nur »von außen« mit den Mitteln des Aufsichtsrechts beeinflusst werden kann,[37] hilft insoweit nicht weiter. Sämtlichen derartigen Fällen der Einbeziehung Privater in die Luftverkehrsverwaltung ist gemein, dass sie lediglich – sowohl in quantitativer als auch in qualitativer Hinsicht – Randbereiche der Verwaltungsmaterie betreffen, was für die Flugsicherung unter Beibehaltung des gegenwärtigen Verständnisses als »besondere Luftpolizei« gerade nicht zutrifft.

Dieser Charakter von Flugsicherung als ein Kernbereich staatlicher Hoheitsfunktionen ist indessen nicht zwingend. Trotz des allgemeinen Festhaltens am polizeilichen »Kern« von Flugsicherung wird bereits verschiedentlich zugestanden, dass ein sehr großer Teil der Flugsicherungsdienste weniger den Charakter einer staatlichen Hoheitsfunktion, sondern vielmehr einer von Wirtschaftsunternehmen zu erbringenden Leistung trägt. Hieraus werden gewisse Lockerungen des Ingerenzregimes zugunsten einer weit gehend auf die Wahrnehmung einer Gewährleistungsverantwortung reduzierten Staatsaufsicht abgeleitet, während die Leistungserbringung auch durch »echte« Private – ohne dass es einer Beleihung bedarf – erfolgen kann.[38] Diese Überlegungen lassen sich mit Blick auf den tatsächlichen Bedeutungsgehalt von Flugsicherung bis hin zu einer gänzlichen »Entpolizeilichung« von Flugsicherung entwickeln.[39]

Moderne Flugsicherung stellt sich – auch hinsichtlich des gemeinhin als sonderpolizeilich gekennzeichneten Flugverkehrskontrolldienstes – faktisch nicht als Beschneidung der Freiheitsausübung im Luftraum, sondern weit gehend überhaupt erst als Ermöglichung der Luftraumnutzung dar. Ohne Flugverkehrskontrolle wären beispielsweise Flüge nach Instrumentenflugregeln[40] schlechterdings unmöglich. Die Flugsicherung tritt gegenüber dem Luftfahrer mithin nicht als Eingriffsverwaltung, sondern als leistende Stelle mit Infrastrukturfunktion auf. Dies gilt selbst dort, wo für die Benutzung von Luftraumabschnitten bzw. Flugplätzen Flugverkehrskontrollfreigaben gem. § 26 LuftVO erforderlich sind. Diese sind vom Luftfahrer zwar zwingend zu befolgen, erschöpfen sich aber nicht – wie etwa Zeichen von Polizeibeamten oder Verkehrsampeln im Straßenverkehr – in einem bloßen Ge- oder

36 Zu gleichwohl bestehenden Gestaltungsoptionen vgl. *Stober* Police-Private-Partnership aus juristischer Sicht, DÖV 2000, 261 ff; *Bonk* Rechtliche Rahmenbedingungen einer Privatisierung im Strafvollzug, JZ 2000, 435 ff.

37 So z.B. die Beauftragten für Luftaufsicht (BfL), die durch Beleihung aufgrund von § 29 Abs. 2 LuftVG hoheitliche Gefahrenabwehrfunktionen an Flugplätzen ohne Flugverkehrskontrollstelle wahrnehmen. Vgl. dazu im Einzelnen unter III. 2.

38 So das »Gefahrenabwehrmodell« bei *Wieland* (Fn 17) S. 105 f.

39 Dazu *Graumann* Flugsicherung – Polizei oder Unternehmen? ZLW 1990, 247 ff; *Baumann* (Fn 13) S. 295 ff.

40 Hierzu ist nahezu der gesamte kommerzielle Luftverkehr zu zählen.

Verbot, sondern definieren in der Regel zugleich Parameter, unter denen der Flug mit Unterstützung durch die Flugsicherung sicher und flüssig durchgeführt werden kann. Hoheitlicher Befugnisse bedarf es hierfür schon faktisch nicht, weil die Rechtsmacht, einseitig-verbindliche und mit hoheitlichem Zwang vollziehbare Verfügungen zu erlassen, angesichts der tatsächlichen Unmöglichkeit einer Vollstreckung im Luftraum in der Realität leer läuft.[41] Sie sind auch deshalb entbehrlich, weil Verstöße gegen verkehrslenkende Anordnungen im Luftraum schon angesichts der damit zumeist verbundenen naturgesetzlichen Konsequenzen im eigenen Interesse des Luftfahrers unterbleiben müssen.[42]

Flugsicherung stellt sich unter Berücksichtigung dieser tatsächlichen Gegebenheiten bereits heute als Leistung dar, der sichtbar quasi-vertragliche Elemente innewohnen. Zwar sind die konkreten Flugparameter und die ihnen zugrunde liegenden Vorgaben der Flugsicherung nicht Gegenstand einer aus Verhandlungen hervorgegangenen Einigung zwischen Luftfahrer und Flugsicherung. Der Luftfahrer begibt sich mit dem Einflug in bestimmte Luftraumklassen allerdings gleichsam in die Hand der Flugsicherung und erklärt sich damit konkludent einverstanden, die ihm für eine sichere Flugdurchführung gemachten Vorgaben – welche zum Teil lediglich seine Angaben im Flugplan (§ 25 LuftVO) umsetzen und im Übrigen Vorgänge betreffen, die aus dem Flugzeug heraus nicht zu beurteilen sind – einzuhalten.[43] Die entsprechenden Flugverkehrskontrollfreigaben stellen sich neben den sonstigen im Rahmen des Flugverkehrskontrolldienstes ergriffenen Maßnahmen (z.B. Verkehrshinweisen) als von der Flugsicherung geschuldete Leistungen dar, deren konkrete Bestimmung zwar einseitig durch den Fluglotsen erfolgt, was ihnen jedoch den Charakter als (vom Staat lediglich zu gewährleistende) »Dienste« nicht nimmt. Nicht umsonst kennt auch das Zivilrecht einseitige Leistungsbestimmungsrechte (vgl. §§ 315 ff BGB), mit denen einer Vertragspartei erlaubt ist, die Modalitäten der Leistungserbringung ohne Mitwirkung der anderen Vertragspartei festzulegen.

Entkoppelt man dergestalt Flugsicherung vollständig vom System polizeilicher Gefahrenabwehr, ist damit auch deren materielle Privatisierung – wie auch in anderen Bereichen der (vormals) leistenden Verwaltung – grundsätzlich möglich. Ob dies aus Gründen der Effizienz der Ausführung von Infrastrukturfunktionen erstrebt werden sollte, kann im gegebenen Rahmen nicht beurteilt werden. Verfassungsrechtlich möglich ist dieser Schritt allemal, und es erscheint vor dem Hintergrund der abermals den tatsächlichen Gegebenheiten der Flugsicherung kaum entsprechenden verfassungsrechtlichen Bindungen nicht mehr als gänzlich ausgeschlossen, dass er zukünftig die Bühne der Realität erreichen wird.[44]

41 Auch *Hobe/Plingen* (Fn 29) S. 349, 364 f, sprechen von einer nur »rein theoretischen Möglichkeit«, dass zur Anwendung von Zwangsmaßnahmen gegriffen werden müsste.

42 So auch *Graumann* (Fn 39) S. 247, 252; *Wysk* Rezension zu Baumann, Private Luftfahrtverwaltung, ZLW 2004, 131, 133.

43 *Baumann* (Fn 13) S. 298.

44 Dies entschieden verneinend *Wysk* (Fn 42) S. 131, 133.

2. *Die Wahrnehmung der örtlichen Luftaufsicht durch Private*

Ein im Gegensatz zur Privatisierung der Flugsicherung öffentlich kaum beachtetes Gegenwartsproblem der Beleihung in der Luftverkehrsverwaltung bewegt sich im Bereich der »allgemeinen« Luftaufsicht, in deren Wahrnehmung gem. § 29 Abs. 2 LuftVG Private in unterschiedlichem Umfang (nach der Terminologie des Gesetzes entweder als Empfänger einer Übertragung von Aufgaben oder als Hilfsorgane) eingebunden werden können. Von dieser gesetzgeberisch eröffneten Möglichkeit machen insbesondere die Luftfahrtbehörden der Länder, die gem. § 31 Abs. 2 Nr. 19 LuftVG für die Luftaufsicht an Flugplätzen zuständig sind, regen Gebrauch. Die maßgeblich auf der Beleihung Privater basierende »örtliche« Luftaufsicht ist in jüngerer Zeit jedoch in die Kritik geraten, was bereits in der behördlichen Praxis mitunter dazu geführt hat, dass das Instrumentarium der Beleihung diesbezüglich deutlich zurückhaltender als bisher eingesetzt wird.

a) Aufgaben, Befugnisse und Organisation der örtlichen Luftaufsicht

Aufgabe der (allgemeinen) Luftaufsicht nach der Legaldefinition des § 29 Abs. 1 LuftVG ist die Abwehr von betriebsbedingten Gefahren für die Sicherheit des Luftverkehrs sowie für die öffentliche Sicherheit oder Ordnung. Bereits aus diesen Merkmalen ist ersichtlich, dass es sich bei der Materie der Luftaufsicht um eine mittels hoheitlicher Befugnisse wahrzunehmende Gefahrenabwehrfunktion handelt. Anders als bei der modernen Flugsicherung – die nach überkommenem Verständnis ebenfalls einen Teilausschnitt der (»besonderen«) Luftaufsicht darstellt[45] – ist der materiell sonderpolizeiliche Charakter der hier interessierenden Luftaufsichtsfunktionen nicht zu bestreiten.[46] So bestehen wesentliche Aufgaben der »allgemeinen« Luftaufsicht etwa in der Kontrolle von Luftfahrern und Luftfahrtgerät sowie des Zustandes von Flugplätzen. In Ausübung dieser Aufgaben benötigt das Aufsichtspersonal zwangsläufig Befugnisse zu einseitig-regelnden Anordnungen, die nicht auf das Einverständnis des jeweils Regelungsunterworfenen angewiesen sind. Im Unterschied zur faktischen Situation bei der heutigen Flugsicherung tritt die allgemeine Luftaufsicht fast ausschließlich gebietend oder verbietend gegenüber den Luftfahrern bzw. anderen Teilnehmern am Luftverkehr, Flugplatzbetreibern oder sonstigen Dritten mit Einfluss auf die Luftverkehrssicherheit bzw. die durch Luftverkehrsereignisse beeinflusste öffentliche Sicherheit oder Ordnung auf. Mittels Luftaufsichtsverfügungen können beispielsweise Startverbote für bestimmte Luftfahrer oder Luftfahrzeuge ausgesprochen, Flugplätze oder Teile davon für den Verkehr gesperrt oder aber Bedingungen für die Benutzung von Flugplätzen im

45 Vgl. § 29 Abs. 1 S. 1 a.E., wo auch die für die Flugsicherung zuständige Stelle als Behörde der Luftaufsicht genannt wird.

46 So auch *Giemulla* in: Giemulla/Schmid/Müller-Rostin/Gansfort, LuftVG, Loseblatt, Stand: 2007, § 29 Rn 3; *Hofmann/Grabherr* LuftVG, Loseblatt, Stand: 2006, § 29 Rn 3.

Einzelfall definiert werden.[47] Die allgemeine Luftaufsicht ist damit aus Sicht des Luftfahrers zumeist keine zwingende Vorbedingung für die Freiheitsausübung im Luftraum, sondern stellt sich geradezu als klassische Ausprägung einer Eingriffsverwaltung dar.

Angesichts der Vielzahl kleinerer unkontrollierter[48] Landeplätze und Segelfluggelände mit nur geringer Verkehrsdichte bzw. nur eingeschränkter oder gänzlich entfallender Betriebspflicht verbietet sich aus Effizienzgesichtspunkten der Einsatz landeseigenen Personals zur Durchführung der örtlichen Luftaufsicht an jedem einzelnen Fluggelände. Seit langem wird daher auf die Beleihung von Personal des Flugplatzhalters zurückgegriffen. Bei den Beliehenen handelt es sich zumeist um die so genannten Flugleiter, die als sachkundige Vertreter des Platzhalters auf Verlangen der Genehmigungsbehörde für die Leitung des Verkehrs und Betriebs auf dem Flugplatz zuständig sind (vgl. §§ 45 Abs. 3, 53 Abs. 3 und 58 Satz 1 LuftVZO). Sie befinden sich während der Betriebszeiten ohnehin auf dem Flugplatz, geben Start-, Lande- bzw. sonstige Flugplatzinformationen und sind für die Erhaltung des Flugplatzes in einem betriebsfähigen Zustand verantwortlich. Zu ihrer rein zivilrechtlich begründeten »Platzwartfunktion«[49] tritt die Beleihung mit den zur Ausübung der örtlichen Luftaufsicht erforderlichen hoheitlichen Befugnissen hinzu, die sie als so genannte Beauftragte für Luftaufsicht (BfL) ausüben.

b) Folgeprobleme der Beleihung von Flugleitern mit Luftaufsichtsbefugnissen

Dieses vielfach als bewährt geltende System der Beleihung von Flugleitern mit Luftaufsichtsbefugnissen ist nicht rechtsbedenkenfrei. Bereits eingangs ist dargelegt worden, dass der Beliehene den rechtsstaatlichen Schranken und Bindungen des Verwaltungshandelns und somit auch den Anforderungen an die Unbefangenheit bzw. Unparteilichkeit der Amtsführung unterliegt. Durch die Beleihung darf keine Verwaltungsorganisation begründet werden, die zu »konkreten Doppelfunktionalitäten« – d.h. verschiedenen und unter Umständen divergenten Aufgaben und Zielsetzungen hinsichtlich ein und derselben Tätigkeit des Beliehenen führt. In diesem Fall besteht die institutionell begründete Gefahr für die Unbefangenheit des Amtsträgers in der nicht auszuschließenden Kollision zwischen den zivilrechtlich wahrzunehmenden Interessen des Platzhalters und der im öffentlichen Interesse auszuübenden Gefahrenabwehrfunktion.

Die Beleihung von Flugleitern mit den zur Ausübung der örtlichen Luftaufsicht erforderlichen Befugnissen begründet eine derartige konkrete Doppelfunktionalität.

47 Vgl. im Einzelnen *Baumann* (Fn 13) S. 164 f.

48 Vgl. § 27d Abs. 1 LuftVG. Es handelt sich hierbei um Plätze, an denen angesichts des geringen Verkehrsaufkommens kein Bedarf für Flugsicherungsdienste vom Bundesministerium für Verkehr, Bau und Stadtentwicklung anerkannt worden ist.

49 Vgl. dazu bereits *Hasse* Der Flugleiter auf Landeplätzen (Aufgaben und Haftung), ZLW 1964, 111, 115; *Salzer* Das Rechtsverhältnis zwischen Verkehrsflughafen und Luftfahrern, Diss. 1971, S. 19.

Anders als gemeinhin angenommen, werden mit der Beleihung nicht lediglich die zivilrechtlichen Befugnisse des Hausrechts, die der Flugleiter für den Flugplatzhalter gegenüber den Luftfahrern ausübt, mit der Berechtigung zum Erlass von Luftaufsichtsverfügungen öffentlich-rechtlich »verstärkt«, während der Adressat der Maßnahmen unverändert bleibt. Vielmehr kommen dem beliehenen Flugleiter in seiner amtlichen Eigenschaft als Vertreter der Luftfahrtbehörde auch Kontroll- und Eingriffsbefugnisse gegenüber dem Betreiber des Flugplatzes zu. Dies ist etwa der Fall, wenn der Flugplatz kurzfristig wegen Unbenutzbarkeit durch Luftaufsichtsverfügung ganz bzw. teilweise geschlossen wird oder einschränkende Regelungen für seine Benutzung getroffen werden. Der Flugplatzbetreiber ist im Verwaltungsverfahren zum Erlass einer gegen ihn bzw. den Betrieb des Platzes gerichteten Luftaufsichtsverfügung Beteiligter i. S. d. § 13 Abs. 1 Nr. 2 des jeweiligen Landes-VwVfG. Damit darf der beliehene Flugleiter jedenfalls in solchen Konstellationen gem. § 20 Abs. 1 Nr. 5 VwVfG (Land) von Gesetzes wegen nicht in behördlicher Eigenschaft tätig werden. Da die Beleihung von Flugleitern bereits institutionell derartige Konfliktlagen provoziert und für solche Fälle bei der ausschließlichen Organisation der örtlichen Luftaufsicht über die Flugleiterbeleihung zumeist keine Vorsorge getroffen wird bzw. werden kann, ist sie bereits aus diesem Grunde als bedenklich einzustufen.

Hinzu kommt, dass auch neben dem auf lediglich einen Teil des Beliehenenhandelns bezogenen Ausschlusstatbestand des § 20 Abs. 1 Nr. 5 VwVfG (Land) die Besorgnis der Befangenheit des beliehenen Flugleiters i. S. d § 21 Abs. 1 Satz 1 VwVfG (Land) verwaltungsorganisatorisch nahe gelegt wird. Auch in den Fällen, wo sich die Luftaufsichtstätigkeit zuvorderst gegen die Luftfahrer und nicht gegen den Platzhalter richtet, ist nämlich angesichts der Divergenz der jeweiligen Interessen der »böse Schein« einer Beeinflussung des Verwaltungshandelns durch sachfremde Motive nicht gänzlich auszuschließen. So können beispielsweise Start- und Landeverbote gegenüber einzelnen Luftfahrzeugführern bzw. die Begrenzung bestimmter Luftraumnutzungen dem Interesse des Platzhalters an einer möglichst nachfragegerechten Ausnutzung der Platzkapazität diametral zuwider laufen. Umgekehrt ist zumindest denkbar, dass das Instrumentarium der Luftaufsichtsverfügung für die Durchsetzung allein zivilrechtlich geltend zu machender Platzhalterinteressen missbraucht wird (z.B. Startverbot wegen nicht gezahlter Lande- bzw. Abstellentgelte).[50]

c) Lösungsmöglichkeiten

Da die Bereitstellung hauptamtlichen Luftaufsichtspersonals an jedem Flugplatz schon aus Effizienzgesichtspunkten ausscheidet, kann eine Lösung der vorstehenden Problematik lediglich in der (teilweisen) Aufgabe des Systems der örtlichen

50 Kritisch zum Ganzen neuerdings auch *Kamp* Die Struktur der Luftaufsicht, in: Hobe/v. Ruckteschell (Hrsg.) Kölner Kompendium des Luftrechts, Bd. 1, 2008, Teil 1, Kapitel C. III. 3, Rn 118 f.

Luftaufsicht bestehen. Insoweit ist von der Erkenntnis auszugehen, dass es der ständigen Anwesenheit von Luftaufsichtspersonal an einem *unkontrollierten* Flugplatz nicht bedarf. Die Übermittlung der für die sichere Flugdurchführung benötigten Verkehrs-, Wetter- und Flugplatzhinweise sowie erforderlichenfalls die Herstellung der sicheren Benutzbarkeit des Flugplatzes sind Aufgaben des Flugleiters, der dafür nicht auf die Beleihung mit hoheitlichen Befugnissen angewiesen ist.[51] Da Flugverkehrskontrolle und mithin Verkehrslenkung an derartigen Plätzen nicht stattfindet, erschöpft sich die Luftaufsichtstätigkeit ohnedies allenfalls in der stichprobenartigen oder anlassbezogenen Kontrolle einzelner luftfahrerischer Vorgänge. Als Alternative zur Beleihung einer großen Anzahl von Personen zur Durchführung »örtlicher« Luftaufsicht bietet sich daher der mobile Einsatz von hauptamtlichen Luftaufsichtsbediensteten – als »überörtliche« Luftaufsicht – an.[52] Erste Erfahrungen mit einem derartigen Modell der Luftaufsicht an kleineren Flugplätzen ohne Flugverkehrskontrollstelle werden derzeit in Nordrhein-Westfalen gesammelt.

IV. Fazit

Die Beleihung von Privatrechtssubjekten in der Luftverkehrsverwaltung bleibt trotz des bereits langjährigen Rückgriffs von Gesetzgeber und Luftfahrtbehörden auf dieses Rechtsinstitut eine dynamische Rechtsmaterie. Ihre Attraktivität erklärt sich durch die Tatsache, dass sie sowohl organisatorische Flexibilisierungen der Luftverkehrsverwaltung als auch die Nutzbarmachung privater Sachkunde für den Aufgabenvollzug ermöglicht. Die aus dem Verfassungsrecht folgenden organisationsrechtlichen und rechts- bzw. demokratiestaatlichen Bindungen geraten dabei allzu leicht aus dem Blick. Festzustellen ist darüber hinaus, dass das Erfordernis von hoheitlichen Befugnissen in der Luftverkehrsverwaltung oftmals recht inflationär bejaht wird, obwohl Gestaltungsoptionen zur Verfügung stehen, die dieses – besonderen verfassungsrechtlichen Anforderungen unterliegende – Instrumentarium partiell verzichtbar erscheinen lassen. Hierin kann ein Ansatz für die gemeinhin gewünschte Modernisierung und Entbürokratisierung der Sicherheitsgewähr im Luftverkehrsbereich erblickt werden.

51 Zu den zivilrechtlichen Flugleiterbefugnissen *Baumann* (Fn 13) S. 163 f.

52 Mit dem Vorschlag eines solchen Modells neuerdings auch *Kamp* (Fn 50) Rn 118 mit Fn 89.

Die Wertpapierbörsen zwischen öffentlichem und privatem Recht

MICHAEL RONELLENFITSCH/CHRISTINA MAIER

A. AUSGANGSLAGE

Voraussetzung jeder Volkswirtschaft ist ein funktionierender Kapitalmarkt. Der Kapitalmarkt setzte sich in Deutschland zunächst aus drei Marktsegmenten zusammen. Beim »amtlichen Markt« und beim »geregelten Markt« handelte es sich um zwei regulierte und im öffentlichen Recht verankerte Marktsegmente; der »Freiverkehr« stellte ein privatrechtliches Segment dar. In Umsetzung der Finanzmarktrichtlinie[1] wurden der »amtliche Markt« und der »geregelte Markt« zum »regulierten Markt« zusammengefasst. Aus dem »Freiverkehr« wurde der »Open Market«. An der rechtlichen Zuordnung änderte sich dadurch nichts. Institutionelles Fundament des Kapitalmarkts sind Wertpapierbörsen. Eine Wertpapierbörse stellt einen organisierten Markt für Aktien, Anleihen, Devisen oder bestimmte Waren dar. In Deutschland verteilt sich der Wertpapierhandel auf die Präsenzbörsen Berliner Börse, Börse Düsseldorf, Frankfurter Wertpapierbörse, Hamburger Börse, Warenterminbörse Hannover, Börse München und Börse Stuttgart, ferner das elektronische System XETRA sowie die elektronische Terminbörse EUREX. An den sieben Präsenzbörsen und im elektronischen Handelssystem XETRA werden neben Aktien auch Renten, Optionsscheine, Fonds und strukturierte Produkte gehandelt. Namentlich die schon 1585 gegründete Frankfurter Wertpapierbörse (FWB) ist einer der weltweit bedeutendsten Handelsplätze für Wertpapiere. Mit einem Umsatzanteil von etwa 90 Prozent ist sie die größte der deutschen Wertpapierbörsen.[2] Auf den hochtechnisierten Kapitalmärkten der Wertpapierbörsen werden Marktteilnehmer in die Lage versetzt, fungible Handelsobjekte persönlich oder systembasiert zu vertraglich festgelegten Bestimmungen öffentlich zu handeln. Dabei werden so-

1 Richtlinie des Europäischen Parlaments und des Rates vom 21. 4. 2004 über Märkte für Finanzinstrumente, zur Änderung der Richtlinien 85/611/EWG und 93/6/EWG des Rates und der Richtlinie 2000/12/EG des Europäischen Parlaments und des Rates und zur Aufhebung der Richtlinie 93/22/EWG des Rates (ABl EU L 145 v. 30. 4. 2004, S. 1, L 45 v. 16. 2. 2005, S. 18).

2 Entsprechend der rechtlichen Rahmenbedingungen werden an der FWB in den unterschiedlichen Transparenzlevels Prime Standard, General Standard und Entry Standard abgebildet. Zusätzlich existieren für Auslandsaktien die zwei kleineren Marktsegmente Xetra Stars und Newex.

wohl private als auch öffentliche Belange berührt. Institutionell und funktionell besteht dadurch eine komplexe Gemengelage von öffentlichem und privatem Recht, deren Entwirrung häufig Schwierigkeiten bereitet.

I. Dualismus der Rechtsordnungen

Die kontinentaleuropäischen Rechtsordnungen gliedern sich in die Bereiche des Privatrechts und des öffentlichen Rechts.[3] Privatheit bedeutet *Privatautonomie* und grundsätzlich Freiheit vor staatlichem Zwang.[4] Schlüsselthema des *Privatrechts* sind die keiner Rechtfertigung und keinem Begründungszwang unterliegenden Entscheidungen gleichgeordneter Rechtssubjekte. Eine Grundrechtsbindung ist im Verhältnis Privater untereinander grundsätzlich ausgeschlossen. Dem steht das *öffentliche Recht* als Amtsrecht des Staates gegenüber, das die Befugnisse von Hoheitsträgern begründet und zugleich begrenzt. Nach der auf das römische Recht zurückgehenden Rechtstradition steht das öffentliche Recht im Gegensatz zum Privatrecht.[5] Bei den vielfältigen Bemühungen, das öffentliche und private Recht zu unterscheiden, spielen nicht nur dogmatische, sondern auch politische und ideologische Erwägungen eine Rolle.[6] Letztlich geht es immer um das Verhältnis von Gemeinwohl und Eigennutz. Das Staat-Bürger-Verhältnis lässt sich freiheitlich gestalten, wenn man es – wie in den angelsächsischen Ländern[7] – von vornherein privatrechtlich konstruiert. Im öffentlichen Interesse liegende Regulierungen sind dann gleichwohl unvermeidbar. Will man nicht so weit gehen, schafft die rechtliche Absonderung einer autonomen Privatsphäre vom staatlichen Regelungsbereich den für die Entfaltung der Persönlichkeit nötigen Freiraum. Die Unterscheidung von öffentlichem und privatem Recht wurde daher zu einem Grundpfeiler des individualistisch-liberalen Staatsverständnisses und blieb es, als das öffentliche Recht mit

3 Vgl. *Schmidt-Aßmann* in: Hoffmann-Riem, Öffentliches Recht und Privatrecht als wechselseitige Auffangordnungen, 1996, S. 7, 8; *Manssen* Privatrechtsgestaltung durch Hoheitsakt, 1994, S. 52; *Ossenbühl* DVBl 1990, 963.

4 *Schmidt-Aßmann* aaO S. 7, 16.

5 Die Einteilung der gesamten Rechtsordnung in das Begriffspaar »Öffentliches Recht – Privatrecht« erfolgte erst durch die Rechtswissenschaft des 19. Jahrhunderts. Die Abzweigung des ius publicum vom ius civile wurde in Deutschland erst mit der Wende zum 17. Jahrhundert vorgenommen (»ius publicum« des »Imperium Romano-Germanicum hodiernum«). Als Geburtsstätte der deutschen Wissenschaft des ius publicum gilt das Reichskammergericht, dessen Spruchtätigkeit ein reichhaltiges Begleitschrifttum hervorrief; vgl. *Friedrich* Geschichte der deutschen Staatsrechtswissenschaft, 1997, S. 24 ff. In Frankreich wurde der Ausdruck »droit public« erst seit Ende des 17. Jahrhunderts verwendet; vgl. *Mohl* Geschichte und Literatur der Staatswissenschaften in Monographien dargestellt, Bd. III, 1858, S. 129.

6 Vgl. *Grimm* in: FS Coing, 1972, S. 224, 238.

7 Grundlegend *v. Gneist* Englisches Verwaltungsrecht, Bd. I, 3. Aufl. 1883, S. 373; *Koellreutter* Verwaltungsrecht und Verwaltungsrechtsprechung im modernen England, 1912, S. 126.

umgekehrten Vorzeichen als Sonderrecht zur staatlichen Machtbegrenzung verstanden wurde.[8] Zwischen den beiden Rechtsbereichen besteht jedenfalls ein kategorialer Unterschied. Den kategorialen Unterschied betont bereits *Ulpian*, von dem die berühmte Digestenstelle D 1, 1, 1 stammt. Danach verfolgt der Staat seine Interessen öffentlich-rechtlich, während der Private, abgesondert, eben privatim, seine eigenen Interessen mit den Mitteln des Privatrechts verfolgen darf.[9] Wenn die Unterscheidung von öffentlichem und privatem Recht niemals trennscharf geglückt ist, hängt das mit der konkreten Ausgestaltung der jeweiligen Rechtsordnungen zusammen. So wurde die kategoriale Unterscheidung der Rechtsformen in der Ausgestaltung im deutschen Recht von pragmatischen Erwägungen überlagert. Originär öffentlich-rechtliche Streitigkeiten können durchaus auch den Zivilgerichten zugewiesen sein, Staatshandlungen auch unter öffentlich-rechtlicher Bindung in privatrechtlicher Form erfolgen. Das macht die Abgrenzung der Rechtsbereiche schwer, ändert aber nichts an der Notwendigkeit der Differenzierung. Diese Notwendigkeit ergibt sich z.B. aus den § 40 VwGO, § 13 GVG, §§ 2 f ArbGG, § 51 SGG, § 51 FinGO

aber auch aus zahlreichen weiteren Vorschriften des positiven Rechts.[10] Selbst das Grundgesetz geht in verschiedenen Bestimmungen von der Unterscheidung von öffentlichem und privatem Recht aus[11] und zwingt dazu, die Zweiteilung von Ver-

8 *Zuleeg* VerwArch 1982, 386. Die Verfechter eines eher autoritären oder gar totalitären Staatsverständnisses griffen die Unterscheidung schon immer an; vgl. das Ergebnis der Tagung der Reichsfachgruppe Hochschullehrer des BNSDJ am 21./22. 12. 1935, DJZ 1936, Sp. 51. Solche Angriffe versuchten selbst im Dritten Reich die Traditionalisten unter den Verwaltungsrechtlern durch verbale Anpassung an den Zeitgeist abzuwehren; vgl. *E.R. Huber* ZStW 98 (1938), 310; *Scheuner* DJZ 1935, 1462; *Jerusalem* Das Verwaltungsrecht und der neue Staat, 1935, S. 4; *Franz Scholz* Die Verwaltungsgerichtsbarkeit im Dritten Reich, 1936, S. 48. Die Germanisten zeigten Differenzierungsansätze nach germanischer Auffassung; vgl. *H. Meyer* ZAkDR 1934, 49, wohingegen einige Romanisten die römischrechtlichen Unterscheidungen relativierten, indem sie auf die Ungereimtheiten *aller* Abgrenzungstheorien hinwiesen. Die Ungereimtheiten lassen sich nicht leugnen. Das rechtfertigt es aber nicht, die Abgrenzungsbemühungen einzustellen.

9 »Huius studii duae sunt specificationes, publicum et privatum. Publicum ius est quod ad statum rei Romanae spectat, privatum quod ad singulorum utilitatem: sunt enim quaedam publice utilia, quaedam privatim«. Sinngemäß übersetzt: »Es gibt zwei Spezifikationen des Rechts entweder im öffentlichen oder privaten Sinn. Das öffentliche Recht ist auf das römische Gemeinwesen bezogen, das private auf die Interessen (Nutzen) der Einzelnen; es gibt nämlich jeweils gewisse öffentliche und private Interessen.« Vom Privatrecht ist das Zivilrecht zu unterscheiden, das in Inst. 1, 2 als Gegenbegriff zu Naturrecht und Völkerrecht gebracht wird und von *Behrends/Knütel/Kupisch/Seiler* Corpus iuris civilis – Die Institutionen, 1993, S. 2 irreführend als Synonym für »Bürgerliches Recht« verwendet wird.

10 *Ehlers* in: Schoch/Schmidt-Aßmann/Pietzner, VwGO, Loseblattausgabe, Stand 2007, § 40 Rn 21.

11 Art. 12a Abs. 3, 33 Abs. 4, 74 Nr. 11, 87 Abs. 2 und 3, 87e Abs. 3 und 4, 93 Abs. 1 Nr. 4, 96 Abs. 4, 130 Abs. 3, 135 Abs. 2, 5 und 7, 135a Nr. 2, 140 i.V.m. Art. 137 Abs. 5 WV.

fassungs wegen vorzunehmen.[12] Rechtsprechung und Rechtswissenschaft unter intensiver Beteiligung des Jubilars bemühen sich denn auch seit langem um eine angemessene Lösung der Abgrenzungsproblematik,[13] ohne dass eine der zahlreichen Abgrenzungstheorien allgemeine Anerkennung gefunden hätte. Am verbreitetsten sind die verschiedenen Formen der Interessen-,[14] der Subordinations-,[15] und der Subjektstheorie,[16] die alle immer noch ihre Anhänger finden. Als »herrschend« wird gerne die Sonderrechtstheorie bezeichnet.[17] *Keine* dieser Theorien liefert in jedem Fall ein überzeugendes Ergebnis. Gleichwohl wäre es verfehlt, auf die Unbrauchbarkeit der Unterscheidung überhaupt zu schließen und mit *Kelsen* ein besonderes »öffentliches«[18] oder mit der bolschewistischen Theorie ein besonderes »privates« Recht zu leugnen.[19] Vielmehr ist zu berücksichtigen, dass sich die Abgrenzungstheorien in der Regel nicht widersprechen, sondern Einzelaspekte betonen. Daher ist es zulässig, die Theorien *nebeneinander* anzuwenden. Auszugehen ist grundsätzlich von der Subordinationstheorie. Solange das Gemeinwesen als Staat verfasst ist, kennzeichnet die Hoheitsgewalt die Verwaltungstätigkeit. Selbst wenn die Verwaltung von Hoheitsbefugnissen konkret Abstand nimmt, ändert das nichts daran, *dass* ein Unterordnungsverhältnis besteht; selbst im Gleichordnungsverhältnis können Hoheitsbefugnisse Gegenstand des Rechtsverhältnisses sein. Ob die Verwaltung hoheitlich handelt oder nicht, lässt sich am leichtesten mit Hilfe der Subjektstheorie

12 Vgl. *Renck* JuS 1978, 459, 461; *ders.* JuS 1986, 268.

13 *Wolff/Bachof/Stober* Verwaltungsrecht I, 11. Aufl. 1999, § 22 Rn 13; *Molitor* Über Öffentliches Recht und Privatrecht, 1949; *Sodan/Ziekow* Grundkurs Öffentliches Recht, 2. Aufl. 2007, § 67.

14 Die Interessentheorie unterscheidet öffentliches und privates Recht nach Art der Interessen, die durch einen Rechtssatz geschützt werden. Sie weist diejenigen Rechtssätze, die dem öffentlichen Interesse oder dem Allgemeininteresse dienen, dem öffentlichen Recht zu. Dagegen soll es sich um Privatrecht handeln, wenn die Rechtssätze Privat- oder Individualinteressen im Auge haben. Nach *Detterbeck* Allgemeines Verwaltungsrecht mit Verwaltungsprozessrecht, 4. Aufl. 2006, Rn 32, soll diese Theorie so unpraktikabel sein, dass man sie am besten gar nicht mehr erwähnt.

15 Nach der Subordinationstheorie sind Rechtssätze, die das Verhalten von Hoheitsträgern regeln, dann öffentlich-rechtlich, wenn sie ein Über- bzw. Unterordnungsverhältnis betreffen. Vgl. BGHZ 97, 312, 314; BVerwGE 14, 1, 4.

16 Für die Subjektstheorie liegt der Unterschied zwischen öffentlichem und privatem Recht in der Verschiedenheit der Zuordnungssubjekte der die Rechtsordnung bildenden Rechtssätze. Normen, die jedermann berechtigen und verpflichten, gehören dem Privatrecht an. Dagegen sind Rechtssätze, die sich an den Staat wenden, dem öffentlichen Recht zuzurechnen.

17 Diese Theorie verleitet zu der verbreiteten Tautologie: »Die Streitigkeit ist öffentlichrechtlicher Natur, weil sie die Anwendbarkeit öffentlich-rechtlicher Vorschriften betrifft.« Daran ist richtig, dass sich die Abgrenzungstheorien vorwiegend mit der eindeutigen Zuordnung des objektiven Rechts herumschlagen. Schwierig wird es dagegen, wenn *fraglich* ist, nach welchen Vorschriften sich eine Streitigkeit richtet. Die Sonderrechtstheorie hilft hier nicht weiter; sie ist nur auf den Normalfall zugeschnitten.

18 *Kelsen* AöR 31 (1913), 53 ff, 190 ff.

19 Vgl. *Wolff/Bachof/Stober* Verwaltungsrecht I, 11. Aufl. 1999, § 22 Rn 24.

klären. Die Subjektstheorie hilft nicht weiter, wenn nur Private handeln. Rechtsbeziehungen Privater können gleichwohl verwaltungsrechtlicher Natur sein, wenn sie sich auf (ausschließlich) öffentliche Interessen beziehen. Öffentlich-rechtlich sind die Regelungen, die den Interessen des Staates und der Allgemeinheit dienen, privatrechtlich sind die Regelungen, die das Verhalten Privater in deren eigener Interessensphäre regeln. Da vielfach eine kongruente Interessenlage besteht, sind Überschneidungen nicht ausgeschlossen. Diese interessenorientierten Unterscheidungen korrespondieren mit den Zielsetzungen des modernen Verfassungsstaats.

II. Herkömmliche Trennung von Organisations- und Handlungsform

Im Börsenrecht ist die Zuordnungsproblematik Folge der Grundsatzentscheidung des deutschen Rechts,[20] dass sich Träger der öffentlichen Verwaltung der Organisations- und Handlungsformen des Privatrechts bedienen dürfen, sofern ihnen die Rechtsordnung dies nicht ausdrücklich verbietet.[21] Aus der Organisationsform lässt sich somit nicht zwingend auf die Rechtsnatur der Handlungsform schließen.

B. GRUNDLAGEN

Kapitalmarktrecht ist Wirtschaftsrecht. Der Funktionsschutz, den das Kapitalmarktrecht ausübt, ist Teil der staatlichen Aufgabe, für Gerechtigkeit und Richtigkeit der Gesamtwirtschaft zu sorgen.[22] Es beschäftigt sich zugleich mit Zahlungen, die in Geld erfolgen und die privatrechtlicher Natur sind. Auch das Börsenrecht ist teils öffentliches Recht, teils Privatrecht.

I. Rechtsnatur der Börse

Die Frage nach der Rechtsnatur der Börse ist die Kernfrage des Börsenrechts, weil mit ihrer Beantwortung die rechtliche Einordnung der Börsenordnung, der Börsengeschäftsführung und der Handelsbedingungen der Börse vorbestimmt ist.[23] Ihre praktische Bedeutung liegt zudem darin, dass von der Rechtsnatur der Börse die Qualifizierung der Organisationsstruktur sowie der Außenrechtsbeziehungen zwischen der Börse und ihren Kunden, d.h. Handelsteilnehmern und Emittenten, beeinflusst wird.[24]

20 *Ruthig* NZBau, 2005, 497, 499.
21 BVerwGE 94, 229, 231 f; BVerwGE 96, 71, 73 f; BayVGH, BayVBl 2005, 443.
22 *Claussen* Bank- und Börsenrecht, 3. Aufl. 2003, § 9 Rn 1b.
23 Vgl. *Foelsch* in: Bankrecht und Bankpraxis, Loseblattausgabe, Stand 2004, Rn 7/439.
24 *Beck* in: Schwark, BörsG, 3. Aufl. 2004, § 1 Rn 8.

1. Begriffliches

Der *Begriff der Börse* war zunächst gesetzlich nicht definiert. Eine Definition der Wertpapierbörsen enthielt lediglich § 1 Abs. 7 BörsG a.F.[25] (Börsen, an denen Wertpapiere oder Derivate, Devisen oder Rechnungseinheiten, einschließlich Edelmetalle und Edelmetallderivate gehandelt werden). Im Übrigen verzichtete der Gesetzgeber angesichts der Vielfalt der Formen und Arten der Börsen, die sich historisch herausgebildet haben, auf eine pauschale Legaldefinition. Seit der *Neuregelung des BörsG*[26] findet sich in § 2 Abs. 1 BörsG eine Legaldefinition. Danach sind Börsen als nach Maßgabe dieses Gesetzes multilaterale Systeme zu verstehen, welche die Interessen einer Vielzahl von Personen am Kauf und Verkauf von dort zum Handel zugelassenen Wirtschaftsgütern und Rechten innerhalb des Systems nach festgelegten Bestimmungen in einer Weise zusammenbringen oder das Zusammenbringen fördern, die zu einem Vertrag über den Kauf dieser Handelsobjekte führt. Bei der Legaldefinition von Wertpapierbörsen hielt § 2 Abs. 2 BörsG an der alten Definition fest. Auch die neu eingefügte Legaldefinition des Börsenbegriffes entspricht den in der Praxis entwickelten Prinzipien.[27] Gemeinsam ist allen Börsen der Zweck, eine zeitliche, örtliche und zunehmend auch virtuelle Konzentration des Handels für fungible Güter (vertretbare und verfügbare Sachen) unter beaufsichtigter Preiskontrolle zu ermöglichen. Im Einzelnen unterscheiden sich die Börsen je nach Art der gehandelten Ware und nach Form des Handels. Auch reine Computer-Börsen sind Börsen im Rechtssinne. Im Übrigen gibt die pauschale Begriffsbestimmung noch keinen Aufschluss über die Rechtsnatur der konkreten Börse. Die Zuordnung zu einem bestimmten Rechtsbereich ist kein Merkmal des Börsenbegriffs. Für die Zuordnung zum jeweiligen Rechtsbereich müssen andere Kriterien herangezogen werden.

2. Zuordnung

Eine ältere Ansicht im Schrifttum[28] sah die Börse als *rein privatrechtliche Veranstaltung*, die der Börsenunternehmer, in heutiger Terminologie der Börsenträger, organisiert. Danach sollten diese privaten Veranstaltungen nur einer Staatsaufsicht unterworfen sein.

25 Börsengesetz i.d.F. der Bek. vom 21. 6. 2002 (BGBl 2002 I S. 2010 ff). Es ist gem. Art. 23 Satz 1 BörsG am 1. 7. 2002 in Kraft getreten. § 58 Abs. 1, § 59 und § 60 sind gem. Art. 23 Satz 3 BörsG am 1. 2. 2003 in Kraft getreten. Die Angabe a.F. bezieht sich auf die bis zum 31. 10. 2007 gültige Fassung.

26 Börsengesetz (BörsG) i.d.F. der Bek. vom 16. 7. 2007 (BGBl I S. 1330). Es ist gem. Art. 14 Abs. 3 BörsG am 1. 11. 2007 in Kraft getreten.

27 Ausführlich dazu *Breitkreuz* Die Ordnung der Börse, 2000, S. 30. Zur Historie auch *Hemtenmacher* in: Stengel/Fleischmann, WBStVerwR, 1911, S. 499.

28 *Anschütz* VerwArch 11 (1903) 519; *Nußbaum* BörsG, 1909, § 1 Anm. IV a), 4.

Nach heute herrschender Meinung wird die Börse dagegen dem *öffentlichen Recht* zugeordnet.[29] Den Börsen kommt hiernach ein öffentlich-rechtlicher Status zu. Zugleich werden die wesentlichen Funktionen der Börsenorgane öffentlich-rechtlich qualifiziert.[30] Die Organisation und Rechtsfähigkeit der Börse sind innerhalb dieser Auffassung jedoch umstritten.[31] Einige Autoren betrachten die Börse als eine unselbstständige – also nichtrechtsfähige – Anstalt des öffentlichen Rechts.[32] Überwiegend wird die Börse demgegenüber als eine *teilrechtsfähige Anstalt des öffentlichen Rechts* angesehen.[33] Die eigene Rechtspersönlichkeit ergebe sich einerseits durch die durch § 2 Abs. 4 BörsG zugewiesene Aktiv- und Passivlegitimation der Börse in verwaltungsrechtlichen Streitigkeiten, andererseits durch die den Börsenorganen ebenfalls durch das Börsengesetz unmittelbar zugewiesenen hoheitlichen Aufgaben.[34] Die Qualifizierung der Börse als Anstalt des öffentlichen Rechts trifft zu. Nach *allen* o.g. Abgrenzungstheorien erfüllt die Börse schwerpunktmäßig öffentliche Aufgaben. Nach § 12 Abs. 6 BörsG nimmt der Börsenrat die ihm nach diesem Gesetz zugewiesenen Aufgaben und Befugnisse im öffentlichen Interesse wahr. Die Befugnisse der Börsenorgane erfolgen in Ausübung staatlicher Hoheitsgewalt. Zurechnungssubjekt solcher Aufgaben und Befugnisse kann nur ein Träger staatlicher Hoheitsgewalt sein. Allerdings zählen Börsen nicht zur unmittelbaren Staatsverwaltung, bei der der Staat seine Verwaltungsaufgaben durch eigene Behörden wahrnimmt, sondern zur mittelbaren Staatsverwaltung.[35] Sie erreichen nämlich im Verhältnis zur staatlichen Börsenaufsicht einen Grad der Selbstständigkeit, der es, insbesondere unter Berücksichtigung ihrer Satzungsautonomie, rechtfertigt, sie als teilrechtsfähige Anstalten des öffentlichen Rechts einzustufen. Diesem Ansatz folgt nunmehr eindeutig die Neuregelung des § 2 Abs. 1 BörsG.

II. Organisation

1. Stellung des Börsenträgers

Die Trägerschaft für Börse und Marktveranstaltung ist in Deutschland als *duales System* ausgestaltet.[36] Die Errichtung einer Börse bedarf einer Genehmigung nach

29 Vgl. *Breitkreuz* Ordnung der Börse, S. 53.
30 Vgl. *Foelsch* in: Bankrecht und Bankpraxis, Rn 7/440.
31 *Foelsch* ebd.
32 BT-Drs. 14/8017, S. 72; *Wastl* WM 1999, 620, 624; HessVGH Kassel, NJW-RR 1997, 110; *Kümpel* in: FS Pleyer zum 65. Geburtstag, 1986, S. 59, 61; *Schlüter* Börsenhandelsrecht, 2. Aufl. 2002, G. I Rn 134.
33 Vgl. dazu *Breitkreuz* Ordnung der Börse, S. 53 ff; *Beck* in: Schwark, BörsG, 3. Aufl. 2004, § 1 Rn 8; *ders.* WM 1996, 2313, 2315; *Kümpel* Bank- und Kapitalmarktrecht, 3. Aufl. 2004, Rn 17.317 ff; *Foelsch* Bankrecht und Bankpraxis, Rn 7/441; *Posegga* WM 2002, 2402 jeweils mwN.
34 *Foelsch* Bankrecht und Bankpraxis, Rn 7/441.
35 *Jaskulla* WM 2002, 1093.
36 Vgl. *Kümpel* Bank- und Kapitalmarktrecht, Rn 17.211.

§ 4 Abs. 1 BörsG. Der Börsenträger wird mit der Erteilung der Genehmigung dazu verpflichtet, die zur Durchführung und angemessenen Fortentwicklung des Börsenbetriebes erforderlichen finanziellen, personellen und sachlichen Mittel zur Verfügung zu stellen.[37] Der Börsenträger wird mit der Erteilung der Genehmigung gem. § 4 Abs. 1 BörsG zu einem *beliehenen Unternehmer*.[38] Der Veranstalter des börsenmäßig organisierten Wertpapierhandels ist dagegen die Anstalt des öffentlichen Rechts selbst.[39]

2. Organe

Die Börse handelt durch *Organe* und *Organwalter*.[40] Zu den Organen der Börse gehören insbesondere die Börsengeschäftsführung, der Börsenrat, die Zulassungsgremien und die Handelsüberwachungsstelle sowie der Sanktionsausschuss.[41]

a) Geschäftsführung

Gem. § 15 BörsG obliegt die *Leitung der Börse* der Geschäftsführung *in eigener Verantwortung*. Sie nimmt die ihr nach dem Börsengesetz zugewiesenen Aufgaben und Befugnisse nur im öffentlichen Interesse wahr, § 15 Abs. 6 BörsG. Die Börsengeschäftsführung wird folglich im Interesse der Sicherung der Funktionsfähigkeit der Börse und nicht zum Schutz individueller Anlegerinteressen tätig.[42] Die Börsengeschäftsführung ist Organ der Börse als teilrechtsfähiger Anstalt öffentlichen Rechts und somit Träger öffentlicher Gewalt im verwaltungsrechtlichen und haftungsrechtlichen Sinne mit *Behördeneigenschaft*.[43] Sie kann demnach Verwaltungsakte erlassen, soweit ihr hierzu im Börsengesetz oder in der Börsenordnung die Befugnis eingeräumt wird.[44]

b) Börsenrat

Der Börsenrat ist ebenfalls Organ der Börse und damit Träger der öffentlichen Verwaltung, der konkrete Rechtshandlungen auf dem Gebiet des Verwaltungsrechts nach außen hin vornehmen kann. Er besitzt ebenso im verwaltungsverfahrensrechtlichen Sinne Behördeneigenschaft. Gem. § 12 Abs. 2 BörsG obliegt dem Börsenrat insbesondere der Erlass der Börsenordnung und der Gebührenordnung, die

37 Ebd.
38 *Schneider/Burgard* WM 2000, Sonderbeilage Nr. 3, 24, 27; Begründung zum 4. FMFG, BT-Drs. 14/8017, S. 72.
39 *Kümpel* Bank- und Kapitalmarktrecht, Rn 17.306.
40 Vgl. *Kümpel/Hammen* Börsenrecht, 2. Aufl. 2003, S. 140.
41 *Groß* Kapitalmarktrecht, 3. Aufl. 2006, Vorb. Rn 37.
42 Vgl. *Kümpel/Hammen* Börsenrecht, S. 141.
43 *Schwark* BörsG, § 12 Rn 2.
44 Vgl. *Groß* Kapitalmarktrecht, § 12 Rn 1; *Claussen* Bank- und Börsenrecht, 3. Aufl. 2003, § 9 Rn 32; Begründung zum 2. FMFG, BT-Drs. 12/6679, S. 64.

Bestellung und Abberufung der Geschäftsführer im Einvernehmen mit der Börsenaufsichtsbehörde, die Überwachung der Geschäftsführung, der Erlass einer Geschäftsordnung für die Geschäftsführung und der Erlass der Bedingungen für die Geschäfte an der Börse. Zu den Rechtssetzungsaufgaben des Börsenrates zählt namentlich der *Erlass der Handelsbedingungen,* die Vertragsverhältnisse für alle an der Wertpapierbörse vorgenommenen Geschäfte regeln.

c) Sonstige Börsenorgane

Daneben wird den Börsen die Möglichkeit eingeräumt, verschiedene Ausschüsse einzurichten.[45] Zu nennen sind etwa die Handelsüberwachungsstelle und der Sanktionsausschuss. Die *Handelsüberwachungsstelle* ist von jeder Börse gem. § 7 Abs. 1 Satz 1 BörsG als eigenständiges Börsenorgan einzurichten und zu betreiben. Die Aufgabe des Börsenorgans ist die laufende Überwachung des Handels an der Börse und der Börsengeschäftsabwicklung.[46] Für die Erfüllung ihrer Kontrolltätigkeit sind der Handelsüberwachungsstelle hoheitliche Eingriffsbefugnisse eingeräumt.[47] Die Handelsüberwachungsstelle ist ebenfalls Behörde im verwaltungsverfahrensrechtlichen Sinn.[48] Nach § 22 BörsG kann die Landesregierung durch Rechtsverordnung Vorschriften über die Errichtung eines *Sanktionsausschusses*, seine Zusammensetzung, sein Verfahren einschließlich der Beweisaufnahme und der Kosten sowie die Mitwirkung der Börsenaufsichtbehörde erlassen.[49] Der Sanktionsausschuss ist Organ der Börse mit Behördencharakter.[50] § 31 BörsG a.F. wies ferner die Entscheidungsbefugnis über die Zulassung von Wertpapieren zum Börsenhandel einer besonderen Kommission, der *Zulassungsstelle*, zu. Die Zulassung zum regulierten Markt erfolgt seit Umsetzung der Finanzmarktrichtlinie jedoch durch die Geschäftsführung gem. § 33 Abs. 1 BörsG.

Die Handlungsformen der börseneigenen Behörden (Verwaltung) sind so vielseitig wie die Verwaltung selbst. Ein numerus clausus der möglichen und zulässigen Handlungsformen existiert nicht. Somit können die eben aufgeführten Börsenorgane beim Vorliegen einer entsprechenden Ermächtigungsgrundlage auch gestaltende und verfügende Verwaltungsakte erlassen sowie schlicht hoheitlich handeln.

3. Rechtsverhältnisse an der Börse

An der Börse sind mehrere Rechtsverhältnisse zu unterscheiden. Es bestehen Beziehungen der Handelsteilnehmer zur Börse und zwischen den Handelsteilnehmern untereinander, soweit nicht eine zentrale Clearingstelle einbezogen ist, bzw. zu

45 *Lepczyk* JuS 2007, 985, 988.
46 Vgl. *Beck* in: Schwark, BörsG, § 4 Rn 1.
47 Vgl. *Kümpel* Bank- und Kapitalmarktrecht, Rn 17.374.
48 *Brockhausen* WM 1997, 1998 f; *Groß* Kapitalmarktrecht, § 4 Rn 1.
49 *Foelsch* in: Bankrecht und Bankpraxis, Rn 7/564.
50 *Schwark* in: Schwark, BörsG, § 20 Rn 2; *Breitkreuz* Ordnung der Börse, S. 148.

einer zentralen Clearingstelle, wenn ein Börsenteilnehmer selbst eine Clearing-Lizenz der Clearingstelle erwirbt und nicht mittelbar über ein anderes Clearing-Mitglied am Clearing teilnimmt. Zudem können zwischen dem Börsenträger und den Nutzern Rechtsbeziehungen entstehen.

a) Benutzungsverhältnis (Börse – Nutzer)

Die Grundstruktur des Rechtsverhältnisses der Börse mit den Handelsteilnehmern und den Emittenten als ihren Benutzern ist durch die Rechtsstellung der Börse als einer Anstalt des öffentlichen Rechts geprägt.[51] Solche Anstalten stehen in einem *rechtlichen Sonderverhältnis* zu ihren Benutzern. Die Besonderheit liegt darin, dass die Handelsteilnehmer und die Emittenten Leistungen in Anspruch nehmen, die die Börse anbietet (Zulassung, Ermöglichung des Handels, Preisermittlung usw.). Dieses Benutzungsverhältnis ist als *Leistungsverhältnis* ausgestaltet. Es ist *öffentlich-rechtlicher Natur*.[52] Die Börsenveranstaltung setzt eine umfangreiche Organisationstätigkeit seitens der Börse voraus. Hierzu bedarf es weit reichender Reglementierungen, insbesondere durch den Erlass der Börsenordnung und der Geschäftsbedingungen für die an der Börse abgeschlossenen Geschäfte.[53] Diese beiden Regelwerke enthalten deshalb Bedingungen, zu denen die Handelsteilnehmer und Emittenten als Börsennutzer die Börsenleistungen in Anspruch nehmen können.[54]

b) Clearinghaus – Nutzer

An den Wertpapierbörsen werden die zahlreichen Prozesse dadurch vereinfacht, dass eine zentrale Gegenpartei eingeschaltet wird. In dem Zeitpunkt, in dem korrespondierende Kauf- und Verkaufsaufträge zweier Marktteilnehmer gegeneinander ausgeführt werden, tritt stets und sofort eine zentrale Vertragspartei, die *sog. Clearingstelle* (Clearinghaus), als Kontrahent ein.[55] So wird z.B. an der Terminbörse EUREX die Eurex Clearing AG als Clearinghaus automatisch Vertragspartner. Sie tritt als Käufer für jeden Verkäufer und als Verkäufer für jeden Käufer auf.[56] Aus wirtschaftlicher Betrachtung wird *ein* Geschäft getätigt. Doch rechtlich liegen *zwei* Rechtsgeschäfte vor, nämlich einerseits zwischen der Clearingstelle und dem wirtschaftlichen Verkäufer und andererseits zwischen dem wirtschaftlichen Käufer und dem Clearinghaus. Diese Rechtskonstruktion hat eine unterstützende Funktion für die Durchführung des Handels. Sie soll dessen vollständige Anonymität sicherstel-

51 *Breitkreuz* Ordnung der Börse, S. 76 f; *Kümpel/Hammen* Börsenrecht, S. 177.
52 Vgl. *Kümpel/Hammen* Börsenrecht, S. 183; *Jaskulla* WM 2002, 1093, 1094.
53 *Kümpel/Hammen* Börsenrecht, S. 180.
54 *Kümpel/Hammen* Börsenrecht, S. 180.
55 *Beck* in: Schwark, BörsG, § 1 Rn 6.
56 Vgl. *Franke* in: Assmann/Schütze, Handbuch des Kapitalanlagerechts, 2. Aufl. 1997, § 2 Rn 123.

len, das Gegenparteirisiko[57] reduzieren und schließlich die Abwicklung der Geschäfte, etwa durch Nutzung von Aufrechnungsmöglichkeiten, vereinfachen und verbilligen.[58] Trotz der öffentlich-rechtlichen Einordnung der Börse darf aber nicht verkannt werden, dass die hier getätigten Geschäfte – also der Kauf und Verkauf von Wertpapieren – eindeutig solche des *Privatrechts* sind.

c) Beleihungsverhältnis (Land – Börsenträger)

Die Übertragung einer öffentlichen Aufgabe im Wege der Beleihung begründet nach einhelliger Meinung *ein öffentlich-rechtliches Auftragsverhältnis* gegenüber dem Sitzland der Börse.[59] Somit ist die Rechtsbeziehung zwischen dem Träger der Wertpapierbörsen und dem Sitzland der Börse öffentlich-rechtlicher Natur.

d) Anschlussverhältnis

Der Börsenträger stellt die materiellen und personellen Ressourcen für den Handel an der Börse zur Verfügung. Dieser ist somit Vertragspartner aller mit den Börsenbediensteten abgeschlossenen Anstellungsverträgen und anderen Schuldverhältnissen, die sich auf den Betrieb der Börse beziehen. Diese sind *privatrechtlicher Natur.*

C. FOLGERUNGEN FÜR DIE HANDLUNGEN DER BÖRSENORGANE

Auf Grund der Zugehörigkeit der Börse zur öffentlich-rechtlichen Verwaltung stehen den Organen der Börse, insbesondere der Börsengeschäftsführung und dem Börsenrat, hoheitliche Befugnisse zu.[60] Sie können sich aber auch der Instrumentarien des Privatrechts bedienen.[61] Dies begründet gelegentlich ein rechtliches Verwirrspiel. Die Qualifizierung der Börse als teilrechtsfähige (selbstständige) Anstalt des öffentlichen Rechts wirkt sich auf zentrale Aspekte der autonomen Rechtssetzung der Börse, der Eingriffsbefugnisse der Börsenorgane sowie der Amtshaftung aus.

I. Satzungsautonomie

Die Zuordnung der Börse zum öffentlichen Recht ermöglicht eine große Flexibilität durch die vom Gesetzgeber eingeräumte Befugnis zur Selbstregulierung. Nament-

57 Vgl. dazu VG Frankfurt, BKR 2002, 965.
58 Vgl. *Beck* in: Schwark, BörsG, § 1 Rn 6.
59 *Kümpel* Bank- und Kapitalmarktrecht, Rn 17.265.
60 *Jaskulla* WM 2002, 1093, 1094.
61 Vgl. grundlegend dazu *Stelkens* in: Stelkens/Bonk/Sachs, VwVfG, 6. Aufl. 2001, § 35 Rn 69a.

lich folgt aus §§ 16 und 17 i.V.m. § 3 Abs. 1 Satz 2 BörsG die Satzungsautonomie der Börse. Nach diesen Vorschriften werden die Börsen- und Gebührenordnungen als *Satzungen* erlassen, die der Rechtsaufsicht der Börsenaufsichtsbehörde unterliegen. Satzungen sind Rechtsvorschriften, die von einer dem Staat eingeordneten juristischen Person des öffentlichen Rechts im Rahmen der ihr gesetzlich verliehenen Autonomie mit Wirksamkeit für die ihr angehörigen und unterworfenen Personen erlassen werden.[62] Auf diese Weise wird der parlamentarische Gesetzgeber davon entlastet, sachliche oder örtliche Verschiedenheiten zu berücksichtigen, die für ihn oft schwer erkennbar sind und auf deren Veränderungen er nicht rasch genug reagieren kann. Der Autonomiegedanke ist zwar grundsätzlich verfassungskonform,[63] macht die Grundrechte jedoch nicht »autonomiefest«. Vielmehr verpflichtet der in Art. 20 Abs. 3 GG verankerte allgemeine *Vorbehalt des Gesetzes* den Gesetzgeber dazu, losgelöst vom Merkmal des Eingriffs, im Bereich der Grundrechtsausübung alle *wesentlichen Entscheidungen selbst* zu treffen.[64] Das bedeutet keinen allgemeinen *Parlamentsvorbehalt,* verbietet es aber dem parlamentarischen Gesetzgeber, alle für die Verwirklichung der Grundrechte wesentlichen Entscheidungen anderen Normgebern zu überlassen.[65] Im Umkehrschluss besteht für in diesem Sinne unwesentliche Entscheidungen kein Parlamentsvorbehalt. Bei den *Satzungen nach dem Börsengesetz* handelt es sich um Rechtsvorschriften, welche die Börse als eine dem Staat eingeordnete Institution des öffentlichen Rechts im Rahmen der ihr gesetzlich verliehenen Autonomie mit Rechtswirkung für den von ihrem Tätigkeitsbereich erfassten Personenkreis erlässt. Solche Satzungen sind *Gesetze im materiellen Sinne.* Ihr Erlass ist ein Rechtssetzungsakt,[66] nicht bloß Maßnahme im Rahmen der Börsenselbstverwaltung.[67] Es liegt im Wesen materieller Gesetze, dass sie mit ihrem Inkrafttreten ohne Weiteres, d.h. also ohne Zustimmung oder gar Kenntnis der Betroffenen, gelten.[68]

II. Gesetzesvorbehalt

Mit der autonomen Rechtssetzungsbefugnis hängt ein weiterer Aspekt eng zusammen: Den Organen der Börse hat der Gesetzgeber an verschiedenen Stellen die *Befugnis zum Erlass von* sowohl begünstigenden als auch belastenden *Verwaltungsakten* eingeräumt. Nach dem Grundsatz des Gesetzesvorbehaltes bedürfen Ein-

62 BVerfGE 33, 125, 156.
63 *Ossenbühl* in: Erichsen, Allgemeines Verwaltungsrecht, § 6 Rn 64, 12. Aufl. 2002.
64 BVerfGE 77, 170, 230.
65 BVerfGE 98, 218, 251 f.
66 Die Verleihung autonomer Rechtssetzungsbefugnisse ermöglicht dem für den Erlass und Änderung der Satzungen zuständigen Börsenrat, jederzeit auf die neuen Marktveränderungen reagieren zu können.
67 Vgl. *Kümpel* Bank- und Kapitalmarktrecht, Rn 17.315.
68 Ebd.

griffe der öffentlichen Verwaltung in die Sphäre einer natürlichen oder juristischen Person einer gesetzlichen Grundlage. Dieser Voraussetzung genügen alle Gesetze im materiellen Sinne – also auch autonome Satzungen – sofern nicht nach der Wesentlichkeitstheorie ein formelles Gesetz erforderlich ist.

III. Handelsbedingungen

Die Rechtsnatur der Handelsbedingungen war bis vor kurzem äußerst umstritten. Ein Teil der Lehre[69] ordnete die Handelsbedingungen trotz deren Einbindung in den öffentlich-rechtlichen Gestaltungsprozess und obwohl sie ebenfalls wie die Börsenordnung[70] vom Börsenrat erlassen werden,[71] dem *Privatrecht* zu. Nach dieser Auffassung sind die Handelsbedingungen als *allgemeine Geschäftsbedingungen* Bestandteil der Wertpapierkaufverträge, die die Handelsteilnehmer bei ihren Börsengeschäften mit anderen Handelsteilnehmern oder mit einer zentralen Vertragspartei abschließen.[72] Die Rechtsprechung ging dagegen von der *öffentlich-rechtlichen Natur* der Handelsbedingungen aus.[73] Danach gehörten die Handelsbedingungen zwar nicht zu denjenigen Vorschriften, die ausweislich der gesetzlichen Grundlagen ausdrücklich als Satzung zu erlassen seien, wie etwa die vom Börsenrat zu erlassende Börsenordnung (13 Abs. 1 BörsG a.F.). Hinsichtlich der übrigen vom Börsenrat zu erlassenden Bestimmungen sehe das Börsengesetz nicht vor, dass sie in der Form einer Satzung zu erlassen sind. Dies gelte aber, mangels anderer ausdrücklicher Regelung, grundsätzlich auch für den Erlass der Bedingungen für die Geschäfte an der Börse (§ 9 Abs. 2 Satz 1 Nr. 5 BörsG a.F.), die dem Börsenrat obliegen. So seien z.B. die EUREX-Handelsbedingungen zu den Bedingungen im Sinne des § 9 Abs. 2 Satz 1 Nr. 5 BörsG a.F. zu rechnen. Der Unterschied zur Börsenordnung oder zur Gebührenordnung ergebe sich zwar daraus, dass sie nicht der Genehmigung der Börsenaufsichtsbehörde unterlägen, die Eurex-Handelsbedingungen stellten aber auf jeden Fall abstrakt-generelle Regelungen dar. Der Sache nach träfen sie jedenfalls rechtliche Regelungen für Handelsteilnehmer, die sich des Eurex-Handelssystems bedienten und statuierten unmittelbar zwingende Ge- und Verbote. Sie könnten auch nicht als Allgemeinverfügung gem. § 35 Satz 2 VwVfG qualifiziert werden, da sie sich an einen unbestimmten Adressatenkreis wenden würden. Außerdem träfen sie allgemeine abstrakte – und nicht wie Allgemeinverfügungen generell konkrete – Regelungen.[74] Aus diesem Grunde komme ihnen nach

69 *Baumann/Hopt* HGB, § 346 Rn 2; *Foelsch* in: Bankrecht und Bankpraxis, Rn 7/471.
70 § 13 Abs. 1 BörsG bestimmt ausdrücklich, dass die Börsenordnung als Satzung erlassen wird.
71 Vgl. *Foelsch* in: Bankrecht und Bankpraxis, Rn 7/471.
72 Vgl. zum Meinungsstand *Breitkreuz* Ordnung der Börse, S. 133; *Foelsch* in: Bankrecht und Bankpraxis, Rn 7/471; *Pflug* ZHR 135 (1971), 1, 29.
73 So VG Frankfurt, BKR 2002, 965.
74 Vgl. VG Frankfurt, BKR 2002, 965.

ihrem materiellen Gehalt der *Charakter einer Rechtsnorm* zu. Sie stünden im Rang unterhalb eines Gesetzes oder einer Rechtsverordnung und seien deshalb als *Satzung* zu qualifizieren.[75] Hierzu ist Folgendes zu bemerken: Die Handelsbedingungen werden vom Börsenrat erlassen und stellen keine vorformulierten Vertragsbedingungen gegenüber einem Vertragspartner dar.[76] Zwischen der Börse und den Börsenteilnehmern kommt nämlich kein Vertrag zustande, sondern nur zwischen dem Clearinghaus und dem Clearing-Teilnehmer (Clearing-Mitglied). Demzufolge sind die Handelsbedingungen jedenfalls *keine* privatrechtlichen, am Maßstab der §§ 307 ff BGB zu prüfenden *allgemeinen Geschäftsbedingungen*.[77] Nach früherem Recht konnte man gleichwohl den Standpunkt vertreten, es handle sich bei den Handelsbedingungen auch nicht um Satzungen.[78] Inhalt und Voraussetzungen der Satzungen wurden vielmehr insoweit in § 13 BörsG a.F. geregelt, in dem von den Bedingungen für die Geschäfte der Börse nicht die Rede war. Wie § 9 Abs. 2 BörsG a.F. zeigte, stehen die Bedingungen für die Geschäfte an der Börse jedoch in engem Sachzusammenhang mit dem Erlass der Börsenordnung. Der Börsenrat hätte im Rahmen der Satzungsautonomie die Handelsbedingungen in der Geschäftsordnung mitregeln können. Er musste es aber nicht tun. Öffentlich-rechtliches Pendant zu den allgemeinen Geschäftsbedingungen waren vielmehr insoweit die *allgemeinen Verwaltungsvorschriften*. Allgemeine Verwaltungsvorschriften sind solche Regelungen, die innerhalb der Verwaltungsorganisation von übergeordneten Verwaltungsinstanzen oder Vorgesetzten an nachgeordnete Behörden, Stellen oder Bedienstete ergehen und Organisation und Handeln der Verwaltung näher bestimmen (Erlasse, Verfügungen, Dienstanweisungen, Richtlinien, Anordnungen u. dgl.). *Organisatorische Vorschriften* regeln Aufbau und innere Organisation sowie Zuständigkeiten und Verfahren der Behörden (so zum Beispiel die Geschäftsordnungen). Bei den *verhaltenslenkenden Verwaltungsvorschriften* sind norminterpretierende,[79] normkonkretisierende[80] und normergänzende[81] Verwaltungsvorschriften sowie Ermessensrichtlinien[82] zu unterscheiden. Über die Rechtsnatur der allgemeinen Verwaltungsvorschriften herrscht schon lange ein unfruchtbarer Streit, bei dem die Extrempositionen, »keine Rechtsnormen« einerseits und »zweifellos Rechtsnormen« andererseits, als überwunden gelten können. *Nicht alle* allgemeinen Ver-

75 Vgl. VG Frankfurt, BKR 2002, 967.
76 Vgl. VG Frankfurt, Urteil vom 25. 2. 2002 – 9 E 3090/00 –, Quelle: juris-online; *Breitkreuz* Ordnung der Börse, 2000, S. 133.
77 Vgl. VG Frankfurt, Urteil vom 25. 2. 2002 – 9 E 3090/00 –, Quelle: juris-online; *Alfes* Central Counterparty – Zentraler Kontrahent – Zentrale Gegenpartei, 2005, S. 102.
78 So *Ronellenfitsch/Maier* »Das Verhältnis von hoheitlichen Maßnahmen einer Börse zu privatrechtlichen Börsengeschäften«, unveröffentlichtes Gutachten, April 2007.
79 BVerwGE 34, 278, 281; *Ossenbühl* Verwaltungsvorschriften und Grundgesetz, 1968, S. 283.
80 BVerwGE 72, 300, 320 f; 94, 335, 340 f; Buchholz 406.25 § 48 BImSchG Nr. 4, S. 1; 406.251 § 22 UVPG Nr. 4, S. 2; BVerwGE 107, 338, 341; 110, 216, 218; 114, 342, 344.
81 BVerwGE 99, 355, 359.
82 BVerwGE 71, 342.

waltungsvorschriften erstrecken sich über den Binnenbereich hinaus und erzeugen allgemeinverbindliches Recht. Die *norminterpretierenden Verwaltungsvorschriften* etwa haben für die Gerichte weder Beweis- noch Bindungswert. Soweit die allgemeinen Verwaltungsvorschriften hingegen Zuständigkeitsregelungen enthalten und eine vom Gesetzgeber bewusst offen gelassene Regelungslücke schließen, ferner soweit sie die Ermessensbetätigung der Verwaltung steuern, sind sie auch im Außenverhältnis rechtlich relevant. *Unmittelbare rechtliche Außenwirkung* billigt die Rechtsprechung allerdings nur den normkonkretisierenden und normergänzenden Verwaltungsvorschriften zu.[83] Daraus folgt, dass jedenfalls normkonkretisierende, normergänzende, nach einer im Schrifttum Fuß fassenden Ansicht[84] auch ermessenssteuernde allgemeine Verwaltungsvorschriften Rechtsvorschriften sein können.[85] Für sie gilt jedoch ebenfalls der Gesetzesvorbehalt[86] und die für Rechtsverordnungen maßgebliche »Programm- und Tendenzformel«[87] sowie die Publikationspflicht.[88] Die Handelsbedingungen hatten nach diesem Verständnis Rechtsnormcharakter. Sie regelten nicht nur die Organisation und den Ablauf des Terminhandels, sondern entfalten auf Grund zahlreicher Ge- und Verbote Außenwirkung gegenüber allen Börsenteilnehmern. Bei den Handelsbedingungen handelte es sich demnach um satzungsergänzende und -konkretisierende, nämlich *die Börsenordnung ergänzende und konkretisierende allgemeine Verwaltungsvorschriften.* Die Ausführungsbestimmungen waren ihrerseits, auf einer weiteren Ebene, als ergänzende und konkretisierende allgemeine Verwaltungsvorschriften ausgestaltet. Bei der Umsetzung der Finanzmarktrichtlinie wurde diese Problematik aufgegriffen und gesetzlich recht brachial geklärt: § 12 Abs. 2 Nr. 1 BörsG bestimmt, dass die Börsenordnung, die Bedingungen für Geschäfte an der Börse, die Gebührenordnung und die Zulassungsordnung für Börsenhändler jeweils als Satzung erlassen werden. Ob darin nur eine Satzungsermächtigung oder ein *Satzungszwang* zu sehen ist, bedarf noch der Klärung.

IV. Privatrechtsgestaltende Verwaltungsakte

Die Handelsbedingungen stellen eine öffentlich-rechtliche Befugnis dar, da sie die Hoheitsträger gegenüber Privaten berechtigen und verpflichten sowie Funktionen der Börse als teilrechtsfähiger Anstalt des öffentlichen Rechts regeln. Dass die Rechtsfolge auf dem Gebiet des Privatrechts eintritt, ist unerheblich. Die Wirkungen von Verwaltungsakten liegen nicht notwendig auf dem Gebiet des öffentlichen

83 BVerwGE 122, 264, 269.
84 *Liesinger* JZ 2002, 219, 227.
85 Zum Streitstand *Remmert* Jura 2004, 728; *Sauerland* Die Verwaltungsvorschriften im System der Rechtsquellen, 2005, S. 191, 274; *Saurer* VerwArch 2006, 249.
86 BVerwGE 121, 103, 108; *Saurer* DÖV 2005, 587.
87 BVerwGE 71, 342, 343.
88 BVerwGE 122, 264, 269.

Rechts.[89] Die *Privatrechtsgestaltung durch Hoheitsakt* wird dennoch von einigen Autoren als von den Normalvorstellungen abweichender und deshalb als atypisch empfundener Fall der Mit- oder Umgestaltung der Privatrechtslage durch einen öffentlich-rechtlichen Rechtsakt angesehen.[90] Die Rechtsfigur des *privatrechtsgestaltenden Verwaltungsakts* ist indessen seit langem allgemein anerkannt.[91] Er betrifft die Möglichkeit der öffentlichen Verwaltung, mit Mitteln des hoheitlich-rechtsgestaltenden Einzelakts rechtsbegründend, rechtsbeschränkend oder rechtsentziehend auf die Rechtseinrichtungen, Rechtsstellungen und Rechtsbeziehungen des wirtschaftlichen Lebens einzuwirken.[92] Der Staat ändert hoheitlich die zivilrechtliche Rechtslage, ohne dass es einer entsprechenden privatrechtlichen Vereinbarung bedarf.[93] Der privatrechtsgestaltende Verwaltungsakt verknüpft öffentliches Recht und Privatrecht.[94] Es handelt sich sachlich um ein einheitliches Rechtsverhältnis. Dabei ist ein Teil öffentlich-rechtlich, die unmittelbare Wirkung tritt aber auf dem Gebiet des Privatrechts ein.[95]

V. Sonstige Maßnahmen

Beispiele für die privatrechtsgestaltenden Verwaltungsakte sind in den Mistrade-Regelungen der EUREX zu finden. Die Aufhebung der Börsengeschäfte gem. Ziffer 2.6 Abs. 3 der EUREX-Handelsbedingungen, die Preisanpassung oder -änderung durch die Geschäftsführung und die automatische Eröffnung von Positionen/Geschäften für einen Börsenteilnehmer gem. Ziffer 4.2 Abs. 3 und Ziffer 4.3 Abs. 5 EUREX-Handelsbedingungen zählen zur Privatrechtsgestaltung durch Hoheitsakt.

VI. Rechtsschutz

Die Vielfalt der Rechtsverhältnisse, der Organisations- und Handlungsformen an den Wertpapierbörsen ermöglicht keine allgemeingültige Aussage zum Rechtsweg, der im Falle eines Rechtsstreits an den Wertpapierbörsen zu beschreiten ist. Jede einzelne Handlung muss unter Heranziehung der Abgrenzungstheorien auf ihre Rechtsnatur untersucht werden. Handelt es sich um eine Satzung, einen Verwaltungsakt oder einen sonstigen Hoheitsakt, so ist der Weg vor die Verwaltungsgerichte eröffnet. Sind Rechtsverhältnisse im Gleichordnungsverhältnis betroffen, so müssen die Zivilgerichte angerufen werden.

89 *Manssen* Privatrechtsgestaltung, S. 275.
90 Vgl. *Manssen* Privatrechtsgestaltung, S. 22; *Huber* Wirtschaftsverwaltungsrecht, Bd. I, 2. Aufl. 1953, S. 73.
91 Grundlegend dazu *Otto Mayer* Deutsches Verwaltungsrecht, Bd. II, 2. Aufl. 1917, S. 45 f.
92 *Huber* Wirtschaftsverwaltungsrecht, S. 56.
93 Vgl. *Manssen* Privatrechtsgestaltung, S. 22.
94 *Bengel* Der privatrechtsgestaltende Verwaltungsakt, 1968, S. 72.
95 *Stelkens* in: Stelkens/Bonk/Sachs, VwVfG, 6. Aufl. 2001, § 35 Rn 140.

D. Ausblick

Inwieweit das deutsche Börsensystem mit seinem dualistischen Modell der Aufteilung zwischen der Börse und dem Börsenträger geeignet ist, am internationalen Börsenwettbewerb teilzunehmen, wird kritisch diskutiert.[96] Dennoch zeigt die Erfolgsgeschichte der Deutschen Börsengruppe, einer der umsatzstärksten Börsenorganisationen weltweit, dass der Dualismus per se kein Nachteil sein muss.

96 *Kümpel/Hemmen* Börsenrecht, S. 107 f mwN.

Rechtliche Vorgaben für die Organisation der Bankenaufsicht

ULRICH HÄDE

I. EINFÜHRUNG

Mit gutem Recht stellte *Rolf Stober* vor einigen Jahren fest: »Das Banken- und Kreditwirtschaftsrecht ist ein zentraler Ausschnitt aus dem Gewerberecht und damit der Wirtschaftsüberwachung.«[1] Dass dieses Rechtsgebiet in den neueren Auflagen des Standardwerks von *Stober* zum Wirtschaftsverwaltungsrecht anderen Themen weichen musste, stellt diese Aussage nicht in Frage, sondern ist der stärkeren Bedeutung anderer Rechtsgebiete für die Juristenausbildung geschuldet. Die Praxisrelevanz des Bankenaufsichtsrechts ist nicht geringer geworden, sondern eher gestiegen. Vor dem Hintergrund der Globalisierung auch des Bankenmarktes und der aktuellen Finanzkrise gibt es immer wieder neue Vorschläge zur Reform der Bankenaufsicht. In der Kritik stehen nicht allein die Bundesanstalt für Finanzdienstleistungsaufsicht (BaFin), sondern ebenso die momentane Verteilung der Aufgaben auf die BaFin und die Deutsche Bundesbank. Nicht wenige fordern, die geteilte Verantwortung zu beenden, die zu Doppelarbeit, Reibungsverlusten und Verzögerungen führe.[2] Manche wollen die Bankenaufsicht allein der BaFin übertragen,[3] andere würden diese Aufgabe lieber der Bundesbank zuweisen.[4] Und eine dritte Ansicht (s.u. III.) spricht sich dafür aus, die Aufsicht nicht mehr national, sondern auf der europäischen Ebene vorzunehmen. In weiten Teilen handelt es sich um eine politische Diskussion. Gegenstand dieses Beitrags sollen jedoch allein einzelne rechtliche Fragen sein, die sich in diesem Zusammenhang stellen.

1 So *Stober* Besonderes Wirtschaftsverwaltungsrecht, 11. Aufl. 1998, § 50, S. 107. S. außerdem *Stober* Wirtschaftsaufsicht und Bankenaufsicht, in: Pitschas (Hrsg.) Integrierte Finanzdienstleistungsaufsicht, 2002, S. 21.

2 Vgl. *Artopoeus* Die Zukunft der Bankenaufsicht, in: Pitschas (Fn 1) S. 265, 280.

3 So etwas *Artopoeus* (Fn 2) S. 278 ff.

4 So *Koebnick* Die Landeszentralbanken in der Allfinanzaufsicht, in: Pitschas (Fn 1) S. 301, 306; *Reiter/Geerlings* Die Reform der Bankenaufsicht, DÖV 2002, 562, 568. Zuletzt ausdrücklich: Sachverständigenrat zur Begutachtung der gesamtwirtschaftlichen Entwicklung, Das Erreichte nicht verspielen, Jahresgutachten 2007/08, 2007, Ziff. 223 ff.

II. GLOBALISIERUNG UND BANKENAUFSICHT

Die weltweite wirtschaftliche Verflechtung hat in den letzten beiden Jahrzehnten stark zugenommen. Den Rahmen dafür bilden nicht zuletzt technische Innovationen, die die Kommunikation, das Reisen und den Transport von Waren wesentlich verbessert und verbilligt haben. Hinzu kommt der rasante Aufstieg ehemals träger Planwirtschaften.[5] Auch die Finanzmärkte sind schon lange nicht mehr nur national orientiert.[6] Großbanken, aber auch kleinere Banken agieren global. Dass sie dabei nicht nur von den damit verbundenen Chancen profitieren, sondern auch unter den Risiken leiden, belegt die durch die Probleme auf dem US-amerikanischen Immobilienmarkt[7] ausgelöste weltweite Finanzkrise mit dem Beinahe-Zusammenbruch der IKB Deutsche Industriebank und den – wenn auch anders gelagerten, letztlich aber doch im Zusammenhang mit dieser Krise aufgetretenen – Problemen der SachsenLB.[8] Die Diskussion über die international tätigen modernen Kapitalanlagegesellschaften, die man Hedge-Fonds nennt und die über eine enorme Finanzkraft verfügen,[9] ist ebenfalls Ausdruck der Globalisierung und der neuen Anforderungen an eine wirksame Banken- und Finanzmarktaufsicht.

Weltweite Aufsichtsbehörden mit Eingriffsbefugnissen gibt es bisher nicht. Immerhin ist aber der Internationale Währungsfonds auch für die Überwachung der Wirtschafts-, Währungs- und Finanzentwicklung auf globaler Ebene zuständig.[10] Und die Weltbank beansprucht für sich, ebenfalls zur Stabilität des Finanzsystems

5 Vgl. Deutsche Bundesbank, Deutschland im Globalisierungsprozess, Monatsbericht Dezember 2006, S. 17.

6 Vgl. etwa *Ayhan Kose/Prasad/Rogoff/Wie* Financial Globalization – Beyond the Blame Game, Finance & Development, March 2007, S. 9, sowie weitere Beiträge in dieser Ausgabe der Quartalsschrift des Internationalen Währungsfonds.

7 S. dazu im Vorfeld *Frankel* Erstklassig oder auch nicht: Finanzierung von Wohneigentum in den USA im neuen Jahrhundert, BIZ-Quartalsbericht, März 2006, S. 75, mit den prophetischen Worten: »So haben viele Privathaushalte jetzt zwar Zugang zu Krediten, die ihnen vorher nicht zur Verfügung standen, doch bei einer Verschlechterung der Bedingungen an den Wohnimmobilienmärkten dürften sich die Anleger auf neue Aspekte bei der Bewertung hypothekarisch unterlegter Wertpapiere und wohl auch auf unerwartete Risiken einstellen müssen.« Vgl. auch Deutsche Bundesbank, Der Zusammenhang zwischen monetärer Entwicklung und Immobilienmarkt, Monatsbericht Juli 2007, S. 15.

8 S. dazu nur *Wittkowski* Am Rande einer Systemkrise, Börsen-Zeitung vom 21. 8. 2007, zitiert nach: Deutsche Bundesbank, Auszüge aus Presseartikeln Nr. 36/2007, S. 18.

9 Vgl. *Eckert/Zschäpitz* Hedgefonds gebieten über zwei Billionen Dollar, Die Welt vom 30. 3. 2007, zitiert nach: Deutsche Bundesbank, Auszüge aus Presseartikeln Nr. 15/2007, S. 9.

10 Zu seiner Überwachungstätigkeit: Internationaler Währungsfonds, Jahresbericht 2006, S. 27 ff. Ausführlicher zum völkerrechtlichen Rahmen der Finanzmarktaufsicht: *Gramlich* Die rechtswissenschaftliche Sicht einer neuen Bankenaufsichtsstruktur in Deutschland, in: Pitschas (Fn 1) S. 313, 334 ff.

beizutragen.[11] Darüber hinaus gibt es den Baseler Ausschuss für Bankenaufsicht im Rahmen der von den Zentralbanken getragenen Bank für Internationalen Zahlungsausgleich (BIZ),[12] der auf wirksame und international einheitliche Aufsichtsregeln hinwirkt.

Daneben befasst sich selbstverständlich auch die Politik mit der Stabilität der Finanzmärkte. Das geschieht nicht zuletzt im Rahmen der regelmäßigen Konsultationen der Finanzminister und Notenbankchefs der führenden Industriestaaten (G 7, aber auch G 10). Sie errichteten 1999 das bei der BIZ angesiedelte Forum für Finanzstabilität (Financial Stability Forum, FSF),[13] zu dessen Aufgaben es gehört, die Auswirkungen konjunktureller und struktureller Entwicklungen auf das internationale Finanzsystem zu beobachten und eventuell erforderliche Gegenmaßnahmen zu koordinieren.[14]

III. EUROPÄISCHE BANKENAUFSICHT

Wenn es denn schon keine globale Bankenaufsichtsbehörde gibt, wäre eine entsprechende europäische Einrichtung immerhin eine mögliche Antwort auf die internationale Verflechtung der Finanz- und Kapitalmärkte. Und tatsächlich ist die Diskussion über Vor- und Nachteile einer Verlagerung der Bankenaufsicht auf die Ebene der Europäischen Gemeinschaft nicht neu.[15] Das Banken- und Bankenaufsichts-

11 Vgl. *Bayer* The World Bank's Contribution to Financial Stability, in: Oesterreichische Nationalbank, 60 Years of Bretton Woods – The Governance of the International Financial system – Looking Ahead, Workshops – Proceedings of OeNB Workshops No. 3, 2004, S. 32.

12 Bank für Internationalen Zahlungsausgleich, 77. Jahresbericht, 2007, S. 187. S. auch *Gramlich* Internationales Wirtschaftsrecht, 2004, S. 131; *St. Weber* Vom juristischen Rauschen: zur Geltung der Standards des Basler Ausschusses für Bankenaufsicht, in: Bröhmer/Bieber/Calliess/Langenfeld/Weber/Wolf (Hrsg.) Internationale Gemeinschaft und Menschenrechte, FS Ress, 2005, S. 1597.

13 S. dazu *Gramlich* Management internationaler Finanzrisiken – Zur Rolle von Internationalen Organisationen und Gremien auf internationalen Finanzmärkten, in: Mikus/Götze/Henselmann (Hrsg.) Risikomanagement, 2001, S. 159, 171 ff, *ders.* Internationales Wirtschaftsrecht (Fn 12) S. 52.

14 BIZ, 77. Jahresbericht (Fn 12) S. 199.

15 S. dazu *Boos/Stein* Finanzmarktintegration und Aufsichtskonvergenz in der Europäischen Union, Kreditwesen 2007, 325; *Gulde/Wolf* Financial Stability Arrangements in Europe: A Review, in: Oesterreichische Nationalbank, A Constitutional Treaty for an Enlarged Europe: Institutional and Economic Implications for Economic and Monetary Union, Workshops – Proceedings of OeNB Workshops No. 4, 2004, S. 50 ff; *Holmquist* Europäische Bankenaufsicht – die Perspektive der Europäischen Kommission, Kreditwesen 2007, 371; *Martino* Quelle architecture pour le contrôle prudentiel en Europe? RMC 2002, 447; *Wymeersch* The future of financial regulation and supervision in Europe, CMLRev. 42 (2005) 987. Vgl. auch *Stober* in: Pitschas (Fn 1) S. 49 f, sowie die weiteren Beiträge im vierten Teil des Sammelbands Integrierte Finanzdienstleistungsaufsicht hrsg. von Pitschas (Fn 1).

recht ist zwar sehr stark gemeinschaftsrechtlich geprägt;[16] bisher haben die Einrichtungen der EG jedoch keine eigenen Vollzugskompetenzen in diesem Bereich. Art. 105 Abs. 5 EGV sieht vor, dass das Europäische System der Zentralbanken (ESZB), das sich aus der Europäischen Zentralbank (EZB) und den nationalen Zentralbanken zusammensetzt (Art. 107 Abs. 1 EGV), »zur reibungslosen Durchführung der von den zuständigen Behörden auf dem Gebiet der Aufsicht über die Kreditinstitute und der Stabilität des Finanzsystems ergriffenen Maßnahmen« beiträgt. Und das tut das ESZB auch, u.a. durch die Tätigkeit seines Bankenaufsichtsausschusses (Banking Supervisory Group).[17] Außerdem sieht Art. 25.1 der ESZB-Satzung vor, dass die EZB den Rat, die Kommission und die zuständigen Behörden der Mitgliedstaaten im Zusammenhang mit der Aufsicht über die Kreditinstitute sowie die Stabilität des Finanzsystems berät.[18] Hinzu kommt die beratende Tätigkeit der EZB auf der Grundlage von Art. 105 Abs. 4 EGV (Art. 4 ESZB-Satzung), der vorsieht, dass die EZB zu allen Vorschlägen von Rechtsakten in ihrem Zuständigkeitsbereich anzuhören ist. Dennoch bestätigt gerade Art. 105 Abs. 5 EGV die nach wie vor bestehende Zuständigkeit der Mitgliedstaaten für die Bankenaufsicht.

Allerdings wäre es durchaus vorstellbar, eine neue europäische Bankenaufsichtsbehörde zu schaffen oder diese Aufgabe der EZB zu übertragen. Darauf konnte man sich aber schon im Rahmen der Verhandlungen nicht einigen, die 1992 zum Maastrichter Vertrag über die Europäische Union führten. Die Frage, ob und in welcher Form die EZB in die Bankenaufsicht einbezogen werden soll, war und ist umstritten.[19] Manche führen mögliche Zielkonflikte zwischen Währungspolitik und Aufsichtsaufgaben zumindest gegen die alleinige Beauftragung der Zentralbank mit der Bankenaufsicht an.[20] Andere – zuletzt der Internationale Währungsfonds[21] –

16 S. nur *Gramlich* (Fn 10) S. 340 ff.

17 Vgl. *Scheller* Die Europäische Zentralbank – Geschichte, Rolle und Aufgaben, 2006, S. 122 ff. S. auch *Papademos* The Banking Supervision Committee of the ESCB and its contribution to financial stability in the EU, Kreditwesen 2007, 382.

18 Nach *Potacs* in: Schwarze (Hrsg.) EU-Kommentar, 2000, Art. 105 EGV Rn 8, besteht die Mitwirkung des ESZB grundsätzlich in der Beratung nach Art. 25 ESZB-Satzung. Ähnlich *Kempen* in: Streinz (Hrsg.) EUV/EGV Kommentar, 2003, Art. 105 EGV Rn 16; *Zilioli/Selmayr* The Law of the European Central Bank, 2001, S. 211. Vgl. demgegenüber *Beutel* Differenzierte Integration in der Europäischen Wirtschafts- und Währungsunion, 2006, S. 109 ff.

19 Vgl. *Smits* in: von der Groeben/Schwarze (Hrsg.) EUV/EGV Kommentar, Bd. 3, 6. Aufl. 2003, Art. 105 EG, Rn 70 ff; *ders.* in: ECB (Hrsg.) Legal aspects of the European System of Central Banks, Liber amicorum Paolo Zamboni Garavelli, 2005, S. 199, 200 f.

20 Vgl. *J. Bayer* Die neue Bankenaufsichtsstruktur in Deutschland, in: Pitschas (Fn 1) S. 283 (295); *Goetze* Die Tätigkeit der nationalen Zentralbanken in der Wirtschafts- und Währungsunion, 1999, S. 159; *Neumann* Zentralbankaufgaben bei Preisstabilitätsziel: Welche sind notwendig, welche hinderlich? Bankhistorisches Archiv, Beiheft 43, 2004, 11, 18; *M. Seidel* Konstitutionelle Schwächen der Währungsunion, EuR 2000, 861, 877. Zu entsprechenden Problemen in Irland: *Doherty/Lenihan* Central bank independence and

halten dem entgegen, dass eine stärkere Rolle der EZB zur Krisenabwehr erforderlich wäre.[22] Der Bundesverband deutscher Banken spricht sich für eine europäische Aufsichtsbehörde aus, die aber nur für »die großen und in signifikantem Ausmaß grenzüberschreitend tätigen Institute« zuständig sein sollte.[23]

Als rechtliche Grundlage käme Art. 105 Abs. 6 EGV in Betracht. Danach kann der Rat durch einstimmigen Beschluss der EZB »besondere Aufgaben im Zusammenhang mit der Aufsicht über Kreditinstitute und sonstige Finanzinstitute mit Ausnahme von Versicherungsunternehmen übertragen«. Ein solcher Beschluss wurde bisher nicht gefasst. Wegen der im Rat erforderlichen Einstimmigkeit erscheint die Realisierung der in Art. 105 Abs. 6 EGV enthaltenen Option auch wenig wahrscheinlich.[24] Und ohnehin lässt das geltende Gemeinschaftsrecht nur die Übertragung besonderer Aufgaben im Zusammenhang mit der Aufsicht über Finanzinstitute zu, nicht aber die generelle Betrauung der EZB mit der Bankenaufsicht.[25] Weitergehende Pläne ließen sich daher nur im Wege einer Vertragsänderung durchsetzen. Der Reformvertrag sieht aber insoweit keine Modifizierung von Art. 105 Abs. 6 EGV vor. Daher wird es in absehbarer Zeit wohl eher nicht zu einer europäischen Bankenaufsicht kommen.

Immerhin existiert aber eine wohl recht enge Zusammenarbeit zwischen den Aufsichtsbehörden und den Zentralbanken der EG. Seit 2004 erfolgt sie insbesondere im Ausschuss der europäischen Bankenaufsichtsbehörden (Committee of European Banking Supervisors, CEBS),[26] der als unabhängige Beratergruppe für die Bankenaufsicht in der EG fungiert und vor allem Beratungs- und Koordinierungsaufgaben hat. Darüber hinaus sind die Zentralbanken meist ohnehin auf der Basis des nationalen Rechts selbst als Bankenaufsichtsbehörden tätig oder aber zumindest in der einen oder anderen Form an der Bankenaufsicht beteiligt.

responsibility for financial supervision within the ESCB: The case of Ireland, in: ECB (Fn 19) S. 213.

21 Concluding Statement of the IMF Mission on Euro-Area Policies, In the Context of the 2007 Article IV Consultation Discussions with the Euro-Area Countries, 30. 5. 2007, http://www.imf.org/external/np/ms/2007/053007.htm.

22 Vgl. *Heun* Die Europäische Zentralbank in der Europäischen Währungsunion, in: Beckmann/Dieringer/Hufeld (Hrsg.) Eine Verfassung für Europa, 2005, S. 403, 413; *Nowak-Far* Unia Gospodarcza i Walutowa w Europie, 2001, S. 443.

23 Bundesverband deutscher Banken, Banken 2006 – Fakten, Meinungen, Perspektiven, 2006, S. 102.

24 In diesem Sinne schon *Goebel* European Economic and Monetary Union: Will the EMU ever fly? Columbia Journal of European Law 4 (1998) 249, 280.

25 Vgl. *Geerlings* Die neue Rolle der Bundesbank im Europäischen System der Zentralbanken, DÖV 2003, 322, 328; *Häde* in: Calliess/Ruffert (Hrsg.) EUV/EGV Kommentar, 3. Aufl. 2007, Art. 105 EGV Rn 51; *Kempen* (Fn 18) Art. 105 EGV Rn 39; *Smits* The European Central Bank, 1997, S. 356.

26 Vgl. den Einsetzungsbeschluss der Kommission vom 5. 11. 2003, ABl. L 3 v. 7. 1. 2004, S. 28.

IV. NATIONALE BANKENAUFSICHT IN DEUTSCHLAND

Trotz der weltweiten oder europäischen Koordinierung erfolgt die Bankenaufsicht letztlich im nationalen Rahmen. In Deutschland kann sie noch auf keine allzu lange Tradition verweisen (s.u. 1.). Ihre derzeitige Struktur ist aus rechtlicher Sicht die Antwort auf die schwierige verfassungsrechtliche Situation (s.u. 2.). Das Verfassungsrecht entscheidet auch, ob die Übertragung der Bankenaufsicht auf einen einzigen Träger möglich wäre (s.u. 3.). Die Antwort darauf, ob es zulässig wäre, die Bundesbank bei ihrer Mitwirkung an der Bankenaufsicht der Aufsicht des Bundesministeriums der Finanzen zu unterstellen, findet sich demgegenüber vor allem im europäischen Gemeinschaftsrecht (s.u. 4.).

1. Kurzer Abriss der Entwicklung

Eine staatliche Bankenaufsicht gibt es in Deutschland erst seit 1931.[27] Damals erließ der Reichspräsident eine entsprechende Notverordnung[28] und schuf damit eine Aufsicht über alle Banken.[29] Zunächst nahmen der Reichskommissar für das Bankgewerbe sowie das bei der Reichsbank eingerichtete und dem Reichswirtschaftsminister unterstellte Kuratorium für das Bankgewerbe die Aufsicht wahr. Schon 1934 ging die Bankenaufsicht aber ganz auf die Reichsbank über.[30] Dazu wurde dort das Aufsichtsamt über das Kreditwesen errichtet.[31] 1944 übernahm das Reichswirtschaftsministerium die hoheitlichen Funktionen der Aufsicht.

In der Bundesrepublik Deutschland gab es dann zunächst keine zentrale Aufsichtsbehörde. Das lag daran, dass das Grundgesetz dem Bund in Art. 74 Abs. 1 Nr. 11 GG zwar die konkurrierende Gesetzgebung für das Bank- und Börsenwesen als Teilbereich des Rechts der Wirtschaft zuweist, ihm aber gleichzeitig keine ausdrückliche Verwaltungskompetenz für diesen Bereich gibt. Daher nahmen bis 1962 Behörden der Länder sowie ein als Koordinierungsgremium eingesetzter »Sonder-

27 Zur Entwicklung s. auch *Gramlich* (Fn 10) S. 329 ff.

28 Zweiter Teil der Verordnung des Reichspräsidenten über Aktienrecht, Bankenaufsicht und über eine Steueramnestie vom 19. 9. 1931, RGBl. 1931 I S. 493.

29 Vgl. Deutsche Bundesbank, Die Mitwirkung der Deutschen Bundesbank an der Bankenaufsicht, Monatsbericht September 2000, S. 34. Zur Entwicklung *Born* Die Auseinandersetzung um die Einführung der Bankenaufsicht (1931), in: Die Banken im Spannungsfeld von Notenbank und Bankenaufsicht, Drittes Beiheft zum »Bankhistorisches Archiv«, 1978, S. 13; *Fischer* in: Boos/Fischer/Schulte-Mattler (Hrsg.) Kreditwesengesetz, Kommentar, 2. Aufl. 2004, Einführung Rn 1 ff; *Gramlich* Recht der Bankwirtschaft, in: R. Schmidt (Hrsg.) Öffentliches Wirtschaftsrecht, Besonderer Teil 1, 1995, § 5 Rn 26 ff.

30 § 30 des Reichsgesetzes über das Kreditwesen vom 5. 12. 1934, RGBl. 1934 I S. 1203. Dazu *Irmler* Bankenkrise und Vollbeschäftigungspolitik (1931–1936), in: Deutsche Bundesbank (Hrsg.) Währung und Wirtschaft in Deutschland 1876–1975, 1976, S. 283, 298 ff.

31 Vgl. *Siebelt* Der juristische Verhaltensspielraum der Zentralbank, 1988, S. 79.

ausschuß Bankenaufsicht« die Aufgaben der Kreditwesenaufsicht wahr.[32] Erst mit dem am 1. Januar 1962 in Kraft getretenen Gesetz über das Kreditwesen (KWG)[33] errichtete der Bund das Bundesaufsichtsamt für das Kreditwesen. Schon damals sah das KWG die Zusammenarbeit der neuen Bundesoberbehörde mit der Bundesbank vor. Zum 1. Mai 2002 trat an die Stelle des Bundesamtes die Bundesanstalt für Finanzdienstleistungsaufsicht.[34]

2. *Grundlagen der Zusammenarbeit von BaFin und Bundesbank*

Ende 2006 gab es in Deutschland 2 301 selbstständige Kreditinstitute. Zu ihnen gehörten neben den fünf Großbanken (einschließlich der Postbank) 217 Regional-, Wertpapierhandelsbanken und sonstige Kreditbanken, 138 Zweigstellen ausländischer Kreditinstitute, 12 Landesbanken, 457 Sparkassen und mehr als 1200 genossenschaftlich organisierte Banken.[35] Trotz einer weiter fortschreitenden Reduzierung in diesem Bereich hatten diese Kreditinstitute zum 31. Dezember 2006 noch mehr als 40 000 Zweigstellen.[36] Diese Zahlen belegen, dass sich die Bankenaufsicht nicht allein durch eine zentrale Behörde wahrnehmen lässt. Sie kommt ohne zusätzliche Behörden vor Ort nicht aus, benötigt also einen Verwaltungsunterbau.

Das ist ein wesentlicher Grund für die Kooperation zwischen dem Bundesamt für das Kreditwesen und später der BaFin auf der einen und der Bundesbank auf der anderen Seite. Der Bund errichtete die Bankenaufsichtsbehörde nämlich auf der Basis von Art. 87 Abs. 3 Satz 1 GG. Diese Vorschrift erlaubt ihm die Errichtung selbstständiger Bundesoberbehörden, untersagt aber gleichzeitig – wie sich aus dem Zusammenhang ergibt –, diese neuen Behörden mit einem Verwaltungsunterbau zu versehen. Daher kann der Bund zwar neue Behörden schaffen und damit zusätzliche Verwaltungsaufgaben an sich ziehen. Voraussetzung dafür ist nur, dass ihm die Gesetzgebungsbefugnis für den betreffenden Bereich zusteht. Er muss sich aber auf Einrichtungen beschränken, die ihre Aufgaben zentral, also ohne eigenen Verwaltungsunterbau wahrnehmen können.

32 Vgl. *Fischer* (Fn 29) Einführung Rn 8. Rechtsgrundlage war das weitergeltende Reichs-KWG.

33 KWG vom 10. 7. 1961, BGBl 1961 I S. 881, derzeit in der Fassung der Bekanntmachung vom 9. 9. 1998, BGBl 1998 I S. 2776. Zur Vorgeschichte: Deutsche Bundesbank, Monatsbericht September 2000, S. 35; *Fischer* (Fn 29) Einführung Rn 11 ff; *G. Franke* Notenbank und Finanzmärkte, in: Deutsche Bundesbank (Hrsg.) Fünfzig Jahre Deutsche Mark, 1998, S. 257, 295 f. S. auch *Häde* Zentralbanken und Zentralbankgesetzgebung 1946–2006, in: Gramlich/Häde/Weber/Zehetner (Hrsg.) Juristische Wechselreden, FG Hugo J. Hahn, 2007, S. 51, 63.

34 Errichtet durch § 1 Abs. 1 Finanzdienstleistungsaufsichtsgesetz vom 22. 4. 2002, BGBl I S. 1310.

35 Deutsche Bundesbank, Bestand an Kreditinstituten am 31. Dezember 2006, http://www.bundesbank.de/download/bankenaufsicht/pdf/bankstellenstatistik07.pdf.

36 Deutsche Bundesbank, Entwicklung des Bankstellennetzes im Jahr 2007, 7. 9. 2007, S. 7. http://www.bundesbank.de/download/bankenaufsicht/pdf/bankstellenbericht07.pdf.

Nur ausnahmsweise sieht Art. 87 Abs. 3 Satz 2 GG die Möglichkeit vor, auch bundeseigene Mittel- und Unterbehörden zu errichten. Diese Möglichkeit ist aber sowohl verfahrensmäßig als auch inhaltlich beschränkt. Ein solches Vorgehen bedarf der Zustimmung des Bundesrates. Schon die wird nur schwer zu erlangen sein; denn es geht ja um die Ausweitung der Vollzugszuständigkeiten des Bundes auf Kosten der Länder. Und selbst wenn der Bundesrat zustimmt, ist die Errichtung von Mittel- und Unterbehörden nur möglich, wenn sie »neue Aufgaben« wahrnehmen sollen, die dem Bund erwachsen sind. Nach der vorzugswürdigen Auslegung sind neue Aufgaben nur solche, die bisher weder Bund noch Länder wahrnahmen.[37] Das war und ist bei der Bankenaufsicht nicht der Fall. Daher schied diese Vorschrift als Grundlage für einen Verwaltungsunterbau der zentralen Aufsichtsbehörde aus.

In dieser Situation ersann der Bundesgesetzgeber eine innovative Lösung, die bis heute Bestand hat: Die Ergänzung der Bankenaufsichtsbehörde durch die Deutsche Bundesbank. Die Bundesbank hat nämlich genau das, was dem Bundesamt früher fehlte und was die BaFin immer noch nicht hat, einen Verwaltungsunterbau. Als Grundlage dafür dient Art. 88 GG, der den Art. 87 ff GG als speziellere Regelung vorgeht. Er erwähnt Mittel- und Unterbehörden der deutschen Währungs- und Notenbank zwar nicht ausdrücklich, lässt sie aber nach ganz überwiegender Ansicht zu.[38] Die Bundesbank ist deshalb prädestiniert, die Aufsicht vor Ort wahrzunehmen.

Die verfassungsrechtliche Zulässigkeit dieses Kunstgriffs war umstritten. Ein von Ländern eingeleitetes Normenkontrollverfahren führte zu dem bis heute immer noch maßgeblichen Urteil des Bundesverfassungsgerichts vom 24. Juli 1962.[39] Das Verfassungsgericht entschied, dass die Einbeziehung der Bundesbank in die Bankenaufsicht grundsätzlich rechtmäßig ist. Gleichzeitig betonte es aber auch die Grenzen dieser Konstruktion.

Das Bundesverfassungsgericht stellte fest, die Errichtung der neuen zentralen Behörde sei auch dann zulässig, wenn sie »ihre Aufgaben nur in Zusammenarbeit mit einer bereits bestehenden anderen Bundesoberbehörde [...] oder in Anlehnung an eine solche, auf der Ebene der Gleichordnung erfüllen kann«.[40] Die zentrale Bundes-Bankenaufsichtsbehörde kann ihre Aufgaben in der Fläche zwar nicht alleine erledigen. Diese Defizite lassen sich aber durch die Zusammenarbeit mit der Bundesbank und deren Filialen ausfüllen. Diese Lösung erklärte das Bundesverfassungsgericht für mit dem Grundgesetz vereinbar.

Das Gericht nannte aber eine weitere, wichtige Voraussetzung: Der Bund darf der Bundesbank aus verfassungsrechtlichen Gründen im Rahmen dieser Konstruktion

37 Näher dazu *Häde* Bankenaufsicht und Grundgesetz, JZ 2001, 105, 111 mwN.

38 Vgl. nur *Blümel* Verwaltungszuständigkeit, in: Isensee/Kirchhof (Hrsg.) Handbuch des Staatsrechts, Bd. IV, 2. Aufl. 1999, § 101 Rn 115; *Hahn/Häde* in: Dolzer/Graßhof/Vogel (Hrsg.) Bonner Kommentar zum Grundgesetz, Art. 88 (Stand 1999) Rn 145; *Tettinger* in: Sachs (Hrsg.) 3. Aufl. 2003, Art. 88 Rn 5.

39 BVerfGE 14, 197.

40 BVerfGE 14, 197, 211.

nur solche Aufgaben übertragen, die »noch in ihren Geschäftskreis als Währungs- und Notenbank fallen.«[41] Das ergibt sich daraus, dass die Bundesbank auf der Basis des Art. 88 GG nur für ihre Tätigkeit als Währungs- und Notenbank einen Verwaltungsunterbau besitzen darf, ohne die für die anderen Bundesbehörden geltenden Einschränkungen des Art. 87 Abs. 3 GG beachten zu müssen.

Aus diesem Grund befasste sich das Bundesverfassungsgericht recht ausführlich mit dem Zusammenhang zwischen Bankenaufsicht und der aus der Funktion als Währungs- und Notenbank folgenden Aufgabe der Währungssicherung. Es wies generell darauf hin, dass im Bereich des Kreditwesens »währungspolitische und ordnungspolitische Gesichtspunkte häufig ineinander« fließen. Auch die einzelnen der Bundesbank im Rahmen der Bankenaufsicht zugewiesenen Aufgaben seien »unmittelbar aus ihrer Aufgabe als Währungsbank abzuleiten«. Bankenzusammenbrüche könnten nämlich auch die Währung in Gefahr bringen. Wenn die Bundesbank Informationen bei den Banken einhole, sie verarbeite und an die eigentliche Aufsichtsbehörde weiterleite, so dient nach Ansicht des Bundesverfassungsgerichts »diese Tätigkeit, auch wenn sie nur Aufsichtsmaßnahmen vorbereitet, ebenfalls weitgehend der Sicherung der Währung.«[42] Das Gericht kam deshalb insgesamt zu dem Ergebnis, dass die der Bundesbank durch das KWG zugewiesenen Aufgaben unter Art. 88 GG fallen und damit zu den Aufgaben zu rechnen sind, die ihr als Währungs- und Notenbank zugewiesen sind.[43]

3. Reformmöglichkeiten für die deutsche Bankenaufsicht

Das Zusammenwirken der Bundesanstalt für Finanzdienstleistungsaufsicht und der Bundesbank ist nicht selten Gegenstand von Kritik. Theoretisch wäre die alleinige Betrauung einer der beiden Institutionen mit der Bankenaufsicht gut vorstellbar.[44] Die Frage ist allerdings, ob das auch rechtlich zulässig wäre.

a) Bankenaufsicht allein durch die BaFin

Die Mitwirkung der Zentralbank an der Bankenaufsicht ist einerseits wegen der Interdependenzen von Geldpolitik und Bankensystem nahe liegend; andererseits – wie die Beispiele etlicher Länder zeigen, in denen es eine solche Beteiligung nicht gibt – auch nicht selbstverständlich.[45] Der Übertragung der Aufsicht über Kreditin-

41 BVerfGE 14, 197, 215.
42 BVerfGE 14, 197, 218.
43 BVerfGE 14, 197, 218 f.
44 Zu weiteren Organisationsmodellen vgl. *Heun* Rechtsgutachten zur verfassungsrechtlichen Zulässigkeit verschiedener Organisationsmodelle zur Umgestaltung der Bankenaufsicht, 2000.
45 Vgl. einerseits *A. Weber* Bankenaufsicht und die Sorge für die Stabilität des Finanzsystems – zwei komplementäre Perspektiven, Kreditwesen 2007, 402, 404, und andererseits *Artopoeus* (Fn 2) S. 277.

stitute allein auf die BaFin stünde aber entgegen, dass das geltende Verfassungsrecht die Errichtung von Mittel- und Unterbehörden nicht erlaubt. Diese Lösung wäre daher nur auf der Basis einer Verfassungsänderung möglich. Ob es dazu kommt, ist eine rein politische Entscheidung.

b) Bankenaufsicht allein durch die Bundesbank

Die Bundesbank hat Mittel- und Unterbehörden, die schon derzeit die Aufgaben der Bankenaufsicht in der Fläche wahrnehmen. Man müsste ihr also nur noch zusätzlich die bisher von der BaFin ausgeübten zentralen Tätigkeiten übertragen, um damit eine einheitliche Bankenaufsichtsbehörde zu erhalten.

Allerdings hat das Bundesverfassungsgericht 1962 entschieden, die Bundesbank dürfe nur solche Aufsichtsaufgaben übernehmen, die »noch in ihren Geschäftskreis als Währungs- und Notenbank fallen«.[46] Die Aufgaben, die bisher die BaFin wahrnimmt, dienen aber nicht durchweg der Währungssicherung, sondern sind zumindest teilweise von rein gewerberechtlicher Natur. Das gilt insbesondere für das Erteilen und Entziehen der Erlaubnis zum Betrieb von Bankgeschäften, die Abberufung von Geschäftsleitern und für die anderen in den §§ 32 ff KWG vorgesehenen Aufsichts- und Eingriffsbefugnisse.

Die damaligen Ausführungen des Bundesverfassungsgerichts schließen es allerdings nur aus, solche Tätigkeiten auf Art. 88 GG zu stützen. Sie stehen der Übertragung weiterer Aufsichtsaufgaben auf der Basis von Art. 87 Abs. 3 GG aber nicht entgegen. So wie der Bundesgesetzgeber das Bundesamt für das Kreditwesen und später die Bundesanstalt für Finanzdienstleistungsaufsicht errichten und mit den zentral wahrzunehmenden Aufgaben der Bankenaufsicht betrauen durfte, so könnte er diese Aufgaben auch auf bereits bestehende Bundeseinrichtungen übertragen. Täte er das, dürfte die Bundesbank den gewerberechtlichen Teil der Bankenaufsicht nach Art. 87 Abs. 3 GG (nur) in ihrer Zentrale ausüben. Den Rest, die Aufgaben vor Ort, könnte sie – wie bisher – auf der Grundlage von Art. 88 GG durch ihre Zweigstellen wahrnehmen.[47] Soweit die Aufgabenteilung zwischen BaFin und Bundesbank nach geltendem Recht zulässig wäre, stünde das Grundgesetz einer solchen Reform nicht entgegen.

Einen kleinen Schönheitsfehler hat diese Lösung allerdings doch, denn schon die derzeitige Aufgabenverteilung bietet Anlass zu Zweifeln an der Verfassungskonformität. Das Bundesverfassungsgericht ging 1962 ersichtlich davon aus, dass allein das Bundesamt für das Kreditwesen mit der Wahrnehmung »obrigkeitlicher Befugnisse« und der Anwendung von Zwangsmitteln betraut sei.[48] Darin kommt die Ansicht des Bundesverfassungsgerichts zum Ausdruck, dass nur die zentrale Aufsichtsbehörde die rein gewerberechtlichen Instrumente, die nicht gleichzeitig auf die

46 BVerfGE 14, 197, 215.
47 Ausführlich dazu schon *Häde* JZ 2001, 105, 109 ff.
48 BVerfGE 14, 197, 218.

Währungssicherung gerichtet sind, einsetzen darf. Früher lagen deshalb »die hoheitlichen Aufgaben (gewerbe-polizeilicher Art)« beim Bundesaufsichtsamt. Der Bundesbank standen keine Eingriffsbefugnisse zu, das Gesetz übertrug »ihr vielmehr nur Hilfsfunktionen.«[49] Und auch heute noch wird vielfach behauptet, die Bundesbank nehme »bei der Bankenaufsicht keine Aufgaben der klassischen Eingriffsverwaltung wahr«; die »Kompetenz, Verwaltungsakte zu erlassen, verbleibt dabei weiterhin allein bei der BaFin.«[50]

Das ist jedoch nur teilweise richtig. Eine Durchsicht der insoweit einschlägigen »Vorschriften über die Aufsicht der Institute« des dritten Abschnitts des Kreditwesengesetzes (§§ 32 ff) ergibt nämlich, dass auch die Bundesbank mit »obrigkeitlichen« Befugnissen ausgestattet ist und Zwangsmittel anwenden kann. Dazu gehören speziell die Auskunfts-, Betretungs-, Besichtigungs- und Durchsuchungsrechte nach den §§ 44 ff KWG, die mit entsprechenden Duldungspflichten der Betroffenen verbunden sind. Ohne Eingriffsverwaltung und Verwaltungsakte scheint es also doch nicht zu gehen. Diese Befugnisse hatte die Bundesbank ursprünglich nicht. Die entsprechenden Vorschriften wurden erst 1997 durch die 6. KWG-Novelle[51] geändert oder eingefügt. Sie geben der Bundesbank gewerbepolizeiliche Befugnisse.[52] Es erscheint sehr zweifelhaft, ob es sich insoweit um Kompetenzen handelt, die zumindest auch der Währungssicherung dienen und die Angehörige des Verwaltungsunterbaus der Bundesbank deshalb auf der Grundlage von Art. 88 GG ausüben dürfen.[53] Wenn dem entgegengehalten wird, die »Unterscheidung von Aufgaben einer Währungs- und Notenbank, die unmittelbar an ihren Funktionen hängen und somit dezentral wahrgenommen werden dürfen, von Aufgaben, die zwar nach Art. 88 GG erlaubt sind, aber nur zentral wahrgenommen werden dürfen«,[54]

49 *von Spindler/Becker/Starke* Die Deutsche Bundesbank, 4. Aufl. 1973, § 12 Anm. 2, S. 262. Ähnlich auch *Hahn* Währungsrecht, 1990, § 17 Rn 22.

50 *Oswald* Unabhängigkeit der Bundesbank wahren, Börsen-Zeitung vom 21. 8. 2007, zitiert nach: Deutsche Bundesbank, Auszüge aus Presseartikeln Nr. 36/2007, S. 22. Ähnlich auch die Bundesbank selbst in: Deutsche Bundesbank, Auszüge aus Presseartikeln Nr. 29/2007, S. 19: »Die »aufsichtsrechtlichen Maßnahmen« wie Allgemeinverfügungen und Verwaltungsakte sind der BaFin zugeordnet.«; *Ahmia*, Finanzaufsicht soll bald besser werden, Die Tageszeitung vom 5. 9. 2007, zitiert nach: Deutsche Bundesbank, Auszüge aus Presseartikeln Nr. 38/2007, S. 6: »Verwaltungsmaßnahmen gegenüber Banken werden nur von der BaFin beschlossen.« Ähnlich auch *Geerlings* Neuordnung von Bundesbank und Bankenaufsicht, Sparkasse 2002, 560, 562.

51 Art. 1 des Gesetzes zur Umsetzung von EG-Richtlinien zur Harmonisierung bank- und wertpapieraufsichtlicher Vorschriften vom 22. 10. 1997, BGBl I S. 2518.

52 Vgl. *Lindemann* in: Boos/Fischer/Schulte-Mattler (Fn 29) § 44c Rn 1. S. auch *Chr. Schröder/Hansen* Die Ermittlungsbefugnisse der BAFin nach § 44c KWG und ihr Verhältnis zum Strafprozessrecht, ZBB 2003, 113, 114, die die Kompetenzen des § 44c KWG als typische Instrumente der Strafverfolgungsbehörden bezeichnen.

53 S. schon *Hahn/Häde* (Fn 38) Art. 88 Rn 161. Zweifel an der Verfassungsmäßigkeit äußert auch *Herdegen* Bundesbank und Bankenaufsicht – Verfassungsrechtliche Fragen, WM 2000, 2121, 2123 f.

54 Vgl. *Lindemann* (Fn 52) § 44c Rn 8.

erscheine künstlich, so ist darauf zu antworten, dass der Bundesgesetzgeber diese Konstruktion gewählt hat, um damit die in Art. 87 Abs. 3 und 88 GG angelegten Schranken für einen Verwaltungsunterbau von Bundeseinrichtungen zu umgehen. Solchen Umgehungsversuchen haftet oft etwas Künstliches an. Das darf aber kein Argument sein, um die durch einen solchen Kunstgriff ausgehebelten Verfassungsgrenzen nun vollends aufzuheben.

Vorsichtig formuliert: Soweit die Bundesbank derzeit rein gewerberechtliche Befugnisse hat und durch ihre Zweigstellen ausübt, entspricht das nicht den verfassungsrechtlichen Anforderungen. Wenn es nicht möglich sein sollte, diese Befugnisse durch eine zentrale Behörde wahrzunehmen, die insoweit ohne Verwaltungsunterbau auskommt, bestehen schon derzeit – bezogen auf diesen zugegebenermaßen eher kleinen Teilbereich – erhebliche Zweifel an der Rechtmäßigkeit der Mitwirkung der Bundesbank an der Bankenaufsicht. Das würde sich auch durch eine komplette Übertragung der Bankenaufsicht auf die Bundesbank nicht ändern.

4. *Bundesbank und Aufsicht des Bundesfinanzministeriums*

Im Rahmen seiner Überlegungen zu Änderungen des deutschen Bankenaufsichtsrechts hat das Bundesfinanzministerium auch erwogen, die Bundesbank in diesem Bereich seiner Rechts- und Fachaufsicht zu unterstellen.[55] Damit verbunden wäre eine Weisungsbefugnis gegenüber der Bundesbank. Eine solche Befugnis für die Bundesregierung oder ein Bundesministerium wäre nicht von vornherein mit der ansonsten unabhängigen Stellung der Bundesbank unvereinbar. Schon nach innerstaatlichem Recht bezieht sich diese Unabhängigkeit nicht auf die gesamte denkbare Tätigkeit der Bundesbank. § 12 BBankG formuliert einschränkend, dass die Bundesbank nur »bei der Ausübung der Befugnisse, die ihr nach diesem Gesetz zustehen, von Weisungen der Bundesregierung unabhängig« ist. Nimmt die Bundesbank andere Aufgaben wahr, kann sie sich nicht auf Autonomie berufen. Ohnehin stand die innerstaatlich durch das Bundesbankgesetz gewährleistete Weisungsunabhängigkeit der Bundesbank stets zur Disposition des Bundesgesetzgebers. Nach ganz überwiegender Ansicht ließ Art. 88 GG diese Regelung zwar zu, schrieb sie aber nicht verfassungsrechtlich fest.[56]

Ein Weisungsrecht könnte allerdings mit gemeinschaftsrechtlichen Vorgaben kollidieren. Maßgeblich ist insoweit Art. 108 EGV, der die Unabhängigkeit nicht allein der EZB, sondern ebenso der nationalen Zentralbanken und deshalb auch der Bundesbank garantiert. Diese Weisungsunabhängigkeit gilt sowohl gegenüber Stellen der Gemeinschaft als auch gegenüber den Regierungen der Mitgliedstaaten. Aller-

55 Art. 1 Nr. 2 im Entwurf eines Gesetzes zur Modernisierung der Aufsichtsstruktur der Bundesanstalt für Finanzdienstleistungsaufsicht, Stand: 5. 7. 2007. Zu den Hintergründen *Oswald* (Fn 50) S. 22.

56 Ausführlich dazu mit Nachweis der Literatur pro und kontra: *Hahn/Häde* (Fn 38) Art. 88 Rn 217 ff, 244.

dings beschränkt auch Art. 108 EGV den autonomen Bereich der Zentralbanken inhaltlich. Die Unabhängigkeit wird nur gewährt bei »der Wahrnehmung der ihnen durch diesen Vertrag und die Satzung des ESZB übertragenen Befugnisse, Aufgaben und Pflichten«.

Das Gemeinschaftsrecht überträgt der Bundesbank keine Aufgaben im Bereich der Bankenaufsicht. Das hindert den Bundesgesetzgeber aber nicht daran, die »Zentralbank der Bundesrepublik Deutschland«, wie § 3 Satz 1 BBankG die Bundesbank nennt, mit solchen Aufgaben zu betrauen. Art. 14.4 Satz 1 ESZB-Satzung bestätigt das, indem er festhält, dass die nationalen Zentralbanken andere als die in der Satzung erwähnten Aufgaben wahrnehmen können, solange der EZB-Rat das nicht mit Zweidrittelmehrheit untersagt. Und Art. 14.4 Satz 2 ESZB-Satzung weist ausdrücklich darauf hin, dass die nationalen Zentralbanken derartige Aufgaben in eigener Verantwortung und auf eigene Rechnung wahrnehmen. Sie gelten deshalb nicht als Aufgaben des ESZB. Konsequenterweise fallen solche Tätigkeiten nicht in den Bereich, für den Art. 108 EGV Weisungen an die Zentralbanken verbietet.[57]

In ihrer Stellungnahme vom 11. Juli 2007 zum Entwurf eines Aufsichtsstrukturmodernisierungsgesetzes[58] übte die Bundesbank dennoch heftige Kritik:[59]

> »Es versteht sich von selbst, dass die Bundesbank die ihr im KWG übertragenen Aufgaben nur im Rahmen des ihr dort erteilten gesetzlichen Auftrags und der hierzu ergangenen ergänzenden Vorschriften ausüben kann und wird. Im Hinblick auf ihre besondere Stellung als Währungs- und Notenbank (Art. 88 GG) sowie als oberste Bundesbehörde (§ 29 BBankG) kommt die vorgesehene Unterstellung der Bundesbank unter die Rechts- und Fachaufsicht einer anderen obersten Bundesbehörde nicht in Betracht. Eine solche Aufsicht über die Bundesbank stünde auch im Widerspruch zu der ihr in Art. 105 Abs. 5 EG zur unabhängigen Wahrnehmung zugewiesenen Funktion, als Bestandteil des Europäischen Systems der Zentralbanken zur Finanzstabilität beizutragen, zumal sich Fragen der Bankenaufsicht und der Finanzstabilität oft nicht klar voneinander abgrenzen lassen.«

Diese Argumente können überwiegend nicht überzeugen. Das erste wirkt wie die Reaktion auf eine Majestätsbeleidigung. Es klingt so, als sei eine Aufsicht schon deshalb überflüssig, weil die Bundesbank selbstverständlich nur rechtmäßig handele. Das Demokratieprinzip verlangt aber grundsätzlich die demokratische Legitimation und deshalb auch eine entsprechende Aufsicht über das Handeln eines jeden

57 *Blumenwitz/Bausback* Gutachtliche Stellungnahme zur Übertragung der Bankenaufsicht auf die Deutsche Bundesbank und ihre Landeszentralbanken, 2000, S. 24; *Gnan/Wittelsberger* in: von der Groeben/Schwarze (Fn 19) Art. 108 EG Rn 39; *Häde* Die Deutsche Bundesbank in der Europäischen Währungsunion, in: Hahn (Hrsg.) Die Europäische Währung, 1999, S. 103, 110; *ders.* (Fn 25) Art. 108 EGV Rn 20.

58 Deutsche Bundesbank, Auszüge aus Presseartikeln Nr. 29/2007, S. 19.

59 Kritik kam allerdings nicht allein von der Bundesbank, sondern auch aus dem politischen Raum und z.B. vom Deutschen Sparkassen- und Giroverband, vgl. dazu *Hulverscheidt* »Scharfe Kritik an Steinbrücks Plan«, Süddeutsche Zeitung vom 21. 7. 2007; *Wefers* »Unabhängigkeit der Bundesbank gefährdet«, Börsen-Zeitung vom 20. 7. 2007, jeweils zitiert nach: Deutsche Bundesbank, Auszüge aus Presseartikeln Nr. 31/2007, S. 4 f.

Verwaltungsträgers.[60] Das gilt auch dann, wenn eine so angesehene Institution wie die Deutsche Bundesbank tätig wird. Und das Rechtsstaatsprinzip sowie Art. 19 Abs. 4 GG fordern darüber hinaus eine gerichtliche Kontrolle. Auch wenn nicht unterstellt werden soll, dass die Bundesbank dem widersprechen wollte, klingt der zitierte erste Satz aus ihrer Stellungnahme so, als wollte sie selbst eine solche Kontrolle ablehnen.

Die außerdem ins Feld geführte besondere Stellung der Bundesbank kann die Zulässigkeit und in Teilbereichen sogar die Gebotenheit einer Aufsicht über die Bundesbank nicht widerlegen. Ein im Jahr 2000 für die Landeszentralbank in Bayern erstelltes Rechtsgutachten konnte feststellen, ohne das hierzu ein Widerspruch des Auftraggebers bekannt geworden wäre:

> »Im Bereich der Bankenaufsicht ist ein ministeriales Aufsichts- und Weisungsrecht gegenüber der Deutschen Bundesbank und den Landeszentralbanken verfassungsrechtlich geboten und europarechtlich zulässig.«[61]

Schon damals war keine Rede davon, dass die Bundesbank trotz ihrer besonderen Stellung bei Aufgaben, die ihr der Gesetzgeber außerhalb des ESZB-Rahmens überträgt, einer ministeriellen Aufsicht enthoben sein müsste. Diese Argumente der Bundesbank erscheinen daher keinesfalls zwingend.[62] Verständlicher mag diese Reaktion werden, wenn man sich vergegenwärtigt, dass die Unabhängigkeit der Zentralbanken im ESZB derzeit verstärkt Gegenstand von ungerechtfertigten Angriffen ist. Auch der Reformvertrag enthält – ebenso wie der durch ihn ersetzte Verfassungsvertrag – Passagen, die die Position der EZB und der nationalen Zentralbanken zwar rechtlich nicht wirklich verschlechtern, deren Tendenz aber dennoch bedenklich erscheint.[63] Hinzu kommt, dass die Bundesbank nach dem Verlust der währungspolitischen Kompetenzen nicht mehr die Stellung hat, die sie früher als führende europäische Zentralbank einnahm. Und in der Presse wurde vermutet, dass der Gesetzentwurf darauf ziele, »die Rolle der politisch unabhängigen Deutschen Bundesbank bei der Aufsicht über die Banken und die Finanzstabilität zu schwächen – zugunsten der Bundesanstalt für Finanzdienstleistungsaufsicht (Ba-

60 Vgl. *Hahn/Häde* (Fn 38) Art. 88 Rn 245 ff mwN; *Hagemeister* Die neue Bundesanstalt für Finanzdienstleistungsaufsicht, WM 2002, 1773, 1776.

61 *Blumenwitz/Bausback* (Fn 57) S. 27. S. auch das der Bundesbank am 5. 2. 2001 erstattete Rechtsgutachten von *K. Stern* Die Verfassungsmäßigkeit der Übertragung der Bankenaufsicht auf die Deutsche Bundesbank, in: Deutsche Bundesbank, Auszüge aus Presseartikeln Nr. 11/2001, S. 7, wonach die Bankenaufsicht nicht zu dem Bereich gehöre, für den Art. 108 EGV Unabhängigkeit vorsieht.

62 Vgl. allerdings *K. Stern* Die Notenbank im Staatsgefüge, in: Deutsche Bundesbank (Fn 33) S. 141, 148, der die Bundesbank nicht als Verwaltungsbehörde einordnet, sondern ihre Stellung als einem Regierungsorgan vergleichbar beschreibt und daraus die Weisungsfreiheit ableitet. Dennoch hält er die Bundesbank nur im Bereich der ihr durch das Bundesbankgesetz übertragenen Aufgaben für weisungsfrei, S. 185.

63 Vgl. *Häde* in: Calliess/Ruffert (Hrsg.) Verfassung der Europäischen Union – Kommentar der Grundlagenbestimmungen, 2006, Art. I-30 Rn 18.

Fin), die dem Finanzministerium untersteht.«[64] Vielleicht wirkt die Stellungnahme deshalb so dünnhäutig.

Auch das letzte Argument der Bundesbank überzeugt nicht wirklich. Wenn das ESZB nach Art. 105 Abs. 5 EGV im Bereich der Bankenaufsicht »zur reibungslosen Durchführung der von den zuständigen Behörden [...] ergriffenen Maßnahmen« beitragen soll, dann ist das zwar eine vom EG-Vertrag übertragene Aufgabe, für die die Unabhängigkeitsgarantie des Art. 108 EGV gilt. Überträgt aber ein Mitgliedstaat seiner Zentralbank eigene Aufsichtsaufgaben, dann wird sie insoweit zur national zuständigen Behörde. Und als solche nimmt sie dann Aufgaben außerhalb des ESZB wahr, auf die Art. 108 EGV keine Anwendung findet.

Das alles spricht auf den ersten Blick dafür, die Unterstellung der Bundesbank unter die Aufsicht des Bundesfinanzministeriums im Rahmen der Bankenaufsicht für zulässig zu halten. Eine genauere Prüfung kann bei diesem Zwischenergebnis aber nicht stehen bleiben. Vielmehr gilt es, das bereits erörterte Urteil des Bundesverfassungsgerichts aus dem Jahr 1962 erneut zu konsultieren. Und in gewisser Weise kommt hier dann auch das Argument der Bundesbank zum Tragen, »Fragen der Bankenaufsicht und der Finanzstabilität« ließen sich »oft nicht klar voneinander abgrenzen«.[65]

Das Bundesverfassungsgericht entschied, dass die Bundesbank – weil sie sich in diesem Bereich nur auf Art. 88 GG stützen kann (s.o. IV.2) – nur solche Bankenaufsichtsaufgaben wahrnehmen darf, die in ihren Geschäftskreis als Währungs- und Notenbank fallen und der Währungssicherung dienen. Im Hinblick darauf, dass damals allein § 12 BBankG die Reichweite der Unabhängigkeit der Bundesbank bestimmte, hätte das den Gesetzgeber bis zum 31. Dezember 1998 nicht gehindert, für Aufgaben, die der Bundesbank durch ein anderes Gesetz übertragen wurden, eine Weisungsabhängigkeit vorzusehen.[66] Man wird sogar erwägen können, dass der Bundesregierung in dieser Zeit auch ohne ausdrückliche Regelung gewisse Aufsichts- und Weisungsbefugnisse gegenüber der Bundesbank zugestanden haben.[67] Insoweit erscheint die Bemerkung in der Begründung zum Entwurf des Aufsichtsstrukturmodernisierungsgesetzes, die vorgesehene Änderung bedeute nur »eine Klarstellung hinsichtlich des Umfangs der Rechts- und Fachaufsicht des Bundesmi-

64 *Fehr* Aufsichtsreform auf Abwegen, FAZ vom 23. 7. 2007, zitiert nach: Deutsche Bundesbank, Auszüge aus Presseartikeln Nr. 31/2007, S. 4.

65 Deutsche Bundesbank (Fn 58) S. 20.

66 In diesem Sinne *Gramlich* Bundesbankgesetz – Währungsgesetz – Münzgesetz, 1988, § 12 BBankG Rn 12: »so unterliegt die Banktätigkeit vornehmlich auf den Gebieten des AWG und KWG einer normalen Einbindung in die Bundesverwaltung«. S. auch *Beck* Gesetz über die Deutsche Bundesbank, 1959, K 299; *Hahn* (Fn 49) § 18 Rn 2; v. *Spindler/Becker/Starke* (Fn 49) § 12 Anm. 3, S. 266.

67 Vgl. *K. Stern* Staatsrecht II, 1980, S. 480: »Im übrigen gilt die allgemeine Weisungsunterworfenheit nach Art. 86 GG.«

nisteriums der Finanzen«,[68] zumindest für die Vergangenheit durchaus nachvollziehbar.

Seit dem 1. Januar 1999 ist die Währungssicherung in Deutschland aber nicht mehr Aufgabe einer allein dem deutschen Recht unterworfenen Zentralbank. Das hat die Situation wesentlich verändert. Mit dem Übergang der Währungshoheit auf die europäische Ebene ist die Gewährleistung der Preisstabilität im Euro-Währungsraum nach Art. 105 EGV zur zentralen Aufgabe des Europäischen Systems der Zentralbanken geworden. Und für solche durch den EG-Vertrag übertragenen Aufgaben gilt die Unabhängigkeitsgarantie des Art. 108 EGV. Wird die Bundesbank als Währungs- und Notenbank tätig, muss sie von Gemeinschaftsrechts wegen unabhängig sein. In dem Bereich, in dem die Weisungsunabhängigkeit gilt, müssen deshalb sowohl eine Fach- als auch eine Rechtsaufsicht ausscheiden.

Vor diesem rechtlichen Hintergrund wäre es unzulässig, die Bundesbank einer Aufsicht des Bundesfinanzministeriums zu unterstellen, wenn sie im Rahmen ihrer bankenaufsichtsrechtlichen Zuständigkeiten währungssichernd tätig wird. Da sie nach der Rechtsprechung des Bundesverfassungsgerichts Aufsichtsaufgaben, die nicht zugleich der Währungssicherung dienen, gar nicht wahrnehmen darf, gilt für diese Tätigkeit die gemeinschaftsrechtliche Unabhängigkeitsgarantie. Deshalb ist eine Aufsicht des BMF über die derzeit im Einklang mit dem Grundgesetz ausgeübten Tätigkeiten, die der Bundesbank durch das Kreditwesengesetz übertragen wurden, ausgeschlossen. Das Bundesfinanzministerium verfolgt entsprechende Pläne derzeit wohl auch nicht weiter.[69] Der im Oktober 2007 von der Bundesregierung beschlossene Gesetzentwurf sieht jedenfalls nur noch Änderungen bei der Führungsstruktur der BaFin vor und enthält die auf die Bundesbank bezogenen Passagen des vorherigen Entwurfs nicht mehr.

Ein ministerielles Aufsichts- und Weisungsrecht über die Bundesbank wäre nur zulässig, dann aber auch geboten, wenn der Bundesgesetzgeber sich entschließen sollte, die Bankenaufsicht insgesamt auf die Bundesbank zu übertragen.[70] Diese Weisungsbefugnis dürfte sich dann aber nur auf jene – vor allem gewerberechtlichen – Aufgaben beziehen, die nicht zugleich der Währungssicherung zuzuordnen sind.

68 Fn 55, S. 6 unten.

69 Vgl. *Wefers* Steinbrück speckt die Reform der Finanzaufsicht ab, Börsen-Zeitung vom 30. 8. 2007, zitiert nach: Deutsche Bundesbank, Auszüge aus Presseartikeln Nr. 38/2007, S. 5.

70 Ebenso *Blumenwitz/Bausback* (Fn 57) S. 24, 27, und wohl auch *Stern* (Fn 61) S. 7. Weitergehend *Faber* Von der Kreditaufsicht zur Allfinanzaufsicht, in: Faber/Frank (Hrsg.) Demokratie in Staat und Wirtschaft, FS Ekkehart Stein, 2002, S. 181 (187); *Heun* (Fn 38) S. 44 ff.

Grundsatzfragen zur »Eigentumsentflechtung« in Netzindustrien (am Beispiel der Energiewirtschaft)

JOHANN-CHRISTIAN PIELOW*

I. EINES VON ETLICHEN PROBLEMEN DER »WIRTSCHAFTLICHEN INFRASTRUKTUR«

Das sich seit geraumer Zeit neu formierende Recht der »Infrastrukturwirtschaft« sowie der »Regulierungsverwaltung« wirft nahezu täglich neue Fragestellungen auf und hält damit ganze Heerscharen von Rechts-, aber auch Wirtschafts- und Politikwissenschaftlern sowie Wirtschaftspraktikern in Atem. Wegweisend – wie Leuchttürme am Elbestrand – wirken insofern verständige Strukturierungen dieser komplexen Materien, wie sie *Rolf Stober* mit kompakten Darstellungen der »Wirtschaftlichen Infrastruktur« in seinem Lehrbuch zum »Allgemeinen Wirtschaftsverwaltungsrecht« (15. Aufl., § 26) und zum »Regulierungswirtschaftsrecht« in Abschnitt H (14. Aufl., §§ 51 f) des »Besonderen Wirtschaftsverwaltungsrechts« anbietet.[1] Wenn er, was mancher Kartellrechtler nicht gerne unterschreibt, ferner das Regulierungsrecht als »Ausprägung des Öffentlichen Rechts und speziell des Wirtschaftsverwaltungsrechts« skizziert[2] liegt es nahe, ihm als einem der Großen der »Wirtschaftsrechtsszene« mit Ausführungen zu einer aktuellen Frage der *Netz*regulierung und speziell aus öffentlich-rechtlicher Sicht ein Zeichen der Anerkennung, aber auch der Dankbarkeit für vielerlei fachliche wie persönliche Anregungen zu setzen.

Für besondere Aufruhr innerhalb der sog. Netzwirtschaften sorgen neuerdings wiederholt zu vernehmende Forderungen nach einer »Zerschlagung« von bislang vertikal integrierten Versorgungsunternehmen im Wege des neudeutsch so bezeichneten *Ownership Unbundlings*. Konkret geht es um die »eigentumsrechtliche« Entflechtung der Netzinfrastruktur von den sonstigen, insbesondere den Vetriebssparten der Unternehmen. Derartige Vorstöße, wie sie intervallmäßig und mit unterschiedlicher Intensität sowohl im Energie- als auch im Post- und Telekommu-

* Für Mithilfe bei der Erstellung des Manuskripts sei meinen Mitarbeitern *Björn Fleischmann*, *Eckart Ehlers* und *Britta Lewendel* gedankt.

1 S. des Weiteren und neben zahlreichen Veröffentlichungen zur »Sicherheits«-Infrastruktur frühzeitig auch *Stober* Rückzug des Staates im Wirtschaftsverwaltungsrecht? Zur Deregulierungsdebatte in Deutschland, 1997; *ders.* Telekommunikation zwischen öffentlich-rechtlicher Steuerung und privatwirtschaftlicher Verantwortung, DÖV 2004, 21 ff.

2 Besonders Wirtschaftsverwaltungsrecht, S. 179.

nikations-, ferner – als veritables Politikum beim Streit um den Börsengang der *Deutsche Bahn AG* – in Bezug auf die Eisenbahnen und auch schon einmal (wiewohl bislang nur sehr theoretisch) im Wassersektor zu verzeichnen sind, berufen sich zumeist auf die Lehre von der »Regulierungs«- oder »Netzökonomie«.[3] Diese konzediert, grob umrissen, zwar den Charakter von Leitungs- wie Schienennetzen als »natürlichen Monopolen«, will indes über die Öffnung der Netze für den (Zwangs-)Zugang Dritter den Wettbewerb anstatt des Wettbewerbs zwischen Netzen den Markt »im« Netz verwirklichen. Dazu bedürfe es, um unerwünschte Quersubventionen innerhalb der bislang vertikal integrierten Versorgungsunternehmen und insbesondere Diskriminierungen der Wettbewerber zu vermeiden, der weitgehend *unabhängigen* Organisation des Netzbetriebs und demgemäß der größtmöglichen Trennung des Netzes von den Produktions- und Vertriebssparten (Dienstleistungen) des betreffenden Wirtschaftssektors. Das Ideal bildet, über die in einzelnen Netzwirtschaften bereits mehr oder weniger verwirklichte »rechtliche«, »operationelle« und »buchhalterische« Entflechtung[4] hinaus, die völlige resp. institutionelle Herauslösung des Netz*eigentums* aus dem bisherigen Unternehmensverbund.

Diese Idee ist freilich nicht neu, sondern macht praktisch seit Jahrhunderten von sich reden: So regelte schon das preußische Eisenbahngesetz von 1838 die (absolute) Trennung zwischen der Schienen- und Bahnhofsinfrastruktur sowie dem prinzipiell jedermann zugänglichen Betrieb von Eisenbahnverkehrsdiensten – ein Konzept, das sich aus vielerlei Gründen als nicht tragfähig erwies und an dessen Stelle alsbald das Staatsbahnenprinzip um sich zu greifen begann.[5] Die später von *Peter Badura* als »grotesk« bezeichnete Idee, »dass jeder, der über eine Lokomotive verfüge, jeden Schienenstrang benutzen dürfe«,[6] bestätigt aus heutiger Sichtweise gängige Redewendungen wie die von den »Totgesagten« und unterstreicht andererseits die wellenartige wirtschaftspolitische Entwicklung entsprechend jeweils vorherrschender, etwa (neo-)liberaler oder keynesianischer Ordnungsvorstellungen. Auch im Energiesektor sind diese Wellenbewegungen, wie frühere und aktuelle Forderungen nach »Enteignung« der deutschen Energienetze[7] belegen, nachzuweisen.

3 Eingehend dazu wie zu den (»neoliberalen«) Ursprüngen dieser Lehre etwa *Knieps* Netzökonomie, 2007.

4 Vgl. für den Energiesektor die §§ 6 bis 10 EnWG; für den Eisenbahnbereich §§ 9 und 9a AEG. Das Telekommunikationsrecht folgt dem Motto der »strukturellen Separierung«, vgl. § 7 TKG (ohne ›rechtliche‹ Entflechtung).

5 Näher *Pielow* Grundstrukturen öffentlicher Versorgung, 2001, S. 537 ff; aus zeitgenössischer Sicht etwa *Mayer* AöR 16 (1901) 38, 77; als vehementer Verfechter der Einheit von Netz und Betrieb ist etwa der österr. Ökonom *Emil Sax* (Die Ökonomik der Eisenbahnen, 1870; Die Verkehrsmittel in Volks- und Staatswirtschaft, 1878/79) zu nennen.

6 *Badura* Das Verwaltungsmonopol, 1963, S. 216.

7 S. unlängst etwa *Lötzer* MdB (Fraktion DIE LINKE), »Energienetze in die öffentliche Hand überführen«, Rede v. 8. 3. 2007, http://www.linksfraktion.de/rede.php?artikel=1365109647.

II. NEUE ANSÄTZE IN DER ENERGIEWIRTSCHAFT

Während die eigentumsrechtliche Entflechtung in den meisten Netzsektoren – zumindest hierzulande und im Gegensatz etwa zu den Mutterländern der Netzökonomie, den USA und Großbritannien – vorerst Theorie bleibt, schickt sich (unter dem Applaus einzelner Umwelt- und Landeswirtschaftsminister sowie der Verbraucherverbände) namentlich die Europäische Kommission an, der reinen (ökonomischen) Lehre vom *Ownership Unbundling* auf dem Gebiet der leitungsgebundenen Versorgung mit Strom und Gas EU-weit zum Durchbruch zu verhelfen. Insofern bietet sich gerade dieser Sektor an, um die mit einer Implementierung von Eigentumsentflechtungen einhergehenden grundlegenden Rechtsfragen, wie sie durchaus auch für andere Netzwirtschaften relevant werden können, vor allem aus gemeinschafts- und verfassungsrechtlicher Sicht zu skizzieren.

Die bislang erreichten Fortschritte bei der Verwirklichung des EU-Binnenmarktes für Energie gehen der Europäischen Kommission nicht weit genug. Insbesondere der diskriminierungsfreie Zugang zu Strom- und Gasnetzen sei immer noch nicht hinreichend gewährleistet. Als größte Hürde erweise sich der »systemimmanente Interessenskonflikt, der durch die vertikale Integration der Versorgungs- und Netztätigkeiten entsteht«.[8] Mit der EU-weiten Vorgabe einer eigentumsrechtlichen Entflechtung jedenfalls der Strom- und Gastransportnetze (verschont bleiben vorerst die Verteilernetze) will sie dem Wettbewerbsengpass (*bottleneck*) im »natürlichen« Energienetzmonopol zu Leibe rücken. Wirtschaftswissenschaftlich sei belegt, dass dies »das wirksamste Mittel ist, um Wahlfreiheit für die Energieverbraucher zu gewährleisten und Investitionen zu beleben«.[9]

Freilich sind gerade aus netzökonomischer Sicht seitdem auch schwer wiegende Vorbehalte gegenüber einem *Ownership Unbundling* von Strom- und Gasnetzen formuliert worden;[10] zuletzt hat sich die Monopolkommission gegen diesen Ansatz ausgesprochen.[11] Die vorgebrachten Bedenken betreffen vor allem zu besorgende

8 Vgl. Mitteilung der Kommission »Untersuchung der europäischen Gas- und Elektrizitätssektoren gem. Art. 17 der Verordnung (EG) Nr. 1/2003 (Abschlussbericht)«, 10. 1. 2007 (KOM[2006] 851 endgültig), insbesondere Tz. 52 f.

9 Ebd., Tz. 2 f, 55.

10 Siehe etwa *Brunekreeft/Ehlers* Ownership Unbundling of Electricity Networks and Distributed Generation, CRNI 2006, S. 63; *Baarsma/de Nooij* An ex ante Welfare Analysis of the Unbundling of the Distribution and Supply companies in the Dutch electricity sector, Discussion Paper no. 52, seo economisch onderzoek, Amsterdam, April 2007. Weiterhin *Finger/Künneke* The need for Coherence between Institutions and Technology in liberalized infrastructures: The case of Network Unbundling in Electricity and Railways, MIR-Report-2006-009, CDM Working Paper Series, College of Management of Technology, EPFL, Lausanne, Oktober 2006.

11 Vgl. 49. Sondergutachten gem. § 62 Abs. 1 EnWG, »Strom und Gas 2007: Wettbewerbsdefizite und zögerliche Regulierung«, BT-Drs. 16/7087 v. 20. 11. 2007, S. 160 ff; s. ferner: 47. Sondergutachten »Preiskontrollen in der Energiewirtschaft und Handel? Zur Novellierung des GWB«, März 2007, S. 21 ff.

unzureichende Investitionen in die Wartung und den Ausbau der Netze und damit die Netz- bzw. allgemein die Energieversorgungssicherheit. Auch wird angezweifelt, ob sich angesichts des erheblichen Kostensenkungsdrucks im Zuge der bereits praktizierten Netzzugangs- und Netzentgeltregulierung jemals unabhängige sowie verlässliche Netzbetreiber bzw. Käufer für die Strom- und Gasnetze finden lassen. Das juristische Schrifttum steht dem nicht nach und bietet seinerseits kritische und zumindest kontroverse Stellungnahmen.[12]

Die EU-Kommission ließ sich durch die vorgebrachten Monita indes nicht beirren und legte am 19. September 2007 den Entwurf eines neuen und dritten Richtlinienpaketes zur Liberalisierung der Energiemärkte vor. Unter der wegweisenden Überschrift »Energie für Europa durch Versorgungssicherheit und einen *echten* Markt«[13] wird dort – neben weiteren Maßnahmen, etwa zur Schaffung einer Europäischen Agentur zur Koordination der nationalen Energieregulierungsbehörden – die eigentumsrechtliche Entflechtung der Strom- und Gasnetze favorisiert. »Unternehmen, die tatsächlich oder potenziell als Energieversorger in einem Mitgliedsstaat tätig sind«, dürften demzufolge »keine Netze in diesem Mitgliedsstaat erwerben bzw. unterhalten«.[14] Folglich müssten die gesellschaftsrechtlichen Anteile an den Netzen an unabhängige Drittunternehmen, die diese Netze dann auch exklusiv betreiben, veräußert werden.

Optional und als zweitbeste Lösung sollen die Mitgliedstaaten das Modell eines »unabhängigen Netzbetreibers« (*Independent System Operator* – ISO) wählen können: Hier verbleibe das Netzeigentum bei den vertikal integrierten Unternehmen, sofern sie den Netz*betrieb* umfänglich »anderen Unternehmen oder Stellen anvertrauen, die von ihnen völlig unabhängig sind«.[15] Energieversorgern und Stromerzeugungs- bzw. Gasbeschaffungsunternehmen wäre es nicht erlaubt, Anteile an einem ISO zu halten, die ihnen eine maßgebliche Kontrolle ermöglichten.[16] Der Netzbetreiber wäre exklusiv für den Betrieb und das Dispatching zuständig und würde selbständig über die Instandhaltung und den Ausbau des Netzes entscheiden.

12 Kritisch insbes. etwa *Baur/Pritzsche/Klauer* Ownership Unbundling, 2006; *Büdenbender/Rosin* Pro und Contra Ownership Unbundling in der Energiewirtschaft, ET 2007, S. 20 ff; *Schmidt-Preuß* EuR 2006, 463 ff; *Storr* EuZW 2007, 232 ff; fürsprechende Stimmen finden sich bspw. bei *Haslinger* Grundrechtsverletzung durch Ownership Unbundling, WuW 2007, 343 ff, und *Möschel* Entflechtungen in der Stromwirtschaft, FAZ v. 7. 7. 2007, S. 15; zurückhaltender dagegen *ders.* Die Entflechtung ist kein Allheilmittel, FAZ v. 19. 9. 2007.

13 Vgl. Pressemitteilung v. 19. 9. 2007 (IP/07/1361) – Hervorh. nur hier.

14 Vgl. jeweils S. 6 f der Begründungen für die Vorschläge zu einer Richtlinie zur Änderung der RL 2003/54/EG über gemeinsame Vorschriften für den Elektrizitätsbinnenmarkt (KOM[2007] 528 endg.) bzw. zu einer Richtlinie zur Änderung der RL 2003/55/EG über gemeinsame Vorschriften für den Erdgasbinnenmarkt (KOM[2007] 529 endg.).

15 Ebd., S. 5.

16 Vgl. z.B. Art. 1 Abs. 8 Nr. 2 a) Richtlinienentwurf Strom. Auf der anderen Seite scheinen Minderheitsanteile in beiden Aktivitäten zulässig zu sein, so lange sie keine Kontrolle oder Entscheidungsblockade ermöglichen.

Schließlich hat die Kommission das favorisierte Modell der (vollständigen) Eigentumsentflechtung noch um die Variante des »Aktiensplitts« ergänzt.[17] Danach sollen die gegenwärtigen Gesellschafter integrierter EVU anstatt ihrer Anteile am Gesamtkonzern jeweils getrennte Aktien der neu zu gründenden unabhängigen Netzgesellschaft, die auch Eigentümerin des Netzes wäre, sowie des verbleibenden Rumpfversorgungsunternehmens erhalten. Es darf freilich bezweifelt werden, ob, wie die Kommission meint, die Anteilsrechte nach einem »Aktiensplitt« insgesamt an Wert gewinnen,[18] da sich insbesondere die Bonität einer neuen Netzgesellschaft nicht zwangsläufig erhöht.[19]

III. ZUSTÄNDIGKEIT DES EU-GESETZGEBERS

Die mit den Reformplänen der Kommission aufgeworfenen (Verfassungs-)Rechtsfragen sollen hier zunächst aus kompetenzieller Sicht und sodann (unten IV) aus grund-, insbesondere eigentumsrechtlicher Sicht skizziert werden. Definitive Lösungen sind dazu noch nicht in Sicht, auch weil sich die rechtspolitische Debatte im Fluss befindet und die endgültige Gestalt möglicher neuer Binnenmarktrichtlinien für den Strom- und Gassektor einschließlich denkbarer Kompromisse erst noch auszudiskutieren ist. Sollte es indes zu einer (Teil-)Verwirklichung der Kommissionspläne kommen, dürften angesichts der dazu schon jetzt geführten Kontroversen letztgültige Klärungen vermutlich nur mit gerichtlicher Hilfe zu erzielen sein.

1. Bislang fehlende Spezialkompetenz

Bis heute existieren im EG-Vertrag, anders als etwa für die Bereiche der Land- oder der Verkehrswirtschaft, keine speziellen Ermächtigungen für energiepolitische Maßnahmen der EU. Dementsprechend ist, zumal unter dem Eindruck des Prinzips der begrenzten Einzelermächtigung (Art. 5 Abs. 1 EG), seit den ersten Schritten zur Liberalisierung der Energiemärkte heftig umstritten gewesen, ob und gegebenenfalls inwieweit sich die EU-Organe stattdessen auf die allgemeinen Ermächtigungsgrundlagen des Vertrages stützen können.[20] Spätestens seitdem der EuGH den Handel auch mit (nicht körperlichem) Erdgas und mit Elektrizität der Warenverkehrsfreiheit unterworfen hat, wird man dies freilich im Grundsatz nicht mehr bestreiten können.[21] Wie jedwedes andere Wirtschaftsgut fallen »Energie« und alle

17 Vgl. S. 5 und Erwägungsgrund Nr. 11 des Richtlinienvorschlag Strom (o. Fn. 8).
18 So Energiekommissar *Piebalgs* in Handelsblatt v. 29. 5. 2007 (»EU will Netz-Regulierung per Aktiensplitt«).
19 Vgl. *Baarsma/de Nooij* (Fn 10) S. 27.
20 Vgl. frühzeitig *Hüffer/Ipsen/Tettinger* Die Transitrichtlinien für Gas und Elektrizität, 1991.
21 Vgl. z.B. EuGH – Rs. 155/73 – *Sacchi*, Slg. 1974, 409 Rn 7 f..

damit befassten, privaten wie öffentlichen Unternehmen in den Anwendungsbereich der Grundfreiheiten wie auch der Wettbewerbsregeln in den Art. 81 ff. EG sowie aller damit zusammenhängenden Rechtsetzungsermächtigungen. Andererseits hat man sich zu vergegenwärtigen, dass frühere Vorstöße zur Anreicherung des Primärrechts mit umfassenderen energiepolitischen Kompetenzen stets am massiven Widerstand der auf ihre energiepolitische Souveränität pochenden Mitgliedstaaten scheiterten – ein Widerstand, der positivrechtlich auch in Art. 175 Abs. 2 lit. c) EG anklingt, wenn dort umweltpolitische Maßnahmen, welche die »Wahl eines Mitgliedstaates zwischen verschiedenen Energiequellen und die allgemeine Struktur seiner Energieversorgung erheblich berühren«, in Abweichung von der regelmäßig gebotenen qualifizierten Mehrheit ausnahmsweise der einstimmigen Entscheidung im Ministerrat bedürfen.

Man mag es im Übrigen dem Beharrungsvermögen vor allem der Kommission sowie dem Konsens im Rat und Parlament zuschreiben, dass heutzutage die Heranziehung insbesondere von Art. 95 EG (»Rechtsangleichung«) auch für energiepolitische Schritte der Union zumindest im Grundsatz anerkannt ist. Der gescheiterte Vertrag über die Verfassung von Europa enthielt zudem und erstmals einen eigenen Abschnitt »Energie« mit durchaus weitreichender Ermächtigung des EU-Gesetzgebers.[22] Diese speziellen Befugnisse sind im mittlerweile unterzeichneten, freilich noch zu ratifizierenden Vertrag von Lissabon noch erweitert worden.[23] Ursächlich dafür dürften weniger eine offenherzige Preisgabe energiebezogener Souveränitätsvorbehalte in den Mitgliedstaaten als vielmehr die »Karriere« der Themen Energie und Klima in der öffentlichen Meinung wie auch – *nolens volens* – die Einsicht in die Notwendigkeit gemeineuropäischer Lösungen für drängende Probleme der Energieversorgungssicherheit (Stichworte: Importabhängigkeit; Energieeinsparung), des energiebezogenen Ressourcen- und Klimaschutzes wie auch der Wettbewerbsfähigkeit der EU im Allgemeinen sein.

22 Vgl. Art. III-256 des Verfassungsvertrages, unterzeichnet am 29. Oktober 2004 (ABl. C 310 v. 16. 12. 2004, S. 1).

23 S. in der anvisierten neuen Fassung des EG-Vertrages (künftig: Vertrag über die Arbeitsweise der EU – AEUV lt. ABl. EU C 306 v. 17. 12. 2007, S. 1) insbes. den neuen Titel XX »Energie« mit einer Kompetenz der EU in Art. 176a Abs. 2 für alle »Maßnahmen, die erforderlich sind, um die Ziele nach Abs. 1 [funktionierender Energiemarkt, Energieversorgungssicherheit, Förderung der Energieeffizienz und erneuerbarer Energien sowie Förderung der Interkonnektion der Energienetze] zu verwirklichen«. Daneben erscheint »Energie« allgemein als nunmehr hervorgehobene »geteilte Zuständigkeit« zwischen Union und Mitgliedstaaten (Art. 2c Abs. 2 lit. i) und besteht eine weitere Kompetenz der Union für die Abwendung von (Energie-)Versorgungsengpässen (Art. 100 Abs. 1). Das grundsätzliche Einstimmigkeitserfordernis nach Art. 175 Abs. 2 lit. c) wird indes beibehalten.

2. *Rechtsangleichung nach Art. 95 EG ?*

Vorerst, also bis zur allseitigen Ratifizierung des neuen Vertragswerks, hat sich die Suche nach der Rechtsetzungskompetenz der EU auf die Ermächtigungsgrundlage in Art. 95 EG zu konzentrieren. Die Grenzen der dort geregelten Rechtsangleichung sind von der jüngeren Rechtsprechung des EuGH deutlicher herausgestellt worden: Namentlich vorauszusetzen sind bestehende nationale Rechtsvorschriften, die das Funktionieren des Gemeinsamen Marktes »spürbar« und nicht nur unwesentlich behindern bzw. künftig behindern können.[24] Weitere Begrenzungen folgen vor allem aus dem Subsidiaritäts- und dem Verhältnismäßigkeitsprinzip.[25]

Insofern wird man zu bedenken haben, dass gut drei Jahre nach Ablauf der Umsetzungsfrist für die letzten (»Beschleunigungs«-)Richtlinien zum Strom- und Erdgasbinnenmarkt[26] mit der seitdem vorgeschriebenen *rechtlichen* Entflechtung und erst kurze Zeit nach Verstreichen der Frist für die rechtliche Entflechtung auch der Verteilnetzbetreiber am 1. Juli 2007 sich die damit beabsichtigten wettbewerbsfördernden Effekte noch gar nicht haben entfalten können. In Deutschland haben die Regulierungsbehörden des Bundes (Bundesnetzagentur) und der Länder, die für die *ex ante* Regulierung des Netzzugangs – als Kernstück der letzten Reform – verantwortlich sind, erst mit einem Jahr Verspätung ihre Arbeit aufgenommen. Verlässliche Aussagen zur Effizienz der nationalen Umsetzungsmaßnahmen lassen, was die Verhältnisse in Deutschland betrifft, schon wegen der Vielzahl der hierzulande zu regulierenden (rd. 900) Strom- und Gasnetze sowie mit Blick auf die erst ab dem 1. Januar 2009 geplante »Anreizregulierung« nach § 21a EnWG in Verbindung mit der ARegV[27] naturgemäß noch auf sich warten. Ungeachtet dessen sind in der kurzen Zeit seit Inkrafttreten der letzten Novelle des Energiewirtschaftsrechts und aufgrund der Netzzugangsregulierung nach den §§ 21 und 23a EnWG in Verbindung mit den Netzzugangs- und Netzentgeltverordnungen für Strom und Gas durchaus beachtliche Fortschritte und spürbare Senkungen der Durchleitungsentgelte erreicht worden.[28]

Fraglich erscheint daher, ob schon zum gegenwärtigen Zeitpunkt von fortbestehenden Hindernissen für ein effizientes Funktionieren des Binnenmarktes für Strom und Gas ausgegangen werden kann, die weitere Angleichungen des nationalen Rechts gemäß Art. 95 EG gerade auch »erfordern«. Unter dem Eindruck der

24 Vgl. EuGH – C-300/89 – *Titanium Dioxide*, Slg. 1991, S. I-2867, Rn 23, und EuGH – C-376/98 – *Tabakwerberichtlinie,* Sammlung 2000, S. I-8419, Rn 106 ff.

25 Vgl. nur EuGH – C-376/98 – *Tabakwerberichtlinie,* Sammlung 2000, S. I-8419, Rn 83 ff.

26 Richtlinien 2003/54 und 2003/55/EG.

27 »Verordnung über die Anreizregulierung der Energieversorgungsnetze (ARegV)« v. 29. 10. 2007, BGBl. I S. 2529. Dazu im Überblick etwa *Büdenbender* DVBl. 2006, 197 ff; *O. Franz,* IR 2006, 7 ff; *Elspas/Rosin/Burmeister* RdE 2007, 329 ff – eingehend *Pielow* Auslegungsfragen zur Anreizregulierung nach § 21a EnWG, 2007.

28 Siehe dazu nur den »Monitoringbericht 2007« der Bundesnetzagentur gemäß § 63 Abs. 4 i.V.m. § 35 EnWG (www.bundesnetzagentur.de).

dazu auch vom EuGH unterstrichenen Wirkung des Verhältnismäßigkeitsprinzips und Übermaßverbotes[29] ist namentlich zu überlegen, ob nicht zunächst die weitere Wirkung der von den Mitgliedsstaaten bereits getroffenen Umsetzungsmaßnahmen abzuwarten ist, bevor mit noch einschneidender wirkenden sowie für erneuten Umsetzungs- und Organisationsaufwand sorgenden neuen Rechtsetzungsakten die Operabilität des *geltenden* Rechts- und Regulierungsregimes zusätzlich gehemmt wird.

Erschwerend hinzu kommt, dass die Vorgabe einer Eigentumsentflechtung Gefahr liefe, ihrerseits mit dem Grundanliegen der Rechtsangleichung in Konflikt zu geraten. Letztere dient ausweislich des Art. 95 EG zuvörderst der »Verwirklichung der Ziele des Artikels 14 (EG)« und mithin der Gewährleistung der Grundfreiheiten im EU-Binnenmarkt. Die vorliegenden Gesetzesentwürfe zielen indes darauf ab, vertikal integrierte Energieversorger zu zwingen, ganz allgemein – d.h.: europaweit – entweder ihre Netze und ihren Netzbetrieb abzugeben oder aber alle Vertriebs- und Erzeugungsaktivitäten einzustellen. Dementsprechend müsste etwa ein EU-weit tätiges deutsches Energieunternehmen, wollte es hierzulande weiter als Stromerzeuger und -händler tätig sein, seine Netzaktivitäten beispielsweise in Großbritannien aufgeben. Damit einher ginge unweigerlich eine Beeinträchtigung des grenzüberschreitenden Kapitalverkehrs gemäß Art. 56 Abs. 1 EG. Dazu ist darauf hinzuweisen, dass die Grundfreiheiten nicht nur die Mitgliedsstaaten sondern, wie u.a. aus Art. 3 Abs. 1, 7 Abs. 1 und 249 Abs. 1 EG folgt, auch die Union und ihre Gesetzgebung binden. Zwar bestehen insoweit geringere Anforderungen an die Rechtfertigung eines Eingriffs; erforderlich ist indes auch hier, dass die gesetzgeberische Maßnahme einem vorrangigen Gemeinschaftsinteresse in insgesamt verhältnismäßiger Weise zu dienen geeignet ist,[30] was nach dem Vorgesagten zweifelhaft ist.

3. Kompetenzausübungssperre in Art. 295 EG?

Wird die Ermächtigung für die verbindliche Vorgabe der Eigentumsentflechtung in Art. 95 EG gesehen, so könnte diesbezüglichen Legislativmaßnahmen dennoch die Kompetenzausübungssperre in Art. 295 EG entgegenstehen. Danach lässt der EG-Vertrag die »Eigentumsordnung in den verschiedenen Mitgliedsstaaten unberührt«. Die Vorschrift war bereits in die Urfassung des EWG-Vertrages (Art. 222 EWGV a.F.) eingefügt worden, um der verbreiteten Sorge vor gemeinschaftsrechtlichen Durchbrechungen von Festlegungen des nationalen Rechts über das Ausmaß der »privaten« oder aber der »öffentlichen« (Versorgungs-)Wirtschaft entgegen zu

29 Siehe dazu ferner EuGH – C-491/01 – *British American Tabacco,* Slg. 2002, S. I-11453, Rn 122; EuGH – C-103/01 – *Kommission/Deutschland,* Slg. 2003, S. I-5369, Rn 48.

30 Vgl. EuGH – C-51/93 – *Meyhui,* Slg. 1994, S. I-3879, Rn 20 ff; EuGH – C-114/96 – *Kieffer und Thill,* Slg. 1997, S. I-3629, Rn 31 ff.

wirken.[31] Nicht zuletzt seiner recht apodiktischen Formulierung wegen ist die Vorschrift indes bis heute »eine weitgehend rätselhafte Norm geblieben«.[32]

a) Bisherige Aussagen in Rechtsprechung und Schrifttum

Nach den dazu verfügbaren spärlichen Aussagen des Gerichtshofes untersagt die Norm immerhin eigenständige Festlegungen des EU-Gesetzgebers über die Eigentumszuordnung und damit jeglichen formalen Entzug von Eigentumspositionen.[33] Andererseits hat der EuGH ebenso deutlich herausgestellt, dass die Vorschrift »*nicht* dazu führt, dass die in den Mitgliedstaaten bestehende Eigentumsordnung den Grundprinzipien des Vertrages entzogen ist«; Eigentumszuordnungen nach nationalem Recht könnten deshalb nicht etwa zur Rechtfertigung damit einhergehender Beeinträchtigungen der Grundfreiheiten führen.[34] Im Umkehrschluss folgt daraus, dass sich die Rechtsetzungskompetenz der EU durchaus auch auf Maßnahmen mit eigentumsrechtlicher Relevanz erstreckt – solange diese der Verwirklichung der Vertragsziele und namentlich der Verwirklichung des Binnenmarktes dienen und nicht spezifisch den Umbau der nationalen Eigentumsordnungen bezwecken.

Eine klare Grenzziehung ist mit diesen Aussagen der Rechtsprechung keineswegs vorgegeben,[35] welche sich deshalb auch der Kritik einzelner Generalanwälte ausgesetzt sieht.[36] Insbesondere ist bislang nicht hinreichend geklärt, ob der Begriff der »Eigentumsordnung« in den Mitgliedsstaaten eher in einem weiten Sinne oder aber eng zu verstehen ist. Die jüngere und wohl auch vorherrschende Meinung im deutschen Schrifttum plädiert für eine restriktive Lesart[37] und stützt sich u.a. auf den Normtext, der – in deutscher Fassung – nur die Eigentumsordnung als solche, nicht

31 Vgl. zur Entstehungsgeschichte nur *Koenig/Kühling* in: Streinz (Hrsg.) EUV/EGV, 2003, Art. 295 Rn 3 f, sowie *H.P. Ipsen* Europäisches Gemeinschaftsrecht, 1972, Kap. 41/11 und 54/41.

32 *Koenig/Kühling* (Fn 31) Rn 1; s. eingehend auch *Ruffert* Europarecht zwischen Liberalisierung und Stabilisierung öffentlicher Daseinsvorsorgeaufgaben: Zur Bedeutung des Art. 295 EGV, in: Henneke (Hrsg.) Kommunale Perspektiven im zusammenwachsenden Europa, 2002, S. 10 ff.

33 Vgl. EuGH – C-309/96 – *Annibaldi,* Slg. 1997, S. I-7505, Rn 22*;* siehe auch BVerfGE 50, 290, 339 – *Mitbestimmung*.

34 Siehe zuletzt EuGH – C-503/04, 18. 7. 2007 – *Kommission/Deutschland*, EuZW 2007, 514, Rn 37 – Hervorh. nur hier; früher schon EuGH – C-463/00 – *Kommission/Spanien,* Sammlung 2003, S. I-4581, Rn 67; C-367/98 – *Goldene Aktien,* Sammlung 2002, S. I-4731, Rn 48.

35 Ebenso *Ruffert* (Fn 32) S. 22.

36 Siehe nur die unlängst wieder bekräftigte Ansicht von Generalanwalt *Ruiz-Jarabo Colomer* zur Rs. C-112/05, 13. 2. 2007 – *Kommission/Deutschland* (VW-Gesetz) Rn 47 f.

37 S. zuletzt etwa, *Kingreen* in: Calliess/Ruffert (Hrsg.) EUV/EGV, 3. Aufl. 2007, Art. 295, Rn 5; *Koenig/Kühling* (Fn 31) Rn 12, sowie unlängst *Calliess* ET 2007, 108 f.

aber einzelne Eigentums-, etwa auch Nutzungs- und Verfügungs*rechte* anspricht.[38] Entscheidend dürfte hingegen sein, dass eine weitere Sperrwirkung des Art. 295 EG im Widerspruch zu den übrigen und insbesondere den Binnenmarkt betreffenden Ermächtigungen des Vertrages wie auch zur diesbezüglichen Rechtsprechung des EuGH geriete, wonach eigentumsrelevante Regelungen des EU-Gesetzgebers ja durchaus möglich, wenn nicht sogar an der Tagesordnung sind. Auch wäre schlechterdings nicht einsehbar, welchen Sinn neben einem Art. 295 EG dann noch das europäische Grundrecht der Eigentumsfreiheit nach Art. 17 der EU-Grundrechtecharta besitzen sollte. Infolgedessen steht Art. 295 EG, womit neben der Entstehungsgeschichte auch der praktischen Wirksamkeit (*effet utile*) des gesamten Binnenmarktrechts am ehesten Rechnung getragen wird, namentlich wirtschaftspolitisch motivierten Eigentumszuordnungen der Mitgliedstaaten und insonderheit solchen Entscheidungen im Wege, die die Zuweisung bestimmter Versorgungsaufgaben entweder an private oder aber öffentliche Unternehmen vorsehen.[39] Mit anderen Worten ist dem Gemeinschaftsgesetzgeber jede Vorgabe hinsichtlich einer Privatisierung oder der Verstaatlichung (Enteignung) bestimmter Unternehmen untersagt.

Nach dieser Sichtweise wäre die Vorgabe von Eigentumsentflechtungen nicht möglich, sofern diese dazu führten, dass bislang in öffentlicher Hand befindliche Netze an Private veräußert werden müssten. In ihrem Vorschlag zur weiteren Entflechtung der Energienetze begnügt sich die EU-Kommission denn auch mit der Forderung nach einer »hinreichenden strukturellen Trennung«: Offenbar mit Blick auf französische Bedenken – hinsichtlich der dort in Staats- bzw. gemischt-wirtschaftlicher Hand befindlichen Netze von *Electricité de France* und *Gaz de France/Suez*), aber auch der deutschen Stadtwerke – soll ein hinreichendes *Unbundling* bereits dann gegeben sein, wenn z.B. Netz und Vertrieb lediglich unterschiedlichen Ministerien zugewiesen würden oder eine Sparte bei dem kommunalen Unternehmen verbliebe und die andere in »staatliche« Hand übergehe.[40] Damit stellt sich freilich sogleich ein weiteres Problem: Sollten nämlich im Ergebnis lediglich »staatliche« Unternehmen bei der (als funktionaler Einheit zu betrachtenden) öffentlichen Hand verbleiben dürfen, während »private« Netze tatsächlich an (»echte«) Dritte abzugeben wären, könnte dies eine nicht gerechtfertigte Ungleichbehandlung (Diskriminierung) von bislang vertikal integrierten privaten Energienetzbetreibern bedeuten – zumal diese im Gegensatz zur öffentlichen Hand nicht mehr zugleich Netzgebühren sowie Gewinne aus anderen Versorgungsaktivitäten einnehmen dürften.[41]

38 Ähnlich die französische (*»régime de la propriété«*) und spanische (*»régimen de la propiedad«*) Vertragsfassung. Indes spricht etwa die englische Formulierung allgemeiner von *»rules governing property ownership«*.

39 Siehe nochmals *Kingreen* (Fn 37) Art. 295 Rn 11 f.

40 Vgl. jeweils S. 6 der oben (Fn 14) angeführten Begründungen zu den Richtlinienvorschlägen für den Energiebinnenmarkt.

41 S. in diesem Sinne insbes. *Calliess* ET 2007, 108, 111 f.

b) Extensive Auslegung aufgrund Wechselwirkung mit Grundrechten?

Die bis hierhin gebotene restriktive Auslegung von Art. 295 EG ist andererseits nicht zwingend. Unter Bezugnahme auf den immer bedeutsameren Schutz der Grundrechte auf europäischer Ebene, insbesondere mit Blick auf die EU-Grundrechtecharta und deren anstehende Inkorporierung im primären Vertragsrecht,[42] könnte auch vertreten werden, dass die Vorschrift allgemein solche Maßnahmen des Gemeinschaftsgesetzgebers untersagt, die auf den »Kern« oder »Wesensgehalt« der europäischen Eigentumsgarantie (Art. 17 GrRCh) und/oder entsprechender nationaler Gewährleistungen zugreifen.[43] Genauer zu fragen wäre dann nach unantastbaren Kern- oder Wesensgehalten des Eigentumsschutzes innerhalb des europäischen »Verfassungsverbundes«, um auf diese Weise entweder den Aussagegehalt des Art. 295 EG zu präzisieren[44] oder aber eine davon unabhängige grundrechtliche Kompetenzausübungsschranke zu entwickeln. Die detaillierte Bewertung der das *Ownership Unbundling* oder verwandte Formen betreffenden europäischen Gesetzgebung hinge, folgte man diesem erweiterten Ansatz, dann maßgeblich von den grundrechtlichen Schutzstandards im europäischen Recht und seinen Wechselwirkungen mit dem nationalen Verfassungsrecht ab.

IV. EIGENTUMSRECHTLICHE BETRACHTUNG

Bei der Bewertung des *Ownership Unbundling*, auch vermittels »Aktiensplitts«, und des alternativen »Unabhängigen Netzbetreibers« anhand grundrechtlicher Verbürgungen steht der Eigentumsschutz der Netzbetreiber im Vordergrund. Als Akte des Unionsgesetzgebers wären diesbezügliche Vorgaben zuvörderst an den europäischen Gewährleistungen des Eigentums zu messen. Dagegen wäre eine Überprüfung anhand nationaler Grundrechte geboten, sofern die letztlich verabschiedeten Richtlinien zum Strom- und Gasbinnenmarkt den Staaten Wahlmöglichkeiten hinsichtlich unterschiedlicher Optionen der Eigentumsentflechtung beließen oder auf nationaler Ebene über die Richtlinien hinausgehende Anforderungen aufgestellt würden. Kaum anzunehmen ist im Übrigen, dass sich im Streitfall etwa das Bundesverfassungsgericht seines im »Maastricht«-Urteil[45] betonten »Kooperationsvorbehalts« besinnen und auch die richtlinienrechtlichen Vorgaben am Maßstab der

42 S. jetzt Art. 1 Nr. 8 Vertrag von Lissabon, den künftigen Art. 6 AEUV betreffend.

43 S. in diesem Sinne v.a. *Storr* (Fn 12) S. 232, 235; *Schmidt-Preuß* in: W. Löwer (Hrsg.) Bonner Gespräch zum Energierecht, 2006, S. 51 ff.

44 Siehe dazu bspw. *Di Fabio* Grundfragen der europäischen Eigentumsordnung, in: Löwer (Fn. 43) S. 9 ff; ferner *Schmidt-Preuß* EuR 2006, 463, 475; *Storr* (Fn 14) S. 235 ff.

45 Vgl. BVerfGE 89, 155 mit Leitsatz 7. Zu vergleichbaren Vorbehalten in der Verfassungsrechtsprechung Frankreichs, Spaniens und Italiens siehe etwa *Kumm/Comella* International Journal of Constitutional Law 1005, 473, 475 mwN; ferner Tettinger/Pielow (Hrsg.) Vertragswerk von Maastricht und Energierecht, 1994.

deutschen Grundrechte messen würde – nachdem entsprechende Vorstöße in der Vergangenheit wiederholt erfolglos blieben.[46]

1. Grundrechtsträger

Dass auch Energienetzbetreiber bzw. dahinter stehende vertikal integrierte Versorgungsunternehmen den grundrechtlichen Eigentumsschutz sowohl nach europäischem wie nach deutschem Recht genießen, steht, jedenfalls nach weithin vorherrschender Ansicht, außer Frage.[47] Im deutschen Recht folgt dies aus Art. 19 Abs. 3 i.V.m. Art. 14 Abs. 1 GG; im EU-Recht ergibt sich Selbiges aus dem Verweis auf die EMRK bzw. deren Erstes Zusatzprotokoll (vgl. Art. 6 Abs. 2 EUV).[48] Zweifelhaft sein kann allenfalls, wie es um den Eigentumsschutz öffentlicher EVU (etwa der franz. *Electricité de France* oder auch deutscher Stadtwerke) bestellt ist. Für gemischt-wirtschaftliche Unternehmen mit bloßer Minderheits- oder Streubeteiligung der öffentlichen Hand (wie im Fall des kommunalen Aktienbesitzes an deutschen Verbundversorgern) ist der EU-Grundrechtsschutz jedenfalls insoweit anzunehmen, als es um bloße wirtschaftliche und nicht zugleich hoheitliche Betätigungen des Unternehmens geht.[49] In Deutschland werden gleichfalls nur rein öffentliche und von der öffentlichen Hand beherrschte Unternehmen mehrheitlich als nicht grundrechtsberechtigt angesehen.[50]

Dass danach jedenfalls Übertragungsnetzbetreiber in Deutschland sowohl den EU- wie den deutschrechtlichen Eigentumsschutz genießen, ist vor allem mit Blick auf die mögliche Entflechtungsvariante des »Aktiensplitts« zu betonen: Wenn die Kommission insofern die zwangsweise Aufteilung der Anteilsrechte an der neu zu gründenden Netzgesellschaft propagiert, hat sie zwar die gleichfalls grundrechtlich geschützten Aktionärsinteressen im Blick.[51] Übersehen wird dabei jedoch offenbar, dass nach dem Gesagten das bisherige Verbundunternehmen seinerseits ein grund-

46 Vgl. BVerfGE 97, 350 – betr. Einstieg in die 3. Stufe der Europ. Währungsunion; BVerfGE 102, 147 – *Bananenmarktverordnung*.

47 Siehe immerhin *Hermes* Staatliche Infrastrukturverantwortung, 1998, und die dort unterbreitete Konzeption auch privater Infrastrukturnetze als »öffentlichen« und mithin vom Grundrechtsschutz ausgenommenen Einrichtungen; dagegen etwa *Pielow* (Fn 5) S. 625 ff.

48 Vgl. dort Art. 1 Abs. 1: »Jede natürliche oder juristische Person hat ein Recht auf Achtung ihres Eigentums«; s. weiterhin *Jarass* EU-Grundrechte, 2005, § 22 Rn 16.

49 Vgl. *Jarass* (Fn 48) § 4 Rn 32 f; *Burgi* EuR 1997, 261, 287 f; *Cremer* in: Marauhn/Grote (Hrsg.) Konkordanzkommentar zum europäischen und deutschen Grundrechtsschutz, 2000, Kap. 22 Rn 61.

50 S. grundlegend den (viel kritisierten) Kammer- bzw. »HEW«-Beschluss des BVerfG NJW 1990, 1783; ferner *Epping* Grundrechte, 3. Aufl. 2007, Rn 154. Nunmehr aber für den Grundrechtsschutz der *Deutsche Telekom AG* BVerfGE 115, 205 Rn 71 f; BVerwGE 115, 160, 189. Weitergehend in der Literatur etwa auch *Schmidt-Preuß* in: Isensee/Kirchhof (Hrsg.) Hdb. des Staatsrechts, Bd. VI, 3. Aufl. 2006, § 96 Rn 37.

51 S. zum Schutz des individuellen Aktieneigentums nur BVerfG NJW 2007, 3248.

rechtlich beachtliches »Eigenleben« führt und folglich seine Umformung im Wege eines Aktiensplitts der besonderen verfassungsrechtlichen Rechtfertigung bedarf.

2. *Eigentumsentflechtung im Lichte des EU-Eigentumsschutzes*

Die sukzessive Konturierung des europäischen Eigentumsgrundrechts durch den EuGH,[52] gestützt auf Art. 1 des Ersten Zusatzprotokolls zur EMRK und die Rechtsprechung der Mitgliedsstaaten, wie es sich auch in Art. 17 der EU-Grundrechtecharta manifestiert,[53] umfasst den Schutz jedweder vermögenswerter Positionen, die dem Einzelnen von der Rechtsordnung so zugeordnet sind, dass er die damit verbundenen (Besitz-, Nutzungs- und Verfügungs-)Befugnisse eigenverantwortlich und eigennützig ausüben darf. Auf der Eingriffsebene wird zwischen der entschädigungspflichtigen Eigentumsentziehung und bloßen Nutzungsregelungen unterschieden. Die erstgenannte Variante erfasst sowohl die *förmliche* Enteignung, also die (Zwangs-)Übertragung des Eigentums auf den Staat oder einen Dritten,[54] als auch die *de facto*-Enteignung, bei der die formale Eigentümerstellung unberührt bleibt, dem Eigentümer aber sämtliche damit verbundenen Rechte vollständig genommen werden und damit die Eigentumsposition »faktisch« verschwindet.[55] Zu rechtfertigen ist der Eingriff vor allem nach Maßgabe des Verhältnismäßigkeitsprinzips mit Blick auf ein legitimes öffentliches, i.e. Gemeinschaftsinteresse. Die Eigentumsentziehung erfordert zusätzlich eine gesetzliche Grundlage und die angemessene Entschädigung. Dabei fällt, was vielfach kritisiert wird, die Kontrolldichte (speziell bezüglich der Erforderlichkeit und Angemessenheit einer Maßnahme) nicht allzu intensiv aus; oftmals beschränkte sich der EuGH auf eine bloße »Evidenzkontrolle« unter Anerkennung eines breiten Beurteilungsspielraums für den Gemeinschaftsgesetzgeber.[56] Freilich finden sich im neueren Fallrecht auch Beispiele für eine tendenziell angespanntere Prüfung der Verhältnismäßigkeit.[57]

Die oben skizzierten Vorschläge der Kommission dürften zumindest als Nutzungsregelung und im Fall der eigentumsrechtlichen Entflechtung sogar als Eigentumsentziehung zu bewerten sein.[58] Die Variante des Unabhängigen Netzbetreibers

52 Grundlegend EuGH – *Hauer,* Slg. 1979, I-3727.

53 S.a. *Jarass* NVwZ 2006, 1089 ff; *Depenheuer* in: Tettinger/Stern (Hrsg.) Kölner Gemeinschaftskommentar zur EU-Grundrechtecharta, 2006, Art. 17 Rn 19.

54 Verfall, Entziehung und Konfiskation werden dagegen als bloße Nutzungsregelung bewertet, vgl. *Jarass* NVwZ 2006, 1089, 1092 mwN.

55 Vgl. EuGH (Fn 52) Rn 19; Rs. C-363/01 – *Flughafen Hannover-Langenhagen,* Slg. 2003, I-1183, Rn 55 ff; s.a. *Jarass* (Fn 53).

56 S. etwa die Kritik von *Schmidt-Preuß* EuR 2006, 463, 470.

57 Siehe unlängst EuG-I, Urteil v. 11. 7. 2005 – Rs. T-170/06 25. 8. 2007 – *Alrosa/Commission,* WuW/E EU-R 1283, Rn 112 ff, bespr. von *Le More* EuZW 2007, 722 ff.

58 Dies gilt auch für die Option des »Aktiensplitts«, welche den Zwangsverkauf eines Aktienpakets gebietet, und zwar insoweit, als damit eine Kontrolle über den Netzbetrieb ausgeübt werden kann.

(ISO) könnte als *de facto*-Enteignung zu werten sein, da dem bisherigen Netzeigentümer jegliche Möglichkeit genommen würde, über die weitere Verwendung, etwa den Ausbau des Netzes, (zumindest mit Anderen) zu entscheiden.[59] Ob und inwieweit dies europarechtlich gerechtfertigt ist, erfordert wiederum grundlegende Betrachtungen.[60] Dabei ist zu beachten, dass sich ungeachtet der verfügbaren Judikate der EuGH eine konsistente Eigentumsdogmatik noch nicht ausgebildet hat.[61] Dementsprechend ist bis heute auch kein wie immer gearteter unantastbarer Kernbereich des europäischen Eigentumsschutzes erkennbar, der zugleich zur Präzisierung der Kompetenzausübungsschranke in Art. 295 EG (nach der dazu vertretenen weiteren Auffassung, s.o. III 3 a b) herangezogen werden könnte.

3. *Eigentumsentflechtung aus Sicht des Art. 14 GG*

Der Eigentumsschutz nach deutschem Verfassungsrecht hebt sich, sofern er nach dem oben (*sub* IV) Gesagten überhaupt einschlägig wäre, von den Vorgaben des EU-Rechts, aber auch gegenüber den Verhältnissen in anderen EU-Staaten[62] hinsichtlich der differenzierteren Dogmatik wie auch des Stellenwerts des Privateigentums an und für sich deutlich ab. Schon die Einführung von Durchleitungsrechten bei Strom- und Gasnetzen bewegte sich wegen der damit verbundenen Eigentumsbeschränkungen an der Grenze des verfassungsrechtlich Erlaubten.[63] Das *Ownership Unbundling* als intensivste Form der eigentumsrechtlichen Entflechtung wäre nach deutscher Lesart nur durch Enteignung nach Art. 14 Abs. 3 GG oder – indirekt – mittels gesetzlicher Verpflichtung zur Zwangsveräußerung zu verwirklichen. Im letzteren Fall wäre nach der Rechtsprechung des Bundesverfassungsgerichts[64] eher von einer bloßen Inhalts- und Schrankenbestimmung im Sinne des Art. 14 Abs. 1 GG auszugehen – schon weil der Eigentumsentzug nicht durch einen Hoheitsakt sondern unmittelbar erst durch die (privatrechtliche) Veräußerung des Netzes bewirkt würde.[65] Werden aber Nutzungs- oder Verfügungsbefugnisse per Verpflichtung zum Zwangsverkauf derart massiv beschnitten, dass nur noch eine »leere Hülle« des Eigentumsrechts verbleibt, sind an die Inhalts- und Schrankenbe-

59 Ebenso *Calliess* ET 2007, 108, 110.

60 Für eine Rechtfertigung jedenfalls des ISO-Modells *Storr* (Fn 12) S. 237, der jedoch, was m.E. geboten erscheint, nicht näher hinsichtlich der Entscheidungsbefugnisse des Netzbetreibers, z.B. bezüglich Investitionen, differenziert.

61 Ebenso *Depenheuer* (Fn 53) Art. 17 Rn 18; *von Danwitz* in: von Danwitz/Depenheuer/Engel, Bericht zur Lage des Eigentums, 2002, S. 260, 280.

62 S. beispielsweise zum vorwiegend *objektiv*-rechtlich ausgestalteten Eigentumsschutz in Frankreich *Pielow* (Fn 5) S. 231 ff mwN.

63 S. z.B. *Schmidt-Preuß* RdE 1996, 1 ff; *Büdenbender* WuW 2002, 119 ff; *Badura* DVBl. 2004, 1189 ff; *Papier* Die Regelung von Durchleitungsrechten, 1997, S. 13 ff.

64 S. etwa BVerfGE 58, 137, 144; 70, 191, 200 ff; 83, 201, 211 f. Zu diesbezüglichen Abgrenzungsproblemen etwa *Wieland* in: Dreier (Hrsg.) GG, Bd. I, Art. 14 Rn 76.

65 Wie hier *Baur/Pritzsche/Klauer* (Fn 12) S. 80; *Storr* (Fn 12) S. 236.

stimmung vergleichbar strenge Anforderungen wie an eine Enteignung zu stellen.[66] Insbesondere hätte der Umsetzungsgesetzgeber darzulegen, dass das mit dem Eingriff verfolgte Gemeinwohlanliegen eines »echten« Energiemarktes mit sicherer Versorgung nicht ebenso wirksam durch das weniger einschneidende Modell des Unabhängigen Netzbetreibers erreicht werden kann.[67] Auch wäre zu prüfen, ob der Gesetzgeber über den im Zuge eines Zwangsverkaufs zu erzielenden Gewinns hinaus, und sofern dieser hinter dem Marktwert des Netzes zurückbliebe, zu weitergehenden Entschädigungszahlungen verpflichtet wäre.[68]

Die Vereinbarkeit der Variante des *Independent System Operator* (ISO) mit Art. 14 Abs. 1 GG wäre ihrerseits davon abhängig zu machen, inwieweit dem bisherigen Netzeigentümer der Einfluss auf die Nutzung des Netzes genommen würde. Würde ihm, wie dies der Vorstellung der EU-Kommission entspricht, jegliche (Mit-)Entscheidung über Investitionen in die Unterhaltung und den Ausbau der Leitungen genommen, wäre wiederum erhöhte Anforderungen an die verfassungsrechtliche Rechtfertigung zu stellen. Wie schon bei der europarechtlichen Betrachtung wäre auch hier und unter dem Aspekt der Erforderlichkeit zu fragen, ob mit dem bestehenden und mit der kommenden »Anreizregulierung« nach § 21a EnWG i.V.m. ARegV noch intensivierten Netzzugangs- und -entgeltregime dem Zentralanliegen der Schaffung »echten« Wettbewerbs nicht ebenso gut oder sogar besser entsprochen würde.[69]

V. Fazit und Ausblick

Im Ergebnis dürften die von der EU-Kommission unterbreiteten Entflechtungslösungen in mancher Hinsicht auf »wackeligen Füßen« stehen. Dazu trägt auch bei, dass die Feststellungen der Kommission in tatsächlicher Hinsicht zu wünschen übrig lassen: So beruft sich die EU-Behörde wiederholt auf die Existenz vorgeblich erfolgreich umgesetzter Eigentumsentflechtungen in anderen EU-Staaten (allen voran in Großbritannien).[70] Die dazu aufgeführten Fakten sind freilich recht ober-

66 S. nur BVerfGE 100, 226, 241 ff.

67 Ebenso *Baur/Pritzsche/Klauer* (Fn 12) S. 82.

68 Vgl. BVerfGE 58, 137, 149; 100, 226, 245. Zur Höhe der Entschädigung s. nur *Jarass* in: Jarass/Pieroth, GG, Art. 14 Rn 77. Freilich wäre insofern zu fragen, ob Energienetze nicht einer gesteigerten Gemeinwohlverantwortung unterliegen, die sich entsprechend auf einen finanziellen Ausgleich auswirkte, s. in diesem Sinne insbes. *Papier* in: Maunz/Dürig, GG, Art. 14 Rn 521 ff.

69 Hinsichtlich der Entflechtungsvariante »Aktiensplitt« gilt aus Sicht des Unternehmens Entsprechendes. Bezüglich der Aktionäre bildete diese Lösung eine bloße Neudefinition des Eigentums, solange jedenfalls ihre Beteiligungen in gleicher Höhe erhalten blieben. Siehe zum Ganzen auch *Schmidt-Preuß* in Baur/Pritzsche/Simon (Hrsg.) Unbundling in der Energiewirtschaft, 2006, S. 33 ff.

70 S. z.B. die Begründung zur neuen Elektrizitätsbinnenmarktrichtlinie (Fn 14) S. 5.

flächig und teilweise schlicht falsch.[71] Zu vermissen sind insbesondere – eigentlich ein Grundgebot der rechts- und systemvergleichenden Methode – Hinweise auf die genaueren Begleitumstände des *Ownership Unbundling* in anderen Ländern, wo sich die entflochtenen Energienetze entweder komplett in staatlicher Hand befinden oder, wie in Großbritannien, bereits vor Ihrer Privatisierung eigentumsrechtlich entflochten wurden (womit sich etwa grundrechtliche Probleme nicht in dem hier beschriebenen Maße stellten). Schließlich ist, was auch mit Blick auf die Pflicht zur Begründung von Gesetzesentwürfen (Art. 253 EG) problematisch erscheint, bislang nicht hinreichend dargelegt, dass Eigentumsentflechtungen anderenorts ein verlässlichen Garant für funktionierenden (»echten«) Wettbewerb mit spürbar sinkenden Verbraucherpreisen wie auch für wünschenswerte Investitionen in die Leitungsnetze und damit für die Versorgungssicherheit bilden.[72] Alles in allem dürfte der EU-Kommission daher zumindest übereiltes Handeln, wenn nicht Aktionismus vorzuhalten sein – wie er übrigens im Energiebereich nicht nur auf europäischer Ebene häufiger anzutreffen ist.[73]

Was die nunmehr belebte europa- und verfassungsrechtliche Debatte um eigentumsrechtliche Netzentflechtungen betrifft, wird das weitere Gesetzgebungsverfahren in Brüssel immerhin Anlass geben, nach wie vor offenen Fragen wie z.B. dem Verhältnis zwischen Art. 295 EG und dem noch näher zu konturierenden EU-Eigentumsschutz im »EU-Verfassungsverbund« mit dogmatischer Tiefenschärfe näher nachzugehen. Davon dürften wiederum hilfreiche Impulse für künftige »Entflechtungsdebatten« in anderen Netzwirtschaften wie insgesamt für das – aus guten Gründen und im Sinne von *Rolf Stober* (s.o.) maßgeblich öffentlich-rechtlich umhegte – Regulierungsverwaltungsrecht ausgehen.

71 So etwa, wenn die Kommission in der Internet-Rubrik »Question and answers« (zum 3. Legislativpaket, s. http://ec.europa.eu/energy/electricity/package_2007/index_en.htm) ohne weitere Differenzierung glauben machen will, dass die Eigentumsentflechtung von Stromnetzen »in der Hälfte der Mitgliedstaaten« und im Gassektor »in sieben Mitgliedstaaten« bereits Realität sei.

72 Für insoweit bestehende erhebliche Zweifel hinsichtlich des *Ownership Unbundlings* in Großbritannien s. etwa *Ph. Wright* The advantages of full Ownership Unbundling in gas Transportation and Supply: How the European Commission got it wrong about the UK, SERIS, Juni 2006, www.seris.co.uk/demerging_gas_transport.pdf.

73 Siehe insoweit nur die erhebliche Kritik gegenüber der an und für sich systemwidrigen (Wieder-)Einführung einer Energiepreiskontrolle (nach Auslaufen der alten Bundestariffordnung Elektrizität) in § 29 GWB, bspw. seitens der Monopolkommission in ihrem 47. Sondergutachten (Fn 11) S. 8 ff. 20 ff.

Der Teilzeitanspruch in der betrieblichen Praxis

ACHIM SCHUNDER

Das neu geschaffene Teilzeit- und Befristungsgesetz (Geltung ab 1. Januar 2001) hat allen Arbeitnehmern einen Teilzeitanspruch nach Maßgabe des § 8 TzBfG eingeräumt. Das Gesetz setzt im Teilzeitbereich die Richtlinie über die Teilzeitarbeit 97/81/EWG um. Die Befassung mit Teilzeitanträgen spielt sowohl in der betrieblichen Praxis von Personalabteilung als auch den Personaldezernaten in der öffentlichen Verwaltung eine große Rolle. Der Beitrag will daher eine kleine Bestandsaufnahme sowohl in materiell-rechtlicher als auch prozessualer Hinsicht nach Maßgabe der bisher ergangenen höchstrichterlichen Judikatur vornehmen.

I. EINLEITUNG

In seinen teilzeitrechtlichen Regelungen dient das Teilzeit- und Befristungsgesetz insgesamt zur Umsetzung der Richtlinie 97/81/EWG über Teilzeitarbeit. Diese setzt die Rahmenvereinbarung der europäischen Sozialpartner über Teilzeitarbeit um und soll sie zur Anwendung bringen. § 5 Abs. 3a der Richtlinie regelt: Die Arbeitgeber *sollen soweit dies möglich ist*, Anträge von Vollzeitbeschäftigten auf Wechsel in ein im Betrieb zur Verfügung stehendes Teilzeitarbeitsverhältnis *berücksichtigen* ... Die klare europarechtliche Vorgabe stellt damit eine »Empfehlung« an die Arbeitgeber dar, möglichst Teilzeitanträgen zu entsprechen. Es ist keineswegs so – wie es der deutsche Gesetzgeber nunmehr geregelt hat – dass ein Anspruch auf Teilzeit notwendig gewesen wäre. Vielmehr geht der nationale Gesetzgeber – wie so oft bei der Umsetzung europarechtlicher Vorschriften – mit § 8 TzBfG weit über das europarechtliche Ziel hinaus.[1] Weil der nationale Gesetzgeber mit der Kodifizierung eines Anspruchs unverhältnismäßig durch diese nicht notwendige Regelung in § 8 TzBfG in die Berufs- und Unternehmerfreiheit der Arbeitgeber aus Art. 12, 14 GG eingegriffen hat, sind diese Parameter somit bei der Auslegung der einzelnen gesetzlichen Merkmale zu Gunsten der Arbeitgeber zu berücksichtigen.

1 ErfK/*Preis* 8. Aufl. 2008, § 8 TzBfG Rn 1; *Meinel/Heyn/Herms* TzBfG, 2. Aufl. 2006, § 8 Rn 1.

II. ANSPRUCHSVORAUSSETZUNGEN

Der Teilzeitanspruch setzt zunächst voraus, dass das Arbeitsverhältnis des Antragstellers länger als sechs Monate bestanden hat (§ 8 Abs. 1 TzBfG) und der Arbeitgeber in der Regel mehr als 15 Arbeitnehmer beschäftigt (§ 8 Abs. 7 TzBfG). Der Rechtsanspruch steht nur *Arbeitnehmern* auch solchen des öffentlichen Dienstes zu. Beamte können sich indes nicht auf § 8 TzBfG berufen. Ebenso vom Anwendungsbereich ausgenommen sind Auszubildende. Hingegen will das Gesetz nach § 6 TzBfG auch sog. Führungskräfte, d.h., Arbeitnehmer in leitenden Positionen, worunter leitende Angestellte i.S. von § 5 Abs. 3 BetrVG zu verstehen sind sowie Teilzeitbeschäftigte selbst als anspruchsberechtigten Personenkreis erfassen. Schließlich setzt der Teilzeitanspruch voraus, dass der Antrag auf Verringerung der Arbeitszeit, der im Übrigen formlos, also auch mündlich gestellt werden kann, spätestens drei Monate vor dem Beginn der Teilzeitarbeit gestellt werden muss (§ 8 Abs. 2 Satz 1 TzBfG). Nach Satz 2 dieser Vorschrift »soll« der Antrag »dabei« die gewünschte Verteilung der Arbeitszeit angeben. Auch dies kann, wie das *BAG* unlängst noch einmal festgestellt hat,[2] mündlich erfolgen. Trotz dieser nur geringen Voraussetzungen, die an den Antrag gestellt werden, empfiehlt es sich für die Praxis, den Antrag schriftlich mit einer ausreichenden Begründung zu stellen.[3] Denn er ist an sich »formal« nur dann wirksam, wenn die Verringerung der Arbeitszeit konkret und für den Arbeitgeber nachvollziehbar verlangt wird. Dies kann indessen bei einem Streit um den Antrag aus Beweisgründen nur dann widerlegt werden, wenn die schriftliche Darstellung hinreichend substanziiert erfolgt ist.

III. VERHANDLUNGSPHASE

1. *Verhandlungsmodell*

Entsprechend der Richtlinie 97/81/EWG hat sich der Gesetzgeber von einer Konsenslösung leiten lassen. Um zu einem Konsens zu kommen, wird verlangt, dass der Arbeitgeber die gewünschte Verringerung und die Verteilung der Arbeitszeit mit dem Arbeitnehmer erörtert und möglichst eine Einigung erzielt (§ 8 Abs. 2, 3 TzBfG). Der Erörterung muss innerhalb der nach Antragstellung verbleibenden zwei Monate erfolgen und so rechtzeitig abgeschlossen werden, dass noch vor Ablauf dieser zwei Monate (nach Antragstellung) das Ergebnis der Erörterung dem Arbeitnehmer rechtzeitig (ein Monat) vor einem möglichen Beginn der verringerten Arbeitszeit (§ 8 Abs. 5 TzBfG) mitgeteilt werden kann. Zwar knüpft das Gesetz an die nicht oder nicht ausreichende Beachtung dieser Verhandlungsobliegenheit, keine

2 NZA 2005, 769.
3 *Leuchten* in: Tschöpe, Anwalts-Hdb. Arbeitsrecht, 4. Aufl. 2004, Teil 3A Rn 199 ff.

unmittelbaren Rechtsfolgen, gleichwohl ist davon auszugehen, dass der Arbeitgeber dem Arbeitnehmer solche Einwendungen nicht entgegenhalten kann, die im Rahmen einer Verhandlung hätten ausgeräumt werden können. So hat auch das *BAG*[4] befunden, dass wenn sich der Arbeitgeber auf eine Erörterung des Wunsches des Arbeitnehmers nach einer bestimmten Verteilung der Arbeitszeit nicht einlässt, dieser zwar gegen die Verhandlungsobliegenheit verstoße, aber die Verletzung der Obliegenheit, weder die Fiktion einer Zustimmung (§ 8 Abs. 5 Satz 2 TzBfG) noch die Verwirkung des Rechts, dass das Änderungsangebot des Arbeitnehmers als abgelehnt gilt, zur Folge hat.

2. *Umgang mit der Konsenslösung – Empfehlungen für die Praxis*

Um vor unliebsamen Überraschungen in einem Prozess um einen Teilzeitantrag eines Arbeitnehmers geschützt zu werden, empfiehlt es sich in der Praxis für die Arbeitgeber folgende Punkte zur Handhabung des Teilzeitwunsches des Arbeitnehmers zu berücksichtigen:

(1) Der Eingang des – schriftlichen oder mündlichen – Antrags des Arbeitnehmers ist exakt festzuhalten. Danach ist die Frist des § 8 Abs. 5 Satz 2, 3 TzBfG zu berechnen und zu notieren. Nur dadurch kann sichergestellt werden, dass die im Übrigen eingreifende Zustimmungsfiktion nicht übersehen wird. Einhergehend damit sollte die Notierung für die schriftliche Ablehnung, denn diese muss arbeitgeberseits spätestens einen Monat vor dem gewünschten Beginn der verringerten Arbeitszeit des Arbeitnehmers zugehen. Bei exakter Fixierung dieser Daten und entsprechender Vor- und Fristnotierung sollte zumindest dieser Punkt rechtssicher zu handhaben sein.

(2) Der Antrag ist mit dem Arbeitnehmer mit dem Ziel zu erörtern, eine einvernehmliche (Konsenslösung) Regelung herbeizuführen. Es empfiehlt sich, bei den Gesprächen Zeugen zu beteiligen.

(3) Der Arbeitgeber sollte den Arbeitnehmer nach den Motiven und Hintergründen für den Antrag befragen und diese notieren. Dies ist deshalb erforderlich, um eine annähernde Gleichbehandlung im Rahmen der Teilzeitwünsche zu vollziehen und damit den »Betriebsfrieden« zu wahren. Wird etwa allen Arbeitnehmern, die einen Antrag auf Arbeitszeitverringerung stellen, mit dem Begehren, ihre Dissertation fertig zu stellen, die Reduzierung bewilligt, so würde es gegen den Gleichbehandlungsgrundsatz verstoßen, wenn ein Arbeitnehmer mit demselben Begehren seinen Teilzeitwunsch vom Arbeitgeber abgelehnt bekommt.

4 NZA 2003, 911.

(4) Der Betriebsrat ist – soweit ein solcher im Betrieb existiert – über die Pläne des Arbeitgebers im Hinblick auf den Teilzeitwunsch des Arbeitnehmers zu informieren (§ 7 Abs. 3 Satz 2 TzBfG).

(5) Frühzeitig sollte der Arbeitnehmer – am besten in dem Konsensgespräch – über die Folgen seines Teilzeitwunsches aufgeklärt werden, d.h. Vergütungsminderung ggf. Reduzierung der Sozialleistungen sowie im Falle einer möglichen Arbeitslosigkeit eine Minderung des Anspruchs auf Arbeitslosengeld.

(6) Soweit der Arbeitgeber dem Wunsch des Arbeitnehmers entsprechen möchte, aber eine Ersatzkraft dafür einstellen will, ist es notwendig, sich frühzeitig an das Arbeitsamt zu wenden, um eine entsprechende Ersatzkraft zu erhalten. Insoweit kann sich ergeben, dass das Arbeitsamt keine Person für die begehrte Tätigkeit zur Verfügung stellen kann; dies ist durch einen entsprechenden Bescheid des Arbeitsamts zu dokumentieren und kann sich ggf. in einem Prozess positiv zu Gunsten des Arbeitgebers auswirken.

(7) Soweit Betriebsvereinbarungen zur Arbeitszeit existieren, ist zu prüfen, ob sich hieraus ein Ablehnungsgrund ergibt oder ein Änderungsbedarf besteht.[5]

IV. ENTGEGENSTEHENDE BETRIEBLICHE GRÜNDE

Betriebliche Gründe sind nach dem Gesetz eine wesentliche Beeinträchtigung der Organisation, des Arbeitsablaufs oder der Sicherheit im Betrieb sowie unverhältnismäßig hohe Kosten. Dabei ist zu beachten, dass die betrieblichen Gründe, für die der Arbeitgeber darlegungs- und beweispflichtig ist, sich sowohl auf das Verringerungsverlangen als auch auf die gewünschte Verteilung erstrecken. Das *BAG* hat in zwei grundlegenden Entscheidungen zu Beginn des Jahres 2003[6] diese »Regelgründe« zu systematisieren versucht und dabei eine Drei-Stufen-Theorie im Hinblick auf die Prüfung entwickelt:

In der *ersten Stufe* ist das vom Arbeitgeber aufgestellte und durchgeführte *Organisationskonzept* festzustellen, das der vom Arbeitgeber als betrieblich erforderlich angesehenen Arbeitszeitregelung zu Grunde liegt. Sodann ist in der *zweiten Stufe* zu überprüfen, ob die vom Organisationskonzept bedingte Arbeitszeitregelung tatsächlich der gewünschten Änderung der Arbeitszeit entgegensteht. Schließlich ist in der *dritten Stufe* zu prüfen, ob das Gewicht der entgegenstehenden betrieblichen Gründe so erheblich ist, dass die Erfüllung des Arbeitszeitwunsches des Arbeit-

5 Das Muster ist mit Modifikationen nach *Hansen/Kelber/Zeißig* Neues Arbeitsrecht, 2002, Teil A sowie *Reinfeld* in: Moll, Münchener Anwaltshandbuch Arbeitsrecht, 2004, § 70 Rn 66, erstellt worden.

6 NZA 2003, 1392 und NZA 2003, 911.

nehmers aus den »Regelgründen« zu versagen ist (Interessenabwägung). Auffällig an diesen wie auch den Folgeentscheidungen des *BAG* ist, dass der für das Teilzeitrecht grundsätzlich zuständige *9. Senat* jeweils bereits in seinen Einleitungssätzen von entgegenstehenden *gewichtigen* betrieblichen Gründen spricht. Zwar ist dies mit dem Gesetzeswortlaut nicht zu vereinbaren, aber die Praxis hat sich darauf einzustellen.

Diese strenge, über den Gesetzeswortlaut hinausgehende Auslegung, verwundert deshalb, denn das *BAG* formuliert in einer Entscheidung im Jahr 2004 (NZA 2004, 382), dass das Teilzeitverlangen des Arbeitnehmers nicht so in den Betriebsablauf eingreifen darf, dass die Verwirklichung des vom Arbeitgeber verfolgen Konzepts wesentlich beeinträchtigt wird. Hieraus folgt zwingend, dass das *BAG* die Interessen des Arbeitgebers aus Art. 12 GG sehr wohl anerkennt, aber dann gerade in späteren Entscheidungen nicht die der Grundrechtsverwirklichung der Arbeitgeber notwendige Bedeutung gibt. Der *9. Senat* formuliert nämlich apodiktisch, dass § 8 TzBfG mit dem Schutz der Berufsausübungsfreiheit der Arbeitgeber nach Art. 12 Abs. 1 GG vereinbar ist. Der gesetzgeberische Eingriff sei im Hinblick auf das Ziel, Arbeitsplätze zu schaffen, gerechtfertigt. Vor allem die vom *9. Senat* aufgestellte dreistufige Prüfung sei ebenso mit Verfassungsrecht im Wege der verfassungskonformen Auslegung zu vereinbaren.[7] Darüber hinaus sieht der *9. Senat* in der vorbezeichneten Entscheidung auch die Parallelität zur Judikatur des *2. Senats* des *BAG* bei der betriebsbedingten Kündigung, namentlich der unternehmerischen Entscheidung gewahrt, die nämlich nur auf Willkür hin überprüft werden darf. Auch dieser Ansatz zeigt meines Erachtens, dass der *9. Senat* nicht stringent in seiner Argumentation ist. Will er nämlich tatsächlich die Grundsätze des *2. Senats* auf die Rechtsprechung beim Teilzeitanspruch übertragen, so dürfte er zunächst nicht contra legem *gewichtige* Belange für die entgegenstehenden betrieblichen Gründe fordern und müsste sorgsamer mit der Grundrechtsposition der Arbeitgeber aus Art. 12 GG umgehen. Vielmehr scheint es so zu sein, dass der *Senat* dem gesetzgeberischen Wunsch, mehr Teilzeitarbeit zu schaffen, die sicherlich auch ohne den gesetzlichen Imperativ und die strenge Rechtsprechung geschaffen worden wäre, versucht durch eine meines Erachtens nicht mehr legitime Auslegung Rechnung zu tragen. An dieser Stelle kann nur gewünscht werden, dass sich dieser Judikatur einmal das *BVerfG* annehmen wird, um zu überprüfen, ob die vom *9. Senat* vorgenommene Auslegung tatsächlich mit dem Grundgesetz vereinbar ist.

Das *BAG* tastet sich im Rahmen einer *Kasuistik* an den jeweiligen Einzelfall heran und hat etwa entscheiden, dass bei einer Kindergartenbetreuerin aus pädagogischen Gründen wegen der berufsspezifischen Anforderungen auch die Dauer der Präsenz am Arbeitsplatz und die Vermeidung von wechselnden Bezugspersonen der zu betreuenden Personen als betrieblicher Grund angesehen werden kann.[8] Fest steht indes, dass das Teilzeitverlangen des Arbeitnehmers nicht so in den Betriebsablauf

7 BAG NZA 2003, 1392; a.A. etwa *Hromadka* NJW 2001, 400 und *Schiefer* DB 2000, 2111.
8 AP § 8 TzBfG Nr. 3.

eingreifen darf, dass die Verwirklichung des vom Arbeitgeber verfolgten Konzepts wesentlich beeinträchtigt wird. Strebt etwa der Arbeitgeber an, dass die Kunden eines Teppichhandels es möglichst immer nur mit einem Verkäufer zu tun haben, liegt darin eine rational nachvollziehbare Zielvorstellung. Solange sich jedoch die Öffnungszeiten seiner Verkaufsräume von der durchschnittlichen wöchentlichen Arbeitszeit der Vollzeitkräfte – hier 64 Stunden zu 37,5 Stunden – deutlich unterscheiden, kann der Arbeitgeber diese Zielvorstellung nicht zur Grundlage eines zur praktischen Umsetzung geeigneten Verkaufs- und Beratungskonzepts machen. Mithin, so der *9. Senat*, könne ein praktisch nicht umsetzbares Konzept auch keinen entgegenstehenden betrieblichen Grund i.S. von § 8 Abs. 4 Satz 1 TzBfG darstellen.[9] Festzuhalten ist, dass der Arbeitgeber, soweit er einen »gewichtigen« betrieblichen Grund dem Teilzeitverlangen des Arbeitnehmers entgegensetzen will – vergleichbar der unternehmerischen Entscheidung bei § 1 Abs. 3 KSchG – ein schlüssiges Organisationskonzept vortragen muss, in das sich der Teilzeitwunsch nicht einfügt.[10] Lapidare Begründungen wie, bei uns sind keine Teilzeitkräfte beschäftigt oder ein Teilzeitwunsch widerspricht unserer Unternehmensphilosophie, den Betrieb nur mit Vollzeitkräften zu führen bzw. wir haben bereits 30 Prozent Teilzeitkräfte und können deswegen keine weiteren Teilzeitwünsche wegen unverhältnismäßiger hoher Kosten erfüllen, sind nach der strengen Judikatur des *9. Senats* unzureichend.

V. PROZESSUALE FRAGESTELLUNGEN

1. Hauptsacheverfahren

a) Haben die Parteien keine Einigung über das Teilzeitverlangen des Arbeitnehmers erzielt, richten sich die weiteren Rechtsfolgen nach der Reaktion des Arbeitgebers. Hat dieser das Teilzeitbegehren form- und fristgerecht abgelehnt, muss der Arbeitnehmer die begehrte Vertragsänderung klageweise, und zwar im Wege der Leistungsklage, die auf Abgabe einer Willenserklärung gerichtet ist (§ 894 ZPO), erheben. Hat indes der Arbeitgeber die Ablehnungsfrist versäumt oder hält er die für eine Ablehnung des Teilzeitverlangens vorgesehene Form nicht ein, wird die Arbeitszeitänderung entsprechend den Wünschen des Arbeitnehmers gesetzlich fingiert (§ 8 Abs. 5 Satz 2 TzBfG). Zwar kann auch in diesen Fällen der Arbeitnehmer eine Leistungsklage erheben, ausreichend dürfte jedoch hier eine Feststellungsklage nach § 256 ZPO sein.[11]

9 NZA 2004, 382.
10 Vgl. *Straub* in: FS 25 Jahre Arge Arbeitsrecht im DAV, S. 183.
11 Vgl. zum Ganzen *Grobys/Bram* NZA 2001, 1175; einen instruktiven Überblick zu § 8 TzBfG gibt *Hunold* NZA-RR 2004, 225.

b) Wie bereits erwähnt, ist der Antrag des Arbeitnehmers auf die Zustimmung zur Verringerung der vertraglich geschuldeten Arbeitszeit gerichtet, also auf die Änderung des Arbeitsvertrags und die gerichtliche Ersetzung der vom Arbeitgeber festzulegenden Lage der Arbeitszeit im Rahmen seines Direktionsrechts. An sich handelt es sich damit um zwei verschiedene Streitgegenstände, die der Arbeitnehmer kumulativ im Wege der Klagehäufung geltend machen kann. Jedoch handelt es sich bei dem Antrag auf Festlegung der Lage der Arbeitszeit grundsätzlich um einen »uneigentlichen Hilfsantrag«, bei dem nur entschieden werden soll, wenn dem Hauptantrag auf Reduzierung der Arbeitszeitlänge stattgegeben wird.[12] Demnach könnte sich folgende Formulierung anbieten:

1. Der Beklagte wird verurteilt, dem Antrag des Klägers auf Reduzierung seiner wöchentlichen Arbeitszeit auf ... Stunden zuzustimmen;
2. hilfsweise für Fall des Obsiegens mit dem Antrag zu 1 wird die Beklagte verurteilt, die Arbeitszeit des Klägers, solange sich die betrieblichen Interessen nicht ändern, wie folgt festzulegen: ...

Diese Aufspaltung in zwei Klageanträge hat indes das *BAG* verworfen. Der *9. Senat* hat nämlich in seiner Entscheidung vom 18. Februar 2003[13] ausgeführt: Verlangt der Arbeitnehmer die Arbeitszeit zu verringern und die Verteilung der zu verringernden Arbeitszeit neu festzulegen, so stellt dies einen Antrag auf entsprechende Änderung des Arbeitsvertrags dar. Dieser Antrag kann nach § 150 Abs. 2 BGB nur unverändert angenommen werden. Verknüpft der Arbeitnehmer beide Begehren miteinander, kann der Arbeitgeber darüber nur einheitlich entscheiden. Die gerichtliche Aufspaltung eines einheitlichen Klageantrags auf Zustimmung zur Verringerung der Arbeitszeit und zur Festlegung der Arbeitszeit in einen Antrag auf Zustimmung und einen Antrag auf Festlegung, verstößt gegen § 308 ZPO.

Hinzuweisen ist noch darauf, dass wegen § 894 ZPO erst mit *Rechtskraft* des Urteils die veränderte Arbeitszeit im Rahmen des Arbeitsvertrags wirksam wird. Eine vorläufige Vollstreckbarkeit ist nicht gegeben, auch nicht über § 62 ArbGG. Ein entsprechender Leistungsantrag könnte wie folgt formuliert werden: »... Der Beklagte wird verurteilt, das Angebot des Klägers ... auf Verringerung der vertraglich vereinbarten Arbeitszeit von ... Stunden auf ... Stunden anzunehmen und die verringerte Arbeitszeit wie folgt zu verteilen ...«.

c) Zu erwähnen ist schließlich noch, dass der Antrag auf Verringerung der Arbeitszeit nur *unbefristet* gestellt werden kann. Zu Recht hat das *BAG*[14] nämlich entschieden, wenn der Arbeitnehmer die Zustimmung zu einer befristeten Verringerung der Arbeitszeit verlange, kein Antrag i.S. des § 8 Abs. 1, 2 und 4 TzBfG vorliege. Der Arbeitgeber kann frei entscheiden, ob er diesen Antrag auf Änderung des

12 *Dörner/Luczak/Wildschütz* Hdb. Arbeitsrecht, 2004, S. 334.
13 NZA 2003, 1392.
14 BAG NZA 2007, 253.

Arbeitsvertrags annimmt oder ablehnt. Hat ein Arbeitnehmer die Zustimmung zur befristeten Verringerung seiner vertraglich vereinbarten Arbeitszeit verlangt, so ist ohne weitere konkrete Anhaltspunkte dieser Antrag regelmäßig nicht entgegen seinem Wortlaut dahingehend auszulegen, dass der Arbeitnehmer mit seinem Antrag auch eine unbefristete Verringerung der Arbeitszeit begehrt. Lehnt der Arbeitgeber einen Antrag auf Zustimmung zu einer befristeten Verringerung der vertraglich vereinbarten Arbeitszeit nicht frist- und formengerecht ab, tritt gleichwohl die *Zustimmungsfiktion* des § 8 Abs. 5 Satz 2 TzBfG *nicht ein*.

Der Arbeitnehmer ist also grundsätzlich – bei einem Teilzeitantrag – bis zum Ende seines Arbeitsverhältnisses an diese verkürzte Arbeitszeit gebunden, es sei denn, er kann mit Erfolg ein Erhöhungsverlangen nach § 9 TzBfG stellen.

2. *Einstweiliger Rechtsschutz*

Ob der Arbeitnehmer seinen Teilzeitanspruch im Wege der einstweiligen Verfügung durchsetzen kann ist zwar umstritten, denn gegen eine solche prozessuale Geltendmachung streitet das Verbot der Vorwegnahme der Hauptsache, das in jedem Falle bei einer entsprechenden Stattgabe des Antrags durchbrochen wird.[15] Gleichwohl geht die h.M. von der Zulässigkeit einer einstweiligen Verfügung zur Durchsetzung des Teilzeitbegehrens aus.[16]

Einen plausiblen und gangbaren Weg im Hinblick auf die einstweilige Verfügung schlägt insbesondere das *LAG Rheinland-Pfalz* vor,[17] das an eine einstweilige Verfügung keine allzu strengen Anforderungen stellt. Danach kann der Anspruch eines Arbeitnehmers auf Reduzierung seiner Arbeitszeit nach § 8 Abs. 1 TzBfG grundsätzlich im Wege der einstweiligen Verfügung durchgesetzt werden. Da die einstweilige Verfügung eine Leistungsverfügung darstellt, die nicht nur zur Sicherung, sondern zu einer teilweisen oder völligen Befriedigung des streitigen Anspruchs führt, sind an die Darlegung und Glaubhaftmachung von Verfügungsanspruch und -grund strenge Anforderungen zu stellen. Insbesondere setzt der Verfügungsgrund voraus, dass der Erlass der einstweiligen Verfügung zur »Abwehr wesentlicher Nachteile« erforderlich erscheint. Dies kann der Fall sein, wenn der Arbeitnehmer ohne die beantragte Arbeitszeitverkürzung nicht in der Lage ist, die Betreuung seiner Kinder zuverlässig zu gewährleisten.

15 *Rolfs* RdA 2001, 136, der jedoch die Unzulänglichkeit einer einstweiligen Verfügung aus § 894 ZPO herleiten will.

16 Vgl. *Meinel/Heym/Herms* (Fn 1) § 8 Rn 128; ErfK/*Preis* (Fn 1) § 8 TzBfG Rn 50 ff; *Leuchten* in: Tschöpe, Anwalts-Hdb., 4. Aufl. 2004, S. 1128; *Reinfeldt* in: Moll, Münchener Anwalts-Hdb. ArbeitsR, 2005, S. 2130; *Grobys/Bram* NZA 2001, 1175, 1181.

17 NZA 2002, 856; a.A. LAG Berlin NZA 2002, 858, das an das Vorliegen einer einstweiligen Verfügung keine strengen Anforderungen stellt, sondern diese vielmehr grundsätzlich bei plausiblem Sachvortrag stattgeben möchte.

Allerdings sind ein präziser Sachvortrag und eine entsprechende Glaubhaftmachung dahingehend erforderlich, dass bei einer Nichtverringerung der Arbeitszeit des Arbeitnehmers, etwa wegen Betreuung der Kinder, wegen eines Todesfalls des Partners oder der Eltern und keiner Möglichkeit zur Fremdbetreuung, die Arbeitszeitreduzierung unabdingbar ist. Es sollte in dem Verfügungsantrag bereits zum Ausdruck kommen, dass dieser natürlich nicht unbegrenzt gestellt ist, sondern nur bis zum Abschluss des Hauptsacheverfahrens.

Ein entsprechender Antrag könnte wie folgt lauten: »Dem Antragsgegner wird aufgegeben, den Antragsteller bis zum rechtskräftigen Abschluss des Verfahrens in der Hauptsache mit ... Stunden Arbeitszeit zu beschäftigen und diese Arbeitszeit wie folgt zu verteilen ...

3. Bemessung des Streitwerts

Wie der Gegenstandswert einer Klage bzw. als einer einstweiligen Verfügung zu bemessen ist, ist in der instanzgerichtlichen Judikatur und Literatur umstritten. So wird unter anderem vertreten, dass sich der Streitwert eines *Hauptsacheverfahrens* betreffend § 8 TzBfG nach § 12 Abs. 7 Satz 2 ArbGG a.F. richte (= § 42 Abs. 4 GKG); er betrage danach also das 36fache der Vergütungsdifferenz zwischen der Vollzeittätigkeit und der Teilzeittätigkeit.[18] Hiergegen wird unter anderem vorgebracht, dass entscheidend sei, das wirtschaftliche Interesse des Klägers zu ermitteln. Da dieses auf die Reduzierung der Arbeitszeit und damit der Vergütung gerichtet sei, könne § 12 Abs. 7 ArbGG (= § 42 Abs. 4 GKG), der nur für den umgekehrten Fall eine Regelung enthält, nicht herangezogen werden. Vielmehr müsse man sich nach § 12 Abs. 2 GKG richten. Der Wert der Freizeit und damit das wirtschaftliche Interesse lassen sich aber durchaus am Unterschiedsbetrag zwischen bisheriger und zukünftiger Vergütung ablesen. Da diese Konstellation vergleichbar der einer Änderungskündigung des Arbeitgebers sei, sei damit die entsprechende Interessenlage auch auf den Streitwert bei § 8 TzBfG zu übertragen.[19] Deshalb sei der Höchstbetrag nach § 12 Abs. 7 ArbGG a.F. (= § 42 Abs. 4 GKG) auf einen Höchstbetrag von drei Bruttomonatsgehältern des Arbeitnehmers zu begrenzen.

Im Rahmen eines *einstweiligen Verfügungsverfahrens* ist die Begrenzung auf den Zeitpunkt der Rechtskraft der Hauptsache einerseits, das Eintreten einer teilweisen Befriedigungswirkung andererseits zu berücksichtigen. Bei einer zu erwartenden Verfahrensdauer in der Hauptsache von sechs Monaten wäre der sechsfache, bei einer zu erwartenden Verfahrensdauer bis zur Rechtskraft von zwölf Monaten der zwölffache Differenzbetrag angemessen.[20]

18 *Straub* NZA 2001, 925; *Kliemt* NZA 2001, 68 und *Ennemann* NZA 2001, 1190.
19 Vgl. dazu *Dörner/Luczak/Wildschütz* (Fn 12) S. 337.
20 *Hunold* NZA 2004, 225; *Dörner/Luczak/Wildschütz* (Fn 12) S. 337.

VI. Fazit

Der Teilzeitanspruch, allem voran die ihm entgegenstehenden betrieblichen Belange sind zwar nach der bisherigen Judikatur des *BAG* noch nicht endgültig austariert. Dennoch ist zu konstatieren, dass der *9. Senat* des *BAG* ein Konzept entwickelt hat, das für den Arbeitgeber mitunter sehr hohe Hürden – m.E. ohne »gesetzliche Not« zu hohe – im Hinblick auf die entgegenstehenden betrieblichen Belange aufstellt. Gleichwohl sollte man in Kenntnis dieser Rechtsprechung nicht resignieren, sondern gerade im Hinblick auf die Organisationsentscheidung versuchen, möglichst frühzeitig ein schlüssiges Organisationskonzept aufzubauen, das man bei entsprechenden Fällen auch plausibel darlegen und beweisen kann. Bleibt zum Schluss die Hoffnung, dass der *9. Senat* künftig die gegenläufigen Grundrechtspositionen von Arbeitnehmer und Arbeitgeber aus Art. 12 GG auch tatsächlich im Sinne praktischer Konkordanz einander zuordnet.

»Aufsicht« und »Überwachung« im öffentlichen Wirtschaftsrecht: zwei Wörter für einen Begriff?

Rolf Gröschner

»Doch ein Begriff muss bei dem Worte sein«. So sagt es der faustische Schüler. Die Schüler *Rolf Stobers* – zu denen hier alle gezählt werden, die seine Lehrbücher studieren (in welchem Status und zu welchem Zwecke auch immer) – sollten gelernt haben, die mephistophelische Maxime zu meiden, mit bloßen Wörtern zu streiten:[1] »Denn eben wo Begriffe fehlen, da stellt ein Wort zur rechten Zeit sich ein«. Zum Streit über die Bedeutung der Wörter »Wirtschaftsüberwachung und Wirtschaftsaufsicht« liest man unter dieser Überschrift im Lehrbuch des Allgemeinen Wirtschaftsverwaltungsrechts, dass »es trotz wissenschaftlicher Bemühungen um Eingrenzung, Systematisierung und Umschreibung an begrifflicher Klarheit« fehle.[2] Für die »Lehrbuchliteratur« wird konstatiert, dass »die Schlüsselfrage nach den spezifischen Wertungen und Prinzipien des Wirtschaftsverwaltungsrechts kaum thematisiert« werde.[3] Einige Zeilen weiter gönnt *Rolf Stober* sich und seinen Lesern sogar das Stilmittel der Hyperbel eines »chaotischen« Rechtsgebietes.[4] Ohne Übertreibung kann man jedenfalls von einem mangelnden Konsens in der »Schlüsselfrage« der bereichsspezifischen Prinzipien sprechen. Der tiefstliegende Dissens dürfte aber derjenige über die Differenz zwischen Wort und Begriff sein. Über diese Differenz soll im Folgenden mit einem Autor gestritten werden, der angetreten ist, »Überwachung« durch »Aufsicht« abzulösen: *Stefan Ulrich Pieper*.[5]

1 Faust I, V. 1995 ff: »Mit Worten läßt sich trefflich streiten […]« Gegen *Goethes* Genius die Grammatik bemühen zu wollen, wäre verfehlt. Gleichwohl wird der Plural hier nach dem Muster des »Wörterbuchs« und nicht nach dem der »geflügelten Worte« gebildet.

2 *Stober* Allgemeines Wirtschaftsverwaltungsrecht, 14. Aufl. 2004, S. 260.

3 *Stober* (Fn 2) S. 8 mit dem Zusatz »S. aber *Gröschner*, ThürVBl., 1996, 217 ff«. Verf. nimmt die Gelegenheit der Geburtstagsfestschrift gern wahr, um dem Jubilar für zwei Jahrzehnte wohlwollender Aufnahme eigener Anstrengung des Begriffs zu danken.

4 *Stober* (Fn 2) S. 8 unter Verweisung auf seinen Beitrag in FS Maurer, 2001, S. 827 f. Das Selbstzitat verweist auf S. 828.

5 *Pieper* Aufsicht. Verfassungs- und verwaltungsrechtliche Strukturanalyse, 2006. Was im Rahmen einer Rezension zu dem Buch zu sagen war, findet sich bei *Gröschner* demnächst im AöR.

1.

Piepers Monographie zum Thema »Aufsicht« präsentiert in ihrem ersten Teil eine »sektorale Querschnittsanalyse von Aufsichtsregelungen«, beginnend mit den einschlägigen »staats- und verwaltungsorganisatorischen Regelungen«,[6] fortschreitend zu der »Aufsicht über private Tätigkeiten«[7] und endend bei der Aufsicht über Selbstverwaltungskörperschaften, Anstalten, Stiftungen und Beliehene.[8] Als erstes Teilergebnis wird festgehalten, die »Strukturanalyse« – Leitwort des Buchtitels und Lieblingsprädikat des Autors für seine wissenschaftliche Arbeit – habe »verdeutlicht, dass ein feststehender, abstrakt-allgemeiner Aufsichtsbegriff auf der Grundlage der Normanalyse nicht festzustellen ist«.[9]

Da das betreffende Buch aus einer Habilitationsschrift hervorgegangen ist, die von einer der renommiertesten Juristenfakultäten in Deutschland angenommen wurde,[10] darf man weder der Fakultät noch ihrem Habilitanden unterstellen, die Bezeichnung des Untersuchungsprogramms als »Strukturanalyse« sei eine Verlegenheitslösung gewesen. Wenn man aber annimmt, es handele sich um ein anspruchsvolles, erkenntnistheoretisch aufgeklärtes Programm, wird man den Klassiker der Erkenntnistheorie befragen dürfen, was unter »Analyse« zu verstehen ist. *Immanuel Kant* antwortet kurz und bündig: Ein »analytisches Urteil« ist im Gegensatz zu einem »synthetischen Urteil« kein »Erweiterungs«-, sondern ein »Erläuterungsurteil«; es fügt dem betreffenden Begriff nichts Neues hinzu, sondern legt durch »Zergliederung« seiner Inhalte nur offen, was immer schon, wenn auch »verworren«, in ihm enthalten war.[11] Im Kern dieses Verständnisses zergliedernder Begriffsanalyse stimmten die großen Analytiker seit *Aristoteles* stets überein.[12]

2.

Ausweislich des programmatischen Titels einer »Strukturanalyse« will *Pieper* den Aufsichtsbegriff offenbar nicht irgendwie zergliedern, sondern so, dass sich daraus die Elemente einer inneren Einheit ergeben – wie bei der chemischen Analyse des Wassermoleküls, die eine bestimmte Beziehung zwischen zwei Wasserstoffatomen und einem Sauerstoffatom und durch deren Valenz die Struktur(formel) von Wasserstoffoxid ergibt. Der Erstbefund war allerdings – wie zitiert – negativ: Nach

6 *Pieper* (Fn 5) S. 9 ff.
7 *Pieper* (Fn 5) S. 23 ff.
8 *Pieper* (Fn 5) S. 76 ff.
9 *Pieper* (Fn 5) S. 135.
10 Von der Rechtswissenschaftlichen Fakultät der Westfälischen Wilhelms-Universität Münster – nota bene einer ehemaligen Wirkungsstätte *Stobers*.
11 Kritik der reinen Vernunft, B 11.
12 Klassikertext formallogischer Analyse: Die erste Analytik des *Aristoteles*.

einem Viertel des Buches hatte der Analytiker noch nicht gefunden, was die gesetzliche Aufsichtswelt im Innersten zusammenhält. Hätte faustisches Erkenntnisstreben nicht spätestens jetzt, nach immerhin 135 Druckseiten, den Verzicht darauf verlangt, »in Worten (zu) kramen«?[13]

Die Überschrift des zweiten Teils, »Konturen und Probleme eines allgemeinen Aufsichtsbegriffs«, lässt einen Aufstieg aus positivistischer Wortkramerei zu den Höhen dogmatischer Begriffsbildung erhoffen. Die Hoffnung trügt:

> »Zu berücksichtigen ist indes, dass zwar eine Vermutung für die Sinn-Identität von Begriffen besteht, die in einem Gesetz vorkommen, aber nicht zwingend für eine Gleichsinnigkeit von gleichlautenden Begriffen in verschiedenen Gesetzen. Somit muss der bloßen Verwendung des Begriffs Aufsicht in unterschiedlichen gesetzlichen Zusammenhängen nicht zwingend dieselbe Bedeutung zukommen«.[14]

Vielleicht würde der Autor, inzwischen akademisch als außerplanmäßiger Professor geadelt und beruflich zum Referatsleiter im Bundespräsidialamt arriviert, seinen Text heute anders formulieren. Immerhin schreibt er im Vorwort: »Mit dem heutigen Abstand relativiert sich die eigene Sicht auf die Dinge«.[15] Relativierter als in den zwei zitierten Sätzen kann man seine Vorstellung von der »Sinn-Identität von Begriffen« jedoch kaum zum Ausdruck bringen; jedenfalls bleibt die sprachphilosophisch entscheidende Frage offen: Erschließt sich jene auch »Gleichsinnigkeit« genannte okkulte innere Identität aus den Begriffen selbst – wofür das Programm einer »Strukturanalyse« spräche – oder kommt es auf die »Verwendung« der Begriffe an, von der im zweiten Satz die Rede ist? *Ludwig Wittgenstein*, mit dem man in schöner Klarheit hätte sagen können, der Begriff sei die Bedeutung eines Wortes in einem Sprachspiel,[16] fehlt im (ansonsten umfangreichen) Literaturverzeichnis.[17]

3.

Wohlwollend interpretiert mag *Piepers* Verzicht auf eine sprachphilosophisch vertretbare Differenzierung zwischen Wort und Begriff mit seiner Orientierung am »Typus« erklärbar sein: »Die Analyse vermittelt zwar ein Bild, eine Vorstellung von dem, was dem Gesetzgeber als Aufsicht vorschwebt. Trotz aller Unschärfe dieses Bildes, das durch die Vielfalt der Erscheinungsformen geprägt ist, lassen sich doch die Konturen der Aufsicht aus dem Normbefund insoweit konkretisieren, als bestimmte, wesensnotwendige Elemente erkennbar sind. Das Herausstellen solcher

13 Faust I, V. 385.
14 *Pieper* (Fn 5). S. 137.
15 *Pieper* (Fn 5). S. V.
16 *Wittgenstein* Philosophische Untersuchungen I, § 23 (zum »Sprachspiel«), § 43 (zur »Bedeutung«), in: Schriften, Bd. 1, 1960, S. 300 ff.
17 Das völlige Fehlen (sprach-)philosophischer Literatur ist angesichts des Anspruchs einer »Strukturanalyse« des Aufsichtsbegriffs bemerkenswert selbstbewußt.

wesensnotwendigen Elemente reduziert die vielfältigen Erscheinungsformen der Aufsicht auf einen ›Wesenskern‹, also solcher unabdingbarer und unverzichtbarer Merkmale, die zwingend vorhanden sein müssen, um den Typus auszumachen«.[18] Erst in diesem Zusammenhang – also spät, aber vielleicht doch noch nicht zu spät – wird die »systematisierende Wirkung« der Typenbildung angesprochen und expressis verbis auch die Aufgabe der »Dogmatik« benannt: »Herstellung von Ordnungszusammenhängen zwischen Begriffen, Regeln, Prinzipien und Instituten des positiven Rechts«.[19]

Diese Übernahme der Dogmatikdefinition eines Kollegen aus der Vereinigung der Deutschen Staatsrechtslehrer hätte keine Kritik provoziert, wenn sie als Zitat erfolgt wäre. Abgesehen von den Anführungszeichen hätte es dann aber heißen müssen »Herstellung eines Ordnungszusammenhangs« (Einzahl, nicht Mehrzahl) zwischen den wörtlich wiedergegebenen vier Merkmalen der übernommenen Definition.[20] Als deren Urheber wird man nach dem Sinn der Mehrzahl bei der »Herstellung von Ordnungszusammenhängen« fragen dürfen. Schönrednerei hilft hier nicht weiter: Wer »Ordnungszusammenhänge« schreibt, kann kein einheitliches dogmatisches System (das im Original durch »Ordnungszusammenhang« paraphrasiert wird) anstreben. Und auch die Konsequenz kann nicht beschönigend formuliert werden: Ohne einen Begriff des Begriffs kann man nicht bestimmen, was Begriffe mit den Regeln, Prinzipien und Instituten des positiven Rechts verbindet. *Rolf Stober* hat es – wie einleitend wörtlich zitiert – überspitzt so gesagt: Wo begriffliche Klarheit fehlt, herrscht Chaos. Das Chaos bändigt man aber nicht durch eine Vielzahl von Systemen, sondern nur durch die (regulative) Idee eines (!) einheitsstiftenden Ordnungszusammenhangs.[21]

18 *Pieper* (Fn 5) S. 210. Dort wird in Fn 1359 *Zippelius'* Methodenlehre (6. Aufl. 1994), S. 17 mit der Bemerkung erwähnt »Typus und Begriff gleichsetzend«. Das ist unrichtig, weil die Gleichsetzung sich nur auf die »aus der Anschauung verallgemeinerten ›Begriffe‹ von Menschen, Dingen und Vorgängen« bezieht, nicht dagegen auf die »abstrakten« Begriffe und die »Zahlenbegriffe«.

19 *Pieper* (Fn 5) S. 211 f, mit Fn 1368: »Vgl. *Gröschner*, Die Verwaltung 30 (1997), 301, 319«. Folgt man der abgekürzten Aufforderung, zu vergleichen, liest man am angegebenen Ort: »Herstellung eines Ordnungszusammenhangs zwischen Begriffen, Regeln, Prinzipien und Instituten des positiven Rechts«. Der Vergleich ergibt demnach bis auf die Pluralbildung »von Ordnungszusammenhängen« – statt des Singulars »eines Ordnungszusammenhangs« – eine wörtliche Wiedergabe der aaO vorgefundenen Dogmatikdefinition.

20 Da die übernommene Definition in der »Einführung« zur Wissenschaftstheorie des Autors avanciert, derzufolge »die dogmatische Rechtswissenschaft Ordnungszusammenhänge zwischen Begriffen, Regeln, Prinzipien und Instituten des positiven Rechts herzustellen hat« (S. 1 ohne Herkunftshinweis), ist eine eingehende Auseinandersetzung mit der so prominent präsentierten Position Ehrensache.

21 Klar und deutlich *Wittgenstein* (Fn 16) S. 339: »Wo Sinn ist, muß vollkommene Ordnung sein. – Also muß die vollkommene Ordnung auch im vagsten Satze stecken«.

4.

Nach all dem wird es nicht überraschen, wenn der – nunmehr ja offene – Dissens in der Differenz zwischen Wort und Begriff zu einem kontradiktorischen Gegensatz in der Typus- bzw. Begriffsbildung der »Wirtschaftsaufsicht« und der »Wirtschaftsüberwachung« führt. *Piepers* Position in der Auseinandersetzung mit der Habilitationsschrift des Verfassers über »Das Überwachungsrechtsverhältnis«[22] ist folgende: Gegen die dort vorgenommene Ersetzung des Begriffs »Wirtschaftsaufsicht« durch »Wirtschaftsüberwachung« sprächen »gewichtige Gründe«: »Festzuhalten« sei »das historische Verständnis der Aufsicht als Befugnis des Staates zu umfassender Information und Beobachtung, mit der Möglichkeit zur Korrektur des beaufsichtigten Handelns«. Für die Aufsicht in Selbstverwaltungs-, Anstalts-, Stiftungs- und Beliehenenangelegenheiten sei es dabei geblieben. »Aber auch für die Aufsicht über private Tätigkeiten hat der Gesetzgeber den Begriff der Aufsicht verwandt und damit auf diesen Begriffsinhalt abgestellt. Unterstellt, dass dies nicht gesetzgeberischer Begriffswillkür entspringt, steht eine besondere Charakteristik dieser Kennzeichnung gegenüber anderen gesetzlichen Termini in Rede«.[23] Auch wenn die Beziehung der »Termini« des letzten Halbsatzes zum »Begriff« des vorhergehenden Satzes dunkel bleibt, lautet die positivistische Botschaft unmissverständlich: Es ist der Gesetzgeber, der die Begriffe bestimmt, weil man ihm keine »Begriffswillkür« unterstellen darf. Ob sich dem Leiter des Referats »Verfassung und Recht« im Bundespräsidialamt inzwischen eine relativierende Sicht dieser Dinge aufgedrängt hat – etwa aus praktischer Einsicht in die politische Funktion der Gesetzgebung mit der Notwendigkeit von Kompromiss- und Mehrheitsentscheidungen?[24]

Gegenüber einem derart mächtigen Urvertrauen in die Begriffsbildung durch Gesetze – das nur jemand haben kann, der Gesetzesbegriffe mit Rechtsbegriffen gleichsetzt[25] – wirkt die Bestimmung der begriffsbildenden Funktion von Dogmatik geradezu ohnmächtig: »einen gesetzlich vorgefundenen Begriff für die Dogmatik rechtlicher Zusammenhänge auszuschließen«, wird nicht akzeptiert. »Denn Rechtswissenschaft ist auf die Erscheinungsformen des (aktuellen) Rechts bezogen und in Bezug auf die Tätigkeit des Gesetzgebers insbesondere auf Gesetze«.[26] Das

22 *Gröschner* Das Überwachungsrechtsverhältnis. Wirtschaftsüberwachung in gewerbepolizeirechtlicher Tradition und wirtschaftsverwaltungsrechtlichem Wandel, 1992.

23 *Pieper* (Fn 5) S. 142.

24 Grundlegend: *Schulze-Fielitz* Theorie und Praxis parlamentarischer Gesetzgebung, 1988, S. 375 ff.

25 Zur genaueren Differenzierung zwischen Gesetzesbegriffen, dogmatischen Begriffen und Rechtsbegriffen *Gröschner* (Fn 22) S. 137.

26 *Pieper* (Fn 5) S. 142.

Wort »Verfassungsstaat« kommt im Grundgesetz nicht vor, ist aber doch hoffentlich ohne jeden Zweifel ein (Grund-)Begriff aktueller Staatsrechtsdogmatik.[27]

5.

Zu der von ihm so genannten »Subjektivität von Begriffsbildungen« schreibt *Pieper*: »Gerade juristische Begriffsbildungen im Rahmen einer einheitlichen Dogmatik dürfen nicht willkürlich subjektiv erfolgen«.[28] Wer hätte jemals etwas anderes behauptet, wenn er sich im Dialog der Dogmatiker Gehör verschaffen wollte? Soweit die »Subjektivität von Begriffsbildungen« auf die Konzeption der Wirtschaftsüberwachung im »Überwachungsrechtsverhältnis« bezogen wird, leistet *Pieper* sich die Fahrlässigkeit eines falschen Zitats. An der angegebenen Stelle[29] heißt es zum Haupttext der »zweckmäßigen Abgrenzung eines Themenbereichs« in der dazugehörenden Fußnote: »Die Subjektivität der Themenabgrenzung wird nicht bestritten. Beurteilt werden sollte sie anhand der Beispiele, die in den §§ 5, 6 und 7 behandelt werden, weil sämtliche Begriffsbestimmungen im Hinblick auf sie erfolgt sind«. Richtig zitiert, hätte das Bekenntnis zur Subjektivität nicht auf die Bestimmung von Begriffen bezogen werden dürfen, sondern ausschließlich auf die Abgrenzung des Themas einer dogmatischen Untersuchung mit dem Titel »Das Überwachungsrechtsverhältnis«. Die Entscheidung, den Begriff der Überwachung mit dem des Rechtsverhältnisses zu verbinden, ist dafür konstitutiv gewesen.

Unter der Überschrift »Der Überwachungsbegriff der vorliegenden Dogmatik« findet sich die Begründung für die gewählte Grenzziehung: »Der gegenwärtige Stand der Diskussion um das Verwaltungsrechtsverhältnis – der durch den Versuch gekennzeichnet ist, vor dem Streit über Abgrenzungsfragen Einigkeit in den Grundfragen zu erzielen – hat es ratsam erscheinen lassen, die Dogmatik des Überwachungsrechtsverhältnisses auf die Gebiete zu beschränken, deren Zuordnung unstreitig ist«, nämlich »die Gebiete der Betriebs-, Anlagen- und Produktüberwachung«.[30] Andere Autoren sind nicht nur frei, sondern urheberrechtlich und wissenschaftsethisch auch verpflichtet, ihr Thema anders abzugrenzen und dafür dann auch einen anderen Titel zu wählen. *Heinz Mösbauers* »Staatsaufsicht über die Wirtschaft«[31] ist trotz ähnlichen Titels konzeptionell ein ganz anderes Buch als *Ekkehart Steins* »Wirtschaftsaufsicht«.[32] Völlig unbestritten besteht deshalb auch die Freiheit *Stefan Ulrich Piepers*, sein Thema sowohl auf die traditionellen Bereiche

27 *Isensee* und *Kirchhof* haben den zweiten Band des Handbuchs des Staatsrechts in der 3. Aufl. 2004 mit gutem Grund »Verfassungsstaat« benannt.

28 *Pieper* (Fn 5) S. 142.

29 *Pieper* (Fn 5) S. 141 mit Zitat *Gröschner* Überwachungsrechtsverhältnis, 128 Fn 36.

30 *Gröschner* (Fn 22) S. 128.

31 *Mösbauer* Staatsaufsicht über die Wirtschaft, 1990.

32 *E. Stein* Die Wirtschaftsaufsicht, 1967.

staatlicher Aufsicht als auch auf die Überwachung wirtschaftlicher Tätigkeit zu beziehen.[33] Demgemäß liegt die Wurzel des Streits nicht an der positivistischen Oberfläche, sondern in der Tiefe des dogmatischen Selbstverständnisses.

6.

Frei nach *Wittgenstein*[34] kann man Dogmatik als juristisches Sprachspiel verstehen, in dem es um die Ordnung des positiven Rechts nach den Regeln der Rechtswissenschaft geht. Nach Wittgensteinschem Paradigma ist dieses Spiel mit Schach zu vergleichen: Gespielt wird mit Wörtern wie »Aufsicht« und »Überwachung«, die in ihrer Bedeutung davon abhängen, wie sie regelgerecht – den dogmatischen Spielregeln entsprechend – gebraucht werden.[35] Jedoch: »Wenn man jemandem die Königsfigur im Schachspiel zeigt und sagt ›Das ist der Schachkönig‹, so erklärt man ihm dadurch nicht den Gebrauch der Figur«.[36] Sprachspiele sind für *Wittgenstein* daher eine »Lebensform«,[37] deren Regeln man nicht theoretisch – durch bloße Beobachtung –, sondern nur praktisch, durch Teilnahme am Spiel und Einübung seiner Praktiken und Taktiken erlernt. *Piepers* Spielstrategie – das muss er sich nach den oben zitierten Passagen entgegenhalten lassen – hat rein defensiven Charakter, weil sie in ihrer Gesamtkonzeption darauf angelegt ist, das Gesetz als Schachkönig zu verteidigen und ein Schachmatt des königlichen Gesetzgebers zu verhindern.

Abgesehen davon, dass die Lust am Spiel erheblich getrübt wird, wenn der Eindruck entsteht, erstes Ziel sei das Überleben der vom Gesetzgeber vorgegebenen Wortfiguren, muss ein kritischer Dogmatiker immer zum Bauernopfer eines Gesetzeswortes bereit sein: »Überwachen« und »beaufsichtigen« lassen sich im Alltagssprachgebrauch zwar synonym verwenden, als dogmatische Begriffe müssen sie aber unterschieden werden. Für die Notwendigkeit dieser Unterscheidung wurden im »Überwachungsrechtsverhältnis« zwei Gründe herausgearbeitet und ausführlich diskutiert:

33 *Kahls* Habilitationsschrift »Die Staatsaufsicht: Entstehung, Wandel und Neubestimmung unter besonderer Berücksichtigung der Aufsicht über die Gemeinden«, 2000, bietet Dogmatik statt Positivismus und insoweit das paradigmatische Gegenstück zu der im weiteren Verlauf zu erläuternden Konzeption. Zur »Distinktion zwischen Wort und Begriff« (S. 27) wird ein eigener begriffs- und institutsgeschichtlicher Ansatz entwickelt. Er zeigt, dass es auch ohne *Wittgenstein* geht – aber nicht ohne Theorie.

34 *Wittgenstein* (Fn 16) S. 287: »Ich möchte nicht mit meiner Schrift Andern das Denken ersparen. Sondern, wenn es möglich wäre, jemand zu eigenen Gedanken anregen«. Verf. ist so frei, Dogmatik als Sprachspiel zu denken.

35 *Wittgenstein* (Fn 16) S. 342: »Die Frage ›Was ist eigentlich ein Wort?‹ ist analog der ›Was ist eine Schachfigur?‹«.

36 *Wittgenstein* (Fn 16) S. 304.

37 *Wittgenstein* (Fn 16) S. 296, 300.

»erstens die Herkunft der ›Aufsicht‹ aus einer Begriffstradition, die vom wohlfahrtspolizeilichen ›ius supremae inspectionis‹ über die absolutistische ›Oberaufsicht‹ bis zur ›Untertanenaufsicht‹ in der konstitutionellen Monarchie reicht und zweitens die Fortsetzung dieser etatistischen Aufsichtstradition durch Ekkehart Steins explizit sozialstaatlich, implizit aber neokameralistisch konzipierte ›Wirtschaftsaufsicht‹ aus dem Jahre 1967«.[38]

Für die letztgenannte Konzeption gesteht *Pieper* seinem dogmatischen Gegenspieler, der die Partie eröffnet hatte, zu, dies in zutreffender Kritik »festgestellt« zu haben.[39] Bezüglich der dogmengeschichtlichen Tradition der Aufsicht räumt er zwar die Notwendigkeit ein, dass das ursprünglich selbstverständliche »Recht zum aufsichtsrechtlichen Eingriff durch einen Gesetzesvorbehalt eingefangen« werden müsse;[40] letztlich sieht er aber doch wieder nur die Möglichkeit eines strategischen Rückzugs in die durch Rochade befestigte Königsburg: »Indes lebt der Begriff in der positiven Gesetzessprache ebenso weiter wie in Rechtsprechung und Literatur«.[41] Den Gegenzug sollten souveräne Sprachspieler der Dogmatik im Schlaf beherrschen: Schach dem Positivismus.[42]

7.

Mit welcher Figur stellt *Pieper* sich in dieser Spielsituation vor seinen König? In erstaunlich selbstwidersprüchlicher Übernahme der gegnerischen Strategie greift er nicht zu einer Wortfigur des Gesetzgebers, sondern zu der dogmatischen Figur des Verwaltungsrechtsverhältnisses: »Vor allem aber verdeutlicht das Verwaltungsrechtsverhältnis das gegenüber tradierten Staatsbildern gewandelte Staatsverständnis, das das Grundgesetz in Art. 20 Abs. 2 GG zum Ausdruck bringt. Wenn alle Staatsgewalt vom Volke ausgeht, ist ein allgemeines *Gewalt*verhältnis als Grundlage der Relation Staat-Bürger in Form einer generellen Über-/Unterordnung überholt: Im demokratischen Rechtsstaat ist der Bürger als Teilhaber der Souveränität immer

38 *Gröschner* (Fn 22) S. 334; Einzelheiten zur Begriffstradition S. 46 ff, zu *Steins* Konzeption S. 52 ff.

39 *Pieper* (Fn 5) S. 141, Fn 970; »zutreffend die Kritik an Steins Ansatz«: S. 148, Fn 989.

40 *Pieper* (Fn 5) S. 140. Metaphern sind manchmal mehrsagend als termini technici: »Eingefangen« wird, was entkommen, entlaufen, entflohen ist. Nach allem, was im »Überwachungsrechtsverhältnis« dazu an historischen und systematischen Argumenten vorgetragen wurde, wäre es besser gewesen, die »Aufsicht« aus dem Bereich der wirtschaftsverwaltungsrechtlichen Gefahrenabwehr entfliehen zu lassen. Statt dessen geistert die Aufsicht vergangener Zeiten durch die Gebiete der »klassischen Wirtschaftsaufsicht«: »Indem eigentlich der Privatautonomie und der Selbstverantwortung der Individuen zurechenbare Bereiche einer Beaufsichtigung unterzogen werden, greift der Staat über die rein gefahrenabwehrende Aufgabe hinaus und wird ›wohlfahrtsstaatlich‹ tätig« (S. 190).

41 *Pieper* (Fn 5) S. 141.

42 Auf der Grundlage des Zitats (Fn 41) in den Formen des Gesetzespositivismus, des Rechtsprechungspositivismus und eines – horribile dictu – dogmatischen Positivismus. Erschreckend ist vor allem der Verzicht auf das kritische Potential der Dogmatik gegenüber einer bisweilen höchst unstimmigen Gesetzessprache.

auch Mitinhaber der staatlichen Gewalt«.[43] Von der mangelnden begrifflichen Belastbarkeit der hier geäußerten Souveränitätsvorstellung einmal abgesehen,[44] ist ausdrückliche Zustimmung zur Verabschiedung des »*Gewalt*verhältnisses« (Kursivierung im Original) zu bekunden.

Auch das an seine Stelle gesetzte »Verwaltungsrechtsverhältnis« hätte Zustimmung verdient, wenn es als dogmatische Figur eines rechtsstaatlichen Verwaltungsrechts in einer freiheitlichen – oder synonym republikanischen – Verfassungsordnung vorgestellt worden wäre.[45] Eine »einseitige Ausrichtung auf die Freiheitsgewährleistung« beruht nach Ansicht *Piepers* aber »auf einem bestimmten, relativ einseitigen Verfassungsverständnis«.[46] Da er die Alternative zu dem – korrekt zitierten – »Freiheitsprinzip des Verfassungsrechtsverhältnisses«[47] nicht verrät, gerät ein mit der Ideengeschichte vertrauter Leser bei der Frage nach dem Konstitutionsprinzip des Verfassungsstaates dann doch ins Grübeln: Wenn nicht Freiheit, was dann?

Die Vermutung eines unsicheren Umgangs mit der übernommenen Dogmatikdefinition – hier mit dem »Prinzip« Freiheit als Konstitutionsprinzip (Legitimations- und Limitationsprinzip) des Verfassungsrechtsverhältnisses – wird beim Versuch der dogmatischen Erfassung des Verwaltungsrechtsverhältnisses zur Gewissheit:

> »Die Kategorie des Verwaltungsrechtsverhältnisses steht seit seiner ›Entdeckung‹ in Streit. Als Verwaltungsrechtsverhältnisse werden die nach Normen des Verwaltungs-

43 *Pieper* (Fn 5) S. 215 mit Fn 1382. Dort heißt es unter anderem: »Zur Angemessenheit des Verwaltungsrechtsverhältnisses für ein Art. 1 Abs. 3 und 20 Abs. 3 GG entsprechendes, demokratisches Staatsverständnis *Gröschner*, Die Verwaltung 30 (1997), 301, 323«. Korrekterweise hätte statt auf ein »demokratisches Staatsverständnis« – von dem weder an dieser noch an anderer Stelle des Aufsatzes die Rede ist – auf das rechtsstaatliche »Verfassungsrechtsverhältnis« verwiesen werden müssen, das expressis verbis zur Fundierung der Dogmatik des »Verwaltungsrechtsverhältnisses« herangezogen wird. Das beide Verhältnisse verbindende Prinzip ist nicht demokratisch, sondern republikanisch: *Gröschner* Die Republik, in: HStR II, 3. Aufl. 2004, § 23 Rn 53 ff.

44 Nach Art. 20 Abs. 2 Satz 1 GG geht die Staatsgewalt »vom Volke« aus. Da das Volk Träger der staatlichen Gewalt und nicht deren »Inhaber« ist, kann man den Bürger nicht zum »Mitinhaber der staatlichen Gewalt« machen. Im Übrigen sollte es eine Selbstverständlichkeit sein, dass das Volk souveränitätstheoretisch mehr und anders ist als die Summe seiner Bürger. Staatliche Souveränität auf »den« Bürger im Singular zurückzuführen, beweist daher nicht weniger als die völlige Verkennung des Souveränitätsbegriffs.

45 Ausführliche Auseinandersetzung mit anderen Vorstellungen des republikanischen Prinzips und Begründung des synonymen Gebrauchs von »freiheitlich« und »republikanisch« bei *Gröschner* Freiheit und Ordnung in der Republik des Grundgesetzes, JZ 1996, S. 637 ff. Komprimierte Darstellung im Artikel »Republik« des Evangelischen Staatslexikons, 2006, Sp. 2041 ff.

46 *Pieper* (Fn 5) S. 143 mit Fn 971: »Was m.E. für die Arbeit von *Gröschner*, Überwachungsrechtsverhältnis, gilt«. Da das wissenschaftlich ohnehin fragwürdige »m.E.« mit keinem Argument gestützt und ein anderes Kriterium als Freiheitlichkeit für die Philosophie des Verfassungsstaates nicht angeboten wird, bricht *Pieper* den dogmatischen Dialog über die »Schlüsselfrage« des zugrundeliegenden Prinzips (oben, Fn 3) ab, bevor er ihn begonnen hat.

47 *Pieper* (Fn 5) S. 194 mit Fn 1249.

> rechts zu beurteilenden Rechtsbeziehungen zwischen Rechtssubjekten bezeichnet, wobei allerdings nicht seine Existenz, sondern vielmehr seine dogmatische Leistungsfähigkeit umstritten ist«.[48]

Die Unschärfe der Begriffe wird durch die grammatische Fehlkonstruktion noch gesteigert: Worauf soll der Leser die angeblich unumstrittene »Existenz« beziehen: auf »Verwaltungsrechtsverhältnisse« im Plural, von denen der Hauptsatz handelt (dann hätte die Grammatik »ihre« verlangt) oder auf »das« Verwaltungsrechtsverhältnis im Singular, von dem im vorangegangenen Satz die Rede war (dann dürfte der Leser es mit der Grammatik nicht so genau nehmen)? Seit wann gehören die grammatischen Regeln der deutschen Sprache nicht mehr zu den Regeln im Sprachspiel der Dogmatik? Und wäre es nicht Aufgabe des Autors, seinen Lesern solche Fragen zu ersparen? Zum ominösen Wort »Existenz« dürfen sie gewiss keinen anspruchsvollen Begriff bilden – obwohl die Existenzfrage theologisch wie philosophisch höchste Ansprüche stellt. Als Interpretationshilfe für ihre schon auf »Wort«-Niveau nivellierte Erwartungshaltung finden die sinnsuchenden Leser eine direkt an das Wort »Existenz« angefügte Fußnote (mitten im Satz und daher offenbar existenznotwendig): »Jedenfalls ist das Verwaltungsrechtsverhältnis Gegenstand nahezu aller jüngeren Lehrbücher«.[49]

Endlich sicher, dass es um »das Verwaltungsrechtsverhältnis« geht, werden die Fußnotenleser erneut verunsichert: Müssen sie an der im Haupttext behaupteten »Existenz« des Verwaltungsrechtsverhältnisses zweifeln, weil die Tatsache, dass es »Gegenstand« der Lehrbuchliteratur ist, kein sicherer Existenzbeweis ist? Gibt es ein Dasein des Verwaltungsrechtsverhältnisses außerhalb der (jüngeren) Lehrbücher? Ist eine Habilitationsschrift Beweis für die »Existenz« eines »Aufsichtsrechtsverhältnisses«? Wenn ja, existiert dieses »Aufsichtsrechtsverhältnis« dann genau in derjenigen Gestalt, die es in *Piepers* akademischer Meisterschrift gefunden hat oder kommt es auf die Rezeption in der (zukünftigen) Lehrbuchliteratur an?

8.

»Mir wird von alle dem so dumm, als ging' mir ein Mühlrad im Kopf herum«.[50] Woran soll sich der faustische Schüler angesichts des Verwirrspiels um das Verhältnis von Wort und Begriff in Sachen »Aufsicht« nun halten? Die einschlägige Überschrift, unter der *Pieper* »Aufsicht als Typus« mit der Kategorie des Verwaltungsrechtsverhältnisses erfassen will, wird das Mühlrad nicht zum Stillstand kommen lassen: »Aufsichtsverhältnisse als Aufsichtsrechtsverhältnis«.[51] »Aufsichtsverhältnisse« ist offenbar das Wort für die Vielzahl der vom Gesetzgeber ohne »Begriffs-

48 *Pieper* (Fn 5) S. 214.
49 *Pieper* (Fn 5) S. 214, Fn 1374.
50 Faust I, V. 1946 f.
51 *Pieper* (Fn 5) S. 217.

willkür« so bezeichneten Verhältnisse der »Aufsicht«; der »Typus« soll dann »durch die Analyse des vorhandenen Normbestandes bestimmt« werden, um »typische Elemente als Wesenskern herauszukristallisieren«;[52] »das Aufsichts*rechts*verhältnis zeichnet sich durch seine *spezifische inhaltlich* (sic) Verengung und Verdichtung aus«.[53] Von einem Druckfehler dürfen sich gelehrige Schüler nicht irritieren lassen: Was »Aufsichtsverhältnisse« im Plural zum »Aufsichts*rechts*verhältnis« im Singular (und mit kursivierter Hervorhebung des Rechts) macht, ist dessen »Verdichtung«. Durch sie ist – um im Pieperschen Bild zu bleiben – »herauszukristallisieren«, welche Kristallkeime die Kerne des Aufsichtsrechtsverhältnisses bilden.

Drei fette Überschriften weisen unübersehbar aus, welche Kerne dies sind: »Aufsicht« bezieht sich erstens auf »Dauersachverhalte«; die beaufsichtigten Sachverhalte »beinhalten« zweitens ein »Gefährdungs- und Besorgnispotenzial«; und »Beobachtung und Korrektur« sind »Inhalt des Verhältnisses von Aufsichtsführer und Beaufsichtigtem«.[54] Für den Letztgenannten wird durch Gesetz »vor allem die Pflicht begründet, sich beobachten zu lassen«.[55] Da die genauen Gegenstände dieser Duldungspflicht in einer großen Zahl von Gesetzen durch Aufgaben und Befugnisse der Behörden konkretisiert werden, die unter der Überschrift »Überwachung« stehen oder Regelungen enthalten, was behördlicherseits »zu überwachen« ist,[56] fällt *Piepers* Frage nach der »Begriffswillkür« auf den Fragesteller zurück: Wie kann jemand, der in Sachen »Aufsicht« die Möglichkeit verneint – und zwar aus Prinzip – »einen gesetzlich vorgefundenen Begriff für die Dogmatik rechtlicher Zusammenhänge auszuschließen«,[57] »willkürfrei und ohne Selbstwiderspruch die vom Gesetzgeber mindestens ebenso häufig gebrauchte »Überwachung« ignorieren?

Thomas Meyer hatte schon 1988 als Ergebnis seiner Bochumer Dissertation festgehalten: »Aufsicht und Überwachung unterscheiden sich inhaltlich nicht; es gibt nur eine Tendenz, den Begriff Aufsicht im Verhältnis zu Privaten nicht mehr zu benutzen«.[58] *Rolf Stober* hat aus dieser eindeutigen Tendenz im Sprachspiel der Dogmatik – die durch »Das Überwachungsrechtsverhältnis« 1992 für das öffentliche Recht der Wirtschaft bestätigt wurde – eine klare Konsequenz gezogen: »Überwachung ist Freiheitskorrelat und Aufsicht ist Verwaltungs- und Selbstverwaltungskorrelat«.[59] Zum neuen Weingesetz schreibt er: »Es benutzt den Ausdruck Über-

52 *Pieper* (Fn 5) S. 211.

53 *Pieper* (Fn 5) S. 217; Kursivierung und Druckfehler im Original.

54 *Pieper* (Fn 5) S. 212 f. »Aufsichtsführer« kann kaum als gelungene Wortschöpfung bezeichnet werden. Im »Überwachungsrechtsverhältnis« heißen die korrelativ Berechtigten und Verpflichteten Überwachungsbehörden und Unternehmer.

55 *Pieper* (Fn 5) S. 218.

56 *Stober* (Fn 2) S. 261 zählt 16 Gesetze mit diesem Sprachgebrauch auf und folgert daraus zurecht, dass der Begriff »Wirtschaftsüberwachung« auch deshalb »angebracht« sei, »weil er durchgängig dem modernen Gesetzesrecht zugrunde liegt«.

57 Oben, Fn 26.

58 *T. Meyer* Staatsaufsicht über Private, insbesondere Wirtschaftsunternehmen, 1988.

59 *Stober* (Fn 2) S. 260 mit Nachweisen aus der einschlägigen Literatur.

wachung für die allgemeine Produktüberwachung und das Wort Aufsicht für die rechtliche Beaufsichtigung des als Anstalt des öffentlichen Rechts organisierten Weinfonds. Diese Abschichtung ist sachgerecht, weil sie klar zwischen der wirtschaftsverwaltungsrechtlichen Überwachung des Unternehmens und der staatsorganisatorisch ausgerichteten Aufsicht innerhalb des Staates und über eine juristische Person des öffentlichen Rechts trennt«.[60] In diesem Text stehen Kommentierung und Kritik des positiven Rechts in einem dogmatischen Verweisungszusammenhang: Soweit es sich nicht um Legaldefinitionen handelt, verwendet der Gesetzgeber – wie *Stober* treffend sagt – ein »Wort« wie Aufsicht oder einen »Ausdruck« wie »Überwachung«; die Begriffsbestimmungen obliegen dann der Dogmatik: »Überwachung« von Unternehmen, aber »Aufsicht« im Binnenbereich des Staates und über juristische Personen des öffentlichen Rechts. Leider macht *Pieper* bei diesem dogmatischen Sprachspiel nicht mit.[61]

9.

Wenn Dogmatik ein Kinderspiel wäre, könnte man jetzt je nach kindlichem Temperament enttäuscht, beleidigt oder wütend reagieren, »Spielverderber« rufen und sich eine andere Beschäftigung suchen. Nach den Regeln eines kritischen Dialogs zwischen wissenschaftlich volljährigen, qua Habilitation erwachsenen Dogmatikern des öffentlichen Rechts beendet man ein (Sprach-)Spiel mit den Wörtern »Aufsicht« und »Überwachung« aber nicht mit einen emotionalen Ausruf, sondern mit einer rationalen Begründung des Spielabbruchs.

Wie die abschließenden Zitate zeigen, kommt *Pieper* mit der übernommenen Dogmatikdefinition[62] nicht zurecht. Vor allem gelingt es ihm nicht, sein Begriffssurrogat des »Typus« mit dem Begriff des »Rechtsinstituts« zu verbinden und daraus eine theoretisch überzeugende und praktisch hinreichend konkrete Dogmatik des »Aufsichtsrechtsverhältnisses« zu entwickeln. Was die Konkretheit dieses Rechtsverhältnisses betrifft, gesteht er selbst zu, seine Konzeption erfordere »Anknüpfungspunkte auf einer gewissen Abstraktionshöhe, die zwangsläufig Unter-

60 *Stober* Wirtschaftsaufsicht und Bankenaufsicht, in: Pitschas (Hrsg.) Integrierte Finanzdienstleistungsaufsicht, 2002, S. 24. Mit Blick auf den bankenrechtlichen Sprachgebrauch stellt er zutreffend fest, dass die »Einordnung als Banküberwachung« sich nicht durchsetzen dürfte. »Das heißt aber nicht, dass umgekehrt das gesamte Wirtschaftsüberwachungsrecht diesem Sprachgebrauch folgen muss. Vielmehr wird man künftig mit einer begrifflichen Zweiteilung leben müssen«.

61 Für die »staats- und verwaltungsorganisationsrechtliche Aufsicht« erfindet er eine eigene Regel: Sie sei »keine Aufsicht des hier herausgearbeiteten Typus, sondern vollständige Leitung und Direktion«: *Pieper* (Fn 5) S. 473 im Ergebnis, S. 228 ff in den Einzelheiten. Hier kommt es also offenbar *nicht* auf den Sprachgebrauch des Gesetzgebers an.

62 Oben, Fn 19 und 20.

schiede im Detail vernachlässigen« müsse.[63] Angesichts der im »Überwachungsrechtsverhältnis« en detail untersuchten Rechtsbeziehungen zwischen Überwachungsbehörden und Unternehmern besteht keinerlei Anlass, auf die abstraktere Ebene einer Beziehung zwischen »Aufsichtsführer und Beaufsichtigtem« zu wechseln.

Unter der Überschrift »Rechtsinstitut Aufsicht« finden sich Passagen, denen man nicht nur das Ringen mit dem Thema, sondern – mit Verlaub – auch das Scheitern des Versuchs ansieht, das Thema zu bewältigen: Wenn »die ausdrücklichen Verweise in gesetzlichen Aufsichtsregelungen auf das Bild eines einheitlichen Instituts der Rechtsaufsicht schließen« lassen,[64] darf man gespannt sein, wie sich jenes ja auch für den »Typus« bemühte »Bild« mit diesem zusammenfügt. »Da auch in der Literatur vom Rechtsinstitut der Staatsaufsicht die Rede ist, steht damit die Kategorie des Rechtsinstituts in Rede. Die Bildung von Rechtsinstituten geht auf Savigny zurück«.[65] Wie bitte? Selbstverständlich ist schon das System des historischen Römischen Rechts ein Ordnungszusammenhang von Rechtsinstituten gewesen, den *Savigny* auf seine Art und Weise in das »heutige« Römische Recht seiner Zeit übersetzte.[66]

Nach einem Sammelsurium von Beispielen zu Instituten des Zivilrechts, des öffentlichen Rechts und des institutionellen Rechtsdenkens gipfelt der dogmatische Positivismus *Piepers* in dem Satz: »Dass sich der Begriff des Rechtsinstituts – jedenfalls als gesondert erörterungsbedürftige Kategorie – in den jüngeren Lehrbüchern des Verwaltungsrechts kaum mehr findet – ist mit der zunehmenden gesetzlichen Fixierung (Positivierung) des Verwaltungshandelns und seiner Instrumente zu erklären«.[67] Wer die Botschaft nicht wahrhaben will, dass »Positivierung« das Ende eines Rechtsinstituts bedeutet, liest in der dazugehörenden Fußnote: »So wird bei *Forsthoff*, Lehrbuch, 165, als Beispiel eines Rechtsinstituts etwa der Verwaltungsakt genannt, was in Anbetracht der Kodifizierung und Legaldefinition des § 40 VwVfG heute eine Einordnung als Rechtsinstitut überflüssig macht«.[68] Wenn dies zuträfe,

63 *Pieper* (Fn 5) S. 137.
64 *Pieper* (Fn 5) S. 135.
65 *Pieper* (Fn 5) S. 137.
66 Schon im ersten Satz der Vorrede zum »System des heutigen Römischen Rechts« spricht *Friedrich Carl von Savigny* vom »Genuß einer reichen Erbschaft« und in § 1 bezieht er sich ausdrücklich auf »diejenigen Rechtsinstitute, welche Römischen Ursprung haben«. Im Übrigen ist gerade *Savignys* Begriff des Rechtsinstituts geeignet, *Piepers* Pluralbildung »Ordnungszusammenhänge« zu widerlegen: »In fernerer Betrachtung aber erkennen wir, dass alle Rechtsinstitute zu einem (!) System verbunden bestehen, und dass sie nur in dem großen Zusammenhang dieses Systems, in welchem wieder dieselbe organische Natur erscheint, vollständig begriffen werden können«: System, Bd. 1, 1840, Nachdruck 1981, S. 10.
67 *Pieper* (Fn 5) S. 138 mit originaler Zeichensetzung.
68 *Pieper* (Fn 5) S. 138, Fn 962 mit originalem Fehlzitat des § 40 (statt § 35) VwVfG. In dem von ihm herangezogenen Aufsatz – Die Verwaltung 30 (1997), S. 301 ff: *Gröschner* Vom Nutzen des Verwaltungsrechtsverhältnisses – hätte *Pieper* die »wichtigste dogmatische

hätte die Legaldefinition des § 903 BGB am 1. Januar 1900 das Rechtsinstitut des Eigentums als dogmatische Kategorie »überflüssig« gemacht! So stellt sich zum Schluss heraus, wodurch das dogmatische Sprachspiel verdirbt: Sobald die Dogmatik nur nach den Regeln des Gesetzgebers spielt, läuft sie selbst ins Matt.

Entwicklung« als »Ausarbeitung von Rechtsinstituten« zusammengefaßt gefunden, »die stärker inhaltlich geprägt sind als die traditionellen Handlungsformen«. Weiter: »Versteht man unter ›Rechtsinstituten‹ die bestimmenden Regelungsformen eines Rechtsverhältnisses, wird der handlungsformendogmatisch dominierte ›Untersagungsbescheid‹ zur rechtsverhältnisdogmatisch dominierten ›Untersagungsbefugnis‹. Während ›Bescheid‹ nichts über den sagt, dem gegenüber er ergeht, benennt ›Befugnis‹ die Behördenposition, die das gesamte Verwaltungsrechtsverhältnis in allen Fällen der Unzuverlässigkeit nach § 35 GewO gerade gegenüber dem unzuverlässigen Gewerbetreibenden bestimmt. Auf diese Weise kann die Dogmatik des Verwaltungsrechts den verlorengegangenen Anschluß an die Zivilrechtsdogmatik wiederherstellen, in der man bekanntlich nicht dabei stehen geblieben ist, ›Großinstitute‹ wie Vertrag und Eigentum zu entwickeln – während sich das Verwaltungsrecht allzu lange auf den Verwaltungsakt konzentriert hat. Das Institut der Untersagungsbefugnis verhält sich zum Großinstitut des Verwaltungsakts daher – bei allen inhaltlichen Unterschieden – formal etwa so wie das Spezialinstitut der Vindikation zum Generalinstitut des Eigentums«.

Die Verdrängung der Verwaltungsgerichtsbarkeit aus dem Öffentlichen Wirtschaftsrecht

UTZ SCHLIESKY

I. EINFÜHRUNG

Rolf Stober hat sein angestammtes »Hausgebiet«, das Öffentliche Wirtschaftsrecht, wie kaum ein anderer umfassend vermessen. Neben seinen Lehrbüchern zum Wirtschaftsverwaltungsrecht, die man getrost als Standardwerke bezeichnen darf, hat er schon früh auf die Verzahnungen zu anderen Rechtsgebieten, insbesondere dem Umweltrecht, hingewiesen[1] und vor allem die prozessuale Seite mit in den Blick genommen.[2] Mit gutem Grund hat er den wirtschaftsverwaltungsrechtlichen Rechtsschutz als »Krönung des Rechtsstaates« bezeichnet und die prozessuale Geltendmachung subjektiver Wirtschaftsrechte zur Nagelprobe des wirtschaftsverwaltungsrechtlichen Systems erklärt.[3] Dass die Verwaltungsgerichtsbarkeit hier eine zentrale Rolle spielt, stand für *Stober* dabei außer Frage.

Das System verwaltungsgerichtlichen Rechtsschutzes ist derzeit aber gerade im Bereich des Öffentlichen Wirtschaftsrechts unter erheblichem Veränderungsdruck. Darüber hinaus gibt es weitere »Flanken«, an denen die Verwaltungsgerichtsbarkeit unter erheblichem Druck steht, wie z.B. die Diskussion über das »einheitliche Fachgericht« belegt. Aus rechtsstaatlicher Perspektive beruhigt dabei zunächst, dass die Rechtswege im deutschen System des gerichtlichen Rechtsschutzes prinzipiell gleichwertig sind. Dies ist ohnehin ein Gebot des Art. 19 Abs. 4 GG,[4] und auch Politiker scheinen dies so zu sehen. Nicht gleichwertig sind aber fraglos die Ziele der am Rechtschutzsystem beteiligten Protagonisten. Zu diesen Protagonisten gehören auch die Richter und – abstrakter – die Gerichtsbarkeiten. Dementsprechend befindet sich die Verwaltungsgerichtsbarkeit in der Tat im Wettbewerb, und zwar traditionell vor allem mit der Zivilgerichtsbarkeit, die allein in Art. 19 Abs. 4 Satz 2 GG eine institutionelle Garantie erhalten hat,[5] aber auch mit der Sozialgerichtsbarkeit. Insoweit erscheint »Hartz IV« nicht als Beginn einer unheilvollen Entwicklung,

1 *Stober* Handbuch des Wirtschaftsverwaltungs- und Umweltrechts, 1989.
2 Stober (Hrsg.) Rechtschutz im Wirtschaftsverwaltungs- und Umweltrecht, 1993.
3 *Stober* Allgemeines Wirtschaftsverwaltungsrecht, 14. Aufl. 2004, S. 138.
4 BVerfGE 31, 364, 368; BVerwG DÖV 1990, 977, 978; BGHZ 67, 81, 89; BSGE 56, 140, 141; *Dickersbach* in: Stober (Fn 2) S. 3; *Gramlich* in: Stober, ebd., S. 275.
5 *Ibler* in: Friauf/Höfling (Hrsg.) Grundgesetz, 2002, Art. 19 IV Rn 171 ff; *Schulze-Fielitz* in: Dreier (Hrsg.) Grundgesetz, Bd. 1, 2. Aufl. 2004, Art. 19 IV Rn 90.

sondern als vorläufiger Höhepunkt, wenn man die »Abgänge« an Zuständigkeiten der Verwaltungsgerichtsbarkeit im Hinblick auf das Arbeitslosengeld II, die Sozialhilfe und das Asylbewerberleistungsgesetz betrachtet. Aber auch das neue »Regulierungsverwaltungsrecht«[6] kennt in zunehmendem Maße die Zuweisung öffentlich-rechtlicher Streitigkeiten an die Zivilgerichte.[7]

Dennoch könnte man versucht sein, aus einer scheinbar komfortablen Position der Stärke heraus dies als unliebsame Randerscheinungen abzutun. Denn die Geschäftslage, beispielsweise des Bundesverwaltungsgerichts, stagniert auf recht hohem Niveau,[8] die Verfahrensdauer, die gerade von Seiten der Wirtschaft als zu lang kritisiert wird, ist weitestgehend im Griff, und die Asylproblematik der vergangenen Jahre ist von den Verwaltungsgerichten insgesamt bravourös bewältigt worden. Wenn einmal »Überforderungen der Verwaltungsgerichtsbarkeit« festgestellt werden, dann beziehen sie sich auf gerichtlich kaum noch zu bewältigende Großprojekte im Planfeststellungsrecht[9] oder auf Akzeptanzprobleme aufgrund schwieriger politischer Interessenlagen, in denen man nur falsch entscheiden kann.[10] Meine These lautet aber nun: Der Verwaltungsgerichtsbarkeit droht die Verdrängung aus zentralen Feldern ihrer angestammten Zuständigkeiten. Schlagworte wie »Privatisierung« und »Ökonomisierung« führen in der Verwaltungspraxis und dem Verwaltungsrecht zu Bedeutungsverschiebungen, die auch vor der Verwaltungsgerichtsbarkeit nicht Halt machen.[11] An dem von *Rolf Stober* besonders gepflegten Referenzgebiet des Öffentlichen Wirtschaftsrechts sollen zunächst kurz aktuelle Entwicklungen beschrieben werden, um dann in einem weiteren Schritt am Beispiel des Konkurrenzschutzes bei wettbewerbsrelevanter Staatstätigkeit einige prozessuale Ursachen zu analysieren und abschließend Lösungsansätze zu skizzieren.

6 Zu den Grundlagen des »Regulierungsverwaltungsrechts« s. *Stober* Besonderes Wirtschaftsverwaltungsrecht, 14. Aufl. 2007, § 51 S. 176 ff.

7 Vgl. insbesondere die § 75 ff EnWG; dazu *Antweiler/Nieberding* NJW 2005, 3673 ff. Demgegenüber ist gegen alle Entscheidungen der BNetzA nach dem TKG auch weiterhin der Verwaltungsrechtsweg gemäß § 40 Abs. 1 VwGO eröffnet; der Bundestag hat im Zuge der TKG-Reform 2004 lediglich beschlossen, nach fünf Jahren eine Umstellung auf den zivilrechtlichen Kartellrechtsweg vorzunehmen (s. BT-Drs. 15/3218); vgl. ausführlich zum »regulierungsverwaltungsrechtlichen Rechtsschutz« *Knauff* VerwArch 2007, 382 ff; siehe zum »regulierungsverwaltungsrechtlichen« Ansatz des TKG auch *Stober* DÖV 2004, 221 ff.

8 Näher *Hien* DVBl. 2005, 348 ff.

9 *Hien* DVBl. 2005, 348, 348 f, hat für den angefochtenen Planfeststellungsbeschluss für den Flughafen Berlin-Schönefeld eindrucksvolle Zahlen geliefert: Schon der Planfeststellungsbeschluss umfasst 1 171 Seiten und 27 Aktenordner mit Anlagen. Die zum Gerichtsverfahren beigezogenen Behördenakten umfassen 2 000 Ordner, und schon die Begründung einer der zugelassenen Sammelklagen beträgt 1 700 Seiten mit 34 Aktenordnern Anlagen.

10 *Schulze-Fielitz* in: Dreier (Fn 5) Art. 19 IV Rn 44, nennt zutreffend die Beispielfälle Kernenergie, Gentechnik, Mobilfunk und Fachplanung von Großprojekten.

11 Auf den Punkt gebracht bei *Schulze-Fielitz* in: Dreier (Fn 5) Art. 19 IV Rn 45 f.

II. VERDRÄNGUNG DER VERWALTUNGSGERICHTSBARKEIT AUS DEM REFERENZGEBIET

1. Vergaberecht

Eine der wesentlichen Neuerungen des »europäisierten Vergaberechts« ist das subjektiv-öffentliche Recht auf Einhaltung der Vergabevorschriften (§ 97 Abs. 7 GWB), mit dem Rechtsschutz gegenüber bestimmten Handlungen und Entscheidungen öffentlicher Auftraggeber eingeräumt wird.[12] Der deutsche Gesetzgeber hat sich bei der Umsetzung der sog. Rechtsmittelrichtlinie bekanntlich für einen eigenständigen und etwas eigenartigen Rechtsschutz im Zusammenhang mit der Vergabe öffentlicher Aufträge entschieden, der nach dem Verfahren vor den Vergabekammern (§§ 102 ff GWB) in ein zivilgerichtliches Beschwerdeverfahren vor den neu eingerichteten Vergabesenaten des jeweils zuständigen Oberlandesgerichts mündet (§ 104 Abs. 2 Satz 1, §§ 106 ff GWB).[13] Gem. § 120 Abs. 2 GWB gelten ergänzend zu den rudimentären Verfahrensvorschriften des GWB ausgewählte Bestimmungen der ZPO.[14] Die Besonderheiten staatlichen Handelns werden letztlich prozessrechtlich durch die Besetzung des Vergabesenats mit einem abgeordneten Verwaltungsrichter gewürdigt.

So zutreffend die Herauslösung des Vergaberechts aus dem Haushaltsrecht[15] und dessen Verortung im Wettbewerbsrecht auch ist, so fragwürdig ist in systematischer Perspektive die Rechtswegentscheidung: Schließlich geht es um wettbewerbsrelevante Staatstätigkeit,[16] die auch in ihrer Ausformung als Nachfragetätigkeit des Staates staatliches Handeln bleibt[17] und verhaltensrechtlich einem Öffentlichen Wettbewerbsrecht unterliegt, das systemgerecht wohl eher einem verwaltungsge-

12 Dazu *Stober* Allgemeines Wirtschaftsverwaltungsrecht, 15. Aufl. 2006, § 24 IV 2, S. 178; *Vollmöller* in: Schmidt/Vollmöller (Hrsg.) Kompendium Öffentliches Wirtschaftsrecht, 3. Aufl. 2007, § 6 Rn 60 ff; *Ziekow* Öffentliches Wirtschaftsrecht, 2007, § 9 Rn 74 ff.

13 Dazu *Dreher* NVwZ 1997, 343 ff.

14 Dazu *Gröning* ZIP 1999, 181 ff.

15 Im Hinblick auf den Ausschluss von Rechtsschutz aufgrund der Qualifizierung des Haushaltsrechts als staatliches Binnenrecht.

16 Zu dieser Kategorie staatlichen Handelns *Schliesky* Öffentliches Wirtschaftsrecht, 2. Aufl. 2003, S. 148 f; zur Herleitung eingehend *ders.* Öffentliches Wettbewerbsrecht, 1997, S. 22 ff.

17 Nach Auffassung des Bundesverfassungsgerichts (NJW 2006, 3701, 3702) soll dies aber kein hoheitliches Handeln i.S.d. Art. 19 Abs. 4 GG sein: »[...]; die Vergabeentscheidung erfolgt nicht in Ausübung öffentlicher Gewalt im Sinne dieser Vorschrift.« Dies ist nicht überzeugend, zumal das Bundesverfassungsgericht die Zweckgerichtetheit der öffentlichen Auftragsvergabe für die Erfüllung der öffentlichen Aufgaben an anderer Stelle desselben Beschlusses hervorhebt, aaO., 3704 Abs.-Nr. 75. Zu dieser Entscheidung *Niestedt/Hölzl* NJW 2006, 3680 ff; *Sauer/Hollands* NZBau 2006, 763 ff; *Siegel* DÖV 2007, 237 ff; *Wollenschläger* DVBl. 2007, 589 ff; *ders.* NVwZ 2007, 388 ff; *Nolte* VR 2007, 73 ff.

richtlichen Rechtsschutz zu unterstellen wäre.[18] Angesichts der eindeutigen gesetzgeberischen Entscheidung ist dies hier nicht zu vertiefen; die Rechtswegfrage ist aber dennoch wieder aktuell bei Vergaben unterhalb der Schwellenwerte und damit außerhalb des Anwendungsbereichs des »europäisierten Vergaberechts« gem. §§ 97 ff GWB.

a) Rechtsschutz unterhalb der Schwellenwerte

Nachdem das Bundesverfassungsgericht die Beschränkung einfachgesetzlichen Rechtsschutzes für verfassungsmäßig erklärt und lediglich das Willkürverbot des Art. 3 Abs. 1 GG zur maßgeblichen Grenze unterhalb der Schwellenwerte erklärt hat,[19] war nach einer Serie sich widersprechender Gerichtsentscheidungen das Bundesverwaltungsgericht aufgefordert, zur Frage des Rechtswegs für Klagen gegen Vergabeentscheidungen unterhalb der Schwellenwerte Stellung zu beziehen.[20] Zuvor hatten einige (Ober-)Verwaltungsgerichte den Rechtsweg zu den ordentlichen Gerichten eröffnet gesehen,[21] während die wohl überwiegende Auffassung anderer (Ober-)Verwaltungsgerichte und der Literatur den Verwaltungsrechtsweg für einschlägig hielten.[22]

Das Bundesverwaltungsgericht sieht den ordentlichen Rechtsweg als gegeben an, da für die Zuordnung des Vergabevorgangs zum Privatrecht nicht das Ziel, sondern die Rechtsform des staatlichen Handelns maßgeblich sei.[23] Diese Kernbegründung mag bereits überraschen, da sich das Gericht für die hier maßgebliche Abgrenzung zwischen öffentlich-rechtlicher und privatrechtlicher Streitigkeit auf die ständige Rechtsprechung der obersten Bundesgerichte stützt, wonach sich die Abgrenzung nach der Natur des Rechtsverhältnisses, aus dem der geltend gemachte Anspruch

18 Dazu systematisch eingehend *Schenke* Rechtswegabgrenzung, in: Geiß/Nehm u.a. (Hrsg.) FS 50 Jahre Bundesgerichtshof, Bundesanwaltschaft und Rechtsanwaltschaft beim Bundesgerichtshof, Bd. III, 2000, S. 45, 53 ff; *Schliesky* DÖV 1994, 114 ff; *ders.* DVBl. 1999, 78, 83 ff.

19 BVerfG, NJW 2006, 3701, 3703.

20 BVerwG, NVwZ 2007, 820 ff; dazu kritisch *Burgi* NVwZ 2007, 737 ff; s. auch *Siegel* DVBl 2007, 942 ff; *Krohn* NZBau 2007, 493 ff; *Antweiler* NWVBl. 2007, 285 ff; *Ennuschat* NJW 2007, 2224 ff.

21 OVG Berlin-Brandenburg DVBl. 2006, 1250 ff; OVG Lüneburg NVwZ-RR 2006, 845 ff; OVG Schleswig NordÖR 1999, 512 ff; *Irmer* Vergaberecht 2006, 159, 163 ff; *Ruthig* NZBau 2005, 497, 499 ff; *Wilke* NordÖR 2006, 481, 485.

22 OVG Bautzen NZBau 2006, 393 ff; OVG Koblenz DÖV 2007, 39 ff; OVG Münster NVwZ-RR 2006, 223 ff; *Frenz* Vergaberecht 2007, 1, 14; *Huber* JZ 2000, 877, 882; *Kopp/Schenke* VwGO, 14. Aufl. 2005, § 40 Rn 25a; *Niestedt/Hölzl* NJW 2006, 3680, 3682; *Pünder* VerwArch. 95 (2006) 38, 57; *Stelkens* Verwaltungsprivatrecht, 2005, S. 1024 ff.

23 BVerwG NVwZ 2007, 820, 822. – In der Konsequenz dieser Entscheidung gibt es bereits mehrere zivilgerichtliche Entscheidungen bei Vergaben unterhalb der Schwellenwerte: LG Bad Kreuznach, Beschluss v. 6. 6. 2007 – 2 O 201/07; LG Cottbus, Beschluss v. 24. 10. 2007 – 5 O 99/07; LG Frankfurt/Oder, Beschluss v. 14. 11. 2007 – 13 O 360/07.

hergeleitet wird, richtet.[24] Dies ist aber das Wettbewerbsverhältnis des nicht zum Zuge gekommenen Bieters zu seinem Konkurrenten und zu dem die maßgebliche Ursache, nämlich den (Nicht-)Zuschlag, setzenden öffentlichen Auftraggeber. Die Rechtsform im Verhältnis zwischen öffentlichem Auftraggeber und dem mit Zuschlag versehenen Bieter, in der Regel ein privatrechtlicher Vertrag, kann hierfür keine Rolle spielen. Bei näherem Hinsehen überrascht das Ergebnis dann aber nicht mehr so sehr, da das Bundesverwaltungsgericht erstaunlich »kampflos« die Überprüfung wesentlicher staatlicher Verhaltensweisen zugunsten der Zivilgerichte preisgibt und sich einer älteren, durchaus fragwürdigen BGH-Rechtsprechung anschließt, die bei Wettbewerbsstreitigkeiten und der damit verbundenen, nicht immer einfachen rechtlichen Qualifizierung des Wettbewerbsverhältnisses auf das insoweit wenig aussagekräftige Leistungsverhältnis abgestellt hatte.[25]

Auch im Übrigen weckt der Beschluss in Ergebnis und Begründung erhebliche Zweifel: Die nächste These zur Begründung des ordentlichen Rechtswegs lautet, in der Rolle als Nachfrager am Markt unterscheide sich der Staat nicht grundlegend von anderen Marktteilnehmern.[26] Hier werden in dogmatisch höchst unbefriedigender Weise der besondere Status des Staates,[27] der sich aufgrund seiner anderen Handlungslegitimation, seiner grundrechtlichen Bindungen, seiner verhaltenrechtlichen (öffentlich-rechtlichen!) Bindungen sowie seiner finanziellen Möglichkeiten grundlegend von dem privater Marktteilnehmer unterscheidet, mit der *Handlungsform* vermischt. Diese gebotene Differenzierung wird aber vom Bundesverwaltungsgericht mit dem Schlagwort vom »Verwaltungsprivatrecht« überdeckt.[28] Schließlich wird auch die in der Literatur zunehmend ins Spiel gebrachte »Zwei-Stufen-Theorie«[29] mit der Behauptung verworfen, das Vergabeverfahren sei in Ermangelung einer eigenständigen »Vergabeentscheidung« seiner Struktur nach gera-

24 Z.B. GmS-OGB, BGHZ 97, 312, 313 f; BGHZ 102, 280, 283; BGHZ 108, 284, 286; BVerwGE 96, 71, 73.

25 Dies wird besonders an der Bezugnahme des BVerwG (NVwZ 2007, 820 f) auf GmS-OGB, BGHZ 97, 312 ff, deutlich: Diese Entscheidung hat – wenig überzeugend und durchaus im Widerspruch zu einigen besser begründeten BGH-Entscheidungen – maßgeblich auf das Leistungsverhältnis abgestellt. Dazu noch näher unten III. 1.; zur Analyse der älteren Rspr. *Schliesky* Öffentliches Wettbewerbsrecht (Fn 16) S. 457 ff.

26 BVerfG NJW 2006, 3701, 3702; BVerwG NVwZ 2007, 820, 821. Grundlegend a.A. *Burgi* NVwZ 2007, 737, 739; *Schliesky* Öffentliches Wirtschaftsrecht (Fn 16) S. 152 ff.

27 Dazu eingehend *Schliesky* Öffentliches Wettbewerbsrecht (Fn 16) S. 112 ff; nachdrücklich auch *Burgi* NVwZ 2007, 737, 738 f: »Diese Feststellung ist so bemerkenswert wie eindeutig falsch, und zwar nicht nur empirisch, sondern insbesondere auch rechtlich, wie das Gericht selbst in seiner Entscheidung feststellt [...].«

28 BVerwG NVwZ 2007, 820, 822. – Zum »Verwaltungsprivatrecht« näher (und kritisch) *Ehlers* DVBl. 1983, 422, 424 f; *Huber* Konkurrenzschutz im Verwaltungsrecht, 1991, S. 316; *Schliesky* Öffentliches Wettbewerbsrecht (Fn 16) S. 66 ff; *Stelkens* (Fn 22) passim; s. auch *Stober* (Fn 9) § 17 III 1, S. 124, § 33 I, S. 233 ff.

29 Statt vieler *Stober* (Fn 6) § 57 VI 1, S. 321 f.

de nicht zweistufig ausgestaltet.[30] Ohne hier Für und Wider der Zwei-Stufen-Theorie erörtern zu können, zeigt eine einfache praktische Überlegung, dass es sehr wohl eine selbständige (öffentlich-rechtliche) Vergabeentscheidung gibt, auf die erst dann der Abschluss eines regelmäßig privatrechtlichen Vertrags folgt: Mit der Vergabeentscheidung beginnt die Informationspflicht gem. § 13 VgV, und in dieser Phase zwischen Vergabeentscheidung und Vertragsschluss kann die Vergabeentscheidung von der zuständigen (Rechts-)Aufsichtsbehörde überprüft und ggf. untersagt oder aufgehalten werden.[31]

Mit seinem Beschluss vom 2. 5. 2007 hat das Bundesverwaltungsgericht einen praktisch bedeutsamen Bereich des Öffentlichen Wettbewerbsrechts der Zivilgerichtsbarkeit überlassen. Mit Recht bilanziert *Burgi* daher:[32]

> »Die Verwaltungsgerichtsbarkeit wird ohne Not zwar nicht vollständig, aber doch in einem wichtigen Teilbereich von der judikativen Begleitung des Staates auf dessen Weg zum Gewährleistungsstaat abgekoppelt. Vom wissenschaftlichen Standpunkt aus betrachtet, besteht die bedauerlichste Konsequenz darin, dass in diesem Bereich künftig die Einhaltung unbestritten öffentlich-rechtlicher Vorschriften nicht von der einschlägigen Gerichtsbarkeit kontrolliert wird; […]«.

b) Interkommunale Zusammenarbeit und Vergaberecht

Besonders deutlich wird der Bedeutungsverlust der Verwaltungsgerichtsbarkeit bei dem Zusammentreffen des europäisierten Vergaberechts mit dem Verwaltungsorganisationsrecht.[33]

Seit einiger Zeit lösen Gerichte erhebliche Unruhe im Hinblick auf die kommunale Organisationshoheit, vor allem in Gestalt der Kooperationshoheit, aus. Allen voran sind hier der EuGH und zwei Oberlandesgerichte zu nennen, die bestimmte Formen der interkommunalen Zusammenarbeit dem Vergaberecht unterstellen und damit für bestimmte Organisationsentscheidungen bezüglich einer gemeinsamen Aufgabenerledigung eine Ausschreibung gem. §§ 97 ff GWB i.V.m. VgV verlangt haben. Entsprechend der Vielfalt von praktizierten Kooperationsformen auf der kommunalen Ebene ist nach dem derzeitigen Stand der Rechtsprechung noch zu differenzieren, wobei die Entwicklung nach dem Vorbild der »Pendeltheorie« rasant voranschreitet.

Einer breiteren Öffentlichkeit ist das Problem erstmals Anfang 2005 bekannt geworden, als der EuGH über eine Verwaltungskooperation der Stadt Halle im Bereich der Abfallwirtschaft geurteilt hat.[34] Auf Vorlage des OLG Naumburg hat der

30 BVerwG NVwZ 2007, 820, 823; s. auch OVG Koblenz DVBl. 2005, 988 f; *Stober* (Fn 12) § 37 II 4, S. 262.
31 S. auch *Burgi* NVwZ 2007, 737, 740.
32 *Burgi* NVwZ 2007, 737, 742.
33 Dazu eingehend *Schliesky* in: ders./Ernst (Hrsg.) Recht und Politik, 2006, S. 35, 38 ff.
34 EuGH – Rs. C-26/03, Slg. I-2005, 1 ff (= NZBau 2005, 111 ff); dazu *Zeiss* DÖV 2005, 819 ff; *Vetter/Bergmann* EuZW 2005, 589 ff; *Pape/Holz* NJW 2005, 2264 ff; *Hausmann/Bultmann* NVwZ 2005, 377 ff.

EuGH entschieden, dass ein öffentlicher Auftraggeber stets das Vergabeverfahren einzuhalten hat, wenn er mit einer Gesellschaft, die sich rechtlich von ihm unterscheidet und an deren Kapital er mit einem oder mehreren privaten Unternehmen beteiligt ist, privatrechtliche Verträge abschließt. Damit hat der EuGH die in der Praxis vielfach anzutreffende Annahme, sog. In-House-Geschäfte seien bis zu einer bestimmten Beteiligungsgrenze der öffentlichen Hand vergaberechtsfrei,[35] zumindest für Verwaltungskooperationen mit Privaten in privatrechtlichen Organisationsformen, d.h. für klassische gemischtwirtschaftliche Unternehmen, widerlegt. Aktuell sind weitere Vertragsverletzungsverfahren vor dem EuGH anhängig, so dass mit weiteren Präzisierungen gerechnet werden kann. Noch ist beispielsweise nicht abschließend geklärt, ob bereits die Kooperationsvereinbarung selbst oder erst die Aufgabenübertragung ausschreibungspflichtig ist.

In das Visier des Vergaberechts ist in diesem Zusammenhang aber auch die Tätigkeit mehrerer Kommunen in Form von Zweckverbänden geraten. Zwar wird ein Zweckverband regelmäßig durch öffentlich-rechtlichen Vertrag der beteiligten Kommunen errichtet,[36] doch handelt es sich um die Gründung einer neuen öffentlich-rechtlichen Körperschaft, der durch den Vertrag komplett Aufgaben übertragen werden, ohne dass hier die typischen Kriterien des mit einem öffentlichen Auftrag verbundenen Beschaffungsvorganges erfüllt wären.[37] Bei der Aufgabenübertragung auf einen Zweckverband findet keine Beschaffung am Wettbewerbsmarkt und auch keine Erteilung einer Dienstleistungskonzession, sondern eine organisationsrechtliche Entscheidung über die weiterhin hoheitliche Art und Weise der Aufgabenerledigung statt. Dennoch wird hier vor allem wegen der vertraglichen Begründung des Zweckverbandes ein ausschreibungspflichtiger öffentlicher Auftrag angenommen. Der Trend zu einer unkritischen Überlagerung des Rechts der kommunalen Zusammenarbeit durch das Vergaberecht wird massiv durch zwei jüngere Entscheidungen von Oberlandesgerichten unterstützt, die den Abschluss öffentlich-rechtlicher Vereinbarungen ebenfalls als Vergabe eines öffentlichen Auftrages ansehen, die dem Vergaberecht und damit den §§ 97 ff GWB unterliegen.[38] Insoweit kann für künftige Formen der kooperativen Aufgabenerledigung wenig Gutes erwartet werden, zumal der Entwurf eines § 56a VwVfG die Zulässigkeit des sog.

35 Zu Inhouse-Geschäften näher *Dietlein* NVwZ 2003, 1080 ff; *Dreher* NZBau 2001, 1 ff; *Schauenburg* NZBau 2002, 259 ff; *Probst/Wurzel* Der Landkreis 2007, 400 ff; *Ruhland* ThürVBl. 2007, 177 ff; *Koenig/Wetzel* IR 2006, 248 ff; *Pöcker/Michel* DÖV 2006, 445 ff; *Wiedemann* CuR 2006, 123 ff; *Müller* VergabeR 2005, 436 ff.

36 So etwa § 5 Abs. 1 GkZ SH.

37 So auch *Burgi* NZBau 2005, 208 ff; *Schröder* NVwZ 2005, 25 (28); tendenziell anders *Ziekow/Siegel* VerwArch. 94 (2005) 119, 131 f.

38 OLG Düsseldorf NVwZ 2004, 1022 f; OLG LSA DVBl. 2006, 121 ff; zur erstgenannten Entscheidung *Flömer/Tomerius* NZBau 2004, 660 ff; *Zirbes* VergabeR 2004, 622 f; zur zweitgenannten *Voß* LKV 2006, 352 f.

Kooperationsvertrages an begriffliche Voraussetzungen knüpft, die sich auch im Vergaberecht finden.[39]

Zu beachten ist, dass derzeit zahlreiche kommunale Handlungen dem Vergaberecht der §§ 97 ff GWB unterstellt werden, die zum Einen einer anderen Entscheidungslogik folgen und zum Anderen in einem anderen Rechtsweg beurteilt werden. Zur Entscheidungslogik sei nur folgendes angemerkt: Bislang war es einhellige Auffassung, dass die kommunale Selbstverwaltungsgarantie insbesondere in Gestalt der kommunalen Organisationshoheit den Kommunen die Befugnis zuweist, selbst über die Art und Weise ihrer Aufgabenerledigung zu entscheiden. Nach ebenso einhelliger Auffassung umschließt diese Entscheidungsbefugnis die Frage, ob man die Aufgabe allein oder mit anderen Partnern wahrnimmt und in welcher Organisationsform, etwa durch ein kommunales Unternehmen, man die Aufgabe erledigen will. Hinsichtlich der Entscheidungslogik lässt sich also festhalten, dass autonome Organisationsentscheidungen über die Art und Weise der Aufgabenerledigung, die bislang von unmittelbar demokratisch legitimierten Organen getroffen wurden, nun allein dem Maßstab der Wirtschaftlichkeit in § 97 Abs. 5 GWB unterstellt werden. Für unser Thema folgt daraus, dass die Beurteilung derartiger Fälle nur noch vor Vergabesenaten und nicht mehr vor den Verwaltungsgerichten stattfindet.

Die Kernfrage des skizzierten Problemkreises lautet, ob die kooperativen Formen kommunaler Aufgabenerledigung, also die interkommunale Zusammenarbeit, weiterhin als Art und Weise der Aufgabenerledigung und damit als Organisationsentscheidung begriffen wird, die auf einer autonomen Entscheidung der Kommune über die Aufgabenerledigung beruht und von Art. 28 Abs. 2 GG verfassungsrechtlich geschützt ist, oder ob derartige Kooperationsentscheidungen als Erteilung eines öffentlichen Auftrags oder gegebenenfalls als Erteilung einer Dienstleistungskonzession,[40] welche die EU-Kommission de lege ferenda ebenfalls dem Vergaberecht unterstellen will, angesehen werden. Hier rächt sich zunächst einmal die »Flucht in privatrechtliche Organisationsformen«, die beim EuGH und deutschen Zivilgerichten schnell zu einem rein zivilrechtlichen Verständnis von Wettbewerb führt. Auch wenn die sog. »Fiskustheorie« überwunden geglaubt war, so finden sich immer wieder Fehldeutungen, denen zufolge der Staat und seine Untergliederungen bei der Wahl einer privatrechtlichen Organisationsform zu einem privaten Rechtssubjekt mutieren und nur noch dem Zivilrecht sowie dem Zivilprozessrecht unterliegen. Dabei sollte es an sich Allgemeingut sein, dass der Staat und seine Untergliederungen sich eben nicht ihrer öffentlich-rechtlichen Bindungen, insbesondere nicht der von Art. 1 Abs. 3 GG strikt angeordneten grundrechtlichen Bindungen, entledigen können. Allerdings muss dann auch gelten, dass der Staat und seine Untergliederungen dort, wo sie im sonderrechtlichen Bereich verbleiben, nicht ohne weiteres wie private Marktakteure behandelt werden können. Zwischen öffentlich-

39 Zu der beabsichtigten Novellierung *Schmitz* DVBl. 2005, 17 ff.

40 Dazu *Lampert* DVBl. 2007, 1343 ff; für Verwaltungsrechtsweg VG Münster NWVBl. 2007, 319 ff.

rechtlichen Organisationsentscheidungen und dem Beschaffungsvorgang an einem Wettbewerbsmarkt, den der ausschreibungspflichtige öffentliche Auftrag nun einmal darstellt, muss auch weiterhin eine trennscharfe Differenzierung vorgenommen werden. Der »Preis« einer funktionalen Privatisierung, die nichts anderes als die Nachfrage nach einer Dienstleistung eines Privaten auf einem Markt darstellt, ist mit Sicherheit die Ausschreibungspflichtigkeit dieses Beschaffungsvorgangs, dies sei hier deutlich betont. Die Organisationsentscheidung über einen Zweckverband, mit dem ja nicht nur potentiell wirtschaftliche Aktivitäten wahrgenommen werden, sondern z.B. gerade auch Schulträgerschaften organisiert werden, gehört m.E. allerdings nicht zu derartigen öffentlichen Aufträgen. Diese Usurpation der gesamten wettbewerbsrelevanten Staatstätigkeit in Form von Nachfragehandeln durch die Vergabesenate löst keine rechtspolitische Debatte aus, obwohl diese auf § 116 Abs. 3 GWB beruhende Zuständigkeit der Oberlandesgerichte weder vom Gemeinschaftsrecht gefordert noch einheitlich in der EU praktiziert wird; in anderen Ländern sind vergaberechtliche Streitigkeiten den Verwaltungsgerichten zugewiesen.[41] Diese rechtspolitische Ruhe dürfte darin begründet sein, dass die privaten Bieter mit der gewählten Rechtswegzuweisung einverstanden sind. Öffentliche Auftraggeber hingegen klagen lediglich über die Verzögerung der Aufträge, hinterfragen das Rechtschutzsystem aber offenbar noch nicht hinreichend. Eine weitere Ursache für die derzeitigen Probleme dürfte – ähnlich wie bei der Daseinsvorsorge-Diskussion – in der Vernachlässigung des Themenfeldes durch die Gesetzgeber liegen. Das Recht der interkommunalen Zusammenarbeit beruht auf dem organisationsrechtlichen Gerüst des 19. Jahrhunderts, das längst nicht mehr den heute praktizierten Kooperationen genügt. Hier ist der Bedarf an einem modernen Verwaltungskooperationsrecht mit Händen zu greifen, das verlässliche rechtsstaatliche Grenzen zieht, im Übrigen aber eine flexible Kooperation unter gleichzeitiger Sicherstellung effektiver Steuerung und demokratischer Legitimation erlaubt. Ein derart modernisiertes Verwaltungskooperationsrecht wäre dann zweifelsohne von den Verwaltungsgerichten zu beurteilen. Möglicherweise bringt hier die Föderalismusreform II neuen Schwung, wenn die Aufnahme des Verwaltungsverbandes als öffentlich-rechtliche Organisationsform für Verwaltungszusammenarbeit in das Grundgesetz gelingt.

c) Überlagerung des kommunalen Wirtschaftsrechts durch die Verdingungsordnungen

Ein weiteres Problemfeld im Bereich des Vergaberechts verdeutlicht nicht nur wiederum die Verdrängung der Verwaltungsgerichtsbarkeit aus dem kommunalen Wirtschaftsrecht, sondern auch eine erste Ursache dieses Trends, nämlich rechtssystematisch zweifelhafte Entscheidungen des Bundesgesetzgebers. Ausgangspunkt ist die Rechtsprechung des Vergabesenats des OLG Düsseldorf zur Beteiligung öffentlicher Einrichtungen mit sozialpolitischer Zweckrichtung an Verfahren zur Verga-

41 Näher *Prieß* Handbuch des europäischen Vergaberechts, 3. Aufl. 2005, S. 313 ff.

be öffentlicher Aufträge. Aufgrund einer fragwürdigen Auslegung des § 7 Nr. 6 VOL/A[42] sieht das OLG Düsseldorf die genannten öffentlichen Einrichtungen von dem Vergabewettbewerb ausgeschlossen, ohne Rücksicht darauf, ob sich die Gefahr einer Beeinträchtigung des Bieterwettbewerbs im konkreten Vergabeverfahren realisiert hat oder nicht.[43] Dies bedeutet oftmals einen kompletten Ausschluss von der Marktteilnahme und überspielt die Wertungen des kommunalen Wirtschaftsrechts, nach denen derartige Einrichtungen oftmals gerade als nichtwirtschaftliche Unternehmen hinsichtlich des Marktzutritts privilegiert sind. Diese Entscheidung, die von vielen Vergabekammern als Maßstabsbild akzeptiert worden ist, ist in der Literatur auf massive Kritik gestoßen,[44] doch hat sich das OLG Düsseldorf davon nicht beeindrucken lassen und den auch rein wettbewerbsrechtlich fragwürdigen Standpunkt jüngst noch einmal bestätigt.[45]

2. *Beihilfekontrolle*

In der Subventionskontrolle haben sich die Verwaltungsgerichte in der Vergangenheit nicht viel Ruhm erworben. Die Subventionskontrolle findet im gerichtlichen Verfahren – insoweit kann die Kontrolle durch Rechnungshöfe hier vernachlässigt werden – nur auf Rüge von Konkurrenten statt. Angesprochen sind damit prozessual die Konstellationen der sog. negativen Konkurrentenklage[46] bzw. der sog. Begünstigungsabwehrklagen.[47] Derartiger Konkurrentenrechtschutz setzt eine wehrfähige Rechtsposition, ein die Klagebefugnis gem. § 42 Abs. 2 VwGO begründendes subjektives Recht voraus.[48] Die Verwaltungsgerichte haben aber weder über Art. 14 Abs. 1 GG noch über den nahe liegenden Art. 12 Abs. 1 GG einen Schutz der Stel-

42 § 7 Nr. 6 VOL/A lautet: »Justizvollzugsanstalten, Einrichtungen der Jugendhilfe, Aus- und Weiterbildungsstätten oder ähnliche Einrichtungen sind zum Wettbewerb mit gewerblichen Unternehmen nicht zuzulassen.«

43 OLG Düsseldorf, Beschluss vom 23. Dezember 2003, Verg. 58/03, VergabeR 2004, 379 f; dazu *Hantel* NJ 2004, 201 f; *Nielandt* VergabeR 2004, 457 ff; *Hoffmann* VergabeR 2004, 462 ff.

44 *Hübner/Schliesky* VergabeR 2004, 380 ff; *Willenbruch* NordÖR 2004, 477 ff; zutreffende Kritik bereits zuvor bei *Kemper/Hesshaus* NWVBl. 2001, 377, 384 f.

45 OLG Düsseldorf, Beschluss vom 4. März 2004, Verg 8/04, VergabeR 2004, 511 ff, dazu s. *Köhler* VergabeR 2004, 515 ff.

46 *Erichsen* Jura 1994, 384, 385; *Rittner/Stephan* GewArch. 1985, 177, 177; *Schenke* NVwZ 1993, 718, 719 f.

47 *Huber* in: Stober (Fn 2) S. 50, 62 f; zum Konkurrentenschutz auch *Landry* Rechtsschutz und Konkurrentenschutzaspekte des Subventionsrechts, in: Stober/Vogel (Hrsg.) Subventionsrecht und Subventionspolitik auf dem Prüfstand, 1999, S. 171, 190 ff.

48 BVerwGE 30, 191, 197; *Wahl/Schütz* in: Schoch/Schmidt-Aßmann/Pietzner (Hrsg.) Verwaltungsgerichtsordnung, Stand: 9. Lieferung September 2003, § 42 Abs. 2 Rn 291 ff; *Stober* (Fn 3) § 57 II, S. 308.

lung des Unternehmers im Wettbewerb angenommen.[49] Die Subventionskontrolle wird heute durch die EU-Kommission nach den Art. 87 ff EGV und der das Verfahren regelnden Beihilfenkotrollverfahrensverordnung[50] wahrgenommen.[51] Der Rechtschutz findet, insbesondere über eine gegenüber der Kommission erhobene Untätigkeitsklage, vor dem EuGH statt.

Anders stellt sich die Situation nun im Kartellrecht dar: Wegen der Arbeitsüberlastung der Kommission hat im gemeinschaftsrechtlichen Kartellrecht ein Paradigmenwechsel stattgefunden.[52] Nach Art. 5 VO Nr. 1/2003[53] sind nun die Wettbewerbsbehörden der Mitgliedstaaten für die Anwendung der Art. 81, 82 EGV in Einzelfällen zuständig. Und nach Art. 6 der VO Nr. 1/2003 sind dementsprechend die einzelstaatlichen Gerichte für die Anwendung der Art. 81 und 82 EGV zuständig – in Deutschland wieder die Zivilgerichte. Anders als bei Art. 81 und 82 EGV ist Art. 87 EGV allerdings nicht innerstaatlich unmittelbar wirksam,[54] wohl aber das Durchführungsverbot für nicht notifizierte Beihilfen gem. Art. 88 Abs. 3 Satz 3 EGV. Bedenkt man, dass die Überlastungssituation der EU-Kommission im Hinblick auf Beihilfeverfahren und Kartellverfahren identisch ist und die Verwaltungsgerichte über Rückforderungen gemeinschaftsrechtswidriger Beihilfen nach § 48 VwVfG zu entscheiden haben, könnte hier rechtspolitisch eine interessante Entwicklung denkbar sein.

3. *Konkurrenzschutz bei wettbewerbsrelevanter Staatstätigkeit*

Interessantes Anschauungsmaterial liefert darüber hinaus der Konkurrenzschutz privater Wettbewerber bei wettbewerbsrelevanter Staatstätigkeit. Hier gilt es, zunächst einmal kurz die Entwicklung der vergangenen Jahrzehnte nachzuzeichnen.

49 Dazu näher *Schliesky* Öffentliches Wettbewerbsrecht (Fn 16) S. 269 ff. Zu einer verfassungsrechtlichen Schutzpflicht aus Art. 12 Abs. 1 GG im »Subventionschaos« *Stober* Wege aus dem Subventionschaos, in: ders./Vogel (Fn 47) S. 5, 10 f.

50 Verordnung (EG) Nr. 659/1999 des Rates für besondere Vorschriften für die Anwendung von Art. 88 des EG-Vertrages vom 22. März 1999 (ABl.EG L 83 v. 27. 3. 1999, S. 1), zuletzt geändert durch ABl. L 363 v. 20. 12. 2006, S. 1, abgedruckt bei Schliesky (Hrsg.) Öffentliches Wirtschaftsrecht – Vorschriftensammlung, 3. Aufl. 2007, Gl.-Nr. 13.

51 Zum europäischen Beihilferecht *Schliesky* Öffentliches Wirtschaftsrecht (Fn 16) S. 66 ff.

52 Zu dieser Systemveränderung näher *von Bogdandy/Buchhold* GRUR 2001, 798 ff; *Möschel* JZ 2000, 61 ff.

53 Verordnung (EG) Nr. 1/2003 des Rates zur Durchführung der in den Artikeln 81 und 82 des Vertrages niedergelegten Wettbewerbsregeln vom 16. Dezember 2002 (ABl.EG L 1 v. 4. 1. 2003, S. 1); abgedruckt bei *Schliesky* (Fn 50) Gl.-Nr. 12. Zu dieser neuen Kartellverfahrensverordnung eingehend *Bartosch/Schnelle/Hübner* Das neue EU-Kartellverfahrensrecht: Auswirkungen der Verordnung (EG) Nr. 1/2003 auf die Kartellrechtspraxis, 2004; *Schwarze/Weitbrecht* Grundzüge des europäischen Kartellverfahrensrechts: die Verordnung (EG), Nr. 1/2003, 2004.

54 *Schliesky* Öffentliches Wirtschaftsrecht (Fn 16) S. 70 f.

Angesichts der extremen Zurückhaltung der Verwaltungsgerichtsbarkeit, die gerade im Hinblick auf den grundrechtlichen Konkurrenzschutz mit Recht als »Rechtschutzverweigerung« bezeichnet worden ist,[55] sind private Wettbewerber kommunaler Unternehmen frühzeitig auf den erfolgreicheren Weg des Zivilrechtsweges ausgewichen. Hier erreichte man mit Hilfe des § 1 UWG a.F. (jetzt: § 3 UWG n.F.) regelmäßig aus Sicht der Kläger erfolgreiche Urteile. Unter Zuhilfenahme der Fallgruppe »Vorsprung durch Rechtsbruch«[56] prüften die Zivilgerichte im Rahmen des § 1 UWG die maßgebliche Zulässigkeitsvorschrift des Gemeindewirtschaftsrechts. Bei einem – oftmals vorschnell angenommenen – Überschreiten der kommunalrechtlichen Grenzen wurde in neueren Entscheidungen allein dieser Verstoß als ausreichend angesehen, um die Sittenwidrigkeit i.S.d. § 1 UWG zu begründen,[57] während in früheren Entscheidungen immer noch das Hinzutreten weiterer Umstände gefordert wurde.[58] Das Ausweichen auf diesen erfolgversprechenden Weg war aus Sicht der privaten Wettbewerber verständlich, dogmatisch aber höchst fragwürdig und unter rechtssystematischen Gesichtspunkten äußerst bedenklich,[59] weil auf diese Weise den Gemeindewirtschaftsvorschriften ein Drittschutz über den Umweg des § 1 UWG a.F. zugesprochen wurde, den sie im Sinne der Schutznormtheorie[60] nicht besitzen. Aber gerade auch aus wettbewerbsrechtlicher Sicht war dieser Lösungsweg äußerst fragwürdig: Als objektives Verhaltensrecht sind die Gemeindewirtschaftsvorschriften nicht Teil einer allgemeinen, für alle Wettbewerber gültigen Wettbewerbsordnung. Das Lauterkeitsrecht beruht aber gerade auf dem Gedanken der »par condicio concurrentium«, so dass nur die Verletzung einer für alle Wettbewerber gleichermaßen gültigen Regelung mit Hilfe der Fallgruppe »Vorsprung durch Rechtsbruch«[61] geahndet wird. Auf einen Verstoß gegen das Gemeindewirtschafsrecht allein kann es dabei bei der Prüfung von § 1 UWG a.F. (§§ 3, 4 Nr. 11 UWG n.F.) nicht ankommen.[62] Auf der Grundlage dieser

55 *Harms* BB 1986, Beilage 17 zu Heft 32, 1, 4; *Schmittat* ZHR 148 (1984) 428, 437 f; *Ulmer* ZHR 146 (1982) 486, 471 f; s. auch *Schliesky* DVBl. 1999, 78, 79.

56 S. dazu auch OLG Düsseldorf, DVBl. 2001, 1283 ff; *Schünemann* WRP 2000, 1001, 1008; *Stober* (Fn 12) § 33 I 2, S. 235; *Fuchs* Zivilrechtliche Sanktionen gegen gesetzwidrigen Wettbewerb durch die öffentliche Hand? – Eine Untersuchung zum Wettbewerbsverstoß durch Rechtsbruch am Beispiel der kommunalrechtlichen Vorschriften über die wirtschaftliche Betätigung der Gemeinden in: Eberle u.a. (Hrsg.) FS Brohm, 2002, S. 275 ff.

57 OLG Düsseldorf NWVBl. 1997, 35 ff m. Anm. *Moraing;* OLG Hamm JZ 1998, 576 ff m. Anm. *Müller* = KA 1998, 930 ff m. Anm. *Schliesky*; LG München GewArch. 1999, 413, 415; LG Offenburg NVwZ 2000, 717 f.

58 BGH NJW 1997, 60, 61; VGH Mannheim DÖV 1995, 120, 121; in diesem Sinne später auch noch OLG Karlsruhe DÖV 2001, 431, 432; OLG München NVwZ 2000, 835, 836.

59 Näher *Schliesky* Öffentliches Wettbewerbsrecht (Fn 16) S. 447 ff, 455 ff.

60 Dazu näher *Huber* (Fn 28) S. 107 ff.

61 S. jetzt § 4 Nr. 11 UWG n.F.

62 Zu diesem Gedanken der »par condicio concurrentium« näher *Schliesky* Öffentliches Wettbewerbsrecht (Fn 13) S. 390 ff mwN. – Dementsprechend hat jüngst das OLG Celle, GRUR-RR 2004, 374 f, zutreffend die Maßgeblichkeit des § 108 NGO für die Beurteilung einer kommunalen wirtschaftlichen Tätigkeit am Maßstab des § 3 UWG n.F. verneint,

Rechtsprechung waren die kommunalen Betätigungsspielräume jedenfalls erheblich eingeengt worden.

Dieser Rechtsprechung zahlreicher Oberlandesgerichte ist nun jüngst der Bundesgerichtshof unter Abkehr von seiner eigenen Rechtsprechung entgegengetreten. Der BGH betont nun, dass ein Verstoß einer Kommune gegen gemeindewirtschaftsrechtliche Vorschriften nicht automatisch zugleich sittenwidrig i.S.d. § 1 UWG a.F. ist.[63] Der BGH verlangt vielmehr eine unlautere Störung des Wettbewerbs gerade durch den Gesetzesverstoß. Daher spricht er gesetzlichen Marktzutrittsschranken wie dem Gemeindewirtschaftsrecht eine auf die Lauterkeit des Marktverhaltens der Kommunen bezogene Schutzfunktion ab, so dass der Verstoß gegen kommunales Wirtschaftsrecht nicht die Unlauterkeit begründet. Der BGH kehrt zu seiner früheren Differenzierung zwischen »Ob« und »Wie« staatlicher Wirtschaftstätigkeit zurück und beschränkt den zivilgerichtlichen Kontrollmaßstab mit Hilfe von § 1 UWG a.F. (§§ 3, 4 UWG n.F.) auf die Art und Weise der kommunalen Wirtschaftstätigkeit.[64] Das »Ob« kommunaler Wirtschaftstätigkeit will der BGH den Entscheidungen der Gesetzgebung und der Verwaltung, d.h. insbesondere der Kommunalaufsicht[65] überantworten. Auf dieser Linie liegt dann auch bereits eine erste OLG-Entscheidung, die einer Stadt das Angebot von Grabpflegeleistungen durch Mitarbeiter der hoheitlichen Friedhofsverwaltung in denselben Räumen sowie eine Nichtbeachtung der durch Satzung vorgeschriebenen Arbeitszeiten für Grabpflegearbeiten untersagt.[66]

Dieser vom Bundesgerichtshof initiierte grundlegende Wandel der zivilgerichtlichen Rechtsprechung führt zu einer Ausweitung der faktischen Spielräume für kommunale wirtschaftliche Tätigkeit, da die Hürden für erfolgreiche Klagen auf UWG-Grundlage für private Wettbewerber erheblich heraufgesetzt worden sind.[67]

wohl aber eine gemeindliche Satzungsregelung über zulässige Arbeitszeiten als sowohl für private als auch öffentliche Unternehmen geltend und damit als wettbewerbsrelevant anerkannt.

63 BGH NJW 2002, 2645, 2646 ff; bestätigt durch BGH NJW 2003, 586 ff. – Grundsätzliche Zustimmung bei *Fassbender* DÖV 2005, 89, 100; *Schliesky* Öffentliches Wirtschaftsrecht (Fn 16) S. 167 f; Ablehnung hingegen bei *Dreher* ZIP 2002, 1648 ff; *Frenz* WRP 2002, 1367 ff; *Haslinger* WRP 2002, 1023 ff.

64 Zur Entwicklung der BGH-Rechtsprechung *Schliesky* Öffentliches Wettbewerbsrecht (Fn 16) S. 304 ff.

65 Dazu näher *Ruffert* VerwArch. 92 (2001) 27 ff.

66 OLG Celle GRUR-RR 2004, 374 f.

67 Die Entscheidung des OLG Celle GRUR-RR 2004, 374 f, zeigt allerdings, dass auch das UWG weiterhin als verhaltensrechtliche Grenze von den Kommunen ernst zu nehmen ist.

III. URSACHENANALYSE

Das letzte Referenzbeispiel soll für die Ursachenanalyse genutzt werden, da – wie gezeigt – hier eine große Chance für die Verwaltungsgerichtsbarkeit liegt, verloren geglaubtes Terrain zurückzugewinnen. Dabei wird sich erweisen, dass hier durchaus auch hausgemachte Probleme eine entscheidende Rolle gespielt haben. Zu diesem Zweck sollen erst einmal die Kriterien nachgezeichnet werden, mit denen der Bundesgerichtshof und der Gemeinsame Senat der Obersten Gerichtshöfe des Bundes seinerzeit zum ordentlichen Rechtsweg gelangt sind.

1. Rechtswegbegründung

Systematisch zutreffend wird zunächst das Vorhandensein einer ausdrücklichen Rechtswegzuweisung abgefragt; da eine solche regelmäßig fehlt,[68] greifen Bundesgerichtshof und Gemeinsamer Senat der obersten Bundesgerichte auf in ständiger Rechtsprechung entwickelte Grundsätze zurück. Danach wird der Rechtsweg nach der Natur des Streitgegenstandes bestimmt; diese wiederum bestimmt sich nach der Natur des Rechtsverhältnisses, aus dem der Klageanspruch hergeleitet wird.[69] Maßgebend ist also die Natur des Klagebegehrens, die sich aus der wahren Natur des geltend gemachten Anspruchs ergibt[70] – unabhängig davon, ob er von demjenigen, der sich auf ihn beruft, dem öffentlichen oder privaten Recht zugeordnet wird.[71]

Der angestrebten Rechtsfolge[72] sowie der öffentlich-rechtlichen Zielsetzung[73] soll dabei keine besondere Bedeutung zukommen, so dass auch der Gesichtspunkt, dass bei stattgebender Klage u.U. ein Eingriff eines Zivilgerichts in hoheitliche Tätigkeit erfolge, keine selbständige Bedeutung habe.[74]

68 An dieser Stelle wird allerdings nicht immer methodisch sauber gearbeitet. Abdrängende Sonderzuweisungen wie § 51 Abs. 2 SGG n.F. werden nicht immer hinreichend beachtet, und Regelungen über die sachliche Zuständigkeit wie § 87 Abs. 1 GWB werden schon einmal als Rechtswegzuweisung »missbraucht«, s. etwa BGHZ 114, 218, 222 ff; BGH NJW 1991, 2963, 2964 f.

69 GmS-OGB BGHZ 97, 312, 313 f; NJW 1988, 2295, 2296; NJW 1988, 2297, 2297; GmS-OGB BGHZ 108, 284, 286; BGHZ 89, 250, 251 f; 121, 126, 128; BGH NJW 1995, 2295, 2296; ebenso BVerfGE 67, 100, 123; BVerwGE 75, 109, 112; 96, 71, 73.

70 GmS-OGB BGHZ 102, 280, 284; 108, 284, 286; BGHZ 66, 229, 232; 67, 81, 85, 88; BGH NJW 1995, 2295, 2296; ebenso BVerwGE 96, 71, 74.

71 GmS-OGB BGHZ 97, 312, 313; 102, 280, 284; 108, 284, 2186; BGHZ 119, 93, 95; BGH NJW 1995, 2295, 2296; ebenso BVerfGE 42, 103, 110 f; 62, 295, 313; 67, 100, 123; BVerwGE 96, 71, 74.

72 BGHZ 67, 81, 85, 89; in bedenklicher Weise nun auch OVG Lüneburg NVwZ-RR 2006, 845 f; vehement dagegen *Bettermann* DVBl. 1977, 180.

73 BGH NJW 1999, 2378 ff; *Stober* JZ 2007, 417, 417.

74 BGHZ 66, 229, 232 f; 82, 375, 383, 284; der Sache nach bereits BGH GRUR 1973, 530, 530.

Stellt man also auf das Rechtsverhältnis ab, aus dem der Klageanspruch hergeleitet wird, gelangt man zu der Differenzierung zwischen Leistungs- und Wettbewerbsverhältnis.[75] Trotz dieser feinsinnigen Unterscheidung ist aber in der zivilgerichtlichen Rechtsprechung keine klar durchgehaltene Linie zu erkennen, welches dieser zwei auseinanderdividierten Rechtsverhältnisse denn nun für die Rechtswegbestimmung maßgebend sei.[76] Wird das Leistungsverhältnis als entscheidend erachtet, wird vielfach auf die Handlungsform abgestellt und aus einer zivilrechtlichen Abwicklung auf den Zivilrechtsweg geschlossen.[77] Stellen die Zivilgerichte auf das Wettbewerbsverhältnis ab, in dem es um die Auswirkungen eines Wettbewerbsverhaltens auf den Konkurrenten geht, wird maßgebend auf ein Gleichordnungsverhältnis rekurriert,[78] das aber – wegen der Gleichordnung – privatrechtlich sein soll.[79] Die bekannten Bedenken, dass auch ein Gleichordnungsverhältnis öffentlich-rechtlich sein kann,[80] werden in der Regel übergangen oder zumindest zurückgestellt.[81] Das Konzedieren eines »ausnahmsweise« öffentlich-rechtlichen Wettbewerbsverhältnisses[82] bleibt regelmäßig nur abstrakt und spielt in der konkreten Anwendung meist keine Rolle, ist in einem obiter dictum des Bundesgerichtshofs auch wieder relativiert worden, indem selbst öffentlich-rechtliche Vorschriften, die den Zugang zu einer Wirtschaftstätigkeit regeln und deren Nichtbeachtung im konkreten Fall die Unlauterkeit begründen soll, nichts an dem ordentlichen Rechtsweg zu ändern vermögen.[83]

Bedenken werden regelmäßig mit der Fiktion der »Doppelnatur hoheitlicher Maßnahmen«[84] zu zerstreuen versucht, um in jedem Fall[85] den zivilrechtlichen

75 BGHZ 66, 229, 233.

76 Dazu ausführlich bereits oben D III 1 a bb (2).

77 Etwa GmS-OGB BGHZ 97, 312, 316; NJW 1988, 2297, 2298; anders und zutreffend BGHZ 89, 250, 258. – Dieses Vorgehen kann nun angesichts der weitgehend anerkannten Formenwahrfreiheit der Verwaltung (vgl. dazu nur *Ehlers* in: Erichsen (Hrsg.) Allgemeines Verwaltungsrecht, 13. Aufl. 2006, § 3 Rn 34 ff mwN.) nicht überzeugen.

78 GmS-OGB NJW 1988, 2295, 2296; BGHZ 66, 229, 233; 235 f; BGH NJW 1995, 2295, 2296.

79 BGH GRUR 1973, 530, 530; BGHZ 66, 229, 235; 82, 375, 382.

80 Immer wieder genanntes Musterbeispiel: der öffentlich-rechtliche Vertrag.

81 GmS-OGB BGHZ 97, 312, 314.

82 GmS-OGB BGHZ 108, 284, 287; BGHZ 121, 126, 128.

83 BGH NJW 1995, 2295, 2296 f: »Der Rechtsweg zu den ordentlichen Gerichten ist danach vorliegend ebenso gegeben wie in den sonstigen Fällen, in denen die Beurteilung, ob ein i.S.d. § 1 UWG unlauteres Verhalten im Wettbewerb anzunehmen ist, davon abhängt, ob das beanstandete Verhalten gegen Vorschriften des öffentlichen Rechts verstößt, die den Zugang zu einer Wirtschaftstätigkeit regeln (wie z.B. die Vorschriften der Handwerksordnung, des Steuerberatungsgesetzes oder des Personenbeförderungsgesetzes).«

84 Also den bei dem Konkurrenten angeblich privatrechtlichen Auswirkungen einer öffentlich-rechtlichen Maßnahme, die dann daher im Verhältnis zum betroffenen Konkurrenten privatrechtlich zu qualifizieren sei.

85 Insbes. dann, wenn das Leistungsverhältnis öffentlich-rechtlich geprägt ist.

Charakter des Wettbewerbsverhältnisses zu begründen.[86] Nach dieser Argumentation kann der Klageanspruch problemlos aus einem zivilrechtlichen Rechtsverhältnis hergeleitet werden, so dass eine bürgerlich-rechtliche Streitigkeit vorliegt, für die gemäß § 13 GVG der ordentliche Rechtsweg als eröffnet angesehen wird.

Bei dem maßgeblichen Abstellen auf ein Gleichordnungsverhältnis wird deutlich, dass die Zivilgerichte die Subjektionstheorie[87] zur Abgrenzung von Öffentlichem Recht und Privatrecht anwenden.[88] Neben der grundsätzlichen Kritik, der sich die Subjektionstheorie – insbesondere bei schlichtem Verwaltungshandeln – ausgesetzt sieht,[89] die hier indes nicht wiederholt werden soll, ist aber insbesondere die methodisch fehlerhafte Anwendung der Subjektionstheorie durch die Zivilgerichte zu bemängeln. Regelmäßig wird als Grundlage der Qualifizierungsentscheidung der Wirklichkeitsbezug der zu beurteilenden Handlung genommen; die Subjektionstheorie wird auf die (tatsächliche) Auswirkung – einer staatlichen Handlung – im Wettbewerbsverhältnis zum privaten Konkurrenten angewandt. Die Subjektionstheorie vermag jedoch – wie die anderen Theorien zur Abgrenzung des Privatrechts vom Öffentlichen Recht – nur Rechtsnormen zu beurteilen, nicht aber rechtlich zunächst indifferente Realakte oder gar deren tatsächliche Auswirkungen; hierfür ist eine logisch vorrangige Zuordnungsentscheidung erforderlich, in der die zu beurteilende Maßnahme in Bezug zu einer Norm gesetzt wird, deren Rechtsnatur dann mit Hilfe einer der Abgrenzungstheorien beurteilt werden kann.[90] Zusammenfassend lässt sich festhalten:

Aus den Prämissen, dass ein Wettbewerbsverhältnis ein Gleichordnungsverhältnis sei und ein Gleichordnungsverhältnis eine privatrechtliche Natur besitze, folgt, dass ein Wettbewerbsverhältnis privatrechtlich und ein daraus resultierender Anspruch folglich ebenfalls privatrechtlich sei, so dass eine privatrechtliche Streitigkeit vorliege. Verkürzt man – ein wenig bösartig – die Herleitung, so gelangt man zu folgender Aussage: Die Streitigkeit ist bürgerlich-rechtlich, wenn das Wettbewerbsverhältnis privatrechtlich ist. Das Wettbewerbsverhältnis ist aber ohnehin (immer) privatrechtlich.

Für die Rechtswegentscheidung der Zivilgerichte ist noch zu erwähnen, dass der Verfolgung einer öffentlichen Aufgabe keine entscheidende Bedeutung beigemessen wird.[91] Diese wird zwar – mitunter auch sehr ausführlich – in der Begründetheit

86 GmS-OGB NJW 1988, 2295, 2296; BGHZ 66, 229, 237; 67, 81, 89 f; 82, 375, 383; 121, 126, 130.

87 Auch Subordinationstheorie genannt.

88 Besonders deutlich GmS-OGB BGHZ 97, 312, 314; BGHZ 82, 375, 382; OLG Koblenz WRP 1983, 225, 225.

89 Vgl. etwa *Brohm* NJW 1994, 281, 288; *Ehlers* in: Erichsen (Fn 77) § 3 Rn 18; *Stober* in: Wolff/Bachof/Stober/Kluth Verwaltungsrecht I, 12. Aufl. 2007, § 22 Rn 28.

90 Dazu etwa *Schliesky* DÖV 1994, 114, 117 f.

91 GmS-OGB BGHZ 97, 312, 315; NJW 1988, 2297, 2298; BGHZ 82, 375, 384 ff; mit anderer Gewichtung, aber zurückhaltend auch BVerwGE 96, 71, 74.

geprüft, aber als bloße öffentlich-rechtliche Vorfrage behandelt, die mitbehandelt werden dürfe, da die Entscheidung darüber nicht in Rechtskraft erwachse.[92]

Schließlich wird die Zuweisung an den ordentlichen Rechtsweg noch damit begründet, dass der Sachkunde und Sachnähe der Zivilgerichte besondere Bedeutung zukomme.[93]

2. *Größere Sachkunde und Sachnähe der Zivilgerichte*

Kritisch ist das Argument der größeren Sachnähe und Sachkunde der Zivilgerichte zu beurteilen. Selbst wenn die behauptete[94] größere Sachkunde und Sachnähe vorläge, so wäre dies kein Gesichtspunkt, der angesichts der insoweit eindeutigen Rechtswegzuweisungen der §§ 40 VwGO, 13 GVG allein den Rechtsweg eröffnen könnte.[95] Jedenfalls scheint hier immer noch das Denken vorzuherrschen, dass allein Zivilrichter wirtschaftliche Fragestellungen beurteilen können. Unabhängig davon kann der Gesichtspunkt der Sachkunde und Sachnähe in den hier in Rede stehenden Fällen schon aufgrund des eben dargelegten Schwerpunktes der Streitigkeit nicht den Zivilrechtsweg begründen: Eine größere Sachnähe und Sachkunde darf ohne weiteres verneint werden, wenn das Schwergewicht der rechtlichen Beurteilung bzw. der Kern des Rechtsstreits bei öffentlichen-rechtlichen Fragestellungen liegt.[96] Vielmehr haben die Zivilgerichte aufgrund der prozessrechtlichen Vorbedingungen nicht in der gleichen Weise wie die Verwaltungsgerichte die Möglichkeit, die bei wettbewerbsrelevanter Staatstätigkeit maßgeblichen Interessen der Beteiligten und der Allgemeinheit herauszuarbeiten und bei der Entscheidungsfindung zu berücksichtigen;[97] in concreto ist dies der Unterschied zwischen dem verwaltungs-

92 BGHZ 36, 91, 94; 66, 229, 238; 67, 81, 88; 82, 375, 384 ff; BGH GRUR 1995, 127, 128; NJW 1995, 2295, 2296.

93 BGHZ 66, 229, 237; 67, 81, 87, 91; 89, 250, 252, 257, 260 – dort allerdings mit anderem Ergebnis (Sozialrechtsweg); OLG Celle WRP 1984, 328, 328.

94 Besonders deutlich BGHZ 67, 81, 88; ebenso OLG Celle WRP 1984, 328, 328; *Grundmann* Die öffentlich-rechtlichen Rundfunkanstalten im Wettbewerb, 1990, S. 79; *Ulmer* ZHR 146 (1982) 466, 479 f.

95 GmS-OGB BSGE 37, 292, 296; *Schricker* Wirtschaftliche Tätigkeit der öffentlichen Hand und unlauterer Wettbewerb, 2. Aufl. 1987, S. 111 f; a.A. *Vollmar* Rechtsweg und Maßstab für Klagen gegen die öffentliche Hand wegen Wettbewerbsverstößen, 1978, S. 44, ohne nähere Begründung. Auch BGHZ 89, 250, 252, 257, 260, will der Sachkunde und Sachnähe »bei der Abgrenzung der Rechtswege besondere Bedeutung« zukommen lassen.

96 Zutreffend *Schricker* (Fn 95) S. 111, 114; s. zu den Unterschieden zwischen »öffentlichrechtlichem« und »privaten« Wettbewerb im Zusammenhang mit dem Sicherheitsgewerbe auch *Stober* NJW 2007, 2008 ff.

97 *Schricker* (Fn 95) S. 114; der Sache nach auch OLG Köln NJW 1974, 802, 804. Ein Gedanke von *Gloy* in: ders. (Hrsg.) Handbuch des Wettbewerbsrechts, 3. Aufl. 2005, § 14 Anh. Rn 4, zu den Anforderungen an einen Wettbewerbsjuristen unterstützt dies: Es sei permanente Aufgabe für Wettbewerbsjuristen, sich der Einbettung des Wettbewerbsrechts in die grundlegenden Wertentscheidungen und -vorstellungen in Staat und Gesellschaft immer wieder zu vergewissern und das geltende Wettbewerbsrecht in Einklang mit ihnen zu halten.

prozessualen Untersuchungsgrundsatz (§ 86 VwGO) und der zivilprozessualen Verhandlungsmaxime.

Schließlich drückt sich die vorgeblich größere Sachnähe und Sachkunde auch nicht in größerer Einheitlichkeit der Rechtsprechung aus; ohne Häme lässt sich feststellen: »Was das Berufsgericht für sittenwidrig hält, lässt der Bundesgerichtshof anstandslos passieren und umgekehrt«.[98] Angesichts der Weite und Unbestimmtheit der Generalklausel des § 1 UWG a.F. (§ 3 UWG n.F.) und des Tatbestandsmerkmals der »guten Sitten im Wettbewerb« verwundert dies auch nicht. Richterliche Rechtsfortbildung ist hier vielmehr unbedingt erforderlich, doch gibt es insofern kein Entscheidungsmonopol des Bundesgerichtshofs.[99] Es existiert aus den letzten Jahren nämlich eine Reihe beachtlicher Judikate aus der Verwaltungsgerichtsbarkeit, die § 1 UWG (§ 3 UWG n.F.) schulmäßig durchprüfen.[100]

3. »Rechtsschutzverweigerung« durch Verwaltungsgerichte

Gerade in praktischer Hinsicht nicht zu unterschätzen ist aber das Argument der »Rechtsschutzverweigerung«[101] durch die Verwaltungsgerichtsbarkeit. In der Vergangenheit war dieser Vorwurf sicherlich nicht unberechtigt, und gegenüber dem Bundesverwaltungsgericht muss er wohl noch heute erhoben werden, da die Rechtsprechung noch nicht aufgegeben worden ist.[102] Einige Verwaltungs- und Oberverwaltungsgerichte haben das vom Bundesgerichtshof geräumte Feld bei der Beurteilung der wirtschaftlichen Tätigkeit des Staates aber wieder aufgegriffen.

Die »Flucht in den Zivilrechtsweg« hat im Wesentlichen zwei Gründe: Zum Einen legt die verwaltungsgerichtliche Rechtsprechung eine sehr hohe Schwelle für Grundrechtseingriffe durch wettbewerbsrelevante Staatstätigkeit zugrunde. Erst bei Auftreten eines »Verdrängungswettbewerbs«,[103] der Erlangung einer Monopol-

98 *Nordemann* Wettbewerbsrecht, 8. Aufl. 1995, Rn 40.

99 Nicht zu Unrecht formuliert *Nordemann* (Fn 95) Rn 41 a.E., im Hinblick auf die Bestimmung dessen, was den »guten Sitten« entsprechen soll, »dass gegen die guten Sitten im Wettbewerb verstößt, was dem Anstandsgefühl des zuständigen BGH-Senats zuwiderläuft«.

100 BSGE 56, 140, 144 ff, zu vergleichender Werbung; VGH Mannheim GewArch. 1969, 141, 142 ff; GRUR 1973, 82, 82 f; DÖV 1995, 120, 121, jeweils zu der Fallgruppe »Missbrauch der Hoheitsstellung«.

101 Dazu *Harms* BB 1986 (Beil. 17) 1, 4; *Schmittat* ZHR 148 (1984) 428, 437; *Ulmer* ZHR 146 (1982) 466, 471 f.

102 Das BVerwG hat eine »Bewährungschance« vertan, vgl. Beschluss v. 21. 3. 1995, GewArch. 1995, 329 ff. Allerdings klingen in den Urteilsgründen inhaltliche Maßstäbe der wettbewerbsrechtlichen Generalklausel an (S. 330), ohne dass § 1 UWG explizit erwähnt wird. Für das Vergaberecht als Teil des öffentlichen Wettbewerbsrechts ist hier der Beschluss vom 2. 5. 2007 zu nennen, mit dem BVerwG, NVwZ 2007, 820 ff, den Verwaltungsrechtsweg für Streitigkeiten über die Vergabe von öffentlichen Aufträgen unterhalb der Schwellenwerte versperrt hat.

103 OVG Münster GewArch. 1986, 157, 159.

stellung[104] oder einer unerträglichen Einschränkung der Wettbewerbsfreiheit[105] wird ein Grundrechtseingriff angenommen;[106] vor Konkurrenz der öffentlichen Hand sollen die Grundrechte nicht schützen.[107]

Zum Anderen haben die Verwaltungsgerichte – von einigen Ausnahmen abgesehen – es abgelehnt, wettbewerbsrechtliche Normen, wie vor allem § 1 UWG a.F. (§ 3 UWG n.F.) auf wettbewerbsrelevante Staatstätigkeit anzuwenden und im Verwaltungsstreitverfahren zu prüfen. Dies hat wesentlich dazu beigetragen, dass der angesichts vielfach ausdifferenzierter Fallgruppen von § 1 UWG vermittelte Schutz vor den Zivilgerichten nachgesucht wurde. Die Zivilgerichte haben angesichts eines den privatwirtschaftlichen Wettbewerb in den Mittelpunkt stellenden wettbewerbspolitischen Hintergrundes das Ihrige dazu beigetragen, indem sie – bei einer Gesamtschau – doch eher zugunsten der privaten Wettbewerber entschieden und wettbewerbsrelevante Staatstätigkeit zumindest de facto in ihre Entscheidungskompetenz eingegliedert haben.[108] War die Zurückhaltung der Verwaltungsgerichte auch sicherlich zu groß, so muss doch aber differenziert werden zwischen fehlender oder fehlerhafter wettbewerbsrechtlicher Beurteilung durch die Verwaltungsgerichte einerseits und wirtschaftspolitisch[109] gewollter Untersagung von wettbewerbsrelevanter Staatstätigkeit durch die Zivilgerichte andererseits. Letztere mag – je nach Standpunkt – im Ergebnis zufrieden stellen, kann aber mangels tragfähiger Begründung bereits bei der Rechtswegzuweisung dogmatisch nicht überzeugen. Sieht man von der dogmatisch ebenfalls nicht haltbaren Zurückhaltung der Verwaltungsgerichte gegenüber der Anwendung des § 3 UWG (§ 1 UWG a.F.) ab, so dürfte vor allem § 17 Abs. 2 Satz 1 GVG den Verwaltungsgerichten prozessrechtlich die Anwendung des § 3 UWG erleichtern, da das Gericht des zulässigen

104 BVerwGE 17, 306, 314; 39, 329, 337; BVerwG NJW 1978, 1539, 1540; GewArch. 1995, 329, 330; VGH Mannheim DÖV 1995, 120, 121.

105 BVerwGE 30, 191, 198; BVerwG GewArch. 1995, 329, 330; VGH Mannheim DÖV 1995, 120, 121.

106 Kritisch *Hoffmann-Becking* Die Begrenzung der wirtschaftlichen Betätigung der öffentlichen Hand durch Subsidiaritätsprinzip und Übermaßverbot, in: Menger (Hrsg.) Fortschritte des Verwaltungsrechts, FS Wolff, 1973, S. 445, 459; *Schmidt* Öffentliches Wirtschaftsrecht – Allgemeiner Teil, 1990, S. 525 f.

107 BVerwG NJW 1978, 1539, 1540. Hier ist allerdings die vorsichtige Andeutung einer Maßstabsveränderung in der Rechtsprechung der BVerwG zu beobachten: Die früher apodiktisch getroffene Aussage wird nun wie folgt formuliert: »Grundrechte eines privaten Anbieters schützen *grundsätzlich* nicht vor dem Hinzutreten des Staates oder von Gemeinden als Konkurrenten, solange die private wirtschaftliche Betätigung nicht unmöglich gemacht oder unzumutbar eingeschränkt wird oder eine unerlaubte Monopolstellung entsteht« (Hervorh. v. Verf.), BVerwG GewArch. 1995, 329, 329, LS).

108 Mit »Schutzbedürftigkeitserwägungen« und der »Neigung jedes Gerichtszweiges, [...] die vertrautere eigene Teilrechtsordnung weiter auszubauen«, erklärt auch *Preu* Subjektivrechtliche Grundlagen des öffentlichrechtlichen Drittschutzes, 1992, S. 181, die vorzufindende Realität.

109 S. etwa den Vorwurf von *Spieß* SGb 1984, 56, 58: »Mittelstandspolitik im Gewande von Rechtsprechung«.

Rechtsweges den Rechtstreit unter allen in Betracht kommenden rechtlichen Gesichtspunkten zu entscheiden hat. Die Erweiterung der Prüfungskompetenz nach § 17 Abs. 2 Satz 1 GVG bezieht sich bekanntlich auf den Fall, dass ein (einheitlicher) prozessualer Anspruch auf mehrere, verschiedenen Rechtswegen zuzuordnende Grundlagen gestützt wird oder gestützt werden kann und zumindest für eine der Grundlagen der eingeschlagene Rechtsweg zulässig ist.[110] Die neue »Bewährungsprobe« ist von den Verwaltungsgerichten nun zu bestehen, nachdem der Bundesgerichtshof den Weg für eine verhaltensrechtliche Beurteilung wettbewerbsrelevanter Staatstätigkeit im Verwaltungsrechtsweg freigegeben hat.[111] Es wird darauf ankommen, ob den Verwaltungsgerichten die erforderliche Harmonisierung zwischen einem an moderner Dogmatik orientierten grundrechtlichen Schutz und den einfachgesetzlichen Konkretisierungen durch § 3 UWG sowie beispielsweise kommunalwirtschaftsrechtliche Vorschriften gelingt. Wenn dies geschafft ist, wird auch die Zurückhaltung privater Kläger schwinden, denn der Verwaltungsrechtsweg bietet nicht weniger Rechtsschutz als der Zivilrechtsweg. So bestehen bei einem verwaltungsgerichtlichen Urteil keine Vollstreckungsdefizite, da § 167 Abs. 1 VwGO auf das Instrumentarium der Zivilprozessordnung verweist.[112] Vielmehr muss demgegenüber im Bereich der wettbewerbsrelevanten Staatstätigkeit der Zivilrechtsweg als mit Rechtschutzeinbußen für den Bürger behaftet angesehen werden.[113] Neben der Verhandlungsmaxime ist dies vor allem die Beweisführungslast. Im Rahmen des § 3 UWG muss im Zivilprozess beispielsweise das Vorliegen der »Wettbewerbsabsicht« vom Kläger bewiesen werden; im Verwaltungsprozess ist das Vorliegen dieses Tatbestandsmerkmals von Amts wegen zu ermitteln. Zu diesem Zweck können auch im wesentlich größeren Umfang als im Zivilprozess Akten und Urkunden beigezogen werden oder der Verwaltungsträger zu Auskünften verpflichtet werden (§§ 99, 100 VwGO).

IV. Lösungsansätze

Abschließend sind nun noch kurz Wege aufzuzeigen, wie die als richtig erkannte Beurteilung wettbewerbsrelevanter Staatstätigkeit durch die Verwaltungsgerichte auch realisiert werden kann.

110 *Ehlers* in: Schoch/Schmidt-Aßmann/Pietzner (Fn 48) § 41/§ 17 GVG Rn 33 mwN.

111 Dazu bereits *Schliesky* DÖV 1994, 114, 118.

112 Ein Beispiel aus der Rechtsprechung VGH Mannheim GewArch. 1969, 141, 142: Unterlassungsklageverbund mit dem Antrag auf Erlass einer Strafandrohung i.S.d. § 890 Abs. 2 ZPO.

113 *Ehlers* Verwaltung in Privatrechtsform, 1984, S. 288 f; *ders.* DVBl. 1983, 422, 428; *Erbguth/Stollmann* DÖV 1993, 798, 809; *Schliesky* Öffentliches Wettbewerbsrecht (Fn 16) S. 470 f.

1. *Wettbewerb als öffentlich-rechtliches Phänomen*

Die Verwaltungsgerichte müssen zunächst einmal den heute allgegenwärtigen Wettbewerbsgedanken verinnerlichen und in das Verwaltungsrecht einpassen. Hier ist allerdings vor vorschnellen Übernahmen zivilrechtlicher Wettbewerbsvorstellungen zu warnen, da diese eben nicht die öffentlich-rechtlichen Bindungen des Verwaltungshandelns einbeziehen. Vielmehr bedarf es einer eigenen öffentlich-rechtlichen Wettbewerbstheorie. Wettbewerb ist nämlich auch im öffentlichen Recht denkbar, wie jüngst das Bundesverfassungsgericht in seinem Beschluss zum Risikostrukturausgleich der gesetzlichen Krankenkassen hervorgehoben hat. Das Gericht betont, dass der »Wettbewerb« lediglich als ein Mittel zum Zweck erscheine, um die den gesetzlichen Krankenkassen zugewiesene öffentliche Aufgabe zu erfüllen.[114] Auch die Einführung wettbewerblicher Elemente bedeute nicht die Eröffnung privatrechtlich geordneter Handlungsspielräume, sondern eine öffentlich-rechtliche Organisationsentscheidung für die Erledigung öffentlicher Aufgaben.[115] Wettbewerb ist dann – aus rechtlicher Sicht – die konkurrierende Grundrechtsausübung oder – im öffentlich-rechtlich geprägten Bereich – die Kompetenzbetätigung der Marktteilnehmer. Rechtlich geschützt kann immer nur die Wettbewerbstellung des einzelnen Marktteilnehmers sein; aus der Summe der Einzelabsicherungen folgt dann erst ein Institutionsschutz.

2. *Zeitgemäße Grundrechtsdogmatik*

Zentrale Rechtsposition privater Rechtssubjekte und maßgebliches Verhaltensrecht für die Beurteilung wettbewerbsrelevanter Staatstätigkeit bilden zunächst einmal die Grundrechte. Zentrale Bedeutung kommt insoweit der in Art. 12 Abs. 1 GG zu verortenden Wettbewerbsfreiheit zu: In dieser Ausprägung stellt sich die Berufsfreiheit als Konkretisierung der freien Entfaltung der Persönlichkeit im Bereich der individuellen Leistung und Existenzsicherung dar.[116] Die Berufsfreiheit ist insoweit die unabdingbare Basis und Startbedingung für den Wettbewerb auf wirtschaftlichem Gebiet und zugleich Ausprägung des Persönlichkeitsrechts in diesem Bereich.[117] Geschützt ist insoweit die Stellung im Wettbewerb als Stellung des einzelnen Unternehmers auf einem bestimmten Markt, die sich mit dem Marktanteil näher bestimmen lässt. In diesem Sinne bedarf die von den Verwaltungsgerichten zugrunde gelegte Grundrechtsdogmatik einer Weiterentwicklung. Faktische und unmittelbare Eingriffe sowie die Maßgeblichkeit einer auswirkungsorientierten Betrachtung für die Bestimmung eines Eingriffs in den Schutzbereich sind ansonsten

114 BVerfG, Beschluss v. 9. 6. 2004 – 2 BvR 1248/03, Rn 30; s. auch die Entscheidung BVerfG, NVwZ 2005, 572 ff vom selben Tage; dazu auch *Möller* SGb 2007, 138 ff.

115 BVerfG aaO Rn 31.

116 BVerfGE 54, 301, 313; BVerwGE 87, 37, 39.

117 Ausführlich *Schliesky* Öffentliches Wettbewerbsrecht (Fn 16) S. 196 ff.

auch im Verwaltungsrechtsweg anerkannt; nur das Öffentliche Wirtschafts- und Wettbewerbsrecht führt hier noch immer ein Schattendasein.

3. »Entdeckung« des Öffentlichen Wettbewerbsrechts

Insoweit ist zu erinnern, dass der Staat und die Kommunen legitime Aufgaben haben, zu deren Erfüllung sie durchaus den wirtschaftlichen Wettbewerb beeinflussen können oder müssen, sei es durch regulierende Maßnahmen, (finanzielle) Förderung bestimmter Wettbewerber oder auch durch eigene Teilnahme am Wettbewerb. Die grundsätzliche Legitimität staatlicher Wettbewerbsingerenz kann heute nicht mehr ernsthaft bezweifelt werden; dabei können angesichts der unterschiedlichen Zwecksetzungen aber nicht ohne Weiteres die gleichen, für private Wirtschaftssubjekte entworfenen verhaltensrechtlichen Grenzen gelten. Vielmehr bedarf es eines Öffentlichen Wettbewerbsrechts, das die verhaltensrechtlichen Grenzen für den Staat und die Kommunen bei einem verhältnismäßigen Ausgleich zwischen den beiden Polen »Gemeinwohlverpflichtung« und »Wahrung der Wettbewerbsfreiheit privater Wirtschaftssubjekte« zieht. Dieses Öffentliche Wettbewerbsrecht[118] ist dann die Summe der den Staat einseitig berechtigenden, verpflichtenden oder organisierenden Vorschriften, die dem Staat und den Kommunen Verhaltensmaßstäbe für wirtschaftsrelevantes Handeln vorgeben, bei deren Verletzung die Wettbewerbsfreiheit privater Wirtschaftssubjekte beeinträchtigt sein kann.[119] Damit ist dann zwangsläufig der schon vom Europäischen Gemeinschaftsrecht aufgegebene Perspektivenwechsel verbunden, der die Auswirkungsorientierung staatlichen Handelns aus Sicht privater Rechtsträger in den Blick nimmt.[120]

4. Präzise Rechtswegzuweisung

Gerade aus Sicht der Verwaltungsgerichte lohnt es, der Rechtswegzuweisung und insbesondere der Anwendung des § 40 Abs. 1 VwGO mehr Bedeutung zuzumessen. Zusammenfassend bleibt festzuhalten, dass eine dogmatisch saubere Herleitung unter Verwendung der neueren Sonderrechtstheorie eine Zuweisung von Streitig-

118 Zu den öffentlich-rechtlichen Zwecken, die mit einer Auftragsvergabe verfolgt werden, *Stober* (Fn 12) § 24 IV 1, S. 175; zur Entwicklung eines »Öffentlichen Wettbewerbsrechts« auch *Stober* (Fn 12) § 33 I 2, S. 235 f; s. auch BVerfGE 105, 252, 267 ff; *Faßbender* NJW 2004, 816, 816 f – Die Forderungen aus der Wissenschaft wurden jedoch bei der Novellierung des UWG nicht aufgenommen; s. *Stober* (Fn 12) § 33 I 2, S. 235 f; *Köhler* NJW 2004, 2121 ff.

119 Dazu grundlegend *Schliesky* DVBl. 1998, 78 ff; *ders.* Öffentliches Wirtschaftsrecht (Fn 16) S. 152 ff – Begriff und Konzeption folgend *Böhmann* Privatisierungsdruck des Europarechts, 2001, S. 248 ff; *Faßbender* NJW 2004, 816, 817 f; s. auch *Badura/Huber* in: Schmidt-Aßmann (Hrsg.) Besonderes Verwaltungsrecht, 13. Aufl. 2006, S. 371 ff.

120 Ausführlich dazu *Schliesky* Öffentliches Wettbewerbsrecht (Fn 16) passim.

keiten um wettbewerbsrelevante Staatstätigkeit an die allgemeinen oder besonderen Verwaltungsgerichte ergibt. Die einheitliche Befassung der Verwaltungsgerichtsbarkeit mit dieser Form von Staatshandeln ist auch unter rechtsstaatlichen Gesichtspunkten geboten, da nur so effektiver Rechtschutz, ein einheitlicher Rechtsweg im Sinne qualitativer Vervollkommnung sowie Klarheit und Bestimmtheit von Rechtswegvorschriften gewährleistet werden. Dies kann insbesondere durch intensivere Nutzung der Möglichkeiten des § 17 Abs. 2 Satz 1 GVG gelingen.

5. Renaissance der Organisation und des Organisationsrechts

Weniger an die Verwaltungsgerichtsbarkeit als vielmehr an die Gesetzgeber in Bund und (vor allem) den Ländern ist die Aufforderung gerichtet, den »Dornröschenschlaf« des Verwaltungsorganisationsrechts zu beenden. Die vielfältigen Erscheinungsformen des heutigen Verwaltungshandelns bedürfen einer zeitgemäßen und insbesondere die verfassungsrechtlichen Anforderungen[121] zur Geltung bringenden Rahmenordnung. In einer Novellierung des Organisationsrechts, vor allem in seiner Form des Verwaltungskooperationsrechts, besteht die Chance, die Abgrenzung zwischen Organisationsentscheidung und öffentlichem Auftrag wieder stärker zur Geltung zu bringen und so den »Siegeszug« des Vergaberechts aufzuhalten.[122]

6. Kein Primat der Ökonomie

Die bisherigen Vorschläge, vor allem die Entwicklung eines stringenten Öffentlichen Wettbewerbsrechts, könnten dabei helfen, nach Jahrzehnten die falsche Vorstellung einer größeren »Sachnähe« der Zivilgerichte bei wirtschaftlich relevanten Fragestellungen zu beenden. Allerdings gilt es, inhaltlich den Trend zur Ökonomisierung der Verwaltung kritisch zu begleiten[123] und verfassungs- sowie verwaltungsrechtliche Grenzziehungen im Einzelfall immer wieder sichtbar zu machen. Stichworte wie New Public Management, Neues Steuerungsmodell, Neues Kommunales Finanzmanagement oder der skizzierte Trend zu einer »Ausschreibungsverwaltung«[124] belegen, dass zunehmend betriebswirtschaftliche Organisations-, Ablauf- und Anreizstrukturen in der Verwaltungspraxis Einzug gehalten haben und das verwaltungsrechtliche System überlagern. Hinzu kommt der Trend zur »Gewährleistungsverwaltung«, der den Fokus auf die konkrete Leistungserbringung verlagert, die meist durch Privatrechtssubjekte auf der Grundlage privatrechtlicher Verträge erfolgt. Auch hier gilt es wieder, die öffentlich-rechtlichen Bindungen und Überlagerungen sichtbar zu machen. Überdies ist darauf hinzuweisen, dass das

121 Dazu näher *Schliesky* Die Gemeinde SH 2004, 3 ff.
122 Dazu näher *Schliesky* Die Verwaltung 38 (2005) 339 ff.
123 Eingehend *Gröpl* VerwArch. 93 (2002) 459 ff; *Schneider* Die Verwaltung 34 (2001) 317 ff.
124 Begriffsprägung durch *Burgi* DVBl. 2003, 949 ff.

Bundesverfassungsgericht in seiner *Rastede*-Entscheidung deutlich den Primat der Ökonomie bei der kommunalen Selbstverwaltung verneint hat.[125] In diesem Zusammenhang ist auch eine Befassung mit dem Grundsatz der Wirtschaftlichkeit geboten, der ebenfalls nicht unkritisch in seiner betriebswirtschaftlichen Ausprägung übernommen werden darf.[126] Vielmehr bedarf es noch weiterer Anstrengungen, um ihn durch eine entsprechende Anreicherung des öffentlichen Interesses hinreichend justitiabel zu machen.

V. FAZIT

Die Analyse dürfte belegt haben, dass in einigen zentralen Feldern der Verwaltungsgerichtsbarkeit eine Verdrängung durch die Zivilgerichte stattgefunden hat bzw. stattfindet. Zugleich sollte deutlich geworden sein, dass dieser Trend nicht schicksalsergeben hinzunehmen ist, sondern zum Teil durch eigene Anstrengungen, zum Teil mit Hilfe des (auch europäischen) Gesetzgebers umgekehrt werden kann. Es wird Zeit, die sog. Zivilprozesssachen kraft Überlieferung der Rechtsprechung der Verwaltungsgerichte zuzuweisen, wie es bereits die Amtliche Begründung zur Regierungsvorlage für den »Entwurf einer Verwaltungsgerichtsordnung« im Jahre 1957 vorsah.[127] Dies könnte helfen, die Homogenität des gerichtlichen Rechtsschutzes im Interesse des Bürgers zu verbessern[128] und die von *Rolf Stober* immer wieder zu Recht herausgestellte staatliche Verantwortung für die Wirtschaft[129] besser wahrzunehmen. Der in den 80er und 90er Jahren des vergangenen Jahrhunderts ausgetragene Streit über den richtigen Rechtsweg, der von wettbewerbs- und rechtspolitischen Motiven durchdrungen war, sollte einer fachlich fundierten und stringenten Rechtswegabgrenzung Platz machen. Oder in den Worten eines früheren berühmten Juristen: »Jeder Irrtum, der aus dem Menschen und aus den Bedingungen, die ihn umgeben, unmittelbar entspringt, ist verzeihlich, oft ehrwürdig; aber alle Nachfolger im Irrtum können nicht so billig behandelt werden.«[130]

125 BVerfGE 79, 127, 147; s. zum Zusammenhang von Wirtschaftlichkeitsgesichtspunkten im Rahmen einer Funktional- und Verwaltungsstrukturreform und der demokratie-funktionalen Bedeutung der Selbstverwaltungsgarantie zuletzt auch LVerfG M-V NordÖR 2007, 353 ff; vgl. zu diesem auch für andere Bundesländer wegweisenden Urteil *Meyer* NVwZ 2007, 1024 f; *Mehde* NordÖR 2007, 331 ff; *Henneke* Der Landkreis 2007, 438 ff; *März* NJ 2007, 433 ff; *Meyer* NdsVBl. 2007, 265 ff.

126 Näher *Schliesky* DVBl. 2007, 1453 ff.

127 BT-Drs. 3/55, S. 30 f.

128 *Ehlers* in: Schoch/Schmidt-Aßmann/Pietzner (Fn 48) § 40 Rn 885.

129 *Stober* Allgemeines Wirtschaftsverwaltungsrecht (Fn 12) S. 5.

130 *Goethe* Farbenlehre, Historischer Teil, in: Beutler (Hrsg.) Goethe-Gedenkausgabe der Werke, Briefe und Gespräche in 24 Bänden, 1948–1971, Bd. 16, S. 580.

Die Demontage des Öffentlichen Rechts

PETER M. HUBER

Die Zeitenwende 1989/90, die damit einhergehende Beschleunigung der Globalisierung und die weit reichende, oftmals unionsrechtlich induzierte Privatisierung haben – das ist ein Gemeinplatz – einen Struktur- und Funktionswandel des Staates und seines Rechts bewirkt,[1] der unter organisatorisch-strukturellem Blickwinkel in der Schaffung immer neuer »Trabanten« der Verwaltung und in einem immer komplexeren Zusammenspiel staatlicher und privater Akteure ebenso zum Ausdruck kommt wie in dem flächendeckenden Übergang von der staatlichen Erfüllungs- zur Gewährleistungsverantwortung.[2]

Diese Entwicklung ist wie ein Tsunami über das Öffentliche Recht hereingebrochen, der seinen Scheitelpunkt mittlerweile wohl hinter sich haben dürfte. Öffnet man die Augen, so ergibt sich zwar vielleicht kein Bild der Verwüstung; schwere Schäden aber sind durchaus zu vermelden: Die ordnungsstiftende und disziplinierende Kraft der Öffentlichen Rechts, seine Funktion, staatliches Handeln im Interesse der Freiheit und Selbstbestimmung der Bürger zu diagnostizieren und besonderen Rechtfertigungsbedürfnissen zu unterwerfen, ist in weiten Bereichen verloren gegangen. Der Staat, immer noch Leviathan und keineswegs nur »nützliches Haustier«,[3] lässt sich mit dem Öffentlichen Recht immer weniger disziplinieren. Die Unterscheidung von Staat und Gesellschaft ist in den Hintergrund getreten und hat – mit höchstrichterlichem Segen – einer allgemeinen Verwirrung das Feld bereitet, auf dem technokratische Eliten, mit der Politik verflochtene Manager und beflissene Juristen den Einzelnen um die zivilisatorischen Errungenschaften von Aufklärung, Demokratie und Rechtsstaat zu bringen und zum unselbständigen und wehrlosen Rädchen in den Subsystemen der Gesellschaft zu degradieren drohen.

Das lässt sich – um nur einige Beispiele herauszugreifen – an der mit der Privatisierung verbundenen »Flucht ins Privatrecht« ebenso festmachen (I.) wie an den Schwierigkeiten, das Regulierungsverwaltungsrecht rechtsstaatlich zu bewältigen

1 Zur Ausgangslage *Stober* Rechtsstaatliche Übersteuerung. Der Rechtsstaat in der Rechtsetzungsfalle, in: Stern (Hrsg.) Vier Jahre Deutsche Einheit, 1995, S. 65.

2 *Voßkuhle* Beteiligung Privater an der Wahrnehmung öffentlicher Aufgaben und staatliche Verantwortung, VVDStRL 62 (2003) 266, 285 mit Fn 65; zum Energierecht *Chr. Walter* Gewährleistungs- und Erfüllungsverantwortung auf globalen Energiemärkten – Brauchen wir eine »Rohstoffbeschaffungsverantwortung«? in: Leible/Lippert/ders. (Hrsg.) Die Sicherung der Energieversorgung auf globalisierten Märkten, 2007, S. 47 ff.

3 So der einprägsame Beitrag von *Schulze-Fielitz* Der Leviathan auf dem Weg zum nützlichen Haustier? in: Voigt (Hrsg.) Abschied vom Staat – Rückkehr zum Staat, 1993, S. 95.

(II.), an der funktionalistischen Interpretation der Wettbewerbsfreiheit durch das BVerfG (III.) oder an seiner jüngeren Rechtsprechung zur Rechtsschutzgarantie (IV.). Insoweit ist es Zeit für eine Besinnung auf die Grundaxiome des Öffentlichen Rechts und eine gewisse Rekonstruktion (V.).

I. ORGANISATIONSPRIVATISIERUNG UND »FLUCHT INS PRIVATRECHT«

Es gehört eigentlich zum öffentlichrechtlichen cantus firmus, dass die Organisationsprivatisierung, also der bloße Wechsel der Handlungsform, kein Grund dafür sein kann, die öffentlichrechtlichen Bindungen des Staates zu reduzieren. Eine »Flucht ins Privatrecht«, vor der *Fritz Fleiner* schon in der Weimarer Republik warnte,[4] ist unzulässig. Das leuchtet auch unmittelbar ein: Wenn der Staat aufgrund seiner Formenwahlfreiheit beliebig darüber entscheiden kann, welcher Handlungsformen er sich bedient, kann er damit auch nicht die rechtlichen Bindungen abstreifen, die ihm Dritten gegenüber auferlegt sind.

Genau dies ist jedoch gängige Staatspraxis. So haben BVerwG[5] wie BVerfG[6] der im alleinigen bzw. mehrheitlichen Eigentum des Bundes stehenden Deutschen Telekom AG die Grundsrechtsfähigkeit (Art. 19 Abs. 3 GG) zugesprochen, weil sie Art. 87f GG und das Errichtungsgesetz auf eine privatwirtschaftliche Erbringung festlegten.[7]

Die Konsequenzen sind gravierend. Denn das Unternehmen, Öffentlichkeit und Politik verloren schnell das Gespür für irgendwie geartete Gemeinwohlbindungen,[8] und für die Deutsche Post AG und die Deutsche Bahn AG lässt sich Vergleichbares beobachten. Da die ehemaligen Sondervermögen ungeachtet ihrer fortdauernden unmittelbaren oder mittelbaren Beherrschung durch den Bund wie Privatunternehmen behandelt werden, versuchen etwa sowohl Deutsche Telekom AG als auch die Deutsche Bahn AG den Einstieg ins Fernsehgeschäft – die Deutsche Telekom AG mit einer Plattform und Beteiligungen,[9] die Deutsche Bahn AG mit dem frei empfangbaren Programm »Bahn TV«.[10] Die richtige Einsicht des 1. Fernsehurteils, das das Gebot der Staatsferne auch mit Blick auf die seinerzeit geplante Deutschland

4 *Fleiner* Institutionen des Deutschen Verwaltungsrechts, 8. Aufl., 1928, S. 326.
5 BVerwGE 114, 160, 189; 118, 352, 329; BVerwG NVwZ 2004, 742 f.
6 BVerfGE 115, 205, 227 f, mit der Begründung, ein beherrschender Einfluss des Bundes sei nicht geltend gemacht worden. Siehe aber KEK, Neunter Jahresbericht, 2006, S. 43.
7 So freilich auch eine Reihe von Stimmen im Schrifttum, siehe etwa *M. Lang* Die Grundrechtsberechtigung der Nachfolgeunternehmen im Eisenbahn-, Post- und Telekommunikationswesen, NJW 2004, 3601 ff mwN.
8 Siehe FAZ vom 14. 1. 2008 Nr. 11 S. 17: »Die Telekom wehrt sich gegen weitere Regulierung«.
9 Siehe etwa KEK, Zehnter Jahresbericht, 2007, S. 303 f; KEK 319/321 – Deluxe.
10 KEK, Zehnter Jahresbericht, S. 303.

Fernsehen GmbH entwickelt hatte,[11] wirkt da wie eine Botschaft aus längst versunkenen Zeiten. Sie ist den Unternehmen heute ebenso wenig zu vermitteln wie der Politik.

Die – für den Bürger schmerzliche – Flucht ins Privatrecht betrifft freilich auch die Energieversorgung. Zumindest EnBW wird nach wie vor durch (kommunale) Träger öffentlicher Gewalt beherrscht, und für die meisten in der Form von GmbHs betriebenen Stadtwerke gilt dies erst recht. Dass diese Akteure an der Preisschraube bei der Strom- und Gasversorgung mitdrehen können und mitunter frivole Gewinne einstreichen, hat – ganz unabhängig von den Vorgaben des Regulierungsrechts – natürlich auch damit zu tun, dass bei den kommunalen Vertretern in den Gremien wie auch in den Rechtsaufsichtsbehörden das Bewusstsein dafür abhanden gekommen ist, dass die öffentlichrechtlichen Gebührengrundsätze der Kostendeckung und der Äquivalenz rechtsstaatliche Konkretisierungen darstellen, denen sich ein Träger öffentlicher Gewalt nicht allein durch einen Wechsel der Handlungsform entziehen kann.[12] Besäße das Öffentliche Recht noch ausreichende Steuerungskraft, müssten die Strom- und Gaspreise dieser Unternehmen deutlich unter dem aktuellen Preisniveau liegen; davon kann jedoch keine Rede sein.

Auch der von der EU-Kommission wie der Bundesregierung (teilweise) erwogenen Entflechtung von Netz und Versorgung stehen öffentlich beherrschte Unternehmen mangels Grundrechtsfähigkeit weitgehend schutzlos gegenüber. Das ist auch richtig, denn insoweit geht es in erster Linie um Fragen der zweckmäßigen Verwaltungsorganisation und der Effektivität öffentlicher Zielerreichung.

II. MEHRDIMENSIONALITÄT DES REGULIERUNGSVERWALTUNGSRECHTS

Im Zuge der Privatisierungen hat sich ein Verwaltungstypus in den Vordergrund geschoben, der vielfach als etwas Neues betrachtet wird: die Regulierung.[13] Hier gerät die Steuerungskraft des Öffentlichen Rechts gleichsam von der anderen Seite

11 BVerfGE 12, 205, 259; 31, 314, 325; 57, 295, 319; 73, 118, 152; 83, 238, 308.

12 BerlVerfGH NVwZ 2000, 794 ff ;ThürOVG ThürVBl. 2007, 141.

13 *Berringer* Regulierung als Erscheinungsform der Wirtschaftsaufsicht, 2004, S. 81 ff; v. *Danwitz* Was ist eigentlich Regulierung? DÖV 2004, 977 ff; *Bullinger* Regulierung als modernes Instrument zur Ordnung liberalisierter Wirtschaftszweige, DVBl 2003, 1355 ff; *Masing* Grundstrukturen eines Regulierungsverwaltungsrechts – Regulierung netzbezogener Märkte am Beispiel Bahn, Post, Telekommunikation und Strom, Die Verwaltung 36 (2003) 1 ff; *ders.* in: Bauer/Huber/Niewiadomski (Hrsg.) Ius Publicum Europaeum, 2002, S. 161 ff; *Ruffert* Regulierung im System des Verwaltungsrechts – Grundstrukturen eines Privatisierungsfolgenrechts der Post und Telekommunikation, AöR 124 (1999) 237 ff; *Ruge* Die Gewährleistungsverantwortung des Staates und der Regulatory State, 2004, S. 32 ff; *Stober* Allgemeines Wirtschaftsverwaltungsrecht, 15. Aufl. 2006, § 29 I 2.

unter Druck, weil rechtsstaatliche Anforderungen nicht immer ausreichend beachtet werden.[14]

Aufgabe der Regulierungsverwaltung ist es, Wettbewerb auf einem (noch nicht funktionierenden) Markt herzustellen und zu fördern, Interessenten einen effektiven und diskriminierungsfreien Zugang zum Markt (Netz) zu ermöglichen sowie ein Angebot flächendeckend bereitzustellender angemessener und ausreichender Dienstleistungen zu gewährleisten.[15] Kennzeichen des Regulierungsverwaltungsrechts sind dabei bereichsbezogene Ungewissheitsbedingungen sowie besondere Gestaltungsbefugnisse der zuständigen (Regulierungs-)Behörden, ihre tendenzielle Verselbständigung[16] und die Indienstnahme der Betroffenen bzw. ihrer Handlungsrationalitäten für die gesetzlichen Regulierungsziele (z.B. § 2 Abs. 2 TKG).[17] Maßgebliche Adressaten der Regulierung sind vor allem öffentlich beherrschte Unternehmen (Deutsche Telekom AG, Deutsche Post AG, Deutsche Bahn AG, EnBW etc.), die nicht nur Dienstleistungen am Markt, unionsrechtlich gesprochen, Dienstleistungen von allgemeiner wirtschaftlicher Bedeutung (Art. 86 Abs. 2, Art. 16 EG), erbringen, sondern die i.d.R. auch dem Gemeinwohl verpflichtet sind.

Der Rückgriff auf den aus dem amerikanischen Verwaltungsrecht – diesem ist die Unterscheidung zwischen öffentlichem und privatem Recht bekanntlich nicht in einer vergleichbaren Weise geläufig – stammenden, vom Unionsrecht rezipierten Begriff der »Regulierung«[18] verstellt dabei mitunter den Blick dafür, dass Regulie-

14 Siehe etwa v. *Danwitz* Was eigentlich ist Regulierung? DÖV 2004, 977, 984: »Dennoch hat sich die Diskussion um das Wesen der Regulierung als eine lehrreiche Gelegenheit erwiesen, um über die Suggestionskraft innovativer Begrifflichkeiten nachzudenken, die ebenso sympathisch wie unbestimmt daherkommen und von ihren Protagonisten zur Umgestaltung der gesetzlichen Grundlagen eingesetzt werden.« Ferner *Masing* Soll das Recht der Regulierungsverwaltung übergreifend geregelt werden? Gutachten D für den 66. DJT, 2006, D 9 ff.

15 *Eifert* in: Hoffmann-Riem/Schmidt-Aßmann/Vosskuhle, GVwR I, 2007, § 19 Rn 5; *Badura* Wettbewerbsaufsicht und Infrastrukturgewährleistung durch Regulierung im Bereich von Post und Telekommunikation, FS Großfeld, 1999, S. 35, 41 f; *Badura/P.M. Huber* Öffentliches Wirtschaftsrecht, in: Schmidt-Aßmann (Hrsg.) Besonderes Verwaltungsrecht, 13. Aufl. 2005, 3. Kap. Rn 80; *Hermes* Staatliche Infrastrukturverantwortung, 1998; *Masing* Soll das Recht der Regulierungsverwaltung übergreifend geregelt werden? D 54; *Trute* Regulierung – am Beispiel des Telekommunikationsrechts, FS Brohm, 2002, S. 169, 171. Ob die Gewährleistung des normativ vorgegebenen Versorgungsniveaus auch Bestandteil der Regulierung ist oder nicht eine eigenständige »Gewährleistungsaufgabe« darstellt, ist allerdings umstritten; dagegen *Röhl* Soll das Recht der Regulierungsverwaltung übergreifend geregelt werden? JZ 2006, 831, 832 f; *Chr. Walter* Gewährleistungs- und Erfüllungsverantwortung auf globalen Energiemärkten – Brauchen wir eine »Rohstoffbeschaffungsverantwortung«? S. 47, 54 f.

16 *Pielow* Wie »unabhängig« ist die Netzregulierung im Strom- und Gassektor? DÖV 2005, 1017 ff.

17 Vgl. *Stober* Telekommunikation zwischen öffentlich-rechtlicher Steuerung und privatwirtschaftlicher Verantwortung, DÖV 2004, 221 ff; *Trute* Regulierung – am Beispiel des Telekommunikationsrechts, S. 169, 172, 177 ff.

18 *Trute* Regulierung – am Beispiel des Telekommunikationsrechts, S. 169, 170 f.

rungsverwaltung dort, wo Private ihre Adressaten sind, Eingriffsverwaltung ist.[19] Hier geht es der Sache nach um die Durchsetzung einseitig getroffener staatlicher Gemeinwohlkonkretisierungen gegenüber typischerweise der gesellschaftlichen Sphäre zuzuordnenden und insoweit grundrechtsberechtigten Unternehmen, mit der Folge dass die rechtsstaatlichen Garantiefunktionen des Verwaltungsrechts auch auf das Regulierungsverwaltungsrecht anwendbar sind.[20] Dies wird durch die Besonderheiten der Regulierungsverwaltung nicht in Frage gestellt. Die Ermessens- und Gestaltungsspielräume der Regulierungsbehörden fallen nicht aus dem Rahmen: Auch die – durch den Vorsorgegedanken bedingte – offene Programmierung verwaltungsrechtlicher Überwachungsmaßstäbe und die (potentielle) Multipolarität verwaltungsrechtlicher Überwachungsrechtsverhältnisse[21] eröffnen der Verwaltung nicht unerhebliche Spielräume. Tendenzen zur institutionellen Verselbständigung finden sich zudem auch in anderen Bereichen – bei der Medienüberwachung[22] oder im Kartellrecht.[23] Die Regulierung unterscheidet sich von anderen Verwaltungsaufgaben daher möglicherweise in Zielsetzung und Methoden, nicht jedoch in ihrer Grundanlage und in den rechtsstaatlichen und demokratischen Anforderungen an ihre Erledigung.

III. Staatliche Interventionen in den Wettbewerb

Für die hier diagnostizierte Demontage des Öffentlichen Rechts zeichnet auch die (neuere) Rechtsprechung des BVerfG zur Wettbewerbsfreiheit verantwortlich, die insoweit zu einer eher funktionalen Bestimmung des Schutzbereichs neigt. Danach sichert Art. 12 Abs. 1 GG, wie es in dem als Leitentscheidung dienenden *Glykol-Beschluss* heißt, (nur) »die Teilhabe am Wettbewerb nach Maßgabe seiner Funktionsbedingungen«:

> »Erfolgt die unternehmerische Berufstätigkeit am Markt nach den Grundsätzen des Wettbewerbs, wird die Reichweite des Freiheitsschutzes auch durch die rechtlichen Regeln mitbestimmt, die den Wettbewerb ermöglichen und begrenzen. Art. 12 Abs. 1 GG sichert in diesem Rahmen die Teilhabe am Wettbewerb nach Maßgabe seiner Funktionsbedingungen. Die grundrechtliche Gewährleistung umfasst dementsprechend nicht einen Schutz vor Einflüssen auf die wettbewerbsbestimmenden Faktoren. Insbesondere um-

19 Zu den Gefahren einer Verwaltungsrechtsdogmatik, die diesen Ausgangspunkt aus den Augen verliert jüngst *R. Schröder* Verwaltungsrechtsdogmatik im Wandel, 2007, S. 325 ff.

20 *Büdenbender* DVBl 2006, 197, 198; *P.M. Huber/Storr* Der Transportkunde als Schlüsselfigur des regulierten Netzzugangs auf dem Gasmarkt, RdE 2007, 1, 5; *Masing* Gutachten D 66. DJT, D 157 f, mit Betonung der besonderen Eingriffsintensität; relativierend BVerwGE 114, 160, 192 f.

21 Zum Begriff des multipolaren Verwaltungsrechtsverhältnisses, *P.M. Huber* Allgemeines Verwaltungsrecht, 2. Aufl. 1997, S. 21.

22 § 35 Abs. 6 Satz 1 RStV. Grund ist insoweit die Staatsferne der Medienüberwachung.

23 § 51 Abs. 2 Satz 1 GWB; *Emmerich* Kartellrecht, 10. Aufl. 2006, § 41 II 1; § 31 S. 489 f, v. *Wallenberg* Kartellrecht, 2. Aufl. 2002, Rn 440.

> fasst das Grundrecht keinen Anspruch auf Erfolg im Wettbewerb und auf Sicherung künftiger Erwerbsmöglichkeiten [...] Vielmehr unterliegen die Wettbewerbsposition und damit auch der Umsatz und die Erträge dem Risiko laufender Veränderung je nach den Marktverhältnissen«.[24]

Diese Schutzbereichsbestimmung wird von der überwiegenden Auffassung im Schrifttum abgelehnt – zu Recht. Zwar trifft es zu, dass Art. 12 Abs. 1 GG »Erfolg im Wettbewerb« nicht garantiert. Das findet seinen Grund jedoch in dem Umstand, dass im Wettbewerb – auf der Basis multipolarer Rechtsverhältnisse – grundrechtlich geschützte Interessen unterschiedlicher Teilnehmer zusammentreffen – der Konkurrenten, der Verbraucher etc.[25] Da diese – häufig ebenfalls durch Art. 12 Abs. 1 GG geschützten – Interessen mit den auf eine Optimierung der eigenen Wettbewerbsposition drängenden Interessen des Betroffenen kollidieren, bedarf es eines schonenden Ausgleichs, der einen partikularen Anspruch auf Erfolg im Wettbewerb ausschließt.[26]

Anders als im Unionsrecht (Art. 14 EG) werden der Wettbewerb und seine Funktionsfähigkeit jedoch nicht über Art. 12 GG geschützt. Daher kann dem Grundrecht auch keine institutionelle Garantie des Wettbewerbs und seiner Funktionsbedingungen entnommen werden.[27] Maßgebliches Schutzgut des Art. 12 GG ist vielmehr die Wettbewerbsfreiheit des Einzelnen.[28] Die einzelnen Wettbewerber haben damit zwar keinen Anspruch darauf, dass die Wettbewerbsbedingungen für sie gleich bleiben.[29] Gesetzliche und administrative Rahmensetzungen des Marktes sind jedoch dann am Maßstab des Art. 12 GG zu messen, wenn sie die wirtschaftliche Freiheit des Einzelnen begrenzen und insoweit »berufsregelnde Tendenz« besitzen.[30]

Angesichts der dem Grundgesetz zugrunde bzw. voraus liegenden Unterscheidung von Staat und Gesellschaft macht es für die grundrechtliche Beurteilung daher einen kategorialen Unterschied, ob eine Veränderung der Wettbewerbsverhältnisse durch das gleichermaßen grundrechtlich geschützte Verhalten privater Konkurrenten erfolgt oder durch eine Intervention des in seinem gesamten Verhalten rechtfertigungspflichtigen Staates. Über die berufliche Betätigung hinaus schützt die Wettbewerbsfreiheit auch die Freiheit vor staatlicher Behinderung oder Verzerrung des Wettbewerbs, im Sinne einer Freiheit, sich ohne staatliche Ingerenz im Wettbewerb

24 BVerfGE 105, 252, 265 – *Glykol*; *Jarass* in: Jarass/Pieroth, GG, Art. 12 Rn 15.
25 BVerwGE 118, 270, 276; *Jarass* in: Jarass/Pieroth, GG, Art. 12 Rn 15.
26 BVerfGE 24, 236, 251; 34, 252, 256; 116, 135, 152; *Jarass* in: Jarass/Pieroth, GG, Art. 12 Rn 15.
27 *P.M. Huber* Die Informationstätigkeit der öffentlichen Hand – ein grundrechtliches Sonderregime aus Karlsruhe? JZ 2003, 290, 292.
28 *P.M. Huber* Die unternehmerische Betätigung der öffentlichen Hand, in: FS Badura, 2004, S. 897, 913.
29 BVerfGE 106, 275, 299 – *Festbetrag*.
30 BVerfGE 106, 275, 299 – *Festbetrag*.

durchsetzen zu können.[31] Sie umfasst damit auch das Interesse, durch die Staatsgewalt nicht mit einem Wettbewerbsnachteil belastet zu werden, der in der verfassungsmäßigen Ordnung nicht begründet ist.[32] Im bipolaren Rechtsverhältnis zwischen Bürger und Staat schützt Art. 12 Abs. 1 GG deshalb durchaus davor, dass die Wettbewerbsstellung des Einzelnen durch staatliche Interventionen beeinträchtigt wird.[33]

Staatliche Interventionen sind grundsätzlich rechtfertigungsbedürftige Beeinträchtigungen grundrechtlich geschützter Interessen und dem Schutzbereich des Art. 12 Abs. 1 GG nicht von vornherein entzogen.[34] Da der Staat und seine Trabanten nicht Grundrechtsträger, sondern Grundrechtsverpflichtete sind, das Grundrecht der Wettbewerbsfreiheit (Art. 12 Abs. 1 GG) für sie somit nicht gilt, stellen ihre Interventionen in den Wettbewerb – sei es im Wege der Informationstätigkeit, sei es durch konkurrenzwirtschaftliche Betätigung – nicht »lediglich eine systemimmanente Verschärfung des marktwirtschaftlichen Konkurrenzdrucks« dar,[35] sondern eine potentiell grundrechtsbeschränkende und rechtfertigungsbedürftige Maßnahme.

Ohne die Besinnung auf die Rolle der Grundrechte als im Status negativus angesiedelte Abwehrrechte bliebe dagegen jede staatliche Intervention ungebändigt. Die richtige und erlösende Einsicht der jüngeren berufsrechtlichen Rechtsprechung,[36] dass der Schutz der Berufsfreiheit nicht durch eine voreilige Beschränkung auf der Schutzbereichsebene relativiert werden darf, weil dies eine Grundrechtsgeltung nach Maßgabe des Gesetzes zur Folge hätte, diese Einsicht gilt auch bei Eingriffen in den Wettbewerb, will man eine Grundrechtsgeltung nach Maßgabe der Erfordernisse von Staatsleitung und Staatsraison vermeiden.

IV. DIE EROSION DER RECHTSSCHUTZGARANTIE

»Schlussstein« im Gewölbe des Rechtsstaates ist die Garantie effektiven Rechtsschutzes nach Art. 19 Abs. 4 GG. Sie sichert jedem, der durch die öffentliche Gewalt in seinen Rechten verletzt wird, den Zugang zu Gericht. Angesichts der

31 *P.M. Huber* Die unternehmerische Betätigung der öffentlichen Hand, S. 897/916; *Puhl* Der Staats als Wirtschaftssubjekt und Auftraggeber, VVDStRL 60 (2001) 456, 481.

32 BVerwGE 71, 183, 190.

33 BVerfGE 86, 28, 37, ein Grundrechtseingriff liegt vor, wenn »[…] durch staatliche Maßnahmen der Wettbewerb beeinträchtigt und die Ausübung einer beruflichen Tätigkeit dadurch behindert wird«; *P.M. Huber* Konkurrenzschutz im Verwaltungsrecht, 1991, S. 322 mwN; *Jarass* in: Jarass/Pieroth, GG, 6. Aufl. 2002, Art. 12 Rn 15; *Schliesky* Öffentliches Wettbewerbsrecht, S. 198 f.

34 BVerfGE 86, 28, 37.

35 So aber BVerwGE 71, 183, 193.

36 BVerfGE 102, 197 ff – *Spielbanken Baden-Württemberg*; BVerwGE 96, 302 ff – *Spielbank Lindau.*

Generalklausel des § 40 Abs. 1 Satz 1 VwGO ist dies i.d.R. die Verwaltungsgerichtsbarkeit.

Freilich kann der Richter, so fern dies dem individuellen Selbstverständnis auch liegen mag, nicht nur Garant, sondern auch Gefahr für die Freiheit und Gleichheit des Einzelnen sein. Wenn er Haftbefehle und Durchsuchungsbeschlüsse erlässt, rechtliches Gehör verweigert oder die Sitzungspolizei fehlerhaft ausübt, unterscheidet er sich sub specie Art. 1 Abs. 3 GG kaum von der Verwaltung.

Weil das so ist, hat das BVerfG vor einiger Zeit zu Recht von der These Abstand genommen, das Grundgesetz garantiere nur den Rechtsschutz durch den Richter, nicht gegen den Richter, und hat jedenfalls bei der Verletzung von Verfahrensrechten auf einen begrenzten Anspruch auf Rechtsschutz auch gegen den Richter erkannt. Überraschenderweise hat es dieses Gebot im Beschluss vom 30. April 2003[37] – im konkreten Fall ging es um die Verletzung von Art. 103 Abs. 1 GG durch ein Zivilgericht – jedoch nicht Art. 19 Abs. 4 GG entnommen, sondern dem allgemeinen Justizgewährungsanspruch aus Art. 20 Abs. 3 GG:

> »Wird Art. 19 Abs. 4 GG einengend dahin ausgelegt, dass er den Rechtsschutz gegen richterliche Akte nicht umfasst, verbleibt dort ein Rechtschutzdefizit, das aber durch den allgemeinen Justizgewährungsanspruch behoben wird«.

Eine insgesamt wenig überzeugende Begründung, für die das Gericht jenseits der traditionell engen Interpretation von Art. 19 Abs. 4 keine Gründe anzuführen vermochte.[38] Die in der Sache auch vom BVerfG geteilten Gründe und vor allem Wortlaut und Funktion der Rechtsschutzgarantie geböten es vielmehr, diese auch auf den Richter zu erstrecken[39] und für alle Fälle, in denen die (Ausgangs-)Rechtsverletzung vom Richter herrührt, ein *zweistufiges gerichtliches Verfahren* zu eröffnen, in dem eine effektive Kontrolle der richterlichen Ausgangsentscheidung stattfinden kann.[40] Über dessen Ausgestaltung im Einzelnen entscheidet natürlich der Gesetzgeber, der dabei einen weiten Gestaltungsspielraum besitzt.[41] Die Garantie eines Instanzenzuges oder gar ein Rechtsschutz ad infinitum ist damit nicht verbunden, da der Gesetzgeber dem Grundsatz der Rechtssicherheit durchaus Vorrang vor einer Optimierung der Rechtsschutzmöglichkeiten einräumen kann.[42]

Noch verheerender auf die Konsistenz und Steuerungsfähigkeit des Öffentlichen Rechts wirkt sich allerdings der Beschluss des Ersten Senats zum unterschwelligen Vergaberecht vom 13. Juni 2006 aus.[43] Dort ist allen Ernstes davon die Rede, dass

37 BVerfGE 107, 395 ff – *Rechtsschutz gegen den Richter I*; 108, 341/347 ff – *Rechtsschutz gegen den Richter II*.
38 Ähnlich *Dörr* Jura 2004, 334, 337 ff.
39 Überzeugend *Voßkuhle* Rechtsschutz gegen den Richter, 1993, S. 255 ff.
40 BVerfGE 107, 395, 407, 410 ff – *Rechtsschutz gegen den Richter I*.
41 Siehe § 321a ZPO – Gehörsrüge, § 152a VwGO; Gesetz über die Rechtsbehelfe bei Verletzung des Anspruchs auf rechtliches Gehör (Anhörungsrügengesetz) vom 9. Dezember 2004, BGBl. I S. 3220.
42 BVerfGE 54, 277, 291; 107, 395, 402; 108, 341, 348.
43 BVerfGE 116, 135 ff.

nicht jedes staatliche Handeln die Eröffnung der Rechtsschutzgarantie nach sich ziehe:

> »Ziel der Normierung der besonderen Rechtsschutzgarantie in Art. 19 Abs. 4 GG war aufgrund historischer Erfahrungen der Schutz vor dem Risiko der Missachtung des Rechts durch ein Handeln der dem Bürger übergeordneten und gegebenenfalls mit den Mitteln des Zwangs arbeitenden Exekutive [...] Das Grundrecht soll Rechtsschutz dort gewährleisten, wo der Einzelne sich zu dem Träger staatlicher Gewalt in einem Verhältnis typischer Abhängigkeit und Unterordnung befindet. Insoweit bedingen die damit verbundenen Einwirkungsmöglichkeiten des Staates ein besonderes Bedürfnis des Einzelnen nach gerichtlichem Schutz, der die Abwehr einer Beeinträchtigung ermöglicht«.[44]

Vergabestellen seien jedoch keine Träger öffentlicher Gewalt, weil der Staat hier nicht auf seine »übergeordnete öffentliche Rechtsmacht«[45] zurückgreife.

Sieht man einmal von den problematischen Konnotationen der Entscheidung ab – wer die »Unterordnung« des Bürgers unter den Staat propagiert und damit Assoziationen an den »Unterthanen« der Kaiserzeit weckt, kann es sich auch sparen, den Einzelnen »groß« zu schreiben – so bleibt aus grundrechtsdogmatischer und öffentlichrechtlicher Sicht doch vor allem Verwirrung: Um nur einige wenige Punkte herauszugreifen: So bejaht das Gericht etwa eine Bindung der Verwaltung auch im unterschwelligen Vergaberecht an Art. 3 Abs. 1 GG,[46] bei dessen Verletzung die Rechtsschutzgarantie aber nicht eingreifen soll. Ist Art. 3 Abs. 1 GG denn ein Grundrecht von minderem Wert? Ist es nicht auch Abwehrrecht des Bürgers gegen den Staat, wenn auch mit einem relativen und präformierten Schutzbereich? Zielen Grundrechte nicht in erster Linie auf die Integrität der durch sie geschützten Interessen, so dass der im Anwendungsbereich von Art. 14 Abs. 1 GG anerkannte Vorrang des Primärrechtsschutzes nicht auch hier Geltung beanspruchen müsste?[47] Weist nicht auch Art. 41 EMRK als gemeineuropäischer Rechtsgrundsatz in diese Richtung? Gilt im Vergaberecht nun wieder »dulde und liquidiere«? Zudem passen die Aussagen mit der beinahe zeitgleich ergangenen Entscheidung zur Tariftreueerklärung nur schwer zusammen.[48] Dort mutiert die Verwaltung wegen der Verwendung von Tariftreueklauseln (zu Recht) wieder zum Träger öffentlicher Gewalt, der sogar in die Berufsfreiheit eingreifen kann.[49] Effektiver Rechtsschutz nach Art. 19 Abs. 4 GG wird hier dennoch nicht erwogen; auch hier soll der unterlegene Bieter auf Schadensersatzansprüche beschränkt bleiben. Welchen Maßstäben dies alles folgt, bleibt unklar – eine fatale Konsequenz für die Steuerungskraft des Öffentlichen Rechts.

44 BVerfGE 116, 135, 149.
45 BVerfGE 116, 135, 150.
46 BVerfGE 116, 135, 153 ff.
47 *Höfling* Primär- und Sekundärrechtsschutz im Öffentlichen Recht, VVDStRL 61 (2002) 260, 272 ff.
48 BVerfGE 116, 202 ff.
49 BVerfGE 116, 202, 221 f.

V. ZUR NOTWENDIGEN REKONSTRUKTION DES ÖFFENTLICHEN RECHTS

Seit 1989/90 haben das Öffentliche Recht und seine Steuerungskraft offenkundig an Klarheit und Durchsetzungskraft verloren. Europäisierung und Internationalisierung haben diese Entwicklung zusätzlich ebenso verstärkt wie ein kontinuierlicher Terrainverlust zugunsten der Nachbardisziplinen – der Ökonomie, der Politik- und der Sozialwissenschaft, denen die Sensibilität für die besonderen Funktionsbedingungen und Risiken staatlichen Handelns naturgemäß abgeht.

An dieser Demontage sind die Vertreter des Öffentlichen Rechts freilich nicht ganz unschuldig. Lange Zeit erschöpften sie sich in der immer weiteren Verfeinerung seiner rechtsstaatlichen, freiheitssichernden und staatliche Aktivitäten begrenzenden, auf den Rechtsschutz hin ausgerichteten Parameter. Erst in jüngerer Zeit – in einer gewissen Parallele zur ebenfalls verspäteten »Entdeckung« des Demokratieprinzips[50] – wird auch die Frage gestellt, wie sich die mit dem Recht verbundenen Steuerungsziele auch unter den Bedingungen einer kaum mehr überschaubaren Verantwortungsdiversifizierung[51] zwischen unterschiedlichen politischen Ebenen und in der Dichotomie von Staat und Gesellschaft erreichen lassen. Dabei werden die höchst komplexen Realbefunde, organisationssoziologische, entscheidungstheoretische und politikwissenschaftliche Einsichten – wie auch die hier geschilderten Beispiele zeigen – allerdings häufig nach Art einer wirklichkeitswissenschaftlichen Betrachtung zum Nennwert genommen und die Rechtsauslegung und -anwendung fälschlicherweise daran ausgerichtet.

Hier beginnt jedoch erst die eigentliche Aufgabe des Öffentlichen Rechts. Realbefunde und Einsichten der Nachbardisziplinen müssen an die normativen Steuerungsvorgaben angebunden und in rechtlich belastbare, abstraktions- und typisierungsfähige Handlungsformen, Institute und Verfahren umgesetzt werden. Dem Wesen des Rechts entsprechend muss dabei in Abgrenzungen, nicht in Übergängen gedacht und das diversifizierte Handeln unter dem spezifisch juristischen Code von »Recht – Unrecht« domestiziert werden. Von der Dichotomie von Staat und Gesellschaft ausgehend gilt es alles dem Staat zurechenbare Handeln als kompetenzgebundenes und rechtfertigungsbedürftiges Handeln zu erkennen und dafür zu sorgen, dass es gegenüber dem Bürger effektiv verantwortet werden kann.

Nur dann lassen sich die »Flucht ins Privatrecht« bremsen, eine überbordende Regulierungsverwaltung eindämmen, präzeptorales und unternehmerisches Staatshandeln rationalisieren und einer am Integritätsinteresse ausgerichteten richterlichen Kontrolle unterwerfen. Das wird nicht allen Akteuren schmecken, schafft für den Bürger jedoch Rechtssicherheit, Transparenz und Freiheit. Nur so aber kann das Öffentliche Recht seine Steuerungskraft zurückgewinnen!

50 H. Bauer/P. M. Huber/K.-P. Sommermann (Hrsg.) Demokratie in Europa, 2005, mwN.
51 Zum Begriff *P.M. Huber* Die entfesselte Verwaltung, StWiss 8 (1997) 423, 430 ff.

V. Sicherheitsrecht

Privatisierung polizeilicher Aufgaben?

FRIEDRICH SCHOCH

I. WAHRNEHMUNG ÖFFENTLICHER AUFGABEN DURCH PRIVATE

Die Einbeziehung Privater in die Erfüllung öffentlicher Aufgaben ist offenbar ein »Gebot der Stunde«, jedenfalls ein »Trend der Zeit«. Die in Betracht kommenden Aufgabenfelder scheinen unbegrenzt zu sein.[1] Blickt man auf den Bereich der sog. Daseinsvorsorge, wird man sofort auf bekannte Beispiele aufmerksam gemacht: Abfallentsorgung und Abwasserbeseitigung[2] sowie Wasserversorgung[3] sind signifikante Beispiele; im Bereich der Infrastruktur mögen die Stichworte Post und Telekommunikation[4] sowie Fernstraßenbau[5] genügen, um den Befund zu verdeutlichen.

1. *Privatisierung öffentlicher Aufgaben*

Prinzipielle rechtliche Probleme scheinen mit den Privatisierungsmaßnahmen nicht verbunden zu sein.[6] Soweit es zu Rechtsstreitigkeiten gekommen ist, haben die Gerichte die Maßnahmen gebilligt. Das gilt z.B. für die Privatisierung der Hamburger Feuerkasse,[7] die Zulassung von Feuerbestattungsanlagen in privater Trägerschaft in Bayern,[8] die Privatisierung öffentlich-rechtlicher Versicherungsanstalten in Bayern,[9] die Teilprivatisierung der Berliner Wasserbetriebe,[10] die Privatisierung der

1 Überblick dazu (i.S. eines empirischen Befundes) bei *Lämmerzahl* Die Beteiligung Privater an der Erledigung öffentlicher Aufgaben, 2007, S. 70 ff.

2 *Fenzel/Biesecke* LKV 2007, 296 ff.

3 *Emmerich-Fritsche* BayVBl 2007, 1 ff; *Kahl* GewArch 2007, 441 ff; *Forster* Privatisierung und Regulierung der Wasserversorgung in Deutschland und den Vereinigten Staaten von Amerika, 2007.

4 *Löhr* Bundesbehörden zwischen Privatisierungsgebot und Infrastrukturauftrag, 2006, S. 141 ff.

5 *Burgi* DVBl 2007, 649 ff.

6 Vgl. – stellvertretend – *Di Fabio* JZ 1999, 585 ff. (Aufgabenprivatisierung im Bereich der Daseinsvorsorge weitgehend unproblematisch).

7 BVerfG-K NJW 1995, 514.

8 BayVerfGH BayVBl 1996, 590 und 626 = NVwZ 1997, 481; dazu auch *Gröpl* BayVBl 1995, 485.

9 BayVerfGH NJWE-VHR 1997, 2.

10 VerfGH Berlin DVBl 2000, 51 = NVwZ 2000, 794; dazu Bespr. *von Bechtolsheim/Abend* LKV 2000, 337; *Wolfers* NVwZ 2000, 765; *Schmehl* JuS 2001, 233. – Zu Konsequenzen für

Eisenbahn-Wohnungsgesellschaften,[11] die Überwachung der Entsorgung besonders überwachungsbedürftiger Abfälle durch Private[12] und die Privatisierung von Volksfesten und Jahrmärkten.[13]

Die vorstehend skizzierten Entwicklungen können nicht etwa als (vorübergehende) »Modeerscheinung« abgetan werden. Sie reflektieren vielmehr – ohne dass bereits zwischen den unterschiedlichen Formen der Privatisierung und den verschiedenartigen Modellen der Einbeziehung Privater in die Erfüllung öffentlicher Aufgaben differenziert würde[14] – die generellen Veränderungen moderner Staatlichkeit, die mit dem Stichwort »Gewährleistungsstaat« auf den Begriff gebracht werden: An die Stelle der »eigenhändigen« staatlichen Leistungserbringung tritt die Aufgabenwahrnehmung durch Private; allerdings wird nicht das Wettbewerbsmodell des »reinen Marktes« verwirklicht, sondern der Staat übernimmt – gesetzlich im Detail ausgestaltet – zur Gemeinwohlsicherung eine sog. Gewährleistungsverantwortung.[15] Dieses Konzept sucht der drohenden Überlastung des Staates und der Überforderung der Staatsfinanzen zu entgehen, den Aufbau und die Ausweitung von Bürokratien sowie das Anwachsen behördlicher Vollzugsdefizite abzuwenden und die Zunahme immer neuer Informations- und Wissensdefizite des Staates zu vermeiden; genutzt werden sollen auf der anderen Seite private Initiative und individueller Sachverstand, privates Kapital und private Innovation, Nähe und Flexibilität privater Leistungserbringer gegenüber den Kunden.[16] Auf europäischer Ebene wird dieses Konzept mit dem Begriff »Europäisches Gesellschaftsmodell« belegt.[17]

2. *Privatisierung im Sicherheitsbereich*

Dass die Privatisierung öffentlicher Aufgaben (materielle Privatisierung) bzw. ihre Wahrnehmung durch Private (funktionale Privatisierung) ein strategisches Handlungskonzept des modernen Staates darstellt, verdeutlicht das Haushaltsrecht. Nicht nur »öffentlichen Zwecken dienende wirtschaftliche Tätigkeiten« gelten als privati-

die Beitragserhebung bei einer Privatisierung der Wasserversorgung vgl. SächsOVG SächsVBl 2005, 14.

11 BVerwGE 111, 259 = DÖV 2001, 124 = NVwZ-RR 2001, 676.

12 BVerwG DVBl 2006, 840 = DÖV 2006, 651 = NVwZ 2006, 829.

13 VG Freiburg NVwZ-RR 2002, 139. – Nach BayVGH NVwZ 1999, 1122 = BayVBl 1999, 657 muss über die Zulassung eines Schaustellers zu einem als öffentliche Einrichtung betriebenen Volksfest von der Gemeinde entschieden werden; die Entscheidung darf nicht einem privaten Dritten (z.B. Schaustellerverband) überlassen werden.

14 Zu den Ausdifferenzierungen *G. Kirchhof* AöR 132 (2007) 215, 224 ff; zu den Modellbildungen *Schulze-Fielitz* in: Hoffmann-Riem/Schmidt-Aßmann/Voßkuhle (Hrsg.) Grundlagen des Verwaltungsrechts, Band I, 2006, § 12 Rn 108 ff.

15 Grundlegend dazu *Voßkuhle* VVDStRL 62 (2003) 266 ff.

16 Einzelheiten zum Konzept des Gewährleistungsverwaltungsrechts bei *Schoch* NVwZ 2008, 241 ff.

17 EU-Kommission KOM (2001) 598 endg. Rn 1; KOM (2004) 374 endg. S. 4; KOM (2007) 725 endg. S. 4.

sierungsfähig, sondern es besteht auch die gesetzliche Pflicht zur Prüfung, »inwieweit staatliche Aufgaben [...] durch Ausgliederung und Entstaatlichung oder Privatisierung erfüllt werden können«.[18]

Indem sogar das Haushaltsrecht von Bund und (etlichen) Ländern ganz allgemein »staatliche Aufgaben« auf den Prüfstand der Privatisierungsmöglichkeit stellt, gerät der Bereich der Inneren Sicherheit und in Sonderheit die Wahrnehmung polizeilicher Aufgaben auf dem Gebiet der Gefahrenabwehr in den Blick möglicher Entstaatlichungsmaßnahmen. Im Rahmen der breit angelegten »PPP-Diskussion« (Public Private Partnership)[19] hat eine gewisse Verselbstständigung stattgefunden, die die sog. Police Private Partnership gleichsam zu Auftrag und Programm erhebt.[20] Die Verkehrsüberwachung allgemein[21] und die »Beobachtung« im öffentlichen Raum,[22] der Einsatz bei der Gewährleistung der Luftsicherheit[23] und der Sicherheit des U-Bahnverkehrs[24] sind bekannte Beispiele für den Einsatz Privater im polizeilichen Aufgabenbereich. Auch der Vollzug des Ordnungswidrigkeitenrechts wird als »tauglicher Kandidat« erachtet.[25] Die Kooperation von Polizei und privaten Sicherheitsdiensten bei der Fußballweltmeisterschaft 2006 in Deutschland[26] ist, um ein weiteres Beispiel zu nennen, noch in guter Erinnerung. Empirische Untersuchungen zeigen, dass die Einbeziehung Privater in die Gewährleistung der Inneren Sicherheit bei der Durchführung polizeilicher Aufgaben längst alltäglich ist, weithin auch von der Bevölkerung als »normal« empfunden wird und in der Entwicklungsperspektive auf »Wachstum« angelegt ist.[27] Rechtssystematisch sind die PPP-Phänomene als Unterfall der Privatisierung öffentlicher Aufgaben einzuordnen.[28]

18 § 7 Abs. 1 S. 2 BHO; ebenso zum Landesrecht z.B. § 7 Abs. 1 S. 2 LHO BW; § 7 Abs. 1 S. 2 LHO Bln; § 7 Abs. 1 S. 2 LHO HH; § 7 Abs. 1 S. 2 LHO MV; ähnlich Art. 7 Abs. 1 S. 2 BayHO; § 7 Abs. 2 S. 3 LHO Bbg; § 7 Abs. 1 S. 2 SächsHO; § 7 Abs. 1 S. 2 LHO SH; § 7 Abs. 2 ThürLHO.

19 Überblick dazu bei *Tettinger* NWVBl 2005, 1 ff; *Bausback* DÖV 2006, 901 ff; *Ziekow* VerwArch 97 (2006) 626 ff; *Mönnich* GemHH 2007, 97 ff; *Ax/Trappe* Die Gemeinde SH 2007, 104 ff. – Zur weiteren Belebung von PPP durch das »ÖPP-Beschleunigungsgesetz« (vom 1.9.2005, BGBl I S. 2676, in Umsetzung der RL 2004/18/EG, ABl L 134 vom 31.3.2004, S. 114) vgl. *Uechtritz/Otting* NVwZ 2005, 1105 ff; *Fleckenstein* DVBl 2006, 75 ff; *Hetzel/Früchtel* BayVBl 2006, 649 ff; *Schenke/Klimpel* DVBl 2006, 1492 ff; *Müller/Brauser-Jung* NVwZ 2007, 884 ff; *Reuer/Polley* NVwZ 2007, 1345 ff.

20 *Stober* DÖV 2000, 261 ff; *Jungk* Police Private Partnership, 2002, S. 33 ff; *Kleepsies* Police Private Partnership, 2003, S. 25 ff; zurückhaltend *Peilert* DVBl 1999, 282 ff.

21 Vgl. dazu *Steiner* DAR 1996, 272, 274; *Scholz* NJW 1997, 14; *Steegmann* NJW 2007, 2157; *Stober* DÖV 2000, 261, 268; *Winkler* NWVBl 2000, 287, 290.

22 *Hammer* DÖV 200, 615, 619; ablehnend *Winkler* NWVBl 2000, 287, 292 ff.

23 Vgl. die Beiträge in Oschmann/Stober (Hrsg.) Luftsicherheit, 2007.

24 *Jungk* PPP (Fn 20) S. 203 ff.

25 *Stober* DÖV 2000, 261, 265; ablehnend *Saipa/Wahlers/Germer* NdsVBl 2000, 285, 290.

26 Dazu *Feltes* ZRP 2007, 243 f.

27 *Wohlnick* Tätigkeit, Auswirkungen und Wahrnehmung privater Sicherheitsdienste im öffentlichen Raum, 2007, S. 3 ff.

28 *Mehde* VerwArch 91 (2000) 540, 543.

II. GEWÄHRLEISTUNG ÖFFENTLICHER SICHERHEIT DURCH PRIVATE

Die Einbeziehung Privater zur Gewährleistung der Inneren Sicherheit ist nicht auf den Bereich polizeilicher Aufgaben begrenzt. Die Diskussion um die Privatisierung des Strafvollzugs[29] zeigt exemplarisch die »Tiefenwirkung« auf, die die Thematik inzwischen erreicht hat; weitere sicherheitssensible Bereiche treten hinzu.[30]

1. Privater Raum und öffentlicher Raum

Als hilfreich bei der Strukturierung der rechtlichen Rahmenbedingungen zur Betrauung Privater mit Aufgaben der Gefahrenabwehr, um die es nachfolgend geht, erweist sich im Ausgangspunkt die Unterscheidung danach, ob z.B. private Sicherheitsunternehmen Aufgaben auf privaten Grundstücken und in privaten Räumen wahrnehmen oder ob sie im öffentlichen Raum eingesetzt werden.[31] Der Schutz privater Rechte und Rechtsgüter durch sog. nichtstaatliche Sicherheitsprovider ist juristisch durch die Privatautonomie und das Privatrecht legitimiert; das Tätigwerden privater Sicherheitsdienste im Auftrag Privater findet nach Maßgabe zivilrechtlicher Vorschriften statt.[32] Europarechtlich sind private Sicherheitsdienste durch die Grundfreiheiten geschützt.[33] Bei der Aufgabenwahrnehmung stehen dem privaten Dritten grundsätzlich nur die »Jedermann«-(Not-)Rechte zur Verfügung (vgl. § 34a Abs. 5 Satz 1 GewO).[34] Über staatliche Hoheitsbefugnisse verfügt der private Sicherheitsdienstleister nicht.

Die Gewährleistung der Sicherheit im öffentlichen Raum ist Aufgabe des Staates. Die Markierung dieses »Eckpunktes« schließt allerdings nicht aus, dass private Sicherheitsunternehmen im öffentlichen Raum ebenfalls tätig werden und längst in ihn vorgedrungen sind.[35] Die dadurch aufgeworfenen Rechtsfragen betreffen vornehmlich die Voraussetzungen und die Umstände (das »Wie«) des Agierens Privater bei der (Mit-)Erledigung polizeilicher Aufgaben. [36] Zu einem Teil nach wie vor

29 *Gusy* JZ 2006, 651 ff; *Mösinger* BayVBl 2007, 417 ff.
30 Zu Privatisierungsmaßnahmen bei der Bundeswehr vgl. *Gramm* DVBl 2003, 1366 ff.
31 *Gusy* VerwArch 92 (2001) 344 ff.
32 *Gusy* DÖV 1996, 573, 583; *Stober* DÖV 2000, 261, 263; *Feltes* ZRP 2007, 243, 244; *Möstl* Die staatliche Garantie für die öffentliche Sicherheit und Ordnung, 2002, S. 302 ff.
33 EuGHE 1998, 6717 = EuZW 1999, 125 Tz. 31 ff; EuGHE 2000, 1221 = DVBl 2000, 891 = EuZW 2000, 344 Tz. 27 ff; EuGHE 2001, 4363 = EuZW 2001, 603 Tz. 17 ff; EuGHE 2004, 5645 = GewArch 2004, 333 Tz. 33 ff.
34 *Schnekenburger* Rechtsstellung und Aufgaben des Privaten Sicherheitsgewerbes, 1999, S. 134 ff; *F. Huber* Wahrnehmung von Aufgaben im Bereich der Gefahrenabwehr durch das Sicherheits- und Bewachungsgewerbe, 2000, S. 64 ff; *Lange* Privates Sicherheitsgewerbe in Europa, 2002, S. 41 ff.
35 Näher dazu *Gusy* VerwArch 92 (2001) 344, 353 ff.
36 Vgl. dazu unten II.4.b).

ungeklärt sind die Aufgabenzuordnung und die Rechtsbindung in privatisierten öffentlichen Räumen (z.B. Bahnhöfe, Flughäfen).[37]

2. *Eigensicherungsmaßnahmen Privater*

In privaten Räumen und privatisierten öffentlichen Räumen erfolgt die Gewährleistung der öffentlichen Sicherheit in der Regel durch Eigensicherungsmaßnahmen des nach Zivilrecht dinglich Berechtigten (z.B. Eigentümer, Besitzer). Die Maßnahmen betreffen insbesondere Grundstücke und Gebäude, mitunter auch Personen. Solange die Sicherungsaktivitäten – auch und gerade unter Einbeziehung privater (professioneller) Sicherheitsunternehmen – freiwillig vorgenommen werden, entstehen keine grundsätzlichen rechtlichen Probleme. Nicht unumstritten hingegen ist die gesetzliche oder durch behördliche Anordnung erfolgende staatliche Dekretierung von Eigensicherungspflichten Privater.

Begrifflich kann in diesem Zusammenhang wie folgt unterschieden werden:[38]

- Die Eigenüberwachung bzw. Eigenkontrolle hat die von einer Anlage oder Tätigkeit ausgehenden Gefahren zum Gegenstand.
- Die Eigensicherung ist auf die Abwehr der der eigenen Anlage oder Tätigkeit von außen drohenden Gefahren gerichtet.
- Die Indienstnahme Privater zur Gefahrenabwehr dient allgemein der Einbeziehung Privater in die Erfüllung öffentlicher Aufgaben.

Im vorliegenden Zusammenhang interessieren die ersten beiden Konstellationen. Ihre idealtypische Unterscheidung wird im positiven Recht nachvollzogen. Tatbestände zur »echten« Eigensicherung umfassen vielfach aber auch Pflichten zur Eigenüberwachung (Eigenkontrolle), stellen also Mischtatbestände dar. Bekannte Beispiele hierfür bieten das Atomrecht[39] und das Luftsicherheitsrecht;[40] die Betreiberpflichten im Immissionsschutzrecht nach der Störfall-Verordnung (§ 3 und § 4 der 12. BImSchV) zielen überwiegend auf die Eigenkontrolle, verlangen aber auch Schutzvorkehrungen gegenüber Eingriffen Unbefugter. Die Bedrohung durch Terroranschläge führt in Bezug auf Infrastruktureinrichtungen zur Einführung immer neuer Eigensicherungspflichten von Anlagenbetreibern. Beispiele hierfür sind das

37 Unter dem Aspekt des Grundrechtsschutzes und der Grundrechtsbindung dazu *Kersten/Meinel* JZ 2007, 1127 ff.

38 Vgl. *Rengeling* DVBl 2004, 589, 592; abweichende Systematisierung bei *Erbguth* DVBl 2007, 1202, 1203.

39 § 7 Abs. 2 Nr. 5 AtG; näher dazu *Koch/Jahn* DVBl 2002, 1578 ff, mit Erwiderung *Sendler* DVBl 2003, 380 f; *Leidinger* DVBl 2004, 95 ff.

40 § 5 Abs. 5 LuftSiG (Einbeziehung Privater in die Fluggast- bzw. Gepäckkontrolle), dazu *Baumann* in: Oschmann/Stober (Fn 23) S. 29, 36 ff; § 8 LuftSiG (Sicherungsmaßnahmen der Flugplatzbetreiber) und § 9 LuftSiG (Sicherungsmaßnahmen der Luftfahrtunternehmen), dazu *Karioth* ebd. S. 81, 88 ff.

Eisenbahnwesen[41] und – auf Grund europarechtlicher Vorgaben – der Betrieb von Hafenanlagen.[42]

Verfassungsrechtlich kann die staatliche Anordnung von Eigensicherungspflichten auf die Schutzpflicht des Staates (vor Übergriffen Dritten) gestützt werden.[43] In der Sache geht es nicht um Gefahrenabwehr i.e.S., sondern um Gefahrenvorsorge als Teil einer umfassend verstandenen Gefahrenabwehr.[44] Konzeptionell kann die staatliche Schutzpflicht allerdings nicht nach allgemeinem Polizei- und Ordnungsrecht unter dem Aspekt der Zustandshaftung des Anlagenbetreibers konkretisiert werden,[45] es bedarf vielmehr einer besonderen gesetzlichen Regelung, um den Privaten auf eigene Kosten zum Schutz der betreffenden Anlage und ihrer Benutzer vor Übergriffen Unbefugter verpflichten zu können.[46] Der Einwand einer – ungerechtfertigten – Privatisierung der Gefahrenabwehr liegt dennoch nahe. Denn ein von außen drohender gefährlicher Übergriff hat seine Ursache nicht in der Existenz der potentiell gefährdeten Anlage oder in deren Betrieb, sondern in der allgemeinen politischen oder gesellschaftlichen Lage.[47] Die Abwehr derartiger Gefahren ist eine staatliche (polizeiliche) Aufgabe, keine private Angelegenheit des Eigentümers oder Betreibers der Anlage. Die Rechtsprechung räumt dem Gesetzgeber allerdings einen weiten Regelungsspielraum ein und nimmt die Hoheitsgewalt nicht völlig aus der Aufgabenwahrnehmung heraus: Die Objektsicherung auf dem Betriebsgelände gefährdeter Anlagen werde im Rechtssinne lediglich für eine Übergangszeit bis zum Eintreffen der alarmierten Polizei dem »Hausrecht« des Betreibers überlassen.[48] Restlos überzeugend ist die Begründung kaum. Gefahrenabwehrrechtlich wird der Private zur Wahrnehmung der staatlichen Schutzpflicht in Dienst genommen und muss auch noch die Kosten tragen.

3. *Allgemeine Gefahrenabwehr durch Private*

a) Forderungen und Gründe

Die Einbeziehung Privater in die Wahrnehmung polizeilicher (Gefahrenabwehr-) Aufgaben geht inzwischen weit über die vorstehend (II.2) skizzierte »Zwangsrek-

41 Vgl. dazu *Ronellenfitsch* DVBl 2005, 65 ff (der allerdings maßgebliche Bestimmungen des geltenden Rechts für verfassungswidrig hält).
42 Näher dazu *Rengeling* DVBl 2004, 589 ff; *Erbguth* DVBl 2007, 1202 ff.
43 *Ehlers* in: Festschrift für Lukes, 1989, S. 337, 338 ff.
44 Näher dazu *Schoch* in: Schmidt-Aßmann/Schoch (Hrsg.) Besonderes Verwaltungsrecht, 14. Aufl. 2008, 2. Kap. Rn 12 ff.
45 So aber VGH BW DVBl 1983, 41 = DÖV 1983, 81 = JZ 1983, 102 (m. Anm. *Karpen*).
46 BVerwG DVBl 1986, 360 (m. Anm. *Schenke*) = JZ 1986, 896 (m. Anm. *Karpen*) = NJW 1986, 1626.
47 *Ossenbühl* Eigensicherung und hoheitliche Gefahrenabwehr, 1981, S. 26.
48 BVerwGE 81, 185, 189 = DVBl 1989, 517 (m. Anm. *Bracher*) = JZ 1989, 895 (m. Anm. *Karpen*) = NVwZ 1989, 864 – zu § 7 Abs. 2 Nr. 5 AtG.

rutierung« hinaus. Die maßgeblichen Erwägungen decken sich weitgehend mit den einleitend (I.) umrissenen allgemeinen Überlegungen zur Einbeziehung Privater in die Wahrnehmung öffentlicher Aufgaben. Das Thema »Schlanker Staat und Privatisierung von Verwaltungsaufgaben« ist geradezu prädestiniert, um das Augenmerk auf private Sicherheitsdienste und deren Nützlichkeit für die Gewährleistung der Inneren Sicherheit zu lenken.[49] Auf der Grundlage des gewandelten Staatsverständnisses sowie der (partiellen) Neuorientierung des Staats- und Verwaltungsrechts wird eine Modifizierung des vormaligen natürlichen Staatsmonopols bei der Gefahrenabwehr durch eine auch gewerberechtliche Erledigung erkannt (d.h. Einbeziehung von Markt-, Wettbewerbs-, Effizienz- und Qualitätsgesichtspunkten). Dieser Paradigmenwechsel bedeute eine »Ablösung des klassischen staatlichen Gewaltmonopols durch eine neue Arbeitsteilung zwischen Staat und Privat im Sinne einer verstärkten Eigen- und Mitverantwortung für die Gefahrenabwehr«.[50]

Immer neue Einsatzfelder privater Sicherheitsunternehmen sowie deren zunehmende Mitarbeiterzahl unterstreichen den Wandel der Aufgabenerledigung. Den in Deutschland tätigen ca. 3 000 Unternehmen mit über 150 000 Mitarbeitern und einem Jahresumsatz von über 4 Mrd. Euro werden die »nur« 270 000 Polizeibeamten der Länder- und Bundespolizeien gegenüber gestellt, die alle zusammen Sicherheit und Ordnung gewährleisteten; es könne also nicht mehr um das »Ob« gehen, sondern darum, welche Aufgaben private Sicherheitsprovider wahrnehmen (dürften) und wie die Kooperation und Aufgabenabgrenzung gewährleistet würden.[51] Der Präventionsstaat ermögliche und befördere die Entgrenzungsprozesse.[52] Propagiert wird eine »Verantwortungsteilung« zwischen öffentlichem Sektor (Polizei) und privatem Sektor (Sicherheitsunternehmen) im Sinne einer Arbeitsteilung bei der Sicherheitsgewährleistung.[53] Die Polizei sei zur Aufrechterhaltung der Inneren Sicherheit auf die Mitwirkung der Bürger und privaten Sicherheitsunternehmen angewiesen.[54] Die Forderung nach einem möglichst breit angelegten Ausbau des Modells »Police-Private-Partnership«[55] liegt in der Logik der eingeleiteten Entwicklung.

b) Differenzierungsgebot: Faktizität und Normativität

Eine »Globalbeschreibung« der Aktivitäten privater Sicherheitsdienste bei der Gefahrenabwehr läuft indes Gefahr, faktische Phänomene und normative Zuordnun-

49 *Hammer* DÖV 2000, 613, 614.
50 So *Stober* DÖV 2000, 261, 264.
51 *Feltes* ZRP 2007, 243, 244.
52 *Rixen* DVBl 2007, 221, 228.
53 *Gusy* in: Schuppert (Hrsg.) Jenseits von Privatisierung und »schlankem« Staat – Verantwortungsteilung als Schlüsselbegriff eines sich verändernden Verhältnisses von öffentlichem Sektor und privatem Sektor, 1999, S. 115, 125 ff.
54 *Stober* DÖV 2000, 261; *Feltes* ZRP 2007, 243, 244.
55 *Stober* NJW 1997, 889 ff; *ders.* ZRP 2001, 260 ff.

gen sowie Verantwortlichkeiten zu vermischen. Weder eine veränderte Sicherheitsphilosophie noch knappe Staatsfinanzen und ein »Boom« des privaten Sicherheitsgewerbes reichen aus, um rechtliche Vorgaben außer Kraft zu setzen.[56] Wenn private Sicherheitsunternehmen weit über 80 Prozent ihrer Aufträge und Einsätze in privaten Bereichen (private Grundstücke und Gebäude) erledigen und nicht im öffentlichen Raum,[57] wird eine erste wichtige Relativierung schon der tatsächlichen Phänomene deutlich. Sodann besagt der Sammelbegriff »PPP« substantiell kaum etwas, weil die von ihm gebündelten Phänomene[58] viel zu heterogen sind, um mit einem vernünftigen Mindestmaß an terminologischer Trennschärfe aufwarten zu können; einen verbindlichen normativen Gehalt hat der Begriff ohnehin nicht.

In rechtlicher Hinsicht muss zwischen dem unverrückbaren staatlichen Gewaltmonopol und der Kooperation zwischen privaten Sicherheitsunternehmen, die an jenem Monopol außerhalb der »Beleihung« niemals teilhaben (können), unterschieden werden.[59] Innerhalb bestehender Kooperationsbeziehungen von Polizei und Privaten ist zwischen den verschiedenen Privatisierungsformen zu differenzieren;[60] nur so kann eine juristisch valide Aussage zur Qualität der »Partnerschaft« gewonnen werden. Und in Bezug auf die bestehenden normativen Vorprägungen darf der verfassungsrechtliche Rahmen nicht übersehen werden; er verbietet es, rechtliche Erwägungen zu Privatisierungen auf dem Gebiet der Daseinsvorsorge kurzerhand auf Privatisierungsmöglichkeiten im Bereich der Inneren Sicherheit zu übertragen.[61]

4. *Rechtliche Grundlagen und Grenzen*

a) Staatliches Gewaltmonopol

Als rechtlich verfasste Friedens- und Ordnungsmacht gewährleistet der Staat die Sicherheit seiner Bevölkerung.[62] Die Aufrechterhaltung und Durchsetzung der Inneren Sicherheit ist eine originäre Aufgabe des modernen Staates.[63] Die Ausübung von Gewalt, derer es zur Durchsetzung der Rechtsordnung mitunter bedarf, ist beim Staat monopolisiert.[64] Wenn daher zutreffend von einem »staatlichen Ge-

56 *Saipa/Wahlers/Germer* NdsVBl 2000, 285, 288.
57 So *Gusy* VerwArch 92 (2001) 344, 345.
58 Näher dazu *Stober* DÖV 2000, 261, 267 f; *Tettinger* NWVBl 2005, 1 f; *Bausback* DÖV 2006, 901 f. – Zum (schillernden) »PPP«-Begriff vgl. *Möstl* in: Stober/Olschok (Hrsg.) Handbuch des Sicherheitsgewerberechts, 2004, J IX Rn 1 ff; *Rixen* DVBl 2007, 221, 222 f.
59 *Saipa/Wahlers/Germer* NdsVBl 2000, 285, 288 f.
60 *Winkler* NWVBl 2000, 287, 288.
61 *Saipa/Wahlers/Germer* NdsVBl 2000, 285, 287.
62 BVerfGE 49, 24, 56 f.
63 *Krölls* GewArch 1997, 445, 448; *Schulze-Fielitz* in: FS Schmitt Glaeser, 2003, S. 407 ff; *Rixen* DVBl 2007, 221, 229.
64 BVerfGE 69, 315, 360.

waltmonopol« gesprochen wird,[65] geht es nicht allein um die physische Gewaltanwendung staatlicher Organe;[66] gemeint ist vielmehr ein umfassendes staatliches Rechtsetzungs- und Durchsetzungsmonopol, das ausschließlich dem Staat die Sorge für den Rechtsfrieden durch den Einsatz von Gesetz und Recht zuweist. Das staatliche Gewaltmonopol entspricht folglich einem staatlichen Rechtsmonopol;[67] eingeschlossen darin ist die Rechtsdurchsetzung.

Die Konsequenz dieser rechtlichen Fundierung ist die Qualifizierung des präventiven Schutzes des Einzelnen und der Allgemeinheit als notwendige Staatsaufgabe.[68] Die abweichende Auffassung[69] übersieht, dass diese juristische Aufgabenzuordnung nicht zwangsläufig das staatliche Gewaltmonopol mit einem umfassenden Sicherheitsmonopol identifiziert;[70] denn zur Einbeziehung Privater in die Aufgabendurchführung ist mit der Existenz eines staatlichen Rechtsmonopols noch nichts vorentschieden (vgl. nachf. b]). Nicht übersehen werden sollte, dass Grund und Grenzen der »Jedermannrechte« (z.B. §§ 227, 228, 904 BGB; §§ 32, 34, 35 StGB; § 127 StPO) auf staatlicher Rechtsetzung beruhen. Unabhängig davon begründet die prinzipielle Aufgabenzuweisung an den Staat dessen Pflicht, die Sicherheit seiner Bürger zu schützen.[71]

Die Staatsaufgabe »Sicherheit« hat im Grundgesetz punktuell ausdrücklich oder konkludent Niederschlag gefunden (z.B. Art. 13 Abs. 4 und 7, 35 Abs. 2, 73 Nr. 10 lit. b, 87 Abs. 1, 91 Abs. 1 GG). Die Garantiefunktion der Grundrechte (staatliche Schutzpflichten) bietet neben dem staatlichen Gewaltmonopol eine hinreichende verfassungsrechtliche Grundlage zur Herleitung der Gefahrenabwehr, die Teil der Gewährleistung der Inneren Sicherheit ist, als notwendige Staatsaufgabe.[72] Der Gesetzgeber teilt diesen Befund; die Schaffung eines gesetzlichen Rahmens für die Dienstleistungen des privaten Bewachungsgewerbes (§ 34a Abs. 5 GewO) ist – unter Hinweis auf die spezielle Möglichkeit einer Beleihung Privater mit Hoheitsbe-

65 *Schulte* DVBl 1995, 130, 132; *Tettinger* NWVBl 2000, 281; *Saipa/Wahlers/Germer* NdsVBl 2000, 285, 286 f, 287 f; *Schönleiter* GewArch 2003, 1, 2; *Rixen* DVBl 2007, 221, 229; kritisch *Winkler* NWVBl 2000, 287, 289; zurückhaltend *Hammer* DÖV 2000, 613, 615, 617.

66 In diesem Sinne *Stober* NJW 1997, 889, 890; *ders.* DÖV 2000, 261, 263.

67 *Saipa/Wahlers/Germer* NdsVBl 2000, 285, 288.

68 So bereits *Martens* DÖV 1982, 89, 90 f; ferner *Pitschas* DÖV 1997, 393, 397; *Krölls* GewArch 1997, 445, 448; *Winkler* NWVBl 2000, 287, 288, 289; *Tettinger* in: FS J. Kirchhoff, 2002, S. 281, 285 ff; *Rixen* DVBl 2007, 221, 229.

69 *Gusy* DÖV 1996, 573, 578; *ders.* in: Schuppert (Fn 53) S. 115 ff; *Stober* DÖV 2000, 261, 264 f; *Möstl* in: Handbuch (Fn 58) J IX Rn 8 und 11; *Kleespies* Police Private Partnership, 2003, S. 63 ff.

70 *Peilert* DVBl 1999, 282, 284; *Gramm* VerwArch 90 (1999) 329, 330.

71 BVerfGE 46, 214, 223.

72 *Winkler* NWVBl 2000, 287, 289; *Brugger* VVDStRL 63 (2004) 101, 130 f; *Rixen* DVBl 2007, 221, 229.

fugnissen – mit der ausdrücklichen Feststellung verknüpft, »dass das Gewaltmonopol der hoheitlich agierenden Polizei unangetastet bleiben muss«.[73]

Art. 33 Abs. 4 GG bestätigt die verfassungsrechtliche Analyse. Da die »öffentliche Sicherheit« zum Kern originärer Staatsaufgaben gehört,[74] kann sie als solche auf Private nicht übertragen werden.[75] Das schließt nicht aus, dass die Erfüllung hoheitlicher Aufgaben durch Private im Rahmen der funktionalen Privatisierung durch Gesetz oder auf Grund eines Gesetzes verfassungsgemäß erfolgen kann.[76] Aber am Beispiel der Parkraumüberwachung durch Private (mit der möglichen Konsequenz eines Ordnungswidrigkeitenverfahrens)[77] und der planmäßigen Durchführung von Geschwindigkeitsmessungen allein durch private Firmen im Rahmen der Verkehrsüberwachung zur Ermittlung und Dokumentation von Ordnungswidrigkeiten[78] hat die Rechtsprechung gezeigt, dass der Einbeziehung Privater zur Gewährleistung und Durchsetzung der öffentlichen Sicherheit ohne Beleihung mit Hoheitsbefugnissen Grenzen gesetzt sind.[79]

b) Konsequenzen

Die faktische »Teilhabe« Privater an der Wahrnehmung polizeilicher Aufgaben lässt jene Privatrechtssubjekte nicht zu einer Art »Quasi-Polizei« mutieren. Im Gegenteil, auch noch so professionell ausgestattete private Sicherheitsdienste agieren grundsätzlich auf privatrechtlicher (und ggf. strafrechtlicher bzw. strafprozessualer, vgl. §§ 32 ff StGB bzw. § 127 StPO) Basis.[80] Hoheitliche Befugnisse sind den Privatunternehmen dadurch nicht zugewachsen. Das geltende Recht lässt es auch nicht zu, dass sich der Staat mit seiner Polizei zunehmend aus der Gewährleistung der Inneren Sicherheit allgemein und der Gefahrenabwehr im Besonderen zurückzieht und private Sicherheitsdienste die Aufgabenerledigung unter Inanspruchnahme der Notrechte nach BGB, StGB und StPO vornehmen lässt.[81] Schon gar nicht zulässig ist die materielle Privatisierung der polizeilichen Gefahrenabwehraufgabe; eine

73 BT-Drs. 14/8386 S. 14.

74 BVerfGE 49, 24, 56 f.

75 Näher zu Art. 33 Abs. 4 GG als Privatisierungsschranke *Krölls* GewArch 1997, 445, 451 ff; *Tettinger* NWVBl 2000, 281, 282 f.

76 BVerwG DVBl 2006, 840 = DÖV 2006, 651 = NVwZ 2006, 829 (am Beispiel der Überwachung besonders überwachungsbedürftiger Abfälle).

77 KG NJW 1997, 2894.

78 BayObLG BayVBl 1997, 412, 413 = DÖV 1997, 601; den Ausgangspunkt (bei abweichendem Sachverhalt) bestätigend BayObLG DÖV 1999, 829 = NJW 1999, 2200.

79 Einzelheiten dazu bei *Jungk* Police Private Partnership, 2002, S. 131 ff.

80 *Gusy* DÖV 1996, 573, 583; *Stober* DÖV 2000, 261, 263; *Saipa/Wahlers/Germer* NdsVBl 2000, 285, 289; *Feltes* ZRP 2007, 243, 244.

81 *Winkler* NWVBl 2000, 287, 295 f; *Hammer* DÖV 2000, 613, 620.

originäre und notwendige Staatsaufgabe ist kein taugliches Objekt für eine Aufgabenprivatisierung.[82]

Rechtlich zulässig ist die funktionale Privatisierung. Die Aufgabe als solche bleibt dem Staat als Aufgabenträger zugeordnet; privatrechtlich organisiert oder von echten Privatrechtssubjekten durchgeführt wird jedoch die Aufgabenerledigung (-erfüllung, -wahrnehmung). Geht es um die Erfüllung hoheitlicher Aufgaben durch Private, verlangt die Rechtsprechung vor dem Hintergrund des Art. 33 Abs. 4 GG eine gesetzliche Grundlage und einen sachlichen Grund zur Durchbrechung des in dieser Verfassungsnorm statuierten Regel-Ausnahme-Verhältnisses.[83] Im Rahmen einer funktionalen Privatisierung muss sich der Staat Klarheit darüber verschaffen, in welcher Form das Privatrechtssubjekt in die Aufgabenerledigung einbezogen werden soll. Vielfach wird es mit dem Rechtsinstitut der Verwaltungshilfe sein Bewenden haben.[84] Der Einsatz Privater darf jedoch die gesetzlich festgelegten Grenzen behördlicher Eingriffsbefugnisse nicht zu Lasten des Bürgers faktisch erweitern; zudem darf durch die Einschaltung von Verwaltungshelfern die Letztentscheidungsverantwortung der Behörde nicht angetastet oder faktisch ausgehöhlt werden.[85] Soll das in die Aufgabenerfüllung einbezogene Privatrechtssubjekt Hoheitsbefugnisse ausüben (können), bedarf es der Beleihung.[86] Damit ist die selbstständige Aufgabenwahrnehmung durch den Privaten sichergestellt, die mit Art. 33 Abs. 4 GG grundsätzlich vereinbar ist.[87] Ein Systembruch liegt darin nicht; im Gegenteil, die Aufgabenzuordnung als solche bleibt unangetastet und der Private wird – vergleichbar einer Behörde – in die (Polizei-)Verwaltung funktional integriert.

III. FAZIT UND AUSBLICK

Die verschiedenartigen freiwilligen, vertraglich vereinbarten und gesetzlich veranlassten (erzwungenen) Aktivitäten Privater auf dem Gebiet der Gefahrenabwehr sollen nicht unterschätzt werden. Sie leisten einen nicht unwesentlichen Beitrag zur Gewährleistung der Inneren Sicherheit. Das gilt insbesondere für das Sicherheits-

82 *Krölls* GewArch 1997, 445, 449; *Saipa/Wahlers/Germer* NdsVBl 2000, 285, 288; *Winkler* NWVBl 2000, 287, 289; a.A. offenbar *Möstl* in: Handbuch (Fn 58) J IX Rn 38.

83 BVerfG-K NJW 1987, 2501, 2502; BVerwGE 98, 280, 298; BVerwG DVBl 2006, 840, 841 = DÖV 2006, 651 = NVwZ 2006, 829.

84 *Krölls* GewArch 1997, 445, 446 f, 449 f; *Stober* DÖV 2000, 261, 267 f; *Winkler* NWVBl 2000, 287, 290; *Möstl* in: Handbuch (Fn 58) J IX Rn 39, 40.

85 OVG Hamburg NJW 2008, 96, 98 am Beispiel der Beauftragung einer Detektei zur Aufklärung eines Scheineheverdachts.

86 *Krölls* GewArch 1997, 445, 446, 449; *Stober* DÖV 2000, 261, 268 f; *Hammer* DÖV 2000, 615, 619; restriktiv (begründungsbedürftige Ausnahme) *Saipa/Wahlers/Germer* NdsVBl 2000, 285, 290; *Winkler* NWVBl 2000, 287, 290 f; *Gusy* VerwArch 92 (2001) 344, 358.

87 BVerwG DVBl 2006, 840, 841 = DÖV 2006, 651 = NVwZ 2006, 829, 830.

und Bewachungsgewerbe.[88] Seine Expansion in den vergangenen Jahren und Jahrzehnten ist beachtlich; das betrifft sowohl die Zahl der Unternehmen und der in ihnen Beschäftigten als auch die jährlichen Umsatzsteigerungen.[89]

Dennoch muss aus rechtlicher Sicht vor einer Überhöhung der daran anknüpfenden Modelle einer »Sicherheitspartnerschaft« zwischen staatlichen und privaten Sicherheitskräften gewarnt werden. Im Tatsächlichen liegen die attraktiven Marktsegmente nach wie vor im privaten Bereich; der relativ kleine Sektor »gemischter Streifen« von Polizei und privaten Sicherheitsbediensteten gilt aus Sicht der Privaten als lukrativer Wachstumssektor.[90] Schon dies zeigt, dass »PPP« bei der Gefahrenabwehr nicht überschätzt werden sollte.

Rechtlich insinuieren Begriffe wie »Partnerschaft« und »Kooperation«, dass die Beteiligten identischen oder doch vergleichbaren Regeln (z.B. Aufgaben, Zuständigkeiten, Befugnissen) bei der Gefahrenabwehr unterworfen sein könnten. Davon kann jedoch keine Rede sein. Im Gegenteil, während die Polizei z.B. an die Grundrechte gebunden ist (Art. 1 Abs. 3 GG), genießen Unternehmen des Sicherheitsgewerbes Grundrechtsschutz (Art. 12 Abs. 1, 19 Abs. 3 GG). Ähnlich verhält es sich nach dem EG-Recht. Der EuGH hat ausdrücklich klargestellt, dass private Wachleute nicht der öffentlichen Verwaltung zuzuordnen sind und daher keine öffentliche Gewalt ausüben; folglich verfügten derartige Dienstleister des Bewachungs- und Sicherheitsgewerbes über nicht mehr Befugnisse als jede andere Privatperson.[91] Im Rechtssinne kann es vor diesem Hintergrund eine »Verantwortungsteilung« zwischen Polizei und privaten Sicherheitsdiensten[92] nicht geben; gesprochen werden kann allenfalls von einer faktischen Verantwortungsverteilung.

Der klaren rechtlichen Unterscheidung zwischen den Aufgaben und Befugnissen der Polizei einerseits sowie den Rechten des privaten Sicherheitsgewerbes andererseits entspricht auch die im Zuge der Novellierung des § 34a GewO festgeschriebene Gesetzeslage.[93] Zunächst hat die Diskussion um die Einführung eines Sachkundenachweises[94] ein (vorläufiges) Ende gefunden; sodann aber hat § 34a Abs. 5 GewO gerade keine Auflockerung des staatlichen Gewaltmonopols bewirkt und

88 *Nitz* Private und öffentliche Sicherheit, 2000, S. 98 ff; *F. Huber* Wahrnehmung von Aufgaben (Fn 34) S. 44 ff; *Weiner* Privatisierung von staatlichen Sicherheitsaufgaben, 2001, S. 200 ff.
89 Vgl. dazu BT-Drs. 14/8386 S. 11; *Rixen* DVBl 2007, 221, 223.
90 Nach Angaben von *Rixen* DVBl 2007, 221, 223 macht die klassische Bewachung im privaten Bereich (einschließlich des Werkschutzes) 70 Prozent des Gesamtumsatzes des Sicherheitsgewerbes aus, auf Geld- und Wertdienste (d.h. Geldtransporte) entfallen 15 Prozent, auf Notruf- und Serviceleitstellen 5 Prozent und auf Streifendienste 10 Prozent des Umsatzes.
91 EuGHE 2001, 4363 = EuZW 2001, 603 Tz. 20, 21, 25.
92 Vgl. dazu oben II.3.a).
93 Gesetz zur Änderung des Bewachungsgewerberechts vom 23. Juli 2002, BGBl I S. 2724.
94 Dazu bereits *Ehlers* FS Lukes (Fn 43) S. 355 f.

private Sicherheitsdienste mit Sonderbefugnissen ausgestattet.[95] Die Gesetzesbegründung betont, dass es eigentlich nur um eine Klarstellung gehe; denn die Neuregelung habe »keinerlei Ausweitung der Rechte von Wachpersonen gegenüber Dritten zur Folge«, vielmehr solle – wie bereits erwähnt – »das staatliche Gewaltmonopol auch in Zukunft unangetastet bleiben«.[96]

Schon in seiner Altfassung war § 34a GewO keine Vorschrift zu Initiierung von PPP-Modellen im Sicherheitsrecht.[97] Daran hat sich nichts geändert. Mit der Neufassung der Vorschrift dürfte sich auch die Debatte zu einer umfassenden Kodifikation des Rechts des Sicherheitsgewerbes[98] einstweilen erledigt haben. Das gilt selbst dann, wenn man angesichts der geringen Regelungstiefe des § 34a GewO das geltende Recht der Sicherheitspartnerschaften zwischen Polizei und privaten Sicherheitsdiensten für defizitär und ergänzungsbedürftig hält.[99] Die Kooperation ist nach geltendem Recht aus der gefahrenabwehrrechtlichen Perspektive vornehmlich auf die überkommenen Rechtsinstitute der Verwaltungshilfe und der Beleihung angewiesen.[100] Eine echte Privatisierung polizeilicher Aufgaben droht von daher nicht.

95 Einzelheiten zur Neufassung des § 34a GewO bei *Schönleiter* GewArch 2003, 1 ff (mit Corrigendum S. 46), sowie *Brauser-Jung/Lange* GewArch 2003, 224 ff.

96 So BT-Drs. 14/8386 S. 11.

97 *Hammer* DÖV 2000, 615, 620 f.

98 Vgl. dazu *Tettinger* NWVBl 2000, 281 ff; ferner die Beiträge in Stober (Hrsg.) Empfiehlt es sich, das Recht des Privaten Sicherheitsgewerbes zu kodifizieren?, 2000.

99 So *Rixen* DVBl 2007, 221, 227 f.

100 *Peilert* DVBl 1999, 282, 284 ff; vgl. de lege ferenda den Vorschlag eines »Kooperationsgesetzes« für die Zusammenarbeit des Staates mit privaten Sicherheitsunternehmen bei der Wahrnehmung polizeilicher Aufgaben von *Storr* DÖV 2005, 101 ff.

Rechtliche und organisatorische Instrumentarien von Unternehmen zum Schutz vor wirtschaftskriminellem Verhalten

ANDREAS PEILERT

Als innovativer Wirtschaftsverwaltungsrechtler hat sich *Rolf Stober* nicht nur mit der klassischen gewerberechtlichen Gefahrenabwehraufgabe im Hinblick auf die Gewerbeausübung intensiv auseinandergesetzt,[1] sondern mit seinem umfassenden Verständnis des Wirtschaftsverwaltungsrechts als Gefahrenabwehr-, Risikoverwaltungs- und Risikomanagementrecht[2] auch mit der unternehmerischen Eigenvorsorge durch ein qualitätsorientiertes Risikomanagement befasst. Mit seiner Hamburger Antrittsvorlesung[3] und der Gründung der Forschungsstelle Sicherheitsgewerbe rückten schließlich die Möglichkeiten der Gefahrenabwehr durch das Gewerbe, nämlich durch das Bewachungsgewerbe im Sinne des § 34a GewO, in den Fokus seiner wissenschaftlichen Tätigkeit. So ergeben sich vielfache Berührungspunkte des wissenschaftlichen Werkes des Jubilars mit dem facettenreichen Thema der Bekämpfung der Wirtschaftskriminalität durch die Unternehmen selbst.

I. BEDROHUNGSPOTENZIAL UND ERSCHEINUNGSFORMEN WIRTSCHAFTSKRIMINELLEN HANDELNS

Trotz der selbstverständlichen Verwendung des Begriffs »Wirtschaftskriminalität« sogar im allgemeinen Sprachgebrauch ist festzustellen, dass es keine eindeutige, allgemein anerkannte Definition gibt.[4] Die polizeiliche Begriffsbestimmung der Wirt-

1 Zuerst: *Stober* Wirtschaftsverwaltungsrecht, 1. Aufl. 1976, S. 38 ff; ferner: *ders.* Allgemeines Wirtschaftsverwaltungsrecht, 15. Aufl. 2006, § 29 I 5 a; *ders.* Handbuch des Wirtschaftsverwaltungs- und Umweltrechts, 1989, S. 618 ff.

2 Siehe zu diesem Verständnis des Wirtschaftsverwaltungsrechts: *Stober* DÖV 2005, 333, 334.

3 *Stober* NJW 1997, 889 ff. In seiner Antrittsvorlesung und dieser Veröffentlichung prägte *Rolf Stober* den inzwischen etablierten Begriff »Police Private Partnership«.

4 *Hefendehl* ZStW 119 (2007), 816: »Was zur Wirtschaftskriminalität gehört, wissen wir nicht genau.«; *Ziercke* CD Sicherheits-Management 1/2007, 20, 22; ausführlich zu den unterschiedlichen Begriffsbestimmungen: *Heißner* Die Bekämpfung von Wirtschaftskriminalität, Eine ökonomische Analyse unternehmerischer Handlungsoptionen, 2001, S. 25 ff; *Achenbach* FS Schwind, 2006, S. 177 ff; *Poerting* in: ders. (Hrsg.) Wirtschaftskriminalität, Teil 1, BKA-Schriftenreihe, Bd. 52, 1983, S. 9 ff; zur Phänomenologie der Wirtschaftskri-

schaftskriminalität beispielsweise lehnt sich an die Zuständigkeitsregelung für Wirtschaftsstrafkammern in § 74c Abs. 1 GVG an, die einen umfangreichen Katalog von Straftaten enthält.[5] Die Feststellung, dass sich schon Anfang der achtziger Jahre in über 200 Bundesgesetzen Regelungen zu wirtschaftsdeliktischem Verhalten fanden, gibt eine ungefähre Vorstellung von der enormen Breite des Deliktsspektrums[6] und legt nahe, dass die Beschränkung auf den Straftatenkatalog des § 74c Abs. 1 GVG zu kurz greifen könnte. Verlässt man den repressiven Blickwinkel und nähert sich dem Begriff Wirtschaftskriminalität aus präventiver Perspektive, gewinnt er noch weiter an Inhalt. Im vorliegenden Beitrag sollen jene Bereiche der Wirtschaftskriminalität behandelt werden, die die Unternehmen selbst bedrohen und wie die Unternehmen dieser Bedrohung entgegentreten können. Zu diesen wirtschaftskriminellen Handlungen zählen beispielsweise Betriebsspionage, Produktpiraterie, Korruption und Computerhacking.[7]

Die Bedeutung der Wirtschaftskriminalität kann gar nicht überschätzt werden. Der Präsident des Bundeskriminalamts, *Jörg Ziercke*, verdeutlichte dies anhand ausgewählter Zahlen aus der Polizeilichen Kriminalstatistik für das Jahr 2005 folgendermaßen: Für das Jahr 2005 registrierte die Polizeiliche Kriminalstatistik 89 224 Fälle von Wirtschaftskriminalität. Dies entspricht 1,4 Prozent aller polizeilich bekannt gewordenen Straftaten. Der Schaden aller mit Schadenswert erfassten Delikte belief sich auf rund 8,4 Milliarden Euro. Der Anteil der Wirtschaftskriminalität betrug etwa 4,2 Milliarden Euro. Daraus ergibt sich, dass 1,4 Prozent aller Delikte 50 Prozent des quantifizierbaren Schadens der Gesamtkriminalität verursachten.[8] Gerade im Bereich der Wirtschaftskriminalität ist jedoch von einem erheblichen Dunkelfeld auszugehen, sodass die polizeilichen Fallzahlen und die registrierte Schadenssumme das tatsächliche Ausmaß der Schäden nicht abbilden.[9] So entstehen nach einer gemeinsamen Studie der Martin-Luther-Universität Halle-Wittenberg und der Wirtschaftsprüfungsgesellschaft Pricewaterhouse Coopers deutschen Un-

minalität: *Berthel* der kriminalist 2000, 78, 79; *ders.* in: Bekämpfung der Wirtschaftskriminalität – Aktuelle Aufgaben für Ausbildung und Strafverfolgung, 2004, S. 1, 3 f.

5 *Berthel* Aktuelle Herausforderungen bei der Bekämpfung der Wirtschaftskriminalität, Schriftenreihe der Polizei-Führungsakademie 3/2003, S. 8, 21.

6 Bundesministerium des Innern/Bundesministerium der Justiz (Hrsg.) Erster Periodischer Sicherheitsbericht, 2001, S. 132.

7 Zu den unterschiedlichen Erscheinungsformen der Wirtschaftskriminalität: Bundesministerium des Innern/Bundesministerium der Justiz (Hrsg.) Zweiter Periodischer Sicherheitsbericht, 2006, S. 220; *Berthel* in: Aktuelle Herausforderungen bei der Bekämpfung der Wirtschaftskriminalität, Schriftenreihe der Polizei-Führungsakademie 3/2003, S. 8, 15.

8 *Ziercke* CD Sicherheits-Management 1/2007, 20, 23. Vgl. auch die aktuellen Zahlen aus: Bundeskriminalamt (Hrsg.) Polizeiliche Kriminalstatistik 2006, 54. Ausgabe 2007, S. 232: 95 887 Fälle von Wirtschaftskriminalität, was einen Anstieg von 7,5 Prozent gegenüber dem Vorjahr bedeutet.

9 *Ziercke* CD Sicherheits-Management 1/2007, 20, 23.

ternehmen durch Wirtschaftskriminalität jährlich Schäden in Höhe von sechs Milliarden Euro.[10]

Zudem ist die Bedrohungssituation für Unternehmen komplexer geworden. Anfällig für Wirtschaftsspionage durch Konkurrenzunternehmen wie ausländische staatliche Spionage sind nach wie vor Unternehmen mit einem besonderen Know-how-Vorsprung. Von Interesse sind dabei insbesondere Produzenten von Hochtechnologieprodukten, die unter »Dual-use«-Aspekten nicht nur zivil, sondern auch militärisch genutzt werden können.[11] Unternehmen, die im Bereich sogenannter kritischer Infrastrukturen wirken, sind darüber hinaus terroristischen Bedrohungen ausgesetzt. Für die Einschätzung dieser Bedrohung ist es bedeutsam, dass sich rund 80 Prozent aller kritischen Infrastrukturen in privatwirtschaftlicher Hand befinden.[12]

Wirtschaftskriminelle Handlungen drohen aber keinesfalls nur von außen. Eine ganz erhebliche Rolle spielt vielmehr die Mitarbeiterkriminalität. Gerade insofern bestehen aber umfassende Möglichkeiten der Unternehmen sich vor einer solchen Bedrohung zu schützen. Überhaupt ist festzustellen, dass den Unternehmen eine Palette von eigenen rechtlichen und organisatorischen Möglichkeiten, externen Dienstleistungen und staatlichen Unterstützungsleistungen zum Schutz vor Wirtschaftskriminalität zur Verfügung stehen.

II. GESETZLICHE VORGABEN FÜR DIE UNTERNEHMENSSICHERHEIT

Jenseits ökonomischer Überlegungen, auf Grund derer ein hoher Sicherheitsstandard für eine Volkswirtschaft einen Standortvorteil und für ein Unternehmen einen Wettbewerbsvorteil bedeutet, entwickeln sich zunehmend rechtliche Kategorien, die den Unternehmen einen bestimmten Mindestsicherheitsstandard auferlegen. Beispielsweise hat das Gesetz zur Kontrolle und Transparenz im Unternehmensbereich (KonTraG) durch die Änderung des § 91 Abs. 2 AktG die Pflicht des Vorstandes einer Aktiengesellschaft begründet, »geeignete Maßnahmen zu treffen, insbesondere ein Überwachungssystem einzurichten, damit den Fortbestand der Gesellschaft gefährdende Entwicklungen früh erkannt werden.« Der aus dieser Vorschrift resultierende Umfang der Anforderungen an die Errichtung eines Risikomanagementsystems ist allerdings umstritten.[13] Abgeleitet wird aus dieser Regelung in Verbindung mit der allgemeinen Sorgfaltspflicht der Unternehmensleitung gemäß § 93 Abs. 1 Satz 1 AktG aber beispielsweise die Pflicht, ein IT-Notfallkonzept auf-

10 Martin-Luther-Universität/Pricewaterhouse Coopers (Hrsg.) Wirtschaftskriminalität 2007, Sicherheitslage der deutschen Wirtschaft, 2007, S. 3; siehe dazu: FAZ vom 16. 10. 2007, S. 13.

11 *Hartwig* Arbeitgeber 2002, 12, 14.

12 *Ziercke* CD Sicherheits-Management 1/2007, 20, 41.

13 Zu dem Meinungsstreit siehe: *Pahlke* NJW 2002, 1680, 1681.

zustellen.[14] Die explizite Pflichtenregelung für den Vorstand einer Aktiengesellschaft hat zudem Ausstrahlungswirkung auf den Pflichtenrahmen der Geschäftsführer anderer Gesellschaftsformen.[15] Für Kapitalgesellschaften insgesamt gilt gemäß § 289 Abs. 2 Nr. 2 lit. a HGB schließlich, dass die Unternehmensführung im Lagebericht auch auf die »Risikomanagementziele und -methoden« eingehen soll.

Spezialgesetzliche Anforderungen an die Sicherheitsvorkehrungen gelten des Weiteren für besonders sicherheitssensible Bereiche. Für die IT-Sicherheit bestehen besondere Anforderungen zum Schutz personenbezogener Daten nach § 9 BDSG in Verbindung mit der Anlage Nr. 7, in der detaillierte Anforderungen an ein Sicherheitskonzept gestellt werden. Speziell für Banken und Finanzdienstleister fordert § 25a Abs. 1 KWG angemessene Sicherheitsvorkehrungen für den Einsatz von IT-Systemen.[16]

Die Erhöhung der Sicherheitsanforderungen an die Privatwirtschaft lässt sich als deutlicher Trend in der Gesetzgebung auf nationaler und internationaler Ebene nachweisen. Speziell bei der auf Grund der aktuellen terroristischen Bedrohungslage bedeutsamen Luft- und Seesicherheit sind die Sicherheitsanforderungen erhöht worden. Musterbeispiel mit einschneidenden Konsequenzen für die Exportwirtschaft sind die von den USA gestellten Anforderungen an die Sicherheit von Transport- und Logistikketten. In dem »Act to provide for the implementation of the recommendations of the National Commission on Terrorist Attacks Upon the United States« ist geregelt, dass spätestens 2012 jeder einzelne für die USA bestimmte Schiffscontainer in den Abgangshäfen durchleuchtet werden soll. Das Gesetz sieht ferner vor, dass auch Luftfracht in spätestens drei Jahren einer vollständigen Sicherheitsüberprüfung unterzogen werden soll.[17] Sollten diese gesetzlichen Vorgaben tatsächlich umgesetzt werden, würde dies eine neue Dimension der Sicherheitsanforderungen an die Exportwirtschaft bedeuten.

III. EINBEZIEHUNG EXTERNER SICHERHEITSDIENSTLEISTER

Die gestiegenen und weiter ansteigenden Anforderungen an die Unternehmenssicherheit lassen sich vielfach nicht durch eigene Mitarbeiter, etwa eine eigene Konzernsicherheit, erfüllen. Dies gilt insbesondere für kleine oder mittelständische Unternehmen. So ist gerade in diesem Bereich der Trend zum Outsourcing von Sicherheit als unternehmensfremder Leistung festzustellen. Zudem reagieren

14 *Steger* CR 2007, 137 f; siehe dazu auch: *Stober* Allgemeines Wirtschaftsverwaltungsrecht (Fn 1) § 29 I 5 b: »Die Risikomanagementveraltung hat auch organisatorische Konsequenzen, soweit vorhandene Einrichtungen nicht für Risikofälle gerüstet sind.«

15 *Steger* CR 2007, 137, 138; *Windolph* NStZ 2000, 522, 524.

16 *Steger* CR 2007, 137, 139.

17 One Hundred Tenth Congress of the United States of America, First Session, 4th of January, 2007, Title XVI – Avation; Title XVII – Maritime Cargo.

Sicherheitsdienstleister auf dem umkämpften Markt mit ihren Angeboten sehr schnell auf neu auftretende Bedrohungsszenarien und stellen deshalb ein wichtiges Instrumentarium für Unternehmen zur Bekämpfung der Wirtschaftskriminalität dar.

1. Wirtschaftsprüfungsgesellschaften

Die großen Wirtschaftsprüfungsgesellschaften haben Spezialabteilungen errichtet, die sich überwiegend oder sogar ausschließlich mit der Prävention und Untersuchung von Unregelmäßigkeiten in den Unternehmen ihrer Mandanten beschäftigen.[18] Neben dem hohen Sicherheitsbedürfnis der Privatwirtschaft ist ein weiterer Grund für den Aufbau solcher Abteilungen zum einen der in § 2 WPO begründete gesetzliche Auftrag, Unterschlagungsprüfungen durchzuführen.[19] Zum anderen bestand eine Nachfrage nach den entsprechenden Dienstleistungen auf Grund des erhöhten Risikos der Organe von Kapitalgesellschaften, zivilrechtlich in Regress genommen zu werden,[20] wenn sie dolose Handlungen in ihrem Unternehmen nicht verfolgen. In den beispielsweise Forensic Accounting, Integrity Services oder Investigation Services genannten Abteilungen[21] untersuchen Teams von hoch qualifizierten Spezialisten Unterschlagungen, Kick-backs,[22] Bestechungsfälle, Bilanzfälschungen, Insidergeschäfte, Geldwäsche, betrügerische Konkurse, Subventionsbetrüge, Spionage, Korruption und zum Teil sogar Finanzströme zur Terrorismusfinanzierung.[23] Darüber hinaus bieten diese Unternehmen auch Dienstleistungen im Bereich der Prävention an, wie die Errichtung interner Kontroll- und Sicherheitssysteme sowie die Überprüfung der Aufbau- und Ablauforganisation.[24] Insbesondere nehmen diese Abteilungen von Wirtschaftsprüfungsgesellschaften

18 Ausführlich hierzu: *Heißner* (Fn 4) S. 46 ff; *Fischer* in: Aktuelle Herausforderungen bei der Bekämpfung der Wirtschaftskriminalität, Schriftenreihe der Polizei-Führungsakademie 3/2003, S. 164, 168.

19 *Kaminski* in: Wirtschaftsprüfer-Handbuch 1996, Handbuch für Rechnungslegung, Prüfung und Beratung, Bd. I, herausgegeben vom Institut der Wirtschaftsprüfer in Deutschland e.V., bearbeitet von Budde, Gelhausen u.a., 11. Aufl. 1996, Abschnitt A, Rn 17; *Peilert* in: Stober (Hrsg.) Jahrbuch des Sicherheitsgewerberechts 2001, 2001, S. 1, 14; siehe auch: OLG Düsseldorf BB 1996, 2614: »Grundsätzlich gehört auch die Aufdeckung von Unterschlagungen zum Funktionsbereich der Abschlussprüfung.«

20 Siehe dazu: BGHZ 135, 244 ff.

21 Zu den verwendeten Begriffen siehe: *Heißner* (Fn 4) S. 46 f.

22 Beim Kick-back handelt es sich um eine Korruptionsform, bei der ein Auftragnehmer absprachegemäß einen überhöhten Preis in Rechnung stellt. Die Differenz bekommt der Auftraggeber ganz oder teilweise zurück.

23 *Heißner* (Fn 4) S. 47; *Fischer* in: Aktuelle Herausforderungen bei der Bekämpfung der Wirtschaftskriminalität, Schriftenreihe der Polizei-Führungsakademie 3/2003, S. 164, 165.

24 *Heißner* (Fn 4) S. 47.

gegenüber ihren Mandanten Beratungen hinsichtlich der Optimierung von Sicherheitsstandards bei den Verfahrensabläufen innerhalb des Unternehmens wahr.[25]

2. *Sicherheitsberater*

Ein weites Aufgabenspektrum wird von Sicherheitsberatern wahrgenommen. Auf Grund der unterschiedlichen angebotenen Leistungen findet sich eine große Begriffsvielfalt für diese Dienstleister. Neben dem Oberbegriff »Sicherheitsberater« finden sich Unternehmensbezeichnungen, die Begriffe wie Security Consulting oder Risk Management enthalten, aber auch Anbieter, die sich schlicht als Unternehmensberatung bezeichnen. Sehr heterogen sind auch die Qualität, Ausstattung und Betriebsgröße von Sicherheitsberatungsunternehmen. Ein-Mann-Betriebe finden sich ebenso wie international agierende Unternehmen, die sich auf ein Netzwerk von Journalisten, Juristen, Psychologen, Politologen, Wirtschaftsprüfer, Banker, IT-Spezialisten, Kriminaltechniker und Spezialisten aus den unterschiedlichen Sicherheitsbehörden stützen können.[26] Die von Sicherheitsberatern angebotenen Leistungen überschneiden sich häufig mit den Angeboten von privaten Sicherheitsunternehmen, Detekteien oder Auskunfteien und umfassen im Hinblick auf die Bekämpfung der Wirtschaftskriminalität insbesondere die folgenden Dienstleistungen: Bekämpfung von Produkterpressungen, Industriespionage und Produktpiraterie, Mitarbeiterüberprüfungen, Prävention und Ermittlungen im Zusammenhang mit Betrugshandlungen, herstellerunabhängige Planung von Sicherheits- und Alarmsystemen, Gewährleistung von IT-Sicherheit, Verschlüsselung elektronischer Nachrichten sowie die Übernahme eines ganzheitlichen Sicherheitsmanagements.[27]

3. *Detektive*

Auch Detektive können im Zusammenhang mit wirtschaftskriminellem Handeln beauftragt werden. Sie ermitteln bei Konkurrenzspionage, Verrat von Betriebs- und Geschäftsgeheimnissen, Produkt- und Markenpiraterie, Verstößen gegen das Wettbewerbsrecht, Patent- und Lizenzrechtsverletzungen, EDV- und Computerkriminalität sowie bei unterschiedlichsten Mitarbeiterdelikten, wie unberechtigten Fehl-

25 *Heißner* (Fn 4) S. 47; *Berthel* in: Berthel/Mentzel/Neidhardt/Schröder/Spang/Weihmann, Grundlagen der Kriminalistik/Kriminologie, Bd. 1, 2005, S. 127.

26 *Cosandey/Drossard* Kriminalistik 2003, 628, 630; SZ vom 17./18. 4. 2004, S. V 1/15. Der Marktführer, die Control Risk Group, verfügt über 420 feste und 1 300 freie Mitarbeiter sowie 18 Büros in 14 Ländern, siehe: SZ vom 17./18. 4. 2004, S. V 1/15.

27 Vgl. zu dem Aufgabenspektrum von Sicherheitsberatern: *Glitza* WIK Sonderheft »Outsourcing« 8/2005, 32, 34; *Nowotny/Flormann* der kriminalist 2000, 165 ff; *Weise* (WIK 2/2005, 13, 16) führt ein Tätigkeitsbeispiel aus dem Bereich der Nachrichtenbeschaffung der Control Risks Group an: »Das Unternehmen führt für staatliche Einrichtungen Risikoanalysen über den Irak durch, unter anderem über die Netzwerke der Terroristen.«

zeiten, Lohnfortzahlungsmissbrauch, unerlaubten Nebentätigkeiten, Diebstahl, Betrug, Unterschlagung, Untreue und Verstößen gegen Wettbewerbsverbote.[28] Die Palette der von Detektiven angebotenen Dienstleistungen umfasst damit überwiegend repressiv ausgerichtete Tätigkeiten.

4. *Auskunfteien*

Zu den Hauptleistungen von Auskunfteien gehören die Erteilung von Auskünften über die Kreditwürdigkeit und -fähigkeit, zur Entscheidungsfindung in Personalfragen, zur Erreichung einer größeren Markttransparenz in bestimmten Wirtschaftszweigen und über potenzielle ausländische Geschäftspartner.[29] Zu den angebotenen Nebenleistungen zählt auch ein Bündel von Maßnahmen zur Bekämpfung der Wirtschaftskriminalität.[30] Neben der speziellen Prävention durch gezielte Hinweise auf ein zur Vorsicht mahnendes Verhaltens eines Geschäftspartners des Kunden widmen sich die Auskunfteien durch verschiedene Maßnahmen auch generalpräventiven Zwecken. Dies geschieht beispielsweise durch Öffentlichkeitsarbeit im weitesten Sinne, wie Herausgabe eigener Zeitschriften, Kontakte mit Massenmedien und Zusammenarbeit mit weiteren Organisationen, die sich die Bekämpfung der Wirtschaftskriminalität zur Aufgabe gemacht haben. Inhaltlich erfolgen Schilderungen typischer Geschehensabläufe und Methoden wirtschaftskriminellen Verhaltens, die aus den Erfahrungen der Auskunfteien bekannt geworden sind und mit Hinweisen auf mögliche Abwehrmaßnahmen verbunden werden.[31]

Mangels Gewerblichkeit ist die Schutzgemeinschaft für allgemeine Kreditsicherung (SCHUFA) keine Auskunftei. Die SCHUFA ist ein privatwirtschaftliches Unternehmen, das der kreditgebenden Wirtschaft Informationen über das Kreditverhalten natürlicher Personen zur Verfügung stellt.[32] Auf diese Weise leistet die SCHUFA einen Beitrag zur Verhinderung wirtschaftskriminellen Verhaltens zugunsten der kreditgebenden Wirtschaft.

28 Vgl. zu der Aufzählung der angebotenen Dienstleistungen im Zusammenhang mit dem Wirtschaftsleben: Informationsschrift des Bundesverbandes Deutscher Detektive, 2004; *Martin* CD Sicherheits-Management 1/2006, 88, 92 f; *Peilert* Das Recht des Auskunftei- und Detekteigewerbes, 1996, S. 147 ff; speziell zur Verfolgung von Markenpiraterie siehe: *Lowe/Harte-Bavendamm* in: Harte-Bavendamm (Hrsg.) Handbuch der Markenpiraterie in Europa, 2000, § 3 Rn 91 f.

29 *Neumann* Die Zusammenarbeit der Kriminalpolizei mit Auskunfteien und Detekteien, 1980, S. 57 ff; *Peilert* (Fn 28) S. 112 ff.

30 *Peilert* (Fn 28) S. 117 ff.

31 So schon: *Rödl/Benninghaus* in: Wirtschaftskriminalität, Möglichkeiten der Prophylaxe, Schriftenreihe des Verbandes der Vereine Creditreform, Bd. 1, 1973, S. 7, 13 ff.

32 *Heißner* (Fn 4) S. 42.

5. *Wach- und Sicherheitsunternehmen*

Die Wach- und Sicherheitsunternehmen bieten heute eine umfangreiche, differenzierte Palette von Dienstleistungen an. Zum Schutz von Unternehmen vor wirtschaftskriminellem Handeln können der Objektschutz, Empfangs- und Kontrolldienste, Revierdienste und der Betrieb von Notruf- und Serviceleitstellen dienen. Wach- und Sicherheitsunternehmen nehmen damit insbesondere die outgesourcten Werkschutzaufgaben wahr.

6. *Verbände und Netzwerke*

Die Wirtschaft hat zu ihrem eigenen Schutz Institutionen geschaffen, die zur Förderung ihrer wirtschaftlichen Interessen und zur Vorbeugung gegen wirtschaftskriminelle Handlungen dienen.[33] Als Beispiele für Verbände, die sich die Bekämpfung der Wirtschaftskriminalität zur Aufgabe gemacht haben, lassen sich die Arbeitsgemeinschaft für Sicherheit in der Wirtschaft, die Wettbewerbszentrale (Zentrale zur Bekämpfung unlauteren Wettbewerbs), Pro Honore, Business Crime Control und der Deutsche Schutzverband gegen Wirtschaftskriminalität nennen.[34] Sie werden in Form von Aufklärung, Beratung, Warnung, Begutachtung, Abmahnung und Unterlassungsklagen tätig.[35] Darüber hinaus haben sich einzelne Unternehmen selbst Informationsnetzwerke speziell im Bereich der Konzernsicherheit geschaffen. Zu nennen ist etwa die International Security Management Association (ISMA), der derzeit rund 310 Konzernsicherheitschefs größerer Unternehmen angehören.[36]

IV. AUFSTELLUNG INTERNER SICHERHEITSINSTITUTIONEN

Insbesondere Großunternehmen, speziell Global Player, haben auf Grund der Vielfalt der im Konzern anfallenden Aufgaben eigene Sicherheitsinstitutionen eingeführt, die personell gut ausgestattet und teilweise wie Sicherheitsbehörden aufgebaut sind. Neben solchen Konzernsicherheitsabteilungen mit einem umfassenden Sicherheitsauftrag bestehen je nach Bedarf des Unternehmens aber auch spezialisierte Organisationsformen, wie die interne Revision, Compliance-Stellen oder auch der traditionelle Werkschutz.

33 *Müller/Wabnitz/Janovsky* Wirtschaftskriminalität, 1997, S. 348: »Organe der freiwilligen Selbsthife«.

34 Siehe hierzu ausführlich: *Heißner* (Fn 4) S. 40 f und die grundlegende Studie von *Sieben/Poerting* Präventive Bekämpfung von Wirtschaftsdelikten durch Selbstverwaltungsorgane, Selbstschutzeinrichtungen und Verbände der Wirtschaftsteilnehmer, 1977, S. 71 ff.

35 Bundesministerium des Innern/Bundesministerium der Justiz (Hrsg.) Zweiter Periodischer Sicherheitsbericht, 2006, S. 240.

36 Zu näheren Angaben zu diesem Netzwerk siehe: www.ismanet.com.

1. *Interne Revision*

Unternehmensabhängig kann zu den Bestandteilen des internen Kontrollsystems eines Unternehmens auch die interne Revision gehören. Ihre Aufgaben basieren auf der Überlegung, dass auch die Funktionsfähigkeit des internen Kontrollsystems eines Unternehmens seinerseits einer Kontrolle im Hinblick auf seine Funktionsfähigkeit bedarf.[37] Die Mitarbeiter der Abteilungen für interne Revision verfügen überwiegend über eine kaufmännische Ausbildung. Zum Schutz vor Wirtschaftskriminalität können die Aufgaben der internen Revision aber auch stärker sicherheitsorientiert definiert werden.

2. *Compliance*

In Unternehmen unterschiedlicher Branchen etablieren sich zunehmend Compliance-Stellen, Compliance-Beauftragte oder Compliance-Manager. Je nach Spezialisierung firmieren die betreffenden Verantwortungsträger in deutschen Unternehmen auch als Kartell-, Umweltschutz-, Arbeitssicherheits- oder Korruptionsbeauftragte.[38] Ihre primäre Aufgabe ist es, unternehmensintern die Einhaltung von gesetzlichen Vorschriften, insbesondere durch vorbeugende Organisationsmaßnahmen, sicherzustellen.[39] Sie haben beispielsweise dafür zu sorgen, dass Kartellverstöße, Vermögensstraftaten sowie Vergehen gegen Arbeits-, Umwelt-, Steuer- und Sozialversicherungsrecht unterbleiben. Vielfach werden Compliance-Stellen auch zur Überwachung branchenüblicher oder autonom von Unternehmen gesetzter Standards eingesetzt.[40] Typischerweise finden sich Compliance-Abteilungen auf Grund der vielfältigen gesetzlichen Bindungen bei Kreditinstituten und Finanzdienstleistern. Gemäß § 25a Abs. 1 Satz 3 Nr. 6 KWG umfasst eine ordnungsgemäße Geschäftsorganisation bei Kreditinstituten »angemessene, geschäfts- und kundenbezogene Sicherungssysteme gegen Geldwäsche und gegen betrügerische Handlungen zu Lasten des Instituts«. Die Verhinderung von unternehmensinternen Straftaten, wie Betrug, Untreue und Korruptionshandlungen durch Mitarbeiter gehören ebenso zu den Zielsetzungen eines weit verstandenen Compliance-Begriffes, wie die Bekämpfung des Betrugs durch Kunden oder Dritte.[41]

37 *Heißner* (Fn 4) S. 49 f.
38 *Hauschka* NJW 2004, 257, 259.
39 Vgl. etwa: *von Werder* in: Ringleb/Kremer/Lutter/von Werder (Hrsg.) Kommentar zum Deutschen Corporate Governance Kodex, 2. Aufl. 2005, Rn 121; *Bürkle* BB 2005, 565; *Hefendehl* JZ 2006, 119, 122; *Rodewald* BB 2006, 113, 115; *Scherp* Kriminalistik 2003, 486.
40 *Scherp* Kriminalistik 2003, 486; *ders.* in: Bundeskriminalamt (Hrsg.) Wirtschaftskriminalität und Korruption, Vorträge anlässlich der Herbsttagung des Bundeskriminalamtes vom 19.–21. November 2002, 2003, S. 147.
41 *Scherp* Kriminalistik 2003, 486, 489.

3. *Unternehmens- und Konzernsicherheit, Risk Management*

Die oftmals auch als Konzernsicherheit bezeichneten Sicherheits- und Ermittlungsabteilungen nehmen vergleichbare Aufgaben wie externe Sicherheitsberater wahr.[42] Zu ihren Aufgaben zählen also – abhängig von dem Tätigkeitsfeld des Unternehmens – die Aufdeckung von Straftaten der Markenpiraterie, das Krisenmanagement bei Produkterpressungen, die IT-Sicherheit und die Koordination des Werkschutzes. Insbesondere die Produkt- und Markenpiraterie wird – ebenso wie von externen Detektiven – auch durch eigene Mitarbeiter von Unternehmen bekämpft. Diese zum Teil Markenschutz-Manager genannten Mitarbeiter fahnden sowohl im Internet als auch im klassischen Handel nach Verkäufen von Plagiaten.[43] Je nach Branche kommen für die Unternehmens- bzw. Konzernsicherheit weitere Aufgaben hinzu. Die Marktführer im Bereich der IT-Industrie setzen beispielsweise eigene Ermittler zur Bekämpfung von Softwarepiraterie ein.[44] Neben diesen repressiv ausgerichteten Tätigkeiten erstellen die Abteilungen für Konzernsicherheit aber auch Sicherheitskonzepte für die Abwehr wirtschaftskriminellen Handelns.

4. *Werkschutz*

Unter Werkschutz wurde ursprünglich eine private Schutzeinrichtung einzelner Unternehmen verstanden, die unter Beachtung der allgemeinen gesetzlichen Bestimmungen und der Vereinbarungen zwischen der Betriebsleitung und der Vertretung der Betriebsangehörigen im Wege der Selbsthilfe dem Schutz des Werkes und seiner Bediensteten dient.[45] Auf Grund der Branchenvielfalt in der Industrie und den damit verbundnen unterschiedlichen Gefahren und Sicherheitsbedürfnissen sowie den unterschiedlichen Betriebsgrößen nimmt der Werkschutz nunmehr aber eine weite Aufgabenpalette wahr. Sie reicht vom Pförtnerdienst bis zu Aufgaben im Bereich des Umwelt- und Personenschutzes sowie Ermittlungstätigkeiten.[46] Bezug zur Bekämpfung wirtschaftskriminellen Verhaltens haben folgende Aufgaben des Werkschutzes: Pförtnerdienst mit Personen-, Fahrzeug- und Güterkontrolle, Ordnungsdienstaufgaben im Zusammenhang mit Schließanlagen, Ausweiswesen und Telefondienst, Wachaufgaben mit Wachdienst, Streifentätigkeit, Aufsicht und Begleitschutz, besondere Schadensabwehr mit Schutz gegen Ausspähung, Sabotage-

42 *Berthel* in: Berthel/Mentzel/Neidhardt/Schröder/Spang/Weihmann (Fn 25) S. 127.
43 *Brösamle* in: SZ vom 29. 5. 2006, S. 18.
44 *Gruhl* DuD 2005, 399, 400.
45 Die Polizei 1985, 33, 35; ähnlich: *Ebert* in: Beisel/Ebert/Foerster/Otto/Pfeiffer/Wieand, Lehrbuch für den Werkschutz und private Sicherheitsdienste, 6. Aufl. 2004, S. 43/Rn 26.
46 *Ehses* in: Glavic (Hrsg.) Handbuch des privaten Sicherheitsgewerbes, 1995, S. 444; *Pfeiffer/Sailer/Stubbe/Stüllenberg* Effizienzsteigerung Unternehmenssicherheit – Leitfaden für die Fremdvergabe von Wach- und Objektschutzaufgaben, 1993, S. 21 ff, 125 ff.

abwehr und Mitwirkung in Notstandsfällen sowie Ermittlungsaufgaben anlässlich von Ordnungswidrigkeiten, Betriebskriminalität und Schadensfällen.[47]

V. Selbstverpflichtung, technische Überwachung und sonstige Kontrollinstrumentarien der Unternehmensführung

Zunächst ist festzustellen, dass in einem Unternehmen, in dem eine Kultur von Offenheit, Transparenz und Fairness herrscht, die Gefahr wirtschaftskrimineller Handlungen geringer eingestuft wird, als in Unternehmen mit einer Kultur bestehend aus Autokratie, Geheimhaltung, Misstrauen und Furcht.[48] Diesem Gedanken der Selbstregulation dient insbesondere die Festlegung unternehmensinterner Codes of Ethics. Ebenso wie die Sinnhaftigkeit solcher Selbstverpflichtungen zu bejahen ist, liegen allerdings auch ihre Grenzen auf der Hand. Das Recht des Arbeitgebers, seine Mitarbeiter zu kontrollieren, ist deshalb im Grundsatz anerkannt.[49]

Zu den technischen und sonstigen Kontrollinstrumentarien gegenüber Mitarbeitern gehören etwa Ehrlichkeits- und Zuverlässigkeitskontrollen, die Jobrotation zur Vermeidung von Korruptionsfällen, die Videoüberwachung, Zugangskontrollen sicherheitssensibler Bereiche, die Verwendung von Sicherheitsausweisen zur Kontrolle von Bewegungen innerhalb des Gebäudes und die Kontrolle moderner Kommunikationsmittel, wie der Nutzung von E-Mails. Maßnahmen der technischen Sicherheit dienen aber nicht nur der Überwachung der Mitarbeiter. Beispielsweise ist die Sicherheit der Kommunikationsvorgänge ein zentrales Element der Unternehmenssicherheit und deshalb gehören die Verwendung von Passwörtern und Firewalls sowie andere Maßnahmen zur Vorbeugung oder Aufdeckung von Hackeraktivitäten zu einer ganzheitlichen unternehmerischen Sicherheitsstrategie.[50]

VI. Einbeziehung der Mitarbeiter in die Bekämpfung wirtschaftskriminellen Verhaltens

Neuere Bestrebungen gehen dahin, die Bekämpfung der Wirtschaftskriminalität und damit die Durchsetzung des Rechts durch unternehmensinterne Maßnahmen

47 Siehe die Aufzählungen bei: *Ehses* in: Glavic (Hrsg.) (Fn 46) S. 444 f; *Pfeiffer/Sailer/Stubbe/Stüllenberg* (Fn 46) S. 21 ff, 125 ff; Die Polizei 1985, 33, 35.
48 *Thomann* in: Ernst&Young AG/Bundesverband der Deutschen Industrie e.V./F.A.Z.-Institut für Management-, Markt- und Medieninformation GmbH (Hrsg.) Wirtschaftskriminalität, Risiko und Vorbeugung, 2003, S. 16, 27.
49 *Maschmann* in: Dölling (Hrsg.) Handbuch der Korruptionsprävention, 2007, S. 125.
50 *Thomann* in: Wirtschaftskriminalität, Risiko und Vorbeugung (Fn 48) S. 16, 24.

zu fördern, gleichsam »die Verfolgung zumindest initiativ zu privatisieren«.[51] Eines der hierzu zählenden Instrumentarien ist das sogenannte Whistleblowing, also die Weitergabe von Informationen über Fehlverhalten und Missstände innerhalb eines Unternehmens bzw. einer Behörde durch (ggf. ehemalige) Mitarbeiter an Personen, die hiergegen Maßnahmen ergreifen können.[52] Allerdings ist darauf hinzuweisen, dass sich das Whistleblowing hinsichtlich der Unternehmenskultur als ambivalente Maßnahme darstellt[53] und auch in Konflikt mit arbeitsrechtlichen Pflichten geraten kann.[54] Rechtlich unproblematisch sind demgegenüber die vielfach in der unternehmerischen Praxis unterschätzten Gespräche mit ausscheidenden Mitarbeitern mit der Zielsetzung, Anhaltspunkte für wirtschaftskriminelles Verhalten zu erfahren.

Um anonyme oder nicht anonyme Mitteilungen über wirtschaftskriminelles Verhalten zu erleichtern, ist die Einrichtung einer Telefonhotline zu empfehlen. Die Erfolgschancen für eine Nutzung einer solchen Hotline können dadurch gesteigert werden, dass sie extern betrieben wird und dadurch die Furcht vor Repressalien des Arbeitgebers gemindert wird. Die Existenz einer solchen Telefonhotline und ihre Bedeutung bei der Aufklärung wirtschaftskrimineller Handlungen sollte bei den eigenen Mitarbeitern, den Kunden und Lieferanten bekannt gemacht werden.[55]

Nach den Vorschriften des Sarbanes-Oxley Act vom 30. Juli 2002 sind die an den US-amerikanischen Börsen gelisteten Unternehmen und deren Tochterunternehmen aufgefordert, im Rahmen der sogenannten »Whistleblower Protection« Modelle für den anonymisierten Mitteilungsprozess für Hinweise und Beschwerden von Mitarbeitern in den Bereichen Buchhaltung, Rechnungslegung und Prüfung bereit zu halten. Zu diesen Modellen gehört auch die Einführung eines sogenannten Ombudsmanns. In der praktischen Umsetzung – auch in deutschen Unternehmen – gehen die Konzeptionen für den Einsatz von Ombudsleuten weiter, als für die bloße Annahme und Verfolgung von Beschwerden über Rechnungslegungs- und Buchprüfungsbelange zur Verfügung zu stehen. So werden auch Hinweise zu Verfehlungen jeglicher Art, etwa auch wirtschaftskriminellen Handlungen, entgegengenommen.

51 *Hefendehl* ZStW 119 (2007), 816, 838.
52 *Hefendehl* ZStW 119 (2007), 816, 839.
53 *Hefendehl* ZStW 119 (2007), 816, 842; für den Einsatz von Whistleblowern: *Schorsch* Kriminalistik 2007, 236, 244.
54 *Gänßle* KJ 2007, 265, 267 ff; *Nordmann* Polizei-heute 2/2006, 49, 51 f.
55 *Thomann* in: Wirtschaftskriminalität, Risiko und Vorbeugung (Fn 48) S. 16, 26.

VII. RECHTLICHE INSTRUMENTARIEN ZUM SCHUTZ VON UNTERNEHMEN

Die Palette der rechtlichen Möglichkeiten, sich vor wirtschaftskriminellem Handeln zu schützen, ist den Unternehmen kaum bewusst. Dies gilt sowohl für Maßnahmen mit präventiver wie mit repressiver Ausrichtung. Zudem werden die rechtlichen Möglichkeiten der Unternehmen noch durch staatliche Maßnahmen flankiert, wie etwa Zuverlässigkeitsüberprüfungen als präventives Element und straf- und wettbewerbsrechtliche Sanktionen als repressive Reaktionsmöglichkeiten auf wirtschaftskriminelles Verhalten.

Auf Unternehmerseite sind häufig Erkenntnisse über die Integrität von Personen, die sich später als Schädiger herausstellen, nicht bekannt, obwohl die zugrunde liegenden Fakten bei Ausschöpfung der rechtlichen Informationsmöglichkeiten beigebracht werden konnten. Die Nutzung der verschiedenen Informationsrechte kann also einen wertvollen Beitrag zur Kriminalprävention in der Privatwirtschaft leisten. So ist beispielsweise anerkannt, dass die Arbeitnehmerauswahl auch unter Sicherheitsaspekten vorgenommen werden darf.[56]

1. *Sicherheits- und Zuverlässigkeitsüberprüfungen*

Die Vorbeugung wirtschaftskriminellen Handelns sollte bereits vor dem Eintritt eines neuen Mitarbeiters in das Unternehmen beginnen. Ein Instrumentarium für ein sogenanntes »Pre-Employment-Screening«[57] stellen Sicherheits- und Zuverlässigkeitsüberprüfungen dar. Diese sind ein klassisches Instrumentarium bei Einstellungen in den öffentlichen Dienst und als Zulassungsvoraussetzungen im öffentlichen Wirtschaftsrecht. Zunehmend spielen Zuverlässigkeitsüberprüfungen aber auch in anderen Bereichen der Privatwirtschaft eine bedeutende Rolle. Die Zuverlässigkeit wird etwa gefordert, wenn Private Tätigkeiten wahrnehmen, die der Gemeinwohlsicherung dienen, besonders sicherheitssensibel sind – wie beim Betreiben eines Kernkraftwerkes gemäß § 12b AtG, im Bereich des Luftverkehrs gemäß § 7 LuftSiG oder der Hafensicherheit gemäß § 17 HaSiGSchl-H[58] – bei Beliehenen, bei Personen, denen sicherheitsrelevante Prüfungs- und Kontrollaufgaben oder sachverständige Feststellungen anvertraut sind und bei Beschäftigten, die als Beauftragte innerhalb von privaten Organisationen zur Sicherung öffentlicher Belange gesetzlich eingesetzt werden. Beispiele für letztere sind der Immissionsschutzbeauftragte gemäß § 55 Abs. 2 BImSchG und der Datenschutzbeauftragte gemäß § 4f Abs. 2

56 *Ehlers* FS Lukes, 1989, S. 337, 349.

57 Begriff bei: *Thomann* in: Wirtschaftskriminalität, Risiko und Vorbeugung (Fn 48) S. 16, 25.

58 Gesetz zur Verbesserung der Sicherheit in den schleswig-holsteinischen Häfen (Hafensicherheitsgesetz – HaSiG) vom 7. 1. 2008, GVOBl. 2008, S. 18.

BDSG.[59] Für die Frage der Einführung von Zuverlässigkeitsüberprüfungen ist jeweils der öffentliche Zweck der Maßnahme dominierend. Sicherheits- und Zuverlässigkeitsüberprüfungen rein im unternehmerischen Interesse existieren demgegenüber nicht. Aus Gründen der Verhältnismäßigkeit ist der Anwendungsbereich des vorbeugenden personellen Sabotageschutzes nach den Sicherheitsüberprüfungsgesetzen von Bund und Ländern vielmehr auf sicherheitsempfindliche Stellen innerhalb von lebens- und verteidigungswichtigen Einrichtungen beschränkt. In der Verwaltungspraxis einiger Bundesländer wird zudem der Begriff der »lebens- oder verteidigungswichtigen Einrichtungen« restriktiv definiert und der Anwendungsbereich des personellen Sabotageschutzes auf ausschließlich öffentliche Interessen beschränkt.[60] Diese Verwaltungspraxis ist im Interesse eines effizienten personellen Sabotageschutzes abzulehnen. Um den Kreis der zu überprüfenden Personen nicht zu groß werden zu lassen, aber gleichzeitig den unternehmerischen Sicherheitsinteressen gerecht zu werden, ist eine Erweiterung der gesetzlichen Überprüfungsmöglichkeiten auf Antrag von Privatunternehmen zu befürworten. Diesbezüglich sollten die Sicherheitsüberprüfungsgesetze von Bund und Ländern erweitert werden.

2. *Auskunfts- und Informationsrechte*

Auskunfts- und Informationsrechte können eine wichtige Ressource zur Bekämpfung wirtschaftskriminellen Handelns darstellen. Genutzt werden können jedermann zugängliche Quellen, Auskunftsansprüche gegen Privatpersonen, gewerbliche Auskunftsunternehmen, öffentlich-rechtliche Register und bei besonderen Interessenskonstellationen Akteneinsichtsrechte bei behördlichen oder gerichtlichen Verfahren.[61]

Auskunftsansprüche gegen Privatpersonen bestehen nur im Ausnahmefall. Die frühere Rechtsprechung hielt den vormaligen Arbeitgeber für berechtigt, auch ohne und sogar gegen den ausdrücklich erklärten Willen des Bewerbers Auskünfte an andere Arbeitgeber zu erteilen.[62] Unter Berücksichtigung der Entwicklung des allgemeinen Persönlichkeitsrechts darf eine Personalakte Dritten, wie einem potenziellen neuen Arbeitgeber, nach neuerer Rechtsprechung dagegen nicht ohne die Zustimmung des Betreffenden zur Verfügung gestellt werden.[63]

59 Sehr instruktiv hierzu: *Eifert* JuS 2004, 565, 566.

60 So für § 1 Abs. 3 Nr. 4 SächsSÜG: *Kreitz* LKV 2005, 13; für eine weite Auslegung: *Denneborg/Eicholt* RDV 1997, 16, 19.

61 Siehe zu verschiedenen Akteneinsichtsrechten: *Peilert* (Fn 28) S. 460 f.

62 BAG, Urteil vom 5. 8. 1976, AP Nr. 10 zu § 630 BGB.

63 BAG, Urteil vom 18. 12. 1984, AP Nr. 8 zu § 611 BGB (Persönlichkeitsrecht); Urteil vom 14. 9. 1994, AP Nr. 13 zu § 611 BGB (Abmahnung); ausführlich dazu: *Maschmann* in: Dölling (Hrsg.) (Fn 49) S. 109.

Bei gewerblichen Auskunftsunternehmen, wie Auskunfteien, können Unternehmen Informationen einholen, wenn sie die rechtlichen Voraussetzungen für die erbetenen Informationen darlegen.

Informationen über Bewerber können auch aus öffentlichen Registern eingeholt werden. Die rechtlichen Voraussetzungen hierfür reichen von der Berechtigung für Jedermann, über die Glaubhaftmachung eines berechtigten Interesses bis zum Nachweis eines rechtlichen Interesses. Als mögliche Informationsquellen kommen unter anderem in Betracht: das Schuldnerverzeichnis bei den Amtsgerichten, das Handelsregister, das Melderegister, das Genossenschaftsregister, die Handwerksrolle, das Grundbuch und spezielle berufsrechtliche Register. Einzelne Register, wie das Bundeszentral- und Gewerbezentralregister, sehen keine Auskunftsmöglichkeiten für Private vor. Für Wirtschaftsunternehmen wäre es aber von Vorteil, auf für sie wichtige Informationen aus diesen beiden Registern zugreifen zu können, um sich vor korrupten Mitarbeitern, Kunden und Geschäftspartnern schützen zu können. Gegen die vorbehaltlose Auskunftsberechtigung für Wirtschaftsunternehmen spricht aber, dass hierdurch der mit den Vorschriften des Bundeszentralregistergesetzes verknüpfte Zweck der Resozialisierung unterlaufen werden könnte. Im Hinblick auf das Bundeszentralregister ist deshalb eine Erweiterung der Zugangsmöglichkeiten nur insofern zu befürworten, dass Unternehmen bei Darlegung eines rechtlichen Interesses eine beschränkte Auskunft über besonders festgelegte wirtschaftsbezogene Straftatbestände erhalten können.

Zur Bekämpfung der Wirtschaftskriminalität empfiehlt sich ferner, insbesondere auch aus polizeilicher Sicht, die Einführung eines zentralen Korruptionsregisters auf Bundesebene.[64] Ein solches Register kann dazu dienen, Unternehmen, die durch Korruptionsdelikte aufgefallen sind, eine Zeitlang von öffentlichen Ausschreibungen auszuschließen, Strafverfolgungsmaßnahmen zu unterstützen, aber auch einen fairen Wettbewerb zwischen den Unternehmen zu fördern.

3. *Arbeitsrechtliches Fragerecht*

Zu den Informationsmöglichkeiten von Arbeitgebern gehört das arbeitsrechtliche Fragerecht, das auf Grund seiner praktischen Bedeutung von Rechtsprechung[65] und Literatur[66] differenziert ausgestaltet worden ist. Dem Arbeitgeber steht ein Fra-

64 *Ziercke* CD Sicherheits-Management 1/2007, 20, 45; zu den hiermit verbundenen Rechtsproblemen siehe: *Battis/Bultmann* ZRP 2003, 152 ff; *Stoye* ZRP 2005, 265 ff; zu einer Übersicht über die Regelungen auf Landesebene: *Jansen* WuW 2005, 512 Fn 47.

65 Vgl. aus der Vielzahl von Entscheidungen: BAG NJ 2003, 221 f (Frage nach früheren Kontakten zur Staatssicherheit der DDR); BAG, NJW 1999, 3653 ff (Frage nach Vorstrafen); ArbG München NZA-RR 2001, 296 (Frage nach Scientology-Mitgliedschaft); ArbG Münster NZA 1993, 461 (Frage nach laufenden Ermittlungsverfahren).

66 Vgl. etwa *Braun* DÖD 2004, 52 ff; *Ehrich* DB 2000, 421 ff; *Sasse/Stelzer* ArbRB 2005, 53 ff; *Wohlgemuth* ArbuR 1992, 46 ff.

gerecht zu, soweit er im Zusammenhang mit dem zu begründenden Arbeitsverhältnis ein berechtigtes, billigenswertes und schutzwürdiges Interesse an der Beantwortung der Frage hat.[67] Der Arbeitnehmer muss nur solche Fragen wahrheitsgemäß beantworten, die für die Beurteilung seiner Eignung für den zu besetzenden Arbeitsplatz von Bedeutung sind.[68] Überschreitet der Arbeitgeber die Grenzen seines Fragerechts, steht dem Bewerber das sogenannte »Recht auf Lüge« zu, das heißt, er darf unrichtig antworten, ohne später eine Anfechtung des Arbeitsvertrages wegen arglistiger Täuschung befürchten zu müssen.[69] Durch rechtswidrige Fragen wird also das Instrumentarium des arbeitsrechtlichen Fragerechts für den Unternehmer entwertet. Die Grundsätze zur Beschränkung des arbeitsrechtlichen Fragerechts sind auch auf andere Informationserhebungen des Arbeitgebers sinngemäß anwendbar, etwa wenn sich der Arbeitgeber psychologischer Tests oder der Hilfe Dritter bedient.[70] Anderenfalls könnte die Schutzfunktion der Beschränkung des arbeitsrechtlichen Fragerechts umgangen werden.

Auch nach seiner Einstellung ist der Arbeitnehmer verpflichtet, rechtmäßige Fragen des Arbeitsgebers zu beantworten. Nach den Grundsätzen von Treu und Glauben gemäß § 241 Abs. 2 BGB besteht in jedem Schuldverhältnis ein Auskunftsanspruch, wenn die zwischen den Parteien bestehenden Rechtsbeziehungen es mit sich bringen, dass der Berechtigte in entschuldbarer Weise über Bestehen oder Umfang seines Rechts im Ungewissen ist und der Verpflichtete die zur Beseitigung der Ungewissheit erforderliche Auskunft unschwer geben kann.[71] Diese Auskunftspflicht kann durch Tarifvertrag, Betriebsvereinbarung oder Arbeitsvertrag konkretisiert, gegenüber den sich aus § 241 Abs. 2 BGB ergebenden Pflichten aber nicht erweitert werden.[72]

4. *Arbeitsrechtliche, zivilrechtliche, strafrechtliche und wettbewerbsrechtliche Sanktionen*

Zu den Instrumentarien zur Bekämpfung der Wirtschaftskriminalität zählen auch die Sanktionen aus dem Arbeits-, Zivil-, Straf- und Wettbewerbsrecht. Diese Sanktionen kommen aber nur in unzureichendem Maße zur Anwendung, da die Unternehmen das erforderliche staatliche Verfahren scheuen, da sie befürchten, dass die Verfahren publik werden und das bekanntwerdende Fehlverhalten dem Image des Unternehmens schaden kann. Diese verbreitete Einstellung führt dazu, dass die Effizienz bei der Bekämpfung der Wirtschaftskriminalität erheblich leidet. Die

67 *Maschmann* in: Dölling (Hrsg.) (Fn 49) S. 104; ähnlich: *Ehlers* FS Lukes, 1989, S. 337, 350.
68 BAG NZA 2003, 265.
69 BAG NJW 1958, 516, 517; *Ehlers* FS Lukes, 1989, S. 337, 350.
70 *Ehlers* FS Lukes, 1989, S. 337, 350.
71 BGH NJW 1995, 387; Palandt/*Heinrichs* BGB, 67. Aufl. 2008, § 261 Rn 8; *Maschmann* in: Dölling (Hrsg.) (Fn 49) S. 116; *Köhler* NJW 1992, 1480.
72 *Maschmann* in: Dölling (Hrsg.) (Fn 49) S. 117.

Unternehmen sind deshalb aufgefordert, unter anderem durch ein verstärktes Anzeigeverhalten und die Durchführung arbeits- und zivilrechtlicher Schritte, sich die unterschiedlichen Sanktionsmechanismen zunutze zu machen.

Das Arbeitsrecht bietet dem Arbeitgeber verschiedene Möglichkeiten gegen wirtschaftskriminelles Verhalten vorzugehen. Beispielsweise kann der Arbeitsvertrag angefochten werden, wenn ein Bewerber eine zulässig gestellte Frage wissentlich falsch beantwortet.[73] Gegen Mitarbeiter, die im Verdacht stehen, wirtschaftskriminelle Handlungen begangen zu haben oder denen diese nachgewiesen wurden, kommen Abmahnung, Verdachtskündigung und außerordentliche Kündigung in Betracht.

Zur Bekämpfung wirtschaftskriminellen Verhaltens ist auch an vertragsrechtliche Instrumentarien zu denken. Beispielsweise kann in Verträge die Klausel aufgenommen werden, dass bei der Feststellung von Absprachen oder Korruption Vertragsstrafen von mindestens zehn Prozent des Auftragsvolumens fällig werden.[74] Hiermit wird zusätzlich ein wichtiger präventiver Zweck verfolgt.

Bei erhöhter Anzeigebereitschaft der Unternehmen könnte das Strafrecht ein wichtiges Sanktionsmittel gegen wirtschaftskriminelles Handeln sein. Besonders häufig zur Anwendung kommende wirtschaftsstrafrechtliche Vorschriften sind Betrug, Untreue, Urkundenfälschung sowie die Steuerstraftatbestände der Abgabenordnung.[75] Gerade zur Bekämpfung wirtschaftskriminellen Verhaltens besteht der Trend einer Ausweitung der Strafbarkeit. Beispielsweise soll die Strafbarkeit der Angestelltenbestechung gemäß § 299 StGB ausgeweitet werden, so dass jede Bestechungshandlung, also auch außerhalb einer konkreten Wettbewerbssituation, erfasst würde.[76] Zu den positiven Entwicklungen zählt ebenfalls, dass zukünftig Bestechung und Bestechlichkeit im geschäftlichen Verkehr Vortat einer Geldwäsche nach § 261 StGB sein sollen.[77]

Dem Verrat von Wirtschaftsgeheimnissen als für Unternehmen besonders belastende Variante der Wirtschaftskriminalität begegnet das deutsche Strafrecht insbesondere durch die überwiegend im Gesetz gegen den unlauteren Wettbewerb geregelten Strafvorschriften zum Schutz von Geschäfts- und Betriebsgeheimnissen.[78] Zu nennen sind hier insbesondere der Verrat von Geschäfts- und Betriebsgeheimnissen (§ 17 UWG), die Verwertung von Vorlagen (§ 18 UWG), das Verleiten und Erbieten zum Verrat (§ 20 UWG) und zahlreiche Spezialvorschriften zum Geheimnis-

73 *Maschmann* in: Dölling (Hrsg.) (Fn 49) S. 106.

74 Anhang II »Einrichtung der Kontrollen«, in: Wirtschaftskriminalität, Risiko und Vorbeugung (Fn 48) S. 16, 25.

75 *Ziercke* CD Sicherheits-Management 1/2007, 20, 22.

76 Siehe hierzu: *Gänßle* KJ 2007, 265; *Wolf* ZRP 2007, 44.

77 Ebenso *Dolata* Kriminalistik 2007, 217, 220, der jedoch auch Kritik an der unzulänglichen Ausgestaltung der Vorschrift übt.

78 Siehe hierzu ausführlich: *Többens* NStZ 2000, 505 ff.

schutz.[79] Angesichts der immensen Schäden, die einzelnen Unternehmen und der gesamten Volkswirtschaft jährlich durch Wirtschaftsspionage und Konkurrenzausspähung zugefügt werden, ist es sinnvoller die vielfältigen nebenstrafrechtlichen Vorschriften zur Bekämpfung dieser Form der Wirtschaftskriminalität im Strafgesetzbuch zusammenfassen, um deren Bedeutung hervorzuheben.[80] Für die Bekämpfung der Wirtschaftskriminalität insgesamt ist es unbefriedigend, dass die entsprechenden Vorschriften auf zahlreiche Nebengesetze verteilt sind.

Bedeutung für die Bekämpfung wirtschaftskriminellen Handelns haben auch ermittlungsunterstützende Maßnahmen, wie die Kronzeugenregelung. Die Bundesregierung hat am 16. Mai 2007 den Entwurf eines Gesetzes zur Änderung des Strafgesetzbuches verabschiedet, durch den die Kronzeugenregelung nunmehr in den Allgemeinen Teil des Strafgesetzbuches aufgenommen und damit gegenüber den Vorgängerregelungen in erweiterter Form eingeführt werden soll.[81] Dieses umstrittene[82] Rechtsinstitut des Strafrechts ist im Hinblick auf die Bekämpfung schwerer Fälle von Wirtschaftskriminalität zumindest als spezielle, kleine Kronzeugenregelung zu befürworten, die zur Beseitigung der Schwierigkeiten bei der polizeilichen und staatsanwaltschaftlichen Verfolgung der Wirtschaftskriminalität beitragen kann.

Verbesserungsmöglichkeiten bei der Bekämpfung wirtschaftskriminellen Handelns bestehen auch bei der Durchführung des gerichtlichen Verfahrens. Zwar sind bei bedeutenden Wirtschaftsstraftaten gemäß § 74c GVG spezialisierte Wirtschaftsstrafkammern bei den Landgerichten zuständig, was grundsätzlich zu begrüßen ist. Nicht sachgerecht ist es jedoch, dass neben den drei Berufsrichtern auch zwei Schöffen bei der Urteilsfindung mitwirken, die nicht über wirtschaftliche Kenntnisse oder fachliche Erfahrungen verfügen müssen, aber dennoch im Hinblick auf die Urteilsfindung eine Sperrminorität bilden.[83]

Die einzelnen wirtschaftsstrafrechtlichen Vorschriften haben im Hinblick auf die Effektivität des Strafrechts als Sanktionsmittel durch eine aktuelle Grundsatzentscheidung des Großen Senats des Bundesgerichtshofs einen Bedeutungszuwachs erfahren. Durch das Urteil wird nunmehr die Möglichkeit eröffnet, dass Wirt-

79 Zum Geheimschutz verpflichten: § 120 BetrVG (Mitglieder der Betriebsverfassungsorgane, Vertreter einer Gewerkschaft oder Arbeitgebervereinigung sowie die wegen ihrer Sachkunde hinzugezogenen Personen); § 69 SchwbG (Vertrauenspersonen der Schwerbehinderten); § 404 AktG (Mitglieder des Vorstandes, des Aufsichtsrates, die Abwickler, die Prüfer und die Gehilfen der Prüfer); § 85 GmbHG (Geschäftsführer, Mitglieder des Aufsichtsrates und Liquidatoren einer GmbH); § 151 GenG (Mitglieder des Vorstandes oder des Aufsichtsrates, Liquidatoren, Prüfer und Gehilfen von Prüfern); § 138 VAG (Prüfer, Gehilfen von Prüfern, Mitglieder des Vorstandes oder des Aufsichtsrates sowie Liquidatoren); § 333 HGB (Abschlussprüfer und ihre Gehilfen).

80 Ebenso: *Többens* NStZ 2000, 505, 512.

81 Vgl. Presseerklärung des Bundesministeriums der Justiz vom 16. 5. 2007.

82 Befürwortend: *Dolata* Kriminalistik 2007, 217, 220; ablehnend: *Mushoff* KritV 2007, 366, 383.

83 Ausführlich hierzu: *Többens* NStZ 2000, 505, 512.

schaftsstraftäter häufiger zu einer Haftstrafe ohne Bewährung verurteilt werden können. Künftig wird nach der Entscheidung vom 17. Januar 2008[84] bei den insbesondere für Wirtschaftssachen typischen langen Verfahrensdauern nicht mehr das Strafmaß herabgesetzt (Abschlagsmodell), sondern es gilt lediglich ein Teil der verhängten Strafe als bereits verbüßt (Vollstreckungsmodell). Eine Bewährungsstrafe scheidet danach in vielen Fällen aus.

Als effektive Sanktionen sind gemäß § 407 Abs. 2 Satz 1 Nr. 1 StPO Verfall, Einziehung, Vernichtung, Unbrauchbarmachung und die Bekanntmachung des Urteils zu nennen. Als weitere Sanktionen bei wirtschaftskriminellem Verhalten ist auch das Tätigkeitsverbot zu nennen, das etwa gemäß § 6 Abs. 2 Satz 3 GmbHG für einen Geschäftsführer gilt, der sich einer Insolvenzstraftat gemäß §§ 283–283d StGB schuldig gemacht hat.

VIII. Einbeziehung staatlicher Stellen in die Unternehmensstrategie zur Bekämpfung wirtschaftskriminellen Handelns

Die Bekämpfung der Wirtschaftskriminalität erfordert auf Grund ihrer Vielgestaltigkeit und Komplexität die Nutzung sowohl der privatwirtschaftlichen als auch der staatlichen Ressourcen. Auf staatlicher Seite können insbesondere das Bundesministerium für Wirtschaft und Technologie, das Bundesministerium des Innern, das Bundesamt für die Sicherheit in der Informationstechnik, das Bundesamt für Finanzdienstleistungsaufsicht, der Steuerfahndungsdienst, Zoll, Polizei, Staatsanwaltschaft und Verfassungsschutz zur Bekämpfung der Wirtschaftskriminalität beitragen. Das Bundesministerium für Wirtschaft und Technologie beispielsweise ist zuständig für den Geheimschutz in der Wirtschaft bei Aufträgen von Bundesbehörden oder nichtdeutschen Stellen. Es berät Einzelpersonen und Unternehmen im Hinblick auf den Schutz amtlich geheim gehaltener Angelegenheiten und legt die auftragsbedingten Geheimschutzvorkehrungen fest. Dieses Geheimschutzverfahren in der Wirtschaft basiert auf der rechtsverbindlichen Anerkennung der in dem Handbuch für den Geheimschutz in der Wirtschaft[85] festgelegten Regeln, die auch die Verpflichtung beinhalten, sich der Beratung und Kontrolle des Ministeriums zu unterziehen.[86]

Zu der vom Bundesministerium für Wirtschaft geleisteten Öffentlichkeitsarbeit zählt ein im Internet abrufbarer Leitfaden zum vorbeugenden Sabotageschutz.[87] Auch das Bundesministerium des Innern beteiligt sich mit der 2005 erschienenen

84 BGH GSSt, Beschluss vom 17. 1. 2008 – GSSt 1/07, bislang veröffentlicht in: NSW MRK Art. 6 (BGH-intern); siehe hierzu: FAZ vom 9. 2. 2008, S. 12.

85 Bundesministerium für Wirtschaft und Arbeit (Hrsg.) Handbuch für den Geheimschutz in der Wirtschaft (Geheimschutzhandbuch), 2004.

86 *Droste* Handbuch des Verfassungsschutzrechts, 2007, S. 157 f.

87 www.bmwa-sicherheitsforum.de.

Schrift »Schutz kritischer Infrastrukturen – Basisschutzkonzept, Empfehlungen für Unternehmen«, die gemeinsam mit dem Bundesamt für Bevölkerungsschutz und Katastrophenhilfe, dem Bundeskriminalamt und Sicherheitsbeauftragten aus der Privatwirtschaft erstellt wurde, an der wichtigen Öffentlichkeitsarbeit zur Bekämpfung der Wirtschaftskriminalität.

Die Verfassungsschutzbehörden von Bund und Ländern wirken gemäß § 3 Abs. 2 Nr. 2 BVerfSchG bei der Sicherheitsüberprüfung von Personen mit, die an sicherheitsempfindlichen Stellen von lebens- oder verteidigungswichtigen Einrichtungen beschäftigt sind oder werden sollen. Über die in § 3 Abs. 2 BVerfSchG hinausgehenden Sicherheitsüberprüfungen und technischen Sicherheitsmaßnahmen besteht für den Verfassungsschutz aber keine Pflicht, Wirtschaft und Industrie schlechthin zu schützen oder zu betreuen.[88] Neben der allgemeinen Öffentlichkeitsarbeit, die gemäß § 16 Abs. 2 BVerfSchG sowohl das Bundesministerium des Innern als auch das Bundesamt für Verfassungsschutz durchführen kann, beschränkt sich also die Schutzfunktion des Bundesamtes für Verfassungsschutz nur auf die rund 1 600 geheimschutzbetreuten Unternehmen. Beratungen bieten allerdings die Landesämter für Verfassungsschutz Baden-Württemberg, Niedersachsen und Nordrhein-Westfalen an.[89] Insgesamt ist eine offensivere Unterstützung der Privatwirtschaft durch die Verfassungsschutzämter wünschenswert. In Frankreich beispielsweise wurde zu diesem Zweck im Generalsekretariat für Nationale Verteidigung ein »Beauftragter für ökonomische Intelligenz« installiert. Seine Aufgaben bestehen darin, den Unternehmen die Bedrohungen durch Industriespionage ins Bewusstsein zu rufen, aber auch sie auf gute Gelegenheiten zur Eroberung ausländischer Märkte aufmerksam zu machen.[90] Zumindest im ersteren Bereich ist eine umfassendere Aufgabenwahrnehmung der Verfassungsschutzämter wünschenswert.

Über die Geheimschutzbetreuung und die Öffentlichkeitsarbeit hinaus ist es allerdings erforderlich, dass die vorhandenen Akteure auf staatlicher Seite durch die Unternehmen auch tatsächlich in die Bekämpfung der Wirtschaftskriminalität einbezogen werden. Für Polizei und Staatsanwaltschaft gilt dies nicht in dem erforderlichen Maß.[91] Gründe für das unzureichende Anzeigeverhalten sind die Furcht vor negativer Publicity durch das Bekanntwerden des imageschädigenden Aspekts, betrogen worden zu sein, sowie ferner der Wunsch nicht mit polizeilichen oder staatsanwaltschaftlichen Ermittlungen in Verbindung gebracht zu werden. Es besteht ferner die Ansicht, dass die Unternehmen die Kontrolle über den Fall verlieren, dass sie von Untersuchungsbeamten überlaufen werden, die den normalen Ge-

88 So ausdrücklich: *Droste* (Fn 86) S. 158.
89 Vgl. Behörden Spiegel/Januar 2005, S. 10.
90 FAZ vom 9. 10. 2007, S. 21.
91 *Jaeger* (der kriminalist 2008, 19, 23) stellt deshalb eine über § 138 StGB hinausgehende Anzeigepflicht für Unternehmer für Straftaten in ihren Unternehmen, die eine gewisse Erheblichkeitsschwelle überschreiten, zur Diskussion. Ebenso für eine engere Zusammenarbeit staatlicher Institutionen mit der Wirtschaft: *Heißner* forum kriminalprävention 1/2001, 34.

schäftsablauf stören und die Versuche des Unternehmens, die Verluste einzudämmen, behindern. Ebenso lässt sich die Befürchtung feststellen, dass die Polizei an der Aufklärung wirtschaftskriminellen Verhaltens kein hinreichendes Interesse hat und für die Bekämpfung dieser Art von Kriminalität nur über unzureichende Ressourcen verfügt.[92]

Ausschließlich firmeninterne Konfliktlösungsstrategien sind aber zur Bekämpfung der Wirtschaftskriminalität ungeeignet. Wenn den kriminellen Arbeitnehmern bei Aufdeckung der Täterschaft lediglich eine Kündigung, die Wiedergutmachung des beweisbaren Teils eines Schadens und ein Arbeitszeugnis, das eine Bewerbung bei anderen Unternehmen ermöglicht, droht, besteht auf Grund der geringen Abschreckungswirkung das Risiko von Nachahmungstaten, bei denen die zur Entdeckung führenden Fehler der Ausgangstat vermieden werden.[93] Zudem spricht für die Einbeziehung der Polizei, dass die Unternehmen von der Polizei insbesondere bei schwerwiegenden Straftaten auf Grund ihrer Eingriffsbefugnisse und ihrer Ermittlungskompetenz die Aufklärung ganzer Tat- und Täterstrukturen erwarten kann.[94] Die Einschaltung der Polizei trägt deshalb insbesondere dazu bei, die Wirtschaftskriminalität insgesamt einzudämmen. Umgekehrt ist auch festzuhalten, dass die unternehmenseigenen Sicherheitsinstitutionen für die Polizei ein wichtiger Partner bei der Bearbeitung wirtschaftskrimineller Sachverhalte darstellt, da sie über das firmeninterne und marktspezifische Know-how verfügen.[95] Um eine beiderseitigen Interessen dienende Zusammenarbeit zu ermöglichen, muss die Polizei die zur Verfügung stehenden Mittel nutzen, um Fälle von Wirtschaftskriminalität mit Diskretion zu behandeln und Vertrauen zu den Unternehmen und deren Sicherheitsorganen aufbauen, um die Interessen der Unternehmen bei der Strafverfolgung bestmöglich zu wahren.[96]

Die Forderung nach einer verstärkten Einbeziehung der Polizei setzt schließlich voraus, dass ausreichende polizeiliche Ressourcen – auch in Form von Spezialdienststellen – zur Verfügung stehen, um die regelmäßig komplexen Sachverhalte von Wirtschaftstraftaten aufarbeiten zu können.[97] Schließlich ist die Zusammenarbeit konzeptionell und szenariobasiert von den staatlichen und privaten Akteuren vorzubereiten. Aus Sicht der Unternehmen sollten etwa die Fragen, ob und wann die Polizei einzubeziehen ist, in den Notfallplan aufgenommen werden, um eine

92 *Faske/Thomann* in: Wirtschaftskriminalität, Risiko und Vorbeugung (Fn 48) S. 29, 34.
93 *Jaeger* der kriminalist 2008, 19, 21.
94 *Jaeger* der kriminalist 2008, 19, 22.
95 *Berthel* in: Berthel/Mentzel/Neidhardt/Schröder/Spang/Weihmann (Fn 25) S. 127.
96 Siehe zu den diesbezüglichen Strategien in Großbritannien: *Hynds* in: Bundeskriminalamt (Hrsg.) Informations- und Kommunikationskriminalität, Vorträge anlässlich der Herbsttagung des Bundeskriminalamts vom 2.–4. Dezember 2003, 2004, S. 83 ff; vgl. hierzu auch: *Peilert* Die Polizei 2004, 93, 97; zu einem weiteren Beispiel eines »public/private partnership policing« in Großbritannien siehe: *Levi* in: Pontell/Geis (Hrsg.) International Handbook of White-Collar and Corporate Crime, 2007, S. 588, 602.
97 *Ziercke* CD Sicherheits-Management 1/2007, 20, 22.

reibungslose und zügige Zusammenarbeit zu ermöglichen. Diese Kooperation ist durch eine gegenseitige Ausbildungsunterstützung sowie regelmäßig wiederkehrende Übungen zu ergänzen.

IX. PERSPEKTIVEN UND RESÜMEE

Zusammenfassend ist festzuhalten, dass gerade die komplexen Sachverhalte der Wirtschaftskriminalität einen ganzheitlichen Bekämpfungsansatz aus unterschiedlichen rechtlichen und organisatorischen Instrumentarien erfordern. Hierzu sind punktuelle Änderungen der gesetzlichen Bestimmungen, die die Bekämpfung der Wirtschaftskriminalität betreffen, in Betracht zu ziehen. Zu befürworten ist beispielsweise die Erweiterung der Sicherheitsüberprüfungsgesetze von Bund und Ländern, eine beschränkte Auskunftsmöglichkeit von Privatunternehmen beim Bundeszentralregister, die Einführung eines Korruptionsregisters, die Änderung des Gerichtsverfassungsgesetzes im Hinblick auf die Besetzung der Wirtschaftsstrafkammern und die dauerhafte Einführung zumindest einer »kleinen Kronzeugenregelung«.

In die Bekämpfung der Wirtschaftskriminalität sind alle staatlichen und privatwirtschaftlichen Ressourcen einzubinden. Zu denken ist dabei nicht nur an die einzelfallbezogene verbesserte Zusammenarbeit von Unternehmen mit den Strafverfolgungsorganen, sondern auch an den übergeordneten Aspekt einer institutionalisierten Zusammenarbeit von Staat und Wirtschaft. Zur Erfüllung dieser Aufgabe sind Zusammenarbeitsmodelle, etwa in Gestalt von Information Boards, zu entwickeln. Angesichts der vielfältigen Bedrohung durch Wirtschaftskriminalität aber auch der vielfältigen privaten und staatlichen Akteure zu ihrer Bekämpfung ist ferner an die Fragestellung zu erinnern, die der damalige Präsident des Bundeskriminalamts, *Dr. Ulrich Kersten*, in seinem Schlusswort auf der Herbsttagung des Bundeskriminalamts im Jahr 2002 formulierte: »Brauchen wir einen nationalen Bekämpfungsplan Wirtschaftskriminalität und Korruption?«[98] Die Frage ist zu bejahen, denn die Zusammenführung der unterschiedlichen Bekämpfungsansätze und Akteure in einer umfassenden Konzeption könnte für die Bekämpfung der Wirtschaftskriminalität einen Quantensprung bedeuten.

Insgesamt beinhaltet der ganzheitliche Ansatz zur Bekämpfung der Wirtschaftskriminalität ein austariertes System von öffentlicher und privater Sicherheit. In diesem System hat auch das Wirtschaftsverwaltungsrecht als Gefahrenabwehr-, Risikoverwaltungs- und Risikomanagementrecht[99] und das Sicherheitsgewerberecht als Querschnittsmaterie[100] im Sinne *Rolf Stobers* einen wichtigen Platz.

98 *Kersten* in: Bundeskriminalamt (Hrsg.) Wirtschaftskriminalität und Korruption, Vorträge anlässlich der Herbsttagung des Bundeskriminalamts vom 19.–21. November 2002, 2003, S. 191, 193.

99 *Stober* DÖV 2005, 333, 334.

100 *Stober* in: ders./Olschok Handbuch des Sicherheitsgewerberechts, 2004, A I Rn 1.

Der lange Abschied vom staatlichen Gewaltmonopol

JÖRN AXEL KÄMMERER*

I. DAS GEWALTMONOPOL DES STAATES: ABGESANG AUF EIN ORDNUNGSMODELL?

Reich an Zahl sind die wissenschaftlichen Abhandlungen, die sich mit dem staatlichen Gewaltmonopol, seinem Inhalt und seiner Reichweite auseinandersetzen.[1] Die staatstheoretische Bedeutung des Konstrukts ist stets weit größer gewesen als seine staatsrechtliche, die hinter dem geschriebenen Verfassungsrecht verblasste und vielfach überhaupt in Zweifel gezogen wurde. Durch das wissenschaftliche Oeuvre *Rolf Stobers* zieht sich die Frage nach der Rechtmäßigkeit der Zuweisung von Handlungsmacht an nichtstaatliche Akteure wie ein roter Faden.[2] Müsste das staatliche Gewaltmonopol so verstanden werden, wie es *Max Weber* als Vater des Begriffs definierte – als Monopol »legitimer« physischer Gewaltsamkeit[3] –, so wäre für private Sicherheitsdienste innerhalb der verfassungsstaatlichen Ordnung schwerlich Raum. Diese Erkenntnis ist freilich ebenso wenig neu wie mannigfache Bemühun-

* Herrn wiss. Mitarbeiter *Sebastian Schulenberg* danke ich für Unterstützung bei der Erstellung der Nachweise und Kritik.

1 Beispielhaft *H.J. Becker* Das Gewaltmonopol des Staates und die Sicherheit des Bürgers. Der Ewige Landfriede – vor 500 Jahren, NJW 1995, 2077 ff; *Hammer* Private Sicherheitsdienste, staatliches Gewaltmonopol, Rechtsstaatsprinzip und »schlanker Staat«, DÖV 2000, 613 ff; *Isensee* Die Friedenspflicht der Bürger und das Gewaltmonopol des Staates, FS Eichenberger, 1982, S. 23 ff; *Merten* Rechtsstaat und Gewaltmonopol, 1975; *Schulte* Gefahrenabwehr durch private Sicherheitskräfte im Lichte des staatlichen Gewaltmonopols, DVBl 1995, 130 ff; *Saipa/Wahlers/Germer* Gewaltmonopol, Gefahrenabwehrauftrag und private Sicherheitsdienste, NdsVBl 2000, 285 ff; *Stober* Staatliches Gewaltmonopol und privates Sicherheitsgewerbe, NJW 1997, 889 ff.

2 Vgl. nur aus jüngerer Zeit *Stober* Gesetzlich normierte Kooperation zwischen Polizei und privaten Sicherheitsdiensten, 2007; Oeter/Stober (Hrsg.) Sicherheitsgewerberecht in Europa, 2004; Stolzlechner/Stober (Hrsg.) Übertragung von Aufgaben der staatlichen Gefahrenabwehr auf private Sicherheitsunternehmen, 2002; *Stober* Neuregelung des Rechts der öffentlichen Unternehmen? NJW 2002, 2357 ff; Stober (Hrsg.) Privatisierung im Strafvollzug? 2001; *Stober* Vergesellschaftung polizeilicher Sicherheitsvorsorge und gewerbliche Kriminalprävention, 2001; *ders.* Rückzug des Staates im Wirtschaftsverwaltungsrecht, 1997; *ders.* NJW 1997, 889 ff; *ders.* Der öffentlich bestellte Sachverständige zwischen beruflicher Bindung und Deregulierung, 1991.

3 *M. Weber* Wirtschaft und Gesellschaft, 5. Aufl. 1972, 822: »Staat ist diejenige menschliche Gemeinschaft, welche innerhalb eines bestimmten Gebietes [...] das Monopol legitimer Gewaltsamkeit für sich (mit Erfolg) beansprucht.

gen, das *Weber*'sche Konzept in modifizierter Form mit der Ordnung des Grundgesetzes zu versöhnen, das die private Freiheitsausübung, nicht das staatliche *imperium*, an die oberste Stelle rückt. Ob das Gewaltmonopol des Staates dabei mit »Ausnahmen« versehen[4] (was allerdings das Diktum vom Monopol ad absurdum führt),[5] ob es »reformuliert«[6] oder gänzlich abgelehnt wird[7] – an der soziologischen und verwaltungswissenschaftlichen Erkenntnis, dass Steuerung oder, abstrakter gesprochen, »governance« *im* Staat nicht allein Angelegenheit des Staates sein darf und auch nicht sein kann, ändert es nichts.

Unterfüttert wird diese Erkenntnis von der in den achtziger Jahren erstmals gestellten Diagnose, der Staat sei überfordert und könne seine regulative Kraft nur bewahren, wenn er einen Teil seiner Aufgaben Privaten überlasse.[8] Auch wenn die auf Marktakteure übergegangenen Funktionen weder im staatsbezogenen Sinne »Aufgaben« sind, noch – den Fall der Beleihung einmal beiseite gelassen – mit der Ausübung hoheitlicher Befugnisse einhergehen, steht am Ende doch eine Funktionsteilung, die im Einzelfall in eine »Public-Private Partnership«[9] und im Sicherheitsbereich auch in eine »Police-Private Partnership«[10] einmünden kann. Wie weit diese reicht, beantworten vornehmlich die Grundrechte in ihrer Schutzpflichtfunktion[11] und nicht zuletzt Art. 33 Abs. 4 GG,[12] das »staatliche Gewaltmonopol« aber

4 Vgl. *Merten* Rechtsstaat und Gewaltmonopol, 1975, S. 57; *Isensee* FS Eichenberger, 1982, S. 23, 27; *Götz* in: HdbStR III, § 79 Rn 32; *Schulte* DVBl 1995, 133 ff; AG Alsfeld NJW 1995, 1503, 1505 f; AG Berlin-Tiergarten DAR 1996, 326, 327.

5 Ebenso *Gusy* Rechtsgüterschutz als Staatsaufgabe, DÖV 1997, 573, 576.

6 *Gusy* DÖV 1997, 573, 576; vgl. auch *Koller* Grundlagen der Legitimation und Kritik staatlicher Herrschaft, in: Grimm (Hrsg.) Staatsaufgaben, 1994, S. 739, 745; *Hermes* Staatliche Infrastrukturverantwortung, 1998, S. 154; gegen eine Reformulierung des Gewaltmonopols *Pitschas* Gefahrenabwehr durch Private Sicherheitsdienste? DÖV 1997, 393, 398.

7 *Pitschas* DÖV 1997, 393, 397: »Der Staat verfügt über kein Gewaltmonopol.«; *Kämmerer* Privatisierung, 2001, S. 166 ff.

8 Vgl. *Kämmerer* Privatisierung, 2001, S. 77 ff; kritisch zu den Vorteilen der Privatisierung, *Ehlers* Die Entscheidung der Kommunen für eine öffentlich-rechtliche oder privatrechtliche Organisation ihrer Einrichtungen und Unternehmen, 1986, S. 897, 900 ff.

9 Dazu, dass dieser namentlich in der politischen Ökonomie und in der Verwaltungswissenschaft gebräuchliche Begriff ohne unmittelbaren juristischen Gehalt ist, *Tettinger* Die rechtliche Ausgestaltung von Public Private Partnership, DÖV 1996, 764 ff; zuletzt zum Gegenstand *Budäus/Grüb* Public Private Partnership: Theoretische Bezüge und praktische Strukturierung, ZögU 2007, 245 ff.

10 Hierzu umfassend *Stober* Police-Private-Partnership aus juristischer Sicht, DÖV 2000, 261 ff.

11 Zu den sich aus Grundrechten ergebenden Schutzpflichten BVerfGE 39, 1, 41 – *Schwangerschaftsabbruch I*; 49, 89, 141 f – *Kalkar I*; 57, 250, 285 – *V-Mann*; 88, 203, 251 – *Schwangerschaftsabbruch II*; 92, 26, 46 – *Zweitregister*.

12 Für die Zuweisung gewisser Aufgaben an den Staat über Artikel 33 IV GG vgl. *Krölls* Rechtliche Grenzen der Privatisierungspolitik, GewArch, 1995, 129, 135; *Haug* Funktionsvorbehalt und Berufsbeamtentum als Privatisierungsschranken, NVwZ 1999, 816, 816 f; kritisch hierzu *Kämmerer* in: Stober/Olschok (Hrsg.) Handbuch des Sicherheitsgewerberechts, 2004, S. 172; *Strau* Funktionsvorbehalt und Berufsbeamtentum, 2000, S. 201:

wird, soweit ersichtlich, nicht bemüht. Eigenständige Bedeutung ist ihm in der Verfassungs- und Verwaltungsrechtsprechung nie zugewachsen, wiewohl das Bundesverfassungsgericht die Figur zur Bekräftigung seiner Argumentation gelegentlich heranzog.[13] Als rechtlicher Prüfungsmaßstab ist das »staatliche Gewaltmonopol« über die Amtsgerichte[14] nie wirklich hinausgelangt.

Insofern muss jegliche Befassung mit dem Gewaltmonopol des Staates als Abgesang auf ein Konstrukt erscheinen, das seinen Ursprung in den staatslegitimatorischen Betrachtungen eines *Thomas Hobbes* fand,[15] das in Deutschland u.a. von *Thomasius* aufgegriffen wurde[16] und sich zu dem Zeitpunkt, als *Weber* das Schlagwort prägte, in just dieser konzeptionellen Prägung bereits überlebt hatte, da es längst vom positiven Verfassungsrecht überwölbt und damit entwertet worden war. Am Antagonismus zwischen dem »imperialen« Staat, der zur Hoheitsausübung schlechthin (anders als für die einzelnen von ihm Hoheitsakte) keiner Rechtfertigung bedarf, als Garanten individueller Freiheiten, und den ordnungsunterworfenen gesellschaftlichen Kräften hat sich im Verfassungsstaat gleichwohl im 20. Jahrhundert nichts geändert; vielmehr ist dieser Antagonismus Existenzgrundlage des Verfassungsstaates. Nun, zu Beginn des 21. Jahrhunderts, scheint die ordnende Staatsdominanz indessen verstärkt zu erodieren: Die Grenzen zwischen Staat und Gesellschaft zerfließen und mit ihnen auch die zwischen privater Freiheitsausübung und staatlicher Hoheitsausübung.[17] Dies beweisen weit weniger Phänomene wie gemeinsame Streifengänge von Polizisten und privaten Sicherheitsgewerbebediensteten, die nur äußerlich eine Gleichstellung suggerieren, wiewohl der »Befugnisgradient« bestehen bleibt. Bedenklicher ist die Aufnahme privaten Kapitals in genuin öffentlich-rechtliche Einrichtungen wie Anstalten/Agenturen, ja eine »Vergesellschaftung« von Behörden. Institutionen wie die Deutsche Flugsicherung GmbH (DFS), die trotz hoheitlicher Sicherungsaufträge schon bisher hinter privatrechtlicher Fassade operieren, werden durch die in Aussicht genommene »Kapital-

»Wo der Staat sich einer Ausgabe völlig entledigt, ›verwaltet‹ er nicht mehr und bedarf insofern auch keines entsprechend qualifizierten Personals.«

13 Vgl. nur aus jüngerer Zeit BVerfG vom 14. 10. 2003 – 1 BvR 538/02, Abs. 9; vom 2. 10. 2003 – 1 BvR 536/03, Abs. 4, 23 = NJW 2004, 47, 48; aus der älteren Verfassungsjudikatur: BVerfGE 54, 277, 292; 74, 257, 262 f; 80, 315, 336.

14 Vgl. nur AG Alsfeld NJW 1995, 1503, 1505 f; AG Berlin-Tiergarten DAR 1996, 326, 327.

15 Vgl. insbesondere *Merten* Rechtsstaat und Gewaltmonopol, 1975, S. 32 f; *Jeand'Heur* Von der Gefahrenabwehr als staatliche Angelegenheit zum Einsatz privater Sicherheitskräfte, AöR 119 (1994) 107, 113 f.

16 *Zippelius* Geschichte der Staatsideen, 2003, S. 133 f.

17 Manche sehen in der Verschiebung der Koordinaten von Staat und Gesellschaft schon die Götterdämmerung des Staates heraufziehen, vgl. *Schulze-Fielitz* Der Leviathan auf dem Wege zum nützlichen Haustier? in: Voigt (Hrsg.) Abschied vom Staat – Rückkehr zum Staat? 1993, S. 95, 105; ausführlich *Benz* Kooperative Verwaltung, 1994, S. 335 ff. Nach der »Befugnistheorie« bedarf es eines Minimums auf Staatsaufgaben, die diesen von der Gesellschaftssphäre unterscheiden. Andernfalls geht der Staat in der Gesellschaft auf, vgl. *Kämmerer* Privatisierung, 2001, S. 163 mwN.

privatisierung« zu Entitäten, die weder eindeutig gesellschaftlicher noch spezifisch staatlicher Natur sind.[18] Auch die vielfach staatlicherseits gebilligte Übernahme der Leitfunktion bei der Rechtsetzung durch Private ist ein Anzeichen für diesen Trend. Der Staat wird zwar zum Ins-Werk-Setzen der geschaffenen normativen Grundlagen benötigt, damit aber auf die Rolle einer notariellen Instanz reduziert, die nur noch den allgemeinen Anwendungsbefehl erteilt bzw. die Norm »freigibt«. In manchen Fällen, u.a. bei der Akkreditierung von Hochschulen, ist er selbst dieser Rolle bereits verlustig gegangen.[19]

Ein anderer in diesem Beitrag angesprochener Aspekt ist die »Entmonopolisierung« der Hoheitsausübung durch Europäisierung und Internationalisierung: In dem Maße, wie sich die Europäische Union bzw. Gemeinschaft als autonome Rechtsordnung versteht,[20] ist die Ausübung hoheitlicher Gewalt keine genuin einzelstaatliche mehr. Auch völkerrechtliche Institutionen wie der UN-Sicherheitsrat haben sich von ihren staatlichen Wurzeln weitgehend gelöst, fassen aber für die Staaten verbindliche und seit einigen Jahren auch auf einzelne ihrer Rechtsunterworfene zugeschnittene, von den Staaten nach Art. 25 VN-Charta umzusetzende Beschlüsse. Das Schlagwort vom staatlichen Gewaltmonopol, das trotz der Erkenntnis seiner normativen Begrenztheit weiter bemüht wird, kann diese neuen Entwicklungen nicht nur nicht abbilden, sondern ist, wie zu zeigen sein wird, auch geeignet, den Blick auf sie zu verschleiern.

II. Die tradierte Idee vom relativen »Monopol« und ihre Unzulänglichkeiten

Auch glühende Verfechter der Idee vom staatlichen Gewaltmonopol räumen ein, dass die *Weber*'sche Vorstellung in fast allen Punkten überholt ist. Dies gilt sowohl für die Eingrenzung auf physische Gewalt als auch für die Ausschließlichkeit der Berechtigung, die mit einem Monopol verbunden wird. Was die »Legitimität« der Gewaltausübung betrifft, kommt ihr entweder rein deklaratorische Funktion zu (unter der Voraussetzung, dass man Legalität und Legitimität zu unterscheiden gewillt ist), oder sie folgt, verstanden als Verfassungs- und Gesetzeskonformität, aus dem positiven Recht und erübrigt damit den Rekurs auf ein Gewaltmonopol.[21]

18 Zur Reform der Flugsicherung *Baumann* Bundeseigenverwaltung und Wettbewerb? – Die Neuordnung der Flugsicherung, DVBl 2006, 332 ff; *Droege* Bundeseigenverwaltung durch Private? – Die Reform der Flugsicherung und die Verfassungsgrenzen der Privatisierung, DÖV 2006, 861 ff. Vgl. außerdem die Nachweise in Fn 66.

19 *Heitsch* Verfassungs- und verwaltungsrechtliche Fragen der Akkreditierung von Studiengängen, DÖV 2007, 770, 771.

20 Vgl. EuGH – Rs. 6/64 – *Costa/Enel*, Slg. 1964, 1251, 1269 ff; Rs. 26/62 – *Van Gend & Loos*, Slg. 1963, 1, 25.

21 Die Gesetzmäßigkeit der Verwaltung, Vorrang und Vorbehalt des Gesetzes folgen etwa in Deutschland bereits aus dem im Grundgesetz ruhenden Rechtsstaatsprinzip und Artikel

Dennoch mag es der aktuellen Standortbestimmung von Staat und Gesellschaft dienlich sein, diese überholte Vorstellung noch einmal kritisch nachzuzeichnen.

1. Notrechte als Scheinausnahmen

Schon der Begriff des Monopols ist eine auf staatliches Agieren nicht gemünzte Metapher. Angesichts seines Angebots- und Nachfragekontextes ist der Begriff, welcher sich von »μόνος« – allein(ig) – und »πωλεῖν« – verkaufen – ableitet, eine zur Umschreibung alleiniger Zuständigkeiten wenig adäquat.[22] Dies gilt um so mehr, wenn im nächsten Schritt zugegeben werden muss, dass die Rechtsausübung so exklusiv doch nicht ist: Das staatliche Gewaltmonopol galt seit jeher als »durchbrochen« oder mit »Ausnahmen« versehen – was dem Selbstverständnis eines Monopols eigentlich widerstreitet.[23] Diese »Ausnahmen« betreffen private Befugnisse zur physischen Gewaltausübung, die [überpositiv] angeknüpft werden, in Deutschland (insbes. §§ 32 ff StGB) wie in anderen Staaten aber positivrechtlich normiert.[24] Diese Einschränkungen sind weder überaus zahlreich noch für die Gesamtrechtsordnung von besonderer Relevanz, da es sich um Notrechte handelt, die aktiviert werden, wenn die Gewalt des Staates nicht verfügbar ist. In dem Maße allerdings, wie staatliche Polizeipräsenz weiter abnimmt, also eine schleichende Privatisierung der Gefahrenabwehr stattfindet, zeichnet sich eine Professionalisierung der Notrechtsausübung (durch das Sicherheitsgewerbe zugunsten Dritter) ab, die den Ausnahmecharakter der Vorschriften durchaus relativiert.[25]

Bei Lichte betrachtet handelt es sich bei den Notrechten nicht einmal um echte Ausnahmen, da – formal gesehen – die Berechtigung zum Gebrauchmachen von Notrechten auf staatlicher Gestattung beruht[26] und daher auf die Ausübung staatlicher Macht zurückgeht. Der hiergegen vorgebrachte Einwand, Notwehr und Notstand seien »vorstaatliche« Grundsätze,[27] überzeugt einerseits nicht, da sich Gleiches von den »unveräußerlichen« (Art. 1 Abs. 2 GG) Menschenrechten per se sagen

20 III GG, vgl. nur *Sachs* in: Sachs (Hrsg.) Grundgesetz, 4. Aufl. 2007, Art. 20 Rn 103 ff; *Jarass* in: ders./Pieroth, GG, 9. Aufl. 2007, Art. 20 Rn 31 ff, jeweils mwN. Die Bindung aller öffentlicher Gewalt an die Grundrechte folgt schon aus Artikel 1 Abs. 3 GG.

22 Vgl. *Kämmerer* Privatisierung, 2001, S. 172.

23 Zu den »Ausnahmen« vgl. *Merten* Rechtsstaat und Gewaltmonopol, 1975, S. 57; *Isensee* FS Eichenberger 1982, S. 23, 27; *Götz* in: HdbStR III, § 79 Rn 32; *Schulte* DVBl 1995, 133 ff.

24 Hierzu *Hammer* DÖV 2000, 613, 615 mwN.

25 Zum Rückgriff privater Sicherheitsdienste auf die Notrechte *Tettinger* Recht des Sicherheitsgewerbes, MWVBl. 2000, 281, 282; *Winkler* Private Wachdienste als Horch- und Guckposten der Polizei? Rechtsprobleme der Tätigkeit von Sicherheitsunternehmen im öffentlichen Raum, NWVBl. 2000, 287, 295; umfassend *Schulte* DVBl 1995, 130, 133 f.

26 Gegen einen Rückgriff auf überpositive Prinzipien als Quelle von Rechtfertigungsgründen etwa LK-StGB/*Rönnau* 12. Aufl. 2006, Vor § 32 Rn 61 mwN.

27 *Isensee* FS Eichenberger, 1982, S. 23, 27, und *Schulte* DVBl 1995, 130, 133, sprechen davon, in ihnen lebe der staatlich verdrängte *status naturalis* wieder auf.

ließe.[28] Um rechtlich greifbar, ja aktiviert zu werden, bedürfen diese Rechte des Staates, der sie erstens in verbindliche Normen fasst und zweitens deren Einhaltung gewährleistet. In diesem Sinne werden auch die Notrechte nicht in einem staatsfreien Raum ausgeübt, sondern in einem durch situativ reduzierte Staatspräsenz geprägten Umfeld. Dabei macht es keinen grundlegenden Unterschied, ob der Staat aus tatsächlichen Gründen abwesend ist oder, wie zum Kernbereich der Persönlichkeitsentfaltung oder zum Zentrum komplexer gesellschaftlicher Verbände – Ehe und Familie, Religionsgemeinschaften (Art. 140 GG i.V.m. Art. 137 Abs. 3 WRV), Kapitalgesellschaften – aus strukturellen Gründen auf Distanz zu gehen hat. Gewiss finden sich über die Notrechte hinaus keinerlei Normen, welche Private berechtigen, gewalttätig, also unter Einsatz von *vis absoluta*, zu handeln. Wollte man darauf fußend die Sonderrolle des Staates auf das unverbrüchliche »so gut wie alleinige« Recht zum Einsatz von Polizeiknüppeln, Sturmtruppen oder Handschellen beschränken, offenbarte dies allerdings eine archaische, der Realität subtilerer Machtausübung kaum gerecht werdende Perzeption. Der moderne Staat ist kein Leviathan, nicht einem wilden Tier vergleichbar, sondern Hüter des Gemeinwesens.[29] Die Erkenntnis, dass im Verfassungsstaat alles Recht vom Staat abgeleitet oder vom Staat gebilligt sein muss,[30] auch die Notrechte, lässt durchblicken, dass die überkommene Weber-Formel vom Gewaltmonopol den Aktionsradius der Staatsperson möglicherweise sogar zu deren Nachteil zu eng zieht.

2. *Eher Gewaltbeschränkungsprärogative als Gewaltmonopol*

Die »Ausnahmen« oder »Durchbrechungen« und die umrissenen strukturellen Begrenzungen sind zwar nicht so markant, dass allein deshalb der Begriff des Gewaltmonopols zur Disposition gestellt werden müsste. Allerdings verdecken sie zum einen den Blick auf andere Formen der Gewalt- oder, allgemeiner gesprochen, Machtausübung jenseits des Physischen. Zum anderen stützt die Normabhängigkeit selbst der Notrechte keineswegs nur die These von der Verwurzelung auch dieser Rechte in staatlicher Autorität, sondern kann auch für die gegenteilige These herangezogen werden, welche lautet: Im freiheitlichen Verfassungsstaat ist die Ausübung

28 Vgl. die Nachweise bei *Bielefeld* Ideengeschichte(n) der Menschenrechte, in: Janz/Risse (Hrsg.) Menschenrechte – Globale Dimension eines universellen Anspruchs, 2007, S. 177 ff; für die Anknüpfung von Artikel 1 II GG an vorstaatliches Recht vgl. auch *Dreier* in: ders (Hrsg.) Grundgesetz-Kommentar, Bd. 1, 2. Aufl. 2004, Art. 1 II Rn 1 ff; *Höfling* in: Sachs (Hrsg.) Grundgesetz, 4. Aufl. 2006, Art. 1 Rn 68; *Starck* in: von Mangoldt/Klein/Starck, GG, Bd. I, 5. Aufl. 2005, Art. 1 II Rn 126 f.

29 Vgl. für die Bundesrepublik Deutschland nur die Wirkung des in Artikel 20 I GG, Artikel 28 I GG normierte Sozialstaatsprinzip, welches die Fürsorge für Hilfsbedürftige oder den Auftrag zur Schaffung sozialer Sicherungssysteme als seine wesentlichen Elemente umfasst, vgl. BVerfGE 100, 271, 284; 45, 376, 387; 68, 193, 209.

30 Vgl. *Kämmerer* Privatisierung, 2001, S. 172: »Nur ein Staat, der autoritativ Recht setzen und durchsetzen kann, ist souverän und geht nicht in der Gesellschaft auf.«

physisch vermittelter Gewalt (*vis*) Prärogative der Grundrechtsträger und nicht des Staates.[31] Aus grundrechtsdogmatischer Sicht ist hiergegen wenig zu erinnern: Im Ansatz schützen die Grund- und Menschenrechte nach vorherrschender Ansicht jegliches Handeln der Grundrechtsträger, ob es nun gewalttätig sei oder nicht.[32] Das Spektrum solcher Aktivitäten, auch derjenigen, die von der Rechtsordnung im Ergebnis erlaubt werden, ist weit und reicht vom Jäger und Soldaten, die sich der Schusswaffe zur Berufsausübung bedienen,[33] über Risikosportler, deren Tätigkeit ein gewisses »Foulpotenzial« immanent ist,[34] bis hin zum Sadisten, der sich womöglich auf das Grundrecht auf sexuelle Selbstbestimmung[35] berufen wird. Im Ansatz vom Schutzbereich des Art. 2 Abs. 1 GG erfasst sind auch kriminelle Tätigkeiten, deren Ausübung der Staat wegen des zwingenden Schutzbedürfnisses der v.a. in Art. 2 Abs. 2 GG betroffenen Opfer im Wege des Grundrechtseingriffs zu unterbinden hat. Die sich hiervon distanzierende »Persönlichkeitskerntheorie« lehnt einen so weitgehenden Grundrechtsschutz ab und will ihn im Rahmen des Art. 2 Abs. 1 GG auf sozial wertvolle oder den Spezialgrundrechten gleichstehende Manifestationen menschlichen Willens beschränken.[36] Damit ist allerdings noch impliziert, dass »schlichtere« Handlungsformen, wie das viel zitierte Reiten im Walde, von der Rechtsordnung missbilligt würden; dies ist erst die Folge grundrechtlich zwingender Beschränkungen.

Das Fazit: Ein dem Staat übertragenes, originäres Recht zu »Gewalt« ist im Grundgesetz ebenso wenig angelegt wie in anderen freiheitlichen Verfassungen.[37] Im Gegenteil gehört die Anwendung physischer Gewalt, strukturell jedenfalls, sogar zu den grundrechtlich geschützten Freiheiten des Einzelnen.[38] Mit der

31 Vgl. *Hammer* DÖV 2000, 613, 615, 618; *Kämmerer* Privatisierung, 2001, S. 168 ff. Dezidiert anders aber z.B. *Merten* Rechtsstaat und Gewaltmonopol, 1975, S. 31: »[...] verfügt allein der Staat über das Recht zum Gebrauch physischer Gewalt. Der Einsatz körperlichen (physischen) Zwanges ist das absolute Vorrecht des Staates.«

32 Vgl. BVerfGE 80, 137, 152 – *Reiten im Walde*.

33 Die Tätigkeit des Berufssoldaten wird von Artikel 12 GG im Grundsatz erfasst, vgl. *Gubelt* in: von Münch/Kunig, GG-Kommentar, 5. Aufl. 2000, Art. 12 Rn 20; *Manssen* in: Mangoldt/Klein/Starck, GG, Bd. I, 5. Aufl. 2005, Art. 12 Rn 46.

34 Sofern es sich um Berufssportler handelt, dürfte deren Tätigkeit von Artikel 12 I GG geschützt sein, da die h.M. nur »absolut gemeinschaftsschädliche« Tätigkeiten, die dem Menschenbild des Grundgesetzes in eklatanter Weise widersprechen, nicht vom Schutzbereich der Norm gedeckt sieht, vgl. Vgl. BVerfGE 115, 276, 301 f; *Scholz* in: Maunz-Dürig, GG, Bd. II, 47. Erg.lfg Juni 2006, Art. 12 GG Rn 37; *Tettinger* in: Sachs (Hrsg.) GG, 4. Aufl. 2007, Art. 12 GG, Rn 38, *Langer* JuS 1993, 203, 206; *Sodan* NJW 2003, 257, 260; *Tettinger* AöR 108 (1983) 92, 98.

35 Das allgemeine Persönlichkeitsrecht aus Artikel 2 I GG i.V.m. Artikel 1 I GG schützt die Gestaltung des Geschlechtslebens, vgl. BVerfGE 47, 46, 73.

36 Vgl. *Peters* Die freie Entfaltung der Persönlichkeit als Verfassungsziel, in: FS Laun, 1953, S. 669 ff; vgl. auch *Grimm* abw. M. zu BVerfGE 80, 137, 164 ff – *Reiten im Walde*.

37 So auch zutreffend *Mackebau* Grenzen der Privatisierung der Staatsaufgabe Sicherheit, 2004, S. 97; anders aber *Bracher* Gefahrenabwehr durch Private, 1987, S. 103.

38 *Hammer* DÖV 2000, 613, 615, 618 mwN; *Kämmerer* Privatisierung, 2001, S. 169 ff.

Weber'schen Formel vom Gewaltmonopol hat eine solche auf Individualgrundrechte abstellende Sichtweise allerdings – und erstaunlicherweise – ein Manko gemein: den auf physische Gewalt verengten Tunnelblick. Auch die These vom »doppelten Gewaltmonopol«, die an diesem *imperium* anknüpft, ist dagegen nicht völlig gefeit: Danach wird ein originäres Monopol im Sinne von *imperium* dazu verwendet, um gleichsam »sekundärrechtlich« ein Monopol zur Anwendung physischer Gewalt zu schaffen. Zunächst wird dem Staat ein Monopol zur Ausgestaltung der Rechtsordnung bezüglich der Frage zugewiesen, wie und ob Gewalt ausgeübt werden darf. Dieses Definitionsmonopol wird dann genutzt, die Anwendung physischer Gewalt weitgehend beim Staat anzusiedeln und diesen mit einem Durchsetzungsmonopol auszustatten. Den Bürger trifft eine Friedenspflicht.[39] Mit den Versuchen, das Gewaltmonopol zu »reformieren«, teilt dieses Konstrukt – gegen das materiell gesehen kaum etwas einzuwenden ist –, das Spezifikum, dass an etwas festgehalten wird, auf das es im Verhältnis zwischen Staat und Gesellschaft nicht mehr entscheidend ankommt. Das Verführerische der als physisch verstandenen Gewalt liegt gewiss in ihrer Plastizität. Das nahe liegende Bemühen, die Betrachtung vom Aspekt des Physischen zu lösen, muss indessen wiederum an eine Grenze stoßen: Das Spektrum der »Gewalt« jenseits des Physischen lässt sich weder kategorisch wie empirisch wirklich erfassen. Umschreibungen für Gewalt reichen von der schon angesprochenen »vis« über »potestas« bis hin zu *imperium*.[40]

Wird der Fokus umgekehrt auf Topoi wie »Herrschaft« oder »Governance« erweitert, lenkt dies von der staatstheoretischen Fundierung der Lehre vom Gewaltmonopol ab und weist auf soziologische Vorstellungen von einer Funktionsteilung zwischen Staat und Gesellschaft. Die extreme Gegenposition wird dabei von der *Luhmann*'schen Systemtheorie eingenommen, die den Staat nur mehr als eines von zahlreichen Subsystemen der Gesellschaft begreift und diesem »politischen System« keine herausgehobene Stellung mehr zuzuweisen bereit ist.[41] Gewiss ist, empirisch gesehen, die Diagnose einer Funktionsteilung nicht von der Hand zu weisen, wie die seit langem eingeführten Schlagworte der »privaten Rechtsetzung«[42] und der »privaten Selbstregulierung«[43] stehen, die staatlichem Agieren nicht als Antipoden,

39 Vgl. *Calliess* Die grundrechtliche Schutzpflicht im mehrpoligen Verfassungsrechtsverhältnis, JZ 2006, 326 f; *Mackebau* Grenzen der Privatisierung der Staatsaufgabe Sicherheit, 2004, S. 86 ff.

40 *Kämmerer* Privatisierung, 2001, S. 171.

41 Zur Bedeutung des Staates in der Rechtstheorie Luhmanns *Huber* Systemtheorie des Rechts, 2007, S. 146 ff; zur Bedeutung des Gewaltmonopols in der Luhmann'schen Systemtheorie *ders.*, S. 139 ff.

42 Umfassend *Kirchhof* Private Rechtsetzung, 1987; vgl. auch *Brunner* Rechtsetzung durch Private: private Organisationen als Verordnungsgeber, 1982.

43 Vgl. nur aus jüngerer Zeit *Brunner* Regulierung, Deregulierung, Selbstregulierung: Selbstregulierung im Umweltrecht, ZSchR 2004, 307 ff; *Palm* Staatliche Regulierung und private Selbstregulierung im Datenschutzrecht, in: Vieweg (Hrsg.) Spektrum des Technikrechts – Referate eines Symposiums aus Anlass des zehnjährigen Bestehens des Instituts für Recht

sondern als komplementär ansieht. Der besonderen Stellung des Staates als juristischer Person innerhalb des Gemeinwesens wird auch die Verengung auf den Kooperationsaspekt – Quintessenz: Staat wie Private tragen arbeitsteilig zum Gemeinwohl bei – nicht gerecht. Denn Privaten, deren Grundrechtsausübung selbstbezogen ist, fehlt erstens die Fähigkeit, das Gemeinwohl zu definieren, und zweitens, allgemeinverbindliche Regelungen zu erlassen. Diese funktionale Besonderheit des Staates, die Fähigkeit, innerhalb des Gemeinwesens und für dieses (allgemein-) verbindliche Regeln zu erlassen und erforderlichenfalls auch durchsetzen zu können, ohne dafür jeweils eines besonderen Legitimationstitels zu bedürfen, wird heute wohl mehrheitlich als das verstanden, was das staatliche Gewaltmonopol ausmacht.[44]

Die Besonderheit staatlicher Herrschaftsausübung liegt jedenfalls damit nicht in einem Vorrecht, physische Gewalt auszuüben; damit würde der Staat geradezu banalisiert. Es besteht in einem unverbrüchlichen Recht, private Gewaltausübung zu begrenzen.[45] Dieses Recht ist in der Verfassung ausgestaltet, aber es muss ihr letztlich vorausgehen, denn die Verfassung gründet auf der Annahme, dass ein Staat und also eine Staatsgewalt besteht.[46] Ein Staat ohne *imperium*, ohne innere Souveränität, ohne schützendes Zuhöchstsein gegenüber der Gesellschaft, verdiente diese Bezeichnung nicht: Sein Agieren wäre nicht im spezifischen Sinne Ausübung von Staatsgewalt. Insofern umreißt diese just die Funktion, welche die großen britischen Staatstheoretiker der Neuzeit dem Staat attestierten: private Gewalt zu bändigen, indem das *imperium* selbst verfassungsrechtlichen Bindungen unterworfen wurde.[47] Dies ist nicht nur eine epistemologische Erkenntnis, sondern mehr noch ein Programm für die weitere Entwicklung des Verhältnisses zwischen Staat und Gesellschaft, die erst im Auseinanderdriften begriffen waren. Die überkommene Perzeption war die einer *societas cum imperio* gewesen, einer Gesellschaft also, der selbst die gesamte Macht im Gemeinwesen zustand. Erst die Idee einer Staatsperson, auf der das *imperium* transferiert werden konnte, eröffnete überhaupt einen Raum für die Frage nach einer etwaigen Monopolisierung wie auch immer gearteter Gewalt.

Was der Staat kann, kann – salopp formuliert – nur der Staat. Sein Handeln, ob physisch vermittelt oder nicht, ist aus *imperium* geboren, das gesellschaftlichen Kräften auch dort, wo sie funktional gleichartiges Handeln vollziehen, nicht

und Technik in Erlangen, 2002, S. 215 ff; *Storr* Regulierung von Beliehenen? DÖV 2007, 133 ff; *Ullrich* Defizite bei der Regulierung der Selbstregulierung, MMR 2005, 743 ff.

44 Vgl. *Gusy* DÖV 1996, 573, 576; *Bernhard* Privatisierung von staatseigenen Sicherheitsaufgaben, 2001, S. 122; *Kneihs* Privater Befehl und Zwang, 2004, S. 56 f; *Link* Staatszwecke im Verfassungsstaat, 1990, S. 28.

45 *Kämmerer* Verfassungsstaat auf Diät? JZ 1996, 1042, 1046; *Mackebau* Grenzen der Privatisierung von der Staatsaufgabe Sicherheit, 2004, S. 98.

46 Die Staatseigenschaft eines organisierten Herrschaftsverbandes setzt das Bestehen von Staatsvolk, Staatsgebiet und Staatsgewalt voraus; vgl. *Jellinek* Allgemeine Staatslehre, 3. Aufl. 1914, S. 396 ff.

47 Hierzu *Merten* Rechtsstaat und Gewaltmonopol, 1975, S. 35 ff, mit Verweis auf *Locke* und die Verfassung von Massachusetts.

zusteht. Daher kann es auch eine »Privatisierung von Staatsaufgaben«, ja überhaupt von Aufgaben, nicht geben: Ein und dieselbe Handlung wird, sobald sie von Privaten ausgeht, zur Grundrechtsmanifestation. Ist aber *imperium*, ist Gemeinwohldefinition und Gemeinverbindlichkeit ohnehin dem Staat vorbehalten, wird der Topos des Monopols für solche Art des Handelns entbehrlich: Die Idee von einem staatlichen Monopol zur Ausübung staatlicher Gewalt mündet in einen Pleonasmus.[48] Hinzu kommt, dass unter der verfassungsrechtlichen Ordnung der Staat nicht allgewaltig ist, seine Handlungsmacht durch die grundrechtlichen Eingriffsvorbehalte also nicht begrenzt, sondern eingedenk der strukturellen Unbegrenztheit der Freiheitsrechte erst eröffnet wird. Auch jene, die sich dieser These verschließen, sind sich jedenfalls einig darin, dass ein zeitgemäßes Verständnis des Gewaltmonopols auf die Prärogative des Staates zur Gewaltbeschränkung oder –regulierung gerichtet sein muss, oder, anders gesprochen, das alleinige Recht zu rechtserheblichen Entscheidungen, welche zur Gestaltung der Staats- und Gesellschaftssphäre führen (»Definitionsmonopol«), und ihrer Durchsetzung.[49] Im Rahmen dieses Definitionsmonopols steht es dem Staat dann frei, gleichsam sekundärrechtlich, ein Monopol zur physischen Gewaltanwendung zu konstituieren und seine rechtserheblichen Entscheidungen mit Zwang durchzusetzen. Ein auf *vis* bezogenes originäres Gewaltrecht existiert in der Form, die dieser Begriff suggeriert, nicht.[50]

3. *Menschenwürde als absolute Eingriffsgrenze: Das Beispiel terroristischer Angriffe*

Der Lehrsatz von der »Quasi-Monopolisierung« körperlich vermittelter Gewalt verschleiert sodann die Tatsache, dass es Formen gewalttätigen Handelns gibt, die weder dem Privaten noch dem Staat zu Gebote stehen, da sie dem normativen Zugriff der Rechtsordnung entzogen sind. Das Urteil des Bundesverfassungsgerichts zum Luftsicherheitsgesetz darf insoweit als Menetekel aufgefasst werden.[51] Vordergründig geht es um einen Verstoß gegen Grundrechte und insbesondere die Menschenwürdegarantie: Es sei, so das BVerfG, »unter der Geltung des Art. 1 Abs. 1 GG schlechterdings unvorstellbar, auf der Grundlage einer gesetzlichen Ermächtigung unschuldige Menschen, die sich wie die Besatzung und die Passagiere eines entführten Luftfahrzeugs in einer für sie hoffnungslosen Lage befinden, gegebenenfalls sogar unter Inkaufnahme solcher Unwägbarkeiten vorsätzlich zu tö-

48 *Kämmerer* Privatisierung, 2001, S. 173.

49 *Kämmerer* JZ 1996, 1042, 1046; *Mackebau* Grenzen der Privatisierung der Staatsaufgabe Sicherheit, 2000, S. 98; *Scherzberg* Wozu und wie überhaupt noch öffentliches Recht? 2003, S. 36 f; *Kneihs* Privater Befehl und Zwang, 2004, S. 56 f mwN.

50 So auch *Pitschas* DÖV 1997, 393, 397.

51 BVerfGE 115, 118 ff; umfassend und kritisch hierzu *Ladiges* Die Bekämpfung nichtstaatlicher Angreifer im Luftraum, 2006, S. 318 ff, der schon nicht die Menschenwürde als solches durch ein Handeln nach § 14 III LuftSiG verletzt sieht.

ten.«[52] Das heißt zum einen, dass der Staat solche Eingriffe unter der Geltung der Grundgesetzes gesetzlich nicht legitimieren darf. Ein beachtlicher Teil des juristischen Schrifttums geht davon aus, dass die Menschenwürde als Verfassungsprinzip gegen jegliche Art von staatlichem Eingriff immun ist.[53] Ein Staat, der sich zur Sicherung der eigenen Existenz oder der Grundrechte über diese Erkenntnis hinwegsetzt, kündigt, sinnbildlich gesprochen, den Gesellschaftsvertrag auf: Wenn der Zweck des Staates vorrangig im Schutz der Individualrechte und damit vor allem ihres von der Menschenwürde bestimmten Kerns liegt, dann kann der Erhaltung des Staates nicht Vorrang vor der Menschenwürde eingeräumt werden.[54] Das Diktum *Carl Schmitts*, souverän sei, wer über den Ausnahmezustand entscheiden könne,[55] darf heute nicht mehr so verstanden werden, dass im Ausnahmezustand (den das Grundgesetz wohlweislich auch nicht vorsieht) alle grundrechtlichen Bindungen aufgehoben sein dürfen.

Die Menschenwürde liegt – verfassungsrechtlich ebenso wie vorverfassungsrechtlich – jenseits der Sphäre, auf die der Staat Zugriff haben kann. Für den für die Insassen letalen Abschuss eines entführten Passagierflugzeugs bedeutet dies, dass er weder in abstracto noch im Einzelfall mit der Rechtsordnung in Einklang gebracht worden ist: Der Waffeneinsatz steht strukturell außerhalb *legitimer* physischer Gewaltausübung und ist damit nicht »monopolisierbar«. Dies bedeutet nicht, dass dem Staat ein solcher Eingriff nicht faktisch möglich wäre. Wer als »Waffe« eingesetzte Passagierflugzeuge zur Rettung bedrohter Menschen am Erdboden abschießt, kann sich auf die strafrechtliche Figur des übergesetzlichen entschuldigenden Notstandes

52 BVerfGE 115, 118, 157.

53 Vgl. *Geddert-Steinacher* Menschenwürde als Verfassungsbegriff, 1990, S. 83; *Höfling* in: Sachs (Hrsg.) GG, 4. Aufl. 2007, Art. 1 Rn 11; *Jarass* in: ders./Pieroth, GG, 9. Aufl. 2007, Art. 1 Rn 16; *Starck* in: v. Mangoldt/Klein/Starck, GG I, Art. 1 I Rn 34, jeweils mwN.

54 Kritisch hierzu aber *Schenke* Die Verfassungswidrigkeit des § 14 III LuftSiG, NJW 2006, 736, 738, der zwar einerseits das Verbot eines Abschusses unschuldiger Passagiere als »verfassungsgesetzliche Grundentscheidung« gegen den Menschen bloßes Objekt staatlichen Handelns ansieht und dieses Konzept auf die Kant'sche Philosophie zurückführt, zugleich aber die Möglichkeit der Tötung Unschuldiger zum Schutz des Staates vor existenziellen Gefahren unter einem geänderten Grundgesetz nicht ausschließen will. Hierzu auch *Hartleb* Der neue § 14 III LuftSiG und das Grundrecht auf Leben, NJW 2005, 1397, 1400 f, der die Befugnis zur Tötung Unschuldiger im Falle einer existenziellen Gefahr für das Gemeinwesen auf *Rousseau* zurückführt. Umfassend hierzu *Pawlik* § 14 III des Luftsicherheitsgesetzes – ein Tabubruch? JZ 2004, 1045, 1051 ff; frühzeitig in diesem Sinne auch *Merkel* Die Zeit vom 8. Juli 2004, S. 33 f; *Isensee* FAZ vom 21. Januar 2008, S. 10; *Gramm* Der wehrlose Verfassungsstaat? DVBl 2006, 653, 659 ff, will die Eingriffsschwelle sogar noch weiter senken, indem er den Aufopferungsgedanken nicht nur auf eine Gefährdung des »Staatsganzen« bezieht, sondern diesen auch auf die Tötung unrettbar verlorener ausweitet. Der Einzelne werde hier nicht instrumentalisiert, da es der Tod nur die unvermeidbare Folge der Unterbrechung eines ansonsten für viele tödlichen Kausalverlaufs wäre.

55 *C. Schmitt* Politische Theologie. Vier Kapitel von der Lehre von der Souveränität, 1922, 8. Aufl. 2004, S. 13.

berufen und damit womöglich einer Bestrafung entgehen.[56] Weil die Rechtsordnung aber nichts kann, als den Einsatz zu missbilligen, darf ein Ministerbefehl zum Abschuss eines entführten Flugzeuges – entgegen der Einschätzung des amtierenden Bundesverteidigungsministers *Jung*[57] – weder erteilt noch befolgt werden. Wird sowohl erteilt als auch befolgt, brauchen beide Seiten in der Regel keine strafrechtlichen Konsequenzen zu befürchten, da der Einsatz wiederum zur Wahrung verfassungsrechtlich geschützter Güter erfolgt.

Das »Gewaltmonopol«, ja der Einsatz staatlicher Gewalt überhaupt, stößt hier an seine konzeptionellen Grenzen. »Das Staatsrecht«, so *Wolfgang März'* trefflicher Befund in Anlehnung an ein Diktum von *Anschütz,* »hört hier auf.«[58] Von diesen Festsstellungen aus erschließt sich eine weitere Erkenntnis: Was staatlicher Gewalt entzogen ist, kann nicht staatlich monopolisiert werden. Im Falle der Entführung eines Passagierflugzeugs kann dem Staat also keine alleinige Prärogative zustehen, über seinen Abschuss zu entscheiden. Gewiss dürfte außer dem Staat schwerlich jemand (erlaubter Maßen) über Waffen verfügen, die ein Großflugzeug zum Absturz bringen könnten. Beim *übersetzlichen* entschuldigenden Notstand aber, der außerhalb der Rechtsordnung steht und auch außerhalb des Gewaltmonopols, sind Staat und Private aber gleichgestellt: So wie dem Staat der Abschuss nicht erlaubt ist, dürfte er ihn zwar auch privaten Akteuren verbieten. Schösse ein Privater das Flugzeug ab, dürfte er strafrechtlich letztlich nicht besser oder schlechter stehen als ein im Dienst handelnder Soldat. Wo die Kapazität einer Rechtsordnung zur Lösung von Rechtskonflikten endet – ja aus axiomatischen Gründen enden muss – hat auch ein wie immer geartetes Gewaltmonopol zu enden. Mit der jetzt angeregten Änderung des Grundgesetzes zu dem Ziel, den Einsatz der Bundeswehr zur Bewältigung »extremen Ausnahmesituationen« auch im Inneren, also zu anderen Zwecken als der Landesverteidigung, zu erlauben, ist es nicht getan. Die Unvereinbarkeit eines Abschussbefehls mit Art. 1 Abs. 1 GG dokumentiert die rechtliche Unmöglichkeit, den übergesetzlichen entschuldigenden Notstand zu kodifizieren. Eine Verfassungsänderung kann auch wegen Art. 79 Abs. 3 GG darüber nicht hinweghelfen, sondern der Bundeswehr allenfalls eine allgemein umrissene örtliche und sachliche Zuständigkeit verschaffen.[59]

56 Vgl.hierzu *Hilgendorf* in: Blaschke/Förster/Lumpp/Schmidt (Hrsg.) Sicherheit statt Freiheit? 2005, S. 107, 130; *Roxin* Strafrecht AT I, 3. Aufl. 1997, S. 888 f; *Kühl* StGB, 26. Aufl. 2007, Vorb. § 32 Rn 31; *Tröndle/Fischer* StGB, 54. Aufl. 2007, Vorb. § 32 Rn 15, zu § 14 III LuftSiG § 34 Rn 16a.

57 Verteidigungsminister *Jung* nach FAZ v. 18. 2. 2006, S. 2; weitere Nachweise bei *Schenke* NJW 2006, 736, 739.

58 So der Titel eines 2006 in Tübingen gehaltenen Vortrags.

59 Im Ergebnis wie hier *Fehn/Brauns* Bundeswehr und innere Sicherheit, 2003, S. 71, die sich allerdings auf Artikel 2 Abs. 2 GG berufen. Kritisch zur hier vertretenen Auffassung *Hartleb* NJW 2005, 1397, 1400 f; *Pawlik* JZ 2004, 1045, 1054 f, die beide allenfalls Probleme bei der Formulierung eines auf die Existenzgefährdung des Staates fußenden Eingriffstatbestandes anerkennen; *Schenke* NJW 2006, 736, 738 f.

III. Neue Herausforderungen für staatliche Herrschaftsausübung

Der Befund, dass der Staat Herrschaft oder »Gewalt« in einer Weise ausübt, die gesellschaftlichen Kräften nicht zusteht, scheint den Staat und sein – wenn man nichtsdestoweniger an dem Begriff festhalten will – so verstandenes »Gewaltmonopol« gleichsam zu immunisieren: Was der Staat an niemand anderen verlieren kann, vermag auch nicht in Frage gestellt zu werden. Dies aber ist nur mit Einschränkungen richtig. Zum einen ist dem Lehrsatz keine Aussage über Maß und Umfang staatlicher Gewaltausübung zu entnehmen. Denn geht, wie dargelegt, die Existenz umfassender staatlicher Gewalt der verfassungsrechtlichen Funktionszuweisung rechtslogisch voraus, so ist nicht verwunderlich, dass sich der Verfassung – hier dem Grundgesetz – keine Aussagen darüber entnehmen lassen, welche konkreten Aufgaben der Staat zu erfüllen hat. Selbst wo das Grundgesetz, wie in Art. 87e Abs. 3 und 4 oder in Art. 87f Abs. 2 Satz 1 und 2 GG, eindeutige Abgrenzungen zwischen privatwirtschaftlicher (also gesellschaftlicher) und Verwaltungssphäre (also dem staatlichen Aufgabenkreis) vornimmt, ist dies nur funktional zu verstehen und nicht als »Verteilung von Aufgaben«. Als Staatsaufgaben unter dem Grundgesetz sind, wie insbesondere *Hans-Peter Bull* dargelegt hat, die Staatsaufgaben nach dem Grundgesetz zu verstehen.[60] Das heißt, dass, wenn der Staat bestimmte Funktionen der gesellschaftlichen Sphäre überantwortet, zwar nichts von seinem »Monopol« verliert, wohl aber kann die Folge eine tatsächliche Schwächung (oder auf anderen Feldern Stärkung) des staatlichen Zugriffs sein. Im Extremfall droht der Verlust staatlicher Einflussnahmemöglichkeiten auf bestimmte Lebenssachverhalte. Bedenkt man, dass die staatliche Gewaltbeschränkungsprärogative die aktive Möglichkeit zur Wahrnehmung grundrechtlich vermittelter Schutzpflichten voraussetzt, sind derlei »staatsfreie Bereiche« mit der verfassungsrechtlichen Ordnung zwar nicht in Einklang zu bringen,[61] aber ihr Entstehen ist, wie im Folgenden belegt werden soll, nicht völlig auszuschließen. Insofern kann sich die Ordnungswirklichkeit von den (meta-)verfassungsrechtlichen Grundkoordinaten staatlich-gesellschaftlichen Handelns durchaus in einer Weise entfernen, dass am Ende die Frage aufgeworfen werden müsste: Hat die staatliche Herrschaftsausübung eine ausreichende Dichte und Intensität, dass von staatlicher Gewalt als Gegenpol privaten Handelns überhaupt gesprochen werden kann?[62] Solcher Rückzug des Staates kann sich auch diffus in

60 Grundlegend *Bull* Die Staatsaufgaben nach dem Grundgesetz, 2. Aufl. 1977.

61 Zum Schutz der Grundrechte als Staatsaufgabe *Bull* aaO S. 155 ff, 159; zu den sich aus Grundrechten ergebenden Schutzpflichten BVerfGE 39, 1, 41 – *Schwangerschaftsabbruch I*; 49, 89, 141 f – *Kalkar I*; 57, 250, 285 – *V-Mann*; 88, 203, 251 – *Schwangerschaftsabbruch II*; 92, 26, 46 – *Zweitregister*.

62 Nach der »Befugnistheorie« bedarf es eines Minimums auf Staatsaufgaben, die diesen von der Gesellschaftssphäre unterscheiden. Andernfalls geht der Staat in der Gesellschaft auf, vgl. *Kämmerer* Privatisierung, 2001, S. 163 mwN.

der Weise vollziehen, dass sich der Staat seiner spezifischen Zugriffsmöglichkeiten begibt und auf der Ebene der Gesellschaft agiert: Privatrecht als das für alle geltende Recht kennt, anders als das öffentliche Recht, kein *imperium*.[63] Und schließlich ist hoheitliche Gewalt in Europa nicht länger in dem Sinne ungeteilt (und also »monopolisiert«), dass sie innerhalb eines bestimmten Gebietes einem einzelnen Staatswesen zusteht. Imperium erscheint damit disponibel, es kann geteilt oder auch zediert werden. Der Leviathan hat Gesellschaft bekommen.

1. *Disponibles* imperium – *Tendenzen zur »Vergesellschaftung« des Staates*

Das öffentliche Recht ist deshalb Sonderrecht des Staates, weil es Ausdruck seiner spezifischen Hoheitlichkeit ist. Wo der Staat sich, insbesondere im organisationsrechtlichen Bereich der mittelbaren Staatsverwaltung, auf die Ebene des Privatrechts als des für alle geltenden Rechts begibt, geht er auch seiner »imperialen« Rechte verlustig.[64] Das Recht, privates Handeln auf der Basis gemeinwirksamer Rechtstitel zu begrenzen, vermag vom Privatrecht nicht transponiert zu werden. Zur Wiederanknüpfung an das *»imperium«* bedarf es in solchen Fällen eines staatlichen Beleihungsakts zugunsten der privatrechtlichen juristischen Personen, deren Träger der Staat ist.[65] Doch auch wo öffentlich-rechtliche Strukturen erhalten bleiben, weicht staatliche Hoheitsgewalt an einigen Stellen auf, da Privaten die Partizipation an diesen gestattet wird. So ist bei einigen Anstalten des öffentlichen Rechts (etwa bei den Berliner Wasserbetrieben) eine Minderheitsbeteiligung privater Investoren zulässig.[66]

Bedenklicher noch sind privatrechtliche Formen, die gesellschaftsrechtlich so ausgestaltet werden, dass sie dem kontrollierenden Zugriff des Staates entzogen werden. Dies führt vor allem dort die Gefahr des Steuerungsverlustes herbei, wo die Tätigkeit der Gefahrenabwehr dient, also »polizeilicher« Natur ist. Eine »Vergesellschaftung« staatlicher Gefahrenabwehrmechanismen zeigt sich am aktuellen Beispiel der Deutschen Flugsicherung GmbH (DFS).[67] Die Organisationsprivatisierung der oft, wenngleich unscharf, als »Luftpolizei« umschriebenen Behörde war

63 Vgl. Palandt/*Heinrichs* BGB, 67. Aufl. 2007, Einl. Rn 3.

64 *Ehlers* Verwaltung in Privatrechtsform, 1984, S. 65, 110 f; *Erbguth/Stollmann* Erfüllung öffentlicher Aufgaben durch private Rechtssubjekte? – Zu den Kriterien bei der Wahl der Rechtsform, DÖV 1993, 798, 799; *Maurer* Allgemeines Verwaltungsrecht, 16. Aufl. 2006, § 3 Rn 9; *Rollenfitsch* Wirtschaftliche Betätigung des Staates, HdbStR III, 2. Aufl., § 84 Rn 27.

65 *Ehlers* Verwaltung in Privatrechtsform, 1984, S. 109, 111; *Rollenfitsch* Wirtschaftliche Betätigung des Staates, HdbStR IV, 3. Aufl. 2006, § 98 Rn 28.

66 Vgl. dazu nur *Wolfers* Privatisierung unter Wahrung der öffentlich-rechtlichen Rechtsform: Der Modellfall Berliner Wasserbetriebe, NVwZ 2000, 765 ff; zu gesellschaftsrechtlichen Implikationen zuletzt *Lehnert* Das neue Berliner Betriebe-Gesetz, LKV 2007, 64, 65 f.

67 Hierzu *Baumann* DVBl 2006, 332 ff; *Droege* DÖV 2006, 861 ff; *Kämmerer* Staat und Gesellschaft nach Privatisierung. Zur Bedeutung privater Rechtsetzung und Selbstregulierung, in: Kämmerer (Hrsg.) An den Grenzen des Rechts, erscheint 2008.

Mitte der neunziger Jahre insbesondere betrieben worden, um der Abwanderung von Personal zu Luftfahrtgesellschaften zu begegnen; doch musste die Verfassungsgrundlage hierfür, nachdem der damalige Bundespräsident die Ausfertigung des Änderungsgesetzes zum LuftVG verweigert hatte, in Gestalt des derzeitigen Art. 87d Abs. 1 Satz 2 GG erst nachgeschoben werden.[68] Unter dem Eindruck globaler Vernetzung der Luftsicherheitsstrukturen und insbesondere der sog. europäischen »SES-Verordnungen«,[69] die eine Trennung von Luftsicherheitsdiensten und Überwachungsbehörden vorsehen,[70] zeichnet sich nunmehr ein Paradigmenwechsel ab: Die Herstellung von Flugsicherheit wird nicht länger ausschließlich als staatliche Gefahrenabwehrfunktion verstanden, sondern ist Gegenstand einer staatlicherseits zu gewährleistenden Dienstleistung, deren Erbringer wirtschaftlich erfolgreich operieren muss; daher hat der Bundesgesetzgeber keine Bedenken, die DFS einer privaten Mehrheitsbeteiligung zu öffnen. Zwar würde mit der auch zukünftig erforderlichen Beleihung eine Rückbindung an den hoheitlich agierenden Staat sichergestellt. Doch würde die DFS, wenn das Vorgaben – das abermals durch einen Bundespräsidenten gestoppt wurde[71] – verwirklichlicht würde, von der privatrechtlich organisierten Behörde zu einem mehrheitlich von Privaten getragenen Hoheitsträger entwickeln.[72] Das Phänomen der Beleihung, das vor Jahrzehnten noch ein Schattendasein führte, entwickelt sich, wie nicht nur dieses Beispiel zeigt, zunehmend zu einem auf breiter Front verfolgten Zukunftskonzept.[73] Man wird

68 Schreiben an den Bundeskanzler, die Präsidentin des Deutschen Bundestages und den Präsidenten des Bundesrates, Bull. BReg. 1991, Nr. 8, S. 46; Der Verweigerung der Ausfertigung zustimmend *Epping* Das Ausfertigungsverweigerungsrecht im Selbstverständnis des Bundespräsidenten, JZ 1991, 1102, 1104; *Riedel/Schmidt* Die Nichtausfertigung des Gesetzes zur Privatisierung der Flugsicherung durch den Bundespräsidenten, DÖV 1991, 371, 371 f; *Rau* Vom Gesetzprüfungsrecht des Bundespräsidenten, DVBl 2004, 1, 1.

69 VO Nr. 549/2004 v. 10. 3. 2004 zur Festlegung des Rahmens für die Schaffung eines einheitlichen europäischen Luftraums (»Rahmenverordnung«), ABlEU L 96 v. 31. 3. 2004, S. 1; VO Nr. 551/2004 v. 10. 3. 2004 über die Ordnung und Nutzung des Luftraums im einheitlichen europäischen Luftraum (Luftraum-Verordnung«), ABlEU L 96 v. 31. 3. 2004, S. 20; VO Nr. 552/2004 v. 10. 3. 2004 über die Interoperabilität des europäischen Flugverkehrsmanagementnetzes (»Interoperabilitäts-Verordnung«), ABlEU L 96 v. 31. 3. 2004, S. 26; VO Nr. 550/2004 v. 10. 3. 2004 über die Erbringung von Flugsicherungsdiensten im einheitlichen europäischen Luftraum (»Flugsicherungsdienste-Verordnung«), ABlEU L 96 v. 31. 3. 2004, S. 10. Zu den Inhalten im Überblick *Scherer* Vom nationalen zum einheitlichen europäischen Luftraum, EuZW 2005, 268 ff.

70 Vgl. Art. 2 VO (EG) Nr. 551/2004; hierzu auch *Droege* DÖV 2006, 861, 862 f; *Scherer* EuZW 2005, 268, 269.

71 BT-Drs. 16/3262 v. 26. 10. 2006. Zustimmend *Baumann* DVBl 2006, 332, 335 f; *Tams* Art. 87 d I GG und die Neuordnung der Flugsicherung, NVwZ 2006, 1226, 1228 f.

72 Vgl. auch *Baumann* DVBl 2006, 332, 334 f; *Droege* DÖV 2006, 861, 862 f.

73 Zutreffend bezeichnet *Burgi* Der Beliehene – ein Klassiker im modernen Verwaltungsrecht, in: FS Maurer, 2001, S. 581, 583, die Zukunftsaussichten der Beleihung als »glänzend«. Zu drängenden Rechtsfragen im Zusammenhang mit der Beleihung vgl. u.a. *v. Stelkens* Die Stellung des Beliehenen innerhalb der Verwaltungsorganisation – dargestellt am Beispiel der Beleihung nach § 44 III BHO/LHO, NVwZ 2004, 304 ff.

mittelfristig also möglicherweise Private *sine imperio* von solchen *cum imperio* unterscheiden müssen; der Antagonismus von Staat und Gesellschaft weicht einer neuartigen Trias. Auch wenn ihnen das *imperium* immer noch vom Staat übertragen worden ist und nicht, wie der mittelalterlichen Gesellschaft, originär zusteht, scheint die Beleihungsstrategie doch von der Überzeugung getragen zu sein, dass es aus wirtschaftlichen Gründen zum Beleihungskonzept keine Alternative gibt.[74] Insofern ist das Diktum vom »Ausverkauf von Hoheitsrechten«[75] durchaus nicht unzutreffend. Ein Staat aber, der sich seiner überkommenen Hoheitsbefugnisse nur um den Preis versichern kann, dass er Private an ihrer Ausübung beteiligt, kann nicht mehr allein innerhalb des Gemeinwesens den Höchstrang beanspruchen.

2. *Zediertes* imperium? *Tendenzen zur Umpolung der Herrschaftsverhältnisse*

Einige aktuelle Entwicklungen weisen über eine solche »Vergesellschaftung« oder »Privatisierung« des Staates noch hinaus. Insbesondere im Hochschulrecht gibt es Tendenzen der Unterordnung staatlicher Einrichtungen unter private Rechtsetzung, ohne dass diese in ausreichender Weise regulativ umhegt wäre.[76] Zwar ist private Rechtsetzung kein neues Phänomen, und sie hat im Zuge der Privatisierungskampagnen der achtziger und neunziger Jahre eine Ausweitung erfahren. Dabei stechen nicht zuletzt die selbstregulativen Kodizes der Marktakteure hervor, die – wie bei den International Financial Reporting Standards (IFRS) – eine quasi-normative Verdichtung erfahren können.[77] Darin, dass (über)staatliche Regeln auf diese Regeln einfach per Inkorporation verweisen, deutet sich bereits an, dass die tatsachliche Sachherrschaft längst nicht mehr beim Staat bzw. bei supranationalen Einrichtungen liegt: Der Staat bedarf der Privaten, um überhaupt noch ein konsistentes Regelwerk zuwege zu bringen. Dies ist, von gewissen Demokratiedefiziten abgesehen, in einem zunehmend komplexer werdenden Gemeinwesen noch kein Anlass zur Befürch-

74 Vgl. nur die von *Burgi* Der Beliehene, in: FS Maurer, 2001, S. 581, 581 ff dargestellte Entwicklung und Relevanz der Beleihung im deutschen Rechtsraum.

75 *Kopp/Ramsauer* VwVfG, 9. Aufl. 2005, § 54 Rn 11a mwN; speziell zum Baurecht *Looman* »Ausverkauf von Hoheitsrechten« in den Verträgen zwischen Bauherren und Gebietskörperschaften, NJW 1996, 1439 ff.

76 Kritisch hierzu mit Blick auf den rechtsstaatlichen und demokratischen Gesetzesvorbehalt *Heitsch* DÖV 2007, 770 ff. Zu den früheren, rechtlich eindeutig defizitären Grundlagen des Akkreditierungswesens auch *Lege* Akkreditierung von Studiengängen, JZ 2005, 698, 699 f.

77 Mit der Verordnung (EG) Nr. 1606/2002 v. 19. 7. 2002 betreffend der Anwendung internationaler Rechnungslegungsstandards, ABl. L 243 v. 11. 9. 2002, S. 1, hat die EG beschlossen, die vom International Accounting Standards Board mit Sitz in London entwickelten International Financial Reporting Standards zur Grundlage der schnelleren Vollendung des Binnenmarktes im Bereich Finanzdienstleistungen zu erheben. Die Kommission wurde ermächtigt, durch Erlass von Durchführungsverordnungen die IFRS verbindlich zu erklären.

tung, der Staat verliere sein *imperium* im Verhältnis zur Gesellschaft. Denn der Anwendungsbefehl für diese Regeln, ihre Allgemeingültigerklärung, bleibt eine staatliche Angelegenheit.[78] Die Marktakteure können und wollen auf diese »notarielle« Mitwirkung des Staates nicht verzichten: Nicht der freie Ausgleich der Marktakteure allein, sondern erst der Akt staatlicher Billigung und Würdigung bringt den Rechtsfrieden herbei: Der Staat besiegelt, wenn man so will, gesellschaftliche Regulierung. Damit behält er zwar die Befugnis zu autoritativer Rechtsetzung und –durchsetzung, aber die gesellschaftlichen Kräfte lassen dies nur zu, weil es für sie so am praktikabelsten ist. Mit Allmacht des Staates hat dies nicht mehr viel zu tun.

3. *Geteiltes* imperium – *Multiplikation der Gesellschaftsantipoden*

Ein drittes Phänomen, das zur Relativierung der Herrschaft des Staates beiträgt, ist die Aufteilung von Herrschaftsbefugnissen auf verschiedenen Ebenen: die staatliche und die supranationale. Der Staat ist, wenn man so sagen darf, mit seiner Staats-gewalt nicht mehr allein. Wie sich diese Teilung vollzieht, hängt von der Sichtweise ab, welcher die Übertragung von Hoheitsrechten auf zwischenstaatliche und insbesondere supranationale Einrichtungen unterliegt. Nach einer streng der Souverä-nität der Nationalstaaten verhafteten Auffassung ist die Ausübung von Hoheits-befugnissen durch die Europäischen Gemeinschaften nichts anderes als die gemeinsame Ausübung von Souveränität durch die Mitgliedstaaten.[79] Auch in der Vergemeinschaftung der Souveränität aber liegt bereits eine Abkehr vom Ausschließlichkeitsgedanken: Jeder der Mitgliedstaaten wirkt bei der Rechtsetzung über die EG an der Hoheitsausübung in jedem der anderen Mitgliedstaaten in gewissem Umfange mit. Insoweit ist staatliche Souveränität und mit ihr die Gewaltbeschränkungsprärogative des Staates keine exklusive mehr, sondern eine komplementäre. Wollte man die Hoheitsausübung durch EU bzw. EG als originäre betrachten,[80] würde die Teilungslinie nicht vertikal, sondern horizontal zwischen der staatlichen und der supranationalen Ebene verlaufen. Die ganz einhellige Auf-

78 Das Schlagwort von der Re-Regulierung bringt zum Ausdruck, dass die Überantwortung von Funktionen an Private die regulative Kompetenz des Staates weiter und in einigen Bereichen mehr denn je beansprucht, vgl. *Kämmerer* Privatisierung, 2001, S. 483 mwN.

79 Vgl. statt vieler *Köppen* Verfassungsfunktionen – Vertragsfunktionen, Strukturelle Divergenz zwischen bundesstaatlichen Verfassungen und EU-Gründungsverträgen aus funktioneller Sicht, 2002, S. 171 ff mwN; zur Rückkoppelung europäischer Hoheitsgewalt an die Mitgliedstaaten vgl. auch BVerfGE 89, 155, 186 f, 200 f – *Maastricht*.

80 Vgl. *Ipsen* Europäisches Gemeinschaftsrecht, 1972, S. 61 f; dies als grundsätzlich möglich erachtend *Huber* Bundesverfassungsgericht und Europäischer Gerichtshof als Hüter der Gemeinschaftsrechtlichen Kompetenzordnung, AöR 116 (1991) 210, 223.

fassung allerdings geht dahin, dass die Gemeinschaft nach wie vor aufgrund übertragener Einzelermächtigungen tätig wird.[81]

Zumindest in funktionaler Hinsicht kann man von einer Aufteilung des *imperium* sprechen, wenn man der Ansicht des EuGH beizupflichten bereit ist, dass das Gemeinschaftsrecht sich zu einer eigenständigen, nicht nur vom Verfassungs-, sondern auch vom Völkerrecht emanzipierten Ordnung entwickelt habe, mag es auch seinen Geltungsgrund weiterhin in staatlicher Herrschaftsmanifestation finden.[82] Jedenfalls sind die primärrechtlichen Grundlagen des Europarechts zumindest in diesem funktionalen Sinne als »Gemeinschaftsverfassung« qualifiziert worden.[83] Mit der Übertragung auf die EG verlieren deutsche oder französische Hoheitsrechte ihren mitgliedstaatlichen Bezug und damit die ausschließlich nationalstaatliche Legitimation,[84] während verbleibende Ausführungsbefugnisse in funktionaler Hinsicht den Gemeinschaftszielen untergeordnet werden.

IV. Schlussbemerkung

Was tradiert ist, will bewahrt werden; der Abschied vom »staatlichen Gewaltmonopol« fällt dementsprechend schwer. Seine modernere Deutung – kein Monopol legitimer physischer Gewaltsamkeit, sondern ein ausschließliches Recht, verbindlich Entscheidungen zu setzen und durchzusetzen – zögert ihn nur hinaus. Die Richtigkeit dieser Beschreibung dessen, was das Wesen des Staates heute ausmacht – weit mehr als die Fähigkeit, Soldaten auszuhaben und Polizei aufmarschieren zu lassen –, verschleiert nicht nur die Erkenntnis, dass Bedeutungsgehalt und Inhaltserwartung kaum noch zur Deckung gebracht zu werden vermögen. Das Wesen des Staates in Formeln wie »Gewalt« oder »Monopol« pressen zu wollen, banalisiert ihn nicht nur: suggerieren doch die Topoi, dass andere Rechtsträger das, was des Staates ist, nicht vornehmen dürfen, wo sie es doch in Wahrheit, weil sie nicht staatlich sind, nicht vornehmen können. Dass ihnen als Grundrechtsträgern formal gewalttätiges Handeln durchaus zu Gebote stehen kann – wenn auch im Ergebnis beschränkt durch das für alle geltende Gesetz –, wird mitunter ebenso vernachlässigt, freilich auch, dass das »Gewaltmonopol« nicht wirklich Ausnahmen, sondern höchstens Grenzen kennt. Wenn am Ende des langen Abschieds vom Gewaltmonopol, zu

81 Beispielhaft *Huber* AöR 116 (1991) 210, 220 ff; *Möschel* Zum Subsidiaritätsprinzip im Vertrag von Maastricht, NJW 1993, 3025; *Pernice* Gemeinschaftsverfassung und Grundrechtsschutz – Grundlagen, Bestand und Perspektiven, NJW 1990, 2409, 2411.

82 EuGH – Rs. 6/64 – *Costa Enel*, Slg. 1964, 1251, 1269 ff. Schon im Urteil EuGH – Rs. 26/62 – *Van Gend & Loos*, Slg. 1963, 1, 25, hatte der EuGH die Autonomie des Europarechts vom Völkerrecht angedeutet. Der Vorrang des Europarechts vor dem Recht der Mitgliedstaaten wurde aus dem Selbstverständnis der vertraglichen Ordnung begründet.

83 EuGH – Rs. 294/83 – *Les Verts*, Slg. 1986, 1339, 1365; EuGH Gutachten 1/91, Slg. 1991, 6079, 6102.

84 *Seeler* Die Legitimation des hoheitlichen Handelns der EG/EU, EuR 1998, 721, 732.

dem sich Staatsrechtsdogmatik und Staatslehre längst nolens volens aufgemacht haben, hier nun für seine endgültige Verabschiedung von diesem Begriff plädiert wird, braucht damit kein Abschied vom Staat[85] verbunden zu sein. Der Staat befindet sich nur im stetigen Wandel – und mit ihm die Art und Weise, wie er das, was ihn von der Gesellschaft trennt, das *imperium*, zur Geltung bringt. Vielmehr besteht die Gefahr, dass mit dem Festhalten am »Gewaltmonopol« auch das Postulat nach Versteinerung eines bestimmten Aufgabenkreises oder ihres Wahrnehmungsmodus verbunden wird. Auf einzelnen der Wege, die derzeit beschritten werden, werden die aktuellen Formen staatlicher Herrschaftsausübung und auch sein Zuhöchstsein zunehmend in Frage gestellt. Andernorts erweist sich nur, dass die Anforderungen an staatliches Wirken heute subtiler und komplexer sind als zu Zeiten, da es durch legitime physische Gewalt symbolisiert werden konnte.

85 Vgl. R. Voigt (Hrsg.) Abschied vom Staat – Rückkehr zum Staat, 2. Aufl. 1998.

Der virtuelle Raum als Wohnung?

Die sogenannte Online-Durchsuchung zwischen Privatsphäre und offenem Netz

DIRK HECKMANN

I. EINFÜHRUNG: ONLINE-DURCHSUCHUNG ALS »WORT DES JAHRES« 2007

»Online-Durchsuchung« gehört zweifellos zu den Begriffen, die es im Jahre 2007 am häufigsten in die Schlagzeilen, Hauptnachrichtensendungen, Leitartikel und Kommentare geschafft haben.[1] Kaum eine andere staatliche Maßnahme ist auf ein ähnlich negatives Medienecho gestoßen wie der heimliche Zugriff auf private Computer; Ähnliches ist aber für die Vorratsdatenspeicherung[2] zu erwarten, gegen die am 31. Dezember 2007 Verfassungsbeschwerde eingelegt worden ist.[3] Die zahlreichen (verfassungs-)rechtlichen Fragen, die mit der sog. Online-Durchsuchung verbunden sind, haben innerhalb eines Jahres zu einer juristischen Debatte[4] geführt, die mit dem Beschluss des BGH vom 31. Januar 2007[5] ins Rollen kam und ca. ein Jahr später durch die Entscheidung des Bundesverfassungsgerichts zur Verfassungsbeschwerde gegen § 5 Abs. 2 Nr. 11 VSG NRW[6] noch nicht erledigt sein dürfte:

1 Die Eingabe des Begriffs »Online-Durchsuchung«, der in seinem Kontext eindeutig sein dürfte, in die Suchmaschine Google ergab Anfang 2008 ein Ergebnis von 110 000 Treffern (zum Vergleich die Trefferzahl für Wohnraumdurchsuchung: 195 Treffer).

2 Gesetz zur Neuregelung der Telekommunikationsüberwachung und anderer verdeckter Ermittlungsmaßnahmen sowie zur Umsetzung der Richtlinie 2006/24/EG vom 21. 12. 2007, BGBl. I S. 3198.

3 Die Verfassungsbeschwerde wurde für acht sog. Erstbeschwerdeführer eingelegt. Ihr sollen sich nach Angaben des Arbeitskreises Vorratsdatenspeicherung etwa 30 000 Bürger anschließen, so viele wie noch nie bei einem Rechtsbehelf vor einem deutschen Gericht (Näheres unter www.vorratsdatenspeicherung.de).

4 Vgl. aus der juristischen Literatur *Kutscha* NJW 2007, 1169; *Rux* JZ 2007, 285; *Hornung* DuD 2007, 575.

5 BGH, 3. Strafsenat, Beschl. v. 31. 7. 2007 – StB 18/06, NJW 2007, 930 (Leitsatz: Die »verdeckte Online-Durchsuchung« ist mangels einer Ermächtigungsgrundlage unzulässig. Sie kann insbesondere nicht auf § 102 StPO gestützt werden. Diese Vorschrift gestattet nicht eine auf heimliche Ausführung angelegte Durchsuchung).

6 Az. 1 BvR 370/07 und 1 BvR 595/07 – Der Verfasser war an diesem Verfahren als Prozessvertreter der Landesregierung von Nordrhein-Westfalen beteiligt, weshalb sich dieser Festschriftenbeitrag auch nicht mit dem Verfahren als solches auseinandersetzt, sondern sich auf eine Detailfrage beschränkt.

Unabhängig davon, wie die Entscheidung im Detail ausgefallen ist,[7] sind trotz verfassungsrechtlicher Klarstellungen manche Fragen dieses komplexen, zwischen Informationstechnologie, (IT-)Sicherheitspolitik sowie Verfassungs- und Sicherheitsrecht angesiedelten Themas offen geblieben. Es ist deshalb zu erwarten, dass die politisch mittlerweile mehrheitsfähig gewünschte Ergänzung des BKAG um eine Befugnis zur Online-Durchsuchung[8] auch in Kenntnis der Erwägungen des Bundesverfassungsgerichts ihrerseits auf den verfassungsgerichtlichen Prüfstand gerät.

Was aber nun geklärt ist, ist die Frage, ob der heimliche Zugriff auf informationstechnische Systeme in den Schutzbereich des Art. 13 Abs. 1 GG eingreift, weil insbesondere sich die Zielrechner regelmäßig in einer Wohnung befinden dürften. Dies hat nicht nur formelle Auswirkungen (Notwendigkeit eines Richtervorbehalts), sondern rückt die Maßnahme auch in ein besonderes Licht, was die Intensität des Eingriffs in die Privatsphäre und den Kernbereich persönlicher Lebensgestaltung betrifft. Diesem Thema widmen sich die folgenden, dem hochgeschätzten Verfassungs- und Sicherheitsrechtler *Rolf Stober* gewidmeten Ausführungen: Fällt die Datenverarbeitung und Kommunikation eines mit dem Internet verbundenen Rechners unter den Schutzbereich des Art. 13 Abs. 1 GG?

II. § 5 ABS. 2 NR. 11 VSG NRW ALS AUSGANGSPUNKT

Die erste Vorschrift, die in Deutschland eine Befugnis zum heimlichen Zugriff auf informationstechnische Systeme beinhaltete, war § 5 Abs. 2 Nr. 11 im Verfassungsschutzgesetz für das Land Nordrhein-Westfalen (VSG NRW).[9] Sie soll deshalb zum Ausgangspunkt genommen werden. Zwar wurde diese Vorschrift bei Erscheinen der Festschrift bereits vom Bundesverfassungsgericht für verfassungswidrig erklärt, doch nimmt das ihr aber nicht den heuristischen Wert. Weil staatliche Online-Zugriffe auf IT-Systeme nicht rigoros für unzulässig erklärt wurden, lassen sich durch die Auslegung dieser »Pioniervorschrift« unterschiedliche Varianten einer »Online-Durchsuchung« ermitteln, die den rechtspolitischen Aktionsraum der Gesetzgeber auf Bundes- und Landesebene abstecken (natürlich innerhalb der »Vermessungsgrenzen« des »wegweisenden Urteils« aus Karlsruhe). So kann sich eine »Online-Durchsuchung« darauf beschränken, die »laufende Internetkommunikation« (z.B. E-Mail, Internettelefonie) zu überwachen; sie kann aber auch so ausgestaltet werden, dass per Zugriff auf die Computerfestplatte sämtliche Daten ausgelesen werden. »Dazwischen« gibt es weitere Varianten. Eines ist klar: Es gibt nicht

7 Durch Urteil vom 27. 2. 2008 wurde die nordrhein-westfälische Regelung für nichtig erklärt.

8 § 20k BKAG-E.

9 Gesetz zur Änderung des Gesetzes über den Verfassungsschutz in Nordrhein-Westfalen (VSG NRW) vom 20. 12. 2006 – GVBl. NRW 2006, S. 620.

»die« Online-Durchsuchung, sondern eine Vielzahl denkbarer Zugriffsszenarien.[10] Eines davon war in § 5 Abs. 2 Nr. 11 VSG NRW verankert.

Die maßgeblichen Vorschriften lauteten:

§ 5 Befugnisse

(2) Die Verfassungsschutzbehörde darf nach Maßgabe des § 7 zur Informationsbeschaffung als nachrichtendienstliche Mittel die folgenden Maßnahmen anwenden: [...]

11. heimliches Beobachten und sonstiges Aufklären des Internets, wie insbesondere die verdeckte Teilnahme an seinen Kommunikationseinrichtungen beziehungsweise die Suche nach ihnen, sowie der heimliche Zugriff auf informationstechnische Systeme auch mit Einsatz technischer Mittel.

§ 7 Besondere Formen der Datenerhebung

(1) Die Verfassungsschutzbehörde darf zur Erfüllung ihrer Aufgaben Informationen, insbesondere personenbezogene Daten, [...] mit den Mitteln gemäß § 5 Abs. 2 erheben, wenn Tatsachen die Annahme rechtfertigen, dass

1. auf diese Weise Erkenntnisse über Bestrebungen oder Tätigkeiten nach § 3 Abs. 1 oder die zur Erlangung solcher Erkenntnis erforderlichen Quellen gewonnen werden können oder
2. dies zum Schutz der Mitarbeiter, Einrichtungen, Gegenstände und Quellen der Verfassungsschutzbehörde gegen sicherheitsgefährdende oder geheimdienstliche Tätigkeiten erforderlich ist.

1. Zur Auslegung des § 5 Abs. 2 Nr. 11 VSG NRW

Es bedarf zunächst einer rechtstatsächlichen Klarstellung, welche Maßnahmen auf § 5 Abs. 2 Nr. 11 VSG NRW gestützt werden sollten.

Die Vorschrift enthielt über »eingriffslose« Maßnahmen wie der »virtuellen Streifenfahrt« mit einer Auswertung aller *frei zugänglichen* Informationen von Webseiten hinaus zwei Eingriffsbereiche: Zum einen die (hier sog.) »serverorientierte Internetaufklärung«, nämlich das heimliche Beobachten und das sonstige Aufklären des Internets,[11] soweit es sich auf die webbasierte Internetkommunikati-

10 Weitere notwendige Unterscheidungen, wie die zwischen präventiven und repressiven Befugnissen oder die nach dem Ermächtigungsadressat (Polizei oder Nachrichtendienste) bleiben hier aus Platzgründen außer Betracht.

11 Wenn in dieser Vorschrift von »Internet« die Rede ist, ist dies nicht wissenschaftlich, sondern umgangssprachlich zu verstehen. Unter dem Internet versteht man üblicherweise die Verbindung von Rechnern und Netzwerken zu einem umfassenden Netzwerk (»Netz der Netze«) in einer Server-Client-Struktur, wobei der Datenaustausch der verbundenen Rechner über einheitliche, standardisierte Protokolle (z.B. http) erfolgt. So gesehen passt der Begriff Internet als Tatbestandsmerkmal nicht ganz, weil ja nicht etwa die Netzstruktur oder die Protokolle »aufgeklärt« werden sollen, sondern Inhalte, die über das Internet kommuniziert werden. Es geht also um die Aufklärung (= Sammeln und Auswerten von Informationen) jener Kommunikationsinhalte und -modi, die sich der Internetdienste (world wide web, E-Mail, FTP etc.) bedienen. Man kann auch (allgemeiner) von Datenverkehr sprechen (hier zeigt sich die Parallele zur Fernmeldeüberwachung, wo nicht das Fernmeldewesen, sondern der Fernmeldeverkehr überwacht wird). Diese »Unsauberkeit«

on bezieht; zum anderen die (hier sog.) »clientorientierte Internetaufklärung«, insbesondere den »heimlichen Zugriff auf informationstechnische Systeme« in lokalen Speichermedien (Desktoprechner, Laptops, sonstige mobile Endgeräte mit Internetverbindung und Datenspeicher).

Beides zusammen bildet die mit der Neuregelung intendierte Internetaufklärung zu Verfassungsschutzzwecken. Ausweislich der Gesetzesmaterialien[12] ging es dem Gesetzgeber darum, das Internet als modernes Kommunikationsmedium zu überwachen, um Erkenntnisse über verfassungsfeindliche, insbesondere terroristische Bestrebungen zu gewinnen. Weil die Extremisten modernste Technologien für ihre Bestrebungen einschließlich des Aufbaus interner Informations- und Kommunikationsnetze nutzen, genügen die bisherigen nachrichtendienstlichen Mittel nicht mehr. Als Beispiel sei die Nutzung der Internettelefonie genannt, die – sowohl aus technischen Gründen als auch rechtlich de lege lata – über das Instrument der herkömmlichen Telefonüberwachung nicht überwacht werden kann.

2. *Serverorientierte Internetaufklärung*

Der erste Eingriffsbereich (serverorientierte Internetaufklärung) verzweigt sich in verschiedenen Varianten: Zum »Aufklären des Internets« zählen danach (1) das »heimliche Beobachten« und (2) das »sonstige Aufklären«. Als Regelbeispiele (»insbesondere«) benennt das Gesetz die »verdeckte *Teilnahme* an Internetkommunikationseinrichtungen« und die »*Suche* nach Internetkommunikationseinrichtungen«. Darunter fallen Eingriffe auf verschiedenen Ebenen. So erfasst die Befugnis die Überwindung von Zugriffsbarrieren (z.B. Passwortschutz), die Vertrauen erweckende »legendierte Teilnahme« an Internetkommunikation (z.B. in Foren, Chats, Newsgroups) unter Annahme einer vorgetäuschten Identität oder auch das Einstellen eines »Lockangebots« auf einer Auktionsplattform. Im Prinzip sind das Maßnahmen, die in ähnlicher Form zum typischen nachrichtendienstlichen Instrumentarium zählen, nur dass sich dies im »realen Raum« abspielt, während § 5 Abs. 2 Nr. 11 VSG NRW den »virtuellen Raum« umfasste. Nachdem die bezeichneten Internetkommunikationseinrichtungen auf Servern liegen (d.h. die Informationen darauf abgespeichert sind und von dort – in der Regel über herkömmliche Browsersoftware – abgerufen werden), kann man diesen Eingriffsbereich »serverorientiert« nennen.

kann aber auch positiv gewendet werden: »Internet« wird hier als Rechtsbegriff und nicht als Begriff der Informatik verwendet. Entscheidend ist also nicht die technische Präzision, sondern die zutreffende Assoziation beim Normadressaten. Dieser setzte aber schon immer die Internetdienste mit dem Internet gleich.

12 LT-Drs. 14/2211, S. 15 f.

3. *Clientorientierte Internetaufklärung*

Der zweite Eingriffsbereich (clientorientierte Internetaufklärung) rechtfertigt den Einsatz technischer Mittel, um »heimlich auf IT-Systeme zuzugreifen«. Damit sind in erster Linie (ausweislich der Gesetzesbegründung[13] und in Abgrenzung zum ersten Eingriffsbereich) »Zugriffe« auf Dateien auf Computerfestplatten gemeint (also das Suchen nach bestimmten Informationen und – im Erfolgsfalle – das »Kopieren«[14]). Weder sollen diese Dateien verändert noch überhaupt das IT-System in irgendeiner Weise manipuliert oder gar beschädigt werden. Das ergibt sich aus dem »Oberbegriff« der Internetaufklärung im Zusammenhang mit den Verfassungsschutzaufgaben der Informationssammlung und -auswertung. Angesichts des Umstands, dass der »Zielrechner« dieser Aufklärungsmaßnahme ein lokales Speichermedium darstellt, kann man diesen zweiten Eingriffsbereich »clientorientiert« nennen. Von Internetaufklärung kann (und muss) man auch bei diesem zweiten Eingriffsbereich sprechen, weil nur solche Informationen im Visier des Verfassungsschutzes stehen, die der Internetkommunikation entstammen (per E-Mail gesandte oder aus dem Internet heruntergeladene Dateien) oder ihr künftig dienen sollen oder können (z.B. Nachrichtentexte im Entwurfsstadium, sonstige Textdateien, Bilder oder Skizzen, die innerhalb von Terrornetzwerken kommuniziert werden sollen).[15] Diese Zielobjekte werden regelmäßig für den Vorgang der webbasierten Kommunikation (also jenem serverbasierten Dateiaustausch, auf den die serverorientierte Internetaufklärung zielt) verschlüsselt, weshalb der Zugriff auf die Computerfestplatte dem zuvorkommen will.

13 LT-Drs. 14/2211, S. 17 f.

14 Früher wurden Papierdokumente heimlich fotografiert.

15 Genau diese Auslegung hatte das Bundesverfassungsgericht in der mündlichen Verhandlung vom 10. 10. 2007 angezweifelt: sie finde keinen ausreichenden Niederschlag in § 5 Abs. 2 Nr. 11 VSG NRW. Unabhängig davon, ob man dem folgen will, liegt an dieser Stelle jedoch eine wichtige Weichenstellung: Die Frage ist nämlich, ob die Ausgestaltung der Online-Durchsuchung als (bloße) Internetaufklärung mit einem bewusst restriktiven Zugriff auf die Computerfestplatte – wenn man sie ggf. deutlicher im Gesetzestext verankern würde – eher den verfassungsrechtlichen Vorgaben entsprechen würde als eine weitergehende Zugriffsbefugnis. Das Problem liegt also nur vordergründig in der hinreichenden Bestimmtheit der Vorschrift (die lässt sich ggf. korrigieren) als vielmehr in der Frage ihrer Verhältnismäßigkeit.

III. »Online-Durchsuchung« und Unverletzlichkeit der Wohnung (Art. 13 Abs. 1 GG)

Internetaufklärung und IT-Zugriffe bewegen sich in grundrechtlich geschützten Bereichen. Dass hier das Grundrecht der Telekommunikationsfreiheit (Art. 10 Abs. 1 GG), zumindest aber das Grundrecht auf informationelle Selbstbestimmung (Art. 2 Abs. 1 i.V.m. Art. 1 Abs. 1 GG) einschlägig ist, steht außer Frage. Fraglich ist aber, ob darüber hinaus in den Schutzbereich des Grundrechts auf Unverletzlichkeit der Wohnung (Art. 13 Abs. 1 GG) eingegriffen wird.

1. Schutzbereich des Art. 13 Abs. 1 GG

Art. 13 Abs. 1 GG statuiert die »Unverletzlichkeit« der Wohnung, kann also nur dann einschlägig sein, wenn es um »Wohnung« im verfassungsrechtlichen Sinne geht. Nach bislang unbestrittener Auffassung ist Wohnung »der Inbegriff der Räume, die ein Mensch zur Stätte seines Aufenthalts und/oder Wirkens gemacht und die er der allgemeinen Zugänglichkeit entzogen hat«.[16] Anders ausgedrückt: Schutzgut des Art. 13 Abs. 1 GG ist der *räumliche* Bereich der Privatsphäre[17] als elementarer Lebensraum.[18] Dem Einzelnen soll das Recht »in Ruhe gelassen zu werden«[19] in seinen Wohnräumen gesichert werden. Geschützt ist dabei nicht das Besitzrecht an einer Wohnung, sondern deren Privatheit.[20] An dem Schutzauftrag, die Privatheit der Wohnung zu gewährleisten, muss sich jedes Handeln messen lassen, das die Kenntniserlangung von Geschehnissen innerhalb der Wohnung ermöglicht.[21] In Konkretisierung des Schutzumfangs des Grundrechts auf Unverletzlichkeit der Wohnung ist aber in diesem Zusammenhang stets ein konkreter *Raumbezug* erforderlich.[22] Nur Vorgänge *in* der Wohnung sind geschützt.[23] Soweit dadurch von staatlicher Stelle eingegriffen werden soll, bedarf es damit auch der *Überwindung räumlicher Abgrenzungen.*[24]

16 Vgl. nur *Schmitt Glaeser* in: Deutsches Rechtslexikon, 3. Aufl. 2001, Artikel »Wohnung (Verfassungsrecht)«, B. Ebenso *Kühne* in: Sachs, GG, 3. Aufl. 2003, Art. 13 Rn 7 mwN. Umstritten war zeitweise, ob auch Geschäftsräume hierunter fallen. Dies wurde durch das BVerfGE 32, 54, 68 ff; 76, 83, 88; 97, 228, 265 bejaht.

17 BVerfGE 32, 54, 70 ff; 65, 1, 40.

18 BVerfGE 42, 212, 219; 51, 97, 110.

19 BVerfGE 27, 1, 6.

20 BVerfGE 89, 1, 2.

21 *Kunig* in: v. Münch/Kunig, GG, 5. Aufl. 2000, Art. 1 a.E.; *Hermes* in: Dreier, GG, 1996, Art. 13 Rn 9 mwN.

22 *Cassardt* in: Clemens/Umbach, Mitarbeiterkommentar zum GG, 1. Aufl. 2002, Art. 13 Rn 41 ff.

23 BVerfGE 65, 1, 40.

24 In diese Richtung auch BVerfGE 115, 116, 283 mit Anm. *Heckmann* jurisPR-ITR 4/2006, Anm. 5.

Der verfassungsrechtliche Wohnungsbegriff ist darüber hinaus vor dem Hintergrund der Menschenwürdegarantie (Art. 1 Abs. 1 GG) zu sehen, die der Wohnung einen besonderen funktionalen Schutz verleiht, wie das Bundesverfassungsgericht[25] betont hat:

> »Der Schutz der Menschenwürde wird auch in dem Grundrecht aus Art. 13 Abs. 1 GG konkretisiert. Die Unverletzlichkeit der Wohnung hat einen engen Bezug zur Menschenwürde und steht zugleich im nahen Zusammenhang mit dem verfassungsrechtlichen Gebot unbedingter Achtung einer Sphäre des Bürgers für eine ausschließlich private – eine »höchstpersönliche« – Entfaltung. […] Auch die vertrauliche Kommunikation benötigt ein räumliches Substrat jedenfalls dort, wo die Rechtsordnung um der höchstpersönlichen Lebensgestaltung willen einen besonderen Schutz einräumt und die Bürger auf diesen Schutz vertrauen. Das ist regelmäßig die Privatwohnung, die für andere verschlossen werden kann. Verfügt der Einzelne über einen solchen Raum, kann er für sich sein und sich nach selbst gesetzten Maßstäben frei entfalten. Die Privatwohnung ist als »letztes Refugium« ein Mittel zur Wahrung der Menschenwürde. Dies verlangt zwar nicht einen absoluten Schutz der Räume der Privatwohnung, wohl aber absoluten Schutz des Verhaltens in diesen Räumen, soweit es sich als individuelle Entfaltung im Kernbereich privater Lebensgestaltung darstellt.«

An diesem Maßstab muss sich jede Eingriffsermächtigung, die den Schutzbereich des Art. 13 Abs. 1 GG berührt, messen lassen.

2. *Eingriff in den Schutzbereich des Art. 13 Abs. 1 GG?*

Obwohl die Befugnisse zur Internetaufklärung auch Gegenstände betreffen, die sich in geschützten Wohnungen befinden, bedeuten sie im Ergebnis keinen Grundrechtseingriff im Hinblick auf Art. 13 Abs. 1 GG.

a) Wohnungsschutz und »serverorientierte Internetaufklärung«

Soweit man dem Verfassungsschutz die Befugnis gibt, das Internet heimlich zu beobachten, an Kommunikationseinrichtungen (etwa Internetforen oder Newsgroups) verdeckt teilzunehmen oder solche zu suchen, ist der Wohnungsschutz des Art. 13 Abs. 1 GG nicht berührt.

Rein formal lässt sich zunächst argumentieren, dass die Wohnung als Inbegriff privat genutzter Räume durch diese Maßnahmen nicht betroffen ist, weil diese Räume (im Gegensatz zu einer Wohnraumdurchsuchung mit anschließender Computer-Beschlagnahme) gar nicht betreten werden. Aber auch der »funktionale« Wohnungsschutz, der neben dem »physischen« Wohnungsschutz zu beachten ist, greift hier nicht. Zwar zählt auch der Einsatz technischer Mittel, soweit er von außen zur Beobachtung von Geschehnissen in der Wohnung dient, als Eingriff in Art. 13 Abs. 1 GG,[26] wie sich bereits aus Art. 13 Abs. 3–5 GG ergibt. Jedoch ist die

25 BVerfGE 109, 279, 313 f.
26 BVerfGE 109, 279, 340 f.

Internetaufklärung durch die Verfassungsschutzbehörde mit einer solchen »akustischen oder optischen Wohnraumüberwachung« nicht vergleichbar. Beobachtet bzw. überwacht werden hier nicht Geschehnisse innerhalb der Wohnung, sondern Informationen, die von (Client-)Rechnern in das weltweite Internet eingespeist, ggf. auf Servern gespeichert oder von dort abgerufen werden, und zwar unabhängig davon, ob die beteiligten (Client-)Rechner sich bei diesem Datenaustausch innerhalb oder außerhalb von Wohnungen befinden. Vergleichbar ist die Internetkommunikation eher mit dem Post- und Fernmeldewesen, das durch Art. 10 Abs. 1 GG spezieller geregelt ist. Auch hier geht es um Informationsaustausch mit Dritten, welcher über Informationsmittler (auf der einen Seite der Post- oder Telekommunikationsdienstleister, auf der anderen Seite der Internetprovider) abgewickelt wird. Signifikant ist, dass bei der Kommunikation über Post, Telefon oder Internet spezielle Dienstleister technische Hilfe leisten, während die Kommunikation oder auch das allgemeine Verhalten von Menschen in Wohnungen ohne solche Intermediäre auskommt. Würde man jede Kommunikation, die in Wohnungen ihren Ausgang nimmt oder dorthin zurückstrahlt, unter den Schutz des Art. 13 GG stellen, wäre im Prinzip Art. 10 Abs. 1 GG weitgehend überflüssig. Gerade in der Gesamtschau von Art. 10 Abs. 1, 13 Abs. 1 sowie Art. 2 Abs. 1 i.V.m. Art. 1 Abs. 1 GG wird deutlich, dass zwar Art. 13 Abs. 1 GG die Wohnung als Privatsphäre schützt, umgekehrt aber nicht alles, was zur Privatsphäre zählt, damit unter den Schutz des Art. 13 Abs. 1 GG fällt.

Der durch die Verbindung von Computern in einem umfassenden Rechnernetzwerk als Informations- und Kommunikationsplattform gebildete »virtuelle Raum« ist keine Wohnung i.S.d. Art. 13 Abs. 1 GG. Man mag das (politisch) als Schutzlücke empfinden. Diese wäre aber nur durch Verfassungsänderung dahingehend zu schließen, dass man den Schutzbereich des Art. 13 Abs. 1 GG erweitert. Eine analoge Anwendung der Schranken des Art. 13 Abs. 2–7 GG auf die allgemeine Internetüberwachung[27] kommt nicht in Betracht. Dies passt schon vom Wortlaut der Vorschrift nicht, würde aber auch den Wertungen des Grundgesetzes nicht gerecht, wonach gerade vor dem Hintergrund staatlicher Schutzpflichten zur Sicherheitsgewährleistung eine Balance der privaten und öffentlichen Interessen herzustellen ist. Den »virtuellen Raum« zu einer der Privatwohnung vergleichbaren Schutzzone, gleichsam zu einem Refugium zu erklären, in das sich der Bürger »zurückziehen kann«, würde diesen zu einem weitgehend rechtsfreien Raum machen, in dem der Staat seinen Schutzauftrag nicht mehr ausüben könnte. Eine solche Sichtweise widerspräche auch der Funktionalität des Internets. Das Internet hat sich längst zu einem Konglomerat der Information und Kommunikation, einem Unterhaltungsmedium, Meinungsforum und elektronischem Marktplatz entwickelt, in dem große Teile des privaten, gesellschaftlichen, wirtschaftlichen und politischen Lebens abgebildet werden. Würde man vor diesem Hintergrund den virtuellen Raum zur Pri-

27 So etwa *Rux* JZ 2007, 285, 293 ff.

vatsphäre erklären, wäre einer »Flucht in den virtuellen Raum«[28] buchstäblich Tür und Tor geöffnet. Kann (und sollte) man noch hinnehmen, dass die Wohnung als faktischer Freiraum zur Vorbereitung und Begehung von Verbrechen für den Staat nur schwer zugänglich ist, geriete die Balance von Freiheit und Sicherheit (zur Sicherung der Freiheit) ins Wanken, wenn menschliche (Inter-)Aktion, die sich bislang in der Öffentlichkeit abgespielt hat, nunmehr zur Privatsache erklärt würde, nur weil neue Technologien zur »digitalen Vermummung« der Akteure beitragen.

Auch wenn manche Menschen mittlerweile große Teile ihres Lebens in das Internet verlagert haben (»Second Life«), entspricht dieses Verhalten doch nicht dem Kernbereich privater Lebensgestaltung, von dem grundrechtsdogmatisch bislang übereinstimmend ausgegangen wurde. Damit ist keineswegs gesagt, dass die Internetkommunikation nicht schützwürdig (und schutzbedürftig) wäre. Diesen Schutz vermittelt nur nicht Art. 13 Abs. 1 GG, sondern Art. 10 Abs. 1 GG und im Übrigen Art. 2 Abs. 1 i.V.m. Art. 1 Abs. 1 GG (insbesondere in der Variante des »neuen« Grundrechts auf Gewährleistung der Vertraulichkeit und Integrität informationstechnischer Systeme, wie das BVerfG im Urteil vom 27. 2. 2008 formuliert hat).

Insbesondere bedarf es auch nicht des Rückgriffs auf Art. 13 Abs. 1 GG, um einen besonderen Kernbereichsschutz der Internetkommunikation zu gewährleisten. Maßnahmen, die »im Internet« ergriffen werden, haben ohnehin nur in Ausnahmefällen Kernbereichsbezug, im Regelfall also »Sozialbezug«. All jene Kommunikation, die sich in Foren, Chaträumen oder auf elektronischen Marktplätzen abspielt, zählt so wenig zum Kernbereich privater Lebensgestaltung wie das jeweilige Pendant im realen Raum, also die Unterhaltung mit Freunden und Bekannten (außerhalb der Wohnung) oder der Einkauf im Supermarkt. Das sind Aktivitäten, die dank der neuen Technologie nun in den virtuellen Raum verlagert werden können und dort keine höhere Schutzbedürftigkeit und Schutzwürdigkeit genießen. Sie kennzeichnen den Einzelnen als gemeinschaftsgebundenes Individuum, der sich als soziales Wesen freiwillig entäußert.

Hier fällt auch ins Gewicht, dass durch die Konvergenz der Medien und neue Internetfunktionalitäten (»web 2.0«)[29] Privatsphäre und Sozialsphäre immer mehr »verschwimmen«. Würde man den Kernbereichsschutz hier streng in dem Sinne verstehen, dass das Risiko des »Betretens der besonders schutzwürdigen Privatsphäre« einen Zugriff ohne Abwägung ausschließt, dürfte ein Computer (auf dem sich im Dateienverzeichnis Geschäftskorrespondenz unmittelbar neben privaten Fotoalben und eventuell heruntergeladenen Musikclips und Erotikdateien befinden kann) heute weder beschlagnahmt noch durchsucht, ja nicht einmal durch staatliche Instanzen »hochgefahren« werden.

Wer »innere Vorgänge wie Empfindungen und Gefühle sowie Überlegungen, Ansichten und Erlebnisse höchstpersönlicher Art zum Ausdruck« bringen will, macht dies normalerweise nicht in Interaktion mit dem Rechner, weil er sich der IT-

28 Davor dezidiert warnend *Heckmann* NJW 2000, 1370 ff.
29 Hierzu *Heckmann* jurisPraxiskommentar Internetrecht, 2007, Kap. 1.7 Rn 136 ff.

Sicherheitsrisiken bewusst ist (bzw. sein müsste). Mehr noch als im Rahmen einer Verfassungsschutzbeobachtung muss er damit rechnen, dass solche Daten von »privater« Seite eingesehen, manipuliert oder gelöscht werden. Wer dem entgegenhalten will, es sei für den »unbescholtenen Bürger« unwahrscheinlich, Opfer von Hackern etc. zu werden, muss sich fragen, warum dann ausgerechnet die Verfassungsschutzbehörde bei allen Verfahrensvorkehrungen eher Zugriff nähme. Wenn aber der Internetrechner nicht als »Refugium« taugt, werden die dort gespeicherten Informationen auch nicht zum Kernbereich privater Lebensgestaltung zu zählen sein. Streng genommen ist es sogar widersprüchlich, solche Lebenssachverhalte geheim halten zu wollen und sie auf einem Rechner zu speichern, der »am Internet hängt«.[30]

Eine Ausnahme gilt für die Internettelefonie (»Voice over IP«), die funktional der Telekommunikation über herkömmliche Verbindungen im Festnetz oder Mobilfunknetzen gleichzustellen ist. Hier gelten die Ausführungen, die das BVerfG zur TKÜ in Niedersachsen[31] gemacht hat:

> »Art. 10 Abs. 1 GG gewährleistet die freie Entfaltung der Persönlichkeit durch einen privaten, vor der Öffentlichkeit verborgenen Austausch von Kommunikation und schützt damit zugleich die Würde des Menschen [...] Der Schutz ist allerdings anders ausgestaltet als der des Grundrechts der Unverletzlichkeit der Wohnung nach Art. 13 GG. [...] Die Bürger sind zur höchstpersönlichen Kommunikation nicht in gleicher Weise auf Telekommunikation angewiesen wie auf eine Wohnung. Dementsprechend normiert Art. 10 Abs. 1 GG anders als Art. 13 GG keine spezifischen Eingriffsvoraussetzungen, sondern verweist nur implizit auf die allgemeinen rechtsstaatlichen Anforderungen.«

b) Wohnungsschutz und »clientorientierte Internetaufklärung«

Auch die clientorientierte Internetaufklärung unterliegt nicht dem Grundrechtsschutz des Art. 13 Abs. 1 GG. Als solche wird (wie eingangs geschildert) der »heimliche Zugriff auf informationstechnische Systeme [...] mit Einsatz technischer Mittel« bezeichnet, soweit damit auf Dateien zugegriffen wird, die auf einem Computer lokal (in Abgrenzung gegenüber dem Zugriff auf Daten auf einem Server) abgespeichert sind.

Der Unterschied zur serverorientierten Internetaufklärung liegt darin, dass bei der clientorientierten Internetaufklärung auch auf solche Daten zugegriffen wird, die noch nicht oder nicht mehr über das Internet (mit Hilfe von Dienstleistungen der Internetprovider) versendet, gespeichert oder verwaltet werden (also zum Beispiel E-Mails im lokalen Posteingangs- oder Entwurfsordner, Dateianhänge [attachments] von E-Mails, aber auch Bilder, Grafiken oder Texte auf der Festplatte, die zur Internetkommunikation geeignet und/oder bestimmt sind). Während die serverorientierte

30 Hierzu die Tagebuchentscheidung, BVerfGE 80, 367, 374: »Es kommt zunächst darauf an, ob der Betroffene einen Lebenssachverhalt geheimhalten will oder nicht. Denn dort, wo der Betroffene auf Geheimhaltung selbst keinen Wert legt, ist der Kernbereich schon wegen dieses Umstands in aller Regel nicht berührt. Andererseits lässt sich der Kernbereich des Persönlichkeitsrechts nicht in der Weise bestimmen, dass allein auf den Willen des Betroffenen zur Geheimhaltung ankommt.«

31 BVerfGE 113, 348, 390 f.

Internetaufklärung unter Art. 10 Abs. 1 GG fällt, greift die clientorientierte Internetaufklärung in das Recht auf informationelle Selbstbestimmung ein. Für einen weitergehenden Schutz über Art. 13 Abs. 1 GG besteht weder Anlass noch ein Bedürfnis.

aa) Zum Argument der Belegenheit des Zielrechners in einer Wohnung

Auch wenn sich ein betroffener Rechner (Desktop-Rechner, Laptop oder andere mobile, internetfähige Endgeräte mit Speichermedien wie Mobilfunktelefone, Smartphones, Organizer etc.) innerhalb einer Wohnung befindet, ist der Schutz, den Art. 13 Abs. 1 GG vermittelt, nur reflexiv. Das heißt: Dieser Rechner nimmt als Wohnungsgegenstand an dem »physischen Schutz« teil, den die verfassungsrechtlichen Hürden zum Betreten der Wohnung aufbauen. Der Rechner wird im Rahmen des Art. 13 Abs. 1 GG also nicht deshalb geschützt, weil er selbst »Wohnung« wäre, sondern wenn und soweit er sich in einer solchen befindet und auf ihn (normalerweise) nur dann zugegriffen werden kann (ansehen, anschalten, untersuchen, mitnehmen etc.), wenn die Voraussetzungen für eine Wohnraumdurchsuchung vorliegen. Wäre dies anders, dann müsste der Schutz auch fortgelten, wenn der Rechner aus der Wohnung genommen wird (zumindest beim Wohnungswechsel im Umzugswagen), was offensichtlich niemand so behauptet. Außerdem müssten sich die Vorschriften, die den Zugriff auf die Inhalte des Rechners ermöglichen (§§ 94 ff, 102 ff StPO), ihrerseits an Art. 13 Abs. 1 GG messen lassen. Davon geht aber auch das Bundesverfassungsgericht nicht aus, wenn es im zweiten Leitsatz seiner Entscheidung vom 2. 3. 2006[32] ausführt:

> §§ 94 ff und §§ 102 ff StPO genügen den verfassungsrechtlichen Anforderungen auch hinsichtlich der Sicherstellung und Beschlagnahme von Datenträgern und den hierauf gespeicherten Daten und entsprechen der vor allem für das Recht auf informationelle Selbstbestimmung geltenden Vorgabe, wonach der Gesetzgeber den Verwendungszweck der erhobenen Daten bereichsspezifisch, präzise und für den Betroffenen erkennbar bestimmen muss. Dem wird durch die strenge Begrenzung aller Maßnahmen auf den Ermittlungszweck Genüge getan.

Wenn die dieser Entscheidung zugrunde liegenden Beschlüsse auch an Art. 13 Abs. 1 und 2 GG gemessen wurden,[33] dann nur, weil die Maßnahme im Rahmen einer Wohnraumdurchsuchung erfolgte. So wird ausdrücklich zwischen Grundrechtseingriffen beim Betreten der Wohnung (dann Art. 13 GG) und solchen beim Auslesen von Dateien (dann Art. 2 Abs. 1 i.V.m. Art. 1 Abs. 1 GG) unterschieden.

Zutreffend stellt *Cassardt*[34] dar: »Der Zugriff auf eine elektronische Mailbox oder andere Datenbestände durch »Hacken« hat nichts mit der Überwindung räumlicher Abgrenzungen zu tun und berührt den Schutzbereich des Art. 13 GG selbst dann nicht, wenn sich die entsprechende Hardware in einer Wohnung befindet.«

32 BVerfGE 115, 166, 166.
33 BVerfGE 115, 166, 196 ff.
34 *Cassardt* in: Clemens/Umbach, Mitarbeiterkommentar zum GG, 1. Aufl. 2002, Art. 13 Rn 43.

bb) Zum Argument der optischen oder akustischen Wohnraumüberwachung über einen Internetrechner

Art. 13 Abs. 1 GG wäre in Bezug auf den Zugriff auf informationstechnische Systeme nur dann einschlägig, wenn über die Rechnerhardware versucht würde, die Vorgänge in der Wohnung zu überwachen. Dies beträfe etwa die heimliche Installation von Programmen, die – z.B. mittels einer sog. Webcam – Geschehnisse außerhalb des Rechners, die in der Wohnung stattfinden, erforschbar machen könnte. Dies wäre am Grundrecht des Art. 13 GG zu messen.[35] Das ist vorliegend aber nicht der Fall. Derartige Eingriffe waren von der Befugnisnorm des § 5 Abs. 2 Nr. 11 i.V.m. § 7 Abs. 1 VSG NRW nicht erfasst. Das ergibt sich aus dem Wortlaut der Vorschrift (»Aufklären des Internets« als Oberbegriff aller Maßnahmen dieser Befugnis) sowie der systematischen Auslegung im Kontext mit § 7 Abs. 2 VSG NRW, der als lex specialis sämtliche auf die Wohnung bezogene technische Maßnahmen abschließend regelt.

cc) Zum Argument der Umgehung der Wohnungsdurchsuchungsvoraussetzungen

Der Schutzbereich des Art. 13 GG ist auch nicht deshalb eröffnet, weil die »Online-Durchsuchung« eine Umgehung einer sonst erforderlichen Wohnungsdurchsuchung und Beschlagnahme eines Computers wäre. Zwar wird argumentiert, dass es keinen Unterschied mache, wenn jemand einen Brief oder ein Tagebuch in Papierform in seiner Wohnung aufbewahrt oder sie auf einer Festplatte speichert; anderenfalls würde der Grundrechtsschutz des Art. 13 GG aufgrund der veränderten technischen Möglichkeiten und Gepflogenheiten unzulässig verkürzt. Dies kann aber nicht überzeugen. Im Ergebnis verkennt diese Argumentationslinie den Schutzgehalt des Grundrechts auf Unverletzlichkeit der Wohnung. Denn Art. 13 GG gewährleistet in erster Linie einen *räumlichen Schutz*. Wäre die Argumentation richtig, dann müsste das Tagebuch unabhängig davon, ob es (digital oder in Papierform) in einer Wohnung oder in einem Schließfach aufbewahrt wird, unter dem besonderen Schutz des Art. 13 GG stehen. Dies macht deutlich, dass alle Gegenstände, die zur Begründung einer hohen Schutzwürdigkeit bzw. Schutzbedürftigkeit ins Feld geführt werden (Tagebücher, Fotoalben, Liebesbriefe etc.) nicht wegen ihres (zweifellos schutzfähigen) Inhalts, sondern wegen ihrer »Teilhabe« am privaten Wohnungsgeschehen unter Art. 13 GG zu fassen sind.

In diesem Zusammenhang lässt sich auch die zutreffende Äußerung des BGH anführen, dass es nicht entscheidend darauf ankomme, dass die in den Speichermedien eines Computers abgelegten Daten im Einzelfall ähnlich sensibel und schutzwürdig sein können wie das in einer Wohnung nichtöffentlich gesprochene Wort, und dass die Maßnahme wegen der Durchsicht einer Vielzahl unterschiedlicher

35 So zutreffend *Gusy* Gutachterliche Stellungnahme im Rahmen der Anhörung zur Novellierung des Gesetzes zur Änderung des Gesetzes über den Verfassungsschutz in Nordrhein-Westfalen, LT-Drs. 14/0629, S. 6.

Daten als ein besonders schwer wiegender Eingriff in das Recht auf informationelle Selbstbestimmung erscheinen mag.[36] Denn unter diesem Aspekt unterscheidet sich der verdeckte Online-Zugriff nicht von einer im Rahmen einer offenen Durchsuchung vorgenommenen Auswertung von elektronischen Datenträgern, die als im Grundsatz unbedenklich angesehen wird.[37]

dd) Zum Argument des besonderen Vertrauens auf unterbleibende Online-Zugriffe

Letztlich schützt Art. 13 Abs. 1 GG das besondere Vertrauen, das der Wohnungsinhaber und seine Mitbewohner dahingehend haben, dass sie ihr Privatleben unbeobachtet und ungestört entfalten können. In seiner Wohnung kann man sich »sicher« fühlen.

Dies gilt auch eingedenk der Tatsache, dass Hausfriedensbruch oder Einbruchsdiebstahl nicht ganz auszuschließen sind. Für das Sicherheitsgefühl maßgebend ist – neben der statistisch zu berechnenden Wahrscheinlichkeit, Opfer solcher Taten zu werden – die Möglichkeit, Schutzmaßnahmen zu treffen und das Restrisiko zu beherrschen. Erst dieses Sicherheitsgefühl begründet eine Privat(atmo)sphäre, in der der Einzelne frei von Ängsten und Zwängen selbst bestimmt, wie er sein Privatleben gestaltet. Kennzeichnend für den Grundrechtsschutz aus Art. 13 Abs. 1 GG ist nämlich, dass die Bürger in der Wohnung auf einen besonderen Schutz vertrauen.[38]

Übertragen auf die Nutzung eines Computers in der Wohnung wird zuweilen vorgebracht, auch insoweit erbringe der Nutzer ein besonderes Vertrauen; das sei eben der Unterschied, ob man den Rechner zuhause betreibe (wo man sich sicher und geschützt wähnen dürfe) oder auf der Zugfahrt (wo Beschädigung, Diebstahl oder sonstiger Verlust drohe). Auch dieses Argument kann nicht überzeugen. Die in Wohnungen gemachten Lebensäußerungen nehmen nur in dem Umfang am grundrechtlichen Schutz des Art. 13 GG teil, in dem der von Überwachungsmaßnahmen Betroffene die räumliche Privatsphäre zu seinem Schutz nutzt; dies ist nicht der Fall, wenn er die Wahrnehmbarkeit der Kommunikation von außen selbst ermöglicht.[39] Insoweit fällt die Kommunikation mit der Außenwelt via Internet, auch wenn sie vom heimischen Rechner aus erfolgt, nicht in den Schutzbereich des Art. 13 GG, und zwar auch dann nicht, wenn der Rechner nur zeitweise mit dem Internet verbunden ist. Wer online ist, hat nicht den räumlichen Schutz seiner vier Wände und begibt sich in das »world wide web«, einen unbegrenzten virtuellen Raum. Der Internetnutzer ermöglicht die Wahrnehmbarkeit der Kommunikation von außen. Er ist sich auch dessen bewusst, dass ein Zugriff Dritter auf seine Rechner-Daten durch die Internetnutzung möglich ist; dies gilt nicht nur für seine Verbindungs-, sondern gerade auch für alle sonstigen personenbezogenen Daten,

36 BGH, Beschluss v. 31. 1. 2007 – StB 18/06, NJW 2007, 930, 931.
37 Vgl. BVerfGE 115, 166, 172; a.A. *Tinnefeld* MMR 2007, 137.
38 BVerfGE 109, 279, 314.
39 Ähnlich BVerfGE 109, 279, 327.

die – unabhängig von einem etwaigen Kommunikationsvorgang – auf seinem Rechner gespeichert sind. Zahlreiche Untersuchungen zur IT-Sicherheit belegen, dass jeder Nutzer, der Daten auf einem mit dem Internet verbundenen Rechner speichert, damit rechnen muss, dass durch Angriffe von außen (Einschleusen von Viren, Würmern, Trojanern etc., also von Schadprogrammen, die im schlimmsten Fall völligen Datenverlust oder eine Fremdsteuerung des Rechners ermöglichen) die Integrität seines Datenbestandes gefährdet ist. Schutzvorkehrungen (wie Firewalls) sind nützlich und wichtig, können aber nicht jenen Grad an IT-Sicherheit gewährleisten, der Vertrauen in die Integrität der persönlichen Daten in ähnlicher Weise rechtfertigen würde wie in die Vertraulichkeit des Wohnungsgeschehens. Wer Daten auf einem Internetrechner speichert, geht also ein erhebliches Risiko ein und darf sich auch dann nicht »sicher« wähnen, wenn er marktübliche Sicherheitssoftware installiert hat. Die Sicherheit von IT-Systemen hängt nämlich zusätzlich von dem täglichen Nutzerverhalten ab, was sich auch im Vertrauen auf solche Daten widerspiegelt, die durch elektronische Kommunikation oder das Surfen im Internet empfangen werden. Vor allem aber führt die rasante Technologieentwicklung zu einer permanenten Aktualisierungsobliegenheit, die nur bedingt auf IT-Dienstleister abgewälzt werden kann. Im Gegenteil: Das »Plug and play«-Verhalten des durchschnittlichen Internetnutzers führt zu Kontrollverlusten; die IT-Umgebung wird kaum wirklich beherrscht. Das unterscheidet sie auch signifikant von der Wohnung, bei der jeder weiß (wissen dürfte), wie ausreichende Sicherheitsvorkehrungen (Sicherheitsschloss, Kontrolle von Türen und Fenstern etc.) zu erbringen sind. Außerdem sind etwaige Mängel oder Eingriffe dort merklich, während die Manipulation des Rechners auch unmerklich geschehen kann. Die Nutzung eines Internetrechners ist demnach mit der Wohnungsnutzung als »letztem Refugium«, als Zufluchtsstätte, als »sicherem Ort« nicht vergleichbar. Selbst wenn man einen solchen Rechner in einer Wohnung betreibt, nutzt man die räumliche Privatsphäre nicht zu seinem Schutz. Insoweit besteht ein wesentlicher Unterschied, ob eine Person ihre Geheimnisse einem Tagebuch anvertraut, das sie in der hintersten Ecke ihres Schlafzimmers versteckt oder ob sie sich dazu eines Textverarbeitungsprogramms bedient und die Dateien auf einem Rechner mit Internetanschluss ablegt.

Der Rechner bietet demnach keineswegs den Schutz, den die Befürworter eines Grundrechtsschutzes aus Art. 13 GG ihm beimessen wollen. Hinzu kommt, dass aus der Perspektive des Betroffenen die auf einem Rechner abgelegten Informationen regelmäßig nicht aus dem Grund gespeichert werden, um gezielt die räumliche Schutzsphäre der Wohnung für die Sicherung der Informationen gegenüber staatlichem Zugriff in Anspruch zu nehmen. Vielmehr wurden die Daten auf dem Rechner lediglich deshalb abgelegt, weil dies für ihre künftige Verfügbarkeit geeignet und vorgesehen ist.[40] Pointiert ausgedrückt: Daten werden auf einem in der Woh-

40 So zutreffend Bundesamt für Verfassungsschutz, Gutachterliche Stellungnahme im Rahmen der Anhörung zur Novellierung des Gesetzes zur Änderung des Gesetzes über den Verfassungsschutz in Nordrhein-Westfalen, LT-Drs. 14/0639, S. 6.

nung befindlichen Internetrechner abgelegt – nicht, *weil* sie dort sicher wären, sondern *obwohl* sie dort nicht ganz sicher sind. Zumal es die Alternative gäbe, sensible Daten auf einem »Stand-alone-Rechner« zu speichern, der nicht mit dem Internet verbunden ist.

ee) Fazit

Der Zugriff auf gespeicherte Daten dient nicht der Überwindung der räumlichen Abgrenzung einer geschützten Wohnung und es dürfen auch keine innerhalb der Wohnung stattfinden Vorgänge überwacht werden. Vielmehr wird – zum Zweck des Datenauslesens – auf einen Rechner zugegriffen, der sich nicht immer in einer Wohnung befinden muss. Der Standort des Zielrechners ist für den Zweck der Maßnahme gleichgültig.[41] Überspitzt formuliert: Rechner sind nicht unterschiedlich geschützt je nachdem, ob sie in Wohnungen, Autos, Garagen oder Werkskellern stehen.[42]

Art. 13 GG schützt nur gegen solche Eingriffe, die sich gegen die Integrität dieser räumlichen Schutzsphäre richten, weil die Eingriffe unmittelbar mit räumlich-fassbaren Ereignissen – d.h. dem Wohngeschehen – zusammenhängen,[43] und ein räumlich zwingender Zusammenhang zwischen der Wohnung und diesem Wohngeschehen besteht. An der Beobachtung bzw. Aufklärung des Vorgehens in der Wohnung haben die Verfassungsschutzbehörden indes kein Interesse.[44] Die Verfassungsschutzschutzbehörde beabsichtigt lediglich, auf technische Systeme zuzugreifen, mit deren Hilfe der Betroffene Kontakt und Nachrichtenaustausch mit verfassungsfeindlichen Zielen pflegt (Stichwort: Aufdeckung von Terrornetzwerken). An der Kenntnisnahme von höchstpersönlichen Inhalten, die u.U. auch auf dem betroffenen Rechner abgelegt sind, hat er kein Interesse; seine Suche ist auch auf derartige Inhalte nicht angelegt.

Die Befürchtung, dass eine »enge« Interpretation des Schutzbereichs des Grundrechts auf Unverletzlichkeit der Wohnung den Schutz einer räumlichen Privatsphäre durch Art. 13 GG seiner Wirkkraft berauben und gar funktionslos werden ließen, sind demgegenüber grundlos. Die Gewährleistungen des Fernmeldegeheimnisses und des Rechts auf informationelle Selbstbestimmung tragen den neuen Möglichkeiten der Informationstechnologie ausreichend Rechnung.

Es besteht kein Bedarf, das Grundrecht des Art. 13 GG als »Supergrundrecht« zum Zwecke eines unbedingten und umfassenden Persönlichkeitsschutzes zu inter-

41 *Hofmann* NStZ 2005, 121 (124); *Böckenförde* Die Ermittlung im Netz, 2003, S. 224.

42 *Gusy* Gutachterliche Stellungnahme im Rahmen der Anhörung zur Novellierung des Gesetzes zur Änderung des Gesetzes über den Verfassungsschutz in Nordrhein-Westfalen, LT-Drs. 14/0629, S. 6.

43 *Kunig* in: v. Münch/Kunig, GG, 5. Aufl. 2000, Art. 13 Rn 18.

44 Bundesamt für Verfassungsschutz, Gutachterliche Stellungnahme im Rahmen der Anhörung zur Novellierung des Gesetzes zur Änderung des Gesetzes über den Verfassungsschutz in Nordrhein-Westfalen, LT-Drs. 14/0639, S. 5.

pretieren (dazu würde es unweigerlich, wenn man den »virtuellen Raum« zur Wohnung erklärt). So sind auch die Bemühungen von *Rux*, ein »Wohnungsgrundrecht« für den »virtuellen Raum« zu konstruieren[45] im Ergebnis überflüssig. Das BVerfG hat gezeigt, dass die herkömmlichen Grundrechtsgewährleistungen ausreichend Spielraum eröffnen, auch die durch die Phänomene der Informationstechnologie forcierten neuen staatlichen (und privaten!) Missbrauchsmöglichkeiten der neuen Medien zu begegnen.[46]

Im Ergebnis ist das Grundrecht der Unverletzlichkeit der Wohnung (Art. 13 Abs. 1 GG) in keiner Variante der Internetaufklärung (wie seinerzeit in § 5 Abs. 2 Nr. 11 VSG NRW geregelt) einschlägig.[47]

IV. AUSBLICK: ONLINE-DURCHSUCHUNG UND IT-SICHERHEIT

Staatliche, d.h. polizeiliche oder nachrichtendienstliche Befugnisse zum heimlichen Zugriff auf informationstechnische Systeme (sog. Online-Durchsuchung) sind erhebliche Grundrechtseingriffe, die nur zum Schutz höchstrangiger Rechtsgüter unter Beachtung entsprechender Verfahrensvorkehrungen gerechtfertigt werden können. Sie sind insofern an den Grundrechten aus Art. 10 Abs. 1 GG (für die Überwachung der »laufenden« Kommunikation) und Art. 2 Abs. 1 i.V.m. Art. 1 Abs. 1 GG (für die Daten aus abgeschlossenen aus vorbereiteten Kommunikationsvorgängen) zu messen, nicht aber am Grundrecht des Art. 13 Abs. 1 GG. Die Unverletzlichkeit der Wohnung hat eine andere Schutzrichtung, nämlich den Schutz der Wohnung als Rückzugsstätte des Menschen (»Refugium«). Dazu braucht er einen räumlichen Schutz, damit er sich unbeobachtet seiner privaten Lebensgestaltung widmen kann. Dieser Grundrechtsschutz ist im Kontext mit den Kommunikationsfreiheiten des Art. 10 Abs. 1 GG und dem Recht auf informationelle Selbstbestimmung (Art. 2 Abs. 1 i.V.m. Art. 1 Abs. 1 GG) auszulegen. Erstere schützen durch TK-Dienstleister vermittelte Kommunikationsvorgänge, auch wenn sie sich innerhalb einer Wohnung abspielen. Letzteres schützt sämtliche personenbezogenen Informationen, auch und gerade wenn sie auf Rechnern gespeichert werden.

Damit ist das System eines lückenlosen Daten- und Privatsphärenschutzes beschrieben, der auch den »virtuellen Raum« erfasst. Die Kommunikation und Datenverarbeitung mittels Rechnern demgegenüber in das »Refugium« des besonderen Wohnungsschutzes einzubeziehen, ist nicht nur grundrechtsdogmatisch fragwürdig, sondern auch den Belangen der IT-Sicherheit abträglich. Es würde dem Internetnutzer die trügerische Sicherheit geben, er könne sich eines Internetrechners mit all seinen sozialen und intimen Nutzungsmöglichkeiten ebenso bedienen wie er sich

45 *Rux* JZ 2007, 285, 292 ff.
46 Vgl. insbes. BVerfGE 115, 166, 188 f m. Anm. *Heckmann* JurisPR-ITR 4/2006.
47 Ebenso im Ergebnis auch das BVerfG, Urt. v. 27. 2. 2008; vgl. auch *Schlegel* GA 2007, 648 ff.

in seine Privatwohnung zurückzieht. Die Beherrschbarkeit der jeweiligen Risiken (IT-Zugriff hier, Einbruch dort) ist – wie dargestellt – sehr unterschiedlich und fordert gerade für IT-Systeme (auch wegen der rasanten IT-Entwicklung) eine permanente Wachsamkeit.[48] Es genügt eben nicht, wie bei einer Wohnung Fenster und Türen zu schließen und einmalig Sicherheitsschlösser einzubauen. Was ist das für ein »Refugium«, bei dem ich jeder E-Mail, jedem Seitenaufruf im Internet, jeder Indienstnahme eines Programms latent misstrauen sollte? Die gestiegene Botnetzkriminalität, wonach zahlreiche Rechner bereits mit sog. Bots infiziert und für Spam- oder dDoS-Attacken[49] missbraucht werden, belegt dieses. Wer sich hier zurücklehnt in der Ansicht »es wird schon nichts passieren« genießt den (wohlverdienten) Schutz der Sozialsphäre einer freiheitlichen Gesellschaft, mehr aber auch nicht.

Die IT-Sicherheitsbranche versucht die Nutzer bis zu einem gewissen Grade durch maßgeschneiderte Sicherheitslösungen zu entlasten. Die »Plug and play«-Mentalität des Durchschnittsnutzers erschwert allerdings die Etablierung eines ausreichenden Sicherheitsniveaus. Staat, Wirtschaft und Gesellschaft sind aufgerufen, an der Verbesserung der technischen, rechtlichen und sozialen Verhaltensregeln mitzuwirken, die die Vorteile der Informationstechnologien zur Geltung bringt und die IT-Sicherheitsrisiken zurückdrängt. Der alljährliche IT-Gipfel der Bundeskanzlerin, der auch solche Fragen der IT-Sicherheit zur Chefsache erklärt (nunmehr auch mit Unterstützung eines sog. Bundes-CIO), ist hier das richtige Signal, das es auszubauen gilt. Dies nicht zuletzt auch wegen des Vorwurfs, der »Bundestrojaner« würde das Vertrauen der Bevölkerung in E-Government und E-Justice, in die elektronische Steuererklärung oder die Gesundheitskarte unterminieren. Dieses Vertrauen sinkt und steigt mit dem Grad an IT-Sicherheit und flankierenden vertrauensbildenden Maßnahmen. Selbst wenn der Staat auf solche Befugnisse verzichtete, wären die IT-Systeme deshalb nicht sicherer. Im Gegenteil, pointiert ausgedrückt: Sollte der (erlaubte) Einsatz der Online-Durchsuchung die IT-Sicherheitsbemühungen von Wirtschaft und Gesellschaft ankurbeln, und dies im Extremfall dahingehend, dass die privaten IT-Systeme jeglichen Zugriff erfolgreich abwehren würden, wäre zwar diese staatliche Befugnis ihrer Wirksamkeit beraubt. Darüber würde dann aber eine (erwünschte?) Nebenwirkung hinwegtrösten: Auch kriminelle Angriffe (Botnetze, Phishing etc.) wären damit endgültig gestoppt.

48 Das belegen auch Entscheidungen der Gerichte zur IT-Sicherheitsgewährleistung, die dem Nutzer zunehmend verschärfte Sicherheitsvorkehrungen auferlegen, vgl. etwa LG Hamburg MMR 2006, 763 (Haftung für Verhalten Dritter bei unzureichend gesichertem WLAN).

49 Vgl. zu sog. distributed Denial-of-Service-Attacken im Rahmen der Botnetzkriminalität Bundesamt für Sicherheit in der Informationstechnik (Hrsg.) Die Lage der IT-Sicherheit in Deutschland, 2007, S. 25 ff.

Polizeiliche Autonomie – nur noch eine Illusion?

RAINER PRÄTORIUS

1. AUTONOMIE: IRREAL, WENN IDEAL

Manche Fragestellungen kann man rasch erledigen, indem man sie ernst nimmt. Die im Titel dieses Aufsatzes angesprochene Thematik könnte auf diese Weise zügig abgehandelt werden: natürlich ist Polizei überhaupt nicht und unter keinen denkbaren Umständen »autonom«. Sie handelt durch Gesetze ermächtigt und eingeschränkt, sie bezieht ihre Ressourcen vom öffentlichen Haushaltswesen, sie unterliegt gerichtlicher und medialer Kontrolle sowie administrativer Aufsicht und politischer Einmischung, sie bedarf der gesellschaftlichen Akzeptanz und Kooperation, um wirksam sein zu können. Vielleicht sieht es bei »Polizei« im materiell verstandenen Sinne etwas besser aus, doch nur dann, wenn wir Gefahrenabwehr in realitätsferner Begriffsdestillation aus der tatsächlichen Aufgabenvermischung[1] herauslösen: alltägliche Entscheidungssituationen kennen eine hinreichende Überlagerung von speziellen und generellen Ermächtigungen sowie von anderen Rechtsgeltungen, so dass auch hier Abgleichung und Abstimmung die Normalität bilden. Die Grenzen zwischen konkretisierten Gefahren und auf verschiedenste Weise konstruierbare Risiken sind längst nicht mehr so offensichtlich, wie man es sich um der Rechtsdogmatik willen wünschen möchte.[2] Polizei-Aktivitäten, die sich der vorbeugenden Gefahrenabwehr und der »kriminalpräventiven Risikovorsorge« verschreiben, ermutigen Juristen dazu, von einer Diffusion in neue Rechtsgebiete (»Risikoverwaltungsrecht«) und von neuartigen Kooperationsnotwendigkeiten zu sprechen.[3] Dass sich »Polizei« in jeglichem Sinne mit anderen Staatsaufgaben verknüpfen muss, kann aber nur bemerkenswert finden, wer einen verabsolutierten Autonomie-Begriff anlegt.

Es ist nicht einzusehen, warum das Staatsorgan an anspruchsvolleren Kriterien gemessen werden sollte als das es inkorporierende Wesen »Staat«. Auch in der Policy-Forschung und in der politologischen Komparatistik hat das Aufwerfen der Frage nach der Autonomie des Staates nie die Unterstellung einer unbeschränkten, puren Handlungsfreiheit enthalten. Wer z.B. im Kontext der amerikanischen Diskus-

1 Vgl. *Prätorius* Polizei in der Kommune, in: Lange (Hrsg.) Die Polizei der Gesellschaft. Zur Soziologie der Inneren Sicherheit, Opladen 2003, S. 303 ff, 305–307.

2 Vgl. *Gusy* Polizeirecht, 4. neubearbeitete Aufl., Tübingen 2000, S. 63 f.

3 Vgl. *Pitschas* Polizeirecht im kooperativen Staat. Innere Sicherheit zwischen Gefahrenabwehr und Kriminalpräventiver Risikovorsorge, DöV 55 (2002) 6, S. 221 ff, 224 f.

sionen eine autonome Rolle der Institutionen bzw. des zentralen Entscheidungssystems postulierte, meinte damit eine graduelle Verselbständigung gegenüber den Inputs aus der Interessenartikulation und Problemstrukturierung von außen:[4] politische Entscheidungsträger und Institutionen richten sich demnach *auch* nach ihren vorgeprägten Anschauungen, Routinen und Eigeninteressen, aber keineswegs völlig losgelöst wie einstmals jener freischwebende Major Tom. Das wiederholt sich spiegelbildlich auf der Individualebene: die Funktionsfähigkeit demokratischer Systeme und insbesondere ihrer Administrationen wird in einem Strang der Literatur stark der ethischen Orientierung ihrer Entscheidungsträger zugeschrieben. Doch selbst dort, wo dieser Zusammenhang sehr persönlichkeitszentriert als »virtue«[5] auf das handelnde Individuum zugeschnitten wird, treffen wir nicht auf die unsinnige Annahme, solche »autonome«, subjektive Urteilskraft werde ohne Rückbezug auf die Umwelt (in Gestalt z.B. von organisationalen Zusammenhängen und normativen Erwartungen der Mitmenschen) praktiziert.

Die Meso-Ebene schließlich liefert dasselbe Bild. »Autonomie« wird soziologisch hier beispielsweise als tendenzielle Verselbständigung von Organisationen thematisiert[6] – also von stabilisierten und strukturierten Handlungszusammenhängen, die ein Eigenleben gegenüber den Einzelaktivitäten entfalten, welche sie konstituieren. Aber auch solche »Autonomie« wird in der Regel als höchst relativ konzipiert – Organisationen formen danach soziale Handlungen, werden dennoch ständig von solchen Handlungen gelenkt und transformiert.

Wir befinden uns also in guter Gesellschaft, wenn wir das Thema »Autonomie« mit Bezug auf Polizei zunächst anschneiden und dann sogleich energisch zurückrudern. Sowohl in politologischer, berufsethischer und soziologischer Betrachtung als auch auf Mikro-, Meso- und Makroebenen kommt der »Autonomie«-Begriff durchgängig nur in seinem *relativen* Verständnis und mit flugs mitgelieferten Einschränkungen zur Anwendung. Dem können wir uns anschließen: einerseits einräumend, dass polizeiliche Autonomie allenfalls ein gradueller Gewinn an Handlungsspielräumen meinen kann, andererseits den Blick auf die verschiedenen Manifestationsebenen im Gedächtnis behaltend. Der Zugewinn an Spielräumen und Gestaltungsmöglichkeiten kann sich auf der Ebene des Apparates ebenso zutragen wie auf der Ebene des Individuums. Solche Entwicklungen können, müssen aber nicht kongruent sein. Kann beispielsweise eine lokale Polizeiorganisation einen Zugewinn an Gestaltungschancen weiterreichen an ihre Mitarbeiter – oder geht vielmehr ihre Fähigkeit, dann eigene Bedingungen und Regelungen zu setzen, auf

4 Vgl. *Linder/Peters* An Institutional Approach to the Theory of Policy Making: The Role of Guidance Mechanisms in Policy Formulation, Journal of Theoretical Politics 2 (1990) 1, S. 59 ff, 63.

5 Vgl. *Hart* Administration and the Ethics of Virtue. In All Things Choose First for Good Character and Then for Technical Expertise, in: Cooper (Hrsg.) Handbook of Administrative Ethics, New York u.a. 1994, S. 107 ff, 114 f.

6 Vgl. z.B. *Schönweiss* Autonomie und Organisation. Die sozialwissenschaftliche Mystifikation der Verselbständigung von Organisationen, Opladen 1984.

Kosten des Spielraums in konkreten Dienstsituationen? Man ahnt: die Antworten auf solch generelle Fragen fallen immer sehr einzelfall- und kontextbezogen ab; das juristische »das hängt davon ab [...]« hat hier seinen durchaus ehrenwerten Platz. Aber es kann dennoch die Hoffnung bleiben, dass der Möglichkeitsraum etwas mehr zu konturieren ist als bisher, sodass die Blickwinkel und Einordnungen für das Problem differenziert werden. Eine solche Vorarbeit für die Bestimmung polizeilicher Autonomie möge dieser Artikel beitragen.

2. DEZENTRALE SPIELRÄUME UND KLIENTENBEZUG

Eine Organisation, aber auch ein Mensch handelt dann relativ autonom, wenn sie/er dabei primär »auf sich selbst hört«. Dann liegen die Maßstäbe der Bewertung von Handlungsalternativen beim Subjekt ex ante vor, sie sind eindeutig und normativ unbestritten. Keine externe Instanz streut konkurrierende Bewertungskriterien ein, und es ist verlässlich darauf zu zählen, dass dieselben Maßstäbe auch nach der Aktion auf diese angewandt werden – etwa von einer kontrollbefugten Macht oder von der normativen Gemeinschaft, der sich der Handelnde zurechnet. So verstandene Autonomie hat also überhaupt nichts mit Isolation, aber sehr viel mit Kriteriengewissheit und Ermächtigung zu tun. Das Bild enthält deutliche Anspielungen auf die deutsche Konzeption von Ermessensausübung – und das ist auch gewollt. Ein selbstbewusstes und normgewisses Handeln soll darin möglich sein, *weil* (nicht: obwohl) die autorisierte Instanz zur Anwendung ihr aufgetragener Regeln angeleitet ist: Machtbegründung und Machtbegrenzung haben identische Wurzeln. Für manche Ermessenslehren enden hier aber bereits die Parallelen mit der oben skizzierten Autonomie. Es handele sich z.B. beim polizeilichen Entschließungs- und Auswahlermessen nicht um einen genuinen Freiraum, in dem der Polizist internalisierte (wenn auch auferlegte) Werthorizonte auf Entscheidungsbedarf anwende, sondern um das Ausfüllen einer Unterexplikation des Gesetzes, die im Sinne der Einzelfallgerechtigkeit auf den vorgegebenen Feinsteuerungsbedarf des Gesetzes anzuwenden sei.[7] Für »volumtarische« Deutungen, im Sinne einer personenzentrierten »virtue« und ihrer Bewährung, ist hier offensichtlich kein Platz.

Das Bild ändert sich, wenn wir über die Grenzen blicken. Amerikanische »discretion« sollte besser nicht mit deutschen »Ermessen« gleichgesetzt werden,[8] zumal es auch Anwendung auf richterliches Entscheiden und auf delegierte Gesetzgebung durch regulative Behörden findet. »Police discretion« im engeren Sinne scheint ein einfacheres Vergleichsobjekt zu präsentieren, denn hier geht es – wie in Deutsch-

7 Vgl. *Waechter* Polizeiliches Ermessen zwischen Planungsermessen und Auswahlermessen, Verwaltungsarchiv 88 (1997) 2, S. 298 ff, 302, 304.

8 Vgl. *Prätorius* Verwaltungsermessen und normative Fundierung des Entscheidens in der Verfassungsordnung, in: Lenk/Prätorius (Hrsg.) Eingriffsstaat und öffentliche Sicherheit. Beiträge zur Rückbesinnung auf die hoheitliche Verwaltung, Baden-Baden 1998, S. 209 ff.

land – primär um Einzelfallentscheidungen. Der zweite Vorteil, den der vergleichende Blick eröffnet, liegt in dem stärkeren Bezug auf den Aspekt der normativen Selbstvergewisserung, also in der Perzeption von Entscheidungssituationen, in die mehr einfließt als die stringente Spezifikation der Gesetzesintention auf einen (nur, aber immerhin) generell erfassten Sachverhalt. Die amerikanische Diskussion um »police discretion« hingegen thematisiert ausdrücklich Autonomie in der hier angesprochenen Weise, allerdings unter negativen Vorzeichen.

»Police discretion« wird in der entsprechenden Literatur regelmäßig im Zusammenhang mit seiner missbräuchlichen Anwendung – etwa durch Diskriminierung und selektive Sanktionen[9] – erörtert, zumindest aber im gleichen Atemzug mit der notwendigen Begrenzung durch Kontrolle und Regelung zur Sprache gebracht.[10] »Eigensinniges« Entscheiden auf der Ebene unterster Autoritätsträger erscheint als Quelle von Abweichung und als Bezugsgröße dieser Abweichung dient »policy«, die auch die rechtliche Normierung des Verwaltungshandelns umfasst, aber sich nicht auf diese beschränkt. Die Tradition, in der solche, problematische Autonomie konzeptionell erfasst wird, ist demgemäß eine sozialwissenschaftliche: »street level bureaucrats« ist der Sammelbegriff, unter dem seit einem erfolgreichen Werk *Michael Lipskys*[11] eine spezifische Form der Autonomie gefasst wird. An der untersten Erbringungsebene großer, öffentlicher Organisationen wirken danach Professionelle mit Klientenbezug, die wenig Aufsicht über ihre Arbeitssituationen erfahren und darum eigene Machtressourcen in die Abwandlung der offiziellen »policies« einbringen können. Als Paradebeispiele für diese Freiräume an den Graswurzeln bürokratischer Politik gelten Sozialberufe, Pädagogen, aber eben auch Polizisten. Diese gelten sogar als stärkstes Exempel der »Professionalität«, sobald diese vor allem auf die Kontrollmacht gegenüber den Klienten hin zugeschnitten wird.[12]

Die Spielräume der »street level bureaucrats« entstammen einer Zwischenposition, die von keiner der beiden angrenzenden Seiten determiniert werden kann: einerseits verfügen sie aus den organisatorischen Machtmitteln und ihrer professionellen Kompetenz heraus autoritative Einwirkungsmöglichkeiten gegenüber den Klienten, andererseits sind diese Möglichkeiten gravierend genug, dass sie die Politiken der Trägerorganisationen abwandeln können.

In der Betonung dieser Mittler- und Zwischenstellung wird allerdings deutlich, dass das Bild der »street level buraucrats« *doch* primär an den Erfahrungen von Nicht-Polizisten stilisiert wurde. Im Zentrum stehen vielmehr Situationen, in denen das Verwaltungshandeln darauf ausgerichtet ist, eine advokatorische Schleusen-

9 Vgl. *Harris* Profiles in Injustice. Why Racial Profiling Cannot Work. With a new chapter on post 9/11 ethnic profiling, New York 2003, Kapitel 2.

10 Vgl. *Mastrofski* Controlling Street Level Discretion, in: the Annals of the American Academy of Political and Social Science, Vol. 593, May 2004, S. 100 ff.

11 *Lipsky* Street-Level Bureaucracy. Dilemmas of the Individual in Public Services, New York 1980.

12 Vgl. *Brehm/Gates* Working, Shirking and Sabotage. Bureaucratic Response to a Democratic Republic, Ann Arbor 1997, S. 134.

funktion zugunsten des Klienten zu leisten – also seine Interessen an den Apparat zu vermitteln bzw. Verwaltungsprogramme auf dessen Bedürfnisse abzustimmen: Die Zuteilung von Lebenschancen geht dabei einher mit der Feinprogrammierung, die nicht nur Flexibilität, sondern auch zusätzliche Akzeptanz erschließe. Bei Sozialberufen beispielsweise genügt solches Handeln der positiv besetzten Erwartung, nicht nur formale Gleichbehandlung zu gewährleisten, sondern auch individuellen Problemlagen gerecht zu werden;[13] in ähnlicher Weise sind Lehrern Ergebnisorientierungen eigen, die nicht nur auf gerechte Schülerbeurteilung, sondern auf bedürfnisgerechte Einzelförderung abheben.[14] Solche Ideale des Ermessengebrauchs mit dem Ziel der gewollten Ungleichbehandlung[15] haben ihre Verwurzelung vor allem in Organisationen, die offiziell einen begünstigenden, »freundlichen« Umweltbezug für sich ausgeben. Es ist sattsam bekannt, dass auch solche Organisationen sozialdisziplinierende Wirkungen auf ihre Umwelt ausüben, dennoch unterscheiden sie sich in wichtigen Charakteristika von Polizeien. Zum einen sind sie in gewisser Hinsicht weniger »street-level«-basiert als z.B. der polizeiliche Streifendienst. Sie lassen ihr ausführendes Personal in noch weitgehend kontrollierten, abgeschirmten Situationen (Dienstgebäuden, Klassenräumen usw.) auf die Klienten treffen; selbst wenn es auch hier zu Störungen kommt, ist die Situation des polizeilichen Außendienstes oft qualitativ anders: hier geht es dann erst einmal um die *Herstellung* kontrollierter Situationen. Ordnungsfunktionen sind nicht vorausgesetzt, sondern Ziel des Handelns.

Ordnungen aber sind zum anderen wesensmäßig *Verallgemeinerungen* zwischen mehreren Adressaten. Das bedeutet: die Legitimitätsgewinnung durch zielgerichtete und bedürfnisorientierte Einzelförderung stößt hier auf Grenzen. Dem Individuum nützt die Gewährleistung von öffentlicher Sicherheit und Ordnung vor allem auf indirektem Wege – nämlich dadurch, dass die Allgemeinheit diesen Schutz genießt. Individualisierend wird der Zugriff meist in unerfreulichen Kontexten – auf Störer, gegen Rechtsbrecher oder auch nur als Veranlassung zur Hilfestellung oder zum Bezeugen. Die Polizei *kann* sich *auch* als Dienstleister in der Interessenwahrnehmung Einzelner betrachten, doch dieses Selbstbild bleibt immer eingebettet in den dominanten Funktionen der Gesetzesdurchsetzung und des »order maintenance«,[16] also in Aufgaben, die der Programmierung durch allgemeine Regeln und der Herstellung von verallgemeinerter Normalität verpflichtet sind. Darum ist auch die Legitimitätsproblematik von Polizisten anders zu bewerten als jene anderer »street level bureaucrats«.

13 Vgl. *Scott* Assessing Determinants of Bureaucratic Discretion: An Experiment in Street-Level Decision Making, Journal of Public Administration Research and Theory 7 (1997) 1, S. 35 ff, 51.

14 Vgl. *Kelly* Theories of Justice and Street-Level Discretion, in: Journal of Public Administration Research and Theory 4 (1994) 2, S. 119 ff, 138.

15 Vgl. *Feldman* Social Limits to Discretion: An Organizational Perspective, in: Hawkins (Hrsg.) The Uses of Discretion, Oxford 1992, S. 163 ff, 174.

16 Vgl. *Bayley* Police for the Future, New York/Oxford 1994, S. 15 ff.

Insbesondere bei helfenden und gestaltenden Sozialagenturen mag die Annahme gerechtfertigt sein, dass die dezentrale Abweichung vom Programm dieses überhaupt erst akzeptabel und intentionsgemäß anwendbar macht. Vertreter dieser Sichtweise[17] insistieren, dass die Unterprogrammierung des dezentralen Verwaltungshandelns hier erforderlich sei, um den Klienten gegenüber eine an Zielen orientierte Autonomie zu offerieren, die *Ergebnisse* im abgestimmten, partizipativen Kommunikationsprozess erwartbar mache. Selbst wenn dabei einmal die Vorschriftenlage und die Standardprozedur aus dem Blick gerate, sei das hinnehmbar, so lange die Abweichung in der Realisation von »Regime-Werten« geschehe,[18] also beispielsweise die Klienten darin unterstütze, ihre Persönlichkeits- und Freiheitsrechte aktiv wahrzunehmen und zu einer selbstbestimmten Lebensführung zu gelangen.

Dass eine Verwaltung, die nicht stumpfsinnig und autoritär nur Vorschriften exekutiert, die zudem in ihren Abweichungen sich an offiziell verkündete Wertorientierungen hält, dadurch bei ihren Bürgerkontakten positive Erwartungen bedienen kann, dürfte niemanden überraschen. Dennoch sind die Möglichkeiten des Rückgriffs auf diese Flexibilität ungleich verteilt.

3. POLIZISTEN SIND ETWAS ANDERS ...

Um sich die Besonderheit des polizeilichen Handelns im Außenverhältnis klarzumachen, sollte man aufgeschlossen auch gegenüber Trivialitäten bleiben. Eine solche flache Einsicht, die aber akademisch aufbauschbar ist, ist jene in die »Trilateralität« von Polizeihandlungen. Der oben unterstellte Legitimitätsgewinn für Sozialbürokratien durch Programmabweichung geht von einer zweiseitigen Beziehung aus: der Bürokrat nutzt etwas Autonomie in seiner Organisation, um dem Adressaten ebenfalls etwas Autonomie mehrend zukommen zu lassen – etwa als Fähigkeit, sein materielles Auskommen erträglicher zu gestalten oder psychisch-soziale Friktionen in den Griff zu bekommen. Doch selbst in dieser bilateralen Beziehung ist die Autonomiebilanz nie so klar wie sie gerade ausgegeben wurde. In der Ethik der helfenden Professionen z.B. gilt es zu akzeptieren, dass die Autonomie der Klienten nicht als naturwüchsige »Rohmasse« vorgegeben ist, sondern immer bereits eine vorgeprägte und beeinflusste ist – etwa durch das Wirken anderer Sozialagenturen, von der Familie über das Bildungssystem bis zu Bürokratien. Das Handlungsziel »Autonomie« auf der Adressatenseite wird also allenfalls als vermitteltes erreicht, auch im eigenen Maßnahmenspektrum des Professionellen selbst: es muss häufig

17 *Alexander/Richmond* Administrative Discretion. Can We Move Beyond Cider House Rules? The American Review of Public Administration 37, 1, March 2007, S. 51 ff, 54.
18 Ebd. S. 61.

Autonomie eingeschränkt werden, um künftige Autonomie zu sichern[19] – etwa seitens der fürsorglichen Autorität, die Schulbesuch erzwingt, um spätere gesellschaftliche Teilhabe zu sichern.

Zu dieser zweiseitigen Ambivalenz gesellt sich im polizeilichen Handeln noch ein dreiseitiger Aspekt. Autonomie von gesetzestreuen Adressaten (als Teil der Allgemeinheit!) wächst dadurch, dass Dritten ihre Autonomie (z.B. als Störer) eingeschränkt wird. Dies könnte zu einer utilitaristischen Abwägung von erzeugtem und verweigertem Glück[20] einladen, doch als Legitimationsquelle für das Polizeihandeln geriete dieser Ansatz unvorstellbar kompliziert. Wie soll allein schon der Ausführende einer Maßnahme die Sicherheits- und Autonomiegewinne auf der begünstigten Seite mit den erzwungenen Einschränkungen vergleichen[21] können? Viel weniger ist dies dann auf der Adressatenseite vorstellbar, denn hier ist i.d.R. die belastende Wirkung für den Begünstigten nicht einmal sichtbar (und umgekehrt). Also richtet sich die Legitimation eher auf das, was allen gegenüber darstellbar ist, weil es verallgemeinert und im Vorhinein dokumentiert vorliegt (das rechtliche Regelwerk), und auf das, was von der quälenden Würdigung jedes Einzelfalls ablenkt (die Routinen und eingeschliffenen Prozeduren).

Erfreulicherweise deuten auf diese Quellen polizeilicher Akzeptanz und Autorität nicht nur normative und spekulative Erwägungen, sondern auch empirische Befunde hin. Erwähnung verdienen hier beispielsweise die kontinuierlichen Forschungen *Tom Tylers*,[22] die immer wieder den besonderen Rang der *prozeduralen* Gerechtigkeitsauffassung unter den Gründen für die Legitimität des Staatshandelns hervorgehoben haben. Gerade weil individuelle Ergebnisse auch im begünstigenden Fall nicht die Erwartungen auf eine stetige, unparteiliche Amtsführung begründen können, sucht sich die Bevölkerung Gründe für Erwartungssicherheit gegenüber Autoritäten mit besonderen Machtmitteln bei Geltungen, die oberhalb von »outcomes« angesiedelt sind. Die große Wertschätzung von Verfahrensgeboten und eher informellen Grundsätzen der Fairness hat hier ihren Platz.

Ein für unser Thema besonders interessanter Nebenaspekt in *Tylers* Forschungen ist die Verknüpfung von Innen und Außen. Organisationen mit erheblichen, erzwingenden Machtmitteln nach außen (wie die Polizei) erzeugen derartige Orientierungen nicht nur bei ihrem »Publikum«, sondern sie schaffen korrespondierende Haltungen auch bei ihren Mitgliedern. Folgebereitschaft gegenüber Regeln und Vorgesetztenanordnungen wird vor allem durch eine Kultur der perzipierten Fair-

19 So auch: *Kultgen* Ethics and Professionalism, Philadelphia, Pa. 1988, S. 281 (im Anschluss an *Dworkin*).

20 Vgl. ebd. S. 299.

21 Das berücksichtigt auch die deutsche Ermessenslehre, indem sie Verhältnismäßigkeit nicht durch Vergleich von Adressateneffekten anstrebt, sondern durch Vergleich zwischen wählbaren Maßnahmen.

22 *Tyler/Huo* Trust in the Law: Encouraging Public Cooperation with the Police and Courts, New York 2002; *Tyler* Enhancing Police Legitimacy, The Annals of the American Academy of Political and Social Science 593, May 2004, S. 84 ff.

ness gefördert, gerade wenn es um »aktive Regelunterstützung« geht. Dabei handelt es sich um eine Internalisierung des »Geistes der Gesetze«, die auch dann wirkt, wenn Entscheidungssituationen in den offiziellen Normen unterprogrammiert sind. Erforderlich wird hier eine Positivhaltung zu dem Regelwerk der Organisation, das suchend ausgefüllt werden soll gemäß der normgebenden Intentionen. Eine solche Haltung ist offenbar am ehesten erwartbar von Polizisten, die sich selbst prozedural gerecht behandelt fühlen: wichtiger als der Einfluss auf die Ergebnisse der Organisation und die materiellen Gratifikationen in der Berufsausübung erweisen sich der Respekt, der den Regeln und impliziten Prinzipien auch seitens der Vorgesetzten gezollt wird sowie die Erfahrung einer fairen und willkürfreien Führung, die möglichst auch noch ihre Ziele und gewünschten Regelauslegungen kommunikativ an die unteren Dienstebenen vermitteln sollte.[23]

Solche Erwartungen an die Qualität von Polizeiorganisationen reflektieren eine grundsätzliche Problematik, die dann entsteht, wenn Organisationen ihre Mitarbeiter in Umweltkontakte schicken, die stark negativ besetzt sind und gegebenenfalls Gewaltanwendung notwendig machen. Solche Organisationen sind gehalten, ihrem entsprechend beschäftigten Personal einen Rückhalt zu gewährleisten, der über die Anforderungen bei anderen »street level bureaucrats« hinausgeht. Auch bei letzteren wurde beobachtet, dass die Bereitschaft, dezentrale Autonomie aktiv wahrzunehmen, stark davon abhängt, in welchem Maße die jeweilige praktizierte »Organisationskultur« dazu ermutigt. Umgekehrt ausgedrückt: eine Organisation, die ihren Mitgliedern stetig nur die Erfüllung rigider Vorgaben abverlangt und dieses Verhalten auch durch strikte Schriftlichkeit dokumentiert, kontrolliert und sanktioniert, kann kaum erwarten, dass ihre Mitarbeiter besonders expansiv und experimentierfreudig ihre Spielräume im Umgang mit Klienten ausnützen.[24] Doch auch in solchen Organisationen ist der Rückzug auf die Vorschriftenlage ein bequemer und beliebter Ausweg, wenn die Auseinandersetzung mit Klienten unerfreulich zu werden scheint. Freiräume, welche die Organisationsregeln belassen, werden gerne wahrgenommen, solange dieselben Regeln eine autoritative Bastion gegenüber der Umwelt gewährleisten, mit der man gegebenenfalls Diskussionen abkürzen kann, auch wenn man dafür die eigenen Freiräume wieder kleinschreiben muss.

4. VERSTETIGUNG UND DELEGATION

Was bereits helfende Agenturen kennzeichnet, gilt bei Organisationen für Erzwingungsmaßnahmen in viel größerem Maße. Gründe dafür wurden bereits genannt: die »Trilateralität«, die es erschwert, Normabweichung durch Ergebnisse zu legiti-

23 *Tyler/Callahan/Frost* Armed, and Dangerous(?): Motivating Rule Adherence Among Agents of Social Control, Law & Society Review 41, 2, June 2007, 457 ff, 471 f.

24 Vgl. *Kelly* aaO S. 138; *Scott* aaO S. 52.

mieren; die größere Häufigkeit von unangenehmen Außenkontakten; vor allem aber der Doppelcharakter der Ermächtigungsnormen für das polizeiliche Handeln: Diese setzen Grenzen und schaffen dadurch Erwartungssicherheit für Betroffene, als Kriteriengewissheit sind sie aber gleichzeitig auch Voraussetzung für – wie auch immer zu relativierende – polizeiliche Autonome in individuellen Handlungssituationen. In diesem Verständnis lässt sich dann keine zwangsläufige Konkurrenz zwischen der Autonomie unterschiedlicher Ebenen konstruieren. Eine solche Konkurrenzannahme lautet: wenn mittlere Ebenen der Polizeiorganisation (Reviere, Inspektionen, Sondereinheiten o.ä.) größere Freiräume zur Selbstprogrammierung gewinnen, beispielsweise als Regelsetzungs- oder Budgetkompetenzen oder durch lokalpolitische Kooperationen mit anderen Instanzen, dann setzen die Entscheider dieser Organisationen das so Gewonnene in Gestalt von Regelungen und Direktiven um und beengen so die Spielräume der untergeordneten Hierarchieebenen.

Zu einer so linearen Annahme gelangt aber nur, wer weder die erwähnte Doppeldeutigkeit der Ermächtigungsnormen, noch die zweifachen Wurzeln organisationaler Autonomie mitbedenkt. Diese kann nämlich in zwei Perspektiven betrachtet werden: zum einen als Verstetigung, zum anderen als Delegation. Die erstgenannte Sicht ist vor allem der Soziologie eigen – sie richtet sich auf die Verfestigung von sozialen Handlungsmustern, Routinen, Deutungen und kulturellen Überlieferungen, die ein Eigenleben über den Köpfen der die Organisation ausfüllenden Individuen gewinnt[25] und ein eigenes Überlebensziel jenseits der Individualzwecke konstituiert. Diese Sicht kann auch »organizistisch« auftreten und einen entsprechenden Ideologieverdacht[26] auf sich ziehen, doch die Existenz solcher Verstetigungen wird weder in der Sozialwissenschaft noch in der Alltagserfahrung ernsthaft bestritten. Gerade der Anwendungsbereich Polizei belegt das und er zeigt auch, dass die Verstetigung sich durchaus komplementär zu dem anderen hier erwähnten Phänomen, der Delegation, verhält. Die Tatsache, dass Polizei sich in der Regel in hochgradig formalisierten, hierarchischen Organisationen zuträgt, dass offizielle Normierungen in Gestalt von Gesetzen, Vorschriften und Weisungen im Alltagshandeln omnipräsent sind, bedeutet nicht, dass darum informelle Verstetigungen der oben genannten Art eine vernachlässigbare Rolle spielen – ganz im Gegenteil! Die Forschungen zu einer »Polizei- und Polizistenkultur« auf der Arbeitsebene[27] belegen das hinreichend. Aus der Sicht auf die Autonomie von Einzelorganisationen unter dem Leitbegriff der Delegation erscheinen diese Verfestigungen vor allem als Störungen. Typisch dafür ist z.B. der »Principal-Agent«-Ansatz, beliebte Deutungsschablone der Amateurbetriebswirte in der Politik- und Verwaltungswissenschaft. Gestaltungsräume von Einzelorganisationen erscheinen darin entwachsen einer delegierenden

25 So z.B. bei *Schönweiss* aaO S. 104 f.

26 Z.B. formuliert durch *Kaufman* Time, Chance, and Organizations. Natural Selection in a Perilous Environment, Chatham, N.J., 1985, S. 85 ff.

27 Exemplarisch jüngst wieder: *Behr* Polizeikultur. Routinen-Rituale-Reflexionen. Bausteine zu einer Theorie der Praxis der Polizei. Wiesbaden 2006 mwN.

Auftragserteilung innerhalb einer organisierten Hierarchie (z.B. durch die politischen Verantwortungsträger). Spiegelbildlich wird auch die binnenorganisatorische Wirklichkeit gedeutet – es geht also insgesamt um hierarchische Delegationsweitergabe, bei der die Verfehlung der Auftragslage dadurch zustande kommen kann, dass die delegierte (relative!) Autonomie auch im Sinne eigennütziger Interessen verfälschbar ist. Das Bild ist – nicht nur in der verkürzten Wiedergabe hier – von betörender Schlichtheit. Es vernachlässigt Organisationsbeziehungen, die nicht auf nutzenmehrende Akteure zurückführbar sind; es ist vor allem stark auf die vertikalen Hierarchiebeziehungen fixiert und gewährt z.B. der horizontalen Einbindung von Organisationsmitgliedern in Kollegialität, Kooperation und sozialen Geflechten nicht den ihr gebührenden Rang – ein Manko, das gerade bei der Betrachtung von Polizeien stark auffällt.[28]

Wenn aber die horizontalen, informellen Beziehungen thematisiert werden, dann geschieht das oft in einer dogmatischen Einseitigkeit: unterstellt wird die Bestrebung auf den unteren Ebenen, sich Freiräume *auf Kosten* der hierarchischen Steuerung von oben zu schaffen. Das enthält die vorgelagerte Unterstellung, dass die Freiräume immer als Bereicherung der eigenen Arbeitssituation erfahren werden. In konfrontativen Klientenkontakten, die so typisch für Polizei sind, erscheinen unterdeterminierte Entscheidungssituationen aber ebenso häufig als gefährdend und *riskant*. Sehr viele Symptome der informellen Verstetigung dienen dem Zweck, diese Unsicherheit zu mindern – durch berufliche Routinen, »Standardlösungen«, Jargon und psychisch-soziale Unterstützung (Kameradschaft). Nur so werden die autonomen Handlungssituationen erträglich: sie werden in einer kollektivierten Weise ausgeübt; die Entscheidungen werden durch Gebräuche und Daumenregeln erleichtert, die keineswegs die offiziellen Normen unterlaufen müssen. Diese Regelungen selbst und auch die hierarchische Intervention von oben müssen umgekehrt in keinem Widerspruch zu der so horizontal geordneten Autonomie unten geraten. In amerikanischen Police-Departments wurde beobachtet, dass ein durchaus interventionsfreudiger Führungsstil, bei dem Vorgesetzte durch »Vorbild geben« sich selbst in die konflikthaften Situationen des Außendienstes einschalten, mit einer expansiven Wahrnehmung der Handlungsspielräume der Untergebenen einhergeht.[29] Diese sind eher bereit, auch riskante, unterprogrammierte Entscheidungen auf sich zu nehmen, wenn sie den Eindruck gewinnen, dass sich auch Vorgesetzte dieser Unsicherheit willentlich aussetzen. Geteiltes Risiko ist gemindertes, akzeptableres Risiko.

In eben diesem Sinne kann auch Regelsetzung durch autonomisiertere Einheiten (Departments etc.) als Sicherung der Entscheidungsfähigkeit im Dienst wirken. Regeln, die einerseits offen sind für die konforme Ausfüllung durch persönliche Urteilskraft und informelle Verstetigung und die andererseits die autoritative Rück-

28 Das bemerken selbst *Brehm/Gates* aaO S. 133 u. 144.
29 *Engel* How Police Supervisory Styles Influence Patrol Officer Behavior. National Institute of Justice – Research for Practice: NCJ 194078, June 2003, Washington D.C., S. 10.

zugsposition bieten, ohne die Polizei nicht auskommt, gehen schwerlich zu Lasten der Autonomie der Arbeitsebene, sondern stärken diese eher. Insofern ist der Konflikt zwischen Autonomiegewinn auf verschiedenen Ebenen nur eine Möglichkeit, keine zwingende Notwendigkeit.

Zur Ökonomik von Kriminalität und Kriminalitätsbekämpfung

WOLFGANG MAENNIG

1. EINLEITUNG

Dass die Kriminalität von erheblicher gesellschaftlicher Bedeutung ist, lässt sich an wenigen Zahlen verdeutlichen: Die Zahl der erfassten Straftaten ist von ca. drei je 100 Einwohner Anfang der sechziger Jahre auf über 7,7 in 2006 gestiegen; die maximale Quote wurde 1995 mit 8,2 erreicht.[1] Eine unter Umständen im Zeitablauf nicht konstante Dunkelziffer[2] ist hinzuzurechnen. Besonders junge Männer neigen zur Kriminalität;[3] 2006 waren 30 Prozent aller Tatverdächtigen männlich und bis unter 25 Jahre alt.[4]

Die Zahlen werden dramatischer, wenn anhand internationaler Vergleiche verdeutlicht wird, dass weitere Verschärfungen drohen können. In den USA befanden sich Anfang der neunziger Jahre elf Prozent aller männlichen Erwerbspersonen zwischen 18 und 34 Jahren im Gefängnis, oder lediglich auf Bewährung oder gegen Kaution in Freiheit. In der entsprechenden farbigen Bevölkerungsgruppe betrug der

1 Vgl. ausführlicher Bundeskriminalamt, Polizeiliche Kriminalstatistik 2006, http://www.bka.de/pks/pks2006/index.html vom 21. 8. 2007; *Kerner* Die Kriminalität macht keine Sprünge, Neue Kriminalpolitik 3 (1996) 44–47 sowie *P.-A. Albrecht* Anomie oder Hysterie – oder beides? Die bundesrepublikanische Gesellschaft und ihre Kriminalitätsentwicklung, in: Heitmeyer (Hrsg.) Was treibt die Gesellschaft auseinander? Frankfurt 1997, S. 506–554. Zur relativierenden Aussage, dass bereits im kaiserlichen Deutschland eine vergleichbar hohe (Jugend-)Kriminalität herrschte, *ders.* Zur Legitimationsfunktion von Jugendkriminalstatistiken, in: Schüler-Springorum (Hrsg.) Jugend und Kriminalität, Frankfurt 1983, S. 18–31, 26.

2 Die Dunkelziffer variiert nach Delikten; bei Ladendiebstählen wird davon ausgegangen, dass die Anzeigequote bei lediglich vier bis sechs Prozent liegt. Für Raubdelikte liegt die Ziffer um knapp 50 Prozent, für Vergewaltigung und sexuelle Nötigung nur bei gut zehn Prozent. Die Dunkelziffer variiert offensichtlich auch nach Regionen, nach Versicherungsbedingungen, Personalkapazität bei der Polizei, vgl. *Pfeiffer/Brettfeld/Delzer* Jugenddelinquenz und jugendstrafrechtliche Praxis in Hamburg. Kriminologisches Forschungsinstitut Niedersachsen e.V., Hannover 1997, S. 1 f.

3 *Entorf/Spengler* Socioeconomic and Demographic Factors of Crime in Germany: Evidence from Panel Data of the German States, International Review of Law and Economics 20 (2000) 75–106.

4 Bundeskriminalamt (Fn 1) S. 77.

Anteil gar ca. 37 Prozent.[5] Es scheint, dass sofern gewisse Maße (»tipping points«) an Kriminalität überschritten sind, diese epidemische Formen annehmen kann.[6]

Die Diskussion zur Lösung des Kriminalitätsproblems wird vornehmlich von Kriminologen, Soziologen, Pädagogen und Juristen geführt.[7] Allerdings kann – dies zu verdeutlichen, ist Ziel des vorliegenden Beitrages – auch die Ökonomik Beiträge leisten. Hierzu soll im zweiten Abschnitt zunächst veranschaulicht werden, dass die Kriminalität zu erheblichen volkswirtschaftlichen Kosten führt. Im dritten Abschnitt wird das typische rationale Kalkül eines potenziell kriminell Handelnden für den Großteil der gemeldeten Straftaten dargestellt. Diebstahls- und Betrugskriminalität machten 2006 immerhin rd. 56,4 Prozent der gemeldeten Straftaten aus.[8] Dass diese Straftaten einen ökonomischen Hintergrund haben – und sich eine ökonomische Analyse lohnen könnte – ist offensichtlich. Es soll jedoch gezeigt werden, dass auch bei einem Großteil der sonstigen Verbrechen, bei denen pekuniäre Motive keine Rolle spielen, rational-ökonomische Überlegungen gelten. Das rationale Kalkül des politischen Entscheidungsträgers bzgl. der Kriminalitätsbekämpfung kann und wird im dritten Abschnitt analog abgeleitet. Im anschließenden vierten Abschnitt werden die zentralen Schlussfolgerungen aus der ökonomischen Analyse zum optimalen Umfang der Kriminalitätsbekämpfung und zur Bestimmung des optimalen Maßnahmenmixes dargestellt. Abschnitt 5 geht auf die unbefriedigende Empirie ein, die unmittelbar politisch umsetzbare Handlungsempfehlungen aus ökonomischer Sicht zurzeit erschwert.

2. KOSTEN DER KRIMINALITÄT

Zu den volkswirtschaftlichen Kosten der Kriminalität gehören erstens die Opferkosten, welche beispielsweise aus körperlichen und seelischen Schädigungen der

5 Vgl. *Entorf* Kriminalität und Ökonomie: Übersicht und neue Evidenz, Zeitschrift für Wirtschafts- und Sozialwissenschaften 116 (1996) 417–450 bzw. *Freeman* Crime and the Job Market, NBER-Working Paper No. 4910, 1994.

6 Vgl. zur grundlegenden Arbeit *Wilson/Kelling* Polizei und Nachbarschaftssicherheit: Zerbrochene Fenster. Krim. Journal 28 (1996) 121–137, die aufzeigen, dass die Argumentation auch umgekehrt gelten kann: Gelingt es, die Kriminalität unter eine gewisse Grenze zu drücken, mag sich eine darüber hinausgehende Eigendynamik zur Verringerung ergeben.

7 Zu den Kriminologen vgl. *Joosten* Die ewige Suche nach dem Täter, in: Die Zeit vom 21. 7. 1995, S. 24; *Sack* Kriminologie – populär und populär gemacht, Krim. Journal 28 (1996) 118–120, und *Pfeiffer/Brettfeld/Delzer* (Fn 2), zu den Juristen *Ostendorf* Das Tagesgeschäft des Jugendrichters und des Jugendstaatsanwaltes zwischen Erziehung und Strafe, DVJJ-Journal 1/1996, 27–32.

8 Vgl. Bundeskriminalamt (Fn 1). Triebverbrechen wie Vergewaltigung (0,1 Prozent aller erfassten Straftaten) sexueller Missbrauch von Kindern (0,2 Prozent) oder (andere) Straftaten, die im Rauschzustand oder bei sonstiger Unzurechnungsfähigkeit begangen werden sind (glücklicher Weise) relativ selten. Sie entziehen sich einer auf dem Postulat rationalen Handelns basierenden ökonomischen Analyse weitgehend.

Opfer und den entsprechenden Kosten des Gesundheitswesens bei der gesundheitlichen Wiederherstellung bestehen. Hinzu kommen möglicher Weise anschließende Verdienstausfälle für die Opfer oder ihre Arbeitgeber und die Ängste potenzieller und tatsächlicher Opfer. Auch Vermögensschäden der Opfer, beispielsweise bei Diebstählen und Beschädigungen an den entsprechenden Gütern, sind zu beachten. Allein die Schäden aus Diebstählen, Wohnungseinbrüchen, Kraftfahrzeugaufbrüchen, Raub, Veruntreuungen, Unterschlagungen und anderen Wirtschaftsvergehen beliefen sich nach polizeilichen Feststellungen 2006 auf 8,0 Mrd. Euro.[9] Allerdings geht dieser Schaden nicht voll in die gesamtwirtschaftliche Analyse ein, da ihm ein (teilweiser) Zuwachs beim Täter entspricht, der ökonomisch unter Gesamtnutzenaspekten als irrelevanter »Transfer« angesehen werden kann. Eventuelle Beschädigungen gehen allerdings voll als volkswirtschaftlicher Verlust in die Analyse ein. Ebenso sind die Kosten zu berücksichtigen, die nicht den Opfern direkt, aber aus der vorsätzlichen Verletzung der gesellschaftlichen Einstellungen gegenüber gewalttätiger Vermögensumverteilung entstehen. Diese etwas abstrakte Formulierung kann am Beispiel von Ländern wie Südafrika gut verdeutlicht werden: Dort führt die Kriminalität dazu, dass Menschen mit ihrem Kapital das Land verlassen und potenziell Zuwanderungswillige – samt ihrer Investitionspläne – abgeschreckt werden.

Zweitens gehören zu den gesellschaftlichen Kosten der Kriminalität diejenigen, welche die Täter bei der Begehung ihrer Taten aufwenden. Ansatzpunkte hierfür sind der Verlust durch den Arbeitsausfall der Kriminellen und der sonstige Ressourcenaufwand bei der Tatvorbereitung und -durchführung. Im Falle der Drogenkriminalität sind dies beispielsweise die Kosten zur Produktion und Verteilung der Drogen.

Drittens sind die privaten Vermeidungskosten zu nennen. Beispiele sind Kosten von Sicherheitsschlössern, Alarmanlagen, Safes, privaten Wachdiensten, dem Leben außerhalb der Stadt und eventuell der Taxibenutzung (sofern diese aus Sicherheitsgründen erfolgt). Dass aus der Bereitstellung solcher Güter Arbeitsplätze entstehen, widerspricht nicht der Einordnung unter die Kostenseite (der Vermeidung) der Kriminalität: Ohne die Kriminalität könnten Arbeitskraft und sonstige Ressourcen in sinnvollere Verwendungen gelenkt werden.

Viertens lassen sich die Kosten des Staates gedanklich in diejenigen der Kriminalitätsvermeidung (beispielsweise in Form der Kosten der (Straf-)Rechtsentwicklung und der Polizeidienste) und diejenigen der Durchsetzung des Rechtssystems (beispielsweise in Form der Kosten von Staatsanwälten, Gerichten, Strafvollzug[10]) unterteilen.

Hiermit verbunden ist die fünfte Kostenart der sozialen Bestrafungskosten. Hierunter zählen die erwähnten Kosten für den Strafvollzug und Bewährungshilfen,

9 Bundeskriminalamt (Fn 1), S. 64.

10 So kostet beispielsweise ein Haftplatz in Berlin pro Tag bis zu 200 DM, vgl. »Ehe gefährlicher als Stadtpark«, in: FAZ vom 12. 10. 2001, BS2.

aber auch das Leid der Verurteilten. Hinzu kommt das entgangene Einkommen der Verurteilten während sowie – möglicherweise aufgrund erschwerter Beschäftigung – auch nach der Haft. Gerade die letztgenannte Position ist für die gegenwärtige Diskussion um die optimale Kriminalitätsbekämpfung bedeutsam. Durch Haftstrafen können Stigmatisierungen, Traumatisierungen und mögliche Qualifikationslücken o.Ä. ausgelöst werden. Solche Effekte sind durchaus von volkswirtschaftlicher Relevanz: In den USA waren junge Männer, die zuvor im Gefängnis saßen, in den Folgejahren 25 Prozent weniger beschäftigt als Nicht-Kriminelle.[11]

Damit sollte klar sein, dass die volkswirtschaftlichen Kosten der Kriminalität erheblich sein können. Bereits Mitte der sechziger Jahre wurden die Kosten der Kriminalität in den USA auf vier Prozent des Bruttosozialproduktes geschätzt.[12]

3. Verbrechen und Verbrechensbekämpfung als rationale Wahl

Die Begründung für eine Ökonomik der Kriminalität und der Kriminalitätsbekämpfung liegt nicht allein in deren gesellschaftlichen Kosten. Vielmehr können mit Hilfe der Ökonomik Maßnahmen analysiert werden, mit denen die Kriminalität und deren Kosten verringert werden können. Das ökonomische Instrumentarium ist hierzu geeignet, weil in der Kriminalitätsbekämpfung ein typisches Knappheits- und Zuordnungsproblem besteht: Die knappen öffentlichen Ressourcen verlangen, dass eine Abwägung zwischen den Ausgaben für die Kriminalitätsbekämpfung und anderen, ebenfalls wichtigen öffentlichen Aufgabenbereichen einerseits und eine Abwägung innerhalb der verschiedenen Maßnahmen zur Verbrechensbekämpfung andererseits vorgenommen wird. Zudem halten Ökonomen »ihr« mathematisch-theoretisches, an Effizienz orientierte Modelldenken und »ihr« statistisches Instrumentarium für geeignet, Phänomene von scheinbar wesensfremden und unvereinbaren Dimensionen wie zum Beispiel Finanzen, menschlichem Leid und moralischen

11 Vgl. *Freeman* Crime and Unemployment, in: Wilson (Hrsg.) Crime and Public Policy, San Francisco 1983. Aufgrund dessen und vor dem genannten Hintergrund, dass die meisten Täter unter 25 Jahre alt sind und deren kriminelles Verhalten zumeist eher »episodenhaft« ist, spricht für die bei Erstvergehen in Deutschland übliche erzieherische Milde Vieles in Richtung volkswirtschaftlicher Effizienz. Allerdings entfielen auf Personen, die bereits zuvor mindestens einmal tatverdächtig waren, über 50 Prozent aller aufgeklärten Fälle. Beim schweren Diebstahl lag der Anteil der Wiederholungstäter gar bei 76,8 Prozent. 18 Prozent der jugendlichen Delinquenten hatten bereits fünf oder mehr Delikte begangen, vgl. *Voß* Jugendkriminalität zwischen Normalisierung, Informalisierung und Strafverfahren, in: Ewald/Woweries (Hrsg.) Entwicklungsperspektiven von Kriminalität und Strafrecht, FS Lekschas, Bonn 1992, S. 79–113, 98 f.

12 *Becker* Crime and Punishment: An Economic Approach, Journal of Political Economy 76 (1968) 169–217.

Werten gegeneinander abzuwägen und wichtige Schlussfolgerungen für die Kriminalitätsforschung herauszuarbeiten.

Die bahnbrechende Arbeit in dieser Beziehung leistete *Becker.*[13] Sein zentraler Ansatz ist, dass sowohl die (potenziellen) Täter bei ihrer Entscheidung für illegale Aktivitäten als auch die Politiker bei Ihrer Entscheidung über die Kriminalitätsbekämpfung eine zumindest unbewusste Kosten-Nutzen-Analyse betreiben. Danach ergibt sich aus der Aggregation der Handlungen, die sich aus solchen Kalkülen der (potenziellen) individuellen Täter ableiten, ein gesamtwirtschaftliches »Angebot« an Kriminalität. Aus der Kosten-Nutzen-Analyse der Politiker, deren zentrale Einsicht ist, dass zusätzliche Kriminalitätsbekämpfung mit (unter Umständen überproportional) steigenden Kosten verbunden ist, ergibt sich eine Tolerierungsbereitschaft gegenüber der Kriminalität, die auch als »Nachfrage« nach Kriminalität bezeichnet werden kann. Im Gleichgewicht von Angebot und Nachfrage ergibt sich dann die tatsächliche Kriminalitätsrate.

3.1 Das Angebot an Kriminalität

Im Einzelnen ist das Angebot der meisten illegalen Aktivitäten (nicht jedoch Taten im Rauschzustand oder bei sonstiger Unzurechnungsfähigkeit) aus ökonomischer Sicht in der Regel das Ergebnis eines rationalen Wahlaktes, bei dem unter mehreren legalen und illegalen Handlungsalternativen von einem Individuum diejenige gewählt wird, die ihm zum Entscheidungszeitpunkt den größten erwarteten Vorteil verspricht.

Typischerweise entspricht der vom Individuum kalkulierte Nettonutzen einer illegalen Aktivität der Differenz zwischen dem Nutzen eines »erfolgreichen« Verbrechens, für welches es nicht bestraft wird und dem (negativen) Nutzen bei Entdeckung, Verurteilung und Bestrafung.[14] In den so kalkulierten erwarteten Nettonutzen des (potentiellen) Straftäters geht der Nutzen aus möglichen Einkommens- bzw. Vermögenszuwächsen bei Nichtentdeckung positiv ein. Immaterielle Vorteile können ebenfalls eine Rolle spielen.[15]

Negativ gehen in das Kalkül die Verurteilungswahrscheinlichkeit und die Nutzeneinbußen aus der Bestrafung ein, die aus Geldstrafen oder Einkommensverlusten während oder im Anschluss von Haftstrafen entstehen. Hinzu kommen erwartete nichtgeldliche Nutzeneinbußen beispielsweise aus Reputationsverlusten. Zum anderen gehen auch die zur Durchführung der illegalen Aktivität aufzuwendenden direkten Kosten für die Planung und Realisierung der Tat, einschließlich der Kosten

13 Vgl. Fn 12.

14 Die drei letztgenannten Phänomene müssen einander nicht entsprechen. Vereinfachend wird hiervon im Folgenden abstrahiert.

15 Beispiele mögen die Befriedigung von Rachegefühlen beim Mord oder sportliche Ehren bei Dopingvergehen sein, vgl. *Maennig* On the Economics of Doping and Corruption in International Sports, Journal of Sports Economics 2 (2002) 61–89.

für den eigenen Schutz zur Vermeidung der Bestrafung negativ ein. Auch die Opportunitätskosten des Individuums, die daraus resultieren, dass manche illegale Aktivitäten aufgrund ihrer Zeitintensität das Beenden legaler Aktivitäten mit pekuniären und nichtpekuniären Nutzen erfordern, gehen negativ in das Kalkül ein. Schließlich muss gesichert sein, dass der resultierende Nettonutzen größer ist als sein Schaden, den er aus der Verletzung seiner moralischen Wertevorstellungen erleidet.

Hieraus wird zum Beispiel klar, weshalb einige Individuen bestimmte kriminelle Handlungen begehen, während andere dies nicht tun. So wählt unter sonst gleichen Bedingungen ein Individuum, das besser gebildet, begabt und talentiert ist (und somit höhere Opportunitätskosten hat), seltener das illegale Verhalten des Diebstahls.[16] Jüngere Menschen neigen eher zur Kriminalität, weil sie – abgesehen davon, dass sie mit nur geringeren Strafen und Einkommenseinbußen zu rechnen haben – nur einen vergleichsweise geringen Imageverlust erleiden. Ausländer mögen statistisch nicht nur deshalb häufiger mit dem Gesetz in Konflikt kommen, weil bestimmte Delikte (Ausländer- und Asyldelikte) nur durch sie begangen werden können, sondern weil der Anteil der jungen Menschen, insbesondere der jungen Männer unter ihnen besonders hoch ist, bei denen einerseits die Nutzen einer kriminellen Handlung aufgrund größerer körperlicher Kräfte höher, die Kosten der Strafvermeidung hingegen geringer sein mögen als bei Frauen. Und Individuen mit hohen moralischen Vorbehalten bzw. Kosten lehnen bei wachsenden Nutzen ein illegales Verhalten länger ab. Damit sollte klar werden, dass in die ökonomische Analyse Faktoren, die von anderen Fakultäten regelmäßig in den Erklärungsvordergrund gestellt werden,[17] durchaus implizit Berücksichtigung finden: Je nach Ausgestaltung dieser Faktoren fällt die von den Individuen getroffene rationale Wahl unterschiedlich aus. Oder wie *Becker* formuliert: »Some persons become ›criminals‹, therefore, not because their basic motivation differs from that of other persons, but because their (perceived) benefits and costs differ.«[18]

Andererseits wird auch klar, dass ein steigender erwarteter Nettonutzen aus Vergehen dazu führt, dass ein Individuum mehr kriminelles Verhalten »anbietet«. Auch für das gesamtwirtschaftliche Angebot an Kriminalität gilt ein solcher Zusammenhang.

16 Dies bedeutet nicht, dass bei allen Straftaten »besser Qualifizierte« stets weniger strafbar werden. Bei Vergehen wie der Steuerhinterziehung mag diese Gruppe gar überrepräsentiert sein, weil die erwarteten geldlichen Nutzen dieser Personen hier höher sind. Ceteris paribus gilt jedoch auch für die Steuerhinterziehung, dass besser Qualifizierte diese tendenziell über ein weiteres Handlungsspektrum vermeiden.

17 Hierzu gehören beispielsweise familiäre Vorbelastungen, Erziehungsverhalten der Eltern, Alter, Rasse, sozialer Hintergrund und soziales Umfeld, vgl. beispielsweise *Voß* (Fn 11) 101 f.

18 Vgl. Fn 12.

3.2 Toleranz der Kriminalität als »Nachfrage«

Was die Bereitschaft, illegales Verhalten zu tolerieren betrifft, so unterliegen die auf dieser Marktseite der Kriminalität agierenden privaten bzw. öffentlichen Entscheidungsträger der Aufgabe, ihre Kosten zu minimieren. Da eine steigende Kriminalitätsrate mit steigenden Opferkosten, privaten Vermeidungskosten sowie Tatplanungs- und Durchführungskosten einhergeht, lässt sich zeigen, dass die öffentlichen Stellen die oben skizzierten gesamten gesellschaftlichen Kosten der Kriminalität minimieren können, indem sie bei steigender Kriminalität die Gegenmaßnahmen verstärken. Diese verstärkten Gegenmaßnahmen führen auf Seiten der (potenziell) Kriminellen zu einem verringerten erwarteten Nettonutzen aus dem illegalen Verhalten. Somit führt die staatliche Aktivität zu einem negativen Zusammenhang zwischen Kriminalitätsrate und zu erwartendem Nettonutzen des illegalen Verhaltens. Die entsprechend ableitbare Funktion stellt die Tolerierungsbereitschaft – ökonomisch: »Nachfrage« nach illegalem Verhalten dar.

3.3 Gleichgewicht auf dem Markt für Kriminalität und ausgewählte Einflussfaktoren

Für das Marktgleichgewicht von Angebot und Nachfrage, welche die gleichgewichtige Kriminalitätsrate determiniert gilt, dass sämtliche gesellschaftliche Faktoren bzw. deren Veränderungen, die in das geschilderte (implizite) Kosten-Nutzen-Kalkül der Akteure auf den beiden Marktseiten eingehen, Einfluss auf die Höhe der Kriminalität und deren Veränderung haben. So lässt sich die Höhe der Kriminalität oder gar ihr tendenzielles Ansteigen erklären, ohne dass auf »Moral« oder »Sitten« als Erklärungsfaktoren zurückgegriffen werden muss (obwohl dies auch innerhalb der ökonomischen Theorie möglich ist). Beispielsweise kann eine erhöhte Arbeitslosigkeit nach obigen Überlegungen zu erhöhter Kriminalität führen, weil Arbeitslose geringere Opportunitätskosten der Kriminalität tragen.[19] Empirisch ist der Zusammenhang bislang wenig durchleuchtet. Einen kriminalitätsfördernden Einfluss der Kriminalität finden *Raphael* und *Winter-Ebmer* sowie *Gould u.a.* für die USA und *Edmark* für Schwedische Kreise.[20] Dem entgegen sind die Befunde von *Papps*

19 Nach *Chiricos* Rates of Crime and Unemployment: An Analysis of Aggregate Research Evidence, Social Problems 34 (1987) 187–211, ist der Zusammenhang bei 48 Prozent der untersuchten 42 empirischen Abschätzungen signifikant. Bei 41 Prozent war der Zusammenhang ebenfalls »positiv«, jedoch nicht signifikant. Für eine jüngere Untersuchung für die USA vgl. *Raphael/Winter-Ebmer* Identifying the Effect of Unemployment on Crime, The Journal of Law and Economics 44 (2001) 259–283. Sie kommen beispielsweise zu dem Ergebnis, dass die um 2,5 Prozentpunkte verringerte Arbeitslosigkeit in den USA von 1992 bis 1997 zu einer Verringerung der Autodiebstähle um 2,5 Prozent und der Raubdelikte um 4,3 Prozent führte.

20 *Raphael/Winter-Ebmer* (Fn 19); *Gould/Weinberg/Mustard* Crime Rates and Local Labor Market Opportunities in The Unites States: 1979–1997, The Review of Economics and

und *Winkelmann* sowie *Lee* und *Holoviak* auf Grundlage regionaler neuseeländischer Daten, von *Fougère u.a.* zu französischen Départements und von *Entorf* und *Spengler* zu deutschen Bundesländern schwach oder uneindeutig.[21]

Neben der Arbeitslosigkeit kann auch eine zunehmende Ungleichheit in Einkommen und Vermögen nach den theoretischen Überlegungen zur steigenden Kriminalität führen, weil für die Ärmeren die Nutzenzuwächse aus illegalem Verhalten groß, die Opportunitätskosten hingegen gering sind.[22] Eine empirischen Bestätigung eines solchen Zusammenhanges liefern im internationalen Bereich z.B. *Doyle u.a.*, *Kelly*, *Fajnzylber u.a.* sowie teilweise *Brush*.[23] In Deutschland wird ein derartiger Nachweis erschwert, weil die Einkommensverteilung – im Gegensatz zu den meisten anderen Staaten – eine über weite Zeitintervalle nur geringe Varianz aufweist.[24]

Statistisch signifikante Zusammenhänge zwischen Arbeitslosigkeit und Einkommens- bzw. Vermögensverteilung einerseits und Kriminalität andererseits können »positive« Maßnahmen zum Abbau der Arbeitslosigkeit oder zur Einkommensumverteilung grundsätzlich geeignet erscheinen lassen. Allerdings wird im folgenden Abschnitt gezeigt, dass ein solcher grundsätzlicher Zusammenhang noch nicht genügt, um nach dem ökonomischen Kalkül als optimale Strategie gegen die Kriminalität zu fungieren.

Statistics 84 (2002) 45–61; *Edmark* Unemployment and Crime: Is There a Connection? Scandinavian Journal of Economics 107 (2005) 2, 353–373.

21 *Papps/Winkelmann* Unemployment and Crime: New Answers to an Old Question, New Zealand Economic Papers 34 (2000) 53–72; *Lee/Holoviak* Unemployment and Crime: An Empirical Investigation, Applied economics letters 12 (2006) 805–810; *Fougère/Kramarz/Pouget* Crime and Unemployment in France. Paper Presented at the European Summer Symposium in Labour Economics (ESSLE), 3.–6. September 2003, Ammersee; *Entorf/Spengler* (Fn 3).

22 Während im internationalen Bereich einige wenige Arbeiten einen solchen Zusammenhang zwischen Einkommensungleichheit und Kriminalität statistisch feststellen (vgl. beispielsweise *Doyle/Ahmed/Horn* The Effects of Labor Markets and Income Inequality on Crime: Evidence from Panel Data, Southern Economic Journal 1999, 717–738), existieren derartige Berechnungen für Deutschland nach Kenntnis des Autors nicht. Allerdings scheitert ein Nachweis bzgl. der Einkommensverteilung daran, dass diese – im Gegensatz zu den meisten anderen Staaten – keine hinreichende Varianz im Zeitablauf aufweist.

23 *Doyle/Ahmed/Horn* (Fn 22); *Kelly* Inequality and Crime, The Review of Economics and Statistics 82 (2000) 530–539; *Fajnzylber/Lederman/Loayza* What Causes Violent Crime? European Economic Review 46 (2002) 1323–1357; *Brush* Does Income Inequality Lead to More Crime? A Comparison of Cross-sectional and Time-series Analyses of United States Countries, Economic Letters 96 (2007) 2, 264–268.

24 Auf eine Darlegung der umfangreichen empirischen Literatur soll hier verzichtet werden. Ausführliche Übersichten darüber bieten *Eide* Economics of Crime. Deterrence and the Rational Offender, Contribution to Economic Analysis, Amsterdam 1994; *Entorf* (Fn 5) sowie *Entorf/Spengler* Crime in Europe. Causes and Consequences, Berlin u.a. 2002.

4. GRUNDSÄTZE OPTIMALER KRIMINALITÄTSBEKÄMPFUNG AUS ÖKONOMISCHER SICHT

Aus der ökonomischen Analyse des Kalküls eines potenziell kriminell Handelnden ergeben sich zwei grundsätzliche wesentliche Schlussfolgerungen bezüglich der optimalen Kriminalitätsbekämpfung:

1. Maßnahmen zur Kriminalitätsbekämpfung sind insgesamt nur in dem Umfang anzuwenden, wie ihre zusätzlichen sozialen Kosten in Form von Vermeidungs- und Bestrafungskosten die aus ihnen resultierenden zusätzlichen sozialen Nutzen (eingesparte Opfer- und Tatdurchführungskosten) nicht übersteigen. Deshalb kann es in der Regel nicht das gesellschaftliche Ziel sein, die Kriminalität auf Null zu senken – dafür fallen im Allgemeinen zu hohe Kosten der Vermeidung und Bestrafung an. Aus volkswirtschaftlicher Sicht ist ein bestimmtes Maß an Kriminalität »optimal«[25] – oder mit anderen Worten: tolerierbar.
2. Um aus volkswirtschaftlicher Sicht zu beantworten, welche der diskutierten »negativen«, »positiven« oder »erzieherischen« Maßnahmen verstärkt eingesetzt werden sollten, lohnt es, zunächst die formale Bedingung zu nennen: Die einzelnen Maßnahmen zur Verbrechensbekämpfung sind so einzusetzen, dass das Verhältnis der zusätzlichen sozialen Nutzen zu den zusätzlichen sozialen Kosten (»Effizienz«) aller Maßnahmen identisch ist. Selbst wenn also beispielsweise eine Maßnahme doppelt so wirksam ist wie eine andere, darf sie nur solange eingesetzt werden, wie sie nicht mehr als das Doppelte der anderen Maßnahme kostet. Die hinter der aus dieser Formulierung deutlich werdende Notwendigkeit, die Wirksamkeit (»Nutzen«) der Maßnahmen mit ihren Kosten zu relativieren, ist von zentraler Bedeutung für die – aus volkswirtschaftlicher Sicht – effiziente Kriminalitätsbekämpfung.[26]

5. ZUR EMPIRIE DER KRIMINALITÄT UND IHRER BEKÄMPFUNG

Mit der Forderung, Maßnahmen gegen die Kriminalität so zu wählen, dass deren Verhältnis von zusätzlichen sozialen Nutzen zu zusätzlichen sozialen Kosten gleich hoch ist, bietet sich eine Regel, welche die Debatte um die richtige Kriminalitätsbekämpfung entschärfen kann. Sofern die entsprechenden empirischen Daten vorliegen, könnte systematisch entschieden werden, ob die »pädagogischen«, »positiven« oder »negativen« Maßnahmen bei den verschiedenen Deliktarten verstärkt einge-

25 *Maennig* Die optimale Kriminalität, Die Zeit vom 3. 1. 2002, S. 18.

26 Aus diesen Erwägungen heraus plädiert *Becker* (Fn 12) übrigens dafür, wo immer vertret- und durchsetzbar, Geldstrafen zu verhängen: Der Abschreckungseffekt kann (insbesondere bei Vermögensdelikten) erheblich sein, die Geschädigten könnten kompensiert werden und dem Staat bleibt der Aufwand für Strafvollzug und Bewährungshilfe weitestgehend erspart.

setzt werden sollten. Allerdings erscheint die Empirie zurzeit noch nicht hinreichend weit entwickelt, um die theoretischen Möglichkeiten in konkrete Politikempfehlungen umzusetzen.

So wurde zwar gezeigt, dass der nach obigen theoretischen Erwägungen zu erwartende negative Zusammenhang zwischen den so genannten »negativen« Anreizmaßnahmen einer erhöhten Bestrafungswahrscheinlichkeit und/oder einer Erhöhung der Strafen einerseits und der Kriminalitätsrate andererseits über alle Verbrechensarten zusammengefasst gilt: Der Median der Kriminalitätselastizitäten von internationalen Studien, welche aufwendigere Mehrgleichungsmodelle schätzten und damit auch mögliche Simultanitäten einzelner Variablen abdeckten, liegt bei minus 0,84 für die Verurteilungswahrscheinlichkeit und – deutlich geringer – bei minus 0,43 für die Strafhöhe.[27]

Die oft zu hörende Ansicht, dass verschärfte Strafen oder eine erhöhte Bestrafungswahrscheinlichkeit nicht wirken, scheint also insgesamt empirisch recht eindeutig widerlegt.[28] Untersuchungen, die zu dem Ergebnis kommen, dass die Strafhöhe ohne Einfluss auf die Kriminalität sei, muss im Übrigen entgegengehalten werden, dass dann die Strafen auch grundsätzlich auf Null gesetzt werden könnten – eine offensichtlich nur wenig konsensfähige Aussage.

Hingegen haben »positive« Maßnahmen wie der Abbau der Arbeitslosigkeit einen ungleich schwächeren Effekt. Für Deutschland schätzt *Entorf*, dass selbst eine Halbierung der Arbeitslosigkeit die Kriminalität nur um 2,5 Prozent verringern würde.[29]

Die Problematik der Empirie beginnt jedoch damit, dass die optimale Kriminalitätsbekämpfung von Straftatart zu Straftatart und von Land zu Land, unter Um-

27 Vgl. *Eide* (Fn 24) sowie zur Diskussion weiterer Literatur *Curti* Abschreckung durch Strafe – Eine ökonomische Analyse der Kriminalität, Wiesbaden 1999. Zur theoretischen Diskussion, ob die Strafwahrscheinlichkeit oder -höhe wirksamer ist, vgl. *Entorf* (Fn 5) 420–424. Zur Diskussion, in welchem Umfang der Effekt der Strafe der Abschreckungs- oder der »Ausschaltungseffekt« zugrunde liegt, vgl. beispielsweise *Wolpin* An Economic Analysis of Crime and Punishment in England and Wales, 1894–1967, Journal of Political Economy 86 (1978) 815–840. Er kommt zu einer Schätzung von 50 Prozent.

28 Während *Entorf/Spengler* Kriminalität: Abschreckung wirkt, DIW Wochenbericht 72 (2005) 543–552 noch zu dem Ergebnis kommen, dass ein um zehn Prozent erhöhtes allgemeines Strafmaß zu einer gesamtwirtschaftlichen Gesamtschadensreduktion von 870 Mio Euro führen würde, schätzt *Spengler* Eine panelökonometrische Evaluation des deutschen Strafverfolgungssystems 226 (2006) 6, 687–714 diesen Wert auf 250 Mio Euro.

29 Vgl. *Entorf* (Fn 5) 446; vgl. auch *Curti* (Fn 26) S. 173. Zu der geringen Wirksamkeit positiver Maßnahmen zur Bekämpfung der Kriminalität dürfte das Argument hoher Kosten hinzukommen, sonst wären beispielsweise weitere Maßnahmen zur Verringerung der Arbeitslosigkeit – auch ohne das Ziel der Verbrechensbekämpfung – längst ergriffen worden. Für Maßnahmen zur Verringerung der Ungleichverteilung dürfte eine ähnliche Argumentation gelten. Insofern erscheint es zumindest plausibel, positive Maßnahmen als wenig effizient zur Verbrechensbekämppfung einzuordnen, solange nicht etwa gezeigt werden kann, dass solche Maßnahmen in einem komplementären Verhältnis zu anderen effizienten Maßnahmen stehen.

ständen aber auch von Täterkreis zu Täterkreis unterschiedlich sein kann. So wurde empirisch gezeigt, dass eine Strafverschärfung bei Schwerverbrechen weniger, eine erhöhte Bestrafungswahrscheinlichkeit hingegen äußerst sinnvoll ist: Für einen Schwerverbrecher ist es im Zweifelsfall »egal«, ob er zu 15 oder 20 Jahren Zuchthaus verurteilt wird. »Egal« lässt sich übrigens ökonomisch damit übersetzen, dass die vom (potentiell) Kriminellen wahrgenommenen erwarteten zusätzlichen Kosten aus einer möglicher Weise fünfjährigen Haftverlängerung gleich oder nahe Null sind. Teilweise kommen Untersuchungen zu dem Ergebnis, dass bei Triebtaten (Vergewaltigung und Teile der Mordfälle) weder die Bestrafungshöhe noch die -wahrscheinlichkeit einen signifikanten Einfluss haben, während dieser für Eigentumsdelikte durchaus vorhanden ist.

Selbst wenn es gelingen sollte, die relative Wirksamkeit der verschiedenen alternativen Maßnahmen für die einzelnen Kriminalitätsarten, Täter und Länder empirisch zu isolieren, genügen diese Erkenntnisse nach obiger Analyse noch nicht, um deren gesellschaftliche Effizienz zu beurteilen, solange nicht die Kosten der Maßnahmen ebenfalls beachtet werden. Genau hier sind jedoch erhebliche Schwierigkeiten festzustellen, was am Beispiel der Abwägung innerhalb der negativen Maßnahmen der erhöhten Bestrafungswahrscheinlichkeit und der verschärften Strafen verdeutlicht werden kann: Zwar sind die Kosten pro zusätzlichen Polizeibeamte gut abschätzbar; auch eine empirische (verbrechensspezifische) nutzenorientierte Analyse, in welchem Umfang pro Polizeibeamten die Bestrafungswahrscheinlichkeit steigt bzw. die Kriminalitätsraten fällt, mag nicht auf unüberwindliche Schwierigkeiten stoßen. Dennoch kann über die Sinnhaftigkeit der Einstellung zusätzlicher Polizeibeamter wenig gesagt werden, solange nicht für alle anderen wesentlichen positiven, negativen und pädagogischen Maßnahmen deren Kosten bzw. deren Nutzen-Kosten-Verhältnis bekannt sind.[30] Studien, welche sowohl die zusätzlichen Kosten als auch die zusätzlichen Nutzen verschiedener Maßnahmen zur Verbrechensbekämpfung abschätzen oder gar ökonomische Effizienzvergleiche vornehmen, liegen jedoch weder national noch international vor.[31] Insofern steht die effizienzorientierte Analyse zur optimalen Kriminalitätsbekämpfung erst am Anfang.

30 Für die USA kommt *Levitt* Using Electoral Cycles in Police Hiring to Estimate the Effect of Police on Crime, NBER Working Paper No. 4991, 1995, zu acht bis zehn verhinderten Straftaten pro zusätzlichem Polizist. Der dort gezogenen Schlussfolgerung, dass – weil jeder zusätzliche Polizist einen volkswirtschaftlichen Schaden von 100 000 US-Dollar verhindere – die vermehrte Einstellung von Polizisten sinnvoll sei, ist nach der obigen Analyse nur bedingt zuzustimmen: Wenn es über ein erhöhtes Strafmaß möglich ist, die gleiche Schadensreduktion zu geringeren Kosten erreichen, so wäre dieses vorzuziehen.

31 Dies mag daran liegen, dass die in Abschnitt 2 geschilderten Kosten, insbesondere die Bestrafungskosten, schwer zu quantifizieren und monetarisieren sind. Sicherlich kommt erschwerend hinzu, dass beispielsweise in die Kalkulation der zusätzlichen Kosten erhöhter Strafmaße auch die unter Umständen hohen Kosten ihrer politischen Durchsetzung gehören.

Aktuelle Herausforderungen in der Tarifpolitik: Mindestlohn für das Sicherheitsgewerbe?

HARALD OLSCHOK

1. VORBEMERKUNGEN

Die zunehmende innen-, beschäftigungs- und wirtschaftspolitische Bedeutung des Sicherheitsgewerbes hat zu einer wahren Flut von Veröffentlichungen zu diesem Gewerbe geführt. Die Zahl der Zeitschriftenaufsätze, Dissertationen und sogar Habilitationen ist kaum mehr überschaubar. Hinzu kommen vier Handbücher, die allein im letzten Jahrzehnt erschienen sind. [1]

Diese Veröffentlichungen haben die Branche auf eine völlig neue informatorische Grundlage gestellt. Von der Wissenschaft relativ wenig beachtet sind hingegen die Rechtsfragen in Verbindung mit den Arbeitsbedingungen der über 170 000 Beschäftigten in der Branche. Politik und Medien haben in letzter Zeit die Arbeitsbedingungen im Sicherheitsgewerbe bzw. die Entlohnung der Beschäftigten in den Blickpunkt gerückt. Vor allem das Thema Mindestlohn für das Wach- und Sicherheitsgewerbe ist seit geraumer Zeit hoch aktuell.

Die Arbeitsbedingungen im Sicherheitsgewerbe sind Ausgangspunkt des folgenden Beitrags. Ausgehend von der Diskussion über die Einführung eines Mindestlohns für das Sicherheitsgewerbe werden Ansatzpunkte, aber auch Probleme einer zeitgemäßen Tarifpolitik aufgezeigt. Dabei wird zwangsläufig auch auf die Bedeutung eingegangen, die der Bundesverband Deutscher Wach- und Sicherheitsunternehmen e.V. (BDWS) als einziger Arbeitgeber- und Wirtschaftsverband der Branche hat.

2. ARBEITSBEDINGUNGEN UND WACHSTUM DES SICHERHEITSGEWERBES

Die Arbeitsbedingungen der Beschäftigten im Sicherheitsgewerbe unterscheiden sich von denen der meisten Arbeitnehmer in anderen Branchen. Sie arbeiten überwiegend dann, wenn andere Arbeitnehmer nicht tätig sind: in der Nacht, am Wochenende und an Feiertagen. Ein Arbeitsverhältnis wird dann begründet, wenn

1 Handbuch des privaten Sicherheitsgewerbes, Stuttgart u.a. 1995; Unternehmenshandbuch Wach- und Sicherheitsgewerbe, Köln usw. 1999; Recht und Organisation privater Sicherheitsdienste in Europa, 1999; Handbuch des Sicherheitsgewerberechts, 2004.

ein Auftrag vorliegt. Eine Produktion auf Halde oder Abruf ist nicht möglich. Kommt es zur Kündigung des Auftrags, ist dies in der Regel auch mit der Beendigung des Arbeitsverhältnisses verbunden. Besondere Gefährdungen ergeben sich für die Arbeitnehmer durch die Arbeit in der Nacht, an besonderen Orten und zunehmend in konfliktgeneigten Aufgabengebieten, z.B. bei Veranstaltungen, im Öffentlichen Personenverkehr, im Eingangsbereich von Diskotheken und im Einzelhandel. Insbesondere im Veranstaltungsdienst gibt es häufig kurzfristig auftretende Sicherheitserfordernisse. Diese Aufgaben können nur durch den Einsatz von sozialversicherungsfreien Aushilfskräften wahrgenommen werden. Von den ca. 170 000 Beschäftigten im Sicherheitsgewerbe sind deshalb rund 55 000 sozialversicherungsfreie Aushilfskräfte tätig.

Die Gründe für das Wachstum von Umsatz und Beschäftigung des Sicherheitsgewerbes sind hinreichend beschrieben und sollen nur kurz skizziert werden.[2] Die Risiken einer modernen Industriegesellschaft erfordern eine Vielzahl von Maßnahmen zur Gefahrenabwehr. Die zunehmende Komplexität dieser Aufgaben führt zu einer zunehmenden Fremdvergabe von Sicherheitsdienstleistungen. Ein auf Sicherheit spezialisiertes Unternehmen kann eine Leistung in der Regel auch besser erfüllen als dasjenige, bei dem dies lediglich eine Nebenaufgabe ist. Diese Konzentration auf »Kernkompetenzen« darf aber nicht darüber hinweg täuschen, dass es vor allem Kostengründe sind, die die Wirtschaft und öffentlichen Auftraggeber dazu veranlassen, Sicherheitsdienstleistungen fremd zu vergeben.

Die tariflich vereinbarten Entgelte im Sicherheitsgewerbe liegen i.d.R. erheblich unter denen anderer Branchen. Einsparungen ergeben sich für die Kunden auch dadurch, dass bei eigenem Personal Reserven für Urlaub und Krankheit vorgehalten werden müssen. Ein Sicherheitsdienstleister, der eine Vielzahl von Sicherheitskräften zur Verfügung hat, ist leichter in der Lage, diese Ausfälle aus einem Pool zu bedienen.

Zur Förderung des Images, zur Erfüllung der Kundenbedürfnisse und zur Steigerung der Leistungsfähigkeit hat die Branche in den vergangenen Jahren enorme Anstrengungen zur Verbesserung der Qualität der Dienstleistung unternommen. Die Einführung des Ausbildungsberufs »Fachkraft für Schutz und Sicherheit« im Jahr 2002 ist ein Meilenstein in der Entwicklung des Gewerbes. Ca. 1 500 junge Menschen haben diese Ausbildung bereits erfolgreich absolviert. Weitere 2 500 junge Menschen befinden sich zurzeit in der Ausbildung. Im Jahr 2008 wird es ergänzend zu diesem dreijährigen Ausbildungsberuf zur Einführung des zweijährigen Ausbildungsberufs »Servicekraft für Schutz und Sicherheit« kommen. Für qualifizierte

2 Private Sicherheitsdienste im Überblick, in: Olschok (Hrsg.) Unternehmenshandbuch Wach- und Sicherheitsgewerbe, 1999, S. 1ff; Länderbericht Deutschland (gemeinsam mit *Rolf Wackerhagen*) in: Ottens/Olschok/Landrock (Hrsg.) Recht und Organisation privater Sicherheitsdienste in Europa, 1999, S. 170 ff; Entwicklung und Perspektiven des Wach- und Sicherheitsgewerbes auf nationaler und europäischer Ebene, in: Stober/Olschok (Hrsg.) Handbuch des Privaten Sicherheitsgewerberechts, 2004, S. 13 ff.

Seiteneinsteiger wurde die aus dem Jahr 1982 stammende IHK-Geprüfte Werkschutzfachkraft entstaubt, an die Erfordernisse der heutigen Zeit angepasst und zur »Geprüften Schutz- und Sicherheitskraft (IHK)« weiterentwickelt.

Für diese neuen Qualifikationsstufen wurden auch in den Tarifverträgen deutlich höhere Grundlöhne vereinbart. Sicherheitsunternehmen werden diese Kräfte allerdings nur dann einsetzen, wenn sie vom Kunden nachgefragt und der höhere Lohn und der damit verbundene höhere Preis auch bezahlt wird. Die heutigen Tendenzen – vor allem der öffentlichen Auftraggeber –, bei Ausschreibungen nur den billigsten Anbieter zu beauftragen, wirkt sich auf die Ausbildungsbereitschaft unserer Branche kontraproduktiv aus. Billigvergaben werden begierig von den Medien aufgegriffen, die Berichterstattung darüber dient nicht dem Ansehen unserer Branche.

Die Bewachung des Polizeipräsidiums Hamburg wurde an ein bundesweit bekanntes Billigunternehmen vergeben. Der Deutsche Bundestag hat Anfang 2007 im EU-Amtsblatt eine umfassende Ausschreibung für verschiedene Sicherheitsaufgaben veröffentlicht. In den Ausschreibungsbedingungen wurde hinsichtlich der technischen Leistungsfähigkeit die Referenz einer vergleichbaren Leistung gefordert. Zuschlagskriterium war ausschließlich der niedrigste Preis.

Die SPD hat sich auf ihrem Parteitag im Herbst 2007 in Hamburg von einem Billigstunternehmen schützen lassen. Während die Delegierten im Tagungsraum heftig über die Einführung eines gesetzlichen Mindestlohns in Höhe von 7,50 Euro je Stunde debattierten, wurden diese von Sicherheitskräften geschützt, die einen Lohn von sechs Euro pro Stunde erhielten. Dies ist umso peinlicher, als in Hamburg für Veranstaltungsdienste ein allgemeinverbindlich erklärter Stundengrundlohn von 7,21 Euro zum Zeitpunkt der Tagung vorgeschrieben war.

Der Berliner Bezirk Neukölln hat im Dezember 2007 damit begonnen, für einige Schulen einen Wachschutz zu beauftragen. Auch hier war das Vergabekriterium der billigste Preis.

Diese Beispiele, die beliebig erweitert werden können, machen das Dilemma des Sicherheitsgewerbes deutlich. Die Bereitschaft, die Ausbildungsanstrengungen zu honorieren, ist hingegen eher rückläufig denn ansteigend.

Die Grundlage für die Preisgestaltung im Dienstleistungssektor ist immer der Lohn. Produktivitätsfortschritte, die in der Industrie der ökonomische Ausgangspunkt für höhere Löhne sind, sind im Sicherheitsgewerbe nur bedingt realisierbar. Sie können allenfalls dort genutzt werden, wo eine Substitution menschlicher Sicherungstätigkeit durch den Einsatz technischer Überwachungseinrichtungen möglich ist. Neben dem tariflichen Stundengrundlohn müssen u.a. der Urlaub, die Lohnfortzahlung im Krankheitsfall, die Sozialversicherungsbeiträge, aber auch die allgemeinen Kosten für Bekleidung, Ausrüstung, Kontrollsysteme, Telefon und ähnliches finanziert werden. Die Kosten für die Einsatzleitung, allgemeine Verwaltung, Zinsen, Kundenbetreuung, Werbung, den Unternehmerlohn, Investitionen und schließlich der Gewinn müssen ebenfalls kalkuliert werden.

Welcher Aufschlag auf den Lohn letztlich kalkuliert wird, ist die individuelle Entscheidung jedes Unternehmens. Diese ist äußerst vielschichtig und leitet sich letztlich aus der Gesamtstrategie des Unternehmens ab. Der Versuch des BDWS, einen allgemeinen Aufschlagsatz von ca. 100 Prozent auf den tariflichen Stundengrundlohn als Grundlage für eine seriöse Preisgestaltung vorzugeben, wird von den meisten Kunden und auch Mitgliedsunternehmen mitleidig belächelt. Dieser Kalkulationssatz war vor 20 Jahren noch eine realistische Orientierungsgröße, heute liegen diese Kalkulationssätze teilweise bei 50 Prozent und decken kaum die gesetzlichen und manteltarifvertraglichen Vorgaben ab. Dies ist auf Dauer ökonomisch nicht vertretbar, spiegelt aber die Realität der schwierigen Marktbedingungen wider. Schließlich sind neben den über 730 Mitgliedsunternehmen des BDWS weitere 2 800 Unternehmen am Markt tätig, die versuchen, ein Stück des ca. 4,5 Mrd. Euro großen Umsatzvolumens der Dienstleistung »Sicherheit« zu erhalten.

3. MINDESTLOHN: AUFNAHME IN DAS ENTSENDEGESETZ?

a) Ausgangslage

Die wirtschaftliche und politische Bedeutung von Europa hat in den letzten Jahren kontinuierlich zugenommen. Die Beschlüsse der Kommission haben weit reichende Auswirkungen auf den nationalen Gesetzgeber. Eine völlig neue Dimension haben jedoch die Herausforderungen durch die EU-Osterweiterung am 1. Mai 2004 bzw. am 1. Januar 2007 erlangt. Die Aufnahme der insgesamt zwölf neuen Beitrittsländer hat die europäische Entwicklung auf eine völlig neue Grundlage gestellt.

Die Befürchtungen der Gewerkschaften aber auch der Politik haben dazu geführt, dass es bei der EU-Osterweiterung im Jahr 2004 zu einer deutlichen Einschränkung der Arbeitnehmerfreizügigkeit gekommen ist. Um deutsche unqualifizierte Beschäftigte zu schützen, hatte sich Deutschland ausbedungen, frühestens im Jahr 2009 den ungehinderten Zuzug von Arbeitnehmerinnen und Arbeitnehmern aus den Beitrittsländern zuzulassen. Während in England und Irland inzwischen hunderttausende Beschäftigte aus den osteuropäischen Staaten arbeiten, beschränkt sich dies in Deutschland auf die bekannten und teilweise umstrittenen Erntehelfer.

Die Bedeutung der EU zeigt sich vor allem auch in der Diskussion über die europäische Dienstleistungsrichtlinie. Diese wurde nach langer und heftiger Auseinandersetzung im Jahr 2006 verabschiedet. Sie beinhaltet als ein wesentliches Element das sog. »Ursprungsland-Prinzip«. Dieses hat zur Folge, dass für die Dienstleistungsbereiche, die in den Geltungsbereich dieser Richtlinie fallen, keinerlei nationalen Beschränkungen mehr gelten. Hat ein Unternehmen in seinem Ursprungsland eine Gewerbezulassung, so kann es seine Dienste in allen anderen 26 EU-Mitgliedsstaaten ohne weitere Überprüfungen anbieten. Dem Sicherheitsgewerbe ist es durch massive Überzeugungsarbeit auf nationaler und internationaler Ebene gelungen, das Sicherheitsgewerbe und auch die Geld- und Wertdienste aus dem Geltungsbereich heraus zu nehmen. Die EU-Kommission wird aber im Jahr 2011 über eine eigenständige Richtlinie für diese zwei Gewerbezweige beraten und ggf. eine solche auch erlassen.

Von der Öffentlichkeit kaum beachtet ist die explizite Ausnahme der Arbeitsbedingungen aus dem Ursprungsland-Prinzip. Die Dienstleistungsrichtlinie stellt eindeutig fest, dass die Entlohnung national zu regeln ist. Voraussetzung ist jedoch der Erlass eines sog. Arbeitnehmer-Entsendegesetzes. Die Bundesregierung hat sich in der Koalitionsvereinbarung im Jahre 2005 darauf verständigt, das Reinigungsgewerbe in das Entsendegesetz aufzunehmen, was zum 1. Juli 2007 auch vollzogen wurde. Die heftigen politischen und medialen Diskussionen über einen Mindestlohn haben dazu geführt, dass das Entsendegesetz entgegen der ursprünglichen Absicht auf andere Branchen ausgeweitet werden wird. Für die Postdienste liegen entsprechende Abschlüsse vor. Auch aus Teilen der Zeitarbeit ist Interesse angemeldet worden. Ähnliches gilt für die Entsorgungswirtschaft, das Fleischerhandwerk und den Gartenbau. Zunehmend werden auch die privaten Sicherheitsdienste genannt. Der Vorstand des BDWS hat im Oktober 2007 entschieden, den Antrag auf Aufnahme in das Entsendegesetz zu stellen.

b) Politische Rahmenbedingungen

Im Gegensatz zur ursprünglichen Koalitionsvereinbarung hat der Koalitionsausschuss der Bundesregierung in seiner Sitzung am 11. Juni 2007 entschieden, weitere Branchen in den Geltungsbereich des Entsendegesetzes aufzunehmen. Voraussetzung dafür ist, dass ein bundesweiter Tarifvertrag vorliegt und der Verband bzw. die Branche, die den Antrag stellt, mindestens 50 Prozent der Beschäftigten im Geltungsbereich des Tarifvertrages beschäftigt. Bis zum 31. März 2008 müssen die Anträge gestellt werden. Danach beginnt das Gesetzgebungs- bzw. Verordnungsverfahren, das bis Ende Dezember 2008 beendet sein muss. Danach, so die Planung der Koalition, gilt ab 1. Mai 2009 das Entsendegesetz für die Branchen, die dies wünschen und die die Voraussetzungen erfüllen.

c) Aktuelle Situation im Sicherheitsgewerbe

Nach langer heftiger Diskussion haben die zuständigen Gremien des BDWS entschieden, auch für das Sicherheitsgewerbe den Antrag auf Aufnahme in das Entsendegesetz zu stellen. Mit der Aufnahme in das Entsendegesetz ist jedoch ein Paradigmenwechsel verbunden. In den vergangenen 60 Jahren haben die Landesgruppen des BDWS die Tarifverträge autonom verabschiedet. Das hat zur Folge, dass in den 16 Bundesländern nicht nur unterschiedliche Löhne vereinbart wurden; teilweise unterscheiden sich auch die Bezeichnungen. Auch wenn es theoretisch denkbar wäre, einen Mindestlohn-Tarifvertrag mit 16 Mindestlöhnen zu vereinbaren, so ist dies wenig Ziel führend.

Eine Umsetzung des Entsendegesetzes ist nur dann praktikabel, wenn die Zollämter eine transparente Prüfung der einschlägigen Tarifverträge vornehmen können. Deshalb hat sich der BDWS entschlossen, Stundengrundlöhne für drei untere Lohngruppen tarifvertraglich zu regeln.

Voraussetzung für die Aufnahme in das Entsendegesetz ist zwangsläufig der Abschluss eines entsprechenden Tarifvertrages. Die stereotype Forderung von ver.di, aber auch von großen Teilen der SPD, einen bundesweiten Mindestlohn von 7,50 Euro pro Stunde zu vereinbaren, ist für den BDWS im Interesse seiner Mitgliedsunternehmen nicht hinnehmbar. Es bedarf auf absehbare Zeit einer Differenzierung zwischen Ost und West. Ziel muss es jedoch sein, die bestehenden Unterschiede zu mindern.

d) Chancen und Risiken

Ein wesentlicher Unterschied zwischen Allgemeinverbindlichkeit und Entsendegesetz besteht darin, dass letzteres auch für Unternehmen gilt, die ihren Firmensitz nicht in Deutschland haben. Damit kann juristisch vermieden werden, dass nach der völligen Arbeitnehmerfreizügigkeit z.B. ein polnisches Unternehmen mit polnischen Arbeitnehmern seine Dienste in Deutschland zu polnischen Tarifen anbietet.

Mit der Aufnahme in das Entsendegesetz ist eine ganze Reihe rechtlicher Konsequenzen verbunden. Diese gehen weit über die Allgemeinverbindlichkeit hinaus. So besteht beispielsweise eine Verpflichtung des Auftraggebers, auf die ordnungsgemäße Entlohnung der Beschäftigten bei seinem Dienstleister zu achten. Ebenso besteht eine Haftung für einen Auftragnehmer, wenn er die Dienstleistung an einen Subunternehmer weiter vergibt. Die Zollkontrollen können verdachtsunabhängig durchgeführt werden. Auch gibt es eine ganze Reihe von Dokumentationspflichten, um zu belegen, dass eine tarifgerechte Entlohnung erfolgt.

Es besteht auch die Gefahr, dass es zu einer Nivellierung der Entlohnung kommt. Warum sollte der Kunde für eine qualifizierte Bewachungstätigkeit einen Lohn zahlen, der beispielsweise 30 Prozent über dem Mindestlohn liegt. Es ist zu erwarten, dass durch die permanente Wiederholung der Höhe der Grundlöhne in den Medien viele Kunden eine Angebotsabgabe auf Basis des Mindestlohnes einfordern werden. Höhere Qualifikationen und damit höhere Löhne könnten auf diese Weise sukzessive weiter an Bedeutung verlieren. Dies wäre vor dem Hintergrund der genannten Qualitätsbemühungen der Sicherheitsbranche mehr als kontraproduktiv.

Weiterhin stellt sich die Frage, ob die Zollämter bzw. die Finanzkontrolle Schwarzarbeit über ausreichendes Personal für flächendeckende Kontrollen verfügt. Die meisten der 2 800 Unternehmen, die nicht im BDWS organisiert sind, sind Klein- und Kleinstbetriebe. Diese haben auch heute kaum staatliche Kontrollen durch die Sozialversicherungsträger und Finanzämter zu befürchten. Warum sollte sich dies mit dem Entsendegesetz ändern. Es besteht die Gefahr, dass seriös kalkulierende Unternehmen sich an die Bedingungen halten, während »schwarze Schafe«

nie ganz auszuschließende Schlupflöcher dazu nutzen, das Entsendegesetz zu umgehen und damit eine Stabilisierung des Tarifsystems verhindern.

Die Aufnahme in das Entsendegesetz setzt natürlich voraus, dass die tariflichen Bedingungen für die Branche tragbar sind. Dabei ist völlig klar, dass sich insbesondere für die neuen Bundesländer dramatische Lohnerhöhungen ergeben werden. Stundengrundlöhne von 4,40 Euro sind auf Dauer nicht hinnehmbar. Auch wird es zunehmend schwieriger für die Unternehmer, unter diesen Bedingungen überhaupt noch geeignetes Personal zu gewinnen. Der BDWS wird die Diskussion über die Aufnahme in das Entsendegesetz nutzen, seine tariflichen Strukturen zu vereinfachen und gleichzeitig eine Lohnerhöhung in einigen Ländern zu realisieren. Alle derzeit existierenden Tarifprobleme lassen sich nicht auf einmal lösen. Es wird aber zu einer Vereinfachung und transparenteren Tarifgestaltung für die untersten Lohngruppen kommen.

Die Aufnahme in das Entsendegesetz ist nur ein Element einer zukunftsgerichteten Tarifkonzeption des BDWS. Die nachfolgend genannten Aspekte sind mindestens genauso wichtig. Neben länder- und tätigkeitsbezogener Tarifierung wird es auch bundesweite Spartentarife geben. Ein wichtiges Element der Tarifsystematik ist die Gültigkeit des Erfüllungsort-Prinzips. Die Allgemeinverbindlichkeit hat jedoch nach wie vor eine erhebliche Bedeutung.

4. Tarifpolitik – Kernaufgabe des BDWS

a) Überblick

Der Abschluss von Tarifverträgen für das Wach- und Sicherheitsgewerbe ist *die* Kernaufgabe des BDWS. Konkret ist es die Aufgabe der juristisch unselbstständigen Landesgruppen, in Vertretung des BDWS Tarifverträge abzuschließen. Mit Ausnahme der gemeinsamen Landesgruppe Rheinland-Pfalz/Saarland sind diese identisch mit den Bundesländern. Insgesamt hat der BDWS 70 Tarifverträge mit fast 280 verschiedenen Lohngruppen abgeschlossen.

Das Tarifsystem für das Wach- und Sicherheitsgewerbe weicht von vergleichbaren Dienstleistungsbranchen wie z.B. dem Gebäudereinigerhandwerk oder der Zeitarbeit ab. Es ist mit Ausnahme eines bundesweit gültigen Tarifvertrages für die Sicherungsposten bei spurgebundenen Gleisbauarbeiten sowie Flughafensicherheit, einem bundesweiten Mantelrahmentarifvertrag und einem Tarifvertrag über die Gültigkeit des Erfüllungsort-Prinzips länderorientiert und verfügt über eine Vielzahl von tätigkeitsbezogenen Lohngruppen. Damit wird der unterschiedlichen Wirtschaftskraft in den einzelnen Bundesländern zunächst Rechnung getragen.

b) Vielschichtige Tätigkeiten und Entlohnungsstruktur

Die vom Wach- und Sicherheitsgewerbe wahrgenommenen Tätigkeiten sind äußerst heterogen: Sie reichen von Pforten- und Empfangsdiensten, dem Objektschutz, den Revierdiensten, Kontrollen des öffentlichen Personenverkehrs, Schutzaufgaben auf Flughäfen, Bewachung von Kernkraftwerken bis hin zu Werkfeuerwehren und City-Streifen. Die Ausbildung, die Kundenanforderungen und auch die rechtlichen Voraussetzungen sind teilweise völlig unterschiedlich. Dies spiegelt die Entwicklung des Wach- und Sicherheitsgewerbes zu einem Allround-Sicherheitsdienstleister wider. Auch wenn das Sicherheitsgewerbe in großen Teilen vor allem im sog. Niedriglohnsektor tätig ist, gibt es auch eine ganze Reihe von Tätigkeiten mit deutlich höheren Löhnen. In einigen Bereichen erhalten Mitarbeiter Monatslöhne von über 3 000 Euro. An der Spitze der Qualifikation und der Entlohnung stehen Objektsicherungsdienste bei Kernkraftwerken, Fluggastkontrollen, Werkfeuerwehrdienste und auch Geld- und Wertdienste. Eine ausschließliche Betrachtung eines Mindestlohntarifvertrags nach dem Entsendegesetz greift zur tarifpolitischen Gesamtbeurteilung zu kurz.

c) Neue Aufgaben erfordern neue Lohngruppen

In manchen Ländertarifverträgen sind bis zu 35 unterschiedliche Tätigkeiten tarifiert. Dennoch ist es notwendig, neue Aufgaben, so z.B. im Bereich der City-Streifen, Werkfeuerwehrdiensten und vor allem im Bereich der Luftsicherheit, eigenständig zu tarifieren. Eine Personen- und Gepäckkontrolle nach § 5 Luftsicherheitsgesetz muss anders bewertet werden als der Pforten- und Empfangsdienst an einem öffentlichen Gebäude.

Es ist der Vorteil einer heterogen Dienstleistungsbranche, auf die verschiedenen Anforderungen der Kunden flexibel reagieren zu können. Dabei ist der Lohn immer die Grundlage der Kalkulation. Eine vollständige tarifliche Fundierung aller Tätigkeiten ist weder erzielbar noch wünschenswert. Bei wichtigen Aufgaben sollte dies angestrebt werden, da eine entsprechende Lohngruppe eine wichtige Ordnungsfunktion hat. Diese findet letztlich Eingang in die Kalkulation.

d) Bundesweite Tarifverträge als Reaktion auf Versagen von ver.di

Ausgerechnet die Gewerkschaft ver.di war es im Jahr 2004, die die Grundlagen unserer bisherigen Tarifpolitik ins Wanken brachte. Ver.di hatte mit der Firma FIS in Kelsterbach einen bundesweit gültigen Haustarifvertrag abgeschlossen. Dieser lag in Teilen unter den Tarifverträgen, die wir mit den Landesverbänden von ver.di abgeschlossen hatten. Ver.di hatte somit einem Mitbewerber durch einen Tarifvertrag Marktvorteile eingeräumt. Ein bis dato nicht vorstellbarer Fall. Als Konsequenz dieser Entwicklung hat der BDWS fast ein Jahr weder im Bund noch in den Ländern Tarifverhandlungen mit ver.di geführt.

Entscheidender war, dass damit ein BDWS-interner Meinungsprozess in Gang gekommen war, mit dem Ergebnis, bestimmte Tätigkeiten bundesweit zu tarifieren. Erstes Beispiel dafür waren die Sicherheitstätigkeiten an Verkehrsflughäfen nach dem Luftsicherheitsgesetz. Damit war es möglich, abweichend von den sonstigen, eher niedrigen Löhnen des Sicherheitsgewerbes eine deutliche Anhebung der Entlohnung zu erzielen. Dies ist kein Selbstzweck. Damit konnte u.a. die Fluktuation gesenkt werden. Denn: Eine qualifizierte Aufgabe benötigt auch eine entsprechende Entlohnung.

Ein weiteres Beispiel für einen bundesweiten Tarifvertrag war das Marktsegment »Sicherungsposten bei Gleisbauarbeiten«. Diese werden überwiegend im Auftrag der Deutschen Bahn eingesetzt, um Gleisbauarbeiter zu schützen. In diesem Segment ist besonders deutlich, dass Unternehmen aus Ländern mit niedrigen Stundengrundlöhnen diesen Vorteil nutzten, um in sog. Hochlohnländern ihre Dienste anzubieten. Das hat zu einer völligen Verzerrung der Marktbedingungen geführt. Der BDWS hat deshalb mit ver.di für diesen Bereich erstmals einen bundesweit gültigen Lohntarifvertrag abgeschlossen, der ab 2010 nur noch zwei Lohngruppen vorsieht.

Drittes Beispiel für eine Neuausrichtung der Tarifpolitik ist der Bereich der Geld- und Wertdienstleistungen. Dieses Marktsegment war früher Teil des Sicherheitsgewerbes. Sehr viele kleine und mittlere Unternehmen hatten einen eigenständigen Geldtransport. Bedingt durch die Veränderung der Kundenstruktur, der Risiken und Versicherungsbedingungen hat sich in den letzten zehn Jahren eine deutliche Spezialisierung ergeben. In den meisten Fällen ist es zu einer Abspaltung der Geld- und Wertdienste in eigene, rechtlich selbstständige Gesellschaften gekommen. Die führenden Unternehmen im Bereich Geld und Wert sind, mit wenigen Ausnahmen, in der Bewachung nicht mehr präsent.

Um diesen strukturellen Veränderungen Rechnung zu tragen, haben die Mitglieder der Bundesvereinigung Deutscher Geld- und Wertdienste e.V. (BDGW) im Herbst 2005 beschlossen, die BDGW vom reinen Wirtschafts- zum Wirtschafts- und Arbeitgeberverband weiter zu entwickeln. Insgesamt beschäftigen die Mitgliedsunternehmen 8 000 Mitarbeiterinnen und Mitarbeiter. Mit über 2 500 gepanzerten Spezialgeldtransportfahrzeugen wurde im Jahr 2007 ein Umsatz von 450 Mio. Euro erwirtschaftet.

Erstmals wurden dann im Jahr 2007 eigenständige Tarifverträge für den Bereich Geld und Wert in den Bundesländern Nordrhein-Westfalen, Hessen und Baden-Württemberg abgeschlossen. Ein weiterer wichtiger Schritt dieser Neuausrichtung der Geld- und Wert-Unternehmen war es, für die Tarifregion Ost einen ersten überregionalen Flächentarifvertrag abzuschließen.

e) Fazit

Diese Beispiele machen deutlich, dass auch in der Tarifpolitik ein permanenter und dauerhafter Strategiewechsel notwendig ist. Dies hängt mit Veränderungen in der Struktur der Unternehmen, des Marktes und der Tätigkeiten der Mitgliedsunternehmen von BDWS und BDGW zusammen. Dies macht es notwendig, flexibel zu reagieren. Einfacher wird die Tarifpolitik dadurch nicht immer.

5. ALLGEMEINVERBINDLICHERKLÄRUNG

a) Voraussetzungen

Der Abschluss von Tarifverträgen regelt zunächst nur die Lohn- und Arbeitsbedingungen der Beschäftigten in den über 730 Mitgliedsunternehmen des BDWS bzw. der BDGW. Diese beantragen zusätzlich regelmäßig die sog. Allgemeinverbindlichkeit. Dies ist nach dem Tarifvertragsgesetz ein Rechtsinstrument, damit die vereinbarten Lohn- und Arbeitsbedingungen auch für die Beschäftigten in nicht verbandsgebundenen Unternehmen gelten. Die Allgemeinverbindlichkeit konnte in den vergangenen Jahrzehnten problemlos für alle westlichen Bundesländer erreicht werden. In den neuen Ländern ist sie zurzeit nur für die Tarifverträge in Sachsen und Thüringen verkündet.

b) Bedeutung für das Sicherheitsgewerbe

Für die Erlangung der Allgemeinverbindlichkeit gelten nach dem Tarifvertragsgesetz folgende Voraussetzungen: Es muss ein rechtswirksamer Tarifvertrag vorliegen, eine Tarifvertragspartei muss den Antrag stellen und mindestens 50 Prozent der unter den Geltungsbereich des Tarifvertrages fallenden Arbeitnehmer müssen durch tarifvertragsgebundene Arbeitgeber beschäftigt werden. Die AVE ist grundsätzlich nur dann zulässig, wenn sie im öffentlichen Interesse liegt. Dies ist nicht bereits dann der Fall, wenn Tarifpartner sie wünschen, um Lohndumping oder »Schmutzkonkurrenz« zu unterbinden. Ein öffentliches Interesse ist dann gegeben, wenn ohne die AVE die Aushöhlung des Tarifvertrages droht oder allen Arbeitnehmerinnen und Arbeitnehmern die gleichen Mindestarbeitsbedingungen gewährleistet werden sollen. Die AVE muss geeignet sein, für eine nicht unerhebliche Zahl von Arbeitnehmern drohende Nachteile abzuwenden. Besteht eine solche Gefahr nicht, weil z.B. die große Mehrheit der Arbeitnehmer tarifgebunden ist, kann sich das öffentliche Interesse vor allem dann ergeben, wenn die Arbeitsbedingungen der nicht Organisierten unter dem Durchschnittsniveau vergleichbarer Tätigkeiten anderer Berufszweige liegen und angemessene soziale Arbeitsbedingungen für alle Arbeitnehmer gewährleistet werden sollen.

Die Beurteilung des öffentlichen Interesses ist eine Ermessensfrage, für die das Arbeitsministerium bzw. die Tarifausschüsse der Arbeitsministerien in den Bundesländern einen weitgehenden Ermessensspielraum haben. Durch die AVE besteht die Möglichkeit, allen Arbeitnehmern im Sicherheitsgewerbe vergleichbare Rahmenbedingungen für ihre Arbeit am Einsatzort zu gewähren. Damit soll verhindert werden, dass Arbeitnehmer zu untertariflichen Bedingungen beschäftigt werden. Alle Arbeitnehmer im Geltungsbereich des jeweiligen Tarifvertrages erhalten einen rechtlich durchsetzbaren Anspruch auf Einhaltung der tariflich festgelegten Mindestarbeitsbedingungen.

c) Begründung für das Sicherheitsgewerbe

Die in den Tarifverträgen für das Sicherheitsgewerbe festgeschriebenen tariflichen Bedingungen sind nicht so hoch, dass die Allgemeinverbindlichkeit eine schwerwiegende Einschränkung des Wettbewerbs zur Folge hätte. Die Existenz der bestehenden Betriebe wird durch die Allgemeinverbindlicherklärung nach Auffassung des BDWS nicht gefährdet. Neue Unternehmen werden auch nicht daran gehindert, am Markt zu operieren und zu expandieren. Die Löhne, Zulagen und Zuschläge im Sicherheitsgewerbe liegen deutlich unter dem Durchschnitt der Bedingungen für Arbeitnehmer in der Industrie und in anderen Dienstleistungsgewerben.

Mit der Allgemeinverbindlichkeit wird auch gewährleistet, dass die Arbeitsplätze zur Existenzsicherung tauglich sind. Diesem Existenzsicherungsanspruch wird auch die Tatsache gerecht, dass Arbeitnehmer diese Tarifbedingungen gerichtlich einfordern können. Hinzu kommt, dass private Sicherheitsdienste durch ihre vielfältigen Tätigkeiten erheblich zum Schutz der öffentlichen Sicherheit beitragen. Die Erschaffung angemessener einheitlicher Arbeitsbedingungen liegt deshalb in einem besonderen öffentlichen Interesse.

d) Position der BDA

Jahrzehntelang gab es – von wenigen Ausnahmen abgesehen – für den BDWS keine Probleme, die Allgemeinverbindlichkeit der Tarifverträge in den Bundesländern zu erlangen. Neue Entwicklungen zeigen jedoch, dass es in Zukunft immer schwieriger sein wird, die AVE zu erlangen. Verantwortlich dafür ist die Bundesvereinigung Deutscher Arbeitgeberverbände (BDA). Deren Präsidium hat im Frühjahr 2007 beschlossen, Anträgen auf Allgemeinverbindlichkeit nur unter bestimmten Voraussetzungen zuzustimmen.

Eine der Voraussetzungen ist, dass es sich bei dem tarifvertraglich vereinbarten Mindestlohn um die unterste Lohngruppe der Branche handelt. Diese Auffassung ist nach Meinung des BDWS nicht haltbar. Die Ausweitung eines vereinbarten Mindestlohns für Nicht-Verbandsunternehmen ist, wie bereits in Abschnitt 3 ausgeführt, Aufgabe des Entsendegesetzes.

Bei der Allgemeinverbindlichkeit geht es darum, auch höher qualifizierte Tätigkeiten unter den staatlichen Schutz zu stellen. Damit befindet sich die BDA nach unserer Auffassung im Widerspruch zum Gesetzgeber, der bisher das öffentliche Interesse als entscheidendes Kriterium zur Grundlage gemacht hat. Die Bedeutung der Allgemeinverbindlichkeit hat in den letzten Jahrzehnten deutlich abgenommen. Von über 60 000 Tarifverträgen werden nur noch 500 Tarifverträge für allgemeinverbindlich erklärt. Davon sind nur noch 50 Lohntarifverträge. Immer weniger Branchenverbände streben die AVE an.

Die Position der BDA ist vor allem von der Sichtweise der Industrie geprägt. Ein allgemein verbindlich erklärter Mindestlohn im Dienstleistungsbereich hat andere Auswirkungen als in der Industrie. In der Industrie droht immer die Verlagerung von Arbeitsplätzen in das Ausland, wenn die Löhne im Vergleich zu benachbarten Ländern zu hoch sind. Arbeitsplatzexport ist in den meisten Dienstleistungsgewerben nicht möglich. Sicherheitsdienstleistungen werden in Deutschland nachgefragt und nicht in Polen. Das von der BDA vorgebrachte Argument, zur Tarifautonomie gehöre auch das Recht, nicht einer Koalitionspartei, also einem Arbeitgeberverband anzugehören und somit keine Tarifverträge abzuschließen, ist grundsätzlich richtig.

Bei dieser Argumentation wird aber übersehen, dass z.B. im Sicherheitsgewerbe die Entlohnung a) vergleichsweise gering und b) außerdem Grundlage der Kalkulation ist. Es ist unter gesamtpolitischen und -wirtschaftlichen Aspekten auch Außenseitern zuzumuten, Mindestlöhne für einfache Tätigkeiten von sechs bis acht Euro und für qualifizierte Tätigkeiten bis zu zwölf Euro einzuhalten.

e) Handlungsmöglichkeiten des BDWS

Vor dem Hintergrund der Position der BDA und den Anforderungen des BDWS an eine zeitgerechte Tarifpolitik besteht nun die schwierige Aufgabe, realistische Handlungsmöglichkeiten auszuloten. Der Antrag auf Allgemeinverbindlichkeit der BDGW für Geld- und Werttarifverträge in Nordrhein-Westfalen und Hessen wurde von der Arbeitgeberseite in den Tarifausschüssen der Arbeitsministerien abgelehnt. Bei der eingetretenen Pattsituation, die drei Arbeitnehmervertreter stimmten dafür, hatte der Arbeitsminister nur die Möglichkeit der Ablehnung des Antrags auf AVE. Künftig wird die AVE auch für den Bereich der Sicherheit noch schwieriger.

Der BDWS ist deshalb gefordert, politisch und juristisch gegen die AVE-Blockade der BDA vorzugehen. Während das Gesetz ein öffentliches Interesse für die Erteilung einer AVE fordert, legt die BDA willkürliche Kriterien fest. Auch die Besetzung der Tarifausschüsse muss auf den Prüfstand, wenn diese nicht die Struktur der Antrag stellenden Tarifvertragsparteien widerspiegeln. Nur dadurch kann der unterschiedlichen Interessenslage der einzelnen Arbeitgeberverbände Rechnung getragen werden. Ein Monopol der BDA bei der einseitigen Vertretung von Grundsatzpositionen (der Industrie) ist nicht förderlich.

Die Tarifpolitik des Sicherheitsgewerbes wird vor dem Hintergrund des Beschlusses der BDA noch komplizierter. Es wird immer schwieriger, für unsere Flächentarifverträge die Allgemeinverbindlichkeit zu erhalten. Ein Mindestlohntarifvertrag reicht nicht aus.

6. ERFÜLLUNGSORT-PRINZIP

Dritter Baustein einer zukunftsorientierten Tarifpolitik des BDWS ist neben dem Mindestlohn und der Allgemeinverbindlichkeit die Einhaltung des Erfüllungsort-Prinzips. Marktveränderungen haben dazu geführt, dass zunehmend bundesländerübergreifende Dienstleistungen angeboten werden. Dagegen ist selbstverständlich nichts einzuwenden. Die bisherige Tarifstruktur des Sicherheitsgewerbes, die auf einzelne Länder abstellt, ist auf diese Veränderung jedoch nur ansatzweise vorbereitet. In manchen Bundesländern mit vergleichsweise hohen Löhnen sind bis zu 20 Prozent aller Beschäftigten aus Bundesländern mit vergleichsweise geringeren Löhnen tätig. In Berlin sind zahlreiche Beschäftigte in den Ministerien und anderen öffentlichen Gebäuden tätig, die bei Unternehmen beschäftigt sind, die keine Betriebsstätte in Berlin haben. Da der Sitz vieler Firmen in Brandenburg, Thüringen oder Sachsen-Anhalt liegt, zahlen diese Unternehmen ihren Mitarbeiterinnen und Mitarbeitern in der Regel nur die dortigen niedrigen Löhne. Ähnliche Erfahrungen gibt es auch in den Bundesländern, die an solche mit deutlich niedrigeren Löhnen angrenzen: Niedersachsen an Mecklenburg-Vorpommern, Thüringen/Sachsen-Anhalt, Hessen an Thüringen und Sachsen, Bayern an Sachsen.

Wird dieses Tarifgefälle ausgenutzt, droht die Gefahr der Erosion unseres jahrzehntelang gewachsenen Tarifgefüges. Tarifentgelte, die der niedrigen Wirtschaftskraft eines Bundeslandes geschuldet sind, werden von häufig nicht verbandsgebundenen Unternehmen zu Lasten unserer Mitgliedsunternehmen und deren Beschäftigte ausgenutzt.

Diese Vorgehensweise kann auch die Allgemeinverbindlichkeit nicht verhindern. Der fachliche Geltungsbereich der Landestarifverträge bezieht sich regelmäßig auf Betriebe und Betriebsstätten, die sich im räumlichen Geltungsbereich des Tarifvertrags befinden. Mangels entsprechender Tarifmacht kann durch diese Regelung nicht ein Arbeitsverhältnis beeinflusst werden, das mit einem Arbeitgeber aus einem anderen Bundesland besteht. Deshalb hat der BDWS mit ver.di im Jahr 2006 einen Mantelrahmentarifvertrag abgeschlossen, der als wesentliches materielles Element die Einhaltung des Erfüllungsort-Prinzips vorsieht. Ergänzend dazu hat der BDWS mit ver.di im Jahr 2007 einen eigenständigen Tarifvertrag zum Erfüllungsort abgeschlossen.

Damit werden die Vorgaben der Rechtsprechung der Landesarbeitsgerichte und des Bundesarbeitsgerichts (BAG) berücksichtigt. Diese haben eindeutig und mehrfach festgelegt, dass das Erfüllungsort-Prinzip nur durch eine Regelung in einem bundesweit gültigen Tarifvertrag und durch die Tarifbindung bezüglich dieses bundesweiten Tarifvertrages eingeführt werden kann. Anknüpfungspunkt für das Erfüllungs- oder auch Arbeitsort-Prinzip sind die Bedingungen des Arbeitsverhältnisses am Arbeitsort. Dort befindet sich der Schwerpunkt des Arbeitsvertragsverhältnisses und wird auch dort realisiert.

Maßgeblich ist die Entscheidung des Bundesarbeitsgerichts vom 26. Oktober 1995. Diese Entscheidung ist beispielhaft für den anzuwendenden arbeitsrechtlichen Grundsatz, dass sich die Löhne und damit die Tarifvertragsbestimmungen nach der jeweiligen Arbeitsstätte richten. Der arbeitsrechtliche Gleichbehandlungsgrundsatz, so das BAG, verbietet die sachfremde Schlechterstellung von Arbeitnehmern in vergleichbarer Lage, die zwar ihr Arbeitsvertragsverhältnis in einem anderen Bundesland begründet hätten, ihre Arbeitsleistung jedoch schwerpunktmäßig in einem im räumlichen Geltungsbereich der Tarifverträge liegenden Arbeitsort erbringen.

Die Erstreckung des Erfüllungsort-Prinzips auf Außenseiter soll einem Verdrängungswettbewerb der nicht tarifgebundenen Arbeitgeber entgegen wirken, der ansonsten dadurch droht, dass die Unternehmen aus einem Bundesland mit geringeren Entgeltsätzen ihre Dienstleistungen in einem Bundesland mit vergleichsweise höheren Entgeltsätzen anbieten. Damit sollen Wettbewerbsverzerrungen vermieden und die aus der Tarifautonomie resultierende Ordnungsfunktion der Tarifverträge in hohem Maße unterstützt werden. Unter verfassungsrechtlichen Gesichtspunkten haben die Gemeinwohlbelange und damit das öffentliche Interesse an der Allgemeinverbindlicherklärung eines Erfüllungsort-Tarifvertrages nach Auffassung des BDWS eine überragende Bedeutung und erhebliches Gewicht.

7. AUSBLICK

Das Wach- und Sicherheitsgewerbe steckt in einem gewaltigen Dilemma. Es hat in den letzten zehn Jahren große Qualitätsanstrengungen initiiert und auch umgesetzt. Dadurch konnte das Image verbessert werden. Die öffentliche Diskussion über Mindestlöhne hat auch die Arbeitsbedingungen und die Entlohnungsproblematik im Sicherheitsgewerbe erfasst. Dabei geht es auf der einen Seite um die Sicherstellung ausreichender Einkommensverhältnisse. Auf der anderen Seite wird immer deutlicher, dass die mit der EU-Osterweiterung verbundenen Veränderungen auch einen nachhaltigen Druck auf Teile des Arbeitsmarktes haben werden. Diesen Entwicklungen versucht die Politik mit der Ausweitung des Entsendegesetzes Rechnung zu tragen. Selbst die CDU, die diesem Instrumentarium lange sehr kritisch gegenüber stand, ist durch den öffentlichen Druck und auch die veränderte Wahrnehmung flexibler geworden. Auch der BDWS begreift das Instrumentarium »Entsendegesetz« als Chance, in einigen Bundesländern eine dringend notwendige Einkommensanpassung zu erzielen und auch den bevorstehenden arbeitsmarktpolitischen Veränderungen Rechnung zu tragen.

Wir stellen uns aktiv der Mindestlohnthematik. Eine ausschließliche Betrachtung auf die niedrigsten Löhne greift indes zu kurz. Die Branche und die darin verdienten Löhne können nicht nur am Mindestlohn gemessen werden. Möglicherweise ist die öffentliche Diskussion über Stundengrundlöhne von 4,50 Euro in einigen östlichen Bundesländern auch kontraproduktiv für das Sicherheitsgewerbe. Welcher (öffentliche) Auftraggeber wird vor dem Hintergrund dieser Diskussion durchsetzen können, künftig qualifizierte Aufgaben an einen Sicherheitsdienstleister fremd zu vergeben.

Deshalb ist es wichtig immer wieder darauf hinzuweisen, dass für bestimmte Tätigkeiten Löhne vereinbart werden, durch die die Mitarbeiterinnen und Mitarbeiter Monatslöhne von über 3 000 Euro erzielen können. Eine zukunftsgerichtete Tarifpolitik ist die zentrale Herausforderung für den BDWS. Die jahrzehntelang gewachsenen Prinzipien müssen sich einer verändernden Marktlage anpassen.

Die zweite Herausforderung besteht im immer deutlicher Werden, dass für Teile des Sicherheitsgewerbes eigenständige Märkte und damit auch Arbeitsmärkte entstehen. Dies gilt für den Bereich der Flughafensicherheit, der Sicherungsposten bei Gleisbauarbeiten und auch für die Geld- und Wertdienste. Durch die bestehende Kundenstruktur und Mobilität der Dienstleistung müssen zentrale Tarifstrukturen aufgebaut werden. Die »basisdemokratische Tarifbildung«, jahrzehntelang Baustein der Tarifpolitik des BDWS, muss behutsam weiterentwickelt werden. Diese Politik hat sich bestätigt. Sie ist nicht nur sparsam, sondern auch weitgehend erfolgreich. Im Unterschied zur Zeitarbeit mit drei konkurrierenden Verbänden gibt es im Sicherheitsgewerbe mit dem BDWS nur einen Arbeitgeber- und Wirtschaftsverband.

Für die immer wichtiger werdende Ausbildung und Qualifikation unserer Mitarbeiterinnen und Mitarbeiter, gerade vor dem Hintergrund neuer Aufgaben, ist die Orientierung am Mindestlohn nicht der Maßstab. Das muss nicht nur den Kunden, sondern auch der Politik immer wieder verdeutlicht werden. Zur Durchsetzung dieser – höheren – Lohnansprüche sind das Erfüllungsortprinzip und die Allgemeinverbindlichkeit unserer Tarifverträge unabdingbare Bestandteile und Forderungen. Die Bedingungen in einem wettbewerbsintensiven Dienstleistungssektor können nicht mit der Situation in der Industrie verglichen werden.

Dabei gilt es abschließend zu berücksichtigen, dass der Organisationsgrad im Sicherheitsgewerbe äußerst gering ist. In der Industrie ist es unproblematisch, die tarifvertraglich vereinbarten Löhne in den Unternehmen durchzusetzen. Die Situation im Dienstleistungssektor unterscheidet sich davon gravierend. Manchmal könnte der Eindruck entstehen, dass der Arbeitgeberverband BDWS stärker an der Durchsetzung der vereinbarten Löhne interessiert ist als die zuständige Fachgewerkschaft. Selbst der Wechsel in einigen Bundesländern zu einer anderen Gewerkschaft, der dem Christlichen Gewerkschaftsbund angehörenden GÖD, konnte von ver.di nicht verhindert werden. Dies ist für einen Arbeitgeberverband eine neue Situation und hat im Interesse seiner Mitgliedsunternehmen deshalb auch eine strategische Bedeutung.

Anhaltebefugnisse privater Kontrollpersonen in öffentlichen Verkehrsmitteln

HARALD STOLZLECHNER/MARLENE MAYER

I. EINLEITUNG

Zu *Rolf Stober* besteht seit Jahren eine fachliche und persönliche[1] Verbindung. Begonnen hat sie – soweit erinnerlich – im Jahr 1999, als mich *Rolf Stober* erstmals zu einem der legendären »Professorengespräche« an die von ihm geleitete »Forschungsstelle Sicherheitsgewerberecht« (FORSI) in Hamburg einlud. Ich nahm in den folgenden Jahren mehrmals an diesen »Professorengesprächen« teils als Referent,[2] teils als interessierter Zuhörer teil. In Fortsetzung der begonnenen Kooperation veranstalteten wir gemeinsam in Salzburg 2001 ein österreichisch-deutsches Symposion zum Thema »Übertragung von Aufgaben der staatlichen Gefahrenabwehr auf private Sicherheitsunternehmen«.[3] Auch zur Gewerberechtsreform konnte ich auf Einladung *Stobers* aus österreichischer Sicht referieren.[4]

Bei allen diesen Gelegenheiten habe ich *Rolf Stober* als effizienten und klugen Organisator hochkarätiger wissenschaftlicher Veranstaltungen und als hervorragenden Kenner des öffentlichen Wirtschaftrechts kennen gelernt. Er erwies sich bei allen diesen Kontakten als »Vordenker« im eigentlichen Sinn des Wortes, der aktuelle Rechtsfragen, Trends in der Rechtsordnung frühzeitig erkennt, diese in klaren Fragestellungen zu präsentieren weiß und auch die richtig ausgewählten Personen gewinnen kann, um auf aktuelle Fragen entsprechende Antworten zu finden. Besonderes Anliegen war ihm dabei stets, Querverbindungen zum Gemeinschaftsrecht und zum internationalen Wirtschaftsrecht[5] aufzuzeigen. Auch die rechtsvergleichende Perspektive wird von ihm gerne in die Betrachtungen miteinbezogen. Insofern kann *Rolf Stober* mit Fug und Recht als Rechtswissenschaftler charakterisiert werden, der sich nicht begnügt, in herkömmlichen Bahnen zu denken, sondern der

1 Von den persönlichen Kontakten bleibt vor allem unvergessen die großartige Feier anlässlich des 60. Geburtstages (2003) des Jubilars in einem Freilichtmuseum im schönen Münsterland.

2 *Stolzlechner* Rechtsgrundlagen des Sicherheitsgewerbes in Österreich, in: Oeter/Stober (Hrsg.) Sicherheitsgewerberecht in Europa, 2003, S. 1 ff.

3 Vgl. Stolzlechner/Stober (Hrsg.) Übertragung von Aufgaben der staatlichen Gefahrenabwehr auf private Sicherheitsunternehmen, 2002.

4 *Stolzlechner* Gewerberechtsreform in Österreich, in: Graf/Paschke/Stober (Hrsg.) Gewerberecht im Umbruch, 2004, S. 13 ff.

5 Vgl.dazu jüngst Stober (Hrsg.) Deutsches und Internationales Wirtschaftsrecht, 2007.

weiter denkt, der Anstoß gibt und damit zur Weiterentwicklung der Rechtsordnung, namentlich des öffentlichen Wirtschaftsrechts, wertvolle Beiträge leistet.

In diesem Sinne möchte ich zu Ehren des Jubilars ein in Österreich aktuelles Thema aufgreifen, das sicher auch das Interesse unseres Jubilars finden wird, nämlich die Frage nach den *Anhaltebefugnissen privater Kontrollpersonen in öffentlichen Verkehrsmitteln*. Dazu hat der österr OGH jüngst eine Grundsatzentscheidung getroffen, die Rechtsklarheit in dieses bisher umstrittene Rechtsgebiet gebracht hat.

II. Allgemein zu den Handlungsbefugnissen privater Kontrollpersonen in öffentlichen Verkehrsmitteln

Die Entrichtung des Beförderungsentgelts durch Benützer öffentlicher Verkehrsmittel wird heute überwiegend durch *private Kontrollpersonen* überprüft, entweder durch *eigene Beschäftigte* eines Verkehrsunternehmens oder durch *Angestellte privater Sicherheitsunternehmen*, die über Auftrag des jeweiligen Verkehrsunternehmens Fahrscheinkontrollen durchführen.

Ausübungsvoraussetzungen und Umfang des *Sicherheitsgewerbes* sind rechtlich grundgelegt in der Gewerbeordnung. Trotz der durch §§ 129 f öGewO (Gewerbeordnung, BGBl 194/1994 i.d.F. BGBl 60/2007) dem Bewachungsgewerbe vorbehaltenen Tätigkeiten sichernder, regelnder und kontrollierender Art, kommen den Bediensteten von Sicherheitsunternehmen kraft gewerberechtlicher Vorschriften *keine besonderen Befugnisse*, *näherhin zur Identitätsfeststellung, Durchsuchung, Festnahme, Überstellung an Sicherheitsbehörden* und dergleichen zu.[6] Selbst anlässlich der Wahrnehmung öffentlicher Kontrollaufgaben (z.B. Verkehrsüberwachung, Fluggast-, Gerichtsgebäude-, Veranstaltungs- und Mautkontrolle)[7] sind privaten Sicherheitsdienstleistern nur ausnahmsweise *Sonderrechte* oder *hoheitliche Befugnisse* kraft ausdrücklicher Gesetzesvorschrift übertragen (vgl. z.B. § 5 Abs. 1 öGOG,[8] § 9

6 *Lange* Privates Sicherheitsgewerbe in Europa, 2002, S. 106 f; *Stolzlechner* Möglichkeiten und Grenzen der Übertragung staatlicher Gefahrenabwehraufgaben auf private Sicherheitsunternehmen, in: Stolzlechner/Stober (Hrsg.) Übertragung von Aufgaben der staatlichen Gefahrenabwehr auf private Sicherheitsunternehmen, 2002, S. 30; *Stolzlechner* Rechtsgrundlagen des Sicherheitsgewerbes in Österreich, in: Oeter/Stober (Hrsg.) Sicherheitsgewerberecht in Europa, S. 19 ff.

7 Dazu detailliert *Stolzlechner* Rechtsgrundlagen des Sicherheitsgewerbes in Österreich, in: Oeter/Stober (Hrsg.) Sicherheitsgewerberecht in Europa, S. 25 ff; *Stolzlechner* Möglichkeiten und Grenzen der Übertragung staatlicher Gefahrenabwehraufgaben auf private Sicherheitsunternehmen, in: Stolzlechner/Stober (Hrsg.) Übertragung von Aufgaben der staatlichen Gefahrenabwehr auf private Sicherheitsunternehmen, S. 31 ff; *Faber* Private Wachdienste in Österreich, ZfV 2000, 854 ff; *Lange* Privates Sicherheitsgewerbe in Europa, S. 114 ff.

8 Vgl.§ 5 Abs. 2 GOG (Gerichtsorganisationsgesetz, BGBl 217/1896 i.d.F. BGBl 92/2006): Ermächtigung an private Kontrollpersonen, Personen, welche die Herausgabe einer bei einer Gerichtsgebäudekontrolle entdeckten Waffe verweigern, nach vorheriger Androhung

Abs. 1–3 sbg ParkgebührenG[9]). Im Übrigen sind private Sicherheitsunternehmen bei der Wahrnehmung öffentlicher Sicherheits- und Kontrollaufgaben auf die grundsätzlich jedermann eingeräumten Rechte und Befugnisse (»*Jedermannrechte*«) angewiesen. Private Kontrollpersonen können bei Vorliegen gesetzlicher Voraussetzungen daher insbesondere in Anspruch nehmen:

- das Recht auf Notwehr bzw. Nothilfe gem. § 3 öStGB (Strafgesetzbuch, BGBl 60/1974 i.d.F. BGBl 56/2006),
- die »übergesetzliche« rechtfertigende Notstandshandlung (Analogie aus §§ 1306 ff öABGB,[10] § 97 Abs. 1 Ziff. 2 und Ziff. 3,[11] § 98 Abs. 2[12] und § 10 öStGB[13]),[14]
- die gerechtfertigte Nötigungshandlung gem. § 105 Abs. 2 öStGB,
- das Anhalterecht gem. § 86 Abs. 2 öStPO (Strafprozessordnung, BGBl 631/1975 i.d.F. BGBl 102/2006),
- das Anzeigerecht (§ 86 Abs. 1 öStPO),
- das Selbsthilferecht gem. §§ 19, 344 öABGB (Allgemeines Bürgerliches Gesetzbuch, JGS 946/1811 i.d.F. BGBl 113/2006).

mit unmittelbarer Zwangsgewalt aus dem Gerichtsgebäude zu drängen; vgl. dazu näher *Lange* Privates Sicherheitsgewerbe in Europa, S. 106 f; *Stolzlechner* Möglichkeiten und Grenzen der Übertragung staatlicher Gefahrenabwehraufgaben auf private Sicherheitsunternehmen, in: Stolzlechner/Stober (Hrsg.) Übertragung von Aufgaben der staatlichen Gefahrenabwehr auf private Sicherheitsunternehmen, S. 42; *Stolzlechner* Rechtsgrundlagen des Sicherheitsgewerbes in Österreich, in: Oeter/Stober (Hrsg.) Sicherheitsgewerberecht in Europa, S. 28 f.

9 Aufgrund von § 9 Abs. 1–3 sbg ParkgebührenG (Salzburger Parkgebührengesetz, LGBl 48/1991 i.d.F. LGBl 88/2005) dürfen Parkgebührenüberwachungsorgane Personen, die bei einem Parkgebührenvergehen betreten werden, anhalten, auf ihre Identität überprüfen und zum Sachverhalt befragen. Weiters sind sie befugt, eine vorläufige Sicherheit einzuheben und unter bestimmten Umständen technische Sicherheitssperren an ein Kfz anzulegen (*Ausübung unmittelbarer verwaltungsbehördlicher Zwangsgewalt*; Art. 129a Abs. 1 Z. 2 öB-VG, § 67a Abs. 1 Z. 2 öAVG); vgl. *Lange* Privates Sicherheitsgewerbe in Europa, S. 116; *Stolzlechner* Möglichkeiten und Grenzen der Übertragung staatlicher Gefahrenabwehraufgaben auf private Sicherheitsunternehmen, in: Stolzlechner/Stober (Hrsg.) Übertragung von Aufgaben der staatlichen Gefahrenabwehr auf private Sicherheitsunternehmen, S. 30, 36; *Stolzlechner* Rechtsgrundlagen des Sicherheitsgewerbes in Österreich, in: Oeter/Stober (Hrsg.) Sicherheitsgewerberecht in Europa, S. 27 f.

10 § 1306 öABGBG: Haftungsausschluss bei schuldloser oder unwillkürlicher Handlung; § 1306a öABGB: Bemessung des Schadensersatzes bei im Notstand verursachten Schäden anlässlich der Gefahrenabwehr.

11 § 97 Abs. 1 öStGB: Straflosigkeit des Schwangerschaftsabbruchs unter bestimmten Umständen.

12 § 98 Abs. 2 öStGB: Schwangerschaftsabbruch ohne Einwilligung der Schwangeren bei Lebensgefahr.

13 § 10 öStGB: entschuldigender Notstand.

14 § 1 öStGB steht Strafbarkeit einschränkender Analogie nicht entgegen. Vgl. *Fuchs* Strafrecht AT I, 6. Aufl., S. 150 f; *Kienapfel/Höpfel* Strafrecht AT, 12. Aufl., S. 58; *Lange* Privates Sicherheitsgewerbe in Europa, S. 110; *Leukauf/Steininger* StGB-Kommentar, 3. Aufl., § 3 Rn 49; *Steininger* in: Triffterer/Rosbaud/Hinterhofer (Hrsg.) StGB-Kommentar I, Nachbem § 3 Rn 5, 7.

Umstritten war bislang vor allem, ob bzw. aufgrund welcher der *zur Anhaltung berechtigenden Jedermannrechte* private Kontrollpersonen bei Fahrscheinkontrollen in öffentlichen Verkehrsmitteln zur Anhaltung von »Schwarzfahrern« zwecks Identitätsfeststellung oder Übergabe an Polizeiorgane befugt sind.

III. AUSGANGSFALL: DER RENITENTE »SCHWARZFAHRER«

Der jüngsten Entscheidung des OGH vom 6. September 2007, 15 Os 71/07s liegt folgender Sachverhalt zugrunde: Anlässlich einer von Angehörigen eines privaten Sicherheitsdienstes im Auftrag der Linz AG durchgeführten Kontrolle wurde in einer Straßenbahnlinie dieses Verkehrsunternehmens ein Fahrgast aufgegriffen, der keinen gültigen Fahrschein vorweisen konnte. Der verdächtige »Schwarzfahrer« und die Kontrollperson verließen die Straßenbahn, um die Überprüfung im Haltestellenbereich fortzusetzen. Bei dieser Gelegenheit ergriff der Verdächtige die Flucht. Zwei ebenfalls anwesende Kontrollpersonen stellten sich dem »Schwarzfahrer« in den Weg, wurden aber von diesem zur Seite gestoßen. Der mittlerweile nachgefolgte erste Kontrolleur ergriff daraufhin den Betroffenen und stellte ihn zur Rede. Anstatt zu antworten, schlug ihm der »Schwarzfahrer« ins Gesicht. Schlussendlich konnten die drei (privaten) Kontrollpersonen den verdächtigen »Schwarzfahrer« überwältigen und ihn den herbeigerufenen Polizeiorganen übergeben.

Die wichtigste Frage, die sich dem OGH stellte, und die von den Unterinstanzen durchaus unterschiedlich beantwortet wurde, war, ob den privaten Kontrollpersonen eine *Anhaltebefugnis in Bezug auf verdächtige »Schwarzfahrer«* zukommt, welche eine durch das Festhalten allenfalls begangene Freiheitsentziehung (§ 99 öStGB) oder Nötigung (§ 105 öStGB) rechtfertigt.

IV. ZUR ANHALTUNG BERECHTIGENDE UND IN HINSICHT AUF »SCHWARZFAHRER« ZU PRÜFENDE JEDERMANNRECHTE

A. Anhalterecht nach § 86 Abs. 2 öStPO[15]

Zur Unterstützung staatlicher Strafverfolgung ist in § 86 Abs. 2 öStPO ein Privaten zustehendes Anhalterecht normiert: »Liegen hinreichende Gründe für die Annahme

15 Mit Inkrafttreten des StrafprozessreformG (BGBl 19/2004) am 1. 1. 2008 ist das Anhalterecht in § 80 Abs. 2 öStPO normiert: »Wer auf Grund bestimmter Tatsachen annehmen kann, dass eine Person eine strafbare Handlung ausführe, unmittelbar zuvor ausgeführt habe oder dass wegen der Begehung einer strafbaren Handlung nach ihr gefahndet werde, ist berechtigt, diese Person auf verhältnismäßige Weise anzuhalten, jedoch zur unverzüglichen Anzeige an das nächst erreichbare Organ des öffentlichen Sicherheitsdienstes verpflichtet.« Inhaltliche Änderungen ergeben sich aus dem geänderten Wortlaut der Bestimmung nicht, vgl. RV 25 BlgNR 22. GP 112: »Diese Bestimmung übernimmt – in sprachlich vereinfachter Form – jene des § 86 StPO«.

vor, dass eine Person eine *mit gerichtlicher Strafe bedrohte Handlung* ausführe, unmittelbar vorher ausgeführt habe, oder dass nach ihr wegen einer solchen Handlung gefahndet werde, so ist jedermann berechtigt, diese Person auf angemessene Weise anzuhalten. Er ist jedoch verpflichtet, die Anhaltung unverzüglich dem nächsten Sicherheitsorgan anzuzeigen.«

Mit *gerichtlicher Strafe bedrohte Handlungen* sind alle *Verbrechen* und *Vergehen* i.S.d. § 17 öStGB; Beteiligung (§ 12 öStGB), Versuch (§ 15 öStGB), Fahrlässigkeits- (§ 7 öStGB) und Bagatelldelikte sind davon umfasst.[16] Voraussetzung für die Annahme einer gerichtlich strafbaren Handlung ist jedenfalls deren Rechtswidrigkeit; schuldhaftes Handeln ist nicht erforderlich.[17] Hinreichende Gründe für die vom Gesetz geforderte Annahme einer Anhaltesituation liegen vor, wenn bestimmte Indizien (objektive Verdachtsgründe) auf die Verwirklichung (oder Vorbereitung) einer gerichtlich strafbaren Handlung bzw. auf eine laufenden Fahndung hindeuten.[18] Gewissheit über das Vorliegen der einzelnen Tatbestandsmerkmale oder dringender Tatverdacht muss nicht bestehen (arg.: »Annahme«).[19]

Sind *Private als Kontrolleure in öffentlichen Verkehrsmitteln* tätig, so steht diesen gegenüber einem »Schwarzfahrer« kein derartiges Anhalterecht zu, da bloßes »Schwarzfahren« eine Verwaltungsübertretung i.S. von Art. IX Abs. 1 Ziff. 2 öEGVG (Einführungsgesetz zu den Verwaltungsverfahrensgesetzen, BGBl 50/1991 i.d.F. 106/2005),[20] *nicht aber eine gerichtlich strafbare Handlung* darstellt.[21]

Anders zu beurteilen ist der Fall, dass die Beförderung durch eine dem öffentlichen Verkehr dienende Anstalt durch Täuschung über Tatsachen erschlichen wird, ohne das festgesetzte Entgelt zu entrichten und dieses Entgelt nur gering ist; diesfalls ist der gerichtliche Straftatbestand des § 149 öStGB (*Erschleichung einer Leistung*) erfüllt. Voraussetzung ist, dass ein Mensch (z.B. Kontrollperson oder Schaffner) getäuscht wird; dies über die Tatsache, dass der Betroffene im Besitz eines gültigen Fahrausweises ist, und so dessen Weiterbeförderung ermöglicht wird. Bloße Ausflüchte des Betretenen gereichen nicht; es müssen qualifizierte Aussagen vorliegen, welche bei Kontrollpersonen (oder dem Schaffner) den Eindruck erwecken,

16 *Schwaighofer* in: Fuchs/Ratz (Hrsg.) StPO-Kommentar, § 86 Rn 25; *Fuchs* Strafrecht AT I, 6. Aufl., S. 165; *Kienapfel/Höpfel* Strafrecht AT, 12. Aufl., S. 66.

17 *Schwaighofer* in: Fuchs/Ratz (Hrsg.) StPO-Kommentar, § 86 Rn 27.

18 *Lange* Privates Sicherheitsgewerbe in Europa, S. 111; *Schwaighofer* in: Fuchs/Ratz (Hrsg.) StPO-Kommentar, § 86 Rn 34; *Fuchs* Strafrecht AT I, 6. Aufl., S. 165; *Kienapfel/Höpfel* Strafrecht AT, 12. Aufl., S. 66 f.

19 *Leukauf/Steininger* StGB-Kommentar, 3. Aufl., § 3 Rn 24 f; *Schwaighofer* in: Fuchs/Ratz (Hrsg.) StPO-Kommentar, § 86 Rn 33.

20 Nach Art. IX Abs. 1 Z. 2 öEGVG begeht eine Verwaltungsübertretung, »wer sich die Beförderung durch eine dem öffentlichen Verkehr dienende Einrichtung verschafft, ohne das nach den Tarifbestimmungen und Beförderungsbedingungen festgesetzte Entgelt ordnungsgemäß zu entrichten«.

21 Vgl.dazu näher *Zeleny* Zur Festnahme allgemein und von »Schwarzfahrern« im besonderen, ÖJZ 1995, 573.

der Fahrgast sei im Besitz eines gültigen Fahrausweises.[22] Die zur Erfüllung des Tatbestandes erforderliche Geringfügigkeit des Entgelts ist nach h.M. bei einem Betrag bis zu ca. 72 Euro gegeben, was in Hinsicht auf Busfahrscheine und dergleichen in aller Regel zutrifft.[23] Liegt sowohl eine Verwaltungsübertretung nach Art. IX Abs. 1 Ziff. 2 öEGVG, als auch der Straftatbestand des § 149 öStGB vor, tritt die Verwaltungsübertretung hinter die gerichtliche Strafbarkeit zurück (Subsidiarität).[24]

Wird ein Fahrschein gefälscht, so erfüllt dies u.U. das Strafdelikt der *Urkundenfälschung* nach §§ 223 f öStGB;[25] diese ist – bei Vorliegen auch der Voraussetzungen des § 149 öStGB oder Art. IX Abs. 1 Ziff. 2 öEGVG – kumulativ zu prüfen, da die Urkundenfälschung einen von den anderen Deliktstypen abweichenden Unrechtsgehalt für strafbar erklärt.[26]

Die Anhaltung eines verdächtigen »Schwarzfahrers« ist daher *nur* im Falle der Begehung *gerichtlich strafbarer Delikte* (z.B. Erschleichung einer Leistung, Urkundenfälschung) nach *§ 86 Abs. 2 öStPO gerechtfertigt, nicht* aber bei Erfüllung des Verwaltungsstraftatbestandes des Art. IX Abs. 1 Ziff. 2 öEGVG[27] (Inanspruchnahme der Beförderung durch öffentliche Verkehrsmittel ohne Entrichtung des festgesetzten Entgelts; übliche Bezeichnung: »Schwarzfahren«).

B. Selbsthilferecht nach § 19, § 344 öABGB

Die Selbsthilfe ist in § 19 und § 344 öABGB geregelt. Sie ist ein Rechtsmittel zur *Wiederherstellung* und *Erhaltung des Besitzstandes* bei dringender (gegenwärtiger) Gefahr. Während § 19 öABGB[28] erlaubte Eigenmacht (Selbsthilfe i.e.S.) und Not-

22 *Zeleny* Zur Festnahme allgemein und von »Schwarzfahrern« im besonderen, ÖJZ 1995, 571 f. Vgl.zu § 149 öStGB im Detail *Fabrizy/Foregger* StGB-Kommentar, 9. Aufl., § 149 Rn 1 ff; *Leukauf/Steininger* StGB-Kommentar, 3. Aufl., § 149 Rn 1 ff.

23 *Fabrizy/Foregger* StGB-Kommentar, 9. Aufl., § 149 Rn 1 i.V.m. § 141 Rn 5; *Leukauf/Steininger* StGB-Kommentar, 3. Aufl., § 149 Rn 8.

24 *Fabrizy/Foregger* StGB-Kommentar, 9. Aufl., § 149 Rn 5.

25 Vgl.zu §§ 223 ff im Detail *Fabrizy/Foregger* StGB-Kommentar, 9. Aufl., §§ 223 Rn 1 ff; *Leukauf/Steininger* StGB-Kommentar, 3. Aufl., §§ 223 Rn 1 ff.

26 *Zeleny* Zur Festnahme allgemein und von »Schwarzfahrern« im besonderen, ÖJZ 1995, 572.

27 Die Tat nach Art. IX Abs. 1 Z. 2 öEGVG wird straflos, »wenn der Täter bei der Betretung, wenngleich auf Aufforderung, den Fahrpreis und einen in den Tarifbestimmungen oder Beförderungsbedingungen etwa vorgesehenen Zuschlag unverzüglich zahlt. Dies gilt auch, wenn der Täter den Fahrpreis und einen in den Tarifbestimmungen oder Beförderungsbedingungen etwa vorgesehenen Zuschlag innerhalb von drei Tagen zahlt, sofern er sich bei der Zahlungsaufforderung im Beförderungsmittel durch eine mit einem Lichtbild ausgestattete öffentliche Urkunde ausweist« (Art. IX Abs. 4 öEGVG).

28 § 19 ABGB: »Jedem, der sich in seinem Rechte gekränkt zu sein erachtet, steht es frei, seine Beschwerde vor der durch die Gesetze bestimmten Behörde anzubringen. Wer sich aber mit Hintansetzung derselben der eigenmächtigen Hilfe bedient, oder, wer die Grenzen der Notwehr überschreitet, ist dafür verantwortlich«.

wehr (vgl. oben § 3 öStGB) subsidiär, d.h. im Fall der Unmöglichkeit wirksamer Anrufung der zuständigen Behörde allgemein für zulässig erklärt, normiert § 344 öABGB ihre Statthaftigkeit zur Verteidigung des Besitzes:[29] »Zu den Rechten des Besitzes gehört demnach auch das Recht, sich in seinem Besitze zu schützen, und in dem Falle, dass richterliche Hilfe zu spät kommen würde, Gewalt mit angemessener Gewalt abzutreiben«. »*Andernfalls*«, d.h. soweit staatliche Hilfe herbeigeholt werden kann, »hat die politische Behörde für die Erhaltung der öffentlichen Ruhe, so wie das Strafgericht für die Bestrafung öffentlicher Gewalttätigkeiten zu sorgen«.

Selbsthilfe ist nur insofern erlaubt, als staatliche Hilfe zu spät käme und die Wiederherstellung oder Erhaltung des gesetzmäßigen Zustandes mit hiezu unbedingt erforderlichen Mitteln erreicht werden kann (Selbsthilfesituation).[30] Dass »unwiederbringlicher« Schaden droht, ist nicht erforderlich.[31] Die erlaubte Eigenmacht ist nicht auf den Schutz bestimmter »selbsthilfefähiger« Rechtsgüter beschränkt.[32] Im Gegensatz zur Notwehr zählen auch vorbeugende Maßnahmen, sohin zur Abwehr eines noch nicht unmittelbar drohenden Angriffes zu den zulässigen Selbsthilfehandlungen.[33]

Liegt eine Selbsthilfesituation vor, darf Art und Ausführung des eingesetzten Mittels das zur Gefahrenabwehr erforderliche Maß nicht überschreiten. Eine Interessen des Besitzstörers verletzende Selbsthilfehandlung muss gegenüber der Schwere des Angriffes angemessen sein, d.h. sie darf nicht außer Verhältnis zur Bedeutung des durchzusetzenden Rechts stehen.[34] Werden nicht unverzüglich gerichtliche oder behördliche Schritte eingeleitet, wird die Selbsthilfe rechtswidrig.[35]

29 *Lange* Privates Sicherheitsgewerbe in Europa, S. 112; *Posch* in: Schwimann (Hrsg.) ABGB–Praxiskommentar I, 3. Aufl., § 19 Rn 6; *Spielbüchler* in: Rummel (Hrsg.) ABGB-Kommentar I, 3. Aufl., § 344 Rn 506.

30 *Dittrich/Tades* ABGB, 36. Aufl., § 19 E 2. und E 2 b; § 344 E 2; *Faber* Private Wachdienste in Österreich, ZfV 2000, 862; *Klicka* in: Schwimann (Hrsg.) ABGB–Praxiskommentar II, 3. Aufl., § 344 Rn 1; *Lange* Privates Sicherheitsgewerbe in Europa, S. 112; *Leukauf/Steininger* StGB-Kommentar, 3. Aufl., § 3 Rn 67; *Lewisch* in: Höpfel/Ratz (Hrsg.) StGB-Kommentar, 2. Aufl., § 3 Rn 8, Nachbem § 3 Rn 155 f; *Posch* in: Schwimann (Hrsg.) ABGB–Praxiskommentar I, 3. Aufl., § 19 Rn 5; *Reischauer* in: Rummel (Hrsg.) ABGB-Kommentar I, 3. Aufl., § 19 Rn 16 f.

31 *Faber* Private Wachdienste in Österreich, ZfV 2000, 862; *Posch* in: Schwimann (Hrsg.) ABGB–Praxiskommentar I, 3. Aufl., § 19 Rn 9; *Klicka* in: Schwimann (Hrsg.) ABGB–Praxiskommentar II, 3. Aufl., § 344 Rn 3; *Dittrich/Tades* ABGB, 36. Aufl., § 19 E 2c; *Reischauer* in: Rummel (Hrsg.) ABGB-Kommentar I, 3. Aufl., § 19 Rn 18.

32 *Lange* Privates Sicherheitsgewerbe in Europa, S. 112; *Reischauer* in: Rummel (Hrsg.) ABGB-Kommentar I, 3. Aufl., § 19 Rn 16.

33 *Reischauer* in: Rummel (Hrsg.) ABGB-Kommentar I, 3. Aufl., § 19 Rn 16.

34 *Lange* Privates Sicherheitsgewerbe in Europa, S. 112 f; *Posch* in: Schwimann (Hrsg.) ABGB–Praxiskommentar I, 3. Aufl., § 19 Rn 8 f, 12; *Spielbüchler* in: Rummel (Hrsg.) ABGB-Kommentar I, 3. Aufl., § 344 Rn 5; *Leukauf/Steininger* StGB-Kommentar, 3. Aufl., § 3 Rn 67.

35 *Posch* in: Schwimann (Hrsg.) ABGB–Praxiskommentar I, 3. Aufl., § 19 Rn 11.

Neben der – mit der Notwehr verwandten[36] – eigenmächtigen (Wieder)Herstellung des gesetzmäßigen Zustandes, ermöglicht die Selbsthilfe die *vorläufige Sicherung der Geltendmachung zivilrechtlicher Ansprüche*. Zulässig sind daher z.B. das Festhalten oder Verfolgen eines Sachbeschädigers zur Feststellung der Identität, Beweissicherung, Sicherung des gefährdeten Gutes oder Verwahrung einer Sache zur Sicherung einer Forderung.[37]

Selbsthilfe steht nach h.M. auch bloßen *Sachinhabern* zu; daher können private Sicherheitsdienstleister – sofern sie mit der Innehabung von Sachen bzw. Ausübung besitzfähiger Rechte betraut wurden – *Selbsthilfemaßnahmen* ergreifen.[38] Privaten Kontrollpersonen öffentlicher Verkehrsmittel kommt insoweit das Recht zu, einen »Schwarzfahrer« zur Feststellung seiner Identität festzuhalten, um so privatrechtlichen Ansprüchen des Verkehrsunternehmens (Anspruchsinhaber) gegen diesen zur Durchsetzung zu verhelfen.

Dies hat auch jüngst mit ausführlicher Argumentation der OGH in 6. 9. 2007, 15 Os 71/07s festgestellt:

> »Das Selbsthilferecht gemäß §§ 19, 344 ABGB dient der *Bewahrung* und *Durchsetzung* (dinglicher wie auch obligatorischer) *zivilrechtlicher Ansprüche* durch *angemessene private Gewaltausübung* für den Fall des Zuspätkommens behördlicher Hilfe [...]. Das Anhalten einer erwachsenen Person, deren Identität nicht bekannt ist und die einer Verwaltungsübertretung nach Art. IX Abs. 1 Ziff. 2 EGVG dringend verdächtig ist, durch Kontrollorgane (im Auftrag) eines Massenbeförderungsunternehmens [...] bis zum Eintreffen der Polizei soll die – schon mangels Kenntnis der Identität sonst nicht realisierbare – Durchsetzung eines zivilrechtlichen Anspruchs des Transportunternehmens gegen den ›Schwarzfahrer‹ sichern. Denn das Unternehmen hat gegen den ›Schwarzfahrer‹ einen *Anspruch in der Höhe des Fahrpreises* und einer in den jeweiligen Beförderungsbedingungen allenfalls vorgesehenen *Konventionalstrafe* im Sinne des § 1336 ABGB (vgl. Art. IX Abs. 4 EGVG: ›[...] Fahrpreis und einen in den Tarifbestimmungen oder Beförderungsbedingungen etwa vorgesehenen Zuschlag [...]‹; [...]), sei es aus dem (konkludent) geschlossenen Straßenbahnbeförderungsvertrag [...], sei es auf bereicherungsrechtlicher Basis. Ließen Kontrollorgane einer Straßenbahn AG einen nach Art. IX Abs. 1 Ziff. 2 EGVG dringend Verdächtigen vor Feststellung seiner Identität durch die Polizei ziehen, so würde behördliche Hilfe zu spät kommen, weil anzunehmen ist, dass das Abwarten hoheitlichen Rechtsschutzes die ernste Gefahr einer Vereitelung der Rechts-

36 Bezweckt die gegen den Dritten ergriffene Maßnahme die gewaltsame Abwehr einer Rechtsgutsverletzung, so ist Notwehr zu üben; soll eine eigenmächtige Herstellung des rechtmäßigen Besitzstandes vorgenommen werden, welche durch zivilrechtliche Klage ausgleichbar ist, steht das Selbsthilferecht zur Verfügung. Vgl. *Steininger* in: Triffterer/Rosbaud/Hinterhofer (Hrsg.) StGB-Kommentar I, § 3 Rn 16.

37 *Faber* Private Wachdienste in Österreich, ZfV 2000, 862; *Lange* Privates Sicherheitsgewerbe in Europa, S. 112; *Posch* in: Schwimann (Hrsg.) ABGB–Praxiskommentar I, 3. Aufl., § 19 Rn 5, 10; *Reischauer* in: Rummel (Hrsg.) ABGB-Kommentar I, 3. Aufl., § 19 Rn 19.

38 *Dittrich/Tades* ABGB, 36. Aufl., § 344 E 7; *Faber* Private Wachdienste in Österreich, ZfV 2000, 862 f; *Klicka* in: Schwimann (Hrsg.) ABGB–Praxiskommentar II, 3. Aufl., § 344 Rn 3; *Koziol/Welser* Bürgerliches Recht I, 13. Aufl., S. 274; *Lange* Privates Sicherheitsgewerbe in Europa, S. 113; *Spielbüchler* in: Rummel (Hrsg.) ABGB-Kommentar I, 3. Aufl., § 344 Rn 3.

> durchsetzung hervorrufen würde […]. Das kurzfristige Anhalten eines ›Schwarzfahrers‹ zur Identitätsfeststellung durch die Polizei wird auch als angemessen zu qualifizieren sein, weil es einerseits in der Regel das gelindeste (und einzige) Mittel zur Herstellung des rechtmäßigen Zustandes ist und andererseits angesichts des Entgeltanspruches des Beförderungsunternehmens und des Umstandes, dass bei fehlender Durchsetzungsmöglichkeit von zivilrechtlichen Ansprüchen eines Straßenbahnbetriebes […] gegen ›Schwarzfahrer‹ bzw. fehlender Möglichkeit staatlicher Reaktion im Sinne Art. IX Abs. 1 EGVG mangels Kenntnis der Identität des entsprechend Verdächtigen durch herbeigerufene Polizeiorgane die Aufrechterhaltung dieser Form städtischen Verkehrs überhaupt in Frage stehen würde […]. Sollte demnach die Anhaltung eines einer Verwaltungsübertretung nach Art. IX Abs. 1 Ziff. 2 EGVG Verdächtigen durch Kontrollorgane einer Straßenbahn AG bis zum Eintreffen der Polizei zur Identitätsfeststellung die tatbestandliche Mindestdauer einer Freiheitsentziehung im Sinne des § 99 Abs. 1 öStGB tatsächlich erreichen […], so wird diese Freiheitsbeschränkung – bei Vorliegen der übrigen Voraussetzungen – als Selbsthilfe im Sinne der §§ 19, 344 ABGB gerechtfertigt sein […].«

Zusammenfassend: Erreicht die Dauer der Anhaltung von Personen, die verdächtigt sind, den Fahrpreis in einem öffentlichen Verkehrsmittel nicht entrichtet zu haben (»Schwarzfahrer«), durch Kontrollpersonen die strafrechtlich relevante Schwelle einer Freiheitsentziehung nach § 99 öStGB,[39] ist diese im Falle angemessenen Festhaltens zur Feststellung der Identität durch *Selbsthilfe nach §§ 19, 344 öABGB gerechtfertigt.*

C. Gerechtfertigte Nötigung nach § 105 Abs. 2 öStGB

Eine besondere Rechtslage besteht bei einer zeitlich unter der Schwelle der Freiheitsentziehung nach § 99 öStGB liegenden Anhaltung. Wie der OGH in 6. 9. 2007, 15 Os 71/07s feststellte, kommt bei bloß kurzfristiger – die tatbestandliche Erheblichkeitsschwelle des § 99 Abs. 1 öStGB (Freiheitsentziehung) nicht überschreitender[40] – Anhaltung verdächtiger »Schwarzfahrer« primär eine Tatbegehung im Sinne des § 105 Abs. 1 öStGB (Nötigung) durch die Kontrollpersonen in Betracht. Demnach macht sich gerichtlich strafbar, »wer einen anderen mit Gewalt oder durch gefährliche Drohung zu einer Handlung, Duldung oder Unterlassung nötigt«. Eine solche *Nötigung* ist allerdings nach § 105 Abs. 2 öStGB *»nicht rechtswidrig*, wenn

39 § 99 öStGB setzt *keine bestimmte Mindestdauer* der Freiheitsentziehung voraus. Ob die Dauer einer Anhaltung die tatbestandliche Erheblichkeitsschwelle des § 99 öStGB übersteigt, hängt von den *konkreten Umständen des Einzelfalles* ab. Erfolgt die Anhaltung unter Anwendung *gelindest möglicher Mittel*, ist die Freiheitsentziehung ab einer *Anhaltedauer von ca. zehn Minuten* gegeben; vgl. *Schwaighofer* in: Höpfel/Ratz (Hrsg.) StGB-Kommentar, 2. Aufl., § 99 Rn 23; *Leukauf/Steininger* StGB-Kommentar, 3. Aufl., § 99 Rn 8a. Je gravierender die Modalitäten der Tat nach deren Art und Gewichtigkeit sind (sexuelle Belästigung, Angriffe auf körperliche Integrität), umso weniger kommt der Dauer der Freiheitsentziehung bei der Beurteilung, ob die tatbestandliche Erheblichkeitsschwelle überstiegen ist, entscheidende Bedeutung zu (vgl. OGH 25. 4. 2001 – 13 Os 17/01; 13. 5. 1997 – 14 Os 31/97; 5. 9. 1996 – 15 Os 102/96; 14. 7. 1993 – 13 Os 115/92).

40 Vgl.oben Fn 39.

die Anwendung von Gewalt oder Drohung als Mittel zum angestrebten Zweck nicht den guten Sitten widerstreitet«. Laut OGH 6. 9. 2007, 15 Os 71/07s ist »eine maßvolle kurzfristige Anhaltung ertappter ›Schwarzfahrer‹ bis zum Eintreffen der Polizei zur Klärung deren Identität als Voraussetzung für die Durchsetzung staatlichen (hier: Verwaltungs-)Strafanspruches bzw. eines bestehenden zivilrechtlichen Anspruchs (und zur Aufrechterhaltung eines öffentlichen Verkehrssystems) [...] in der Regel *nicht als sozial unerträglich anzusehen*«.[41] Eine »maßvolle kurzfristige« Anhaltung ist sohin zur Feststellung der Identität zulässig; dies sowohl in Hinsicht auf die Durchsetzung des staatlichen Verwaltungsstrafanspruches wegen Übertretung des Art. IX Abs. 1 Ziff. 2 öEGVG, als auch zur Geltendmachung bestehender zivilrechtlicher Ansprüche des Beförderungsunternehmens. Gegenüber dem Selbsthilferecht nach § 19, § 344 öABGB ist der Rechtfertigungsgrund des § 105 Abs. 2 öStGB aber nach OGH 6. 9. 2007, 15 Os 71/07s als nachrangig anzusehen.

D. Möglichkeit der Festnahme nach § 35 öVStG oder § 30 Abs. 3 öEisbG

In Hinsicht auf die durch bloßes »Schwarzfahren« begangene Verwaltungsübertretung nach Art. IX Abs. 1 Ziff. 2 öEGVG ist § 35 öVStG (Verwaltungsstrafgesetz, BGBl 52/1991 i.d.F. BGBl 117/2002) als Rechtsgrundlage einer Festnahme zu prüfen. Das Festnahmerecht nach § 35 öVStG kommt nur »*Organen des öffentlichen Sicherheitsdienstes*« zu; dies sind gemäß § 5 Abs. 2 öSPG (Sicherheitspolizeigesetz, BGBl 566/1991 i.d.F. BGBl 56/2006) »Angehörige des Wachkörpers Bundespolizei, der Gemeindewachkörper und des rechtskundigen Dienstes bei Sicherheitsbehörden, wenn diese Organe zur Ausübung unmittelbarer Befehls- und Zwangsgewalt ermächtigt sind«. Private Kontrollpersonen öffentlicher Verkehrsbetriebe wie auch Organe der öffentlichen Aufsicht (z.B. Eisenbahnaufsichtsorgane) sind daher zur Festnahme nach § 35 öVStG nicht ermächtigt. Wird ein »Schwarzfahrer« hingegen von einem Organ des öffentlichen Sicherheitsdienstes auf frischer Tat betreten und liegen die sonstigen Voraussetzungen des § 35 öVStG vor,[42] so ist eine Festnahme zur Vorführung vor die Behörde zulässig.[43]

Gemäß § 30 Abs. 3 öEisbG (Eisenbahngesetz, BGBl 60/1957 i.d.F. BGBl 125/2006) kommt *Eisenbahnaufsichtsorganen*[44] unter bestimmten Umständen die

41 Vgl.dazu auch *Schwaighofer* in: Höpfel/Ratz (Hrsg.) StGB-Kommentar, 2. Aufl., § 105 Rn 75 ff.

42 Eine Festnahme nach § 35 öVStG ist nur zulässig, »wenn der Betretene dem anhaltenden Organ unbekannt ist, sich nicht ausweist und seine Identität auch sonst nicht sofort feststellbar ist« (Z. 1); »begründeter Verdacht besteht, dass er sich der Strafverfolgung zu entziehen suchen werde« (Z. 2) oder »der Betretene trotz Abmahnung in der Fortsetzung der strafbaren Handlung verharrt oder sie zu wiederholen sucht«.

43 Vgl. *Zeleny* Zur Festnahme allgemein und von »Schwarzfahrern« im besonderen, ÖJZ 1995, 573.

44 Als Organ der öffentlichen Aufsicht nach dem öEisbG sind Kontrollpersonen in O-Bussen, Straßenbahnen, U-Bahnen und Zügen (Eisenbahnen nach § 4, § 5 Abs. 1, 3

Ermächtigung zu, Personen festzunehmen. Voraussetzung ist u.a., dass eine bestimmte nach dem öEisbG strafbare Verwaltungsübertretung vorliegt. Da »Schwarzfahren« keine nach dem öEisbG strafbare Verwaltungsübertretung darstellt, ist eine Festnahme durch Eisenbahnaufsichtsorgane unzulässig.[45] Privaten Sicherheitsdienstleistern käme die Festnahmeermächtigung nach § 30 Abs. 3 öEisbG selbst bei Wahrnehmung einer darin genannten Verwaltungsübertretung nicht zu: Da es sich bei diesen nicht um eigene Bedienstete des Eisenbahnunternehmens handelt, können sie nicht zu Eisenbahnaufsichtsorganen bestellt werden.[46]

V. ZUSAMMENFASSUNG

Mit Blick auf die Entscheidung des OGH vom 6. September 2007, 15 Os 71/07s lassen sich die Ergebnisse dieses Beitrags folgendermaßen zusammenfassen:

1. Benützer öffentlicher Verkehrsmittel, namentlich im innerstädtischen Verkehr (U-Bahn, Straßenbahn, Obus etc) werden in aller Regel entweder von (privatrechtlichen) Bediensteten des Verkehrsunternehmens oder von Bediensteten privater Sicherheitsunternehmen kontrolliert, welche im Auftrag des Verkehrsunternehmens Kontrollen durchführen.

2. Privatrechtlich bestellten Kontrollpersonen sind keine besonderen rechtlichen Handlungsbefugnisse eingeräumt; sie können lediglich die nach den Bestimmungen des öStGB, der öStPO und des öABGB jedem Menschen zukommenden Rechte und Befugnisse (»Jedermannrechte«) in Anspruch nehmen.

3. Das Anhalten einer Person, deren Identität nicht bekannt ist und die einer Verwaltungsübertretung nach Art. IX Abs. 1 Ziff. 2 öEGVG (Verbot des »Schwarzfahrens«) dringend verdächtig ist, durch Kontrollpersonen (im Auftrag) eines Massenbeförderungsunternehmens bis zum Eintreffen der Polizei soll die – mangels Kenntnis der Identität sonst nicht realisierbare – Durchsetzung eines zivilrechtlichen Anspruchs des Transportunternehmens gegen den »Schwarzfahrer« sichern

i.V.m. § 1 Z. 1 lit. c öEisbG) nur zu qualifizieren, wenn sie gleichzeitig als Eisenbahnaufsichtsorgan bestellt sind, wozu es der Bestimmung eigener Bediensteter des Verkehrsunternehmens zum Eisenbahnaufsichtsorgan (§ 30 Abs. 1 öEisbG) sowie der nachfolgenden Vereidigung durch die Behörde bzw. durch von dieser hiezu ermächtigten Organe des Eisenbahnunternehmens (§ 30 Abs. 2 öEisbG) bedarf; vgl. *Catharin/Gürtlich* EisbG-Kommentar, 2006, § 30 Nr 8. Vgl. dazu auch *Zeleny* Zur Festnahme allgemein und von »Schwarzfahrern« im besonderen, ÖJZ 1995, 566 f.

45 Vgl. *Zeleny* Zur Festnahme allgemein und von »Schwarzfahrern« im besonderen, ÖJZ 1995, 565, 568.

46 Vgl. oben Fn 44.

(Anspruch auf Fahrpreis und nach den Beförderungsbedingungen vorgesehene Konventionalstrafe).

4. Kurzfristiges Anhalten eines »Schwarzfahrers« zur nachfolgenden Identitätsfeststellung durch Polizeiorgane ist als angemessen zu qualifizieren, weil es einerseits das gelindeste (einzige) Mittel zur Herstellung des rechtmäßigen Zustandes ist und andererseits angesichts des Entgeltanspruches des Beförderungsunternehmens und Umstands, dass bei fehlender Durchsetzungsmöglichkeit dieser zivilrechtlichen Ansprüche bzw. bei fehlender Möglichkeit staatlicher Reaktion durch herbeigerufenen Polizeiorgane, die Aufrechterhaltung dieser Form städtischen Verkehrs überhaupt in Frage stehen würde.

5. Erreicht daher die Anhaltung eines einer Verwaltungsübertretung nach Art. IX Abs. 1 Ziff. 2 öEGVG Verdächtigen durch private Kontrollpersonen bis zum Eintreffen von Polizeiorganen zur Identitätsfeststellung die tatbestandliche Mindestdauer einer Freiheitsentziehung (§ 99 Abs. 1 öStGB), ist diese *Freiheitsbeschränkung* als *Selbsthilfe i.S. der §§ 19, 344 öABGB gerechtfertigt.*

6. Bei bloß kurzfristiger – die tatbestandliche Erheblichkeitsschwelle in Bezug auf Freiheitsbeschränkung nicht überschreitender – Anhaltung verdächtiger »Schwarzfahrer« durch private Kontrollpersonen kommt allenfalls eine Tatbegehung i.S. des § 105 Abs. 1 öStGB (»Nötigung«) in Betracht. Eine solche *Nötigung* ist aber *nach § 105 Abs. 2 öStGB gerechtfertigt.* Denn eine maßvolle kurzfristige Anhaltung verdächtiger »Schwarzfahrer« bis zum Eintreffen von Polizeiorganen zur Klärung der Identität ist in der Regel nicht als sozial unerträglich anzusehen.

7. Das Anhalterecht nach § 86 Abs. 2 öStPO bei Vorliegen einer gerichtlich strafbaren Handlung kommt allenfalls zur Anwendung, wenn der »Schwarzfahrer« z.B. das Delikt des § 149 öStGB (Erschleichung einer Leistung) begeht. Dazu ist Täuschung eines Menschen sowie Geringfügigkeit des Beförderungsentgelts erforderlich.

»Seesicherheit« – Sicherheit im gewerblichen Schiffsverkehr

KAY WAECHTER

Terroristen haben im Jahr 2001 Flugzeuge als Waffen missbraucht. Andere Transportmittel können ebenso missbraucht werden. Kraftfahrzeuge dienen als bewegliche Sprengkörper. Sie sind aber in ihrer Größe (und damit den Schadenswirkungen) und in der Regel in ihrem Einsatzradius begrenzt. Das ist bei Schiffen anders. Diese fahren häufig im internationalen Verkehr. Ein Anschlag auf ein Schiff oder mittels eines Schiffes kann hohen Schaden anrichten und ggf. auch hohe Symbolkraft haben. Deswegen haben die zuständigen Gesetzgeber begonnen, ein spezielles Gefahrenabwehrrecht für den Schiffsverkehr zu schaffen um weitergehend als bisher Seesicherheit zu gewährleisten.

Seesicherheit kann Vieles meinen. Wie in allen Sparten des öffentlich-rechtlichen Verkehrsrechts geht es auch in den Gesetzen bezüglich der Seesicherheit einerseits um die (Betriebs-)Sicherheit des Transportmittels und andererseits um die Sicherheit und Leichtigkeit des Verkehrs. Darüber hinaus löst ein Verkehr regelmäßig Nebenfolgen wie Umweltschäden aus; auch diese bedürfen ggf. rechtlicher Regelung. Die eingangs angesprochene Problematik des Missbrauchs von Schiffen für die Ausübung von Kriminalität ist (insbesondere für das Völkerrecht) nicht neu, aber neuerdings erneut ins Bewusstsein getreten. Damit ist hier ein Bereich betroffen, in dem eine Gemengelage zwischen rein gewerberechtlichen Fragen einerseits und gefahrenabwehrrechtlichen Problemen andererseits vorhanden ist.[1]

Wichtigste Bedrohungsszenarien, die bei der Diskussion um Seesicherheit eine Rolle spielen, sind die Blockade von Wasserverkehrswegen durch Versenkung von Schiffen und Großschadensereignisse durch Explosionen in Häfen oder auf Schiffen.

Für die Beurteilung, ob die Zuständigkeiten und der vorhandene Bestand an Befugnissen ausreichen, um diese Gefahren abzuwehren bzw. ihnen vorzubeugen,

1 Während die Vorschriften über die Betriebssicherheit von Schiffen gewerberechtlicher Natur sind, gehört das Sicherheitsrecht, wie es in der Folge im Mittelpunkt der Darstellung steht, als Gefahrenabwehrrecht nur als Annex zur Sachkompetenz und hat keinen gewerbespezifischen Charakter. Auf beiden Feldern, Gewerberecht und Polizeirecht, hat *Stober* umfangreiche Forschungsleistungen erbracht. Vgl. als Kondensat für das Gewerberecht das Lehrbuch zum Wirtschaftsverwaltungsrecht (*Stober* Allgemeines/Besonderes Wirtschaftsverwaltungsrecht, Bd. I und II, 13. Aufl. 2004), zum Polizeirecht die Reihe des Forschungsinstitutes von *Stober*, Zum Recht des Sicherheitsgewerbes (1999 ff).

muss man wissen, ob es Besonderheiten dieser Konstellationen gegenüber den bislang im Gefahrenabwehrrecht bedachten Gefährdungen gibt.

Die genannten Schadensszenarien sind derzeit vor allem als Ergebnis terroristischer Anschläge denkbar. Da aus ihnen nicht unmittelbar pekuniärer Gewinn gezogen werden kann, sondern hauptsächlich Schaden angerichtet wird, kommen sie nicht als Ergebnis unpolitischer Kriminalität in Betracht. Terroristische Anschläge haben einige Eigenschaften gemein: Die Gefahren werden gezielt hervorgerufen und heimlich vorbereitet. Anders als bei der Kriminalität soll der Schaden bekannt werden. Dazu muss er möglichst groß sein und/oder symbolisch aufgeladen werden können.[2] Der Organisationsgrad kann bei terroristischen Anschlägen sehr unterschiedlich sein. Verantwortlich können die unmittelbar Handelnden sein, aber auch eine größere Organisation.

Daraus ergibt sich: Wenn man die Verwirklichung terroristischer Gefahren verhindern will, darf man eine konkrete Gefahr nicht abwarten, weil sonst die Abwehrmaßnahmen im Zweifel zu spät kämen.[3] Gefragt sind demzufolge Vorfeldmaßnahmen. Diese müssen verdeckt stattfinden, wenn sie Erfolg haben sollen. Ein Kreis geeigneter bereits bestehender Befugnisse betrifft die Informationserhebung mit den üblichen quasi geheimdienstlichen Mitteln, die das Polizeirecht inzwischen enthält. Dass es gelingen könnte, mit einer solchen Vorfeldaufklärung rechtzeitig alle Anschläge zu erkennen, ist unwahrscheinlich. Je kleiner und autonomer die handelnden Gruppen sind, desto schwieriger wird es sein, diese Gruppen überhaupt rechtzeitig zu erkennen. Darüber hinaus setzen die meisten dieser Befugnisse schon Mindestkenntnisse über potenzielle Gefährder voraus; es müssen zumindest Anhaltspunkte dafür bestehen, dass in einer konkreten Situation Straftaten vorbereitet werden sollen.

Es liegt nahe, Gefahrenabwehrmaßnahmen zu ermöglichen, die unabhängig von solchen tatbestandlichen Einschränkungen sind. Solche Maßnahmen können darin liegen, Schiffe oder ihre Ladung zu kontrollieren, wenn noch keine konkrete Gefahr vorliegt. Sofern ein Gefahrenverdacht besteht, reichen die bestehenden Befugnisse meist aus. Zahlreiche Befugnisse knüpfen tatbestandlich daran an, dass Tatsachen bekannt sind, die dafür sprechen, dass Straftaten bevorstehen. Man kann aber auch an gänzlich anlasslose Kontrollen denken, wie sie z.B. in der röntgenologischen Durchleuchtung der gesamten Containerfracht in die USA liegen würden. Anlasslose Maßnahmen richten sich typischerweise nicht gegen Störer, sondern gegen Nicht-Störer. Bei umfassenden anlasslosen Kontrollen kann jede Person betroffen sein, der gerade bei der fraglichen Tätigkeit angetroffen wird. Anlasslose Gefahren-

2 Diese – nur den drohenden Schaden betreffende – Besonderheit terroristischer Aktionen bedingt keine spezifische Methode der Gefahrenerforschung, sondern nur eine spezifische Kapazität für die Gefahrenbeseitigung; dazu unten näher.

3 Das gilt umso mehr, je größer der drohende Schaden, etwa durch den Einsatz von ABC-Kampfmitteln, ist.

abwehrbefugnisse sind in der geltenden Rechtsordnung nicht unbekannt, bilden aber noch die Ausnahme.

Da die von dieser Art Terrorismus angestrebten Großschäden nur mit besonderen Mitteln herbeigeführt werden können, führen solche Anschläge die Gefahrenabwehr an die Grenze ihrer Gefahrenbeseitigungskapazität. Dabei geht es nicht um fehlende Befugnisse für die Gefahrenabwehrmaßnahmen selbst. Überschritten sein vielmehr die rechtliche und tatsächliche Vollstreckungsfähigkeit der zuständigen Behörden. Darüber hinaus können ungewollte Vollstreckungsnebenfolgen für Unbeteiligte zum Problem werden (vgl. die Probleme der Luftsicherheit). Um dieser mangelnden Vollzugsfähigkeit abzuhelfen, wird über den Einsatz der Streitkräfte zur Gefahrenabwehr gesprochen. Das geltende Recht in Deutschland sieht eine Erweiterung der Vollstreckungsfähigkeit der Polizei durch eine Tätigkeit der Streitkräfte nicht vor. Hier müsste verfassungsrechtlich und einfachgesetzlich Neuland betreten werden.

Die vorhandenen gesetzlichen Maßnahmen zur Steigerung der Seesicherheit operieren auf der Grundlage gemeinschaftsrechtlicher Vorschriften mit denselben Methoden wie in der Luftsicherheit: Gefahrenabwehrpläne[4] für die Anlagen, Beschränkungen der Zugangsberechtigung zu Sicherheitsbereichen,[5] Sicherheitsüberprüfungen[6] und Schulungen[7] von im gefährdeten Bereich tätigen Personen sowie Kontrollen von Personen und Sachen.[8] Dabei werfen diese Kontrollen für Befugnisausstattung und Vollzug wohl die erheblichsten Probleme auf.

4 Vgl. die Luftsicherheitspläne gem. § 8 Abs. 1 S. 2 (Flughafenbetreiber) und § 9 Abs. 1 S. 2 (Luftfahrtunternehmen) LuftSiG.

5 Vgl. als Ausgangspunkt § 10 LuftSiG.

6 Vgl. § 7 LuftSiG. Es geht dabei (entgegen der Überschrift des § 7) nicht um eine gewerberechtliche präventive Zuverlässigkeitsüberprüfung für die gewerblichen Erfordernisse (vgl. dazu *Stober* Allg. Wirtschaftsverwaltungsrecht, 14. Auflage 2004, § 29 III.). Das ergibt sich schon aus der Aufzählung der Stellen (u.a. Verfassungsschutz, Ausländerzentralregister), deren Auskünfte eingeholt werden dürfen in § 7 Abs. 3 LuftSiG. Konsequenz einer nicht bestehenden Zuverlässigkeit ist nicht primär die Untersagung einer Tätigkeit, sondern ein Zutrittsverbot zu Sicherheitsbereichen (§ 7 Abs. 6, 1. Alt. LuftSiG); gleichwohl kann es zu einem faktischen Berufsverbot kommen (2. Alternative), weil der Betroffene bestimmte Tätigkeiten nicht aufnehmen darf. Dabei gehen verbleibende Zweifel der Behörde zu Lasten des Betroffenen, was eine Beweislastumkehr darstellt.

7 Vgl. § 8 Abs. 1 Nr. 6, § 9 Abs. 1 Nr. 3 LuftSiG.

8 Dabei muss zwischen Kontrollen der in der Anlage Tätigen und ihrer Sachen (Beschäftigte und ihr Arbeitsmaterial) einerseits und der Kontrolle der Nutzer und ihrer Sachen (Passagiere, Fracht und Post) andererseits unterschieden werden.

A. Gefahren für oder durch die Schifffahrt

I. Gefahrenvorbeugung durch Eigensicherungspflichten von Schiffseigentümern etc. gegen abstrakte Gefahren

1. Schiffe

Durch das SchiffssicherheitsG (§ 8 Abs. 3, 4) werden den Schiffseigentümern in Verbindung mit der VO 725/2004 EG[9] Eigensicherungspflichten auferlegt: Für das Schiff muss eine Risikobewertung vorgenommen werden, es muss im Unternehmen (der Reederei) und auf dem Schiff ein Beauftragter für Gefahrenabwehr benannt werden. Für das Schiff muss ein Plan zur Gefahrenabwehr auf dem Schiff erstellt werden, der entsprechend einzelnen Gefahrensstufen Maßnahmen abstrakt beschreibt. Das Schiff muss technische Mindestvoraussetzungen erfüllen, insb. müssen Navigations- und Alarmsysteme vorhanden sein; das Alarmsystem muss einen verdeckten Alarm ermöglichen. Ggf. muss der Zugang von Personen und Gütern auf das Schiff kontrolliert werden. Verantwortlich für die Ausführung der Gefahrenabwehr auf dem Schiff ist der Kapitän.[10] Für die *Gefahrenabwehr* durch Einrichtung und Überwachung von Sicherheitssystemen bzgl. von Gefahren, die der *Seeschifffahrt* von außen drohen, ist der Bund (Bundesamt für Seeschifffahrt) gem. § 1 Nr. 13 SeeaufgabenG zuständig.

2. Ladung

Die Gefahr, die von einem Schiff ausgeht, wird in der Regel mit dem zusammenhängen, was das Schiff – legal oder illegal – transportiert. Sinnvoll erscheint eine Vergewisserung über die Zuordnung der Ladung zu Personen und über den Weg sowie Inhalt der Ladung. Diese Angaben stehen, ob in Papier oder in elektronischer Form zur Verfügung. Ob es möglich ist, zu dokumentieren, dass die Ladung nicht illegal verändert wurde, ist zweifelhaft. Eine generelle Durchleuchtung/Durchsuchung von Fracht ist kaum zu leisten und hat niedrige Erfolgschancen. Gleichwohl ist in den Vereinigten Staaten in Reaktion auf die Terrorbedrohung ein Gesetz beschlossen worden, das vorsieht, dass sämtliche Seefracht (und Luftfracht, bei der aber die Mengen sehr viel geringer sind) mit Zielhäfen in den USA spätestens vom 1. Juli 2012 an vor der Verladung auf ein Schiff in einem ausländischen Hafen durchleuchtet worden sein muss. Die Europäische Gemeinschaft bevorzugt dagegen gezielte Einzelüberprüfungen, wenn Verdachtsmomente vorliegen. Die Vereinbarkeit des einseitigen Vorgehens der Vereinigten Staaten mit WTO-Recht wird

9 VO zur Erhöhung der Gefahrenabwehr auf Schiffen und in Hafenanlagen v. 31. 3. 2004, VO (EG) 725/2004 – ABl L 129 v. 29. 4. 2004, S. 6.

10 Vgl. im Bereich des Luftverkehrs § 12 LuftSiG.

bestritten. Selbst wenn der Durchleuchtungszwang ein Handelshemmnis wäre,[11] könnte er durch Ausnahmeklauseln des GATT betreffend Maßnahmen zum Schutz der öffentlichen Sicherheit gerechtfertigt sein.[12] Das gleiche gilt für die Ausnahmeklausel für einseitige Maßnahmen bei Kriegen oder sonstigen ernsten Krisen in den internationalen Beziehungen.[13] Angreifbar wäre das amerikanische Gesetz allenfalls wegen seiner diskriminierenden Stoßrichtung, wenn inneramerikanische Schiffstransporte aus unsachlichen Gründen privilegiert würden oder Verhandlungen, insbesondere über schonendere Alternativen verweigert wurden.[14]

Sollte eine Durchleuchtung stattfinden, müsste dies innerstaatlich rechtmäßig sein. Es liegt nahe, eine Durchleuchtung von Frachtgut nicht staatlicherseits vorzunehmen oder anzuordnen, sondern den Hafenbetreibern bzw. den Verladungsunternehmen zu überlassen. Diese müssten sich entsprechend verhalten, um noch nach den USA exportieren zu dürfen. Eine staatliche Regelung wäre entbehrlich. Die zusätzlich entstehend Kosten durch Personaleinsatz, zeitliche Verzögerung des Containerumschlages und Technikeinsatz könnten relativ hoch sein. Eine hoheitliche Befugnis müsste den Betreibern/Verladern nicht eingeräumt werden, weil diese die Durchleuchtungspflicht vertraglich sichern könnten.[15]

Eine Regeldurchleuchtung würde sich von anderen Maßnahmen der Gefahrenabwehr dadurch unterscheiden, dass sie zwangsläufig und unabhängig von besonderen konkreten Bedrohungslagen Kosten verursacht. Sie erstreckt gleichsam das »Konzessionssystem« in neue Rechtsbereiche. Nur solche Container dürfen exportiert werden, die zuvor nach Kontrolle »genehmigt« wurden. Diese grundsätzlich verfassungsgemäße[16] Rechtstechnik ist bislang im Bereich der Kriminalitätsbekämpfung nicht zum Einsatz gekommen. Das Konzessionssystem geht von einer in einer Sache oder Person angelegten Gefährlichkeit aus, die präventiv unter Kontrolle gehalten werden muss: Dies ist die Rechtfertigung von Baugenehmigungen oder Waffenexportgenehmigungen. Während aber jedes Bauwerk und jede Waffe aus sich heraus gefährlich ist, ist dies bei Containern im Hinblick auf die Nutzung als instrumentum sceleris nicht der Fall. Deswegen ist nicht nur das Verhältnis von Aufwand und Nutzen einer Durchleuchtungspflicht zweifelhaft, es ist auch fraglich, ob eine gesetzliche Durchleuchtungspflicht rechtmäßig sein könnte. Zweifelhaft ist schon die Erforderlichkeit einer deutschen staatlichen Regelung, weil behauptet werden könnte, dass es nicht Aufgabe des Staates ist, den Export bzw. die öffentli-

11 Als Vorschrift über die »Beförderung« von Waren; vgl. Art. III:1 GATT.

12 Art. XX lit. a GATT. Vgl. *Herdegen* Internationales Wirtschaftsrecht, 6. Aufl. 2007.

13 Art. XXI lit. b iii GATT.

14 Vgl. *Herdegen* aaO S. 136.

15 Ähnlich hat das OVG Bremen entschieden, die Pflicht (nach § 8 Abs. 1 Nr. 5 LuftSiG) der Flughafenbetreiber zur Kontrolle/Durchleuchtung von Waren und Personal vor Zugang zu den Sicherheitsbereichen verlange nicht Hoheitsgewalt, sondern könne durch Inanspruchnahme des Hausrechts verwirklicht werden (OVG Bremen NordÖR 2007, 177.

16 Zur Verfassungsmäßigkeit von präventiven Verboten mit Erlaubnisvorbehalt vgl. BVerfGE 20, 150; 61, 291.

che Sicherheit eines ausländischen Staates zu gewährleisten. Auch die Angemessenheit einer solchen Pflicht ist problematisch, wenn sie nicht auf besondere Gefährdungslagen oder Verdachtsfälle begrenzt ist. Sachlich nehmen die Vereinigten Staaten die Importeure für die öffentliche Sicherheit in den USA in Dienst; es handelt sich um eine externalisierte Einfuhrkontrolle. Eine Kontrollpflicht für Frachtgut wäre für die Hafenbetreiber nicht unmittelbar betriebsbezogen, sondern allenfalls für die Verlader oder Seefrachtführer. Auch das Luftsicherheitsgesetz verpflichtet in § 8 Abs. 1 Nr. 5 die Flughafenbetreiber zwar zur Kontrolle des Flughafenpersonals, nicht aber zur Überprüfung der Luftfracht, die nach § 5 Abs. 3 LuftSiG den Luftsicherheitsbehörden obliegt.[17] Es handelt sich auch nicht um pflichtig gemachte Eigensicherung, sondern um Maßnahmen zugunsten Dritter.[18]

3. Personal

Ebenfalls im Schiffssicherheitsgesetz sind bestimmte Mindestvoraussetzungen für die Ausbildung und für die Besatzungsstärke vorgesehen. In geringem Umfang sieht das Recht Sicherheitsüberprüfungen für Personen vor, die im Bereich der Schifffahrt tätig werden (Sicherheitsbeauftragte). Das Personal in Häfen könnte zwar einer Sicherheitsüberprüfung unterzogen werden, im Zweifel wird eine Gefahr aber von dem Personal der Schiffe ausgehen.

Soweit sich die dargestellten Maßnahmen als Hemmnisse für den Warenverkehr oder andere Wirtschaftsfreiheiten des Gemeinschaftsrechts auswirken könnten, ergeben sich daraus keine Probleme. Einerseits ist das Schiffssicherheitsgesetz in Umsetzung von Gemeinschaftsrecht ergangen, andererseits kennen die Grundfreiheiten Vorbehalte zugunsten der öffentlichen Sicherheit.

II. Abwehr von Gefahren durch vorbeugende Kontrolle oder im Einzelfall im Küstenmeer/Bundeswasserstraßen

Im Bereich des Küstenmeeres und der Bundeswasserstraßen sind zwei Sonderordnungsbehörden von den Behörden der allgemeinen Gefahrenabwehr zu unterscheiden. Die Sorge für die Schiffbarkeit der Wasserstraßen liegt bei der »Strompolizei«, diejenige für die Verkehrssicherheit der Schifffahrt und für die Abwehr von Schiffen ausgehender Gefahren bei der »Schifffahrtspolizei«. Die allgemeine Gefahrenabwehr obliegt den zuständigen Stellen der jeweiligen Länder. Die Rechtslage wird hier ohne die Berücksichtigung der organisatorischen Zusammenarbeit zwischen

17 Die Aufgabe darf gemäß § 5 Abs. 5 LuftSiG durch Beleihung auf geeignete Private übertragen werden. Mit der Eröffnung der behördlichen Befugnis macht das Gesetz deutlich, dass insoweit keine Eigensicherungspflicht (etwa der Fluggesellschaft nach § 9 Abs. 1 Nr. 1 LuftSiG aktualisiert wird, sondern dass es sich um eine Staatsaufgabe handelt.

18 Hinsichtlich dieser Kriterien unterscheidet sich die Konstellation deutlich von der o.a. Entscheidung des OVG Bremen zur Kontrolle beim Zugang zum Flughafen.

den unterschiedlichen Behörden dargestellt, die sich in der Praxis durchgesetzt hat, weil diese Zusammenarbeit die Befugnisse nicht verändert.

1. Gefahren für die Schiffbarkeit (»Strompolizei«)

Das Küstenmeer gilt gemäß § 1 Abs. 2 BWaStrG als Bundeswasserstraße.

Die Strompolizei (Wegepolizei) auf den Bundeswasserstraßen wird von der Wasser- und Schifffahrtsverwaltung des Bundes ausgeübt; § 24 Abs. 1 BWaStrG. Es geht also um eine Verwaltungsbehörde mit speziellen Aufgaben (Sonderordnungsbehörde), nicht um eine Vollzugspolizei für die allgemeine Gefahrenabwehr. Der Begriff der »Strompolizei« stammt aus der Zeit vor der begrifflichen Entpolizeilichung des Verwaltungsrechts bzw. der allgemeinen und besonderen Ordnungsbehörden.[19]

Die Strompolizei hat die Aufgabe, Gefahren für die Wasserstraße abzuwehren, die ihre Schiffbarkeit bedrohen. Es geht um Gefahren für die Nutzung der Wasserstraße als Verkehrsweg.

Dafür besteht eine Generalklausel, die bei konkreten Gefahren eingreift.[20] Diese tatbestandliche Beschränkung ergibt sich zwar nicht aus der Generalklausel selbst (§ 24 Abs. 1), wohl aber aus den Adressatenregelungen (§§ 25, 26). § 28 ermächtigt zum Erlass von Allgemeinverfügungen. Ohne konkrete Gefahr ist der Erlass von Verordnungen zulässig (§ 27). Vorsorgebefugnisse fehlen.

Wie steht es mit einem Bedrohungsszenario, in dem ein Schiff etwa im Rhein an einer Engstelle versenkt werden soll, um diese Wasserstraße zu blockieren?

Ein terroristischer Anschlag, mit dem die Schiffbarkeit einer Wasserstraße beseitigt werden soll, fällt in erster Linie in die Zuständigkeit der Strompolizei. Darüber hinaus wird meist auch die Zuständigkeit der allgemeinen Gefahrenabwehrbehörden eröffnet sein, weil regelmäßig auch weitere Gefahren verursacht werden.

Der Strompolizeibehörde wäre ein Eingriff mit den notwendigen Maßnahmen nach BWaStrG erlaubt, wenn eine konkrete Gefahr vorläge. Rechtfertigen lediglich Anhaltspunkte die Vermutung, dass eine solche Straftat begangen werden wird, so bietet das BWaStrG ausdrücklich keine Eingriffsgrundlage. Liegt immerhin im Einzelfall ein Verdacht einer Gefahr vor, so wird man die Generalklausel des Gesetzes auch als Ermächtigung für Gefahrerforschungseingriffe verstehen können. Soweit auch das nicht weiterhilft, kommt ein Rückgriff auf allgemeines Polizeirecht in Betracht. Ein solcher Rückgriff wird allerdings kaum je notwendig sein. Denn die Blockade der Wasserstraße bedroht nicht nur deren Schiffbarkeit, sondern stellt z.B.

19 Ich gehe hier nicht auf die durch Verwaltungsvereinbarung ermöglichte Zusammenarbeit der zuständigen Behörden im Bereich des Küstenmeeres ein, weil diese Befugnisausstattung und Vollzugsfähigkeit nicht wesentlich berührt.

20 *Friesecke* BWaStrG, 4. Aufl. 1999, § 24 Rn 11.

auch eine Nötigung der übrigen Verkehrsteilnehmer dar. Dadurch ist auch die Zuständigkeit der Behörden der allgemeinen Gefahrenabwehr eröffnet.[21]

2. Gefahren für oder durch die Schifffahrt (»Schifffahrtspolizei«)

Die »Schifffahrtspolizei« ist im BinSchG und SeeAufgG geregelt: Jeweils § 1 Nr. 2 SeeAufgG und BinSchG: »Abwehr von Gefahren für die Sicherheit und Leichtigkeit des Verkehrs sowie die Verhütung von der Seeschifffahrt ausgehender Gefahren.« Im Binnenschifffahrtsbereich tritt die Abwehr von Gesundheitsgefahren für Personen an Bord hinzu (§ 1 Nr. 5 BinSchG).

Die Schifffahrtspolizei ist also in erster Linie eine Verkehrspolizei (Sonderpolizei) und somit nicht für allgemeine Gefahrenabwehr zuständig.

Die Aufgaben der Wasser- und Schifffahrtsdirektionen des Bundes für die Schifffahrtspolizei auf Seestraßen können durch RVO auf Bundespolizei oder Zoll zur Ausübung übertragen werden. Daneben gibt es Vereinbarungen mit den Ländern, nach denen die Landes-Wasserschutzpolizei in diesem Bereich tätig werden darf (§ 3 Abs. 2 SeeAufgG); dazu sind die in § 20 SeeAufgG erwähnten Landesgesetze ergangen. Entsprechende Regelungen gibt es nicht im BinSchG.

Die zuständigen Stellen können sich für die Aufgabe der Schifffahrtspolizei auf eine Generalklausel in § 3 Abs. 1 SeeAufgG/§ 1 Abs. 2 BinSchG berufen, die bei konkreten Gefahren und ggf. in Gefahrenverdachtslagen eingreift.

Ein Betretungs- und Befragungsrecht enthält § 8 SeeAufgG/§ 6 BinSchG. Danach dürfen Betriebsstätten zu Betriebszeiten, Wohnräume nur bei dringender Gefahr für die öffentliche Sicherheit betreten werden. Das Betretungsrecht darf nicht mit einem Durchsuchungsrecht gleichgesetzt werden. Korrespondierend gibt es ein Betretungsrecht nach § 20 ndsHafenG, wenn die Schifffahrtspolizei dem Land übertragen ist.

Ob für weitere Befugnisse auf das BPolG zurückgegriffen werden kann, ist zweifelhaft, weil die Regelung zumindest einiger Standardmaßnahmen in den Gesetzen über Strom- und Schifffahrtspolizei der Eindruck erweckt, die zu Grunde liegenden Gesetze seien abschließend.

In dem oben angeführten Beispiel einer Wasserstraßenblockade kann das gewerberechtliche Betretungsrecht nach SeeAufgG/BinSchG auch außerhalb konkreter Gefahrenlagen genutzt werden. Wenn es allerdings darum geht, ob auf dem Schiff eine Sprengladung o. ä. verborgen ist, wäre eine Durchsuchungsbefugnis erforderlich. Diese kann nach allgemeinem Gefahrenabwehrrecht gegeben sein, wenn zumindest Anhaltspunkte für verborgene Sprengladungen vorliegen.

21 Noch weitergehend könnte man gleichzeitig auch noch an die Eröffnung der Zuständigkeit der Schifffahrtspolizei denken, weil hier von einem Schiff Gefahren ausgehen, die nicht nur die Schiffbarkeit des Stromes bedrohen.

3. Allgemeine Gefahrenabwehr

a) Zuständigkeiten für die allgemeine Gefahrenabwehr

Das Küstenmeer gehört zum Staatsgebiet der BRD und ihrer Länder. Daher sind dort für die allgemeine Gefahrenabwehr (außer Strompolizei und Schifffahrtspolizei) zunächst die Landespolizeien zuständig, im Rahmen ihrer normalen Aufgaben auch die Bundespolizei. Das bedeutet, dass die Zuständigkeit der Schifffahrtspolizei dann nicht abschließend ist, wenn die von dem Schiff ausgehende Gefahr keine spezifisch verkehrliche Gefahr für den Verkehr auf der Wasserstraße ist. Eine terroristisch motivierte Gefahr wird über die reine Verkehrsbedeutung in der Regel hinausgehen und auch andere Rechtsgüter bedrohen.

b) Befugnisse

Die Bundespolizei darf insbesondere Grenzschutzaufgaben wahrnehmen; § 2 Abs. 1, 2 BPolG. Diese Aufgabe kann für einzelne Grenzübergangsstellen gem. § 68 BPolG auf den Zoll übertragen werden.

Die »Grenze« ist die seewärtige Begrenzung des Küstenmeeres. Gem. § 12 ist die Bundespolizei für die Verfolgung einiger grenzbezogener Straftaten zuständig.

Als Befugnisse stehen der Bundespolizei im Rahmen der Zuständigkeit zur Verfügung:

- Generalklausel bei konkreter Gefahr; § 21 BPolG.
- Befragung nach § 22 bei Aufgabenbezug
- ID-Feststellung im Grenzgebiet; § 23, insb. Abs. 1a BPolG; normalerweise sollten sich dabei Anhaltspunkte für eine Gefahr ergeben.
- Platzverweis bei konkreter Gefahr; § 38 BPolG.
- Durchsuchung, § 44 Abs. 1 Nr. 3, wenn Sprengstoff gefunden werden kann und entsprechende Anhaltspunkte dafür bestehen (wenn Tatsachen die Annahme rechtfertigen). Bundeswasserstraßen sind vom BPolG nicht als gefährdete Objekte (§ 44 Abs. 1 Nr. 4 i.V.m. § 23 Abs. 1 Nr. 4 BPolG) konzipiert (wie Einrichtungen des Schienen- oder Luftverkehrs), so dass sich darüber keine Durchsuchungsbefugnis ergibt. Hier könnte man notfalls an eine Analogie oder eine Erweiterung durch den Gesetzgeber denken.

Außerdem – aber nur im Notstands- oder Verteidigungsfall; § 7 BPolG – Durchsuchung von Schiffen an Kontrollstellen, die eingerichtet werden dürfen, wenn Tatsachen für die Begehung von Straftaten sprechen; § 44 Abs. 3 Nr. 3 BPolG.

Hinsichtlich der Vollstreckung gilt das UZwG des Bundes. Danach sind Schusswaffen und Explosivmittel ohne abschließende Aufzählung erlaubt. Theoretisch fallen also auch Kanonen darunter. Eine Amtshilfe durch die Bundeswehr durch Ausleihe schwerer Waffen mit Bedienungspersonal ist derzeit nicht zulässig,[22]

22 BVerfG NJW 2006, 751.

erscheint aber auch nicht notwendig. Es ist kaum vorstellbar, dass ein Schiff, das am Einlaufen gehindert werden soll, nicht aus der Luft oder von anderen Schiffen aus aufgebracht werden kann. Nur wenn dies aber der Fall wäre, müsste das Schiff durch den Einsatz schwerer Waffen gestoppt werden.

Ein ähnlicher, aber umfangreicherer Reigen an Befugnissen steht für die Landeswasserschutzpolizei als integraler Teil der allgemeinen Landespolizei in Niedersachsen zur Verfügung.

§ 12 Abs. 6 NdsSOG: Kontrolle durch Identitätsfeststellung mit Augenscheinsnahme der mitgeführten Sachen im öffentlichen Verkehrsbereich bei Straftaten mit internationalem Bezug.

Nach § 13 Abs. 1 Nr. 3 NdsSOG ist eine Identitätsfeststellung an gefährdeten Objekten erlaubt. Gefährdete Objekte sind nach niedersächsischem Recht gemäß § 13 Abs. 1 Nr. 3 auch Verkehrsanlagen und -einrichtungen. Ob eine Wasserstraße eine Verkehrsanlage in diesem Sinne ist, ist zweifelhaft, aber letztlich nicht entscheidend, da »andere besonders gefährdete Objekte« gleichgestellt sind. Die kommentierende Literatur zählt als Verkehrsanlagen Anlagen wie Flughäfen, Bahnanlagen etc. auf.[23] Darunter fallen wohl auch Schienenwege, nicht aufgeführt werden aber Straßen. Während man für Binnenwasserstraßen, insbesondere Kanäle, noch eher an eine Subsumtion denken könnte, fällt dies bei natürlichen Wasserstraßen im Binnenland und beim Küstenmeer schon schwerer. Zwar legt die teleologische Auslegung kaum Steine in den Weg: Eine besondere Gefährdungslage kann bei Binnenwasserstraßen vorliegen, sie gehören zur Infrastruktur und können selbst zum Ziel von Straftaten werden (vgl. § 315 – Hindernisbereitung auf Wasserwegen –, § 316c StGB – Herbeiführen von Explosionen auf Schiffen –). Ob aber »Objekte« im Sinne des Gesetzes betroffen sind, ist zumindest bei natürlichen Wasserstraßen, insbesondere beim Küstenmeer, fraglich. Vertreten könnte man vielleicht, dass die Fiktion, die das Küstenmeer zur Wasserstraße macht, auch bezüglich des Objektcharakters fingierende Wirkung hat.

Ebenso kommt eine Schiffsdurchsuchung nach § 23 Abs. 1 Nr. 3 in Betracht, wenn es Anhaltspunkte dafür gibt, dass Sprengmittel auf dem Schiff sind. Ebenso kommt eine Durchsuchung von Schiffen nach § 23 Abs. 1 Nr. 5 in Betracht, wenn Wasserstraße als Verkehrsanlage betrachtet werden kann.

Schließlich darf in Sondersituationen drohender qualifizierter Straftaten eine Kontrollstelle eingerichtet werden (§ 14) und die Durchsuchung des Schiffes ist bei Feststellung der Identität der auf dem Schiff befindlichen Personen erlaubt; § 23 Abs. 1 Nr. 6 i.V.m. § 13 Abs. 1 Nr. 4 i.V.m. § 14 Abs. 1 Nr. 1 i.V.m. § 2 Nr. 10 NdsSOG.

Die Waffen für den Vollzug sind in den Landespolizeigesetzen abschließend geregelt; im Wesentlichen verfügt die Landespolizei nur über Handfeuerwaffen. In der Regel dürften diese aber ausreichen, denn ein Schiff kann von einem Luftfahrzeug aus besetzt werden. Schwere Waffen sind für die Seesicherheit nicht ersichtlich

23 *Rachor* in: Lisken/Denninger, 3. Aufl. 2001, Kap. F Rn 337 ff.

erforderlich. Im Extremfall, in dem sich ein Schiff gegen die Aufbringung durch die Polizei wehrt, darf ein anwesendes Schiff der Streitkräfte für die angegriffene Polizei nach strafrechtlichen Grundsätzen Nothilfe leisten; allerdings nur mit dem Ziel, den Angriff abzuwehren, nicht mit dem Ziel der Aufbringung des Schiffes.

Wäre die Polizei samt ihren Spezialeinsatzkräften aus praktischen Gründen grundsätzlich nicht in der Lage, Schiffe aufzubringen, dann könnte eine Regelung für den nicht der Verteidigung dienenden Einsatz der Streitkräfte im deutschen Hoheitsgebiet geschaffen werden. Ersichtlich würde hier eine Vollzugshilferegelung ausreichen. Vollzugshilfe wird in der bestehenden Rechtsordnung sogar über die Grenzen der Gewalten hinaus gewährt: Beispielsweise durch die Polizei für die Gerichte. Diese Vollzugshilferegelung könnte sich textlich eng an die Vollzugshilferegelungen in den Landespolizeigesetzen anschließen und sollte auf Fälle des Stoppens und Aufbringens von Schiffen begrenzt bleiben. Jedenfalls die laienhafte Betrachtung legt aber die Vermutung nahe, dass die Gewaltmittel auch der Landespolizeien ausreichen, um die Seesicherheit zu gewährleisten.

Fazit: Soweit es um die Kontrolle von Schiffen geht, die über die Grenze in das Territorium der BRD einfahren, sind Bundespolizei und allgemeine Landespolizei zuständig.

Im Küstenmeer und einschließlich der Mündungsbereiche der Binnenwasserstraßen (Grenzgebiet) sind Identitätsfeststellungen sind für die Bundespolizei anlasslos möglich. Eine anlasslose Durchsuchungsbefugnis für die Bundespolizei im Küstenmeer besteht nicht, wenn nicht der Spannungsfall erklärt wurde. In Betracht kommt allenfalls eine Analogie zu Vorschriften, die anlasslose Durchsuchungen in Bezug auf gefährdeten Objekte gestatten. Mangels begrenzender Vorschriften bestehen Vollstreckungsprobleme für die Bundespolizei eigentlich nicht; sie dürfte auch schwere Waffen einsetzen. Ob sie dazu tatsächlich in der Lage ist, kann hier nicht beurteilt werden.

Die Landespolizei kann im Küstenmeer und in Binnenwasserstraßen Kontrollstellen einrichten, wenn terroristische Straftaten bevorstehen. Dort ist ID-Feststellung und Durchsuchung möglich. Auch hier kommt die angesprochene Analogie in Betracht.

Ggf. bestehen für die Landespolizei Vollstreckungsprobleme, weil die einsetzbaren Waffen gesetzlich enumeriert und möglicherweise zur Gewährleistung der Seesicherheit ungeeignet sind.

III. Abwehr von Gefahren durch vorbeugende Kontrolle oder im Einzelfall auf hoher See:

1. Völkerrechtliche Befugnisse

Es gibt kaum allgemeine völkerrechtliche Regelungen betreffend die Bekämpfung von Terrorismus auf hoher See. Die in den vorhandenen Abkommen (vor allem Seerechtsübereinkommen – SRÜ – und Übereinkommen zur Bekämpfung widerrechtlicher Handlungen gegen die Sicherheit der Schifffahrt – SUA[24] enthaltenen Befugnisse sind nicht einschlägig.

a) Schiffe eigener Flagge

Der Flaggenstaat kann nach dem Flaggenstaatsprinzip Hoheitsgewalt auf den Schiffen seiner Flagge ausüben. Die Ausübung dieser Hoheitsgewalt richtet sich nach den nationalen Gesetzen.

Da in der BRD auf hoher See die Bundespolizei zuständig ist,[25] richten sich die Befugnisse nach BPolG. Eine anlasslose Kontrolle ist danach generell nicht erlaubt, wohl aber eine Kontrolle, wenn bestimmte Verdachtsmomente vorliegen (vgl. unten zum Küstenmeer). Die Bundespolizei verfügt allerdings nicht über die Ausrüstung, um je nach Lage auf hoher See tätig zu werden. Die Streitkräfte dürfen nach gegenwärtiger Verfassungslage nur zur Verteidigung tätig werden.[26]

b) Schiffe fremder Flaggen oder ohne Flagge

Meist werden terroristische Akte völkerrechtlich nicht unter den Begriff der Seeräuberei (Piraterie) nach Art. 101 SRÜ subsumiert, weil der Begriff der Seeräuberei voraussetzt, dass zu privaten Zwecken gehandelt wird und weil Seeräuberei gegen ein zweites Schiff gerichtet sein muss.

Aber auch nationalrechtlich könnte Deutschland insoweit derzeit nicht tätig werden: Piraterie darf auf hoher See völkerrechtlich nur durch Kriegsschiffe oder deutlich als staatlich gekennzeichnete Schiffe abgewehrt werden; Art. 107, 110 Abs. 5 SRÜ. Da nach deutschem Recht die Zuständigkeit auf hoher See bei der Bundespolizei liegt, diese jedoch nicht für die Tätigkeit auf hoher See ausgerüstet ist, ist Deutschland nicht in der Lage, die im SRÜ enthaltenen Befugnisse auszuüben.

Schließlich sind auch die Befugnisse des SRÜ nicht auf die Bekämpfung von Terrorismus ausgerichtet: Das SRÜ enthält in Art. 110 Rechte zum Anhalten und Untersuchen ohne Zustimmung des Flaggenstaates, notfalls zum Aufbringen des Seeräuber- oder des von Seeräubern erbeuteten Schiffes. Es muss allerdings für das Anhalten begründeter Anlass für den Verdacht der Seeräuberei bestehen. Bringt ein Teil der Besatzung selbst das Schiff unter seine Kontrolle, so liegt keine Seeräuberei vor. Das SRÜ rechtfertigt keine anlasslosen Kontrollen von Schiffen auf hoher See.

24 Supression of unlawful acts-Konvention v. 10. 3. 1988.

25 Die Verwaltungszuständigkeit des Bundes ergibt sich für die hohe See aus § 1 Nr. 3 SeeAufgG. Bundeszuständigkeiten bestehen danach für:
a) die Schifffahrtspolizei, soweit das Völkerrecht dies zulässt.
b) sonstige Gefahrenabwehr im Rahmen des Völkerrechts.
c) Strafverfolgung im Rahmen des Völkerrechts (vgl. auch § 4 SeeAufgG; vgl. das Übereinkommen bzgl. widerrechtlicher Handlungen). Die Organzuständigkeit liegt für die Gefahrenabwehr außerhalb des Küstenmeeres für Maßnahmen nach Völkerrecht gemäß § 6 BPolG bei der Bundespolizei.

26 Die Marine darf allerdings nach Nothilfegrundsätzen eingreifen.

Ein Anhalterecht und Betretungsrecht besteht gemäß Art. 110 Abs. 1 lit. d) SRÜ auch gegenüber Schiffen ohne Flagge.[27]

Das Übereinkommen zur Bekämpfung widerrechtlicher Handlungen verpflichtet die Unterzeichnerstaaten, Terroraktionen auf hoher See strafbar zu stellen und alles zu unternehmen, damit solche Aktionen nicht im Hoheitsgebiet des Staates vorbereitet werden. Direkte Befugnisse enthält das Übereinkommen nicht. Vielmehr erklärt Art. 9 die Regel des Völkerrechts über Untersuchungsmaßnahmen auf Schiffen fremder (oder ohne) Flagge für unberührt und nimmt damit auf das SRÜ Bezug.

Einige bilaterale Verträge enthalten Durchsuchungsbefugnisse bei Verdacht auf Transport von Massenvernichtungsmitteln.

Schließlich wird erwogen, Eingriffsbefugnisse auf Resolutionen des Sicherheitsrates zu stützen.[28]

Fazit: Es gibt derzeit keine Eingriffsrechte gegenüber Schiffen mit Flaggen fremder Staaten oder ohne Flaggen auf hoher See, wenn nicht der Verdacht der Seeräuberei vorliegt. Eine Novellierung des SUA soll dies ändern, ist aber bisher nicht abgeschlossen. Es besteht kein dringendes Bedürfnis für die deutsche Marine, sich an entsprechenden Aktionen beteiligen zu dürfen.

B. GEFAHREN FÜR ODER DURCH HÄFEN

I. Gefahrenvorbeugung durch Eigensicherung

Die Verordnung der Gemeinschaft zur Erhöhung der Gefahrabwehr (725/2004) erfasst nicht nur die Gefahrenabwehr auf Schiffen, sondern auch in Häfen, soweit sie mit Schiffen zusammenwirken. Der weitergehende Hafenbereich ist von den Richtlinien 2005/65/EG[29] erfasst. Derzeit setzen die Länder die gemeinschaftsrechtlichen Vorgaben um.[30]

Die nationalen Gesetze über die Hafensicherheit beruhen wesentlich auf der Hafensicherheitsrichtlinie der Gemeinschaft.[31] Für Häfen gilt Entsprechendes wie für Schiffe. Es besteht ein Zwang zur Risikobewertung, zur Bestellung von Gefahrenabwehrbeauftragten und zur Erstellung von Gefahrenabwehrplänen. Abhängig von der Gefahrenlage muss der Zugang von Personen und Gütern zur Hafenanlage

27 Vgl. dazu *Wolfrum* Seerecht, S. 314, der erwägt, ob ein von Terroristen gekapertes Schiff als staatenlos anzusehen ist.

28 Vgl. *Wolfrum* aaO S. 312 f.

29 Richtlinie zur Erhöhung der Gefahrenabwehr in Häfen, ABl. L 310 v. 25. 11. 2005, S. 28.

30 Z.B. NdsHafenG v. 8. 12. 2005 GVBl 2005, 377; dazu *Rengeling* DVBl 2004, 589; vgl. auch *Erbguth* DVBl 2007, 1202. Die weiteren in § 1NHafenSG in Bezug genommenen Rechtsvorschriften (SOLAS-Übereinkommen – BGBl 1979 II S. 141, 2003 II S. 2018 – und ISPS-Code) sind bereits in die Verordnung der Gemeinschaft integriert.

31 RiL 2005/65/EG (Hafensicherheitsrichtlinie) v. 26. 10. 2005 – ABl. L 310 v. 25. 11. 2005, S. 28.

kontrolliert werden. Ein Hafen wird nach ISPS-Code[32] klassifiziert und der Betreiber muss entsprechend seiner Gefahrenneigung bestimmte Maßnahmen treffen; vgl. § 7 des niedersächsischen Hafensicherheitsgesetzes (NHafenSG). Gemäß den Vorgaben verlangt dieses Landesgesetz für bestimmte große Häfen eine Risikoeinstufung, einen Plan zur Gefahrenabwehr (§ 6) und die Bestellung eines Gefahrenabwehrbeauftragten. (§ 9), der einer Sicherheitsüberprüfung unterliegt (§§ 11 ff). Nach der VO 725/2004 besteht eine Anmeldepflicht für Schiffe unter Mitteilung bestimmter Angaben 24 Stunden vor dem Einlaufen in den Hafen.

II. Abwehr von Gefahren durch vorbeugende Kontrolle oder im Einzelfall

In Niedersachsen ist zunächst für einige Fragen das Fachministerium als Sonderpolizeibehörde nach NHafenSG zuständig. Darüber hinaus ergibt sich eine Zuständigkeit des Hafenkapitäns im Rahmen der Hafenpolizei, soweit diese Stelle nach Landesrechtsverordnung Polizeiaufgaben wahrnimmt.

Die Hafenpolizei bleibt von der Strompolizei nach WaStrG unberührt; 24 Abs. 3 BWaStrG.

Man wird auch davon ausgehen müssen, dass zumindest für Eilfälle die Zuständigkeit der allgemeinen Landespolizei (Wasserschutzpolizei) durch die genannten Zuständigkeiten nicht verdrängt ist. Die Landespolizei könnte sich ggf. auf § 12 Abs. 6 NdsSOG stützen und Kontrollen im öffentlichen Verkehrsbereich vornehmen.

Das Ministerium kann aufgrund von § 18 Abs. 3 NHafenSG eine Verordnung zur Abwehr abstrakter Gefahren erlassen.

Rechtfertigen Tatsachen die Annahme, dass eine unmittelbare Gefahr droht, dann kann das Ministerium das Einlaufen untersagen oder die Ausweisung aus dem Hafen anordnen (§ 15 Abs. 2 NHafenSG). Zur Durchsetzung des HafenG kann das Ministerium auf das NdsSOG zurückgreifen (§ 15 Abs. 3). § 18 Abs. 2 enthält zugunsten des Ministeriums eine allgemeine Generalklausel zur Abwehr konkreter Gefahren in Hafen- und Schifffahrtsangelegenheiten; auch insoweit ist der Rückgriff auf das NdsSOG erlaubt.

Über den Rückgriff auf das NdsSOG können von der zuständigen Stelle Identitätsfeststellungen und Durchsuchungen durchgeführt werden. Denn ein Hafen ist zweifellos eine Verkehrsanlage im Sinne des § 13 Abs. 1 Nr. 3 NdsSOG. Wenn Tatsachen die Annahme rechtfertigen, dass Straftaten in oder an dieser Verkehrsanlage begangen werden sollen, ist eine Identitätsfeststellung gegenüber jeder Person erlaubt, die sich in unmittelbarer Nähe aufhält. Der Begriff der »Unmittelbarkeit« muss hier wie auch sonst in Beziehung auf die Norm interpretiert werden. Wenn ein Schiff auf einen Hafen zuläuft, so wird man angesichts der Haltewege von

32 Internationaler Code für die Gefahrenabwehr auf Schiffen und in Hafenanlagen – BGBl 2003 II S. 2018, 2043.

Schiffen noch in der Entfernung von einigen Kilometern (abhängig von der Schiffsgröße) von unmittelbarer Nähe sprechen können. Eine Durchsuchungsbefugnis schließt sich unter den gleichen Voraussetzungen nach § 23 Abs. 1 Nr. 5 NdsSOG an. Darüber hinaus können Kontrollstellen vor dem Hafen nach § 14 NdsSOG eingerichtet werden, wenn Tatsachen die Annahme rechtfertigen, dass z.B. Verbrechen begangen werden sollen.

Der Gefahrenabwehrbeauftragte des Hafens kann eine Sicherheitserklärung nach ISPS-Code von Schiffen verlangen, die Anlass dazu bieten (vgl. § 10 NHafenSG)

Fazit: ID-Feststellungen und Durchsuchungen sind auch anlasslos möglich. Seehäfen liegen im Grenzgebiet, so dass die Bundespolizei tätig werden darf.

C. Rück- und Ausschau

Das Problemfeld der Seesicherheit bietet keinen Anlass, das Grundgesetz dahingehend zu ändern, dass die Streitkräfte Zuständigkeiten und Befugnisse für Polizeiaufgaben erhalten. Insbesondere die Bundespolizei darf im Küstenmeer und im Grenzgebiet die notwendigen Mittel einsetzen, um Seesicherheit effektiv zu gewährleisten. Wenn man dennoch eine Änderung des Grundgesetzes für opportun hält, so würde eine Vollzugshilfepflicht der Streitkräfte zugunsten der Polizeien ausreichen. Ob innerstaatlich eine Zuständigkeit der Streitkräfte für Polizeiaufgaben auf hoher See geschaffen werden soll, ist eine politische Frage; dringender Handlungsbedarf ist nicht erkennbar. Hinsichtlich der Befugnisausstattung kann überlegt werden, ob in Phasen besonders starker terroristischer Gefährdung Grundlagen für anlasslose Durchsuchungen von Schiffen auch außerhalb von Häfen geschaffen werden sollen.

Das Sicherheitsbedürfnis kolonialisiert zunehmend andere Lebensbereiche. Es geht nicht um spezifisch gewerblich ausgelöste Gefahren, sondern um Gefahren die durch gezielten Missbrauch gewerblicher Tätigkeiten seitens Dritter verursacht werden.[33] Der Anwendung des Instrumentariums der Seesicherheit sind kaum Grenzen gesetzt: Auch das Personal von Tank- oder Gefahrgutlagern, Wasser- und Stromversorgern oder von Verkehrsunternehmen könnte einer Sicherheitsüberprüfung unterzogen werden, für die Anlagen könnte der Gesetzgeber einen Gefahrenabwehrplan verlangen. In Anknüpfung an die Eigensicherung werden den Gewerbetreibenden Pflichten auferlegt, die zumindest auch[34] dazu dienen, die öffentliche Sicherheit zu gewährleisten. Wie im Katastrophenschutzrecht werden auch Per-

33 Das zeigt sich z.B. in der dem Gewerberecht an sich nicht eigenen Sicherheitsüberprüfung. Als gewerberechtliche Zuverlässigkeitsprüfung wäre sie anders ausgestaltet und ihr Standort wäre konsequenterweise in § 38 Abs. 2 der GewO gewesen. Konsequent wäre ein Regelungsstandort im Sicherheitsüberprüfungsrecht gewesen, denn es geht wie dort um »vorbeugenden personellen Sabotageschutz«.

34 Dieser Anteil ist z.B. den Geldwäschekontrollpflichten der Banken sehr hoch.

sonen belastet, die nicht Störer sind; anders als in diesem Rechtsgebiet erfolgt die Belastung aber überwiegend entschädigungslos.[35]

Die grundsätzliche Frage, ob zur Terrorismusbekämpfung immer neue Befugnisse für weitere Eingriffe geschaffen werden sollen, die zwangsläufig missbraucht werden können, oder ob man darauf vertrauen soll, im Ausnahmefall werde schon jemand – notfalls im öffentlich-rechtlichen Sinne rechtswidrig – die nötigen Maßnahmen ergreifen, ist schwer zu beantworten. Die verhältnismäßige Handhabung weiter Befugnisse setzt eine stabile Verwaltungskultur voraus; das gleiche gilt für das maßvolle ausnahmsweise Hinwegsetzen über das geschriebene Recht. Ob die Bundesrepublik über eine solche Kultur verfügt, wird sich im »Ernstfall« erweisen. Die vom Bundesverfassungsgericht anscheinend angestrebte dritte Lösung – genau passende missbrauchsresistente Befugnisse für jede Gefahrensituation – wird voraussichtlich nicht funktionieren. Denn je genauer eine Befugnis auf eine Bedrohungssituation zugeschnitten ist, desto weniger Fallvariationen erfasst sie. Mit steigender Novellierungshäufigkeit und Komplexität steigt auch das Bewusstsein der Disponibilität des Rechts und damit die Versuchung, sich im Sinne effizienter Verwaltung darüber hinweg zu setzen.

35 Ausnahme z.B. die Entschädigungsregel in § 8 Abs. 3 LuftSiG für die Bereitstellung von Räumen für Behördenmaßnahmen.

VI. Finanzen und Steuern

Gleichheitssatz und Abgabengewalt

MICHAEL KLOEPFER

Der Gesetzgeber besitzt grundsätzlich im Bereich des Abgabenrechts weitgehende Gestaltungsfreiheit. Dies gilt sowohl für den Gegenstand als auch für den Satz der Abgabe. Es ist seine Sache, ob er sich bei dieser Entscheidung von finanzpolitischen, volkswirtschaftlichen, sozialpolitischen oder steuertechnischen Erwägungen leiten lässt.[1] Seine Gestaltungsfreiheit endet jedoch dort, wo die Abgabenlasten nicht mehr gleichmäßig und gerecht[2] auf die einzelnen Staatsbürger verteilt werden. Durch Art. 3 Abs. 1 GG gelten im Bereich des Abgabenrechts die Grundsätze der Gestaltungs- und Belastungsgleichheit.[3] Sie verlangen, alle Abgabepflichtigen in rechtlicher und tatsächlicher Hinsicht gleichmäßig zu belasten.[4]

A. ALLGEMEINE VORGABEN DES GLEICHHEITSSATZES

Art. 3 Abs. 1 GG erteilt dem Gesetzgeber die allgemeine Weisung, gleiche Sachverhalte gleich und ungleiche Sachverhalte ihrer Ungleichheit gemäß ungleich zu behandeln. Ausnahmslos gilt dieser Grundsatz jedoch nicht; er setzt weiterhin voraus, dass Gleichheit oder Ungleichheit von wesentlicher Bedeutung sind. Dafür müssen sie über ein solches Gewicht verfügen, dass eine Beachtung der Unterschiede bzw. Gemeinsamkeiten zwingend geboten erscheint. Eine Ungleichbehandlung wesentlich gleicher Sachverhalte bzw. eine Gleichbehandlung wesentlich ungleicher Sachverhalte führt aber noch nicht automatisch zu einem Verstoß gegen Art. 3 Abs. 1 GG, da sie durch einen hinreichend gewichtigen Grund gerechtfertigt sein kann.[5] Dies ist beispielsweise der Fall, wenn der Gesetzgeber das Verhalten des Steuerpflichtigen aus Gründen des Gemeinwohls fördern oder lenken will.[6] Bei der Festlegung der Merkmale für die Vergleichspaare steht dem Gesetzgeber grundsätzlich ein weiter Ermessensspielraum zu. Er hat aber darauf zu achten, dass das ausgewählte Differenzierungskriterium im Einklang mit der Verfassung steht, es insbesondere nicht gegen die Differenzierungsverbote in Art. 3 Abs. 2 Satz 1 und 3, 33

1 BVerfGE 74, 182, 200.
2 Zu Gleichheits- und Freiheitsgebot im Steuerrecht jüngst *Di Fabio* JZ 2007, 749 ff.
3 BVerfGE 74, 182, 200.
4 BVerfGE 84, 239, 268; 110, 94, 112; BFHE 199, 451 ff.
5 BVerfGE 100, 138, 174.
6 BVerfGE 93, 121, 147.

Abs. 2 und 3, Art. 6 Abs. 5 oder auch 38 Abs. 1 Satz 1 GG verstößt. Auch der Grund für die Ungleichbehandlung bzw. Gleichbehandlung, also das Differenzierungsziel, muss legitim sein. Der Gesetzgeber darf demnach keine Ziele verfolgen, die mit der Verfassung nicht vereinbar sind. Weiterhin muss zwischen dem Differenzierungskriterium und dem Differenzierungsziel ein innerer Zusammenhang bestehen.[7] Dazu gehört es, ein Kriterium auszuwählen, das zur Erreichung des gesetzgeberischen Ziels geeignet ist. Schließlich müssen Differenzierungsziel und Differenzierungskriterium in einem ausgewogenen Verhältnis zueinander stehen, wobei es nach Ansicht des Bundesverfassungsgerichts nicht auf die Motive des Gesetzgebers, sondern die objektive (Un-)Angemessenheit der Maßnahme im Verhältnis zur tatsächlichen Situation ankommt.[8] Bei der Beurteilung dieser Frage können normative Wertungen anderer Verfassungsvorschriften – insbesondere der Freiheitsrechte – durchaus eine Rolle spielen.[9]

B. TYPISIERUNGEN UND PAUSCHALISIERUNGEN

Aus Gründen der Verwaltungsvereinfachung und -praktikabilität ist der Gesetzgeber bei der Normierung steuerlicher Bemessungsgrundlagen durchaus berechtigt, vom allgemeinen Gleichheitssatz abzuweichen, soweit es diesen Zwecken dient. Insbesondere zur Regelung von Massenerscheinungen kann er von Typisierungen und Pauschalisierungen Gebrauch machen.[10] Durch Typisierungen werden wesentlich gleichgelagerte Fälle ihrer jeweiligen Besonderheiten entkleidet und einheitlich mit einer Abgabe belegt. Sie orientieren sich am typischen Fall und erfassen damit die Mehrzahl aller vorkommenden Fälle. Atypische Konstellationen werden ausgeblendet, weil es mit einem vernünftigen Aufwand kaum möglich ist, für jeden Einzelfall eine angemessene Lösung zu finden. Daraus resultierende Ungerechtigkeiten sind in Kauf zu nehmen, solange sie in einem angemessenen Verhältnis zu den Vorteilen der Verwaltungsvereinfachung stehen.[11] Individuelle Härten bleiben hinnehmbar, wenn sie eine relativ kleine Anzahl von Personen treffen und von geringer Intensität sind.[12] Die Fehlerquote darf aber nach Ansicht der Rechtsprechung keinesfalls 10 Prozent übersteigen.[13] Seine Typisierungsbefugnis hat der Gesetzgeber sachgerecht auszuüben, d.h. eine von ihm vorgenommene Ungleichbehandlung muss im Hinblick auf die Eigenart des zu regelnden Sachbereichs auf einem ver-

7 BVerfGE 71, 39, 58.

8 BVerfGE 2, 266, 288; 42, 64, 73; 48, 227, 237; 51, 1, 26 f.

9 BVerfGE 93, 121, 134; zum Verhältnis von Freiheit und Gleichheit allgemein *Kloepfer* Gleichheit als Verfassungsfrage, 1980, S. 45 ff.

10 St. Rspr., z.B. BVerfGE 99, 280, 290; BVerwG DÖV 2003, 681, 682.

11 BVerfGE 84, 348, 359; 89, 15; BVerwG DVBl 2000, 918, 920; *Arndt* NVwZ 1988, 787, 789; *Henneke* Öffentliches Finanzwesen, Finanzverfassung, 2. Aufl. 2000, Rn 320.

12 BVerfGE 79, 87, 100; 91, 93 ff; 100, 59, 90.

13 BVerwGE 68, 36, 41; NVwZ 1987, 231, 232.

nünftigen oder sonst wie einleuchtenden Grund beruhen.[14] Typisierende oder pauschalisierende Steuertatbestände, die bereits bestehen, sind ständig auf ihre Angemessenheit hin zu überprüfen und im Falle einer Veränderung der ursprünglich herangezogenen Vergleichsmaßstäbe entsprechend anzupassen.[15]

Anders als die Steuern bedürfen nichtsteuerliche Abgaben im Hinblick auf die Umgehung der Finanzverfassung einer besonderen sachlichen Rechtfertigung.[16] Es ist daher erforderlich, dass sie sich ihrer Art nach deutlich von den Steuern unterscheiden.[17] Wichtig unter den nichtsteuerlichen Abgaben sind vor allem die Beiträge und Gebühren, deren Vorzugslasten durch ihre Ausgleichsfunktion legitimiert werden. Beiträge können erhoben werden, wenn der herangezogenen Gruppe zumindest indirekte oder potentielle Vorteile durch den Finanzierungszweck entstehen.[18] Um aber den Anforderungen des allgemeinen Gleichheitssatzes zu entsprechen, hat sich die Höhe des jeweils zu leistenden Beitrages grundsätzlich an den Vorteilen für den Beitragspflichtigen zu orientieren.[19]

Noch strengere Maßstäbe legt Art. 3 Abs. 1 GG bei der Erhebung von Gebühren an.[20] Weil sie eine konkrete staatliche Leistung an den Abgabenschuldner vollständig oder teilweise abgelten sollen,[21] ist der Grundsatz der gebührenrechtlichen Leistungsproportionalität zu beachten.[22] Die Höhe der Gebühr soll dem Umfang der in Anspruch genommenen Leistung entsprechen (sog. Äquivalenzprinzip). Gleichwohl gilt auch dieser Grundsatz nicht absolut: Ebenso wie die Steuertatbestände können auch die Gebührentatbestände zur Einschränkung des Verwaltungsaufwandes typisierend oder pauschalisierend formuliert werden.[23] Mithin ist es nicht ausgeschlossen, von allen Gebührenschuldnern eine einheitliche, vom Leistungsumfang unabhängige Grundgebühr zu verlangen.[24] Der dieser Veranlagung zugrunde liegende Wahrscheinlichkeitsmaßstab darf aber keinesfalls in einem offensichtlichen Missverhältnis zur tatsächlichen Inanspruchnahme stehen.[25] Für ungedeckte Kosten muss daher notfalls der jeweilige Hoheitsträger aufkommen.

14 BVerwG DVBl 2000, 918, 920.
15 BVerfGE 89, 15 ff.
16 *Vogel/Waldhoff* Grundlagen des Finanzverfassungsrechts, 1999, Rn 405 f.
17 BVerfGE 93, 319, 342 f.
18 BVerwGE 64, 248, 259 f.
19 BVerwGE 92, 24, 26; 108, 169, 181.
20 Allgemein dazu *F. Kirchhof* Die Höhe der Gebühr, 1981, S. 46 ff, 76 ff; vgl. jüngst auch *Musil* Verfassungsrechtliche Vorgaben für Gebühren im Steuerstaat, FS J. Isensee, 2007, S. 929 ff.
21 Dazu *Vogel/Waldhoff* Grundlagen des Finanzverfassungsrechts, 1999, Rn 409.
22 VGH Kassel DWW 1999, 387, 391; OVG Münster NVwZ-RR 1998, 775; BVerwG DÖV 2001, 468, 469.
23 BVerwGE 80, 36, 41 f; BVerwG DVBl 2001, 488, 489 f.
24 BVerwG DÖV 2001, 468, 469.
25 BVerwG NVwZ 1987, 231, 231; NVwZ-RR 1995, 594, 595.

C. Steuergerechtigkeit und Leistungsfähigkeitsprinzip

Das Bundesverfassungsgericht leitet unmittelbar aus dem allgemeinen Gleichheitssatz das Gebot der Steuergerechtigkeit[26] her. Um diesem Gebot Rechnung zu tragen, ist es erforderlich, tatsächliche Umstände in die Schaffung von Steuertatbeständen einzubeziehen. Dazu gehören vor allem die unterschiedlichen Einkommens- und Vermögensverhältnisse der Bürger. Eine nur juristische Gleichbehandlung, welche eine einheitliche steuerliche Veranlagung aller zur Folge hätte, stünde im Widerspruch zu diesem realitätsorientierten Gerechtigkeitsgedanken. Aus diesem Grund betrachtet das Bundesverfassungsgericht das Prinzip der Leistungsfähigkeit ebenfalls als Bestandteil des Art. 3 Abs. 1 GG.[27] Es verlangt, dass jeder Bürger im Rahmen seiner finanziellen und wirtschaftlichen Leistungsfähigkeit mit Steuern zu belasten ist.[28] Wie leistungsfähig jeder Einzelne ist, richtet sich vor allem nach der individuellen Einkommens- und Vermögenssituation. Dabei verbietet sich eine einseitige Betrachtungsweise, die ausschließlich den Vermögenszufluss und den Vermögensbestand einbezieht. Zu einer unfassenden und gerechten Beurteilung gehört es nämlich auch, vermögensmindernde Umstände wie Aufwendungen (Werbungskosten), Verluste oder andere steuerliche Belastungen zu berücksichtigen.

Anders als die Weimarer Reichsverfassung (Art. 134 WRV) hat das Grundgesetz das Prinzip der individuellen Leistungsfähigkeit nicht ausdrücklich aufgenommen. Im Schrifttum ist daher umstritten, ob diesem überhaupt Verfassungsrang zukommt. Teilweise wird es nur als ein verfassungsrechtlich zulässiges Differenzierungskriterium im Rahmen des Willkürverbots betrachtet.[29] Andere leiten das Prinzip mittelbar aus dem Gedanken der Systemgerechtigkeit her: Weil der Gesetzgeber die grundsätzliche Systementscheidung getroffen habe, Steuern nach dem Prinzip der Leistungsfähigkeit zu erheben, sei er hieran – bis zu einer grundsätzlichen neuen Systementscheidung – durch Art. 3 Abs. 1 GG gebunden.[30]

Obwohl dem Art. 3 Abs. 1 GG bei isolierter Betrachtungsweise keine explizite Aussage zum Prinzip der Leistungsfähigkeit zu entnehmen ist, lässt sich das Prinzip durch eine entsprechende Auslegung unmittelbar aus der Verfassung ableiten. Eine einheitliche Besteuerung trotz unterschiedlicher Leistungsfähigkeit stellt regelmäßig eine Ungleichbehandlung im Sinne von Art. 3 Abs. 1 GG dar. Aus dieser Ungleichbehandlung ergibt sich allerdings nicht die zwingende normative Notwendigkeit, Steuergesetze nach der individuellen Leistungsfähigkeit auszurichten. Der allgemeine Gleichheitssatz ist aber im verfassungsrechtlichen Gesamtkontext zu sehen, wo-

26 BVerfGE 50, 386, 391; 66, 214, 223; 74, 182, 199 f.

27 BVerfGE 66, 214, 222 f; 67, 290, 297; 68, 287, 310; 72, 200, 260; 74, 182, 199 f; krit. *Martens* KritV 1987, 39 ff.

28 BVerfGE 66, 214, 223.

29 *Arndt* NVwZ 1988, 787, 791.

30 *Henneke* Öffentliches Finanzwesen, Finanzverfassung, 2. Aufl. 2000, Rn 322 f, unter Bezugnahme auf BVerfGE 61, 319, 344.

bei vor allem dem Sozialstaatsprinzip in Art. 20 Abs. 1 GG eine bedeutende Rolle zukommt. Es verpflichtet den Staat, die bestehenden gesellschaftlichen Gegensätze anzugleichen, sie jedenfalls nicht unkontrolliert auseinander zu entwickeln. Auch wenn sich daraus für den Gesetzgeber grundsätzlich keine konkreten Handlungspflichten ableiten lassen, muss sich die sozialstaatliche Idee zumindest dort inhaltlich niederschlagen, wo es zu finanziellen Belastungen zugunsten der öffentlichen Haushalte kommt.[31] Es ist daher erforderlich, dass die Besteuerung eine ausreichende Rücksichtnahme auf soziale Unterschiede in der Bevölkerung erkennen lässt. Vor diesem Hintergrund kann Art. 3 Abs. 1 GG im Wege der Auslegung das Leistungsfähigkeitsprinzip unmittelbar entnommen werden,[32] ohne dass es eines Rückgriffs auf den Gedanken der Systemgerechtigkeit bedarf.

I. Einkommensteuer

Die Einkommenssteuer erfasst Einkünfte jedweder Art, die der Steuerpflichtige aus einer bestimmten Erwerbsquelle erzielt. Aus Art. 3 Abs. 1 GG ergibt sich zunächst, dass alle verschiedenen Einkommensarten (Arbeits-/Kapitaleinkommen) grundsätzlich gleichzubehandeln sind.[33] Dafür ist eine vollständige und gleichmäßige Erfassung aller Einkommensarten erforderlich,[34] die aber bei der Einkommenssteuer so gut wie bei kaum einer anderen Steuer verwirklicht ist.[35] Ohne sachlichen Grund darf keine von ihnen benachteiligt oder begünstigt werden. Ferner lässt das Leistungsfähigkeitsprinzip eine Besteuerung nur nach Maßgabe der individuellen Zahlungsfähigkeit zu. Zahlungsfähigkeit zeigt sich im Allgemeinen durch die Sachherrschaft über Wirtschaftsgüter wie Immobilien oder Kapital. Daher bildet das Einkommen neben dem Vermögen und der Bereicherung einen der wichtigsten steuerlichen Anknüpfungspunkte.[36] Es ist der deutlichste Ausdruck eines individuellen Vermögenszuwachses.

Das Leistungsfähigkeitsprinzip wirkt sich im Bereich des Einkommenssteuerrechts auf zweierlei Weise aus. In horizontaler Hinsicht verlangt es, dass Steuer-

31 *Jarass* in: ders./Pieroth (Hrsg.) Grundgesetz für die Bundesrepublik Deutschland, 9. Aufl. 2007, Art. 20, Rn 114.

32 Vgl. BVerfGE 13, 290, 298; 21, 160, 169; 23, 74, 80; 26, 1, 10; 26, 172, 185; 29, 402, 412; 32, 333, 339; 36, 66, 72; 37, 38, 51; *P. Kirchhof* in: Isensee/ders. (Hrsg.) Handbuch des Staatsrechts, Bd. IV, 2. Aufl. 1999, § 88 Rn 114, 127, der allerdings das Leistungsfähigkeitsprinzip bereits aus Art. 3 Abs. 1 i.V.m. Art. 14 GG herleitet; *Selmer* Steuerinterventionismus und Verfassungsrecht, 1972, S. 449.

33 BVerfGE 99, 88, 95; BVerfG NJW 2006, 2757 ff.

34 *Birk* StuW 1989, 201 ff, 215; *P. Kirchhof* in: Isensee/ders. (Hrsg.) Handbuch des Staatsrechts, Bd. IV, 2. Aufl. 1999, § 88 Rn 116, *ders.* Gutachten F zum 57. DJT, in: Verhandlungen des 57. DJT, Bd. I, 1988, F 35 f.

35 *Di Fabio* JZ 2007, 749, 751.

36 *P. Kirchhof* in: Isensee/ders. (Hrsg.) Handbuch des Staatsrechts, Bd. IV, 2. Aufl. 1999, § 88 Rn 115.

pflichtige mit gleicher Leistungsfähigkeit auch in gleicher Weise veranlagt werden. In vertikaler Hinsicht können[37] hohe Einkommen stärker belastet werden als niedrige Einkommen, wobei dem Gesetzgeber bei der Bildung der Einkommensgruppen ein begrenzter Typisierungsrahmen zur Verfügung steht.[38] Mit dem Leistungsfähigkeitsprinzip vereinbar ist auch die progressive Einkommensbesteuerung. Steuerprogression bedeutet, dass mit wachsender Bemessungsgrundlage der Steuertarif überproportional ansteigt.[39] Sie dient insoweit der Steuergerechtigkeit, als sie die regressive Wirkung der meisten indirekten Steuern ausgleicht.[40] Zudem ist sie vor dem Hintergrund des Sozialstaatsprinzips zulässig.[41] Eine gerechte Besteuerung erfordert aber auch, dass bestimmte Vermögenszuwächse wie erwerbs- und existenzsichernde Aufwendungen von der Progression ausgenommen sind, d.h. sie müssen von der Bemessungsgrundlage vorher abgezogen werden, so dass sich der konkrete Steuersatz erst aus dem verbliebenen Einkommen ergibt.[42]

Obwohl sich aus dem Gleichheitssatz keine positive Besteuerungskonzeption ableiten lässt, so schließt er doch einige steuerliche Gestaltungen aus.[43] Gegenstand der Besteuerung darf nur das disponible Einkommen sein, das für andere rechtlich anerkannte Zwecke noch nicht gebunden ist.[44] Zu dem unantastbaren Teil des Einkommens gehören vor allem die Aufwendungen zur Existenzsicherung.[45] Eine Besteuerung dieses Einkommensteils kann auch nicht durch Gewährung entsprechender Sozialleistungen kompensiert und damit gerechtfertigt werden.[46] Abgesehen vom zusätzlichen Verwaltungsaufwand würde dies im Widerspruch zur eigenverantwortlichen Lebensführung der Bürger stehen und ein Abhängigkeitsgefühl gegenüber dem Staat erzeugen.[47] Der Gesetzgeber kommt dem Steuerbefreiungsgebot grundsätzlich nach, indem er zur Sicherung des Lebensunterhaltes einen einheitlichen Grundfreibetrag für alle festlegt.[48] Eine Besonderheit gilt jedoch, wenn das Einkommen des Steuerpflichtigen zusätzlich den Unterhalt von Ehegatten und Familienmitgliedern decken muss. Die in Art. 6 Abs. 1 GG verankerte verfassungs-

37 Früher hatte das BVerfG eine Steuerprogression sogar als verfassungsrechtlich geboten angesehen, vgl. BVerfGE 8, 51, 68 f.
38 Siehe oben B.
39 *P. Kirchhof* in: Isensee/ders. (Hrsg.) Handbuch des Staatsrechts, Bd. IV, 2. Aufl. 1999, § 88 Rn 118.
40 *Heun* in: Dreier (Hrsg.) Grundgesetz, 2. Aufl. 2004, Art. 3 Rn 78 Rn 456.
41 BVerfGE 36, 66, 72.
42 *P. Kirchhof* in: Isensee/ders. (Hrsg.) Handbuch des Staatsrechts, Bd. IV, 2. Aufl. 1999, § 88 Rn 118.
43 *Starck* in: v. Mangoldt/Klein/Starck (Hrsg.) Das Bonner Grundgesetz, 5. Aufl. 2005, Art. 3 Rn 84.
44 *P. Kirchhof* in: Isensee/ders. (Hrsg.) Handbuch des Staatsrechts, Bd. IV, 2. Aufl. 1999, § 88 Rn 117.
45 BVerfGE 61, 319, 344 ff; 66, 214; 67, 290, 297 f; 68, 143, 152 f.
46 BVerfGE 87, 153 ff.
47 *Starck* in: v. Mangoldt/Klein/Starck (Hrsg.) Das Bonner Grundgesetz, 5. Aufl. 2005, Art. 3 Rn 85.
48 BVerfGE 87, 153, 170, 177.

rechtliche Verantwortung des Staates für Ehe und Familie verlangt insoweit, dass auch deren existentieller Bedarf in voller Höhe zu berücksichtigen ist.[49] Dem Steuerpflichtigen muss also nach Abzug seiner Einkommensteuer soviel von seinen Einkünften verbleiben, dass dies zur Bestreitung seines Lebensunterhaltes und desjenigen seiner Familie ausreicht. Diese Begrenzung von Steuern stellt auch kein Privileg der unteren Einkommensschichten dar. So hat das Bundesverfassungsgericht entschieden, dass bei den Beziehern höherer Einkommen das Kinderexistenzminimum ebenfalls Berücksichtigung finden muss. Sie dürfen nicht darauf verwiesen werden, dass sie eine kindbedingte Entlastung nicht benötigen würden. Andernfalls käme es zu einer Benachteiligung gegenüber den kinderlosen Steuerpflichtigen der gleichen Einkommensschicht.[50] Die Höhe des Existenzminimums hängt von den allgemeinen wirtschaftlichen Verhältnissen und dem in der Rechtsgemeinschaft anerkannten Mindestbedarf ab. Die Untergrenze bildet dabei das Sozialhilfeniveau unter Einschluss aller gewährter Hilfen.

Wie das Existenzminimum muss grundsätzlich auch der erwerbssichernde Aufwand von der Einkommenssteuer verschont bleiben. Da der Staat mit dieser Steuer nur am tatsächlichen Zugewinn seiner Bürger partizipieren will, unterliegen auch nur die Erwerbseinnahmen abzüglich der Erwerbsaufwendungen und des existenziellen Aufwandes der Besteuerung (Nettoprinzip).[51] Art. 3 Abs. 1 GG verpflichtet den Gesetzgeber jedoch nicht, sämtliche Aufwendungen, die im Zusammenhang mit der Erwerbsgrundlage stehen, in voller Höhe abzugsfähig zu machen.[52] Vielmehr genügt er dem Gleichbehandlungsgebot, wenn er für alle Einkunftsarten gleichermaßen den Ausgleich und den Abzug von Verlusten vorsieht.[53] Ihm steht es dabei frei, ob er die entsprechenden Abzugstatbestände typisiert oder den gewillkürten tatsächlichen Aufwand berücksichtigt. So kann er beispielsweise für alle Berufsgruppen typische Werbungskostenpauschalen festlegen, anstatt jeweils individuelle Nachweise zu fordern. Vorteilhaft sind Typisierungen insbesondere, wenn sich bestimmte Erwerbsaufwendungen mit Kosten der allgemeinen Lebensführung überschneiden. Hier tragen sie wesentlich zur Klarstellung und Vereinfachung des Steuerrechts bei und grenzen zugleich den Ermittlungsbedarf der Finanzbehörden im Privatbereich ein.[54] Werden einzelne Einkommensarten im Hinblick auf die Abzugsfähigkeit bestimmter Erwerbsaufwendungen pauschal privilegiert oder benachteiligt, liegt in der Regel eine Ungleichbehandlung vor, für die ein sachlicher Grund erforderlich ist. Zur Rechtfertigung einer solchen Ungleichbehandlung könnte beispielsweise das Argument dienen, dass eine Einkunftsart, die typischerweise für unerwünschte Steuergestaltungen genutzt wird und so zu vergleichsweise

49 *Henneke* Öffentliches Finanzwesen, Finanzverfassung, 2. Aufl. 2000, Rn 337 mwN.
50 BVerfGE 82, 60, 90; *Birk/Wernsmann*, JZ 2001, 218, 219 f.
51 BVerfGE 99, 280, 290 f; 101, 297, 310.
52 *P. Kirchhof* in: Isensee/ders. (Hrsg.) Handbuch des Staatsrechts, Bd. IV, 2. Aufl. 1999, § 88 Rn 117.
53 BVerfGE 99, 88, 96.
54 BVerfGE 101, 297, 310.

stärkeren Einnahmeausfällen der öffentlichen Hand führt, weniger entlastungswürdig ist als andere.[55]

II. Vermögensteuer

Das Leistungsfähigkeitsprinzip ist auch bei der Besteuerung des Vermögens zu berücksichtigen. Hier bringt der Steuerpflichtige seine Leistungsfähigkeit nicht durch hinzuerworbenes Einkommen, sondern durch seinen Vermögensbestand zum Ausdruck. Mit der Besteuerung des Vermögensbestandes unterstellt der Staat dessen regelmäßige Nutzung, ohne aber den Eigentümer hierzu zu zwingen. Dieser (potentielle) Vorteil reicht aber grundsätzlich aus, um eine Inanspruchnahme für das Gemeinwesen zu begründen.

Eine mit Art. 3 Abs. 1 GG vereinbare Ausgestaltung der Vermögenssteuer muss dem Prinzip der Belastungsgleichheit entsprechen. Als legitim zu bewerten ist jedenfalls eine Entscheidung des Gesetzgebers, nicht nur die Erwerbsfähigkeit des Einzelnen, sondern auch seine bereits erworbenen Wirtschaftsgüter zu belasten.[56] Hierbei handelt es sich um eine Auswahlentscheidung im Hinblick auf den Steuergegenstand, für die ein weit reichender Ermessensspielraum des Gesetzgerbers besteht. Belastungsgleichheit im Rahmen einer Vermögenssteuer setzt aber voraus, dass das Vermögen als Steuergegenstand zählbar gemacht wird, um so die einzelne Steuerschuld berechnen zu können. Wegen der Unterschiedlichkeit der vielen Vermögensgegenstände kann aber die Umsetzung dieser Vorgabe auf erhebliche praktische Schwierigkeiten stoßen. Hinzu kommt, dass sich die Besteuerung der Vermögen an ihrer jeweiligen Nutzbarkeit orientieren muss. Dies setzt eine vollständige und sachgerechte Erfassung der verschiedenen Vermögensarten sowie eine zutreffende Bewertung ihrer Ertragsfähigkeit voraus.[57] Hierbei sind Methoden zu verwenden, welche die Ertragsfähigkeit der jeweiligen wirtschaftlichen Einheiten realitätsgetreu darstellen.[58] Entscheidet sich der Gesetzgeber für einen einheitlichen Steuersatz, ist eine gleichheitsgemäße Besteuerung aller nur mittels einer sachgerechten wirtschaftlichen Bewertung der individuellen Vermögen zu erreichen. Spätere Wertverschiebungen zwischen oder innerhalb bestimmter Vermögensarten machen stets Anpassungen der Steuertatbestände erforderlich.

Die gleichheitsrechtlich gebotenen Differenzierungen finden jedoch in anderen grundrechtlichen Vorschriften ihre Grenzen.[59] Sie zwingen den Gesetzgeber, Be-

55 BVerfGE 99, 88, 97.

56 BVerfGE 93, 121, 135; es ist daher nicht zu beanstanden, wenn der Gesetzgeber nicht genutztes Vermögen im Gegensatz zu nicht genutzter Arbeitskraft besteuert.

57 *P. Kirchhof* in: Isensee/ders. (Hrsg.) Handbuch des Staatsrechts, Bd. IV, 2. Aufl. 1999, § 88 Rn 119.

58 BVerfGE 41, 269, 280, 282 f; 93, 121, 136.

59 BVerfGE 93, 121, 136; allgemein dazu *Kloepfer* Gleichheit als Verfassungsfrage, 1980, S. 48 ff.

messungsgrundlage und Steuersatz so zu gestalten, dass eine gleichmäßige Belastung der Sollerträge bei unterstellter Nutzung einen privaten Nutzungsvorteil übrig lässt: Steuerpflichtig sind grundsätzlich nur die (zumindest möglichen) Vermögenserträge und nicht die Vermögenssubstanzen.[60] Weil Vermögen i.d.R. aus bereits versteuertem Einkommen gebildet wird, unterliegt es erheblichen Vorbelastungen (Steuern auf Einkommen und Ertrag sowie zahlreicher indirekter Steuern), steht dem Gesetzgeber bei der Gestaltung der Vermögensteuer nur noch ein enger Spielraum zur Verfügung. Er hat sie so zu bemessen, dass sie unter Berücksichtigung der sonstigen Steuern aus den üblicherweise zu erwartenden Erträgen beglichen werden kann. Andernfalls würde die Vermögenssteuer zu einer schrittweisen Konfiskation des Vermögens führen.[61]

III. Indirekte Steuern

Indirekte Steuern (Umsatzsteuer und sonstige Verbrauchs- und Aufwandsteuern) knüpfen entweder an den Verbrauch bestimmter Wirtschaftsgüter oder einen besonderen wirtschaftlichen Aufwand an. Steuerschuldner sind zwar die Unternehmer, die einen solchen Verbrauchs- oder Verkehrsvorgang vermitteln, die Steuerlast trägt aber im Ergebnis allein der Verbraucher.[62] Anders als bei den direkten Steuern spielen die persönlichen Einkommens- und Vermögensverhältnisse, welche die finanzielle Leistungsfähigkeit des Einzelnen widerspiegeln, bei der Bemessung der indirekten Steuern keine Rolle. Lediglich die Art des erworbenen Wirtschaftsgutes lässt Rückschlüsse auf individuelle Belastbarkeit zu.[63] Die Besteuerung der Nachfrage knüpft also nur an eine vermutete Nachfragekraft der Konsumenten an. Insoweit vollziehen die indirekten Steuern das Gleichbehandlungsgebot nur in juristischer Hinsicht und unterstellen in tatsächlicher Hinsicht – grob typisierend – die Zahlungsfähigkeit aller Nachfrager.

Unproblematisch ist diese grobe Typisierung zumindest bei Wirtschaftsgütern, die nicht existenznotwendige Bedürfnisse (Luxusgüter oder Gegenstände des gehobenen Bedarfs) befriedigen. Spezielle Verbrauchssteuern auf Güter wie Tabak, Alkohol bzw. Alko-Pops sind daher grundsätzlich verfassungskonform, solange sie die Nachfragebereitschaft nicht insgesamt ernstlich gefährden. Sogar eine Steuerbelastung mit verbotsgleicher Wirkung ist zulässig, wenn der Staat aufgrund einer bestimmten politischen Zielsetzung das Konsumverhalten seiner Bürger beeinflussen will. Diese sog. Lenkungssteuern durchbrechen zwar die steuerliche Finanzie-

60 BVerfGE 42, 263, 295; 50, 290, 341.
61 BVerfGE 14, 221, 241; 82, 159, 190; 93, 121, 137.
62 Am Beispiel der Umsatzsteuer: BVerfGE 101, 151, 155 f.
63 *P. Kirchhof* in: Isensee/ders. (Hrsg.) Handbuch des Staatsrechts, Bd. IV, 2. Aufl. 1999, § 88 Rn 120.

rungsfunktion,[64] sie sind aber gerechtfertigt, soweit sie der Verfolgung eines legitimen – verfassungskonformen – Zwecks dienen und im Übrigen dem Grundsatz der Verhältnismäßigkeit entsprechen.[65]

Bei den existenznotwendigen Gütern verbietet es sich jedoch, vom Bedarf auf die Zahlungsfähigkeit zu schließen. Auf der Nachfragerseite befinden sich nämlich auch sozial schwache Personen, die über nur geringe finanzielle Mittel verfügen. Entscheidet sich der Gesetzgeber gleichwohl zur Besteuerung lebensnotwendiger Güter, muss er über das soziale Leistungsrecht eine finanzielle Grundausstattung der Bedürftigen sicherstellen.[66] Weil sich aber die indirekten Steuern nicht entscheidend am Leistungsfähigkeitsprinzip orientieren, sondern dem Grundsatz unmerklicher Verteuerung der Wirtschaftsgüter (Inflation) folgen,[67] muss diese Steuerbelastung in die Berechnung des einkommensteuerfreien Existenzminimums einfließen. Das bedeutet, dass der Bedarfsmittelschätzung die Bruttopreise zugrunde liegen müssen. Zulässig ist es auch, Heilberufe von der Umsatzsteuerpflicht freizustellen, weil deren Leistungen überwiegend von den Sozialversicherungsträgern bezahlt werden und die Entlastung der Sozialversicherungsträger dem Gemeinwohl dient.[68]

Ein vollständiger Wechsel von direkten zu indirekten Steuern ist mit dem Gleichheitssatz (wie auch mit der Finanzverfassung) nicht zu vereinbaren. Das zu grobe Differenzierungsraster der indirekten Steuern würde dazu führen, dass die individuelle Leistungsfähigkeit nicht mehr im ausreichenden Maße die steuerliche Belastung des Einzelnen bestimmt. Kleine Einkommen würden durch ein solches Steuersystem stärker belastet als höhere. Sie trügen insoweit einen relativ (wahrscheinlich aber auch absolut) größeren Teil der Last der Finanzierung des Staates. Die Verlagerung des Belastungsschwerpunktes von direkten auf indirekte Steuern hat daher stets auch eine grundrechtliche Dimension.

IV. Nichtsteuerliche Abgaben

Beiträge und Gebühren beteiligen den Abgabenschuldner für die Inanspruchnahme öffentlicher Leistungen an den Kosten (Kostendeckungsprinzip). Die Höhe der Abgabenschuld richtet sich dabei grundsätzlich nach dem Umfang des gewährten Vorteils (Äquivalenzprinzip). Zwar durchbricht die Auferlegung von Gemeinlasten

64 *P. Kirchhof* in: Isensee/ders. (Hrsg.) Handbuch des Staatsrechts, Bd. IV, 2. Aufl. 1999, § 88 Rn 121.
65 *Henneke* Öffentliches Finanzwesen, Finanzverfassung, 2. Aufl. 2000, Rn 312.
66 *P. Kirchhof* in: Isensee/ders. (Hrsg.) Handbuch des Staatsrechts, Bd. IV, 2. Aufl. 1999, § 88 Rn 121.
67 *P. Kirchhof* in: Isensee/ders. (Hrsg.) Handbuch des Staatsrechts, Bd. IV, 2. Aufl. 1999, § 88 Rn 122.
68 BVerfGE 4, 7, 19; 8, 274, 330; 43, 58, 71.

auf einzelne Bürger zunächst den Gleichheitssatz, allerdings wird dieser Nachteil durch eine Gegenleistung seitens der Verwaltung ausgeglichen.[69]

Eine Staffelung der Beitrags- und Gebührensätze nach wirtschaftlicher Leistungsfähigkeit ist beiden Abgabentypen im Grundsatz fremd. Dazu müsste entweder das Kostendeckungsprinzip durch eine Subventionierung aus Steuermitteln bzw. das Äquivalenzprinzip durch eine Subventionierung aus erhöhten Beträgen leistungsfähigerer Gebührenschuldner durchbrochen werden. Gleichwohl ist es nicht unzulässig, soziale Gesichtspunkte in die Staffelung von Beiträgen und Gebühren einfließen zu lassen, soweit dabei die Grundsätze der Abgabengerechtigkeit gewahrt bleiben.[70] Entsprechende Abweichungen lässt beispielsweise das Solidarprinzip im Sozialversicherungsrecht zu.[71] Ihre Legitimation finden diese inhaltlichen Gestaltungen im Sozialstaatsprinzip, in dem der Auftrag zum Ausgleich gesellschaftlicher Gegensätze enthalten ist.[72] Der Einbeziehung solcher Aspekte in die Staffelung der Abgabensätze stehen die beitrags- und gebührenrechtlichen Prinzipien nicht entgegen, denn weder aus Art. 3 Abs. 1 GG noch sonstigem Verfassungsrecht ergibt sich, dass Beiträge und Gebühren ausschließlich der Kostendeckung und der Leistungsabgeltung zu dienen haben.[73] Weder das Äquivalenzprinzip noch das Kostendeckungsprinzip besitzen Verfassungsrang.[74] So ist es auch unbedenklich, einen Teil des Gebührenaufkommens zur Quersubventionierung anderer Verwaltungsaufgaben zu verwenden.[75]

D. SYSTEMGERECHTIGKEIT

Art. 3 Abs. 1 GG enthält ferner den Gedanken der Systemgerechtigkeit.[76] Dieser geht von Folgendem aus: Dem Gesetzgeber steht vor der erstmaligen Regelung eines bestimmten Ordnungsbereichs ein weiter Gestaltungsspielraum zu, der es ihm erlaubt, sich zwischen mehreren alternativ zur Verfügung stehenden Regelungsmöglichkeiten zu entscheiden. Die einzelnen Regelungselemente sind aufeinander bezogen und bilden ein System. Hat sich aber der Gesetzgeber einmal für ein bestimmtes System entschieden, müssen künftige Steuern grundsätzlich folgerichtig,

69 BVerfGE 97, 332, 346.

70 So frühzeitig *Kloepfer* AöR 97 (1972) 232, 259 ff, sowie BVerfGE 97, 332, 344 ff; BVerwGE 107, 188, 193 f; BVerwG NVwZ 1995, 173, 173 f; VGH Kassel NVwZ 1995, 406; a.A. noch VGH Kassel DÖV 1977, 672.

71 Vgl. BVerfGE 20, 52, 54 f; 79, 223, 236 f.

72 Vgl. *Henneke* Öffentliches Finanzwesen, Finanzverfassung, 2. Aufl. 2000, Rn 410.

73 BVerfGE 97, 332, 345.

74 BVerfGE 97, 332, 345; *Kloepfer* AöR 97 (1972) 232 ff; kritisch etwa *Schmehl* Das Äquivalenzprinzip im Recht der Staatsfinanzierung, 2004, S. 68 ff.

75 BVerwGE 99, 88; BVerwG DÖV 2001, 468, 470.

76 Zum Spannungsverhältnis zwischen Systemgerechtigkeit und offener Rechtsordnung *Di Fabio* JZ 2007, 749, 749 f.

d.h. systemkonform sein.[77] Die als maßgebend zugrunde gelegten Wertentscheidungen müssen bei der weiteren Ausgestaltung des Steuerwesens durchgehalten werden, weil der Gesetzgeber an die von ihm selbst statuierte Sachgesetzlichkeit gebunden ist.[78] Eine systemwidrige Regelung wird mit großer Wahrscheinlichkeit einen Verstoß gegen den Gleichheitssatz zur Folge haben.[79]

Bei der Auswahl der Steuergegenstände hat der Gesetzgeber zunächst auf die Gesamtrechtsordnung und das Vielsteuersystem Rücksicht zu nehmen.[80] Dazu bedarf es einer Beurteilung des Belastungsgrundes und der Belastungshöhe. Darüber hinaus wirkt sich das Gebot der Systemgerechtigkeit auch auf die Gestaltung der Bemessungsgrundlage aus. Aufgabe der Bemessungsgrundlage ist es, den Steuergegenstand zu verdeutlichen und in Zahlen messbar zu machen. Damit stellt sie aber zugleich eine gefährliche Einbruchsstelle für eine tatbestandliche Verfremdung des steuerlichen Belastungsgrundes dar.[81] Ein folgerichtiges Bewertungssystem muss daher an vergleichbaren Werten anknüpfen und versuchen, mit aufeinander abgestimmten Einzelsteuern eine gleichmäßige Gesamtbesteuerung aller zu erreichen.[82]

Gleichwohl kann das Gebot der Systemgerechtigkeit keine absolute Geltung beanspruchen, denn zu jedem demokratischen Gemeinwesen gehört das Prinzip der Herrschaft auf Zeit. Entscheidungen des gegenwärtigen Gesetzgebers können daher nur in einem begrenzten Maße künftige Legislativentscheidungen vorwegnehmen oder beschränken. Auch muss es möglich sein, aufgrund neuer Bewertungen oder wegen tatsächlicher Veränderungen den bisherigen rechtlichen Rahmen anzupassen. Folglich können neue Systementscheidungen getroffen und sukzessiv umgesetzt werden.[83] Eine Systemabweichung allein lässt noch nicht zwingend auf einen Verstoß gegen Art. 3 Abs. 1 GG schließen, da ihr lediglich eine Indizwirkung zukommt.[84] Das Gebot der Systemgerechtigkeit dient daher vor allem in der Weise der Disziplinierung des Gesetzgebers, als es ihn zwingt, Durchbrechungen und Abweichungen vom bestehenden System zu begründen.[85]

77 BVerfGE 84, 239, 271; dazu *Schwarz* »Folgerichtigkeit« im Steuerrecht, FS J. Isensee, 2007, S. 949 ff.

78 *Henneke* Öffentliches Finanzwesen, Finanzverfassung, 2. Aufl. 2000, Rn 335.

79 Vgl. BVerfGE 75, 282, 395 f; 85, 238, 247.

80 *P. Kirchhof* in: Isensee/ders. (Hrsg.) Handbuch des Staatsrechts, Bd. IV, 2. Aufl. 1999, § 88 Rn 174; *Elicker* DVBl 2006, 480, 483.

81 *P. Kirchhof* in: Isensee/ders. (Hrsg.) Handbuch des Staatsrechts, Bd. IV, 2. Aufl. 1999, § 88 Rn 176.

82 BVerfGE 41, 269, 279 f.

83 BVerfGE 60, 16, 42 f; *Starck* in: v. Mangoldt/Klein/Starck (Hrsg.) Das Bonner Grundgesetz, 5. Aufl. 2005, Art. 3 Rn 45.

84 Vgl. BVerfGE 18, 366, 372 f; 34, 103, 115; ferner *Schoch* DVBl 1988, 863, 878 f.

85 *Starck* in: v. Mangoldt/Klein/Starck (Hrsg.) Das Bonner Grundgesetz, 5. Aufl. 2005, Art. 3 Rn 45.

E. SONSTIGE ANFORDERUNGEN DES GLEICHBEHANDLUNGSGEBOTS

Jede Steuer beeinflusst den freien Wettbewerb, denn sie trägt zur Verteuerung von Waren, Dienstleistungen oder Kapital bei. Um die Lasten auf die Marktteilnehmer möglichst gerecht zu verteilen, verlangt der Gleichheitssatz vom Gesetzgeber, die steuerlichen Regelungen wettbewerbsneutral zu gestalten. Grundsätzlich darf also eine Steuer nicht durch die unterschiedliche Heranziehung einzelner Wettbewerber den Wettbewerb verzerren.[86] Weil die Verpflichtung zur Wettbewerbsneutralität gleiche Bedingungen beim Werben um die Nachfrager sicherstellen soll, ist sie vor allem für die unmittelbar preisbildenden indirekten Steuern relevant.[87] Verfassungsrechtlich unzulässig ist es, mit Steuergesetzen planmäßig auf die Wettbewerbslage einzuwirken, etwa durch eine Zweigstellensteuer zum Schutz vor ausländischer Konkurrenz.[88] Erlaubt ist hingegen eine Wettbewerbsangleichung durch höhere Steuern für bestimmte Gruppen, die andernfalls Wettbewerbsvorteile genießen würden.[89]

Gefährdet wird die Steuergleichheit auch durch Steuerumgehungen. Im Einklang mit Art. 3 Abs. 1 GG stehen daher auch steuerliche Sonderregelungen, die potentielle Umgehungsformen (z.B. gesellschaftsrechtliche Gestaltungen) ausschließen.[90] Allerdings muss das Bestehen der behaupteten Missbrauchsgefahr in tatsächlicher Hinsicht sorgfältig untersucht und dargelegt worden sein.[91] An Einrichtungen und Institutionen wie Ehe und Familie, die unter dem besonderen Schutz der Verfassung stehen, darf der Steuergesetzgeber keine generelle Missbrauchsvermutung knüpfen.[92]

Neben der Rechtsetzungsgleichheit sichert Art. 3 Abs. 1 GG die Rechtsanwendungsgleichheit.[93] Sie verlangt, dass die Steuerpflichtigen durch ein Steuergesetz nicht nur rechtlich, sondern auch tatsächlich gleich belastet werden.[94] Adressat dieser Verpflichtung ist in erster Linie die mit dem Vollzug beauftragte Finanzverwaltung, welcher die Steuergesetze in strikter Legalität und damit verfassungskonform die Belastungsgleichheit umzusetzen hat.[95] Doch stellt das Gebot der Rechtsanwendungsgleichheit auch Anforderungen an den Gesetzgeber, da die Gleichheit im

86 BVerfGE 21, 12, 27 f; 27, 375, 389; 36, 321, 334 f; 37, 38, 52 ff; vgl. auch BVerfGE 19, 64, 69 f.
87 *P. Kirchhof* in: Isensee/ders. (Hrsg.) Handbuch des Staatsrechts, Bd. IV, 2. Aufl. 1999, § 88 Rn 124.
88 BVerfGE 21, 160, 167 f; 19, 101, 11 f.
89 Vgl. BVerfGE 29, 327, 335 f.
90 BVerfGE 22, 156, 161; 26, 321, 326; 29, 104, 118; 34, 103, 118; 35, 324, 341 f.
91 BVerfGE 35, 324, 341 f; 25, 101, 109.
92 BVerfGE 29, 104, 118.
93 *P. Kirchhof* in: Isensee/ders. (Hrsg.) Handbuch des Staatsrechts, Bd. IV, 2. Aufl. 1999, § 88 Rn 131.
94 BVerfGE 110, 94, 112.
95 BVerfGE 13, 318, 328; 84, 239, 271.

Belastungserfolg auch durch die rechtliche Gestaltung des Erhebungsverfahrens verfehlt werden kann. Zwar führt nicht jedes normativ verursachte Vollzugsdefizit zur Verfassungswidrigkeit der gesetzlichen Bemessungsgrundlage (etwa Ineffizienz), doch ist dies dann anders, wenn der Gesetzgeber eine Erhebungsregel schafft, die sich gegenüber dem Besteuerungstatbestand in der Weise strukturell gegenläufig auswirkt, dass der Besteuerungsanspruch weitgehend nicht durchgesetzt werden kann.[96] Ein solch strukturelles Vollzugsdefizit weisen etwa Vorschriften auf, welche die Festsetzung einer Steuer allein von der Erklärungsbereitschaft des Steuerpflichtigen abhängig machen. Hier fehlt weitgehend ein Entdeckungsrisiko für unzulängliche Erklärungen. Dies begründet die Gefahr, dass letztlich oder in der Regel nur steuerehrliche Bürger zur Zahlung der vorgeschriebenen Abgabe herangezogen werden.[97] Ein Steuergesetz ist deshalb rechtlich so zu gestalten, dass zwischen dem normativen Befehl der materiell pflichtbegründenden Steuernorm und der auf die Durchsetzung dieses Befehls angelegten Erhebungsregel kein Widerspruch besteht. Dazu ist es erforderlich, die materiellen Steuergesetze in ein normatives Umfeld einzubetten, das die tatsächliche Belastungsgleichheit aller Steuerpflichtigen sicherstellt. Wenn deshalb der Vollzug eines Steuergesetzes eine Mitwirkung des Pflichtigen in Form einer Erklärung vorsieht (Deklarationsprinzip), bedarf die Steuerehrlichkeit einer Abstützung durch angemessene Verifikationsinstrumente wie Kontrollen und Sanktionen (Verifikationsprinzip).[98] Dementsprechend betrachtet der Bundesfinanzhof das Kontenabrufverfahren, das im Rahmen der Besteuerung von Spekulationsgewinnen aus Wertpapierverkäufen eine Überprüfung der Angaben der Steuerpflichtigen ermöglicht, nicht nur als verfassungsrechtlich zulässig, sondern sogar als verfassungsrechtlich notwendig.[99]

96 BVerfGE 84, 239, 272; 110, 94, 113.
97 BVerfGE 110, 94, 114.
98 BVerfGE 84, 239, 273; 110, 94, 114; dazu *Musil* DÖV 2006, 505 ff.
99 BFHE 211, 330 ff.

Das Recht des Konkurrenten auf Besteuerung der öffentlichen Hand

ULRICH HUFELD

I. JURISTISCH DREIDIMENSIONAL: FEUERBESTATTUNG IN HALLE

»Das ist Madame Justitias Crux: Sie ist todernst, Jus ist nicht Jux.«[1] *Rolf Stober* hat diese These gründlich relativiert, dabei vor einer »Unterschätzung der Juristenkunst« gewarnt und in Sachen Jus mit Jux »die Vorzüge der Juristen unter verschiedenen systematischen Aspekten herausgestellt«.[2] Die außerordentliche Begabung des Juristen hindert ihn freilich nicht daran, auch und gerade dem todernsten Fall gerecht zu werden – und das unter verschiedenen systematischen Aspekten, wenn ein Bestattungsfall auch das Einäscherungsunternehmen existenzbedrohlich trifft.

Das Bestattungsrecht bleibt hier außer Betracht. Problematisch genug sind jene Rechtsfragen, die den *Feuerbestattungsverein Halle e.V.* ebenso bewegt haben wie das Finanzamt Eisleben, die Finanzgerichte und den EuGH. Denn der Bestattungsverein äschert nicht konkurrenzlos ein. Unwidersprochen trug er dem Finanzgericht des Landes Sachsen-Anhalt vor, dass die Lutherstadt Eisleben ihre Einäscherungsanlagen renoviert, um nunmehr gleichen Service anzubieten, aber die städtischen Gebühren gleichwohl nicht erhöht habe. In der Folge seien diverse Bestatter nach Eisleben abgewandert.[3] Dem Verein drängte sich der Verdacht auf, dass sich die Stadt rechtswidrig ihrer Umsatzsteuerpflicht entziehe. So erhob er Auskunftsklage, um im Anschluss ggf. ein *subjektives öffentliches Recht auf zutreffende Besteuerung der konkurrierenden Stadt* einzuklagen. Das Finanzamt, vom Finanzgericht auf fehlerfreie Ermessensentscheidung über den Auskunftsanspruch verpflichtet, ging in Revision. Der BFH befragte den EuGH.[4] Ganz ohne Jux, allein mit der unerschütterlichen Genauigkeit, die nicht minder zu den Vorzügen der Juristen gehört, fasste der EuGH zusammen: »Der Feuerbestattungsverein ist ein gemeinnütziger Verein, der in Halle ein Krematorium betreibt. Er beantragte beim Finanzamt, ihm Auskunft darüber zu erteilen, wann und unter welcher Steuer-

1 *Fromm* Juristen gezaust und gezeichnet, 1959, S. 273; zitiert nach *Stober* Jus mit Jux. Heiteres von und über Juristen, 3. Aufl. 2001, S. 22.
2 *Stober* Jus mit Jux (Fn 1) S. 25.
3 FG Sachsen-Anhalt Urt. v. 10. Februar 2003, EFG 2003, 910, 912; ausführlich zu dieser Entscheidung u. sub III.1.
4 BFH Beschl. v. 8. Juli 2004, DStR 2004, 1829; dazu u. sub III.2.

nummer gegenüber der Lutherstadt Eisleben, die ebenfalls ein Krematorium betreibt, der letzte Umsatzsteuerbescheid ergangen sei.«[5]

Drei Dimensionen des Falles sind zu unterscheiden: Der Verein behauptet subjektive Rechte, vorderhand nur einen Auskunftsanspruch, letztlich aber ein Recht auf gleichmäßige Besteuerung des Konkurrenten. Indem der Verein sein gutes Recht sucht und die Gerichte zwingt, im Rahmen einer Auskunftsklage über steuerlichen Drittschutz zu befinden, handelt sein Fall vom *subjektiven Recht schlechthin*, einem »Eckpfeiler des Verwaltungsrechts«.[6] Die Einschaltung des EuGH lässt erkennen, dass das subjektive Recht heute auch europäisch dimensioniert wird (»unionsrechtlich modifizierte Schutznormtheorie«[7]). Und endlich wächst dem Fall eine dritte Dimension zu: Wenn Städte und Gemeinden *als Rechtssubjekte des öffentlichen Rechts* kommunale Krematorien betreiben, so handeln sie entweder in der steuerfreien Hoheitssphäre[8] oder unterhalten einen steuerpflichtigen *Betrieb gewerblicher Art*.

So hängt der Erfolg der Konkurrentenklage in einer Konstellation nach dem Muster von Halle nicht nur vom Zuschnitt subjektiver Rechte ab. Vorab ist zu fragen, unter welchen Voraussetzungen der öffentliche Mitbewerber in der Steuerpflicht steht – eine Grundfrage des Öffentlichen Wirtschaftsrechts (u. II.), der mit Blick auf die europarechtliche Überlagerung »maximale Komplexität« bescheinigt wird.[9] Der Bestattungsverein hat mit seinem anschaulichen Fall für Reduktion von Komplexität gesorgt. Alles spricht dafür, dass die von ihm angestoßene Rechtsprechungslinie (u. III.) nicht weniger bewirkt als der Brandbrief des Bundesrechnungshofes[10] und die Richtung weist für mehr Drittschutz auch im Steuerrecht (u. IV.).

5 EuGH Urt. v. 8. Juni 2006 – Rs. C-430/04, Rn 8; dazu u. sub III.3. Folgeentscheidung des BFH: Urt. v. 5. Oktober 2006, IStR 2007, 37; dazu u. sub III.4.

6 *Stober* in: Wolff/Bachof/Stober/Kluth, Verwaltungsrecht I, 12. Aufl. 2007, § 43 I 1 (Überschrift).

7 *Stober* Verwaltungsrecht (Fn 6) § 43 Rn 29.

8 Der steuerfreie Hoheitsbereich ist wegen der Steuerpflicht der öffentlichen Betriebe gewerblicher Art nicht identisch mit dem Bereich der Ausübung öffentlicher Gewalt. Dazu *Hüttemann* Die Besteuerung der öffentlichen Hand, 2002, S. 90.

9 *Kronthaler* Feuerbestattung – die Spitze des Eisbergs – Wird die Besteuerung öffentlicher Einrichtungen künftig von deren Konkurrenten getrieben? in: DStR 2007, 227.

10 Sonderbericht v. 2. November 2004 zur umsatzsteuerlichen Behandlung der öffentlichen Hand – Vorschläge für eine EG-konforme Besteuerung juristischer Personen des öffentlichen Rechts, BT-Drs. 15/4081. Zum Sonderbericht (»Angelegenheiten von besonderer Bedeutung«): *Hufeld* Der Bundesrechnungshof und andere Hilfsorgane des Bundestages, in: Isensee/Kirchhof (Hrsg.) HStR III, 3. Aufl. 2005, § 56 Rn 44.

II. Die Steuerpflicht der öffentlichen Hand

1. *Der Staat als Steuergläubiger und Steuerschuldner*

Der grundrechtlich und demokratisch fundierte Finanzstaat ist Steuerstaat.[11] Er baut auf wirtschaftlich-gewerbliche Erfolge der Steuerinländer und der Gebietsfremden mit Einkunftsquellen im Inland. An diesen Erwerbserfolgen aus privater Tätigkeit nimmt er teil im Wege der Besteuerung. Das ist das fundamentale Schuldverhältnis im Steuerstaat. Scheinbar sind die Rollen unumkehrbar vergeben: In der Teilhabe am Erfolg privaten Wirtschaftens begegnet uns der Staat als *Steuergläubiger*. Der erfolgreiche Marktteilnehmer figuriert als *Steuerschuldner*.

Unter diesen Vorzeichen wirkt paradox, dass der Staat in unscheinbaren Winkeln des Steuerrechts sich selbst in die Pflicht nimmt und beide Rollen für sich reklamiert: die des Gläubigers *und* die des Schuldners. § 1 Abs. 1 Nr. 6 KStG begründet eine Körperschaftsteuerpflicht und § 2 Abs. 3 UStG eine Umsatzsteuerpflicht für juristische Personen des öffentlichen Rechts. Sie stehen allerdings nicht schon als solche in der Steuerpflicht, sondern allein mit ihren *Betrieben gewerblicher Art*. Dieser Zentralbegriff zielt nicht auf privatrechtlich organisierte Kapitalgesellschaften mit einem staatlichen oder gemeindlichen Anteilseigner. GmbH und AG sind kraft Rechtsform körperschaftsteuerpflichtig, ohne oder mit Beteiligung des Staates. Der Begriff »Betrieb gewerblicher Art« (BgA) erfasst öffentliche Einrichtungen, die einer nachhaltigen wirtschaftlichen Tätigkeit zur Erzielung von Einnahmen dienen und sich aus dem Gesamtbereich der öffentlichen Körperschaft oder Anstalt wirtschaftlich herausheben (§ 4 Abs. 1 KStG[12]).

Wenn der Bund, die Länder, kommunale Gebietskörperschaften[13] oder andere juristische Personen des öffentlichen Rechts – etwa eine Universität oder eine berufsständische Kammer – ihre Hoheitsbereiche verlassen und mit privaten Unternehmern in Konkurrenz treten, müssen sie mit Argwohn rechnen. Tatsächlich untergrübe die öffentliche Hand die Wettbewerbsneutralität des Steuerrechts, wenn sie auf die privatrechtliche Ausgründung verzichtete, andrerseits jedoch eine Steuerpflicht der Körperschaft nicht bestünde. Eine Landesdruckerei, die private Druckaufträge annimmt, die Ärztekammer, die gegen Provisionen Versicherungsverträge

11 *Vogel* Der Finanz- und Steuerstaat, in: Isensee/Kirchhof (Hrsg.) HStR II, 3. Aufl. 2004, § 30 Rn 51 f, und *Waldhoff* Grundzüge des Finanzrechts des Grundgesetzes, in: Isensee/Kirchhof (Hrsg.) HStR V, 3. Aufl. 2007, § 116 Rn 5; *J. Isensee* Steuerstaat als Staatsform, in: Stödter (Hrsg.) Hamburg – Deutschland – Europa, FS Hans Peter Ipsen, 1977, S. 409; *Hufeld* Steuerstaat als Staatsform in Europa, in: Depenheuer/Heintzen/Jestaedt/Axer (Hrsg.) Staat im Wort, FS Josef Isensee, 2007, S. 857.

12 Ausführlich zur Legaldefinition *Hüttemann* (Fn 8) S. 24 ff; *Seer* Inhalt und Funktion des Begriffs »Betrieb gewerblicher Art« für die Besteuerung der öffentlichen Hand (Teil I), DStR 1992, 1751 ff.

13 *Reimer* Die Besteuerung kommunaler Betätigungen, in: Henneke/Pünder/Waldhoff (Hrsg.) Recht der Kommunalfinanzen, 2006, § 23.

an ihre Mitglieder vermittelt, die Gemeinde, die Sportanlagen oder Einäscherungen vermarktet: sie alle hätten einen steuerlichen Wettbewerbsvorteil, wenn das Gesetz keinen Hebel böte, die allgemeine Steuerfreiheit der öffentlichen Körperschaft in eine konkrete, tätigkeitsbezogene Steuerpflicht zu überführen. So steht die Besteuerung der öffentlichen Hand im Zeichen der Wettbewerbsneutralität.[14] Die Steuerpflicht der »Betriebe gewerblicher Art von juristischen Personen des öffentlichen Rechts« (§ 1 Abs. 1 Nr. 6 KStG) stellt Belastungsgleichheit her. Mit den Begriffen »Hoheitsbetrieb« (§ 4 Abs. 5 KStG) und »Betrieb gewerblicher Art« grenzt das Gesetz ab zwischen hoheitlicher, wettbewerblich irrelevanter, nicht steuerbarer Sphäre einerseits und der erwerbswirtschaftlichen, wettbewerbsrelevanten, steuerpflichtigen Tätigkeit andrerseits. Der BgA begründet erst die Steuerpflicht, macht aber nicht den Betrieb selbst, sondern die Trägerkörperschaft zum Steuersubjekt.[15] Von der Steuerungsleistung und der Handhabung der Begriffe hängt ab, inwieweit eine juristische Person des öffentlichen Rechts in die partielle Steuerpflicht hineinwächst und das Prinzip der wettbewerbsneutralen Besteuerung gewahrt bleibt.

Steuerbemessung nach Wettbewerbsgleichheit findet Vorgaben im Verfassungsrecht – aber auch im europäischen Gemeinschaftsrecht: Die Nichtbesteuerung staatlicher oder kommunaler Regiebetriebe kann in Konflikt geraten mit der Mehrwertsteuersystem-Richtlinie (dazu u. III.) und mit dem Beihilferecht. Art. 87 EG-Vertrag muss nach seiner Zielrichtung für die steuerliche Verschonung, den Verzicht auf Einnahmen staatlicherseits, die gleiche Einordnung verlangen wie für die direktsubventionierende Zufuhr staatlicher Mittel.[16] Beide Maßnahmen, Steuerentlastung wie Direktsubvention, lassen eine Wettbewerbsverzerrung befürchten. Die wettbewerbsneutrale Besteuerung der öffentlichen Hand steht deshalb heute auch im Zeichen des Europarechts und der Beihilfeaufsicht.[17] Das europäische Gemeinschaftsrecht ergänzt und verfestigt das Gebot der wettbewerbsneutralen Besteuerung.

2. *Finanzverfassungsrechtliche Perspektive*

Perspektivwechsel in die haushalts- und finanzverfassungsrechtliche Dimension: Dem flüchtigen Blick scheint die Besteuerung der öffentlichen Betriebe gewerblicher Art nur ein großes Nullsummenspiel zu sein. Das wäre, abgesehen von den

14 *Hüttemann* (Fn 8) S. 8 ff; *P. Kirchhof* Die Steuern, in: Isensee/Kirchhof (Hrsg.) HStR V, 3. Aufl. 2007, § 118 Rn 227 f; *Knobbe-Keuk* Die Konkurrentenklage im Steuerrecht, BB 1982, 385, 387 mit Fn 29; *Reimer* (Fn 13) Rn 4.

15 Dazu *Hüttemann* (Fn 8) S. 25 ff.

16 *Frenz/Roth* Steuer- und Abgabebefreiungen als Beihilfen, DStZ 2006, 465 (Nachw.).

17 Exemplarisch: Entscheidung der Kommission vom 4. Juli 2006 über die von Portugal angewendete staatliche Beihilfe Nr. C 30/2004 (ex N 34/2004), mit der Veräußerungsgewinne aus bestimmten Vorgängen/Transaktionen öffentlicher Unternehmen von der Körperschaftsteuer befreit werden, ABl. L 307 v. 7. 11. 2006, S. 219.

Steuererhebungskosten, richtig, wenn wir nur mit einer Körperschaft zu tun hätten und deren beiden öffentlichen Händen – der zahlenden Hand und der anderen, die das Aufkommen für dieselbe Körperschaft vereinnahmt. In einem föderalen und in der sog. mittelbaren Staatsverwaltung vielfach gegliederten Gemeinwesen liegen die Dinge anders.[18]

Ein Regiebetrieb wäre für jeden Stadtkämmerer doppelt interessant, wenn das Markteinkommen steuerlich ungeschmälert in den Haushalt der Stadt flösse. Die Stadt greift dann auch auf den Teil des Ertrages zu, den die Finanzverfassung im primären vertikalen Finanzausgleich für andere Körperschaften einkalkuliert: Die Ertragshoheit über die Körperschaftsteuer hat das Grundgesetz dem Bund und den Ländern halbteilig zugewiesen (Art. 106 Abs. 3 Satz 2 GG). Ein Eigenbetrieb abseits der Steuerpflicht wäre für den Bund und die Länder das Vehikel, die Gewerbesteuer abzuwehren. Umgekehrt darf nicht im Wege einer Gegenseitigkeitsbesteuerung ein verfassungsfremder Finanzausgleich etabliert werden. Die juristische Person des öffentlichen Rechts muss daran gehindert werden, in ihren Hoheitsbereich einen BgA einzuschleusen, um den umsatzsteuerlichen Vorsteuerabzug in Anspruch zu nehmen.[19] Solche Anreize darf das Steuerrecht nicht setzen. Eine zwingende und abschließende Finanzverfassung verbietet gegenläufige Systementscheidungen. Sie könnte nicht akzeptieren, dass ausgerechnet der Steuergesetzgeber das geschlossene System der Steuerertragshoheiten aus den Angeln hebt. Das aber wäre der Fall, wenn es den Körperschaften des öffentlichen Rechts freistünde, über die Reichweite des Steuerrechts zu disponieren und dabei den Finanzausgleich zu unterlaufen. Außerdem gilt es, eine Schwächung der privaten Konkurrenten zu verhindern. Eine steuerfreie wirtschaftliche Betätigung der öffentlichen Hand könnte Verdrängungseffekte nach sich ziehen und das Steueraufkommen insgesamt mindern. Wettbewerbsverzerrungen untergraben steuerliche Leistungsfähigkeit. Es liegt im Interesse aller Steuergläubiger, dass das Substrat im Finanzausgleich ungeschmälert zur Verfügung steht.

Auch die genaue Sphärentrennung, die Unterscheidung zwischen privatwirtschaftlicher und hoheitlicher Tätigkeit, bleibt dem Verfassungsrecht verpflichtet. Das Grundgesetz verteilt Steueraufkommen aus Wirtschaftstätigkeit an Bund, Länder und Gemeinden. Die Finanzverfassung rechnet nicht mit Gegenseitigkeitsbesteuerung zwischen Hoheitsträgern, soweit diese hoheitlich handeln. Schutz der Finanzverfassung und ihrer Geschlossenheit bedeutet für die Besteuerung der öffentlichen Hand somit zweierlei: Besteuerung unter Wahrung der Ertragshoheiten immer dann, aber auch nur dann, wenn juristische Personen des öffentlichen Rechts wie private Marktteilnehmer Erträge erwirtschaften. Die Hoheitssphäre dagegen verbleibt im steuerfreien Raum.

So lässt sich die Konzeption des Gesetzes – Steuerfreiheit als Regel, Steuerpflicht nur im Umfang der Betriebe gewerblicher Art – mit der Finanzverfassung gegen

18 *Hüttemann* (Fn 8) S. 13 ff (Nachw.).
19 BRH (Fn 10) BT-Drs. 15/4081, S. 6; *Hüttemann* (Fn 8) S. 15 f.

Kritik verteidigen: Die juristischen Personen des öffentlichen Rechts sind aus finanzverfassungsrechtlicher Sicht in erster Linie Hoheitsträger und allenfalls in zweiter Linie Unternehmer[20] und Steuerschuldner. Es wäre falsch, die Steuerfreiheit in der hoheitlichen Sphäre als Steuerprivileg zu bezeichnen. Sie ist Ausdruck einer Sphärentrennung, einer systemgerechten Zweiteilung, die je nach der Art der Tätigkeit die öffentliche Hand in ihrer angestammten Sphäre von Steuern freistellt – bei wettbewerbsrelevanter Erwerbstätigkeit aber doch Steuern auferlegt.

III. Das subjektive Recht und die europäische Leitverfassung

Auf dieser Linie liegt auch das europäische Umsatzsteuerrecht. Die Richtlinie über das gemeinsame Mehrwertsteuersystem[21] behandelt »Staaten, Länder, Gemeinden und sonstige Einrichtungen des öffentlichen Rechts« grundsätzlich als *Nichtsteuerpflichtige* – »jedoch als Steuerpflichtige, sofern eine Behandlung als Nichtsteuerpflichtige zu größeren Wettbewerbsverzerrungen führen würde« (Art. 13 Abs. 1 MwStSystRL). Die Vorschrift stellt allein auf Auswirkungen im Wettbewerb ab, denkt »vom Ende her«, begründet eine subjektive Steuerpflicht nicht im Bezug auf die Einrichtung, sondern kraft Wirkung. Demgegenüber knüpft das UStG an den Begriff »Betrieb gewerblicher Art« an, einen Begriff des KStG, um die umsatzsteuerlich ausschlaggebende Unternehmereigenschaft zu begründen: »Die juristischen Personen des öffentlichen Rechts sind nur im Rahmen ihrer Betriebe gewerblicher Art [...] gewerblich oder beruflich tätig«, § 2 Abs. 3 UStG.

Von diesen beiden Vorschriften – Art. 13 Abs. 1 MwStSystRL und § 2 Abs. 3 UStG – und deren drittschützender Wirkung handelt die Serie der vier gerichtlichen Entscheidungen zur Feuerbestattung in Halle, ein ebenso erstaunliches wie erhellendes Lehrstück zur Europäisierung des nationalen Rechts: das erstinstanzliche Urteil des Finanzgerichts Sachsen-Anhalt (sogleich u. sub 1), der Vorlagebeschluss des BFH (u. 2), das Urteil des EuGH (u. 3) und die abschließende Entscheidung des BFH (u. 4). Sie alle kreisen um die *Schutznorm*, um die Kernfrage, ob § 2 Abs. 3 UStG ausschließlich der gesetzmäßigen Besteuerung und dem staatlichen Steueranspruch oder – zumindest auch – »dem Schutz der Interessen einzelner an dem betreffenden Steuerschuldverhältnis nicht beteiligter Dritter dient«,[22] somit eine Klagebefugnis (§ 40 Abs. 2 FGO) des Hallenser Konkurrenten begründet.

20 *Stober* Allgemeines Wirtschaftsverwaltungsrecht, 15. Aufl. 2006, S. 185.

21 Richtlinie 2006/112/EG des Rates v. 28. November 2006, ABl. L 347 v. 11. 12. 2006, S. 1. Zu Art. 4 Abs. 5 UAbs. 2 der Richtlinie 77/388/EWG (6. USt-RL, nunmehr Art. 13 Abs. 1 UAbs. 2 MwStSystRL) eingehend *Hüttemann* (Fn 8) S. 165 ff, besonders auch zu den Konzeptionsunterschieden.

22 BFH Beschl. v. 8. Juli 2004, DStR 2004, 1829, 1830. Verteidigung der Schutznormtheorie, Stand der Diskussion: *Pietzcker* Die Schutznormlehre in: Depenheuer/Heintzen/Jestaedt/Axer (Hrsg.) Staat im Wort, FS Josef Isensee, 2007, S. 577 ff (Nachw.).

1. *Verfassungskonforme Auslegung?*

Das Finanzgericht gab der Klage des privaten Konkurrenten statt. Das Recht auf Auskunft über die Besteuerung der Lutherstadt Eisleben resultiere aus der drittschützenden Wirkung des § 2 Abs. 3 UStG. Der Drittschutz wird ausdrücklich als Ergebnis einer verfassungskonformen Auslegung präsentiert. Der Schlüsselsatz ist der folgende: »Bei einer eindeutigen Wettbewerbssituation im Falle des Angebots einer identischen Leistung am Markt ist der Mitbewerber gleichsam in den Schutzbereich der Norm aufgenommen, wenn er steuerlich seinerseits nicht als Hoheitsbetrieb begünstigt ist und die wirtschaftlichen Nachteile nicht anderweitig kompensieren kann, denn es ist anerkannt, dass Art. 2 Abs. 1 GG das Recht auf Teilnahme am freien Wettbewerb im Rahmen der geltenden Gesetze gewährt«.[23] Beiläufig gibt der Senat zu erkennen, dass seine – angeblich verfassungskonforme – Auslegung zu dem auch europarechtlich erwünschten Ergebnis führt; eine andere Auslegung müsse »u.U. sogar als gemeinschaftswidrig angesehen werden«!

Die Dramaturgie der Entscheidung gibt zu denken. Gibt es im Zeichen einer einschlägigen Richtlinienvorschrift eine autonome, allein dem mitgliedstaatlichen Verfassungsrecht verpflichtete Auslegung? Gibt es einen Primat der autonomen Auslegung, die zunächst von allen europarechtlichen Implikationen absieht und erst das Auslegungsergebnis mit dem Europarecht abgleicht? Im Sinne einer zunächst selbständigen Auslegung argumentieren namentlich *Wolfram Reiß*[24] und *Peter Fischer*,[25] auf dass der nationale Richter »nicht vorschnell möglicherweise brisante und umstrittene Fragen dem EuGH zur Entscheidung zuschiebt«.[26] Wenn das Recht des Konkurrenten auf Besteuerung der öffentlichen Hand zu den brisanten und umstrittenen Fragen rechnet, dann drängt sich der Rekurs auf eine Leitverfassung auf, die als moderne Verfassung vermutlich grundrechtliche Impulse gibt für »die Aufwertung des objektiven Rechtssatzes zum subjektiven Recht«.[27] In der finanzgerichtlichen Entscheidung figuriert das Grundgesetz als Leitverfassung – ein Urteil auf der Linie von *Reiß* und *Fischer*; das Finanzgericht findet ohne Vorlage beim EuGH zum ersichtlich europarechtskonformen Ergebnis. Indes: Das Finanzgericht Sachsen-Anhalt hat verdunkelt, dass das Grundgesetz den Status der Leitverfassung verliert, sobald es seinerseits im Wege richtlinienkonformer Auslegung auf die Linie des Europarechts gebracht wird – hier der Mehrwertsteuersystem-Richtlinie. Die Brisanz des Falles spricht nicht für, sondern gegen einen Primat der autonomen Auslegung. Sie streitet dafür, die Leitverfassung in aller Offenheit zu identifizieren – hier die Wettbewerbsverfassung der Europäischen Gemeinschaft.

23 FG Sachsen-Anhalt Urt. v. 10. Februar 2003, EFG 2003, 910, 912, mit Verweis auf BVerfGE 95, 267.

24 *Reiß* EuGH-Vorlage des BFH vom 8. 7. 2004, VII R 24/03: Konkurrentenklage, IStR 2005, 53.

25 *P. Fischer* jurisPR-SteuerR 6/2007 Anm. 1.

26 *Reiß* (Fn 24) IStR 2005, 53.

27 *Schmidt-Aßmann* in: Maunz/Dürig, GG, Art. 19 Abs. 4, 2003, Rn 124.

Andernfalls droht eine verdeckte, womöglich rechtsirrige Europäisierung, die eine lediglich vermutete Vorgabe des Europarechts in eine vermeintlich autonome Auslegung einschleust. Vergeblich hat das Finanzgericht im nationalen Verfassungsrecht nach Determinanten der Auslegung gesucht. Das Grundgesetz öffnet sich dem Recht der Union derart, dass es sich dem Vertrag durch verfassungsänderndes Integrationsgesetz unmittelbar anpasst (Art. 23 Abs. 1 Satz 3 Alt. 1 GG), Änderungen durch Sekundärrecht ermöglicht (Art. 23 Abs. 1 Satz 3 Alt. 2 GG) und sich im Übrigen auf die europarechtskonforme Auslegung verpflichtet. Deshalb war das Finanzgericht Sachsen-Anhalt nicht »u.U.«,[28] sondern unter allen Umständen auf die leitverfassungsrechtliche Bestimmung des Art. 13 Abs. 1 MwStSystRL verwiesen. Diese ist entweder acte clair oder ihrerseits auslegungsbedürftig im Wege des Art. 234 EG.

2. *Höchstrichterliche Vorlage im Schatten der* Köbler-*Judikatur*

Der BFH sah keinen acte clair, sondern Auslegungsbedarf. Der VII. Senat ließ »dahinstehen, ob schon § 2 Abs. 3 Satz 1 UStG« Drittschutz vermittelt. Das ist eine unglückliche Formulierung, weil sie die Option einer autonomen Auslegung auf unklare Weise offen hält. Vielmehr »ist« – wie der BFH mit Recht klarstellt – bei der Auslegung des UStG die EG-Richtlinie »zu beachten«.[29] Doch fand der Senat in der bisherigen Rechtsprechung des EuGH noch nicht das letzte Wort über das Schutzniveau der Richtlinie: Rechtsschutz oder »bloßer Reflex«?[30] Also stellte er diese Vorlagefrage: »Kann sich ein privater Steuerpflichtiger, der mit einer Einrichtung des öffentlichen Rechts im Wettbewerb steht und geltend macht, deren Nichtbesteuerung oder zu niedrige Besteuerung sei rechtswidrig, auf Art. 4 Abs. 5 UAbs. 2 der Richtlinie 77/388/EWG [nunmehr Art. 13 Abs. 1 UAbs. 2 MwStSystRL] berufen?«

Neun Monate nach dem *Köbler*-Urteil des EuGH,[31] das die mitgliedstaatlichen Höchstgerichte für offenkundige Verstöße gegen das Gemeinschaftsrecht in die Haftung nimmt (u. IV.3), konnte der Bundsfinanzhof nicht dem Beispiel der Vorinstanz folgen. Neun Monate nach dem *Köbler*-Urteil sprach wenig dafür, das Umsatzsteuerrecht freihändig auszulegen, Verpflichtungen aus dem europäischen Richtlinienrecht spekulativ zu antizipieren und den haftungsträchtig gewordenen Vorlageverzicht zu riskieren.

28 Urt. v. 10. Februar 2003, EFG 2003, 910, 912.
29 BFH Beschl. v. 8. Juli 2004, DStR 2004, 1829, 1830.
30 BFH Beschl. v. 8. Juli 2004, DStR 2004, 1829, 1831.
31 EuGH Urt. v. 30. September 2003 – Rs. C-224/01.

3. *Der Konkurrent: Verletztenkläger und Hüter des Gemeinschaftsrechts*

Wiewohl der EuGH auf Schlussanträge verzichtete, ließ seine Antwort 23 Monate auf sich warten. Dem langen Vorlauf folgte ein kurzes Urteil, das den Grundsatz der steuerlichen Neutralität im Wettbewerb herausstreicht[32] und der fraglichen Richtlinienbestimmung bescheinigt, »den Kriterien der unmittelbaren Wirkung« zu entsprechen.[33] Trotz und wegen der Kürze der Entscheidung verdienen mehrere Aspekte besondere Beachtung:

- Mit der Antwort des EuGH wird der Rechtssatz des Art. 13 Abs. 1 UAbs. 2 MwStSystRL zum subjektiven Recht aufgewertet. *Unmittelbare Anwendbarkeit* (gleichbedeutend: »unmittelbare Wirkung«) bezeichnet nicht irgendeinen der vielen Durchsetzungsmodi aus dem Arsenal der EuGH-Rechtsprechung, sondern den alles überragenden, fundamentalen. Sie fundamentiert das Europarecht, seine Supranationalität, seine historische Originalität, indem sie den Unionsbürger in das Integrationsprojekt einbezieht und mit klagbaren Rechten ausstattet. Die Geschichte der Konstruktion subjektiver Rechte gehört zu den großen Erzählungen der rechtlichen Vergemeinschaftung Europas in der zweiten Hälfte des 20. Jahrhunderts.[34] Viele einzelne an Rechtsschutz Interessierte und zum Rechtsschutz Befähigte halten den Motor der Integration in Bewegung.[35]
- Womöglich macht der EuGH diesen fundamentalen Durchsetzungsmodus nicht davon abhängig, ob die konkrete Kompetenzgrundlage, welche die Richtlinie trägt, die unmittelbare Anwendbarkeit ermöglicht oder einfordert,[36] oder versteht das legislative Zugriffsrecht auf den Fundamentalmodus als Annexkompetenz. Art. 93 EG (Harmonisierung der indirekten Steuern) steht freilich im Kontext der Wettbewerbsverfassung. Deren Ausprägung in Art. 13 Abs. 1 UAbs. 2 MwStSystRL spiegelt die doppelte Stoßrichtung der Wettbewerbsidee: Allgemein- und Individualbegünstigung.

32 EuGH Urt. v. 8. Juni 2006 – Rs. C-430/04, Rn 24 f.

33 EuGH Urt. v. 8. Juni 2006 – Rs. C-430/04, Rn 30 f.

34 Eindrucksvoll nacherzählt bei *Haltern* Europarecht. Dogmatik im Kontext, 2. Aufl. 2007, Rn 600–787. Dogmatische Rekonstruktion: *Nettesheim* Subjektive Rechte im Unionsrecht, AöR 2007, 333 ff (Nachw.).

35 Zur »normativen Interessentenklage« im Gemeinschaftsrecht: *Epiney* VVDStRL 61 (2002) 362, 396 ff mit Nachw. – *Stober* Verwaltungsrecht (Fn 6) § 43 Rn 29: »Ausdehnung ist aber weder ein Konzeptionsbruch noch eine Systemveränderung, sondern lediglich eine partielle Systemdurchbrechung«. – *Schmidt-Aßmann* (Fn 27) Rn 152: »Auch das EG-Recht fragt jeweils konkret nach dem Schutzzweck der einschlägigen Vorschriften und bestätigt damit den Ansatz des Schutznormdenkens.« – *Pietzcker* (Fn 22) S. 595: »Notwendigkeit der Preisgabe oder grundsätzlichen Korrektur der Schutznormlehre aus europarechtlichen Gründen läßt sich bisher nicht nachweisen«.

36 Vgl. *Reiß* (Fn 24) IStR 2005, 53 (54): »Das Funktionieren des Binnenmarktes hängt nicht davon ab, ob eine Konkurrentenklage wegen Nicht- oder Falschanwendung steuerlicher Normen […] möglich ist.«; *Epiney* (Fn 35) S. 408 f zum Rückhalt in der Sachnorm.

- Mag auch das EG-Recht manche Klageberechtigungen einfordern, die »mehr Kontrollimpulse als materielles Schutzziel sein sollen«,[37] so ist doch im Konkurrentenstreit des Hallenser Feuerbestatters die Dominanz des materiellen Schutzinteresses mit Händen zu greifen. Die Besteuerung der öffentlichen Hand zielt in erster Linie auf Wettbewerbsgleichheit und dient »zumindest auch« dem Schutz privater Wettbewerber.[38] Im Tenor des EuGH-Urteils begegnet folgerichtig der »Einzelne«, der »mit einer Einrichtung des öffentlichen Rechts im Wettbewerb steht«.
- Der EuGH betont – ersichtlich mit Blick auf den auslegungsfähigen § 2 Abs. 3 UStG, den man als zureichende Umsetzung gelten lassen kann –, dass das subjektive Recht seine Wirkung entfaltet »nicht nur im Fall der unterbliebenen oder unzureichenden Umsetzung der Richtlinie, sondern auch dann, wenn die nationalen Maßnahmen, mit denen die Richtlinie ordnungsgemäß umgesetzt wird, nicht so angewandt werden, dass das mit der Richtlinie verfolgte Ziel erreicht wird«.[39]
- Wenn und weil mit § 2 Abs. 3 UStG eine auslegungsfähige Umsetzungsnorm zur Verfügung steht, erübrigen sich alle Überlegungen, ob Art. 13 Abs. 1 UAbs. 2 MwStSystRL ohne weiteres (»unmittelbar«) im Vertikalverhältnis zwischen dem Feuerbestattungsverein und dem Finanzamt oder gar im Horizontalverhältnis zwischen dem Verein und der Lutherstadt Eisleben Direktwirkung entfaltet. Insofern, wegen der Auslegungsfähigkeit des § 2 Abs. 3 UStG, hätte der BFH die Vorlagefrage vielleicht schlichter formulieren und nach den Auslegungsdirektiven der Richtlinie fragen können. Freilich klärt die Antwort auf die gestellte Frage implizit auch das Auslegungsproblem des BFH, wie seine Folgeentscheidung zeigt.

4. Auslegung im Zeichen der europäischen Leitverfassung

Doch geht der BFH zunächst einen Umweg, vernachlässigt den Primat der richtlinienkonformen Auslegung des nationalen Rechts und prüft vorab Art. 13 Abs. 1 UAbs. 2 MwStSystRL wie eine unmittelbar gültige,[40] nicht umsetzungsbedürftige Norm. Kraft der Richtlinienvorschrift könne sich der Kläger auf den Grundsatz der steuerlichen Neutralität berufen, ja sogar »ungeachtet der prozessualen Bestimmungen und Grundsätze des betroffenen Mitgliedstaates« auf »die Möglichkeit einer klageweisen Durchsetzung der durch die RL […] einem Konkurrenten gewährleis-

37 *Schmidt-Aßmann* (Fn 27) Rn 152.
38 *Hüttemann* (Fn 8) S. 8 ff, 17, 103 f.
39 EuGH Urt. v. 8. Juni 2006 – Rs. C-430/04, Rn 29.
40 Unterscheidung unmittelbare Geltung/unmittelbare Anwendbarkeit: *Haltern* (Fn 34) Rn 601; Schaffung der Individualberechtigung durch nationalen Normgeber als Ziel der Richtlinie (»mittelbare Individualberechtigung«): *Nettesheim* (Fn 34) S. 349.

teten materiellen Rechte«[41] verlassen. Indessen sieht der BFH die Direktanwendung des Art. 13 Abs. 1 UAbs. 2 MwStSystRL daran scheitern, dass der Tatbestand der »größeren Wettbewerbsverzerrungen« im Verfahren vor dem Finanzgericht weder geprüft noch festgestellt worden sei.

So kehrt der BFH zu § 2 Abs. 3 UStG zurück und bringt den Fall folgerichtig, richtlinienkonform, zum Abschluss. Der VII. Senat ruft in Erinnerung, dass dem »Wortlaut des § 2 Abs. 3 UStG nicht zu entnehmen ist«, ob er »die wirtschaftliche Entfaltungsmöglichkeit Dritter schützen will«, verdeutlicht damit noch einmal, dass der Rechtsanwender auf externe Auslegungsimpulse angewiesen ist. Hier beruft sich der BFH auf »namhafte Stimmen im Schrifttum«. Ausschlaggebend jedoch – und mit Rücksicht auf das Zwischenverfahren vor dem EuGH konsequent – orientiert er die Auslegung jetzt am »gemeinschaftsrechtlichen Schutz des Konkurrenten«.[42] Nur deshalb kann »dahinstehen, dass das zugunsten der Zulassung einer Drittschutzklage insofern angeführte Argument, die Vorschrift bedürfe einer verfassungskonformen Auslegung [...], eine nähere Auseinandersetzung mit den Voraussetzungen schuldig bleibt, unter denen die Grundrechte über das einfache Recht hinausgehend klagefähige Rechte Drittbetroffener begründen«.[43]

Damit schließt sich der Kreis. Die verfassungskonforme, vermeintlich autonome Auslegung des FG hat sich erledigt. Die richtlinienkonforme Auslegung – und mit ihr die unionsrechtlich modifizierte Schutznormtheorie[44] – gibt den Ausschlag. Das Urteil des EuGH ist im Ausgangsverfahren entscheidungserheblich.[45] Die drittschützende Wirkung des § 2 Abs. 3 UStG realisiert eine Vorgabe der europäischen Leitverfassung, begründet die Klagebefugnis (§ 40 Abs. 2 FGO) und erweist sich als spezielle Ausprägung des Fiskusabwehranspruchs.[46] Das Gemeinschaftsrecht hindert jedoch das nationale Recht nicht daran, die öffentliche Hand mit *jeder* wettbewerbsrelevanten Tätigkeit in die Steuerpflicht zu nehmen[47] (diesseits der »größeren Wettbewerbsverzerrungen« im Sinne des Art. 13 Abs. 1 UAbs. 2 MwStSystRL). Der Konkurrent muss freilich darlegen, dass er mit einem Betrieb gewerblicher Art in einem Wettbewerbsverhältnis steht und fühlbare Wettbewerbsnachteile infolge unzutreffender Besteuerung des BgA in Betracht kommen.[48] Diese Anforderung muss er auch erfüllen, wenn er seine Klage (zusätzlich) auf die Verletzung des europäischen Beihilferechts stützt, insbesondere auf Art. 88 Abs. 3 Satz 3 EG, die Ver-

41 BFH Urt. v. 5. Oktober 2006, IStR 2007, 37, 39. Dass der BGH die »prozessualen Bestimmungen und Grundsätze« außer Acht lassen will, kritisiert *Fischer* (Fn 25) sub C 6.

42 BFH Urt. v. 5. Oktober 2006, IStR 2007, 37, 40.

43 BFH Urt. v. 5. Oktober 2006, IStR 2007, 37, 40.

44 Vgl. *Stober* Verwaltungsrecht (Fn 6) § 43 Rn 29.

45 A.A. *Reiß* (Fn 24) IStR 2005, 53 (die entsprechende autonome Auslegung vorausgesetzt); *Fischer* (Fn 25) sub C 5.

46 Sache und Begriff: *Stober* Wirtschaftsverwaltungsrecht (Fn 20) S. 183 f.

47 *Küffner* Dammbruch der umsatzsteuerlichen Neutralität, DStR 2006, 1120, 1121 f; BRH (Fn 10) BT-Drs. 15/4081, S. 8.

48 BFH Urt. v. 5. Oktober 2006, IStR 2007, 37, 40.

letzung des Durchführungsverbots.[49] Das sollte dem Konkurrenten nicht allzu schwer fallen, solange die Feststellungen des Bundesrechnungshofs Bestand haben. Dessen Sonderbericht vom November 2004 deckt Züge einer unheiligen Allianz auf zwischen Finanzbehörden und juristischen Personen des öffentlichen Rechts, nicht nur Gebietskörperschaften, sondern auch Hochschulen oder Industrie- und Handelskammern. Diese »zeigten ihre wirtschaftlichen Betätigungen oftmals nicht an bzw. qualifizierten sie von vornherein als hoheitlich«, indessen die Finanzämter auf Weisung der Ministerien »grundsätzlich gehalten waren, auch wettbewerbsrelevante Leistungen dem hoheitlichen Bereich zuzuordnen«.[50] Wenn das System hatte, dann steht zu hoffen, dass die Ausrichtung des nationalen Rechts auf die europäische Wettbewerbsverfassung[51] einen Systembruch bewirkt.

IV. DRITTSCHUTZ IM STEUERRECHT

1. Konkurrentenklage

Die erste und wichtigste Folgefrage liegt auf der Hand: Kann die Zuweisung eines subjektiven Rechts auf wettbewerbsneutrale Umsatzbesteuerung von Europarechts wegen und die Begründung der Klagebefugnis im nationalen Recht beschränkt werden auf das Konkurrenzverhältnis zwischen Privatperson und BgA? Legt der Hallenser Feuerbestattungsfall den Umkehrschluss nahe für »privatrechtliche Steuerpflichtige untereinander«[52] – oder den Analogieschluss für alle Wettbewerbssituationen, wenn und weil besonders das Umsatzsteuerrecht der Wettbewerbsneutralität verpflichtet ist?[53] Der Analogieschluss ist unausweichlich: Die Systementscheidung des europarechtlich imprägnierten § 2 Abs. 3 UStG beruht gerade darauf, dass die Einrichtung des öffentlichen Rechts *wie ein Privater* am Marktgeschehen teilnimmt; ihre Tätigkeit kann privat substituiert werden, andernfalls wäre sie »eigentümlich und vorbehalten« und darum nicht steuerbar. Eben diese Substituierbarkeit lässt den Betrieb gewerblicher Art in das Normalsystem der Umsatzbe-

49 *Sutter* Das EG-Beihilfenverbot und sein Durchführungsverbot in Steuersachen, 2005, S. 344 ff zur Konkurrentenklage und zur drittschützenden Wirkung des Art. 88 Abs. 3 Satz 3 EG; *Beljin* Beihilfenrecht, in: Schulze/Zuleeg, Europarecht, 2006, § 28 Rn 279 f; *Fischer* (Fn 25) sub C 4.

50 BRH (Fn 10) BT-Drs. 15/4081, S. 10 (Einzelfeststellungen S. 10–15).

51 Rechtspolitische Perspektive: *Kronthaler* (Fn 9) S. 228 f. Vgl. für Österreich: *Ehrke-Rabel* Konkurrentenrechtsbehelf gemeinschaftsrechtlich geboten! – Teil I, ÖStZ 2007, 101; Teil II, ÖStZ 2007, 126.

52 So *Kronthaler* (Fn 9) S. 227: »Ein allgemeiner, subjektiver Rechtsanspruch auf Herstellung der Belastungsgerechtigkeit im Einzelfall besteht damit nicht.«

53 So *Reiß* (Fn 24) S. 55, nicht fordernd, eher warnend: »Über die Zulässigkeit oder Unzulässigkeit der Konkurrentenklage wegen unzutreffend niedriger Umsatzbesteuerung wird daher nur einheitlich entschieden werden können.«

steuerung hineinwachsen. Und Art. 13 Abs. 1 UAbs. 2 MwStSystRL gewährleistet nichts anderes als Flankenschutz für die allgemeine Grundnorm des Art. 9 Abs. 1 MwStSystRL[54] zur Umsatzsteuerpflicht. Die Grundnorm geht nicht weniger auf Wettbewerbsgleichheit aus.

Der Analogieschluss führt auch nicht zu unbeherrschbaren Folgen für das Steuersystem insgesamt. Die Klage des Konkurrenten auf Steuergleichmaß in der Wettbewerbssituation ist keine Popularklage. Sie ist auch nicht Interessenten-, sondern Verletztenklage; sie ist keine Grenzbelastungsprobe.[55] Die Abgrenzungen bleiben prekär. Im Grundsätzlichen falsch wäre es aber, das Steuerrecht generell und ausschließlich zweipolig zu denken als Verhältnis zwischen Staat und Steuerzahler. Der Steuerstaat ist strukturell markt- und wettbewerbsfreundlich. Er setzt Markterfolg voraus, deshalb kann ihm die Wettbewerbsgleichheit nicht gleichgültig sein. Dem Gleichheitsmaßstab der Wettbewerbsneutralität kommt für die Umsatzsteuer (indirekten Steuern) herausragende Bedeutung zu, größere als für die Einkommensteuer. »Das Postulat einer Wettbewerbsneutralität sichert eine Gleichheit beim Werben um Nachfrager und Anbieter, das Leistungsfähigkeitsprinzip hingegen wahrt eine Belastungsgleichheit je nach Erworbenem. [...] Ein steuerlicher Verstoß gegen die Wettbewerbsneutralität kann das Recht auf Einkommen (Art. 14 Abs. 1, Art. 12 GG), nicht aber das aus dem Wettbewerb hervorgegangene Einkommen beeinträchtigen.«[56]

Die drittschutzbegründende Benachteiligung des Dritten (Konkurrenten) infolge rechtswidriger Begünstigung eines Wettbewerbers mag auch auf einkommen- oder gewerbesteuerliche Vollzugsmängel zurückzuführen sein.[57] Das Recht des Steuerpflichtigen auf Wettbewerbsgleichheit und Wettbewerbsfreiheit führt aber nicht zu einem allgemeinen Recht Dritter auf gleichen Freiheitseingriff,[58] nicht von Verfassungs, noch weniger von Europarechts wegen. Insbesondere drängt nicht schon das Steuerstaatsprinzip auf möglichst weit reichende Subjektivierung und individualisierte Rechtsmacht Dritter. Der Steuerstaat ist privilegienfeindlich zunächst um seiner selbst willen.[59] Dass verfassungswidrige Einkommensteuerprivilegien identifi-

54 »Als ›Steuerpflichtiger‹ gilt, wer eine wirtschaftliche Tätigkeit unabhängig von ihrem Ort, Zweck und Ergebnis selbständig ausübt. Als ›wirtschaftliche Tätigkeit‹ gelten [...]«.

55 Der Grenzbelastungsprobe nähert sich *Tipke* Rechtsschutz gegen Privilegien Dritter, FR 2006, 949, 956: »Wenn ein sonntags und nachts arbeitender Freiberufler, wenn ein unter schwereren Bedingungen als ein Sonntagsarbeiter tätiger Arbeitnehmer wegen Ungleichbehandlung klagt, so erhebt er indessen keine Popularklage. Wenn ein einkommensteuerpflichtiger Nichtabgeordneter klagt, weil Abgeordnete eine privilegierende Vorzugsbehandlung bei der Anwendung des Nettoprinzips erfahren, so erhebt er keine Popularklage.«

56 *Kirchhof* Steuern (Fn 14) Rn 215, 217.

57 Richtungweisend *Knobbe-Keuk* (Fn 14) S. 387 f.

58 Für dieses Recht *Tipke* (Fn 55) S. 957. Dagegen schon *Knobbe-Keuk* (Fn 14) S. 386 f.

59 *Isensee* Steuerstaat (Fn 11) S. 418: »Die Verletzung der Lastengleichheit führt notwendig zur Desintegration des Gemeinwesens.«

ziert werden können als »Privilegien zu Lasten dritter Steuerzahler«,[60] hebt für sich genommen diese Dritten nicht heraus aus der Allgemeinheit der Steuerzahler. Wenn das Parlament die Neuordnung des Einkommensteuerrechts nicht aus eigener Kraft ins Werk setzen kann, müsste es sich und der Bürgerschaft mit der Einführung einer steuerlichen Interessentenklage helfen.

2. *Auskunftsklage*

Der Bundesfinanzhof lüftet das Steuergeheimnis und anerkennt einen *verfassungsunmittelbaren Auskunftsanspruch* (Rechtsstaatsprinzip i.V. mit Art. 12 Abs. 1, Art. 19 Abs. 4 GG) des Konkurrenten, wenn dieser substanziiert und glaubhaft darzulegen weiß, dass er wegen unzutreffender Besteuerung des Mitbewerbers »gegen die betreffende Steuerbehörde mit Aussicht auf Erfolg ein subjektives öffentliches Recht auf steuerlichen Drittschutz geltend machen« kann.[61]

3. *Haftungsklage*

Steuerlicher Drittschutz ebnet den Weg auch für Staatshaftungsansprüche.[62] Die Wiederherstellung der Wettbewerbsneutralität mag für die Zukunft durch zutreffende Besteuerung auf Seiten des begünstigten, für die Vergangenheit eventuell nur durch Schadensersatz auf Seiten des benachteiligten Konkurrenten herbeizuführen sein.

Die Haftungs- und insbesondere die *Köbler*-Rechtsprechung des EuGH und ihre Folgen für die Mitgliedstaaten sind hier nicht zu erörtern.[63] Doch gibt der Hallenser Bestattungsfall Anlass für die Klarstellung, dass die gemeinschaftsrechtliche Begründung subjektiver Rechte Dritter (Art. 9 Abs. 1, Art. 13 Abs. 1 MwStSystRL) notwenig das *gemeinschaftsrechtliche Rechte-Durchsetzungsregime* nach sich zieht. Halle macht bewusst: Die drittschützende Norm ist wesentlich ein Produkt der Auslegung und damit Sache der Justiz; soweit Gemeinschaftsrecht in Betracht kommt, regiert die gemeinschaftsrechtskonforme Auslegung; auch und gerade die

60 *Tipke* (Fn 55) S. 957.

61 BFH Urt. v. 5. Oktober 2006, IStR 2007, 37, 38, mit Verweis auf BVerwGE 118, 270. Kritik am verfassungsunmittelbaren Anspruch aus Auskunft: *Fischer* (Fn 25) sub C 2 (»gewagtes Konstrukt«).

62 *Knobbe-Keuk* (Fn 14) S. 390.

63 Statt vieler: *Böhm* Haftung, in: Schulze/Zuleeg, Europarecht, 2006, § 12 Rn 107 ff; *Kischel* Gemeinschaftsrechtliche Staatshaftung zwischen Europarecht und nationaler Rechtsordnung, EuR 2005, 441 ff; *Kluth* Die Haftung der Mitgliedstaaten für gemeinschaftsrechtswidrige höchstrichterliche Entscheidungen – Schlussstein im System der gemeinschaftsrechtlichen Staatshaftung, DVBl 2004, 393 ff.

fehlerhafte Auslegung ist ein *Köbler*-Fall.[64] Dieser Dreiklang erklärt das Verhalten des BFH neun Monate nach *Köbler* (o. III.2).

»Das eigenständige deutsche Verwaltungsrecht ist entthront, weil seine Direktiven in erdrückendem Umfange vom Gemeinschaftsrecht diktiert werden.«[65] *Rolf Stobers* Diagnose bestätigt sich auch für das deutsche Steuerrecht.

64 *Haltern* (Fn 34) Rn 887; vgl. EuGH Urt. v. 8. Juni 2006 – Rs. C-430/04, Rn 29.
65 *Stober* Verwaltungsrecht (Fn 6) § 17 Rn 8.

Die Umsatzsteuerfreiheit kommunaler Hoheitsbetriebe in der Abwasserentsorgung als Privatisierungsproblem

MARTIN BURGI

Der Festschrift für *Rolf Stober* einen Beitrag aus dem Privatisierungsrecht beizufügen, liegt in mehrfacher Hinsicht nahe. Der Jubilar hat auch dieses Rechtsgebiet in vielfacher Weise beackert, sowohl in seinem Standardwerk zum Öffentlichen Wirtschaftsrecht[1] und (im Umfang von rund 140 Seiten!) in der fünften Auflage seiner Neubearbeitung des *Wolff/Bachof*[2] als auch im Rahmen seiner im Jahre 1999 aufgenommenen Tätigkeit als Wissenschaftlicher Direktor der Hamburger Forschungsstelle Sicherheitsgewerbe. Begonnen hat alles noch viel früher, nämlich mit der Dissertationsschrift aus dem Jahre 1972 mit dem schönen Titel »Schüler als Amtshelfer – dargestellt am Beispiel des Schülerlotsendienstes«, einem Problemkreis, der übrigens bis heute nicht vollständig ausgeleuchtet ist, woran der nachfolgende Beitrag allerdings nichts ändern möchte. Er zielt auf den Fortbestand der Umsatzsteuerfreiheit der kommunalen Eigenwahrnehmung von Abwasserentsorgungsaufgaben, die in der mittlerweile auch europäisch beeinflussten Diskussion um den Ausbau der Privatisierung in diesem Aufgabenfeld eine zentrale Rolle spielt.

I. UMSATZBESTEUERUNG DES STAATES

Bei unbefangener Betrachtung würde man zunächst von der Steuerfreiheit staatlicher (respektive kommunaler) Betätigung ausgehen. Denn der Staat dient dem Gemeinwohl und erhebt Steuern, während die Privaten Geld verdienen und Steuern entrichten. Doch gilt dies auch im Bereich der Umsatzsteuer und bei jedwedem Auftreten öffentlich-rechtlicher Organisationseinheiten (Behörden, Regie- und Eigenbetriebe, Anstalten) sowie von sog. publizistischen Privatrechtsvereinigungen (Eigengesellschaften)? Nach der Gesetzeslage kommt eine Ausnahme von der Besteuerung nur für »juristische Personen des öffentlichen Rechts« in Betracht, und zwar dann, wenn ihre »Betriebe [...] überwiegend der Ausübung der öffentlichen Gewalt dienen«, also »Hoheitsbetriebe« sind. Anderenfalls handelt es sich grundsätzlich um ein Tätigwerden im Rahmen »eines Betriebes gewerblicher Art« (§ 2

1 Allgemeines Wirtschaftsverwaltungsrecht, 15. Aufl. 2006, § 41.
2 Verwaltungsrecht III, 5. Aufl. 2004, 3. Abschnitt.

Abs. 3 UStG i.V.m. § 4 Abs. 1 bis 4 KStG), mit der Konsequenz der Steuerpflicht, aber auch der Möglichkeit des sog. Vorsteuerabzugs gemäß § 15 UStG.

In Anwendung dieser Grundsätze auf die Situation vor einer Privatisierung ergibt sich, dass eine Kommune bei Eigenwahrnehmung (vermittels Behörde, Regie- oder Eigenbetrieb) sowie bei Übertragung der Abwasserentsorgungsaufgabe auf eine Anstalt des Öffentlichen Rechts nach dem Stand der bisherigen Rechtsprechung als »Hoheitsbetrieb« steuerbefreit ist.[3] Eigengesellschaften der Kommune (in GmbH- oder AG-Form) und erst recht privatwirtschaftliche Abwasserentsorgungsunternehmen sind hingegen ohne weiteres als »Unternehmer« i.S.d. § 2 Abs. 1 UStG umsatzsteuerpflichtig, und zwar in Höhe des gegenwärtigen Steuersatzes von 19 Prozent (vgl. § 12 UStG); Unternehmer in diesem Sinne sind alle natürlichen oder juristischen Personen, die eine »gewerbliche oder berufliche Tätigkeit selbständig ausüben«. Bei der landauf landab immer wieder gestellten Frage nach der künftigen Arbeitsteilung im Aufgabenfeld der Abwasserentsorgung, die eigentlich anhand technischer, ökonomischer und/oder politischer Gesichtspunkte entschieden werden sollte, spielt angesichts dieser Dimensionen die Frage nach der Umsatzbesteuerung eine wichtige Rolle. Ob die Annahme der Umsatzsteuerfreiheit der kommunalen Eigenwahrnehmung zutreffend ist, kann abschließend erst beurteilt werden, wenn die verwaltungsrechtlichen Rahmenbedingungen von Aufgabenträgerschaft und Aufgabendurchführung im Feld der Abwasserentsorgung sowie die überhaupt in Betracht kommenden Privatisierungsoptionen geklärt sind.

II. Privatisierungsoptionen im Aufgabenfeld der Abwasserentsorgung

1. Ausgangslage

Nach § 18a Abs. 2 WHG i.V.m. den Landeswassergesetzen obliegt die Aufgabe der Abwasserbeseitigung »Körperschaften des öffentlichen Rechts«, d.h. es handelt sich um eine Pflichtaufgabe der öffentlichen Hand. Sie ist in allen Ländern grundsätzlich den Gemeinden für das jeweilige Gemeindegebiet auferlegt worden.[4] Dies verwirklicht die allgemeine Zielsetzung des WHG, durch eine Konzentration der Zahl der Direkteinleiter von Abwasser die Belastung der Gewässer soweit wie möglich zu

3 BFHE 185, 283; FG MV, EFG 1998, 1431. Vgl. auch den sog. Einschalterlass des BMF v. 27. 12. 1990 (»Umsatzsteuerliche Beurteilung der Einschaltung von Unternehmen in die Erfüllung hoheitlicher Aufgaben«, BStBl. 1991 I, 81).

4 Vgl. nur Nisipeanu (Hrsg.) Privatisierung der Abwasserbeseitigung, 1998, S. 141; *Czychowsky/Reinhardt* WHG, 9. Aufl. 2007, § 18a Rn 12 ff.

verringern.[5] An der Vereinbarkeit dieser Zuordnung mit europa- und verfassungsrechtlichen Vorgaben ist bislang, soweit ersichtlich, kein Zweifel laut geworden. Immerhin sieht § 18a Abs. 2 in Satz 2 vor, dass sich die zur Abwasserbeseitigung Verpflichteten (mithin die Kommunen) »zur Erfüllung ihrer Pflichten Dritter bedienen« können und in Abs. 2a findet sich seit einigen Jahren die Feststellung, dass die Länder regeln könnten, »unter welchen Voraussetzungen eine öffentlich-rechtliche Körperschaft ihre Abwasserbeseitigungspflicht auf einen Dritten ganz oder teilweise befristet und widerruflich übertragen kann«. An diesen Verhältnissen würde sich übrigens mit dem Inkrafttreten des Umweltgesetzbuches (UGB) nichts ändern. Der Referentenentwurf vom 19. November 2007 verzichtet zwar auf eine dem § 18a Abs. 2a WHG entsprechende Vorschrift, hat aber auch von der Option einer Vollregelung (mithin der expliziten Zulassung der [befristeten und widerruflichen] Übertragung der Abwasserbeseitigungspflicht auf Private verzichtet. Vielmehr soll die Entscheidung hierüber künftig vollständig den Landesgesetzgebern überlassen bleiben (vgl. § 48 UGB II [Wasserwirtschaft]-Referentenentwurf).[6]

Aus der gesetzgeberischen Bestimmung der Abwasserbeseitigungsaufgaben zu kommunalen Pflichtaufgaben folgt, dass eine Aufgabenprivatisierung, d.h. der vollständige und unbefristete Rückzug der Kommune von der Erfüllung der betreffenden Aufgaben, ausgeschlossen ist. Hingegen ist die funktionale Privatisierung (neuerdings: die vertragsbasierte PPP) grundsätzlich möglich.[7] Obgleich die funktionale Privatisierung als Kategorie seit längerem anerkannt ist, herrscht Unklarheit über die einzelnen ihr zuzurechnenden Erscheinungsformen.[8] Der kleinste gemeinsame Nenner besteht darin, dass der Staat (bzw. die Kommune) die betroffenen Aufgaben hier nicht aus der Hand gibt, sondern nur Teilbeiträge (»Funktionen«) abspaltet und diese Privaten überträgt. Diese sind fortan nicht anstelle oder neben dem Staat tätig, sondern für ihn, d.h. sie erbringen den jeweiligen Teilbeitrag mit funktionalem Bezug zu einer Staatsaufgabe.[9] Das Zusammenwirken erfolgt auf vertraglicher Basis, ohne dass es zur Gründung einer gemeinsam getragenen juristischen Person käme (dies im Unterschied zur sog. institutionalisierten PPP). Vorgang und Ergebnis einer funktionalen Privatisierung sind treffend mit dem Begriff »PPP auf Ver-

5 OVG NRW DVBl. 1996, 1446; *Schoch* Rechtsfragen der Privatisierung von Abwasserbeseitigung und Abfallentsorgung, 1994, S. 63; *Zacharias* DÖV 2001, 454.

6 § 18a Abs. 2a WHG stellt ein Rahmengesetz i.S.v. Art. 75 GG in der bis zur Föderalismusreform 2006 geltenden Fassung dar (vgl. *Knopp* NJW 1997, 417, 420; *Nickel/Kopp* ZUR 2003, 401, 404).

7 Vgl. OVG Rh.Pf. DVBl. 1985, 176; *Schoch* DVBl. 1994, 962 (971); *Schliesky* Der Landkreis 2004, 487, 491 f; ausführlich *Gruneberg* Abwasserbeseitigung durch kommunale Unternehmen, 2007, S. 46 f.

8 Vgl. als Dokumentation der hierzu bestehenden Meinungsvielfalt *Wolff/Bachof/Stober* Verwaltungsrecht III, 5. Aufl. 2004, vor § 90 Rn 10 ff.

9 Vgl. im Anschluss an *Burgi* Funktionale Privatisierung und Verwaltungshilfe, 1999, S. 145 ff, u.a. *Wolff/Bachof/Stober* Verwaltungsrecht III (Fn 8) vor § 90 Rn 16; *Schulze-Fielitz* in: Hoffmann-Riem/Schmidt-Aßmann/Voßkuhle (Hrsg.) Grundlagen des Verwaltungsrechts, Band 1, 2006, § 12 Rn 110.

tragsbasis« umschrieben, den die EU-Kommission geprägt hat für die »nichtinstitutionalisierten Formen der Zusammenarbeit zwischen öffentlichen Stellen und privaten Unternehmen zwecks Finanzierung, Bau, Renovierung, Betrieb oder Unterhaltung einer Infrastruktur oder die Bereitstellung einer Dienstleistung«.[10] Wie in meinem Gutachten zum 67. Deutschen Juristentag, der Ende September 2008 in Erfurt stattfinden wird, ausführlich dargelegt, besteht kein Grund, diese treffliche Terminologie weiterhin außer acht zu lassen,[11] erst recht nicht, seitdem auch der nationale Gesetzgeber ein (erstes) »ÖPP-Gesetz«[12] verabschiedet hat. Innerhalb der funktionalen Privatisierung kommt im Felde der Abwasserentsorgung entweder die Erscheinungsform der Verwaltungshilfe oder die der Dienstleistungskonzession (vgl. sogleich) in Betracht. Ihre Gemeinsamkeit besteht darin, dass die Kommune mit der Entscheidung zugunsten einer funktionalen Privatisierung einem neuen Marktgeschehen Raum geben würde. Dadurch entstünde Wettbewerb, und zwar ein Wettbewerb »um den Markt«.[13]

2. *Verwaltungshilfe*

Die Verwaltungshilfe, d.h. die entgeltliche Übernahme von Teilbeiträgen (typischerweise) durchführenden Charakters durch Private, ist diejenige Privatisierungsoption, die in § 18a Abs. 2 Satz 2 WHG ausdrücklich für statthaft erklärt wird (»[...] können sich zur Erfüllung ihrer Pflichten Dritter bedienen«; ebenso § 16 Abs. 1 KrW-/AbfG). In der Praxis haben sich hier namentlich im Bereich der Abwasserentsorgung verschiedene Modelle herauskristallisiert (Betriebsführungsmodelle, Betreibermodell), die allesamt dadurch gekennzeichnet sind, dass dem Privaten die technisch-wirtschaftliche Betriebsführung obliegt, während die Aufgabenträgerschaft als solche weiterhin bei der Gemeinde liegt, welche auch von den überlassungspflichtigen Grundstückseigentümern per Bescheid die Abwassergebühren erhebt.[14] Dabei kommt es auf das Maß der Selbständigkeit bzw. Unselbständigkeit des privaten Helfers nicht mehr an, nachdem sich auch der BGH von der im Amtshaftungsrecht vertretenen sog. Werkzeugtheorie gelöst hat; der Wortbestandteil »Hilfe« ist letztlich nur eine Verkürzung des sachlich prägenden Elements, wo-

10 Grünbuch der EG-Kommission zu öffentlich-privaten Partnerschaften und die gemeinschaftlichen Rechtsvorschriften für öffentliche Aufträge und Konzessionen v. 30. 4. 2004 (KOM [2004] 327 endg., Ziffer 1.1).

11 Gutachten für die öffentlich-rechtliche Abteilung (Privatisierung öffentlicher Aufgaben – Gestaltungsmöglichkeiten, Grenzen, Regelungsbedarf) in: Ständige Deputation des DJT (Hrsg.) 67. DJT, Band I, 2008, C I 2 mwN.

12 V. 1. 9. 2005 (BGBl. I S. 2676).

13 Formulierung im Anschluss an den *Rat von Sachverständigen für Umweltfragen* Umweltgutachten 2000, 147; vgl. ferner *Reuter* NVwZ 2005, 1246 (1247).

14 Ausführlich und mit zahlreichen Nachweisen dargestellt bei *Gruneberg* (Fn 7) S. 111 ff.

nach staatliche Entscheidungen von einem Privaten durchgeführt werden.[15] Agieren als Durchführungshelfer nicht »echte« Private, sondern Eigengesellschaften oder Anstalten der Kommune (mithin öffentliche Unternehmen), dann kann man von einer unechten funktionalen Privatisierung sprechen. Auch in diesem Fall obliegt dem Unternehmen nicht die Aufgabenträgerschaft, sondern lediglich der anvertraute Durchführungsbeitrag.

3. Dienstleistungskonzession

Gemäß Art. 1 Abs. 4 der Vergabekoordinierungsrichtlinie 2004/18/EG (VKR)[16] handelt es sich bei Dienstleistungskonzessionen um eine Erscheinungsform der funktionalen Privatisierung, bei der »die Gegenleistung für die Erbringung von Dienstleistungen ausschließlich in dem Recht zur Nutzung der Dienstleistung« besteht.[17] Infolge der größeren Handlungsspielräume, die die privaten Konzessionäre schon auf Grund der Finanzierungssituation im Vergleich mit Verwaltungshelfern genießen sowie angesichts der expliziten Nichtanwendbarkeit der europäischen Sekundärrechtsvergaberegeln handelt es sich um eine Privatisierungsoption, die in der Praxis in verschiedenen Aufgabenfeldern, namentlich auch in der Wasserversorgung,[18] eingesetzt wird. Von der Beleihung unterscheidet sich die Dienstleistungskonzession dadurch, dass keine Befugnisse zum Einsatz des öffentlich-rechtlichen Instrumentariums, insbesondere nicht zum Erlass von Verwaltungsakten, übertragen werden.

Nach herrschender und im Rahmen dieses Beitrags nicht in Frage zu stellender Einschätzung bietet § 18a Abs. 2a WHG eine (rahmengesetzliche) Grundlage für die Erteilung von Dienstleistungskonzessionen, nicht hingegen für die Verwirklichung der Beleihungsoption.[19] Dies folgt aus dem Regelungszusammenhang des § 18a WHG und insbesondere aus dem Fehlen expliziter Aussagen zur Einräumung der die Beleihung kennzeichnenden öffentlich-rechtlichen Befugnisse. Die bislang erlassenen landesgesetzlichen Regelungen (im Rahmen des § 18a Abs. 2a WHG) sind auf der durch das Bundesrecht vorgezeichneten Linie geblieben, so dass

15 Vgl. nur *Mehde* VerwArch 91 (2000) 543; *Schmidt-Aßmann* DV Beiheft 4, 2001, S. 253, 261; *Stelkens/Schmidt* in: Stelkens/Bonk/Sachs (Hrsg.) VwVfG, 6. Aufl. 2001, § 1 Rn 114, sowie BGHZ 121, 161, und zuletzt *Burgi* DJT (Fn 11) C II 2 a.

16 V. 31. 3. 2004 (ABl. L 134 v. 30. 4. 2004, S. 114).

17 Ausführlich *Ruhland* Die Dienstleistungskonzession, 2006, S. 47 ff; *Ortner* Vergabe von Dienstleistungskonzessionen, 2007, S. 59 ff.

18 Eingehend zu den dort bestehenden Optionen zuletzt *Forster* Privatisierung und Regulierung der Wasserversorgung in Deutschland und den Vereinigten Staaten von Amerika, 2007, S. 332 ff; *Kahl* GewArch 2007, 438.

19 Ausführlich und mwN *Burgi* Privatisierung (Fn 9) S. 101 ff, 129; gegen die Annahme einer Beleihung auch *Brüning* SächsVBl. 1998, 201, 202; *Dierkes* ZRP 2004, 203 ff; *Bohne/Heinbuch* 2006, 490; a.A. zuletzt *Gruneberg* (Fn 7) S. 60 f.

gegenwärtig kein Anlass besteht, nicht vom Vorliegen einer Dienstleistungskonzession auszugehen.[20]

In den bislang tätig gewordenen Bundesländern Baden-Württemberg, Sachsen und Sachsen-Anhalt[21] ist bislang freilich erst ein erster Schritt gemacht worden, nämlich in Gestalt einer Regelung, der nach der jeweiligen Konzeption noch eine Ausführungs-Verordnung folgen muss. Erst durch den Erlass einer Verordnung könnte die Abwasserbeseitigungspflicht in den betreffenden Ländern »befristet und widerruflich« auf Private übertragen werden bzw. wäre die Erteilung von Dienstleistungskonzessionen durch die einzelne betroffene Kommune möglich. Zum gegenwärtigen Zeitpunkt bleibt es dabei, dass im Aufgabenfeld der Abwasserentsorgung nur die Privatisierungsoption der Verwaltungshilfe zum Einsatz kommt. Was bedeutet dies nun für die umsatzsteuerrechtliche Situation?

III. Umsatzbesteuerung nach Privatisierung

Die Umsatzsteuer ist nicht die einzige in Privatisierungskontexten relevante Steuerart,[22] aber um sie wird gegenwärtig besonders heftig gestritten, und zwar gerade im Aufgabenfeld der Abwasserentsorgung.[23] In Nordrhein-Westfalen ist im Jahre 2006 ein die Privatisierungsspielräume erweiterndes Gesetzgebungsvorhaben ausweislich der Stellungnahme der Landesregierung[24] zuletzt deswegen nicht weiter verfolgt

20 Wenn das Gesetz die Möglichkeit der Beleihung eröffnen würde, hätte dies steuerrechtlich übrigens zur Konsequenz, dass damit nur ein Spielraum innerhalb der Verwaltungsorganisation, nicht aber ein Wettbewerb um einen Markt eröffnet würde (denn ein Beliehener ist ja Behörde); dies hat der BFH im Zusammenhang mit dem Aufgabenfeld des Vermessungswesens (BFHE 209, 195) zutreffend entschieden; ebenso FG Düsseldorf EFG 2007, 1547. An der Umsatzsteuerfreiheit der kommunalen (öffentlich-rechtlichen) Abwasserentsorgungsunternehmen würde sich durch eine landesgesetzgeberische Entscheidung *diesen* Inhalts somit wohl erst recht nichts ändern.

21 Jeweils dokumentiert bei *Reinhardt* WHG (Fn 4) § 18a Rn 23 f.

22 Zu anderen im Zusammenhang mit Privatisierungen u.U. berührten Steuerarten: *Schenke/Gebhardt* DStZ 2005, 213; *Weinand-Härer/Sauerhering* in: Littwin/Schöne, Public Private Partnership im öffentlichen Hochbau, 2006, Rn 220 ff; *Claudy/Ohde* in: Weber/Schäfer/Hausmann, Praxishandbuch Public Private Partnership, 2006, § 7; *Beinert* in: Hoppe/Uechtritz, Handbuch kommunale Unternehmen, 2. Aufl. 2007, § 11; *Reimer* in: Henneke/Pünder/Waldhoff, Recht der Kommunalfinanzen, 2006, § 23. Speziell zur Grunderwerbs- und Grundsteuer *Weitemeyer* NVwZ 2006, 1376. Allgemeiner und die Folgefragen (Verrechnung, weitere Ausnahmen qua Vermögensverwaltung oder Gemeinnützigkeit) sowie das dogmatische Schwierigkeiten bereitende Verhältnis zum Körperschaftssteuerrecht einbeziehend; *Seer/Wendt* DStR 2001, 825; *Hüttemann* Die Besteuerung der öffentlichen Hand, 2002, S. 5 ff, 105 n.ö.; *Claudy/Ohde* aaO § 7 Rn 2.2. f.

23 Vgl. zuletzt *Funk/Eiferting* IR 2006, 242; *Zugmaier* in: Bauer u.a. (Hrsg.) FS Schmidt, 2006, S. 757; *Gruneberg* (Fn 7) S. 329 ff. Andere gegenwärtig diskutierte Aufgabenfelder sind der Betrieb von Schwimmbädern (*Kasper* DStZ 2006, 321) und Bundesfernstraßen (*Dettmeier/Kese* BB 2006, 805).

24 In der Begründung eines nachfolgenden Gesetzentwurfs v. 8. 2. 2007 (LT-Drs. 14/4835).

worden, weil infolge der angeblich bestehenden umsatzsteuerrechtlichen Konsequenzen erhebliche wirtschaftliche Belastungen der Abwassergebührenzahler zu befürchten gewesen wären.

Die gegenwärtige unterschiedliche Behandlung der Umsatzbesteuerung in der Abwasserentsorgung im Vergleich mit der Trinkwasserversorgung (wo die öffentliche Hand nach §§ 2 Abs. 3 UStG, 4 Abs. 3 KStG) explizit steuerpflichtig ist, ruft gerade nach öffentlich-rechtlicher Befassung. Nach neuerer Rechtsprechung von EuGH[25] bzw. BFH[26] erzeugen Auskunftsansprüche privater Dienstleistungsunternehmer (gerichtet auf Ob bzw. Höhe der Besteuerung der öffentlichen Hand) und die Möglichkeiten der Konkurrentenklage[27] zusätzlich Druck. Über all dem wölbt sich ein europäischer Rechtshimmel (seit der Integration der 6. Umsatzsteuer-Richtlinie in die Mehrwertsteuer-Richtlinie: Art. 13 Abs. 1),[28] dessen Sterne zwar andersartig, aber nicht heller funkeln, weswegen es kaum mehr verwundert, dass in Brüssel von privater Seite bereits Beschwerde gegen das deutsche System der Umsatzbesteuerung im Entsorgungsbereich erhoben worden ist, und dass die EU-Kommission einen Rechtsakt in Erwägung zieht.[29]

Im Hinblick auf die einzelne Privatisierungsentscheidung wirkt sich die Verneinung der Umsatzsteuerpflicht in erster Linie als Privatisierungshindernis aus, und zwar infolge der Verteuerung privatwirtschaftlicher Leistungserbringung und damit der von den Entsorgungskunden zu zahlenden Entgelte.[30] Seltener wirkt sich die Verneinung der Umsatzsteuerpflicht (d.h. die Umsatzsteuerfreiheit) als Privatisierungsimpuls aus, dann infolge der sonst verwehrten Möglichkeit zum sog. Vorsteu-

25 Urt. v. 8. 6. 2006, Rs. C-430/04, DStR 2006, 1082.

26 Demnach habe ein Steuerpflichtiger grundsätzlich einen verfassungsunmittelbaren Anspruch dann, wenn er darlegen kann, durch eine »auf Grund von Tatsachen zu vermutende oder zumindest nicht mit hinreichender Wahrscheinlichkeit auszuschließende unzutreffende Besteuerung eines Konkurrenten konkret feststellbare, durch Tatsachen belegte Wettbewerbsnachteile zu erleiden und gegen die Steuerbehörde mit Aussicht auf Erfolg ein subjektives öffentliches Recht auf steuerlichen Drittschutz geltend machen zu können«. Dieser Anspruch wird jenseits der zuvor vom EuGH auf das Europarecht gestützten Überlegungen für möglich gehalten; überdies erklärt der BFH, dass es »ernstlich in Betracht« komme, § 2 Abs. 3 UStG drittschützende Wirkung beizulegen (NVwZ 2007, 854).

27 BFHE 184, 212; weitergeführt durch BFH, NVwZ 2007, 854.

28 Richtline 2006/112/EG des Rates über das gemeinsame Mehrwertsteuersystem v. 28. 11. 2006 (ABl.EU L 347 v. 11. 12. 2006, S. 1).

29 Beides ist dokumentiert im Schreiben des EU-Steuerkommissars *Kovács* auf eine schriftliche Anfrage des deutschen EVP-Abgeordneten Dr. *Schwab* v. 7. 2. 2007 (mitgeteilt in Monatsinfo des forum vergabe 2007, 86).

30 In einem Bericht des Bundeswirtschaftsministeriums »Prüfung der positiven und negativen Folgen einer Steuerpflicht der Abwasserentsorgung« (mitgeteilt bei *Gruneberg* [Fn 7] S. 337), wurden bei Erhebung des (damaligen vollen) Umsatzsteuersatzes von 16 Prozent eine Gebührensteigerung in einer Größenordnung von durchschnittlich 12,25 Prozent und Steuermehreinnahmen in Höhe von 780 Millionen Euro prognostiziert.

erabzug.[31] Neben den bereits erwähnten prozessualen Mechanismen ist in Gestalt eines Antrags der FDP-Fraktion[32] und eines umfangreichen Berichts des Bundesrechnungshofs[33] überdies politisch Druck im Kessel.

IV. PRINZIP DER WETTBEWERBSNEUTRALITÄT DER BESTEUERUNG UND DOSIERTE VERWALTUNGSRECHTSAKZESSORIETÄT

1. *Allgemeine Überlegungen*

Ob die gemeindliche Eigenwahrnehmung zu Recht als »Hoheitsbetrieb« gemäß § 2 Abs. 3 UStG i.V.m. § 4 Abs. 1 bis 4 KStG steuerbefreit ist und falls ja, ob dies mit Art. 13 Abs. 1 UAbs. 2 der EU-Mehrwertsteuer-Systemrichtlinie 2006/112/EG[34] vereinbar ist, wonach »keine größeren Wettbewerbsverzerrungen« entstehen dürfen, hängt nach dem Stand der steuerrechtlichen Dogmatik (vgl. I.) letztlich von den gegebenen Wettbewerbsverhältnissen ab. Das Steuerrecht hat sich in eigener, unbeeinflusster Entscheidung hierfür, und nicht für eine Orientierung an Kategorien wie »Art der Aufgabe« oder »Wahl des Rechtsregimes für Organisation bzw. Handeln« entschieden. Dies bedeutet, dass die Verhältnisse des jeweils konkret betroffenen Marktes zu betrachten sind, wobei auch das Bestehen lediglich »potenzieller Wettbewerbsverhältnisse«[35] ausreichen kann. Beherrscht wird diese Prüfung vom »Prinzip der Wettbewerbsneutralität der Besteuerung«.[36] Danach sollen diejenigen staatlichen bzw. kommunalen Einheiten, die sich in einem Wettbewerbsverhältnis zu privaten Unternehmen befinden, keine Vorteile qua Steuerrecht genießen – ein in der Weimarer Republik entwickelter Gedanke,[37] der im europäischen Binnenmarkt

31 Die Umsatzsteuerfreiheit kommunaler Abwasserbetriebe kann einen Standortnachteil für deren gewerbliche Kunden bedeuten. Während die Abwasserbetriebe auf von ihnen eingekaufte Investitionsgüter oder Dienstleistungen Umsatzsteuer zu zahlen haben (die in die Gebührenrechnung einfließt), können ihre gewerblichen Kunden mangels Umsatzsteuerausweis des kommunalen Betriebs keinen Vorsteuerabzug vornehmen und werden daher mit 100 Prozent plus 19 Prozent belastet, während im Falle eines als GmbH organisierten Abwasserbetriebs wegen des Vorsteuerabzugs nur 100 Prozent Kosten anfallen würden.

32 BT-Drs. 16/2657.

33 V. 2. 11. 2004 (*Engels* Umsatzsteuerliche Behandlung der öffentlichen Hand: Vorschläge für eine EG-konforme Besteuerung juristischer Personen des öffentlichen Rechts, 2004). Die Abwasserentsorgung kommt hierin allerdings nicht vor.

34 V. 28. 11. 2006 (ABl. L 347 v. 11. 12. 2006, S. 1).

35 Ständige Rechtsprechung, zuletzt BFH BSteuerBl. II 2004, 431; vgl. ferner u.a. *Seer/Wendt* DStR 2001, 825.

36 Ausführlich geschildert und systematisch entfaltet bei *Seer/Wendt* DStR 2001, 825; *Zugmaier* in: FS Schmidt (Fn 23) S. 757, 763.

37 So heißt es in der Begründung zum Entwurf eines KStG, Verhandlungen des Reichstags, 3. Wahlperiode 1924/25, Bd. 4, Drs. 796, 8: »[...] das Argument, dass die öffentlichen Verbände in steigendem Umfang [...] sich am Wirtschaftsleben beteiligen, und dass ihnen durch Ersparung einer so ungeheuer wichtigen Spese wie der Steuer ein bei der geltenden

erwartungsgemäß weiter gestärkt worden ist. Kommt es folglich auf die Umstände innerhalb des jeweiligen Dienstleistungssektors an, so ist neben den ökonomischen Faktoren auch der rechtliche Aspekt von Relevanz, ob der jeweils zuständige Bundes- oder Landesgesetzgeber einen Wettbewerb im Markt oder immerhin einen Wettbewerb um den Markt[38] überhaupt zugelassen hat, was sich aus dem jeweiligen Fach-Privatisierungsrecht ergibt. In diesem Umfang besteht mithin im Recht der Umsatzbesteuerung eine Akzessorietät gegenüber dem Verwaltungsrecht, ausgelöst und dosiert durch das steuerrechtliche Prinzip der Wettbewerbsneutralität.

2. *Ab wann bestehen potenzielle Wettbewerbsverhältnisse?*

Ab wann bestehen nun potenzielle Wettbewerbsverhältnisse in einem Maße, dass die Steuerbefreiung zugunsten der gemeindlichen Eigenwahrnehmung nicht mehr begründet werden kann? Ist es relevant, dass es irgendwo in Europa private Aufgabenträger gibt oder kommt es darauf an, dass sie in Deutschland, wenn nicht im gleichen Bundesland oder gar in der gleichen Gemeinde existieren? Blickt man auf das relevante Fachgesetz, dann ist in dem hier ausgewählten Feld der Abwasserentsorgung zunächst an § 18a Abs. 2 Satz 2 WHG zu erinnern, der im Zusammenwirken mit allen Landeswassergesetzen grundsätzlich die jeweilige Kommune (als »öffentlich-rechtliche Körperschaft«) zum alleinzuständigen Aufgabenträger erklärt; man hat es hier zu tun mit einer qua einfachem Recht pflichtigen Verwaltungsaufgabe. Das lässt die funktionale Privatisierung in Gestalt der Verwaltungshilfe zu, was in § 18a Abs. 2 Satz 2 WHG ausdrücklich festgestellt wird (vgl. bereits II.1). Nicht möglich ist aber die Aufgabenprivatisierung und auch nicht der »befristet(e) und widerruflich(e)«, die Entgeltbeziehung zu den Verbrauchern einschließende Rückzug, d.h. die funktionale Privatisierung in Gestalt der Dienstleistungskonzession,[39] solange nicht per Landesgesetz nebst ggf. erforderlicher Verordnung von der diesbezüglichen Ermächtigung des § 18a Abs. 2a WHG Gebrauch gemacht worden ist.

Für die Umsatzbesteuerung bedeutet diese explizite Trennung zwischen Aufgabenträgerschaft und Aufgabendurchführung, dass in der Abwasserentsorgung gegenwärtig lediglich ein Wettbewerb um den von der jeweiligen Träger-Kommune eröffneten Durchführungs-Markt, also um die Bestellung zum Verwaltungshelfer

und künftigen Steuerbelastung nicht zu rechtfertigenden Vorsprung vor den privatwirtschaftlichen Betrieben gewährt wird, ist (so) durchschlagend, dass an der Steuerbefreiung nicht weiter festgehalten werden kann«.

38 Explizit auf das Bestehen gesetzlicher Marktzutrittsschranken abstellend auch der Bundesrechnungshof (*Engels* Umsatzsteuerliche Behandlung der öffentlichen Hand, 2004, S. 18 f): Die Annahme einer Wettbewerbssituation setzt allerdings voraus, dass die Aufgabe rechtlich auch von einem privaten Unternehmen wahrgenommen werden darf [...]. Solange die Schranken allerdings geschlossen bleiben, dürfte ein (potenzieller) Wettbewerb insoweit nicht möglich sein.

39 Genauer: In der von § 18a Abs. 2a WHG umschriebenen Form.

besteht. Dabei ist es gleichgültig, ob die einzelne Kommune sich tatsächlich zur Marktöffnung (Verwaltungshilfe) entschließt, ausreichend ist, dass sie dies könnte. Ihre diesbezügliche Entscheidung betrifft ein potenzielles Wettbewerbsverhältnis, sie soll daher frei von Gedanken an steuerliche Konsequenzen sein. Nicht nur privatwirtschaftliche, sondern auch kommunale, öffentlich-rechtlich organisierte Anbieter von *Durchführungs*leistungen unterliegen demnach der Umsatzbesteuerung. Dies ist unumstritten.[40]

Wie aber wirkt es sich aus, dass § 18a Abs. 2a WHG ja auch die Möglichkeit der weitergehenden Markteröffnung im Sinne des befristeten und widerruflichen Übergangs der Trägerschaft in Gestalt der Dienstleistungskonzessionierung vorsieht? Unmittelbar daraus folgt nichts, weil § 18a Abs. 2a WHG nicht an die Kommunen und die Unternehmen, sondern an die Landesgesetzgeber gerichtet ist; durch ihn allein wird eine Marktöffnung gleichsam angeregt, aber nicht bewirkt. In den zu II.3 genannten Bundesländern ist daraufhin ein erster Schritt in Gestalt einer landesgesetzlichen Regelung gemacht worden, dem aber nach der jeweiligen Konzeption noch eine Ausführungsverordnung folgen muss. Bis dahin bleibt es dabei, dass auf der Ebene der Trägerschaft nicht einmal potenzielle Wettbewerbsverhältnisse existieren. Hierin liegt übrigens der maßgebliche Unterschied zur Trinkwasserversorgung, wo seit jeher die sog. Fremdversorgung (durch private Konzessionäre) möglich ist, weil die gesetzliche Aufgabenzuweisung an die Kommunen nicht die Versorgungsleistung, sondern »lediglich« die »Gewährleistung« der Versorgungssicherheit zum Gegenstand hat.[41]

Erst dann, wenn ein Bundesland mit einer kompletten Regelung den Markt um die Dienstleistungskonzession öffnen würde, könnte dort (nicht in den anderen Bundesländern) potenziell Wettbewerb entstehen, erst dann wäre in jeder einzelnen betroffenen Kommune ein Entscheidungsspielraum eröffnet. In diesem Moment würde das steuerrechtliche Prinzip der Wettbewerbsneutralität zur Entfaltung gelangen und bewirken, dass die kommunale Entscheidungsfreiheit unbeeinflusst von steuerlichen Erwägungen ausgeübt werden könnte (ebenso, wie es auf der Ebene der Durchführung schon bislang der Fall ist). Das bedeutet allerdings auch, dass es nach erfolgter Landesregelung nicht darauf ankommen kann, wie sich denn die einzelne Kommune tatsächlich entscheidet; die Umsatzsteuer würde auf einen Schlag landesweit von allen kommunalen öffentlich-rechtlichen Einheiten erhoben.

40 Vgl. Einschalterlass (Fn 3) Ziffer II 1. *Ehlers* ZHR 167 (2003) 546, 573; *Gruneberg* (Fn 7) S. 332.

41 Vgl. hierzu nur *Brüning* Der Private bei der Erledigung kommunaler Aufgaben, 1997, S. 204 ff; ferner etwa auch die Gemeinsame Bekanntmachung der zuständigen bayerischen Staatsministerien v. 20. 3. 2001 (AllgMBl 2001, 184), sowie aus der Rechtsprechung HessVGH RdE 1993, 143; Sächs OVG ZfB 1995, 41, 43, sowie die die Löschwasserversorgung betreffende Entscheidung BGH ZMR 1998, 215, ferner *Burgi* (Fn 9) S. 49. Abgesehen davon hat das UStG insoweit eben explizit (wie bereits erwähnt) eine Umsatzsteuerpflicht statuiert.

Aufgrund des Fehlens entsprechender landesgesetzlicher Regelungen ist die bisherige Sichtweise des BFH und der Veranlagungspraxis im Ergebnis also zutreffend. Dieses Ergebnis ist m.E. auch richtlinienkonform. »Größere Wettbewerbsverzerrungen« im Sinne des Art. 13 Abs. 1 UAbs. 2 der Mehrwertsteuer-Systemrichtlinie (2006/112/EG) sind gegenwärtig nicht zu befürchten. Das deutsche Umsatzsteuerrecht verhindert nicht den Marktzutritt privater Abwasserentsorger, vielmehr existiert infolge landesgesetzlicher Entscheidung gar kein Markt auf der Trägerebene. Dafür, dass die vorhergehende Zuweisung der Aufgabenträgerschaft an die Kommunen mit den Grundfreiheiten des EG-Vertrages unvereinbar wäre, bestehen angesichts der ökologischen Notwendigkeit einer geordneten, je Gebiet zentral gesteuerten Abwasserentsorgung keine Anhaltspunkte.[42]

V. ERGEBNIS

Im politischen Raum wird immer wieder ein gesetzgeberisches Tätigwerden angemahnt, vor allem zur Erzielung von Synergieeffekten bei der Zusammenfassung von Abwasserentsorgung und Wasserversorgung. In der Koalitionsvereinbarung von CDU/CSU und SPD aus dem Jahre 2005 ist solchen Bestrebungen eine Absage erteilt worden.[43] Aus Gründen des höherrangigen Rechts sind Änderungen jedenfalls ebenso wenig indiziert wie aus rechtssystematischer Sicht. Sollte sich die Politik gleichsam autonom für Veränderungen entscheiden, obläge freilich der erste Schritt der Landesgesetzgebung. Der Bund wäre dann u.U. zur Regelung von Folgefragen (Verhältnis zum Körperschaftsteuerrecht, optimierter Vorsteuerabzug o.Ä.) berufen. Eine Änderung des Umsatzsteuerrechts unter den gegenwärtigen wassergesetzlichen Ausgangsbedingungen geriete dagegen mit dem Prinzip der Wettbewerbsneutralität der Besteuerung in Konflikt.

42 Die seit dem Ende des 19. Jahrhunderts bestehende Konzentration auf verhältnismäßig wenige, primär kommunale Träger in der Abwasserbeseitigung findet seit jeher und bis heute unangefochten ihre Legitimation in dem Anliegen der Beschränkung der Zahl der Abwassereinleiter je Gewässer durch die Verwandlung von Direkt- in Indirekteinleiter (vgl. u.a. *Nisipeanu* in: ders. Kosten der Abwasserbeseitigung, 1999, S. 113 ff; aus der Rechtsprechung: OVG Schleswig NuR 1994, 306; OVG NRW NVwZ-RR 1999, 166). Auch von Seiten der EU sind hieran, soweit ersichtlich, bislang keine Zweifel angemeldet worden (vgl. näher *Faber* Der kommunale Anschluss- und Benutzungszwang, 2005, S. 211 ff mwN).

43 Vgl. Koalitionsvertrag von CDU, CSU und SPD »Gemeinsam für Deutschland mit Mut und Menschlichkeit« v. 11. 11. 2005, Kapitel 7.6 (Abfall, Wasser); vgl. demgegenüber noch die Aufforderung des Deutschen Bundestages laut Beschluss v. 31. 3. 2002 (BT-Drs. 14/7177), eingehend die Möglichkeiten für eine steuerliche Gleichstellung von Abwasser und Wasser zu prüfen.

Allgemeine Finanzlasten der Staatsaufsicht über Kommunen und ihre ausgelagerten öffentlichen Einrichtungen

FRANZ-LUDWIG KNEMEYER

Leere Kassen wecken Begehrlichkeiten. Begehrlichkeit macht erfinderisch.

Die Suche nach neuen Finanzquellen – die Kommunen haben es vorgemacht[1] – hat auch die allgemeine Sparkassenaufsicht ins Visier der Finanzer kommen lassen.

Warum sollten nicht die Kosten dieser Art der Staatsaufsicht ebenso wie die Kosten der Bankenaufsicht auf die beaufsichtigten Institute oder – für den Staat noch einfacher – auf deren Verbände umgelegt werden? Sollte es etwas ausmachen, dass es sich bei den Sparkassen im Gegensatz zu Banken und Versicherungen nicht um Privatwirtschaftlich gewinnorientiert betriebene Unternehmen sondern um kommunale öffentliche Einrichtungen handelt, die bei ihrer gemeinwohlorientierten Tätigkeit am verfassungsrechtlich geschützten Recht der kommunalen Selbstverwaltung partizipieren, deren Korrelat die staatliche Rechtsaufsicht ist?

Um die Fragen zu entscheiden, seien zunächst die Aufsichtslasten und Aufsichtskosten im Sinne des Verwaltungskostenrechts betrachtet (I.) , um dann die Finanzlasten der Staatsaufsicht über ausgelagerte kommunale öffentliche Einrichtungen kostenrechtlich einzuordnen (II.) und schließlich die allgemeine Kostenfreiheit der staatlichen Sonder-Kommunalaufsicht über Sparkassen zu begründen (III.).

I. AUFSICHTSLASTEN UND AUFSICHTSKOSTEN IM SINNE DER VERWALTUNGSKOSTENGESETZE

Literatur und Rechtsprechung zur Kommunalaufsicht[2] blenden zu Recht die Frage der Finanzlasten der Kommunalaufsicht aus. Diese werden (wie) selbstverständlich

1 *J. Ipsen* Unternehmen Kommune? Osnabrück 2007. Kommunen betreiben Hotels und Reisebüros, bieten über ihre Volkshochschulen Nachhilfeunterricht an, setzen neben ihren eigenen auch private Fahrzeuge oder gar ungarische Busse instand etc.etc. S. etwa *Suerbaum* Durchbruch oder Pyrrhussieg? Neues zum Schutz Privater vor der Kommunalwirtschaft, Die Verwaltung 2007, 29ff. Grundlegend dazu *Franz* Gewinnerzielung durch kommunale Daseinsvorsorge, Tübingen 2005, insbes. S. 413 f mwN und *Uechtritz/Otting* in: Hoppe/Uechtritz, Handbuch Kommunale Unternehmen, 2. Aufl.2007, insbes. S. 81 mwN.

als staatliche Allgemeinlasten[3] aus Steuermitteln finanziert.[4] Als Allgemeinlasten werden die mit der Erfüllung genuin staatlicher nicht fremdnütziger Aufgaben verbundenen finanziellen Aufwendungen verstanden. Von diesen Allgemeinlasten – Sockel- oder Bereithaltungslasten bzw. Aufwendungen – sind die Kosten i.S. der Verwaltungskostengesetze zu unterscheiden. Diese Kosten (Gebühren und Auslagen) betreffen von einzelnen, außerhalb des Staates i.w.S. – also unter Einschluss der Kommunen – stehenden, natürlichen oder juristischen Personen veranlasste[5] Amtshandlungen, nicht aber im ureigensten Staatsinteresse wahrgenommene »Amtshandlungen«.

Auch Regelungen zu den Kosten der Amtshilfe – vgl. etwa § 8 VwVfG – betreffen allein von Stellen außerhalb des Staates veranlasstes Staatshandeln.

Wie die staatlichen Allgemeinlasten so sind z.B. auch die allgemeinen »Polizeikosten« als bedeutsamer Bereich dar allgemeinen Verwaltungslasten als Staatskosten aus Steuermitteln aufzubringen. »Polizeikosten« – »Kosten der Gefahrenabwehr« – werden nur dann überwälzt, wenn sie individuell von außerhalb des Staates Stehenden veranlasst und die Maßnahmen nicht dem allgemeinen öffentlichen Interesse dienen oder wenn sie primär individualnützig sind.[6] Das hindert Praxis und Wissenschaft freilich nicht, nach Wegen zu suchen, staatliche Leistungen auch im ureigensten Hoheitsbereich zu kommerzialisieren, »also bis in den Sicherheitsbereich der Gefahrenabwehr hinein dem »Do-ut-des-Prinzip« zu unterwerfen und »Nichtstörer zur Erfüllung ureigenster staatlicher Aufgaben« kostenpflichtig heranzuziehen. Ob und wieweit ein gebührenfinanzierter Dienstleistungsstaat den Kernbereich hoheitlicher Tätigkeit erfassen darf sowie ob und wann ihm das Steuerstaatsprinzip Grenzen setzt, ist im Einzelnen noch nicht geklärt.«[7]

2 Zum Begriff und zur Begriffsvielfalt *Knemeyer* Die Staatsaufsicht über die Gemeinden und Kreise (Kommunalaufsicht), in: Mann/Püttner, Handbuch der kommunalen Wissenschaft und Praxis, Bd. 1, 3. Aufl. 2007, S. 217 ff, 218 ff (zit. *Knemeyer* HKWP).

3 Der Begriff der Staatslasten wird verwandt, um vom Kostenbegriff der Kostengesetze abzugrenzen.

4 Zum Steuerstaatsprinzip als zentraler Staatsstrukturnorm, die einem verstärkten Einsatz von gegenleistungs-abhängigen Abgaben Grenzen setzt siehe besonders die rechtswissenschaftlichen Beiträge in *Sacksofsky/Wieland* Vom Steuerstaat zum Gebührenstaat, 2000, S. 188 ff, 196 und *Hendler* Gebührenfinanzierter Dienstleistungsstaat, DÖV, 1999, S. 749 ff.

5 Dieses im Kostenrecht geltende Veranlassungsprinzip verlangt einen Antrag oder zur Amtshandlung führendes tatsächliches Verwaltungshandeln.

6 Zu den sog. Polizeikosten *Sailer* Haftung für Polizeikosten, in: Lisken/Denninger, Handbuch des Polizeirechts, 4. Aufl. 2007, S. 1235 ff sowie *Nitschl* Kosten der Polizei- und Sicherheitsbehörden in der Systematik des deutschen Abgabenrechts, 1993 und *Knemeyer* Polizeikosten im System der Verwaltungsabgaben und -kosten, JUS 1988, 866 ff.

7 *Sailer* Haftung für Polizeikosten, in: Lisken/Denninger, Handbuch des Polzeirechts, 4. Aufl. 2007, S. 1237 f mit Hinweis auf BVerwGE 109, 272, 277. Zu den Polizeikosten siehe auch *Knemeyer* Polizeikosten im System der Verwaltungsabgaben, JUS 1988, 866 ff und *ders.* Polizei- und Ordnungsrecht, 11. Aufl. 2007, Rn 391 ff.

Im *Ergebnis* betreffen die staatlichen (und kommunalen) Kostenregelungen allein die von außerhalb der unmittelbaren bzw. mittelbaren Staatsverwaltung stehenden Personen veranlassten, individuell zurechenbaren Amtshandlungen wie Genehmigungen und Versagungen, Auskünfte und Aufforderungen etc. Die Kostenverantwortlichkeit liegt außerhalb der staatlichen – hoheitlichen – Aufgabenerfüllung.

Gebühren- und Auslagenpflichtigkeit einzelner individuell zuzuordnender staatlicher Maßnahmen setzt – soweit die kostenmäßig zu behandelnde Aufgabe nicht ohnehin (sachlich) kostenfrei ist, ein Kostenanspruch also überhaupt nicht entsteht – oder einem gebührenbefreiten öffentlichen Träger zuzuordnen ist – zudem einen dafür geschaffenen gesetzlichen Kostentatbestand voraus.

II. Kostenrechtliche Einordnung der Finanzlasten der allgemeinen Staatsaufsicht über ausgelagerte kommunale öffentliche Einrichtungen

Wie kommunale öffentliche Aufgaben auch nach einer Auslagerung auf verselbständigte Aufgabenträger, eigenständige kommunale öffentliche Einrichtungen, weiterhin kommunale Aufgaben bleiben, so unterstehen sie auch weiterhin der staatlichen[8] Kommunalaufsicht. Der Auslagerungsakt sowie die ständige Steuerung und Kontrolle durch die Kommune verbleibt unter der direkten Kommunalaufsicht, während die Aufgabenerfüllung in der verselbständigten Einrichtung – im kommunalen Zweckverband oder im kommunalen Wirtschaftsunternehmen in Anstaltsform[9] – ihrerseits unmittelbar der staatlichen Handlungskontrolle in Form der staatlichen Sonder-Kommunalaufsicht unterfällt. Diese staatliche Sonder-Kommunalaufsicht[10] hat ihrerseits grundsätzlich die gleichen Funktionen und Hand-

8 Lediglich in Niedersachsen und Sachsen-Anhalt wird diese Aufsicht von insoweit übergeordneten Kommunen wahrgenommen.

9 Kommunale Wirtschaftsunternehmen in Privatrechtsform unterliegen dagegen nur mittelbar der Kommunal-aufsicht.

10 Als Sonder-Kommunalaufsicht wird hier erfasst die aus der allgemeinen Kommunalaufsicht herausgewachsene besondere Aufsichtsart über einen verselbständigten aber dennoch weiterhin der kommunalen Selbstverwaltung zugehörigen Aufgabenbereich des eigenen Wirkungskreises. Während die »Sonder-Kommunalaufsicht« die Rechtmäßigkeit des Handelns verselbständigter kommunaler öffentlicher Einrichtungen – z.B. der kommunalen Sparkassen – kontrolliert, überprüft die allgemeine Kommunalaufsicht das Handeln der Kommunen in ihrer Funktion als Träger ihrer ausgelagerten Einrichtungen. – Zu den vielfältigen Aufsichtsarten und der »Begriffsverwirrung« in Literatur und Rechtsprechung *Knemeyer* Die Staatsaufsicht über die Gemeinden und Kreise (Kommunalaufsicht), in: Mann/Püttner, Handbuch der kommunalen Wissenschaft und Praxis, Bd. 1, 3. Aufl. 2007, S. 217 ff.

lungsmittel wie die allgemeine Kommunalaufsicht.[11] Dementsprechend sind die allgemeinen Aufsichtslasten aus Steuermitteln zu finanzieren.

Nach den Kostengesetzen der Länder sind ausdrücklich auch unmittelbar von Kommunen veranlasste Aufsichtsmaßnahmen wie etwa eine Beanstandung oder eine Ersatzvornahme kostenfrei. So werden z.B. nach den Bestimmungen zur sachlichen Kostenfreiheit gem. Art. 3. Abs. 1 Nr. 1 BayKostG, § 7 Abs. 1 Nr. 1 HessVwKostG und § 3 Abs. 1 Nr. 2 SächsVwKG Kosten nicht erhoben für Maßnahmen der Rechts- und Fachaufsicht gegenüber den unter der Aufsicht des Staates stehenden Körperschaften und Anstalten des öffentlichen Rechts.

Ihre Rechtfertigung soll diese Kostenbefreiung darin finden, dass »die der Staatsaufsicht unterworfenen Körperschaften wegen der damit verbundenen Einschränkungen nicht auch noch mit Kosten belegt werden sollen, und zwar auch nicht, wenn die Aufsichtsbehörde auf Antrag handelt (vgl. dazu Art. 105 ff BayHO)«.[12]

Diese Begründung zeigt die politische Dimension des Kostenrechts.

Sie zeigt gleichzeitig, dass der Staat gegebenenfalls Ausnahmen von grundsätzlichen Befreiungen im Gebührenbereich vorsehen kann. Während früher vom Gesetzgeber weitgehend Ausnahmen von der persönlichen Gebührenpflicht vorgesehen waren, geht die Tendenz heute zu immer weiteren Einschränkungen der persönlichen Gebührenfreiheit. Sind z.B. die Kommunen wie der Staat »persönlich gebührenbefreit«, so werden verselbständigte wirtschaftlich tätige kommunale Einrichtungen von der Gebührenbefreiung ausgenommen.[13]

Diese Einrichtungen werden kostenmäßig behandelt wie außerhalb des Staates stehende Privatpersonen. Kosten werden für speziell veranlasstes Verwaltungshandeln erhoben. Freilich bedarf es bei allgemeinen Ausnahmen von der persönlichen Gebührenbefreiung der Schaffung eines eigenen Gebührentatbestandes. Die Begründung eines Abgabenschuldverhältnisses setzt voraus, dass ein gesetzlicher oder gesetzesabgeleiteter Abgabentatbestand erfüllt wird.[14]

Aber auch für verselbständigte kommunale öffentliche Einrichtungen gilt wie für ihre Muttergemeinwesen das Kostenrecht nur bezogen auf Gebühren und Auslagen. Allgemeinaufwendungen – Allgemeinlasten – sind in jedem Falle aus dem Steueretat zu finanzieren.

Ob und inwieweit bei der Ermittlung des gebührenfähigen Aufwandes Sockel- oder Vorhaltelasten mit einbezogen werden dürfen,[15] braucht hier nicht entschieden zu werden, da es im folgenden Beispielbereich allein um nicht veranlasstes Auf-

11 Zu den Aufsichtsfunktionen allgemein *Knemeyer* Staatsaufsicht, HKWP Bd. 1, §. Aufl. 2007. S. 217 ff, Rn 11 ff.

12 *Rott/Birkner* Verwaltungskostenrecht in Bayern, Art. 3 Erl. 4.

13 Siehe etwa Art. 4 BayKostG und entsprechende Normen anderer Kostengesetze.

14 BVerfG NJW 1979, 861 ff. Zu den detaillierten Anforderungen an einen derartigen Abgabentatbestand siehe etwa *Gern* Deutsches Kommunalrecht, 3. Aufl. 2003, Rn 998 ff.

15 Dazu näher z.B. *Gern* Deutsches Kommunalrecht, Rn 1068 ff.

sichtshandeln, um die Heranziehung verselbständigter kommunaler öffentlicher Einrichtungen zu von ihnen nicht veranlassten staatlichen Allgemeinlasten geht.

III. ALLGEMEINE »KOSTENFREIHEIT« DER SPARKASSENAUFSICHT ALS STAATLICHER SONDER-KOMMUNALAUFSICHT

Unter dem Aspekt leerer Kassen und der Praxis, die Kosten der Bankenaufsicht den beaufsichtigten Instituten selbst aufzuerlegen, wird vorgeschlagen, auch die öffentlichen Sparkassen – Anstalten des öffentlichen Rechts, betraut mit einem öffentlichen Auftrag – zu den Kosten ihrer Überwachung durch den Staat heranzuziehen.

So formuliert z.B. die nordrhein-westfälische Arbeitsgruppe SpkG in ihrer allgemeinen Begründung zu § 43 des Entwurfs eines novellierten Sparkassengesetzes NRW (Kosten der Aufsicht):

> »Der allgemeine staatliche Ansatz, entstehende Kosten und damit hier die Aufsichtskosten auf die unter Aufsicht stehenden Institutionen umzulegen, ist hingegen nicht neu. Das Verfahren wird im Bereich der Bundesaufsicht über Kreditinstitute und Versicherungen bereits seit längerem erfolgreich praktiziert und gilt als allgemein anerkannt.«[16]

Richtig ist an dieser Argumentation zwar, dass das genannte Verfahren praktiziert wird, es betrifft jedoch Einrichtungen der Privatwirtschaft und nicht im öffentlichen Interesse tätige Einrichtungen der Kommunen als Einrichtungen der »mittelbaren Staatsverwaltung«. Die Arbeitsgruppe hat somit Unvergleichbares verglichen.

Zudem gilt das Verfahren der Kostenumlegung keinesfalls – wie die Arbeitsgruppe in ihrer Begründung fortfährt – »als allgemein anerkannt«. So gelangen z.B. *Ehlers* und *Achelpöhler* in ihrer Untersuchung zu dem Ergebnis, dass die Finanzierung der Wirtschaftsaufsicht des Bundes durch die beaufsichtigten Unternehmen selbst verfassungswidrig ist.[17]

Schon mangels einer Vergleichbarkeit der allgemeinen Sparkassenaufsicht mit der Bankenaufsicht als Mittel der Gefahrenabwehr und Vertrauenssicherung schlägt eine Argumentation fehl, die Sparkassen auch zu den Kosten der allgemeinen Sparkassenaufsicht heranzuziehen.

Die verfassungsrechtliche Unzulässigkeit ist aber auch grundsätzlich zu begründen:

Auch die kommunalen Sparkassen sind verselbständigte kommunale Einrichtungen in Form rechtsfähiger Anstalten des öffentlichen Rechts. Wie ihren Muttergemeinwesen steht ihnen bei der Erfüllung ihrer »Angelegenheiten der örtlichen Gemeinschaft« das Recht der Selbstverwaltung im Sinne von Art. 28 Abs. 2 GG zu. Diese kommunal-autonome Sparkassentätigkeit untersteht der Kontrolle des Staates in Form der staatlichen Sparkassenaufsicht der Länder. Als staatliche Sonder-

16 Arbeitsgruppe SpkG – Arbeitsentwurf – Stand 8. 5. 2007.

17 *Ehlers/Achelpöhler* Die Finanzierung der Wirtschaftsaufsicht des Bundes durch Wirtschaftsunternehmen, NVwZ, 1993, 1025 ff und jüngst *Kube* in seiner Anmerkung zu den »BaFin-Urteilen« des BVerwG vom 13. September 2006, JZ 2007, 466 ff, 471 ff.

Kommunalaufsicht über Sparkassen ist sie auf die Rechtmäßigkeitskontrolle im engeren Sinne beschränkt. Eine den Kommunen gegenüber ansonsten bestehende Beratungsfunktion spielt gegenüber den Sparkassen keine vorrangige Rolle. Die staatliche Sonder-Kommunalaufsicht verwirklicht die Gesetzesbindung der Sparkassen gem. Art. 20 Abs. 3 GG, dem die Sparkassen als Träger kommunaler Aufgaben der Daseinsvorsorge verpflichtet sind. Sie ist notwendiges Korrelat zur Erfüllung von Selbstverwaltungsaufgaben in der Form eines verselbständigten kommunalen Verwaltungsträgers.

Die staatliche Rechtsaufsicht über verselbständigte Kommunalaufgaben kann kostenmäßig nicht anders behandelt werden als die allgemeine Kommunalaufsicht. Sie ist als Staatsaufgabe im öffentlichen Interesse aus staatlichen Steuermitteln zu finanzieren.

Eine von kommunalen Sparkassen erhobene Abgabe zur Abgeltung von Amtshandlungen zur Wahrnehmung der über sie ausgeübten staatlichen Sonder-Kommunalaufsicht lässt sich auch mit den gebräuchlichen und ausnahmsweisen Abgabetypen nicht vereinbaren. Die Rechtsaufsichtkosten lassen sich weder als Steuern noch als Gebühren oder Beiträge charakterisieren. Auch als Umlagen, Sonderabgaben oder sonstige Abgaben lassen sie sich nicht einordnen.

Nach dem Grundprinzip der Finanzverfassung trägt jeder Aufgabenträger die für die Erfüllung seiner Aufgaben anfallenden Kosten. Im Gemeininteresse erbrachte Leistungen sind im Gegensatz zu individualnützigen Leistungen aus Steuereinnahmen zu finanzieren, »Sonderkosten« dürfen neben den anerkannten Einnahmen des Staates nicht erhoben werden. Nach der Finanzverfassung des Grundgesetzes ist der Mittelbedarf des Staates grundsätzlich aus Steuern zu finanzieren. Es ist dem Staat nicht erlaubt, im Zusammenhang mit seiner Sachgesetzgebungskompetenz beliebige andere Einnahmequellen zu schaffen. Abweichungen vom Prinzip der Steuerfinanzierung sind nur ausnahmsweise im Rahmen der daneben anerkannten Abgabeformen zulässig.[18]

Für die Erhebung eines Entgelts für die staatliche Erbringung der Sonder-Kommunalaufsicht über Sparkassen ist die im Rahmen der Finanzierung besonderer Formen der Wirtschaftsaufsicht gebräuchliche Form der Umlageerhebung ins Auge gefasst worden. Eine derartige Umlage wird etwa erhoben zur Finanzierung der Finanzdienstleistungsaufsicht des Bundes durch die Bundesanstalt für Finanzdienstleistungsaufsicht (BaFin), der Güterfernverkehrsaufsicht durch die Bundesanstalt für den Güterfernverkehr sowie der Binnenschifffahrtsaufsicht durch die Wasser- und Schifffahrtsdirektionen. Die Überwälzung der Kosten im Bereich der Wirtschaftsaufsicht hat sich zwar – wie *Kube* darlegt – »zum fiskusschonenden Regelfall entwickelt«, die Zulässigkeit dieser Umlagefinanzierungen wird jedoch durchaus kritisch

18 *Ruhe* in: Hömig, Grundgesetz, 8. Aufl. 2007, Art. 105 Rn 1 f und für die kommunale Finanzverfassung *Gern* Deutsches Kommunalrecht, 3. Aufl. 2003, Rn 989. Zum Steuerstaatsprinzip grundlegend Sacksofsky/Wieland (Hrsg.) Vom Steuerstaat zu Gebührenstaat, Baden-Baden 2000, S. 188 ff und *Hendler* Gebührenfinanzierter Dienstleistungsstaat, DÖV 1999, 749 ff.

diskutiert.[19] Bei der hier gegenständlichen staatlichen Sonder-Kommunalaufsicht stellt sich die Frage nach der Zulässigkeit ihrer Bepreisung erst recht, zumal sie nicht mit den ›bepreisten‹ Fällen der Wirtschaftsaufsicht vergleichbar ist.

1. *Finanzierung der staatlichen Sonder-Kommunalaufsicht über die Sparkassen durch Erhebung einer Steuer?*

Als eine Steuer bezeichnet die allgemein anerkannte Legaldefinition des § 3 Abs. 1 AO eine Geldleistung, die nicht eine Gegenleistung für eine besondere Leistung darstellt und von einem öffentlich-rechtlichen Gemeinwesen zur Erzielung von Einnahmen allen auferlegt wird, bei denen der Tatbestand zutrifft, an den das Gesetz die Leistungspflicht knüpft. Wesensmerkmal der *Steuer* ist demnach, dass sie ohne eine ihr vorausgehende staatliche Gegenleistung erhoben wird.

Die Bepreisung der staatlichen Sonder-Kommunalaufsicht über die Sparkassen könnte allein auf der Tätigkeit der Aufsichtsbehörden bezogen werden. Dabei genügt als Anknüpfungspunkt nicht schon deren Existenz als solche. Bepreisungsfähig wäre allein der durch die Sonder-Kommunalaufsicht über die Sparkassen bedingte Aufwand für die staatliche Aufsicht. Damit knüpfte eine Abgabepflicht an die Wahrnehmung der Aufsicht, mithin einer staatlichen Aufgabe an, wäre also gerade nicht losgelöst von jeglicher Vor- bzw. Gegenleistung.

Als *Steuer* kann die Erhebung eines Entgelts für die staatliche Sonder-Kommunalaufsicht demnach nicht qualifiziert werden.

2. *Finanzierung der staatlichen Sonder-Kommunalaufsicht über die Sparkassen durch Erhebung einer Verwaltungsgebühr?*

Verwaltungsgebühren sind Geldleistungen, die vom Pflichtigen als Gegenleistung für eine von ihm veranlasste besondere Leistung der Verwaltung verlangt werden.[20] Verwaltungs- bzw. Leistungsgebühren, die eventuell in Betracht kämen, definiert das Bundesverfassungsgericht als Gegenleistungen, die aus Anlass individuell zurechenbarer öffentlicher Leistung dem Gebührenschuldner auferlegt werden und dazu bestimmt sind, in Anknüpfung an diese Leistung deren Kosten ganz oder teilweise zu decken.[21]

Im Unterschied zur Steuer zeichnet die Gebühr also ihr Gegenleistungscharakter aus. Diese Gegenleistung muss konkret sein und der einzelnen Anstalt individuell zu Gute kommen. Eine derartige, konkrete Gegenleistung ist indes nicht zu erkennen. Zwar unterfallen der Aufsicht alle – in der Regel als kommunale Anstalten des öffentlichen Rechts geführte – Sparkassen; doch soll es nach bisherigen Überlegun-

19 Siehe dazu insbesondere *Ehlers/Achelpöhler* Die Finanzierung der Wirtschaftsaufsicht des Bundes durch Wirtschaftsunternehmen, NVwZ 1993, 1025 ff und *Kube* in seiner Anmerkung zu den ›BaFin-Urteilen‹ des BVerwG, JZ 2007, 466 ff, 471 ff.

20 Vgl. *Gern* Deutsches Kommunalrecht, 3. Aufl. 2003, Rn 983; *Knemeyer* Bayerisches Kommunalrecht, 12. Aufl. 2007, Rn 364.

21 BVerfGE 50, 217, 226 mwN.

gen nicht auf die tatsächliche Prüfung jeder einzelnen, zum Entgelt herangezogenen Sparkasse ankommen. Einer Entgeltpflichtigkeit unterfielen vielmehr alle Sparkassen in kommunaler Trägerschaft, womit der Abgabetatbestand – voraussichtlich allein – an die Zugehörigkeit zur Gruppe der kommunalen Sparkassen anknüpfte.

Der für die Annahme einer Leistungs- oder Verwaltungsgebühr unabdingbare individuell zurechenbare Gegenleistungscharakter geht schließlich völlig verloren, wenn ein Entgelt durch die einzelne kommunale Sparkasse zu zahlen ist, obwohl gegenüber dieser überhaupt keine aufsichtliche Maßnahme oder Handlung erfolgte. Schließlich fehlt es an der individuellen Zurechenbarkeit der Leistung und der unmittelbaren Relation von Leistung und Gegenleistung, wenn Gesamtkosten der staatlichen Sparkassenaufsicht bei einem Verband erhoben werden, der sie nach einem bestimmten Schlüssel von seinen Mitgliedern einhebt. Gleiches gilt, wenn das Land die Kosten bei jeder einzelnen Sparkasse nach einem wie auch immer gearteten Schlüssel erheben würde. Die Charakterisierung eines Entgelts für die staatliche Sonder-Kommunalaufsicht über kommunale Sparkassen als Leistungs- oder Verwaltungsgebühr kommt daher nicht in Betracht.

Selbst wenn man eine Individualnützigkeit und individuelle Zurechenbarkeit annehmen würde, so würde die verfassungsrechtliche Zulässigkeit jedenfalls an der Zuordnung der kommunalen Sparkassentätigkeit zu den verfassungsrechtlich geschützten Selbstverwaltungsaufgaben der örtlichen Gemeinschaft scheitern. Die aus dem Rechtsstaatsprinzip und der »Selbstverwaltungsgarantie im Rahmen der Gesetze« zwingend folgende staatliche Kontrollaufgabe hat der Staat aus eigenen (Steuer-)mitteln zu tragen.

Eine von sämtlichen kommunalen Sparkassen erhobene Allgemeinabgabe kann nach alledem nicht als Gebühr eingeordnet werden. Das schließt nicht aus, einzelne Maßnahmen der staatlichen Sonder-Kommunalaufsicht in Gestalt eines Gebührentatbestandes auszuformen. Allein der Anwendungsbereich solcher Tatbestände unterliegt engen Grenzen und erlaubt allenfalls die Inanspruchnahme der jeweiligen, von der Aufsichtsbehörde beanstandeten Sparkasse.

3. Finanzierung der staatlichen Sonder-Kommunalaufsicht über die Sparkassen durch Erhebung eines Beitrags?

Beiträge werden zur Deckung des Aufwandes für die öffentlichen Einrichtungen der Kommunen von denjenigen erhoben, die durch ihre Schaffung und die Möglichkeit der Inanspruchnahme regelmäßig einen besonderen Vorteil haben.[22] Beiträge gelten die Nutznießung an und die Vorteile aus öffentlichen Einrichtungen ab.[23]

22 *Gern* Deutsches Kommunalrecht, 3. Aufl. 2003, Rn 984; *Knemeyer* Bayerisches Kommunalrecht, 12. Aufl. 2007, Rn 363 mwN.

23 *Ruhe* in: Hömig, Grundgesetz, 8. Aufl. 2007, Art. 105 Rn 1 mit Hinweisen auf die Rechtsprechung des BVerfG.

Wie die Gebühr kennzeichnet den Beitrag – im Gegensatz zur Steuer – ein Gegenleistungscharakter. Anders als die Gebühr entgilt der Beitrag jedoch nicht erst die konkrete Inanspruchnahme der staatlichen Leistung, sondern bereits deren Bereithaltung; auf einen tatsächlichen Empfang der staatlichen Leistung kommt es also nicht an. Unabhängig davon, ob schon die Möglichkeit der Inanspruchnahme eine Beitragserhebung zulässt, fehlt es jedenfalls am Tatbestand der Inanspruchnahme. Sparkassen rufen nicht eine Aufsichtsmaßnahme ab. Der Staat erbringt sie als seine ureigenste Aufgabe.

Die Annahme eines Beitrags setzt zusätzlich die Gewährung eines messbaren Vorteils voraus. Für Formen der staatlichen Wirtschaftsaufsicht – als eine über die Rechtsaufsicht hinausgehende staatliche Fachaufsicht – ist eine solche Vorteilsgewährung zwar schon in deren bloßer Bereitstellung zu Gunsten der beaufsichtigten Unternehmen oder auch ihrer Vertragspartner angedacht, im Ergebnis aber verworfen worden.[24] Für die staatliche Sonder-Kommunalaufsicht als reine Rechtsaufsicht vermag jedoch die Vorstellung, bereits die Bereithaltung dieser staatlichen Rechtsaufsicht (!) gewähre einen – jedenfalls nennenswerten – Vorteil, nicht zu überzeugen. Dagegen spricht schon, dass die staatliche Rechtsaufsicht im System der Kontrollmechanismen einen nur eingeschränkten Bereich betrifft, so dass von einem relevanten »Vorteil« für die Sparkassen selbst schon deshalb kaum mehr die Rede sein kann. Und soweit Sparkassen gegenüber privatrechtlich organisierten Banken zusätzliches Vertrauen entgegengebracht wird, leitet sich dieses im Wesentlichen daraus ab, dass sie vor Ort verwurzelt sind, ihre Tätigkeit dem Gemeinwohl dient und ihr öffentlicher Auftrag eine umsichtige und solide Geschäftspolitik gebietet.

Aber selbst wenn in der Bereithaltung der staatlichen Sonder-Kommunalaufsicht ein relevanter Vorteil zu erblicken wäre, könnte darin *kein individueller* Vorteil gesehen werden. Die Wahrnehmung der staatlichen Rechtsaufsicht erfolgt nicht im individuellen, sondern im öffentlichen Interesse und ist als Korrelat zur verfassungsrechtlich geschützten Selbstverwaltungsgarantie nicht abzuwälzen.

Die Richtigkeit dieses Ergebnisses untermauert folgende Überlegung: Wäre es grundsätzlich zulässig, die Kosten staatlicher Kontrolleinrichtungen allen Beaufsichtigten unabhängig davon zu überbürden, ob sie überhaupt Anlass für ein Tätigwerden oder wenigstens eine Prüfung der Behörde gegeben haben, hätte dies nicht nur die Bepreisungsfähigkeit auch jeglicher ordnungsverwaltender – polizeilicher – im öffentlichen Interesse liegender Tätigkeiten zur Folge, sondern erlaubte – vor dem Hintergrund der hier gegenständlichen Aufsichtsform der Rechtsaufsicht – auch die Entgelterhebung für die staatliche Rechtsaufsicht über die kommunalen Gebietskörperschaften. Diese nahezu grenzenlose Ausdehnung der Beitragserhebung ließe sich mit dem Grundsatz der Steuerfinanzierung des Staates nicht vereinbaren.[25]

24 Vgl. *Ehlers/Achelpöhler* NVwZ 1993, 1025, 1028 f.
25 Dazu grundlegend *Hendler* Gebührenfinanzierter Dienstleistungsstaat, DÖV 1999, 749 ff.

4. Finanzierung der staatlichen Sonder-Kommunalaufsicht über die Sparkassen durch Erhebung einer Sonderabgabe?

Da es keinen abschließenden Katalog zulässiger Abgaben gibt, bleibt Raum für die Erhebung »sonstiger Abgaben«. Derartige »Sonderabgaben« bedürfen freilich der Anbindung an die jeweilige Sachkompetenz – hier also der staatlichen Kommunalaufsicht.

Im Gegensatz zu den bisher herangezogenen Kategorien der Steuer, der Gebühr und des Beitrags ist eine trennscharfe positive Bestimmung des Begriffs der Sonderabgabe bislang nicht gelungen. Jedenfalls hat die Sonderabgabe die Auferlegung einer Geldleistungspflicht für eine besondere Personengruppe zur Erledigung einer bestimmten Aufgabe zur Voraussetzung. Um jedoch die Abgrenzung zwischen Sonderabgaben einerseits und Steuern andererseits aufrechtzuerhalten, ist dem Gesetzgeber die Erhebung solcher Sonderabgaben verwehrt, die – dann nämlich entsprechend der Steuer – nur der Erzielung von Einnahmen für den allgemeinen Finanzbedarf des Staates dienen.

Der Sinn der Finanzverfassung ginge jedoch verloren, wenn außerhalb der für diese geltenden Regeln auf der Grundlage der Sachkompetenzen beliebig nichtsteuerliche Abgaben konstruiert und erhoben werden dürften.[26] Sonderabgaben unterliegen dementsprechend engen Grenzen und müssen seltene Ausnahmen bleiben.[27]

Für die Auferlegung nichtsteuerlicher Abgaben formuliert das Bundesverfassungsgericht grundlegende Prinzipien, auf die unten näher einzugehen sein wird.

Vorab kann jedoch schon folgendes festgehalten werden:

Ohne eine nähere Konkretisierung der Verwendungsabsicht hinsichtlich der mit einer Bepreisung der staatlichen Sonder-Kommunalaufsicht zu Lasten der Sparkassen erzielten Einkünfte bestehen bereits insoweit erhebliche Bedenken gegen die Zulässigkeit eines solchen Entgelts in Gestalt einer Sonderabgabe, als es sich bei der staatlichen Sonder-Kommunalaufsicht um eine allgemeine, verfassungsrechtlich gebotene, staatliche Aufgabe als Korrelat zur Sparkassenautonomie handelt. Diese Rechtsaufsicht stellt ein Essentiale des Rechtsstaats dar und garantiert die gegliederte staatliche Grundordnung.

Kann eine abgegrenzte Mittelverwendung sichergestellt werden, misst das BVerfG unter Berücksichtigung des Zwecks einer Sonderabgabe, nämlich ob die Sonderabgabe auf eine Verhaltenslenkung oder eine Finanzierungsfunktion gerichtet ist, eine Sonderabgabe an verschiedenen Zulässigkeitskriterien.

Voraussetzung einer verhaltenslenkenden Sonderabgabe wäre das Ziel, ein anderes Verhalten des Abgabepflichtigen herbeizuführen. Zweck einer Bepreisung der

26 *Ruhe* in: Hömig, Grundgesetz, 8. Aufl. 2007, Art. 105 Rn 2. S.a. den Beschluss des BVerfG vom 17. Juli 2003 – 2 BvL 1/99 – mit Verweis auf die ständige Rechtsprechung. Siehe dazu auch grundsätzlich die Beiträge in: Sacksofsky/Wieland (Hrsg.) Vom Steuerstaat zum Gebührenstaat, 2000.

27 BVerfGE 113, 147 mit Hinweisen auf die ständige Rechtsprechung.

staatlichen Sonder-Kommunalaufsicht ist aber keineswegs die Einschränkung des Betriebs kommunaler Sparkassen noch die Herbeiführung eines anderen Verhaltens. Die Rechtsaufsicht hat allein das auf Sparkassenrecht beruhende rechtmäßige Verhalten zu garantieren.

Die hier problematische Abgabe für die staatliche Sonder-Kommunalaufsicht verfolgt vielmehr allein das Ziel, die staatliche Aufsicht zu finanzieren. Für *Sonderabgaben mit Finanzierungsfunktion*,[28] die eine »seltene Ausnahme« bleiben müssen,[29] formuliert das BVerfG fünf enge Voraussetzungen. Diese gelten auch für Sonderabgaben der Länder, denen ansonsten der Zugriff auf das Leistungsvermögen der Abgabepflichtigen unter Umgehung der Art. 105 Abs. 2, 105a Abs. 2 GG unterläge.[30]

Zunächst darf der Gesetzgeber eine Sonderabgabe nur zur Verfolgung eines Sachzwecks heranziehen, der über die bloße Mittelbeschaffung hinausgeht. Zweitens ist mit der Sonderabgabe eine homogene Gruppe zu belegen. Drittens muss diese Gruppe durch eine spezifische Sachnähe zu dem mit der Sonderabgabenerhebung verfolgten Zweck, also eine eigene Finanzverantwortung gekennzeichnet sein. Viertens verlangt das BVerfG eine gruppennützige Verwendung des mit der Sonderabgabe erzielten Aufkommens und fünftens obliegt dem Gesetzgeber die periodische Prüfung dieser engen Voraussetzungen und der Legitimität der Sonderabgabe.[31]

Ob die ersten beiden Kriterien vorliegen, bedarf keiner näheren Untersuchung, weil jedenfalls schon die dritte Voraussetzung – die Finanzverantwortung der kommunalen Sparkassen – nicht angenommen werden kann. Eine solche liegt nur dann vor, wenn die mit Hilfe der Sonderabgabe zu erfüllende Aufgabe ganz überwiegend in die Sachverantwortung der Gruppe und nicht in diejenige des Staates fiele. Die Rechtsaufsicht ist aber ein Essentiale des Rechtsstaates. Als ureigenste (rechts-)staatliche Aufgabe fehlt es an dem Charakteristikum einer Gruppenaufgabe. Eine besondere Verantwortung der Gruppe der Sparkassen für die Erfüllung der mit der Abgabe zu finanzierenden Aufgabe[32] – nämlich der Rechtsaufsicht – besteht nicht.

Nicht in Betracht kommt auch eine gruppennützige Verwendung. Das mittels der Abgabe für die staatliche Sonder-Kommunalaufsicht erzielte Aufkommen soll nicht zu Gunsten oder im überwiegenden Interesse der Gesamtgruppe[33] der Sparkassen

28 Siehe dazu etwa *Berg* Sonderabgaben – Möglichkeiten und Grenzen im Wirtschaftsverwaltungs- und Umweltrecht, GewArch 2006, 441 ff und *Ossenbühl* Zur Rechtfertigung von Sonderabgaben mit Finanzierungszweck, DVBl 2005, 667 ff.

29 BVerfGE 55, 274, 308; 113, 128, 150 in ständiger Rechtssprechung. Siehe dazu auch *Tegebauer* Zur Verfassungsmäßigkeit der Finanzierung von Studienfonds durch Sonderabgaben, DÖV 2007, 600 ff.

30 So BVerfGE 67, 256, 285 f.

31 Zu allem BVerfGE 55, 274, 305 ff; 67, 256, 276 f; 75, 108, 147 f; 82, 159, 179 ff.

32 Dazu *Ruhe* in: Hömig, Grundgesetz, 8. Aufl. 2007, Art. 105 Rn 3.

33 Dazu auch *Tegebauer* Sonderabgaben, DÖV 2007, 600 ff, 604.

verwandt werden. Damit fehlt einer Sonderabgabe für die staatliche Sparkassenaufsicht die notwendige sachliche Rechtfertigung.

Schließlich müsste der Gesetzgeber der weiteren, zwingenden Voraussetzung für die Zulässigkeit einer Sonderabgabe nach der bundesverfassungsgerichtlichen Rechtsprechung genügen und die Legitimation der Abgabe einer periodischen Überprüfung unterziehen. Sonderabgaben sind grundsätzlich temporär.[34]

Nur am Rande sei auf eine weitere, in der Literatur angeführte Voraussetzung hingewiesen. So sollen die Erträge einer Sonderabgabe regelmäßig in einen Sonderfonds fließen müssen.[35]

Die mutmaßlich mit der Abgabenerhebung bezweckte Einstellung der erzielten Einkünfte in den allgemeinen Landeshaushalt spräche dann ebenfalls gegen die Zulässigkeit einer Sonderabgabe.

5. Finanzierung der staatlichen Sonder-Kommunalaufsicht über die Sparkassen durch Erhebung einer Umlage?

Umlagen sind das typische Finanzierungsmittel öffentlich-rechtlicher Verbände. Im Gesamtsystem des Finanz- und Lastenausgleichs werden sie von den Abgaben unterschieden.[36]

Der Begriff der »Umlage« wird in der Sprache der Abgabensystematik in zwei Bereichen verwandt: Zunächst sind die Umlageerhebungen zwischen den Ebenen kommunaler Gebietskörperschaften geläufig. Dort bezeichnet die »Umlage« die Beiträge von Gebietskörperschaften zur (teilweisen) Deckung des Finanzbedarfs der verwaltungsorganisatorisch darüber angesiedelten Gebietskörperschaften höherer Ordnung, vgl. auch Art. 106 Abs. 6 Satz 4 und 5 GG. So trägt etwa die Kreisumlage wesentlich zur Finanzausstattung der Landkreise bei.

Eine mit diesen Umlagen vergleichbare Abgabe liegt hier jedoch offensichtlich nicht vor.

Mit der Bezeichnung »Umlage« werden gelegentlich auch Abgaben beschrieben, die öffentlich-rechtliche Körperschaften von ihren Mitgliedern zur Finanzierung der Körperschaftstätigkeit erheben. Im Grunde handelt es sich dabei aber um Verbandslasten.

34 BVerfGE 110, 389; 108, 218; 82, 181.

35 So *Birk* Steuerrecht, 8. Aufl. 2005, Rn 111; *P. Kirchhof* in: Isensee/P. Kirchhof, HdbStR IV, 2. Aufl. 1999, § 88 Rn 221 und *Tegebauer* Sonderabgaben, DÖV 2007, 600 ff, 601.

36 So für die Kreisumlage etwa BVerwG Der Landkreis 1997, 278.

6. Finanzierung der staatlichen Sonder-Kommunalaufsicht über die Sparkassen durch Erhebung einer Verbandslast?

Die Erhebung einer Verbandslast von den Mitgliedern einer öffentlich-rechtlichen Körperschaft rechtfertigt sich durch den in der Selbstverwaltung der Körperschaft angelegten Freiheitsgewinn der Mitglieder. Das setzt allerdings die Gewährung irgendeiner Form von Mitbestimmungs- oder Einflussrechten voraus. Schon daran fehlt es bei der Gestaltung eines Entgelts für die staatliche Sonder-Kommunalaufsicht. Im Übrigen sind die kommunalen Sparkassen nicht Mitglieder oder Einrichtungen (der Rechtsaufsicht) des Staates. Sie erfüllen Aufgaben der örtlichen Gemeinschaft (Art. 28 Abs. 2 GG). Die verfassungsrechtliche Garantie leitet sich aus dem Selbstverwaltungsrecht der betreibenden Kommune ab.[37]

Dies bedeutet für die einzelne Kommune das Recht, eine Sparkasse zu betreiben. Eine Abgabe zur Finanzierung der staatlichen Sonder-Kommunalaufsicht kann demnach keine Verbandslast darstellen.

7. Finanzierung der staatlichen Sonder-Kommunalaufsicht über die Sparkassen durch Erhebung einer sonstigen Abgabe?

Zwar behandelt das Grundgesetz die Formen der für zsulässig gehaltenen Abgaben nicht abschließend.[38] Soweit jedoch rechtlich selbständige sonstige Abgabetatbestände geschaffen werden, bedürfen diese wegen der Grundentscheidung für den Steuerstaat allerdings einer besonderen Rechtfertigung.

Insbesondere unter Berücksichtigung des Charakters der Sparkassenaufsicht als staatlicher Sonder-Kommunalaufsicht, die Teil der staatlichen Rechtsaufsicht ist, kann eine solche gesteigerte Rechtfertigung nicht erkannt werden. Vielmehr handelt es sich bei den Kosten der staatlichen Rechtsaufsicht um typische Gemeinlasten. Diese unterliegen aber nach der grundgesetzlichen Finanzverfassung der Finanzierung aus Steuermitteln.

IV. ERGEBNIS

Eine von kommunalen Sparkassen erhobene Abgabe zur Abgeltung von Amtshandlungen zur Wahrnehmung der über sie ausgeübten staatlichen Sonder-Kommunalaufsicht lässt sich mit den gebräuchlichen und ausnahmsweisen Abgabetypen nicht vereinbaren.

37 So *Hoppe* Haftungszuschlag für die kommunalen Sparkassen, DVBl 1982, 45, 51; *Ruffert* VerwArch 2001, 27, 55. Siehe dazu schon vorne III.4.

38 BVerfGE 78, 249, 266 f; 82, 159, 181.

Die allgemeinen Rechtsaufsichtslasten lassen sich weder als Steuern noch als Gebühren oder Beiträge charakterisieren. Auch als Umlagen, Sonderabgaben oder sonstige Abgaben lassen sie sich nicht einordnen. Die Schaffung eines eigenen Abgabentatbestandes zur Erfassung der Allgemeinlasten der Länderrechtsaufsicht über die Sparkassen wäre daher mit dem Grundgesetz unvereinbar und verfassungswidrig. Zudem können Kosten allein dem Verursacher auferlegt werden. Dies würde bedeuten, dass jede Aufsichtsmaßnahme auf der Basis eines speziellen Abgabentatbestandes bei einem einzelnen Institut konkret abzurechnen wäre.

Die Erhebung einer Kostenumlage über den Sparkassenverband wäre erst recht unzulässig. Der Verband ist nicht Kostenverursacher und Aufsichtsmaßnahmen sind auch nicht verbandsnützig. Zudem gehört die »Eintreibung« von Staatsaufsichtskosten nicht zu den Verbandsaufgaben.

Schließlich lässt sich wohl kein Maßstab entwickeln, der eine Kostenentstehung bei einem einzelnen Institut nur annähernd erfasst. Nicht die allgemeine Existenz einer staatlichen Sparkassenaufsicht neben anderen Aufsichtsarten sondern allein konkrete Aufsichtsmaßnahmen könnten – wenn die dafür vorliegenden Rechtsgrundlagen dies zuließen – eine Kostenerhebung ermöglichen.

Die staatliche Sonder-Kommunalaufsicht über Sparkassen ist ureigenste, genuinstaatliche, nicht fremdveranlasste und fremdnützige Staatsaufgabe als Korrelat zum verfassungsmäßig geschützten kommunalen Selbstverwaltungsrecht. Als solche ist sie aus staatlichen Steuermitteln zu finanzieren. – Mit der ›BaFin-Kontrolle‹ als Mittel der Wirtschaftsaufsicht mit u.a. dem Ziel der Gefahrenvorsorge ist die Sonderkommunalaufsicht als Rechtmäßigkeitskontrolle nicht zu vergleichen.

Von der persönlichen Gebührenbefreiung könnten allenfalls auf dem Wege einer Ausnahmeregelung in einem Landeskostengesetz sowie dem ergänzenden, auf einzelne individuell zurechenbare Aufsichtsmaßnahmen zugeschnittenen Gebührentatbestand Ausnahmen normiert werden. Ob und gegebenenfalls inwieweit Allgemeinlasten in die Gebührenberechnung einbezogen werden dürfen, richtet sich nach dem allgemeinen Gebührenberechnungssystem.[39]

Damit sind die allgemeinen Finanzlasten der Staatsaufsicht über Kommunen und ihre ausgelagerten öffentlichen Einrichtungen aus Steuermitteln zu finanzierende allgemeine Staatslasten.

39 Dazu näher z.B. *Gern* Deutsches Kommunalrecht, Rn 997 ff, 1061 ff, 1068 ff.

VII. Internationales

Die Bedeutung des Abschlusses des Luftverkehrsabkommens zwischen der Europäischen Union und den USA

STEPHAN HOBE*

1. DIE BILATERALE GRUNDSTRUKTUR DER INTERNATIONALEN LUFTVERKEHRSRECHTLICHEN BEZIEHUNGEN

Luftverkehrsbeziehungen zwischen Europa und den Vereinigten Staaten von Amerika sind fundamental für den Weltluftverkehr, weil schon rein quantitativ über dem Nordatlantik ein ganz wesentlicher Teil des Weltpersonen- und -frachtverkehrs abgewickelt wird. Deshalb hat es schon seit sehr langer Zeit Luftverkehrsbeziehungen gegeben, die gemäß der Grundstruktur des internationalen Luftrechts maßgeblich in bilateralen Luftverkehrsabkommen festgehalten sind.[1] Dies rührt bekanntlich von der Tatsache her, dass Art. 1 des Abkommens von Chicago von 1944 in völkergewohnheitsrechtlicher Art und Weise den einzelnen Staaten die Hoheit über ihren Luftraum zubilligt, eine Hoheit, die nur durch den Abschluss völkerrechtlicher Abkommen »durchbrochen« werden kann.[2] Solches ist auf multilateraler Ebene, wie bekannt ist 1944, gleichzeitig mit dem Abkommen von Chicago, geschehen. Das Air Transit-Abkommen,[3] als Annex zum Abkommen von Chicago verabschiedet, welches den Überflug sowie die Notlandung erlaubt, genießt zwar heute auch universelle Anerkennung und dürfte völkergewohnheitsrechtlich bereits ebenso verfestigt sein. Das darüber hinausgehende Air Transport Agreement[4] mit der multilateralen

* Der Beitrag beruht auf einem Vortrag, der auf den 2. Deutschen Luftfahrt Tagen am 3. 12. 2007 in München gehalten wurde. Die Vortragsform wurde beibehalten, der Vortrag um den Anmerkungsapparat ergänzt. Für ihre Unterstützung dabei bedanke ich mich sehr herzlich bei meiner wiss. Mitarbeiterin Frau *Yun-I Kim*.

1 Vgl. Abkommen über den Luftverkehr zwischen der Bundesrepublik Deutschland und den Vereinigten Staaten von Amerika, erste Fassung vom 7. 7. 1955 in BGBl 1956 II S. 403; für die aktuelle Fassung s. www.luftrecht-online.de/regelwerke/d-usa.htm; *Rossbach* Bilaterale Luftverkehrsabkommen, in: Hobe/von Ruckteschell (Hrsg.) Kölner Kompendium des Luftrechts, Bd. 1, Köln 2008 S. 277 ff.

2 Siehe grundsätzlich dazu *Hobe* Luftraum und Lufthoheit, in: ders./von Ruckteschell (Hrsg.) Kölner Kompendium des Luftrechts, Bd. 1, Köln 2008 S. 255 ff.

3 Vom 7. 12. 1944, 84 UNTS 389; deutsche Quelle BGBl 1956 II S. 442.

4 Vom 7. 12. 1944, 84 UNTS 389.

Garantie der 3. bis 5. Freiheit hingegen wurde weder in Chicago noch später universell akzeptiert. Als wesentlich interessierende kommerzielle Fragen neben der 3. bis 5. Freiheit kennen wir heute auch noch eine 6., 7. und – Kabotageeinwände überwindend – eine 8. Freiheit. All diese Freiheiten also werden dabei heute, vielleicht mit Ausnahme der ersten beiden Freiheiten, maßgeblich in bilateralen Luftverkehrsabkommen vereinbart. Es ist insofern festzuhalten, dass der Weltluftverkehr in seiner rechtlichen Grundordnung bilateral strukturiert ist.

2. AUFLOCKERUNGEN DES BILATERALISMUS IN EUROPA

Dies war zunächst auch für Europa der Fall. Doch nachdem mehrere Anstöße des Europäischen Gerichtshofs, zunächst im Seeleute-Urteil[5] und später im Untätigkeits-Urteil,[6] dafür gesorgt hatten, dass die Abwicklung des Luftverkehrs als eine grundfreiheitlich garantierte Tätigkeit akzeptiert wurde, namentlich also die europäischen Grundfreiheiten der Dienstleistung und der Niederlassung berührte, war es, nachdem die EG in drei Liberalisierungspakten die Einzelheiten der Liberalisierung vollendet hatte,[7] etwa Mitte der 1990er Jahre so weit, dass man von einem liberalisierten europäischen Luftverkehrsmarkt sprechen konnte.[8]

Nur eine Konsequenz dieser Marktliberalisierung und der Unterstellung des Luftverkehrs unter die Grundfreiheiten des Gemeinsamen Marktes ist es, dass die bilateralen Luftverkehrsabkommen zwischen den Mitgliedstaaten der Europäischen Gemeinschaften nunmehr ruhen. Die Beantwortung einer wesentlichen Frage war freilich noch offen geblieben: Dies betraf die Frage, ob und inwieweit aus dieser zunehmenden Liberalisierung im inneren auch die Konsequenz der Gestaltung der Außenbeziehungen durch eine europäische Instanz folgen sollte. Hier hat der Europäische Gerichtshof wiederum das Eis gebrochen. In einer grundlegenden Entscheidung »Open Skies« vom 5. November 2002,[9] also vor nunmehr fünf Jahren, hat er entschieden, dass zum einem nach Maßgabe der wahrgenommenen Binnenkompetenz im liberalisierten Europa die europäischen Instanzen – und hier vornehmlich die Kommission und der Rat – auch im Außenverhältnis handlungsbefugt seien, weshalb acht überprüfte bilaterale Luftverkehrsabkommen, u.a. das der Bun-

5 EuGH – Rs. 167/73 – *Französische Seeleute*, Slg. 1974, S. 359 ff.
6 EuGH – Rs. 13/83 – *Untätigkeitsurteil*, Slg. 1985, S. 1513 ff.
7 Sog. SES-Verordnungen, VO (EG) Nr. 549/2004, ABl. L 96 v. 31. 3. 2004, S. 1; VO (EG) Nr. 550/2004, ABl. L 96 v. 31. 3. 2004, S. 10; VO (EG) Nr. 551/2004, ABl. L 96 v. 31. 3. 2004, S. 20, VO (EG) Nr. 552 (2004), ABl. L 96 v. 31. 3. 2004, S. 26.
8 Für eine detaillierte Beschreibung der Entwicklung siehe *Balfour* European Community Air Law, London u.a. 1995.
9 EuGH – Rs. C-466/98, C-467/98, C-468/98, C-469/98, C-471/98, C-472/98, C-475/98, C-476/98, Slg. 2002, S. 9427 ff.

desrepublik Deutschland mit den Vereinigten Staaten, rechtswidrig und damit nichtig seien.

3. ZUR ENTSTEHUNGSGESCHICHTE DES ABKOMMENS

Darüber hinaus hat er, was nicht geringere Bedeutung hat, festgehalten, dass die in den bilateralen Luftverkehrsabkommen enthaltene Eigentümer- und Kontrollklausel jedenfalls nicht mehr Rekurs auf die Notwendigkeit mehrheitlichen Besitzes einer Airline in *Staats*eigentum machen muss, sondern es nur noch darum gehen könne, dass sich die Airline in mehrheitlichem Besitz eines der EG-Mitgliedstaaten befinde.[10] Insofern konnte man dem zweiten, letzteren Petitum des EuGH relativ unproblematisch durch das Einfügen der entsprechenden Europa-Klausel und der entsprechenden Ersetzung der Eigentümer- und Kontrollklausel beikommen. Indes sollte man sich rechtsdogmatisch sehr klar darüber sein, dass damit bereits im europäischen Markt eine der Grundfesten des alten bilateralen Systems gefallen ist. Dies bedeutet ausdrücklich nicht – und dies dürfte für die Betrachtung des bilateralen Luftverkehrsabkommens EU-USA auch entscheidend sein – dass nicht die Amerikaner ihrerseits nach wie vor auf sehr prononcierte Weise die Eigentümer- und Kontrollklausel bezüglich der Vereinigten Staaten Aufrecht erhielten.[11]

Die Reaktionen der Mitgliedstaaten der Europäischen Union waren durchaus gemischt: Es wurde der EU ja durch das Urteil des Europäischen Gerichtshofs von 2002 bescheinigt, dass sie, wiewohl nicht im Besitz einer generellen Außenkompetenz zum Abschluss des bilateralen Luftverkehrsabkommens mit den Vereinigten Staaten, so doch jedenfalls auf den Gebieten zuständig sei, – und zwar mit die Mitgliedstaaten verdrängender Wirkung – in denen sie auch eine ausdrückliche Innenkompetenz wahrnehme.[12]

Der Verkehrsministerrat brauchte insofern einige Zeit, um sich darauf zu einigen, dass, jedenfalls im Zusammenwirken mit der Kommission, nunmehr in der Tat die Grundzüge eines neuen bilateralen Luftverkehrsabkommens sich auch europäisch vollziehen sollten.

Dies hat nun, nach langen, nicht einfachen Verhandlungen, am 12. September 2006 zum Abschluss des entsprechenden »Open Skies«-Abkommens zwischen den Vereinigten Staaten und Europa geführt. Das Abkommen ist freilich noch nicht ratifiziert; es bedürfte in Europa als sog. gemischtes Abkommen der Ratifikation in allen Mitgliedstaaten.

10 EuGH – Rs. C-476/98, Slg. 2002, S. 9855 ff Rn 151.
11 *Abeyratne* US/EU Open Skies Agreement – Some Issues, Journal of Air Law and Commerce 2002 S. 21, 25.
12 EuGH – Rs. 22/70 – *AETR*, Slg. 1971, S. 263 ff.

Zunächst sei für die Entwicklungsgeschichte noch weiter ausgeführt, dass, nachdem das Abkommen im November 2005 paraphiert worden war, es erst gegen Ende 2006 zur Erledigung eines Prüfauftrages in der Form des Erlasses der von der US-Verwaltung angekündigten Verwaltungsvorschrift zu erweiterten Beteiligungsmöglichkeiten ausländischer Luftfahrtgesellschaften an US-Gesellschaften gekommen ist. Dies war und ist einer der zentralen Gesichtspunkte innerhalb des Luftverkehrsabkommens.

Anfang März 2007 wurde dann das Abkommen zwischen der EG und ihren Mitgliedstaaten einerseits und den USA andererseits endgültig paraphiert. Am 22. März 2007 wurde die politische Einigung über das Abkommen im EG-Verkehrsministerrat herbeigeführt. Am 27. April 2007 erfolgte sodann die Unterzeichnung durch die Mitgliedstaaten sowie am 30. April 2007 auf dem EU-US-Gipfel in Washington D.C. die Unterzeichnung einerseits durch den Bundesverkehrsminister Tiefensee für die EU und Vizepräsident *Jacques Barrot* für die Kommission, beide gemeinsam für die EG handelnd sowie andererseits die US-Außenministerin *Condolezza Rice* und die US-Verkehrsministerin *Mary Peters* für die Vereinigten Staaten von Amerika. Bisher ist als Zeitpunkt für die vorläufige Anwendbarkeit, vorbehaltlich des Inkrafttretens (Art. 25 Nr. 1 des Abkommens) der 30. März 2008 vorgesehen. Ob dies in Staaten, die das Ratifikationserfordernis als unabdingbar für die nationale Anwendbarkeit des Abkommens vorsehen, überhaupt operativ werden kann, erscheint indes fraglich. Weiterführende Verhandlungen zur Verwirklichung eines Abkommens der zweiten Stufe hin zu einer sog. »Open Aviation Area« sollen schließlich spätestens Ende Mai 2008 aufgenommen werden, worauf Art. 21 des Abkommens hinweist.

4. DER INHALT DES ABKOMMENS IM EINZELNEN

Wenden wir uns in einem zweiten Schritt dem Inhalt des neuen Abkommens zu. Es ersetzt ja das, wie man dies etwa für die deutsche Seite sagen kann, liberale »Open Skies«-Luftverkehrsabkommen.

Der Sache nach handelt es sich in der Tat um die Fortsetzung der liberalen Tradition der neueren Abkommen, die die Vereinigten Staaten mit verschiedenen europäischen Ländern, u.a. mit Deutschland, abgeschlossen hat.[13] Es findet sich in Art. 3 des Abkommens die gegenseitige Garantie der Luftverkehrsfreiheiten gleichsam im Sinne der Sicherung des »acquis« (Besitzstandes) aus den bisherigen bilateralen Luftverkehrsabkommen. Solchen Staaten, die bisher keine »Open Skies«-Abkommen mit den USA hatten, wird jetzt neben den ersten vier auch die 5. Freiheit gewährt. Dabei wird den designierten Verkehrslinien selbst die Möglichkeit einge-

13 Vgl. Abkommen über den Luftverkehr zwischen der Bundesrepublik Deutschland und den Vereinigten Staaten von Amerika, erste Fassung vom 7. 7. 1955 in BGBl 1956 II S. 403; für die aktuelle Fassung s. www.luftrecht-online.de/regelwerke/d-usa.htm.

räumt, Frequenz und Kapazität der Luftbeförderung »upon commercial considerations in the market place« zu bestimmen. Darüber hinaus wird ausdrücklich das Recht für US-Luftverkehrslinien zuerkannt, aus jedem EU-Mitgliedstaat Passagiere, Gepäck und Post innerhalb der Gemeinschaft zu transportieren, wie dies auch viceversa den Luftverkehrslinien der Gemeinschaft innerhalb der Vereinigten Staaten möglich sein soll (Art. 3 Abs. 6). Zudem sind jeweils nach Art. 7 des Abkommens die entsprechenden Sicherheitsmaßnahmen zu ergreifen bzw. die entsprechende Lufttüchtigkeit wird gegenseitig anerkannt. Bezüglich der Luftsicherheit (security) bestimmt Art. 8 die Wirksamkeit der entsprechenden internationalen Abkommen zur Bekämpfung der Terrorismus mit den rechtlichen Konsequenzen. Für die Preisgestaltung gilt schließlich die liberale Regelung, dass diese frei durch die Luftverkehrslinien ausgehandelt werden kann und nicht staatlichen Stellen zur Genehmigung vorzulegen ist (Art. 12).

Bis heute nicht unstreitig sind die entsprechenden Eigentümerklauseln,[14] die mittlerweile in Art. 4 des neuen EU-US-Abkommens und in dessen Anhang 4 ihre Regelung gefunden haben. Es geht jeweils um die Bestimmung dessen, was unter »substantial ownership and effective control« einer Luftverkehrslinie zu verstehen ist, denn Art. 4 lit. a setzt voraus, dass für die US-Verkehrslinie »substantial ownership and effective control« bei US-Staatsangehörigen oder bei den Vereinigten Staaten selbst liegen müssen. Nach Anhang 4 zum Abkommen dürfen EU-Angehörige nicht mehr als 25 Prozent des stimmberechtigten Kapitals einer US-Luftverkehrsgesellschaft innehaben. Dazu dürfen sie sie auch nicht kontrollieren, was soviel heißt wie 25 Prozent des stimmberechtigten Kapitals oder mehr als 49,9 Prozent des Gesamtkapitals innezuhaben (Art. 1 Abs. 1 des Anhangs 4).

Nach Art. 1 Abs. 2 zu Anhang 4 ist die Beteiligung von US-Staatsangehörigen am Kapital von Luftverkehrsunternehmen der Gemeinschaft grundsätzlich erlaubt. Allerdings muss das EU-Unternehmen mehrheitlich im Eigentum der Mitgliedstaaten oder deren Angehörigen bleiben und von jenen auch tatsächlich kontrolliert werden.

In Art. 21 des Abkommens sowie in Annex 1 zu demselben ist geregelt, dass dieses Abkommen die Luftverkehrsabkommen Österreichs von 1995, verschiedene belgische Luftverkehrsabkommen (zuletzt von 1997), das letzte tschechische Luftverkehrsabkommen von 2002, das dänische von 1995, das finnische von 1995, das französische von 2002, das deutsche von 2000, das griechische von 2005, das ungarische von 2005, das irische von 1990, das italienische von 1999, das luxemburgische von 1998, das maltesische von 2000, das holländische von 1992, das polnische von 2001, das portugiesische aus dem Jahr 2000, das slowakische aus dem Jahr 2001, das spanische aus dem Jahr 1991, das schwedische aus dem Jahr 1995 sowie das britische aus dem Jahr 1997 verdrängt.

Insgesamt ist das Abkommen, wie bereits mehrfach angedeutet, Ausdruck einer sehr liberalen Grundausrichtung. Es ist weitestgehend an ökonomischen Kriterien orientiert und überlässt den beteiligten Wirtschaftssubjekten, also den Luftver-

14 Darüber geben insbesondere auch Anlage 4 und die Verhandlungsprotokolle Auskunft.

kehrslinien das entscheidende Wort über die Bestimmung der Zentralfragen. Wesentlich ist nun zudem die Bestimmung des Art. 21, wonach weitere Verhandlungen mit dem Ziel weiterer Marktliberalisierung, um etwa Investitionen zu erleichtern und das transatlantische Lufttransportsystem noch weiter zu stärken, 60 Tage nach dem Datum der vorübergehenden Anwendung dieses Abkommens beginnen sollen. Die Agenda soll, so das Abkommen, die weitere Liberalisierung der Verkehrsrechte, zusätzliche Möglichkeiten von Auslandsinvestitionen, die Untersuchung der Wirkung von Umweltschutzmaßnahmen auf die Ausübung der Luftverkehrsrechte, einen weiteren Schritt zum regierungsfinanzierten Lufttransport und satzungsrelevante Bestimmungen umfassen. Die Parteien haben sich zudem vorgenommen, dem Fortschritt dieser Verhandlungen nicht später als 18 Monate nach deren Beginn nachzugehen. Sie setzten sich insofern unter Zugzwang als jede Partei dann, wenn 12 Monate nach dem Start der Verhandlungen noch nichts Substantielles erreicht wäre, das gegenseitige Recht der Suspendierung der in dem besprochenen Abkommen zuerkannten Rechte möglich sein soll (Art. 21 Abs. 3 des Abkommens).

5. BEWERTUNG

Insgesamt dürfte die Einschätzung von *Jacques Barrot*, Kommissionsvizepräsident und Verkehrskommissar zutreffend sein, dass das EU-US-Luftverkehrsabkommen aus verschiedenen Gründen als historisch zu bezeichnen ist. Es ist einmal, ökonomisch betrachtet, die Quantität des verhandelten Luftverkehrs, die diese Bedeutung ausmacht, da die Flotten der EU-Staaten und der Vereinigten Staaten über die Hälfte des Weltluftverkehrs repräsentieren. Darüber hinaus besteht die Hoffnung, dass das Abkommen – vor allem durch den zunehmenden Wettbewerb auf den transatlantischen Strecken – wirtschaftliche Vorteile für die Bevölkerung und die Industrie bringt. Die europäischen Luftverkehrslinien werden entsprechend den Vorgaben des Europäischen Gerichtshofs nunmehr gleich behandelt und es wird deutlich, dass dieses schon deutliche Liberalisierungstendenzen aufzeigende Abkommen nur der erste Schritt zu weitergehenden Verhandlungen sein soll. Vor allem im Bereich der Möglichkeit der Zulässigkeit von Auslandsinvestitionen haben sich die Vertragsparteien weitere Fortschritte vorgenommen.

Hervorzuheben bleibt, dass in Art. 10 des Abkommens sowie in Anhang 5 hierzu erstmals Regelungen zur Vermarktung von Luftverkehrsdienstleistungen im Rahmen des Franchising and Branding in einem Luftverkehrsabkommen verankert wurden. Dabei handelt es sich um Verkehrssysteme, die gerade in den USA weiter verbreitet sind als in Europa. Weitere »Zugeständnisse« der amerikanischen Seite für die Teilnahme am sog. »Fly America«-Programm der USA wurden von europäischer Seite als ausgewogen genug für den Abschluss der ersten Stufe bezüglich des Marktzuganges angesehen.

Ein entscheidender, zukünftig zu verhandelnder Gesichtspunkt wird bleiben, dass es unterschiedliche Auffassungen zu den Eigentümer- und Kontrollklauseln bezüglich der Luftverkehrslinien gibt.[15] Während die Vereinigten Staaten die ausländischen Mitwirkungs- und Wahlmöglichkeiten in ihren Luftverkehrslinien stärker begrenzen, hat die Europäische Union hier eine Obergrenze von 49,9 Prozent möglicher ausländischer Wahlrechte vorgesehen. Der Kompromissvorschlag der Vereinigten Staaten hatte darin gelegen, Globalinvestoren mehr Flexibilität beim Marketing, bei der Routenplanung, bei der Flottenstruktur zu geben, wobei allerdings die 25 Prozent-Grenze für Auslandsinvestitionen in US-Luftverkehrslinien bestehen bleiben sollte. Dabei hatten die Vereinigten Staaten kategorisch darauf bestanden, dass die amerikanischen Investitionsregeln nicht zur Verhandlung gestellt werden könnten. Diese »Kröte« musste von den Europäern letztlich geschluckt werden, wobei es immerhin gelang, das Ganze als Prozess zu gestalten und, abhängig vom Erfolg der ersten Liberalisierungsrunde, die Einleitung einer zweiten Liberalisierungsrunde vorzusehen. Es ist deutlich, dass in mittelfristiger Perspektive europäische Luftverkehrslinien das Recht ausüben möchten, zwischen Europa und den Vereinigten Staaten von jedem Punkt innerhalb Europas, der 7. Freiheit entsprechend, zu operieren und ihre Dienste sogar auf Punkte innerhalb der Vereinigten Staaten auszudehnen, was der 8. – Kabotage – Freiheit gleichkäme. Die Luftverkehrslinien der Europäischen Union versuchen darüber hinaus, Eigentümer- und Kontrollrechte an US-Carriern über die vorgegebene Grenze hinaus zu erwerben. Dies ist allerdings, wie gezeigt wurde, im ersten Zug nicht gelungen und man wird sehen, ob es bei den sich fortsetzenden Verhandlungen gelingen wird.

Auf der anderen Seite sind natürlich die Luftverkehrslinien der Vereinigten Staaten sehr an dem Zutritt zum Flughafen London Heathrow und an der Zuerkennung von Rechten der 7. Freiheit innerhalb der Europäischen Union für Express- und Luftverkehrslinien interessiert. Allgemein kann man davon sprechen, dass die Interessen der Vereinigten Staaten darauf fokussiert sind, den Verkehrsmarkt über dem Nordatlantik in ein »Open Skies«-Gebiet zu verwandeln, was dem internationalen Luftverkehrsmarkt unabhängig machen würde von bestimmten Unwägbarkeiten.

6. Ausblick

Abschließend bleibt zu vermuten, dass das »Open Skies«-Abkommen zwischen den Vereinigten Staaten und der EU zu erhöhtem Wettbewerb in einem größeren Umfang von Dienstleistungen, größerer Effizienz und noch stärkerer Wettbewerbsfähigkeit der Preise führen könnte. Dies wäre entsprechend positiv auch und gerade für den Verbraucher. Ob es eine vollständige Loslösung vom traditionellen Bilateralismus auch auf den Routen des Nordatlantiks und damit für den weltwichtigsten

15 Vgl. *Mendes de Leon* A new phase in alliance building, ZLW 2004, S. 359 ff.

Luftverkehrsmarkt geben sollte, ist eine offene Frage, die auch über die Zukunft des Bilateralismus schlechthin entscheiden dürfte. Im Hintergrund stehen Überlegungen der Schaffung einer »Transatlantic Common Aviation Area« (TCAA).[16] Dieses Konzept, welches von der Association of European Airlines einstmals vorgeschlagen worden war, hat die Beantwortung der Frage zum Inhalt, wie eine regulative Konvergenz zwischen Europa und den Vereinigten Staaten auf drei Hauptgebieten abgestuft erreicht werden kann. Das Konzept betrachtet dabei Regelungen zu »Eigentum und Kontrolle«, zum Niederlassungsrecht und zum Leasing als zentral. Danach gibt es Gebiete, auf denen eine Harmonisierung absolut notwendig ist, solche, in denen Konvergenz nicht über die gegenseitige Anerkennung hinausgehen muss und solche, die im Grundsatz der freien Entscheidung jeder Vertragspartei überlassen bleiben kann. Das Konzept der Transatlantic Common Aviation Area befürwortet die Möglichkeit der Vertragsparteien, Verkehrsdienste anzubieten und bestimmt bislang die bestehenden Divergenzfragen von Eigentum und Kontrolle, die Frage der Niederlassungsfreiheit sowie bestimmte Fragen der Wettbewerbspolitik.

Im Verkehr zwischen den Vereinigten Staaten und Europa sollen, wie wir sahen, etliche Luftverkehrsabkommen durch ein einziges ersetzt werden. Darüber hinaus gibt es 38 »Open Skies«-Abkommen der Vereinigten Staaten mit Staaten des asiatisch-pazifischen Raums, in denen in zwölf Fällen die Vereinigten Staaten der Partner ist. Mit afrikanischen Staaten haben die Vereinigten Staaten 16 »Open Skies«-Abkommen abgeschlossen. Zwar gibt es bisher keine US-Luftverkehrslinie, die Afrika direkt bedient, allerdings ist im Wege des Code-Share mit europäischen Luftverkehrslinien hier eine solche indirekte Bedienung durchaus gegeben.

Es ist die Frage, ob also der gemeinsame transatlantische Luftverkehrsraums die Perspektive der Luftverkehrspolitik und ihrer rechtlichen Einrahmung in der Zukunft sein könnte. Das US-EU bilaterale Luftverkehrsabkommen ist zweifelsohne ein sehr wichtiger Meilenstein auf diesem Weg. Sein Inkrafttreten bedeutete schließlich damit auch die endgültige Verabschiedung der Nachkriegsrechtsordnung des internationalen Luftverkehrs, die weitestgehend auf dem Bilateralismus beruht hatte. Man sieht also, dass ganz allmählich die Dienstleistung des Luftverkehrs zu einem immer gewöhnlicheren Wirtschaftsgut wird. Dies ist nachhaltig zu begrüßen.

16 Siehe *Balfour* After the ECJ Decision Re Open Skies: The Transatlantic Open Aviation Area as Successor of the Open Skies Agreement, in: Hobe/Schmidt-Tedd/Schrogl (Hrsg.) Consequences of Air Transport Globalisation, Köln 2003, S. 65 ff, 78 ff.

Zur Neuordnung des Rechts der Seeverkehrsdienstleistungen

Kartellverwaltungsrecht in der Gemengelage europäischen und internationalen Wirtschaftsrechts

MARIAN PASCHKE

I. EINLEITUNG

Zu den hervorragenden Leistungen des Jubilars in Forschung und Lehre gehört das stete Bemühen um die Integration der verschiedenen Rechtskreise des Wirtschaftsrechts, die in seiner nationalen, europäischen und internationalen Dimension zum Ausdruck kommen. Der Jubilar hat stets die Aufgabe betont, das Wirtschafts- und Wirtschaftsverwaltungsrecht so zu entwickeln, dass es möglichst auf allen Regelungsebenen ein stringent aufeinander abgestimmtes, kohärentes Regelungsgefüge darstellt. Weil ein nur national verstandenes Wirtschafts(verwaltungs)recht heute – wie *Rolf Stober* sagt – »nicht mehr denkbar«[1] ist, gehört die auf der Grundlage vergleichender Wissenschaft entwickelte Integration von nationaler, europäischer und internatonaler Wirtschaftsverwaltung zu seinen Kernanliegen.

Dieses Anliegen *Rolf Stobers*, das der Jubilar vor allem in seiner Schrift zum globalen Wirtschaftsverwaltungsrecht zum Ausdruck gebracht hat,[2] soll nachfolgend aufgegriffen und hervorgehoben werden, indem die neuen Entwicklungen des Rechts der Seeverkehrsdienstleistungen in ihren europa-kartellrechtlichen Dimensionen angesichts der bestehenden internationalrechtlichen Rechtsgrundsätze einer Würdigung unterzogen werden sollen.

Die rechtliche Ordnung von Seeverkehrsdienstleistungen berührt wegen der internationalen Natur des zu ordnenden Regelungsgegenstandes verschiedene Rechtskreise. Strukturierte Schifffahrtsdienste, die transatlantische und andere internationale Verkehre organisieren, nehmen ihren Ausgangspunkt typischerweise an mehreren nationalen Wirtschaftsstandorten, unterfallen dort dem nationalen und gegebenenfalls dem Recht der betroffenen Wirtschaftszone und sind wegen ihrer Internationalität typischerweise auch Regelungsgegenstand einer internationaler Rechtsordnung. Die Linienkonferenzen der internationalen Seeverkehrswirtschaft und ihre rechtliche Ordnung bildet ein anschauliches Beispiel für eine besondere

1 *Stober* Allgemeines Wirtschaftsverwaltungsrecht, 15. Aufl. 2006, § 2 VIII 1.
2 *Stober* Globales Wirtschaftsverwaltungsrecht, 2001.

Herausforderung, die mit der Schaffung einer rechtlichen Ordnung einhergeht, welche in Ansehung sowohl der Traditionalität und Komplexität des Sujets als auch seiner Ökonomisierung und Internationalisierung zu entwickeln ist.

Die Linienkonferenzen sind ein Schlüsselinstrument für die Versorgung der Volkswirtschaften mit ubiquitär verfügbaren Verkehrsdienstleistungen. Ohne dieses über mehr als 100 Jahre entwickelte Instrument ist die Globalisierung des Wirtschaftsgeschehens auf der Ebene der Abwicklung der Verkehrsdienstleistungen letztlich nicht möglich. Weltweit werden etwa 60 Prozent des Gesamtumsatzes des internationalen Seehandels über Liniendienste abgewickelt.[3] Die rechtliche Ordnung hatte dem traditionell Rechnung getragen und hatte das Recht der Linienkonferenzen dementsprechend insbesondere durch Ausnahmen vom Wettbewerbsrecht privilegiert entwickelt (vgl. dazu unter II. und III.). Mit der im Jahr 2006 beschlossenen Aufhebung der Gruppenfreistellungsverordnung für Linienkonferenzen[4] und der noch vorgesehenen Aufhebung der Ratifikation des UNCTAD-Übereinkommens über einen Verhaltenskodex für Linienkonferenzen[5] hat die Europäische Union eine Neuordnung des Rechts der Linienkonferenzen eingeleitet. Nach Auffassung der Europäischen Kommission hat sich das System der Konferenzabsprachen überholt; statt dessen wird eine Belebung des Wettbewerbs befürwortet, die durch die Abschaffung der Linienkonferenzen privilegierenden Gruppenfreistellungsverordnung betreffenden Bereichsausnahmen vom europäischen Wettbewerbsrecht befördert werden soll.

International gesehen findet ist diese europäische Politik nicht ungeteilte Zustimmung. Die UNCTAD-Verhaltensregeln für Linienkonferenzen, die auf dem Grundsatz kartellrechtlicher Immunität des Linienkonferenzwesens beruhen, haben nicht nur in über 80 Staaten Anerkennung gefunden. Die darin enthaltenen Grundsätze werden international, insbesondere beispielsweise von der asiatischen Verkehrswirtschaft auch befürwortet und in der Wirtschaftsverwaltungspraxis praktiziert.[6] Insofern offenbaren sich Konfliktlagen und Wertungswidersprüche zwischen europäischer und internationaler Wettbewerbspolitik. Deren Bewältigung soll nachfolgend im Lichte des wissenschaftlichen Grundanliegens von *Rolf Stober* zur Entwicklung eines Wirtschaftsverwaltungsrechts in der Gemengelage von europäischem und internationalen Wirtschaftsecht nachgegangen werden.

3 Global Insight, Schlussbericht über die Anwendung der Wettbewerbsvorschriften auf die Linienschifffahrt, 2005.

4 VO Nr. 1419/2006 vom 25. September 2006 zur Aufhebung der VO Nr. 4056/86 über die Einzelheiten der Anwendung der Artikel 85 und 86 des Vertrages (jetzt Art. 81 und 82) auf den Seeverkehr und zur Ausweitung des Anwendungsbereichs der Verordnung (EG) Nr. 1/2003 auf Kabotage und internationale Trampdienste, ABl. L 269 vom 28. 8. 2006, S. 1 ff.

5 BGBl 1983 II S. 64.

6 Vgl. die Stellungnahme des Wirtschafts- und Sozialausschusses vom 11. 7. 2007, TEN/285/ »Linienkonferenzen/VN-Übereinkommen«, Ziff. 4.7.

II. DIE TRADITIONELLE ORDNUNG VON SEEVERKEHRSDIENSTLEISTUNGEN DURCH LINIENKONFERENZEN

International stellt der UNCTAD-Verhaltenskodex für Linienkonferenzen aus dem Jahr 1974 die zentrale Regelung des Wirtschaftsverwaltungsrechts der Seeverkehrsdienstleistungen dar. Der Kodex wurde auf Drängen der Entwicklungsländer konzipiert mit dem Ziel, diesen Ländern und den in ihnen ansässigen Flottenunternehmen einen größeren Anteil am weltweiten Transportaufkommen zukommen zu lassen. Mit einem Kodex über die Linienkonferenzen sollte die Lieferung und Verteilung von Rohstoffen über die Entwicklungsländer mittels eigener Flotten ermöglicht und damit die Abhängigkeit von den Transportkapazitäten der Industrieländer abgebaut werden.[7] Unter Abwendung von protektionistischen flaggenrechtlichen Maßnahmen der Entwicklungsländer gegenüber OECD-Staaten wurde ein Kompromiss gefunden, der sich in zwei wesentlichen Elementen des Kodex niederschlug: Über eine Ladungsaufteilungsklausel wurde vorgesehen, dass die angelaufenen Länder und die verschiffenden Länder zu je 40 Prozent und Drittländer zu 20 Prozent am Transport des Ladungsaufkommens zu beteiligen waren.[8] Zum anderen enthält der Kodex ein System von Verhaltensregeln für Verhaltensregeln von Linienkonferenzen mit Regeln zur Frachtpolitik der Konferenzen, zu den Konsultationen zwischen den Konferenzen und den Verladern sowie zur Schlichtung von Streitfällen.[9] Mit seinen Regeln bringt der Kodex zugleich die internationalrechtliche Anerkennung von Linienkonferenzen als solche zum Ausdruck.[10] Insbesondere wird das zuvor praktizierte System geschlossener Konferenzen[11] aufgegeben. Der Kodex schafft ein prinzipiell liberales Konferenzregime, indem er einerseits einen Aufnahmezwang für die Linienreedereien der beteiligten Staaten vorsieht und andererseits den sanktionsfreien Austritt der Mitgliedsreedereien aus der Konferenz erlaubt. Mit dem Kodex haben Linienkonferenzen als Garant für Stabilität und Effizienz auf den globalen Seeverkehrsmärkten internationalrechtliche Anerkennung gefunden.[12]

Bei dem Kodex handelt es sich um ein bilaterales völkerrechtliches Abkommen. Es bindet die unterzeichnenden Staaten, ohne den die Fahrtrouten bedienenden Konferenzen und die beteiligten Reedereien unmittelbar rechtlich zu verpflichten.

7 *Brinkmann* Der UNCTAD-Verhaltenskodex für Linienkonferenzen, 1993, S. 22 ff; *Jansson/Shneerson* Maritime Policy and Management, 1982, No. 3, p. 175 ff.

8 Vgl. Art. 2 Abs. 4 UNCTAD-Kodex.

9 Eingehend *Brinkmann* Der UNCTAD-Verhaltenskodex für Linienkonferenzen, 1993; vgl. a. *Grewlich* RIW/AWD 1980, S. 398, 402; *Gabaldon* Yearbook Maritime Law, Vol. VI (1987/1988) S. 126.

10 So *Basedow* in: Immenga/Mestmäcker, Wettbewerbsrecht EG/Teil 2, Verkehr, C Rn 3.

11 Vgl. z.B. den zwischen der Dachorganisation der europäischen und japanischen Reederverbände geschlossenen CENSA Code of Practice von 1972; dazu Brinkmann, Der UNCTAD-Verhaltenskodex für Linienkonferenzen, 1993, S. 19 ff.

12 *Kornemann* Multimodale Tarifierung im Recht der Linienkonferenzen, 2001, S. 71.

Der Kodex wurde seinerzeit als ein bedeutender und wirtschaftsrechtlich gewichtiger Kompromiss angesehen: Mit der völkervertraglichen Regelung gelang es einerseits, der Forderung der Entwicklungsländer nach stärkerer Beteiligung am weltweiten Seeverkehrsaufkommen nachzukommen, andererseits wurde eine prinzipielle rechtliche Anerkennung der Linienkonferenzen als Instrument der modernen Verkehrswirtschaft erreicht.[13]

Aus Sicht der Europäischen Union mussten europa- und speziell europakartellrechtliche Bedenken gegenüber der rechtlichen Konzeption des so beschaffenen Kodex entstehen: Bemängelt wurden einerseits die mit der Marktaufteilung im Bereich der internationalen Schifahrtsdienste verbundenen Diskriminierungseffekte, andererseits wurde die Vereinbarkeit der völkerrechtlichen Vereinbarung über die Anerkennung von Linienkonferenzen mit dem Kartellverbot des EG-Vertrages in Frage gestellt.[14]

Nach eingehender Diskussion wurde auf europäischer Ebene eine Lösung gefunden, dem Kodex auch in der Gemeinschaft rechtliche Anerkennung zu verschaffen. Sie ist in einem umfänglichen Maßnahmenpaket von 1986 enthalten. Zunächst wurde den Mitgliedstaaten mit der VO EG 954/79 empfohlen, den Kodex unter Wahrung mehrerer Vorbehalte zu ratifizieren. Die Vorbehalte beziehen sich auf die Vereinbarkeit mit der Dienstleistungsfreiheit des EG-Vertrages, die Mindestdauer für Frachtratenerhöhungen und darauf, dass die Ladungsaufteilungsklausel wegen des aus europäischer Sicht diskriminierenden Charakters keine Anwendung findet.[15] Auf dieser Grundlage haben die Bundesrepublik Deutschland[16] und insgesamt 16 Mitgliedstaaten der EU den Kodex ratifiziert; die Gemeinschaft selbst ist nicht Vertragspartei des Kodex geworden.

Ferner wurden insgesamt vier weitere Verordnungen verabschiedet, welche die europarechtskonforme Ordnung des Rechts der Linienkonferenzen gewährleisten sollten.[17] Hervorzuheben ist insbesondere die Verabschiedung der Verordnung EG Nr. 4056/86, mit der eine unbefristete Gruppenfreistellung von Linienkonferenzen vom Kartellverbot des Art. 81 EG vorgesehen wurde. Damit war auf rechtstechnisch gesichertem Wege die grundsätzliche Vereinbarkeit von internationalem und europäischen Wirtschaftsverwaltungsrecht für Seeverkehrsdienstleistungen insgesamt und das tradierte Linienkonferenzwesen im Besonderen gewährleistet. Die so gefundene Ordnung hielt beinahe zwanzig Jahre.

Ab dem Jahr 2003 begann die Kommission mit der Überprüfung der wirtschaftsverwaltungsrechtlichen Rechtfertigung der Gruppenfreistellungsverordnung für Linienkonferenzen. Anlass war die Veröffentlichung einer entsprechenden Untersu-

13 *Brinkmann* Der UNCTAD-Verhaltenskodex für Linienkonferenzen, 1993, S. 57.

14 Vgl. *Basedow* in: Immenga/Mestmäcker, Wettbewerbsrecht EG/Teil 2, Verkehr, C Rn 5.

15 Vgl. *Kühne* Kooperationen in der internationalen Seeschiffahrt und europäisches Kartellrecht, Diss. 1995, S. 80 f.

16 Vgl. das Ratifikationsgesetz BGBl 1983 II S. 62 ff.

17 Vgl. *Parameswaran* The Liberalization of Maritime Transport Services, 2004, S. 159 ff; *Basedow* in: Immenga/Mestmäcker, Wettbewerbsrecht EG/Teil 2, Verkehr, C Rn 7 mwN.

chung der OECD, mit der diese zu dem Ergebnis kam, dass die Freistellung vom Kartellverbot für Preisabsprachen und Marktaufteilungen innerhalb von Linienkonferenzen ihren historisch anerkannten Zweck der Wohlfahrtsförderung unter den Bedingungen des entwickelten globalisierten Handels nicht mehr zu erfüllen vermochten.[18] Am Ende eines durch ein Diskussionspapier[19] und ein Weißbuch[20] eingeleiteten politischen Diskussionsprozesses wurde durch die Verabschiedung der VO EG 1419/2006[21] beschlossen, die VO EG 4056/1986 aufzuheben. Die Beschlussfassung erfolgte mit grundsätzlicher Wirkung zum 18. 10. 2006 sowie einer Übergangsfrist von zwei Jahren für einzelne Regelungen der Gruppenfreistellung.

In der Folge der Aufhebung der VO 4056/86 plant die Kommission die Aufhebung der VO 954/79 über die Ratifikation des UNCTAD-Kodex für Linienkonferenzen. Die geplante Aufhebung der VO 954/79 stellt nach Auffassung der Kommission eine konsequente Folgemaßnahme der Abschaffung der VO 4056/89 dar. Beide Verordnungen, die VO Nr. 459/79 und Nr. 4056/86, beruhen auf der übereinstimmenden Regelungskonzeption, die Europarechtskonformität des durch den UNCTAD-Kodex gestalteten Linienkonferenzwesens herzustellen. Im Sog der Abschaffung der VO 4056/86 geriet deshalb nach Auffassung der Kommission zugleich die Legitimation der VO 954/79 in Frage. Sie hat deshalb einen Vorschlag zur Aufhebung der VO Nr. 954/79 vorgelegt.[22] Verabschiedet wurde dieser Vorschlag bisher nicht.

III. FOLGEN DER NEUORDNUNG DES EUROPÄISCHEN RECHTS FÜR LINIENKONFERENZEN FÜR EUROPÄISCHE LINIENKONFERENZEN

Die Folgen der Neuordnung des europäischen Linienkonferenzwesens sind derzeit noch nicht vollständig abzuschätzen. Die EU hat ohne präzise Folgenabschätzung die Neuordnung des Konferenzwesens begonnen. Sie hat damit für die betroffenen Wirtschaftskreise erhebliche Rechtsunsicherheit geschaffen. Diese Rechtsunsicherheit bezieht sich sowohl auf die international- als auch die europarechtliche Beurteilung der Anerkennung und der Verhaltensspielspielräume von Linienkonferenzen.

18 Vgl. Competition Policy in Liner Shipping, Final Report – DSTI/DOT(2002)2.
19 Review 4056/86 – discussion paper vom 16. 4. 2004, abrufbar über die Homepage der Kommission.
20 KOM (2004) 675 endg. vom 13. 10. 1973.
21 Vgl. oben Fn 4.
22 KOM(2006) 869 endg. vom 30. 1. 2007.

1. *Internationalrechtliche Bedeutung der geplanten Abschaffung der VOen Nr. 4056/86 und 954/79*

Zunächst soll der Frage nachgegangen, ob der geplante Abschaffung der VOen Nr. 4056/86 und 954/79 eine internationalrechtliche Bedeutung zukommt. Immerhin waren es eben diese Verordnungen, welche die Mitgliedstaaten der EU die Ratifikation des UNCTAD-Kodex ermöglicht haben, die wiederum die erste bedeutende internationalrechtliche Anerkennung des Linienkonferenzwesens beschert hatte.[23]

a) Die EU-Kommission selbst hat in dem vorgelegten Vorschlag zur Aufhebung der beiden Verordnungen die Folgen der geplanten Maßnahme durchaus betrachtet. Sie hat dabei sowohl eine rechtliche Dimension als auch eine wirtschaftliche Dimension der geplanten Maßnahme in Betracht gezogen. Die rechtliche Dimension wird zunächst darin gesehen, dass die Aufhebung der VO Nr. 954/79 eine konsequente Folge der Aufhebung der Gruppenfreistellung für Linienkonferenzen vom Kartellverbot des Art. 81 (VO 4056/86) darstellt. Das Beibehalten der VO 954/79 – so heißt es in der Begründung zum Verordnungsvorschlag für die Aufhebung dieser Verordnung – »stünde nicht in Einklang mit der Übereinstimmung des Gemeinschaftsrechts und seiner Vereinfachung«. Überdies bestünde »die Notwendigkeit für die Mitgliedstaaten, vom UNCTAD-Verhaltenskodex zurückzutreten«; die Mitgliedstaaten müssten nach Ablauf der Übergangszeit im Oktober 2008 vom UNCTAD-Kodex zurücktreten, weil sie ihrer Verpflichtung nach Art. 1 Abs. 1 des Kodex, nach der die sicherzustellen haben, dass die nationalen Linienreedereien das Recht haben, Vollmitglieder von Konferenzen zu werden, nicht länger erfüllen könnten; dies wird als eine Folge des Umstandes angesehen, dass Linienkonferenzen nach Ablauf des Übergangszeitraumes wegen Verstoßes gegen Art. 81 WEG im Handel von und nach einem Gemeinschaftshafen unrechtmäßig seien.[24]

Zu den wirtschaftlichen Auswirkungen des Auslaufens der Linienkonferenzen in der Gemeinschaft hat die Kommission im Rahmen der Vorbereitung der bereits erfolgten Aufhebung der Verordnung Nr. 4056/86 eine Folgeabschätzung durchgeführt, die nicht nur zu keiner negativen Beurteilung geführt hat, sondern ergeben hat, dass die Aufhebung der Gruppenfreistellung für Linienkonferenzen »die bestmögliche Lösung« darstellt, um die Beförderungskosten zu senken und gleichzeitig die Zuverlässigkeit der Dienste in allen Verkehrsbereichen aufrechtzuerhalten.[25] Im Rahmen der Begründung des Vorschlags für die Aufhebung der VO Nr. 954/79 wird auf eben diese Folgenabschätzung erneut verwiesen.[26]

23 Vgl. oben unter II.

24 Vgl. Begründung des Vorschlags der Kommission zur Abschaffung der VO Nr. 954/79, KOM(2006) 869 endg., S. 3 ff.

25 Vgl. Begründung des Vorschlags zur Aufhebung der VO Nr. 4056/86, KOM(2005) 651 endg., S. 10 f.

26 Vgl. Begründung des Vorschlags der Kommission zur Abschaffung der VO Nr. 954/79, KOM(2006) 869 endg., S. 5.

b) Bei der Würdigung zunächst der rechtlichen Folgen der Neuordnung des Rechts der Linienkonferenzen ist zunächst festzustellen, dass bestehende Ratifikationen des UNCTAD-Kodex durch die Mitgliedstaaten der EU nicht automatisch entfallen, weder die Aufhebung der VO Nr. 4056/86 noch durch die geplante Aufhebung der VO 954/79. Eine andere Frage ist, ob die Mitgliedstasten, welche eine Ratifikation des UNCTAD-Kodex vorgenommen haben, zu deren Rücknahme oder Beendigung verpflichtet sind. Nach dem Kodex selbst sind die Ratifikationsstaaten zur Kündigung des Abkommens berechtigt.[27] Eine Verpflichtung zur Kündigung der Ratifikation besteht nach der hier vertretenen Auffassung weder aus internationalrechtlicher noch aus europarechtlicher Sicht. Eine solche Verpflichtung ergibt sich nicht unmittelbar aus dem EU-Vertrag und auch nicht mittelbar als Folge der Abschaffung der Gruppenfreistellung für Linienkonferenzen.

Nach Ablauf der Übergangszeit nach der Abschaffung der Gruppenfreistellungsverordnung 4056/86 sind ein- und ausgehende EU-Verkehre bedienende Linienkonferenzen wegen ihrer Unvereinbarkeit mit europäischem Kartellrecht unwirksam. Nach Art. 81 Abs. 2 EG können sie wegen der europarechtlichen Unwirksamkeit der Konferenz auch nicht von den internationalrechtlichen Bestimmungen des UNCTAD-Kodex profitieren. Auf der anderen Seite sind die Mitgliedstaaten europarechtlich nicht gehindert, den ansässigen Linienkonferenzunternehmen die Linienkonferenzen legitimierenden Kodexbestimmungen für Nicht-EU-Verkehre zu erhalten; der Kodex behält auf anderen Kontinenten ungeachtet der europarechtlichen Würdigung seine Wirksamkeit und Bedeutung.[28] Die Anerkennung einer rechtlichen Verpflichtung zur Kündigung des Kodex scheitert schon daran, dass die EU keine die Binnenmarktgrenzen übersteigende Regelungskompetenz hat. Auch die Abschaffung der VO Nr. 954/79, die nur die Empfehlung zur Ratifikation des Kodex enthielt, ändert diesen grundlegenden Umstand nicht.

Die EU-Kommission hat demgegenüber die Auffassung vertreten, das die EU-Mitgliedstaaten, welche den Kodex ratifiziert haben, von dem Übereinkommen zurücktreten müssen, weil die Kodex-Verpflichtung, dass die nationalen Linienreedereien das Recht haben, Vollmitglieder von Konferenzen, die ihrem Außenhandel dienen, zu werden (Art. 1 Abs. 1 UNCTAD-Kodex) nicht mehr sichergestellt ist.[29] Diese Auffassung trifft für die Verkehre zu, die Gemeinschaftshäfen anlaufen. Diese Erwägungen erscheinen aber insofern überprüfungsbedürftig, als sie unberücksichtigt lassen, dass Linienkonferenzen unter Beteiligung europäischer Seeverkehrsunternehmen auch Verkehrsdienstleistungen zu und zwischen anderen Kontinenten

27 Vgl. oben unter II.

28 Vgl. auch die Stellungnahme des Europäischen Wirtschafts- und Sozialausschusses vom 11. 7. 2007, TEN/285/»Linienkonferenzen/VN-Übereinkommen«, Ziff. 4.5. zur Vorschlag der Kommission zur Aufhebung der VO 954/79, die allerdings von der Annahme ausgeht, dass die Kommission die Mitgliedstaaten nicht als verpflichtet ansehe, den Kodex aufzukündigen.

29 Vgl. Begründung des Vorschlags der Kommission zur Abschaffung der VO Nr. 954/79, KOM(2006) 869 endg., S. 3.

erbringen. Die Regelung solcher Verkehre liegt außerhalb der Regelungskompetenz der EU und kann durch ihre Regelung nicht beeinflusst werden. Im Ergebnis ist nicht ersichtlich, welcher Gesichtspunkt die von der EU-Kommission angenommene Rechtsauffassung, für die Mitgliedstaaten bestehe eine »Notwendigkeit«,[30] von der Ratifikation des Kodex zurückzutreten, tragen soll.

In der Folge der Aufhebung der Gruppenfreistellungsverordnung für Linienkonferenzen besteht die Rechtslage, dass Art. 81 EG für den Bereich der Nicht-EU-Verkehre keine rechtliche Wirkung entfaltet, da diese das Gebiet der Gemeinschaft nicht betreffenden Verkehre, der Regelungsgewalt der EU nicht unterliegen. Mitgliedstaaten, die den UNCTAD-Kodex ratifiziert haben und diese Ratifikation nicht aufkündigen, sind nicht gehindert, den Konferenzmitgliederunternehmen die Vorteile des internationalen Abkommens außerhalb des EU-Bereichs zu gewährleisten. Andererseits können Mitgliedstaaten, die den Kodex nicht ratifiziert haben, den auf ihrem Territorium ansässigen Unternehmen die Kodexvorteile auch für Nicht-EU-Routen nicht verschaffen. Der Kodex gilt nach seinem Anwendungsbereich nur für Ratifikationsstaaten und hat keine drittwirkende Bedeutung für Nichtmitglieder. Die Wettbewerbsfähigkeit der Frachtunternehmen aus EU-Staaten für Seeverkehrsdienste von Liniendiensten außerhalb der EU hinge folglich von der rechtzeitigen Ratifikation des UNCTAD-Kodex ab.

c) Der Europäische Wirtschafts- und Sozialausschuss hat in seiner Stellungnahme zur geplanten Aufhebung der VO 954/79 die Befürchtung zum Ausdruck gebracht, es werde ein Paradoxon in der Neuordnung des europäischen Wirtschaftsverwaltungsrechts für Seeverkehrsdienstleistungen durch Linienkonferenzen entstehen: EU-Mitgliedstaaten, die den Kodex ratifiziert haben, könnten den ansässigen Linienkonferenzunternehmen die Vorteile des Kodex erhalten, während Nicht-Ratifikationsstaaten dies nicht tun könnten; dadurch würde eine mit Art. 12 EG unvereinbare Diskriminierung zwischen EU-Frachtunternehmen entstehen.[31] Damit würde überdies die Wettbewerbsfähigkeit europäischer Unternehmen in Europa und weltweit beeinträchtigt.[32]

Nach der hier vertretenen Auffassung sind die EU-Mitgliedstaaten auch nach Ablauf der Übergangsfrist für Linienkonferenzen nach dem 18. Oktober 2008 nicht gehindert, den Kodex zu ratifizieren. Die Berechtigung zur und die Wirkung dieser Ratifikation ist allerdings im Hinblick auf das EU-Kartellrecht beschränkt auf den Bereich der Nicht-EU-Verkehre, also auf Frachtverkehre von Linienkonferenzen, die nicht den Handel von oder nach einem Gemeinschaftshafen betreffen.

30 Vgl. Begründung des Vorschlags der Kommission zur Abschaffung der VO Nr. 954/79, KOM(2006) 869 endg., S. 4.

31 Europäischen Wirtschafts- und Sozialausschusses vom 11. 7. 2007, TEN/285/»Linienkon ferenzen/VN-Übereinkommen«, Ziff. 4.6.

32 Europäischer Wirtschafts- und Sozialausschusses vom 11. 7. 2007, TEN/285/»Linienkon ferenzen/VN-Übereinkommen«, Ziff. 4.6.

Die Besorgnis, ein innereuropäisches Paradoxon zu schaffen, erscheint im Ergebnis nicht begründet. Die Aufhebung der VO 954/79 beeinflusste die für alle EU-Mitgliedstaaten gleichermaßen bestehende Lage, sich an nichteuropäische Verkehrswege bedienende Linienkonferenzen zu beteiligen, letztlich nicht. Da sämtliche Mitgliedstaaten auch nach einer Aufhebung die gleiche Befugnis zur Beteiligung an Linienkonferenzen in und zwischen anderen Kontinenten haben, kommt eine diskriminierende Ungleichbehandlung von Ratifikations- und Nichtratifikationsstaaten in der EU nicht in Betracht.

d) Aufmerksamkeit verdient allerdings der Umstand, dass für Transportunternehmen, die EU-Verkehre bedienen, ein anderes Konferenzregime gilt als für Linienkonferenzen in anderen Kontinente. Das dann geltende europakartellrechtliche Verbot für Linienkonferenzen schafft keine Ungleichbehandlung innerhalb der EU, wohl aber eine solche im Verhältnis der europäischen zu außereuropäischen Verkehrsdienstleistungen. Dass die Union konferenzgebundene Verkehre verbietet, stellt im Vergleich zur außereuropäischen Rechtslage eine Besonderheit dar, die Wettbewerbsnachteile zu Lasten der europäischen Verkehrsteilnehmer mit sich bringen können.

Derzeit ist nicht ersichtlich, dass eine solche durch die Aufhebung der Verordnungen Nr. 4056/86 und 954/79 entstehende Rechtslage gegen verbindliche Rechtsgrundsätze verstößt. Weder das Recht der WTO, noch das spezielle Völkerrecht und erst recht nicht das Europarecht verhindern, dass in einer Wirtschaftszone strengere wirtschaftsverwaltungsrechtliche Grundsätze angewendet werden als in einer anderen Wirtschaftszone, solange diese Anwendung nur diskriminierungsfrei erfolgt. Eben an dieser Stelle stellt sich allerdings die – gerade von *Rolf Stober* – immer wieder betonte Frage, ob die EU klug beraten ist, ihr wirtschaftsverwaltungsrechtliches Regelungsregime ohne Rücksicht auf die internationale Lage in anderen Kontinenten zu entwickeln. Der ordnungspolitische Wille, für die Durchsetzung einer strikt wettbewerbsorientierten Seeverkehrsdienstleistungsordnung zu sorgen, stößt sich mit der weltwirtschaftlichen und globalen Verflochtenheit des zu ordnenden Regelungsgegenstandes.

Bemerkenswert erscheint ferner, dass die in der VO Nr. 954/79 bestimmten Vorbehalte zum Schutz der Interessen von Linienschifffahrtsunternehmen aus Drittländern in dem Vorschlag über die Aufhebung der Verordnung keinen Niederschlag gefunden haben. Der Europäische Wirtschafts- und Sozialausschuss hat u.a. auch deshalb zu Recht eine kritische Bewertung der vorgeschlagenen Aufhebung der Verordnung vorgenommen.[33]

In Fragen international gebundener Wirtschafts- und Wettbewerbspolitik stellen sich Fragen der Regelungspolitik der Europäischen Union weit mehr als kompetenzrechtliche Fragen und solche der innergemeinschaftlichen Rationalität und

33 Europäischen Wirtschafts- und Sozialausschusses vom 11. 7. 2007, TEN/285/»Linienkonferenzen/VN-Übereinkommen«, Ziff. 5.1.

Überzeugungskraft; die EU ist gut beraten, in Fragen globaler wirtschafts- und wettbewerbspolitischer Bedeutung eben diese Konsequenzen mit in das Regelungskalkül einzustellen. Es erscheint von kaum abweisbarer Plausibilität und Notwendigkeit, dass einer Neuordnung von den europäischen Binnenmarkt übersteigenden Regelungsaufgaben eine sorgfältige Analyse der eben damit verbundenen Auswirkungen vorauszugehen hat. Ob diese Analyse im Zusammenhang mit der Neuordnung des Rechts der Linienkonferenzen erfolgt ist, erscheint nicht ohne weiteres ersichtlich. Wohl hat die Europäische Kommission erklärt, dass sie in der Aufhebung der Gruppenfreistellung für Linienkonferenzen und in der beabsichtigten Aufhebung der VO Nr. 954/79 die »bestmögliche Lösung« sieht, um Beförderungskosten zu senken, die Zuverlässigkeit der Dienste aufrecht zu erhalten, die Wettbewerbsfähigkeit der europäischen Industrie und insbesondere der europäischen Verkehrsnutzer zu erhöhen und die Wettebewerbsfähigkeit der Seeverkehrsunternehmen zu gefährden.[34]

Es ist allerdings nicht ersichtlich, ob die entsprechende Feststellung auch in Ansehung der Auswirkungen im internationalen Kontext getroffen wurden. Nicht ersichtlich ist insbesondere, ob die Frage gestellt und untersucht wurde, welche Auswirkungen die Anwendung des Kartellverbots auf Linienkonferenzen und die Aufhebung der Empfehlung zur Ratifikation des UNCTAD-Kodex für die wirtschaftliche Stellung Frachtunternehmen auf außereuropäischen, internationalen Verkehrsmärkten hat. Die EU-Kommission hat sich zu den internationalrechtlichen Auswirkungen geäußert und insofern festgestellt, dass sich »keine Auswirkungen auf die von der EU unterzeichneten internationalen Übereinkünfte« ergeben.[35] Ausdrückliche Erwägungen zu den Auswirkungen der Neuordnung des Linienkonferenzwesens auf die Wettbewerbsfähigkeit europäischer Transportunternehmen in Ansehung der Einbeziehung des europäischen Seetransportwesens in internationale Verkehrsbeziehungen finden sich dagegen nicht. Insbesondere findet sich keine Stellungnahme zu dem Umstand, dass zahlreiche andere Länder von der kartellrechtlichen Immunität von Linienkonferenzen im Hinblick auf den UNCTAD-Kodex ausgehen.[36] Deshalb ist letztlich nicht erkennbar, ob das Bemühen um die Steigerung der Effizienz des Seeverkehrswesens im europäischen Binnenmarkt auch in Ansehung der internationalen Wettbewerbsbeziehungen reflektiert wurde und begründet ist.

34 Begründung des Vorschlags zur Aufhebung der VO Nr. 4056/86, KOM(2005) 651 endg., S. 10 f.

35 Begründung des Vorschlags zur Aufhebung der VO Nr. 4056/86, KOM(2005) 651 endg., S. 11 Tz. 48. Dabei ist anzumerken, dass die EU selbst den UNCTAD-Kodex nicht unterzeichnet hat.

36 Vgl. Europäischen Wirtschafts- und Sozialausschusses vom 11. 7. 2007, TEN/285/»Linien konferenzen/VN-Übereinkommen«, Ziff. 4.7.

2. Ersetzung der Gruppenfreistellungsverordnung für Linienkonferenzen durch Leitlinien

Die Europäische Kommission hat einen Vorschlag der European Liner Affairs Association (ELAA) aufgegriffen[37] und bereitet Leitlinien für die Anwendung der Wettbewerbsregeln des Art. 81 EG auf Seeverkehrsdienstleitungen vor. Der Entwurf solcher Leitlinien ist am 14. September 2007 erstmals vorgelegt worden.[38]

Die Leitlinien werden einen wichtigen Beitrag zur innereuropäischen Anwendung von Art. 81 EG auf Seeverkehrsunternehmen darstellen. Sie legen den kartellrechtlichen Rahmen für die grundsätzlich als sachdienlich anerkannten[39] Kooperationsabkommen zwischen Wettbewerbern im Seefrachtverkehr und nach Art. 81 zulässige Poolvereinbarungen zwischen mehreren Reedereien fest.

Diese Leitlinien beeinflussen die Bewertung der Aufhebung der Linienkonferenzverordnungen im Lichte der internationalrechtlichen Bewertung letztlich nicht. Die Bedeutung der Leitlinien beschränkt sich allein auf die innereuropäische Anwendung. Sie ermöglichen keine Aufrechterhaltung von Linienkonferenzen, die europäische Seehäfen anlaufen; Linienkonferenzen, die den Anforderungen des UNCTAD-Kodex entsprechen, verstoßen auch in Ansehung der Leitlinien a limine gegen Art. 81 EG. Die Konfliktlage zwischen europäischem und internationalem Wettbewerbsrecht wird durch den vorgelegten Entwurf der Leitlinien nicht berührt.

3. Bedeutung der Gruppenfreistellung für Konsortien

Die nach der Gruppenfreistellungsverordnung für Konsortien VO Nr. 823/2000[40] zulässige Organisation von Seeverkehrsdienstleitungen durch Konsortien mehrerer Reeder stellt derzeit die bedeutendste Möglichkeit für eine europarechtskonforme Umgestaltung der von Linienkonferenzen erbrachten Seeverkehrsdienstleitungen dar. Allerdings ist der Kooperationsspielraum nach der VO Nr. 823/2000 im Vergleich zur Gruppenfreistellungsverordnung Nr. 4056/86 deutlich restriktiver ausgestaltet und erlaubt insbesondere keine Absprache über Frachtraten.[41]

Zwischen den Maximen kartellrechtlicher Immunität von Linienkonferenzen in zahlreichen Staaten außerhalb der EU und der von der EU ermöglichten Reedereikooperation nach der Gruppenfreistellungsverordnung für Konsortien besteht keine sachliche Vergleichbarkeit. Es kann daher nicht davon ausgegangen werden, dass die im Rahmen von Konsortien bestehenden Kooperationsmöglichkeiten zwischen

37 Vgl. Vorschlag zur Aufhebung der VO Nr. 4056/86, KOM(2005) 651 endg., S. 10.
38 ABl.EG C 215 vom 14. 9. 2007, S. 3 ff.
39 Vgl. insbesondere Erwägungsgrund Nr. 5 der Leitlinien.
40 ABl. EG Nr. L 100 v. 20. 4. 2000, S. 24 ff.
41 Vgl. nur *Basedow* in: Immenga/Mestmäcker, Wettbewerbsrecht EG/Teil 2, Verkehr, D Rn 1.

Seeverkehrsunternehmen ein auch internationalrechtlich attraktives Substitut für das tradierte Linienkonferenzwesen darstellt.

IV. EFFEKTIVIERUNG DES EUROPÄISCHEN WETTBEWERBSRECHTS IM INTERNATIONALRECHTLICHEN KONTEXT

Mit der Abschaffung der Gruppenfreistellungsverordnung für Linienkonferenzen verfolgt die Europäische Kommission das Ziel, die Anwendung des europäischen Wettbewerbsrechts zu effektivieren. In Ansehung der überlegenen Steuerungskraft des Wettbewerbsprinzips stößt diese Zielsetzung auf eine aus europäischer Sicht prinzipielle Plausibilität und Rechtfertigung auch und gerade in Ansehung der Grundsätze der Wirtschaftspolitik des EG-Vertrages.

In Bereichen, die wie die Seeverkehrswirtschaft notwendig eine internationale Dimension und im Hinblick auf den UNCTAD-Kodex sogar eine internationalrechtliche Ordnung aufweisen, sind die europäischen Institutionen nach der hier vertretenen Auffassung gehalten, diese internationalrechtlichen Implikationen bei der Fortentwicklung ihrer Wettbewerbspolitik zu beachten. Die Effektivierung europäischen Wettbewerbsrechts sollte nicht ohne Ansehen der internationalen Wirkungen erfolgen.

Die sich insofern ergebenden Fragestellungen sind nicht im Grundsätzlichen verschieden, von denen, welche die ordnungspolitische Bewertung des sog. Port-Package II[42] getragen haben und schließlich und zu Recht zu dessen Scheitern geführt hatten. Die wesentliche Zielsetzung dieser Initiative bestand seinerzeit darin, einen Gemeinschaftsrahmen zu schaffen, der den freien Zugang der Interessierten zu den Hafendienstleistungen gewährleistet. Die von der Kommission der Europäischen Gemeinschaften vorgeschlagene zentrale Maßnahme zur Zielerreichung bestand darin, den Hafendiensteanbietern periodisch ihren Tätigkeitsbereich im Seegüterumschlag zu entziehen und dessen Neuvergabe an dasselbe oder ein anderes Unternehmen an eine öffentliche Ausschreibung zu binden und in die Entscheidung einer lokalen Behörde zu legen.[43] Die Kritik an dieser Richtlinie weist in ihren internationalrechtlichen Dimensionen deutliche Parallelen zu den Fragestellungen auf, die nunmehr im Recht der Linienkonferenzen des Seeverkehrswesens entstehen.

Der Richtlinienvorschlag zum Port-Package II beruhte aus wettbewerbsrechtlicher Sicht auf einer unzureichenden Berücksichtigung des internationalen Wettbewerbs zwischen den Häfen. Zum Inter-port-Wettbewerb begnügte sich der Vorschlag wesentlich mit der Ankündigung, Leitlinien für die Transparenz der Finanzierung der Häfen aus öffentlichen Mitteln vorlegen zu wollen. Die mangelnde Berücksichtigung dieses hafenübergreifenden Wettbewerbs hätte im Falle der Um-

42 KOM (2004) 654 endg. vom 13. 10. 2004.
43 Art. 8 Ziff. 7 des Richtlinienvorschlags.

setzung des Richtlinienvorschlags zu negativen Konsequenzen für den Fortbestand des vorhandenen Wettbewerbs geführt. Das von der Richtlinie erzwungene Auslaufen der Befugnis zur Erbringung von Hafendienstleistungen hätte die bestehenden Anbieter zu einer Umstellung ihres Marktverhaltens veranlasst. Leistungssteigernde und kapazitätserweiternde Investitionen wären bei rationalem Verhalten solange unterblieben, bis sichergestellt ist, dass eine Lizenz zur Fortführung erteilt wird. Die aus wettbewerblicher Sicht wohl dramatischste Konsequenz des Richtlinienvorschlags bestand in der Gefahr des Entstehens einer nicht kontrollierbaren Machtkonzentration im Bereich der europäischen Seehäfen. Weder das geltende Wettbewerbsrecht noch die vorgeschlagenen Richtlinien boten und bieten eine rechtlich verlässliche Handhabe gegen das Entstehen dominierender Marktstellungen durch einzelne Unternehmen im Hafendienstleistungsbereich. Der Richtlinienvorschlag berücksichtigt in seinen Regelungen diese Gefahr nicht. Das Wettbewerbsrecht, insbesondere das Fusionskontrollrecht konnte eine solche Entwicklung gleichfalls nicht aufhalten, weil der Erwerb einer Dienstleistungslizenz im Seehafen keinen Zusammenschlussfall im Sinne des Fusionskontrollrechts darstellt. Der von der Richtlinie ausgelöste Zwang zur periodischen Vergabe einer Pflichtlizenz durch eine lokale Behörde schaffte somit nicht zuletzt internationalen kapitalkräftigen Anbietern eine probate Möglichkeit zum unkontrollierbaren Aufbau von Marktmacht in den europäischen Seehäfen. Die beabsichtigte Marktöffnung durch die vorgeschlagene Regulierungspolitik drohte zum wettbewerbspolitischen Sündenfall zu mutieren.[44]

Die Abschaffung der europäischen Gruppenfreistellung für Linienkonferenzen im Seeverkehr weist Parallelen zu den seinerzeitigen Mängeln des Hafendienste-Richtlinienvorschlags auf und führt im Ergebnis zu einer unbedachten Neuordnung des Rechts der Seeverkehrsdienstleistungen. Die Abschaffung der Gruppenfreistellungsverordnung erfolgte ohne Rücksichtnahme auf die internationale Praxis und Rechtslage unter einseitiger Betonung des Ziels einer Effektivierung des europäischen Wettbewerbsrechts. Während Linienkonferenzen von 81 Staaten als sachgerechtes Instrument der Ordnung der internationalen Seeverkehrsdienstleistungen anerkannt werden, schert die Europäische Union aus diesem Konsens aus und beseitigt die bestehende wettbewerbsrechtliche Immunität der Konferenzen. Der mit dem UNCTAD-Kodex beabsichtigte internationale Kompromiss der Berücksichtigung der sehr unterschiedlichen Interessen von Industrie- und Entwicklungsländern durch die gleichzeitige Anerkennung sowohl einer Marktaufteilung als auch von Preisabsprachen im Konferenzwesen ist durch die Europäische Kommission einseitig aufgehaben worden. Die ökonomische, politische und rechtliche Rationalität dieser Entscheidung ist ausweislich der veröffentlichten Dokumente nur sehr unzureichend analysiert worden. Insbesondere finden sich keine Stellungnahmen zu

44 Eingehend dazu *ISL/Paschke/Pottschmidt* Folgenabschätzung des Vorschlags für eine Richtlinie des Europäischen Parlaments und des Rates über Marktzugang für Hafendienste, erstattet im Auftrag des Bundesverkehrsministeriums, 2005.

den Konsequenzen der Aufhebung für die handelspolitischen und wirtschaftlichen Interessen von Nicht-EU-Staaten im Verkehr mit den europäischen Seehäfen und ebenso keine Stellungnahmen zu den Konsequenzen, die sich für europäische Seeverkehrsunternehmen mit der Beseitigung der kartellrechtlichen Freistellung für Linienkonferenzen in Drittländern ergeben.

V. SCHLUSSBEMERKUNGEN

Die europäische Wettbewerbspolitik für Seeverkehrsdienstleitungen wird in der jüngeren Vergangenheit von der Europäischen Kommission zunehmend autonom entwickelt. Damit ist gemeint, dass die Europäische Kommission die globale Implikation und die internationalrechtliche Verflechtung von Seeverkehrsdienstleitungen nicht als Fokus ihrer Politik erkannt und berücksichtigt hat. Seeverkehrsdienstleistungen haben aber, auch wenn sie europäische Seehäfen ansteuern, eine den europäischen Binnenmarkt übersteigende, internationale Bedeutung.

Angesichts der internationalen Dimension europäischer Politik für Seeverkehrsdienstleitungen ist die europäische Politik gehalten, diese internationalen und internationalrechtlichen Auswirkungen zu betrachten und zu berücksichtigen. Das an sich förderungswürdige Ziel einer Effektivierung der europäischen Wettbewerbspolitik sollte in Bereichen, in denen internationalrechtlichen Auswirkungen vorhanden sind, nicht autonom europäisch definiert und entwickelt werden. Andernfalls läuft die Europäische Kommission Gefahr, mit dem wohl gemeinten Ziel der Effektivierung der Wettbewerbspolitik letztlich kontraproduktive, den Ergebnissen effektiveren Wettbewerbs zuwider laufende Ergebnisse zu erzielen.

Die im Zuge der Abschaffung der Gruppenfreistellungsverordnung für Linienkonferenzen der Seeschifffahrt notwendig werdende Neuordnung dieses Regelungsbereichs ist mit Blick auf Linienkonferenzen als Instrument der global sachgerechten und deshalb internationalrechtlich anerkannten Ordnungsgrundsätze zu entfalten. Die kartellrechtliche Immunität, die diese Linienkonferenzen international für sich beanspruchen können, sollte auch für die europäische Wettbewerbspolitik ein Eckpfeiler darstellen, dessen Tragfähigkeit und Berechtigung fortlaufender Kontrolle unterzogen werden muss, dessen Substanz aber nicht einseitig durch international nicht abgestimmte, unilateral europäische Politik in Frage gestellt und beseitigt werden sollte.

Die dritte Dimension der Politikverflechtung

Mitgliedstaaten, EG und die Weiterentwicklung der WTO

VEITH MEHDE

I. POLITIKVERFLECHTUNG – BEGRIFF UND BEDEUTUNG

»Politikverflechtung« ist ein in Deutschland populäres Schlagwort, das in kaum einer Diskussion über die Probleme des Bundesstaats fehlt. Gekennzeichnet werden damit Konsenszwänge zwischen verschiedenen Ebenen im Staatsaufbau, namentlich zwischen der Ebene des Bundes und jener der Länder. Der zentrale Ausgangspunkt für diese Diskussion findet sich in dem nicht nur »namensgebenden«, sondern auch die wesentlichen Analyse vorprägenden Buch von *Scharpf/Reissert* und *Schnabel.*[1] In dem Begriff schwingt eine Reihe von negativen Konnotationen mit. So wird durch Verflechtung die Entscheidungsautonomie der beteiligten Akteure eingeschränkt, die sich folglich nicht mehr wettbewerbsadäquat – also nicht mehr systemgerecht im Sinne eines Modells des Wettbewerbsföderalismus verhalten können und in vielen Bereichen auch keinen Anreiz mehr dazu haben.[2] Der Zwang zur Verhandlung führt nach dieser Überlegung dazu, dass es regelmäßig zu »Lösungen der zweiten Wahl«[3] kommt, insbesondere Entscheidungen auf dem »kleinsten gemeinsamen Nenner«. Die Überzeugungskraft dieser Überlegungen lässt sich auch daran ablesen, dass auch das Phänomen der Politikverflechtung als etwas angesehen wurde, das durch die Föderalismusreform des Jahres 2006 aufgehoben werden sollte.[4]

Scharpf hat seine Analyse der Politikverflechtung und der »Falle«, die er in ihr sieht, nicht auf den deutschen Bundesstaat beschränkt, sondern auch einen Vergleich mit der EU für angemessen gehalten.[5] In der Tat ist der Vergleich von unbestreitbarer Plausibilität. Wesentliche Elemente, die im deutschen Bundesstaat Anlass

1 *Scharpf/Reissert/Schnabel* Politikverflechtung: Theorie und Empirie des kooperativen Föderalismus in der Bundesrepublik, 1976.

2 *Mehde* Wettbewerb zwischen Staaten, 2005, S. 82 f.

3 *Renzsch* in: Voigt, Rüdiger (Hrsg.) Der kooperative Staat: Krisenbewältigung durch Verhandlung? Baden-Baden 1995, S. 167, 188 f, Anführungszeichen im Original.

4 *Kluth* in: ders. (Hrsg.) Föderalismusreformgesetz, 2007, Einführung, Rn 34 f.

5 *Scharpf* Die Politikverflechtungs-Falle: Europäische Integration und deutscher Föderalismus im Vergleich, PVS 26 (1985) 323 ff.

zu derartigen Überlegungen geben, finden sich mehr oder minder bruchlos auch im institutionellen Design der EU bzw. der EG gespiegelt. Zu nennen ist dabei insbesondere die Rolle der Mitgliedstaaten bei der Entscheidungsfindung auf europäischer Ebene.[6] Wie im politikverflochtenen Bundesstaat bestimmt auch im europäischen Kontext die eine Ebene auf der »nächsthöheren« mit. Dabei besteht ein effektiver Zwang zur gemeinsamen Entscheidung der »originär« europäischen Organe Kommission und Parlament mit den im Rat repräsentierten Mitgliedstaaten. Gleichzeitig ist die europäische Ebene auf die Implementation der Entscheidungen durch die zuständigen Organe in den Mitgliedstaaten angewiesen.

Vor diesem Hintergrund soll im Folgenden eine weitere Dimension mit Blick auf einen speziellen Gegenstand diskutiert werden. Die WTO aktueller Prägung unterscheidet sich vom alten GATT nicht nur durch die wesentlich ausgeweiteten Themenbereiche, die sie umfasst, sondern vor allem in institutioneller Hinsicht. Obwohl es sich um eine nach wie vor völkerrechtliche Organisationsform handelt, die weit entfernt ist, den supranationalen Charakter der EG zu erreichen, verfügt sie über einen Mechanismus der Streitbeilegung, bei dem sich die Interessen der Mitgliedstaaten nicht mehr ungehemmt Bahn brechen können, die Rechtsanwendung also vom Willen der Vertragsparteien abgekoppelt ist.[7] Für die Implementation der Entscheidungen kommt es auch hier in Ermangelung einer exekutiven Kompetenz der WTO auf die Mitgliedstaaten an. Entsprechend der Kompetenzübertragung auf die europäische Ebene sind sowohl die Mitgliedstaaten als auch die EG Mitglieder in der WTO,[8] die Abkommen wurden aufgrund einer geteilten Zuständigkeit geschlossen.[9] Im Kontext der WTO stellt sich damit aus Sicht der EU und ihrer Mitgliedstaaten die Aufgabe, eine gemeinsame Verhandlungsposition zu entwickeln und die Ergebnisse der Verhandlungen vollständig zu ratifizieren. Nur wenn dies gelingt, kann ein Fortschritt an Integration erzielt werden.

Die folgenden Überlegungen basieren auf der Annahme, dass zwar in systematischer Hinsicht das Bemühen, einen Gleichklang von der bestehenden Binnenmarkt und der gegenüber Drittstaaten operationalisierbaren Außen(handels-)kompetenz herzustellen, als der zentrale Hintergrund der Kompetenzübertragung von den Mitgliedstaaten auf die europäische Ebene erscheint. Demgegenüber ist der Sinn und Zweck der Übertragung der Verhandlungsführerschaft auf europäische Gremien nicht zuletzt auch dadurch geprägt, dass auf diese Weise eine Verstärkung der Verhandlungsposition eintritt. Die im Weltmaßstab recht kleinen Volkswirtschaften der EU-Mitgliedstaaten geraten durch das Zusammenwirken gegenüber insbesondere den USA in ein »Gleichgewicht des Schreckens«.[10] Sie können also durch ein

6 Die Aufteilung der Zuständigkeiten ist dabei eine Frage, die vom EuGH zu beantworten ist; EuGH v. 11. 9. 2007 – Rs. C-431/05, Rn 36 f.
7 Dazu *Mehde* (Fn 2) S. 478 ff.
8 Siehe dazu *Mehde* (Fn 2) S. 486 ff.
9 EuGH v. 11. 9. 2007 – Rs. C-431/05, Rn 32.
10 *Langhammer* KAS-AI 2/00, 22, 29.

gemeinsames Auftreten ein sehr viel größeres Gewicht erlangen[11] und somit einen größeren Einfluss auf die regulativen Implikationen erzielen, als dies bei je einzelnem Agieren der Fall wäre.[12]

II. AUSSEN- UND AUSSENHANDELSKOMPETENZ DER EG

Art. 300 EGV regelt Verträge, die die EG mit Staaten und internationalen Organisationen schließt. Allerdings begründet die Norm keine Kompetenz, sondern regelt lediglich ihre Durchführung.[13] Ausdrückliche Kompetenzen neben den mitgliedstaatlichen sind in den Politikbereichen Forschung (Art. 170 EGV), Umwelt (Art. 174 Abs. 4 EGV) und Entwicklung (Art. 181 EGV) sowie wirtschaftliche, finanzielle und technische Zusammenarbeit (Art. 181a Abs. 3) vorgesehen. Daneben besteht nach der Rechtsprechung des EuGH eine implizite Außenkompetenz der EG. Hierbei wird an die Veränderung oder Ausgestaltung interner Rechtsakte und Ziele des Vertragswerks angeknüpft und so eine Parallelität von Innen- und Außenkompetenz konstatiert.[14] Nach Art. 300 Abs. 1 EGV werden Verhandlungen von der Kommission nach entsprechender Ermächtigung durch den Rat von der Kommission im Benehmen mit den vom Rat bestellten besonderen Ausschüssen geführt. Das Verhandlungsmandat wird grundsätzlich vom Rat mit qualifizierter Mehrheit beschlossen (I UA 2). Einstimmigkeit ist erforderlich, wenn dies auch für Annahmen interner Vorschriften gelten würde (II UA 1). Dieselben Mehrheitsregeln gelten für die Unterzeichnung des Abkommens, durch die der Vertragstext als verbindlich anerkannt wird.

Vor diesem Hintergrund ist es auch nicht überraschend, dass sich die Außen- und Innenkompetenzen in der EG in sehr weitgehender Übereinstimmung befinden. Auch hier kommt der Grundsatz der begrenzten Einzelermächtigung zum Ausdruck. Der EGV verhindert damit eine Situation, in der die interne Kompetenzaufteilung durch die Wahrnehmung der Außenkompetenz »ausgehebelt« werden kann. Um auch sonstige Wertungswidersprüche zu vermeiden, findet sich in Art. 3 Abs. 2 EUV eine Verpflichtung der Union auf die »Kohärenz aller von ihr ergriffenen Maßnahmen im Rahmen ihrer Außen-, Sicherheits-, Wirtschafts- und Entwicklungspolitik«. In Satz 2 der Vorschrift wird ausdrücklich eine Verantwortlichkeit von Rat und Kommission für diese Kohärenz und eine entsprechende Zusammenarbeitspflicht der beiden Organe postuliert.

Anders als die grundsätzlich alle sektoralen Politikbereiche betreffende Außenkompetenz ist die Außenhandelspolitik selbst Bestandteil eines sektoralen Politik-

11 Zu den Größenverhältnissen siehe *Sapir* in: ders. (Hrsg.) Fragmented Power: Europe and the Global Economy, 2007, S. 1.

12 Siehe dazu *Mehde* (Fn 2) S. 485 f.

13 *Wichard* in: Callies/Ruffert, EGV/EUV, 3. Aufl. 2007, Art. 300 EGV Rn 1.

14 EuGH – Rs. 22/70, Slg. 1976, 1279.

bereichs. Sie bildet damit lediglich einen von mehreren Aspekten der Art. 131 ff. EGV, die auf den ersten Blick viel mehr mit der Abschottung des gemeinsamen Marktes zu tun zu haben scheinen, als mit einem auswärtigen Gestaltungsanspruch. So findet sich in Art. 132 EGV ein Auftrag zur Vereinheitlichung der Ausfuhrbeihilfen. Schon in Art. 131 EGV ist aber nicht nur die Zollunion angesprochen, sondern ausdrücklich auch die »schrittweise [...] Beseitigung der Beschränkungen im internationalen Handelsverkehr« und der Abbau der Zollschranken. Die einheitliche Handelspolitik i.S.d. Art. 133 EGV ist sodann von vornherein mit einem Außenbezug ausgestattet. Die Abs. 3 bis 7 sind lex specialis zu der allgemeinen Außenkompetenz. Die Regelungen sind in dieser Form durch den Vertrag von Nizza geschaffen worden. Bei den Verhandlungen im Vorfeld dieses Vertragsabschlusses spielte das Bemühen um eine Verbesserung der Handlungsmöglichkeiten für die EG im Rahmen der sich abzeichnenden neuen WTO Verhandlungsrunde eine große Rolle.[15] Gemäß Art. 133 Abs. 3, 3. UA EGV finden die »einschlägigen Bestimmungen des Art. 300 EGV Anwendung«.

Die Verbandskompetenz der EG besteht uneingeschränkt für die gemeinsame Handelspolitik im Sinne des Handels mit Waren, zu denen auch landwirtschaftliche Produkte gehören.[16] Hinzu kommen der Handel mit Dienstleistungen sowie die Handelsaspekte des geistigen Eigentums. Hier findet sich eine Ausweitung der Kompetenzen gegenüber der früheren Rechtslage, die als Anpassung an die Entwicklung der WTO zu verstehen ist. Abs. 5, 1. Unterabsatz verweist allerdings in dieser Hinsicht nur auf die Aushandlung und den Abschluss von Abkommen. Es wird deutlich, dass in diesem Punkt die Parallelität zwischen Innen- und Außenkompetenzen durchbrochen ist. Ausgenommen sind allerdings Dienstleistungen in den Bereichen Kultur, Bildung, Soziales und Gesundheit, für die ausdrücklich eine gemischte Zuständigkeit der EG und der Mitgliedstaaten festgeschrieben wird (Art. 133 Abs. 4, 1.UA).

Gemäß Art. 133 Abs. 3 Satz 2 EGV ist es »Sache des Rates und der Kommission, dafür zu sorgen, dass die ausgehandelten Abkommen mit den internen Politiken und Vorschriften der Gemeinschaft vereinbar« sind. Damit ist gewissermaßen eine substantiell rechtliche Anwendung des Kohärenzgebots des Art. 3 Abs. 2 EUV ausformuliert.[17] Abs. 6 stellt klar, dass Abkommen nicht geschlossen werden können, wenn damit interne Zuständigkeiten der Gemeinschaft überschritten würden.

Hinsichtlich der Organkompetenz der Kommission folgt der Art. 133 EGV der Logik des Art. 300 EGV. Die Kommission kann ihr Verhandlungsmandat nur im Rahmen der Richtlinien des Rates ausüben und wird unterstützt von einem Ausschuss des Rates. Ein Unterschied ergibt sich dadurch, dass das Europäische Parlament im Rahmen des Außenhandels auch der wenigen Kompetenzen verlustig geht, die ihm in Art. 300 EGV eingeräumt worden sind. Art. 300 Abs. 3 EGV schließt

15 *Krenzler/Pitschas* EFAR 6 (2001) 291, 293 ff.
16 *M. Hahn* in: Callies/Ruffert (Fn 13) Art. 133 Rn 23.
17 *Krenzler/Pitschas* EFAR 6 (2001) 291, 299.

Handelsabkommen denn auch ausdrücklich vom Anwendungsbereich der entsprechenden Regeln über die Beteiligung des Parlaments aus, wobei allerdings von dieser Ausnahme wiederum eine Ausnahme greift, wenn durch Einführung von Zusammenarbeitsverfahren ein besonderer institutioneller Rahmen geschaffen wird. Die Errichtung der WTO wurde darunter gefasst und somit dem Parlament zur Zustimmung vorgelegt.[18]

Die erforderlichen Mehrheiten für die Beschlüsse nach Art. 133 EGV richten sich nach den Gegenstandsbereichen. Für den Kernbereich der gemeinsamen Handelspolitik sieht Abs. 4 die qualifizierte Mehrheit vor. Einstimmigkeit wird demgegenüber für Abkommen betreffend Dienstleistungen und die Handelsaspekte des geistigen Eigentums verlangt, wenn für die internen Vorschriften Einstimmigkeit erforderlich wäre oder entsprechende Vorschriften noch nicht angenommen worden sind. Besonders hoch sind schließlich die Hürden hinsichtlich der Dienstleistungen im Bereich Kultur, Bildung, Soziales und Gesundheitswesen.[19] Hier ist neben der einstimmigen Entscheidung des Rates auch die Zustimmung sämtlicher Mitgliedstaaten erforderlich.[20] Durch die Trennung zwischen diesen verschiedenen Aspekten nimmt man auch bei den Regelungen des Vertrags von Nizza trotz einiger Fortschritte im Vergleich zu früheren Regelungen in Kauf, dass der Handelsbegriff im Wirtschaftsvölkerrecht einerseits und im europäischen Außenhandelsrecht andererseits miteinander in Konflikt treten. Betrachtet man dies alles zusammen, so spricht in der Tat Einiges für die in der Literatur formulierte Diagnose, dass es bei der Neufassung weniger um die Verbesserung der Handlungsmöglichkeiten der EG ging, sondern mehr darum, diese Handlungsmöglichkeiten auch seitens einzelner Mitgliedstaaten blockieren zu können.[21]

III. Rechtliche Grundlagen des Verhältnisses von EG und Mitgliedstaaten mit Blick auf die WTO

Rechtlicher Ausgangspunkt aller Überlegungen zum Verhältnis von EU und Mitgliedstaaten ist der Grundsatz der begrenzten Einzelermächtigung, wie er in Art. 5 EGV ausdrücklich ausformuliert und vom Bundesverfassungsgericht im Maastricht-Urteil[22] sehr pointiert als Grundlage der weiteren Vertragsentwicklung gefordert worden ist. Bei der Gründung der WTO bestanden durchaus Zweifel, inwiefern die EG oder die Mitgliedstaaten für den Abschluss des Vertrages zuständig waren. Der Europäische Gerichtshof hat in einem Gutachten aus dem Jahr 1994 ein

18 *Krajewski* CMLR 42 (2005) 91, 98.
19 Siehe dazu *Coeuré/Pisani-Ferry* in: Sapir (Fn 11) S. 21, 28.
20 Vgl. dazu *Hahn* (Fn 16) Art. 133 Rn 77.
21 *Krenzler/Pitschas* EFAR 6 (2001) 291, 313.
22 BVerfGE 89, 155.

gemischtes Abkommen für erforderlich gehalten,[23] also ein von EG und Mitgliedstaaten gemeinsam zu verabschiedendes. Rechtsgrundlage ist derzeit in erster Linie Art. 133 EGV.

Schon in der Regelungsstruktur des Art. 133 EGV sind die Auswirkungen des Grundsatzes der begrenzten Einzelermächtigung deutlich zu erkennen. Dies zeigt sich etwa in der ausdrücklichen Bestimmung, dass ein Abkommen vom Rat nicht geschlossen werden darf, wenn auf diese Weise die internen Zuständigkeiten der Gemeinschaft überschritten würden (Abs. 6). Dies ist etwa in Föderalstaaten durchaus keine Selbstverständlichkeit. So kann in Deutschland der Bund auch in Bereichen Verträge abschließen, für die intern die Länder zuständig sind.[24] Im Übrigen ist kennzeichnend für Art. 133 EGV die schon angesprochene Abfolge von mit jedem weiteren Absatz spezieller werdenden Regeln. Diese spezielleren Regeln erhöhen jeweils die Mehrheitsanforderungen an die Beschlussfassung. Bei der eben angesprochenen allgemeinen Handelspolitik im Sinne des internationalen Warenaustauschs[25] entscheidet der Rat mit qualifizierter Mehrheit. Werden von einem Abkommen wie dem WTO-Vertragswerk Kompetenzen der EG und der Mitgliedstaaten berührt und darf zusätzlich das Abkommen nur als Ganzes verabschiedet oder abgelehnt werden, so können es die Mitgliedstaaten und die EG auch nur gemeinsam verabschieden. Man spricht dann, wie auch im Fall der WTO 1994 von einem gemischten Abkommen.[26]

Die WTO ist der wichtigste Anwendungsfall der Außenwirkung der Gemeinsamen Handelspolitik. Sie ist neben der großen Zahl ihrer Mitglieder aus zwei rechtlichen Gründen von herausgehobener Bedeutung. Zum einen umfasst sie ein besonders weit gefächertes Regelungswerk, das in erheblichem Umfang Handelsschranken abgebaut hat. Zum anderen ist sie gekennzeichnet durch eine besondere organisatorische Verfestigung und ein justizförmiges Verfahren zur Schlichtung von Streitigkeiten.[27] Dieses Verfahren ermöglicht eine rechtsdogmatische Entwicklung mit einem rechtsförmigen Sanktionsverfahren bei Verstößen. Neben dem Warenhandel sind im GATS Dienstleistungen, im TRIPS Fragen des geistigen Eigentums geregelt.

Nach der Schlussakte der Uruguay-Runde in Verbindung mit Artikel 14 des Übereinkommens über die Errichtung der Welthandelsorganisation kann ein Beitritt nur zu dem Vertragswerk insgesamt erfolgen. Es ist also nicht mehr möglich, sich auf die Mitgliedschaft in den Abkommen zu beschränken, die einem nach der Struktur der heimischen Wirtschaft als besonders attraktiv erscheinen. Die Mitglieder unterliegen demnach einheitlich einem bereiten Spektrum an Bindungen. Die betreffenden Politikbereiche reichen vom klassischen Warenhandel wie jenem mit

23 EuGH Gutachten 1/94, Slg. 1994, I-5267.
24 *Pernice* in: H. Dreier (Hrsg.) GG, Bd. II, 2. Aufl. 2006, Art. 24 Rn 17, Art. 32 Rn 19.
25 Vgl. EuGH – Rs. C-347/03, Slg. 2005, I-3785.
26 Siehe *Craig/de Búrca* EU Law, 4. Aufl. 2007, S. 197 f.
27 *Mehde* (Fn 2) S. 478 ff.

landwirtschaftlichen Produkten, Textilien und Bekleidung hin zu Dienstleistungen und Fragen des geistigen Eigentums. Bei den handelshemmenden Instrumenten, für die das WTO-Recht Maßnahmen zu ihrem Abbau vorsieht, finden sich Dumping und Subventionen, technische Handelshemmnisse sowie gesundheitspolizeiliche und pflanzenschutzrechtliche Maßnahmen. Die in unterschiedlichen Zusammenhängen immer wieder feststellbare Interdependenz der Lebensbereiche findet hier einen rechtlichen Niederschlag.

Wenn, was sehr wahrscheinlich ist, bei einer Weiterentwicklung der WTO auch Regelungen in Bereichen getroffen werden, in denen die Gemeinschaft ihre Zuständigkeiten noch nicht ausgeübt hat, so führt dies zu einem Einstimmigkeitserfordernis. Sofern dabei Vereinbarungen für die Bereiche Kultur, Bildung, Soziales und Gesundheit ausgehandelt werden, so wird auf diese Weise eine gemischte Zuständigkeit mit den Mitgliedstaaten begründet und gleichzeitig für die Annahme im Rat Einstimmigkeit gefordert.[28] In der praktischen Umsetzung ist auffällig, dass die Kommission in ihrer Darstellung des Angebots für die Doha-Verhandlungen im Bereich der Dienstleistungen für die audiovisuellen und kulturellen, wie auch für den gesundheitsbezogenen und sozialen Sektor ausdrücklich bemerkt, dass das bisherige Regime unverändert bleibe.[29] Dies kann man wohl nur so interpretieren, dass die Kommission die Verabschiedung als gemischtes Abkommen zu vermeiden sucht. Solange die welthandelsrechtlichen Verträge als Einheit aufzufassen sind, also nicht über jeden Regelungsgegenstand einzeln abgestimmt wird, werden bei derart umfassenden Verträgen letztlich die mit Blick auf Rat und Mitgliedstaaten höchsten Hürden greifen. Ausgenommen von dieser Diagnose ist ausgerechnet die Zustimmung des Parlaments, da wohl am Wenigsten zu erwarten ist, dass im Rahmen solcher Verhandlungen institutionelle Änderungen vereinbart werden. Denkbar ist allerdings, dass die Veränderung einer Norm notwendig wird, die im Verfahren nach Art. 251 EGV angenommen wurde.

IV. ROLLEN DER MITGLIEDSTAATEN – DIE RECHTLICHEN KOMPETENZEN

Die alleinige Entscheidung über die Weiterentwicklung der WTO haben die Mitgliedstaaten durch die weitgehenden Kompetenzen der EG verloren. Die Rolle der Mitgliedstaaten ist also in jedem Fall eine der Mitgestaltung im Kontext der europäischen Integration. Die Probleme, die sich auch als Politikverflechtung beschreiben lassen, treten dann besonders deutlich zutage, wenn man die Rollen, die die Mitgliedstaaten spielen können, im Einzelnen zu beschreiben versucht.

28 So auch *Krajewski* CMLR 42 (2005) 91, 97; *Krajewski* spricht unter Berufung auf eine Äußerung von *Lamy* von dem »Pastis-Prinzip«, wonach ein Tropfen Einstimmigkeit das ganze Glas der qualifizierten Mehrheitsentscheidung trüben kann.

29 http://europa.eu.int/comm/trade/issues/newround/doha_da/memo020605_en.htm; besucht am 25. 3. 2008.

Als Ermächtigende im Kollegialorgan Rat

Nach Art. 133 EGV beginnen für die EU-Mitgliedstaaten die Verhandlungen im Rahmen der WTO mit dem Beschluss über die Ermächtigung der Kommission zu den Verhandlungen. Dabei wird in Richtlinien festgeschrieben, wie weit das Verhandlungsmandat reicht.[30] Die Mitgliedstaaten agieren hier durch ihre Repräsentanten im Rat. Die Kommission kann erst nach dieser ausdrücklichen Ermächtigung tätig werden. Für die erforderlichen Mehrheiten gelten dieselben Grundsätze, wie sie bereits für die Zustimmung beschrieben worden sind.

Als Begleitende im Ausschuss

Während der von der Kommission geführten Verhandlungen sind die Mitgliedstaaten in einem besonderen Ausschuss repräsentiert, der vom Rat gewählt wird. Die Verhandlungen müssen im Benehmen mit diesem Ausschuss geführt werden und ihm muss regelmäßig Bericht über den Fortgang der Verhandlungen erstattet werden. Insofern wird die eigene Verhandlungsposition durch eine begleitende Rolle mit bestimmten Informationsrechten ersetzt.[31]

Als Zustimmende im Rat

Die Unterzeichnung sowie der Abschluss des Abkommens werden vom Rat beschlossen. Der Rat hat also in jedem Fall die entscheidende Beschlusskompetenz, wenn es um die völkerrechtliche Verbindlichkeit der Maßnahme geht. Über die für den Abschluss erforderlichen Mehrheiten wurde schon gesprochen. Bei einem Abkommen wie jenem der WTO ist in Anbetracht der Vielzahl der Verhandlungsgegenstände zu erwarten, dass die Zustimmung einstimmig zu erfolgen hat. Dies ergibt sich aus der Tatsache, dass jedenfalls Dienstleistungen ein wahrscheinlicher Gegenstand zukünftiger Abkommen im Welthandelsrecht sind. Bei umfangreichen Vertragswerken kann also jedes Land den gefundenen Kompromiss ablehnen.

Als originär Mitentscheidende bei »gemischten Abkommen«

Wenn sich die Vereinbarungen auf die Bereiche Kultur, Bildung, Soziales und Gesundheit beziehen, wird nach der schon beschriebenen Regelungstechnik eine gemischte Zuständigkeit von EG und Mitgliedstaaten begründet. Da das WTO-Vertragswerk nur als Ganzes angenommen werden kann, reichen in der Tat schon

30 Vgl. dazu EuGH – Rs. C-233/02, Slg. 2004, I-2759, mit der diesen Aspekt hervorhebenden Anmerkung von *Pitschas* EuZW 2004, 433, 434 ff.

31 Zur Praxis siehe *Evenett* in: Sapir (Fn 11) S. 61, 65 f.

einzelne Regelungen, die sich auf diesen Bereich beziehen, um eine gemischte Zuständigkeit zu begründen. Der qualitative Unterschied besteht darin, dass dadurch die internen Mechanismen zur Zustimmung zu internationalen Verträgen greifen, also auch eine Zustimmung des nationalen Parlaments erforderlich werden kann. Wegen der verbleibenden Zuständigkeiten der Mitgliedstaaten hat auch die Verhandlungsteilnahme der nationalen Minister durchaus einen Sinn. Hier betrifft die Rolle der Mitgliedstaaten zwei Ebenen: die der WTO unmittelbar und die im europäischen Rahmen.

Als Beschließende des Umsetzungsakts

Die zwei Ebenen werden zusätzlich verdeutlicht, wenn man auch die Umsetzung in intern gültige Vorschriften beachtet. In vielen Fällen bedürfen internationale Abkommen eines Umsetzungsakts, um so innerstaatlich oder in der EG Rechtswirkungen zu entfalten. Im Rahmen der EG gibt es zum Beispiel Regelungen für Antidumping-Maßnahmen, wie sie von dem WTO-Recht zugelassen sind.[32] Diese Umsetzungsakte sind in dem gewöhnlichen Gesetzgebungsverfahren zu verabschieden. Insofern können die Mitgliedstaaten über ihre Repräsentanz im Rat bei der Ausgestaltung der international vereinbarten Instrumente mitwirken.

V. ROLLE DER MITGLIEDSTAATEN – DIE INHALTLICHEN OPTIONEN

Die Wirkungen dieses Modells der Politikverflechtung zeigen sich besonders deutlich, wenn man sich vor Augen führt, wie sich diese Koordinationsnotwendigkeit auf die Möglichkeiten auswirkt, die Rolle inhaltlich auszufüllen.

Mitgliedstaaten mit Interesse an breiter Weiterentwicklung

Welche Auswirkungen hat also die Rechtslage für solche EU-Mitgliedstaaten, die ein Interesse an der weiteren Liberalisierung auch über die bislang schon stark liberalisierten Bereiche hinaus haben, insgesamt also eine breit angelegte Agenda bevorzugen? Derartig breit angelegte Verhandlungen sind im Zusammenhang mit der Doha-Entwicklungsrunde auch aus deutscher Sicht propagiert worden. Je breiter die Themenpalette angelegt ist, desto wahrscheinlicher wird auch, dass damit Bereiche betroffen werden, für die Einstimmigkeit im Rat oder sogar ein gemischtes Abkommen erforderlich ist. Dies führt anerkanntermaßen zu einer Notwendigkeit für Kompromisse in Gestalt von so genannten Paketlösungen. Dies macht umfassende Liberalisierungen tendenziell unwahrscheinlich.

32 Vgl. *Mehde* (Fn 2) S. 495 ff.

Mitgliedstaaten mit Interesse an selektiver Weiterentwicklung

Die kompliziertesten Konstellationen ergeben sich dadurch, dass die 27 Mitgliedstaaten regelmäßig ganz unterschiedliche Interessen verfolgen, die im Rahmen der EU gebündelt werden müssen, um zu einer gemeinsamen Position zu gelangen. Es ist sehr wahrscheinlich, dass Länder in einigen Punkten die Liberalisierung befürworten, in anderen aber dagegen ablehnen. Dies führt wiederum dazu, dass im Aushandlungsprozess mit anderen Mitgliedstaaten regelmäßig Paketlösungen entwickelt werden, da jede dieser Interessen einen Verhandlungsgegenstand verkörpert und diese nicht immer auf eine weitere Liberalisierung zielen werden. Die Paketlösungen werden in aller Regel nicht zu einer uneingeschränkten Liberalisierung führen. Vielmehr drohen Kompromisse auf niedrigem Niveau. Auf diese Weise kann sehr wohl die eigentlich durch das Zusammenwirken der Mitgliedstaaten stärkere Rolle wieder entwertet werden.

Die Verhinderungsoption

Am einfachsten ist es nach der geschilderten Rechtslage, Veränderungen zu verhindern. Der jeweilige Status quo ist insofern der wesentliche Bezugspunkt, der nur im Wege der Kompromissfindung im Rahmen von Paketlösungen überwunden werden kann. Auch hier liegen Einigungen auf dem »kleinsten gemeinsamen Nenner« nahe. Andererseits muss man diese Konstellation realistischer Weise mit jener vergleichen, in der sich die Länder ansonsten in der Verhandlungssituation der WTO bewegen würden. Auch dort ist natürlich Einstimmigkeit erforderlich. Ein Land, das im Rahmen der EU eine entsprechende Verhandlungsposition verhindert, könnte dies auch bei der Welthandelskonferenz tun. Die EU-Mitgliedschaft verändert die Lage insofern, als eine Weiterentwicklung der WTO ohne die EU natürlich noch schwerer vorstellbar ist und von dieser mehr Druck auf die weiteren Entscheidungsprozesse ausgehen kann als von den meisten übrigen Mitgliedern der WTO.

VI. STRUKTURELLE AUSWIRKUNGEN DER RECHTLICHEN ROLLENBESCHREIBUNG

Die dargestellten Konstellationen lassen auf bestimmte Auswirkungen schließen, die sich aus den Regelungen vermutlich ergeben werden. Dem Regelwerk merkt man an, dass die Akteure, die es verabschiedet haben, diese verschiedenen Rollen vorhergesehen haben, sich für den Zweifelsfall aber eher mit dem Status quo anfreunden können als mit einer Gestaltung gegen die eigenen Interessen. So bestehen Einstimmigkeitserfordernisse und damit Blockademöglichkeiten. Da bei Vertragswerken wie der WTO alle der genannten Rollen gleichermaßen faktisch plausibel wie rechtlich vorgezeichnet sind, besteht im Ergebnis eine Verflechtung, die die

Handlungsfähigkeit der EG bei der Weiterentwicklung der WTO erschwert, die der Mitgliedstaaten aber nicht entsprechend erhöht. Dies wäre per se noch kein Thema für Juristen. Genau diese Bevorzugung des Status quo wirft aber wiederum die Frage auf, warum die Mitgliedstaaten überhaupt die Kompetenz übertragen haben. Damit ist die teleologische Interpretation angesprochen, also welcher Sinn und Zweck in diesen Regelungen zum Ausdruck kommt. Hier ist auf die bereits genannten zwei Aspekte einzugehen: einerseits handelt es sich bei der Außenhandelskompetenz um eine zwangsläufige Folge der Innenkompetenz, die im Zusammenhang mit der Schaffung des gemeinsamen Marktes ohnehin bestand. Wie schon dargelegt spricht aber vieles dafür, den Sinn und Zweck zusätzlich in einer möglichen Erhöhung des Gewichts in den Verhandlungen zu sehen. Diese Option verlangt ein gewisses Zurückstehen bei der Durchsetzung der eigenen Interessen und eine gewisse Flexibilität der Verhandlungsführung. Dies wird durch die rechtlichen Grundlagen und ihre derzeitige Anwendung aber gerade nicht erreicht. Insofern muss man sagen, dass die avisierten Rollen dem eigentlichen Zweck kaum gerecht werden. Im Wege der Auslegung kann man diesen Widerspruch allerdings nicht grundlegend auflösen. Dabei ergeben sich die im Folgenden auszuführenden Ansatzpunkte, wenn man über einen in diesem Sinne kohärenteren Umgang mit den Rechtsgrundlagen nachdenken möchte.

Konflikte bestehen in der Regel hinsichtlich der Frage, welche Rolle eingenommen werden muss. Rechtlich gibt es dagegen kaum Strukturierungen hinsichtlich der Frage, wie man sich in den verschiedenen Rollen verhalten sollte. Dies liegt natürlich nicht zuletzt an der praktischen Unwahrscheinlichkeit, eine solche Regelung wirklich operationalisierbar ausgestalten zu können. Man kann den Mitgliedern des Rates kaum vorschreiben, auf welcher Grundlage sie ihre Entscheidungen treffen sollen. Im politischen Prozess wird zwangsläufig der Verfolgung der jeweiligen Eigeninteressen große Bedeutung zukommen. Prinzipien, wie etwa jenem der »Gemeinschaftstreue« bzw. »Unionstreue«[33] kann dabei kaum eine Funktion zukommen, weil sie weitgehende Interpretationsspielräume beinhalten müssen.[34]

Durch die kleinteilige Regelung wird der Entwicklung der WTO nicht Rechnung getragen. In Europa war man sich weitgehend einig, dass die Verhandlungen der Doha-Entwicklungsrunde breit angelegt sein sollten. Allgemein werden in der Diskussion – etwa auch von der Bundesregierung – folgende neue Gegenstandsbereiche propagiert: der Schutz von Investitionen, das Wettbewerbsrecht sowie Regeln für das öffentliche Beschaffungswesen.[35] Damit ist natürlich ein System, das nicht nur

33 Vgl. dazu *Unruh* EuR 2002, S. 41 ff.

34 In diesem Sinne aber offenbar – in weiter Auslegung der Rechtsprechung des EuGH – *Coeuré/Pisani-Ferry* in: Sapir (Fn 11) S. 21, 28.

35 Siehe dazu die Ministerial Declaration vom 14. 11. 2001, http://www.bmwi.de/BMWi/Redaktion/PDF/W/wto-ministerkonferenz-2001-ministererklaerung,property=pdf,bereich=bmwi,sprache=de,rwb=true.pdf, zuletzt besucht am 25. 3. 2008.

auf dem Grundsatz der begrenzten Einzelermächtigung fußt, sondern zudem die Einzelermächtigungen so eng umreißt, kaum handlungsfähig.

Dies betrifft auch die Ausgestaltung der Norm als lex specialis gegenüber der allgemeinen Außenkompetenz. Der Vergleich der beiden zentralen Kompetenzvorschriften im Bereich der Außenpolitik, Art. 133 EGV und Art. 300 EGV hat gezeigt, dass die Handlungsfähigkeit in Abgrenzung zu den Mitgliedstaaten eher herabgesenkt wird. Dies ist umso erstaunlicher, als das Problem zum Zeitpunkt der Verabschiedung der Vorschrift durchaus bekannt war und mit der Vorschrift eindeutig auf die vorherige, als unbefriedigend empfundene Rechtsprechung des EuGH reagiert wird. Es stellt eine besondere Ironie dar, dass das Vertragswerk in einem besonders intensiv vergemeinschafteten Bereich eine Spezialvorschrift vorsieht, die es nicht nur versäumt, die internationale Handlungsfähigkeit signifikant zu stärken, sondern auch die Mitgestaltungsmöglichkeiten des Parlaments einschränkt. Wo doch über eine Kompetenz des Parlaments nachgedacht werden kann, entspringt dies nicht einer entsprechenden Regelung des Art. 133 EGV, sondern einer ergänzenden Heranziehung des Art. 300 EGV, der zwar die Handelspolitik eigentlich ausschließt, andererseits aber von dieser Ausnahme wiederum eine Ausnahme macht. Da Art. 133 EGV insofern eine Ausnahme von der Regel des Art. 300 EGV ist, wird man ihn jedenfalls eng auslegen müssen.[36] Das bedeutet mit anderen Worten, dass an die Erfüllung der Tatbestandsmerkmale, die doch ein Zustimmungserfordernis bedingen, keine zu hohen Anforderungen zu stellen sind. Hierbei ergibt sich ein durchaus beträchtlicher Spielraum, wird doch zum Beispiel an die »erheblichen« finanziellen Folgen einer Regelung angeknüpft. Gleiches gilt für die Beurteilung, ob in Abkommen durch »Zusammenarbeitsverfahren« ein »besondere(r) institutionelle(r) Rahmen geschaffen wird«.

Als zentrales Kennzeichen der Welthandelsordnung ist hier schlagwortartig der Gesichtspunkt der Interdependenz angesprochen worden. Dieser Gesichtspunkt wird von der europäischen Rechtsordnung durchaus anerkannt. So ist der Umweltschutz in Art. 6 EGV ausdrücklich als Querschnittsaufgabe ausgestaltet worden, die in allen Gemeinschaftspolitiken einbezogen werden muss. Die Errichtung des Gemeinsamen Marktes ist in Art. 2 EGV als eine Aufgabe dargestellt, die gerade neben den speziellen Politiken genannt wird. Dies korrespondiert mit der in Art. 308 EGV vorgesehenen Notkompetenz der Gemeinschaft für die Verwirklichung der Ziele im Rahmen des Gemeinsamen Markts. Vor diesem Hintergrund ist jedenfalls die Ermächtigung der Kommission so zu verstehen, dass mit Blick auf diese Querschnittsbereiche eine gewisse Flexibilität anzunehmen ist.

Gemäß Art. 3 Abs. 2 EUV achtet die Union insbesondere auf die Kohärenz aller von ihr ergriffenen außenpolitischen Maßnahmen im Rahmen ihrer Außen-, Sicherheits-, Wirtschafts- und Entwicklungspolitik. Die Organe der Union trifft damit gewissermaßen eine Pflicht, auch unter den Bedingungen der Interdependenz den

36 Der EuGH legt in st. Rspr. Ausnahmeregelungen eng aus; vgl. *Haltern* Europarecht, 2. Aufl. 2007, Rn 1571.

Überblick zu behalten und nicht mit der einen Entscheidung etwas zu konterkarieren, was in einem anderen Politikbereich beschlossen worden ist. Verantwortlich dafür sind Rat und Kommission, die zu diesem Zweck zusammenarbeiten. Es ist offensichtlich, dass eine solche Anforderung mit Blick auf die gemeinsame Außenhandelspolitik in Anbetracht der Kompliziertheit der Regelungen und der Vielzahl der Beteiligten leer zu laufen droht. Wohl aber lässt sich sagen, dass die Organe, die an den Entscheidungen beteiligt sind, dies zu beachten haben. So wäre eine Ablehnung gegenüber bestimmten Vergünstigungen für Entwicklungsländer nicht zu vereinbaren mit den entwicklungspolitischen Zielen der Gemeinschaft.[37] Hier besteht auch etwa eine Pflicht, diese Gesichtspunkte bei der Formulierung des Verhandlungsmandats zu berücksichtigen. Gleichzeitig handelt es sich um einen Ansatzpunkt, welcher der Dynamik der Verhandlungssituation ein beharrendes Moment entgegensetzt. Entscheidungen, die für einen längeren Zeitraum bereits getroffen worden sind, dürfen nach dieser Vorschrift nur dann im Rahmen der Verhandlungen in Frage gestellt werden, wenn sich auch insgesamt eine Veränderung dieses Politikbereichs abzeichnet.

Was die unbefriedigenden Elemente der Außenhandelspolitik im Übrigen anbelangt, so muss man wohl akzeptieren, dass die sehr speziellen Vorschriften des Art. 133 EGV wenig Spielräume lassen, um diese Überlegungen im Rahmen von Auslegungen fruchtbar zu machen und sich hier um eine größere Kohärenz zu bemühen. Anzunehmen ist wohl eine Notwendigkeit, Vertragswerke mit unterschiedlichen Regelungsgegenständen so weit wie möglich und sachgerecht aufzugliedern, um möglichst ungeteilte Kompetenzbereiche zum Tragen zu bringen und so die Effektivität der gemeinschaftlichen Kompetenz möglichst weitgehend zu gewährleisten. Im Übrigen gilt aber jedenfalls, dass das Zusammenwirken der Mitgliedstaaten im Rahmen der Außenhandelskompetenzen im Lichte der Gemeinschaftsziele zu erfolgen hat.

37 Vgl. Art. 177 ff EGV; vielfältige Handelsprivilegien für die die so genannten AKP-Staaten finden sich im Abkommen von Cotonou vom 23. 6. 2000, ABlEG L 317 v. 15. 12. 2000, S. 3.

Rechtsvollzug und Rechtsschutz im Europäischen Zollrecht unter WTO-Einfluss

ACHIM ROGMANN

A. DAS EUROPÄISCHE ZOLLRECHT IM SYSTEM DER GEMEINSCHAFTSRECHTSORDNUNG

Die rechtlichen Rahmenbedingungen für die öffentliche Verwaltung in der Bundesrepublik Deutschland werden zunehmend durch Vorgaben des Völkerrechts beeinflusst, die durch gemeinschaftliche bzw. nationale Umsetzungsakte verbindlich werden. *Stober*[1] nennt hier ausdrücklich die verwaltungsrechtlichen Elemente des GATT/WTO-Abkommens. Diese können eine Antwort auf die Notwendigkeit internationaler Wirtschaftsregeln[2] geben. Diese Feststellung könnte Anlass zu der Vermutung geben, dass auch die EU ein starkes Interesse daran hat, die Standards des Welthandelsrechts möglichst umfassend in die Rechtspraxis des Binnenmarktes umzusetzen.

Wenig Begeisterung löste in der Europäischen Kommission aber eine Beschwerde der USA bei der WTO aus, in der eine stärkere Uniformität des EU-internen Rechtsvollzugs beim für den Außenhandel grundlegenden Zollrecht eingefordert wurde. Der Entscheidung der WTO über diese Beschwerde wurde eine breite Bedeutung zugemessen: Zum einen sieht man das Zollrecht als Pionier für weitere zu vergemeinschaftende Rechtsbereiche zum anderen ging es beim transatlantischen Streit um die grundlegende Frage der Kompetenzverteilung zwischen EU und ihren Mitgliedstaaten. Außerdem können strenge Anforderungen an die Gleichmäßigkeit des Verwaltungsvollzugs innerhalb einer Zollunion die derzeit vielfältigen Anstrengungen rund um den Globus ins Stocken bringen, regionale Märkte zu Zollunionen zusammenzuschließen.

I. *Das Zollrecht als Vorreiter der Vergemeinschaftung*

Die Vollendung des europäischen Binnenmarktes, die fortschreitende Globalisierung[3], welche maßgeblich auf den Abbau von Handelsschranken zurückzuführen

1 Globales Wirtschaftsverwaltungsrecht, 2001, S. 10 ff und in Wolff/Bachof/Stober/Kluth, Verwaltungsrecht I, 12. Aufl. 2007, § 17 Rn 1.

2 *Stober* Globales Wirtschaftsverwaltungsrecht, S. 9.

3 S. dazu *Stober* Globales Wirtschaftsverwaltungsrecht, S. 1 ff.

ist, und die Rationalisierung von Massenverfahren durch die Elektronisierung der Verwaltung schieben immer stärker die Fragen in den Vordergrund, ob der Zollverwaltung überhaupt noch eine wesentliche Rolle für die Wirtschaftsverwaltung zukommen kann und ob das eher als orchideenhaft angesehene Zollrecht für eine Rolle als Vorreiter für die Europäisierung und Globalisierung des Rechts geeignet ist.

Die Globalisierung führt jedoch zu einem stetig ansteigenden Außenhandelsvolumen. Keine Ware darf aus der EU exportiert oder in diese importiert werden, ohne dass sie den Regularien des EU-Zollrechts unterworfen wird. Die als Folge der globalen Bedrohung durch den Terror neu geschaffenen Sicherungsinstrumente für den internationalen Warenverkehr haben zudem eine Diskussion entfacht, ob der Zoll sich nicht im Wandel vom Abgaben- zum Sicherheitsrecht[4] befindet. Vor diesem Hintergrund ist es umso überraschender, als ausgerechnet das klassische Zollrecht zum Angriffspunkt gewählt wurde, um die derzeitige Vollzugspraxis des Gemeinschaftsrechts WTO-rechtlich in Frage zu stellen. In dem vor der WTO ausgetragenen Streitbeilegungsverfahren *EC – Selected Customs Matters*[5] haben die USA nämlich die Auffassung vertreten, der mitgliedstaatliche Vollzug des Zollrechts entspreche nicht den Anforderungen des WTO-Rechts an einen einheitlichen Vollzug des EU-Zollrechts im Gemeinschaftsgebiet.

Bei näherem Hinsehen wird jedoch deutlich, dass das Zollrecht schon vor Jahrzehnten die Vorreiterrolle bei der Vergemeinschaftung des Rechts übernommen hat. Über 100 Verordnungen und Richtlinien hatten das einzelstaatliche Zollrecht mehr und mehr verdrängt,[6] als 1994 mit dem Zollkodex[7] (ZK) und den Durchführungsvorschriften[8] das größte harmonisierte Gesetzeswerk innerhalb der EU[9] und damit die erste umfassende Kodifikation auf Gemeinschaftsebene[10] in Kraft trat. Dabei ist es durchaus erwähnenswert, dass *Stober*[11] den Zollkodex als »leuchtendes Beispiel für eine gelungene Harmonisierung eines Ausschnitts des Gemeinschaftsverwaltungsrechts« bezeichnet.

Zudem kodifiziert der ZK erstmalig Grundsätze des allgemeinen Verwaltungsrechts. Es wird davon ausgegangen, dass bei fortschreitender Europäisierung des Verwaltungsrechts die im EU-Zollrecht entwickelten Grundsätze wegbereitend sein

4 So bereits das Thema des 19. Europäischen Zollrechtstags am 21./22. 6. 2007 in Hamburg.
5 WT/DS315.
6 Vgl. *Witte* in: Witte, Zollkodex, vor Art. 1 ZK Rn 1.
7 VO (EWG) Nr. 2913/92 des Rates v. 12. 10. 1992 zur Festlegung des Zollkodex der Gemeinschaften, ABlEG L 302 v. 19. 10. 1992, S. 1.
8 VO (EWG) Nr. 244/93 der Kommission v. 2. 7. 1993 mit Durchführungsvorschriften zu der VO (EWG) Nr. 2913/92 des Rates v. 12. 10. 1992 zur Festlegung des Zollkodex der Gemeinschaften, ABlEG L 253 v. 11. 10. 1993, S. 1.
9 *Prieß* in: Witte, Zollkodex, Einführung Rn 2.
10 Vgl. *Hohrmann* in: Hübschmann/Hepp/Spitaler, Einf. ZK Rn 19.
11 NJW 2003, 572.

werden.[12] Dem Zollrecht fällt dadurch auch eine Pilotfunktion für die Herausforderungen zu, die der dezentrale mitgliedstaatliche Vollzug mit sich bringt.

Das Zollrecht dient aber nicht nur den Interessen der Gemeinschaft und denen ihrer Mitgliedstaaten. Als Teil des Wirtschaftsrechts besitzt es dienende Funktion und muss dem Rhythmus der Wirtschaft[13] folgen. So wird in der Präambel des ZK verdeutlicht, dass die Kodifizierung (auch) im Interesse der Wirtschaftsbeteiligten erfolgt ist[14] und dem Anspruch der Wirtschaftsbeteiligten auf gerechte und angemessene Behandlung Rechnung zu tragen hat.[15] Dem EU-Zollrecht fällt damit die Rolle zu, den europäischen Weg für die dienende Funktion des Wirtschaftsrechts zu ebnen. Dabei muss aber die gleichmäßige Anwendung sichergestellt sein, will man nicht den selbst vorgegebenen Anspruch auf gerechte Behandlung ins Leere laufen lassen.

II. Die Zollunion als Grundlage der Gemeinschaft

1. Rechtlicher Rahmen für die Zollunion

Grundlage der Gemeinschaft ist nach Art. 23 EGV (früher Art. 9 EWGV) eine Zollunion. Diese beinhaltet nach innen das Verbot, Zölle und Abgaben gleicher Wirkung im Warenverkehr zwischen den Mitgliedstaaten zu erheben. Nach außen ist mit ihr die Einführung eines gemeinsamen Zolltarifs gegenüber dritten Ländern verbunden. Diese Grundlage wurde bereits in der ursprünglichen Fassung der Römischen Verträge vereinbart und nach einer Übergangsphase bereits Mitte 1968 zwischen den sechs Gründungsmitgliedern der EWG umgesetzt.[16]

Auch der heutige Binnenmarkt steht auf dem Fundament der Zollunion: Will man den in Art. 14 Abs. 2 EGV vorgesehenen Raum ohne Binnengrenzen schaffen und fortentwickeln, müssen zur weiteren Marktintegration die Instrumentarien der Zollunion greifen. Ein Binnenmarkt ohne Zollunion ist nicht denkbar.

Die Einführung eines Gemeinsamen Zolltarifs war für die Schaffung der Zollunion aber nicht ausreichend. Art. 27 EWGV sah deshalb die Angleichung des Zollrechts der Mitgliedstaaten vor. Diese Norm gestattete als Handlungsinstrument jedoch nur Empfehlungen der Kommission an die Mitgliedstaaten, die mangels Verbindlichkeit kaum Harmonisierungseffekte bewirken konnten. Auch die spätere Harmonisierung des nationalen Rechts durch Richtlinien (gestützt auf Art. 100 EGV) führte nicht zu der erforderlichen Einheitlichkeit des Zollrechts, weshalb die EG zunehmend dazu überging, unmittelbar geltende Verordnungen zu erlassen.[17]

12 Vgl. *Wolffgang* in: Witte/Wolffgang, Lehrbuch des Europäischen Zollrechts, S. 43.
13 Vgl. *Stober* Globales Wirtschaftsverwaltungsrecht, S. 9.
14 Abs. 2 der Präambel.
15 Abs. 6 der Präambel.
16 Vgl. *Hohrmann* in: Hübschmann/Hepp/Spitaler, Einf. ZK Rn 15.
17 Vgl. *Hohrmann* in: Hübschmann/Hepp/Spitaler, Einf. ZK Rn 17 f.

Deren Zusammenfassung im ZK war im Hinblick auf den Binnenmarkt von wesentlicher Bedeutung.[18]

2. Vollzug des Gemeinschaftszollrechts

Mit der Kodifizierung des EU-Zollrechts ist aber noch kein einheitlicher Vollzug gewährleistet. Das Gemeinschaftsrecht sieht nur ausnahmsweise den gemeinschaftsunmittelbaren Vollzug vor, für den es wegen des Prinzips der begrenzten Einzelermächtigung (Art. 5 EGV) einer primärrechtlichen Anordnung (und der erforderlichen Ressourcen) bedarf.[19] Mangels einer entsprechenden Regelung unterliegt auch das kodifizierte Zollrecht dem Grundsatz des mitgliedstaatlichen Vollzugs. Hierbei ersetzen die nationalen Verwaltungen den fehlenden Verwaltungsunterbau der EG.[20] Wegen der Kodifizierung des gemeinschaftlichen Zollrechts durch Rechtsverordnungen liegt ein Fall der unmittelbaren mitgliedstaatlichen Vollziehung[21] vor: Die nationalen Zollbeamten müssen ihre Entscheidungen nämlich unmittelbar auf den jeweiligen Verordnungstext und nicht auf nationale Durchführungsakte stützen.

Beim mitgliedstaatlichen Vollzug gilt der Grundsatz der organisatorischen und verfahrensmäßigen Autonomie der Mitgliedstaaten.[22] Weil hierbei keine Delegation von Gemeinschaftsgewalt erfolgt sondern nationale Staatsgewalt im eigenen Namen und unter eigener Verantwortung Gemeinschaftsrecht vollzieht, enthält das Gemeinschaftsrecht für den mitgliedstaatlichen Vollzug grundsätzlich keine Vorgaben zu Kompetenzen und Zuständigkeiten nationaler Stellen, sodass die Verwaltungshoheit bei den Mitgliedstaaten verblieben ist.[23] Der Gemeinschaft ist es dadurch grundsätzlich verwehrt, in den innerstaatlichen Verwaltungsaufbau einzugreifen, weshalb die jeweilige Organisation der nationalen Zollverwaltungen nur national geregelt werden kann.

Aus Art. 10 EGV ergibt sich im Gegenzug das Erfordernis eines geordneten und loyalen Verwaltungsvollzugs,[24] weil die EU zur einheitlichen und wirksamen Rechtsanwendung sowie Rechtsdurchsetzung auf die mitgliedstaatliche Verwaltung angewiesen ist. Aus dem Loyalitätsgebot des Art. 10 EGV wird für die nationale Verwaltung daher u.a. das Geeignetheitsgebot abgeleitet.[25] Dieses Gebot verlangt, dass das europäische Verwaltungsrecht einheitlich angewendet wird, damit der Zweck der verwaltungsrechtlichen Norm erreicht werden kann. Das Gemein-

18 So ausdrücklich Abs. 2 der Präambel zum ZK.

19 Vgl. *Stober* in: Wolff/Bachof/Stober/Kluth, Verwaltungsrecht I, § 6 Rn 10; *Stettner* in: Dauses, Handbuch des EU-Wirtschaftsrechts, B. III Rn 9; *Streinz* Europarecht, Rn 533.

20 Vgl. *Kahl* in: Callies/Ruffert, Art. 10 EGV Rn 30.

21 Vgl. *Streinz* Europarecht, Rn 536.

22 Vgl. *Stober* in: Wolff/Bachof/Stober/Kluth, Verwaltungsrecht I, § 6 Rn 12, 17.

23 Vgl. *Stettner* in: Dauses, Handbuch des EU-Wirtschaftsrechts, B. III Rn 11.

24 Vgl. *Streinz* Europarecht, Rn 539; *ders.* in: Schweitzer, Europäisches Verwaltungsrecht, S. 259.

25 Vgl. *Stober* in: Wolff/Bachof/Stober/Kluth, Verwaltungsrecht I, § 17 Rn 32.

schaftsrecht besitzt nämlich den Anspruch auf unmittelbare, gleichzeitige und einheitliche Ausführung im gesamten Gemeinschaftsgebiet.[26] *Stober* hat hier den Begriff des »Uniformitätsprinzips« geprägt.[27]

Im Zusammenhang mit dem Vorabentscheidungsverfahren nach Art. 234 EGV spricht *Borchardt*[28] wiederum vom »für den Bestand der Rechtsordnung der EG unverzichtbaren Anspruch auf einheitliche Geltung des EG-Rechts in allen Mitgliedstaaten«. Andernfalls drohe eine allgemeine Konfusion über das geltende EG-Recht mit Wettbewerbsverzerrungen und Diskriminierungen von Angehörigen verschiedener Mitgliedstaaten.

Der EuGH hat deshalb der Verfahrensautonomie der Mitgliedstaaten auf Grundlage des gemeinschaftlichen Effizienzgebotes Schranken gesetzt, um eine einheitliche Anwendung des Gemeinschaftsrechts zu gewährleisten und eine Ungleichbehandlung der Wirtschaftsteilnehmer vermeiden zu können.[29] Ein wesentliches Erfordernis beim mitgliedstaatlichen Vollzug ist danach die einheitliche Anwendung des Gemeinschaftsrechts.[30] Seit Schaffung des Binnenmarkts wird zunehmend erkannt, dass dieser in seiner Funktionsfähigkeit beeinträchtigt wird, wenn die einheitliche praktische Durchsetzung des Gemeinschaftsrechts nicht im gesamten Gemeinschaftsgebiet gewährleistet ist.[31]

Es besteht dabei ein Zusammenhang zwischen dem Grad der Vergemeinschaftung und den Anforderungen an die Uniformität der mitgliedstaatlichen Verwaltung. Die Verpflichtung der Mitgliedstaaten, das Gemeinschaftsrecht einheitlich anzuwenden, besteht bereits bei der mittelbaren mitgliedstaatlichen Vollziehung, soweit das nationale Ausführungsrecht gemeinschaftsrechtlich determiniert ist. In den besonders stark vergemeinschafteten Materien mit direktem Vollzug, in denen das sekundäre Gemeinschaftsrecht dann auch das Verwaltungsverfahren regelt, sind die Anforderungen an die Einheitlichkeit der Anwendung als besonders hoch anzusehen. Zu diesen Materien mit den höchsten Anforderungen an die Uniformität bei der Anwendung des Gemeinschaftsrechts gehört insbesondere das Zollrecht.[32]

Hier werden die Anforderungen an den ordnungsgemäßen Vollzug des Europäischen Zollrechts schon durch die materiellrechtlichen Vorgaben erheblich verschärft. Es liegt auf der Hand, dass eine ungleichmäßige Handhabung des Gemeinsamen Zolltarifs, der Zollwertbestimmungen oder der Zollschuldregelungen zu Wettbewerbsverzerrungen im Binnenmarkt führen können, wenn dadurch die einheitliche Ermittlung und Erhebung der Einfuhrabgaben nicht gewährleistet ist. Für

26 Vgl. *Stettner* in: Dauses, Handbuch des EU-Wirtschaftsrechts, B. III Rn 9.
27 *Stober* in: Wolff/Bachof/Stober/Kluth, Verwaltungsrecht I, § 17 Rn 35.
28 In: Lenz/Borchardt, EU- und EG-Vertrag, Art. 234 Rn 1.
29 Vgl. Urteile v. 21. 9. 1983 – verb. Rs. 205–215/82, – *Milchkontor*, E 1983, 2633, Rn 17 ff und v. 2. 2. 1989 – Rs. 94/87 *Alcan I*, E 1989, 175, Rn 12.
30 Vgl. *Streinz* in: Schweitzer, Europäisches Verwaltungsrecht, S. 269 ff.
31 Vgl. *Streinz* Europarecht, Rn 169.
32 Vgl. *Stettner* in: Dauses, Handbuch des EU-Wirtschaftsrechts, B. III Rn 16; *Streinz* Europarecht, Rn 548; *ders.* in: Schweitzer, Europäisches Verwaltungsrecht, S. 263 f.

den Vollzug des Zollrechts lässt sich das Gebot zur Uniformität der Rechtsanwendung daher auch auf die Gemeinschaftsaufgabe stützen, einen Binnenmarkt zu realisieren (Art. 3 Abs. 1 Buchst. c), 14 und 95 EGV) und zusätzlich ein System zu schaffen, das den Wettbewerb innerhalb des Binnenmarkts vor Verfälschungen schützt (Art. 3 Abs. 1 Buchst. g), 81 ff und 96 f EGV).

3. Gemeinschaftliche Überprüfung des Verwaltungshandelns

Das hohe Maß an Vergemeinschaftung der Zollrechtssetzung bedeutet aber nicht zwangsläufig auch die Vergemeinschaftung der Rechtsmittelinstanzen zur Überprüfung von Entscheidungen der Zollbehörden. Hier gilt der Grundsatz, dass die Wahrung des Gemeinschaftsrechts den Gerichten der Mitgliedstaaten obliegt. Der Rechtsschutz gegen Akte der mitgliedstaatlichen Behörden richtet sich auch dann nach nationalem Recht, wenn diese Gemeinschaftsrecht vollziehen.[33] Solche Verwaltungsentscheidungen können nicht vor den Gerichten der Gemeinschaft (EuG I, EuGH) angefochten werden. Alleine im Rahmen einer Vorlage von Auslegungsfragen durch die nationalen Gerichte nach Art. 234 EGV kann der EuGH an der Rechtsfindung beteiligt werden, wobei hier das vorlegende nationale Gericht das Vorabentscheidungsurteil des EuGH bei seiner abschließenden Entscheidungsfindung zurunde legt,[34] aber eben allein für die Entscheidung des ihm unterbreiteten Rechtsstreits im Ausgangsverfahren zuständig bleibt.[35] Die nationalen Gerichte sind deshalb verpflichtet, das EG-Recht in eigener Verantwortung und richterlicher Unabhängigkeit auszulegen und anzuwenden.[36]

Diese dezentrale gerichtliche Auslegung und Anwendung des Gemeinschaftsrechts birgt – ähnlich wie der dezentrale Verwaltungsvollzug – zwangsläufig die Gefahr abweichender Auslegung und Anwendung gemeinschaftlicher Rechtsakte. Durch das Vorabentscheidungsverfahren soll deshalb die einheitliche Auslegung und Anwendung des EG-Rechts in den Mitgliedstaaten gewährleistet werden.[37] Dieser eher mittelbare Zugang zum EuGH beim Rechtsschutz gegen nationale Vollzugsakte im Zollrecht ist von besonderer Bedeutung für die WTO-rechtlichen Anforderungen an die Wahrung der Rechtseinheit in der EU.

B. DIE VORGABEN DES WTO-RECHTS

Nicht nur das Gemeinschaftsrecht sondern auch das Welthandelsrecht derogiert das nationale Verwaltungshandeln. Hält man sich den strengen Maßstab vor Augen,

33 Vgl. *Streinz* Europarecht, Rn 649.
34 Vgl. *Borchardt* in: Lenz/Borchardt, EU- und EG-Vertrag, Art. 234 EGV Rn 56.
35 Vgl. *Borchardt* in: Lenz/Borchardt, EU- und EG-Vertrag, Art. 234 EGV Rn 3.
36 Vgl. *Borchardt* in: Lenz/Borchardt, EU- und EG-Vertrag, Art. 234 EGV Rn 1.
37 Vgl. *Borchardt* in: Lenz/Borchardt, EU- und EG-Vertrag, Art. 234 EGV Rn 1.

den das Gemeinschaftsrecht an die Einheitlichkeit des Vollzugs des Zollrechts stellt erscheint es kaum vorstellbar, dass das Völkerrecht diesen Standard noch übertreffen könnte.

Art. X:3(a) GATT verpflichtet die WTO-Mitglieder, ihre allgemeinen Gesetze, sonstigen Vorschriften und Entscheidungen einheitlich, unparteiisch und gerecht anzuwenden. Durch die Verpflichtung zur einheitlichen, nicht-diskriminierenden Anwendung soll dem Meistbegünstigungsprinzip[38] Rechnung getragen werden.[39] Art. X:3(a) GATT verweist bezüglich der Art der erfassten Vorschriften und Entscheidungen auf Art. X:1 GATT. Die Verpflichtung bezieht sich dadurch auf eine Vielzahl dort genannter Gesetze, Vorschriften und Entscheidungen. Die Europäischen Gemeinschaften sind Gründungsmitglied der WTO (vgl. Art. XI Abs. 1 WTOÜ) und unterliegen damit eigenständig den hier eingegangenen Verpflichtungen des Welthandelsrechts.

Die umfangreiche Aufzählung in Art. X:1 GATT macht deutlich, dass neben den Kriterien für die Bemessungsgrundlagen für grenzüberschreitend gehandelte Waren (insbesondere Zolltarifierung und die sich daraus ergebenden Zollsätze sowie die Zollwertregelungen) auch die zahlreichen Verbote und Beschränkungen[40] und alle sonstigen abstrakt-generellen Handelsvorschriften[41] und Entscheidungen erfasst werden. Durch die nicht abschließende Auflistung der erfassten Verwendungsfälle von ein- oder ausgeführten Waren wird ein erheblicher Teil der internationalen Versorgungskette (supply chain) erfasst, nämlich soweit die jeweilige Rechtsordnung des WTO-Mitglieds (hier: das Gemeinschaftsrecht) entsprechende Regelungen enthält. Damit wird neben dem eigentlichen Zollrecht jegliche Norm und Entscheidung erfasst, die für die Verwendung grenzüberschreitend gehandelter Waren von Bedeutung ist.

Darüber hinaus verpflichtet Art. X:3(b) GATT die WTO-Mitglieder zur Schaffung oder Beibehaltung einer unabhängigen behördlichen bzw. gerichtlichen Revisionsinstanz, die unter anderem dem Zweck dient, Verwaltungsakte in Zollangelegenheiten unverzüglich zu überprüfen und ggf. zu korrigieren.

Die USA machten im Streitbeilegungsverfahren *EC – Selected Customs Matters* geltend, dass die EG nicht ihrer Verpflichtung nachkommt, ihre Rechtsvorschriften im Zollsektor einheitlich, unparteiisch und gerecht anzuwenden. Zudem fehle eine unabhängige Revisionsinstanz für Verwaltungsakte in Zollangelegenheiten mit gemeinschaftsweiter Entscheidungskompetenz. Die Überprüfung von Zollentschei-

38 Zu diesem Prinzip vgl. *Berrisch* in: Prieß/Berrisch, WTO-Handbuch, B.I. 1. Rn 87 ff; *Senti* WTO, Rn 373 ff; *Rogmann* in: Wolffgang/Simonsen, AWR-Kommentar, Nr. 40 Rn 73 ff.

39 Vgl. *Herrmann* in: Herrmann/Weiß/Ohler, Welthandelsrecht, Rn 501.

40 Vgl. dazu *Henke* in: Witte, Zollkodex, Art. 58 Rn 10 ff; *Rogmann* in: Henke, Verbote und Beschränkungen bei der Ein- und Ausfuhr, Rn 1 ff; *ders.* in: Hübschmann/Hepp/Spitaler, Art. 58 ZK Rn 45 ff.

41 Vgl. *Puth* in: Hilf/Oeter, WTO-Recht, § 10 Rn 35.

dungen durch nationale Instanzen mit entsprechend eingeschränkter geographischer Verbindlichkeit könne diese Anforderungen jedoch nicht erfüllen.

Auch wenn sich das Uniformitätsgebot des Art. X:3(a) GATT nicht nur auf die eigentlichen Zollbestimmungen konzentriert, beschränkten die USA ihre Beschwerde auf das klassische Zollrecht der EG. Dadurch wird ein weiteres Mal die besondere Rolle des Zollrechts als Pilot für gemeinschaftseinheitlichen Normenvollzug strapaziert.

C. DIE RECHTSANWENDUNGSPRAXIS IM MITGLIEDSTAATLICHEN VOLLZUG

I. Nationaler Vollzug und Uniformitätsprinzip

Stettner[42] sieht generell ein Spannungsverhältnis zwischen nationalen Rechtskreisen und dem Anspruch des Gemeinschaftsrechts auf unmittelbare, gleichzeitige und einheitliche Ausführung im gesamten Gemeinschaftsgebiet als unausweichlich an. Mit jeder Erweiterung der Gemeinschaften bzw. der EU hat sich die Vielfalt der nationalen Rechtsordnungen und der Amtssprachen (inzwischen 23) erhöht. Es wäre lebensfremd davon auszugehen, dass jede Bestimmung des gemeinschaftlichen Zollrechts in jedem Fall von sämtlichen Zollbehörden der 27 Mitgliedstaaten identisch angewandt wird. Auch wenn das EU-Zollrecht nur relativ wenige Ermessensspielräume eröffnet, wird das System der Verwaltung der Materie als kompliziert und zuweilend intransparent und verwirrend bezeichnet.[43] Es lässt sich damit nicht von vornherein ausschließen, dass gleiche Sachverhalte an unterschiedlichen Orten im EU-Zollgebiet ungleich behandelt werden.

II. Instrumente und Mechanismen zur Harmonisierung der Vollzugspraxis

Die Institutionen der EU sind sich einig darin, dass die Mitgliedstaaten mit ihren unterschiedlichen nationalen Behörden bei der Anwendung des Zollrechts der Gemeinschaft so effizient und wirksam arbeiten sollen, als wenn sie eine einzige Verwaltung wären und an jedem Ort im Zollgebiet der Gemeinschaft gleichwertige Ergebnisse erzielen sollen.[44] Allein der Erlass unmittelbar und einheitlich in den Mit-

42 In: Dauses, Handbuch des EU-Wirtschaftsrechts, B III Rn 9.

43 Abs. 7.191 des *Panel*-Berichts WT/DS315/R und Abs. 283 des *AB*-Berichts WT/DS315/AB/R; s. auch *Niestedt/Stein* AW-Prax 2006, 516, 518.

44 Vgl. Art. 3 Abs. 1 Buchst. b) der Entscheidung Nr. 253/2003/EG des Europäischen Parlaments und des Rates vom 11. Februar 2003 über ein Aktionsprogramm für das Zollwesen der Gemeinschaft (»Zoll 2007«), ABlEU L 36 v. 12. 2. 2003, S. 1; abgelöst durch Art. 4 Abs. 1 Buchst. b) der Entscheidung Nr. 624/2007/EG des Europäischen Parlaments und des Rates vom 23. Mai 2007 zur Einrichtung eines Aktionsprogramms für das Zollwesen

gliedstaaten geltender Verordnungen kann die einheitliche Anwendung des Gemeinschaftsrechts noch nicht bewirken.

Im Streitbeilegungsverfahren *EC – Selected Customs Matters* zweifeln die USA als Beschwerdeführerin nicht an, dass die Funktionsfähigkeit des Binnenmarktes auf die einheitliche Geltung des Gemeinschaftsrechts angewiesen und dieser Grundsatz rechtstheoretisch anerkannt ist. Die Beschwerdeführerin macht jedoch geltend, dass es in der Anwendungspraxis des gemeinschaftlichen Zollrechts nicht genügend Anstrengungen gebe, um die einheitliche Anwendung zu gewährleisten.

Um das ehrgeizige Ziel der einheitlichen Anwendung des Gemeinschaftszollrechts an jedem Punkt in der Gemeinschaft zu erreichen hat die EG eine Reihe von Instrumenten und Mechanismen eingeschaltet, welche die gewünschte Einheitlichkeit gewährleisten sollen. Im Streitbeilegungsverfahren *EC – Selected Customs Matters* hat sie ausführlich vorgetragen, mit welchen Institutionen und Mechanismen sie die erforderlichen Vollzugsstandards sicherstellen will.[45] Diese sollen nachfolgend kurz vorgestellt und sodann auf ihre Wirksamkeit hin untersucht werden.

1. Der Ausschuss für den Zollkodex

Zunächst besteht mit dem Ausschuss für den Zollkodex ein Gremium das dazu beiträgt, eine einheitliche Verwaltung des EU-Zollrechts durch alle Zollverwaltungen der Mitgliedstaaten zu erreichen. Dieser Ausschuss ist auf Grundlage von Art. 247a Abs. 1 und 248a Abs. 1 ZK eingesetzt worden.

Der Ausschuss für den Zollkodex gibt Stellungnahmen ab zu Änderungsentwürfen der Kommission zum ZK und seiner DurchführungsVO. Darüber hinaus untersucht er Fragen zur Auslegung von Zollbestimmungen oder Definitionen die in diesen Bestimmungen Verwendung finden. Zudem können ihm weitere Aufgaben durch konkrete Regelungen übertragen werden.

2. Art. 10 EGV

Im Streitbeilegungsverfahren trägt die EG vor, dass die in Art. 10 EGV enthaltene Pflicht zur Zusammenarbeit einen wichtigen Beitrag zur einheitlichen Anwendung des europäischen Zollrechts durch die Zollbehörden der Mitgliedstaaten leiste.[46] Die Pflicht zur Zusammenarbeit wird – zutreffend – auch für den Bereich des Zollrechts als rechtlich verbindlich und in allen Mitgliedstaaten direkt anwendbar charakterisiert. Verletzungen der aus Art. 10 EGV erwachsenden Verpflichtungen

in der Gemeinschaft (»Zoll 2013«), ABlEU L 154 v. 14. 6. 2007, S. 25; Nr. 8 des Sonderberichtes Nr. 23/2000 des Europäischen Rechnungshofes über die Ermittlung des Zollwerts eingeführter Waren, zusammen mit den Antworten der Kommission, ABlEG C 84 v. 14. 3. 2001, S. 1, 4; Nr. 6.1 der Mitteilung der Kommission an das Europäische Parlament und den Rat – Aktionsplan für das Versandverfahren in Europa – eine neue Zollpolitik KOM(97) 188 endg., ABlEG C 176 v. 10. 6. 1997, S. 3.

45 Vgl. die Zusammenfassung in Abs. 7.156 bis 7.190 des Panel-Berichtes WT/DS315/R.

46 Vgl. Abs. 7.161 und Annex A-3, S. A-61 des *Panel*-Berichts, WT/DS315/R.

können zur Eröffnung eines Vertragsverletzungsverfahrens durch die Kommission führen.

3. Vorabentscheidungsverfahren

Gemäß Art. 234 EGV können die Gerichte der Mitgliedstaaten dem EuGH Fragen zur Auslegung des EG-Rechts vorlegen. Durch die zentrale Entscheidung über Fragen der Auslegung von Bestimmungen des Gemeinschaftsrechts wird die einheitliche Auslegung und Anwendung des EG-Rechts in allen Mitgliedstaaten gewährleistet.[47] Hauptfunktion dieses Verfahrens ist es, durch Koordinierung der Rechtsprechung zu gewährleisten, dass Gemeinschaftsrecht gemeinsames Recht bleibt.[48] Dadurch lassen sich zugleich Divergenzen innerhalb und zwischen der Mitgliedstaaten vermeiden und die effektive Anwendung des Gemeinschaftsrechts sicherstellen. Den Wirtschaftsbeteiligten wird im Vorabentscheidungsverfahren aber der direkte Zugang zum EuGH verwehrt.

4. Vertragsverletzungsverfahren

Als weiteres Instrument zur Sicherstellung der einheitlichen Anwendung des Gemeinschaftsrechts dient das Vertragsverletzungsverfahren, das durch die Europäische Kommission oder einzelne Mitgliedstaaten nach Art. 226 bis 228 angestrengt werden kann, wenn eine Verpflichtung aus dem EG-Vertrag nicht erfüllt wird. Als Hüterin der Verträge hat die Europäische Kommission die Aufgabe, den freien und unbeschränkten Wettbewerb innerhalb der EU zu gewährleisten. Uneinheitliche Vollzugsstandards in den Mitgliedstaaten schädigen den Binnenmarkt, weil sie den Wettbewerb verzerren und so die Entwicklung der Wirtschaft behindern. Die Europäische Kommission kann uneinheitliche Vollzugsstandards dadurch unterbinden, dass sie ein Vertragsverletzungsverfahren gegen diejenigen Mitgliedstaaten einleitet, die ihren Feststellungen nach eine fehlerhafte Vollzugspraxis pflegen.

5. Der Europäische Bürgerbeauftragte

Die Europäische Kommission sieht in der Institution des Europäischen Bürgerbeauftragten ebenfalls einen Beitrag zur Sicherstellung der einheitlichen Anwendung des Gemeinschaftsrechts. Der Ombudsmann ist nach Art. 195 Abs. 1 EGV befugt, Beschwerden von jedem Unionsbürger oder natürlichen oder juristischen Personen mit Wohnort oder Sitz in der EG über Missstände bei der Tätigkeit der Organe oder Institutionen der Gemeinschaft (ohne Gerichte) entgegenzunehmen. Im Rahmen seines Auftrags führt er von sich aus oder aufgrund von Beschwerden diejeni-

47 Vgl. *Borchardt* in: Lenz/Borchardt, Art. 234 EGV Rn 1.
48 EuGH – Rs. 26/62 – *van Gend & Loos*, Slg. 1963, S. 3, 25; *Streinz* in: Schweitzer, Europäisches Verwaltungsrecht, S. 233.

gen Untersuchungen durch, die er für gerechtfertigt hält und befasst ggf. das betreffende Organ, wenn er einen Missstand feststellt.

6. Beschwerden an die EU-Kommission

Jedermann kann sich mit Problemen im Zusammenhang mit der Anwendung des Gemeinschaftsrechts an die EU-Kommission wenden, welche die Angelegenheit überprüft und auf Grundlage des »Kodex für gute Verwaltungspraxis«[49] über die Beschwerde entscheidet. Im Zeitraum 1996 bis 2004 hat die Kommission auf diese Weise mehr als 17 000 Eingaben von Privatleuten und Wirtschaftsbeteiligten zu Zollangelegenheiten erhalten.[50] Stellt sie hier einen fehlerhaften Vollzug des Gemeinschaftszollrechts fest, so kann sie entweder ein Vertragsverletzungsverfahren gegen den betroffenen Mitgliedstaat einleiten oder versuchen, mit anderen Instrumentarien eine rechtskonforme Verwaltungspraxis herzustellen.

7. Beschränkungen für nationale Durchführungsbestimmungen

Wegen des Anwendungsvorrangs des Gemeinschaftsrechts sind die Mitgliedstaaten bei der Schaffung von ergänzenden Bestimmungen an die Vorgaben des Gemeinschaftsrechts gebunden. Die Mitgliedstaaten können aber ergänzende Regelungen erlassen, wenn sie dazu durch das Gemeinschaftsrecht ermächtigt werden oder eine spezifische Frage nicht durch das EG-Recht abgedeckt wird. Darüber hinaus sind die Mitgliedstaaten nicht gehindert, eigene Verwaltungsvorschriften zu erlassen, die die Verpflichtung zur Anwendung des Gemeinschaftsrechts aber nicht beeinflussen dürfen.

Die Mitgliedstaaten dürfen insbesondere nicht die unmittelbare Geltung von EG-Verordnungen vereiteln, da sonst deren gleichzeitige und einheitliche Anwendung in der gesamten Gemeinschaft beeinträchtigt werden könnte. Sie dürfen deshalb keine Handlungen vornehmen, durch die dem Einzelnen die gemeinschaftliche Natur einer Rechtsvorschrift und die sich daraus ergebenden Wirkungen verborgen würden. Die Mitgliedstaaten sind folglich daran gehindert, verbindliche Verwaltungsvorschriften zur Auslegung des Gemeinschaftsrechts zu erlassen.[51] Die Auslegung des EG-Zollrechts hat sich daher ausschließlich am Text des EG-Rechts zu orientieren; alle entgegenstehenden oder inhaltsgleichen nationalen Bestimmungen und Verwaltungsvorschriften müssen beiseite geschoben werden.[52]

49 Amtsblatt der Europäischen Gemeinschaften, ABlEG L 267 v. 20. 10. 2000, S. 63.

50 Vgl. Abs. 7.174 des *Panel*-Berichts, WT/DS315/R.

51 EuGH Urteil v. 10. 10. 1973 – Rs. 34/73 – *Variola/Amministrazione Italiana delle Finanze*, Slg. 1973, 981 Rn 10 f; Urteil v. 31. 1. 1978 – Rs. 94/77 – *Fratelli Zerebone/Amministrazione delle Finanze dello Stato*, Slg. 1978, 99 Rn 22, 27.

52 So die Antwort der Kommission zur Frage 78 des Panels, Anhang A-3, S. 70 f zum *Panel*-Bericht WT/DS 315/R.

8. Grenzüberschreitende Konsultierung und gegenseitige Amtshilfe

Das Gemeinschaftszollrecht beinhaltet keine generelle Pflicht der Zollbehörden, Zollbehörden anderer Mitgliedstaaten zu konsultieren, bevor zollrechtlich relevante Entscheidungen erlassen werden,[53] selbst wenn zollrechtliche Entscheidungen im Binnenmarkt Wirkungen gegenüber jedem Mitgliedsaat entfalten.[54] Allerdings haben die Mitgliedstaaten grundsätzlich das Recht, zollrelevante Informationen von anderen Mitgliedstaaten zu erfragen.

Gibt es jedoch tatsächliche Anhaltspunkte dafür, dass die eine Person Handlungen begangen hat oder begeht, die den Zoll- und Agrarregelungen zuwiderlaufen, dann haben die Mitgliedstaaten auf Grundlage der Verordnung (EG) Nr. 515/97[55] die Verpflichtung, sämtliche ihnen vorliegende Informationen an andere Mitgliedstaaten zu übermitteln. Zu diesem Zweck wurde das zentrale Informationssystems (ZIS) für den Zoll geschaffen, mit dem Zuwiderhandlungen gegen die Zoll- und Agrarregelungen wirksamer aufgedeckt und bekämpft werden können.[56]

9. Best-Practice-Leitlinien

Das Aktionsprogramm »Zoll 2013«[57] sieht u.a. die Aufstellung eines Systems zur Leistungsmessung in den Zollverwaltungen der Mitgliedstaaten mit Identifizierung und Fortentwicklung der bestmöglichen Arbeitsmethoden vor. Zudem soll die Koordinierung und Zusammenarbeit zwischen den Laboratorien, die Analysen für Zollzwecke durchführen, verbessert werden, um insbesondere eine einheitliche und unzweideutige zolltarifliche Einreihung in der gesamten Europäischen Union zu gewährleisten. Zusätzlich ist die Weiterentwicklung gemeinsamer Ausbildungsmaßnahmen sowie des Organisationsrahmens für die Zollausbildung entsprechend den Erfordernissen, die sich aus den Programmaktivitäten ergeben, vorgesehen. Insbesondere verweist die Kommission aber auf eine Reihe von Leitlinien in den Bereichen Zolltarifierung, Zollwert und Zollverfahren zur Anwendung der bestmöglichen Arbeitsmethoden (best practice).[58]

Ziel dieser vielfältigen Anstrengungen ist es, zu gewährleisten, dass die nationalen Zollverwaltungen ihre Aufgaben so wirksam erfüllen, als bildeten sie eine einzige

53 Vgl. Abs. 7.177 des *Panel*-Berichts, WT/DS315/R. Eine Ausnahme hierzu stellt die sog. »einzige Bewilligung« i.S.v. Art. 496 Buchst. c) und 500 f ZK-DVO dar.

54 So ausdrücklich Art. 250 ZK; vgl. dazu *Witte* in: Witte, Art. 250 ZK Rn 1.

55 Verordnung (EG) Nr. 515/97 des Rates vom 13. März 1997 über die gegenseitige Amtshilfe zwischen Verwaltungsbehörden der Mitgliedstaaten und die Zusammenarbeit dieser Behörden mit der Kommission im Hinblick auf die ordnungsgemäße Anwendung der Zoll- und der Agrarregelung, ABlEG L 82 v. 22. 3. 1997, S. 1.

56 Vgl. die Information zum ZIS unter http://europa.eu/scadplus/leg/de/lvb/l11037.htm.

57 S. insbesondere Art. 4 und 5 der Entscheidung Nr. 624/2007/EG des Europäischen Parlaments und des Rates vom 23. Mai 2007 über ein Aktionsprogramm für das Zollwesen der Gemeinschaft (Zoll 2013), ABlEU L 154 v. 14. 6. 2007, S. 25.

58 Vgl. Abs. 7.178 des *Panel*-Berichts, WT/DS315/R.

Verwaltung, die an jedem Ort im Zollgebiet der Gemeinschaft gleichwertige Ergebnisse erzielt.[59]

10. Anlastungspraxis

Ein gleichmäßiger Vollzug des gemeinschaftlichen Zollrechts liegt auch im finanziellen Interesse der Gemeinschaft. Die Zölle gehören zu den traditionellen Eigenmitteln[60] der EG. Käme es an einem beliebigen Abschnitt der gemeinschaftlichen Außengrenze zu Erhebungsdefiziten, dann würden die gesetzlich geschuldeten Abgaben nicht an den EU-Haushalt abgeführt. Zu einem »faktischen Harmonisierungsdruck«[61] auf die Verwaltungspraxis der Mitgliedstaaten kann deshalb die Anlastungspraxis nach Rechnungsabschlussverfahren führen. Beträge aus Eigenmitteln der Gemeinschaft, die die Mitgliedstaaten im Vollzug des Gemeinschaftsrechts rechtswidrig ausgezahlt oder nicht vereinnahmt haben, werden diesen angelastet, d.h., diese Beträge fallen den nationalen Haushalten zur Last. Da es in der Praxis unmöglich ist, jeden einzelnen Zahlungsvorgang, der für Rechnung der EU getätigt wird, zu prüfen, wird die Höhe der Anlastung i.d.R. pauschal festgelegt. Das bedeutet, dass die fehlerhafte Vereinnahmung oder Verausgabung von Eigenmitteln in Einzelfällen zu erheblichen Anlastungen seitens der EU führen kann.

11. Weitere Instrumente und Mechanismen in Teilbereichen des Zollrechts

Besondere Schwierigkeiten bereitet offenbar die einheitliche Einreihung in den Zolltarif, die Ermittlung des Zollwertes und die Handhabung der Zollverfahren.[62] Hier wurden einige besondere Instrumente zum Einsatz gebracht, um die einheitliche Verwaltung des Gemeinschaftszollrechts sicherzustellen, was sicherlich auch auf dem Umstand beruht, dass die erfassten Bereiche das »Kerngeschäft« der zollamtlichen Tätigkeit beim grenzüberschreitenden Handel betreffen.

Zu den besonderen Instrumenten zählen Einreihungsverordnungen, Erläuterungen zur Kombinierten Nomenklatur,[63] verbindliche Zolltarifauskünfte (Art. 12 ZK), das Kompendium der Zollwerttexte[64] sowie die Auffassungen des Ausschusses für den Zollkodex.

59 Art. 3 Buchst. b) der Entscheidung »Zoll 2007« bzw. Art. 4 Buchst. b) der Entscheidung »Zoll 2013«, aaO.

60 Festgelegt zuletzt durch Beschluss des Rates vom 29. September 2000 über das System der Eigenmittel der Europäischen Gemeinschaften (2000/597/EG, Euratom), ABlEG L 253 v. 7. 10. 2000, S. 42.

61 Vgl. *Streinz* Europarecht, § 7 Rn 545.

62 Vgl. Nr. 7.179 ff des *Panel*-Berichts, WT/DS315/R.

63 Vgl. dazu *Bleihauer* in: Witte/Wolffgang, Lehrbuch des Europäischen Zollrechts, S. 425; *Alexander* in: Witte, Zollkodex, Art. 20 ZK Rn 29.

64 Dokument des Ausschusses für den Zollkodex (Fachbereich Zollwert), TAXUD/800/2002, Stand Januar 2007.

III. Wirksamkeit der Instrumente und Mechanismen

Wie festgestellt, liegt ein grundlegendes Gemeinschaftsinteresse dafür vor, dass im Interesse des Funktionierens des Binnenmarktes und der Eigenmittel der EU ein gleichmäßiges und korrektes Vollzugsniveau des Gemeinschaftszollrechts gewährleistet ist. Die Durchsetzung dieses Gemeinschaftsinteresses wird von der Kommission und dem Europäischen Rechnungshof mit Nachruck verfolgt.

Umfassende und flächendeckende Untersuchungen zu der Frage, wie einheitlich die Anwendung des Zollrechts in der EU[65] und wie wirksam die dargestellten Instrumente sind, gibt es bislang nicht.[66] Es verwundert aber nicht, wenn aus der Praxis zahlreiche Beispiele uneinheitlicher Rechtsanwendung bekannt werden.[67] Einen Überblick über die Anwendungspraxis hat der Europäische Rechnungshof der die Vollzugspraxis der Mitgliedstaaten gem. Art. 248 Abs. 2 und 3 EGV darauf hin überprüft, ob die Einnahmen in der Form der Eigenmittel (einschl. der Zölle) rechtmäßig und ordnungsgemäß erhoben und an den Gemeinschaftshaushalt abgeführt werden. Einzelne Feststellungen aus der Prüftätigkeit dringen aber nicht an das Licht der Öffentlichkeit. Eine Ausnahme bildet hierbei der Sonderbericht Nr. 23/2000 des *Europäischen Rechnungshofes*,[68] der die Richtigkeit und Einheitlichkeit der Zollwertermittlung in der EU überprüft.

Bei dieser Überprüfung der Verwaltungspraxis wurde festgestellt, dass es den Mitgliedstaaten schwer fällt, innerhalb der Zollunion einheitlich vorzugehen und die Kommission dabei Schwierigkeiten hat, die einzelnen Behörden, die das Zollrecht vollziehen, zu überwachen und zu betreuen. In einer Zollunion, die nicht über eine erkennbare einzige Zollbehörde verfüge, sei es für die nationalen Zollbehörden schwierig, identische Arbeitsmethoden anzuwenden.[69] Durch die Uneinheitlichkeit der Vorgehensweisen würden die finanziellen Interessen der Europäischen Gemeinschaft und der Anspruch der Wirtschaftsbeteiligten auf eine einheitliche und gerechte Behandlung beeinträchtigt. Der Kommission und den Mitgliedstaaten wird empfohlen, geeignete gesetzgeberische und administrative Maßnahmen zu treffen, um die aufgedeckten Unzulänglichkeiten zu beheben.

Die fehlende Einheitlichkeit beim Vollzug des Zollwertrechts machen sich etwa Importeure zu Nutze, indem sie die Einfuhrabwicklung in denjenigen Mitgliedstaat verlagern, in dem sie die günstigste Behandlung erhalten.[70] Diese Situation ist insbe-

65 Genau genommen gilt das Zollrecht nur im Zollgebiet der Gemeinschaft (Art. 2 und 3 ZK), das wiederum nicht deckungsgleich mit dem Gemeinschaftsgebiet ist, vgl. *Rogmann* ZfZ 1996, 194 ff.

66 Vgl. *Prieß/Niestedt* AW-Prax 2004, 295, 296.

67 Vgl. etwa die Beispiele bei *Prieß/Niestedt* AW-Prax 2004, 295, 296 ff.

68 Sonderbericht Nr. 23/2000 des Europäischen Rechnungshofes über die Ermittlung des Zollwerts eingeführter Waren, zusammen mit den Antworten der Kommission, ABlEG C 84 v. 14. 3. 2001, S. 1.

69 Nr. 35 f des Sonderberichtes Nr. 23/2000.

70 Nr. 54 des Sonderberichtes Nr. 23/2000; *Rogmann* AW-Prax 2002, 22, 23.

sondere deshalb von hoher Aussagekraft, weil das Zollwertrecht in der E(W)G schon seit 1968 durch Rechtsverordnung vollharmonisiert ist. Es setzt die internationalen Standards des GATT-Zollwertrechts um und hat in den Jahrzehnten seit Einführung keine maßgeblichen Änderungen erfahren,[71] auch nicht durch Integration der Zollwertbestimmungen in den ZK. Wenn es innerhalb von nahezu 40 Jahren bei konstanter Rechtslage nicht gelingt, eine einheitliche Verwaltungspraxis zu erreichen scheint dieses Ziel für jüngere und einem stärkeren Wandel unterworfene Regelungen nur schwer realisierbar zu sein.

Entsprechend wurde auch in weiteren Berichten des *Europäischen Rechnungshofes* die uneinheitliche Anwendung von Zollrechtsvorschriften gerügt.[72] Es verwundert daher nicht, dass die USA im Streitbeilegungsverfahren *EC – Selected Customs Matters* exemplarisch 19 Fälle präsentierten, in denen ihrer Meinung nach eine uneinheitliche Anwendung gegeben war. Auf diese Weise sollte nachgewiesen werden, dass der mitgliedstaatliche Vollzug des Gemeinschaftszollrechts grundsätzlich nicht dazu geeignet ist, die Anforderungen des WTO-Rechts an die Einheitlichkeit der Rechtsanwendung zu erfüllen.

So machten die USA geltend, dass der mitgliedstaatliche Vollzug zu einer uneinheitlichen Anwendung einer Reihe von Zollbestimmungen führe. Ausdrücklich benannt wurden die Zolltarifierung und Zollwertermittlung, unterschiedliche Verfahren für die Einfuhr und Abfertigung von Waren (fehlende IT-Verfahren in einigen Mitgliedstaaten, unterschiedliche Anforderungen an Ursprungsnachweise, unterschiedliche Beschaupraktiken, unterschiedliche Genehmigungserfordernisse bei Lebensmittelimporten sowie Unterschiede bei der Behandlung von Expresssendungen), unterschiedliche Praktiken bei der nachträglichen Überprüfung von Einfuhranmeldungen, unterschiedliche Sanktionen und Verfahren zur Ahndung von Verstößen gegen Zollbestimmungen sowie Unterschiede bei den Erfordernissen zur Buchhaltung.[73]

71 Vgl. *Rogmann* AW-Prax 2002, 22.

72 Vgl. etwa Sonderbericht Nr. 13/98 über die Prüfung des Einsatzes von Risikoanalysetechniken bei Zollkontrollen und der Warenabfertigung, zusammen mit den Antworten der Kommission; ABlEG C 375 v. 3. 12. 1998, S. 1, 13 (»die gegenwärtigen Trends lassen eine unkoordinierte und uneinheitliche Anwendung der gemeinschaftlichen Rechtsvorschriften erkennen«); Sonderbericht Nr. 8/99 über die im Zollkodex der Gemeinschaften vorgesehenen Sicherheiten zum Schutz der Erhebung traditioneller Eigenmittel, zusammen mit den Antworten der Kommission, ABlEG C 70 v. 10. 3. 2000, S. 1, 10; Jahresbericht zum Haushaltsjahr 2002, ABlEG C 286 v. 28. 11. 2003, S. 1, 83 ff; Sonderbericht Nr. 11/2006 über das gemeinschaftliche Versandverfahren, zusammen mit den Antworten der Kommission, ABlEU C 44 v. 27. 2. 2007, S. 1 Nr. 28 ff.

73 Vgl. S. 2 der Beschwerdeschrift der USA, WT/DS315/1 bzw. G/L/694 v. 27. 9. 2004.

IV. Ursachen für eine weiterhin uneinheitliche Anwendung der Zollbestimmungen

So klar die Zielvorgaben der EU und der WTO für einen einheitlichen Verwaltungsvollzug im Binnenmarkt sind, umso defizitärer scheint die Verwaltungspraxis zu sein. Hierfür sind mehrere Ursachen verantwortlich.

1. Fehlende Vergemeinschaftung

Trotz des beträchtlichen Maßes an Vergemeinschaftung führt die fehlende Vergemeinschaftung von wesentlichen Teilbereichen nach wie vor zu unterschiedlichem Verwaltungsvollzug. Das Gemeinschaftszollrecht überlässt den Mitgliedstaaten nach wie vor grundlegende Bereiche, in denen diese weiterhin ihre eigenen Vorstellungen umsetzen können.[74] Eine Vollharmonisierung würde noch viel stärker in die einzelstaatliche Souveränität eingreifen, als es beim Zollrecht ohnehin schon der Fall ist. Diese steht aber im Widerspruch zum Subsidiaritätsprinzip (Art. 5 EUV, Art. 5 Abs. 1 EGV) und scheitert allzu oft an fehlender Kompromissbereitschaft der Mitgliedstaaten.

Die eigentliche Ursache für die Diskrepanzen beim Verwaltungsvollzug liegt im dezentralen Vollzug: Gäbe es eine einheitliche EU-Zollverwaltung, könnten die verwaltungsinternen Steuerungsinstrumente zur Anwendung gelangen. Die »fehlende Vergemeinschaftung« der Vollzugsbehörden entspricht aber dem ausdrücklichen Willen der Mitgliedstaaten. Nur durch Änderung des primären Gemeinschaftsrechts wäre eine gemeinsame Verwaltung möglich; dazu fehlt es aber am politischen Willen. Das *WTO-Panel* stellte hierzu aber ausdrücklich fest, dass sich aus dem GATT keine Verpflichtung zur Schaffung gemeinsamer Verwaltungsstrukturen ergibt.[75] Die Uniformität der Rechtsanwendung darf auch auf andere Weise hergestellt werden.

Die Möglichkeit, eine fehlende Vergemeinschaftung des Vollzugs durch eine intensive Überwachung der nationalen Vollzugspraxis zu kompensieren, scheint nicht besonders intensiv eingesetzt zu werden. In den Jahren 1995 bis 2005 wurden insgesamt lediglich 83 Vertragsverletzungsverfahren gegen die Mitgliedstaaten wegen der Verwaltung des Zollrechts eingeleitet. Hierzu bemerkt das *WTO-Panel*, dass diese Zahl gemessen an der Gesamtzahl von Entscheidungen der zollbezogenen Entscheidungen relativ gering erscheint.[76] Diese niedrige Zahl kann auch nicht damit begründet werden, dass es bei dem Vollzug des Gemeinschaftszollrechts nur selten zu Verstößen gegen das Gemeinschaftsrecht kommt.

Schließlich zeigt sich das *WTO-Panel* auch von der Wirksamkeit der Tätigkeit des Ombudsmanns wenig überzeugt: Zunächst beschränkt sich seine Kontrolle auf die

74 Vgl. Abs. 7.188 sowie Annex B-2, S. B-32 f des *Panel*-Berichts, WT/DS315/R.
75 Vgl. Abs. 7.141 des *Panel*-Berichts, WT/DS315/R.
76 Vgl. Abs. 7.170 des *Panel*-Berichts, WT/DS315/R.

Organe und Institutionen der Gemeinschaft. Deshalb kann er keine Untersuchungen über die Anwendung des Zollrechts in den Mitgliedstaaten durchführen. Zudem habe er seit 1999 lediglich in vier Fällen einen Bericht zu Fragen der Zollverwaltung vorgelegt; lediglich in einem Fall hat er eine kritische Bemerkung verlautbaren lassen. Insbesondere in Anbetracht der millionenfachen Verwaltungsentscheidungen im Zollbereich erscheint dem Panel der Beitrag der Inanspruchnahme des Ombudsmanns zur Sicherstellung der einheitlichen Anwendung des Zollrechts gering.[77]

2. Fehlende Verbindlichkeit von Regelungsinstrumenten

Die praktische Wirksamkeit der Tätigkeit des Ausschusses für den Zollkodex wird dadurch in Frage gestellt, dass der Ausschuss in vielen Fällen mit der uneinheitlichen Anwendung des europäischen Zollrechts überhaupt nicht befasst wird. Darüber hinaus sind die Entscheidungen des Ausschusses für den Zollkodex für die Zollbehörden der Mitgliedstaaten rechtlich nicht bindend. Auch ist die Kommission nicht befugt, die Beachtung der Ergebnisse des Ausschusses zu erzwingen.[78] Es verwundert daher nicht, dass selbst der *Europäische Rechnungshof* feststellt, dass »der (Zollwert-)Ausschuss[79] ein zu schwerfälliges Forum (ist), als dass er zur Verwirklichung der Ziele der Kommission beitragen könne.«[80]

Hinsichtlich der aus Art. 10 EGV hergeleiteten Pflicht zur Zusammenarbeit stellt das *WTO-Panel* fest, dass diese Norm keinerlei Umschreibung der »geeigneten Maßnahmen« enthalte, welche die Mitgliedstaaten zu ergreifen hätten, um ihre Verpflichtungen aus dem Gemeinschaftsrecht zu erfüllen. Zudem könnte die EG nur eine Handvoll Fälle vorweisen, in denen Art. 10 EGV als Grundlage für die einheitliche Verwaltung des Gemeinschaftszollrechts herangezogen wurde. Das Ausmaß, in dem Art. 10 EGV zu einer einheitlichen Anwendung des EG-Zollrechts beitrage, gilt dem *WTO-Panel* als unklar.[81]

In Bezug auf die Möglichkeit, Beschwerde bei der Kommission einzureichen, zeigte sich die EG gegenüber dem *WTO-Panel* nicht in der Lage, die jeweilige Reaktion und/oder ergriffene Maßnahme zu erörtern. Auch konnte sie keine Aussage dazu treffen, innerhalb welcher Frist die Kommission jeweils geantwortet hat.[82] Zudem besteht kein einklagbares Recht auf Einleitung und Durchführung eines

77 Vgl. Abs. 7.172 des *Panel*-Berichts, WT/DS315/R.

78 Nr. 29 des Sonderberichtes Nr. 23/2000 des Europäischen Rechnungshofes über die Ermittlung des Zollwerts eingeführter Waren, ABlEG C 84 v. 14. 3. 2001, S. 1, 6.

79 Der Ausschuss ist durch den Erlass des ZK an die Stelle der unterschiedlichen Einzelausschüsse getreten, die weiter in sog. Fachbereichen arbeiten. Die alten Bezeichnungen der Einzelausschüsse finden in Teilgebieten nach wie vor Anwendung, vgl. *Witte* in: Witte, Zollkodex, Art. 247a ZK Rn 1 ff.

80 Nr. 29 des Sonderberichtes Nr. 23/2000 des Europäischen Rechnungshofes über die Ermittlung des Zollwerts eingeführter Waren, ABlEG C 84 v. 14. 3. 2001, S. 1, 6.

81 Vgl. Abs. 7.164 des *Panel*-Berichts, WT/DS315/R.

82 Vgl. Abs. 7.174 des *Panel*-Berichts, WT/DS315/R.

Vertragsverletzungsverfahrens.[83] Die Gemeinschaftsaufsicht lässt sich deshalb nicht erzwingen,[84] weshalb dieses durchaus scharfe Schwert nur relativ selten in die Hand genommen wird.

Hinsichtlich der Beschränkungen für nationale Durchführungsbestimmungen besteht in der Rechtspraxis Anlass für Zweifel, ob diese Beschränkungen auch wirklich greifen. Allein das deutsche Bundesfinanzministerium hat ca. 700 Seiten mit Dienstvorschriften zum EG-Zollrecht publiziert. Diese Dienstvorschriften dienen lt. Vorbemerkungen[85] der einheitlichen Anwendung der Zollvorschriften, wobei sie – mangels gemeinschaftsweiter Geltung – allenfalls zu einer einheitlichen Anwendung innerhalb der deutschen Zollverwaltung beitragen können. Dass die Dienstvorschriften »Anleitungen zur Auslegung von Begriffen« enthalten[86] ist zwar für dieses Ziel förderlich, aber nicht mit der Rechtsprechung des EuGH in Einklang zu bringen.

Die Beschränkungen für nationale Durchführungsbestimmungen stehen zudem im Spannungsfeld mit der Forderung nach Rechtssicherheit. Werden gemeinschaftsrechtliche Bestimmungen im nationalen Recht wiederholt wird dem Grundsatz der Rechtssicherheit nicht Rechnung getragen, wenn der wahre Ursprung der Regelung verschleiert wird.[87] Darf das nationale Abgabenrecht die gemeinschaftsrechtlichen Bestimmungen nicht (wiederholend) beinhalten, so muss der Rechtsanwender daher auch künftig sowohl nationale Bestimmungen als auch gemeinschaftsrechtliche Vorschriften bei der Anwendung des Zollrechts für Ein- und Ausfuhrabgaben berücksichtigen.[88] Anstatt durch die Beschränkungen für nationale Durchführungsbestimmungen aber erhöhte Rechtssicherheit und Einheitlichkeit bei der Anwendung des gemeinschaftlichen Zollrechts zu schaffen, wird die Anwendung der Zollrechtsnormen durch Zersplitterung erheblich erschwert. Es liegt auf der Hand dass diese Zersplitterung wiederum nicht EU-einheitlich vonstatten geht.

So hat sich etwa in der deutschen Rechtspraxis die Beantwortung der Frage als schwierig erwiesen, welche Vorschriften der Abgabenordnung (AO) noch neben den Vorschriften des ZK Anwendung finden. Während das EG-Zollrecht die Festsetzung und Erhebung der direkten und indirekten Steuern weitestgehend unbehelligt lässt, regelt der ZK zahlreiche Aspekte im Zusammenhang mit den Einfuhrabgaben, welche bislang in der AO geregelt waren.[89] Es ist also zu befürchten, dass die

83 Vgl. EuGH Urteil v. 14. 2. 1989 – Rs. 247/87 – *Star Fruit/Kommission*, Slg. 1989, 291; Urteil v. 20. 2. 1997 – Rs. C-107/95 P – *Bundesverband der Bilanzbuchhalter e.V./Kommission*, Slg. 1997 I, 947 Rn 11; EuG Urteil v. 27. 5. 1994 – Rs. T-5/94 – *J/Kommission*, Slg. 1994 II, 391 Rn 15; *Borchardt* in: Lenz/Borchardt, Art. 226 EGV Rn 13.

84 Vgl. *Streinz* in: Schweitzer, Europäisches Verwaltungsrecht, S. 232.

85 VSF Z 05 10 Abs. (1).

86 So ausdrücklich VSF Z 05 10 Abs. (1) Buchst. c).

87 Vgl. *Gellert* Zollkodex und Abgabenordnung, S. 251 ff, 270, 279 f.

88 Vgl. *Gellert* Zollkodex und Abgabenordnung, S. 279 f; *Wolffgang* in: Czyzowicz/Merski, S. 67, 76.

89 S. dazu *Alexander* in: Witte, Zollkodex, Art. 6 ZK Rn 3 ff, sowie *Gellert* Zollkodex und Abgabenordnung, S. 15 ff.

Beschränkungen für nationale Durchführungsbestimmungen kaum dazu beitragen, die Einheitlichkeit der Anwendung der Zollrechtsbestimmungen zu erhöhen.

Sind den Mitgliedstaaten weitgehend die Hände dabei gebunden, den Verwaltungsbehörden durch Ausführungsregelungen zum Gemeinschaftszollrecht die gemeinschaftsrechtskonforme Auslegung und Anwendung der Bestimmungen zu erleichtern, bietet es sich an, dass die Kommission selbst die entsprechenden Instrumente schafft. So hat die Kommission damit begonnen, selbst Leitlinien zum gemeinschaftlichen Zollrecht[90] zu schaffen. Diese Möglichkeit stößt aber sehr schnell an ihre Grenzen, weil die Kommission gegenüber den nationalen Verwaltungsbehörden keine Weisungsbefugnisse[91] hat. Entsprechend weist sie in den Leitlinien darauf hin, dass »diese Erläuterungen nicht rechtsverbindlich sind und (nur) erläuternden Charakter« haben. Das Bundesfinanzministerium vertraut nicht darauf, dass die Zollbeamten diese Arbeitshilfe freudig aufnehmen und anwenden, sondern setzt diese Leitlinien wiederum in Form von Dienstvorschriften um, damit sie für die deutschen Zollbeamten verbindlich[92] sind.

Auch die teilweise umfangreichen Handreichungen der Kommission in anderen Bereichen des Zollrechts stehen unter dem Vorbehalt der rechtlichen Unverbindlichkeit: Erläuterungen zur Kombinierten Nomenklatur sind – soweit sie nicht in der Form der VO ergehen – unverbindlich;[93] weder die Kommentare noch die Schlussfolgerungen des Kompendiums der Zollwerttexte besitzen die Rechtswirkung förmlich verabschiedeter Instrumente[94] und können daher keine Bindungswirkung für die Zollverwaltungen der Mitgliedstaaten entfalten. Umstritten ist daher auch, ob Art. 211 EGV die Kommission dazu ermächtigt, präventive Verwaltungsvorschriften zu erlassen, die einen einheitlichen Vollzug sicherstellen könnten.[95]

Auch das sehr breit angelegte Programm »Zoll 2013« teilt das Schicksal der fehlenden Verbindlichkeit: In Abs. 11 der Präambel zum Programm wird verdeutlicht, dass die Hauptverantwortung für das Erreichen der Programmziele bei den Teilnehmerländern liegt. Die Gemeinschaft sieht ihre Aufgabe darin, die Aktivitäten im Rahmen des Programms zu koordinieren, eine Infrastruktur bereitzustellen und die notwendigen (insbesondere finanziellen) Anreize zu geben, ohne aber einzelne Maßnahmen erzwingen zu können.

90 Leitlinien in Verbindung mit Teil II, Titel I, Kaptitel 2 ZK-DVO »Besondere Verwendung« und Leitlinien in Verbindung mit Teil II, Titel III ZK-DVO »Zollverfahren mit wirtschaftlicher Bedeutung«.

91 Vgl. *Streinz* Europarecht, § 7 Rn 545; *ders.* in: Schweitzer, Europäisches Verwaltungsrecht, S. 259.

92 Zur verwaltungsinternen Verbindlichkeit von Dienstvorschriften vgl. *Rogmann* Die Bindungswirkung von Verwaltungsvorschriften, S. 32 ff mwN.

93 Vgl. *Alexander* in: Witte, Zollkodex, Art. 20 ZK Rn 29.

94 So ausdrücklich S. 2 des Kompendiums.

95 Vgl. *Stober* in: Wolff/Bachof/Stober/Kluth, Verwaltungsrecht I, § 17 Rn 44; *Rogmann* Die Bindungswirkung von Verwaltungsvorschriften, S. 104 ff mwN.

3. Fehlende Konsultationspflichten

Wenn es sowohl der Kommission als auch den Mitgliedstaaten verwehrt ist, verbindliche Auslegungsstandards zu setzen, könnte ein einheitlicher Verwaltungsvollzug dadurch realisiert werden, dass sich die nationalen Zollverwaltungen hinsichtlich ihrer Verwaltungspraxis wechselseitig konsultieren.

Bemängelt wird jedoch die grundsätzlich fehlende Verpflichtung zu Konsultationen mit anderen Mitgliedstaaten, wenn abweichende Verwaltungspraktiken aufgedeckt werden. Die Mitgliedstaaten können daher an ihrer Verwaltungspraxis festhalten, selbst wenn sie Grund zur Annahme haben, dass diese von dem Verwaltungsvollzug in anderen Mitgliedstaaten abweicht. Da eine aus Sicht der Wirtschaftsbeteiligten günstigere Behandlung als in anderen Mitgliedstaaten durchaus einen Wettbewerbsvorteil darstellt, ist die Neigung, der eigenen Wirtschaft diesen Vorsprung zu nehmen, wenig ausgeprägt, zumal sich ein Denken in europäischen Dimensionen noch nicht durchgesetzt hat.

Das Programm »Zoll 2013« verfolgt hierbei das Ziel, in einem einzigen Rechtsinstrument gemeinsame Aktionen zusammenzufassen, die es ermöglichen, eine engere Zusammenarbeit zwischen den einzelstaatlichen Zollverwaltungen zu fördern und transeuropäische Systeme für den Informationsaustausch bereitzustellen. Dadurch können die fehlenden Konsultationspflichten aber nicht vollständig ausgeglichen werden.

4. Fehlende Schlagkraft des Vorabentscheidungsverfahrens

Wenig Überzeugungskraft nach Auffassung des *WTO-Panels* haben auch die Argumente der EG in Bezug auf die Funktionen des Vorabentscheidungsverfahrens nach Art. 234 EGV. Zunächst seien nicht alle nationalen Gerichte zur Vorlage verpflichtet. Selbst bei grundsätzlich bestehender Vorlagepflicht gebe es Ausnahmen von der Verpflichtung zur Vorlage an den EuGH, und zwar dann, wenn die Vorlagefrage irrelevant ist, die fragliche Bestimmung bereits durch den EuGH ausgelegt wurde oder die richtige Anwendung des Gemeinschaftsrechts so offensichtlich ist dass kein Raum für einen vernünftigen Zweifel bleibt. Zudem sei die Zahl der einschlägigen Vorabentscheidungsverfahren gering: In den Jahren 1995 bis 2005 bezogen sich von insgesamt 2 314 Verfahren lediglich 249 auf die Zollverwaltung und das bei jährlich Millionen von Entscheidungen durch die Zollbehörden der Mitgliedstaaten.[96] Wirtschaftsbeteiligte scheinen vom lediglich indirekten Zugang zum EuGH abgeschreckt zu werden, sollten sie eine uneinheitliche Anwendung des EG-Rechts feststellen.[97]

96 Vgl. Abs. 7.168 des *Panel*-Berichts, WT/DS315/R.
97 Vgl. Abs. 7.167 des *Panel*-Berichts, WT/DS315/R.

D. UNIFORMITÄTSZWÄNGE DURCH DAS WTO-RECHT?

Man kann nicht davon ausgehen, dass die bisherigen Defizite in der Vereinheitlichung der mitgliedstaatlichen Vollzugspraxis den Mitgliedstaaten verborgen blieben. Notwendige Reformen scheinen aber am fehlenden politischen Willen zu scheitern. Mit Spannung wurde daher die Entscheidung im Streitbeilegungsverfahren *EC – Selected Customs Matters* erwartet. Denn nur durch Druck von außen scheint es möglich zu sein, die erforderlichen Instrumente für eine Vereinheitlichung der Verwaltungspraxis installieren zu können. Würde die WTO etwa verlangen, dass es eine gemeinschaftliche Zollverwaltung der EG gibt und muss die EG etwa ein Gericht erster Instanz für Zollsachen schaffen?[98]

Das *WTO-Panel* stellte fest, dass das EG-System der Zollverwaltung als Ganzes »kompliziert und zuweilen undurchsichtig und verwirrend«[99] ist. Gleichzeitig verdeutlichte es, dass die Schwierigkeiten, das EG-System zu verstehen, für Händler insgesamt und besonders für kleinere Unternehmen, die Waren in die EG importieren möchten, ein Vielfaches davon betragen müssen. Bedeutsam ist diese Feststellung deshalb, als dass eine Verletzung von Art. X:3(a) GATT bereits dann vorliegen kann, wenn die nicht-einheitliche Verwaltungspraxis tatsächlich oder potenziell einen nachteiligen Einfluss auf die Rahmenbedingungen für den internationalen Handel bewirkt.[100]

Bezüglich der Anforderungen an das Maß der Einheitlichkeit verdeutlichte das *WTO-Panel*, dass der zu fordernde Standard vom jeweils betroffenen Bereich abhängt: Je enger der maßgebliche Bereich umrissen ist, umso höher müssen die Anforderungen an die Einheitlichkeit der Rechtsanwendung sein. Unabhängig davon müssten aber Mindeststandards im Hinblick auf das ordnungsgemäße Verfahren im Hinblick auf Vorhersehbarkeit, Transparenz, Gerechtigkeit und Gleichheit gewahrt werden.[101] Insgesamt forderte das *WTO-Panel* dafür ein eher hohes Maß an Uniformität für die Zwecke des Art. X:3(a) GATT.[102] Diese Interpretation des GATT ist in der Berufungsinstanz nicht in Frage gestellt worden.[103]

Nach den getroffenen Feststellungen zum Stand der Vereinheitlichung der Verwaltungspraxis beim Vollzug des EU-Zollrechts dürfte außer Frage stehen, dass das derzeitige System des mitgliedstaatlichen Verwaltungsvollzugs nicht im hinreichen-

98 Vgl. *Rogmann* AW-Prax 2006, 267.

99 Abs. 7.191 des *Panel*-Berichts, WT/DS315/R; die Tatsache, dass das Panel daraus jedoch keinen Verstoß gegen WTO-Recht ableitet – vgl. insofern *Niestedt/Stein* AW-Prax 2006, 516, 518 – ist darauf zurückzuführen, dass eine solche Feststellung nicht vom Mandat des Panels erfasst gewesen wäre, vgl. *Rovetta/Lux* GTCJ 2007, 195, 200.

100 Vgl. Abs. 7.154 des *Panel*-Berichts, WT/DS315/R.

101 Vgl. Abs. 7.135 des *Panel*-Berichts, WT/DS315/R.

102 Vgl. u.a. Abs. 7.153, 7.199, 7.214, 7.247, 7.293, 7.361 und 7.378 des *Panel*-Berichts, WT/DS315/R.

103 Vgl. dazu etwa Abs. 212 des *Appellate Body*-Reports, WT/DS315/AB/R.

den Maße dazu geeignet ist, Handelshemmnisse beim Zugang zum und Wettbewerbsverzerrungen innerhalb des Binnenmarktes zu vermeiden.

Die eigentliche Entscheidung des Panels über die GATT-Konformität des mitgliedstaatlichen Vollzugs blieb indes aus. Das Panel interpretierte den Antrag der USA auf Einsetzung eines Panels eng und kam zu dem Ergebnis, dass sein Mandat nicht die Beantwortung der Frage umfasste, ob das System für den Verwaltungsvollzug des Europäischen Zollrechts »als solches« (as such) bzw. »als Ganzes« (as a whole) mit den Vorgaben des WTO-Rechts in Einklang steht.[104] Deshalb beschränkte sich das Panel auf die Untersuchung von Einzelfällen, ohne eine Aussage über das Gesamtsystem zu treffen. Das Berufungsgremium Appellate Body (AB) stellte dazu fest, dass das Panel sein Mandat auf das System des Verwaltungsvollzugs als Ganzes hätte erstrecken müssen. Es räumt aber ein, dass die USA ihren Antrag besser hätten formulieren können um dem *WTO-Panel* ein eindeutiges Mandat zuzuweisen.

Der *AB* sah sich dennoch daran gehindert, die vom Panel unerledigte Aufgabe zu Ende zu führen. Als Berufungsinstanz könne es nach Art. 17.6 DSU nur Rechtsfragen prüfen. Zudem sei es ihm verwehrt, einen Fall an ein Panel zurückzuverweisen.[105] Im Fall *EC – Selected Customs Matters* fehlten dem *AB* dann aber hinreichende und in sich widerspruchsfreie Tatsachenaufklärungen seitens des Panels, um die eigentlichen Fragen des Streitfalls zu klären.[106]

Hinsichtlich der Verpflichtung aus Art. X:3(b) GATT zur Schaffung oder Beibehaltung einer unabhängigen behördlichen bzw. gerichtlichen Revisionsinstanz in Zollsachen konnte das *WTO-Panel* keine Verpflichtung der WTO-Mitglieder erkennen, bereits den Entscheidungen der ersten Überprüfungsinstanz eine Verbindlichkeit für alle Zollbehörden im gesamten Hoheitsgebiet eines Mitgliedes zu verleihen.[107] Das Panel sah daher keinen Anlass, die dezentrale Überprüfungspraxis mit Beschränkung der Verbindlichkeit erstinstanzlicher Entscheidungen auf das Gebiet eines EU-Mitgliedstaates zu beanstanden.[108] Der *AB* stellte im Berufungsverfahren fest, dass Art. X:3(b) GATT ein WTO-Mitglied nicht daran hindere, erstinstanzliche Kontrollorgane und -verfahren mit Entscheidungskompetenz gegenüber allen Zollbehörden innerhalb des jeweiligen Hoheitsgebietes zu schaffen. Eine Verpflichtung zur Vorhaltung einer solchen Instanz mit Entscheidungsbefugnis für das *gesamte Territorium* könne aus Art. X Abs. 3(b) GATT jedoch nicht abgeleitet werden.[109]

104 Vgl. Abs. 7.50, 7.63 und 7.64 des *Panel*-Berichts, WT/DS315/R.
105 Vgl. *Weiß* in: Herrmann/Weiß/Ohler, Welthandelsrecht, § 10 Rn 303.
106 Vgl. Abs. 285 des *Appellate Body*-Reports, WT/DS315/AB/R; *Rovetta/Lux* GTCJ 2007, 195, 200; *Niestedt/Stein* AW-Prax 2006, 516.
107 Vgl. Abs. 7.538 f des *Panel*-Berichts, WT/DS315/R.
108 Vgl. Abs. 7.556 des *Panel*-Berichts, WT/DS315/R.
109 Vgl. Abs. 297, 304 des *Appellate Body*-Reports, WT/DS315/AB/R; *Rovetta/Lux* GTCJ 2007, 195, 206 f.

E. FAZIT

Der Ausgang des Streitbeilegungsverfahrens bringt wenig Klarheit zu der Frage, ob das derzeit praktizierte System des mitgliedstaatlichen Vollzugs im Bereich des Zollrechts den Vorstellungen der Welthandelsordnung an Uniformität der Rechtsanwendung seitens der WTO-Mitglieder entspricht. Die vom *WTO-Panel* aufgelisteten Defizite beim dezentralen Vollzug des EU-Zollrechts lassen aber bereits Zweifel daran aufkommen, ob das gemeinschaftsrechtliche Uniformitätsgebot überhaupt gewahrt wird. Zwar überlässt das WTO-Recht den Mitgliedern die Entscheidung, auf welche Weise sie die geforderte Einheitlichkeit der Rechtsanwendung herzustellen beabsichtigen,[110] sodass ein Zwang zur Schaffung einer einheitlichen EU-Zollverwaltung oder einer zentralen Zollagentur nicht gegeben ist.[111]

Das befreit die EU aber nicht von erheblichen Anstrengungen, die sie unternehmen muss, um die strukturellen Defizite beim dezentralen Vollzug des Gemeinschaftsrechts zu beseitigen. Im Kern geht es um die Verbesserung der Mechanismen und Instrumente für die Aufdeckung und Korrektur uneinheitlicher Rechtsanwendung und insbesondere für die Vermeidung abweichender Verwaltungspraktiken. Die unbestrittene Tatsache, dass die EU mit ihren 27 verschiedenen Zollverwaltungen ein komplexes System bildet, darf nicht dazu führen, dass die einheitliche Anwendung des Gemeinschaftszollrechts weniger streng gehandhabt wird als in föderalen Staaten.[112] Dem Einwand, dass von der Bildung von Zollunionen abgeschreckt werden könnte[113] lässt sich mit dem Wunsch begegnen, dass neue Zollunionen ihr Vollzugssystem für das Zollrecht nicht am EU-System orientieren: Wenn dieses System schon in Europa an seine Grenzen stößt – wie soll es dann ernsthaft in weniger entwickelten Regionen funktionieren? Letztlich führt kein Weg an weisungsbefugten Zentralorganen vorbei, die in der EU aber politisch nicht gewollt sind.

110 Vgl. Abs. 7.141 des *Panel*-Berichts, WT/DS315/R.

111 So auch die Deutung der EU-Kommission; vgl. Pressemitteilung IP/06/1557 vom 14. 11. 2006.

112 So aber der Ansatz von *Rovetta/Lux* GTCJ 2007, 195, 207.

113 Vgl. *Rovetta/Lux* GTCJ 2007, 195, 207.

Chinesisches Wirtschaftsverfassungsrecht im Überblick – aus der Perspektive des chinesisch-deutschen Rechtsvergleichs[1]

LIBIN XIE

I. WIRTSCHAFTSRELEVANTE VERFASSUNGSPRINZIPIEN

Sowohl die chinesische Verfassung als auch das Grundgesetz enthalten verfassungsrechtlich feststehende Struktur- und Grundentscheidungen als Verfassungsprinzipien. In Deutschland sind insbesondere das Sozialstaatsprinzip, das Rechtsstaatsprinzip, das Prinzip des gesamtwirtschaftlichen Gleichgewichts, das Bundesstaatsprinzip und das Umweltstaatsprinzip im Wirtschaftsverfassungsrecht bedeutsam.[2] In China gelten hingegen das Sozialstaatsprinzip (Art. 1 Abs. 1, 2 Chinesische Verfassung, nachfolgend »CV«), das Rechtsstaatsprinzip (Art. 5 Abs. 1 CV), das Sparsamkeitsprinzip (Art. 14 Abs. 2 CV) und das Umweltschutzprinzip (Art. 26 CV) zu beachten.

1. *Sozialstaatsprinzip*

China ist ein u.a. durch Marxismus angeleitetes (Präambel Abs. 7 CV) sozialistisches Land (Art. 1 Abs. 1 CV). Solche Verfassungsbestimmungen sind unter Berücksichtigung der wirtschaftsgeschichtlichen Verhältnisse bei Entstehung der marxistischen Sozialismustheorie auszulegen. Nach Beginn des 19. Jahrhunderts führte die Entwicklung in Deutschland von der vorwiegenden Agrarstruktur in das Industriezeitalter zu nicht hinnehmbarer, zunehmender Verelendung und Verproletarisierung weiterer Volksschichten.[3] Vor diesem historischen Hintergrund war Sozialismus für Karl Marx eine Antwort auf die vorherrschende soziale Frage.[4] Um den sozialen Missständen abzuhelfen, war soziale Gerechtigkeit, damals hauptsächlich in der Form vom Schutz der Fabrikarbeiter als sozial Schwacher, unabdingbar. In-

1 Der Beitrag ist eine Kurzfassung von Forschungsergebnissen der Dissertation *Xie* Chinesisches und deutsches Wirtschaftsverfassungsrecht, 2007, die unter der Betreuung des Jubilars fertig gestellt wurde.

2 *Stober* Allgemeines Wirtschaftsverwaltungsrecht, 15. Aufl., 2006, S. 45.

3 *Herzog* in: Maunz/Dürig, Grundgesetz Kommentar, Stand: 47. Erg.lfg. 2006, Art. 20 GG VIII Rn 10; v. *Münch* Staatsrecht I, 6. Aufl. 2000, Rn 290.

4 Vgl. BVerfGE 5, 85, 87 f.

sofern war soziale Gerechtigkeit eine ursprüngliche Forderung der marxistischen Sozialismustheorie. Dass diese Theorie das Mittel zur Verwirklichung sozialer Gerechtigkeit in organisierter Arbeiterklasse sah,[5] betrifft nur die Art und Weise der Zielerreichung und ändert nichts an dem Ziel selbst.

Nach Art. 1 CV hat Sozialismus den Verfassungsrang. Da alle Verfassungsbestimmungen an konkreten Problemen zu aktualisieren sind, um praktische Relevanz zu gewinnen,[6] stellt sich die Frage, ob der oben dargestellte Aspekt des Sozialismus im heutigen chinesischen Verfassungsrecht noch gilt. Diesbezüglich steht fest, dass es in jeder Gesellschaft Randgruppen als sozial Schwache gibt.[7] In der heutigen chinesischen Gesellschaft existieren ebenfalls sozial Schwache sowie soziale Gegensätze. Folglich ist soziale Gerechtigkeit als die ursprüngliche Forderung von Sozialismus noch heute aktuell, weshalb ein Sozialstaatsprinzip i.S.d. sozialer Gerechtigkeit ein Kernelement von der Sozialismusbestimmung von Art. 1 CV darstellt.

Im Hinblick auf die Entstehungsgeschichte der Sozialismustheorie fordert das Sozialstaatsprinzip soziale Gerechtigkeit. Daher hat der chinesische Staat – wie der deutsche[8] – bei mit der allgemeinen Gerechtigkeitsauffassung schwer zu vereinbarenden gesellschaftlichen Machtverhältnissen die Starken zu beschränken und die Schwachen zu unterstützen. Somit ist sozialer Ausgleich ein wesentliches Gebot des Sozialstaatsprinzips. In der Rechtswirklichkeit hat China in dieser Hinsicht noch einen Nachholbedarf zu bewältigen.

Neben sozialen Gegensätzen stellen Wechselfälle des Lebens eine wichtige Ursache der sozialen Missstände dar. Schutz vor solchen Lebensrisiken kann nur durch die Gewährleistung von sozialer Sicherheit realisiert werden. Im Hinblick darauf, dass die chinesische Verfassung den Aufbau eines Sozialversicherungssystems als eine Staatsaufgabe (Art. 14 Abs. 4 CV) definiert, ist aus der systematischen Perspektive anzunehmen, dass soziale Sicherheit auch ein Gebot des chinesischen Sozialstaatsprinzips ist, wie es in deutschem Verfassungsrecht ebenfalls der Fall ist[9].

Im Laufe der Zeit schreitet die Technisierung und Komplizierung der Lebensverhältnisse ununterbrochen voran. Der Einzelne wird immer abhängiger von dem Tätigwerden des Staates,[10] insbesondere im Hinblick auf die Infrastrukturleistungen. Folglich muss der Staat bei den gewandelten Verhältnissen in gesellschaftliche und wirtschaftliche Abläufe aktiv eingreifen und für die Sicherung der Infrastruktur

5 *Schiek* in: Denninger/Hoffmann-Riem/Schneider/Stein, Kommentar zum Grundgesetz für die Bundesrepublik Deutschland, 3. Aufl. 2001, Stand: 102. Lfg., Art. 20 Abs. 1–3 V Rn 18.

6 *Hesse* Grundzüge des Verfassungsrechts der Bundesrepublik Deutschland, 20. Aufl. 1999, Rn 61 ff.

7 *Gröschner* in: Dreier, Grundgesetz Kommentar, Bd. I, Art. 1–19, 2. Aufl. 2004, Bd. II, Art. 20–82, 2. Aufl. 2006, Bd. III, Art. 83–146, Art. 20 (Sozialstaat) Rn 17.

8 *Zippelius/Wittenberger* Deutsches Staatsrecht, 31. Aufl. 2005, S. 118.

9 *Zippelius/Wittenberger* Deutsches Staatsrecht (Fn 8) S. 118 f.

10 *Hesse* Verfassungsrecht (Fn 5) Rn 210.

sorgen.[11] Aus diesen Gründen sind Sozialgestaltung und Infrastrukturleistungen ein weiteres Gebot des chinesischen Sozialstaatsprinzips.

2. *Rechtsstaatsprinzip*

Mit der Einführung von Art. 5 Abs. 1 CV in die chinesische Verfassung am 15. März 1999 wurde ein Rechtsstaatsprinzip aufgestellt. Vor dem historischen Hintergrund[12] ist anzunehmen, dass die Gesetzesherrschaft sowie die Freiheitsgewährleistung zwei Hauptanliegen dieses Prinzips sind. Verfassungsnormen und -institutionen, die den beiden genannten Kriterien entsprechen, sind als Konkretisierungen des Rechtsstaatsprinzips anzusehen. Danach umfasst das Rechtsstaatsprinzip folgende Aspekte.

Wie auch das Grundgesetz enthält die chinesische Verfassung zahlreiche Organisations- und Kompetenzvorschriften (etwa Art. 58, 85, 100, 105 Abs. 1, 123 CV), die die Organisation von besonderen Organen der Gesetzgebung, der vollziehenden Gewalt und der Rechtsprechung einschließlich deren Kompetenzen regeln. Insoweit ist Gewaltenteilung im chinesischen Verfassungsrecht verankert.

Nach Art. 5 Abs. 3 CV darf kein Gesetz gegen die Verfassung verstoßen. Dieser Aspekt des Rechtsstaatsprinzips bedeutet für den Wirtschaftsgesetzgeber, dass er sich gegenüber den Rechtsschranken der Verfassung nicht auf sein freies Ermessen, auf Gründe der Zweckmäßigkeit, auf staatspolitische Notwendigkeiten und ähnliche Erwägungen berufen kann.[13]

Da die chinesische Verfassung auf Gesetzesherrschaft und daher die Einhaltung von Gesetzen setzt, ist Gesetzmäßigkeit ein wesentlicher Aspekt des chinesischen Rechtsstaatsprinzips, was Vorrang sowie Vorbehalt des Gesetzes für die Wirtschaftsverwaltung bedeutet.

Effektive Gesetzesherrschaft und Gewährleistung der Freiheit des Bürgers setzen Rechtssicherheit in dem Sinne voraus, dass die Rechtsordnung dem Bürger eine verlässliche Grundlage für sein Verhalten darstellt.[14] Daher stellt die Rechtssicherheit ein wesentliches Gebot des Rechtsstaatsprinzips dar. Demzufolge müssen wirtschaftsverwaltungsrechtliche Maßnahmen transparent, bestimmt, widerspruchsfrei und überschaubar sein. Aus der zeitlichen Perspektive ist die Änderung von Wirtschaftsrechtsnormen im Interesse des ökonomischen Vertrauensschutzes grundsätzlich unzulässig.

Wie das Grundgesetz enthält auch die chinesische Verfassung zahlreiche Grundrechte. Wegen ihrer Bedeutung in der Verfassungsordnung dürfen die Grundrechte von der öffentlichen Gewalt jeweils nur so weit beschränkt werden, als es zum

11 *Schiek* in: AK (Fn 5) Art. 20 Abs. 1–3 V Rn 92.
12 *Xie* Wirtschaftsverfassungsrecht (Fn 1) S. 21 f.
13 Zur ähnlichen Rechtslage in Deutschland s. BVerfGE 1, 14, 36.
14 Vgl. *Sommermann* in: v. Mangoldt/Klein/Starck, Das Bonner Grundgesetz, Kommentar, Bd. II, 5. Aufl. 2005, Art. 20 Abs. 3 Rn 288.

Schutze öffentlicher Interessen notwendig ist.[15] So betrachtet hat die chinesische Verfassung ein Verhältnismäßigkeitsprinzip aufgestellt, wonach eine wirtschaftsverwaltungsrechtliche Maßnahme geeignet, erforderlich und verhältnismäßig i.e.S. bzw. zumutbar sein muss.

Weil die Freiheitsgewährleistung für den Bürger und das Gesetzmäßigkeitsgebot ohne Rechtsschutz gegen Akte staatlicher Gewalt offensichtlich leer laufen würden,[16] ist effektiver Rechtsschutz ein notwendiger Bestandteil des Rechtsstaatsprinzips. Sowohl wirtschaftsverwaltungsrechtliche Gesetze als auch Einzelmaßnahmen sollen einer gerichtlichen Kontrolle unterworfen werden. Die Praxis lässt noch einiges zu wünschen übrig.

3. Sparsamkeitsprinzip

In Deutschland ist der Staat nach dem Wirtschaftlichkeitsprinzip verpflichtet, vorhandene Mittel nach Möglichkeit optimal einzusetzen.[17] In der chinesischen Verfassung begründet Art. 14 Abs. 2 CV ein Sparsamkeitsprinzip, das ein Sparsamkeitsgebot und ein Verschwendungsverbot enthält und sowohl die Wirtschaftsverwaltung als auch Wirtschaftsrechtsetzung bindet.

In manchen Handlungssituationen sind Zwecke zu erreichen, die durch Recht und Gesetz oder sonst wie bindend festgelegt und daher unbeeinflussbar sind.[18] In solchen Fällen kann das Sparsamkeitsprinzip nicht verlangen, dass die Zwecke herunterzuschrauben wären, um die Kosten zu minimieren. Unter Berücksichtigung der Gemeinwohlverpflichtung des Staates kann das Sparsamkeitsprinzip unter diesen Umständen nur so ausgelegt werden, dass gleich bleibende Zweckerfüllung mit geringstmöglichen Mitteln erreicht werden sollen.

In anderen Situationen sind die Mittel durch Gesetz oder aufgrund faktischer Umstände vorgegeben, festgelegt oder begrenzt, die für mehrere alternative Zwecke eingesetzt werden können. In diesen Situationen kommt es nicht in Frage, solche Mittel oder einen Teil davon noch einzusparen. Dem Gemeinwohl wird offensichtlich am besten gedient, wenn der Mitteleinsatz die bestmögliche Wirkung bei der Zweckerreichung erzielt. So gesehen gebietet das Sparsamkeitsprinzip bei festgesetzten Mitteln, dass eine möglichst maximale Zweckerfüllung zu erreichen ist.

15 Zur ähnlichen Rechtslage in Deutschland s. BVerfGE 19, 342, 348 f; 61, 126, 134; 76, 1, 50 f.

16 *Schnapp* in: v. Münch/Kunig, Grundgesetz-Kommentar, Bd. 1, 5. Aufl. 2000, Bd. 2, 5. Aufl. 2001, Art. 20 Rn 28.

17 *v. Arnim* Wirtschaftlichkeit als Rechtsprinzip, 1988, S. 19 f.

18 *Walther* Inhalt und Bedeutung der Grundsätze der Wirtschaftlichkeit und Sparsamkeit in der öffentlichen Verwaltung, BayVBl. 1990, 233.

4. *Umweltschutzprinzip*

Mit der Verankerung des Umweltschutzes in Art. 20a GG hat sich der deutsche soziale Staat zum Umweltstaat entwickelt.[19] Die chinesische Verfassung hat ein Umweltschutzprinzip in Art. 26 CV aufgestellt, das dem Staat folgende materielle und formelle Verpflichtungen auferlegt.

Materiell darf der Staat selbst grundsätzlich keine Umweltbelastungen verursachen.[20] Allerdings ist angesichts der Gleichrangigkeit des Umweltschutzziels und anderen Verfassungszielen davon auszugehen, dass Umweltbelastung durch staatliches Handeln bei angemessener Abwägung der in Betracht kommenden Verfassungsziele gerechtfertigt werden kann. In diesem Fall bleibt nur ein Rechtfertigungszwang des Staates.

Des Weiteren darf der Staat grundsätzlich auch keine Umweltschädigungen durch Dritte fördern.[21] Allerdings sind Förderungen der zu Umweltbelastungen führenden Aktivitäten rechtlich ebenfalls wegen der Gleichrangigkeit des Umweltschutzes mit anderen Verfassungszielen nicht absolut ausgeschlossen. Jedoch darf der Staat die Umweltbeeinträchtigung nicht ohne sachlichen Grund fördern.

Neben den negativen Pflichten des Staats muss der Staat noch aktiven Pflichten nachkommen. Da eine gewisse Effektivität des Umweltschutzes nur möglich ist, wenn Risikovorsorge einbezogen wird, ist Vorsorge eine wesentliche Komponente des Umweltschutzgebotes.[22] Wenn Umweltschäden trotz aller Vorsorgemaßnahmen eintreten, dann besteht nur die Beseitigung von Umweltschädigungen als die einzige Möglichkeit des Umweltschutzes. Deshalb erfasst Art. 26 CV auch eine Pflicht des Staates zur Beseitigung von Umweltschädigungen.

Umweltbelastungen und -zerstörungen enden nicht an den staatlichen Grenzen. Vielmehr ist die Umwelt auch durch globale Prozesse gefährdet.[23] Vor diesem Hintergrund schließt Art. 26 CV wie Art. 20a GG[24] notwendigerweise eine Verpflichtung des Staates zur internationalen Zusammenarbeit bei dem Umweltschutz ein.

Darüber hinaus stellt das Umweltschutzgebot noch Anforderungen an die Organisations- und Verfahrensgestaltung. Da geeignete verfahrensmäßige und institutionelle Absicherung für die Verwirklichung von materiellem Umweltschutz unab-

19 *Kloepfer* Interdisziplinäre Aspekte des Umweltstaats, DVBl 1994, 12 ff.

20 Zur ähnlichen Rechtslage in Deutschland s. *Murswiek* in: Sachs, Grundgesetz Kommentar, 3. Aufl. 2003, Art. 20a Rn 33.

21 Zur ähnlichen Rechtslage in Deutschland s. *Murswiek* in: Sachs (Fn 20) Art. 20a Rn 34.

22 Zur ähnlichen Rechtslage in Deutschland s. *Kloepfer* in: Dolzer/Vogel/Graßhof, Bonner Kommentar zum Grundgesetze, Stand: 126. Aktualisierung, Art. 20a Rn 72; *Wolf* in: AK (Fn 5) Art. 20a Rn 26 ff.

23 *Sommermann* in: v. Münch/Kunig (Fn 16) Art. 20a Rn 14.

24 AaO.

dingbar ist, fordert Art. 26 CV – wie Art. 20a GG[25] – angemessene Organisations- und Verfahrensgestaltung. Danach müssen relevante Verfahren im Wirtschaftsverwaltungsrecht, wie wirtschaftliche Genehmigungsverfahren, so ausgestaltet werden, dass sie aus prozeduraler Sicht die Verwirklichung der materiellen Schutzelemente sicherzustellen vermögen.

II. Wirtschaftsverwaltungsrelevante Verfassungszuständigkeiten

1. Wirtschaftsverwaltungsrelevante Rechtsetzungszuständigkeiten

Anders als in Deutschland, kennt die chinesische Verfassung keine sachbezogene Kompetenzverteilung zwischen dem zentralstaatlichen Gesetzgeber – nämlich dem Nationalvolkskongress (nachfolgend »NVK«) und dessen Ständigem Ausschuss – einerseits und den Provinzen, den regierungsunmittelbaren Städten und autonomen Gebieten (nachfolgend generell als Provinzen) andererseits. Stattdessen ist der zentrale Gesetzgeber für alle Gegenstände zuständig, wobei der NVK gemäß Art. 62 Nr. 3 CV für den Erlass und die Änderung von grundlegenden Gesetzen zuständig ist, während sein Ständiger Ausschuss nach Art. 67 Nr. 2 CV die übrigen Gesetze erlassen und ändern kann. Außerdem kann der Ständige Ausschuss aufgrund Art. 67 Nr. 3 CV die vom NVK erlassenen Gesetze in der Zeit zwischen den Tagungen des NVK teilweise ergänzen und ändern, unter der Voraussetzung, dass sie den Grundprinzipien der betreffenden Gesetze nicht zuwiderlaufen. Damit ist deutlich, dass der NVK grundlegende Wirtschaftsverwaltungsgesetze erlässt, die teilweise deren Grundprinzipien getreu durch den Ständigen Ausschuss des NVK ergänzt und geändert werden können; der Ständige Ausschuss kann außerdem die nicht als grundlegend geltenden Wirtschaftsverwaltungsgesetze verabschieden.

Neben dem Gesetzgeber kommt der Staatsrat als ein weiterer zentralstaatlicher Normgeber im Wirtschaftsverwaltungsrecht in Betracht. Nach Art. 89 Nr. 1 CV ist der Staatsrat befugt, Verordnungen zu erlassen. Demnach kann der Staatsrat Verordnungen nach Art. 89 Nr. 1 CV erlassen, wenn die nicht vom Gesetzesvorbehalt erfasste Gegenstände zu regeln sind. Dies entspricht ungefähr der Zuständigkeit der deutschen Exekutive zum Erlass von außenwirksamen Verwaltungsvorschriften in nicht dem Gesetzesvorbehalt unterliegenden Bereichen[26]. Außerdem kann der Staatsrat bei gesetzlich gewährten Ermessensspielraum Verordnungen i.S.d. Art. 89 Nr. 1 CV erlassen, auch wenn der Regelungsgegenstand dem Gesetzesvorbehalt

25 *Epiney* in: v. Mangoldt/Klein/Starck (Fn 14) Art. 20a Rn 79 ff; *Sommermann* in: v. Münch/Kunig (Fn 16) Art. 20a Rn 15; *Schulze-Fielitz* in: Dreier (Fn 7) Art. 20a Rn 84.

26 Vgl. BVerfGE 8, 155, 166 ff; 40, 237, 248 ff; *Ossenbühl* in: Isensee/Kirchhof, Handbuch des Staatsrechts der Bundesrepublik Deutschland, Bd. III, 2. Aufl. 1996, § 65 Rn 12 f; *Bryde* in: v. Münch/Kunig (Fn 16) Art. 80 Rn 9b.

unterliegt. Damit vergleichbar ist, dass in Deutschland Verwaltungsvorschriften mit Außenwirkung beim Vorliegen von Ermessenraum der Verwaltung zulässig sind[27]. Neben diesem originellen Verordnungsrecht kann der Staatsrat im Rahmen der beauftragten Rechtsetzung nach Art. 89 Abs. 18 CV Verordnungen erlassen, um bestimmte vom Gesetzesvorbehalt erfassten Sachverhalte zu regeln.

Nach dem Gesetzgeber und dem Staatsrat als zentralen Normgebern dürfen Provinzen rechtsetzend tätig werden, wobei die Rechtsetzung auf dieser Ebene nach Art. 100 CV i.V.m. Art. 115 CV nicht im Widerspruch zu der Verfassung, den Gesetzen und den Verordnungen des Staatsrates stehen dürfen. Konkret dürfen Provinzen tätig werden, wenn überhaupt keine Gesetze und Staatsratesverordnungen in einem bestimmten Sachbereich verabschiedet worden sind, oder wenn Gesetze und Staatsratesverordnungen einen Bereich nicht abschließend regeln. Bei abschließenden Gesetzen und Verordnungen können Provinzen gleichlautende Lokalrechtsnorm verabschieden. Allerdings dürfen die Provinzen keine Lokalrechtsnormen erlassen, wenn der Gesetzgeber oder der Staatsrat mit einem Verzicht auf Regelungen eine feste Regelung bestimmter Sachmaterien ausschließen will.

2. Wirtschaftsrelevante Regierungs- und Verwaltungszuständigkeiten

Was die Verteilung von Regierungszuständigkeiten im Wirtschaftsverwaltungsrecht anbelangt, nimmt der Staatsrat eine herausragende Stellung ein. U.a. kann der Staatsrat sich über das Initiativrecht nach Art. 89 Nr. 2 CV an der Vorbereitung künftiger Wirtschaftsgesetzgebung beteiligen. Darüber hinaus weist Art. 89 Nr. 6 CV dem Staatsrat eine leitende Rolle im Wirtschaftsbereich zu. Schließlich lenkt der Staatsrat als das höchste Verwaltungsorgan (Art. 85 CV) und die höchste Instanz gegenüber lokalen Volksregierungen (Art. 110 Abs. 2 Satz 2 CV) das Handeln der gesamten vollziehenden Gewalt und sorgt dafür, dass seine Politik auch durch die nachgeordneten Instanzen durchgeführt wird. Im Vergleich zum Staatsrat spielen Provinzen eine sekundäre Rolle. Obwohl Volksregierungen auf der Provinzebene als die höchsten lokalen Verwaltungsorgane für die wirtschaftliche Entwicklung in den jeweiligen Gebieten zuständig sind, dürfen sie dem Staatsrat wegen seiner Vorrangstellung nicht widersprechen. Somit existieren die Befugnisse der Provinzen nur insoweit, als der Staatsrat den Provinzen noch Gestaltungsräume gelassen hat.

Die Ausübung der wirtschaftsrelevanten Regierungszuständigkeiten ruft das Thema der Wirtschaftspolitik hervor. Die Ausführung der Wirtschaftspolitik zu-

27 *Ossenbühl* Verwaltungsvorschriften und Grundgesetz, 1968, 546 f; *ders.* in: HdbStR III (Fn 26) § 65 Rn 49 f; *Krebs* Zur Rechtsetzung der Exekutive durch Verwaltungsvorschriften, VerwArch. 70 (1979) 259 ff; *Scheuing* Selbstbindung der Verwaltung, VVDStRL 40 (1982) 158 f; *Vogel* Gesetzgeber und Verwaltung, VVDStRL 24 (1966) 163 f; *Bryde* in: v. Münch/Kunig (Fn 16) Art. 80 Rn 9b; vgl. *Starck* Der Gesetzesbegriff des Grundgesetzes, 1970, 310 ff.

sammen mit Wirtschaftsverwaltungsgesetzen liegt in China wie in Deutschland[28] bei den Wirtschaftsverwaltungsbehörden. Da die wirtschaftsverwaltungsrechtlichen Lokalrechtsnormen nur in den jeweiligen Provinzen gelten, liegt der Vollzug von Lokalrechtsnormen bei den Provinzen selbst. Damit vergleichbar ist, dass der Vollzug der Landesgesetze gemäß Art. 30 GG und angesichts fehlender abweichender Regelungen vollständig bei den Ländern liegt[29].

Davon zu trennen ist der Vollzug der wirtschaftsverwaltungsrechtlichen Gesetze, die sowohl den Staatsrat als auch lokale Volksregierungen binden. Da eine durchgehende hierarchische Verwaltungsstruktur in China besteht, kann der Staatsrat grundsätzlich bestimmen, welche wirtschaftsrelevanten Verwaltungskompetenzen er selbst wahrnimmt und welche den lokalen Wirtschaftsverwaltungsbehörden überlassen werden. In der Praxis schreiben Gesetze häufig vor, dass der Staatsrat samt allen Ministerien und Kommissionen für Tatbestände von großer Bedeutung zuständig sind, während weniger bedeutsame Sachverhalte Provinzen oder noch niedrigeren Behörden zugewiesen werden. Im Ergebnis besitzen der Staatsrat, Volksregierungen der Provinzebene und der Kreisebene nach ein und demselben Gesetz Kompetenzen jeweils für unterschiedlich wichtige Tatbestände. Beispielsweise unterliegt die Enteignung von Ackerland von grundlegender Bedeutung, von Ackerland anderer Art – nämlich jenes ohne grundlegende Bedeutung – ab 35 Hektar, von Land, das nicht Ackerland darstellt, ab 70 Hektar einer Genehmigung des Staatsrates, während alle nicht erfassten Landenteignungen nur von der Genehmigung einer Volksregierung auf Provinzebene abhängig sind (§ 45 Grundstückverwaltungsgesetz). Die lokalen Volksregierungen von der Kreisebene aufwärts, also auch Volksregierungen auf Kreisebene, sind u.a. für die Bekanntmachung und die Durchführung von genehmigten Enteignungen zuständig (§ 46 Abs. 1 Grundstückverwaltungsgesetz). In anderen einfachen Gesetzen finden sich ähnliche Kompetenzverteilungen zwischen dem Staatsrat und lokalen Volksregierungen. Diese Praktik des Gesetzgebers entspricht den unterschiedlichen verfassungsrechtlichen Stellungen von dem Staatsrat, Volksregierungen auf Provinzebene und denen auf Kreisebene in der Verwaltungshierarchie. Sie stellt eine zulässige Verfassungskonkretisierung dar.

3. Wirtschaftsverwaltungsrelevante Rechtsprechungszuständigkeiten

In China liegt der Rechtsschutz bei den in Art. 123 bis 128 CV geregelten Volksgerichten. Für wirtschaftsverwaltungsrechtliche Streitigkeiten sind in erster Linie die Verwaltungssachenkammern der Volksgerichte (§ 3 Abs. 2 Verwaltungsprozessgesetz) zuständig. In Unterscheidung zu den Kompetenzen der Verwaltungsgerichte gemäß § 47 VwGO bzw. des BVerfG und der Verfassungsgerichte der Länder nach

28 *Stober* Allg. Wirtschaftsverwaltungsrecht (Fn 2) S. 89.
29 Statt vieler *Maurer* Staatsrecht I, 4. Aufl. 2005, § 18 Rn 10.

Art. 100 GG können die Volksgerichte nur Einzelmaßnahmen, aber nicht abstrakte Wirtschaftsverwaltungsnormen überprüfen (§ 12 Nr. 2 Verwaltungsprozessgesetz), was eine Lücke im Rechtsschutz des Wirtschaftsbürgers bedeutet.

III. WIRTSCHAFTSRELEVANTE GRUNDRECHTE

1. *Wirtschaftlicher Gleichheitsschutz (Art. 33 Abs. 2, Art. 48 CV)*

Nach Art. 33 Abs. 2 CV sind alle Bürger vor dem Gesetz gleich. Im Hinblick darauf, dass Gesetzgebung, Verwaltung und Rechtsprechung letztlich Differenzierungen sind, kann Art. 33 Abs. 2 CV nicht ein generelles Verbot von Differenzierungen bedeuten.[30] Vielmehr gebietet dieser Gleichheitssatz für die staatlichen Gewalten, dass es einen Zusammenhang zwischen dem Differenzierungskriterium und dem Differenzierungsziel gibt. Ein Differenzierungskriterium ohne Beziehung zum Differenzierungsziel ist sachwidrig und verstößt gegen den Gleichheitssatz.[31] Aus der Perspektive des ungleich behandelten Bürgers muss eine Ungleichbehandlung in sachlichen Unterschieden eine ausreichende Stütze haben.[32] Der Gleichheitssatz wird verletzt, wenn eine Gruppe von Normadressaten im Vergleich zu anderen Normadressaten anders behandelt wird, obwohl zwischen beiden Gruppen keine Unterschiede von solcher Art und solchem Gewicht bestehen, dass sie die Ungleichbehandlung rechtfertigen könnten.[33]

Außer Art. 33 Abs. 2 CV befasst sich Art. 48 CV mit der Gleichbehandlung von Mann und Frau. Der Wortlaut macht deutlich, dass Frauen und Männer ohne Rücksicht auf alle wirklichen oder falsch angenommenen Unterschiede nach Art. 48 Abs. 1 CV gleiche Rechte haben. Daher fordert Art. 48 Abs. 1 CV nicht, Mann und Frau gemäß den Unterschieden zwischen ihnen sachgerecht zu behandeln. Vielmehr ist das Gleichberechtigungsgebot bereits die Schlussfolgerung aus der Vermutung, dass eine unterschiedliche Behandlung der Geschlechter eben nicht sachgerecht ist.[34] Angesichts dieses strengen Differenzierungsverbots kommen nur biologische Unterschiede und Mutterschutz (Art. 49 Abs. 1 CV) als Rechtfertigung für Ungleichbehandlung für Mann und Frau in Betracht.[35] Zudem muss der Staat nach Art. 48 Abs. 2 CV im Interesse der tatsächlichen Durchsetzung der Gleichberechtigung Frauen fördern.

30 Zur ähnlichen Rechtslage in Deutschland s. *Stein/Frank* Staatsrecht, 17. Aufl. 2000, S. 387.
31 Zur ähnlichen Rechtslage in Deutschland s. *Rüfner* in: BK (Fn 22) Art. 3 Abs. 1 Rn 29.
32 Zur ähnlichen Rechtslage in Deutschland s. BVerfGE 87, 234, 255.
33 Zur ähnlichen Rechtslage in Deutschland s. BVerfGE 55, 72, 88; 82, 60, 86; 88, 87, 97; 91, 389, 401; 95, 39, 45.
34 Zur ähnlichen Rechtslage in Deutschland s. *Dürig* in: Maunz/Dürig (Fn 3) Art. 3 Abs. 2 Rn 5.
35 *Xie* Wirtschaftsverfassungsrecht (Fn 1) S. 100 f.

2. *Eigentumsschutz (Art. 13 CV)*

Die Gewährleistung des Eigentums dient dazu, dem Bürger einen Freiheitsraum im vermögensrechtlichen Bereich zu sichern und ihm dadurch eine eigenverantwortliche Gestaltung des Lebens zu ermöglichen.[36] Anhand dieses Eigentumsverständnisses stellen Sacheigentum, andere privatrechtlichen vermögenswerten Rechtspositionen, öffentlichrechtliche vermögenswerte Rechtspositionen sowie geistiges Eigentum konkrete Erscheinungsformen des Eigentums i.S.d. Art. 13 CV dar.[37]

Der Gesetzgeber ist nach Art. 13 Abs. 1 CV zur Eigentumsinhaltsbestimmung ermächtigt und zur Schaffung einer Eigentumsordnung beauftragt.[38] Bei der Eigentumsinhaltsbestimmung muss der Gesetzgeber neben der Unverletzlichkeit des Privateigentums auch die Sozialbindungen des Eigentums gebührend einbeziehen. Während dem Staat nach Art. 13 Abs. 1 CV – negativ – verboten ist, Eigentum des Bürgers zu entziehen, zu mindern, umzuverteilen, zu stören, sich dem Eigentum des Bürgers zu bereichern,[39] gebietet Art. 13 Abs. 2 CV, dass der Staat gemäß Gesetzen das Privateigentumsrecht als das schon Erworbene und das Erbrecht des Bürgers – aktiv – schützt. Zudem ist der Staat nach Art. 13 Abs. 1 und Abs. 2 CV objektivrechtlich zur Förderung der Vermögensbildung im Rahmen des rechtstatsächlich und ökonomisch Möglichen – zum Teil durch angemessene Gestaltung von Steuern-, Kosten- und Gebührenvorschriften – verpflichtet.[40]

Eigentumsschutz ist nicht absolut. Art. 13 Abs. 3 CV sieht Enteignung und Zwangsnutzung vor. Während die Überführung des Privateigentums ins Staatseigentum eine Enteignung kennzeichnet, wird eine Zwangsnutzung durch die zeitlich begrenzte staatliche Nutzung des Privateigentums charakterisiert.[41] Eine Enteignung bzw. Zwangsnutzung ist zulässig, wenn das öffentliche Interesse dies fordert und eine gesetzliche Grundlage mit Entschädigungsregelungen vorhanden ist. Bei der Entschädigung kommen weder nominelle Entschädigung noch voller Schadensersatz in Betracht. Vielmehr soll die Entschädigung an dem Marktwert orientiert werden, wobei der Staat dem Gedanken eigener Leistung und dem Gleichbehandlungsgebot Rechnung tragen soll.[42]

36 Vgl. BVerfGE 68, 193, 222.
37 *Xie* Wirtschaftsverfassungsrecht (Fn 1) S. 105 ff.
38 Zur ähnlichen Rechtslage in Deutschland s. BVerfGE 58, 300, 335.
39 Zur ähnlichen Rechtslage in Deutschland s. *Papier* in: Maunz/Dürig (Fn 3) Art. 14 Rn 5.
40 *Xie* Wirtschaftsverfassungsrecht (Fn 1) S. 108 ff.
41 Vgl. *Cai Dingjian* Xianfa Jingjie (Detaillierte Auslegung der Verfassung), 2004, S. 172.
42 *Xie* Wirtschaftsverfassungsrecht (Fn 1) S. 113 ff.

3. *Wirtschaftskommunikationsfreiheiten (Art. 35 CV)*

In China sind Redefreiheit und Pressefreiheit im Art. 35 CV vorgesehen. Redefreiheit gewährleistet – wie die Meinungsfreiheit in Deutschland[43] – dem Bürger das Recht, sich frei zu äußern, wobei sowohl politische als auch unpolitische, sowohl Meinungs- als auch Tatsachenäußerungen unter den Schutzbereich fallen. Allerdings genießen Äußerungen unter Einsatz vom Druckmittel nicht mehr Schutz der Redefreiheit. Besonders wichtig für den Wirtschaftsbürger ist, dass Werbungen und diejenige Boykottaufrufe, die keine Druckmittel verwenden, durch Art. 35 CV geschützt sind. Solange die Äußerung des Bürgers sich in diesem Schutzbereich befindet, sind rechtliche und faktische, unmittelbare und mittelbare Beeinträchtigungen, Einwirkung auf die Zuhörerschaft, Einschränkung der Freiheit des Redners zur Auswahl von Ort und Zeit der Äußerung seitens des Staates verboten. Dem Staat ist auch verwehrt, Äußerungen von Bürgern zu verlangen.[44]

Obwohl Art. 35 CV Informationsfreiheit nicht ausdrücklich vorsieht, ist diese Freiheit eine Voraussetzung für die Redefreiheit und die politische, individuelle und wirtschaftliche Entfaltung des Bürgers, was für die Verfassungsgewährleistung der Informationsfreiheit als Bestandteil der Redefreiheit spricht. Dies wird auch durch andere Verfassungsbestimmungen wie Art. 19 Abs. 3, Art. 20 CV sowie eine rechtsvergleichende Analyse bestätigt. Folglich darf der Staat die Information aus allgemein zugänglichen Informationsquellen nicht verbieten oder erschweren.[45]

Unmittelbar nach der Redefreiheit ist die Pressefreiheit in Art. 35 CV verbrieft. Presse als ein Verfassungsbegriff ist zu definieren als alle zur Verbreitung geeigneten und bestimmten Druckerzeugnisse und Informationsträger.[46] Erscheinungsformen der Presseerzeugnisse umfassen nicht nur Zeitungen und Zeitschriften, sondern auch Büchern, im Handel erhältliche Privatdrucke, Flugschriften, Handzettel, Plakate,[47] und außerdem Schallplatten, Videokassetten, CD-ROMs, Disketten und andere Speichermedien.[48] Die Presse i.S.d. Art. 35 CV muss keine inhaltlichen Krite-

43 BVerfGE 42, 163, 171.

44 *Xie* Wirtschaftsverfassungsrecht (Fn 1) S. 123 ff.

45 *Xie* Wirtschaftsverfassungsrecht (Fn 1) S. 131 ff.

46 Zur ähnlichen Rechtslage in Deutschland s. *Degenhart* in: BK (Fn 22) Art. 5 Abs. 1, 2 Rn 361 ff; *Starck* in: v. Mangoldt/Klein/Starck (Fn 14) Art. 5 Abs. 1, 2 Rn 59; *Wendt* in: v. Münch/Kunig (Fn 16) Art. 5 Rn 30; *Hoffmann-Riem* in: AK, 2. Aufl., Art. 5 Abs. 1, 2 Rn 123; *Schulze-Fielitz* in Dreier (Fn 7) Art. 5 I, II Rn 89; *Herzog* in: Maunz/Dürig (Fn 3) Art. 5 Abs. I, II Rn 132; BVerfGE 95, 28, 35.

47 Zur ähnlichen Rechtslage in Deutschland s. *Herzog* in: Maunz/Dürig (Fn 3) Art. 5 Abs. I, II Rn 132; *Starck* in: v. Mangoldt/Klein/Starck (Fn 14) Art. 5 Abs. 1, 2 Rn 59; *Schulze-Fielitz* in: Dreier (Fn 7) Art. I, II Rn 89; *Wendt* in: v. Münch/Kunig (Fn 16) Art. 5 Rn 30; *Degenhart* in: BK (Fn 22) Art. 5 Abs. 1, 2 Rn 363.

48 Zur ähnlichen Rechtslage in Deutschland s. *Bullinger* in: Isensee/Kirchhof, Handbuch des Staatsrechts der Bundesrepublik Deutschland, Bd. VI, 2. Aufl. 2001, § 142 Rn 2; *Wendt* in: v. Münch/Kunig (Fn 16) Art. 5 Rn 30.

rien erfüllen[49] und umfasst sowohl die an die Öffentlichkeit adressierte als auch gruppeninterne Publikationen.[50] Besonders relevant im Wirtschaftsleben ist, dass wirtschaftlich motivierte Publikationen, vor allem Anzeigeblätter, ebenfalls als Presse i.S.d. Art. 35 CV anzusehen sind.[51]

Die Pressefreiheit soll eine funktionierende Presse zugunsten freier individueller und öffentlicher Meinungsbildung gewährleisten.[52] Daher schützt Art. 35 CV alle Voraussetzungen für die Aufgabenerfüllung der Presse[53] und die Pressetätigkeit in sämtlichen Aspekten.[54]

4. *Wirtschaftsvereinigungsfreiheit (Art. 35 CV)*

Bei der freien Persönlichkeitsentfaltung des Wirtschaftsbürgers spielt die Bildung von Vereinen eine große Rolle. In der chinesischen Verfassung wird die Vereinigungsfreiheit im Art. 35 CV normiert. Danach ist die Vereinigung ohne Rücksicht auf die Rechtsfähigkeit jede Vereinigung, zu der sich eine Mehrzahl von Personen für längere Zeit zu einem gemeinsamen Zweck freiwillig zusammengeschlossen und einer organisierten Willensbildung unterworfen hat. Dieser Vereinigungsbegriff des Art. 35 CV unterscheidet sich kaum von dem des Art. 9 GG.[55]

Die Vereinigungsfreiheit umfasst das gesamte Spektrum, das von kleinen Ideal-Vereinen wie z.B. Sportvereinen über Wirtschaftsverbände bis hin zu allen anderen Verbänden reicht.[56] Im Wirtschaftsleben spielen insbesondere Personal- und Kapitalgesellschaften als Vereinigungen i.S.v. Art. 35 CV eine unentbehrliche Rolle.

Art. 35 CV schützt das Recht des Bürgers, Vereinigungen zu gründen, einer Vereinigung beizutreten, in einer Vereinigung zu verbleiben[57] und zusammenzuwirken.[58] Darüber hinaus enthält die Vereinigungsfreiheit die staatsgerichteten negativen Freiheiten des Austritts, der Auflösung, der Nichtvereinigung, des Fernbleibens und der Nichtauflösung.[59]

49 Zur ähnlichen Rechtslage in Deutschland s. *Kunig* Die Pressefreiheit, Jura 1995, 589, 593.
50 Zur ähnlichen Rechtslage in Deutschland s. BVerfGE 95, 28, 35.
51 Zur ähnlichen Rechtslage in Deutschland s. *Wendt* in: v. Münch/Kunig (Fn 16) Art. 5 Rn 32.
52 Zur ähnlichen Rechtslage in Deutschland s. BVerfGE 85, 1, 12.
53 Zur ähnlichen Rechtslage in Deutschland s. BVerfGE 85, 1, 12.
54 Zur ähnlichen Rechtslage in Deutschland s. BVerfGE 97, 125, 144.
55 Vgl. etwa *Bauer* in: Dreier (Fn 7) Art. 9 Rn 38; *Hesse* Verfassungsrecht (Fn 6) Rn 411.
56 Zur ähnlichen Rechtslage in Deutschland s. *Scholz* in: Maunz/Dürig (Fn 3) Art. 9 Rn 13; *Bauer* in: Dreier (Fn 7) Art. 9 Rn 43.
57 Zur ähnlichen Rechtslage in Deutschland s. BVerfGE 50, 290, 354; *Bauer* in: Dreier (Fn 7) Art. 9 Rn 44; v. *Münch* in: BK (Fn 22) Art. 9 Rn 45, Rn 46.
58 Zur ähnlichen Rechtslage in Deutschland s. v. *Münch* in: BK (Fn 22) Art. 9 Rn 47; *Merten* in: HdbStR VI (Fn 48) § 144 Rn 49.
59 Zur ähnlichen Rechtslage in Deutschland s. BVerfGE 38, 281, 297 f; 50, 290, 354; BVerfG NJW 1995, 514, 515; *Merten* in: HdbStR VI (Fn 48) § 144 Rn 55 ff; *Höfling* in: Sachs (Fn 20) Art. 9 Rn 21; *Scholz* in: Maunz/Dürig (Fn 3) Art. 9 Rn 42, Rn 88; *Jarass* in:

Der eindeutige individuale Charakter der Vereinigungsfreiheit hindert nicht die Ableitung eines komplementären Grundrechts des Kollektivs. Damit wird die Vereinigungsfreiheit zum Doppelgrundrecht,[60] indem sie sowohl dem Bürger als auch der Vereinigung – unabhängig von der Rechtsfähigkeit[61] – Grundrechtsschutz bietet.[62] Dementsprechend schützt Art. 35 CV die Vereinigung vor einem Eingriff in den Kernbereich des Vereinigungsbestandes und der nach innen gerichteten Vereinigungstätigkeit, da sonst effektiver Grundrechtsschutz nicht bestünde.[63]

Die Ausübung der Vereinigungsfreiheit in der Praxis setzt ein Mindestmaß an gesetzlichen Regelungen voraus.[64] Außerdem muss der Gesetzgeber der Sicherheit des Rechtsverkehrs, den Rechten der Mitglieder und anderer Betroffenen Rechnung tragen. Daher ist die Ausgestaltung des Vereinswesens durch den Gesetzgeber notwendig, wobei er grundsätzlich weitgehende Gestaltungsfreiheit hat, da er nicht an das überkommene Vereinigungsrecht gebunden ist.[65] Aus diesem Grund hat der Gesetzgeber unbeschadet dessen Gestaltungsfreiheit, sich an dem Schutzgut der Vereinigungsfreiheit zu orientieren.[66]

Weil das wirtschaftliche Assoziationsbedürfnis auf die Bereitstellung rechtlich geordneter Gesellschaftsformen angewiesen ist, ist die Ausübung der Vereinigungsfreiheit im Wirtschaftsbereich von umfassender und detaillierter gesetzlicher Ausgestaltung abhängig.[67] Dabei sind die ausgestaltenden Gesetze als Ausgleichsregelungen zwischen verschiedenen schutzwürdigen Belangen von großer Bedeutung.[68] Wegen dieses erheblichen sozialen Bezugs hat der Gesetzgeber dabei einen weitgehenden Gestaltungsraum.[69]

5. Recht zu arbeiten (Art. 42 CV)

Nach Art. 42 CV hat der Bürger das Recht und die Pflicht zu arbeiten. Unter Arbeit ist die Summe aller materiellen oder geistigen Wert schaffenden Betätigungen zur Schaffung der Lebensgrundlage zu verstehen.[70] Diese Definition umfasst die Tätig-

ders./Pieroth, Grundgesetz für die Bundesrepublik Deutschland, 8. Aufl. 2006, Art. 9 Rn 6; *Bauer* in: Dreier (Fn 7) Art. 9 Rn 46; *Hesse* Verfassungsrecht (Fn 6) Rn 412.

60 Zur ähnlichen Rechtslage in Deutschland s. *Merten* in: HdbStR VI (Fn 48) § 144 Rn 29; a.A. *Scholz* in: Maunz/Dürig (Fn 3) Art. 9 Rn 25.

61 Zur ähnlichen Rechtslage in Deutschland s. *Merten* in: HdbStR VI (Fn 48) § 144 Rn 31.

62 Zur ähnlichen Rechtslage in Deutschland s. *Merten* in: HdbStR VI (Fn 48) § 144 Rn 29.

63 Zur ähnlichen Rechtslage in Deutschland s. BVerfGE 30, 227, 241; 80, 244, 253.

64 Zur ähnlichen Rechtslage in Deutschland s. *Merten* in: HdbStR VI (Fn 48) § 144 Rn 70.

65 BVerfGE 50, 290, 354 f; *Kannengießer* in: Schmidt-Bleibtreu/Klein, Kommentar zum Grundgesetz, 10. Aufl. 2004, Art. 9 Rn 12.

66 Zur ähnlichen Rechtslage in Deutschland s. BVerfGE 50, 290, 355; 58, 233, 247 f.

67 Vgl. BVerfGE 50, 290, 354 f; *Badura* Staatsrecht, 3. Aufl. 2003, S. 228.

68 Vgl. BVerfGE 50, 290, 354 ff.

69 Zur ähnlichen Rechtslage in Deutschland s. BVerfGE 50, 290, 354ff.

70 *Xie* Wirtschaftsverfassungsrecht (Fn 1) S. 155.

keiten von Arbeitern, Bauern und Staatsfunktionären, kulturelle Tätigkeiten, Tätigkeiten von Intellektuellen, sowie unternehmerische Betätigungen.[71]

Bei der Auslegung von Art. 42 Abs. 1 CV ist der Umstand zu berücksichtigen, dass ein verfassungsrechtlicher Paradigmenwechsel von der Plan- zur Marktwirtschaft durch mehrere Verfassungsänderungen vollzogen ist. Unter dem planwirtschaftlichen System war das Recht zu arbeiten ein soziales Grundrecht in dem Sinne, dass der Staat jedem arbeitsfähigen Bürger einen Arbeitsplatz zur Verfügung zu stellen hatte. Dementsprechend war die Pflicht zu arbeiten eine staatlicherseits erzwingbare Grundpflicht.[72] Im Vergleich dazu kann ein Recht auf Arbeit unter den jetzigen marktwirtschaftlichen Rahmenbedingungen faktisch nicht gewährleistet werden. Folglich stellt das im Art. 42 Abs. 1 CV normierte Recht zu arbeiten nicht mehr ein Leistungsrecht in dem Sinne dar, dass der Staat dem Bürger einen Arbeitsplatz zur Verfügung zu stellen hat. Außerdem erübrigt sich, dass der Staat über den Einsatz von Arbeitskräften entscheidet. Daher ist die Pflicht zu arbeiten eine »schlafende« Verfassungspflicht des Bürgers, was mit dem Phänomen in Deutschland vergleichbar ist, dass Art. 15 GG keine aktuelle Bedeutung besitzt[73].

Angesichts der neuen verfassungsrechtlichen Rahmenbedingungen ist das Recht zu arbeiten als ein liberales Abwehrrecht anzusehen, das die freie Erwerbsbetätigung schützt und dem Bürger das Recht gewährleistet, jede Tätigkeit, für die er sich geeignet glaubt, zur Grundlage seiner Lebensführung zu machen.[74] Zudem erlegt dieses Grundrecht dem Staat Schutzpflichten gegenüber gesellschaftlichen Kräften auf, wenn ein ungefähres Kräftegleichgewicht zwischen den Partnern eines arbeits- oder berufsbezogenen Vertrags nicht besteht.[75]

Bei einem nahezu allgegenwärtigen Berufssystem mit weit reichender Sozialrelevanz ist es unausweichlich, die Zulassungsvoraussetzungen und Ausübungsmodalitäten von Berufen zu regeln.[76] Derartige Regelungen können durchaus in das Recht zu arbeiten eingreifen. Im Hinblick darauf, dass das Recht zu arbeiten eng mit der Entfaltung der menschlichen Persönlichkeit zusammenhängt und deshalb von größter Bedeutung für die Lebensgestaltung des Wirtschaftsbürgers ist, darf das Recht zu arbeiten – wie die Berufsfreiheit[77] – nur so weit eingeschränkt werden, als das Gemeinwohl es fordert. Danach sind unterschiedliche Anforderungen an die Einschränkungen des Grundrechts aus Art. 42 Abs. 1 CV je nach der Eingriffsin-

71 *Xie* Wirtschaftsverfassungsrecht (Fn 1) S. 156 f.

72 Zur ähnlichen Rechtslage unter DDR-Verfassung s. *Scholz* in: Maunz/Dürig (Fn 3) Art. 12 Rn 53.

73 *Bryde* in: v. Münch/Kunig (Fn 16) Art. 15 Rn 1, 2, 24; *Maunz* in: Maunz/Dürig (Fn 3) Art. 15 Rn 8; *Depenheuer* in: v. Mangoldt/Klein/Starck (Fn 14) Art. 15 Rn 4 ff; *Wieland* in: Dreier (Fn 7) Art. 15 Rn 17.

74 Zur ähnlichen Rechtslage in Deutschland s. z.B. BVerfGE 7, 377, 397; 50, 290, 362.

75 Zur ähnlichen Rechtslage in Deutschland s. BVerfGE 81, 242, 255; *Hesse* Verfassungsrecht und Privatrecht, 1988, S. 37 f; *Wieland* in: Dreier (Fn 7) Art. 12 Rn 154 f.

76 *Breuer* in: HdbStR VI (Fn 48) § 147 Rn 38.

77 Zur ähnlichen Rechtslage in Deutschland s. BVerfGE 7, 377, 404 f.

tensität zu stellen:[78] der Gemeinschaftsschutz muss umso dringlicher sein, je intensiver die fragliche Grundrechtseinschränkung ist.

Nach Art. 42 Abs. 1 CV sehen Art. 42 Abs. 2, Abs. 3, Abs. 4 CV noch vor, dass der Staat etwa Verantwortung für Beschäftigung, Arbeitsschutz, Belohnung, arbeitsfreundliche Rahmenbedingungen sowie Berufsausbildung trägt.

78 Zur ähnlichen Rechtslage in Deutschland s. BVerfGE 7, 377, 405.

Verfassungsrechtliche Grundlagen des Wirtschaftsverwaltungsrechts in Portugal

ANTÓNIO FRANCISCO DE SOUSA

Die Grundlagen des portugiesischen Wirtschaftsverwaltungsrechts können aus drei Blickrichtungen problematisiert werden: der Perspektive der portugiesischen Verfassung, der gemeinschaftsrechtlichen Perspektive und der weltwirtschaftlichen Perspektive. Anliegen dieses Beitrags ist es, über das portugiesische Rechtssystem aus der Perspektive der portugiesischen Verfassung zu informieren.

I. VERFASSUNGSHISTORISCHE DIMENSION

Durch den Militärputsch vom 25. April 1974 endete das »Estado Novo«-Regime in Portugal. Achtundvierzig Jahre hatte die Rechtsdiktatur von Salazar und Caetano gedauert. Hauptmerkmale dieser Zeit waren die Unterdrückung des Volkes und die Vorenthaltung wesentlicher Freiheitsrechte. Die Hauptaufgabe war es, nun eine neue Verfassung für das Land zu schaffen. Am Prozess der Verfassungsgebung waren alle wichtigen politischen Parteien beteiligt. Nach zwei Jahren intensiver Arbeit wurde die neue Verfassung am 2. April 1976 fertig gestellt. Am 25. April 1976 trat sie in Kraft. Damit ist Portugal ein demokratischer Sozialrechtsstaat geworden, der wieder in die westliche Staatengemeinschaft eingetreten ist.

Die portugiesische Verfassung ist inzwischen sieben Mal geändert worden, nämlich durch die Verfassungsgesetze Nr. 1/82 vom 30. September, Nr. 1/89 vom 8. Juli, Nr. 1/92 vom 25. November, Nr. 1/97 vom 20. September, Nr. 1/2001 vom 12. Dezember, Nr. 1/2004 vom 24. Juli und Nr. 1/2005 vom 12. August.

Ähnlich wie etwa die Weimarer Reichsverfassung widmet die portugiesische Verfassung der »Wirtschaftsordnung« einen ganzen Teil (Teil II) mit vier Titeln und insgesamt 27 Artikeln (Art. 80–107). Außerdem haben viele andere Bestimmungen der Verfassung einen direkten Bezug zum Wirtschaftsleben. Der Teil »Wirtschaftsordnung« ist wie folgt unterteilt: »Allgemeine Prinzipien« (Teil II, Titel I – Art. 80–89), »Pläne« (Teil II, Titel II – Art. 90–92), Agrar-, Handels- und Gewerbepolitik (Teil II, Titel III – Art. 93–100) und Finanz- und Steuersystem (Teil II, Titel IV – Art. 101–107).

Anders als andere Verfassungen wie etwa die deutsche, die österreichische oder die schweizerische hat die portugiesische Verfassung ein bestimmtes Wirtschaftssystem ausdrücklich in Form von Verfassungsprinzipien festgeschrieben, die wir als feststehende Struktur- und Grundentscheidungen der Verfassung verstehen können, oder in Form von Staatszielen, die wir als verbindliche programmatische Richtlinien, für die sich der Staat einzusetzen hat, verstehen können (»Gemischte Wirtschaft« – Art. 80 lit. c). Interessant ist aber, dass sich diese Prinzipien und Ziele mit der Zeit wesentlich geändert haben. In der ersten Fassung der Verfassung vom 2. April 1976 war es Ziel der portugiesischen Republik »die Errichtung einer klassenlosen Gesellschaft und der Übergang zum Sozialismus durch die Schaffung jener Voraussetzungen« (Art. 1 u. 2 a.F.). Demgegenüber ist es das Ziel der gegenwärtigen portugiesischen Republik, »eine freie, gerechte und solidarische Gesellschaft« (Art. 1 n.F.) und »einen demokratischen Rechtsstaat auf der Grundlage der Respektierung und Gewährleistung der Grundrechte und Grundfreiheiten [...]« zu etablieren (Art. 2 n.F.). Während die erste Fassung der Verfassung vom 2. April 1976 hinsichtlich der Wirtschafts- und Sozialordnung der portugiesischen Republik auf die »Entwicklung sozialistischer Produktionsverhältnisse« abzielte, beruht die Wirtschafts- und Sozialordnung heute unter anderem auf Prinzipien wie dem der »Unterordnung der wirtschaftlichen Macht unter die demokratische Staatsgewalt«, der »Freiheit der unternehmerischen Initiative« und im Bereich der Wirtschafts- und Sozialpolitik ist es das vorrangige Ziel des Staates, »die effiziente Funktion der Märkte sicherzustellen, indem ein ausgewogener Wettbewerb zwischen den Unternehmen gewährleistet wird« (Art. 80 und 81 lit. f).

Diese und viele andere Verfassungsvorschriften beweisen die grundlegende Wende von einer sozialistischen Wirtschaftsordnung zu einem Wirtschaftssystem der sozialen Marktwirtschaft in Portugal.[1] Die gegenwärtige portugiesische Wirtschaftsordnung liegt zwischen einer totalen staatlichen Planwirtschaft und einem totalen wirtschaftlichen Liberalismus. Obwohl sich präzise Grenzen nicht ziehen lassen, wird die portugiesische Wirtschaftsordnung ganz deutlich vom Grundsatz der offenen Marktwirtschaft mit freiem Wettbewerb geprägt.

Die Wirtschaftsverfassung ist zwar »neutral«, nicht aber im Sinne einer Nichteinmischung in die Wirtschaft. In der Wirtschaftsordnung herrscht Freiheit, aber keine Staatsfreiheit. Die normierten Ziele und Prinzipien stehen der freien Entfaltung der Wirtschaft nicht entgegen.[2] Die Dynamik, Differenziertheit und Flexibilität des Wirtschaftslebens werden dadurch nicht angetastet.

1 S. dazu *Franco, António L. Sousa/Martins, Guilherme d'Oliveira* A constituição económica portuguesa: ensaio interpretativo, Coimbra: Livraria Almedina 1993; *Martins, Guilherme d'Oliveira* Lições sobre a Constituição Económica Portuguesa (2 Bd.), Lisboa: Associação Académica da Faculdade de Direito de Lisboa 1983, 1985.

2 Dies stimmt völlig mit dem EG-Vertrag (Maastrichter Fassung) überein, der mehrmals den »Grundsatz der offenen Marktwirtschaft mit freiem Wettbewerb« betont (s. Art. 4, 98, 105, 154 und 157).

II. DIE WIRTSCHAFTSORDNUNG

1. Vorrangige Aufgaben des Staates

Die Verfassung (Art. 81) stellt die vorrangigen Aufgaben des Staates im Bereich der Wirtschafts- und Sozialpolitik mit einem sehr deutlichen programmatischen Charakter fest. Sie können in fünf Gruppen eingeteilt werden:

a) Ausrichtung des Wirtschaftswachstums

Durch die Förderung des Anwachsens des sozialen und wirtschaftlichen Wohlergehens und der Lebensqualität des Volkes, insbesondere der am wenigsten begünstigten Schichten, im Rahmen einer nachhaltigen Entwicklungsstrategie; durch die Gewährleistung der vollständigen Nutzung der Produktivkräfte, insbesondere durch Anstrebung der Wirtschaftlichkeit des öffentlichen Sektors; durch die Lenkung der wirtschaftlichen und sozialen Entwicklung, so dass in allen Bereichen und Regionen ein ausgewogenes Wachstum erreicht wird, um die wirtschaftlichen und sozialen Gegensätze zwischen Stadt und Land schrittweise zu beseitigen.

b) Soziale Gerechtigkeit

Durch die Förderung der sozialen Gerechtigkeit, die Gewährleistung der Chancengleichheit und die Behebung von Ungleichbehandlungen bei der Verteilung des Wohlstands und des Einkommens insbesondere durch die Steuerpolitik.

c) Internationale Wirtschaftsverhältnisse

Durch das Knüpfen wirtschaftlicher Beziehungen zu allen Völkern, wobei die nationale Unabhängigkeit und die Interessen der Portugiesen und der Wirtschaft des Landes zu jedem Zeitpunkt gewahrt sein müssen.

d) Marktregulierung

Durch die Sicherstellung der effizienten Funktion der Märkte, indem ein ausgewogener Wettbewerb zwischen den Unternehmen gewährleistet wird; durch die Beseitigung und Verhinderung der Bildung von privaten Monopolen und die Unterbindung des Missbrauchs wirtschaftlicher Macht und aller dem Gemeininteresse abträglichen Tätigkeiten; durch die Gewährleistung und den Schutz der Interessen und Rechte der Verbraucher; durch die Beseitigung der Großgrundbesitze und Umordnung der Kleinbesitze.

e) Nationale Ressourcenpolitik

Durch die Schaffung von rechtlichen und technischen Strukturen, die für ein demokratisches System der Wirtschafts- und Sozialplanung erforderlich sind; durch die Sicherstellung einer Forschungs- und Technologiepolitik, die die Entwicklung des Landes begünstigen soll; durch die Entscheidung für eine nationale Energiepolitik, die bei Erhaltung der natürlichen Ressourcen und des Umweltgleichgewichts die internationale Zusammenarbeit auf diesem Gebiet fördert; durch die Umsetzung einer staatlichen Wasserordnungspolitik durch Anlegung, Planung und wirtschaftliche Verwaltung der Wasserquellen.

Von den genannten vorrangigen Aufgaben des Staates her können wir zu dem Schluss kommen, dass Portugal ein *Wirtschaftsstaat* und die Wirtschaftsverfassung eine Staatszielbestimmung ist.

2. *Eigentumsformen an den Produktionsmitteln*

In Bezug auf die *Eigentumsformen an den Produktionsmitteln* sieht Art. 82 drei Ausprägungen vor:

Das öffentliche, private und genossenschaftlich-soziale Eigentum. Das öffentliche Eigentum umfasst die Produktionsmittel, die im Eigentum und unter der Verwaltung des Staates oder anderer öffentlicher Stellen stehen; der private Bereich umfasst die Produktionsmittel, die im Eigentum oder unter der Leitung von privaten, natürlichen oder juristischen Personen stehen, unbeschadet der Bestimmung des nachfolgenden Absatzes. Das genossenschaftlich-soziale Eigentum umfasst die Produktionsmittel, über die die Genossenschaften verfügen und die sie verwalten. Ferner gehören hierzu die Produktionsmittel, die unter kollektiver Bewirtschaftung durch die Arbeiter stehen, und die gemeinschaftlichen Produktionsmittel, die im Eigentum und unter der Leitung von örtlichen Gemeinschaften stehen.

Zu dem öffentlichen Eigentum zählen unter anderem Hoheitsgewässer, die über dem Gebiet befindlichen Luftschichten, Mineralvorkommen, Mineralheilquellen, die natürlichen unterirdischen Hohlräume, Straßen, nationale Eisenbahnlinien sowie andere Güter, die im Gesetz beschrieben sind (Art. 84).

3. *Agrar-, Handels- und Industriepolitik*

Die Verfassung bestimmt die folgenden Ziele der Agrarpolitik als die wichtigsten: Die Erhöhung der Produktion und Produktivität in der Landwirtschaft, »indem sie mit denjenigen Infrastrukturen, menschlichen und finanziellen Mitteln in angemessener Weise ausgestattet wird, die geeignet sind, die Wettbewerbsfähigkeit zu fördern, die Qualität der Produkte zu verbessern, einen effizienten Handel zu ermöglichen, eine bessere Versorgung des Landes sowie eine Steigerung der Ausfuhren zu gewährleisten« (Art. 93. a); die Verbesserung der wirtschaftlichen Lage der Landarbeiter und Bauern sowie die Modernisierung von Unternehmensstrukturen (Art. 93.

b); die Gewährleistung der wirtschaftlichen Nutzung von Grund und Boden und der übrigen natürlichen Ressourcen sowie die Erhaltung ihrer Regenerationsfähigkeit (Art. 93. d); außerdem verfolgt der Staat eine »Politik der Agrarplanung und Umstellung der Landwirtschaft, die den ökologischen und sozialen Gegebenheiten des Landes entspricht.«

Zu den Hauptzielen der Handelspolitik gehören der gesunde Wettbewerb zwischen den Kaufleuten, die Rationalisierung der Verteilungskreisläufe, der Kampf gegen Spekulation und handelsbeschränkende Praktiken die Entwicklung und Diversifizierung der Außenhandelsbeziehungen und der Verbraucherschutz (s. Art. 99).

Die Hauptziele der Industriepolitik sind die Erhöhung der Industrieproduktion im Rahmen einer internationalen Integration der portugiesischen Wirtschaft, die Erhöhung der Wettbewerbsfähigkeit und der Produktivität der Industrieunternehmen, die Unterstützung der kleinen und mittelständischen Unternehmen sowie der Initiativen und Unternehmen, die Arbeitsplätze schaffen und den Export fördern oder Importe ersetzen (Art. 100 a–e).

4. Pläne zur wirtschaftlichen und sozialen Entwicklung

Die Ziele der Pläne zur wirtschaftlichen und sozialen Entwicklung sind unter anderem die Unterstützung des Wirtschaftswachstums, die harmonische Entwicklung der Sektoren und Regionen, die gerechte, individuelle und regionale Verteilung des Sozialprodukts sowie die Wahrung des ökologischen Gleichgewichts, der Umweltschutz und die Lebensqualität des portugiesischen Volkes (Art. 90).[3]

Der Wirtschafts- und Sozialrat spielt eine wichtige Rolle als Beratungs- und Koordinierungsorgan auf dem Gebiet der Wirtschafts- und Sozialpolitik. Er beteiligt sich an der Ausarbeitung der Pläne zur wirtschaftlichen und sozialen Entwicklung und übt weitere Funktionen aus, die ihm durch Gesetz zuerkannt werden (Art. 91). Die Zusammensetzung des Wirtschafts- und Sozialrates wird vom Gesetz bestimmt.[4]

5. Finanz- und Steuersystem

Das Finanzwesen wird vom Gesetz dergestalt geordnet, dass die Spartätigkeit und die Sicherheit der Spareinlagen wie auch der Einsatz derjenigen finanziellen Mittel

3 S. auch das Planungsrahmengesetz (Lei n.º 43/91, de 27 de Julho), insbes. Art. 3 (Zielsetzungen der Pläne).

4 Mitglieder des Wirtschafts- und Sozialrates sind insbesondere Vertreter der Regierung, der repräsentativen Arbeitnehmerorganisationen und der Wirtschaftsverbände, der autonomen Regionen und der örtlichen Selbstverwaltungskörperschaften.

gewährleistet sind, die für die wirtschaftliche und soziale Entwicklung erforderlich sind (Art. 101).

Die nationale Zentralbank ist die Banco de Portugal. Sie soll ihre Aufgaben nach Maßgabe des Gesetzes erfüllen (Art. 102). Wie andere Zentralbanken der EG-Länder, wirkt die Banco de Portugal »an der Festlegung und Durchführung der Währungs- und Finanzpolitik und an der Geldemission nach Maßgabe des Gesetzes und der internationalen Regeln, denen Portugal verpflichtet ist«, mit.

Der Rechnungshof überwacht zusammen mit dem Parlament die Durchführung des Haushalts. Nach der Begutachtung durch den Rechnungshof prüft und genehmigt das Parlament die allgemeine Rechnungslegung des Staates, in welcher die Sozialversicherung mit einbezogen ist (Art. 107).

III. Staats- und Rechtsprinzipien des Wirtschaftsverwaltungsrechts

Die dargelegte Offenheit der portugiesischen Wirtschaftsverfassung lässt einen großen Freiraum für die Herausarbeitung der Grundlagen des Wirtschaftsverwaltungsrechts. Im Vordergrund stehen dabei die ökonomischen Gehalte von wirtschaftsverwaltungsrelevanten Staats- und Rechtsprinzipien. Hier werden wir drei Grundprinzipen thematisieren: das Rechtsstaatsprinzip, das Sozialstaatsprinzip und das Umweltstaatsprinzip. Allerdings handelt es sich hierbei um eine problematische Beschränkung, da die meisten, wenn auch nicht alle Verfassungsprinzipien auf das Wirtschaftsverwaltungshandeln einwirken.[5]

1. *Rechtsstaatsprinzip*

Ein funktionsfähiger Rechtsstaat, der die wirtschaftliche Freiheit garantiert, ist Voraussetzung für eine funktionstüchtige Wirtschaft.[6] Am Rechtsstaatsprinzip (Art. 2) wird die Gesetzmäßigkeit der Verwaltung (Art 3. 2; 266. 2)[7] sowie der Gerechtigkeitsgehalt der sozialen Wirtschaftsordnung (Art. 56 ff) gemessen. Also ist die Wirtschaftsverwaltung bei ihrem Handeln an die Gesetze gebunden. Auch für sie gilt das Gebot, bestehende Gesetze anzuwenden, und das Verbot, von bestehenden Gesetzen abzuweichen.[8] Die Wirtschaftsverwaltung darf daher nicht gegen den Vorrang

5 Die Prägung des Wirtschaftsverwaltungsrechts durch das Demokratieprinzip und das republikanische Prinzip ist in der portugiesischen Verfassung leicht spürbar, da viele Verfassungsbestimmungen sie ausdrücklich benennen.

6 S. *Stober* Allgemeines Wirtschaftsverwaltungsrecht, 15. Aufl., Stuttgart 2006, S. 49.

7 Gemäß Art. 3 Nr. 2 der portugiesischen Verfassung, ist »der Staat an die Verfassung gebunden und beruht auf der demokratischen Legalität«. S. auch *da Cunha,* Paulo Ferreira Teoria da Constituição, Bd. II, Verbo, Lisboa/S. Paulo 2000, S. 264 ff.

8 S. *Stober* (Fn 6) S. 49.

und den Vorbehalt des Gesetzes verstoßen. Der gesetzgeberische Wille geht also jeder anderen staatlichen Maßnahme (Rechtsverordnung, Satzung, Verwaltungsakt) vor.

Der Gesetzesvorbehalt verfolgt zwei Zielsetzungen: aus der organisationsrechtlichen Sicht geht es um die verfassungsrechtliche Verteilung der Kompetenzen zwischen Parlament und Verwaltung (rechtsstaatlich-demokratisch motivierte Komponente). Demgegenüber steht aus der grundrechtlichen Sicht der Schutz des Wirtschaftsbürgers im Vordergrund.

Aus der grundrechtlichen Sicht wurde der Gesetzesvorbehalt traditionell als Eingriffsvorbehalt (Eingriffe der Verwaltung in ›Freiheit und Eigentum‹) verstanden (Abwehrdimension).[9] Dies galt auch für wirtschaftlich motivierte Grundrechte. Im Einzelfall kann es aber problematisch sein, ob bestimmte wirtschaftsverwaltungsrechtliche Maßnahmen Eingriffscharakter entfalten. Im Fall eines Eingriffs, muss er sich auf eine Befugnisnorm stützen.[10] Nur so ist er gerechtfertigt. Dafür reicht jedoch nicht eine Aufgabennorm aus. Denn das würde gegen den Bestimmtheitsgrundsatz verstoßen (kein Schluss von der Aufgabe auf die Befugnis).

Darüber hinaus stellt sich die Frage, ob die Grundrechtsvorbehalte auch für die Gewährung von Leistungen gelten. Das Problem stellt sich insbesondere für Leistungsgewährungen, welche wie Subventionen auf den Bürger wie ein Eingriff in seine Grundrechte wirken. In diesem Fall wird teilweise für eine andere Beurteilung des Gesetzeseingriffs und des Gesetzesvorbehalts plädiert. Diese neue Auffassung stützt sich auf die veränderte Wirklichkeit des modernen Sozialstaates sowie auf die Vielfalt der Gesetze, die staatliche Leistungen zum Gegenstand haben. Es wird behauptet, dass Freiheit und Gleichheit nur durch Gesetz und Recht erzeugt werden können. Deshalb ist jede Verwaltungstätigkeit gegenüber dem Bürger ohne gesetzliche Ermächtigung untersagt. Denn auch die Subventionen können für den Bürger eine belastende Wirkung entfalten. Denn sie setzen regelmäßig ein bestimmtes Verhalten voraus. Teilweise ist der Lenkungscharakter der Subventionen vom Förderungscharakter nicht zu trennen. Wer eine Subvention bekommt, wird damit gleichzeitig rechtlich gebunden. In jeder Subvention ist daher eine beeinflussende Wirkung auf den Subventionsempfänger spürbar. Andererseits kann die Subventionierung die Konkurrenten belasten.

Die Verfassung schützt aber nicht vor Konkurrenz. Die staatliche Subventionierung löst eine gesteuerte Konkurrenzsituation aus, welche die verfassungsrechtlich vorgegebene Konkurrenzordnung verfälschen könnte. Deshalb sollte ein grundrechtlicher Totalvorbehalt beachtet werden. Der rechtsstaatlichen Dimension der Grundrechte muss Rechnung getragen werden. Somit ist staatliches Handeln, durch das dem Einzelnen Leistungen und Chancen gewährt und angeboten werden, für eine Existenz in Freiheit oft nicht weniger bedeutungsvoll als das Unterbleiben

9 S. *Stober* (Fn 6) S. 49 f.
10 S. *Correia/J. M. R. Sérvulo* Legalidade e autonomia contratual, Coimbra 1988, S. 49 ff, 84 ff.

eines Eingriffs.[11] Die Wirkungen auf die Rechtssphäre des Einzelnen können aber größer oder kleiner sein. Das Kriterium der sog. Wesentlichkeitstheorie bleibt aber eher unbestimmt und unpräzise.

2. *Sozialstaatsprinzip*

Das Sozialstaatsprinzip ist ein zentraler Gestaltungsauftrag für wirtschaftsverwaltungsrechtliches Handeln von Staat und Selbstverwaltung.[12]

Die Sozialorientierung der portugiesischen Verfassung ist eindeutig und sehr stark ausgeprägt. Dies ergibt sich aus vielen ihrer Bestimmungen. Nach Art. 2 der Verfassung ist es das Ziel der portugiesischen Republik,

> »[…] eine wirtschaftliche, soziale und kulturelle Demokratie […] zu verwirklichen«. Andererseits kann Portugal gemäß Art. 7 Nr. 6 »[…] im Hinblick auf die Verwirklichung des wirtschaftlichen und sozialen Zusammenhaltes […], im Wege der Zusammenarbeit oder in gemeinschaftlicher Ausübung die für den Aufbau der Europäischen Union erforderlichen Kompetenzen abtreten.«

Art. 13 Nr. 1 erkennt allen Bürgern die gleiche »gesellschaftliche Würde« zu und Nr. 2 verbietet, dass jemand auf Grund »seiner wirtschaftlichen Situation oder seiner gesellschaftlichen Stellung« bevorzugt, begünstigt, benachteiligt, seiner Rechte beraubt oder von einer Pflicht befreit wird. Besonders wichtig sind aber die »Sozialen Rechte und Pflichten« (Titel III, Kapitel II – Art. 63–72), wo die folgenden sozialen Rechte vorgesehen sind: soziale Sicherheit (Art. 63), Gesundheitsschutz (Art. 64), das Recht auf eine angemessen große, hygienische und komfortable Wohnung (Art. 65), das Recht auf eine menschenwürdige, gesunde und ökologisch ausgewogene Umwelt (Art. 66), das Recht der Familie auf den Schutz durch die Gesellschaft und den Staat und auf die Schaffung der Voraussetzungen für die Persönlichkeitsentfaltung aller Familienangehöriger (Art. 67), das Recht von Vätern und Müttern auf den Schutz durch die Gesellschaft und den Staat bei der Verwirklichung ihres Einsatzes für die Kinder (Art. 68), das Recht der Kinder auf ihre freie Entwicklung sowie auf den Schutz durch die Gesellschaft und den Staat (Art. 69), das Recht der Jugendlichen auf besonderen Schutz bei der Wahrnehmung ihrer wirtschaftlichen, sozialen und kulturellen Rechte (Art. 70), das Recht des körperlich oder geistig behinderten Bürgers auf alle in der Verfassung verankerten Rechte und Pflichten mit Ausnahme derer, zu deren Wahrnehmung oder Erfüllung sie nicht imstande sind (Art. 71), das Recht älterer Menschen auf wirtschaftliche Sicherheit (Art. 72).

11 S. *Stober* (Fn 6) S. 50.

12 S. *Stober* (Fn 6) S. 46 ff; *Canotilho, J.J.G.* Direito Constitucional e Teoria da Constituição, 7. Aufl., Coimbra: Almedina 2005, S. 341 ff; *ders.* Constituição dirigente e vinculação do legislador: contributo para a compreensão das normas constitucionais programáticas, Coimbra: Coimbra Editora 1994.

3. *Umweltstaatsprinzip*

Es ist heute allgemein anerkannt, dass ein enger sachlicher Zusammenhang zwischen Umweltschutz und Wirtschaftsverwaltung besteht.[13] Der Umweltschutz wurde bereits in der ersten Fassung der Verfassung im Jahr 1976 als Staatsziel und als Recht und Pflicht der Bürger ausdrücklich verankert.

Neben der ausdrücklichen Anerkennung der Menschenwürde[14] sieht es die portugiesische Verfassung als wesentliche Aufgabe des Staates an, die »Umwelt und Natur zu schützen und die natürlichen Ressourcen zu erhalten«,[15] die ökologischen Rechte zu verwirklichen sowie das Wohlbefinden und die Lebensqualität zu fördern.[16]

Die Kernregelung des Umweltschutzes in der portugiesischen Verfassung liegt jedoch in Art. 66, der jedem »das Recht auf eine menschenwürdige, gesunde und ökologisch ausgewogene Umwelt« gewährleistet.[17] Zugleich verpflichtet diese Bestimmung alle Bürger zur Erhaltung der Umwelt (Nr. 1). Art. 66 Nr. 2 überträgt dem Staat »zur Gewährleistung des Rechts auf den Schutz der Umwelt im Rahmen einer nachhaltigen Entwicklung« die folgenden Aufgaben, die er durch seine eigenen Organe und unter Beteiligung der Bürger erfüllen soll: das Vorbeugen gegen und die Kontrolle der Umweltverschmutzung und ihrer Auswirkungen, die Durchführung und Förderung der Raumordnung unter Beachtung einer ausgeglichenen sozio-ökonomischen Entwicklung und biologisch ausgeglichener Landschaften, die Schaffung und der Ausbau von Naturschutzgebieten, Natur- und Erholungsparks sowie die Klassifizierung von Landschaften und Orten je nach ihrer Schutzbedürftigkeit, um auf diese Weise die Erhaltung der Natur und die Wahrung kultureller Werte von historischem oder künstlerischem Interesse zu gewährleisten, die Förderung der wirtschaftlichen Nutzung der natürlichen Ressourcen, die deren Regenerationsfähigkeit und das ökologische Gleichgewicht sicherstellt, die Förderung der Qualität der Umwelt in Siedlungen und im Bereich des städtischen Lebens sowie der Schutz historischer Gebiete jeweils in Zusammenarbeit mit den örtlichen Selbstverwaltungskörperschaften, die Förderung der Berücksichtigung umweltpolitischer Zielsetzungen im Rahmen der unterschiedlichen politischen Vorhaben, die Förderung der Erziehung zu umweltgerechtem Verhalten und zur Achtung der Umwelt-

13 *Franco, António L. Sousa et al.* Ambiente e Consumo, vol. I-III, Centro de Estudos Ambientais e de Defesa do Consumidor/Centro de Estudos Judiciários, Coimbra: Coimbra Editora 1996.

14 Art. 1 der Verfassung lautet: »Portugal ist eine souveräne Republik, die sich auf die Grundsätze der Menschenwürde und des Volkswillens gründet […]«.

15 Art. 9 lit. e; s. dazu *Canotilho*, der sagt, dass die Republik grün ist (*Canotilho, J.J.G* [Fn 12] S. 227).

16 Art. 9 lit. d.

17 S. *Canotilho, J.J.G/Moreira, V.* Art. 66 in: Constituição da República Portuguesa Anotada, Coimbra: Coimbra Editora 1993.

werte, die Sicherstellung, dass die Fiskalpolitik die wirtschaftliche Entwicklung auf den Schutz der Umwelt und der Lebensqualität abstimmt.

Andererseits besteht das Ziel der Pläne zur wirtschaftlichen und sozialen Entwicklung nach Art. 90 unter anderem in der »Wahrung des ökologischen Gleichgewichts, des Umweltschutzes und der Lebensqualität«.

Schließlich wird nach Art. 52 Nr. 3 lit. a jedem Einzelnen und Vereinigungen »zum Schutz der betroffenen Interessen das Recht auf Popularklage in den vom Gesetz vorgesehenen Fällen und nach den gesetzlichen Bestimmungen zuerkannt«. Dies schließt das Recht mit ein, für den oder die Betroffenen Entschädigung »zum Zwecke der Verhütung, der Beendigung oder der gerichtlichen Verfolgung von Vergehen gegen die öffentliche Gesundheit, die Verbraucherrechte, die Lebensqualität, den Umweltschutz [...]« zu beantragen.

Der Umweltschutz steht also im Mittelpunkt aller staatlichen Regelungen[18] und Maßnahmen. Der Staat übernimmt die Umweltverantwortung für die künftigen Generationen durch die Erhaltung der natürlichen Ressourcen (Art. 9 lit. e) sowie durch die Gewährleistung einer nachhaltigen Entwicklung.

Unabhängig von den oben zitierten Verfassungsbestimmungen lässt sich der Umweltschutzgedanke aus der Zusammenschau einer Vielzahl von anderen[19] Grundgesetzbestimmungen ableiten. Deshalb ist es in Bezug auf die portugiesische Verfassung von Anfang an, also seit 1976, vollkommen richtig, von einem Umweltschutzprinzip zu sprechen.

Die Adressaten des Umweltschutzprinzips sind vornehmlich der Gesetzgeber, die Verwaltung, die Rechtsprechung und nicht zuletzt die Bürger.[20] Der Gesetzgeber muss den Umweltstaat politisch und juristisch ausgestalten, die Exekutive muss das Umweltrecht des Umweltstaates auslegen und anwenden, die Rechtsprechung muss die Auslegung und Anwendung des Umweltrechts kontrollieren und der Bürger muss das geltende Recht durch seine umweltfreundliche Haltung beachten. In Portugal ist der Umweltschutz zugleich eine wesentliche Aufgabe des Staates, dem die objektive Pflicht zum Schutz obliegt. Andererseits ist der Umweltschutz ein Grundrecht für den Bürger (Umweltgrundrecht).[21]

18 Nach *Canotilho* ist der Umweltschutz sogar eine Grundpflicht der Republik (*Canotilho* [Fn 12] S. 227). Die Gesetzgebung im umweltrechtlichen Bereich ist sehr umfangreich. Am wichtigsten sind das Umweltrahmengesetz (Lei n.º 11/87), der Nationalplan Umweltpolitik (Regierungsbeschluss Nr. 38/95), das Recht auf Auskunft im Umweltbereich (Lei n.º 65/93), das Vereinigungsgesetz zum Umweltschutz (Lei n.º 10/87), das Abfallbeseitigungsgesetz (Decreto-Lei n.º 310/95) und viele andere.

19 S. z.B. Art. 81a und n, Art. 90, Art. 93 Abs. 1d, Art. 93 Abs. 2, Art. 165 Abs. 1g der portugiesischen Verfassung (Fassung vom Jahr 2005).

20 Art. 66 Nr. 1 der portugiesischen Verfassung ist dazu ganz klar: »Jeder hat das Recht auf eine menschenwürdige, gesunde und ökologisch ausgewogene Umwelt und ist verpflichtet für ihre Erhaltung Sorge zu tragen«.

21 Die Teil I der Verfassung heißt »Grundrechte und -pflichten«. Das Kapitel II, Titel III dieses Teiles I ist den »Sozialen Rechten und Pflichten« gewidmet. Dazwischen liegt der

Der Bezug des Umweltschutzes zur Wirtschaftsverwaltung liegt auf der Hand. Damit versteht sich von selbst, dass die zentrale Aufgabe des Staates der Ausgleich (praktische Konkordanz) ökologischer und ökonomischer Konflikte ist. Einerseits ist der Umweltschutz vorrangiges Ziel des Staates[22] und andererseits muss jegliches Wirtschaftshandeln – und zwar als oberste Leitlinie – umweltverträglich sein. Bei dieser Frage steht auch die Stellung der Bürger mit ihren Rechten und Pflichten im Mittelpunkt.[23]

IV. WIRTSCHAFTLICHE RECHTE UND PFLICHTEN

Der Begriff und der Sachbereich Wirtschaft kommen an vielen Stellen der Verfassung vor. Die zentrale Vorschrift der Verfassung für das Recht der Wirtschaft wurde bereits erwähnt. Es sind aber auch viele andere zu nennen.

Wichtig sind zunächst die »wirtschaftlichen Rechte und Pflichten« (als Grundrechte und Grundpflichten). Hier sieht die Verfassung folgende Rechte und Pflichten vor: das Recht auf Arbeit, die Rechte der Arbeiter und der Verbraucher und privaten Wirtschaftsinitiativen, die Bildung von Genossenschaften, das Recht der Arbeiterselbstverwaltung sowie das Recht auf privates Eigentum.

Das Recht auf Arbeit wird allen Bürgern zuerkannt. Der Staat wird zur Gewährleistung dieses Rechts verpflichtet, indem er Fördermaßnahmen auf bestimmten Gebieten zu ergreifen hat. So beispielsweise hinsichtlich der Vollbeschäftigung, der Chancengleichheit bei der Berufs- oder Arbeitswahl, der kulturellen und fachlichen Ausbildung und der beruflichen Weiterbildung der Arbeiter.

Die Verfassung erkennt auch wichtige Rechte der Arbeiter »ungeachtet ihres Alters und Geschlechts, ihrer Rasse, ihrer Herkunft, Religion oder Weltanschauung« (Art. 59) an. Hierzu gehört die Bezahlung der Arbeit nach Quantität, Art und Qualität, die Ausgestaltung der Arbeit unter sozialwürdigen Bedingungen, die auf Arbeit unter hygienischen und sicheren Bedingungen, die Erholung und Freizeit, die materielle Unterstützung im Fall unfreiwilliger Arbeitslosigkeit sowie die Hilfeleistung und angemessene Entschädigung bei Arbeitsunfällen und berufsbedingter Krankheit (Art. 59). Die Konkretisierung dieser »Grundrechte« bleibt aber sehr oft Utopie. Gerade in Art. 59 wird der programmatische Charakter dieser Verbürgungen deutlich.[24] Nr. 2 sieht als »Aufgabe des Staates« die Sicherstellung »der Arbeitsbedingungen, der Bezahlung und der Erholung, auf die die Arbeitnehmer einen

Art. 66 »Umwelt und Lebensqualität«. S. auch *Raposo, Mário* O direito ao ambiente como direito fundamental, Lisboa: Centro de Estudos Judiciários 1994.

22 S. *Stober* [Fn 6] S. 84.

23 S. *Stober* [Fn 6] S. 84.

24 S. Näher zu dem programmatischen Charakter der portugiesischen Verfassung *Canotilho, J.J.G.* Constituição dirigente e vinculação do legislador: contributo para a compreensão das normas constitucionais programáticas, Coimbra: Coimbra Editora 1994.

Anspruch haben, vor (z.B. Mindestlohn, »besonderer Schutz der Frauenarbeit während der Schwangerschaft«, »Festlegung einer landesweiten Begrenzung der Arbeitszeit«, »Schutz der Arbeitsbedingungen« usw.). Und nicht zuletzt genießen die Löhne einen besonderen Schutz.

Seit der Verfassungsänderung vom 8. Juli 1989 enthält die Verfassung (damals Art. 110, heute Art. 60) eine positive Bestimmung über die »Rechte der Verbraucher«.[25] Dort ist das Recht »auf Qualität der verbrauchten Güter und Dienste, auf Schulung und Information, auf Schutz der Gesundheit, der Sicherheit und ihrer wirtschaftlichen Interessen sowie auf Schadenersatz« anerkannt. Art. 60 sieht auch einen Gesetzesvorbehalt für die Werbung vor und untersagt von vornherein »alle Formen der versteckten, indirekten oder schädigenden Werbung«. Verbrauchervereinigungen und Konsumgenossenschaften haben auch das Recht, vom Staat unterstützt zu werden.

Ein anderer wichtiger Aspekt der »wirtschaftlichen Rechte und Pflichten« ist die verfassungsrechtliche Regelung der privaten Wirtschaftsinitiative, der Bildung von Genossenschaften und des Rechts der Arbeiterselbstverwaltung (Art. 61). Die freie Entfaltung der privaten Wirtschaftsinitiative »innerhalb des in der Verfassung und im Gesetz festgelegten Rahmens und unter Berücksichtigung des Allgemeininteresses« wird ausdrücklich anerkannt. Gewährleistet ist auch das Recht auf freie Bildung von Genossenschaften, »sofern sie die Grundsätze des Genossenschaftswesens beachten«. Die Genossenschaften können sich zu Unionen, Föderationen und Konföderationen »und anderen gesetzlich zulässigen Organisationsformen zusammenschließen«. Anerkannt ist auch das Recht der Arbeiterselbstverwaltung »nach Maßgabe des Gesetzes«.

Bei dieser Auflistung der »wirtschaftlichen Rechte und Pflichten« ist die systematische Stellung des Rechts auf privates Eigentum (Art. 62) auf dem letzten Platz bemerkenswert. Auf jeden Fall ist die Anerkennung dieses Grundrechts weit gefasst. Denn »allen ist nach Maßgabe der Verfassungsbestimmungen das Recht auf privates Eigentum sowie auf dessen Übertragbarkeit zu Lebzeiten oder von Todes wegen gewährleistet«. Ferner entspricht Nr. 2 hinsichtlich der Requisitionen und Enteignungen in vollem Umfang den allgemeinen Anforderungen des Rechtsstaats. Sie können zum Wohl der Allgemeinheit erfolgen, aber »nur auf gesetzlicher Grundlage und nur in den in der Verfassung vorgesehenen Fällen gegen Zahlung einer gerechten Entschädigung«.

V. Schluss

Die Planwirtschaft war in der ersten Fassung der Verfassung ein besonderes Ziel des Staates. Damit sollten die in der Privatautonomie und ökonomischen Eigenverant-

25 S. näher *Alves, João* Direito dos Consumidores, Coimbra: Coimbra Editora 2006.

wortung angelegten Nachteile vermieden werden. Dieses Wirtschaftsmodell, das von *Marx* theoretisch begründet wurde, strebte eine allein vom Staat geplante und organisierte Wirtschaft an. Der Staat ist Eigentümer der Produktionsmittel. Der Bürger bleibt im Wesentlichen reines Objekt des staatlichen Wirtschaftshandelns. Diese Sichtweise ist aber nicht mit dem Rechtsstaat und seinen Grundprinzipien (in erster Linie der Menschenwürde) vereinbar.[26] Die Portugiesen haben sich bald für einen effektiven Rechtsstaat entschieden. Die Verfassung wurde im Bereich der Wirtschaftsordnung so stark geändert, dass sie heute nur wenig mit der ersten Fassung aus dem Jahr 1976 zu tun hat. Der freie Markt und freier Wettbewerb sind heute die Hauptmerkmale der portugiesischen Wirtschaftsverfassung.[27] Nennenswert ist auch die Sonderstellung des Umwelt- und Verbraucherschutzes seit 1976 in der portugiesischen Verfassung.

Der Wettbewerb bremst und neutralisiert die Triebkraft des Eigennutzes. Damit dient er dem Wohl der Allgemeinheit. Der Staat darf die wirtschaftliche Betätigungsfreiheit aus allgemeinen polizeilichen Gründen der Gefahrenabwehr begrenzen und die Rahmenbedingungen für einen funktionierenden marktwirtschaftlichen Wettbewerb schaffen. Die Voraussetzung dafür ist die Existenz einer wirtschaftlichen Infrastruktur im System der Marktwirtschaft. Der Staat muss auch bestimmte öffentliche Anstalten und Einrichtungen gründen und unterhalten, insbesondere dort, wo der Gewinn die entstandenen Kosten nicht decken kann.

26 Als Hauptprinzip der Wirtschafts- und Sozialordnung bestimmt die Verfassung die »Freiheit der unternehmerischen Initiative und Organisation im Rahmen einer gemischten Wirtschaft« (Art. 80 lit. c).

27 Gemäß Art. 81 lit. f der portugiesischen Verfassung ist es das vorrangige Ziel des Staates »die effiziente Funktion der Märkte sicherzustellen, indem ein ausgewogener Wettbewerb zwischen den Unternehmen gewährleistet wird [...]«.

Verzeichnis der Veröffentlichungen von Prof. Dr. Dr. h. c. mult. Rolf Stober

(Stand 1. März 2008)

I. Monographien und selbständig erschienene Veröffentlichungen

Schüler als Amtshelfer – dargestellt am Beispiel des Schülerlotsendienstes, Schriften zum Öffentlichen Recht, Band 192, Berlin 1972, 223 S. (Dissertation).

Kommunalrecht, Muster – Arbeitsvorlagen – Pläne – Formulare aus der juristischen Praxis, Sonderheft der Juristischen Arbeitsblätter, Berlin 1974, 197 S.

Verwaltungsprozeßrecht, Muster – Arbeitsvorlagen – Pläne – Formulare der juristischen Praxis, Sonderheft der Juristischen Arbeitsblätter, Berlin 1976, 197 S.

Allgemeines Wirtschaftsverwaltungsrecht, Kohlhammer Studienbücher Rechtswissenschaft, Allgemeines Wirtschaftsverwaltungsrecht, 16., völlig neu bearbeitete Aufl., Stuttgart 2008, 330 S.

Besonderes Wirtschaftsverwaltungsrecht, 14., neu bearbeitete Auflage, Stuttgart 2007, 359 S. Zu beiden Bänden: spanische Übersetzung von Santiago Gonzalez, León 1992; koreanische Übersetzung von Won Woo Lee, Seoul 1996; chinesische Übersetzung von Yingxia Su und Shaakang Chen, Xian 1999; russische Übersetzung von Alexander Bouben und Alexander Togulew, Minsk 2000; neue russische Übersetzung, publiziert in: Grundlegende Werke der deutschen Rechtsliteratur, Moskau 2008; portugiesische Übersetzung von Antonio Francisco de Sousa, Porto 2008; polnische Übersetzung von Adam Szafranski und Maria Szpor, Warschau 2008.

Grundgesetz und Nebengesetze, Textausgabe mit Anmerkungen und Verweisungen, Stuttgart 1978, 331 S.

Grundpflichten und Grundgesetz, Schriften zum Öffentlichen Recht, Band 362, Berlin 1979, 91 S.

Zur Rechtmäßigkeit der status- und besoldungsrechtlichen Überleitung der Fachhochschullehrer nach dem Regierungsentwurf eines Fachhochschulgesetzes NW (Rechtsgutachten), Köln 1979, 71 S.

Der Ehrenbeamte in Verfassung und Verwaltung, Monographien zur rechtswissenschaftlichen Forschung, Öffentliches Recht, Band 7, Königstein/Taunus 1981, 241 S. (Habilitationsschrift).

Rechtsfragen der Massentierhaltung, Monographien zur rechtswissenschaftlichen Forschung, Öffentliches Recht, Band 10, (Rechtsgutachten) Königstein/Taunus 1982, 99 S.

Kommunale Ämterverfassung und Staatsverfassung – am Beispiel der Abwahl kommunaler Wahlbeamter, Recht und Staat, Heft 508, Tübingen 1982, 95 S.

Rechtsfragen bei Mitgliederklagen innerhalb der Handwerksorganisationen (Rechtsgutachten), Deutsches Handwerksrechtsinstitut München 1985, 85 S.

Der Befähigungsnachweis im Gastgewerbe als Rechtsproblem (Rechtsgutachten), Köln 1986, 160 S.

Ladenschlußgesetz, Kommentar, 1. Auflage, Köln 1986; inzwischen 4., völlig neu bearbeitete Auflage 2001, hg. von Rolf Stober und bearbeitet von Martin Müller und Achim Schunder.

Jus mit Jux – Heiteres von und über Juristen, Reihe Jurart, Baden-Baden 1987, 101 S.; 2., unveränderte Auflage 1991; 3., unveränderte Auflage 2001.

Kommunalrecht, Kurzlehrbuch, 3., völlig neu bearbeitete und erweiterte Auflage, Stuttgart 1996.

Verwaltungsrecht Bd. II, Kurzlehrbuch, begründet von Hans J. Wolff und fortgeführt von Otto Bachof, Alleinbearbeitung der 5. Auflage, München 1987, 659 S.; Neubearbeitung der 6. Auflage gemeinsam mit Winfried Kluth, 771 S., München 2000; chinesische Übersetzung von Gao Jiawei, Peking 2003; Neubearbeitung der 7. Auflage gemeinsam mit Winfried Kluth, Martin Müller und Andreas Peilert, München 2008.

Grundrechtsschutz der Wirtschaftstätigkeit, Köln 1989, 178 S.

Wasserverbandsrecht und Arbeitnehmermitbestimmung (Rechtsgutachten), Köln 1989, 129 S.

Handbuch des Wirtschaftsverwaltungs- und Umweltrechts, Stuttgart 1989, 1343 S.

Zur Rechnungsprüfung von Kammern, gemeinsam mit Winfried Kluth (Rechtsgutachten), Köln 1989, 104 S.

EG-Binnenmarkt und deutsche Wirtschaft (Vorträge vor der Verwaltungsakademie des Bundes in Wien), Herne/Berlin 1990, 169 S.

Verfassungsfragen der Käfighaltung – Zur Verfassungsmäßigkeit der Hennenhaltungsverordnung (Normenkontrollverfahren im Auftrage der Landesregierung von Nordrhein-Westfalen vor dem Bundesverfassungsgericht), Köln 1990, 88 S.

Der öffentlich bestellte Sachverständige zwischen beruflicher Bindung und Deregulierung (Rechtsgutachten für den DIHT/Institut für Sachverständigenwesen; Vorträge vor den Industrie- und Handelskammern Essen, Stuttgart, München und Köln), Köln 1991, 149 S.

Die IHK als Mittler zwischen Staat und Wirtschaft (Rechtsgutachten für den Deutschen Industrie- und Handelstag), Köln 1992, 184 S.

Technische Prüfstellen für den KFZ-Verkehr in den neuen Bundesländern (Rechtsgutachten für den Rheinisch-Westfälischen TÜV e.V. Essen und den TÜV Thüringen e.V.), Köln 1992, 74 S.

Einführung in das Wirtschaftsverwaltungsrecht, Wirtschaftsverfassungsrecht für das Deutsche Anwaltsinstitut, Fachinstitut für Verwaltungsrecht, Bochum 1992, 140 S.; 2., neu bearbeitete Auflage 1993; 3., neu bearbeitete Auflage 1994; 4., unveränderte Auflage 1995.

Hochschulabschluß und Technische Beamtenlaufbahn, (Rechtsgutachten), Hamburg 1983, 2., völlig überarbeitete Auflage, Köln 1993, 72 S.

Zum Sanierungsauftrag der Treuhandanstalt (Rechtsgutachten für das Finanzministerium des Freistaates Sachsen), Köln 1993, 91 S.

Recht- und Verfassungsmäßigkeit des Anschlußzwangs nach § 719 a RVO (Rechtsgutachten im Auftrage des Verbandes der TÜV Deutschlands), Schriftenreihe Recht und Technik, Band 12, Essen 1993, 70 S.

Verwaltungsrecht Bd. I, Kurzlehrbuch, begründet von Hans J. Wolff und fortgeführt von Otto Bachof; Alleinbearbeitung der 10. Auflage, München 1994, 859 S.; Neubearbeitung der 11. Auflage, München 1999, 711 S.; chinesische Übersetzung von Gao Jiawei, Peking 2002; portugiesische Übersetzung von Francisco de Sousa, Porto 2006; Neubearbeitung der 12. Auflage gemeinsam mit Winfried Kluth, Martin Müller und Andreas Peilert, München 2007, 992 S.

Rückzug des Staates im Wirtschaftsverwaltungsrecht? Zur Deregulierungsdebatte in Deutschland, Köln 1997, 74 S.

Zur Übertragung des Handelsregisters auf Selbstverwaltungskörperschaften der Wirtschaft (Rechtsgutachten im Auftrage des Baden-Württembergischen Handwerkstages), Köln 1998, 130 S.

Kooperation deutscher und chinesischer Hochschulen, Studie im Auftrage des Bundesbildungsministeriums und des DAAD, Mitteilungen des Instituts für Asienkunde Hamburg, Heft 349, Hamburg 2001, 347 S.

Globales Wirtschaftsverwaltungsrecht, Köln 2001, 80 S.

Die Robe ist über der Kleidung zu tragen. Kurioses aus der Welt der Paragraphenreiter, Herne/Berlin 2004, 111 S.

Verwaltungsrecht Bd. III, Kurzlehrbuch, begründet von Hans J. Wolff und fortgeführt von Otto Bachof, Neubearbeitung der 5. Auflage gemeinsam mit Winfried Kluth, München 2004, 938 S.; chinesische Übersetzung von Gao Jiawei, Peking 2007.

Wirtschaftsverfassungs- und Wirtschaftsverwaltungsrecht, vierteiliger Kurs im Auftrag der FernUniversität Hagen für den Studiengang Bachelor of Law 2005 und Master of Law 2006, 2. Auflage, Hagen 2007, 280 S.; chinesische Übersetzung von Xie Libin, Peking 2007.

Wirtschaftsverwaltungsrecht, dreiteiliger Kurs im Auftrag des Forschungsinstitutes für rechtliches Informationsmanagement an der FernUniversität Hagen für den Fachanwalt zum Verwaltungsrecht, Hagen 2007; 2008, 285 S.

Gesetzlich normierte Kooperation zwischen Polizei und privaten Sicherheitsdiensten (Rechtsgutachten im Auftrage der Handelskammer Hamburg und der Hamburger Sicherheitswirtschaft), Köln 2007, 415 S.

Kommunalrecht, vierteiliger Kurs im Auftrag der FernUniversität Hagen für den Studiengang Bachelor of Law, gemeinsam mit Martin Müller und Sven Eisenmenger, Hagen 2007, 360 S.

II. BEITRÄGE IN FESTSCHRIFTEN, SAMMELWERKEN UND ZEITSCHRIFTEN

Agrarrecht, in: Meyers Enzyklopädisches Lexikon, Mannheim 1971.

Rechtsschutz gegen Gutachterentscheidungen bei medizinischer Indikation, in: Baumann (Hg.), Das Abtreibungsverbot des § 218 StGB, Darmstadt und Neuwied 1971, 2. Auflage 1972, S. 167 ff; japanische Übersetzung 1977.

Verwaltungsrechtlicher Rechtsschutz bei befristetem Schulausschluß, in: Recht der Jugend und des Bildungswesens 1972, S. 46 ff.

Öffentlich-rechtliche Ersatzleistungen, Tabellarische Übersichten, in: Roellecke (Hg.), Grundbegriffe des Verwaltungsrechts, Stuttgart 1972, S. 130 ff.

Zur Verantwortlichkeit des Schulträgers für die Schülergarderobe, in: Baden-Württembergisches Verwaltungsblatt 1972, S. 164 ff.

Öffentliche Sachen, in: JA-Studien-Bogen Nr. 4, Beilage der Juristischen Arbeitsblätter 1973, Heft 4 (April), 2. Auflage 1979, Heft 10 (Oktober).

Zuständigkeiten beim Zusammentreffen wasser- und gewerberechtlicher Genehmigungen, gemeinsam mit Gerd Roellecke, in: Baden-Württembergisches Verwaltungsblatt 1973, S. 49 ff.

Das Zurückbehaltungsrecht wegen öffentlich-rechtlicher Forderungen, in: Deutsches Verwaltungsblatt 1973, S. 351 ff.

Schülerlotsendienst als Aufgabe der Gemeinde, in: Bayerische Verwaltungsblätter 1973, S. 346 ff.

Sexualkunde in den Schulen? Über die Grenze des staatlichen Erziehungsauftrages, in: Die Öffentliche Verwaltung 1973, S. 554 ff.

Kommunalverfassungsstreitigkeiten, in: Juristische Arbeitsblätter Öffentliches Recht 1974, S. 1 ff und 25 ff.

Zum Beanstandungsrecht der Gemeinderäte, in: Staats- und Kommunalverwaltung 1974, S. 253 ff.

Berichte über den Numerus Clausus und seine Folgenprobleme, gemeinsam mit Josef Adams, in: Dokumentation zum Deutschen Verwaltungsrichtertag, München 1974, S. 53 ff.

Zur Zulässigkeit von Tonbandaufnahmen in kommunalen Vertretungsorganen, in: Staats- und Kommunalverwaltung 1975, S. 324 ff.

Die Benutzung kommunaler öffentlicher Einrichtungen, in: Juristische Arbeitsblätter Öffentliches Recht 1975, S. 221 ff.

Zur Belehrungspflicht bei Anordnung der sofortigen Vollziehung, in: Bayerische Verwaltungsblätter 1976, S. 169 ff.

Die Zulassung zum Schulversuch, in: Recht der Jugend und des Bildungswesens 1976, S. 54 ff.

Zur Regelung der Rechtsberatung Minderbemittelter, in: Zeitschrift für Sozialhilfe 1976, S. 33 ff.

Maßnahmen der Dienstaufsicht und Richterdienstgericht, in: Deutsche Richterzeitung 1976, S. 68 ff.

Zur Tonbandaufzeichnung in öffentlichen Gemeinderatssitzungen, in: Deutsches Verwaltungsblatt 1976, S. 371 ff.

Die besondere Gerichtsentscheidung, regelmäßiger Rechtsprechungsbericht über wichtige Entscheidungen aus dem Öffentlichen Recht, Staats- und Kommunalverwaltung, in: Verwaltungsrundschau 1976, 1980.

Der Gesetzesvorbehalt beim Schulversuch, in: Die Öffentliche Verwaltung 1976, S. 518 ff.

Zur Anwendung des AGB-Gesetzes auf die öffentliche Hand, in: Die Öffentliche Verwaltung 1977, S. 398 ff.

Nachbarschutz im öffentlichen Wasserrecht, in: Baden-Württembergische Verwaltungspraxis 1977, S. 150 ff.

Heimgesetz, Heimvertrag und Pflegesatzerhöhung, in: Zeitschrift für Sozialhilfe 1977, S. 321 ff.

Zur Rechtsstellung der Gemeinden im Wasserrecht, in: Deutsches Verwaltungsblatt 1977, S. 909 ff.

Kommentar zum gesamten Recht des Sozialgesetzbuches, Wannagat (Hg.), Köln 1977, Loseblatt-Kommentar, Bearbeiter der §§ 50–57 SGB IV (Wahlvorschriften) 1987, Bearbeiter der §§ 7–4 SGB IV (Aufsicht) gemeinsam mit Martin Müller 1991.

Heimvertrag und Schiedsgerichtsvereinbarung, in: Zeitschrift für Sozialhilfe 1978, S. 353 ff.

Zur Entgelterhöhung bei Heimvertragsverhältnissen, in: Neue Juristische Wochenschrift 1979, S. 97 f.

Zur vereinfachten Bekanntmachung von Kommunalsatzungen, in: Deutsches Verwaltungsblatt 1979, S. 490 ff.

Öffentliche Bekanntmachungen, öffentliche Auftragsvergabe, Rechnungshöfe, in: Bartlsperger/Boldt/Umbach (Hg.), Der moderne Staat, 2. Auflage, Mannheim 1979, S. 80 ff.

Rechtliche Grundlagen der öffentlichen Verwaltung, in: Schweickhardt (Hg.), Allgemeines Verwaltungsrecht, Stuttgart 1979, Kapitel II, 6. Auflage 1991.

Zur Teilnichtigkeit im Öffentlichen Recht, in: Juristische Arbeitsblätter 1979, S. 416 ff.

Einführung ins Satzungsrecht, in: Juristische Arbeitsblätter (Übungsblätter) 1979, S. 65 ff.

Staatsgerichtsbarkeit und Schiedsgerichtsbarkeit, in: Neue Juristische Wochenschrift 1979, S. 2001 ff.

Grundgesetz und Amtssprache in Ausländerangelegenheiten, in: Verwaltungsrundschau 1979, S. 325 ff.

Auslobung und Öffentliches Recht (Habilitationsvortrag an der Universität Mannheim), in: Die Öffentliche Verwaltung 1979, S. 853 ff.

Grundrechte und Erlaubnisbedürftigkeit im Reisegewerbe, in: Juristische Schulung 1980, S. 182 ff.

Gesetzesentwicklung im Gewerberecht, Neue Juristische Wochenschrift 1980, S. 2335 ff.

Zum Informationsanspruch der Presse gegenüber Gerichten, in: Deutsche Richterzeitung 1980, S. 3 ff.

Der Berufssoldat als Ehrenbeamter, in: Juristische Schulung 1981, S. 183 ff.

Öffentliches Dienstrecht und Gestaltungsfreiheit der Exekutive – dargestellt am Beispiel des privatrechtlich auf Probe angestellten Lehrers, in: Juristenzeitung 1980, S. 249 ff.

Einführung in das öffentliche Sachenrecht, in: Juristische Arbeitsblätter (Übungsblätter) 1980, S. 81 ff und 97 ff.

Widerruf der Approbation bei Vermögensschädigung?, in: Neue Juristische Wochenschrift 1981, S. 617 ff.

Zur Bedeutung des Einwendungsausschlusses immissions- und atomrechtlicher Genehmigungsverfahren, in: Archiv des öffentlichen Rechts 1981, S. 41 ff.

Grundsätze des Gewerberechts, in: Juristische Arbeitsblätter 1981, S. 216 ff.

Zur Drittwirkung des kommunalen Vertretungsverbotes, in: Bayerische Verwaltungsblätter 1981, S. 161 ff.

Zum Informationsanspruch der Presse gegenüber Privatpersonen, in: Archiv des Presserechts 1981, S. 395 ff.

Berufsfreiheit der freien Berufe – am Beispiel der Sozietät zwischen Notar und Wirtschaftsprüfer, in: Neue Juristische Wochenschrift 1981, S. 1529 ff.

Rein gewerbliche Betätigung der öffentlichen Hand und Verfassung, in: Zeitschrift für das gesamte Handels- und Wirtschaftsrecht 1981, 145. Band, S. 565 ff.

Zur zivilrechtlichen Wirkung wirtschaftsverwaltungsrechtlicher Verbote, in: Gewerbearchiv 1981, S. 313 ff.

Einführung in das Ladenschlussrecht, in: Juristische Arbeitsblätter 1981, S. 653 ff.

Zur Auslegung des Ladenschlussgesetzes, in: Gewerbearchiv 1982, S. 1 ff.

Zum Gesetzesvorbehalt im Tierschutzrecht, in: Natur und Recht 1982, S. 173 ff.

Bundesrechtliche Regelung kommunaler Wasserversorgungsbedingungen, in: Neue Zeitschrift für Verwaltungsrecht 1982, S. 294 ff.

Zur Abtretbarkeit öffentlich-rechtlicher Forderungen an Private, in: Juristische Schulung 1982, S. 740 ff.

Verfassungsrechtlicher Eigentumsschutz sozialer Rechtspositionen, Rechtsprechungsbericht zur Vorbereitung der 2. Sozialrechtslehrertagung 1982, Schriftenreihe des Deutschen Sozialgerichtsverbandes, Band XXIII, Wiesbaden 1982, S. 9 ff.

Die Entwicklung des Gewerberechts, Neue Juristische Wochenschrift 1982, S. 804 ff, 1984, S. 2499 ff, S. 2857 ff, 1986, S. 2613 ff, 1989, S. 562 ff, 1990, S. 1335 ff, 1992, S. 2128 ff.

Grundpflichten als verfassungsrechtliche Dimension, in: Neue Zeitschrift für Verwaltungsrecht 1982, S. 473 ff.

Atomare Entsorgung und Verfassung, in: Energiewirtschaftliche Tagesfragen 1983, S. 585 ff.

Grundfälle zum Gaststättenrecht, in: Juristische Schulung 1983, S. 843 ff.

GRÜNE und Grundgesetz, in: Zeitschrift für Recht und Politik 1983, S. 209 ff.

Bonner Kommentar zum Grundgesetz, Loseblatt-Kommentar, Bearbeiter des Art. 137 GG, Hamburg 1983, Zweitbearbeitung gemeinsam mit Hendrik Lackner, 2004.

Entwicklung und Wandel der Grundpflichten, in: Achterberg/Krawietz/Wyduckel (Hg.), Staat im sozialen Wandel, Festschrift für Scupin, Berlin 1983, S. 643 ff.

Die privatrechtlich organisierte öffentliche Verwaltung, in: Neue Juristische Wochenschrift 1984, S. 449 ff.

Gewerbliche Wirtschaft und Baunutzungsrecht, in: Wirtschaft und Verwaltung 1984, S. 129 ff.

Zur Lage der kommunalen Wirtschaftsverwaltung, in: Juristenzeitung 1984, S. 105 ff.

Zur Problematik des § 44a Abs. 1 BHO, in: Die Öffentliche Verwaltung 1984, S. 265 ff.

Grundpflichten versus Grundrechte?, in: Rechtstheorie 1984, Band 15, S. 39 ff.

Möglichkeiten der Fortentwicklung des Rechts der sozialen Sicherheit zwischen Anpassungszwang und Bestandsschutz (Begleitaufsatz aus Anlaß des 55. Deutschen Juristentages), in: Deutsches Verwaltungsblatt 1984, S. 857 ff.

Zum Partei- und Parlamentsverständnis der GRÜNEN aus verfassungsrechtlicher Sicht (einschließlich prozessualer Fragen), in: SONDE Nr. 4/84, 1/85, S. 33 ff.

Kommunalbeamte als Hilfsbeamte der Staatsanwaltschaft, in: Deutsches Verwaltungsblatt 1985, S. 81 ff.

Beiladung im Verwaltungsprozeß, in: Erichsen/Hoppe/v. Mutius (Hg.), System des verwaltungsgerichtlichen Rechtsschutzes; Festschrift für Menger, Köln 1985, S. 401 ff.

Sozialverfahrensrecht (SGB X), in: Wannagat (Hg.), Jahrbuch des Sozialrechts der Gegenwart, Berlin, Band 1985, S. 273 ff, Band 1986, S. 291 ff, Band 1987, S. 333 ff, Band 1988, S. 351 ff, Band 1989, S. 323 ff, Band 1990, S. 319 ff.

Grundlagen des Ladenschlussrechts, in: Gewerbearchiv 1985, S. 353 ff.

Alternative in der Verantwortung (Vortrag vor dem Kuratorium des Freiherr-vom-Stein-Instituts und der Hanns-Seidel-Stiftung), in: Städte- und Gemeinderat 1986, S. 3 ff.

Zur verfassungsrechtlichen Problematik der Ladenschlussnovelle (Sachverständigen-Stellungnahme vor dem Rechtsausschuß des Deutschen Bundestages am 19. 3. 1986), in: Betriebsberater 1986, S. 659 ff.

Handwerksrecht, in: Staatslexikon, 7. Auflage, Freiburg 1986, Band II, S. 1202 ff.

Ladenschlussnovelle und Ladenschlusskonzeption, in: Neue Zeitschrift für Arbeits- und Sozialrecht 1986, S. 272 ff.

Die körperschaftlich organisierten Sozialversicherungsträger, in: Juristische Arbeitsblätter 1986, S. 534 ff.

Sozialrechtswissenschaft und Verwaltung (Vortrag vor den Bayreuther Sozialrechtstagen 1986); in: Mitteilungen der LVA Oberfranken und Mittelfranken 1986, S. 409 ff, Deutsches Verwaltungsblatt 1987, S. 269 ff.

Kompetenzverschiebungen zwischen Landesparlamenten und den anderen Staatsfunktionen (Vortrag vor dem Bayerischen Landtag anlässlich einer Tagung mit der Universität Passau), in: Kremer (Hg.), Beiträge des Parlamentarismus, Schriftenreihe des Bayerischen Landtages 1987, Band 1, S. 15 ff.

Zum Sonntagsverkauf von Zeitungen nach §§ 5, 12 LSchlG, in: Archiv für Presserecht 1987, S. 553 ff und 737 ff.

Law education, law professions und social welfare (Vortrag in Berlin vor der 24. Konferenz des International Council on Social Welfare im August 1988), in: Deutsches Verwaltungsblatt 1988, S. 1099 ff.

Programmatik, Strategie und Taktik der GRUENEN, in: Schriftenreihe der Hanns-Seidel-Stiftung 1988, S. 38 ff.

Finanzierung der Wirtschaftsverwaltung durch Abgaben, in: Juristische Arbeitsblätter 1988, S. 250 ff.

Zur wirtschaftlichen Bedeutung des Demokratie- und Sozialstaatsprinzips, in: Gewerbearchiv 1988, S. 145 ff.

Umweltschutzprinzip und Umweltgrundrecht, in: Juristenzeitung 1988, S. 426 ff.

Zur wirtschaftlichen Bedeutung des Rechtsstaatsprinzips, in: Archiv des öffentlichen Rechts 1988, S. 497 ff.

Reisegewerbe (§§ 55 ff GewO), in: Fuhr/Friauf (Hg.), Kommentar zur Gewerbeordnung, Neuwied 1960, Loseblatt-Kommentar, Neuwied 1988, Zweitbearbeitung 1992, Drittbearbeitung 1996, Viertbearbeitung gemeinsam mit Stefan Korte, 2004 ff.

Eigentumsschutz im Sozialrecht (Vortrag bei der Richterwoche des Bundessozialgerichts, Oktober 1988 und vor der Vereinigung griechischer Verfassungsrechtler in Athen), in: Sozialgerichtsbarkeit 1989, S. 53 ff.

Eigenwirtschaftliche Betätigung der öffentlichen Hand – Zulässigkeit und Grenzen, in: Betriebsberater 1989, S. 716 ff.

Verfassungsrechtliche Konturen eines Verbraucherrechts, in: Großfeld/Leßmann/Vollmer (Hg.), Festschrift für Lukes, Köln 1989, S. 591 ff.

Zur wirtschaftlichen Bedeutung des Bundesstaatsprinzips, in: Bayerische Verwaltungsblätter 1989, S. 97 ff.

Zur Wirtschaftsförderung in der Bundesrepublik, in: Wirtschaft und Verwaltung 1989, S. 57 ff.

Vierzig Jahre Wirtschaftsverfassung und Wirtschaftsverwaltung in der Bundesrepublik, in: Deutsche Verwaltungspraxis 1989, S. 199 ff.

Der kommerzielle Betrieb von Solarien aus verwaltungsrechtlicher Sicht (Vortrag in Travemünde anläßlich des 39. wissenschaftlichen Kongresses des Bundesverbandes der Ärzte des öffentlichen Gesundheitswesens am 1. 6. 1989), in: Gewerbearchiv 1989, S. 353 ff.

Zur Verfassungsmäßigkeit des NW-Frauenförderungsgesetzes (Sachverständigenstellungnahme vor dem Ausschuß für Frauenpolitik des NW Landtages am 8. 5. 1989), in: Zeitschrift für Beamtenrecht 1989, S. 289 ff.

Politische und ökonomische Rationalität im Staats- und Verwaltungsrecht (Vortrag bei der Jahrestagung Neue Politische Ökonomie, September 1988), in: Böttcher u.a. (Hg.), Jahrbuch für Neue Politische Ökonomie, Band 8, Köln 1989, S. 143 ff, Rechtstheorie 1990, Band 21, S. 86 ff.

Die rechtlichen Grenzen kommunaler Verschonungssubventionen und Realförderungen, in: Ehlers (Hg.), Kommunale Wirtschaftsförderung, Köln 1990, S. 241 ff.

Freiheit der Berufsausübung und kassenärztliche Bedarfsplanung (Vortrag in Düsseldorf anläßlich der medica 1989), in: Medizinrecht 1990, S. 10 ff.

Gebotene Einheit und bestehende Differenzierungen des Verwaltungsverfahrensrechts im SGB (Vortrag anläßlich des 22. Kontaktseminars des Sozialrechtsverbandes am 12. 2. 1990), in: Sozialgerichtsbarkeit 1990, S. 225 ff.

Der Einfluß des europäischen Rechts auf die Vergabe öffentlicher Aufträge (Vortrag in Münster anläßlich eines Symposiums des Freiherr-vom-Stein-Instituts am 30. 5. 1990), in: Hoppe/Schink (Hg.), Kommunale Selbstverwaltung und europäische Integration, Köln 1990, S. 116 ff.

Mehrere Beiträge in: Ergänzbares Lexikon des Rechts, Gruppe Wirtschaftsverwaltungsrecht, Neuwied 1990, Loseblattwerk.

Zur Stellung von Beigeordneten und Rat bei der Dezernatsverteilung (Rechtsgutachten für den Rat der Stadt Bielefeld im Jahre 1989), in: Recht im Amt 1990, S. 157 ff.

Deckungsgleichheit von Innungsbezirken und Kommunalgrenzen? (Rechtsgutachten für die Arbeitsgemeinschaft der Kreishandwerkerschaften), in: Wirtschaftsverwaltungs- und Umweltrecht 1990, S. 21 ff.

Die Teilung der Aufgaben zwischen Bund und Ländern in der Bundesrepublik Deutschland (Vortrag in Köln bei der Konrad-Adenauer-Stiftung am 7. 12. 1991), in: Eichholz-Brief 4/1990, S. 39 ff.

Wirtschaftslenkung in den Ländern der EG – Das Beispiel Bundesrepublik Deutschland (Vortrag vor der Wirtschaftsuniversität Wien am 3. 5. 1990), in: Rill/Griller (Hg.), Wirtschaftslenkung in den Ländern der EG, Wien 1991, S. 137 ff.

Die Deutsche Bundesbank, Verfassungsrechtliche Stellung und Tätigkeit (Vortrag anläßlich der Sommeruniversität der Universität Barcelona am 9. 7. 1991), in: Autonomias Revista Catalonia de Derecho Publico, S. 80 ff.

Medien als vierte Gewalt, in: Wittkämper (Hg.), Medien und Politik, Sammelband, Darmstadt 1992, S. 27 ff.

Die IHK als Mittler zwischen Staat und Wirtschaft (Vortrag in Berlin zum 100jährigen Bestehen des Verbandes der Geschäftsführer der Industrie- und Handelskammern im September 1991; Vortrag in Ludwigshafen vor der Vollversammlung der IHK Pfalz im Mai 1992), in: Gewerbearchiv 1992, S. 41 ff.

Zum Anwendungsbereich des § 30b GewO (Rechtsgutachten für die Landesinnung Bayern des Bandagisten-, Orthopädie- und Chirurgiemechanikerhandwerks), in: Gewerbearchiv 1992, S. 364 ff.

Zur Verfassungsmäßigkeit des Hamburger Senatsgesetzes vom 19. 3. 1987 (Rechtsgutachten für die CDU-Fraktion der Hamburger Bürgerschaft im Mai 1992), in: Drucksache 14/2000 der Bürgerschaft der Freien und Hansestadt vom 25. 5. 1992.

Ladenschluß und Verkauf von Zeitungen an Tankstellen (Rechtsgutachten für den Bundesverband der deutschen Zeitungsverleger), in: Dencker u.a. (Hg.), Festschrift für Stree/Wessels, Heidelberg 1993, S. 625 ff.

Der Vorbehalt des Gesetzes und Verwaltungsvorschriften im Subventionsrecht (Vortrag in Trier vor der Deutschen Richterakademie am 6. 11. 1992), in: Gewerbearchiv 1993, S. 136 ff und 187 ff.

Zur Aufführungsgestattung von Starlight-Express an stillen Feiertagen (Rechtsgutachten für die Stella Musical-Veranstaltungs GmbH in Hamburg im Jahre 1991), in: Nordrhein-Westfälische Verwaltungsblätter 1993, S. 121 ff.

Kammerverfassungsstreit, Mitgliederklagen, Verfassungsbeschwerde, in: Stober (Hg.), Rechtsschutz im Wirtschaftsverwaltungs- und Umweltrecht, Stuttgart 1993.

Aktuelle Probleme und Entwicklungstendenzen im deutschen Wirtschaftsverwaltungsrecht (Landesbericht erstattet am 12. 12. 1991), in: Stober (Hg.), Wirtschaftsverwaltungsrecht in Europa, Köln 1993, S. 175 ff.

Europa ohne Grenzen – Die besondere Rolle der Handelskammern (Vortrag in Bozen anläßlich eines Kongresses der Autonomen Region Trentino-Südtirol am 9. 10. 1992), in: Die Öffentliche Verwaltung 1993, S. 333 ff.

Zeitungsverkauf nach Ladenschluß eine Ordnungswidrigkeit?, in: Welp u.a. (Hg.), Festschrift für Stree/Wessels, Heidelberg 1993, S. 625 ff.

Ergebnisse der Expertenkommission zur Novellierung der Kommunalverfassung von Mecklenburg-Vorpommern, in: Dokumentation des Städte- und Gemeindetages Mecklenburg-Vorpommern, Rostock 1993, S. 1 ff.

Rechtliche Instrumente der wirtschaftlichen Entwicklungspolitik in den Ländern der Bundesrepublik (Vortrag an der Rechtswissenschaftlichen Fakultät der Universität Salzburg am 24. 9. 1991; Vortrag in Köln am Forschungsinstitut für Wirtschaftsverfassung und Wettbewerb am 11. 11. 1993), in: Sächsische Verwaltungsblätter 1993, S. 121 ff und 154 ff; Schäffer (Hg.), Wirtschaftsrecht und Europäische Regionen, Schriften zum Europäischen Recht, Berlin 1994, S. 117 ff; Schriftenreihe des Forschungsinstituts für Wirtschaftsverfassung und Wettbewerb 1994, S. 1 ff.

Postreform II (schriftliche Stellungnahme für den Rechtsausschuß des Deutschen Bundestages anläßlich der Anhörung am 8. 3. 1994 zur Neuordnung des Postwesens und der Telekommunikation), in: Anlage zu BT-Ds. 12/6717.

Die Rolle der ehrenamtlichen Vertretungen in der Kommunalen Selbstverwaltung (Vortrag im Landtag von Mecklenburg-Vorpommern am 11. 3. 1993), in: Landtag Mecklenburg-Vorpommern, Entscheidungen für unser Land, Band II, Die Kommunalverfassung Rostock 1995, S. 666 ff.

Möglichkeiten und Grenzen einer Privatisierung der kommunalen Abfallentsorgung (Vortrag am 3. 5. 1994 auf der Fachtagung des Instituts für Berg- und Energierecht der Ruhr-Universität Bochum in Düsseldorf), in: Tettinger (Hg.), Rechtlicher Rahmen für Public-Private-Partnerships auf dem Gebiet der Entsorgung, Bochumer Beiträge zum Berg- und Energierecht 1994, Band 22, S. 25 ff.

Handlungs- und Verfahrensspielräume der Wirtschaftsverwaltung im deregulierten Rechtsstaat (Vortrag bei der Verwaltungswissenschaftlichen Arbeitstagung 1994 des Forschungsinstituts für öffentliche Verwaltung der Hochschule für Verwaltungswissenschaften Speyer am 27. 9. 1994; Vortrag in Taipei vor der Taiwan National Universität am 4. 6. 1996; Vortrag in Tokio vor der Waseda-Universität am 26. 9. 1996), in: Blümel/Pitschas (Hg.), Verwaltungsverfahren und Verwaltungsprozeß im Wandel der Staatsfunktionen, Schriftenreihe der Hochschule für Verwaltungswissenschaften Speyer 1997, S. 131 ff; Die Öffentliche Verwaltung 1995, S. 125 ff (Kurzfassung).

Rechtsstaatliche Übersteuerung – Der Rechtsstaat in der Rechtsetzungsfalle (Vortrag auf einer Fachtagung der Thyssen-Stiftung in Dresden am 18. 10. 1994; Vortrag im Rahmen der Vortragsreihe der Juristischen Fakultät der TU Dresden zum Thema »Wiedervereinigung und Recht« am 29. 11. 1995; Vortrag in Wustrau im Rahmen einer Grundwertetagung der Deutschen Richterakademie am 25. 1. 1996; Vortrag vor der Handwerkskammer Bielefeld am 21. 11. 1996), in: Stern (Hg.), Vier Jahre Deutsche Einheit – Verbesserung der rechtlichen, administrativen und finanzstrukturellen Rahmenbedingungen in der Bundesrepublik Deutschland, München 1995, S. 65 ff.

Die Zulassung von Umweltgutachtern nach der Öko-Audit-VO, in: J. Ipsen u.a. (Hg.), Verfassungsrecht im Wandel, Festschrift zum 180-jährigen Bestehen des Carl Heymanns Verlags, Köln 1995, S. 639 ff.

Die Öko-Audit-Verordnung und Probleme ihrer Umsetzung (Schriftliche Stellungnahme zur Sachverständigenanhörung des Bundestagsausschusses für Umwelt, Naturschutz und Reaktorsicherheit am 31. 5. 1995 zur BT-DS 13/1192) in: Ausschuss-Drucksache 13/89.

Kommunalverfassung Mecklenburg-Vorpommern – aus der Sicht der Wissenschaft (Vortrag in Güstrow vor dem Städte- und Gemeindetag Mecklenburg-Vorpommern am 12. 6. 1995), in: Der Überblick, Städte und Gemeindetag Mecklenburg-Vorpommern 1995, S. 569 ff.

Rechtliche Rahmenbedingungen der Wirtschaftsförderung (Vortrag in Dresden anläßlich der Jahrestagung der Deutsch-Französischen Juristischen Gesellschaft am 13. 10. 1995), in: Betriebsberater 1996, S. 1845 ff.

Zum Beruf des Sachverständigen nach der Novellierung des § 36 GewO, in: Oldiges/Karpen/Höfling/Wendt (Hg.), Festschrift für Karl Heinrich Friauf, Heidelberg 1996, S. 543 ff.

Herausforderungen und Gefahren für die kommunale Selbstverwaltung in Deutschland (Vortrag in Moskau vor dem russischen Parlament am 13. 7. 1995), in: Friedrich-Naumann-Stiftung, Schriftenreihe Büro Moskau 1996, Band 4, S. 22 ff.

Wirtschaftsverwaltungsrechtliche Entwicklungslinien in der Bundesrepublik und rechtliche Rahmenbedingungen unter Berücksichtigung der Rechtslage in der Europäischen Union (Vortrag anläßlich des vierten Speyerer Forums zur Rechts- und Verwaltungszusammenarbeit zum Thema »Die Entwicklung des Staats- und Verwaltungsrechts in Südkorea und Deutschland« an der Hochschule für Verwaltungswissenschaften Speyer am 26. 9. 1995; Vortrag an der Hochschule St. Gallen am 6. 12. 1995; Vortrag an der Seoul National-Universität am 30. 5. 1996; Vortrag an der Tunghai-Universität Taiwan am 3. 6. 1996; Vortrag an der Waseda-Universität in Tokio am 26. 9. 1996), in: Deutsche Zeitschrift für Wirtschaftsrecht 1996, S. 133 ff; Zeitschrift für Rechtsvergleichung der Waseda-Universität 1997, Band 31, S. 243 ff; Pitschas, Schriftenreihe der Hochschule für Verwaltungswissenschaften Speyer, Speyer 1998, Band 127, S. 205 ff.

Das Ladenschlussgesetz – ein Auslaufmodell (Vortrag vor dem arbeitsrechtlichen Praktikerseminar der Verwaltungs- und Wirtschaftsakademie Industriebezirk Bochum am 10. 1. 1996), in: Juristenzeitung 1996, S. 541 ff.

Die Rationalisierung der Regierungsfunktion im Bereich Wirtschaftsverwaltung (Vortrag in Seoul vor der Korean Public Law Association am 22. 5. 1996), in: Schriftenreihe der Korean Public Law Association 1996, Public Law, Vol. 24 V, S. 27 ff.

Änderung des Gesetzes zur vorläufigen Regelung des Rechts der Industrie- und Handelskammern (Schriftliche Stellungnahme zur Anhörung des Bundestags-Ausschusses für Wirtschaft am 31. 1. 1996), in: Gewerbearchiv 1996, S. 184 ff.

Rechtsangleichung Estland (Begutachtung des estländischen Gesetzesentwurfes einer Gewerbeordnung im Auftrag der Deutschen Stiftung für internationale rechtliche Zusammenarbeit im April 1997), in: estnische Juristenzeitschrift Juridica, Heft 4/1997, S. 189 ff.

Staatliches Gewaltmonopol und privates Sicherheitsgewerbe (Vortrag anläßlich einer internen Fachtagung Privates Sicherheitsgewerbe an der Polizei-Führungsakademie Münster am 5. 3. 1996; Vortrag in Taiwan an der National Police University Taipei am 31. 5. 1996; Vortrag in Südkorea an der Seoul National Universität am 29. 5. 1996; Hamburger Antrittsvorlesung am 4. 12. 1996), in: Neue Juristische Wochenschrift 1997, S. 889 ff.

Kreisgebietsreform und Zwangsfusion von Sparkassenzweckverbänden, in: Burmeister u.a. (Hg.), Festschrift für Klaus Stern, München 1997, S. 799 ff.

Gesamtkommentar zum Postrecht, Stern (Hg.), Loseblatt-Kommentar, Bearbeiter des Postgesetzes und des Postregulierungsgesetzes anläßlich der Postreform II, Heidelberg 1997, Erste Ergänzungslieferung.

Zur gesetzlichen Regelung des privaten Sicherheitsgewerbes (Schriftliche Stellungnahme zur Anhörung des Innenausschusses des Bundestages am 10. 3. 1997), in: BT – 13 WP. – Innenausschuß, Ausschussdrucksache 13/95 v. 25. 2. 1997, S. 31 ff, Gewerbearchiv 1997, S. 217 ff.

Bemerkungen zum Zeitungsbegriff, in: Stober (Hg.), Festschrift für Gerd Roellecke, Stuttgart 1997, S. 345 ff.

Sozialrecht und kommunale Selbstverwaltung, in: Gitter/Schulin/Zacher (Hg.), Festschrift für Otto Ernst Krasney, München 1997, S. 585 ff.

Der zertifizierte Sachverständige wird künftig das Bild bestimmen, in: Der Sachverständige 11/97, S. 5 f.

Provision Systems of Social Welfare und Decentralisation – By National or Local Government? (Vortrag anlässlich einer internationalen Fachtagung über Dezentralisierung an der Waseda-Universität Tokio am 25. 9. 1996), in: Waseda Bulletin of Comparative Law 1997, S. 38 ff.

Öffentlich-rechtliches Handeln als Basis der Verwaltungskontrolle am Beispiel des Verwaltungsaktes (Rechtsvergleichender Vortrag in Beijing zum Generalthema Verwaltungssystem und Verwaltungskontrolle anläßlich des Forschungsprojekts mit der Chinesischen Akademie der Sozialwissenschaften und der Konrad-Adenauer-Stiftung am 24. 3. 1997; Vortrag an der Nordwest-Universität Xian am 5. 11. 1997; Vortrag an der Universität Nanjing am 19. 10. 1998), in: Schriftenreihe der Konrad-Adenauer-Stiftung, Peking 1998, Band 1, S. 363 ff.

Rechtsprinzipien einer künftigen Weltwirtschaftsordnung unter Berücksichtigung der WTO-Vereinbarungen (Vortrag an der Hochschule für Verwaltungswissenschaften Speyer anläßlich des 5. Speyerer Forums zur Rechts- und Verwaltungszusammenarbeit zum Generalthema Globalisierung der Wirtschaft – Herausforderungen an die Rechts- und Verwaltungsentwicklung der WTO-Staaten am 7. 4. 1997; Vortrag in Wien anlässlich eines Symposiums an der Wirtschaftskammer Wien am 11. 5. 2001), in: Jahrbuch 2000 des chinesisch-deutschen Instituts für Wirtschaftsrecht, Nanjing 2000, S. 50 ff.

Quo vadis Sicherheitsgewerberecht? (Vortrag an der Polizei-Führungsakademie Münster am 2. 7. 1997), in: Pitschas/Stober (Hg.), Quo vadis Sicherheitsgewerberecht, Köln 1998, S. 35 ff.

Sicherheit für Wirtschaft und Gesellschaft zwischen Staat und Privat (Vortrag anläßlich des 4. Bad Homburger Sicherheitsgespräches am 31. 3. 1998; Vortrag an der Polizei-Führungsakademie Münster am 22. 6. 1998), in: Pitschas/Stober (Hg.), Kriminalitätsverhütung durch Sicherheitsvorsorge, 2000, S. 77 ff.

Handelsregister und Kammern (Rechtsgutachten für den Baden-Württembergischen Handwerkstag im März 1998), in: Zeitschrift für Recht und Politik 1998, S. 224 ff.

Vom sozialen Rechtsstaat zum egoistischen Rechthaberschutzstaat? (Jubiläumsbeitrag zum 50-jährigen Bestehen der DÖV), in: Die Öffentliche Verwaltung 1998, S. 775 ff.

Verwaltungsrechtsreform Ukraine (Gutachterliche Stellungnahme zum Entwurf der Arbeitsgruppe des Ministerkabinetts im Auftrage der Deutschen Stiftung für internationale rechtliche Zusammenarbeit im Juni 1998), in: Luchterhandt (Hg.), Schriftenreihe Ostforschung, Hamburg 1999, S. 30 ff.

Wege aus dem Subventionschaos (Eröffnungsvortrag anläßlich des 1. Hamburger Wirtschaftsrechtstages am 29. 9. 1998), in: Stober/Vogel (Hg.), Subventionsrecht auf dem Prüfstand, Köln 1999, S. 8 ff.

Zur Entwicklung der chinesisch-deutschen Beziehungen auf dem Gebiet der Juristenausbildung (Vortrag in Peking anläßlich des Internationalen Kongresses der Dekane der Juristischen Fakultäten zur Juristenausbildung im 21. Jahrhundert am 27. 5. 1999), in: Sammelband der China-Universität für Politik und Recht, Peking 1999, S. 50 ff.

Globalisierung der Wirtschaft und Rechtsprinzipien des Weltwirtschaftsrechts, in: Ebke/Hübner (Hg.), Festschrift für Bernhard Großfeld, Heidelberg 1999, S. 1173 ff.

Nationales Wirtschaftsrecht als konkretisiertes Gemeinschaftsrecht (Vortrag an der Karls-Universität Prag am 31. 10. 1998; Vortrag in Tallinn anläßlich eines deutsch-estnisch-ukrainischen Seminars im Justizministerium am 26. 2. 1999), in: Acta Universitatis Carolinae-Juridicae, Talinn 2000.

Zur Wirkung von Subventionsrecht und Subventionspraxis (Vortrag am Forschungsinstitut der Deutschen Hochschule für Verwaltungswissenschaften im Rahmen eines Symposiums der VW-Stiftung Speyer am 3. 2. 1999), in: Hill (Hg.), Wirkungsforschung zum Recht II, Baden-Baden 2000, S. 251 ff.

Public-Private-Partnership (Vortrag in Lübeck auf dem 6. Deutschen Kongreß der Wohnungswirtschaft am 8. 9. 1999), in: Teichmann (Hg.), Qualität als Antwort, Berlin 2000, S. 103 ff.

Zur gemeinschaftsrechtlichen Kodifizierung und Konkretisierung des Wirtschaftsverwaltungsrechts, in: Köbler/Heinze/Hromadka (Hg.), Festschrift für Alfred Söllner, München 2000, S. 1125 ff.

Wirtschaftliche Betätigung der öffentlichen Hand (Einführungsvortrag auf dem 2. Hamburger Wirtschaftsrechtstag am 5. 5. 1999), in: Stober/Vogel (Hg.), Wirtschaftliche Betätigung der öffentlichen Hand, Köln 2000, S. 1 ff.

Neue Polizeikonzepte: Police Private Partnership aus juristischer Sicht; Zur Zusammenarbeit zwischen Polizei- und Sicherheitsgewerbe (Vortrag in Speyer anläßlich des Forums »Neue Polizeikonzepte« am 29. 9. 1999 an der DHV; Vortrag bei der Friedrich Naumann Stiftung, Außenstelle Kapstadt am 9. 3. 2000; Vortrag an der Universität Stellenbosch am 16. 3. 2000), in: Stober (Hg.), Jahrbuch des Sicherheitsgewerberechts, Köln 2000, S. 1 ff; Die Öffentliche Verwaltung 2000, S. 261ff.

Die Kodifikation des Sicherheitsgewerberechts als Sicherheitsentscheidungsproblem der Politik (Einführungsvortrag anläßlich des 1. Hamburger Sicherheitsgewerberechtstages am 17. 2. 2000), in: Stober (Hg.), Empfiehlt es sich, das Recht des Sicherheitsgewerbes zu kodifizieren, Köln 2000, S. 1 ff.

Die zehn Gebote eines wirtschaftsnahen Umweltrechts (Einführungsvortrag anläßlich des 3. Hamburger Wirtschaftsrechtstages am 11. 4. 2000), in: Stober/Vogel, Umweltrecht und UGB aus wirtschaftsrechtlicher Perspektive, Köln 2000, S. 1 ff; Gewerbearchiv 2000, S. 265 ff.

Laudatio auf den Ehrenpräsidenten des Deutschen Handwerkstages Paul Schnitker in der Handwerkskammer Düsseldorf anläßlich der Verleihung des Bergischen Löwen, in: Bergische Standpunkte Nr. 8/2001, S. 10 ff.

Wirtschaftsverwaltungsrecht – Ein Rechtsgebiet zwischen staatlicher Steuerung und unternehmerischer Verantwortung, in: Geis/Lorenz (Hg.), Festschrift für Hartmut Maurer, München 2001, S. 827 ff.

Sicherheitsgewerbe im Wandel: Private Sicherheitsdienste als Dienstleister für die öffentliche Sicherheit (Vortrag an der Polizei – Führungsakademie Münster am 19.06.2000; Vortrag an der Universität Salzburg anläßlich eines deutsch/österreichischen Symposiums am 25. 5. 2001), in: Zeitschrift für Rechtspolitik 2001, S. 260 ff.

Staat und Stadt als Konzern (Vortrag vor der Handwerkskammer Hamburg am 19. 4. 2001; Vortrag anläßlich des Verwaltungsforums des Oberverwaltungsgerichts Schleswig am 15. 6. 2001), in: Broschüre des Gesamtverbandes des Hamburger Handwerks e.V.; Zeitschrift für Öffentliches Recht in Norddeutschland 2001, S. 333 ff.

Kammern der Wirtschaft – Mehr als Pflichtmitgliedschaft (Vortrag an der Universität Dortmund anläßlich der Verleihung der Ehrendoktorwürde; Vortrag vor der Vollversammlung des Deutschen Handwerkskammertages am 30. 5. 2001), in: Gewerbearchiv 2001, S. 393 ff.

Der Beitrag des Sicherheitsgewerbes in Präventionsgremien (Vortrag in Speyer an der DHV am 29. 3. 2001; Vortrag anläßlich einer Tagung des sächsischen Innenministeriums in Dresden am 1. 3. 2002), in: Pitschas (Hg.), Kriminalprävention und »Neues Polizeirecht«, Berlin 2002, S. 203 ff.

Die Bedeutung des deutschen Verwaltungsrechts für die Volksrepublik China (Vortrag an der Universität Göttingen anläßlich eines chinesisch/deutschen Symposiums am 29. 6. 2000; Vortrag in Peking anläßlich eines Stipendiatentreffens der Alexander von Humboldt-Stiftung am 14. 9. 2001; Vortrag bei der chinesischen Akademie der Sozialwissenschaften, Rechtsinstitut, Oktober 2001; Vortrag am International Center for Graduate Studies, Universität Hamburg am 1. 11. 2002), in: Die Öffentliche Verwaltung 2002, S. 547 ff.

Kooperations- und Privatisierungsformen im Verwaltungsrecht, in: Won Woo Lee (Hg.), Festschrift für Song – Wha Choi, Seoul 2002, S. 33 ff.

Wirtschaftsaufsicht und Bankenaufsicht (Vortrag an der Deutschen Hochschule für Verwaltungswissenschaften anläßlich des Speyerer Wirtschaftsforums am 26. 9. 2001; Vortrag an der China-Universität für Politik und Recht anläßlich der Tagung des Übersetzungsausschusses für deutsche Rechtsliteratur am 8. 10. 2001; Vortrag an der Korea National University Seoul, März 2002), in: Pitschas (Hg.), Integrierte Finanzdienstleistungsaufsicht, Berlin 2002, S. 21 ff.

Ingenieure und Naturwissenschaftler im Konflikt des öffentlichen Bezahlungssystems (Vortrag in Königswinter vor Führungskräften der Gewerkschaft Technik und Naturwissenschaften am 22. 11. 2001), in: Zeitschrift für Beamtenrecht 2002, S. 373 ff.

Zur Qualifizierung der privaten Sicherheitsdienste (Vortrag bei der IHK Düsseldorf am 23. 11. 2001), in: Gewerbearchiv 2002, S. 129 ff.

Staats- und Staatenverantwortung für den Schutz von Computerprogrammen (Vortrag in Seoul vor der Administrative Law Society of Lawyers and Academics im Auftrag von Microsoft am 23. 3. 2002), in: Zeitschrift für Rechtspolitik 2002, S. 298 ff.

WTO and UN as vehicles for International Law Principles (Vortrag bei einer internationalen Tagung on Rule of Law and legal Education anlässlich des 50-jährigen Bestehens der China-Universität für Politik und Recht am 5. 5. 2002; Vortrag bei dem 2. Wiener Globalisierungs-Symposium am 11. 5. 2001), in: Baudenbacher/Busek (Hg.), Europa und die Globalisierung, Wien 2002, S. 309 ff.

Tatsächliche Möglichkeiten und rechtlicher Rahmen für die Einbeziehung privater Sicherheitsdienste in hoheitliche Sicherheitsaufgaben, gemeinsam mit Sören Braun, Der Städtetag 11/2002, S. 17 ff.

Empfiehlt es sich, das Recht der öffentlichen Unternehmen national und gemeinschaftsrechtlich neu zu regeln? (Beitrag zum 64. DJT, Berlin, 2002), in: Neue Juristische Wochenschrift 2002, S. 2357 ff.

The WTO and the Training of High Level Foreign Related Legal Talents (Vortrag anläßlich einer Internationalen Tagung des chinesischen Justizministeriums in Peking), in: Ministry of Justice (Ed.), International Theories and Practices on WTO and Legal Services, Peking 2002, S. 30 ff.

Hochschulkooperation zwischen Deutschland und China – Bestand und Bedarf, in: M. Schüller (Hg.), Strukturwandel in den deutsch-chinesischen Beziehungen, Hamburg; Mitteilungen des Instituts für Asienkunde, Band 370, 2003, S. 203 ff.

Zur Regulierung der gewerblichen Spielevermittlung, Gutachten im Auftrage der fluxx.com, Kiel zum Entwurf eines Staatsvertrages zum Lotteriewesen in Deutschland, Februar 2003, in: Gewerbearchiv 2003, S. 305 ff.

Die Handwerkskammern in der Meisterfalle (Vortrag vor dem Westdeutschen Handwerkskammertag am 13. 5. 2003; der Vollversammlung der Handwerkskammer Münster am 22. 5. 2003; der Vollversammlung der Handwerkskammer Koblenz am 7. 7. 2003 und der Vollversammlung der Handwerkskammer Bielefeld am 15. 7. 2003), verkürzt in: Deutsches Handwerksblatt vom 5. 6. 2003, S. 8.

Stellungnahme zur öffentlichen Anhörung des Bundestags-Ausschusses für Wirtschaft und Arbeit zur Änderung der Handwerksordnung (BT-Drucksache 15/1206) am 8. 7. 2003, Ausschuss-Drucksache 15 (9) 519 v. 7. 7. 2003, in: Gewerbearchiv 2003, S. 393 ff.

Gewerbeordnung 21 (Präsentation eines Gesetzesentwurfs anläßlich des 6. Hamburger Wirtschaftsrechtstages am 17. 6. 2003 vor dem Rechtsausschuss der Handelskammer am 3. 11. 2003 sowie anlässlich des Europäischen Gewerberechtstages an der Europäischen Rechtsakademie Trier am 15. 9. 2005), in: Graf/Paschke/Stober (Hg.), Gewerberecht im Umbruch, Köln 2003, S. 175 ff; NVwZ 2003, S. 1349 ff;

Kluth (Hg.), Jahrbuch des Kammer- und Berufsrechts 2004, Baden-Baden 2005, S. 291 ff; ERA-Forum, Zeitschrift der Europäischen Rechtsakademie Trier, Heft 1/2006, S. 84 ff.

Neues Sicherheitsdenken im kooperativen Staat (Vortrag an der Handelskammer Hamburg anlässlich der Unterzeichnung eines Kooperationsabkommens zwischen der Innenbehörde und dem Sicherheitsgewerbe am 26. 6. 2003), in: Stober (Hg.), Jahrbuch des Sicherheitsgewerberechts 2003/2004, Köln 2004, S. 1 ff.

Moderne Dimensionen des Sicherheitsgewerberechts, in: Stober/Olschok (Hg.), Handbuch des Sicherheitsgewerberechts, München 2004, S. 1 ff.

Public Private Partnership (Vortrag anläßlich einer internationalen Wirtschaftsrechtstagung am Chinesisch-Deutschen Hochschulkolleg an der Tongji-Universität Shanghai am 12. 3. 2002 und vor dem Bundesverband Sicherheitstechnik am 26. 11. 2003 in Hamburg), in: Wang Weida (Hg.), Erfüllung der öffentlichen Aufgaben durch Privatrecht, Shanghai 2004, S. 3 ff.

Sonntagszeit und Arbeitszeit, in: Osterloh/K. Schmidt/H. Weber (Hg.), Festschrift für Peter Selmer, Berlin 2004, S. 539 ff.

Privatrechtliche und öffentlich-rechtliche Verträge (Vortrag anläßlich eines chinesisch-deutschen Symposiums zum Verwaltungsverfahrensrecht am 31. 10. 2002 in Hamburg), in: GTZ (Hg.), The Chinese Administrative Procedure Law, Peking 2004, S. 769 ff.

Neues Kammerrecht: Plädoyer für eine Neupositionierung öffentlich-rechtlicher Kammeraufgaben (Vortrag vor dem Verband der Geschäftsführer der Industrie- und Handelskammern am 26. 11. 2002 an der Handelskammer Hamburg), in: Schriftenreihe des Verbandes der Geschäftsführer Deutscher Industrie- und Handelskammern, Hamburg 2004, S. 7 ff.

Telekommunikation zwischen öffentlich-rechtlicher Steuerung und privatwirtschaftlicher Verantwortung (Vortrag auf Einladung des Korean Legislative Research Institutes, Seoul am 11. 10. 2003 und anlässlich eines Stipendiatentreffens der Alexander von Humboldt-Stiftung am 6. 10. 2004 in Seoul), in: Administrative Law Journal 2004, S. 39 ff; Die Öffentliche Verwaltung 2004, S. 221 ff.

Stand der deutsch-koreanischen Wissenschaftsbeziehungen aus rechtswissenschaftlicher Perspektive (Statement anlässlich einer Tagung der A. v. Humboldt-Stiftung am 10. 10. 2004 in Seoul), in: Arbeits- und Diskussionspapier 1/2005 der A. v. Humboldt-Stiftung, S. 46.

Customer Relationship Management, Risikomanagement und Wirtschaftsverwaltungsmanagement (Vortrag bei einer Tagung am Chinesisch-Deutschen Hochschulkolleg an der Tongji-Universität Shanghai am 18. 3. 2004 und bei dem 7. Hamburger Wirtschaftsrechtstag am 29. 11. 2004), in: Die Öffentliche Verwaltung 2005, S. 333 ff; Graf/Paschke/Stober (Hg.), Customer Relationship Management, Köln 2006, S. 89 ff.

Katastrophenverwaltung und Bürgerverantwortung (Vortrag anlässlich des vom Bundesjustizministeriums und dem Ministerium des Rechtsamtes beim Staatsrat der Volksrepublik China veranstalteten fünften Symposiums zum deutsch-chinesischen Rechtsstaatsdialog am 17. 5. 2004 in Peking und an der China Universität für öffentliche Sicherheit am 15. 9. 2006), in: Neue Zeitschrift für Verwaltungsrecht 2005, S. 121 ff, mit Sven Eisenmenger.

Situation der Ingenieure im öffentlichen Dienst – Zur Konnexität zwischen Aufgaben- und Bezahlungsverantwortung (Vortrag anlässlich des vom Deutschen Beamtenbund veranstalteten Technikerkongresses 2004 am 11. 11. 2004 in Berlin sowie vor der Professorenversammlung der FH Münster am 16. 1. 2005), in: Zeitschrift für Beamtenrecht 2005, S. 181 ff.

Interessenvertretung und Beratung, mit Sven Eisenmenger, in: Kluth (Hg.), Handbuch des Kammerrechts, Baden-Baden 2005, S. 211 ff.

Privatisierung als Herausforderung für den schlanken Staat (Eröffnungsvortrag anlässlich des 8. Hamburger Wirtschaftsrechtstages am 29. 11. 2005), in: Graf/Paschke/Stober (Hg.), Standortvorteil Recht, Private Partner für die Justiz, Köln 2006, S. 11 ff.

Neues Sicherheitsdenken im kooperativen Staat, in: Akyürek/Baumgartner/Jahnel/Lienbacher/Stolzlechner (Hg.), Festschrift für Heinz Schäffer, Wien 2006, S. 795 ff.

Anforderungen an ein modernes Verwaltungsrecht, in: Geis/Umbach (Hg.), Festschrift für Richard Bartlsperger, Berlin 2006, S. 599 ff.

Der Dritte Sektor in der Europäischen Union: Die Daseinsvorsorge (Vortrag anlässlich einer Tagung der Handelskammer und der Universität Hamburg zum Generalthema »Dritter Sektor im 21. Jahrhundert« am 11. 11. 2005), in: Schmidt-Trenz/Stober (Hg.), Jahrbuch für Recht und Ökonomik des Dritten Sektors, Baden-Baden 2006, S. 72 ff.

Deutsch-Chinesisches Bildungsforum am 3. 3. 2005 an der Universität Hamburg, Statement zum Workshop Hochschulen und Studiengänge, in: International Center for Graduate Studies (Hg.), Bildungskooperation mit China, Hamburg 2006, S. 110 ff.

Zum Leitbild eines modernen Regulierungsverwaltungsrechts (Eröffnungsvortrag am 26. 5. 2006 anlässlich der ersten internationalen Tagung des Zentrums für Recht und Regulierung an der National Universität Seoul), in: Schriftenreihe des Zentrums Seoul, 2006, S. 1 ff.

Der Dritte Sektor in der EU: Die Daseinsvorsorge, in: Schmidt-Trenz/Stober (Hg.), Der Dritte Sektor – Auslauf- oder Zukunftsmodell, Baden-Baden 2006, S. 72 ff.

Objektschutz bei der WM: Bundeswehr oder private Dienstleister?, Editorial NJW 2006, Heft Nr. 7.

BIDs als Querschnittsmaterie und Ausprägung einer Public Private Partnership (Eröffnungsvortrag anlässlich des 9. Hamburger Wirtschaftsrechtstages am 7. 11. 2006), in: Graf/Paschke/Stober (Hg.), Rechtsrahmen der Business Improvement Districts, Köln 2007, S. 1 ff.

Auf dem Wege zum gläsernen Passagier mit gläsernem Gepäck (Eröffnungsvortrag anlässlich eines Workshops mit dem Flughafen München zum Thema »Flughafensicherheit und Sicherheitsgewerbe am 15. 11. 2006), in: Oschmann/Stober (Hg.), Luftsicherheit, Köln 2007, S. 125 ff.

Ein Meister der Jurisprudenz – Gerd Roellecke zum 80. Geburtstag, in: Juristenzeitung 2007, S. 676 f.

Für ein aufgabenadäquates Sicherheitsvergaberecht (Vortrag anlässlich der von der EU-Kommission unterstützten Bestbieter-Tagung am 19. 4. 2007 in Berlin), in Neue Juristische Wochenschrift 2007, S. 2008 ff.

Leitbild eines modernen Regulierungsverwaltungsrechts, in: Pitschas/Uhle (Hg.), Festschrift für Rupert Scholz, Berlin 2007, S. 943 ff.

Dauerbaustelle Kammerrechtsreform, in: Ennuschat/Geerlings/Mann/Pielow (Hg.), Gedächtnisschrift für Peter J. Tettinger, Köln 2007, S. 189 ff.

Kammern als Kompetenzpartner (Vortrag anlässlich des 10. Hamburger Wirtschaftsrechtstages an der Handelskammer am 28. 6. 2007 in Hamburg), in: Graf/Paschke/Stober (Hg.), Strategische Perspektiven des Kammerrechts, Hamburg 2007, S. 23 ff.

Einheitliche Wirtschafts- und Berufskammern? – Ein Beitrag zur Modernisierung der funktionalen Selbstverwaltung (Vortrag anlässlich der zweiten Tagung des Dritten Sektors an der Handelskammer Hamburg am 15. 11. 2007), in: Schmidt-Trenz/Stober (Hg.), Brauchen wir eine Wirtschaftskammer?, Baden-Baden, im Erscheinen.

Grundrechtsschutz durch Selbstkontrolle und Fremdkontrolle der Verwaltung, in: Merten/Papier (Hg.), Handbuch der Grundrechte in Deutschland und Europa, Band III, Heidelberg 2008, § 77.

Befugnisse und Kontrolle im Katastrophenschutzrecht (Vortrag anlässlich einer Tagung der Forschungszentren Umweltrecht und Technikrecht am 24. 5. 2007 an der Humboldt-Universität Berlin), in: Kloepfer, Schriftenreihe des Zentrums, Berlin 2008.

III. HERAUSGEBERSCHAFTEN

Götz Frank/Rolf Stober (Hg.), Rotation im Verfassungsstreit, Dokumentation des Verfahrens um die Rechtswirksamkeit der Mandatsverzichtserklärungen von fünf GRÜNEN-Abgeordneten vor dem Niedersächsischen Staatsgerichtshof, Baden-Baden 1985, 380 S.

Eigentumsschutz sozialrechtlicher Positionen, Köln 1986, 217 S.

Quellen zur Geschichte des Wirtschaftsverwaltungsrechts, Quellensammlung zur Kulturgeschichte, Band 21, Göttingen 1986, 268 S.

Wichtige Wirtschaftsverwaltungs- und Gewerbegesetze, Herne/Berlin 1986, 270 S., 20. Auflage 2008.

Schriftenreihe Studien zum Öffentlichen Wirtschaftsrecht, Köln 1986 ff, Bände 1 bis 77.

K.-W. Dahm/Rolf Stober u.a. (Hg.), Die Zukunft des Wochenendes, Dokumentation einer interdisziplinären Tagung, Frankfurt 1989.

Wichtige Umweltgesetze für die Wirtschaft, Herne/Berlin 1989, 320 S.; 7., erweiterte Auflage 2002, 884 S.

Wirtschaftsverwaltungsrecht, in: Ergänzbares Lexikon des Rechts, Loseblattwerk, Neuwied 1990 ff.

Entscheidungssammlung zum Gewerberecht (EZGewR), Loseblattwerk, Neuwied 1990 ff.

Hermann-Josef Bunte/Rolf Stober (Hg.), Lexikon des Rechts der Wirtschaft, drei Bd., Loseblattwerk, Neuwied 1991 ff.

Beförderung gefährlicher Güter, Neuere Entwicklungen des Haftungsrechts, Schriftenreihe der Deutschen verkehrswissenschaftlichen Gesellschaft, Band 1 bis 149, Bergisch Gladbach 1992, 186 S.

Rechtsschutz im Wirtschaftsverwaltungs- und Umweltrecht, Stuttgart 1993.

Handbuch des Staats- und Verwaltungsrechts in Sachsen, Stuttgart 1996.

Recht und Recht, Festschrift für Gerd Roellecke, Stuttgart 1997.

Lexikon des Rechts, Gewerberecht, Neuwied 1999.

Schriftenreihe Recht des Sicherheitsgewerbes, Köln 2000 ff, Bände 1 bis 30.

Harald Olschok/Rolf Stober (Hg.), Handbuch des privaten Sicherheitsgewerberechts, München 2004.

Schriften aus dem Institut für Recht der Wirtschaft der Universität Hamburg, Hamburg 2006 ff.

Hans-Jörg Schmidt-Trenz/Rolf Stober (Hg.), Jahrbuch für Recht und Ökonomik des Dritten Sektors, Band 1, Der Dritte Sektor im 21. Jahrhundert – Auslauf- oder Zukunftsmodell?, Baden-Baden 2006; Band 2, Brauchen wir eine Wirtschaftskammer?, Baden-Baden 2008.

Deutsches und Internationales Wirtschaftsrecht, 1. Auflage, Stuttgart 2007, russische Übersetzung, St. Petersburg 2007

Schriften der Forschungsstelle Sicherheitsgewerbe, Hamburg 2007 ff.

Europäische Wirtschaftsverwaltungsrechtstexte, Herne 2008.

IV. ANMERKUNGEN ZU GERICHTSENTSCHEIDUNGEN

Anmerkung zum Beschluß des VGH Mannheim vom 30. 12. 1971 – I 191/70 – zur Rechtsnatur der Geschäftsordnung des Gemeinderates, in: Städte- und Gemeindebund 1973, S. 67 ff.

Anmerkung zum Urteil des BGH vom 20. 9. 1973 – III ZR 174/71 – über die Haftung der Universität für Studentengarderobe, in: Recht der Jugend und des Bildungswesens 1974, S. 186 ff.

Anmerkung zum Beschluß des VGH Kassel vom 1. 3. 1976 – IV TH/76 – über die Einzelrechtsnachfolge in baurechtliche Polizei- und Ordnungspflichten, in: Neue Juristische Wochenschrift 1977, S. 123 f.

Anmerkung zum Urteil des Landgerichts Göttingen vom 29. 12. 1977 – S. 70/76 – über die Anhebung des Pensionssatzes bei Heimverträgen nach dem Heimgesetz, in: Zeitschrift für Sozialhilfe 1978, S. 80 ff.

Anmerkung zum Urteil des Wahlprüfungsgerichtes Berlin vom 19. 11. 1979 – WPG I/79 – über die Zulässigkeit von einstweiligen Anordnungen des Wahlprüfungsgerichtes vor der Wahl, in: Deutsches Verwaltungsblatt 1979, S. 671 ff.

Anmerkung zum Beschluß des Bundesverfassungsgerichts vom 27. 3. 1980 – 2 BvR 316/80 – über die Auferlegung einer Missbrauchsgebühr, in: Deutsches Verwaltungsblatt 1980, S. 833 f.

Anmerkung zum Beschluß des Bundesverfassungsgerichts vom 1. 7. 1981 – 1 BvR 874/77 – über die Begrenzung der Bewertung von Ausbildungs-Ausfallzeiten bei Rentenanwartschaften, in: Juristenzeitung 1982, S. 195 ff.

Anmerkung zum Urteil des Bundessozialgerichts vom 24. 8. 1982 – 9 a RV/82 – zur Frage, ob schädigungsbedingte Gesundheitsstörungen eines Kandidaten die Niederlage bei einer Wahl zum Landrat wesentlich mit beeinflusst haben, in: Die Sozialgerichtsbarkeit 1983, S. 201 ff.

Anmerkung zum Urteil des Bundessozialgerichts vom 18. 5. 1983 – 6 Rka 22/80 – zur Auslegung und Verfassungsmäßigkeit satzungsrechtlicher Nichtanrechnung einer hilfskassenärztlichen Tätigkeit, in: Die Sozialgerichtsbarkeit 1984, S. 426.

Anmerkung zum Urteil des Bundesverfassungsgerichts vom 16. 7. 1985 – 1 BvL 5/80 – zu den Voraussetzungen und Schranken des Eigentumsschutzes sozialversicherungsrechtlicher Positionen, in: Die Sozialgerichtsbarkeit 1986, S. 63 ff.

Anmerkung zum Urteil des Bundessozialgerichts vom 7. 5. 1986 – 9a Rv 20/85 zu den Voraussetzungen der Eigentumsqualität von Rentenleistungen der Kriegsopferversorgung, in: Die Sozialgerichtsbarkeit 1987, S. 76 ff.

Anmerkung zum Urteil des Bundesgerichtshofes vom 27. 10. 1988 – WM 1988, 1719 – zu den Voraussetzungen des § 56 Abs. 1 Nr. 6 GewO, in: Deutsche Rechtsprechung 1989, S. 183 ff.

Anmerkung zu einer Entscheidung des OVG Koblenz vom 26. 11. 1991 – zur Rückforderung von Förderungsmitteln, in: Juristenzeitung 1992, S. 1084 ff.

Anmerkung zu einer Entscheidung des Bundesverwaltungsgerichts vom 26. 10. 1993 – 1 C 17/91 – zum Verkauf an Tankstellen nach Ladenschluß (§ 6 Abs. 2 LadSchlG), in: Juristenzeitung 1994, S. 300 ff.

Anmerkung zu einer Entscheidung des Bundesgerichtshofes vom 21. 7. 2006 – VZR 158/05 – zum Subventions- und Verwaltungsprivatrecht, in: Juristenzeitung 2007, S. 415.

V. REZENSIONEN

Neue Literatur zum Kommunalrecht, Sammelrezension, in: Juristische Arbeitsblätter Öffentliches Recht 1974, S. 233 ff.

Krause, Rechtsformen des Verwaltungshandelns, 1974, in: Baden-Württembergische Verwaltungspraxis 1976, S. 118.

Die Gemeindeordnungen in der Bundesrepublik Deutschland, 1976, in: Juristische Arbeitsblätter Öffentliches Recht 1976, S. 262.

Peters/Hommel, Sozialgesetzbuch, Allgemeiner Teil, 1975; Peters, Kommentar zum Allgemeinen Teil des Sozialgesetzbuches, 1976, in: Juristische Arbeitsblätter Öffentliches Recht 1976, S. 242.

Steiner, Öffentliche Verwaltung durch Private, 1975, in: Baden-Württembergische Verwaltungspraxis 1977, S. 23.

Holfelder/Bosse, Schulgesetz für Baden-Württemberg, 1976, Hochstetter/Muser, Schulgesetz für Baden-Württemberg, 1976, in: Baden-Württembergische Verwaltungspraxis 1977, S. 69.

Tschira/Schmitt-Glaeser, Verwaltungsverfahrensgesetz, 1976, in: Baden-Württembergische Verwaltungspraxis 1977, S. 114 f.

Dipper/Ott/Schlessmann/Schröder/Schumacher, Waldgesetz für Baden-Württemberg, 1976, in: Baden-Württembergische Verwaltungspraxis 1977, S. 166.

Hummel/Lilijegren, Wirtschaftsverwaltungsrecht, 1977, in: Baden-Württembergische Verwaltungspraxis 1977, S. 216.

Hürxthal/Krumme u.a., Straßenverkehrsgesetz, 1977, in: Verwaltungsrundschau 1978, S. 113.

Papier, Recht der öffentlichen Sachen, 1977, in: Verwaltungsrundschau 1978, S. 113.

Ernst/Hoppe, Das öffentliche Bau- und Bodenrecht, Raumplanungsrecht, 1978, in: Juristenzeitung 1980, S. 288.

Plotke, Schweizerisches Schulrecht, 1979, in: Zeitschrift für ausländisches öffentliches Recht und Völkerrecht 1980, S. 431 f.

Krause/Maydell/Merten/Meydam, Gemeinschaftskommentar zum Sozialgesetzbuch, Gemeinsame Vorschriften für die Sozialversicherung, 1978, in: Juristenzeitung 1980, S. 584.

Erichsen, Staatsrecht und Verfassungsgerichtsbarkeit II, 2. Auflage 1979, in: Die Öffentliche Verwaltung 1980, S. 187.

Stock, Zu der Rechtsprechung über politische Werbung im Straßenverkehr, 1979, in: Neue Juristische Wochenschrift 1980, S. 1836.

Bösche, Kommunalverfassungsrecht in Nordrhein-Westfalen, 1980, in: Verwaltungsrundschau 1980, S. 434.

Schwabe/Sundermann, Kommunalverfassung in Nordrhein-Westfalen, 1980, in: Verwaltungsrundschau 1980, S. 434.

Vogel, Der Verwaltungsrechtsfall, 8. Auflage, 1980, in: Juristische Arbeitsblätter 1981, S. 108.

Schwabe, Verwaltungsprozeßrecht, 1980, in: Neue Juristische Wochenschrift 1981, S. 741.

Scholler/Broß, Verfassungs- und Verwaltungsprozeßrecht, 1980, in: Neue Juristische Wochenschrift 1981, S. 1357.

Kopp, Verwaltungsgerichtsordnung mit Erläuterungen, 5. Auflage 1981, in: Neue Juristische Wochenschrift 1981, S. 1942.

Weides, Verwaltungsverfahren und Widerspruchsverfahren, 2. Auflage 1981, in: Neue Juristische Wochenschrift 1982, S. 744.

Heise, Polizeigesetz Nordrhein-Westfalen und Erläuterungen, 3. Auflage 1981, in: Neue Zeitschrift für Verwaltungsrecht 1982, S. 186.

Scholz, Entflechtung und Verfassung, 1981, in: Deutsches Verwaltungsblatt 1982, S. 417.

Schoch, Das kommunale Vertretungsverbot, Schriften zum deutschen Kommunalrecht 1981, Band 23, in: Bayerische Verwaltungsblätter 1983, S.190.

Gewerberecht aus einem Guß, Leitsätze für ein Gewerbegesetzbuch, in: Deutsches Verwaltungsblatt 1982, S. 710.

Michel/Kienzle, Gaststättengesetz-Kommentar, 8. Auflage, 1983, in: Neue Zeitschrift für Verwaltungsrecht 1983, S. 602.

Hofmann, Rechtsfragen der atomaren Entsorgung, 1981, in: Natur und Recht 1983, S. 269.

Büdenbender, Energierecht, 1982, in: Natur und Recht, 1983, S. 308.

Eiser/Riederer/Obernolte, Energiewirtschaft-Kommentar, 15. Ergänzungslieferung, Stand 1982, in: Natur und Recht 1983, S. 229.

Fröhler/Hengstschläger, Grundsteuer und Raumordnung, 1982, in: Deutsches Verwaltungsblatt 1983, S. 768.

Battis/Gusy, Öffentliches Wirtschaftsrecht, 1983, in: Neue Zeitschrift für Verwaltungsrecht 1984, S. 503 f.

Scholz, Krise der parteienstaatlichen Demokratie?, in: Zeitschrift für Rechtspolitik 1983, S.110.

Grosser, Die Spannungslage zwischen Verfassungsrecht und Verfassungswirklichkeit bei Vergabe von staatlichen Wirtschaftssubventionen durch die öffentliche Hand, in: Juristenzeitung 1985, S. 31.

Weber-Dürler, Vertrauensschutz im Öffentlichen Recht, in: Archiv des Öffentlichen Rechts 1985, S. 322.

Evers, Das Recht der Energieversorgung, 2. Auflage, 1983, in: Deutsches Verwaltungsblatt 1984, S. 974.

Löffler, Presserecht-Kommentar, 3. Auflage, München 1983, in: Deutsches Verwaltungsblatt 1986, S. 158.

Siegert/Musielak, Das Recht des Handwerks, Kommentar, 2. Auflage, 1984, in: Deutsches Verwaltungsblatt 1986, S. 528.

Püttner, Die öffentlichen Unternehmen, 2. Auflage, 1985, in: Archiv des Öffentlichen Rechts 1987, S. 152.

Robinski, Gewerberecht, in: Deutsches Verwaltungsblatt 1986, S. 64.

Hesse, Die Verfassungsmäßigkeit des Fernmeldemonopols der Deutschen Bundespost, 1984, in: Deutsches Verwaltungsblatt 1986, S. 90.

Wirth, Marktverkehr Marktfestsetzung Marktfreiheit, 1985, in: Neue Zeitschrift für Verwaltungsrecht 1987, S. 39.

Kromer, Sachenrecht des Öffentlichen Rechts, 1985, in: Die Öffentliche Verwaltung 1986, S. 668.

Schwarze/Bieber (Hg.), Das europäische Wirtschaftsrecht vor den Herausforderungen der Zukunft, 1985, in: Die Öffentliche Verwaltung 1986, S. 218.

Schachtschneider, Staatsunternehmen und Privatrecht, 1986, in: Die Öffentliche Verwaltung, 1987, S. 834.

Tilmann, Wirtschaftsrecht, 1986, in: Die Öffentliche Verwaltung 1987, S. 931.

Schnellenbach, Die dienstliche Beurteilung der Beamten und der Richter, 1986, in: Archiv des Öffentlichen Rechts 1987, S. 336.

Makswit/Schoch (Hg.), Aktuelle Fragen der Finanzordnung im internationalen und nationalen Recht, 1986, in: Die Öffentliche Verwaltung 1987, S. 745.

Landmann/Rohmer, Gewerbeordnung, Band III, Umweltrecht, 9. Ergänzungslieferung, 1986, in: Archiv des Öffentlichen Rechts 1988, S. 309.

Werner, Die Abwehr staatlicher Wettbewerbseinflüsse, Göttingen, 1986, in: Neue Juristische Wochenschrift 1988, S. 1133.

Nöll, Die Rückforderung fehlgeschlagener Subventionen, Göttingen 1987, in: Neue Juristische Wochenschrift 1988, S. 2030.

Karl-Bräuer-Institut des Bundes der Steuerzahler e.V. (Hg.), Subventionsabbau, Notwendigkeit und Möglichkeiten, 1987, in: Deutsches Verwaltungsblatt 1988, S. 756.

Rittner, F., Wirtschaftsrecht, 2. Auflage 1987, in: Die Öffentliche Verwaltung 1989, S. 86.

Mörtel/Metzner, Gaststättengesetz, Kommentar, 4. Auflage, 1988, in: Archiv des öffentlichen Rechts 1989, S. 356.

Hoffmann-Riem/Koch (Hg.), Hamburgisches Staats- und Verwaltungsrecht, 1988, in: Die Öffentliche Verwaltung 1989, S. 86.

Hauser, Die Wahl der Organisationsform kommunaler Einrichtungen, 1987, in: Der Staat 1989, S. 318.

Thieme, Das Prüfungsmonopol bei über wachungsbedürftigen Anlagen, 1987, in: Deutsches Verwaltungsblatt 1988, S. 1083.

Steinberg/Lubberger, Nachtbackverbot und Ausnahmegenehmigung, in: Deutsches Verwaltungsblatt 1988, S. 1083.

Luchterhandt, Grundpflichten als Verfassungsproblem in Deutschland, 1988, in: Die Öffentliche Verwaltung 1990, S. 161.

Püttner, Wirtschaftsverwaltungsrecht, 1989, in: Deutsches Verwaltungsblatt 1990, S. 656.

Weingarten, Staatliche Wirtschaftsaufsicht in Deutschland, 1988, in: Deutsches Verwaltungsblatt 1989, S. 1219.

Wallerath, Öffentliche Bedarfsdeckung und Verfassungsrecht, 1988, in: Nordrhein-Westfälische Verwaltungsblätter 1989, S. 459.

Raschauer (Hg.), Beiträge zum Verfassungs- und Wirtschaftsrecht, 1989, in: Die Öffentliche Verwaltung 1990, S. 162.

Scholl, Behördliche Prüfungsbefugnisse im Recht der Wirtschaftsüberwachung, 1989, in: Neue Zeitschrift für Verwaltungsrecht 1991, S. 253.

Buck-Heilig, Die Gewerbeaufsicht, 1989, in: Die Öffentliche Verwaltung 1991, S. 175.

Stern/Nierhaus, Das Regionalprinzip im öffentlichrechtlichen Sparkassenwesen, 1991, in: Die Öffentliche Verwaltung 1993, S. 540.

Weiß, Erwerb, Veräußerung und Verwaltung von Vermögensgegenständen durch die Gemeinden 1991, in: Archiv des Öffentlichen Rechts 1993, Band 118, S. 687.

Hill (Hg.), Erfolg im Osten, 1992, in: Deutsches Verwaltungsblatt 1994, S. 128.

Belz, Polizeigesetz des Freistaates Sachsen, 1992, in: Sächsische Verwaltungsblätter 1993, S. 23.

Müller, Polizeigesetz des Freistaates Sachsen, 1992, in: Sächsische Verwaltungsblätter 1993, S. 23.

Gröschner, Das Überwachungsrechtsverhältnis, 1992, in: Juristenzeitung 1993, S. 1054.

Korinek/Holoubek, Grundlagen staatlicher Privatwirtschaftsverwaltung, 1994, in: Die Öffentliche Verwaltung 1994, S. 1016.

Lenz (Hg.), EG Handbuch Recht im Binnenmarkt, 2. Auflage, 1994, in: Neue Wirtschaftsbriefe 1994, S. 2801.

Wieland, Die Konzessionsabgaben, 1991, in: Die Öffentliche Verwaltung 1994, S. 795 f.

Mache, Umweltrecht, 1994, in: Neue Wirtschaftsbriefe 1995, S. 486.

Seitter, Gaststättengesetz-Kommentar, 4. Aufl. 1995, in: Deutsches Verwaltungsblatt 1996, S. 71.

Darsow/Gentner/Glaser/Meyer, Schweriner Kommentierung der Kommunalverfassung des Landes Mecklenburg-Vorpommern, 1995, in: Die Öffentliche Verwaltung 1996, S. 710.

Lackhoff, Deutsches Wirtschaftsverwaltungsrecht und die Grundfreiheiten der Art. 30, 34, 48, 52 und 59 EGV, 1994, in: Archiv des Öffentlichen Rechts 1997, Band 122, S. 332.

Michel/Kienzle, Das Gaststättengesetz-Kommentar, 12. Auflage, 1995, in: Deutsches Verwaltungsblatt 1997, S. 1298.

Gygi/Richli, Wirtschaftsverfassungsrecht, 2. Auflage, 1997, in: Archiv des öffentlichen Rechts 1997, Band 124, S. 723 f.

Lang, Die Zuverlässigkeit von Personen- und Kapitalverkehrsgesellschaften im Umweltrecht, 1996, in: Neue Zeitschrift für Verwaltungsrecht, 1998, S. 830 f.

Stollenwerk, Praxishandbuch zum Gewerberecht, 1998, in: Deutsches Verwaltungsblatt, 2000, S. 218 f.; 2. Auflage 2002, Deutsches Verwaltungsblatt 2004, S. 170.

Schmidt, Grundpflichten, 1999, in: Juristenzeitung 2000, S. 302.

Darsow/Gentner u.a., Schweriner Kommentierung der Kommunalverfassung des Landes Mecklenburg-Vorpommern 2. Auflage, 1999, in: Die Öffentliche Verwaltung 2000, S. 476.

Tettinger/Wank, Gewerbeordnung-Kommentar, 1999, in: Deutsches Verwaltungsblatt 2001, 1823.

Möstl, Die staatliche Garantie für die öffentliche Sicherheit und Ordnung, 2002, in: Die Öffentliche Verwaltung 2003, S. 264.

Weiß, Privatisierung von Staatsaufgaben 2002, in: Neue Zeitschrift für Verwaltungsrecht 2002, S. 1491 f.

Witte (Hg.), Zollkodex, Kommentar, 3. Auflage, in: Neue Juristische Wochenschrift 2003 , S. 572.

Reidt/Stickler/Glahs, Vergaberecht, 2. Auflage, in: Die öffentliche Verwaltung 2003, S. 675.

Holoubek/Potacs, Handbuch des öffentlichen Wirtschaftsrechts, Wien 2002, zwei Bände, in: Archiv des öffentlichen Rechts 2004, S. 160 f.

Michel/Kienzle/Pauly, Das Gaststättengesetz, 14. Auflage 2003, in: Deutsches Verwaltungsblatt 2004, S. 362.

Neumann, Ladenschlussgesetz, 4. Auflage 2003, in: Recht der Arbeit, 2004, S. 384.

Führ, Eigen-Verantwortung im Rechtsstaat, 2003, in: Deutsches Verwaltungsblatt 2004, S. 1409.

Fei Liu, Die gerichtliche Verwaltungskontrolle als Entwicklungsfaktor des chinesischen Verwaltungsrechts, 2003, in: Die Öffentliche Verwaltung 2005, S. 171.

Fiebig, Der Einsatz der Bundeswehr im Innern, 2004, in: Die Öffentliche Verwaltung, 2005, S. 265.

Honig, Handwerksordnung, 3. Auflage, in: Deutsches Verwaltungsblatt 2005, S. 964.

Kupfer, Die Verteilung knapper Ressourcen im Wirtschaftsverwaltungsrecht, 2005, in: Neue Zeitschrift für Verwaltungsrecht 2006, S. 1146 f.

Meyer (Hg.), Charta der Grundrechte der EU, 2. Auflage 2006, in: Neue Juristische Wochenschrift 2007, S. 424.

VI. SONSTIGES

Übungsklausur im Verwaltungsrecht einschließlich Wirtschaftsverwaltungsrecht, in: Baden-Württembergische Verwaltungspraxis 1977, S. 109 ff.

Leistungsnachweisklausur aus dem Verwaltungsrecht einschließlich Wirtschaftsverwaltungsrecht, in: Wunsch/Schapals (Hg.), Prüfungsaufgaben mit Lösungsvorschlag, Stuttgart 1977, S. 49 ff.

Leistungsnachweisklausur aus dem Verwaltungsrecht einschließlich Wirtschaftsverwaltungsrecht, in: Wunsch/Schapals (Hg.), Prüfungsaufgaben mit Lösungsvorschlag, Stuttgart 1978, S. 45 ff.

Zur Übung: Das Werbeverbot und die Grundrechte, gemeinsam mit Karin Lindtner, in: Juristische Schulung 1985, S. 219 ff.

Autorenverzeichnis

Professor Dr. Peter Badura
Em. o. Professor an der Universität München

Professor Dr. Hartmut Bauer
Lehrstuhl für Europäisches und Deutsches Verfassungsrecht, Verwaltungsrecht, Sozialrecht und Öffentliches Wirtschaftsrecht an der Universität Potsdam/ Forschungsinstitut für Öffentliche Verwaltung bei der Deutschen Hochschule für Verwaltungswissenschaften Speyer

Dr. Karsten Baumann
Luftfahrt-Bundesamt, Braunschweig

Dr. Wolf-Rüdiger Biernert
Rechtsanwalt in Berlin

Dr. Gerrit Brauser-Jung
Bundeskartellamt, Bonn

Professor Dr. Martin Burgi
Lehrstuhl für Deutsches und Europäisches Öffentliches Recht, Wirtschaftsverfassungs- und Wirtschaftsverwaltungsrecht an der Ruhr-Universität Bochum

Dr. Sven Eisenmenger
Geschäftsbereich »Recht & Fair Play« der Handelskammer Hamburg

Professor Dr. Walter Frenz, Maitre en Droit Public
Universitätsprofessor an der Technischen Hochschule Aachen

Professor Dr. Volkmar Götz
Em. Universitätsprofessor an der Universität Göttingen

Professor Dr. Ludwig Gramlich
Professur für Öffentliches Recht und Öffentliches Wirtschaftsrecht an der Technischen Universität Chemnitz

Professor Dr. Rolf Gröschner
Lehrstuhl für Öffentliches Recht und Rechtsphilosophie an der Universität Jena

Professor Dr. Ulrich Häde
Lehrstuhl für Öffentliches Recht, insbes. Verwaltungsrecht, Finanzrecht und Währungsrecht an der Europa-Universität Viadrina Frankfurt (Oder)

Professor Dr. jur. Felix Hammer
Justitiar der Diözese Rottenburg-Stuttgart und Kanzler der Diözesankurie, apl. Prof. für Öffentliches Recht und Kirchenrecht an der Juristischen Fakultät der Universität Tübingen, Rechtsanwalt in Biberach/Rottenburg

Professor Dr. Dirk Heckmann
Lehrstuhl für Öffentliches Recht, Sicherheitsrecht und Internetrecht an der Universität Passau, stv. Mitglied des Bayerischen Verfassungsgerichtshofs

Professor Dr. Stephan Hobe, LL.M.
Institut für Luft- und Weltraumrecht und Lehrstuhl für Völker- und Europarecht an der Universität zu Köln

Professor Dr. Peter M. Huber
Lehrstuhl für Öffentliches Recht und Staatsphilosophie an der Universität München, Richter am Staatsgerichtshof Bremen

Professor Dr. Ulrich Hufeld
Professur für Staats- und Europarecht an der Andrássy Gyula Deutschsprachige Universität Budapest

Professor Dr. Jörn Axel Kämmerer
Lehrstuhl für Öffentliches Recht I, Völker- und Europarecht an der Bucerius Law School Hamburg

Professor Dr. Ulrich Karpen
Em. Professor an der Universität Hamburg

Professor Dr. Michael Kloepfer
Lehrstuhl für Staats- und Verwaltungsrecht, Europarecht, Umweltrecht, Finanz- und Wirtschaftsrecht an der Humboldt-Universität zu Berlin

Professor Dr. Winfried Kluth
Lehrstuhl für Öffentliches Recht an der Universität Halle-Wittenberg, Richter des Landesverfassungsgerichts Sachsen-Anhalt

Professor Dr. Franz-Ludwig Knemeyer
Em. o. Professor der Universität Würzburg

Dr. Stefan Korte, Dipl.-Kfm.
Wissenschaftlicher Assistent am Lehrstuhl für Öffentliches Recht und Europarecht an der Freien Universität Berlin

Professor Dr. Otto Ernst Krasney
Vizepräsident des Bundessozialgerichts a.D., Kassel

Professor Dr. Wolfgang Maennig
Department Wirtschaftswissenschaften an der Universität Hamburg

Christina Maier
Wissenschaftliche Mitarbeiterin an der Universität Tübingen

Priv.-Doz. Dr. José Martinez Soria
Institut für Völkerrecht und Europarecht an der Universität Göttingen

Mag. Marlene Mayer
Wissenschaftliche Mitarbeiterin an der Universität Salzburg

Professor Dr. jur. Veith Mehde, Mag. rer. publ.
Lehrstuhl für Öffentliches Recht, insbesondere Verwaltungsrecht an der Leibniz Universität Hannover

RA Dr. Jürgen Möllering
Bereichsleiter Recht Deutscher Industrie- und Handelskammertag Berlin

Professor Dr. Markus Möstl
Lehrstuhl für Öffentliches Recht II an der Universität Bayreuth

Professor Dr. Martin Müller
Professur für Wirtschaftsverwaltungsrecht an der Brunswick European Law School (BELS) der Fachhochschule Braunschweig/Wolfenbüttel

Dr. Harald Olschok
Hauptgeschäftsführer Bundesverband Deutscher Wach- und Sicherheitsunternehmen e. V. (BDWS) und Bundesvereinigung Deutscher Geld- und Wertdienste e.V. (BDGW), Bad Homburg

Professor Dr. Dr. h. c. Marian Paschke
Institut für Seerecht und Seehandelsrecht an der Universität Hamburg

Professor Dr. Andreas Peilert
Lehrgebiet Öffentliches Recht, insbesondere nationales und internationales Polizeirecht sowie Datenschutzrecht an der Fachhochschule des Bundes für öffentliche Verwaltung, Fachbereich Bundespolizei, Lübeck

Professor Dr. Dr. h. c. Franz-Joseph Peine
Lehrstuhl für Öffentliches Recht, insbesondere Verwaltungsrecht an der Europa-Universität Viadrina Frankfurt (Oder)

Professor Dr. Johann-Christian Pielow
Professur für Recht der Wirtschaft an der Universität Bochum

Professor Dr. Dr. h. c. Rainer Pitschas
Lehrstuhl für Verwaltungswissenschaft, Entwicklungspolitik und Öffentliches Recht an der Deutschen Hochschule für Verwaltungswissenschaften Speyer

Professor Dr. phil. Rainer Prätorius
Professor für Verwaltungswissenschaft an der Universität der Bundeswehr Hamburg

Professor Dr. Gerd Roellecke
Em. o. Professor an der Universität Mannheim

Professor Dr. Achim Rogmann, Dipl.-Verwaltungswirt
Professur für Europäisches und Internationales Öffentliches Recht an der Brunswick European Law School (BELS) der Fachhochschule Braunschweig/Wolfenbüttel

Professor Dr. Michael Ronellenfitsch
Inhaber des Lehrstuhls für Öffentliches Recht an der Universität Tübingen, Hessischer Datenschutzbeauftragter

Professor Dr. Dr. Peter Salje
Lehrstuhl für Zivilrecht und Recht der Wirtschaft an der Universität Hannover

Professor Dr. Wolf-Rüdiger Schenke
Em. o. Professor an der Universität Mannheim

Professor Dr. Utz Schliesky
Ministerium der Finanzen des Landes Schleswig-Holstein, Kiel, Geschäftsführendes Vorstandsmitglied des Lorenz-von-Stein-Instituts für Verwaltungswissenschaften an der Universität Kiel

Professor Dr. Reiner Schmidt
Em. o. Professor an der Universität Augsburg

Professor Dr. Hans-Jörg Schmidt-Trenz
Hauptgeschäftsführer der Handelskammer Hamburg

Professor Dr. Friedrich Schoch
Inhaber des Lehrstuhls für Staats- und Verwaltungsrecht an der Universität Freiburg

Professor Dr. Achim Schunder
Rechtsanwalt Frankfurt a. M., Verlag C. H. Beck München und Frankfurt a. M.

Professor Dr. Wolfgang B. Schünemann
Wirtschafts- und Sozialwissenschaftliche Fakultät an der Technischen Universität Dortmund

Professor Dr. Peter Selmer
Em. o. Professor für Öffentliches Recht, Finanz- und Steuerrecht an der Universität Hamburg

Prof. Dr. António Francisco de Sousa
Professor an der Universität Lissabon

Professor Dr. Dr. h.c. mult. Klaus Stern
Em. o. Professor an der Universität zu Köln, Richter des Verfassungsgerichtshofs des Landes Nordrhein-Westfalen a.D.

Professor Dr. Harald Stolzlechner
Leiter des Fachbereiches Öffentliches Recht an der Universität Salzburg

Professor Dr. Stefan Storr
Institut für österreichisches, Europäisches und Vergleichendes Öffentliches Recht, Politikwissenschaft und Verwaltungslehre an der Universität Graz

Professor Dr. Kay Waechter
Lehrstuhl für Öffentliches Recht und Rechtsphilosophie an der Universität Hannover

Associate Professor Dr. Libin Xie
Institut für Verfassungsrecht an der China Universität für Politik und Recht, V. R. China